Woordenboek informatica

Woordenboek informatica

Praktische gids voor veelgebruikte termen uit het Amerikaans-Engelse computerjargon.

Hein van Steenis

SYBEX

Soest • San Francisco • Düsseldorf • Parijs • Londen

Vrijwel alle namen van software- en hardware produkten die in dit boek worden genoemd zijn tegelijkertijd ook handelsmerken en dienen dienovereenkomstig te worden behandeld.

Vormgeving, zetwerk en redactie: Sybex Uitgeverij B.V., Soest
Druk: Koninklijke Wöhrmann B.V., Zutphen
Omslagontwerp: Sybex Uitgeverij B.V., Soest

CIP-GEGEVENS

Steenis, H. van

Woordenboek informatica / Hein van Steenis
[red.: Sybex] - Soest [etc.] ; Sybex.
ISBN 90-5160-986-8
NUGI 854
Trefw.: Informatica : woordenboeken

1e druk, oktober 1996

Verantwoording

Wat ooit begonnen is als een korte lijst met wat begrippen en uitgegeven als het Computerjargon, is met deze derde editie uitgegroeid tot een stevig woordenboek van het bloemrijke Amerikaans- Engelse spraakgebruik in de computerwereld. De niet direct aan computers gerelateerde uitdrukkingen en gezegden zijn verwijderd op verzoek van de uitgever. Het vormt een nuttige aanvulling op de gebruikelijke Engelse woordenboeken voor de wereld van zowel grote als kleine computers. Hieronder volgen de overwegingen die hebben geleid tot de huidige versie.

Opzet

Het boek is zo beknopt mogelijk gehouden: er is niet gestreefd naar volledigheid. De doelstelling is een praktisch woordenboek voor iedereen die met computers en het daarvoor gebezigde jargon te maken krijgt: de specialist en de gebruiker, de programmeur en de verkoper, de directeur en de secretaresse en de leraar zowel als de student. Voor vertaalwerk zijn technische en andere woordenboeken [1.], [8.],[16.] en [18.] noodzakelijk. Voor de vertaling van handboeken kan men het beste te rade gaan bij woordenlijsten van de leverancier, voor Windows bijvoorbeeld [27.].

Gekozen is voor Amerikaans-Engelse termen als ingang: E-N, niet de Nederlandse termen. Overwegingen daarvoor zijn het feit dat er geen eenduidige versie van de Nederlandse termen is en de verwachting dat de meeste gebruikers meer geïnteresseerd zijn in de vertaling en betekenis van een Engelse term dan in die van een Nederlandse term. Nieuw in deze editie is een N-E lijst van alle opgenomen termen.

Schrijfwijze

Gekozen is voor de Amerikaanse spelling van de termen omdat Amerikaanse computerbedrijven sterk dominant zijn op de computermarkt. In enkele gevallen is echter wel de afwijkende Britse spelling van een term opgenomen met een verwijzing naar de Amerikaanse term.

De gangbare hoofdletters zijn gebruikt; in afkortingen zijn alle letters van de afkorting kapitaal aangegeven in de verklaring, hoewel die in de praktijk niet worden gebruikt. Hoofdletters en kleine letters kunnen vaak worden verwisseld, maar soms hebben zij een specifieke betekenis: 'Token Ring' is bijvoorbeeld de naam van een IBM netwerkprodukt, terwijl 'token ring' een algemene aanduiding is van dit type netwerk. Hoofdletters worden vaak gebruikt om een firma- of produktnaam te beschermen.

Selectie

Op enkele uitzonderingen na zijn alleen algemeen gebruikte computertermen opgenomen; die van produkten van specifieke leveranciers alleen wanneer zij algemeen worden gebruikt. Wanneer algemene termen zijn opgenomen, betreft dat een betekenis die specifiek is voor de computerwereld; bijvoorbeeld het algemene Engelse woord 'down', dat een zeer specifieke betekenis heeft met betrekking tot computers.
Omdat computers in de huidige digitale revolutie op vrijwel alle elektronische gebieden in steeds grotere aantallen worden ingezet, heb ik in deze editie ook veel termen uit de audiovisuele (multimedia) wereld en de netwerk- en telefoniewereld opgenomen.

Verwijzingen

Schrijftaal, spreektaal en afkortingen zijn opgenomen. Ter illustratie van het woordgebruik van een term zijn op beperkte schaal voorbeeldzinnen en veelgebruikte zegswijzen toegevoegd. Om het zoeken te vergemakkelijken, wordt bij samengestelde begrippen verwezen naar de elementaire woorden. Zo vindt u onder 'information' verwijzingen naar: coded information, non-coded information enzovoort.
Om de betekenis van een term te verduidelijken, is waar mogelijk ook het tegendeel of een vergelijkbare maar andere term aangegeven door middel van een dubbele pijl, zoals in: down (⇔up°), disk (⇔disc°). Het graden- teken° geeft aan dat een term is gebruikt als ingang in het woordenboek en dus kan worden opgezocht. Zo kan de lezer eenvoudig naar tegenovergestelde of gerelateerde termen springen voor meer informatie. In een gedrukt boek zijn helaas de hypertext-mogelijkheden van een computer niet beschikbaar.

Afkortingen

Het Amerikaans-Engelse computerjargon staat, naast alle MLA's en TLA's (acroniemen, die overigens niet meer zijn opgenomen), bol van de afkortingen. Ook hiervan zijn slechts de meest gebruikelijke opgenomen, inclusief enkele niet-Engelse afkortingen omdat het de lezer of luisteraar niet duidelijk zal zijn dat het om een niet-Engelse term gaat, bijvoorbeeld: SCART. Van alle afkortingen is ook de Engelse term voluit opgenomen als ingang, om het zoeken naar een bepaalde afkorting te vergemakkelijken.

Uitspraak

Bij de meeste afkortingen is de uitspraak vermeld tussen accolades, bijvoorbeeld: SCSI {*skoe*· zie}. Hierin zijn de uitspraak-elementen gescheiden door een · en is het element waarop de nadruk ligt cursief gedrukt. De gegeven nadruk is slechts een indicatie omdat deze wisselt afhankelijk van de nadruk die een Amerikaanse spreker wenst te leggen en de context waarin de afkorting wordt gebezigd. Bij vrijwel gelijkluidende afkortingen wordt de nadruk vaak gelegd op de letter die verschilt. Mede omdat het merendeel van de gebruikers waarschijnlijk niet goed bekend zal zijn met de officiële fonetische spelling, heb ik gekozen voor eenvoudige samenstellingen die als Nederlands worden uitgesproken; bijvoorbeeld, de Engelse letter Q klinkt als: {kjoe}, en het cijfer 1 als: {wan}. In het Nederlands niet-bestaande klanken kunnen helaas niet op deze manier worden behandeld, bijvoorbeeld de Engelse 'th'; deze heb ik als {s} weergegeven. Indien een afkorting alleen geschreven wordt gebruikt en niet wordt uitgesproken, is dit aangegeven met {-}.

Vertaling

Bij vertaling van een Amerikaans-Engelse term is niet per se een Nederlandse term gekozen. Van de nieuwste termen is nog geen in Nederland ingeburgerd gebruik bekend; daarvoor is de Engelse term gehandhaafd. Verder is vaak voor de Engelse term gekozen omdat een Nederlandse term slechts verwarring zou zaaien. Het Engelse woord printer kan men uitstekend vertalen met afdrukeenheid, maar dat is een term die weinig mensen zal aanspreken en dus niet zal worden gebruikt. Het Engelse woord pointer kan men vertalen met aanwijzer, maar veel computermensen zullen denken dat u het dan heeft over een inschuifbaar stokje of een lampje, gebruikt bij een presentatie, niet over een pointer in een beeldscherm. Dat zal mogelijk veranderen als de Nederlandse Windows-terminologie stabiel blijft en ingeburgerd raakt.

Uitleg

Mede doordat diverse auteurs dezelfde termen op een verschillende manier gebruiken, zijn er uitzonderingen op vrijwel elke gegeven definitie. Computermensen hebben in het verleden zich vaak trachten af te zetten tegen gangbare termen bij de introductie van een nieuw produkt omdat zij meenden iets nieuw te hebben bedacht en zo nieuwe termen hebben geïntroduceerd. Mogelijk mede daarom kennen veel grote Amerikaanse computerbedrijven een eigen terminologie, bijvoorbeeld: 'note' bij IBM, 'desk' bij HP, 'e-mail' en 'message' bij andere bedrijven, zijn termen die allemaal dezelfde betekenis hebben. Ik heb getracht zulk specifiek woordgebruik zoveel mogelijk uit het woordenboek te weren en alleen algemeen gangbare termen op te nemen.

In een beperkt aantal gevallen is ook de letterlijke betekenis van een term opgenomen. Verder zijn hier en daar termen vermeld die zouden kunnen worden verward met een andere, bijvoorbeeld: 'backplane' bij: backbone.

Volgorde

Gekozen is voor een alfabetische volgorde, onverschillig of het eerste woord een zelfstandig dan wel een bijvoeglijk naamwoord is of een werkwoord; ook is niet gelet op hoofdletters en kleine letters. Cijfers gaan in principe voor letters, mede omdat het aantal termen met cijfers beperkt is. In samengestelde termen is gekozen voor de natuurlijke volgorde, bijvoorbeeld A4 voor A20.
De meest gangbare koppeltekens zijn in de termen opgenomen; in de praktijk worden koppeltekens vaak willekeurig gebruikt, bijvoorbeeld: token ring, token-ring. Deze koppeltekens of andere speciale tekens zijn niet betrokken bij het bepalen van de volgorde. (In het Nederlands wordt het koppelteken vaker gehanteerd dan in het Amerikaans-Engels en worden samengestelde termen eerder aan elkaar geschreven.)

Toevoegingen

Achterin is een lijst van veelgebruikte computertekens opgenomen, met hun binaire code en naam. Verder is een lijst opgenomen met de gebruikte boeken en enkele artikelen; in de tekst wordt hieraan gerefereerd door: [nn.]. Tenslotte is een N-E lijst van alle opgenomen Engelse termen en hun vertaling (volledige betekenis in geval van afkortingen) toegevoegd.

Controle

Aan de controle van de tekst is veel zorg besteed. Deze heeft visueel plaats moeten vinden omdat spellingcontroles hetzij in Engels, hetzij in Nederlands werken, niet voor de combinatie.

Tenslotte

Doordat de computerwereld momenteel in zeer snelle beweging is, ontstaan veel nieuwe termen en nieuwe betekenissen van bestaande termen. Namen van nieuwe organisaties, normen en termen worden met een sneltreinvaart ingevoerd. Mocht u denken dat het boek te veel technische termen en uitleg bevat, dan is de kans groot dat u binnen een jaar van mening zult zijn veranderd.

Almere, januari 1995. Hein van Steenis

Bij de tweede editie

In deze tweede editie zijn een aantal kleine foutjes gecorrigeerd die ontstaan zijn door het verwijderen van niet direct aan computers gerelateerde termen. Verder is deze editie uitgebreid en geactualiseerd tot en met eind augustus 1995.
Verder zijn twee bijlagen toegevoegd:
Bijlage E. Afkortingen van landen en staten in de VS
Bijlage F. Acroniemen gebruikt in E-mail en op Internet
Ik houd mij aanbevolen voor opmerkingen, aanvullingen en correcties, ook elektronisch:

Internet	:	h.vansteenis@dosgg.nl
CompuServe	:	100644,152
FIDOnet	:	2:500/121.6742

Almere, september 1995. Hein van Steenis

Bij de derde editie

In deze derde editie zijn wederom enkele kleine foutjes gecorrigeerd. Verder is de editie uitgebreid met veel nieuwe termen, mede vanwege de doorbraak van Windows en toepassingen daarvoor. Ook de onstuimige opkomst van Internet en het Web heeft gezorgd voor veel toevoegingen. Nu computers gebruikt worden bij steeds meer werkzaamheden, zijn ook veel algemene termen opgenomen.
Van verschillende kanten is mij de vraag gesteld of ik bezig ben met het ontwikkelen van een 'dikke Van Dale' voor de computerwereld. Dit is zeker niet het geval omdat ik het werk alleen doe en uitsluitend het woordgebruik in de computerwereld noteer, dus geen volledigheid kan nastreven noch een autoriteit kan zijn.
Naast het toevoegen van nieuwe termen, heb ik getracht ook veranderingen in de spelling zo goed mogelijk te volgen; zo wordt bijvoorbeeld 'E-mail' tegenwoordig vrijwel steeds geschreven als 'e-mail' (nu het begrip ingeburgerd is). In deze editie is een poging gedaan om de nieuwe Nederlandse spelling te volgen, maar alle begin is moeilijk. Ondanks de nieuwe regels is er nog steeds onduidelijkheid over het gebruik van koppelstreepjes tussen Nederlandse en buitenlandse woorden.
Tenslotte zijn de Nederlands-Engelse woordenlijst en de bijlagen aanzienlijk uitgebreid.
Ik houd mij aanbevolen voor opmerkingen, aanvullingen en correcties, nu ook via mijn home page:

Web: http:/www.flnet.nl/~0vsteenis01/

Almere, september 1996. Hein van Steenis

Notatie

Engelse term - Nederlandse vertaling - Tekstuele uitleg, context, synoniemen en antoniemen.

Engelse afkorting {Engelse uitspraak} - Engelse term voluit - Nederlandse afkorting: tekstuele uitleg, context, synoniemen en antoniemen.

{...}:	Engelse uitspraak, bijvoorbeeld: EDP wordt uitgesproken als: {ie·di·pi} EBCDIC wordt uitgesproken als: {*eps*·dik}. (Het element waarop de nadruk ligt, is *cursief* gedrukt)
{-}:	Deze afkorting wordt alleen geschreven, niet uitgesproken, of de uitspraak is niet bekend.
term°:	Deze Engelse term staat vermeld in het woordenboek.
⇔term°:	In tegenstelling met de vermelde Engelse term.
[nn.]:	Verwijzing naar de literatuurlijst in Bijlage C.

¼ inch tape - *¼ inch tape* - Magneetband (QIC°, tape°) die ¼ inch breed is, geplaatst in een cassette (cartridge°); wordt vooral gebruikt voor het maken van een reservekopie (backup°) met behulp van een: tape streamer°.

½ inch tape - *½ inch tape* - Magneetband (tape°) die ½ inch breed is, geplaatst in een spoel (reel°) of cassette (cartridge°); wordt vooral gebruikt bij grote computers.

1.2 MB diskette {em·bi} - *1,2 MegaByte diskette* - Een 5¼ inch HD° diskette° met een opslagcapaciteit van 1,2 megabyte (MB°): 2371 clusters van 512 byte (1.213.952 byte totaal). ⇔360K diskette°

1.44 MB diskette {em·bi} - *1,44 MegaByte diskette* - Een 3½ inch HD° diskette° met een opslagcapaciteit van 1,44 megabyte (MB°): 2847 clusters van 512 byte (1.457.664 byte totaal). ⇔720K diskette° ⇔2.8 MB diskette°

1-2-3 {wan·toe·srie} - *1-2-3* - Bekend spreadsheet-programma van Lotus (inmiddels overgenomen door IBM), in de beginjaren 80 ontworpen door M.D. Kapor.

2 {toe} - *to* - Fonetisch gebruikt, zoals in: 1-2-1° (one-to-one - een tot een), E2E (end-to-end°), F2F (face-to-face° - direct met elkaar communiceren, via een videotelefoon (videophone°) of BBS°), H2D (hexadecimal° to decimal° - hexadecimaal naar decimaal omzetting).

2B1Q coding {toe·bi·wan·kjoe} - *2B1Q-codering* - Codering (coding°) gebruikt in HDSL°.

2B+D {*toe*·bi·plus·di} - *basic access* - Zie: basic access° (basis ISDN°- aansluiting met 2x B-channel° en 1x D-channel°); synoniem: basic rate interface°. ⇔24B+D° ⇔30B+D°

2D {*toe* ·di} - *Double Density, Two-Dimensional* - **1.** Dubbele dichtheid van bits op een diskette°, **2.** Tweedimensionaal: afbeelding of bar code° (⇔2½ D° ⇔3D°).

2HD {eetsj·di} - *Double High Density* - Nieuwe aanduiding voor: DS HD° (1,44 MB° diskette).

2 inch diskette - *2 inch diskette* - Diskette° met een breedte van 2 inch voor een laptop°: met een capaciteit van 720 KB° ontwikkeld door Sony.

2W {-} - *2-wire* - Zie: 2-wire°. ⇔4W°

2-wire - *2-draads* - Tweedraads: gangbare telefoonverbinding, die werkt over twee draden (two-wire°). ⇔4-wire°

2½ D {*toe*·end·uh·hev} - *2½ D* - Aanduiding van de weergave van een driedimensionale grafiek op een tweedimensionaal beeldvlak, waarbij de licht- en schaduwwerking erg simplistisch is, vergeleken met 3D-rendering°, maar fraaier dan 2D°.

2.8 MB diskette - *2,8 MegaByte diskette* - Een 3½ inch diskette° met een opslagcapaciteit van 2,8 megabyte (MB°), door Toshiba geïntroduceerd in 1989 maar nog niet erg populair; gebruikt: vertical recording°. ⇔720K diskette° ⇔1.44 MB diskette°

3D {*srie* ·di} - *three-dimensional* - Driedimensionaal: ruimtelijk weergegeven met behulp van schaduwen en belichtingseffecten, meestal in een plat vlak op papier of beeldscherm. ⇔2½ D° ⇔3D°

3D-modelling {*srie*·di} - *three-dimensional-modelling* - Zie: render°, 3D°, ACIS°.

3D-navigation {*srie*·di} - *three-dimensional navigation* - Navigeren (navigate°) in een 3D° virtuele ruimte (VR°). Een eenvoudig te begrijpen metafoor (metaphor°) als interface° om informatie of een leverancier te zoeken, bijvoorbeeld op Internet°.

3D-rendering {*srie*·di} - *three-dimensional-rendering* - Zie: render°, 3D°.

3GL {*srie*·dji·el} - *Third Generation Language* - Derde generatietaal: bijvoorbeeld FORTRAN°, COBOL°, C°; zie: generation, language°; programming°. ⇔4GL° ⇔5GL°

3Σ {*srie* ·sigk·ma} - *three sigma* - Drie sigma, 3Σ: punt op een normale waarschijnlijkheidskromme waarbij in 99,7% van de gevallen aan een kwaliteitseis is voldaan; nu vraagt men meestal 6Σ°.

3½ inch diskette {*srie*·end·uh·hev} - *3½ inch diskette* - Diskette° met een breedte van 3½ inch in een hardplastic verpakking, opvolger van de 5¼ inch floppy° ontwikkeld door Sony en beschikbaar in 1980; heeft een opslagcapaciteit van 720 KB°, 1,44 MB° of 2,8 MB (niet doorgebroken). Synoniem: 90 mm diskette°. Op de Mac°: 400 KB. Medio 1995 is aangekondigd dat een nieuw type 3½ inch diskette straks 120 MB zal kunnen opslaan.

3.5 mm - *3,5 mm* - Aanduiding van een stekkertje (plug°) voor een koptelefoon, bijvoorbeeld bij de CD-ROM° speler; was heel vroeger mono, nu meestal stereo met drie aansluitingen.

4 {for} - *four, for* - Vier, voor. Wordt ook fonetisch gebruikt, zoals in: computers 4sale (computers for sale), W4WG°.

4GL {*for* ·dji·el} - *Fourth Generation Language* - Vierde generatietaal, bijvoorbeeld SQL°; zie: fourth generation language°; generation, language°; programming°. ⇔3GL° ⇔5GL°

4 mm tape {for} - *4 mm tape* - Magneetband (tape°) met een breedte van 4 mm in een cassette, gebruikt in een DAT°-recorder voor een reservekopie (backup°). ⇔8 mm tape°

4W {-} - *4-wire* - Zie: 4-wire°. ⇔2W°

4-wire {for} - *4-draads* - Vierdraads: speciale telefoonverbinding met twee paren van twee draden (four-wire°); beide paren kunnen met een snelle modem° HDX° werken. ⇔2-wire°

5GL {*faiv* ·dji·el} - *Fifth Generation Language* - Vijfde generatietaal; zie: generation, language°; programming°. ⇔3GL° ⇔4GL°

5¼ inch diskette {*faiv* ·end·uh·kworter} - *5¼ inch diskette* - De oorspronkelijke diskette° (floppy°) voor een PC met een opslagcapaciteit van eerst 360 KB° en later 1,2 MB°.

5¼ inch MO {*faiv* ·end·uh·kworter, em·oo} - *5¼ inch Magneto-Optical diskette* - Nieuwe magneto-optische (magneto-optical°) diskette° met een opslagcapaciteit van 1,3 GB°, het dubbele van de huidige CD-ROM°. De toekomstige versie wordt 3½ inch.

5B6B coding {faiv·bi·siks·bi} - *5B6B-codering* - Codering (encode°) waarbij 5-bit combinaties worden omgezet naar vooraf vastgestelde 6-bit patronen: wordt gebruikt in 100VG-AnyLAN° netwerken via UTP°-kabel.

6Σ {*siks* ·sigk·ma} - *six sigma* - Zes sigma, 6Σ: punt op een normale waarschijnlijkheidskromme waarbij in 99,9999998 procent van de gevallen aan een kwaliteitseis is voldaan; is de nieuwe kwaliteitseis. ⇔3Σ°

7-bit - *7-bit* - Met 7 bits (bit°) tegelijk: bijvoorbeeld een processor°, geheugen of bus° die 7 bits (de oorspronkelijke versie van ASCII°) parallel verwerkt. ⇔8-bit°

7-track tape - *7-track magneetband* - Kenmerk van een ouder type magneetbandeenheid: die met 7 sporen (6 data° + 1 parity°; track°) parallel werkte, in plaats van nu met 9, met dichtheden van 200, 556 of 800 tekens/inch. ⇔9-track tape°

8-bit - *8-bit* - Met 8 bits (bit°) tegelijk: bijvoorbeeld een processor°, geheugen, bus° die of besturingssysteem (operating system°) dat 8 bits (EBCDIC° of ASCII°) parallel verwerkt; wordt ook gebruikt voor de codering van kleur (color°). ⇔7-bit° ⇔16-bit° ⇔32-bit° ⇔64-bit°

8 inch diskette - *8 inch diskette* - De oorspronkelijke diskette° met een breedte van 8 inch, ontwikkeld om systeemprogrammatuur in grote computers in te lezen tijdens IPL°; werd ook gebruikt in randapparatuur voor gegevensopslag.

8 mm tape - *8 mm tape* - Magneetband (tape°) met een breedte van 8 mm in een cassette, oorspronkelijk door Sony ontwikkeld (Video8°, Hi8°) voor videocamera's (camcorder°) , maar wordt ook wel gebruikt voor het maken van een reservekopie (backup°), o.a. door Exabyte°. ⇔4mm tape°

8th bit {eetss} - *achtste bit* - Term duidt op de uitbreiding van de ASCII°-tekenset van zeven naar acht bit°, waarvoor geen normen waren tot de introductie van de IBM PC° in 1981, waardoor deze uitbreiding dè de facto norm werd.

8½ x 11 inch {eet·end·uh·hev·baj·uh·leh·vun} - *Amerikaans A4* - Amerikaans papierformaat (A-size°): iets korter maar breder dan onze A4°.

9-needle printer - *9-naalds-printer* - Matrixprinter (matrix printer°) met 9 naalden (needle°) boven elkaar. ⇔24-needle printer°

9-pin connector - *9-pins connector* - Stekker (connector°) met 9 pinnen (pin°), bijvoorbeeld een van de twee mogelijkheden voor een seriële poort (serial port°). ⇔25-pin connector°

9-track tape - *9-track tape* - Magneetband (tape°) met een breedte van een ½ inch waarop in de breedte negen sporen (track°)

parallel worden geschreven met dichtheden van 800 of 1600 byte/inch, gebruikt voor grote computers. ⇔7-track tape°

10BT {ten·bi·ti} - *10Base-T* - Twisted pair°-kabel voor basisband (baseband°) Ethernet°: UTP° of STP°; het cijfer 10 duidt op de overdrachtssnelheid van 10 Mbit/s volgens IEEE° 802.3; echter nu ook: 100Base-VG°, 100VG-AnyLAN°

10Base-2 - *10Base-2* - Dunne coax°-kabel voor basisband (baseband°) Ethernet°; synoniem: Cheapernet°, Thinnet°. ⇔Thicknet° ⇔10Base-5°

10Base-5 - *10Base-5* - Dikke coax°-kabel voor basisband (baseband°) Ethernet°; synoniem: Thicknet°. ⇔Thinnet° ⇔10Base-2°

10Base-F - *10Base-F* - Optical fiber°-kabel voor basisband (baseband°) Ethernet°.

10Base-T - *10Base-T* - Twisted pair°-kabel voor Ethernet°: UTP° of STP°.

10 pitch - *10-pitch* - Eigenschap van een tekenset (font°) met 10 tekens (character°) per inch (pitch°). ⇔12 pitch°

11/780 - *VAX 11/780* - De eerst VAX°-computer van Digital°, zie: VUP°.

12-hour clock - *12-uurs klok* - Tijdsweergave van 12:00 a.m.° (middernacht) tot 11:59 a.m. (middaguur) en aansluitend van 12:00 p.m.° (middaguur) tot 11:59 p.m. (middernacht). ⇔24-hour clock°

12 inch - *12 inch* - Afmeting van een beschrijfbare optische schijf (optical disk°). ⇔14 inch°

12 pitch - *12-pitch* - Eigenschap van een tekenset (font°) met 12 tekens (character°) per inch (pitch°). ⇔10 pitch°

14 inch - *14 inch* - Afmeting (356 mm) van een beschrijfbare optische schijf (optical disc°) met een capaciteit van 10,2 tot 14,8 GB° (⇔12 inch°) of van de diagonaal (diagonal°) van een klein beeldscherm (⇔15 inch° ⇔17 inch° ⇔20 inch°).

14k4 modem {-} - *14.4 kilobit/second modem* - 14k4 modem: anno 1994, een moderne modem° die kan werken met een snelheid van 14,4 kbit/s. ⇔28k8 modem°

15 inch - *15 inch* - Grootte van de diagonaal (diagonal°) van een wat groter beeldscherm (⇔14 inch° ⇔17 inch° ⇔20 inch°).

16-bit - *16-bit* - Met 16 bits (bit°) tegelijk: bijvoorbeeld een processor°, geheugen, bus° die of besturingssysteem (operating system°) dat 16 bits parallel verwerkt; schept de mogelijkheid om 2^{16} =65.536 (64 K°) adressen van geheugenposities of blokken (block°) op een vaste schijf (hard disk°) te adresseren. In verband met audio-CD's, zie ook: 44.1 kHz°. ⇔8-bit° ⇔32-bit° ⇔64-bit°

16 mm - *16 mm* - Film (microfilm°) gebruikt voor een foto-archief (micrographics°) met een breedte van 16 mm, op een rol of als strip; was vroeger semiprofessionele film (8 mm film werd alleen gebruikt door amateurs). ⇔24mm° ⇔35 mm° ⇔105 mm°

17 inch - *17 inch* - Grootte van de diagonaal (diagonal°) van een flink beeldscherm (⇔14 inch° ⇔15 inch° ⇔20 inch°).

19 inch - *19 inch* - Standaardbreedte van de montage-profielen in een distributiekast of rek (rack°), vooral gebruikt voor netwerken en procescomputers.

20 inch - *20 inch* - Grootte van de diagonaal (diagonal°) van een groot beeldscherm (⇔14 inch° ⇔15inch° ⇔17 inch°).

21 inch - *21 inch* - Standaardgrootte van een fors beeldscherm, dat kan werken met een resolutie (resolution°) van wel 1600 x 1200 pixel°.

24B+D {*twen* ·tie·for·bi·plus·di} - *primary access T1* - Amerikaanse T1°: bestaande uit 24 B-kanalen en 1 D-kanaal; zie ook: fractional T1°, primary rate°. ⇔30B+D°

24-bit color - *24-bit kleurweergave* - Kleurweergave van fotografische kwaliteit met behulp van 8 bit per kleur (color°) voor een professioneel werkstation; een enkel beeld van 1280x1024 pixel° vraagt dan een opslagruimte van 3,75 MB°; zie ook: render°.

24-hour clock - *24-uurs klok* - Tijdsweergave van 0000 (middernacht tot 2400 (middernacht): die bij ons gebruikelijk is. ⇔12-hour clock°

24 mm - *24 milimeter microfilm* - Het nieuwe voorgestelde formaat van kleinbeeldfilm, ontwikkelt door Kodak, Fuji, Nikon, Canon en Minolta en voorgesteld begin 1996 onder de naam: APS°. Een nieuwe film, kleinere cassettes, compactere camera's en meer gemak, maar het zal nog moeten blijken of de consument daarvan gediend is. Het negatiefbeeld meet 16,7 bij 30,2 mm en het staat op een nieuwe filmdrager; de verwerking geschied digitaal, mede vanwege een doorzichtig magnetisch laagje. De fotograaf kan kiezen tussen een lengte:breedte-verhouding van 4:3, 16:9 of 3:1 (panorama). De ontwikkelde film gaat in de cassette naar de klant terug met een index-afdruk, dus nooit meer beduimelde negatieven.

24-needle printer - *24-naalds printer* - Matrixprinter (matrix printer°) met 24 naalden (needle°) boven elkaar; zie ook: printer°. ⇔9-needle printer°

25-pin connector - *25-pins connector* - Stekker (connector°) met 25 pinnen (pin°), bijvoorbeeld een van de twee mogelijkheden voor een seriële poort (serial port°). ⇔9-pin connector°

27MC {em·si} - *27 MegaCycles per second* - 27 Mhz°: frequentie van de allereerste 'bakkies' voor mobiele radiocommunicatie, die nu alleen nog gebruikt worden voor communicatie tussen auto's tijdens een vacantie.

28k8 {-} - *28,8 kilobits/second* - Anno 1994, snelheid van een nieuwe modem° die kan werken met 28,8 kbit/s (V.34°); door viervoudige foutcorrectie en datacompressie kan dit oplopen tot 115.200 bps (indien de juiste UART° gebruikt wordt). De eerste modems voor 33,6 kbit/s zijn al aangekondigd. ⇔14k4 modem°

30B+D {*surtie* ·bi·plus·di} - *primary access E1* - Europese E1°: bestaande uit 30 B-kanalen en 1 D-kanaal; zie ook: fractional T1°, primary rate°. ⇔24B+D°

32-bit - *32-bit* - Met 32 bits tegelijk: bijvoorbeeld een processor°, geheugen, bus° die of besturingssysteem (operating system°) dat 32 bits tegelijk (parallel°) verwerkt; schept de mogelijkheid van 2^{32} = 4,295 miljard (4.096 M°) adressen. Nu Windows° naar 32-bit bewerking is gegaan, moet UNIX° zich onderscheiden met 64-bit verwerking. ⇔8-bit° ⇔16-bit° ⇔64-bit°

32-Mbyte barrier - *32 Megabyte barrier* - 32 MB°-grens: maximale vaste schijf (hard disk°) capaciteit die kon worden gebruikt tot aan DOS° 4.0: is ontstaan door de beschikbaarheid van 16 bits om sectoren (sector°) van 512 bytes te adresseren: 2^{16} x512 = 33.554.432 byte = 32 MB.

35 mm - *35 mm microfilm* - Kleinbeeldfilm (microfilm°) gebruikt voor een fotografisch archief (micrographics°) met een breedte van 35 mm, ook gebruikt voor fotografie en professionele film. ⇔16 mm° ⇔24 mm° ⇔105 mm°

40-bit - *40-bit* - Het aantal bits van de sleutel die mag worden gebruikt buiten de VS; alleen financiële instellingen kunnen toestemming vragen voor 128-bit° encryption°.

40-column - *40-koloms* - Zie: 80-column°.

44.1 kHz - *44,1 kHz* - De bemonsteringsfrequentie (sampling rate°) gebruikt voor 16-bit° audio-CD's.

50 Hz - *50 Hz* - Frequentie (Hz°) van het elektriciteitsnet in Europa, die in Amerika 60 Hz° is.

56 kbps {kee·bi·pi·es} - *56 kilobit per second* - 56 kbps: bandbreedte van een standaard ISDN°-kanaal, onderdeel van T1° oorspronkelijk bedoeld voor de digitale overdracht van spraak zonder compressie (data compression°); zie echter ook: ADPCM°.

60 Hz - *60 Hz* - Frequentie (Hz°) van het elektriciteitsnet in de VS, die bij ons 50 Hz° is.

64-bit - *64-bit* - Met 64 bits (bit°) tegelijk: bijvoorbeeld een processor°, geheugen (memory°), bus° die of besturingssysteem (operating system°) dat met 64 bits tegelijk (parallel°) werkt; schept adresseerbaarheid in terabyte°. Wordt anno 1996 gepropageerd voor UNIX°, maar hoe lang nog? (Intel° denkt de 64-bit Merced technologie over niet al te lange tijd te introduceren en Nintendo heeft 64-bit videospelletjes dit jaar reeds geïntroduceerd.) ⇔8-bit° ⇔16-bit° ⇔32-bit°

64 kbps {*kee*·bi·pi·es} - *64 kilobit per second* - 64 kbps: bandbreedte van een standaard ISDN°-kanaal, onderdeel van E1° oorspronkelijk bedoeld voor de digitale overdracht (transmission°) van spraak zonder compressie (data compression°); zie echter ook: ADPCM°.

80-column - *80-koloms* - Aantal posities (column°) in een printer, bijvoorbeeld een regellengte van 8 inch met een tekenafstand (pitch°) van 10 tekens/inch; is afgeleid van de 80 kolommen op een ponskaart (⇔132-column°). In een teken–

georiënteerd (character-oriented°) beeldscherm: regels van 80 tekens (in de oertijd van de PC, waren dat er vaak 40: 40-column°, en waren de tekens 2x zo groot).

80/20 rule - *80/20 regel* - Zie: Pareto principle°.

83-key keyboard - *83-key toetsenbord* - Toetsenbord met 83 toetsen (key°) door IBM geïntroduceerd voor de XT°; kenmerkend zijn links de 10 functietoetsen in twee kolommen van vijf. ⇔101-key keyboard°

90 mm diskette - *3½* diskette - Zie: 3½ diskette°.

100Base-T {ti} - *100Base-T* - Tienmaal snellere versie van 10Base-T°: voorstel van 3Com en 40 andere leveranciers voor de uitbreiding van IEEE° 802.3 met verscheidene onderverdelingen, bijvoorbeeld 100Base-TX (Category 5°, met twee aderparen, nu al 200 Mbps), 100Base-T4 (met vier aderparen), 100Base-FX (multimode° glasvezel, met één aderpaar); werkt met: CSMA/CD° en is vooral interessant in combinatie met Ethernet-switching°. ⇔100VG-AnyLAN°

100Base-VG {vi·dji} - *100Base-Voice Grade* - 100Base-VG: nieuwe Ethernet°-technologie voor bestaande UTP° telefoonlijnen (VG; voice grade°): hierbij worden alle 8 draden (4 paren van twee) gebruikt voor zenden of ontvangen. Werd voorgesteld door AT&T° en HP° en wordt in samenwerking met IBM nu genoemd: 100VG-AnyLAN°.

100VG-AnyLAN {vi·dji·*enni*·len} - *100-Voice Grade-AnyLAN* - Nieuwe naam voor: 100Base-VG°; zie ook: LAN°. IEEE° beschouwde dit niet als Ethernet° en riep hiervoor een nieuwe commissie in het leven: 802.12. De bedoeling hiervan is een transportnorm voor zowel Ethernet als token ring° (letterlijk: elk LAN). ⇔100Base-T°

101-key keyboard - *101-key toetsenbord* - Toetsenbord dat door IBM is geïntroduceerd voor de AT°, opvolger van 83-key toetsenbord van de XT°. Kenmerkend is de rij functietoetsen (function key°) aan de bovenkant. Er is soms nog een extra toets (102-key), wanneer de Enter-toets klein is; synoniem: enhanced keyboard°. ⇔83-key keyboard°

104-key keyboard - *104-key toetsenbord* - Toetsenbord dat speciaal voor Windows 95° geïntroduceerd is. Is hetzelfde als het 101-key keyboard°, maar bevat 3 extra toetsen (key°): 2x Windows 95 Start (Task manager) en Applications.

105 mm - *microfiche* - Lichtgevoelige plaat (A6: 105 x 148 mm) voor een fotografisch archief (micrographics°); zie: microfiche°. ⇔16 mm° ⇔24mm° ⇔35 mm°

110 Volt - *110 Volt* - Voltage van de elektriciteit in de VS, dat bij ons 220 (wordt 240) Volt° is.

112 - *112* - Universeel Europees alarmnummer, ingevoerd per 1 januari 1997; was in Nederland: 06-11.

1-2-1 - *one-to-one* - Individueel, één-op-één: voor iedereen of ieder ding mogelijk iets anders, geen eenheidsworst. Zie ook: one2one°.

1-2-3 - *one-two-three* - Naam van een populair spreadsheet°-programma van Lotus (nu onderdeel van IBM°).

128-bit - *128-bit* - De lengte van de cryptografische sleutel die alleen binnen de VS mag worden gebruikt, daarbuiten moet men genoegen nemen met 40-bit° encryption°.

132-column - *132-koloms* - Aantal posities (column°) in een printer, bijvoorbeeld over een regellengte van 8 inch met een tekenafstand van bijna 16,6 tekens/inch; zie ook: 80-column°.

220/240 Volt - *220/240 Volt* - Voltage van de elektriciteit in Europa, dat in de VS 110 Volt° is.

256 - *256* - Aantal mogelijke codes met 8 bits want $2^8 = 256$.

286-processor - *286-processor* - Processor (processor°) gebruikt in een AT°; zie: 80X86 processor°.

287-coprocessor - *287-coprocessor* - Coprocessor (coprocessor°) behorend bij een 286-processor°; zie: 80X87 coprocessor°.

360K diskette {kee} - *360 Kilobyte diskette* - Een standaard 5¼ inch (DS DD°) floppy° met een opslagcapaciteit van 360 KB° (354 clusters van 1024 byte, totaal 362.496 byte), veel gebruikt in de beginjaren 80. ⇔1.2 MB diskette°

386-processor - *386-processor* - Processor gebruikt in een vroeger moderne Intel° PC; zie: 80X86 processor°.

387-coprocessor - *387-coprocessor* - Coprocessor die wordt gebruikt in combinatie met een 386-processor° in een Intel° PC; zie: 80X87 coprocessor°.

486-processor - *486-processor, i486* - Nieuwere processor°: met een ingebouwde coprocessor°. Als overdrive processor°: 486DX2, 486DX3, 486DX4.

525 lines - *525 lijnen* - Aantal lijnen (line°) per TV-beeld (frame°) volgens de NTSC°-norm. ⇔625 lines°

6XX - *6XX* - Reeks RISC°-processoren van Motorola en IBM: 601, 603, 604, 621; zie: PowerPC°.

625 lines - *625 lijnen* - Aantal lijnen (line°) per TV-beeld (frame°) volgens de PAL°-norm. ⇔525 lines°

640K - *640K* - De grens van het conventionele geheugen onder DOS°, zie: memory address°. Bill Gates in 1981: 640K ought to be enough for anybody (640K moet voor iedereen genoeg zijn).

720K diskette - *720 Kilobyte diskette* - Een standaard 3½ inch (DS DD°) diskette° met een opslagcapaciteit van 720 KB°: 713 clusters van 1024 byte (730.112 byte totaal). ⇔1.44 MB diskette° (HD°)

800-number - *gratis servicenummer* - Nieuwe servicenummers voor gratis informatie, geïntroduceerd per 1 januari 1997 ter vervanging van de 06-nummers. Hierover is binnen de ITU-T overeenstemming bereikt; bestaan reeds 15 jaar in de VS en zij zullen in West-Europa nu snel worden ingevoerd. ⇔900-numbers°

802.x - *IEEE 802.x* - Reeks netwerknormen van IEEE°: 801.1 (MAC°, spanning tree°), 802.2 (data link°, HDLC°), 802.3 (Ethernet°, CSMA/CD°, 100Base-T°), 802.4 (token bus°), 802.5 (token ring°), 802.6 (cell relay switching°, DQDB°, MAN°), 802.7 (B-ISDN°), 802.8 (FDDI°), 802.9 (integrated voice, data°, frame relay°, ATM°), 802.10 (network security°), 802.11 (wireless°), 802.12 (100VG-AnyLAN°).

900-number - *betaald servicenummer* - Nieuwe servicenummers voor betaalde informatie, geïntroduceerd per 1 januari 1997 ter vervanging van betaalde 06-nummers. Vastgesteld zijn inmiddels: 0900 voor betaalde informatie van serieuze aard, 0906 voor erotisch entertainment en 0909 voor betaald amusement.

1024 - *1024, K* - K°: iets meer dan duizend (2^{10}). Om verwarring met k° (kilo..., 1000) te voorkomen, aangeduid met de hoofdletter K. Bijvoorbeeld: 360K diskette°, die 362.496 bytes kan bevatten. DOS° kan niet meer dan 1024 disk cilinders (cylinder°) addresseren.

1024K - *1024K, 1M* - Iets meer dan een miljoen (2^{20}) en wordt aangeduid met de hoofdletter M: de grens van upper memory° in DOS°, zie: 1024°, memory address°. ⇔m° (milli..., een duizendste)

1200 bps {bi·pi·es} - *1200 bits per second* - Basissnelheid (bps°) van een oud type modem°.

1200/75 bps {bi·pi·es} - *1200/75 bits per second* - Snelheid (bps°) van een modem voor videotex°: 1200 bps heen en 75 bps terug of omgekeerd (V.23°). Tergend langzaam vandaag de dag.

1600 bpi {bi·pi·ai} - *1600 bits per inch* - Oude standaarddichtheid van bit°/inch (bpi°) op ½ inch tape°. ⇔6250 bpi°

2000 - *het jaar 2000* - Een belangrijk jaar voor programma's waarin slechts de laatste twee cijfers van het jaartal worden gebruikt bij de bepaling of iets voor of na een bepaald tijdstip heeft plaatsgevonden: dat geeft een groot probleem in het jaar 2000 en enige tijd daarna! ANSI° heeft aanbevolen voor de gebruikelijke Gregoriaanse datum de indeling JJJJMMDD te gebruiken, en voor de Juliaanse datum (Julian date°) JJJJDDD.

2400 bps {bi·pi·es} - *2400 bits per second* - Basissnelheid (bps°) van nieuwere modems (modem°). ⇔9600 bps°

3270 - *3270* - Bekende beeldscherm-terminal° van IBM°: waarvan de gegevensoverdracht en het protocol° ook elders veel worden gebruikt. ⇔VT...°

6250 bpi {bi·pi·ai} - *6250 bpi* - Nieuwe standaarddichtheid van bit°/inch (bpi°) op ½ inch tape°.

8088 processor - *8088 processor* - De originele 16-bit Intel° microprocessor (processor°) met een 8-bit data bus° uit 1979, gebruikt in de IBM PC en XT°; is opgevolgd door de 8086 en de reeks 80X86° microprocessoren.

9600 bps {bi·pi·es} - *9600 bps* - Basissnelheid voor modems over goede telefoonlijnen anno 1993. In 1994: 14k4 modem°, daarna: 28k8 modem°. ⇔2400 bps°

680X0 processor - *680X0 processor* - Reeks processoren (microprocessor°) van Motorola die wordt gebruikt in de Mac°, Sun, Atari en Amiga, bijvoorbeeld: 68020, 68030, 68040 en 68060 (allemaal 32-bit); vanaf 1983 gebruikt voor grafische weergave in een GUI°.

80X86 processor - *80X86 processor* - Reeks processoren (microprocessor°) voor Intel° PCs van Intel°, bijvoorbeeld: 8086 (1978), 80286 (1982) voor een AT° en 80386 (1985), 80486 (1989) en Pentium° (1993); elke 44 maanden kwam er een nieuw model. De toevoeging 'DXn' (overdrive processor°), 'SX' 'SL enhanced' enzovoort duiden op speciale uitvoeringen van de chip. Vanaf de 80486 is de coprocessor° ingebouwd. Cyrix en IBM hebben eind 1995 overigens wel een 586 aangekondigd. Omdat Pentium niet 80586 of 80686 genoemd is, spreken we nu over een X86° processor.

80X87 coprocessor - *80X87 coprocessor* - Bij de 80X86-reeks horende reeks coprocessoren (coprocessor°), die kan worden gebruikt om complexe (floating point°) berekeningen uit te voeren; bijvoorbeeld: een 80387 hoort bij 80386 met dezelfde snelheid. Vanaf de 80486 is de coprocessor° ingebouwd.

88XX0 processor - *88XX0 processor* - 32-bit RISC°-processoren (processor°) van Motorola° gebruikt voor werkstations en UNIX°-systemen.

- A -

A {-} - *Ampere, A* - **1.** Ampère, A: eenheid van elektrische stroomsterkte (current°), genoemd naar A.-M. Ampère (1775-1836), Engelse uitspraak: {*em*·pèr}, **2.** A: de waarde 10 in het hexadecimale (hex°) talstelsel. Zie ook: A-size° (papierformaat).

A: - *A:* - Naam van de eerste diskette°-station in een PC, een apparaat (device°) van DOS°. ⇔B:°

A0 - *A0* - Europese standaard papiergrootte van 840 mm x 1188 mm: gebruikt voor tekeningen met een grote plotter°.

A3 - *A3* - Europese standaard papiergrootte van 297 mm x 420 mm, zie ook: ISO sizes°. Ook authenticatie-algoritme (authentication°) voor GSM° (A5 is de encryptie-algoritme).

A3 screen {ee·*sri*} - *A3-beeldscherm* - Een 'liggend' beeldscherm (screen°) van een VDT° of VDU°, waarop een A4°-pagina náást gecodeerde informatie kan worden afgebeeld; is breder dan hoog; zie ook: A3°.

A4 - *A4* - Europese standaard papiergrootte van 210 mm x 297 mm, zie ook: ISO sizes°.

A4 screen {ee·*for*} - *A4-beeldscherm* - Een 'staand' beeldscherm (screen°) van een VDT° of VDU°, waarop een A4°-pagina leesbaar kan worden afgebeeld; is hoger dan breed.

A20 - *A20* - A20: de 21ste (programmeurs beginnen te tellen bij 0, niet bij 1) adreslijn (address line°) van het geheugen voor een 286-processor°: die de mogelijkheid schept voor de extra 64 Kbyte high memory° in een Intel° PC, van 1024K° tot 1088K-16.

AA {-} - *Auto-Answer* - Een modem light° (indicator°) dat het gebruik van auto-answer° aangeeft.

AAL {ee·ee·el} - *ATM Adaptation Layer* - Zie: ATM adaptation layer°.

abbreviation - *afkorting* - Woorden niet voluit schrijven; afkorten met een punt (bijv.) of alleen de beginletters gebruiken (acronym°, bijvoorbeeld: AAL°).

ab box - *a-b box* - Zie synoniem: switch box°. Geen *a*fstands*b*ediening, maar werkt soms wel automatisch met een elektronische schakelaar.

ABC {ee·bi·si} - *Activity-Based Costing* - ABC: prijsberekening (costing°) op basis van het verrichte werk, zie: activity-based costing°.

abend - *abend* - Onverwachte beëindiging van de uitvoering van een programma door een computer; is een samentrekking van: abnormal end. ⇔abort°

ABIOS {-} - *Advanced Basic Input/Output System* - ABIOS: de BIOS° van IBMs PS/2° computers: die MC° en multitasking° ondersteunt.

abort - *abort, afbreken* - Geforceerde beëindiging van de uitvoering van een programma door de gebruiker. ⇔abend°

Abort, Retry, Ignore? - *Afbreken, Herhalen, Negeren?* - Een foutmelding van DOS° als een diskette° niet kan worden gelezen of beschreven. Afbreken is vrijwel altijd de enig juiste reactie.

Abort, Retry, Ignore, Fail? - *Afbreken, Herhalen, Negeren, Overslaan?* - Een melding van DOS° die meestal betekent dat een diskette° niet kan worden gelezen of beschreven, met de extra mogelijkheid van: overslaan (fail°).

absolute - *absoluut* - Bewerking van een getal (number°), adres (address°) of waarde die de oorspronkelijke waarde, zonder een eventuele verandering (minteken, increment, verwijzing of modificator), oplevert.

absolute address - *absoluut adres* - In een instructie (instruction°), een adres (address°) dat een geheugenplaats direct, zonder verdere verandering, bepaalt. ⇔base address° ⇔relative addressing°

abstract - *abstract* - Geen verband houdend met de zichtbare werkelijkheid: niet als vorm voorstelbaar. Betekent ook: uittreksel, samenvatting. ⇔concrete°

abstract data types - *abstract data types* - Mogelijkheid om verschillende bewerkingen te kunnen gebruiken voor alle typen gegevens, dat wil zeggen ze in abstracte zin te kunnen verwerken, onafhankelijk van hun aard , soort of eenheid; stamt uit de OO-wereld (object-oriented°); zie ook: data abstraction°, weak typing°.

abstraction - *abstraction* - Zie: data abstraction°.

abstract syntax notation.1 - *ASN.1* - Zie: ASN.1°, syntax notation°.

AC {*ee* ·si} - *Alternating Current* - Wisselstroom (⇔DC°); zie ook: AC adapter°.

AC adapter {*ee* ·si} - *AC adapter* - Netvoeding voor een apparaat met een accu (battery°): om het op het lichtnet (AC°) te kunnen gebruiken of om zijn accu op te laden.

ACB {*ee* ·si·bi} - *Automatic Call Back, Access Control Block* - **1.** ACB: aanduiding van een modem° dat na een oproep automatisch terugbelt naar een bepaald telefoonnummer; dat geeft meer zekerheid (security°) over de beller, **2.** ACB: een control block° met informatie waarmee de toegang (access°) tot een bepaalde faciliteit of voorziening wordt geregeld.

acceleration - *versnelling* - Versnelling van de pen van een plotter°, cursor° of aanwijzer (pointer°): bepaalt de snelheid van plotten en wordt uitgedrukt in g°, de versnelling van de zwaartekracht of de versnelling van de cursor° of muisaanwijzer (pointer°).

accelerator - *accelerator, toegangstoets* - **1.** Insteekkaart (card°) of chip° om een PC sneller te laten werken; letterlijk: versneller, bijvoorbeeld: graphics accelerator°, GUI° accelerator, video accelerator°, Windows accelerator°, **2.** In Windows°, lettertoets (key°) waarmee snel een keuze kan worden gemaakt, bijvoorbeeld: W voor Wissen.

accelerator key - *sneltoets* - Een toetscombinatie (hot ket°, shortcut key°) waarmee een bewerking in gang kan worden gezet en die sneller is dan een reeks muis-acties; zie ook: accelerator°.

accent - *accent* - **1.** Accentteken, geplaatst op een letter, bijvoorbeeld: acute accent (accent aigu), grave accent (accent grave), umlaut (umlaut), circumflex (circonflex), tilde (tilde), **2.** Klemtoon of manier van spreken.

acceptance test - *acceptatietest* - CAT°: test° die wordt uitgevoerd door een klant (customer°) om te bepalen of een opgeleverd systeem wordt geaccepteerd.

access - *toegang, toegang verkrijgen, gegevens uitlezen of wegschrijven* - **1.** Toegang, bijvoorbeeld tot een netwerk, computer of bestand (file°) via een protocol° en mogelijk een toegangscode (access code°), bijvoorbeeld: basic access°, data access°, physical access°, remote access°; zie ook: access denied°, **2.** Toegang verkrijgen: als werkwoord, **3.** Gegevens van disk° uitlezen of wegschrijven, zoals in: access time° (toegangstijd), random-access° (directe toegang), remote access° (toegang via een netwerk), direct access, sequential access°, write-access° (schrijftoegang). Met een hoofdletter, Access: relationele database° (RDBMS°) van Microsoft°

accessability - *toegankelijkheid* - Eenvoud van gebruik, belangrijk nu de functionaliteit (functionality°) steeds groter wordt.

access arm - *toegangsarm* - Mechanisme in een schijfstation (disk drive°) waarmee de leeskop (read/write head°) op een spoor (track°) wordt gepositioneerd (access°).

access code - *access-code* - Code (code°) waarmee u toegang (access°) krijgt tot een voorziening.

access control - *toegangscontrole* - Beveiliging die verzekert dat alleen geautoriseerde gebruikers toegang (access°) krijgen tot bepaalde gegevens of programmatuur.

access control method - *toegangsmethode* - Meestal genoemd: access method°.

access denied - *geen toegang* - Toegang geweigerd: een melding (message°) dat u geen toegang krijgt tot een bestand (file°) of directory°.

access key - *toegangstoets* - In Windows°, een lettertoets (key°) waarmee snel een keuze kan worden bewerkstelligd, bijvoorbeeld: T voor Tabs. ⇔shortcut key°

access method - *toegangsmethode, ..AM* - Een protocol°: hoe gegevens in een bestand worden opgezocht en hoe randapparatuur (peripheral°) of een netwerk wordt benaderd en dergelijke; zie ook: ..AM°. host access method°. Bijvoorbeeld: token passing° in token ring°, of CSMA/CD° in Ethernet°. Voluit: access control method°.

accessories - *toebehoren* - Extra voorzieningen zoals een geluidskap, een afdekplaat of een extra bak (tray) voor een printer. ⇔supplies°

accessory - *accessoire* - Een niet-esentieel hulpstuk om het gebruik van een functie of apparaat aantrekkelijker of eenvoudiger te maken.

access path - *toegangspad* - Hoe u toegang (access°) krijgt tot een specifiek bestand (file°), programma (program°), apparaat (device°) of een andere gebruiker (user°).

access provider - *aanbieder* - Toegangsleverancier: organisatie die alleen toegang verleent tot een netwerk, met name Internet°. De organisatie kan ook verdere diensten verlenen en wordt dan tevens een: service provider°.

access rate - *toegangssnelheid* - Snelheid (rate°) waarmee u toegang (access°) krijgt tot een bepaald bestand, programma, apparaat (device°) of een andere gebruiker.

access router - *access router* - Speciale Ethernet° router° voor filialen en dergelijke: is eenvoudig te installeren en te gebruiken; synoniem: boundary router°.

access switch - *toegangspoort* - Voorziening waarop verscheidene netwerken of apparatuur kan worden aangesloten, die fungeert als toegangspoort tot bijvoorbeeld een broadband° of packet° netwerk; zie ook: ATM switch°, Ethernet switch°.

access time - *toegangstijd* - De tijd die nodig is om toegang (access°) te krijgen tot een geheugen of vaste schijf (hard disk°), dus de tijd voordat u echt kunt beginnen. Chic synoniem: latency°.

access unit - *access unit* - Aansluitpunt op een token ring° netwerk, zie ook: MAU°.

account - *klant, klantenrekening* - **1.** Klant, zoals in: accountmanager (persoon die de relaties met een grote klant onderhoudt), large account (grote klant), key account°

(belangrijke klant), **2.** Klantenrekening: in de administratie. Zie ook: user account°.

accounting - *boekhouding* - Groep mensen die de inkomsten en uitgaven van een organisatie bijhouden. Ook: There is no accounting for tastes (Over smaak valt niet te twisten - die kan boekhoudkundig niet worden verwerkt). ⇔finance°

accounting information - *boekhoudkundige informatie* - Gegevens van de boekhouding (accounting°); in een multi-user°-systeem ook over het gebruik dat iedere gebruiker (user°) van het systeem maakt.

accounting rates - *verrekeningstarief* - De manier waarop de kosten van een internationaal telefoongesprek worden verdeeld tussen telefoonbedrijven. De verdeling is destijds vastgelegd door de ITU°, maar die werkt in het nadeel van landen met een goedkoop nationaal telefoontarief, zoals Zweden en de VS.

accounts payable - *crediteuren* - Nog te betalen posten in de boekhouding; ook: de afdeling die of het programma dat deze posten verwerkt. ⇔accounts receivable°

accounts receivable - *debiteuren* - Nog te ontvangen posten in de boekhouding; ook: de afdeling die of het programma dat deze posten verwerkt. ⇔accounts payable°

ACD {*ee* ·si·di} - *Automatic Call Distributor* - ACD: voorziening in een telefooncentrale (PABX°) die automatisch de op een groepsnummer binnenkomende gesprekken verdeelt over bepaalde interne toestellen, zodat klanten niet meer van het kastje naar de muur worden gestuurd. Wordt gebruikt in een: call center°.

ACE {ees} - *Advanced Computer Environment, Advanced Communications in Europe* - **1.** Een consortium van leveranciers die een systeemarchitectuur voor RISC°-computers (ARC°) definiëren, die op bronniveau (source code°) compatibel is met die van een Intel° PC; is opgericht in 1991 en een jaar later praktisch overleden, **2.** ACE: groep Europese telecommunicatiebedrijven (telco°) die breedbandverbindingen (broadband°) propageren, gesticht medio 1994 en gesponsord door de Europese Commissie. Letterlijk: ace (aas, ster).

ACID properties {eh·sid} - *Atomicity, Consistency, Isolation, Durability properties* - ACID kenmerken: gewenste eigenschappen van een transactie (transaction°), database° of (onderdeel van een) informatiesysteem: die een geheel moet zijn (on-deelbaarheid: niet gedeeltelijk worden uitgevoerd), steeds consistent moet zijn (consistentie: er mag geen twijfel bestaan over hun staat), op zichzelfstaand is (isolatie: onafhankelijk van andere onderdelen) en een permanente eindtoestand moet hebben (duurzaamheid: de informatie mag niet verloren raken of moet altijd gereconstrueerd kunnen worden). Houdt geen verband met: acid test°.

acid test - *vuurproef* - De geldigheid van een bewering onomstotelijk beproeven; zuur (acid) werd in de Middeleeuwen gebruikt om te bepalen of iets van goud was. Staat los van: ACID properties°. ⇔smoke test°

ACIS {ee·sis} - *American Committee for Interoperable Systems* - ACIS: de facto

CAD/CAM°-norm (geometry kernel) voor: 3D-modelling°.

ACK {ek} - *ACK* - Een besturingsteken in datatransmissie (data transmission°) om een goede ontvangst mee te bevestigen; is afgeleid van: acknowledge°. ⇔NAK°

acknowledge - *bevestigen* - Bijvoorbeeld de ontvangst van gegevens in een datatransmissie (data transmission°) protocol° of de ontvangst van een memo bevestigen; zie ook: ACK°.

ACL {*ee* ·si·el} - *Access Control List* - Lijst (list°) waarin staat vermeld wie toegang (access°) heeft tot welke bestanden, bijvoorbeeld in UNIX°.

ACM {*ee* ·si·em} - *Association for Computing Machinery* - ACM: Amerikaans genootschap voor informatica, gesticht in 1947 en gevestigd in New York. Hun bekende blad heet: Communications of the ACM.

acoustic coupler - *acoustic coupler* - Akoestische koppelingseenheid: apparaat dat aangesloten is op een computer, waarop een telefoonhoorn geplaatst kan worden voor datacommunicatie via een kieslijn (V.15°). Deze koppeling was populair tot 1968 omdat er geen elektrische verbinding voor nodig was; zie: Carterfone decision°, genoemd naar het bedrijf Carterfone (aansluitingen voor mobiele radio's op het telefoonnet) dat deze rechterlijke beslissing forceerde. De elektronische koppeling van een modem° werkt sneller en betrouwbaarder dan deze akoestische koppeling waarin bits in geluid worden omgezet en geluid weer terug in bits.

acquisition - *aanwinst, verwerving* - **1.** Aanwinst: gekochte goederen of bedrijven, **2.** Verwerving, bijvoorbeeld: knowledge acquisition° (kennisverwerving).

Acrobat - *Acrobat* - In 1993 door Adobe geïntroduceerde technologie voor elektronisch publiceren op verschillende platformen (platform°) die elektronische bestanden toont in de originele opmaak door middel van hun open PDF°-norm, vooral bedoeld voor: imaging°-toepassing. Op Internet° is HTML° de norm, mede vanwege World Wide Web°, en wellicht straks ook daarbuiten.

acronym - *acroniem* - Letterwoord, gevormd uit de beginletters van andere woorden, bijvoorbeeld: laser°; zie ook: PCMCIA°.

ACTA {ek·te} - *America's Carriers Telecommunication Association* - ACTA: vereniging van 130 Amerikaanse resellers (carrier°): die zich begin 1996 verzetten tegen de mogelijkheid om interlokaal te bellen via Internet° (VON°). ⇔ETNO°

ACTE {*ek* ·ti} - *Approvals Committee for Terminal Equipment* - Britse commissie die telecommunicatie-apparatuur goedkeurt.

action bar - *menubalk* - Balk (bar°) op het beeldscherm: waarin de opdrachten staan vermeld waaruit u kunt kiezen. De menubalk staat meestal boven in het paneel (panel°), soms horizontaal èn verticaal. (De beschikbare F-toetsen (F-key°) en hun betekenis staan meestal onderaan.)

action handle - *bewerkingsgreep* - Handvat (handle°) waarmee (een punt van) een tekening kan worden opgepakt en verplaatst; zie ook: anchor points°

activate - *activeren* - In gereedheid of tot leven brengen van een sessie (session°) of een programma, soms voor later gebruik, bijvoorbeeld door een knop in te drukken of een opdracht te geven. ⇔deactivate°

active - *actief, werk-* - **1.** Nu in gebruik zijnde, bijvoorbeeld: active file° (bestand), active window° (⇔inactive°); ook: active compression° (gedurende een overdracht waarbij compressie actief is), **2.** Ingrijpend waar nodig: bijvoorbeeld: active hub° (hub waarin het signaal wordt versterkt; ⇔passive°); ook: active equalization° (vereffening indien nodig), **3.** Onderdelen van een scherm of document (compound document°), een bestand (file°) of directory° waarmee direct kan worden gewerkt, dat actief is en niet eerst aangeroepen hoeft te worden. Zie ook: proactive°.

active cell - *actieve cel* - Vakje (cell°) van een spreadsheet° dat in gebruik is en waarin een gegeven of formule kan worden gewijzigd.

active file - *actieve file* - Bestand (file°) dat in gebruik is. Zie ook: closed file°, open file°. ⇔inactive file°

active filter - *actieve filter* - Een elektronisch filter° waarin gebruikt gemaakt wordt van een versterker om de werking te versterken. ⇔passive filter°

active hub - *actieve hub* - Knooppunt in een netwerk (hub°) waarin het signaal wordt versterkt en meestal verscheidene aansluitpunten aanwezig zijn. ⇔passive hub°

active matrix LCD {el·si·di} - *TFT* - LCD°-technologie die gebruik maakt van een transistor° voor elke stip en basiskleur (RGB°); zie: TFT°. Er zijn ook passieve (passive°) LCD-technologieën.

active window - *werkvenster* - In Windows°, het actieve venster (window°) dat geopend is en dat u direct kunt gebruiken om met zijn programma te communiceren. ⇔inactive window°

activity-based costing - *ABC* - Prijsberekening (costing°) op basis van de verrichte activiteiten (activity), niet op basis van wat het gebruik oplevert of wat de gek ervoor wil betalen; afgekort: ABC°.

ActiveX - *ActiveX* - Paraplunaam van Microsoft° voor een verzameling interfaces en ondersteuning ten behoeve Internet°-faciliteiten: API°s voor HTTP°, FTP°, gopher enz. Implementatie verwacht eind 1996. Heette vroeger: OCX°. Vanwege bezwaren van de concurrenten, met name Netscape°, gaat Microsoft voor de ontwikkeling hiervan een onafhankelijke organisatie oprichten: Open Group. In tegenstelling tot die in Java° geschreven zijn, hebben ActiveX-toepassingen geen vertolker (interpreter°) nodig - en werken zij daarom sneller - maar zij zijn wel onlosmakelijk verbonden met de Windows°-omgeving. Beide systemen kampen overigens met beveiligingsproblemen die nog groter zijn dan die met virussen (virus°). ⇔Java°

actor - *actor* - Medespeler: naam voor een object° in een object-georiënteerd (object-oriented°) systeem: ontvangt opdrachten, voert ze uit en communiceert. Komt vrijwel overeen met de snel populair wordende: agent°.

ACTS {ekts} - *Automated Computer Time Service, Advanced Communications Technology Satellite, Advanced Communications Technologies and Services* - **1.** ACTS: tijdklok in de VS die via een modem° kan worden uitgelezen, bereikbaar onder 303-494.4774; in Europa wordt de tijd vanuit Frankfurt via de radio uitgezonden (DCF77°), **2.** ACTS: een Amerikaanse satelliet, gelanceerd op 12 september 1993, voor het beproeven van digitale satellietcommunicatie, waaronder ISDN°-verbindingen en PCS°, **3.** ACTS: een researchproject op het gebied van geïntegreerde multimedia° via het paneuropese ATM netwerk tussen Manchester en Zweden/Finland, betaald door de EG.

AD {*ee* ·di} - *Analog-to-Digital* - Analoog-naar-digitaal, zie: A/D converter°.

Ada - *Ada* - Programmeertaal van het US Department of Defense uit 1980, gebaseerd op Pascal°: ISO/ANSI 1815A-1983; is genoemd naar Ada Byron, dochter van Lord Byron en de eerste 'programmeur' rond 1840 als assistente van Ch. Babbage (1791-1871). D.L. Moore schreef het boek *Ada, Countess of Lovelace* (Harper & Row, 1977). ⇔ADA°

ADA {ee·di·ee} - *Americans with Disabilities Act* - ADA: Anti-discriminatiewet voor Amerikanen met een handicap, in de VS geïntroduceerd in 1992 voor bedrijven met meer dan 25 werknemers; vereist veel aanpassingen en nieuwe voorzieningen in computersystemen. ⇔Ada°

ADAPSO {uh·*dep*·so} - *American Association of Data Processing Service Organizations* - Amerikaanse vereniging van grote computergebruikers, vergelijkbaar met de vroegere Nederlandse Cosso (Vereniging van Computer-, Service- en Softwarebureaus, brancheverenining voor informatietechnologie, nu met Vifka samen: Fenit).

adapter - *adapter* - Elektronische koppeling van randapparatuur, bijvoorbeeld: een printer; was gemonteerd op een insteekkaart (card°) van een PC of in een kast (controller°) van een groot computersysteem, nu op een module of een kaart in de mainframe°. Zie ook: AC adapter°, host adapter°, I/O adapter°, line adapter°, network adapter°, parallel adapter°, pocket adapter°, serial adapter°, SCSI host adapter°. ⇔adaptor°

adaptive compression - *adaptieve compressie* - Datacompressiemethode (data compression°) waarin de compressie-algoritme dynamisch wordt aangepast aan de inhoud van de te comprimeren gegevens, bijvoorbeeld: Lempel-Ziv coding°.

adaptive differential pulse code modulation - *ADPCM* - Zie: ADPCM°.

adaptive equalization - *adaptieve vereffening* - Automatische aanpassing (equalization°) van het transmissiesignaal aan de frequentiekarakteristiek (frequency°) van de verbindingslijn.

adaptive routing - *adaptive routing* - Dynamische vorm van routing°, waarbij het pad (path°) steeds wordt aangepast aan de toestand van de verbindingen in een netwerk.

adaptor - *ingebruiknemer* - Bedrijf dat een computertechniek invoert, letterlijk: adopteert. Men spreekt ook van: early adaptor (pionier). ⇔adapter°

ADC {ee·di·si} - *Analog/Digital Converter, American Digital Cellular* - **1.** ADC: schakeling die analoge signalen omzet naar digitale (A/D converter°), **2.** ADC: synoniem van D-AMPS, de digitale versie van AMPS°.

A/D converter {ee·di} - *Analog/Digital converter* - A/D-omzetter: schakeling die analoge signalen omzet naar digitale (ADC°) en omgekeerd (DAC°). ⇔D/A converter°

add - *optellen, toevoegen* - **1.** Twee getallen, signalen en dergelijke bij elkaar optellen; zie ook: adder° (⇔subtract°), **2.** Tekst, informatie of een bestand (file°) aan iets toevoegen.

addend - *opteller* - Getal dat bij een ander getal (augend°) wordt opgeteld (add°), wat een totaal (sum°) oplevert. ⇔augend°

adder - *opteller* - Basisonderdeel van een ALU° dat binaire getallen (number°) optelt (add°), vroeger een belangrijk punt van discussie.

add-in - *invoeg-, uitbreiding* - **1.** Een functie of macro° die wordt ingevoegd, **2.** Uitbreiding in een computersysteem of programma; praktisch synoniem: add-on° (maar dit betreft meestal kleinere eenheden).

addition - *optelling, samenvoeging* - Twee of meer dingen die bij elkaar worden gevoegd of opgeteld. Verder: in addition to (naast), additional (bijkomend).

add-on - *hulp-, uitbreiding* - Vergroting van een computersysteem of programma; synoniem: add-in° (maar dit betreft meestal grotere eenheden).

address - *adres, adresseren, aanpakken* - **1.** Adres: op een envelop of e- mail°-bericht; ook: Internet address°, return address°, **2.** Adresseren: het adres op een brief afdrukken, **3.** Aanpakken: een probleem, **4.** Adres: a) van een geheugenpositie (memory address°, base address°, I/O address°), b) van een sector° op een disk°, c) van een gebruiker in een netwerk en dergelijke. Ook: toespreken (PA°).

addressable - *adresseerbaar* - Eigenschap van een apparaat of voorziening waarin bepaalde delen d.m.v. adressering (addressing°) aangeroepen kunnen worden, bijvoorbeeld het uitlezen van een geheugenpositie, sensor° of apparaat op een bus° middels zijn adres, het doorlaten van een specifiek televisieprogramma in een set-top box° enz.

addressee - *geadresseerde* - Naam van persoon aan wie een brief of bericht (e-mail°) is gericht of het user ID° waarvoor een bestand (file°) is bestemd. ⇔sender°

addressing - *adresseren* - Het aangeven van een adres (address°) van een gewenst object of geheugenpositie (memory address°), bijvoorbeeld: direct (absolute address°, direct addressing°, het echte adres), indirect (indirect addressing°: verwijzing naar een plaats, lijst of index° (indexed°) waar het echte adres staat) of relatief (relative addressing°). In Internet°: dotted decimal addressing°.

address line - *adreslijn* - Een enkele verbinding met het geheugen, gebruikt voor het adresseren (address°) van woorden (word°) in het geheugen (memory°, A20°) of van apparaten (device°) aangesloten op een bus°.

address space - *adresruimte* - Het aantal bytes dat door een programma kan worden geadresseerd (address°) in het geheugen of op disk°; is afhankelijk van het programma en van de processor°: op disk 4 GB° met een 80386 of 1024 KB° geheugen voor het vroegere DOS°. Zie echter ook: IPrg°.

ad hoc query - *ad hoc query* - Een niet-voorgeprogrammeerd verzoek voor de opvraag (query°) van gegevens in bijvoorbeeld een relationele (RDBMS°) database°. ⇔stored procedure°

adjacent - *aangrenzend* - Naast elkaar gelegen: twee woorden, adressen (address°) of figuren op het beeldscherm.

adjust - *aanpassen* - Een waarde, instelling (setting°) of stand van een regeling veranderen voor nieuwe omstandigheden. Als zelfstandig naamwoord: adjustment (aanpassing). In mechanisch verband: regelen, bijvoorbeeld door middel van een klep.

AD/M {ee·di·em} - *Application Development and Maintenance* - Toepassingsontwikkeling en -onderhoud, AD/M: algemene benaming voor het ontwikkelen (development°) en onderhouden (maintenance°) van toepassingsprogramma's (application°).

administrator - *beheerder* - **1.** Database administrator, DBA°: beheerder van de definities en betekenissen van de gegevens in een database°, niet van de juistheid van de gegevens die daarin zijn opgeslagen, **2.** Project administrator: beheerder van een project° dat elders wordt uitgevoerd, **3.** System administrator: beheerder van een informatie- of toepassingssysteem (system°), **4.** Netwerkbeheerder (network administrator°).

Adobe type manager - *ATM* - Zie: ATM°.

ADP {ee·di·pi} - *Automatic Data Processing* - Verouderde term voor gegevensverwerking (data processing°, zie: automatic°); heet nu EDP° (Electronic Data Processing).

ADPCM {ee·di·pi·si·em} - *Adaptive Differential Pulse Code Modulation* - ADPCM: CCITT° (nu: ITU-T°)-techniek om analoge spraak digitaal te coderen (compression°) voor een 32 kbps° kanaal (channel°), de helft van 64 kbps° die normaal nodig is (CCITT norm G.721, nu van ITU-T°), o.a. gebruikt voor CD-ROM XA°; is afgeleid van DPCM°. Embedded-ADPCM (G.727) codeert zelfs tot 16 kbps. Wordt gebruikt bij hoge trunk-snelheden, bijvoorbeeld in combinatie met: frame relay°.

ADSI ({ee·di·es·ai} - *Analog Display Services Interface* - ADSI: Amerikaans protocol°, ontwikkeld door Bellcore° in 1992, voor extra voorzieningen die een telco° kan realiseren via bestaande (internationale) telefoonnetwerken; normaal zouden deze voorzieningen, zoals IVR° en caller ID°, alleen mogelijk zijn over digitale verbindingen. Zie ook: screen phone°. Niet verwarren met ADSL°.

ADSL {ee·di·es·el} - *Asymmetric Digital Subscriber Loop* - ADSL: Amerikaans voorstel voor de digitalisering van de lokale telefoonaansluiting (local loop°) met een snelheid van 2-6 megabit/s over 2-4 km, afhankelijk van de afstand; werkt asymmetrisch waardoor er sneller informatie van een centrale naar een huisaansluiting kan worden verzonden dan omgekeerd. Een nadeel van ADSL is dat het niet kan worden gebruikt voor een (wel symmetrische) ISDN°-spraakverbinding. Schept in combinatie met MPEG° de mogelijkheid van video-on-demand°. Gebruikt het modulatiesysteem: carrierless amplitude/phase (CAP°, ⇔DMT°). Verder is er ook nog: DSVD° voor samenwerken in een project. Niet verwarren met ADSI°. ⇔HDSL° ⇔RADSL° ⇔SDSL° ⇔VDSL°

advanced - *geavanceerd* - Kwalificatie die vaak gebruikt wordt voor de nieuwe versie van een programma of technologie.

advanced computer environment - *ACE* - Zie: ACE°.

advanced interactive executive - *AIX* - Zie: AIX°.

advanced manufacturing technology - *AMT* - Zie: AMT°.

advanced micro devices - *AMD* - Chipsbakker, zie: AMD°. ⇔Intel°

advanced peer-to-peer networking - *APPN* - Zie: APPN°.

advanced photo system - *APS* - Zie: APS°.

advanced run-length limited - *ARLL* - Zie: ARLL°, een nieuwe vorm van RLL°-compressie.

advanced technology - *AT* - Zie: AT°.

aerial - *antenne, lucht-* - **1.** Antenne: nodig voor mobiele (mobile°) toepassingen; Engelse benaming voor: antenna°, **2.** Lucht-, zoals in: luchtfoto.

AES {ee·ie·es} - *Audio Engineering Society* - AES: vereniging van geluidsingenieurs (audio°).

AF {ee·ef} - *Audio Frequency* - Audiofrequentie (frequency°): het hoorbare frequentiespectrum (audio°).

affordable - *betaalbaar* - Modewoord voor redelijk geprijsd; aanduiding voor een apparatuur- of programmatuurprijs die u zich kunt veroorloven.

AFIPS {ee ·fips} - *American Federation of Information Processing Societies* - AFIPS: Amerikaans verbond van verenigingen op het gebied van informatieverwerking; zie ook: IFIP°.

AFS {ee·ef·es} - *Andrew File System* - AFS: voorgestelde opvolger en verbeterde versie van het nu gangbare NFS°, ontwikkeld door Carnegie-Mellon University (CMU°) voor UNIX°-systemen. ⇔NFS°

AFSK {ee·ef·es·kee} - *Automatic Frequency Shift Keying* - Automatische vorm van FSK°. ⇔MFSK°

aftermarket - *vervolgmarkt* - De markt die ontstaat door de verkoop van een computer of printer: omdat klanten programmatuur of benodigdheden (supplies°) gaan kopen. ⇔aftersales°

afterpress - *afterpress* - Alle werkzaamheden aan drukwerk nadat het is gedrukt: verzamelen, vouwen, hechten, banderolleren enz. ⇔prepress°

aftersales - *aftersales* - Alle activiteiten ná de feitelijke verkoop van een product of dienst, bijvoorbeeld: ondersteuning (support°) en service°. ⇔aftermarket° ⇔presales°

agc {ee·dji·si} - *Automatic Gain Control* - Automatische sterkteregeling: die de signaalsterkte constant houdt; wordt toegepast in radio-ontvangers of een modem°. Wordt ook met hoofdletters geschreven: AGC.

agenda - *agenda* - Agenda, bijvoorbeeld van ambulante medewerkers in een informatiesysteem, zodat de secretaresse kan zeggen: ik kijk even in zijn agenda. Ook: hidden agenda (verborgen agenda).

agent - *agent* - Werktuig, middel, programma (bijvoorbeeld: user agent°, MTA°) dat of persoon die bepaalde taken verricht; is vergelijkbaar met: broker° (makelaar). Bijvoorbeeld: WebCompass, dat het Internet afschuimt op zoek naar gespecificeerde informatie (http://www.qdeck com/). Een agent kan passief (passive°) zijn (alleen ingrijpen in bepaalde situaties) of actief (active°: zelf initiatieven nemen of zichzelf aanpassen). Is een meestal onzichtbare vorm van: avatar°. Een bekende promotor is prof. Patti Maes (MIT°), Agents, Inc. Soms: intelligent agent (agent die meer doet dat men verwacht). Zie ook: binding agent°, mobile agent°.

aggregate - *samengesteld, samenstelling, totaal* - Term die vaak wordt gebruikt in verband met gestructureerde gegevens: data aggregate° (gegevenstotaal) of een verzameling gegevens in een database°. Nu ook gebruikt in verband met de totaal beschikbare bandbreedte (bandwidth°). Wordt ook gebruikt als werkwoord: samenvoegen.

aggregate bandwidth - *totale bandbreedte* - Door switching° kan de capaciteit van een netwerk sterk vergroot worden en aan iedere gebruiker theoretisch de volle capaciteit beschikbaar worden gesteld als de centrale switch maar snel genoeg is. Met N gebruikers wordt de totale (aggregate°) bandbreedte (bandwidth°) dan bijvoorbeeld Nx10 Mbit/s (Ethernet-switching°).

aggregation - *samenvoeging* - Een alternatief voor overerving (inheritance°): waarbij een extra pointer° wordt gebruikt naar een hoger gelegen object°, bijvoorbeeld de maandelijkse verkoop is de som van de dagelijkse verkopen in een maand.

aging - *aging* - Transacties uit een database° groeperen per datum: bijvoorbeeld om te zien wie niet op tijd heeft betaald.

AI {ee·ai} - *Artificial Intelligence* - AI (artificial intelligence° - 'kunstmatige intelligentie'): de poging om kleine stukken menselijke intelligentie in een computer na te bootsen; twee daarvoor veel gebruikte talen zijn LISP° (in de VS) en

PROLOG° (in Europa). Sommigen zeggen dat AI ook betekent: Absolutely Impossible (absoluut onmogelijk). Bij de Macintosh°: een indeling (format°) voor illustraties voor Adobe Illustrator.

aids - *hulpmiddelen* - Procedures, programma's, templates (template°) enzovoort: die gebruikt kunnen worden voor het ontwerpen, testen of gebruiken van een computersysteem of onderdelen daarvan; zie ook: service aids°.

AIIM {eem} - *Association for Information and Image Management* - AIIM: oorspronkelijk Amerikaanse vereniging voor beeldinformatieverwerking, sinds 1994 genoemd AIIM International, met afdelingen in Europa. Zij houden een grote jaarlijkse beurs.

AIN {ee·ai·en} - *Advanced Intelligent Network* - AIN: Amerikaanse versie van een IN°, ontwikkeld door Bellcore°, volgend op eerder mislukte IN/1 en IN/2 pogingen.

airway bill - *AWB* - Zie: AWB°.

AIX {ee·ai·ex} - *Advanced Interactive eXecutive* - De UNIX°-versie van IBM°. Volgens sommigen: AIn't Unix (Is geen Unix). Midden 1995, draagt de nieuwe versie (release°) het nummer 4.1. Door de toepassing van een dynamische kernel° wordt plug-and-play° mogelijk. ⇔A/UX°

AL (ee·el} - *Artificial Life* - AL (kunstmatig leven): het nabootsen van leven in een computer (artificial life°) via een genetische algoritme (genetic algorithm°).

alarm - *geluidssignaal* - Teken dat een opdracht voor een PC niet kan worden uitgevoerd.

alert box - *waarschuwingsvenster* - Een soort venster (dialog box°) met een bericht voor de gebruiker: dat hij mogelijk iets onherstelbaars gaat doen, waarop hij of zij alert moet zijn. Het systeem vraagt daarom om een bevestiging (confirm°, OK) of annuleren (cancel°).

Algol {*el* ·gkol} - *ALGOrithmic Language* - Algol: wetenschappelijke programmeertaal ontstaan rond 1958; is een voorganger van Pascal°; de laatste versie heet Algol68 uit 1968.

algorithm - *algoritme* - Vaste uitvoeringsprocedure met expliciete instructies om een specifiek probleem op te lossen; de term en het begrip zijn afkomstig uit Perzië (nu: Iran) rond 800 na Chr.; zie ook: genetic algorithm°. ⇔heuristic°

alias - *alias, synoniem* - Verschillende namen verwijzen naar hetzelfde begrip (synonym°) of dezelfde plaats in een programma. ⇔anti-aliasing° ⇔homonym°

aliasing - *aliasing* - **1.** Een korte naam (alias°) gebruiken voor een complexe opdracht, **2.** Trapjeseffect in bitpatronen (bitmap°) van diagonale contouren: ontstaat door digitalisatie en wordt tegengegaan door anti-aliasing° technieken.

align - *op een rij zetten, uitlijnen* - **1.** Bedrijfsmiddelen of afdelingen op een rijtje zetten; zie ook: realign°, **2.** Een regel rechts, links, gecentreerd of decimaal uitlijnen, **3.** De lijnen in een tekening of objecten in een figuur uitlijnen, bijvoorbeeld met behulp van een rooster (grid°), **4.** Een leesvoorziening uitlijnen.

alignment - *het op een rij zetten, uitlijning* - Bijvoorbeeld links- of rechtsgelijnd, of aan de hand van een uitlijntab (alignment tab) op een komma of punt (decimal aligning°); zie: align°. In tekstverwerking, synoniem: justification°. In Windows°: uitlijning.

alive - *in leven* - Nog werkend, zie: ping°. Ook: In an Opendoc° document° all parts are alive (In een Opendoc document worden alle elementen continu bijgehouden - bijvoorbeeld de tijd of prijzen).

all caps {keps} - *all capitals* - Hoofdletters: tekst schrijven met uitsluitend hoofdletters (upper-case°).

alliance for strategic token ring advancement and leadership - *Astral* - Zie: Astral°.

allocate - *toewijzen* - Een eenheid of ruimte reserveren, bijvoorbeeld: memory allocation°, resource allocation°. Een reservering intrekken heet: deallocate°; een reservering veranderen heet: reallocate°; niet toegewezen aanvraag: unallocated°. ⇔assign°

allocation - *toewijzing* - De algemene toewijzing van bijvoorbeeld toegang (access°) of adressen (dynamic address allocation°) of de specifieke toewijzing van een bepaalde ruimte of tijd (slot°)

allocation unit - *toewijzingseenheid* - Eenheid waaraan ruimte voor gegevens wordt toegewezen, op een disk° bijvoorbeeld het aantal sectoren (sector°) dat een cluster° vormt, enzovoorts.

all points addressable - *APA* - Zie: APA°.

Alpha - *Alpha* - Snelle, geavanceerde 64-bit° RISC°-technologie van Digital°.

alphabetic - *alfabetisch* - Betreffende letters en leestekens.

alphameric - *alfanumeriek* - Amerikaans-Engels voor: alphanumeric°. ⇔numeric°

alphanumeric - *alfanumeriek, A/N* - Kenmerk van gegevens die bestaan uit louter cijfers, letters en leestekens (A/N°), geen bitmap°. ⇔numeric°

alpha test - *alpha-test* - Nieuwe, meestal onrijpe, programmacomponenten laten uitproberen door collega's, die daarmee niet zo blij zullen zijn. Gaat vooraf aan een bèta-test (beta test°).

Alt {olt} - *ALTernative* - Alt: toets (key°) op een PC-toetsenbord, die andere toetsen een andere betekenis geeft, bijvoorbeeld in Windows°: Alt-F4 sluit een programma of Windows af. Is een zelfde type toets als: Ctrl°, Shift°. Zie ook: Alt-Tab°.

Altair - *Altair* - Zie: MITS Altair°.

Alta Vista - *Alta Vista* - Uitgebreide en snelle zoekdienst van Digital° op Internet°: http://www.altavista.digital.com/. Is nu ook de naam van diverse intranet° voorzieningen van Digital, waaronder: e-mail°, forum°, firewall°.

alter - *veranderen, wijzigen* - Modificeren van gegevens, parameters (parameter°) of een toewijzing (assignment°).

alternate - *verwisselen, afwisselen* - Alterneren, bijvoorbeeld tussen twee I/O°-eenheden; zie: alternating current°, alternative°.

alternating current - *AC* - Zie: AC°.

alternative - *Alt, alternatief* - **1.** Zie: Alt°, **2.** Alternatief: een andere mogelijkheid of set°.

Alt-Tab {olt·teb} - *Alternative-Tabulate* - In Windows°, toetscombinatie (Alt°, Tab°) waarmee kan worden geschakeld tussen een toepassing (application°) en Windows of tussen Windows en DOS°. ⇔Ctrl-Esc°

ALU {ee·el·joe} - *Arithmetic and Logical Unit* - ALU: het rekenkundige en logische hart van een computer.

Alvey programme - *Alvey-programma* - Brits onderzoeksprogramma (program°) op het gebied van computers en informatica, gestart in 1983 onder leiding van J. Alvey en afgebouwd na 1987.

a.m. {*ee*·em} - *ante meridiem* - a.m.: vóór de middag, gebruikt bij een tijdsindeling van 12 uur in plaats van 24, zie: 12-hour clock°. ⇔p.m.°

AM {*ee*·em} - *Ante Meridiem, Amplitude Modulation* - **1.** AM, zie: a.m.° (⇔PM°), **2.** Amplitudemodulatie: door de amplitude van een draaggolf (carrier°) te variëren (⇔FM°, ⇔PM°); zie ook: QAM°.

—AM -{ee·em} - ... ... *Access Method* - AM: toegangsmethode voor bestanden, netwerken enzovoort, bijvoorbeeld: BTAM°, ISAM°, VSAM°.

ambient conditions - *omgevingsvoorwaarden* - Het toegestane bereik van temperatuur en relatieve vochtigheid (relative humidity°), belangrijk voor elk papiertransport; wordt ook gebruikt in verband met verlichting van de werkplek.

ambiguous - *ambigu* - Dubbelzinnig: bijvoeglijk naamwoord; zie: ambiguity°.

ambiguity - *ambiguïteit* - Dubbelzinnigheid, een kenmerk van natuurlijke talen doordat veel woorden meer dan één betekenis hebben.

AMD {ee·em·di} - *Advanced Micro Devices* - AMD: Amerikaanse chip°-fabrikant, concurrent van: Intel°.

Amdahl's law - *Wet van Amdahl* - G. Amdahl stelde in de jaren 70: Als er meer processoren in een systeem parallel werken, neemt de rekencapaciteit minder dan evenredig toe; ze gaan steeds meer elkaar dwarszitten en bezighouden in plaats van nuttig werk te doen (als in een bureaucratie). Dit effect is volledig af-hankelijk van (a) de mate van koppeling (shared memory°, shared disk°) en (b) van de aard en snelheid van de koppelingsfaciliteit. De wet gaat in ieder geval niet op voor massaal-parallelle (massive parallel°) systemen waarin niets wordt gedeeld.

American association of data processing service organizations - *ADAPSO* - Zie: ADAPSO°.

American committee for interoperable systems - *ACIS* - Zie: ACIS°.

American national standards institute - *ANSI* - Zie: ANSI°.

American standard code for information interchange - *ASCII* - Zie: ASCII°.

Americans with Disabilities Act - *ADA* - Zie: ADA°.

American wire gauge - *AWG* - Zie: AWG°.

America's carriers telecommunication association - *ACTA* - Zie: ACTA°.

amodality - *amodaliteit* - Niet aan één werkwijze (mode°) gebonden: de mogelijkheid om in een dialoog (dialog°) een andere werkwijze te kiezen.

amp {emp} - *Ampère, amplifier* - **1.** A: eenheid van elektrische stroomsterkte, **2.** Versterker: meestal analoog; bijvoorbeeld: op-amp°. Met hoofdletters, AMP: bedrijf in elektronische componenten (ooit: Aircraft & Marine Products).

Ampere - *A, Ampère* - Zie: A°.

ampersand - *ampersand, &* - En-teken: een samentrekking van de letters 'e' en 't', bijvoorbeeld gebruikt in: AT&T°, R&D°; die ook voor andere doeleinden wordt gebruikt, bijvoorbeeld in de naam van een variable°: &NAAM. Vroeger betekende '&c': etcetera (enzovoorts). Zie verder de lijst met veelgebruikte termen achterin dit boek.

amplifier - *amp* - Versterker: elektronisch apparaat dat of schakeling die signalen versterkt; zie ook: op-amp°, operational amplifier°, preamp°, preamplifier°; synoniem: booster°

amplitude - *amplitude* - De grootte of afwijking van een schommelende grootheid, bijvoorbeeld van een slingerbeweging of elektrisch signaal.

amplitude modulation - *AM* - Zie: AM°, amplitude°, modulation°.

amplitude shift keying - *ASK* - Zie: ASK°, amplitude°, shift keying°.

AMPS {emps} - *Advanced/American Mobile Phone System* - AMPS: Amerikaans cellulair (cellular°) mobiel (mobile°) telefoonsysteem ontwikkeld door AT&T° op basis van FDM°. De digitale versie heet: D-AMPS° of ADC°; zie ook: NAMPS°.

AMT {ee·em·ti} - *Advanced Manufacturing Technology* - AMT: algemene term voor nieuwe productietechnologieën, zoals: CIM°, CNC°.

A/N {ee·en} - *AlphaNumeric* - Alfanumeriek (alphanumeric°, alphameric°): gegevens die bestaan uit cijfers, letters en leestekens. ⇔numeric°

analog - *analoog* - Kenmerk van grootheden of gegevens die in principe elke willekeurige waarde kunnen aannemen. ⇔digital°

analog computer - *analoge computer* - Computer die met analoge operationele versterkers (op-amp°) werkt in plaats digitaal zoals nu gebruikelijk is; werd gepropageerd toen digitale schakelingen erg kostbaar waren; wordt nu alleen nog gebruikt in neurale netwerken (neural net°). ⇔digital computer°

analog/digital converter - *A/D*-omzetter - Schakeling die analoge signalen omzet naar digitale (ADC°) en omgekeerd (DAC°).

analog modem {moo·dem}- *analog modulator/demodulator* - Analoge (analog°) modem°: het conventionele type. ⇔cable modem° (CATV°) ⇔digital modem° (terminal adapter° voor ISDN°)

analog recording - *analoge opname* - Informatie analoog (analog°) vastleggen op een magnetische drager (disk°, tape°); wil zeggen continue met verscheidene waarden, niet op discrete plaatsen met discrete waarden (digital recording°).

analog signal - *analoog signaal* - Signaal (signal°) dat een onbeperkt aantal waarden (analog°) kan aannemen. ⇔digital signal°

analogy - *analogie* - Vastgestelde overeenkomst die als basis wordt gebruikt voor een redenering, conclusie of uitleg. Vergelijkbaar met: metaphor°.

analysis - *analyse* - Onderzoek van een werksituatie van een systeem of van gegevens die moet worden geïnformatiseerd, onafhankelijk van het huidige ontwerp of uitvoering. Analysis leads to paralysis (Analyse leidt tot verlamming - wanneer u door de gevonden bomen het bos niet meer kunt zien). Zie ook: finite-element analysis°, Fourier analysis°, regression analysis°, requirements analysis°, risk analysis°, structured analysis°, system analysis°, task analysis°.

analyst - *analist* - Listig persoon die door middel van een analyse (analysis°) achter de werkelijke vereisten (requirements°) van de gebruikers of van een systeem moet zien te komen.

analyst workbench - *AWB* - Zie: AWB°, workbench°.

analyzer - *meetinstrument* - Zie: protocol analyzer°.

anchor - *fixeren, fixeerpunt* - **1.** Verankeren: een illustratie bij een stuk tekst enzovoort, **2,** Punt (anchor points°) waarmee een illustratie kan worden gefixeerd..

anchor cell - *ankercel* - In een spreadsheet°, de eerste vaste cel (cell°) van een reeks gerelateerde cellen.

anchor points - *ankerpunten* - Fixeerpunten rond een elektronische tekening, waarmee u hem kunt verplaatsen of verankeren met behulp van een handle°.

ancillary equipment - *randapparatuur* - Zie: auxiliary equipment°.

AND - *AND, EN* - Boole-operator (operator°) voor logische bewerkingen, zoals in: AND-gate° (AND-poort); zie ook: OR°, NOT°.

Andrew file system - *AFS* - Zie: AFS°.

angle - *hoek* - Hoek tussen twee lijnen, aangegeven in graden (°) of radialen (radian°).

angle brackets - *punthaken, vishaken, <>* - Groter-dan (gt°) en kleiner-dan tekens gebruikt als haak: in combinatie gebruikt om een speciale betekenis aan de inhoud ertussen in of erachter aan te geven, zie bijvoorbeeld: HTML°.

angstrom - *Ångström* - Å: Lengte-eenheid van 10^{-10} meter, een tienmiljoenste mm, genoemd naar A.J. Ångström (1814-74); de golflengte van licht ligt tussen 4000 en 7500 Å; nu worden meestal nanometers (nano...°) gebruikt, die gelijk zijn aan 10 Å.

ANI {ee·ni} - *Automatic Number Identification* - ANI: functie van ISDN° waardoor het nummer van de beller of afzender zichtbaar kan worden gemaakt of geregistreerd; zie ook: CLI°, CLIP°, CLIR°. Als extensie (extension°): ANI(mated) (bestand voor het creëren van een geanimeerde cursor°).

animated button - *animated button* - Drukknop (button°) waarvan de vorm even verandert (ingedrukt wordt, zie: animation°) als u er op klikt (mouse°).

animation - *animatie* - In multimedia°, een beweging suggeren met enkele beelden. ⇔full-motion video°

annotation - *annotatie, aantekening* - Ten behoeve van collega's in een elektronische tekst verklarende aantekeningen maken, die u al dan niet kunt afdrukken of naar verwijzen; ook: audio of voice annotation° (gesproken aantekeningen).

anode - *anode* - Positieve pool: van een batterij, diode°, transistor° of elektronenstraalbuis (cathode ray tube°, CRT°). ⇔cathode°

anonymous - *anonymous* - Anoniem: zonder user ID° of wachtwoord (password°) als gast inloggen op een Internet° host° door 'anonymous' op te geven als user ID, bijvoorbeeld via: FTP°, WWW°. De namen en lokaties vindt u met: Archie°.

anonymous FTP {ef·ti·pi} - *anonymous File Transfer Protocol* - Anonymous FTP: techniek om via FTP° anoniem (zonder registreerde gebruikersnaam: user ID°) bestanden op te halen uit een andere computer; de hierbij gebruikte naam is: anonymous (anoniem).

ANS {-} - *ANSI* - ANS: extensie (extension°, .ANS) van een ANSI° grafisch bestand (file°) dat kan worden afgebeeld via ANSI.SYS°.

ANSI {*en* ·si} - *American National Standards Institute* - ANSI: Amerikaans normalisatie-instituut, vergelijkbaar met het Nederlands Normalisatie-instituut; heette vroeger: ASA°. Zie ook: ANSI X.3°

ANSI C {*en* ·si·si} - *American National Standards Institute C* - Door ANSI° genormeerde versie van de programmeertaal C°.

ANSI escape sequence {*en* ·si} - *American National Standards Institute escape sequence* - Opdrachten in DOS° die beginnen met het escape-teken (ESC°, code°); zijn genormaliseerd door ANSI° en veranderen de werking van het toetsenbord (keyboard°), het beeldscherm (screen°) of de printer van een Intel°-PC; vereist de installatie van het ANSI.SYS° stuurprogramma (driver°).

ANSI-SPARC {*en* ·si·spark} - *American National Standards Institute-Systems Planning And Requirements Committee* - ANSI-SPARC: ANSI°-commissie die een drielaags database°-architectuur definieerde: conceptual schema°, external schema en internal schema. Niet verwarren met: SPARC° (een RISC°-architectuur).

ANSI.SYS {*en* ·si·dot·sis} - *ANSI.SYS* - Naam van een stuurprogramma (device driver°) in DOS° of OS/2° die ervoor zorgt dat een beeldscherm (monitor°) enzovoort zich gedraagt conform ANSI°-normen; moet worden aangegeven in de CONFIG.SYS° van een Intel° PC.

ANSI terminal {*en* ·si} - *ANSI-terminal* - Asynchrone terminal° die werkt volgens ANSI°-protocollen (protocol°); is de meest gebruikte terminal(- emulatie); werkt bijna als een VT..° van Digital°. ⇔ASCII° terminal°

ANSI X.3 {*en* ·si} - *American National Standards Institute X.3* - ANSI°-commissie met subcommissies die normen ontwikkelt voor de informatieverwerking (Information Processing).

antenna - *antenne* - Voorziening voor het uitzenden (transmit°) en/of ontvangen (receive°) van radiosignalen.

anti-aliasing - *anti-aliasing* - Verzamelnaam voor technieken om gedigitaliseerde diagonale contouren scherper en gladder af te beelden, bijvoorbeeld: dithering°. Door digitalisatie worden diagonale contouren rafelig (jaggies°), en die rafels kunnen door anti-aliasing technieken worden gladgestreken (⇔alias°).

antivirus - *vaccine* - Programma dat virussen (virus°) ontdekt en onschadelijk maakt.

antonym - *antoniem* - Woord met een tegengestelde betekenis. ⇔synonym°

any-to-any - *any-to-any* - Iedereen naar iedereen: aanduiding dat iedereen de mogelijkheid heeft met alle anderen in contact te komen, zoals bijvoorbeeld in het openbare telefoonnet. Alles met alles: aanduiding dat men vanuit elk programma, elke toepassing (application°) enz. de mogelijkheid heeft om elke andere aan te spreken of te gebruiken; een gecompliceerde zaak vanwege al het oud zeer (legacy°). Verschilt van: end-to-end°.

AOL {ee·oo·el} - *America OnLine* - Populaire, commerciële Amerikaanse netwerkdienst, vergelijkbaar met CompuServe°, waarvan inmiddels ook ook een Europese versie van zijn gekomen: Europe Online, die op de wip staat. ⇔CompuServe° ⇔Source, The°

AP {ee·pi} - *Attached Processor* - AP: processor°, meestal zonder I/O°- apparatuur, die is gekoppeld aan de hoofdprocessor of een verbinding, gebruikt om bepaalde functies te verrichten. ⇔MP°

APA {ee·pi·ee} - *All Points Addressable* - APA: eigenschap van printers die alle punten van een rasterbeeld (bitmap°) naar willekeur kunnen afdrukken (letterlijk: allemaal 'adresseerbaar' zijn en dus kunnen worden ingesteld).

aperture - *opening* - Bijvoorbeeld van een lens; zie ook: aperture card°.

aperture card - *vensterponskaart* - Ponskaart met 80 kolommen waarin een stuk microfilm is gemonteerd; de ponsingen vergemakkelijken het sorteren en selecteren van een kaartenbak.

API {ee·pi·ai} - *Application Program Interface* - API: algemene aanduiding voor de interface° (koppeling) tussen systeemprogramma's en toepassingen in één of twee computers, bijvoorbeeld: APPC°, BSD socket°, LU6.2°, Posix°, RPC°, Spec 1170°. Nederlandse uitspraak: {aa·pie}, meervoud: {aa·pies}.

APL {ee·pi·el} - *A Programming Language* - APL: een compacte programmeertaal (language°), ontworpen door K.E. Iverson rond 1960, die vooral geschikt is voor rekenwerk; is meestal voorzien van een interpreter°; gebruikt speciale tekens en vereist daarom een aangepast toetsenbord en beeldscherm. Iverson heeft een nieuwe taal - J° - bedacht met dezelfde opzet als APL, maar zonder speciale tekens en werkend onder Windows°.

APM {ee·pi·em} - *Advanced Power Management* - APM: Microsoft°/Intel°-norm voor het energiebeheer in een notebook°, ondersteund in DOS° vanaf release° 6.0.

apostrophe - *apostrof,* ' - Enkel 'aanhalingsteken': dat ook wel enkel wordt gebruikt in namen, bijvoorbeeld: O'Reilly.

app {ep} - *application* - Toepassing (application°), bijvoorbeeld: killer app°. Meervoud: apps° {eps}.

APPC {ee ·pi·pi·si} - *Application Program-to-Program Communication* - APPC: IBM°-protocol° voor de uitwisseling van gegevens tussen toepassingsprogramma's, nieuwe naam voor: LU6.2°. Heet bij andere leveranciers: Applica-tion Peer-to-Peer Communication; zie echter ook: APPN°.

appearance - *vorm* - Verschijningsvorm, bijvoorbeeld van een font° of van een figuur of voorwerp in 3D°.

append - *append, toevoegen* - Een bestand of een deel daarvan toevoegen aan een ander bestand, meestal achteraan; in DOS° aangegeven met: >>(gt°); is ook een DOS°-opdracht (command°).

appendix - *bijlage* - Plaats voor extra informatie achterin in een boek.

Apple - *Apple* - PC-leverancier van onder andere de Macintosh° (Mac°); is gevestigd in 1976 door Steve Jobs en Steve Wozniak en begin 1996 na tegenvallende resultaten verkocht aan Sun°: de appeltjes worden zonnig. Directeur J. Sculley werd opgevolgd door M. Spindler, die inmiddels is opgevolgd door G. Amelio. Voor Apple Event, zie onder: event°. De hap uit het veelkleurige appeltje is toegevoegd om het logo wat spannender te maken. Dit symbool is mogelijk gekozen vanwege de associatie met de slang-term: apple (uitgaanscentrum), bijvoorbeeld: Big Apple (New York City).

applet - *applet* - Kleine hulpprogramma's die bij een besturingssysteem (operating system°) worden geleverd, bijvoorbeeld voor faxen (fax°). Nu de basis voor: Java°. Een slecht geschreven of onbruikbare applet: crapplet°.

Apple unix - *A/UX* - Zie: A/UX°, UNIX°.

application - *toepassing (applicatie), aanvraag* - **1.** Combinatie van een computer, systeem- en toepassingsprogramma's, documentatie en werkprocedures; is wat een eindgebruiker denkt dat een computer kan; veel Nederlanders gebruiken het woord: applicatie, ook applicatie-manager (?), **2.** Aanvraag: bijvoorbeeld om lid te worden van een vereniging of aangesloten op een voorziening. Meervoud: apps°. Zie ook: meta-application°, video-enhanced application°.

application backlog - *achterstand* - Achterstand (backlog°) in de ontwikkeling van toepassingssystemen (application program°).

application development and maintenance - *toepassingsontwikkeling en -onderhoud* - AD/M: algemene benaming voor het ontwikkelen (development°) en onderhouden (maintenance°) van toepassingsprogrammatuur (application program°).

application generator - *toepassingsgenerator* - Programma dat een toepassingsprogramma (application program°) bouwt aan de hand van definities, specificaties en programmatische bouwstenen (building block°); voluit: application program generator°; is een voorloper van: CASE°.

application icon - *toepassingspictogram* - In Windows°, een pictogram (icon°) voor een toepassing (application°) afgebeeld in een venster (window°): die door dubbelklikken (double-click°) tot leven komen. ⇔group icon°

application layer - *application-laag* - In het OSI model°, de bovenste zevende laag (layer°) voor toepassingen (application°).

application program - *toepassingsprogramma* - Programma's voor een toepassing (application°), meestal *de* toepassing genoemd.

application program generator - *toepassingsprogrammagenerator* - Meestal genoemd: application generator°; zie: application program°.

application programming interface - *API* - Zie: API°.

application specific integrated circuit - *ASIC* - Zie: ASIC°.

applications running as icons - *toepassingspictogrammen* - Toepassingen (application°) die als pictogram (icon°) worden afgebeeld op de desktop°: die door dubbelklikken (double click°) tot leven komen.

applications running in windows - *toepassingsvensters* - Toepassingen (application°) die in een venster (window°) werken: die door een enkele klik (click°) kunnen worden verkleind (minimize°) tot pictogram (icon°).

application system - *toepassingssysteem* - Systeem waarmee en waarvoor een programmeur toepassingsprogrammatuur (zie: application°) ontwikkelt; is wat deze programmeur denkt dat een computer kan.

apply - *toepassen, van toepassing zijn, aanbrengen* - **1.** Toepassen: een bewerking laten plaatsvinden, **2.** Van toepassing zijn: regels of voorwaarden die moeten worden gebruikt, **3.** Aanbrengen: een druppel (drop) olie, font°, kleur (color°) of schoonmaakmiddel gebruiken.

APPN {*ee* ·pi·pi·en} - *Advanced Peer-to-Peer Networking* - Toepassingsprogramma's (application°) die als gelijken (peer-to-peer°) samenwerken, bijvoorbeeld via een LAN°; is de open opvolger van het hiërarchische SNA° netwerk van IBM.

apps {eps} - *applications* - Meervoud van: app°, application°.

APS {ee·pi·es} - *Advanced Photo System* - APS: een nieuw en geavanceerd photosysteem voor 24 mm° film in kleine cassettes, begin 1996 voorgesteld door Kodak, Fuji, Nikon, Canon en Minolta.

APT {ee·pi·ti} - *Automatic Programming Tools* - APT: programmeertaal (tool°) gebruikt voor machines (CNC°) in geautomatiseerde fabrieken.

arabic numerals - *Arabische cijfers* - Gangbare cijfers (number°) van het decimale talstelsel: 0...9. Als paginanummer (page number°) gebruikt voor de tekst (body°) van een boek of handleiding.⇔roman numerals°

abitrary - *willekeurig* - Iets dat door de gebruiker vrij (arbitrair) kan worden gekozen; in de praktijk zijn er meestal toch wel enige beperkingen.

arc - *boog* - Gekromd lijnstuk, mogelijk onderdeel van een cirkel (cirkelboog), in diagrammen gebruikt om entiteiten (entity°) te verbinden of samen te vatten. ⇔curve°

ARC {ee·ar·si} - *Advanced RISC (Reduced Instruction Set Computer) Computing* - Het toekomstige hardware°-platform° van het ACE°-consortium, gebaseerd op de MIPS R4000 processor°; zie: RISC°. Tot nu toe geen succes in de computerwereld, maar mogelijk wel in de Nintendo Ultra 64 Gameboy (1996), een complete virtuele wereld voor nog geen $500. De afkorting ARC blijft waarschijnlijk beter bekend door: ARC compression°, ARCnet°, American Red Cross.

arcade game - *videospel* - Computerspel (game°) met fraaie kleuren en veel geluid dat bijvoorbeeld een flipperkast en andere spellen nabootst, populair geworden in speelhallen (arcade).

ARC compression {ee·ar·si} - *ARC-compressie* - Datacompressie (data compression), oorspronkelijk van T. Henderson (1985), later overgenomen door P. Katz (PKARC utility°); gebruikt Lempel-Ziv-coding°; de .ARC-extensie (extension°) is afkomstig van: archive° (archiveren); is vergelijkbaar met ZIP compression°; houdt geen verband met ARCnet°.

archetype - *archetype* - Oertype: het schoolvoorbeeld van een fenomeen.

Archie - *Archie* - In Internet°, een index van alle beschikbare bestanden (file°) die via anonymous FTP° kunnen worden opgehaald; is ontwikkeld aan de McGill University (Canada); werkt ook via e-mail° door een bericht aan een Archie-server met de opdracht: find. Naam voluit: Archibald. Op TV: Archie Bunker (It's all in the family).

architecture - *architectuur* - De opzet en logische infrastructuur van een (onderdeel van een) informatiesysteem (information system°) inclusief alle koppelingen (interface°) en procedures (protocol°). Bijvoorbeeld, computerarchitectuur: de fundamentele eigenschappen die ervoor moeten zorgen dat programma's op verschillende computers met dezelfde architectuur hetzelfde resultaat geven; bepaalt de mogelijkheid tot uitbreiding van computers, databases, systemen en netwerken; moet gebaseerd zijn op een plan voor de toekomst; zie ook: database architecture°, SNA°, UMA°.

archive - *archief, archiveren* - Gegevens of programmatuur opslaan in een elektronisch archief (archival storage°), bijvoorbeeld: FTP° archive. In DOS°: archive bit (archiveringsbit dat aangeeft dat een bestand gearchiveerd is).

archive attribute - *archiefkenmerk* - Aanduiding (attribute°) dat een bestand (file°) nieuw is of veranderd sinds de laatste backup°: omdat daarvan te zijner tijd nog een backup gemaakt moet worden.

archived compressed - *ARC* - Zie: ARC compression°.

ARCnet {*ark*·net} - *Attached Resources Computer net* - Eerste lokale token passing° (⇔token ring°) netwerk (LAN°) van Datapoint Corporation, geïntroduceerd in 1968-77; was een stervormig (topology°) netwerk voor maximaal 255 aansluitingen en een maximum snelheid van 2 Mbit/s; ANSI-norm 878.1; de nieuwe versie heet ARCnet Plus en is 10x zo snel.

area - *area, gebied* - Afgepaald gebied: in het geheugen, in het scherm of elders. Ook: business area° (deel van een markt waarin men zaken denkt te kunnen doen), improvement area° (gebied dat verbetering behoeft), subarea° (deelgebied), type area° (invoergebied).

area fill - *gebied vullen* - In een elektronische tekening (computer graphics°): een omsloten gebied (area°) vullen met een gekozen patroon (pattern°).

area manager - *regiomanager* - Persoon die verantwoordelijk is voor de marketing, verkoop of service in een bepaald gebied.

arg {argk} - *argument* - Zie: argument°.

argument - *argument, argumenteren, arg* - **1.** Argument: parameter° die wordt meegegeven met een instructie of opdracht (command°) om hem specifiek te maken; bijvoorbeeld de naam van een bestand (file°) dat of een schakeloptie (switch°) die gebruikt moet worden; ook: search argument° (zoekargument), **2.** Argumenteren. Afgekort: arg°.

arithmetic - *rekenkunde, rekenkundig* - Aanduiding van een expressie die moet worden berekend volgens de rekenkunde. ⇔logic°

arithmetic and logical unit - *ALU* - Zie: ALU°.

ARLL {*ee*·ar·el·el} - *Advanced Run-Length Limited* - ARLL: geavanceerde RLL°, waarmee de opslagruimte op een vaste schijf (hard disk°) met 25% wordt vergroot en de snelheid van gegevensoverdracht wordt verhoogd tot 9 Mbps.

ARPAnet {ar·puh} - *Advanced Research Projects Administration net* - ARPAnet: eerste grote nationale netwerk van het DoD°, gebruikt voor de communicatie tussen defensieprojecten bij Amerikaanse universiteiten, oorspronkelijk uit 1969 van DARPA, maar de D is al snel weggelaten; is de moeder van: Internet°; TCP ontworpen in 1974, combinatie TCP/IP° uit 1982. Het militaire deel is in 1980 afgesplitst. Is in 1990 opgeheven.

ARQ {ee·ar·kjoe} - *Automatic ReQuest for retransmission, Automatic Repeat reQuest* - ARQ: techniek voor foutendetectie en -correctie waarbij automatisch om herhaling van transmissie wordt gevraagd in geval van fouten. ⇔forward error correction°

arrange - *schikken, sorrteren* - Bepaalde zaken (gegevens, vensters, waarden enzovoort) volgens een bepaalde methodiek of algoritme (algorithm°) op een rijtje zetten.

array - *array, matrix* - Genummerde wiskundige rangschikking van elementen in één (vector°), twee (matrix°) of meer dimensies; zie ook: nested array° (⇔list°). Ook gestructureerde bundeling van apparatuur (hardware°): disk array°, drive array°, tape° array, photodiode array°.

array of cells - *cellenmatrix* - Een groep cellen in een spreadsheet°.

array processor - *array-processor* - Een samenstel van speciale processoren (processor°) die gezamenlijk berekeningen of beeldbewerkingen doen, vaak onder besturing van een centrale processor.

arrow - *pijl* - Aanduiding, bijvoorbeeld enkelvoudige of dubbele pijlpunt, aan het einde van verbindingslijnen in een schema: die wordt gebruikt om een richting of de kardinaliteit (cardinality°) aan te geven; zie ook: arrow keys°, cursor control keys°, scroll arrows°. Windows° kent veel soorten pijlen waarop u kunt klikken om de afbeelding op te schuiven (scroll°). Elk toetsenbord (keyboard°) heeft vier toetsen (key°) met pijltjes (cursor control keys°).

arrow keys - *cursortoetsen* - Synoniem: cusor contrl keys°.

art - *afbeeldingen, illustraties* - Alle soorten plaatjes, ook die tussen de gedrukte tekst worden geplaatst, bijvoorbeeld: clip art°, line art° (lijnillustraties). Letterlijk: kunst. Synoniem: artwork°. Zie ook: state of the art°.

artificial intelligence - *kunstmatige intelligentie, AI* - De natuurlijk domme poging van slimme wetenschappers om menselijke intelligentie in een computer na te bootsen. Niet verwarren met kennistechnologie (knowledge system°), want dat is gewoon een andere manier van programmeren.
De term AI° is geïntroduceerd door J. McCarthy in 1956 en het begrip is doorgeprikt door H.L. Dreyfus in 1972, 1986 en 1993. Niet afkorten als KI, want die wordt vooral toegepast bij vee.

artificial life - *autonome machines* - In een computer het ontstaan, tot leven komen en afsterven van objecten simuleren: een leuk spelletje voor wetenschappers. De oudst bekende vorm heet: LIFE, zie: cellular automata°. De nieuwe: CAPOW!.

artwork - *afbeeldingen* - Synoniem: art°.

AS/400 {ee·es} - *Application System/400* - AS/400: succesvolle reeks minicomputers van IBM met een eigen soort database°, geïntroduceerd in 1988.

ASA {ee·es·ee} - *American Standards Association* - Heet nu: ANSI°.

.ASC {-} - *.American Standard Code for information interchange, ASCII* - Extensie (extension°) voor een tekstbestand met ASCII°-tekens. Vrijwel synoniem: .TXT°.

ascend - *oplopen* - Verhoogd worden. ⇔descend°

ascender - *stok* - Bovenste deel van de letters b, d, f, h, k, l en t. ⇔descender° (staart)

ascending order - *oplopende volgorde* - Manier om gegevens te rangschikken (order°) door tekens te sorteren (sort°); is vaak gebaseerd op de binaire code van de tekens (cijfers, hoofdletters en dan kleine letters) of de collating sequence°. ⇔descending order°

ascending sort - *oplopend sorteren* - Sorteren (sort°) in een oplopende volgorde (ascending order°). ⇔descending order°

ASCII {*es* ·ki} - *American Standard Code for Information Interchange* - Verzameling codes voor de uitwisseling van gegevens; nú 256 besturings- en informatietekens en hun 8-bit codering; was oorspronkelijk een 7-bit code° voor 128 tekens (plain ASCII°, standard ASCII°), en daarom wordt de nu gebruikelijke 8-bit code ook wel extended ASCII° genoemd of IBM extended character set, door IBM geintroduceerd voor de PC°; Unicode° is een voorstel om ASCII uit te breiden tot een 16-bit code. ASCII wordt voor grote én kleine computers gebruikt. Zie ook: binary or ASCII?° , .ASC°. ⇔EBCDIC° (verzameling codes voor grote computers)

ASCII file {*es* ·ki} - *American Standard Code for Information Interchange file* - ASCII°-bestand (file°): dat uitsluitend de 256 ASCII- codes (character set°) bevat, zonder speciale codes voor tekstverwerking of bitmaps (bitmap°), dat rechtstreeks kan worden gekopieerd (copy°) naar een printer die tekens kan afdrukken.

ASCII terminal {*es* ·ki} - *American Standard Code for Information Interchange terminal* - ASCII terminal: Ouder type asynchrone (asynchronous°) terminal°; werkt niet volgens ANSI°-protocollen. ⇔ANSI terminal°

ASIC {ee·sik} - *Application Specific Integrated Circuit* - ASIC: voor een bepaalde toepassing speciaal gebakken chip°. ⇔PLD°

A-size {ee} - *Amerikaans A4* - Papierformaat van 8½ x 11 inch (216 x 279 mm); is wat korter en breder dan onze A4°.

ASK {ee·es·kee} - *Amplitude Shift Keying* - ASK: digitale modulatie (modulation°)

door de amplitude° in discrete stappen (shift keying°) te veranderen. ⇔FSK° ⇔PSK°

ASM {-} - *ASseMbler* - ASM: extensie (extension°) in de bestandsnaam van bronprogramma's (source program°) geschreven in Assembler° en bijvoorbeeld gecompileerd met MASM°.

ASN.1 {ee·es·en·*wan*} - *Abstract Syntax Notation one* - ASN.1: ISO°-normen 8824/25 (1989) of X.208/09 voor de syntax° en codering (encode°) van gegevenswaarden in een binaire (binary°) string° gebruikt door protocollen (protocol°) in de application-laag (application layer°) of presentation-laag van het OSI°-model. Advanced ASN/1: uitbreidingen ontwikkeld gedurende 1992-93.

ASP {ee·es·pi} - *Association of Shareware Professionals* - ASP: belangenvereniging van shareware°-programmeurs. Als extensie (extension°): ASPect language (Procomm Plus).

aspect ratio - *breedte/hoogte-verhouding* - Kenmerk van de vorm van een beeldbuis (screen°), teken (character°), vel papier (sheet°) en dergelijke. Bij gewone televisie 4:3, bij breedbeeldtelevisie (widescreen°)16:9. Soms ook: hoogte/breedte-verhouding.

ASPI {*es* ·pi} - *Advanced SCSI Programming Interface* - ASPI: interface°-norm van SCSI°-kaarten voor programmeurs.

assemble - *assembleren, samenstellen* - **1.** Een programma, meestal geschreven in Assembler°, omzetten naar machinetaal (machine language°); is de oervorm van compileren (compile°), **2.** In verband met fabriceren of in elkaar zetten: delen of onderdelen (part°, subassembly°) samenvoegen.

Assembler - *Assembler, assembleerprogramma, ASM* - **1.** Tweede-generatie (generation, language°) programmeertaal, waarvan elke instructie direct in een computeropdracht kan worden vertaald, **2.** Eenvoudige compiler° voor programma's geschreven in Assembler. Zie ook: ASM°, macro assembler°.

assembly - *samengesteld onderdeel* - Eenheid die uit onderdelen (part°) is samengesteld (assemble°); afgekort: ASSY°. Zie ook: subassembly° (halfproduct).

assembly language - *assembleertaal* - Een tweede-generatie programmeertaal (programming language°), bijvoorbeeld Assembler°, waarvan elke instructie (instruction°) rechtreeks kan worden vertaald in machinetaal (machine language°).

assembly line - *montageband* - Lopende band waaraan onderdelen worden samengesteld (assemble°) door mensen of robots.

assertion - *assertion* - Definitie in een kennissysteem: declaratieve (declarative°) kennis over iets dat bijvoorbeeld waar is of juist niet; definities horen bij regels (rule°); letterlijk: bewering.

assessment - *evaluatie* - Beoordeling van de technische of economische aspecten van een computersysteem; zie ook: risk assessment°.

asset - *waardevolle eigenschap* - **1.** Nuttige eigenschap van een persoon of bedrijfsonderdeel, **2.** Financieel belang. Zie ook: assets°.

assets - *activa, bedrijfsmiddelen* - Middelen zoals mensen, gebouwen, gereedschappen en informatie. Ook: fixed assets° (vaste activa). ⇔liabilities°

assign - *assign, toekennen, opdragen* - **1.** Toewijzen: bijvoorbeeld een waarde of een betekenis aan een variabele (variable°) of pin van een stekker (pin assignment°) toekennen, **2.** Opdragen: bijvoorbeeld een taak (task°). Ook: deassign° (een opdracht of toekenning opheffen) en reassign° (een opdracht of toekenning veranderen). Was ook een DOS°-opdracht (command°), die is vervangen door: SUBST (substitute°). Programmeurs zullen meestal gebruiken: assign. ⇔unassign°

assignment - *toewijzing, benoeming, taakopdracht, stationering* - **1.** Toewijzing: een waarde toekennen aan een variabele (variable°) of een functie aan pinnen (pin assignment°) van een stekker (connector°), bijvoorbeeld: assignment operator°, **2.** Benoeming: een afdeling of functie toegewezen krijgen, **3.** Taakopdracht: een stuk werk toegewezen krijgen, **4.** Stationering: tijdelijke plaatsing in een andere afdeling of in het buitenland.

assignment operator - *toekennen aan* - Een bewerkingsteken (operator°) waarmee een waarde wordt toegekend aan een variabele (variable°), zie bijvoorbeeld: '=.' in J°.

associate - *partner/collega, verenigd zijn, verbinden/koppelen* - **1.** Partner of collega: die met u of aan een bedrijf verbonden is, **2.** Verenigd zijn: met aanverwante personen of dingen, **3.** Verbinden of koppelen: bijvoorbeeld een variabele (variable°) met een waarde of een bestand met een toepassingsprogramma.

association - *associatie, koppeling* - **1.** Zie: ACM°, AIIM°, CBEMA°, VESA°, **2.** Zie: associate°.

association for computing machinery - *ACM* - Zie: ACM°.

association for information and image management - AIIM - Zie: AIIM°.

assurance - *zekerheid, verzekering* - Zie: quality assurance°.

ASSY {-} - *ASSemblY* - Zie: assembly°.

asterisk - *asterisk,* * - Sterretje: jokerteken dat wordt gebruikt in een wildcard°, om een vermenigvuldiging aan te duiden of als bullet° in een lijst (list°). Een dubbele asterisk duidt op exponentiëren (exponent°). Zie de lijst met veelgebruikte tekens achterin dit boek.

Astral {es·trel} - *Alliance for Strategic Token Ring Advancement and Leadership* - Astral: alliantie (alliance°) van 16 leveranciers voor de ontwikkeling en invoering van token ring°-netwerken, bijvoorbeeld: switched token ring (1995).

asymmetric - *asymmetrisch* - Niet symmetrisch. ⇔symmetric°

asymmetrical digital subscriber loop - *ADSL* - Zie: ADSL°.

asymmetrical multiprocessor - *asymmetrische multiprocessor* - Processor (processor°) met een vorm van parallelle verwerking waarbij elke CPU° een eigen geheugen heeft; vergelijkbaar: massive parallel°. ⇔symmetrical multiprocessor°

asymmetric compression - *asymmetrische compressie* - Eigenschap van de codering van digitale informatie, waarbij de compressie (compression°) veel meer bewerkingen en tijd vereist dan de decompressie, bijvoorbeeld: MPEG°. ⇔symmetric compression° ⇔asymmetric encryption°

asymmetric encryption - *asymmetrische versleuteling* - Synoniem van: public key° encryption°, waarbij twee verschillende sleutels (key°) gebruikt worden, een geheime en een openbare, zie: encryption°. ⇔asymmetric compression°

async {ee·sink} - *asynchronous* - Async: veelgebruikte aanduiding van een start-stop° communicatieprotocol; zie: asynchronous°. ⇔bisync°

asynchronous - *async, asynchroon* - **1.** Niet in de pas lopend: een datatransmissie (data transmission°) methode waarbij de zender en de ontvanger niet gesynchroniseerd hoeven te zijn omdat elk teken voorzien wordt van start en stop bits; stamt uit de tijd van de elektromechanische telexmachines (async°, TTY°) en wordt ook genoemd: start-stop°; asynchrone transmissie is technisch eenvoudiger, maar minder efficiënt dan synchrone transmissie (synchronous°), **2.** Niet real-time° of niet synchroon: bijvoorbeeld, store-and-forward° (opslaan en later doorsturen). ⇔synchronous°

asynchronous I/O {ai·oo} - *asynchronous Input/Output* - Asynchrone I/O: methode van werken met randapparatuur (I/O°) waarbij de opdrachten niet direct hoeven te worden uitgevoerd (asynchronous°), bijvoorbeeld in een netwerk.

asynchronous transfer mode - *ATM* - Zie: ATM°.

at - *at, @* - Zie: commercial at sign°, @, ook gebruikt als scheidingsteken tussen gebruikersnaam en domein in Internet°-adressen (Internet address°).

AT {ee·ti} - *Advanced Technology* - AT: Een Intel° PC° met een 16-bit brede AT-bus°, een 286-processor (80X86-processor°) en een 101-key keyboard°, opvolger van de XT°, geïntroduceerd in 1984; door IBM genoemd PC-AT, maar AT is nu een soortnaam. Zie ook: AT-bus°, AT commands°. ⇔RT°

ATA {ee·ti·ee} - *AT Attachment* - ATA: Officiële naam voor de IDE°- interface: nu de meest gebruikte manier om een vaste schijf (hard disk°) te koppelen. Synoniem: IDE°.

AT-bus {ee·ti} - *Advanced Technology-bus* - Populaire 16-bit 8,33 MHz bus° voor PCs, geïntroduceerd voor de AT°; synoniem: ISA-bus°.

AT commands {ee·ti} - *ATtention-commands* - AT-opdrachten, geïntroduceerd door modemfabrikant (modem°) Hayes Microcomputer Products, die beginnen met de letters AT, bijvoorbeeld: AT/ (herhaal vorige opdracht), ATDT... (bel nummer ...), ATH (ophangen), AT&W (modem configuratie opslaan), ATZ (reset° de modem). De (interne) werking van een modem kan gecontroleerd worden door het intypen van 'AT' - als 'OK' het antwoord is, is er verbinding met de modem en kunnen de andere AT-opdrachten gebruikt worden.

ATD {ee·ti·di} - *Asynchronous Time Division* - ATD: asynchrone (asynchronous°) methode voor multiplexing° of switching°.

ATDP {ee·ti·di·pi} - *Automatic Telephony Dialing Pulse* - ATDP: kiestelefoon op basis van pulsen (pulse dialing°), voorzien van een kiesschijf; in Nederland genoemd: IDK (Impuls Direct Kiezen). ⇔ATDT°

ATDT {ee·ti·di·ti} - *Automatic Telephony Dialing Tone* - ATDT: kiestelefoon op basis van tonen (tone dialing°), voorzien van druktoetsen; in Nederland genoemd: TDK (Toon Direct Kiezen). ⇔ATDP°

Atlas - *Atlas* - Codenaam van de superbrowser (browser°) van Netscape°, waarvan de allereerste versie medio 1996 beschikbaar kwam, compleet met telefoon en 3D°-faciliteiten: qua grootte een kwart van Windows 95°, en veel sneller volgens de eerste berichten. Wordt eind van het jaar Navigator 3.0.

ATM {ee·ti·em} - *Automatic Teller Machine, Asynchronous Transfer Mode, Adobe Type Manager* - **1.** ATM: geld(uitgifte)automaat van de banken voor geld uit de muur (flappentap); is afgeleid van teller° (bankmedewerker die geld ontvangt of uitbetaalt). **2.** ATM: toekomstig snel asynchroon (asynchronous°) universeel transportmechanisme uit 1990 voor data, spraak en video met cellen van 53 bytes, waarvan 5 voor de header° en 48 (payload°) voor informatie - een compromis tussen 32 gewenst voor spraak en 64 voor gegegevensoverdracht; gebruikt in samenhang met TDMA° over ISDN° verbindingen (⇔STM°); combineert de eenvoud van TDM° met de efficiëntie van statistische multiplexing (STDM°) in packet-switching°; zie ook: routed ATM°; biedt een eenvoudige manier van aansluiten op digitale netwerken (ATM switch°), levert: bandwidth-on-demand° en is de opvolger van: frame relay°, maar het grote probleem van ATM is het verliezen van pakketjes als het aanbod niet kan worden verwerkt en congestie optreedt en (anno 1995) een gebrek aan normen voor het gebruik ervan. Vanwege de kleine cellen is ATM niet zo efficiënt als frame relay voor het overbrengen van grote bestanden, maar ATM kan isochroon (isochronous°) gegevens oversturen; zie ook: bandwidth loss°; synoniem: cell relay switching°. ATM integrates data, video and voice (ATM integreert data-, video- en spraakcommunicatie - alle vormen van multimedia°). Zie ook: priority°, QoS°. **3.** Adobe Type Manager: font-rasterizer°- programma voor het afdrukken van PostScript° Type 1 fonts op printers zonder PostScript-vertaler.

ATM adaptation layer - *Asynchronous Transfer Mode adaption layer, AAL* - Interface-lagen voor de aanpassing (adaptation°) tussen diverse diensten en het interne ATM° switching°-protocol°: AAL1 (emulatie van een huurlijn met vaste snelheid en vaste bestemming), AAL2 (emulatie van een dienst met variabele snelheid voor isochrone overdracht, zie: rate°, isochronous°), AAL3 (emulatie van een dienst met connectie-modus, zie: connection-mode°), AAL4 (emulatie van een connectieloze-modus, zie: connectionless-mode°, SMDS°), AA5 (null°-aanpassing). Deze lagen ondersteunen de volgende dienstenklassen: (A) constant bit rate circuit emulation, (B) variable bit rate audio/video, (C) connection-oriented data, (D) connectionless data.

ATM backplane {ee·ti·em} - *Asynchronous Transfer Mode backplane* - Zie: ATM°, backplane°.

ATM font{ee·ti·em} - *Adobe Type Manager font* - ATM font: een outline° font° van Adobe, ook bekend als: Type 1 font°. ⇔True Type°

ATM Forum {ee·ti·em} - *Asynchronous Transfer Mode Forum* - ATM Forum: internationaal consortium opgericht in 1991, waarin 500 bedrijven en gebruikers ATM°-normen ontwikkelen en interoperability° bevorderen. ⇔Frame Relay Forum°

ATM switch {ee·ti·em} - *Asynchronous Transfer Mode switch* - ATM switch: knooppunt in een ATM°-netwerk: waar het verkeer tussen een aantal verbindingen wordt geschakeld; kan worden gebruikt om een super backbone° te realiseren.

atomic process - *atomair proces* - Elementair proces: dat niet verder kan worden gesplitst in deelprocessen.

at sign - @ - Apenstaartje, zie: commercial at sign°. Geplaatst voor een opdracht (command°) in DOS°, onderdrukt het de afbeelding (echo°) ervan op het beeldscherm.

ATT {-} - *ATTenuation* - Demping, verzwakking, zie: attenuation°.

AT&T {ee·ti·en·ti} - *American Telephone and Telegraph Company* - AT&T: de Amerikaanse PTT Telecom, ontstaan uit Bell Telephone (opgericht in 1885) en in 1984 opgesplitst (divestiture°) in zelfstandige lokale werkmaatschappijen (BOC°) en als carrier° voor de lange afstand (long distance companies°). Omvatte ook NCR° onder de naam AT&T Global Information Solutions (GIS). Concurrenten in de VS zijn: MCI°, US Sprint. Medio 1995 wordt AT&T, het 5e bedrijf in de VS, weer gereorganiseerd, opgesplitst in aparte bedrijven: het 'oorspronkelijke' AT&T, Lucent Technologies, GIS (afgeslankt en verkocht - gaat weer door het leven als NCR!) en Capital Corp.

attach - *aankoppelen, verbinden, bijvoegen* - Een onderdeel van een systeem aansluiten: logisch (logical°) of fysiek (physical°). Zie ook: AUI°. ⇔detach°

attachment - *aansluiting* - De (mogelijkheid van een) fysieke aansluiting van een kabel via een connector° op de elektronische interface van een PC, printer enzovoort. Ook: bijlage bij een brief of bericht.

attended operation - *begeleide werking* - Functioneren van een computersysteem onder menselijke supervisie: die kan ingrijpen in speciale gevallen. ⇔unattended operation°

attention - *ATTN* - Zie: ATTN°.

attenuation - *demping* - Verzwakking van een elektrisch signaal over een verbinding: de veroorzaker van: cable loss° en daardoor bepalende factor voor de maximale te gebruiken lengte; wordt uitgedrukt in dB° of neper; afgekort: ATT°.

ATTN {-} - *ATTentioN* - Teken (character°, key°) dat er elders iets gebeurt dat de aandacht vraagt, of juist moet gebeuren.

attribute - *kenmerk, eigenschap* - Bijvoorbeeld van een gegeven of een variabele (variable°) of entiteit (entity°), van een bestand (in DOS°: Hidden, Archive, Read-only, Write, System), of van de afbeelding van een veld op een beeldscherm; in DOS° wordt het kenmerk getoond en veranderd d.m.v. de opdracht ATTRIB. De term wordt ook gebruikt in verband met de gegevens in een database°, bijvoorbeeld: veldlengte (field length°) en soort tekens (field attribute° - veldkenmerk). Wordt ook genoemd: data element°. Als werkwoord: toeschrijven.

audience - *publiek, doelgroep* - Publiek, meestal doelgroep, waarvoor een product, programma of handboek bestemd is.

audio - *audio* - Frequentiebereik van 20 Hz° tot 20 kHz°: het bereik van menselijk horen, gebruikt voor spraak en muziek; tevens aanduiding van geluid in dit frequentiegebied; zie ook: digital audio°. ⇔voice°

audio adapter - *geluidskaart* - Voorziening (adapter°) waarmee audiogeluid (audio°) kan worden gedigitaliseerd of afgespeeld; synoniem: sound card°.

audio CD {si·di} - *audio Compact Disc* - CD: de nu gebruikelijke CD°, met geluid (audio°). Wordt officieel genoemd: CD-DA°. ⇔Video CD°

audio annotation - *gesproken aantekeningen* - Gesproken aanvullingen of opmerkingen (annotation°) bij een tekst of transactie (transaction°); synoniem: voice annotation°.

audio engineering society - *AES* - Zie: AES°.

audiotex - *audiotex* - Computer-gestuurde diensten via een telefoonlijn, die een gedigitaliseerd en opgenomen gesproken antwoord (voice-response°) geven in plaats van gecodeerde informatie zoals: videotex°.

audio video interleave - *AVI* - Zie: AVI°.

audio-visual - *audiovisueel* - Beeld en geluid (audio°); zie: A-V°.

audit - *audit* - Controle, controleren: financieel door een accountant of werktechnisch door een manager; ook: EDP-audit° (op een informatiesysteem), security° audit (op de beveiliging van een informatiesysteem of netwerk). De controle wordt meestal gedaan op basis van een vaste procedure°.

auditability - *auditability* - De mogelijkheid om een informatiesysteem te controleren (audit°) op correcte werking: geen gemakkelijke zaak, vooral nu steeds meer visueel geprogrammeerd (visual programming°) wordt.

audit trail - *audit trail* - Spoor (trail) van gegevens waarmee men later fouten kan opsporen (audit°) en corrigeren; wordt bijvoorbeeld opgeslagen in een transaction log° (logbestand van verwerkte transacties).

augend - *opteltal* - Getal waarbij een opteller (addend°) wordt opgeteld, wat een totaal (sum°) oplevert.

augment - *vergroten* - Actie waardoor waarde of functie wordt vergroot.

AUI {ee·joe·ai} - *Attachment Unit Interface* - AUI: connector en kabel (cable°) volgens IEEE° 802.3 met een stekker met 15 pinnen (pin°) of stopcontact met 15 gaatjes voor de koppeling van een werkstation, switch° of bridge° aan een transceiver° (MAU°) voor dik Ethernet° (10Base-5°). ⇔BNC connector°

authentication - *verificatie* - Controle van gebruikers of hun gegevens, om te bepalen of die authentiek zijn en dus kunnen worden vertrouwd. Omgekeerd zou een gebruiker moeten kunnen controleren of het systeem kan worden vertrouwd. Ook: message authentication°, zie bijvoorbeeld: MD5°. In GSM° wordt de A3 authenticatie algoritme gebruikt. Bewijsvergrendeling? ⇔identification°

author - *auteur* - Maker van een programma, handleiding, computer-ondersteunde cursus (CAI°, CBT°) of demo°.

authoring - *authoring* - Een computer-ondersteunde cursus (courseware°) of demo° maken met behulp van een CAI°-programma; is afgeleid van: author° (auteur). Een nieuwe trend is het gebruikmaken van VR° en animatie (animation°).

authority - *autoriteit, recht* - **1.** Autoriteit: instantie of persoon die formeel het recht heeft (geautoriseerd is) bepaalde dingen te doen, **2.** Autoriteit: iemand die vanwege zijn kennis door iedereen wordt geraadpleegd, **3.** Recht: autorisatie om bepaalde dingen te doen. Ook: bronvermelding.

authorization - *autorisatie* - Toestemming om een computer of bestand (file°) te gebruiken of zaken te regelen.

authorize - *autoriseren* - Toestemming geven om een computer of bestand (file°) te gebruiken. Ook: authorized dealer° (geautoriseerde dealer).

auto-... {*oh* ·too} - *automatic ...* - Automatisch, zie: automatic°.

auto-answer - *AA* - Zie: AA°, modem light°.

auto-answer modem - *auto-answer modem* - Een modem° die automatisch een telefonische oproep kan beantwoorden (auto-answer,° AA°) volgens V.25°.

auto-cropping - *auto-cropping* - In beeldverwerking (image processing°), automatisch afpalen van het waarschijnlijk gewenste deel van een elektronische afbeelding geproduceerd door een scanner°.

auto-dial modem - *auto-dial modem* - Modem° dat automatisch (dialer°) een opgegeven telefoonnummer kan bellen (dial°); zie ook: auto-redial°.

AUTOEXEC.BAT {oh·too·ekzek·dot·bet} - *AUTOmatic EXECute BATch* - DOS° bestand (batch file°) met opdrachten (command°) die automatisch worden uitgevoerd bij het starten van een Intel° PC; zie ook: dual booting°.

auto-exposure - *automatische belichting* - In camera's en scanners, de automatische aanpassing van de belichting van het op te nemen beeld: door regeling van een diafragma, de lichtsterkte en/of de belichtingstijd. Als het bereik van de scanner groot genoeg is, kan de aanpassing ook na het scannen op het digitale beeld plaatsvinden.

autoflow - *autoflow* - Overlopen: wanneer een tekstverwerker de tekst of een alinea (paragraph°) automatisch van de ene regel, kolom of pagina naar de volgende laat vloeien. ⇔autowrap°

auto ID {ai·di} - *automatic IDentification* - Auto ID: techniek om met behulp van OCR° of een streepjescode (bar code°) producten of halfproducten zodanig te merken dat zij automatisch kunnen worden geïdentificeerd (ID°).

auto-locking - *auto-locking* - Voorziening die uit veiligheidsoverwegingen een werkstation uitschakelt als het gedurende een bepaalde tijd niet is gebruikt.

automata - *automata* - Automatisch werkende voorzieningen. Is ook een wiskundig begrip, zie: cellular automata°, finite state automata°.

automate - *automatiseren* - Een door mensen verricht proces door computers laten doen. Wanneer computers worden geïntroduceerd om mensen te ondersteunen, spreekt men meestal van: informatiseren. Obliterate, don't automate (Begin helemaal opnieuw, automatiseer niet - bedrijfsprocessen moeten van de grond af aan worden ontworpen, anders automatiseer je alleen de bureaucratie, schreef M. Hammer).

automatic - *automatisch* - Everything that goes automatic, will also automatically go wrong (Alles wat automatisch gaat, gaat ook automatisch mis).

automatic call back - *ACB* - Zie: ACB°.

automatic call distributor - *ACD* - Zie: ACD°.

automatic data processing - *automatische gegevensverwerking* - ADP°: verouderde term, zie: automatic°; heet nu: EDP° (Electronic Data Processing).

automatic gain control - *agc* - Zie: agc°.

automatic programming tools - *APT* - Zie: APT°.

automatic request for retransmission - *ARQ* - Zie: ARQ°.

automatic startup - *automatisch opstarten* - Een apparaat of programma dat op een bepaalde tijd automatisch (auto-...°) gestart wordt.

automatic teller machine - *ATM* - Zie: ATM°.

automation - *automatisering* - Computers al het routinewerk laten doen, bijvoorbeeld: design automation°. M. Hammer, voorstander van BPR°, stelde: Don't automate, obliterate (Automatiseer niet, laat ze verdwijnen - ontwerp een werkproces geheel opnieuw, anders voer je alleen maar computers in). ⇔informatization°

auto-mode select - *auto-mode select* - Kenmerk van een modem° om automatisch de juiste werkwijze (mode°) te kiezen, bijvoorbeeld een bepaald protocol° (V.···°) of een bepaalde snelheid (bps°).

auto-numbering - *automatische nummering* - In een tekstverwerker, automatische nummering van punten in een lijst, waarbij de nummers worden opgehoogd door het indrukken van de Enter-toets (enter°), van voetnoten (footnote°) of van illustraties (figure°). In een programma-editor kunnen de programmaregels soms automatisch van een nummer (line number°) worden voorzien.

auto-polling - *auto-polling* - Automatisch de op een netwerk aangesloten stations afvragen (polling°) om te zien of zij informatie willen verzenden of kunnen ontvangen.

auto-redial - *auto-redial* - Automatisch terugbellen (dial°) als een gekozen nummer in gesprek is; zie ook: auto-dial modem°.

autorepeat - *repeterende toets* - Automatische herhaling: toets (key°) die een teken herhaalt zo lang hij wordt ingedrukt. Synoniem: typematic°. ⇔dead key°

autosave - *autosave* -Automatisch opslaan: voorziening die regelmatig de laatste versie van een bestand veiligstelt (save°).

auto-scale - *automatisch afmetingen wijzigen* - In een tekstverker of grafisch programma, automatisch (auto-...°) de afmetingen (scale°) van een figuur (art°) of tekens (font°) aanpassen aan de beschikbare ruimte, of het tekstbeeld aan de breedte van het beeldscherm.

auto-sensing - *auto-sensing* - Eigenschap van een apparaat dat geschikt is voor netspanningen van 100-250 Volt (VAC°), 50/60 Hz, en dat zich automatisch (sense°: aftasten) aanpast.

autosort - *automatisch sorteren* - Een bestand dat automatisch (auto-...°) wordt gesorteerd na de toevoeging van nieuwe records (record°) of een lijst die automatisch in de juiste volgorde wordt gezet. Vaak wordt hiervoor een macro° gebruikt.

autotracing - *autotracing* - Conversie van een raster graphics° (bitmap°) beeld naar vector graphics°, bijvoorbeeld EPS°; vereist het traceren (trace°) van de contouren.

auto update - *automatisch bijwerken* - Een bestand automatisch (auto-...°) bijwerken, zodat veranderingen op een plaats ook elders worden doorgevoerd.

autowrap - *automatische terugloop* - In een tekstverwerker (text processor°), regels opvullen tot de rechterkantlijn en het restant naar de volgende regel brengen (wraparound°). ⇔autoflow°

AUX {ee·joe·ex} - *AUXiliary* - Extra poort (port°), zie ook: auxiliary°.

A/UX {ee·joe·ex} - *Apple/UniX* - De UNIX°-versie van Apple° (⇔AIX°) voor de Mac°, gebaseerd op UNIX° System V° van AT&T° (daarna Novell°, nu X/Open°).

auxiliary - *hulp..., extra* - Voorziening die de werking van ... ondersteunt of complementeert.

auxiliary equipment - *randapparatuur* - Bijvoorbeeld: een disk° of tape° eenheid of printer; synoniem: peripheral (unit)°.

A-V {ee·vi} - *Audio-Visual, Audio-Video* - Audiovisueel: beelden met geluid, in verband met computers meestal genoemd: multimedia°.

available - *beschikbaar* - De hulpbronnen (resource°), bestanden (file°) of verbindingen die tot uw beschikking staan. ⇔unavailable°

availability - *beschikbaarheid* - Tijd dat een computersysteem te gebruiken is, vaak uitgedrukt in een percentage van de totale tijd (RAS°); ook: high-availability (uiterst betrouwbaar).

avatar - *avatar* - Verschijningsvorm van iemand, bijvoorbeeld Bob (BOB°) in Microsoft°-programma's, een zelfgekozen beeld bij IRC° of een postbode met een spoedeisende brief op uw beeldscherm. Term is afkomstig uit het Hindoeïsme: afdaling van een godheid in de vorm van een mens of dier. Vergelijkbaar, maar meestal onzichtbaar: agent°. Aanleiding tot het gebruik van de term was de cyberpunkroman *Snow Crash* van N. Stephenson (Bantam Books, 1992). Programma's kunnen o.a. worden opgehaald bij 'www.worlds.net' van Worlds Inc. te San Francisco..

ave {-} - *average* - Gemiddeld of gemiddelde.

average - *gemiddeld, gemiddelde, middelen* - Zie ook: running average°.

AVI {ee·vi·ai} - *Audio Video Interleaving* - Video Windows°: een compressietechnologie (compression°) van Microsoft° voor het (schokkerig) afbeelden van digitale televisie (digital television°) in een venster (window°) in combinatie met audio° onder Windows°. Extensie van de bestanden: .AVI. ⇔MOV°

···-aware - *···-aware* - Toevoeging die aangeeft dat een programma tijdens het laden (load°) signaleert dat ··· aanwezig is en dat zal gebruiken bij de uitvoering.

AWB {*ee*·dubbeljoe·bi} - *Analyst WorkBench, AirWay Bill* - **1.** Analyst workbench, AWB: programmeerbaar werkstation (workbench°), voor een analist (analyst°), **2.** Airway bill, AWB: een identificatienummer van acht cijfers voor luchtvracht.

AWG {ee·dubbeljoe·dji} - *American Wire Gauge* - AWG: Amerikaanse maateenheid voor de dikte (gauge°) van de geleiders (wire°), meestal koperdraad. ⇔SWG°

axis - *as* - Dimensie of as van een coördinatenstelsel: bijvoorbeeld de horizontale X-as of de verticale Y-as, gebruikt in een CAD°-programma.

AZERTY {*ee* ·zurtie} - *AZERTY* - Indeling van een Frans toetsenbord, genoemd naar de linker letters op de bovenste rij lettertoetsen. ⇔Dvorak keyboard° ⇔QWERTY°

azimuth - *azimut* - Hoek: bijvoorbeeld tussen de spleet (gap°) van een magneetkop (read head°) en de looprichting van magneetband (tape°), die 90° moet zijn voor de beste weergave; behalve in het geval van: helical scan°.

- B -

b {-} - *binary, bit* - **1.** Binair (binary°): aanduiding dat een waarde is geschreven in het tweetallige (binary°, base 2°) stelsel (⇔h° ⇔hexadecimal°), **2.** Bit: in samenstellingen zoals bps° (bit° per second).

B {-} - *binary, byte, B* - **1.** Binair (binary°): aanduiding dat een waarde is geschreven in het tweetallige stelsel (⇔H°, hexadecimaal), **2.** Byte: combinatie van 8 bits (bit°), vooral in samenstellingen zoals KB° (kilobyte), MB° (megabyte), **3.** B: de waarde 11 in het hexadecimale (hexadecimal°) talstelsel.

B: - *B:* - Naam van de tweede diskette°-station, een apparaat (device°) van DOS°. ⇔A:°

BABT {bebt} - *British Approvals Board for Telecommunications* - BABT: Britse keuringsinstantie voor telecommunicatie-apparatuur zoals modems (modem°).

baby Bell - *RBOC* - Zie: RBOC°.

Bachmann diagram - *Bachmann-diagram* - Eenvoudige schema's voor de verbanden (relationship°) tussen de velden (field°), records (record°) en bestanden (file°) van een database°; is afkomstig van Ch. Bachmann uit de eindjaren 60.

back - *rug, terug, achter, vorige* - **1.** Rug: die te lijden heeft van slecht zitten voor het beeldscherm van een computer, **2.** Terug, zoals in: feedback°, rollback°, **3.** Achter, zoals in: backplane°, **4.** Vorige, in combinatie met: next° (volgende).

back and forth - *heen en weer* - Een heenweg en en terugweg doorlopen, zowel letterlijk als figuurlijk.

backbone - *backbone* - De snelle basisverbindingen in een netwerk (network°); letterlijk: ruggegraat. Een distributed backbone is bijvoorbeeld een dikke Ethernet° verbinding met op elke etage van een gebouw een hub°. Men spreekt van een collapsed backbone° of inverted backbone° wanneer iedere etage via een aparte glasvezelkabel verbonden is met een centraal punt (vlak bij de grote computer), hub° of router°, waarin de backbone wordt gesimuleerd. Niet verwarren met: backplane°, bare bone (minimale uitvoering; letterlijk: kale botten).

backbone LAN {len} - *backbone Local Area Network* - Betrouwbaar en snel lokaal netwerk (LAN°) waarop de LANs van elke verdieping (floor°) van een gebouw worden aangesloten; fungeert als centrale verbindingskabel en wordt vaak geïmplementeerd met glasvezelkabel (FDDI°); wordt ook wel genoemd stamnetwerk (?). Ook: collapsed backbone° (backbone verstopt in een hub°).

backbone ring - *backbone ring* - Een backbone° die verscheidene token ring° netwerken verbindt.

back-end - *back-end* - Achterin in een netwerk of systeem, zodat u niet veel van de werkzaamheden merkt; bijvoorbeeld een PC die werkt met een grote broer op de achtergrond voor: back-end services. ⇔front-end°

background - *background, achtergrond, fond* - **1.** Background: mode° waarin de computer werkt als hij niets dringenders te doen heeft; wordt vaak gebruikt voor afdrukken, **2.** Achtergrond: gedeelte van een beeldscherm waarop geen tekens of grafische informatie staat, maar een patroon (pattern°). ⇔foreground°

background noise - *achtergrondruis* - Ruis (noise°) die ontstaat in een verbinding of de ontvanger en die dus met een signaal meekomt; die wel hoorbaar of zichtbaar is maar niet overheerst.

background process - *achtergrondproces* - Een proces (process°) of bewerking die in de achtergrond (background°) wordt verricht, zonder dat u daarvan veel hoeft te merken.

background task - *achtergrondtaak* - Een taak (task°) die in de achtergrond (background°) draait, bijvoorbeeld printerbeheer of een fax-programma.

backing store - *externe opslag, massageheugen* - Een uitbreiding van het werkgeheugen (store°) van een computer waarop tijdelijk of voor langere duur gegevens worden opgeslagen, bijvoorbeeld voor reservekopie (backup°) op disk° of tape°.

backlevel - *backlevel* - Een eerder programmatuurniveau (level°). ⇔back number°

backlit - *backlit* - Van achteren verlicht (beeldscherm, LCD°): zoals in een TFT°-display°. ⇔reflective° ⇔sidelit°

backlog - *backlog* - Achterstand: bijvoorbeeld in de ontwikkeling van toepassingen (application backlog°) of bij de verwerking van opdrachten.

back number - *oud nummer* - Bijvoorbeeld van een tijdschrift. ⇔backlevel°

back-office - *back-office* - Gedeelte van een organisatie waar volgens vaste procedures wordt gewerkt met de gegevens aangeleverd door het: front-office°. In het informatiesysteem: batch-processing°. Ook: privé-kantoor. ⇔front-office°

backorder - *backorder* - Bestelling van een onderdeel dat tijdelijk niet kan worden geleverd, maar die ter nalevering in de database° wordt opgenomen met dit kenmerk.

backout - *backout* - Een foutieve toestand in een database° stap voor stap terugdraaien tot het punt voordat de fout gemaakt werd. Synoniem: rollback°. ⇔blackout°

backpack - *backpack* - Aansluiting van een CD-ROM°, tape° of diskette° drive° op de printerpoort (printer port°): eenvoudig omdat de kast niet hoeft te worden opengemaakt en de printerpoort een vast IRQ°-nummer heeft in een Intel° PC. ⇔dongle°

back panel - *achterpaneel* - Achterkant van een computer: paneel (panel°) waarop kabels worden aangesloten; wordt bij netwerkapparatuur ook wel genoemd: backplane°.

backplane - *backplane* - De achterkant van een netwerkapparaat met poorten (port°): paneel (panel°) waarop terminals (terminal°) worden aangesloten of een industrieel moederbord waarop alleen bussen (bus°) zijn aangebracht, geen processor° of geheugen. Een bus° of ring° netwerk wordt vaak stervormig uitgevoerd, dat wil zeggen dat alle kabels naar een centraal punt lopen; vanwege de betrouwbaarheid wordt de bus of ring in de backplane uitgevoerd, waarbij voorzieningen zijn getroffen om te voorkomen dat een defecte kabel het gehele netwerk plat legt. Een backplane voor Ethernet-switching° van 1 Gbit/s zal bijvoorbeeld 100 Ethernet°-poorten (port°) van 10 Mbit/s ondersteunen. Zie ook: ATM backplane°, Ethernet-switching°.

backpropagation - *backpropagation* - Een vorm van terugkoppeling (feedback°) waardoor het Perceptron° kon worden uitgebreid naar neurale netwerken; maakt het mogelijk om te leren aan de hand van voorbeelden; dit idee stamt uit 1974.

backslash - *backslash, * - Teken dat in DOS° wordt gebruikt in de notatie van een pad (path°), bijvoorbeeld: C:\DIR\SUBDIR; zie de lijst met veelgebruikte tekens achterin dit boek. ⇔forward slash° ⇔slash°

backspace - *terugstellen, BS* - **1.** De cursor° een plaats naar links verschuiven en het eventueel daar aanwezige teken verwijderen, **2.** De drukpositie van een printer een plaats naar links verschuiven, bijvoorbeeld om een teken te onderstrepen of uit twee tekens samen te stellen, zie: overstrike°, **3.** BS: besturingsteken (control character°) voor een printer dat de drukpositie een naar links verschuift.

backtracing - *backtracing* - Tijdens de ontwikkeling, achterwaarts de instructies van een programma doorlopen om de oorsprong van een fout te vinden.

backtracking - *backtracking* - Tijdens het gebruik, stapsgewijs foute handelingen ongedaan maken (undo°); letterlijk: op zijn schreden terugkeren.

backup - *backup, reservekopie, BAK* - **1.** Reservekopie van een bestand; is ook een DOS°-opdracht (⇔restore°); zie verder: incremental backup°, selective backup°, **2.** Reservekopie (backup copy°), **3.** Alternatief plan, **4.** BAK°: extensie (extension°) van een reserve-bestand.

back up - *reservekopie maken* - Het kopiëren (copy°) van bestanden om een reservekopie te maken; een tijdrovende bezigheid die u pas op waarde schat wanneer u, via recovery° of restore°, een verloren bestand terugkrijgt. Wordt soms ook aan elkaar geschreven (backup°).

backup copy - *reservekopie, backup* - Gekopieerd bestand (backup°) voor noodgevallen. Gebruikelijk zijn drie roterende kopieën: zoon (jongste), vader (middelste) en grootvader (oudste).

backup file - *reservekopie, backup* - Gekopieerd bestand voor noodgevallen; zie: backup copy°.

backup server - *backup-server* - Een server° in een netwerk specifiek voor de backup° van bestanden (file°). Deze functie is meestal geïntegreerd in de file server°, maar het is betrouwbaarder om daarvoor een aparte server te gebruiken.

Backus-Naur form - *BNF* - Zie: BNF°.

backward - *achterwaarts* - Naar achter in plaats of tijd. ⇔forward°

backward chaining - *backward chaining* - Vorm van redeneren in een kennissysteem (knowledge system°) die begint met de conclusies en terugredeneert naar de feiten; werkt top-down°. ⇔forward chaining°

backward compatible - *backward compatibel* - Wanneer iets nieuws met iets ouds kan werken, bijvoorbeeld: oude ISA°-kaarten passen in nieuwe EISA°-slots°. Synoniem: downward compatible°. ⇔upward compatible°

backward recovery - *backward recovery* - De laatste, foutieve versie van een database° herstellen (recover°) door terugwerken naar een eerder level° met behulp van de in een log° opgeslagen veranderingen. Synoniem: rollback°. ⇔forward recovery°

backward search - *achterwaarts zoeken* - Vanaf een plaats in een bestand (file°) terugzoeken (search°) in de richting van het begin. ⇔forward search°

bad - *slecht, onjuist, ongeldig* - Aanduiding dat iets niet goed kan worden uitgevoerd, verwerkt of gelezen.

bad block - *slecht blok* - Blok (block°) met een slechte sector (bad sector°).

badge - *badge* - Pasje met klem, waarmee u naar binnen mag; heeft meestal een magneetstrip op de achterzijde, maar er zijn tegenwoordig ook radiografische pasjes.

badge reader - *badge reader* - Leesstation voor een badge°: die u toegang geeft tot een afgesloten ruimte.

bad sector - *slechte sector* - Sector° op een magnetische disk° die fouten veroorzaakt en waarvan het hele blok wordt uitgesloten van verder gebruik (bad block°).

BAK {bek} - *BAcKup* - Algemene afkorting of extensie (extension°) die duidt op een reservekopie (backup°).

balanced - *gebalanceerd, evenwichtig* - **1.** Niet eenzijdig geaard: mogelijke eigenschap van een tweedraadsverbinding, **2.** Evenwichtig: betreffende een verdeling, bijvoorbeeld van tekst over een pagina, van geld over verscheidene projecten of van de werklast (load balancing°). ⇔unbalanced°

balanced tree - *B-tree* - Zie: B-tree°.

balanced-plus tree - *B+ tree* - Zie: B+ tree°.

balanced/unbalanced - *balun* - Zie: balun°.

balun {bellun} - *balanced/unbalanced* - Balun: transformator (transformer°) om gebalanceerde kabels (balanced°), zoals twisted pair°, te verbinden met ongebalanceerde kabels, zoals coax°, die eenzijdig zijn geaard.

band - *band* - **1.** Frequentiegebied (frequency°), gereserveerd voor datacommunicatie, zoals in: broadband°, groupband°, narrowband°, wideband°, pass band°, voice band°; satellietfrequentiebanden zijn: L-band°, S-band°, C-band°, X-band°, Ku-band°, K-band°, Ka-band°, **2.** Stel naburige sporen (track°) op een CD-

ROM° of disk°, **3.** Bereik: van een variabele, **4.** Band of strook: op papier, **5.** Stalen band met gegraveerde tekens voor een printer. Zie ook: rubber banding°.

banding - *banding* - Gradatiebanden: die zichtbaar kunnen zijn in een halftoon afdruk van een achtergrond of ruimtelijk weergegeven object. Verschilt van: rubber banding°.

bandwidth - *bandbreedte* - Frequentiebereik (frequency°) van een verbinding, dat de maximale transmissiesnelheid bepaalt, belangrijk omdat men steeds meer informatie wenst over te sturen. Ook: bandbreedte van een monitor°, die zijn scheidend vermogen om af te beelden bepaalt en gespecificeerd wordt in MHz°, bandwidth-on-demand° (variabele bandbreedte door middel van cell relay switching°), dynamic bandwidth allocation°, scalable bandwidth°. Bandwidth is becoming free (Bandbreedte wordt spotgoedkoop, bijvoorbeeld met ATM°). De voorspelling is dat in de komende tien jaar de prijs van bandbreedte met een factor 1000 zal afnemen, o.a. door de totstandkoming va de elektronische snelweg. Niet vertalen met: bandwijdte!

bandwidth loss - *bandbreedteverlies* - Het verlies aan bandbreedte (bandwidth°) dat bijvoorbeeld optreed wanneer pakketjes opieuw verstuurd moeten worden.

bandwidth-on-demand - *bandbreedte-op-aanvraag* - De mogelijkheid om ad hoc, niet uren van tevoren, extra bandbreedte aan te vragen; is een gewenste voorziening die lang niet altijd wordt geboden.

bandwidth management - *bandbreedte-beheer* - De mogelijkheid om een aantal langzame kanalen (channel°) naar behoefte te kunnen combineren in één of meer snelle kanalen, bijvoorbeeld door middel van Nx64° kbps kanalen of ATM°.

bank - *bank* - **1.** Verzameling contacten: om elektrische verbindingen mee te maken, **2.** Logische geheugeneenheid (memory bank°): gebruikt wanneer een processor° het hele geheugen niet in één keer kan adresseren (bank switching°), **3.** Opslagruimte voor gegevens: over een bepaald onderwerp (databank).

bank switching - *bank switching* - Een nieuw stuk (bank°) geheugen inschakelen, hetgeen noodzakelijk is wanneer de processor° het hele RAM°- geheugen niet in één keer kan adresseren (address°): expanded memory specification°.

bar - *balk, spatiebalk, staaf* - **1.** Balk: horizontale ruimte of regel in een scherm waarin keuzemogelijkheden worden geboden, bijvoorbeeld: action bar° (actiebalk), menu bar° (menubalk), scroll bar° (schuifbalk), title bar° (titelbalk), tool bar° (tool-balk), **2.** Spatiebalk (space bar°): onder op een toetsenbord, **3.** Staaf: zoals in bar chart° (staafdiagram). Zie ook: sidebar° (kolom), launcher°.

bar chart - *staafdiagram* - Illustratie waarin de lengte van de (meestal staande) staven (bar°) de grootte van gegevens grafisch voorstelt. Zie ook: stacked bar chart°.

bar code - *barcode, streepjescode* - Een 7-bit streepjescode (EAN°) op de verpakking van artikelen van de Stichting Uniforme

Artikel Codering; zie ook: UPC°, POST-NET barcodes°. Andere codering: Code 39, Code 128. Conventionele barcodes worden (onder verscheidene hoeken) in één richting (linear code°) gescand (scanner°), maar dit kan ook in twee richtingen (2D°).

bar code scanner - *barcode-scanner* - Leesstation voor barcodes (bar code°), ingebouwd in een kassa of in de hand gehouden (hand scanner°). Wordt in het Engels ook genoemd: bar code reader.

barrier - *barrière* - Grens van de mogelijkheden van bijvoorbeeld een besturingssysteem, zoals destijds: 32-Mbyte barrier° voor een DOS° partition° (2^{16} x 512 byte°/sector°) en 640 Kbyte (640K°) voor het 'vrije' geheugen van een Intel°-type PC.

BAS {-} - *BASic* - Extensie (extension°) van een BASIC° bronprogramma (source°).

base - *basis, grondtal, type Ethernet-kabel, drager* - **1.** Basis, bijvoorbeeld: base memory° (basisgeheugen), image base (beeldbank), installed base°, **2.** Grondtal: het aantal verschillende tekens dat in een talstelsel voorkomt, dat ervan de grondslag vormt, bijvoorbeeld twee van het binaire (binary°) talstelsel en tien voor het decimale talstelsel; synoniem: radix°, **3.** Type Ethernet°-kabel: 10Base-2 (thin Ethernet, dunne coax° met een BNC° connector° met bajonet), 10Base-5 (thick Ethernet, dikke coax° met een N-connector met schroef), 10Base-F (optical fiber Ethernet) en 10Base-T (twisted pair° Ethernet, gebruikt een RJ-45° connector°), **4.** Drager: materiaal waarop een emulsie of chip° wordt bevestigd; ook: swivel-and-tilt base° (draaibaar onderstel van een beeldbuis), **5.** Basis: de middenlaag van een transistor° waarmee de werking wordt gestuurd (⇔collector° ⇔emitter°), **6.** Grondtal van een logaritme (ln°, logaritm°), bijvoorbeeld: 2, e° of 10. Op Photo CD°: Base/16 (128 lijnen van 192 pixels), Base/4 (256 x 384), Base (512 x 768), 4Base (1024 x 1536), 16Base (2048 x 3072), 64Base (4096 x 6144)..

base 2 - *binair* - In het tweetallig stelsel (binary°); synoniem: b°.

base 16 - *hexadecimaal* - In het zestientallig stelsel (hex°); synoniem: h°.

Base64 - *Base64* - Codeermethode (coding°) gebruikt voor multimedia°-bestanden in MIME°, waarbij steeds 6 bits in een teken (character°) worden omgezet (0=A, 1=B, 2=C ... 63=/) om fouten te voorkomen door het gebruik van verschillende interpretaties van tekencodes (code°).

base address - *beginadres* - Het geheugenadres van waaraf een programma wordt geladen of aanwezig is in het RAM°-geheugen (memory°). ⇔absolute address°

baseband - *basisband* - Directe, enkelvoudige analoge of digitale verbinding over een korte afstand: waarbij alle aangesloten eenheden participeren in elke overdracht, bijvoorbeeld gebruikt in token ring° en Ethernet° (zie: 10Base-...°); werkt zonder modulatie. ⇔broadband° ⇔carrierband° ⇔voiceband°

baseband signaling - *baseband signaling* - Gebruikelijke methode van datatransmissie (data transmission°, signaling°) in een LAN° waarbij de hele frequentieband wordt gebruikt voor transmissie: vereist een elektronische aanpassing (interface°), maar geen modem° omdat er geen modulatie (modulation°) plaatsvindt.

base font - *basisfont* - Het lettertype (font°) dat een tekstverwerker (word processor°) gebruikt tenzij anders wordt gespecificeerd.

baseline - *basis, letterlijn* - **1.** Basis: van waaruit wordt gewerkt of gerekend; begrip is afkomstig uit de tenniswereld (achterste lijn), **2.** Letterlijn: denkbeeldige grondlijn waarop de letters zonder staart (descender°) rusten in een regel (line°).

base memory - *basisgeheugen* - Het geheugen beschikbaar voor gebruikersprogramma's; veelgebruikt synoniem in DOS°: conventional memory°, het gebied van 0-640K (upper memory°; het gebied van 640-1024K wordt in principe door systeemprogramma's gebruikt).

base table - *basistabel* - Tabel die werkelijk in een RDBMS is opgeslagen: waarvan andere tabellen (view°) kunnen worden afgeleid.

BASIC {bee·sik} - *Beginner's All-purpose Symbolic Instruction Code* - BASIC: een eenvoudig te leren programmeertaal, ontwikkeld in de beginjaren 60 door J.G. Kemeny en T.E. Kurtz in Dartmouth College en gebruikt in de eerste PC's (BIOS°); er bestaan veel versies en dialecten onder verschillende namen, bijvoorbeeld Tiny BASIC (B. Albrecht en D. Allison in 1975), de MITS-versie geschreven door Bill Gates en Paul Allen, X3.113-1987. Werd oorspronkelijk meestal interactief gebruikt via een interpreter°, nu meestal gecompileerd (compiler°). Na te zijn afgedaan als eenvoudige programmeertaal voor een thuiscomputer, vindt er nu een brede herwaardering plaats van BASIC (met veel toevoegingen, bijvoorbeeld: Visual BASIC, VB°, VBScript°). Zie ook: GW-BASIC°, QBASIC°.

basic access - *basic access* - Basis ISDN°-aansluiting met twee B-kanalen (B-channel°) van 64 kbps° en één D-kanaal (D-channel°) van 16 kbps.

basic input/output system - *BIOS* - Zie: ABIOS°, BIOS°, NetBIOS°.

basic rate - *basic rate* - ISDN° voor basic access°: twee B-kanalen van 64 kbps° plus een D-kanaal van 16 kbps°; synoniem: 2B+D°. ⇔primary rate°

basic rate interface - *BRI* - BRI°: ISDN°-aansluiting (interface°) voor basic access°: twee B-kanalen van 64 kbps° plus een D-kanaal van 16 kbps°. ⇔primary rate interface°

basic rate service - *BRS* - Zie: BRS°.

basket - *postbak* - Elektronische postbak voor binnenkomende (in-basket°) en uitgaande (out-basket°) berichten enzovoort (e-mail°); synoniem: mailbox°.

BAT {bet} - *BATch* - BAT: extensie (extension°) van: batch file°. ⇔CMD°

batch - *batch* - **1.** Groep gegevens, **2.** Groepsgewijs gegevens verwerken (⇔interactive°). Niet verwarren met: badge° (pasje met klem) of batch file°.

batch file - *batch-bestand* - **1.** PC-bestand met de extensie BAT°, dat DOS°-opdrachten bevat en dat direct uitvoerbaar is; bijvoorbeeld: AUTOEXEC.BAT, dat wordt uitgevoerd na het aanzetten van een PC; onder OS/2° met de extensie (extension°) CMD°, **2.** Bestand met transactie-records (transaction°, record°) voor batch-processing° op een grote computer.

batch file transfer - *batch file transfer* - Overdracht (transfer°) van groepen (batch°) bestanden (file°), gespecificeerd in een batch-bestand (batch file°), via een automatische procedure.

batch job - *batch job* - **1.** Uitvoering van een batch-bestand (batch file°) onder DOS° in een PC, te onderbreken met Ctrl°-C, **2.** Groepsgewijs (batch°) gegevens verwerken op een krachtige computer, meestal in de avonduren omdat overdag de computer interactief wordt gebruikt.

batch mode - *batch modus* - Werkwijze (mode°) van een systeem waarbij batch jobs (batch job°) automatisch worden uitgevoerd. ⇔command mode°

batch-printing - *achter elkaar afdrukken* - In een netwerk of systeem, modus van afdrukken (print°) waarbij de bestanden in een wachtrij worden geplaatst en na elkaar worden afgedrukt.

batch-processing - *batch-verwerking* - Groepsgewijs (batch°) gegevens verwerken op een grote computer; zie ook: remote batch processing°. ⇔transaction processing°

batch run - *batch-gang* - De batchverwerking (batch°, run°) van een of meer programma's met gegevens.

batch total - *groepstotaal* - De som van bepaalde velden (field°) in de records (record°) van een batch file°: die wordt gebruikt om te controleren dat alle records zijn verwerkt.

.BAT file {bet} - *BATch file* - Bestand (file°) met een reeks (batch°) opdrachten (command°) in DOS° met de extensie .BAT; synoniem: batch file°.

battery - *accu* - Gelijkspanningsbron: in verband met computers vrijwel altijd een accu; batterijen worden eigenlijk alleen gebruikt voor de klok van een computer. De traditionele oplaadbare accu's zijn van het type NiCad°, maar ook andere combinaties worden gebruikt (LiMh°, Li-ion°). Belangrijk in een laptop° is de gebruiksduur van de opgeladen accu en zijn gewicht. Een accu heeft een plus- en een minpool (pole). Ook: battery runtime (run time°, werkingsduur van een accu).

baud - *baud* - Bd: eenheid voor het aantal 'kortste' tekenelementen dat per seconde kan worden overgebracht; is afkomstig uit de telegrafie en is genoemd naar J.M.E. Baudot (1845-1903). Bijvoorbeeld: over een 2400 bit/seconde (bps°) kanaal kan 600 baud van 4 bit/baud of 2400 baud van 1 bit/baud overgezonden worden. Nieuwe modulatietechnieken (QAM°), coderingstechnieken (trellis°) en het gebruik van start- en stopbits (start-stop°) hebben deze eenheid voor wat betreft netwerkverbindingen overbodig gemaakt. Beter is: bps°, kbps°.

Baudot code - *Baudot-code* - Een 5-bit code° gebruikt voor telex° en telegrafie, genoemd naar J.M.E. Baudot (1845-1903) en opvolger van de Morse code°.

baud rate - *modemsnelheid* - Zie: baud°, rate°.

bay - *bay* - Ruimte voor een schijfstation (disk drive°) in een PC; synoniem: drive bay°; term wordt ook gebruikt voor een compartiment van een grote computerkast. Keeping Microsoft at bay (Zich Microsoft van het lijf te houden). ⇔slot° (ruimte voor een kaart)

BBS {bi·bi·es} - *Bulletin Board System* - Elektronisch prikbord (bulletin board system°). De baas hiervan heet: sysop°.

BC++ {bi·si} - *Borland C++* - Ontwikkelprogrammatuur van leverancier Borland voor de C++° programmeertaal (programming language°).

BCD {bi·si·di} - *Binary-Coded Decimal* - BCD: een verouderde tekenset van 64 6-bit codes°; is in 1963 door IBM° uitgebreid tot 8-bit EBCDIC°.

B-channel {bi} - *Bearer-channel* - B-kanaal (channel°) voor 64 kbps° in een ISDN° verbinding: onderdeel van basic access°; is een voorbeeld van: bearer channel°; niet verwarren met B-ISDN°. ⇔D-channel° (16 kbps)

BCH-code - *Bose-Chaudhuri-Hocquenghem-code* - Zie: Bose-Chaudhuri- Hocquenghem-code°.

BCNF {bi·si·en·ef} - *Boyce/Codd Normal Form* - BCNF: In het relationele database° model (relational model°) in geval van 3NF° (normal form°) wanneer alle primaire sleutels (primary key°) enkelvoudige gegevenskenmerken (attribute°) zijn.

BCS {bi·si·es} - *British Computer Society, Binary Compatibility Standard* - **1.** BCS: Brits genootschap voor informatica, **2.** BCS: norm voor compatibiliteit op binair niveau (binary level°) van programma's op Inmos transputers (transputer°), en voor UNIX op Motorola 88000 chips.

bead - *bead* - Kort (stuk van een) programma: kraal (bead) die met andere kralen tot een mooi programma kan worden geregen.

beacon - *beacon* - Een frame° gebruikt in een token ring° netwerk om een ernstige fout in het netwerk aan te geven. Het rondsturen van een beacon heet: beaconing. Letterlijk: baken.

beam - *stralen, stralenbundel* - Gebundelde radiogolven of elektronenstraal (CRT°). Beam me up, Scotty! (Straal me omhoog - uit Star Trek). In constructies: balk, waaraan het type kan worden toegevoegd (I-beam, T-beam, afhankelijk van de doorsnede).

bearer channel - *dragerkanaal* - Kanaal (channel°) voor dragerdiensten (bearer service°), zie bijvoorbeeld: B-channel°.

bearer service - *directe overdracht* - Dragerdienst: verbinding via een carrier° waarbij de signalen zonder toevoegingen direct worden doorgegeven: zuiver transport en niets meer; wordt gebruikt voor een directe verbinding tussen netwerkinterfaces door middel van circuit-switching° of packet-switching°. Uitspraak: {beh·rur}.

bearing - *lager, peiling* - **1.** Lager van een as, bijvoorbeeld van die van de harde schijf (hard disk°), **2.** Peiling, van de positie, bijvoorbeeld gemaakt m.b.v. GPS°.

beep - *piep, piepen* - Een geluidssignaal (geven): als teken dat iets begint of uw aandacht nodig heeft.

beginner's all-purpose symbolic instruction code - *BASIC* - Zie: BASIC°.

Bell 103/212A - *Bell 103/212A* - Analoge datatransmissie-protocollen van Bell Telephone, de voorganger van AT&T°: vergelijkbaar met resp. V.21° en V.22°; de toevoeging 'A' duidt erop dat het 103-protocol tevens wordt ondersteund.

Bellcore {bel·kor} - *BELL COmmunications REsearch* - Bellcore: afgesplitst onderdeel van Bell Labs° ten behoeve van de regionale Bell bedrijven (RBOC°), zie: AT&T°. Is midden 1995 te koop aangeboden.

Bell Labs {lebs} - *Bell Laboratories* - Broedplaats van ideeën voor de informatie-revolutie, bijvoorbeeld de transistor°, ISDN° en UNIX°; is nog steeds een onderdeel van AT&T°, maar Bellcore° is afgesplitst ten behoeve van de zeven RBOCs (BOC°); is genoemd naar Graham Bell, uitvinder van de telefonie in 1876, zie: telephony°.

Bell operating company - *BOC* - Zie: BOC°, RBOC°.

BEMA {bi·ma} - *Business Equipment Manufacturers Association* - Heet nu: CBEMA°.

benchmark - *benchmark, prestatietest, referentiepunt* - Hoeveelheid werk voor een computer, door ontwikkelaars slim uitgekozen om klanten ervan te overtuigen hoe snel hun nieuwe systeem werkt; wordt veel gebruikt in tijdschriften om producten te vergelijken. Bijvoorbeeld: Dhrystone°, Whetstone°, SPECmark°.

benchmarking - *benchmarking* - Normstelling voor organisatorische of informatie-verwerkende processen, om het eigen functioneren of de eigen producten te vergelijken met dat of die van anderen en te verbeteren. In een strategisch kader: strategic benchmarking (strategische benchmarking).

bender - *bender* - Zie: gender bender°.

Bento - *Bento* - Een overdraagbare (portable°) storage API° van CIL° voor een samengesteld document (compound document°).

Berkeley software distribution - *BSD* - Zie: BSD socket°.

Bernoulli box - *Bernoulli box* - Magnetische schijftechnologie van Iomega Corporation die de verwisselbaarheid van een floppy° paart aan de eigenschappen van een vaste schijf (hard disk°); bestaat uit een vaste stilstaande schijf en een draaiende soepele magnetische schijf die 'kleeft' tegen de vaste. D. Bernoulli (1700-82) formuleerde een stromingswet die erin wordt gebruikt. De nieuwe 90 MB° versie heeft twee soepele schijven die beide tegen een leeskop 'kleven' dankzij dit effect. Uitspraak: {bur·noe·li·boks}.

BERT {burt} - *Bit Error Rate Test* - BERT: beproeving van de kwaliteit van een lijnverbinding (line°), bijvoorbeeld met een 511- of 2047-bit testpatroon volgens V.52° met loopback° volgens V.54°. Test meestal niet alleen bits (bit°)+, maar ook blokken (block°, BLERT°). ⇔POST° (test van een computer)

BER tester {bur} - *Bit Error Rate tester* - Apparaat voor de beproeving van een lijnverbinding, zie: BERT°.

beta release - *bèta-release* - Voorlopige release° (beta version°) van een programma of systeem voor een beta test°.

beta site - *beta site* - Plaats waar een bètatest (beta test°) wordt gehouden of de bètarelease van een product wordt getest.

beta software - *bèta-release* - Zie: beta release°.

beta test - *bèta-test* - Onrijpe programmatuur (een bèta release°) laten proberen (test°) door geselecteerde klanten; volgt op alfa test°.

beta version - *bèta-versie* - Voorlopige versie van een nieuwe release°: die tegenwoordig vaak wordt verspreid om mogelijke problemen zo vroeg mogelijk te ontdekken; synoniem: beta release°.

bezel - *zwarte omranding* - De zwarte rand rond het afgebeelde beeld in een beeldscherm (display°). Ook: de scherpe, schuine kant van een beitel of het gefacetteerde vlak van een geslepen edelsteen.

Bézier-curve - *Bézier-kromme* - Kromme volgens een wiskundige formule, die wordt bepaald door twee eindpunten (handle°) en twee buigpunten (anchorpoint°); is een eenvoudige en veelgebruikte manier om fraaie krommes mee te tekenen in CAD° en in een scalable font° uit de beginjaren 70, genoemd naar P. Bézier.

BFT {bi·ef·ti} - *Binary File Transfer* - BFT: voorgestelde norm van CCITT° (nu: ITU-T°) voor de verzending (transfer°) van binaire bestanden (binary file°) via een fax modem°.

BIA {bi·ai·ee} - *Business Information Analyst* - BIA: intermediair (analyst°) tussen gebruikers en programmeurs.

bias - *systematische afwijking, voormagnetisatie* - **1.** Systematische afwijking van referentiewaarden in een statistiek, **2.** Voormagnetisatie: van magneetband voordat gegevens worden geschreven.

bible - *'bijbel'* - Dikke documentatie (documentation°) waarin 'alles' over een programma staat vermeld.

bid - *offerte, offerte doen, bieden* - **1.** Offerte, bod: aanbieding voor het verrichten van werk of het leveren van goederen tegen een bepaalde prijs, **2.** Offerte doen: een aanbieding indienen, **3.** Bieden: een bod doen, bijvoorbeeld op een aanbesteding. En bidden dat het allemaal goed komt.

bidirectional - *bidirectioneel* - kenmerk van een printer die afdrukt van links naar rechts en omgekeerd, of van een duplex° communicatieverbinding. ⇔unidirectional°

bi-endian - *bi-endian* - Eigenschap van een processor° die zowel big-endian° kan adresseren als little-endian°, bijvoorbeeld: PowerPC°.

Big Black - *IBM* - Nieuwe bijnaam van IBM° vanwege de plotseling zwarte computerkasten van de nieuwe AS/400 serie, aangekondigd in 1994: een breuk met de traditie (Big Blue°).

Big Blue - *IBM* - Bijnaam van IBM° vanwege hun blauwe bedrijfskleur, ook die van hun grote computerkasten, niet vanwege de kleur kragen van hun medewerkers.

big-endian - *big-endian* - Aanduiding van de processor°-architectuur waarin de byte met de hoogste waarde op het laagste geheugenadres (address°) wordt opgeslagen; deze conventie wordt gebruikt bij de Motorola 68X00 processor°; letterlijk: big-end-first (het grote eind eerst). Stamt uit Gullivers reis naar Lilliput (J. Swift). Zie ook: bi-endian°. ⇔little-endian°

big iron - *grote computer* - Grote apparatuur (iron°), geen PC° of mini°.

bigram - *bigram* - Combinatie van twee letters: bijvoorbeeld 'no' en 'nt' of twee woorden. Bij datacompressie (data compression°) worden veelvoorkomende bigrammen met één teken gecodeerd, o.a. gebruikt bij Lempel-Ziv°. ⇔trigram° (drie letters)

big red switch - *rode aan/uit schakelaar* - Netschakelaar op oudere typen PC: een uitkomst als men echt vastzit (wanneer de reset button° geen soulaas biedt).

bill - *rekening, verklaring, lijst, bankbiljet* - **1.** Rekening: van een telefoonmaatschappij of computerleverancier; als werkwoord: een rekening sturen; het proces heet: billing (rekeningen maken en versturen), **2.** Verklaring: bewijs dat iemand iets behandelt of voor u gaat doen; zie ook: airway bill (AWB°), **3.** Lijst, bijvoorbeeld: bill of lading (vrachtbrief, connossement) , bill of material° (BOM°), **4.** Bankbiljet: bijvoorbeeld een 10 dollar bill. Ook: aanplakbiljet op een billboard (aanplakbord), Amerikaans wetsvoorstel (een wet zelf heet: act°).

billion - *Amerikaans miljard, bn* - Is 10^9 : niet verwarren met ons biljoen en het Britse: billion (10^{12})! Afgekort: bn°.

billion instructions per second - *BIPS* - Zie: BIPS°.

bill of material - *BOM* - Zie: BOM°.

bin - *bin* - Bak of la van waaruit vellen papier worden aangevoerd (sheetfeeder°) in een printer.

BIN {-} - *BINary* - BIN: extensie (extension°) van een bestand (file°) met binaire (binary°) gegevens of beelden (image°).

binaries - *gecompileerd programma* - Synoniem: binary code°, machine code°. Term wordt ook gebruikt voor binaire getallen (binary number°) in het algemeen.

binary - *binair* - Tweevoudig of tweetallig: bestaande uit nullen en enen. In een talstelsel met het grondtal twee (base 2°), gebruikt in computers, in tegenstelling met het bij ons gangbare tientallig stelsel (decimal°). Bijvoorbeeld: 0000 (0), 0001 (1), 0010 (2), 0011 (3), 0100 (4) enz. Omdat binaire getallen moeilijk leesbaar zijn, gebruikt men daarvoor vaak de hex°-notatie. Zie ook: binary or ASCII°. G. Leibnitz (1646-1716) ontdekte dat alle getallen kunnen worden voorgesteld door een combinatie van slechts twee cijfers, 0 en 1; hij legde daarmee de basis voor het binaire talstelsel en dus voor onze huidige computers.

binary code - *gecompileerd programma, binaire code* - **1.** Gecompileerd programma: dat direct uitvoerbaar is (code°), **2.** Binaire tekencode (code°): die meestal bestaat uit 8 bits (16 in DBCS° of Unicode°).

binary-coded - *binair gecodeerd* - Vertaald in (tekencodes bestaande uit) nullen en énen (binary°).

binary-coded decimal - *BCD* - Zie: BCD°.

binary compatible - *binair compatibel* - Kenmerk van computers of besturingssystemen die dezelfde gecompileerde programma's (binaries°) direct kunnen verwerken zonder opnieuw te hoeven compileren (compile°), als die voldoen aan dezelfde API°, zoals MABI°, WABI°. De ABI-norm is de sleutel tot succes voor een computertechnologie.

binary digit - *bit* - Binair cijfer (bit°): een nul of een één. ⇔binary number°

binary editor - *binaire editor* - Programma (editor°) waarmee binaire (binary°) bestanden (file°) direct op bit-niveau kunnen worden bewerkt.

binary file - *binair bestand* - Bestand (file°) dat direct bruikbaar of uitvoerbaar; kan een bitpatroon (bitmap°) gecompileerd (compiler°) programma (object code°) bevatten.

binary file transfer - *BFT* - Zie: BFT°.

binary large object - *BLOB* - Zie: BLOB°.

binary level - *binair niveau* - Aanduiding van een gecompileerd (compile°) programma: bestaande uit binaire machine-codes (code°). ⇔source level°

binary logic - *binaire logica* - De gebruikelijke binaire (banary°) logica (logic°), ook genoemd Boole-logica (Boolean logic°).

binary mode - *binaire modus* - Werkend met binaire (binary°) informatie: reeksen nullen en enen waarin geen ASCII° of EBCDIC° tekens worden onderscheiden. ⇔block mode° ⇔character mode°

binary number - *binair getal* - Getal (number°) dat is opgebouwd uit bits; bijvoorbeeld het 8-bit binaire getal 10010011: $2^7 + 2^4 + 2^1 + 2^0 = 128 + 16 + 2 + 1 = 147$ decimaal.

binary or ASCII? - *binair of ASCII?* - Keuze die moet worden gemaakt bij de overdracht (transfer°) van informatie bijvoorbeeld via FTP°: ASCII° als het bestand (file°) uit tekens bestaat, binary° in alle andere gevallen. Hetzelfde geldt voor EBCDIC°.

binary portability - *overdraagbaarheid op binair niveau* - Eigenschap van een platform° waardoor gecompileerde programma's (binary code°) direct op alle computers ervan kunnen werken, zonder dat opnieuw compileren (compile°) nodig is.

binary reuse - *hergebruik van gecompileerde programma's* - Zie: binary portability°.

binary search - *binaire zoekmethode* - Methode waarbij herhaald wordt gevraagd in welke helft van een geheel het gezochte aanwezig is. Hiermee kunt u door vier vragen te stellen een element in een verzameling van zestien elementen vinden; zie ook: Fibonacci numbers°.

binary standard - *binaire norm* - Norm voor de overdraagbaarheid (portability°) van programmatuur op binair niveau (binary level°).

binary synchronous communication - *BSC* - Zie: bisync°, BSC°.

bind - *bind, binden* - **1.** Bind: variabelen (variable°), hulpmiddelen (resource°) of een netwerkverbinding vastleggen (commit°); verschilt van: link°, **2.** Bind: een machine-adres (address°) koppelen aan een symbolisch adres, **3.** Modules (module°) koppelen (link°) of binden met behulp van een linkage editor°.

binder - *ringband* - Omslag waarin ongebonden, maar wel geperforeerde handboeken enzovoort kunnen worden bewaard; spreek uit: {bajn·der}. Deze term werd vroeger ook gebruikt voor: linkage editor°.

binding - *binding, bind-* - Engels uitspreken als {bajn·ding}: **1.** Het vastleggen van een netwerkverbinding, bijvoorbeeld door middel van een binding agent°, **2.** De koppeling van programma's die een geheel moeten vormen, zie: dynamic binding°, early binding°, late binding°, **3.** Bind-, zoals in: binding edge°, binding margin°.

binding agent - *binding agent* - Hulpprogramma dat een logische koppeling maakt (binding°), bijvoorbeeld een netwerkverbinding.

binding margin - *rugmarge* - De marge (margin°) ter rechter- of linkerzijde van pagina's, nodig voor het binden tot boek.

biometrics - *biometrie* - Het vaststellen van eigenschappen van levende wezens; in dit verband van mensen om hun identiteit te kunnen vaststellen, bijvoorbeeld aan de hand van de lengte van hun vingers of via vingerafdrukken.

bionics - *bionics* - Technologie die functies en karakteristieken van levende wezens mechanisch nabootst: zoals robots (robotics°) of onderdelen die in een menselijk lichaam worden gebracht ter vervanging van defecte functies.

BIOS {bah·jos} - *Basic Input/Output System* - BIOS: basisonderdeel van het besturingssysteem (operating system°) voor input/output° bewerkingen in een IBM°-type PC; bevatte oorspronkelijk een elementaire versie van BASIC°; is in ROM° op het moederbord (motherboard°) opgeslagen; verwerkt onder andere interrupts (interrupt°); zie ook: BIOS extensions°. Ook: ABIOS°, NetBIOS°. Niet uitspreken als {bie·os}, afkorting van bioscoop, en niet verwarren met Beleidsnotitie Informatievoorziening Openbare Sector uit de beginjaren 90.

BIOS extensions - *Basic Input/Output System extensions* - BIOS°-uitbreidingen: noodzakelijk voor het werken met een vaste schijf (hard disk°) of een VGA°-beeldscherm. De uitbreidingen zitten in ROM° op de uitbreidingskaarten (expansion board°) en worden automatisch geladen tijdens het starten (boot°) van een PC.

bipolar - *bipolair* - Bipolair: **1.** Type halfgeleider met twee polen (van de emitter gaat de stroom naar de basis en de collector van een transistor°), vroeger gebruikt voor IC°s (⇔MOS°, die unipolair is); werd vooral gebruikt in grote computers maar wordt nu totaal vervangen door CMOS°, **2.** Overdracht van signalen in T1° of E1° waarbij een '1' wordt weergegeven door een positieve puls gevolgd door een negatieve, en een '0' door de afwezigheid van pulsen.

BIPS {bips} - *Billion Instructions Per Second* - Miljard (10^9) instructies per seconde: eenheid voor de rekensnelheid van parallelle computers (parallel computing°). ⇔FLOPS° ⇔MIPS°

bis - *bis* - Tweede versie van een norm: bijvoorbeeld V.27bis°. ⇔ter°

B-ISDN {*bi*·ai·es·di·en} - *Broadband-ISDN* - B-ISDN: toekomstige breedband (broadband°) ISDN° met een snelheid van 155 of 622 Mbps° op basis van ATM° (STM°, Synchronous Transfer Mode, ondervindt weinig belangstelling); niet verwarren met B-channel°, onderdeel van een ISDN-verbinding.

bisync {*bai*·sink} - *binary synchronous* - Bisync: communicatie-protocol° waarin de zender en de ontvanger elkaar synchroniseren (synchronous°), van functie kunnen wisselen en op elkaars verzoek werken, bijvoorbeeld: BSC°, SDLC° en HDLC°; is in 1966 geïntroduceerd door IBM. Niet verwarren met multisync° (eigenschap van een display° of monitor°).

bit {bit} - *binary digit* - Bit: binair getal (binary digit°), een nul of een één; term is bedacht in 1946 door J. Tukey bij Bell Labs°; zie ook: 7-bit°, 8-bit°, 8th bit° en dergelijke, bit mask°, check bit°, parity bit°, start bit°, stop bit°. Zie ook: 8-bit°, 16-bit°, 32-bit°, 64-bit; andere aantallen bits duiden meestal op hulpstukken voor een elektrische schroevedraaier.

BIT {-} - *BITmap* - BIT: extensie (extension°: .BIT) van een binair bestand met een bitmap°.

...-bit - *...-bit* - Aantal bits dat wordt gebruikt voor de codering (...-bit color°) of voor de adressering (address°) in een microprocessor°, bus°, geheugen, opslag (32-Mbyte barrier°), besturingssysteem en dergelijke.

...-bit color - *...-bit kleur* - Aantal bits gebruikt voor de kleurweergave: bijvoorbeeld in een 24-bit color° scanner° worden er per pixel° 3 x 8 bits gebruikt voor resp. rood, groen en blauw (RGB°).

bit error rate test - *BERT* - Zie: BERT°.

bitmap - *bitmap* - Rasterbeeld: gedigitaliseerd in puntjes (bit), in zwart/wit of kleur, en bedoeld om te worden opgeslagen of afgebeeld; een bitmap bestand (file°) heeft vaak een extensie (extension°) BMP°, PCX° of TIF°.

bit-mapped - *raster-* - Zie bijvoorbeeld: bit-mapped font°.

bit-mapped font - *rasterfont* - Letters (font°) tot in alle puntjes (bitmap°) gedefinieerd. ⇔PostScript° ⇔vector font°

bit-mapped pattern - *BMP* - Zie: BMP°.

bit mask - *bit-masker* - Een rij (string°) nullen en enen (bit°) die gebruikt worden voor het selecteren of verwijderen van bits uit een te bewerken rij bits door middel van AND° of OR° logica.

BITnet - *Because It's Time network* - Een oud netwerk, tegelijk ontstaan met ARPAnet°, vooral gebruikt voor e-mail° tussen IBM° en DEC° computers via LISTSERV.

bit rate - *bit rate* - Transmissiesnelheid, in: bps° of kbps°. ⇔BERT°

bit rot - *veroudering* - Bederf van gegevens (data°) of programmatuur (code°): die niet meer overeenstemmen met de veranderde werkelijkheid, waardoor onderhoud (maintenance°) noodzakelijk is.

bits per inch - *bit per inch, bpi* - Eenheid voor het aantal bits (bit°) per inch (bpi°).

bits per second - *bit per seconde, bps* - Eenheid voor het aantal bits (bit°) per seconde (bps°).

BK! {-} - *BacKup!* - BK!: extensie (extension°: .BK!) van een (backup°) reservebestand (file°) van WordPerfect (WP°).

black - *zwart* - Een van de vier standaard drukkleuren, zie: CMYK°.

black-and-white - *B/W* - Zie: B/W°.

blackbox - *blackbox* - Symbolisch apparaat of proces, waarvan men alleen de functie kent, niet hoe die intern wordt uitgevoerd; letterlijk: zwarte doos; oorspronkelijk een elektronisch apparaat, nu vooral een begrip in de functionele analyse van systemen, bijvoorbeeld: HIPO°. In vliegtuigen: de recorder van vluchtgegevens en gesprekken in de cockpit.

blackout - *stroomstoring* - Stroomstoring van lange duur: tenminste enkele minuten. Niet verwarren met: backout°. ⇔brownout°

blank - *spatieteken, leegmaken, leeg* - **1.** Spatieteken: blanco, maar wel een teken; synoniem: space°; zie de lijst met veelgebruikte tekens achterin dit boek, **2.** Leegmaken: een veld (field°) of een beeldscherm (screen°) wissen; een onbeschreven of gewiste magneetband (tape°) heet: blank tape, **3.** Leeg: een cel (cell°) van een spreadsheet° of de plaats voor een teken.

blank disk - *lege diskette* - Een disk° of diskette° die leeg is, en al dan niet geformatteerd (format°) kan zijn.

blanker - *blanker* - Zie: screen blanker°.

blanking - *blanking* - Het onderdrukken van beeldlijnen of beelden op een televisiebuis (CRT°).

blank line - *witregel* - In een tekstverwerker of op het scherm, een lege regel (line°), bijvoorbeeld na een alinea (paragraph°).

blank space - *spatie* - Zie: space°.

bleep - *piep, piepen* - Zie: beep°.

BLERT {blert} - *BLock Error Rate Tester* - BLERT: beproeving van de kwaliteit van een verbinding om blokken (block°) te versturen. Kan meestal ook werken als een BERT°; beide bijvoorbeeld volgens ITU-T° G.703/4 of G.821.

blink - *knipperen* - Oplichtend vlak in een scherm dat met een bepaalde snelheid (rate°) aan en uit gaat, bijvoorbeeld: blinking cursor° (knipperende cursor).

BLOB {blob} - *Binary Large OBject* - BLOB: verzameling bits, voorstellend geluid, een beeld (image°), een grafiek of een heel boekwerk, die kan worden opgeslagen in een veld (field°) van een database° (tot 2 gigabyte, GB°).

block - *blok* - **1.** Verzameling bits waarin programmeurs hun status bij- en ophouden; bijvoorbeeld: Program Control Block (PCB) en Program Specification Block (PSB), **2.** Verzameling bits die als eenheid wordt behandeld, zoals in: block transfer° (blokoverdracht, ⇔chunk°), bad block° (blok met fout), **3.** Samenhangend stuk programma, bijvoorbeeld: building block°, **4.** Element van een blokdiagram (block diagram°), een schematische tekening.

block command - *blokopdracht* - Opdracht (command°) in een editor°-programma die een gemarkeerd (mark°) blok tekst (block°) bewerkt, bijvoorbeeld het blok verwijdert of opmaakt of alle letters ervan in hoofdletters verandert.

block cypher - *blokgeheimschrift* - Geheimschrift (cypher°) dat vercijferd (encrypt°) en ontcijferd (decrypt°) wordt op basis van blokken (block°), dus niet continu werkt op de gegevensstroom bits. Alternatieve spelling: cipher.

block diagram - *blokdiagram* - Een tekening met blokken die elk een activiteit (bijvoorbeeld een proces, invoer of uitvoer) voorstellen en die zijn verbonden door lijnen. ⇔flow chart°

block error rate tester - *BLERT* - Zie: BLERT°.

blocking factor - *blokkingsfactor* - Het aantal records (record°) dat wordt opgeslagen in een blok (block°).

block interleave - *block interleave* - Techniek om de leessnelheid te vergroten door spreiding van de gegevens, o.a. gebruikt in RAID°, speciale verzameling van kleine disks; zie: striping°.

block mode - *block-modus* - Tekens per blok (block°) oversturen, verplaatsen (move°) of bewerken, niet per teken (character mode°) of per bit° (binary mode°).

block move - *blokverplaatsing* - Verplaatsing (move°) van een gemarkeerd blok (block°) bits, tekst of gegevens (data°).

block multiplexer - *blokmultiplexer* - Multiplexer die grote blokken (block°) tekens multiplext in plaats van enkele tekens, zoals een gewone multiplexer°, en daarom sneller werkt, bijvoorbeeld: SCSI°.

bloc of text - *tekstblok* - In een tekstverwerker, een gemarkeerd stuk tekst (text°) waarop een bewerking kan worden toegepast.

block transfer - *blokoverdracht* - Gegevens in blokken (block°) oversturen of uitlezen (trasfer°) van disk°.

blower - *ventilator* - Fan die zorgt voor de luchtkoeling van een PC of snelle processor°.

blow up - *opblazen, vergroten* - **1.** Opblazen: elektronica vernielen, **2.** Opblazen: onverwachte beëindiging van een programma; synoniem: abend°, crash°, **3.** Vergroten: van een (gedeelte van een) afbeelding.

blue - *blauw* - Zie: Big Blue°, true blue°.

blue books - *blue books* - Reeks normen en aanbevelingen van de CCITT° (nu: ITU-T°) uit 1989, goedgekeurd in 1988 [5.]: die in 1993 (vier jaar later) worden vervangen door boeken met een nieuwe kleur kaft. ⇔orange book°

blueline - *proefdruk* - Eerste kleurenafdruk gemaakt van de films (zie: colour separation°).

blueprint - *blauwdruk* - Een plan; is afkomstig uit de bouwwereld, waar vroeger een eerste tekening met witte lijnen op blauw papier werd gemaakt.

BMP {bi·em·pi} - *BitMapped Pattern* - BMP: extensie (extension°) gebruikt door Microsoft° voor bitmap° graphics° bestanden in DOS°, Windows° of OS/2°; zie ook: wallpaper°.

bn {-} - *billion* - Amerikaans miljard: 1000 miljoen; zie: billion°.

BNC connector {bi·en·si} - *Bayonet Neill Concelman connector* - BNC-connector°: stekker met een bajonetsluiting voor RG-58° of RG-62° coax°-kabels, oorspronkelijk ontworpen voor TV-toestellen, maar nu gebruikt in dun Ethernet°. Is genoemd naar zijn uitvinder, maar wordt ook wel genoemd: British National Connector. ⇔DB connector° ⇔DIN connector° ⇔TNC connector°

BNF {bi·en·ef} - *Backus-Naur Form* - BNF: notatie voor de syntaxis (syntax°) van programmeertalen en logische structuren, genoemd naar J.W. Backus en P. Naur, bijvoorbeeld:

<Programma>::=<Input><Output><Tabel>

(Programma bestaat uit Input, Output en Tabel)

<operator>::=x|;|+|-

(Er zijn vier operatoren (operator°): x, ;, + en -)

IF <expression> THEN <statement>|<line#> ELSE <...>

(Als expression waar is, voer statement uit of ga naar line#, anders doe ...)

Synoniem: Backus Normal Form°.

BO {bi·oh} - *Branch Office* - Bijkantoor, zie: branch°.

board - *kaart* - Kunstofplaat (printplaat) waarop gedrukte bedradingen (printed circuit°) en elektronische componenten zijn aangebracht, bijvoorbeeld: daughter board° (printplaat), extension board° (uitbreidingskaart), motherboard° (moederbord), system board° (systeembord), videoboard°, video graphics board°; is meestal opgebouwd in verschillende lagen (multi-layer°). Zie ook: switch board°.

board of directors - *Raad van Commissarissen* - Niet verwarren met: Board of Executive Directors, of Corporate Management Committee (Raad van Bestuur).

board, on - *aanwezig* - Betreft nieuwe medewerkers voor een project° (warm bodies°) of bepaalde faciliteiten die op een kaart (board°) zijn gemonteerd; letterlijk: aan boord of op de kaart.

BOB {bob} - *BreakOut Box* - Zie: breakout box°. Tevens naam van een Microsoft°-programma met 14 Windows°-spellen voor kinderen, waarschijnlijk afgeleid van de Amerikaanse zegswijze: ...and Bob's your uncle (...en klaar is Kees).

BOC {bok} - *Bell Operating Company* - BOC: Regionaal telefoonbedrijf in de VS: ontstaan na de splitsing van AT&T op 1 januari 1984: Nynex, Bell Atlantic, BellSouth, Southwestern Bell, US West, Pacific Telesis en Ameritech, ook wel genoemd: RBOC°.

body - *persoon, platte tekst* - **1.** Mens als werkkracht, bijvoorbeeld: warm bodies (aanwezige medewerkers), zie ook: body shopping°, **2.** De tekst van een verhaal, niet de koppen (head°), die gezet wordt in de broodletter (body type°).

body shopping - *detachering* - Mensen met een zekere vakbekwaamheid inhuren of verhuren, waarbij de 'huurder' zelf al het werk organiseert. ⇔turnkey°

body text - *platte tekst* - De tekst (text°) van een artikel of boek, niet de koppen (head°).

body type - *broodletter* - Het lettertype (font°) dat wordt gebruikt voor de platte tekst, niet voor de koppen (head°). ⇔display type°

boiler plate - *boiler plate* - Vaste illustratie en/of standaardtekst die op elk formulier of in elke brief wordt ingevoegd of is voorgedrukt; term is afkomstig uit de drukkerswereld; letterlijk: cliché.

bold - *vet* - Dikgedrukte cijfers en letters; synoniem: boldface°. Letterlijk ook: dapper; The bold and the beautiful (De dapperen en de schonen?).

boldface - *vet* - Synoniem van: bold°; vergelijk: typeface°.

BOM {bom} - *Bill Of Material* - Stuklijst: wordt gebruikt voor de fabricage van een product aan de hand van CAD/CAM° tekeningen; belangrijk element in CAE°.

bomb - *logische bom, abend* - **1.** Logische bom (logical bomb°): die in werking treedt onder bepaalde voorwaarden of op een bepaald tijdstip (time bomb°); wordt bijvoorbeeld gebruikt om illegale kopieën van een programma te vernietigen, **2.** Als zelfstandig naamwoord of werkwoord:

abrupte beëindiging van een programma; bij de Mac° spreekt men van 'system bomb' in geval van een system error of abend°.

book - *boek* - Eén van de vele boeken, aangeduid met de kleur van hun kaft, die normen geven bijvoorbeeld op het gebied van telecommunicatie, bijvoorbeeld: red books (CCITT° 1985, [5.]) en blue books (CCITT 1989, [5.]), en orange book (TCSEC°); zie ook NSA° (rainbow series). Er is ook een reeks gekleurde boeken voor CD's: CD-DA° (Red book), CD-R° (Orange book), CD-i° (Green book), CD-i Bridge (White book, zie: bridge disk format°) en CD-ROM° (Yellow book).

bookmark - *bladwijzer* - Markering (mark°) van de plaats in een elektronisch boek waar u bent gebleven of iets hebt gevonden, om die eenvoudig terug te kunnen vinden. Term wordt ook gebruikt in Gopher° voor het markeren van host°-namen. ⇔earmark°

Boolean expression - *Boole-expressie* - Uitdrukking (expression°) met symbolen en logische (logic°) operatoren, bijvoorbeeld: A AND B OR C; het resultaat ervan is True (T°) of False (F°): 1 of 0.

Boolean logic - *Boole-logica* - Een algebra met symbolen en logische operatoren°, die wordt gebruikt in computers en programmatuur; is genoemd naar G. Boole (1815-64) en beschreven in zijn *Laws of Thought* uit 1854. Voorbeelden van Boole-operatoren (operator°) zijn: AND°, NOT° en OR°. Praktisch synoniem: binary logic°.

Boolean search - *Booleaans zoeken* - Zoeken (search°) naar een doel (target°) specificatie waarin Boole-operatoren (operator°) zijn gebruikt.

booster - *booster* - Versterker (amplifier°): die nodig kan zijn bij gebruik van een lange aansluitkabel (line booster°) of bij zwakke radiosignalen. Is afgeleid van: to boost (versterken).

boot {boet} - *boot, opstarten* - Een PC opstarten (IPL°) door het uitvoeren van de boot file°, een bestand dat het besturingssysteem opbrengt. Ook: boot PROM°, boot sector°, dual booting°, master boot record° (MBR°), reboot°, remote boot°. Is afgeleid van: bootstrap (lus aan een laars, die wordt gebruikt om hem aan te trekken). Als een PC vastzit, roept de boze eigenaar: "Daar zul je voor booten!"

bootable disk - *systeemdisk* - Een opstartbare disk° of diskette° met een (elementair of compleet) besturingssysteem (operating system°) èn een toepassing waarmee vroeger een PC en de toepassing kon worden gestart, nu ook op CD-ROM° met complete ontwikkelprogrammatuur. ⇔boot diskette°

boot diskette - *opstartdiskette* - Diskette met een besturingssysteem: waarmee een PC kan worden opgestart. ⇔bootable disk°

boot file - *boot-bestand* - Bestand (file°) dat als eerste wordt gelezen en uitgevoerd tijdens het starten (boot°) van een PC; begint in de boot sector°.

bootlegging - *bootlegging* - Onder de tafel ontwikkelen: zonder toestemming de gelden bestemd voor een officieel goedgekeurd project (project°) gebruiken voor ontwikkelingen waarvoor geen geld beschikbaar is gesteld; letterlijk: illegaal drank stoken in drooggelegd Amerika en vervoeren in de brede schacht van laarzen (boot°).

boot PROM {prom} - *boot Programmable Read-Only Memory* - PROM° waarvan de boot° plaatsvindt: halfgeleidergeheugen waarin elementaire systeemgegevens zijn opgeslagen, gebruikt voor het starten van een PC. Zie ook: CMOS setup°.

boot record - *boot record* - Het record° in de boot sector° van een PC. Dit kan door een virus zijn aangetast, en moet dan herschreven worden met de DOS°-opdracht: FDISK /MBR (MBR°). Ook mogelijk vanaf een diskette: SYS C:.

boot sector - *boot sector* - De eerste sector° op een disk°, van waaruit het besturingssysteem wordt gestart door middel van de boot file°.

boot sector virus - *boot sector virus* - Een virus° dat zich nestelt in de boot sector° of die onbruikbaar maakt.

border - *grens, rand* - **1.** Grens: tussen twee landen enzovoort, **2.** Rand: van een weg, tekening of kader. Als werkwoord: inkaderen.

Bose-Chaudhuri-Hocquenghem-code - *BCH-code* - Cyclische (cyclic°) code voor foutendetectie en -correctie, ontdekt rond 1960 en genoemd naar zijn uitvinders; de codering (encode°) en de decodering (decode°) wordt gedaan met schuifregisters.

boss - *sysop* - De baas van een BBS°, meestal genoemd: sysop°, die diverse abonnees (point°) heeft, zie: FidoNet°.

bottom - *einde* - Het einde van tekst, afbeelding, bladzijde of bestand; letterlijk: de onderkant. ⇔top°

bottom line - *eindresultaat* - Waar het volgens de spreker op neerkomt; letterlijk: het totaal op de onderste regel (line°). Stay on top of your bottom line (Houd je eindresultaat onder controle). The bottom line is gaining importance for non-profits (De financiële resultaten worden belangrijk voor nonprofits - omdat subsidies vermindert worden of omdat zij geprivatiseerd worden).

bottom margin - *ondermarge* - De marge (margin°) aan de onderkant van elke bladzijde (page°). ⇔top margin°

bottom-up - *bottom-up* - Iets van onder naar boven analyseren (analysis°) of bewerken: beginnen met de elementen van een samenstel. Bottoms up (Ad fundum). ⇔top-down° ⇔middle-out°

bounce - *stuiteren, terugkomen* - **1.** Stuiteren: schakelcontact dat trilt en problemen kan veroorzaken, **2.** Terugkomen: e-mail° bericht dat terugkomt omdat het niet kan worden afgeleverd of een cheque die terugkomt omdat hij niet is gedekt.

-bound - *begrensd door ...* - Gelimiteerd, bijvoorbeeld: I/O-bound° (begrensd door de invoer/uitvoer; I/O°). Ook: bounds (grenzen, limieten), out of bounds (de grenzen zijn overschreden).

boundary - *begrenzing* - De grens van tekst, grafiek (graphics°) of een netwerk.

boundary router - *boundary router* - Een Ethernet° router° (van 3Com) die is geoptimaliseerd voor gebruik in bijvoorbeeld een filiaal: is eenvoudig te installeren en te gebruiken vanuit een centrale router; synoniem: access router°.

box - *kast, doos, kader, venster, vakje* - **1.** Kast: de behuizing van een apparaat, bijvoorbeeld: breakout box°, juke box°, junction box°, lunch-box°, pizza-box°, switch box°; ook figuurlijk: black box°, **2.** Doos (spreektaal): waarin een apparaat is verpakt, **3.** Kader: om een blok tekst, **4.** Venster, bijvoorbeeld: alert box°, dialog box°, list box°, message box°, tool box°, DOS box°, **5.** Vakje, bijvoorbeeld: check box°, tick box°. Box office (kaartjesloket).

bpi {bi·pi·ai} - *bits per inch* - Bit per inch, bpi: eenheid voor de dichtheid (density°) van gegevens op disk° of tape°, bijvoorbeeld: 1600 of 6250 bpi tape.

BPA {bi·pi·ee} - *Business Process Automation* - BPA: over enige jaren, de automatisering van bedrijfsprocessen die verder gaat dan de huidige automatisering, met behulp van snelle netwerkverbindingen en multimedia°. ⇔BPR°

BPR {bi·pi·ar} - *Business Process Redesign, Business Process Re-engineering* - BPR: het idee dat een bestaand werkproces opnieuw kan worden ontworpen en verbeterd. Is nu vrijwel altijd het geval omdat 'alles al is geautomatiseerd'; chique term die aangeeft dat het om grote veranderingen gaat, wat meestal het geval is. The fundamental rethinking and radical redesign of business processes to achieve improvements in cost, quality, service, and speed (Het fundamenteel heroverwegen en herontwerpen van bedrijfsprocessen om de kosten, kwaliteit, dienstverlening en snelheid te verbeteren - wat steeds belangrijker wordt). Later volgt wellicht: BPA°. De term is anno 1996 wat uit de mode geraakt omdat grote reorganisaties niet eenvoudig zijn, maar bedrijven blijven natuuurlijk zoeken naar verbeteringen en kostenverlagingen.

bps {*bi*·pi·es} - *bits per second* - Bit per seconde, bps: eenheid voor de snelheid van gegevens lezen of oversturen. (De term baud° als eenheid voor de snelheid van gegevensoverdracht moet worden vermeden.)

brace - *accolade, {}* - Paar speciale tekens waarmee een uitdrukking of waarde wordt afgezonderd, bijvoorbeeld in een uitdrukking (expression°), zie: left brace°, right brace°. ⇔bracket° ⇔parenthesis°

bracket - *haak, [ ], beugel* - **1.** Haak: paar speciale tekens waarmee een uitdrukking of waarde wordt afgezonderd, bijvoorbeeld in een uitdrukking (expression°), zie: left square bracket°, right square bracket° (⇔brace° ⇔parenthesis°), **2.** Beugel, zie: mounting bracket°.

brainstorming - *brainstorming* - Techniek om een groep mensen in een zo kort mogelijke tijd zoveel mogelijk zinnige en onzinnige ideeën te laten produceren; is een idee van A.F. Osborn [16.].

branch - *branch, tak, bijkantoor* - **1.** Branch: vertakking in een programma vanwege een voorwaarde of een GOTO° (⇔jump°), **2.** Branch: in een programma, een sprong uitvoeren naar een ander gedeelte van een programma; dus niet zoals gebruikelijk de eerstvolgende instructie uitvoeren, **3.** Tak: van een beslissingsboom (decision tree°), **4.** Bijkantoor (BO°): bijvoorbeeld van een bank.

brand - *merknaam* - Door veel reclame bekend geworden merknaam: die een belangrijk verkoopargument is geworden omdat consumenten en gebruikers steeds minder technische kennis bezitten; de manager van de merknaam heet: brand manager. Ook: branding (het introduceren van een merknaam), co-branding (samen met anderen een merknaam introduceren). Letterlijk: brandmerk, zoals het Amerikaanse vee wordt gebrandmerkt met het stempel van hun eigenaar.

branding program - *certificatieprogramma* - Een programma om te testen of producten werken conform (conformity°) bepaalde normen of eisen; zie: brand°.

breadboard - *experiment, experimenteren* - Figuurlijk: programmatuur of een elektronische schakeling provisorisch in elkaar zetten; letterlijk: op een broodplank.

breadth-first - *breadth-first* - In een zoekruimte (search space°) eerst verwante toestanden (state°) onderzoeken voordat men de diepte in duikt. ⇔depth-first°

break - *onderbreken, breken, inbreken, pauze, verbreken* - **1.** Tijdelijk stoppen van: datatransmissie of uitvoering van een programma; gewild, door middel van een speciale toets of toetsencombinatie (bijvoorbeeld met: Ctrl°-C), of ongewild door een storing, **2.** Een geheime code breken (decryption°), **3.** In een systeem inbreken, **4.** Pauze: tijdens een vergadering of conferentie, **5.** Verbreken: een verbinding (circuitbreaker°) of de toevoer van spanning (no- break°). Veel toetsenborden bezitten een Break-toets (in combinatie met Ctrl°).

breakdown - *uitsplitsing, defect, stilstand* - **1.** Uitsplitsing: van een bedrag of hoeveelheid werk in onderdelen, **2.** Defect: in apparatuur, **3.** Stilstand: van apparatuur.

breakout box - *breakout box* - BOB°: doos (box°) met lampjes die in een kabel kan worden geplaatst: waarmee de spanningen op de aders wordt gecontroleerd; synoniem: SAM°.

breakpoint - *onderbrekingspunt* - Plaats in een programma waar de uitvoering wordt gestopt door een speciale instructie: waar een programmeur de stand van zaken (de inhoud van registers en dergelijke) kan bekijken ter controle.

BRI {bi·ar·ai} - *Basic Rate Interface* - Aansluiting (interface°) voor basis-ISDN° (basic rate°). ⇔PRI°

bridge - *bridge, brug* - Eenvoudige koppeling (interface°) tussen twee bestanden, programma's, eenheden of netwerken met hetzelfde (logical link control°) protocol°, die ze tot een logisch geheel maakt; werkt in de data link°-laag van OSI°; wordt gebruikt om LANs (LAN bridge°) te koppelen en werkt met MAC°-adressen;

zie ook: compression bridge°, ISDN bridge°, remote bridge°, source bridging°, transparent bridging°. Zie verder onder: IEEE°. Vooral in gemengde oude en nieuwe systemen worden bruggen tussen toepassingen en gereedschappen steeds belangrijker - er zijn mensen die denken dat het grootste deel van het programmeerwerk zal bestaan uit het bouwen van bruggen. ⇔gateway° ⇔router°

bridge disc format - *bridge disc format* - CD-ROM° indeling gebruikt door Kodak in hun Photo CD°: die een CD-ROM XA° schijf is in het bridge disc format en toch CD-i° compatibel is.

bridge to mainland - *brug naar een mainframe* - De koppeling van een PC met een grote computer (mainframe°). Letterlijk: brug naar het vasteland.

briefcase - *koffer* - Een koffertje gebruikt als metafoor in Windows 95° voor de replicatie (replication°) van bestanden (file°): bestanden en mappen (folder°) worden naar de briefcase gekopieerd met een synchronisatie-koppeling (link°) waardoor de status van het origineel en de kopie wordt bijgehouden voor bijwerken (update°). Is handig als u op verschillende computers (kantoor en thuis) moet werken.

brightness - *helderheid* - Intensiteit van licht, bijvoorbeeld helderheid van het beeld op een beeldscherm: die u kunt instellen (control°) met een knop; zie ook: HSB°. ⇔contrast°

British approvals board for telecommunications - *BABT* - Zie: BABT°.

British standard - *BS* - Zie: BS°.

British standards institute - *BSI* - BSI°.

British telecom - *BT* - Zie: BT°.

British thermal unit - *BTU* - Zie: BTU°.

broadband - *breedband* - Snel transmissiekanaal (transmit°): gebruikt voor verscheidene analoge of digitale verbindingen tegelijk, mogelijk voor data, video en/of telefoon; gebruikt soms modulatie en vereist dan een modem°; werd vroeger ook genoemd: wideband°. Voor breedband wordt meestal een combinatie van glasvezel- (fiber optics°) en coax°-kabel gebruikt. Breedbanddiensten worden gebruikt voor het formeren van een snelle WAN° of multimedia°-diensten. ⇔baseband°

broadband integrated services data network - *B-ISDN* - Zie: B-ISDN°.

broadband ISDN - *B-ISDN* - Zie: B-ISDN°.

broadband network - *breedbandnetwerk* - Netwerk (network°) op basis van: broadband°-technologie voor multimedia° of televisie (video°).

broadband packet - *broadband packet* - Breedbandkanaal (broadband°) dat werkt met packet-switching°; volgens de verwachtingen wordt het: B-ISDN° met ATM°, maar alternatieven zijn: frame relay°, SMDS°.

broadcast - *broadcast* - Een bericht (message°) sturen naar alle knooppunten (node°) van een netwerk, alle werkstations met ingelogde (logon°) gebruikers of iedereen met een ontvanger (receiver°). Internet broadcasting° betreft radio- en TV-uitzendingen. ⇔multicast° ⇔unicast°

broke - *kapot, failliet* - **1.** Kapot; R. Reagan zei: If it ain't broke, don't fix° it (Als het niet kapot is, repareer/verbeter het dan niet), **2.** Failliet of platzak (I'm broke).

broker - *makelaar* - Actief middel of programma (bijvoorbeeld: object request broker°) dat als makelaar fungeert bij de verdeling van de werkzaamheden; is vergelijkbaar met: agent°.

brouter - *brouter* - Een bridge° die enkele functies van een router° kan vervullen; is een samentrekking in woord en daad.

brownout - *korte spanningsval* - Spanningsdip van korte duur, bijvoorbeeld een seconde of minder omdat een zware elektromotor wordt gestart. In de VS de grootste bron van spanningsproblemen. Is het omgekeerde van een: surge, zie: surge protection. ⇔blackout°

browse - *doorkijken, bladeren* - Een tekstbestand doorbladeren op een beeldscherm.

browser - *browser* - Programma om bestanden of structuren (class°, hierarchy°) op een beeldscherm te bekijken, niet te veranderen (want dat kan alleen met een editor°). Synoniem: viewer°.

BRS {*bi*·ar·es} - *BRS* - Basic Rate Service: eenvoudige ISDN°-verbinding: bestaande uit twee 64 kbps° 'B' kanalen (B-channel°) voor gegevens en een 16 kbps 'D' kanaal (D-channel°) voor de besturing (signaling°). ⇔PRS°

BS {bi·es} - *BackSpace, British Standard* - **1.** Backspace, BS: terugzetten, een teken of toets die de cursor° een positie naar links opschuift, **2.** British Standard: Britse norm van het BSI°, bijvoorbeeld: Code of Practice°.

b/s {-} - *bytes per sector* - Het aantal bytes (byte°) dat in een sector° van een MO°-diskette kan worden opgeslagen, bijvoorbeeld 512 of 1024.

BSA {bi·es·ee} - *Business Software Alliance* - Alliantie van zakelijke programmaleveranciers tegen het illegaal kopiëren van hun software°, in 1988 opgericht door Amerikaanse programmatuurleveranciers. Inmiddels zullen klikspanen beloond worden met 10 procent van het bedrag dat verhaald kan worden, tot een maximum van 5000 gulden.

BSC {bi·es·si} - *Binary Synchronous Communication* - Bisync°: een synchrone (synchronous°) datacommunicatiemethode om gegevens te versturen. ⇔SDLC°

BSD {bi·es·di} - *Berkeley System Development, Berkeley Software Distribution* - BSD: aanduiding van software van UCB°; zie bijvoorbeeld: BSD socket°. Door het BSD-programma (ARPAnet°) werd de basis gelegd voor de moderne TCP/IP°-netwerken.

BSD socket {bi·es·di} - *Berkeley Software Distribution socket* - BSD- socket: UNIX° API° programmatuur voor 2-wegs communicatie tussen programma's op dezelfde computer of via een netwerk; is geïntroduceerd in BSD 4.2 UNIX in 1981 (BSD 4.4 is waarschijnlijk de laatste release° van BSD); letterlijk: socket° (stopcontact).

BSI {bi·es·ai} - *British Standards Institute* - BSI: Brits normalisatie-instituut: dat normen publiceert die genoemd worden: BS° ....

B-size {bi} - *Amerikaans A3* - Papierformaat van 11 x 17 inch (279 x 432 mm).

BSP {bi·es·pi} - *Business Systems Planning* - BSP: analysemethode voor de opzet van informatiesystemen, ontwikkeld bij IBM; is vergelijkbaar met: ISP°. Ook: Bell° System Practice (zie: practices°).

BT {bi·ti} - *British Telecom* - BT: de Britse PTT Telecom, in 1981 geprivatiseerd en voorzien van een concurrent (Mercury°).

BTAM {bi·tem} - *Basic Telecommunications Access Method* - BTAM: een vroege toegangsmethode (access method°) voor synchrone (bisync°) communicatie (telecommunication°) met terminals (terminal°) op afstand (remote°) van IBM.

B-tree {bi} - *Balanced-tree* - B-tree: evenwichtige beslissingsboom (decision tree°) waarvan de takken (branch°) ongeveer even lang zijn.

B+ tree {bi·plus} - *Balanced-plus tree* - Soort B-tree° waarbij de gegevens tevens volgordelijk zijn gekoppeld: dit maakt snelle, directe sequentiële toegang (sequential access°) mogelijk.

BTU {bi·ti·joe} - *British Thermal Unit* - BTU: eenheid van warmte-ontwikkeling, ongeveer 0,252 kCal°; wordt meestal gebruikt per tijdseenheid: BTU/hr°.

BU {bi·joe} - *Business Unit* - BU: onafhankelijk groep mensen die een zakelijke eenheid (business unit°) vormen.

bubble - *bubble* - Ellips in een data flow diagram°: die een proces (process°) voorstelt.

bubble chart - *bubble chart* - Diagram met ellipsen, die geheel verschillende elementen voorstellen, verbonden door lijnen die hun samenhang aangeven. ⇔flowchart°

bubble memory - *bellengeheugen* - Ooit veelbelovende geheugentechnologie met magnetiseerbare gebieden - de bellen - in een vaste stof.

bubble sort - *bubble sort* - Eenvoudige sorteermethode (sort°) waarbij herhaaldelijk twee elementen worden verwisseld als zij niet in de juiste volgorde staan; de laagste waarden drijven hierbij als luchtbellen naar de bovenkant van de lijst.

budget - *budget, eenvoudig* - **1.** Budget: geld gereserveerd voor het uitvoeren van plannen, **2.** Eenvoudig: aanduiding van een lagere prijsklasse.

buff - *enthousiaste liefhebbber* - Liefhebber van een specifiek gebruik van computers, bijvoorbeeld spelletjes, Internet° of spreadsheets (spreadsheet°).

buffer - *buffer* - Elektronische of programmatische geheugenruimte om gegevens tijdelijk in op te slaan; is nodig voor asynchrone (asynchronous°) processen (store-and-forward°) en nuttig in een printer (printer buffer°). In de CONFIG.SYS wordt opgegeven hoeveel buffers DOS° kan gebruiken door middel van de opdracht: BUFFERS=... (meestal is 25 voldoende).

bug - *bug, programmafout* - Onvolkomenheid in een programma met grote gevolgen. Term is volgens overlevering ingevoerd door G.M. Hopper (zie: Cobol°) in de jaren 40 vanwege een beestje (bug) tussen de contacten van een oude relaiscomputer, dat fouten veroorzaakte. There is always one more bug (Er zit altijd tenminste nog een fout in een programma, of: foutloze programmatuur bestaat niet - een programmeur is nooit klaar). Een bug vereist een fix°; debug° is de werkzaamheid om bugs op te sporen en te verwijderen, zie ook: test°. Bekende bugs zijn: een bug in telefoonprogrammatuur van AT&T, die in 1990 gedurende 9 uur al het interlokale telefoonverkeer in de VS lamlegde, en de bug in de oorspronkelijke Pentium° chip (1994).

buggy - *fouten bevattend* - Kenmerk van programmatuur in ontwikkeling, zie: bug°.

build - *samenstellen* - Een informatiesysteem samenstellen uit bouwstenen en/of individuele programma's of een index° voor een boek.

building block - *bouwsteen* - Functieblok: stukken algemene programmatuur waarmee een programma kan worden samengesteld, ook genoemd: software IC°, of elektronische modules (IC°) waarmee een computer kan worden gebouwd.

built-in - *ingebouwd* - Een functie die beschikbaar is in een computer, besturingssysteem (operating system°) of toepassing (application°).

bulk eraser - *bulk eraser* - Apparaat om massaal magnetische sporen mee uit te wissen door middel van een uitdovend magnetisch wisselveld; synoniem: degausser°.

bulk storage - *massageheugen* - Zie: mass storage°.

bullet - *bullet* - **1.** Stip: opsommingsteken, vaak een vette stip (●) aan het begin van een regel; zie de lijst met veelgebruikte tekens achterin dit boek, **2.** Regel voorafgegaan door ●: op een slide° of foil° voor een overhead° projector, ook genoemd: bulleted item. Een lijst met bullets heet: bulleted list, enzovoort. Letterlijk: kogel; bulletproof (kogelvrij); zie ook: silver bullet°.

bulletin board - *bulletin-board, BBS* - BBS°, zie: bulletin board system°.

bulletin board system - *bulletin-board, prikbord, BBS* - BBS°: computer bereikbaar via een telefoonlijn, gebruikt om mededelingen en programma's met anderen uit te wisselen, bestellingen op te nemen, e-mail°, conferenties te houden, verkoopinformatie te verstrekken enzovoort. Is in 1978 ontstaan met behulp van een PC met CP/M° door W. Christensen, ook de man van XMODEM°; hij gebruikte de term: Computer Bulletin Board System (CBBS). Het concept bestond al eerder op grote computers. RBBS is de shareware° voor een BBS op een Intel°-PC.

bunch - *aantal, bundelen* - **1.** Aantal: van wat dan ook; zie ook: BUNCH°, **2.** Bundelen: gegevens, berichten of apparaten samenvoegen.

BUNCH {bunsj} - *BUNCH* - Destijds aanduiding van enkele (vergeleken met IBM° en Digital°) kleinere computerleveranciers, de initialen van: Burroughs, Univac°, NCR°, Control Data en Honeywell.

bundle - *bundel, smak geld* - **1.** Bundel: stel koperdraden of glasvezels, **2.** Smak geld: nodig om iets moois te kopen.

bundling - *bundeling* - Samenvoeging van apparatuur en/of programmatuur tot een nieuw product. ⇔unbundling°

bureau - *bureau, dienst* - Zie: computer (service) bureau. Een schrijfbureau wordt in het Amerikaans genoemd: desk (zoals in desktop°).

burn - *vernielen, verbruiken, PROM programmeren, CD-ROM beschrijven* - **1.** Vernielen: verbranden door een te hoge stroom, bijvoorbeeld vanwege een kortsluiting, **2.** Verbruiken: bijvoorbeeld computertijd (cycle°) door lange berekeningen of een lange sorteergang, **3.** PROM° programmeren: oorspronkelijk door bepaalde verbindingen door te branden (EPROM° en EEPROM° worden elektrisch geschreven en kunnen later worden veranderd), **4.** Een CD-ROM° beschrijven met behulp van een: CD-ROM burner.

burn-in - *conditionering, inbranden* - **1.** Conditionering: nieuwe onderdelen of apparatuur enige tijd aanzetten: om het verloop van hun eigenschappen te stabiliseren, **2.** Inbranden: van een beeldscherm wanneer dag in dag uit hetzelfde beeld op het scherm staat (zie: screen saver°) of een PROM° (zie: burn°).

burst - *uitbarsten, splitsen* - **1.** Uitbarsten van gegevens of fouten (error rate°) bij de overdracht van gegevens, zie bijvoorbeeld: burst mode°, **2.** Splitsen van kettingformulieren (continuous forms°), zie: burster°. Zie ook: burst error°.

burster - *burster* - Een apparaat voor het splitsen (burst°) van kettingformulieren (continuous forms°).

burst error - *foutenreeks* - Gebundelde fouten in opeenvolgende bits: opgetreden bij het uitlezen van disk° of disc° of verzending via een communicatielijn; hiertegen wordt vaak een Reed-Solomon code° gebruikt.

burst mode - *burst-modus* - Blok- of stootsgewijze werking: bits of packets (packet°) in een ononderbroken stoot overbrengen; synoniem: streaming mode°. Wordt bijvoorbeeld veroorzaakt door het verkeer op een lokaal netwerk (LAN°) tijdens de overdracht van grote bestanden (file°).

bus - *bus* - **1.** Communicatiekanaal (data bus°) in een PC waarop onderdelen of uitbreidingskaarten (expansion card°) worden aangesloten; vergelijkbaar met een channel° in een grote computer, zie ook: expansion bus°, I/O bus°; is afgeleid van: busbar (parallelle geleiders waarop eenheden worden aangesloten); er is een 8-bit XT°-bus, een 16-bit AT°-bus (samen: ISA°), een 32-bit EISA°-bus enzovoort; zie ook: local bus°, MC°, Nu-Bus°, PCI°, Sbus°, SCSI°, VL-bus°, VME-bus°, **2.** Communicatiekanaal in een netwerk waarop een terminal°, bridge° of router° parallel wordt aangesloten; zie: topology°.

Zie ook: token bus° (een type netwerk). Zie ook: USB°.

business - *bedrijfs-, handel* - Algemene term voor commercie, commerciële activiteiten en vele andere zaken: de essentie van wat een bedrijf of organisatie doet. Business as usual (zoals wij het altijd gedaan hebben - wat vandaag niet langer goed genoeg is).

business area - *potentiële klanten* - Groep (area°) klanten voor een product waarmee men zaken wil doen.

business case - *zakelijke rechtvaardiging* - Financieel plan van een voorstel (case°), die vaak de werkelijke bedoeling maskeert en die achteraf zelden wordt gecontroleerd.

business information analyst - *BIA* - Zie: BIA°.

business plan - *bedrijfsplan, zakelijk plan* - **1.** Bedrijfsplan: voor de opzet en exploitatie van een bedrijf, **2.** Zakelijk plan: voor de opzet van een project° of werkonderdeel.

business practices - *bedrijfsregels* - Regels (practice°) voor zakelijk handelen wat er wel en niet ethisch verantwoord is voor de vertegenwoordigers van een bedrijf, bijvoorbeeld ten aanzien van productannonceringen, prestaties (performance°) en productvergelijkingen en correcte jaarcijfers; zie bijvoorbeeld: SBPC°. ⇔business rules°

business process automation - *BPA* - Zie: BPA°.

business process redesign - *BPR* - Zie: BPR°.

business process re-engineering - *BPR* - Zie: BPR°.

business rules - *bedrijfsregels* - Zakelijke gebruiken en voorschriften in een bedrijf: bijvoorbeeld dat een manager zonder toestemming bestellingen tot honderd gulden mag doen of dat een onderdeel wordt bijbesteld als de voorraad zakt onder een bepaald niveau. ⇔business practices°

business software alliance - *BSA* - Zie: BSA°.

business system planning - *BSP* - Zie: BSP°.

business unit - *business unit, BU* - Zelfstandig bedrijfsonderdeel: groep mensen die hun eigen zaken regelen en financieel een eenheid vormen; afgekort: BU°. ⇔profit/loss center°

bus mastering - *bus mastering* - Ontwerp van een bus° waarvan de erop aangesloten uitbreidingskaarten of eenheden onafhankelijk van de (micro)processor° kunnen werken en die direct toegang tot het geheugen (memory°) hebben; deze techniek wordt bijvoorbeeld toegepast in EISA°, MC° en SCSI°.

bus mouse - *busmuis* - Een muis (mouse°) die direct op de bus° wordt aangesloten, niet via een speciale kaart (expansion card°) of op een seriële poort (serial port°, serial mouse°).

bus network - *bus-netwerk* - Netwerk gevormd door een bus waarop alle terminals (terminal°) worden aangesloten, zoals bijvoorbeeld bij Ethernet°. Alle aangesloten terminals (terminal°) ontvangen tegelijk dezelfde berichten. ⇔ring network°

busy - *bezig, bezet* - **1.** Van een persoon of programma: bezig (⇔done°), **2.** Van een telefoontoestel of apparaat: bezet; het in gebruik zijn, wordt gemeld door een in gesprektoon (busy signal).

button - *knop* - **1.** Een soort pictogram dat een drukknop voorstelt, bijvoorbeeld: OK button (knop met de letters OK), Start button (Startknop, die ook kan worden gebruikt om de uitvoering van een programma te beëindigen), zie ook: animated button°; het belangrijkste verschil tussen een icon° en een knop is dat de icon tweemaal moet worden geklikt (doubleclick°) om hem te activeren, de knop slechts eenmaal, **2.** Een knoppictogram (icon°) selecteren, **3.** Drukknop (key°) op een muis (mouse°). Zie ook: hot button°, push button°, reset button°.

button bar - *knoppenbalk* - Rij (bar°) knoppen (button°) in grafische omgeving (GUI°): waarmee u vaakgebruikte functies en macro's (macro°) eenvoudig kunt aanroepen.

buzzer - *zoemer* - Niet-rinkelende bel, maar ook door PTT Telecom in 1994 ingevoerde eigennaam voor een semafoon (pager°). Geen abonnement nodig, want de oproeper betaalt F 1,95 om een code van 4 cijfers over te brengen - meer dan 45 cent per cijfer! Buzz off !(Donder op!).

B/W {blek·en·wajt} - *Black and White* - Z/W: monochroom (letterlijk: zwart-wit): zwart kan dus best een kleur zijn. ⇔greyscale°

bypass - *negeren, overslaan* - Een bepaalde bewerking niet uitvoeren.

byte - *byte* - Eenheid van acht bits die gezamenlijk worden geadresseerd, mogelijk de samentrekking van: BinarY digiT Eight, of fonetisch: by eight(?). Is meestal onderdeel van een word°; term is afkomstig van W. Buchholz (IBM) rond 1960, geïn-troduceerd met IBM System/360. Ook: Kilobyte (KB°), Megabyte (MB°), Gigabyte (GB°), Terabyte (TB°) en Petabyte (PB°), telkens 1024 (2^{10}) maal meer. Tekencodes (character code°) die een byte gebruiken: ASCII°, EBCDIC°. Uitspraak: {bajt}. Zie ook: b/s°.

bytes per sector - *b/s* - Zie: b/s°.

- C -

C {si} - *C, Capacitor, Centigrade, Chrominance* - **1.** C: programmeertaal, rond 1972 ontwikkeld voor UNIX° door D. Ritchie. De geschiedenis van C hangt nauw samen met die van UNIX: de eerste UNIX versie werd geschreven in Assembler°; K. Thompson ontwikkelde de taal B in 1970, die door D. Ritchie rond 1971 werd verfijnd tot C, en die nu ook veel wordt gebruikt buiten de UNIX-wereld; is beschreven in K&R°. Veel gebruikt wordt de versie: ANSI C°. Een groot voordeel van C is de grote overdraagbaarheid (portability°) van programmatuur omdat er voor elk platform° verscheidene C compilers (compiler°) beschikbaar zijn. De extensie (extension°) van een bronprogramma in C is: .C. **2.** C: de waarde 12 in het hexadecimale (hexadecimal°) talstelsel. **3.** C: symboolteken voor een condensator (capacitor°) in een schema of formule; eenheid: Farad°. **4.** °C: graden Celsius (centigrade°), **5.** Chrominantie, C: kleurinformatie in een beeld of televisiesignaal, zie: Y/C°.

C++ - *C++* - C++ is een uitbreiding van de programmeertaal C° en heeft een object-oriëntatie (object-oriented°); is in 1987 ontwikkeld door B. Stroustrup, ook in Bell Labs°. Van Borland: BC++°.

C: - *C:* - Naam van de eerste vaste schijf (hard disk°): een apparaat (device°) in DOS°.

C:\> - *C:\>* - DOS° prompt° vanuit de hoofddirectory (root directory°) op de eerste vaste schijf (hard disk°), waarachter u een opdracht (command°) kunt intikken. In een directory° ABCD, wordt de prompt: C:\ABCD> (path°) enzovoort.

CA {si·ee} - *Conditional Access* - Betaalde toegang tot bepaalde televisieprogramma's, die gecodeerd worden verstuurd via de kabel (CATV°) of een satelliet (satellite°). Filmnet, bijvoorbeeld, heeft een vaste programmering (broadcast°), maar programma's kunnen ook op verzoek verstuurd worden (PPV°, VoD°). Ook: Computer Associates, een software°-leverancier.

cabinet - *kast* - Behuizing voor apparatuur of kabelaansluitingen; zie ook: file cabinet°, wiring closet°.

cable - *kabel, telegram* - **1.** Kabel van koper of glas die apparatuureenheden of onderdelen verbindt, beschikbaar in verscheidene uitvoeringen: UTP° Cat.3 (10Mbit/s), UTP° Cat.4 (16 Mbit/s), UTP° Cat.5 (100 Mbit/s), STP° (155 Mbit/s), coax° (300 Mbit/s) en glasvezel (fiber optics°, 2 Gbit/s en meer); zie ook: flat cable°, power cable°, supply cable°, twinax°(ial cable°). **2.** Telegram: dat vroeger via een kabel werd overgeseind; zie ook: Morse code°.

cableco {koo} - *cable company* - Kabelaar, kabelbedrijf: bedrijf dat televisiekabels (cable°, CATV°) exploiteert, in Nederland bijvoorbeeld: Casema. Engels meervoud: cablecos {kee·bul·koos}; Nederlands: cableco's? ⇔τελεπηονε operator° ⇔τελχο°

cable loss - *kabelverlies* - Het verlies aan spanning bij de overdracht via een kabel (cable°); in bepaalde context eventueel ook het verlies van een kabel die in zee is weggeslagen.

cable modem {moo·dem} - *cable modulator/ demodulator* - Kabelmodem: een modem gebruikt bij kabeltelevisie (CATV°). ⇔analog modem° ⇔digital modem°

cable operator - *kabel-operator* - Het bedrijf (operator°) dat een kabeltelevisienet (CATV°) en/of een telefoonnet exploiteert. Afgekort: cableco°. ⇔telco°

cable telephony - *kabeltelefonie* - Techniek voor het gecombineerd aanbieden van televisie (television°) en telefonie (telephony°) via een glasvezelkabel (fiber optics°, FTTC°) en coax (CTTH°). Een Amerikaanse ontwikkeling die rond 1993 in Verenigd Koninkrijk op grote schaal van start is gegaan op basis van analoge signalen: een eerste stap op weg naar de informatiesupersnelweg (information superhighway°). De uitbaters heten: cable operator° (CO°). Uitspraak: {kee·bul·te·*leh*·fonie}.

cable television - *CATV* - KTV: kabeltelevisie; zie: CATV°.

cabling - *bekabeling* - De wirwar van kabels (cable°) in een gebouw of computer.

cache {kèsh} - *cache* - Voorziening die alvast wat extra gegevens van de vaste schijf (hard disk°) in een buffer° in haar geheugen (memory°) zet; als u die gegevens opvraagt, dan krijgt u ze sneller; kan in hardware° of software° worden gerealiseerd en kan als buffer dienen om het grote verschil in snelheid tussen een moderne microprocessor° en het langzamere geheugen of de nog langzamere vaste schijf of diskette° te overbruggen, zie ook: disk caching°; spreek uit als: cash, en dat kost het ook; letterlijk: geheime bergplaats. Er zijn drie types cache: read cache (waarin een gelezen blok wordt bewaard in geval daaruit later informatie wordt gevraagd), read-ahead cache (die tevens enkele volgende blokken leest, waardoor de kans vergroot wordt dat op te vragen informatie direct beschikbaar is) en write-back cache (waarin weg te schrijven informatie wordt bewaard in de hoop dat die samen met andere informatie in één keer kan worden weggeschreven). Second-level cache is een effectieve versneller van de werking van en computer: een snel 256K of 512K buffergeheugen geplaatst tussen de processor° en het systeemgeheugen (het eerste niveau, vandaar: second-level) dat een tijdelijke opslagplaats voor veelgebruikte instructies en gegevens biedt.

cache buffer - *cache buffer* - Een cache op disk°, niet in RAM°, bijvoorbeeld gebruikt in een server°.

caching {kèshing} - *caching* - Een cache (buffer°: tijdelijke opslagplaats) gebruiken om verschillen in snelheid tussen verstuurder en ontvanger te overbruggen, of om de werking van een apparaat te versnellen, zie: cache°.

CAD {si·ee·di, ket} - *Ctrl-Alt-Del, Computer-Aided Design* - **1.** Toetsencombinatie (Ctrl°, Alt°, Del°) om een Intel° PC° opnieuw te starten, **2.** Producten met een computer ontwerpen (design°), onderdeel van CAD/CAE° of CAD/CAM°. Zie ook: ACIS°, STEP°.

CAD/CAE {ket·si·ee·ie} - *Computer-Aided Design/Computer-Aided Engineering* - Producten met een computer ontwerpen (design°) en gereedmaken (engineering°) voor fabricage.

CAD/CAM {ket·kem} - *Computer-Aided Design/Computer-Aided Manufacturing* - Producten met een computer ontwerpen (design°), tekenen en produceren (manufacturing°); als het niet goed werkt, is de uitspraak: {sed·sem} (sad Sam).

caddy - *caddy* - Plastic houder voor een CD-ROM°, gebruikt om die te laden (load°) in een CD-ROM drive°.

CAE {si·ee·ie} - *Computer-Aided Engineering, Computer Application Environment* - **1.** CAE: een product gecombineerd ontwerpen en tekenen met een computer, zie ook: CAD/CAE°, **2.** CAE: norm van X/Open° voor een omgeving waarin toepassingen (application°) overdraagbaar (portable°) zijn.

CAI {si·ee·ai} - *Computer-Assisted Instruction* - Leren (instruction°) met behulp van een speciaal programma in een computer.

Cairo - *Cairo* - Codenaam voor de opvolger van Windows NT° 3.5 met de look-and-feel° van Windows 95°: die Microsoft° in 1996 uitbrengt als NT 4.0. In dit nieuwe besturingssysteem (operating system°) zijn FAT° en VFAT° vervangen door OFS (Object File System) waarmee adressering tot 408 miljoen TB° mogelijk is, mede vanwege nieuwe multimedia°-ontwikkelingen.

CAL {kel} - *Computer-Aided Logistics* - CAL: Logistiek (logistics°) met behulp van een computerprogramma.

calculate - *berekenen* - Een winstmarge (margin°) of spreadsheet° berekenen.

calculator - *rekenmachine* - Machine voor het maken van berekeningen, uitgerust met een numeriek toetsenbord en een display, mogelijk een printer. ⇔computer°

calculus - *calculus* - Wiskundige logica, bijvoorbeeld: predicate calculus°, propositional calculus°.

calendar - *kalender, agenda* - **1.** Kalender: tijdsrekening of chronologisch register, **2.** Agenda: van een vergadering of van een persoon. Ook als werkwoord: scheduling and calendering (inroosteren en agenda's bijwerken). Niet verwarren met: calender (kalanderen, papier glanzend maken).

calibrate - *calibreren* - IJken: een instelling controleren en zonodig veranderen.

call - *call, oproepen, telefoontje* - **1.** Call: een programma oproepen via een call interface°, mogelijk als sprongopdracht vanuit een ander programma, meestal met toevoeging van een parameter°, bijvoorbeeld: RPC°, procedure call°, supervisor call°, system call°, undocumented° (system calls), **2.** Telefoontje: is afgeleid van: telephone call; ook: call waiting°, conference call°, emergency call°, incoming call°, outgoing call°; als werkwoord: to call, **3.** Verbinding gemaakt via het telefoonnetwerk. Ook: roll call (appel, waarbij de namen worden opgesomd).

callable SQL {es·kjoe·el} - *callable Structured Query Language* - SQL°-instructies in een apart programma: dat kan worden aangeroepen door het hoofdprogramma. ⇔embedded SQL°

callback - *callback* - Internationaal terugbellen: via een zogenaamde callback provider of callback operator, kan men een internationaal telefoongesprek initiëren en afbreken, waarna men vanuit het andere land teruggebeld wordt. Dit loont de moeite als de tarieven vanuit bijvoorbeeld de VS goedkoper zijn dan vanuit Europa. Een poging van sommige landen in 1996 om via de ITU° callback te verbieden, is mislukt; wel zijn bepaalde vormen, die de administratie van tikken manipuleren door meteen een in-gesprek toon (busy°) te geven, onrechtmatig. Despite PTT attempts to thwart it, callback is booming (Ondanks de pogingen van PTT's om het te verijdelen, neemt callback een hoge vlucht). Een andere vorm van callback is via het Web°:

door op een knop (button°) wordt u direct teruggebeld (in de VS) door middel van telefonie (telephony°) via Internet (VON°); is mogelijk omdat de adressen wederzijds bekend zijn.

call center - *telefonisch informatiecentrum* - Meer dan een gewoon telefooncentrum: een schakel tussen klanten en bedrijfsprocessen doordat de telefonisten direct gekoppeld zijn met het bedrijfsinformatiesysteem, o.a. gebruikt voor: presales°, marketing°, aftersales°. Werkt meestal met: ACD°, voice-response°.

call dispatcher - *telefooncoördinator* - Persoon (dispatcher°) die werkopdrachten verdeelt en doorgeeft aan ambulante medewerkers.

caller ID {ai·di} - *caller IDentification* - Caller ID: vanaf 1 april 1955 moeten de Amerikaanse telefoonmaatschappijen (long-distance carrier°, local carrier°) het bellende telefoonnummer (caller) uitwisselen en, indien gewenst, bekend maken aan de gebelde - die dan kan bepalen de telefoon al dan niet op te nemen. Bedrijven kunnen zo eenvoudig aan klantennamen en adressen komen. Is nog onder discussie vanwege privacy-aspecten, maar het kan ongewenste bestellingen door een ander voorkomen. Is ontwikkeld door Bell Labs° eindjaren 70. Misschien hebt u liever een beeld van de beller als er straks videophone° is. Een vergelijkbare voorziening is: call waiting°. Zie ook: ASDI°, ID°.

calling card - *telefoonkaart* - Kaart (card°) gebruikt om mee te bellen (call°), hetzij via wireline° of mobile°. De gebruikte technologie kan magnetisch (magnetic°), optisch (optical°) of smartcard° zijn. De kaart kan van tevoren betaald (prepaid) zijn of niet. Bij GSM° kan ook de SIM° dienen als calling card.

calling line identification - *CLI* - Zie: CID°, CLI°.

calling program - *calling program* - Het programma (program°) dat een ander programma aanroept (call°).

calling sequence - *volgorde van aanroepen* - Opeenvolging (sequence°) van aangeroepen (call°) instructies, opdrachten of programma's.

call interface - *call interface* - Koppeling (interface°) voor een verbinding tussen twee programma's, die kan zijn: conversational° (via send/receive°), via RPC° (remote procedure call°) of via een queue°.

call logging - *call logging* - Het bijhouden in een log° van de via een modem° gemaakte verbindingen (call°).

call management - *call management* - Systeem dat in een bedrijf wordt gebruikt voor de afhandeling van alle binnenkomende telefoontjes (call°) betreffende storingen, aanvragen voor informatie, ondersteuning en dergelijke, mogelijk ondersteund met computers.

call waiting - *call waiting* - Nieuwe voorziening waardoor u tijdens een telefoongesprek (call°) te zien krijgt dat er ander gesprek te wachten staat. Via caller ID° kunt u zelfs zien wie dat is. Is niet gratis. Vergelijkbaar: wisselgesprek.

CALS/CE {kels·si·ie} - *Computer-aided Acquisition and Logistics Support/Concurrent Engineering* - CALS/CE: leveringsvoorwaarden uit de beginjaren 80 voor (onder)aannemers van het US Department of Defense, die o.a. hun neerslag vinden in normen zoals: SGML°. Maakt het mogelijk dat groepen tegelijk (concurrent engineering°, CE°) aan hetzelfde project werken.

camcorder - *CAMera reCORDER* - Camcorder: televisiecamera en -recorder, die meestal werkt met: 8 mm tape° (Video8°, Hi8°), soms met: VHS-C°.

camera - *camera* - Apparaat voor het maken van foto's, films of video° (camcorder°, video camera°).

camera-ready - *camera-ready* - Opgemaakt en afgedrukt drukwerk: dat direct kan worden gefotografeerd voor het maken van offset-platen; synoniem: CRC°.

campus network - *campus-netwerk* - Een netwerk dat verscheidene LANs (LAN°) verbindt in een geografisch beperkt gebied, bijvoorbeeld dat van een universiteitscampus of een kantorencomplex. Als de verbindingen maar snel genoeg zijn, kan een campus-netwerk zich uitstrekken over een heel land. ⇔WAN°

campus switching - *campus switching* - Hetzelfde als LAN switching°, maar dan in een campus-netwerk (campus network°) in plaats van in een LAN°.

Canadian standards association - *CSA* - Zie: CSA°.

cancel - *annuleren* - Een lopende aanvraag, bewerking of procedure afbreken.

canonical - *canoniek* - Beschrijven of werken volgens bepaalde regels; oorspronkelijk: volgens kerkelijke wetten.

CAP {kep} - *Computer-Aided Publishing, Carrierless Amplitude/Phase* - **1.** CAP: Professionele vorm van DTP°: echt mooi drukwerk maken met een computer, professioneler dan met: DTP°, **2.** CAP: modulatietechniek (modulation°) zonder drager (carrier°) op basis van quadratuur amplitude/phase modulatie, met digitale compressie, foutencorrectie en automatische aanpassing aan de lijnkwaliteit over een enkel aderpaar (⇔DMT°). Uitvoeringen anno 1996: SDSL°, ADSL°, RADSL°.

capability - *vermogen* - Kwalitatief vermogen, bijvoorbeeld: multilanguage° capability. ⇔capacity°

capacitor - *capaciteit* - Elektronisch element: bestaande uit twee parallelle platen die een elektrische lading kunnen vasthouden; wordt uitgedrukt in Farad (F°), genoemd naar M. Faraday (1791-1867). ⇔inductance°

capacity - *capaciteit* - Kwantitatief vermogen, bijvoorbeeld: storage capacity° (opslagcapaciteit, maximum aantal bytes dat kan worden opgeslagen) en channel capacity° (kanaalcapaciteit, maximum aantal kbps° dat kan worden verstuurd). ⇔capability°

CAPI {si·ee·pi·ai} - *Common ISDN Application Programmer Interface* - CAPI: gemeenschappelijke API° via een ISDN°-verbinding. ⇔TAPI°

capital - *hoofdletter* - Kapitaal: ook geld, maar hier vooral hoofdletters (upper case°) voor schrijvers en programmeurs. Met de Caps Lock-toets (key°) verschijnen de letter automatisch in hoofdletters.

caps {keps} - *capitals* - Hoofdletters, zie: capital°, drop cap°. In een 7-bit code° passen geen kleine letters (lower-case°), alleen hoofdletters. TYPING IN ALL CAPS MEANS YOU'RE SHOUTING (Met hoofdletters schrijven, betekent dat je schreeuwt). Synoniem: upper-case°

Caps Lock {keps lok} - *Capitals Lock* - Duurzame schakeltoets (toggle°) voor hoofdletters (caps°) en kleine letters, die u, in tegenstelling tot de gebruikelijke schakeltoets (Shift key°), niet ingedrukt hoeft te houden (lock°).

capstan - *aandrijfas* - Capstan: aandrijfas voor magneetband (tape°); de band wordt er tegenaan gedrukt door een vrijdraaiende rubberrol.

caption - *bijschrift, onderschrift, opschrift* - Bijvoorbeeld een ondertitel of de tekst onder een afbeelding in een handboek.

capture - *capture, vastleggen* - Een afbeelding in een scherm of een situatie in een computer vastleggen (letterlijk: vangen) in een bestand (file°), om die later te kunnen reproduceren (replay°).

carbon copy - *kopie, cc* - Oorspronkelijk: een met carbonpapier gemaakte doorslag van een getypte brief. Nu: extra kopie uit de printer. Wordt meestal afgekort tot: cc, onder een brief met de namen van degenen die een kopie ontvangen.

carbonset - *carbonformulier* - Formulier dat bestaat uit verscheidene vellen met daartussen carbonpapier: die meestal boven aan elkaar zijn bevestigd.

card - *ponskaart, kaart, creditcard, visitekaartje, kaartmetafoor* - **1.** Ponskaart (punch°), bijvoorbeeld met 80 kolommen ($7^3/_8$ x $3^1/_4$ inch); zie ook: aperture card°, **2.** Kaart: met elektrische modules° voor een grote of kleine computer, ook wel genoemd: board°, insteekkaart, opsteekkaart; zie: extension card°, flash card°, hard card°, multi I/O card°, PC Card°, sound card°, video card°, **3.** Creditcard°: plastic° kaart met een magneetstrip (magnetic- strip card°) en mogelijk chips (chipcard°, smartcard°); zie ook: charge card°, debit card°, **4.** Visitekaartje, **5.** Kaartmetafoor: in een grafische werkomgeving (GUI°) van een PC, waarop u feiten en notities kunt bewaren, **6.** Een van de vele soorten kaarten die al in gebruik zijn of straks gaan komen: calling card°, magnetic-strip card°, smartcard°, RF/ID card°, betaalkaart, chipkaart, chipknip enzovoorts. Ook: color card°, magnetic card°, optical card°, proximity card°, tab card°. Niet gerelateerd: wildcard°.

card and socket services - *C&S* - Zie: C&S°.

cardfile - *kaartenbak* - Eenvoudige database° die direct op (index)kaarten kan worden vastgelegd; stamt uit de tijd van ponskaarten (card°). Synoniem: flat file°.

cardinality - *kardinaliteit* - In een gegevensmodel (data model°), het structurele verband (relationships°) tussen twee entiteiten (entity°): bijvoorbeeld een kardinaliteit van één op nul of meer dat er voor elke eerste entiteit nul of meer incidenties van een tweede entiteit kunnen zijn, en een kardinaliteit van n op m dat er voor elke eerste entiteit m incidenties van een tweede kunnen zijn, en voor elke tweede entiteit n incidenties van de eerste. Het begrip wordt gebruikt in een gegevensmodel bijvoorbeeld : een klant heeft meerdere projecten, maar elk project kent slechts één klant. Synoniem: multiplicity°.

cardinal number - *kardinaal getal* - Getal dat genoemd op de vraag: "Hoeveel?" Het aantal elementen in een verzameling (set°). ⇔ordinal number°

caret - *accent circonflexe,* ^ - Een accent dat ook wordt gebruikt om aan te geven: 1) machtsverheffen, bijvoorbeeld: 2^2 (2^2), 2) gelijktijdig indrukken van de Ctrl°-toets, bijvoorbeeld: ^C (Ctrl-C) of ^248 om een ASCII°-teken decimaal in te toetsen; zie de lijst met veelgebruikte tekens achterin dit boek en de ASCII-tabel in bijlage D.

carpal tunnel syndrome - *carpal tunnel syndroom* - Een aandoening in de pols die gevoeligheid en tintelingen in de hand (duim en eerste drie vingers) tot gevolg heeft; wordt veroorzaakt door opgezwollen pezen die op een zenuw drukken; carpal (handwortelbeentje). Vermijd deze vorm van RSI° door afwisselend en ontspannen te werken.

carriage - *wagen, papiergeleider* - Oorspronkelijk: wagen (letterlijk: carriage) van een mechanische later elektrische schrijfmachine, die het papier langs de afdrukplaats beweegt. Nu: algemene term voor de papiergeleider in een printer.

carriage control tape - *printerbesturingsband* - Papieren band in een regeldrukker (line printer°) die aangeeft op welke regels informatie moet worden afgedrukt; zie ook: carriage°

carriage return - *CR, regelterugloop* - Harde return (ASCII° 13): geeft altijd een nieuwe regel; is afkomstig van schrijfmachines waarbij de wagen (carriage°) met een hendel moest worden teruggebracht; zie de lijst met veelgebruikte tekens achterin dit boek. Verschilt van: line feed°.

carrier - *draaggolf, drager, verbindingsbedrijf* - **1.** Draaggolf: waarop het signaal gemoduleerd (modulation°) wordt en die als het ware het signaal 'draagt', **2.** Dragermateriaal: waarop informatie of een chip° is aangebracht, **3.** Verbindingsbedrijf: dat verbindingen exploiteert, als openbaar net of voor speciale verbindingen, zie ook: LEC°; tevens een luchtvaartmaatschappij die passagiers vervoert of een vrachtvervoerder. Carriers' carrier (verbindingsbedrijf dat verbindingen verzorgd voor andere verbindingsbedrijven - een groeimarkt).

carrierband - *carrierband* - Een enkelvoudige breedbandverbinding met een draaggolf (carrier°); is een onderdeel van broadband°. ⇔baseband°

carrier detect - *CD* - Zie: CD°, modem light°.

carrier frequency - *draaggolffrequentie* - Zie: carrier°, frequency°.

carrierless amplitude/phase - *CAP* - Zie: CAP°. ⇔DMT°

carrier-sense multiple-access/collision avoidance - *CSMA/CA* - Zie: CSMA/CA°.

carrier-sense multiple-access/collision detection - *CSMA/CD* - Zie: CSMA/CD°.

Carterfone decision - *Carterfone-beslissing* - Gerechtelijke beslissing die het in de VS vanaf 1968 mogelijk maakte om ook telefoons en apparaten die niet van AT&T° waren te gebruiken; Carterfone is de naam van een bedrijf in telefoonbeantwoorders die de rechtzaak aanspande tegen AT&T om toestemming te krijgen voor hun aansluitingen van mobiele radio's op het AT&T-telefoonnet. In 1975 volgde de beslissing van de FCC° dat ook modems (modem°) direct aan het telefoonnetwerk mochten worden verbonden als zij voldoen aan de zogenaamde Part 68 specificatie, niet alleen via een: accoustic coupler°.

cartridge - *cassette* - Omhulsel met een inktlint of tape° (tape cartridge), of font°-beschrijvingen (font cartridge°).

cartridge font - *cartridge font* - Schriftsoort (font°) die beschikbaar komt door een cassette (cartridge°) in een printer te steken. ⇔internal font° ⇔soft font°

cartridge tape - *cassetteband* - Magneetband in een cassette.

cascaded - *overlappend* - Vensters (window°) die overlappend, trapsgewijs worden afgebeeld (desktop°) in een scherm. ⇔tiling°

case - *behuizing, geval, letterkast, case* - **1.** Behuizing of verpakking, bijvoorbeeld: jewel case°, **2.** Geval, bijvoorbeeld: case in point°, test case°, **3.** Letterkast, zoals in: lower-case°, upper-case°, **4.** Voorstel, bijvoorbeeld: business case°.

CASE {kees} - *Computer-Aided Software/System Engineering* - CASE: computer ondersteunde software/system engineering°, soms verdeeld in: upper CASE° (hulpmiddelen voor het ontwerp van hoge abstractieniveaus), lower CASE° (hulpmiddelen voor de implementatie van lage abstractieniveaus); ook: CASE tool° (programmeursgereedschap), C-CASE°, I-CASE° (geïntegreerde CASE). Volgens sommigen: Confused About Software/System Engineering (Verward over software/system engineering). ⇔CAST° ⇔IPSE°

case-based reasoning - *case-based reasoning, CBR* - CBR°: redeneren aan de hand van een aantal opgeloste gevallen (case°) in plaats van regels (rule°), door vergelijking van hun karakteristieken. Wordt bijvoorbeeld gerealiseerd door een combinatie van kennissystemen, bijvoorbeeld ten behoeve van een help desk°.

CASE repository - *Computer Aided Software/System Engineering repository* - Het geheugen en de bibliotheek (library°) van een CASE-tool: waarin alle specificaties, documentatie en programma's worden opgeslagen. Het kritische hart en zenuwcentrum dat vaak een achilleshiel blijkt te zijn.

case-sensitive - *case-sensitive* - Hoofdlettergevoelig: kenmerk van een programmeertaal, programma of zoek/selectie-opdracht (string°, substring°) wanneer het verschil maakt of er een hoofdletter (upper case°) of een kleine letter (lower case°) wordt gebruikt.

case study - *case study* - Toepassingsstudie: van een werkmethode, programma of apparaat, uitgevoerd in het begin van een ontwikkelingscyclus (development cycle°). ⇔feasibility°

CASE tool - *Computer Aided Software/ System Engineering tool* - CASE- gereedschap: programmeursgereedschap: hulpmiddelen (tool°) onder de noemer CASE°, bevat meestal een repository°.

cashless - *cashless* - Zonder bankbiljetten of kleingeld, maar met een creditcard° of smartcard° betalen. Cashless society (plastic-geld-maatschappij), maar in een smartcard zit ook nog een chip°, o.a. voor de beveiliging.

CAST {kehst} - *Computer-Assisted System Testing* - CAST: het beproeven (test°) van een nieuw ontwikkeld informatiesystem (system°) met behulp van computers; bijvoorbeeld door te controleren of het systeem voldoet aan de specificaties. ⇔CASE°

casters up - *plat* - Computer die plat ligt (down°), letterlijk: met de wielen (caster) omhoog.

cast in concrete - *bevroren* - Specificaties die niet meer kunnen worden veranderd omdat ontwikkelaars bezig zijn ze te implementeren; letterlijk: in beton gegoten. Zie ook: concrete°.

casting - *casting* - Zie: datacasting°.

Cat {-} - *Category* - Categorie: aanduiding van het type UTP°-kabel (cable°). EIA/ TIA° 586 definieert vijf kabelcategorieën: 1 voor UTP° telefoonkabel (geen dataverkeer), 2 voor UTP tot 4 Mbps (token ring°), 3 voor UTP tot 10 Mbps (Ethernet°), 4 voor UTP tot 16 Mbps (token ring°), 5 voor UTP tot 100 Mbps. ⇔Type 1..9 cable°

CAT {ket} - *Computer Aided Testing, Computer Aided Tomography, Computer Acceptance Test, CATalog* - **1.** CAT: testen met behulp van een computer, **2.** CAT: scanner op tomografische basis (werkend met doorsneden) met behulp van een computer, **3.** CAT: acceptatietest door een klant (customer°), zie: acceptance test°, **4.** CAT: extensie (extension°: .CAT) van een catalog°-bestand (file°).

catalog - *catalog* - Bestand met informatie over de plaats waar bestanden (file°) en volumes (volume°) zijn opgeslagen op disk° of tape°; mogelijke extensie van het bestand: .CAT°; letterlijk: catalogus.

cataloged procedure - *gecatalogiseerde procedure* - Programma met opdrachten (procedure°) dat onder een bepaalde naam is opgeborgen in een catalog° van de bibliotheek (library°).

catalogue - *catalog* - Britse schrijfwijze van: catalog°.

Category 5 - *Categorie 5* - Aanduiding van het nieuwe type universele UTP°-kabel voor bekabeling in gebouwen; afgekort: Cat 5. Voor een overzicht van de vijf types, zie: Cat°.

catenate - *concatenate* - Aaneenschakelen, samenvoegen, ketenen (concatenate°).

cathode - *kathode* - Negatieve pool: van een batterij, diode°, transistor° of cathode ray tube° (CRT°); zie ook: cold cathode fluorescent tube° (CCFT°). ⇔anode°

cathode ray tube - *CRT* - Elektronenstraalbuis (CRT°): glazen buis met 'vlakke' voorkant waarop een beeld wordt geschreven door een straal elektronen die plaatselijk een fosforlaag (phosphor°) doet oplichten; wordt gebruikt in een televisie of display°.

CATV {si·ee·ti·vi} - *Community Antenna TeleVision* - CATV: kabeltelevisie. Via coax°-kabels is de bandbreedte beperkt tot ruim 300 Mhz, goed voor circa 30 analoge kanalen of straks 100 digitale (DVB°). Via DTH° zouden dat er meer kunnen zijn. ⇔CCTV°

CAU {si·ee·joe} - *Controlled Access Unit* - CAU: Concentrator° in een token ring°-netwerk met UTP°-kabel, die op afstand bedienbaar is; de centrale versie heet:MAU°; term is afkomstig uit de IBM-stal, zie ook: LAM°. Ook: Connection Arrangement Unit°.

caution - *waarschuwing* - Advies om voorzichtig te zijn omdat de zaak mogelijk in het honderd loopt of gemakkelijk ontploft.

CAV {si·ee·vi} - *Constant Angular Velocity* - CAV: constante hoeksnelheid, manier van aandrijven van een schijf voor een vaste schijf (hard disk°) en de analoge videodisc°. ⇔CLV°

CB {si·bi} - *Citizens Band, Cell Broadcast* - **1.** Frequentieband (frequency°) rond de 27 MHz° voor Amerikaanse mobilofoons (waarvoor in de VS geen vergunning nodig is), die al lang geleden overbelast raakte (vandaar de overgang naar hogere frequenties en: cellular telephone°). Het apparaat werd in Nederland destijds vaak genoemd: 27 Mc bakje. CB simulator: online° interactief (interactive°) medium op CompuServe° dat CB-voorzieningen simuleert via 108 kanalen. **2.** Cell Broadcast: een modus in GSM° waarbij vanuit een enkel punt naar alle toestellen tegelijk wordt gecommuniceerd.

C-band - *C-band* - Satelliet (satellite°) frequentieband (band°) van 4-8 GHz°.

CBDS {si·bi·di·es} - *Connectionless Broadband Data Services* - CBDS: snelle breedband (broadband°) dienst; is de Europese versie van: SMDS°; vormt een toegangspad tot: ATM°.

CBEMA {si·bi·ma} - *Computer and Business Equipment Manufacturers Association* - CBEMA: vereniging van fabrikanten van computers en bedrijfsapparaten, Amerikaans equivalent van ECMA°. Heette vroeger: BEMA.

CBL {-} - *CoBoL* - CBL: extensie (extension°: .CBL) van een bronprogramma (source°) in COBOL°.

CBR {si·bi·ar} - *Case-Based Reasoning* - Zie: case-based reasoning°.

CBT {si·bi·ti} - *Computer-Based Training* - Computer-ondersteunde training.

CBX {si·bi·ex} - *Computerized Branch eXchange* - Een telefooncentrale met een computer. Zie ook: private branch exchange° (PBX°).

cc {si·si} - *carbon copy* - Zie: carbon copy°. Ook: bcc (blind carbon copy) met namen van mensen die ook een kopie ontvangen maar niet vermeld staan op de oorspronkelijke brief.

C-CASE {si·kees} - *Component-Computer Aided Software Engineering* - Omdat het nog niet goed mogelijk is gebleken een werkelijk geïntegreerde CASE° (I- CASE°) te ontwikkelen, biedt C-CASE hulpmiddelen om componenten (component°) bij elkaar te zoeken en te koppelen.

CCD {si·si·di} - *Charge-Coupled Device* - CCD: een halfgeleiderchip° met een analoog (analog°) schuifregister voor foto-elektrische lading; wordt onder andere gebruikt in videocamera's en scanners° voor de omzetting van gedrukt naar elektronisch beeld; gebruikt MOS°-technologie.

CCFT {si·si·ef·ti} - *Cold Cathode Fluorescent Tube* - CCFT: koud-licht fluorescentiebuis, die geen warmte afgeeft en daarom gebruikt kan worden voor de verlichting van een LCD°-scherm.

CCIR {si·si·ai·ar} - *Comité Consultative Internationale des Radiocommunications* - CCIR: zustercommissie van CCITT° (nu: ITU-T°) voor radioverbindingen (nu: ITU-R°)

CCITT {si·si·ai·ti·ti} - *Comité Consultative Internationale de Télégraphe et Téléphonique* - Commissie van de International Telecommunications Union (ITU°) van de Verenigde Naties, opgericht in 1956, die aanbevelingen (blauwe boeken of van een andere kleur, zie: book° [5.]) doet over telecommunicatie, bijvoorbeeld de X-serie protocollen (protocol°) voor digitale netwerken zoals X.25° en de V-serie normen voor datatransmissie (data transmission°) zoals V.32°; is gevestigd te Genève. De naam is eind '93 veranderd in: ITU-T°. ⇔CCIR°

CCITT group {si·si·ai·ti·ti} - *Comité Consultative Internationale de Télégraphe et Téléphonique groep* - CCITT (nu: ITU-T°) groep voor fax- overdracht, zie bij: fax°; groep 3 is nu algemeen gebruikelijk.

CCP {si·si·pi} - *Certificate in Computer Programming* - CCP: Amerikaans certificaat van het Institute of Certification of Computer Professionals (ICCP°) dat iemand een programmeerexamen heeft gehaald. ⇔CDP°

CCTA {si·si·ti·ee} - *Central Computer and Telecommunications Agency* - CCTA: adviesorgaan van de Britse overheid op het gebied van informatietechnologie (IT°); stelt o.a. procedures op voor de kwaliteitsbewaking, bijvoorbeeld: SSADM°.

CCTV {si·si·ti·vi} - *Closed-Circuit TeleVision* - Televisie via een gesloten circuit: van camera° direct naar monitor°. ⇔CATV°

CCS {-} - *Common Channel Signaling* - Zie: common channel signaling°, SS7°.

CCW {-} - *Counter ClockWise* - Draairichting tegen de wijzers van de klok in. ⇔CW°

CD {si·di} - *Compact Disc, Carrier Detect* - **1.** De bekende optische CD met geluid, oorspronkelijk ontwikkeld door MCA en gepopulariseerd door Philips; heeft een diameter van 120 mm (4,72 inch) en is 1,2 mm dik; werd geïntroduceerd in 1983 en is de moeder van alle optische discs, inclusief: Photo CD° (⇔video disc°); norm volgens het Red Book°; officiële naam: CD-DA°; de strijd om de norm voor de nieuwe multimedia CD gaat midden 1995 tussen de Super Density disc (SD°) van een consortium rond Toshiba en Time Warner en de Multimedia Compact Disc (MMCD°) van Philips en Sony; in september '95 is toch overeenstemming bereikt: de toekomstige HD-CD wordt in twee lagen beschreven en zal een capaciteit hebben van 7,4 GB; hij wordt slechts 0,6 mm dik, zodat er twee op elkaar kunnen worden gelijmd, **2.** CD: een modem light° (indicator°) dat aangeeft of de draaggolf (carrier°) wordt ontvangen.

cd.. - *Change Directory..* - Opdracht (command°) in DOS° om van directory° te veranderen. Letterlijke betekenis: ga naar het bovenliggende directory; zie ook: wildcard°. Met specificatie, bijvoorbeeld 'cd \wp': naar de wp directory (NB: om het 'makkelijk' te maken, wordt de '\' niet gebruikt om naar een onderliggende directory te gaan!).

CD+ - *Enhanced Music Compact Disc* - Nieuwe CD°-vorm met video°-beelden en audio°: die ook in een gewone CD-speler kan worden gebruikt - iets wat u niet met een CD-ROM° of CD-DA° moet proberen!!

CDA {si·di·ee} - *Communications Decency Act* - CDA: de Amerikaanse wet, aangenomen eind 1995, voor de censuur op elektronische communicatie (communications°) op Internet°, die felle reacties opwekte; voornaamste initiator was de democratische senator J. Exon (Nebraska). Er moet nog een toetsing aan de Amerikaanse grondwet plaatsvinden. Regels zijn o.a. geformuleerd door: PICS°.

CD-DA {si·di·di·ee} - *Compact Disc-Digital Audio* - De officiële naam van de moeder van alle CDs, meestal genoemd: CD°, waarvan de norm is vastgelegd in het zogenaamde Red Book; werkt met 2352 byte blokken (block°). Het spiraalvormige spoor (track°) begint in het midden en eindigt aan de rand. De uitleessnelheid ligt tussen de 1,2 en 1,4 meter per seconde (vrijwel: CLV°; 500-200 rpm°); door synchronisatiesignalen worden fluctuaties geëlimineerd. Bij een bemonsteringsfrequentie (sampling rate°) van 44,1 kHz en 16-bit codering leveren de 15 miljard bits een speelduur van circa 74 minuten. Voordeel boven band (tape°) is de snelle toegang tot alle sporen; nadeel is dat er alleen gelezen kan worden (read-only°). Vooral de eenvoud van bediening van een CD-speler heeft voor de doorbraak van CDs gezorgd; zie ook: MiniDisc°.

CDDI {si·di·di·ai} - *Copper Distributed Digital Interface* - CDDI: transmissie over een korte afstand via een UTP° koperen kabel met een snelheid van 100 Mbps°, gebruikmakend van FDDI°-protocollen; EIA/TIA° 568.

CDE {si·di·ie} - *Common Desktop Environment* - CDE: norm voor een desktop°-omgeving voor UNIX° van X/Open° uit 1995 (versie 1.0). Gecombineerd met Spec 1170° zal dit de broncode-compatibiliteit (source code°) in de UNIX-wereld weer een stapje dichterbij kunnen brengen.

CD-E {si·di·ie} - *Compact Disc-Erasable* - Wisbare CD: nieuwe steeds weer (max. 1000x) herschrijfbare CD° op basis van warmte die fase (en daarmee de reflectie-coëfficiënt van het materiaal veranderd: phase-change°. Capaciteit: 650 MB, maar die kan verhoogd worden tot het viervoudige, denkt men. ⇔CD-R° ⇔CD-MO°

CD-i {si·di·ai} - *Compact Disc-Interactive* - CD-i: interactieve multimedia°-technologie voor een soort CD° met gegevens, plaatjes, geluid of video°, gekoppeld aan een microcomputer of televisie, ontwikkeld door Philips, volgens het Green Book. Een CD-i disc heeft een capaciteit van circa 550 MB°, maar kan niet door een CD-ROM° speler worden gelezen. Een CD-i-speler kan met een Digital Video cartridge wel Video-CDs (Video-CD°) lezen. Wordt ook geschreven: CDi. ⇔DVI°

CDMA {si·di·em·ee} - *Code Division Multiple Access* - CDMA: digitale datatransmissietechniek die gebruik maakt van spread-spectrum°-technieken; is een mogelijk alternatief voor TDMA° voor cellulaire radio°.

CD mastering {si·di} - *Compact Disc mastering* - CD mastering°: het gereedmaken en samenvoegen van bestanden en hulpmiddelen voor het gebruiken of produceren van een CD°.

CD-MO {si·di·em·oo} - *Compact Disc-Magneto-Optical* - Tweezijdig lees- en beschrijfbare disc°, die niet-compatibel is met een CD°; zie: magneto-optical°. De 3,5 inch disc had oorspronkelijk een capaciteit van 128 MB°, sinds 1994 echter 230 MB; zie ook: MD°. In 1994 hebben fabrikanten overeenstemming bereikt over een nieuwe generatie voor geluidsopname en -weergave. ⇔CD-E°

CDP {si·di·pi} - *Certificate in Data Processing* - CDP: Amerikaans certificaat van het Institute of Certification of Computer Professionals dat iemand een examen over gegevensverwerking (data processing°) heeft gehaald. ⇔CCP°

CDR {si·di·ar} - *Corel Draw Representation* - Extensie (extension°) van een Corel Draw grafisch bestand.

CD-R {si·di·ar} - *Compact Disc-Recordable* - CD-R: een optisch beschrijfbare CD°, die bijvoorbeeld is ontwikkeld door Sony, Philips en Kodak; is beschreven in het Orange Book. Is slechts eenmalig beschrijfbaar (een laserstraal brandt gaten in een goudkleurige laag), maar mogelijk wel in: multisession°. Voordelen t.o.v. een WORM°: is genormeerd, goedkoper; de toegangstijd en capaciteit zijn vergelijkbaar. Speelduur: 63 (630 MB) of 74 minuten (740 MB); synoniem: writable CD°, recordable CD°. Zie ook: going gold°. ⇔CD-E° ⇔CD-MO°

CD-ROM {si·di·rom} - *Compact Disc-Read-Only Memory* - CD-ROM: een soort CD° met gegevens, beelden of programma's in plaats van muziek op basis van het Red Book°, uitgebreid met het Yellow Book (1983) met uitgebreide foutencorrectie, High Sierra° voor de indeling (samen ISO°-norm 9660, CD-ROM XA°, ISO 13490); de naam CD-ROM wordt ten onrechte ook gebruikt voor een CD-ROM speler; zie ook: CDi°, CD-R°, CD-ROM

XA°. Kenmerkend is het spiraalvormige, niet-cilindrische spoor (track°). Behalve door persen, kunnen CD-ROMs tegenwoordig ook worden geschreven (burn°) op een CD-E° of CD-R°, waarvoor de apparatuur (CD-ROM burner°) betaalbaar is geworden.

CD-ROM burner {si·di·rom}- *Compact Disc-Read-Only Memory recorder* - Apparaat om een CD-ROM° mee te beschrijven (burn°).

CD-ROM changer - *CD-ROM wisselaar* - Apparaat waarin een cassette met bijvoorbeeld zes CD-ROMs kan worden geplaatst, die afwisselend kunnen worden uitgelezen. ⇔juke box°

CD-ROM drive - *Compact Disc-Read-Only Memory drive* - CD-ROM-station. De oorspronkelijke stations waren erg traag; in 1994 waren die met dubbele snelheid (300 kbyte/s) gangbaar, die met drievoudige snelheid kwamen eraan en die met viervoudige snelheid (600 kbyte/s) waren onbetaalbaar. In 1995 is quad-speed° de norm; de norm voor 1996 is six-speed° op weg naar 10x.

CD-ROM XA {si·di·rom·ex·ee} - *Compact Disc-Read-Only Memory eXtended Architecture* - CD-ROM° met een uitgebreide architectuur (architecture°) voor multimedia°, waarop behalve gegevens en programma's ook audio°- en video°-informatie kan worden opgeslagen; vereist een speciale controller°-kaart in de PC.

CDTV {si·di·ti·vi} - *Commodore Dynamic Total Vision* - CDTV: multimedia° met televisie en dergelijke van fabrikant Commodore, gebruikt van 1991-92; werkte met een CD-ROM° disk.

CD-Video {si·di} - *Compact Disc-Video* - CD-Video: een CD-ROM° met een CD-ROM XA° indeling waarop maximaal 74 minuten video van VHS°-kwaliteit kan worden vastgelegd; gebruikt MPEG°-1 compressie en vanwege de hoge bitsnelheid moet de decompressie met chips (hardware°; ⇔software°) plaatsvinden, bijvoorbeeld op een videokaart of in een CD-i° cartridge°. Er is nu een voorstel voor 135 minuten video met behulp van MPEG-2 op een HDCD. Synoniem: Video-CD°.

CDW {-} - *Compact Disc Writable* - CDW: techniek van Kodak voor beschrijfbare CD-ROM° discs.

CD-WO {-} - *Compact Disc-Write Once* - CD-WO: eenmalig beschrijfbare optische disc°; een voorganger is de WORM°; zie ook: multisession°.

CE {si·ie} - *Customer Engineer, Conformité Européenne, Concurrent Engineering* - **1.** CE: customer engineer° die apparatuur en programmatuur bij de klant onderhoudt; niet verwarren met SE°, die ze ontwerpt, **2.** Conformité Européenne, CE: Europees keurmerk, bijvoorbeeld van telecommunicatieproducten, dat per 1 januari '95 verplicht is voor alle nieuwe producten en per 1 juni '98 voor alle producten; betreft vooral: EMC°, **3.** Concurrent Engineering: vorm van engineering° waarbij groepen in verscheidene locaties gelijktijdig (concurrent°) samenwerken.

CeBIT {si·bit} - *Centrum für Büro und Informations Technologie* - CeBIT: 's werelds grootste computertentoonstelling die jaarlijks in maart in Hannover wordt gehouden; is opvolger van de Hannover Messe. Volgens de Duitse Kamer van Koophandel wordt Zentrum ook wel met een 'C' geschreven. De beurs is inmiddels zo groot geworden dat een Home Electronics deel (multimedia° enz.) is afgesplitst, dat in de even jaren zal worden gehouden. ⇔COMDEX°

cell - *cel* - **1.** Adres of register in het geheugen van een computer, **2.** Vak in een rekenblad (spreadsheet°), aangeduid met letter (rij) en een cijfer (kolom) waarin gegevens (data°) of een formule (formula°) wordt geplaatst. Zie ook: active cell° (actieve cel), **3.** Cel van een cellulair (cellular°) communicatiesysteem, **4.** Cel als aanduiding voor een pakket (packet°) gegevens, zie: ATM°, cell relay°, cells in frames°.

cell relay switching - *cell relay switching* - Nieuwe methode van cellulaire (cellular°) datacommunicatie met korte wachttijden; is een vereenvoudigde vorm van frame relay switching° met kleine frames met een vaste lengte. De belangrijkste vorm is ATM°; zie echter ook: DQDB°. ⇔frame relay switching°

cells in frames - *cellen in frames* - De mogelijkheid om ATM°-cellen (cell°) te verpakken (encapsulate°) in TCP/IP°-frames (frame°).

cellular - *cellulair* - Lokale zend- en ontvangsystemen die via een snelle verbinding zijn gekoppeld en waarmee klanten via een radioverbinding communiceren, bijvoorbeeld: cellular telephone°. Ook gebruikt voor een: pager°. Cellulaire systemen bieden hergebruik van schaarse frequenties in niet-naburige cellen; is in 1947 voorgesteld door Bell Labs°. Het probleem van de overgang van een mobiele (mobile°) beller van een cel naar een andere (hand-off°) is inmiddels opgelost. Hoe meer gebruikers, hoe kleiner de cellen kunnen worden gemaakt, als de verbindingen tussen de cellen maar voldoende capaciteit hebben; men spreekt dan van (grote) umbrella cells (paraplu-cellen) en micro-cellen (micro-cell°). Picocellen hebben een grootte van enkele meters, nanocellen tot 10 meter, nodalcellen van 10-200 meter, microcellen honderden meters, minicellen kilometers, macrocellen tot 5 km, grote cellen 5-35 km, megacellen 20-200 km, en satellietcellen meer dan 500 km. Cellulaire telefonie heeft zich in Scandinavië ontwikkeld en verovert nu snel de derde wereld, waar het leggen van kabels kostbaar is, oorspronkelijk analoog (NMT°, TACS°), later digitaal (GSM°, DCS°, DECT°).

cellular automata - *cellulaire automaten* - Elektronische organismen die vormen van natuurlijk leven nabootsen; kunnen complexe plaatjes genereren, bijvoorbeeld fractals°, het vroeger bekende programma LIFE van J. Conway en het recente CAPOW! van R. Rucker c.s.; synoniem: artificial life°.

cellular operator - *cellulair telecommunicatiebedrijf* - Telecommunicatiebedrijf voor cellulaire (cellular°) telecommunicatiediensten, bijvoorbeeld McCaw in de VS (nu opgenomen in AT&T°) en PTT Telecom en Libertel (voorheen MT2) in Nederland.

cellular radio - *mobilofoon* - Zie: cellular telephone°.

cellular telephone - *mobilofoon* - Telefoon via een radioverbinding binnen een cel (cellular°); de cellen zijn via netwerken verbonden. In Nederland wordt sinds 1989 het analoge ATF-3 (nu genoemd: NMT°) gebruikt voor autotelefoons en vanaf medio 1994: GSM°. ⇔CB°

CELP {-} - *Codebook Excited Linear Prediction* - CELP: compressie-algoritme (compression°) voor spraak over huurlijnen, die veel wordt gebruikt maar verschilt van fabrikant tot fabrikant. Wordt in de toekomst daarom waarschijnlijk vervangen door MP-MLQ°.

CEN {sen} - *Comité Européen de Normalisation* - CEN: Europese normalisatiecommissie; zie ook: CENELEC°.

CENELEC {sen·elek} - *Comité Européen de Normalisation ELECtrotechnique* - CENELEC: Europese poot van ISO° voor de normalisatie van informatietechnologie.

center - *centrum, middelpunt, centreren* - **1.** Centrum, bijvoorbeeld: computercentrum (computer center°); zie ook: cost center°, datacenter°, megacenter°, profit center°, **2.** Middelpunt: van een cirkel enzovoort, **3.** Centreren: tekst op een regel of een stuk tekst op een bladzijde.

centigrade - *graden Celcius* - °C: onze eenheid van temperatuur, genoemd naar A. Celsius (1701-44); graden C omzetten naar graden Fahrenheit (°F°) met de formule: °F=32+(9/5 x °C). ⇔°K°

central - *centraal* - Gecentraliseerd: fysiek of logisch in een plaats geconcentreerd. ⇔distributed° ⇔remote°

central computer and telecommunications agency - *CCTA* - Zie: CCTA°.

central office switch - *telefooncentrale, CO switch* - Wordt vaak afgekort tot: CO switch°.

central processing - *centrale verwerking* - Bijvoorbeeld de verwerking (processing°) die geheel plaatsvindt in een centraal computercentrum. ⇔cooperative processing° ⇔distributed processing°

Central Processing Unit - *centrale verwerkingseenheid, CPU* - CPU, CVE: de werkelijke computer.

centre - *center* - Britse schrijfwijze van: center°.

Centrex - *CENTRal office EXchange* - Centrex: een telefooncentrale-achtige dienstverlening voor ISDN- en telefoonabonnees, bijvoorbeeld doorschakeldienst, ACD° enz. Nu ook bij kabeltelefonie (cable telephony°). Algemeen: het aanbieden van de faciliteiten van een eigen telefooncentrale (virtuele PBX°) op een publieke telefooncentrale.

-centric - *-gecentreerd* - Eigenschap van een programma of systeem dat werkt vanuit, bijvoorbeeld de toepassing (application-centric) of document (document-centric, bijvoorbeeld OpenDoc°)

Centronics - *parallel Centronics* - Parallelle (36-pin°) aansluiting voor een printerkabel op een PC, ontwikkeld door de vroegere Centronics Corporation; synoniem op een Intel°-type PC: parallel°, parallel Centronics°.

CEPIS {si·pis} - *Council of European Professional Information Societies* - CEPIS: Europese nonprofit-organisatie vergelijkbaar met IFIP°. Een van de werkgroepen is SOG-IS° (Senior Officials Group on Information system Security).

CEPT {sept} - *Conférence Européenne des administrations des Postes et des Télécommunications* - CEPT: Europese PTT-organisatie die normen ontwikkelt voor telecommunicatie, opgericht in 1959 en gevestigd te Bern; omvat 40 lidstaten met 550 miljoen inwoners. E1° wordt ook wel CEPT genoemd.

CERT {surt} - *Computer Emergency Response Team* - CERT: Amerikaanse, door de overheid gefinancierde instelling tegen computerfraude, o.a. via Internet°, gehuisvest bij de Carnegie-Mellon University te Pittsburgh, PA; is opgezet nadat een worm (worm°) vrijwel het gehele Internet° had plat gelegd. Adres: http://www.sei.cmu.edu/sei/programs/cert/.

certificate in computer programming - *CCP* - Zie: CCP°.

certification - *certificering* - Keuring van programmatuur door een onafhankelijke organisatie, die zegt de kwaliteit van die programmatuur te kunnen waarborgen. Ook opleidings- en exameninstituten en mensen kunnen worden gecertificeerd. (Waarom gebruikt niemand het Nederlandse woord certificatie?)

certified - *goedgekeurd, gecertificeerd* - En de vraag is dan: door welke instantie?

CESG {si·ie·es·dji} - *Communications Electronics Security Group* - CESG: Britse pendant van het Amerikaanse NSA° organisatie voor de veiligheid en beveiliging van de informatieverwerking..

CFA {si·ef·ee} - *Card Flash Association* - Verbond van 12 leveranciers van consumentenelektronica geleid door SanDisk, voor het definiëren van specificaties voor kleine flash-geheugens (flash memory°), opgericht in 1995; wordt gebaseerd op 32 Mbit flash chip voor geheugens tot 16 MB°; de gangbare flash card° voor een lap-top° is te groot voor de nieuwe elektronische apparaten, zoals een digitale camera of PDA°.

CFG {-} - *ConFiGuration* - CFG: extensie (extension°) van een bestand met configuratiegegevens (configuration°). Alternatief: CNF°.

CGA {si·dji·ee} - *Color/Graphics Adapter* - CGA: eerste PC kaart (adapter°) van IBM uit 1981 voor kleuren beeldschermen met 320 x 200 (4 kleuren) of 640 x 200 (2 kleuren) beeldpunten (pixel°). (In beide gevallen wordt zwart tot een kleur gerekend!)

CGI {si·dji·ai} - *Common Gateway Interface* - CGI°: in HTML, een interface° voor het aanroepen (call°) direct uitvoerbare (executable°) programma's, bijvoorbeeld in een URL°. Technisch gesproken wordt het aangeroepen programma gestart door de http daemon° in de server en beëindigd wanneer het programma uitgevoerd is. Via de <form> tag° wordt gespecificeerd hoe de te gebruiken method de opdracht krijgt. Is vergelijkbaar met, maar complementair aan Java°. Is beschikbaar onder UNIX° en werkt meestal met UNIX of Perl° scripts (script°) die niet zomaar kunnen worden uitgevoerd in een Windows NT°.

CGM {si·dji·em} - *Computer Graphics Metafile* - CGM: norm voor de indeling (format°) van 2D° grafische bestanden (metafile°).

CGR {-} - *Compound Growth Rate* - CGR, zie: compound growth rate°.

chad - *snippers* - Papierafval dat vroeger als confetti werd gebruikt; stamt uit de oertijd toen informatie in ponsgaatjes werd vastgelegd en snippers vrijkwamen. Term wordt ook gebruikt voor de afgescheurde geperforeerde strips van kettingformulieren. Niet verwarren met: chat° (babbelen).

chain - *chain, ketenen, keten* - **1.** Bestanden, lijsten, clusters en dergelijke aan elkaar koppelen; is een veelgebruikte methode in besturingssystemen, maar ook bij mensen: chain of command° (hiërarchie); zie ook: link°, Markov chain°, value chain°, **2.** Keten van bedrijven die onder dezelfde naam werken.

chaining - *chaining, koppeling* - **1.** Chaining: redeneren (inference°) van feiten naar conclusies (forward chaining°) of omgekeerd (backward chaining°) in een kennissysteem (knowledge system°), **2.** Koppeling: van niet aangrenzende records° in een bestand, van sectoren (cluster°) op een disk° of van bestanden (file chaining°), **3.** Koppeling van programma's door middel van het doorgeven van bewerkingsresultaten, bijvoorbeeld: piping°. Letterlijk: ketenen.

chamfer - *afschuining* - Rechte afschuining, bijvoorbeeld door soevereinen: een scherpe kant die is afgevlakt in een elektronische tekening. ⇔fillet° (rond)

change - *verandering, wijzigen, omzetten* - Verandering: in systemen of organisaties; ook: agent of change, engineering change°. For large systems there is no such thing as a small change (In een groot systeem is elke kleine verandering groot, vanwege de complexe onderlinge samenhang). Vroeger gold dat men nooit de hardware° èn de software° tegelijk moest veranderen, maar met downsizing° en networking° moet alles tegelijk veranderen. The only certainty is that things will have to be changed (De enige zekerheid dat het anders zal moeten - verzuchting van een programmeur). Ook: wisselgeld. Zie verder: permanent°.

change control - *change control* - Het beheersen van veranderingen in programmatuur. Synoniem: version control°, change management°. ⇔configuration management°

change directory - *cd* - Zie: cd..°.

change management - *change management* - **1.** De misvatting dat men veranderingen (change°) moet managen in plaats van medewerkers, **2.** Het beheersen van veranderingen in programmatuur, mede ter beveiliging van die programmatuur.

change migration - *change migration* - De fix° voor een bug° aanbrengen (migrate°) in alle versies van een programma.

change-over - *overschakeling* - Synoniem van: cutover°, maar wordt ook gebruikt in algemene zin.

changer - *changer, wisselaar* - Zie: CD-ROM changer°, gender changer°. Is ook een geldwisselautomaat (money changer).

change teletype - *CTTY* - Zie: CTTY°.

channel - *kanaal* - **1.** Communicatiekanaal van een mainframe°, waarop input/output° (I/O°) units worden aangesloten via een channel adapter° (aanpassing); zie ook: H-channel°, I/O channel°, multichannel°, voice channel°, **2.** Distributiekanaal (distribution channel), **3.** Kanaal: theoretisch begrip uit de informatietheorie (information theory°), **4.** Kanaal in een analoge lijnverbinding via modem°: primary channel voor de overdracht van gegevens (1200- 19.200 bit/s), secondary channel voor besturingssignalen (signaling°: 75-150 bit/s), **5.** Televisiekanaal: frequentieband waarin een TV-programma wordt uitgezonden, door de ether of via de kabel (CATV°). Onderscheiden kunnen worden: aardse (terrestrial°) satelliet (satellite°) en kabel (cable°) kanalen.

channel hopping - *channel hopping* - Springen van het ene kanaal (channel°) naar een ander: een communicatietechniek die afluisteren bemoeilijkt of die goed bestand is tegen storingen. ⇔frequency hopping°

chaos theory - *chaostheorie* - Theorie betreffende gekoppelde systemen die wordt geacht ooit een verklaring te geven voor kleine oorzaken met grote chaotische gevolgen, bijvoorbeeld de vleugelslag van een vlinder in Californië die een orkaan in Texas veroorzaakt. Is bekend geworden door het boek *Chaos* van James Gleick die dacht daarmee een nieuwe wetenschappelijke revolutie te kunnen ontketenen.

chapter - *hoofdstuk* - Het hoofdstuk van een handleiding (manual°). Chapter 11 is de Amerikaanse vorm van surséance van betaling.

character - *teken* - Aangeduid door een tekencode (character code°) van bijvoorbeeld 8 bits; onderscheiden worden besturingstekens (control character°), grafische en gewone tekens, soms met dezelfde afbeelding; zie ook: idle characters° (synchronisatietekens), line character° (regelteken), special character° (speciaal teken). Niet vertalen met karakter, een menselijke eigenschap. Als er vreemde tekens worden afgebeeld of afgedrukt, is dat een kwestie van de gebruikte tekenset (character set°): in de PC gekozen via de code page, in de printer wordt die bepaald door de PC of de tekstverwerker. (Enkele veelgebruikte te-kens, hun code en hun naam en een ASCII°-tabel zijn achterin dit boek opgenomen.)

character-based - *teken-* - Eigenschap van een interface°, bibliotheek (library°) of weergave op basis van tekens (character°), niet grafisch (GUI°, bitmap°); synoniem: character-oriented°. ⇔graphical°

character code - *tekencode* - Code van 8 bits (ASCII°, EBCDIC°), 2 hex° tekens of een decimaal getal (number°): die in een computer wordt gebruikt om een teken (character°) aan te duiden: zie bijvoorbeeld de lijst met veelgebruikte tekens achterin dit boek.

character-delimited ASCII - *teken-gescheiden ASCII* - Indeling (format°) van gegevens uit een hiërarchische of relationele database° in ASCII°-vorm waarbij een speciaal teken (character°) de velden (field°) scheidt en de veldinhoud tussen dubbele aanhalingstekens (double quote°) staat. Meestal wordt hiervoor gebruikt de komma: comma-delimited ASCII°.

character font - *lettertype* - Meestal genoemd: font°; zie ook: character°.

character generator - *tekengenerator* - Elektronica die tekencodes (ASCII° of EBCDIC°) omzet in bitpatronen voor een scherm of printer. ⇔code generator°

character graphics - *character graphics* - Plaatjes samengesteld uit tekens in plaats van punten of vectoren. ⇔raster graphics° ⇔vector graphics°

character interface - *teken-interface* - Aanduiding van een tekens (character°) gebaseerde gebruikers-interface° die via een toetsenbord wordt gebruikt, niet grafisch (die werkt met een muis). ⇔GUI°

character mode - *character mode* - Werkwijze (mode°) waarin tekens (character°) stuk voor stuk worden overgestuurd of bewerkt. ⇔binary mode° ⇔block mode°

character-oriented - *teken-* - Eigenschap van een interface° of weergave op basis van tekens (character°), niet grafisch (GUI°, bitmap°); synoniem: character-based°. ⇔graphical°

character printer - *tekenprinter* - Printer die tekens (character°) met één teken tegelijk afdrukt. ⇔line printer° ⇔page printer°

character recognition - *tekenherkenning* - Optisch (OCR°) of magnetisch (MICR°) *gedrukte* tekens lezen en herkennen. ⇔handwriting recognition°

character set - *tekenset, tekenrepertoire* - Een logische verzameling van verscheidene tekens (character°), bijvoorbeeld: 8-bit° ASCII°. Synoniem: code page°, symbol set°. Zie ook: double-byte character set° (DBCS°).

character spacing - *tekenspatiëring* - Tekensafstand: de afstand tussen twee tekens (character°), hart op hart gemeten; is bijvoorbeeld 1/10 of 1/12 inch en variabel bij: proportional spacing°; synoniem: pitch°.

characters per inch - *cpi* - Zie: cpi°.

character string - *tekenreeks* - Reeks (string°) tekens (character°) die wordt gebruikt of bewerkt.

character style - *tekenopmaak* - De opmaak (style°) van tekens (character°).

character terminal - *terminal* - Niet-grafische terminal°: die alleen tekens kan afbeelden, geen grafische informatie.

character user interface - *CUI* - Zie: CUI°.

charge - *aanvallen, opladen, berekenen, beschuldigen, bevelen* - **1.** Aanvallen: ergens op afstormen, **2.** Opladen: een NiCad° batterij; ook: lading, **3.** Berekenen:

geld vragen voor goederen of diensten, **4.** Beschuldigen: van nalatigheid, **5.** Bevelen: opdracht geven.

charge card - *charge card* - Een kaart (card°) waarmee u tot een bepaald bedrag per maand kan kopen en aan het eind van de maand de rekening krijgt, bijvoorbeeld van American Express. ⇔creditcard° ⇔debit card°

charge-coupled device - *CCD* - Zie: CCD°.

charge, taking - *het heft in handen nemen* - Het voortouw nemen: een leider (leader°) organiseert iets.

chart - *chart, diagram, grafiek* - **1.** Chart, synoniem van: overhead°, slide°, **2.** Diagram of grafiek, bijvoorbeeld: pie chart° (taartpuntdiagram), bar chart° (staafdiagram), flow chart° (stroomdiagram), Gantt chart°, PERT chart°, structure chart°, line chart° (grafiek), color chart°. Als werkwoord: grafieken maken.

charting - *grafieken maken* - Gegevens visueel weergeven in een grafiek, nu meestal met behulp van grafisch gereedschap (charting tool°). ⇔diagramming°

charting tool - *grafisch gereedschap* - Programmatuur voor het maken van grafieken (chart°, graph°, plot°) voor plaatjes in het algemeen (visual°).

chassis - *frame* - Metalen raamwerk waarin het moederbord (motherboard°) en een drive° van een PC zijn gemonteerd; zit in de kast van een PC.

chat - *babbelen* - Via een modem° en een bulletin-board° direct met elkaar 'praten' middels ingetypte berichten in: chat mode. In Internet bijvoorbeeld via de opdracht: /join #Dutch; de lijst van mogelijke gesprekscandidaten krijgt u via: /list. Niet verwarren met: chad° (snippers). Wordt in het nederlands ook wel genoemd: chatten. De mogelijkheid om te telefoneren via Internet° valt hier waarschijnlijk niet onder.

Cheapernet - *Cheapernet* - Bijnaam voor een met goedkopere (dunnere) kabels uitgeruste: thin Ethernet°, zie: 10Base2°.

check - *aankruisen, controleren, gesignaleerde fout, cheque* - **1.** Aankruisen, bijvoorbeeld: check one (kies één van deze mogelijkheden), **2.** Controleren of controle: of iets is zoals het bedoeld was of gezegd is; zie ook: self-checking°, spelling°, spot check°, **3.** Gesignaleerde fout: bijvoorbeeld een machine check° (ontdekte machinefout), parity check° (pariteitsfout) of integrity check° (schending van de integriteit van een database°), **4.** Bankcheque: die gedekt of ongedekt kan zijn.

check bit - *controlebit* - Bit (bit°) dat wordt toegevoegd aan een code° om te kunnen verifiëren dat het correct is gelezen of ontvangen, bijvoorbeeld: parity bit°.

check box - *aankruisvakje* - Selectievakje (box°) of plaats om een vinkje (check mark°) te zetten op papier of te markeren in een grafische omgeving (GUI°). ⇔markread°

check digit - *controlecijfer* - Cijfer (digit°) dat wordt toegevoegd aan een getal, bijvoorbeeld uw bankrekeningnummer, om te kunnen verifiëren dat het correct is geschreven of ingevoerd.

checker - *controleur* - Mens of programma dat iets controleert, zie: spell checker°. In het Amerikaans ook: damschijf (checkers: dammen).

checklist - *checklijst* - Controlelijst met opdrachten om door te lopen en af te kruisen, zodat u niets vergeet.

check mark - *vinkje* - V-teken dat met een muis (mouse°) in een aankruisvakje (check box°) kan worden gezet.

checkpoint - *controlepunt, checkpoint* - **1.** Controlepunt: tijdstip waarop de voortgang betreffende een afspraak zal plaatsvinden; de feitelijke controle heet: follow-up°. **2.** Checkpoint: een kopie maken van bestanden, die, als het later fout gaat, kunnen worden gebruikt voor recovery°, restart° of resume°.

checksum - *controletotaal* - Gesommeerd getal dat wordt toegevoegd aan een bestand of bericht om te kunnen verifiëren dat het correct is ontvangen of gelezen, bijvoorbeeld bij XMODEM°.

chemical computing - *chemical computing* - Het idee van een computer waarin moleculen de elektronische componenten vervangen; is nog verdere toekomstmuziek dan de optische computer (optical computing°).

chevron - *chevron,«»* - Franse aanhalingstekens (quotation mark°): «... aangehaalde tekst...» (ASCII° codes 174 en 175).

Chicago - *Chicago* - Codenaam voor Windows 4.0 dat in 1994 hoopvol is herdoopt in Windows° 95 vanwege introductie in augustus 1995.

chief programmer team - *chief programmer team* - Team geleid door een ervaren programmeur (programmer°), geen manager, die wordt ondersteund door de teamleden; is met structured walkthroughs° een onderdeel van: software engineering°.

child - *child* - Het denkbeeldige kind van een bovenliggend proces of gegeven (parent° - de denkbeeldige ouder) in een hiërarchisch systeem of database°. Ook: child window (subvenster).

chip - *chip* - Siliciumplaatje met halfgeleiders (semiconductor°): elektronische schakelingen verpakt in een module° en gebruikt in computers voor logica (logic°) en geheugens (memory chip°): bijvoorbeeld DIP°, PGA°, SIMM° of SIP°. Oorspronkelijk werden transistoren van germanium gemaakt, nu vrijwel volledig van silicium; Galliumarsenide wordt vrijwel uitsluitend gebruikt voor LEDs (LED°). Een nieuwe ontwikkeling zijn kunststof chips, gemaakt van stroomgeleidende polymeren, mogelijk nuttig op flexibele ondergronden of voor LCD°-panelen. Een plastic kaart met een chip noemt men chipcard° (chipkaart) of smartcard°. Ook: blue chip: hooggewaardeerd aandeel (blauw is de kleur van de Orde van de Kouseband), V chip° (anti geweld en porno in TV-toestellen).

chip card - *chipkaart* - Plastic kaart met een chip°: met alleen geheugen (memory card°)

of ook met een processor (smart card°); zie ook: optical card°.

CHK {-} - *CHecK* - CHK: extensie (extension°) van een bestand met het resultaat van een CHKDSK DOS°-opdracht.

chip set - *chipset* - Verzameling bij elkaar horende modules (chip°), waarmee bijvoorbeeld een PC kan worden gebouwd: die worden dan geplaatst op het moederbord (motherboard°). Bekend is o.a. de Rockwell chipset, gebruikt in snelle modems (modem°).

chord - *koorde, snaar* - **1.** Koorde: lijnstuk tussen twee punten op een cirkel, **2.** Snaar.

CHR {-} - *CHaracteR* - CHR: extensie (extension°) van een teken- of fontbestand.

chroma - *chroma* - Kleur of van een kleur: de combinatie van: hue° en saturation°. In muziek: het verhogingsteken dat een interval van een halve toon aangeeft.

chrominance - *chrominantie* - Kleurtint: deel van het composite video° signaal dat de kleurtoon bepaalt; de C in: Y/C°. ⇔luminance°

chunk - *chunk* - Blokken gegevens van verschillende lengte: die gemarkeerd worden door tags (tag°) zoals in RIFF° of TIFF°; letterlijk: brok.

churn - *draaien* - Spreektaal voor de werking van een bedrijf of de snelheid over een kabel; letterlijk: (boter)karnen: praktisch synoniem: run°. Ook: Maximize market penetration and minimize churn (Maximaliseer de marktpenetratie en minimaliseer de inspanningen daarvoor). In cable-TV the churn factor can be quite high (Bij kabeltelevisie kan het aantal opzeggingen groot zijn - buiten Nederland vanwege satelliettelevisie).

churn rate - *overgangssnelheid, omzetsnelheid* - Snelheid (rate°) van de omzet of van de verandering van veel andere zaken.

CICS {kiks} - *Customer Information Control System* - CICS: populair IBM programma voor online° transaction processing° (transactieverwerking) uit de jaren 60 dat nog steeds zeer populair is door de beschikbaarheid op verschillende platforms; beschikt tevens over een TP monitor°; naam werd vroeger ook uitgesproken: {si·ai·si·es}.

CID {si·ai·di} - *Caller IDentification* - Zie: Caller ID°, CLI°.

CIE {-} - *Commision International de l'Eclairage* - CIE: internationale commissie van natuurkundigen die in 1931 een standaard methode ontwikkelde om kleuren in drie coördinaten uit te drukken (XYZ), gebaseerd op imaginaire primaire kleuren; gebaseerd hierop werd in 1976 ontwikkeld een 3D° kleurenruimte (color space°) bestaande uit twee kegels die met hun grondvlak aan elkaar vastzitten: CIE-Lab°, gebaseerd op HSB°. ⇔CMYK° ⇔RGB°

CIE-Lab {-} - *Commision International de l'Eclairage-Laboratory* - CIE-Lab: universeel kleurenreferentiesysteem, in 1976 ontwikkeld door CIE°, dat ook buiten de drukkerswereld erkend wordt en onafhankelijk van de gebruikte apparatuur kan worden gebruikt. Maakt een exact onderscheid tussen helderheid (brightness°) en kleur (color°)

CIL {si·ai·el} - *Component Integration Laboratories* - CIL: open verbond, opgericht door verscheidene software-leveranciers voor de integratie (integration°) van componenten (component°) die voldoen aan de CORBA°-normen van OMG°: OpenDoc° (compound document API), Bento° (portable object storage API), OSA° (script API) en SOM° (dynamic linking API). Adres: http://www.cil.org/.

CIM {sim} - *Computer Integrated Manufacturing* - CIM: ontwerpen, fabriceren en administreren met behulp van één informatiesysteem (computer-aided design/computer-aided manufacturing°).

CIO {si·ai·oo} - *Chief Information Officer* - Informatiedirecteur, CIO: persoon die verantwoordelijk is voor alle informatiesystemen binnen een bedrijf, geen officier. Spottend: Career Is Over (carrière is voorbij). Mogelijk rapporteert hij aan de CEO (Chief Executive Officer).

cipher - *cijfer, code, bericht in geheimschrift* - **1.** Cijfer, **2.** Code: systeem voor het versleutelen van berichten, bijvoorbeeld DES°, **3.** Bericht in geheimschrift. Het oudste bekende codesysteem is: Caesar Cipher, gebruikt door Julius Caesar (100-44 v.C.) in de Gallische oorlogen, waarin elke letter wordt vervangen door een letter die een vast aantal plaatsen verderop in het alfabet staat, bijvoorbeeld A door D, B door E enzovoort, nu bijvoorbeeld genoemd: rot13° (13 plaatsen verschil).

ciphertext - *gecodeerde tekst* - Door cryptografische technieken (cryptography°) versleutelde (cipher°) of gecodeerde (encryption°) tekst. ⇔cleartext° ⇔plaintext°

CIR {si·ai·ar} - *Committed Information Rate* - CIR: gegarandeerde (commit°) overdrachtssnelheid (rate°) van informatie, die kan worden gespecificeerd of overeengekomen met een carrier°, bijvoorbeeld voor een PVC° of in een ATM°-netwerk.

circuit - *verbinding, schakeling* - **1.** Verbinding: fysieke verbinding tussen twee punten om te telefoneren of gegevens over te zenden; zie ook: circuit-switching°, virtual circuit° (⇔line°), **2.** Elektronische schakeling: meestal gedrukt (printed circuit°) op een printplaat (printed circuit board°) waarop de modules (module°) worden geplaatst; zie ook: integrated circuit° (IC°), open-circuit°, short-circuit°, surface-mounting°.

circuitbreaker - *onderbreker, zekering* - Relais (relay°), schakeling of zekering: die een verbinding (circuit°) verbreekt (break°) in geval van een abnormale conditie, bijvoorbeeld overspanning of oververhitting.

circuit-switching - *circuit-switching* - Circuit-geschakeld: een kiesverbinding maken, gegevens verzenden en dan de verbinding verbreken; zie ook: virtual circuit-switching°. ⇔message-switching° ⇔packet-switching°

circular list - *rondgeketende lijst* - Lijst (list°) van gekoppelde (chain°) elementen waarvan de eerste en de laatste ook zijn gekoppeld; is vergelijkbaar met: roundrobbin°.

circular reference - *cyclische verwijzing* - Gebruik van een formule (formula°) in de formule zelf: waardoor een iteratieve (iterative°) berekening noodzakelijk is, maar meestal een foutmelding (error message°) oplevert.

CISC {sisk} - *Complex Instruction Set Computer* - CISC: een traditionele computer met complexe instructies (instruction°), bijvoorbeeld een 80X86 processor° of Pentium°. ⇔RISC°

CIT {si·ai·ti} - *Computer Integrated Telephony* - CIT: integratie van het telefoon- en het computersysteem, als interface°-norm of als functie, bijvoorbeeld een nummer bellen dat op een beeldscherm is geselecteerd; via ISDN°; intern moet het ook mogelijk zijn om bijvoorbeeld klantgegevens op een beeldscherm over te zetten, tegelijk met een telefoongesprek; zie echter ook: TAPI°. Producten worden eigenlijk pas verwacht in 1996. Synoniem: CTI° (Computer Telephony Integration).

citation - *citaat* - Stuk tekst in een bericht (mesage°) of document° dat is overgenomen uit een ander bericht of document - een eenvoudige zaak met een computer.

citizens band - *CB* - Zie: CB°.

CLAN {*si*·len} - *Cordless Local Area Network* - CLAN: snoerloos (cordless°) lokaal radionetwerk waarvan alleen de backbone° met een kabel is uitgevoerd; op de etages worden de stations via radio- of IR°-verbindingen aangesloten. Vergelijkbaar: RLAN°.

class - *klasse, soort, cursus* - **1.** Bepaalde kenmerken of rechten hebbend; is in object-georiënteerde (object-oriented°) terminologie de logische definitie van een object, die kan worden overerfd (inheritance°); bijvoorbeeld: een generieke sleutel (generic key°) geeft de soort aan waartoe de sleutel behoort. In de OO (objected-oriented°) terminologie: een verzameling objecten (object°) met veel gelijke eigenschappen, zie ook: class editor°, class library°, class tree°, network class, subclassing°, superclassing°. De editor° voor een class tree, heet: class editor°. Als object A behoort tot klasse K, zegt men dat A een object (instance°) is van K. **2.** Cursus, dus pas op: network class kan betekenen: netwerkklasse of netwerkcursus. De term wordt ook gebruikt in verband met een classificatie (certification°), bijvoorbeeld een veiligheidsklasse (zie: FCC°). Een eindversterker werkt in class (klasse) A, B of C.

class editor - *klassen-editor* - Een editor° voor het maken en veranderen van een klassenboom (class tree°).

classification - *classificatie* - Proces om items in groepen of klassen (class°) te verdelen of het resultaat daarvan: bijvoorbeeld met behulp van een beslissingsboom (decision tree°). Tekenherkenning of decodering kan worden opgevat als een classificatieproces; gelijkwaardig: clustering°.

classified - *geheim* - Amerikaanse aanduiding dat bepaalde informatie, bijvoorbeeld rapporten, alleen voor bevoegden toegankelijk is. ⇔unclassified°

classify - *rubriceren* - Rangschikken of ordenen volgens een bepaald systeem. In het Amerikaans ook: geheim verklaren (classified°). In het Nederlands betekent het woord classificeren ook: industrieel reinigen.

class library - *klassenbibliotheek* - Bibliotheek (library°) voor een verzameling (class°) objecten (object°): een belangrijke zaak voor de ontwikkeling van een object-georiënteerd (object-oriented°) systeem.

class name - *klassenaam* - Naam van een klasse (class°) in de object-georiënteerde (object-oriented°) terminologie.

class tree - *klassenboom* - Een hiërarchische structuur in de vorm van een boom (tree°) waarin de plaatsing van objecten (object°) hun overerving (inheritance°) bepaalt; is een begrip uit de object-oriëntatie (object-oriented°). De structuur kan worden veranderd met behulp van een: class editor°.

clause - *clause, clausule* - Bepaling, bijvoorbeeld in een division° van en COBOL° programma; zie ook: Horn clause°. In het Nederlands ook: clause (zin of passage in een toneelstuk).

clear - *leegmaken* - Een scherm (screen°, cls°) of buffer° leegmaken.

clearing house - *clearing house* - Intermediaire instelling of faciliteit voor de uitwisseling van gegevens, bankcheques en dergelijke; in Nederland bijvoorbeeld de Bankgirocentrale; in Engeland: CHAPS.

clear screen - *cls* - Zie: cls°.

cleartext - *ongecodeerde tekst* - Tekst die niet is gecodeerd (encrypt°) en dus gewoon kan worden gelezen. Synoniem: plaintext°. ⇔ciphertext°

CLI {si·el·ai} - *Command Line Interface, Command Line Interpreter, Calling Line Identification* - CLI: **1.** Een mens-machine interface° waarbij opdrachten (command°) moeten worden getypt op de command line° na de prompt° (⇔GUI°), **2.** Programma dat opdrachten, gegeven op de command line°, interpreteert (interpret°), **3.** Automatische nummeridentificatie, zie: caller ID°, calling identification°, CLIP°, CLIR°. In Nederland mogelijk vanaf eind '96.

click - *click, aanklikken, klik* - **1.** Een pictogram (icon°) activeren via een drukknop (button°) op een muis (mouse°), meestal de linkse; in Windows 95° wordt nu ook de rechterknop gebruikt om een menu tevoorschijn te roepen. Ook: double-click° (dubbelklikken, tweemaal snel achter elkaar), **2.** Klik: geluid van het toetsenbord (keyboard°) wanneer u een toets indrukt (tenzij die functie uitgeschakeld of niet aanwezig is).

CLID {si·el·ai·di} - *Calling Line IDentification* - CLID: de mogelijkheid om het telefoonnummer (soms ook de naam) te zien van degene die belt; is bijvoorbeeld mogelijk bij gebruik van ISDN°.

client - *client* - Klant of cliënt: de vragende partij in een client/server° configuratie; zie echter ook: X client°. ⇔server°

client/server - *client/server* - Een architectuurconcept (architecture°) waarin kleine computers (clients°) de baas zijn en door een grote (server°) worden bediend, bijvoorbeeld in een LAN°; afgekort: C/S°; zie ook: X client°, mobile client°. De client hoeft niet te weten waar de server staat en er kan ook worden gewerkt met een hiërarchie van servers; de tijd van hun verbinding noemt men: sessie (session°); wordt vaak gebruikt als synoniem voor een PC- netwerk, maar een mainframe kan ook een server° zijn of zelfs een client°; letterlijk: cliënt/dienstenverlener. Volgens het zogenaamde Gartner model° zijn er vijf typen, afhankelijk waar de volgende drie functies gesplitst worden door een netwerkverbinding: gegevensbeheer - toepassingsfunctie - presentatie. Anderen spreken van drie golven (file servers, database servers en vanaf 1995: distributed objects). ⇔host-based° ⇔master/slave° ⇔peer-to-peer°

client/server transaction processing - *CSTP* - Zie: CSTP°.

client software - *client-programmatuur* - De programmatuur (software°) voor de client in een client/server°-netwerk.

clip - *fragment, afknippen* - Stuk beeld (clip-art°), geluid (sound clip°) of video (video clip°) van beperkte afmetingen. Als werkwoord: to clip off (afknippen).

CLIP {-} - *Calling Line Identification Presentation* - CLIP: CLI°- voorziening in Euro-ISDN°. ⇔CLIR°

clip-art - *clip-art* - Elektronische foto's, tekeningen en dergelijke (art°, clip°), die met een tekstverwerker in een tekst kunnen worden geplaatst.

clipboard - *clipboard, klembord* - Een buffer° voor de tijdelijke opslag van een stuk informatie dat afgepaald is op een beeldscherm; is de elektronische versie van een plank met een klem, gebruikt om notities vast te houden. In Windows° wordt een gemarkeerkeerd stuk tekst op het klembord geplaatst met: Shift-Del, en elders geplaatst met Shift-Ins. In Windows° hebben de buffer-bestanden de extensie: .CLP°. ⇔hot link°

Clipper - *Clipper* - **1.** Programmatische hulpmiddelen van Computer Associates voor het maken van Xbase°-toepassingen, **2.** Techniek voor encryptie (encryption°) door middel van een speciale Clipper chip° in telefoons: is voorgesteld door het Amerikaanse NSA° in 1994, maar is omstreden en wordt buiten de Amerikaanse overheid nauwelijks gebruikt. Werkt met een dubbele escrow°-sleutel, die de overheid de mogelijkheid moet bieden tot afluisteren; werkt moeizaam voor internationaal verkeer en transacties. Officiële naam: Escrowed Encryption System.

CLIR {-} - *Calling Line Identification Restriction* - CLIR: CLI°- voorziening in Euro-ISDN° waarmee de beller kan verhinderen dat zijn nummer zichtbaar wordt gemaakt voor de gebelde. ⇔CLIP°

clist {si} - *commandlist* - Lijst (list°) met opdrachten (command°) en instructies: die een bepaalde functie voor een gebruiker verricht.

clock - *klok* - **1.** Klok: die het werktempo (cycle°) van een computer bepaalt (MHz°), **2.** Klok: die in een computer de datum (date°) en tijd bijhoudt, **3.** Klok: die tijdssignalen levert voor synchrone (synchronous°) datatransmissie.

clock doubler - *clock doubler* - Processorchip (microprocessor°) die intern met de dubbele of drievoudige snelheid werkt en die naast een 'gewone' chip° kan werken als upgrade°; wordt door Intel° aangeduid door de toevoeging DX2, DX3; vergelijkbaar: speed doubler°.

clock speed - *kloksnelheid* - Snelheid (speed°) van de inwendige klok (clock°) van een computer of PC; wordt uitgedrukt in: MHz°. De Intel° 8088 processor van de originele IBM PC° werkte op 4,77 MHz; eind 1994 is 100 MHz niet ongebruikelijk. De snelheid is echter niet alleen zaligmakend, ook belangrijk zijn het aantal bits dat tegelijk behandeld wordt en het type instructie (CISC°, RISC°, VLIW°).

clockwise - *met de klok mee* - Draaiing met de wijzers van de klok mee. ⇔counter clockwise°

clone - *kloon* - Een functionele kopie van een originele (vaak IBM°) computer. Hoeft er niet hetzelfde uit te zien als het origineel of een lookalike° te zijn.

CLOS {-} - *Common LISP Object System* - CLOS: nieuwe norm binnen Common LISP° voor experimenteel programmeren van talloze geavanceerde object-georiënteerde (object-oriented°) toepassingen.

close - *sluiten, dichtbij* - **1.** Een bestand (file°) van het geheugen naar disk° schrijven en sluiten, 2. Een toepassing (application°) sluiten; er is enig verschil met: exit° (afsluiten), 3. Dichtbij (close to ...). Zie ook: closed°. ⇔open°

closed - *afgesloten, gesloten* - In tegenstelling met: open°, bijvoorbeeld: closed architecture° (beschermde of moeilijk uitbreidbare architectuur), closed user group° (CUG°).

closed-circuit television - *CCTV* - Zie: CCTV°.

closed file - *afgesloten bestand* - Bestand (file°) dat voor gebruik eerst moet worden geactiveerd (open°), logisch ingeschakeld worden. ⇔open file°

closed loop - *gesloten lus* - Waarmee wordt aangegeven dat een verbinding heen en weer is, in twee richtingen. Bij servo's (servo°) en regelsystemen geeft het aan dat er sprake is van terugkoppeling bij de regeling van een actie.

closedown - *sluiting, afsluiting* - Bijvoorbeeld een apparaat (device°), programma of systeem deactiveren, logisch uitschakelen.

closed shop - *closed shop* - Computercentrum waarin alleen programmeurs en computer-professionals het werk mogen uitvoeren, niet de gebruikers. Term wordt ook gebruikt voor een Amerikaans bedrijf waarvan alle medewerkers verplicht lid zijn van een vakbond (union°). ⇔open shop°

closed user group - *CUG* - Zie: CUG°.

closet - *kast* - Schakel- of bedradingskast (wiring closet°) gebruikt voor netwerken.

cloud - *cloud, wolk* - Getekende figuurlijke wolk: waardoor aangesloten netwerken kunnen communiceren zonder iets te hoeven weten van de verbindingen binnen de wolk; de interface° met de wolk is meestal X.25°, ISDN° of frame relay°, binnenkort ook ATM°; een wolk kan bijvoorbeeld worden gebruikt om twee routers (router°) te verbinden; zo'n dienst wordt genoemd: cloud service; de gebruikte technologie heet: cloud technology.

.CLP {si·el·pi} - *CLiPboard* - Extensie (extension°) van een klembord-bestand (clipboard°).

cls {si·el·es} - *CLear Screen* - Cls: opdracht die het beeldscherm (screen°) wist en de cursor° bovenaan zet.

cluster - *cluster* - **1.** Verzameling eenheden, gekoppeld via: shared memory°, shared storage° en/of een verbindingslijn met modems, dat meestal is aangesloten op een netwerk; bijvoorbeeld: VAX°-cluster (groep VAX-computers van Digital°, die over gemeenschappelijke opslag beschikt, shared storage°), **2.** Iets in clusters groeperen (clustering°); of een stel terminals° in een locatie aangesloten op een cluster controller° (besturingseenheid), **3.** Groep sectoren (sector°) op een disk°: de kleinste eenheid waarin DOS° bestanden opslaat; die soms 'verloren' raakt (lost cluster°); synoniem: allocation unit°; zie ook: cluster size°.

cluster controller - *cluster controller* - Soort concentrator° voor terminals (terminal°): die verbonden is met een mainframe°.

clustering - *clustering* - Eenheden, sectoren (sector°) of gegevens groeperen (cluster°).

cluster size - *clustergrootte* - Aangezien het maximale aantal clusters (cluster°) op een harde schijf (hard disk°) maximaal 65.536 (2^{16} = 64K) clusters kan zijn, wordt de clustergrootte bepaald door de capaciteit (partition size°) van de schijf: t/m 128 MB (2K), t/m 256 MB (4K), t/m 512 MB (8K), t/m 1 GB (16K), t/m 2GB (32K), t/m 4GB (64K) enz. Onder Windows NT° is de minimum clustergrootte 4K; onder OS/2° met HPFS° slechts 512 byte. Aangezien een grote clustergroote erg onvoordelig is voor kleine bestanden, wordt een grote harde schijf daarom meestal verdeeld in twee of meer partities (partition°).

CLV {si·el·vi} - *Constant Linear Velocity* - CLV: (min of meer) constante lineaire snelheid, waardoor de hoeksnelheid kleiner is voor de buitenste sporen dan voor de binnenste; wordt gebruikt voor CD-AD° en CD-ROM°. ⇔CAV°

CMC-7 {si·em·si·*sev*·vun} - *Coded Magnetic Characters-7* - CMC-7: een magnetisch leesbaar (MICR°) font°, bestaande uit zeven verticale streepjes, gebruikt op cheques in Frankrijk.

CMD {-} - *CoMmanD* - CMD: extensie (extension°) van een opdrachtenbestand (command file°) onder OS/2°; is vergelijkbaar met BAT° (batch file°) onder DOS°. ⇔COM°

CMIP {si·mip} - *Common Management Information Protocol* - CMIP: een protocol° voor netwerkbeheer in een OSI°-omgeving (ISO°-norm 9596, X.700°); werkt met event° reports die worden geïnitieerd door een agent° in een managed object°. Wordt door SNMP-adepten wel genoemd: Complex Management Information Protocol, maar is wel robuster dan SNMP. In breedbandnetwerken (broadband°) zal CMIP waarschijnlijk wel gebruikt worden in combinatie met CMIS°, vooral als het gebruik van agents toeneemt. Ten behoeve van Internet is een aanpassing gemaakt onder de naam: CMOT (Common Management Over TCP/IP°), maar achteraf is toch besloten dat SNMP de juiste oplossing was. ⇔SNMP°

CMIS {si·mis} - *Common Management Information Services* - CMIS: complement van CMIP° voor OSI° netwerk-monitoring en besturing; ISO°-norm 9595.

CMOL {si·mol} - *Common Management information protocol Over Logical link control* - CMOL: gebruik van een korte protocol stack° (de onderste twee OSI°-lagen) voor het verkrijgen van netwerk-management-informatie (network management°) via CMIP°.

CMOS {si·mos} - *Complementary Metal Oxide Semiconductor* - CMOS: weinig energie verbruikende halfgeleider-technologie, populair in 'groene' computers (Energy Star°), die oorspronkelijk gebruikt werd voor de opslag van configuratiegegevens (CMOS setup°), nu ook voor grotere computers.

CMOS setup {si·mos} - *Complementary Metal Oxide Semiconductor setup* - CMOS setup: configuratiegegevens van een PC (die worden opgeslagen in weinig energie verbruikende CMOS°) omtrent welke disk° en diskette°-stations worden gebruikt, shadow RAM°, typematic rate° enzovoort.

CMOT {si·mot} - *Common Management information protocol Over TCP/IP* - Gecombineerde oplossing van CMIP° (informatie) en TCP/IP° (transport) voor de uitwisseling van informatie tussen het beheerde systeem en de beheerde apparatuur.

CMYK {si·em·wai·kee} - *Cyan, Magenta, Yellow, blacK* - CMYK: cyaan, magenta, geel en zwart, de standaard-kleuren voor vierkleurendruk gebaseerd op het principe van subtractieve kleuren; zwart verhoogt alleen het contrast. ⇔RGB°

C/N {-} - *Carrier-to-Noise* - C/N: carrier-ruisverhouding, de verhouding van de amplitude van de draaggolf (carrier°) en de ruis (noise°). ⇔S/N°

CNA {si·en·ee} - *Customer Name and Address, NAW, Certified Novell Administrator* - **1.** Naam, Adres, Woonplaats (NAW): basisgegevens omtrent een klant, **2.** CNA: door Novell° gecertificeerde netwerkadministrateur (⇔CNE°).

CNC {si·en·si} - *Computerized Numeric Control* - CNC: computerbesturing (numeric control°) van bewerkingsmachines zoals frezen en draaibanken; vroeger werden de machines bestuurd via ponsbanden (NC°).

CNE {si·en·ie} - *Certified NetWare Engineer* - CNE: door Novell° gecerticeerde technicus (engineer°) voor NetWare°. ⇔CNA°

CNF {-} - *CoNFiguration* - CNF: extensie (extension: .CNF) van een configuratiebestand (configuration°). Alternatief: CFG°.

CO {-} - *Central Office, COmpany, Cable Operator* - **1.** Hoofdkantoor: vooral ook gebruikt in de telefonie (CO switch°), **2.** Co: anderen (als in: & Co) die meedoen in een bedrijf, **3.** Kabelexploitant: leverancier van kabeltelefonie (cable telephony°).

coax {ko·ex} - *coaxial cable* - Coax(kabel): cilindrische, afgeschermde kabel (cable°), gebruikt voor broadband°-, baseband° en kabeltelevisieverbindingen. ⇔twinax° ⇔twisted pair°

coax cable {ko·ex} - *coaxial cable, coax* - Zie: coax°.

COBOL {ko·bol} - *COmmon Business-Oriented Language* - COBOL: derdegeneratie programmeertaal (3GL°) met vier divisies (Identification, Environment, Data en Procedure division°), bedacht door G.M. 'Amazing Grace' Hopper (1907- 92) en ontwikkeld door CODASYL° rond 1960; de laatste versies zijn COBOL-85 en ANSI COBOL2, en er bestaan veel COBOL-dialecten (dialect°). Cobol is de toekomstige Assembler°-taal, de lingua franca in CASE°-omgevingen.

COCOMO {ko·ko·mo} - *COnstructive COst MOdel* - COCOMO: model van B.W. Boehm voor de schatting van de omvang en complexiteit van een ontwikkelingsproject voor programmatuur; is ontwikkeld in de beginjaren 80. Het is inmiddels wel duidelijk dat verschillende modellen nodig zijn voor verschillende projecten.

CODASYL {koda·sil} - *COnference on DAta SYstem Languages* - CODASYL: Amerikaanse vereniging voor de ontwikkeling van programmeertalen, met name COBOL°, en netwerk databases°.

code - *programmeren, tekencode, artikelnummer, codenummer, code, coderen, reglement* - **1.** Programmeren of programmatuur: source code° is geschreven programmatuur en machine code° is gecompileerde, uitvoerbare programmatuur; zie ook: lines-of-code°, macrocode°, microcode°, object code°, Pseudo-code°, ravioli code°, spaghetti code°, uncommented code°. Verder: code freeze (tijdelijk geen veranderingen maken omdat het programma getest wordt), stable code (gerijpt programma dat niet veel meer zal worden veranderd). The sooner you start to code, the longer the program will take (Hoe eerder je begint met programmeren, hoe langer het duurt - omdat een programmeur eerst moet begrijpen wat moet worden geprogrammeerd en hoe dat het beste kan), **2.** Tekencode: bijvoorbeeld de 8-bit ASCII° of EBCDIC° codering van tekens (character code°): ook: Morse code°, bar code°, Baudot code°, Gray code°, **3.** Artikelnummer (P/N°), **4.** Codenummer: van een foutmelding, bijvoorbeeld: condition code°, error code°, reason code°, return code°, severity code°, status code°,

5. Code: access code°, op-code°, operation code°, pass code°, PIN-code°, SIC-code°, transaction code°, ZIP code°; ook: area code (netnummer, in Nederland bijvoorbeeld 020 voor Amsterdam), **6.** Coderen: gegevens in een code brengen., **7.** Code voor de foutendetectie en -correctie (BCH-code°, Hamming-code°, Huffman-code°, Reed Solomon code°) of voor encryptie (encryption°), bijvoorbeeld DES°; werken per blok (block°), continu (convolution°) of met polynomen (polynomial°), **8.** Reglement, zie: Code of Practice°. Met hoofdletter: Code 39, Code 128 - zie: bar code°.

codebook excited linear prediction - *CELP* - Zie: CELP°.

codec {ko·dek} - *COder-DECoder* - Codec: elektronica die analoge audio- en/of videosignalen omzet in digitale, en die mogelijk comprimeert voor transmissie over een digitale verbinding; voert tevens de omgekeerde bewerkingen uit bij ontvangst; is vergelijkbaar met modem° voor een analoge verbinding. Codecs worden meestal parallel° uitgevoerd voor verscheidene parallelle kanalen bij ISDN° of een satellietverbinding.

coded information - *gecodeerde informatie* - Dat wil zeggen: informatie (information°) die wordt weergegeven met behulp van tekencodes (character code°), niet van grafische bitpatronen (bitmap°). ⇔NCI°

coded orthogonal frequency division multiplex - *COFDM* - Zie: COFDM°.

code generator - *programmagenerator* - Systeemprogramma dat een programma (code°) bouwt (generate°) aan de hand van specificaties; is een onderdeel van CASE°; zie ook: source code generator°. ⇔character generator°

code inspection - *code review* - Een programma (code°) door anderen laten bekijken (review°): bijvoorbeeld via een inspection° of een walk-through°

Code of Practice - *Code of Practice* - Officieel regelement in het Verenigd Koninkrijk, bijvoorbeeld het in februari 1995 gepubliceerde reglement voor de beveiliging van informatiesystemen (norm BS° 7799), of voor de wettigheid van elektronische media (BS PD 0008) van februari 1996.

code page - *code page, codetabel* - Tekenrepertoire: een per land verschillende verzameling van 256 8-bit codes (code point°), die als geheel wordt gekozen voor gebruik door het besturingssysteem. Verschillende code pages zijn nodig omdat er, letters met accenten meegerekend, over de hele wereld meer dan 256 verschillende tekens zijn; voor ons gebruikelijk is de zogenaamde multilingual code page 850 en de Amerikaanse 437). Een code page wordt opgeslagen in ROM°, maar die kan worden vervangen door het laden van een nieuwe code page in het RAM°-geheugen met behulp van CHCP, een DOS°-opdracht (command°). Synoniem: character set°, code table°, symbol set°.

code point - *code point* - In een code page°: een 1-byte code° waaraan een grafisch teken (character°) wordt toegekend. In andere context: een code waaraan een bepaalde betekenis wordt toegewezen.

coder-decoder - *codec* - Zie: codec°.

code table - *codetabel* - Tabel (table°) met tekencodes (character code°); synoniem: code page°.

coding - *programmeren, coderen* - Zie: code°, coding sheet°, coding theory°, Lempel-Ziv coding°.

coding sheet - *programmeerblad* - Vel (sheet°) met een voorbedrukte indeling waarop programmeurs vroeger hun programma's schreven (nu doen ze dat direct in een scherm).

coding theory - *codeertheorie* - Wiskundige theorie betreffende de codering (code°) van tekens voor communicatie; is een onderdeel van de informatietheorie (information theory°).

coefficient - *coëfficiënt* - Constante factor, bijvoorbeeld: uitzettingscoëfficiënt, correllatiecoëfficiënt (correlation°).

coexistence - *coëxistentie* - Wanneer twee of meer programmasystemen naast elkaar kunnen worden gebruikt: ze elkaar niet 'bijten'.

COFDM {-} - *Coded Orthogonal Frequency Division Multiplex* - COFDM: methode gebruikt voor het multiplexen van digitale audiosignalen (DAB°).

cognition - *cognitie* - Menselijke kennis en begrip: die wij gebruiken om onze waarnemingen te interpreteren.

COLD {koold} - *Computer Output to Laser Disc* - COLD: computergevens op een optische disc° schrijven met behulp van een laser°, wordt bijvoorbeeld gedaan in sommige documentaire informatiesystemen (DIS°). Don't be left out of the COLD (Blijf niet verstoken van COLD - ook: blijf niet in de kou staan), roepen de leveranciers.

cold link - *cold link* - De mogelijkheid om gegevens, stukken tekst en dergelijke over te brengen naar een ander programma via een tussenbestand; veranderingen worden niet doorgegeven. ⇔hot link° ⇔warm link°

cold start - *cold start* - IPL° of boot° bij het aanzetten van een PC. ⇔warm start°

collaborative computing - *groepswerken* - Samenwerken met behulp van een computer en groupware° in de nieuwe kantoren, direct (door samen aan een bestand of toepassing te werken), in een werkstroom (workflow°) of met behulp van een GDSS°, bijvoorbeeld via: Notes°. Synoniem: team computing°.

collapse - *weglaten, samenvouwen* - **1.** In een afgebeelde lijst, outline° of structuur, bepaalde niveaus (level°) weglaten, om alleen de hoofdzaken te bekijken, **2.** In een netwerk, het 'samenvouwen' van de backbone° in een centrale aansluitkast waarin door middel van switching-technieken (Ethernet-switching°) een backbone° wordt gesimuleerd (collapsed backbone°) om de capaciteit van een netwerk drastisch te verhogen. ⇔expand°

collapsed backbone - *collapsed backbone* - Synoniem: inverted backbone°; zie ook: collapse°, backbone°.

collate - *samenvoegen, sorteren* - Sorteergang (sort°) van twee of meer deelverzamelingen of stapels formulieren die in dezelfde volgorde (sequence°) zijn gesorteerd. Het programma of apparaat daarvoor heet: collator.

collating sequence - *sorteervolgorde* - Volgorde van tekens die wordt gebruikt voor sorteren: wordt bepaald door de gebruikte apparatuur, afhankelijk van ASCII° of EBCDIC° tekencodes; hierbij komen alle grote letters voor de kleine letters en X.29 voor X.3! Zie ook: ascending order°, descending order°.

collector - *collector* - De ene kant van een transistor°; de emitter° is de andere kant. Daartussen zit de basis (base°). Ook: verzamelaar, ontvanger van belastingen.

collision - *conflict* - Figuurlijke botsing: die optreedt wanneer twee computers of terminals tegelijkertijd informatie versturen of een resource° willen gebruiken; dit soort conflicten zijn er de oorzaak van dat de beschikbare kabelcapaciteit in Ethernet° slechts voor 35-50 procent nuttig kan worden gebruikt. Zie ook: CSMA/CA°, CSMA/CD°.

colon - *dubbele punt, :* - Zie de lijst met veelgebruikte tekens achterin dit boek. ⇔semicolon° (;)

color - *kleur* - Kleur gebruikt in een afbeelding, door middel van een monitor° of printer; zie ook: ...-bit color°, 24-bit color°, CMYK°, Pantone matching system°, RGB°, spot color°, true color°. ⇔B/W°

color card - *kleurenkaart* - Verzameling kleuren (color°), waaruit kan worden gekozen.

color chart - *kleurengrafiek* - Grafiek (chart°) waarin gebruik is gemaakt van kleuren (color°) om verscheidene grootheden weer te geven.

color display - *kleurenweergave, kleurenbeeldscherm* - **1.** Weergave (display°) met gebruik van kleuren (color°), niet zwart/wit (B/W°), **2.** Beeldscherm (display°) dat kleuren (color°) kan weergeven.

color gamut - *kleurenscala* - De verzameling mogelijke kleuren, die bijvoorbeeld een scanner of beeldbuis kan verwerken; omvat tegenwoordig vaak 16,7 miljoen kleuren, verkregen via 3x8 = 24 bits (RGB°).

color graphic - *gekleurde afbeelding* - Een grafische afbeelding (graphic°) in kleur (color°).

color graphics - *grafische kleuren...* - Eigenschap van een VDT° of VDU° om een grafische bitmap° weer te geven; was vroeger iets bijzonders (CGA° was wel in kleur, maar character-oriented°, niet: APA°; Hercules was grafisch, wel APA°, maar monochroom), nu is VGA° heel gewoon.

color/graphics adapter - *CGA* - Zie: CGA°.

color monitor - *kleurenbeeldscherm* - Beeldscherm (monitor°, display°) dat kleuren kan weergeven (display°).

color palette - *kleurenpalet* - Het scala van kleuren (color°) dat kan worden gebruikt.

color printer - *kleurenprinter* - Printer die met drie of vier kleuren (CMYK°) in kleur of zwart/wit kan afdrukken. Is vaak een (liquid) inkjet°, maar ook was (wax printer°, solid inkjet), lasers (laser°), thermal transfer° en dye sublimation° kunnen worden gebruikt; snelheidsmaat: mpp°.

color saturation - *kleurverzadiging* - De intensiteit van een kleur, zie ook: HSB°.

color separation - *kleurscheiding* - Scheiding (separation°) van een kleurenafbeelding in drie (CMY°) of vier (CMYK°) onderdelen ten behoeve van vierkleurendruk; werd vroeger gedaan met behulp van een scanner°, is nu ook een directe functie van een geavanceerd DTP°-pakket.

color temperature - *kleurtemperatuur* - Temperatuur waarbij een zwart lichaam licht van dezelfde kleur gaat uitzenden als dat van een lichtbron: wordt uitgedrukt in graden Kelvin° (°K°). De kleurtemperatuur van daglicht bedraagt 5300-5600 °K, die van gloeilampen ligt lager.

column - *kolom, positie, column* - **1.** Kolom in een spreadsheet°: meestal aangeduid met een cijfer, **2.** Kolom in een matrix°, **3.** Positie: plaats voor een teken in een afgedrukte lijst, **4.** Kolom: zoals in een 80- of 132-koloms printer, **5.** Kolom: tekst (text°) in de opmaak van een pagina met meerdere kolommen, **5.** Column: vaste rubriek in een krant of tijdschrift, meestal beschouwend of komisch bedoeld, en soms gedrukt in één kolom. ⇔row°

column break - *kolomeinde* - De plaats waar een kolom (column°) wordt afgebroken (break°).

column heading - *kolomnaam* - De kop (heading°) boven een kolom (column°).

column numbering - *kolomnummering* - Het nummeren (number°) van kolommen (column°).

COM {kom} - *Computer Output on Microfilm, Component Object Model, COMmunication, COMmand* - COM: **1.** Snelle uitvoer van computergegevens rechtstreeks op microfiche° of microfilm° (⇔COLD°); er was vroeger ook: CIM (Computer Input from Microfilm), **2.** Object-georiënteerd model van Microsoft dat via OLE° werkt met aggregation° (⇔CORBA° ⇔SOM°), **3.** COM-poort, zie: COM1..4°, COM-port°, **4.** COM-bestand, zie: .COM file° (⇔EXE°).

COM1..4 {kom} - *COM1..4* - Zie: COM port°.

comb filter - *kamfilter* - Filter dat alleen een bepaalde frequentie (frequency°) en veelvouden daarvan doorlaat of onderdrukt, vandaar de naam. Wordt in een TV gebruikt om moiré-effecten te onderdrukken.

combinatorial explosion - *combinatorische explosie* - Wordt veroorzaakt doordat de complexiteit van programmatuur snel onbeheersbaar toeneemt met het kwadraat van het aantal samenstellende elementen.

COMDEX {kom·deks} - *COMputer Dealer EXposition* - COMDEX: Grote Amerikaanse beurs die in het voorjaar (Spring) in Atlanta, Georgia, wordt gehouden en in het najaar (Fall) in Las Vegas, Utah; is in 1979 begonnen als opvolger van: National Computer Conference (NCC). De organisatie die de beurzen organiseert, Interface Group, is inmiddels overgenomen door M. Son (Softbank). ⇔CeBIT°

.COM file {kom} - *.COMpiled file* - Gecompileerd (compile°) bestand (file°): met de extension° .COM, dat direct uitvoerbaar is, maar maximaal 64 KB° (segment°) groot mag zijn. Wanneer een .COM en een .EXE bestand met dezelfde naam in dezelfde directory° staan, zal het .COM bestand als eerste worden uitgevoerd. ⇔EXE file°

comma - *komma* - Wordt in grote getallen door Amerikanen gebruikt in plaats van een punt om duizendtallen aan te geven; zie ook: decimal point°.

comma-delimited ASCII - *komma-gescheiden ASCII* - Indeling (format°) van gegevens uit een hiërarchische of relationele database° in ASCII°-vorm waarbij komma's (comma°) de velden (field°) scheiden en de veldinhoud tussen dubbele aanhalingstekens (double quote°) staat. Ook andere tekens kunnen hiervoor gebruikt - algemene term: character-delimited ASCII°, tab delimiter°.

command - *opdracht* - Opdracht: die u mensen of een computer na de prompt° (op de command line°) geeft, bijvoorbeeld om een bestand (file°) af te drukken of te kopiëren. In een programma spreekt men meestal van: statement°. Zie ook: chain of command°, command file°, metacommand°. DOS° kent: internal commands (opgenomen in COMMAND.COM°) en external commands - dit onderscheid was vroeger belangrijk toen DOS° van diskette° werd gebruikt, want binnen 64 KB° is geen ruimte voor de external commands. In Notes en elders: @functies om een toepassing te programmeren. Niet vertalen met: bevel (opdracht aan mensen).

command area - *opdrachtgebied* - Plaats in een venster of scherm waar opdrachten (command°) kunnen worden ingevoerd. In een regel: command line°.

COMMAND.COM - *COMMAND.COM, opdrachtverwerker* - Basisonderdeel van het DOS°-besturingssysteem (operating system°) dat de interne opdrachten (internal command°) uitvoert; de externe opdrachten (external command°) worden uitgevoerd door individuele modules. Is een .COM file° en dus kleiner dan 64 KB°.

command-driven - *opdrachtgestuurd* - Kenmerk van een mens-machine interface° waarin met ingetypte opdrachten (command°) wordt gewerkt en een opdrachtregel (command line°).

command file - *opdrachtenbestand* - Bestand (file°) waarin opdrachten (command°) staan die door het aanroepen van het bestand worden uitgevoerd; in DOS°: batch file° (BAT°); in OS/2°: command file° (CMD°).

command interpreter - *opdrachten-interpreter* - Vertolker (interpreter°) van de opdrachten (command°): die gebruikers invoeren op de prompt°; is in DOS° een onderdeel van COMMAND.COM°; synoniem: command processor°.

command language - *opdrachttaal* - Taal waarin opdrachten kunnen worden gegeven aan een uitvoerend programma, bijvoorbeeld een besturingssysteem (operating system°) of een database° managementsysteem.

command line - *opdrachtregel* - Plaats in het beeldscherm waar een opdracht wordt ingevoerd; wordt in DOS° aangegeven door de prompt°, in het hoofddirectory (root directory°): C:>°. Zie ook: command area°.

command line interface - *CLI* - CLI°: opdrachten intypen achter de prompt°; synoniem: CLI°. ⇔GUI°

commandline user interface - *CUI* - CUI°: opdrachten intypen achter de prompt°; synoniem: CLI°. ⇔GUI°

command list - *CLIST* - Zie: CLIST°.

command mode - *opdrachtenmodus* - Werkwijze (mode°) van een systeem waarbij de gebruiker opdrachten (command°) kan invoeren die direct worden uitgevoerd. ⇔batch mode°

command procedure - *opdrachtprocedure* - Procedure (procedure°) die bestaat uit opdrachten (command°); synoniem: command script°.

command processor - *opdrachtprocessor* - Onderdeel van een besturingssysteem (operating system°) dat de opdrachten (command°) uitvoert. Als de prompt° wordt afgebeeld, wacht de command processor op een nieuwe opdracht; synoniem: command interpreter°.

command prompt - *prompt* - Vraag van de computer om een opdracht (command°) in te voeren, zie: prompt.

command script - *opdrachten-script* - Lijst met opdrachten (command°): die achter elkaar kunnen worden uitgevoerd, bijvoorbeeld bij een test.

comment - *commentaar, opmerking* - Korte tekst en uitleg over een bepaalde situatie.

comment line - *commentaarregel* - In een programma, een regel (line°) die commentaar/uitleg bevat en die dus niet wordt uitgevoerd: begint meestal met '*', '/*' of rem°. Worden door de compiler° niet opgenomen in het uitvoerbare (executable°) programma. Een programma zonder commentaar (uncommented code°) is nauwelijks te onderhouden (maintenance°).

commercial at sign - *apenstaartje, @* - Teken dat in de VS wordt gebruikt als 'à', bijvoorbeeld: 10 widgets @ $1 = $10 (10 widgets à $1 = $10). Wordt ook gebruikt in macronamen (macro°) en duidt dan op een ingebouwde functie, bijvoorbeeld: @copy; geplaats voor voor een DOS°-opdracht, onderdrukt het de afbeelding (echo°) ervan op het scherm; wordt ook gebruikt als scheidingsteken in Internet°-adressen, bijvoorbeeld: pietje@nodeid.vu.nl. Zie ook de lijst met veelgebruikte tekens achterin dit boek.

commit - *commit* - De waarde van variabelen of gegevens, of een toewijzing of transactie (transaction°) vastleggen, wat men liefst zo lang mogelijk uitstelt.

commitment - *vastlegging* - Een variabele of gegeven in een systeem vastleggen (commit°). Van een manager: zijn of haar verbintenis met een beslissing.

committed information rate - *CIR* - Zie: CIR°.

common - *gemeenschappelijk, openbaar, gewoon* - **1.** Gemeenschappelijk: iets samen met anderen hebben, **2.** Openbaar: door iedereen te gebruiken, **3.** Gewoon: niets bijzonders. Be as common as possible and as different as necessary (Werk zoveel mogelijk met anderen samen en wees alleen anders waar dat nodig is - niet omgekeerd).

common business-oriented language - *COBOL* - Zie: COBOL°.

common carrier - *common carrier* - Publieke organisatie voor datatransmissie (data transmission°), zoals AT&T°, MCI° en PTT Telecom.

common channel signaling - *common channel signaling* - Methode van besturing (signaling°) in telefoonnetten waarbij de gegevens en de besturing door elkaar heen via een gemeenschappelijk kanaal (channel°) worden verstuurd, bijvoorbeeld bij: SS7°.

common denominator - *gemeenschappelijke noemer* - Noemer (denominator°) die twee of meer getallen gemeenschappelijk hebben. The common denominator for networking is Internet° and the common denominator for Internet is IP° (De gemeenschappelijke noemer voor netwerken is Internet en de gemeenschappelijke noemer voor Internet is IP).

common desktop environment - *CDE* - Zie: CDE°.

common gateway interface - *CGI* - Zie: CGI°, HTML°.

common ISDN application programmer interface {ai·es·di·en} - *CAPI* - Zie: CAPI°.

Common LISP {lisp} - *Common LISt Processing* - Common LISP: de algemeen geaccepteerde versie van LISP°, binnenkort een ANSI°-norm; zie ook: CLOS°.

Common LISP object system {lisp} - *CLOS* - Zie: CLOS°.

common management information protocol over logical link control - *CMOL* - Zie: CMOL°.

common management information protocols - *CMIP* - Zie: CMIP°, CMOT°.

common management information system - *CMIS* - Zie: CMIS°.

common object broker architecture - *CORBA* - Zie: CORBA°.

common signaling system 7 - *SS7* - Zie: SS7°.

common open software environment - *COSE* - Zie: COSE°.

common technical regulation - *CTR* - Zie: CTR°.

common user access - *CUA* - Zie: CUA°.

common user interface - *CUI* - Zie: CUI°.

comms {koms} - *communications* - Algemene aanduiding van communicatie (communication°) of verbindingslijnen; zie ook: communications°.

communicate - *communiceren* - Zoals in het huidige credo: We must be able to communicate with anyone, at any time, anywhere (We moeten met iedereen, altijd en overal kunnen communiceren), maar het is de vraag of iedereen daarmee gelukkig zal zijn.

communication - *communicatie* - Noodzakelijk om medewerkers met en voor elkaar te laten werken; ook: data communication°, mobile communication°, telecommunication°.

communications - *communications* - Communicatie (communication°) in het algemeen, inclusief die van de PR-afdeling; zie ook: ACM°.

Communications Act - *Telecommunicatiewet* - Een Amerikaanse wet uit begin 1996 die de verschillen tussen lokale en interlokale telecommunicatiediensten en de scheiding van telefoon- en kabelbedrijven dereguleert, waardoor in feite iedereen me iedereen kan gaan concurreren. Waarschijnlijk heeft dit een nog meer repercussies dan de opslitsing van AT&T° in 1984 (divestiture°).

communications decency act - *CDA* - Zie: CDA°.

communications port - *COM port* - Zie: COM port°.

communications protocol - *protocol* - Regels en afspraken (protocol°) voor de communicatie tussen terminal° en computer, tussen randapparaat en computer (bijvoorbeeld: RS-232-C°), tussen computers of tussen twee netwerklagen (OSI°). Zie ook: interprocess communication°.

communications server - *communications server* - Computer in een netwerk (server°) die de communicatie met andere netwerken regelt.

communications session - *communicatiesessie* - Een sessie (session°) waarin communicatie over een verbinding (link°) plaatsvindt.

communicator - *communicator* - Zie: PC°.

community antenna television - *CATV* - Zie: CATV°.

COMP {komp} - *COMPare, COMPosite* - **1.** COMP: DOS°-opdracht (command°) voor het vergelijken van twee bestanden (file°), in DOS 6.0 vervangen door FC en DISKCOMP, **2.** COMP: in DTP°, aanduiding voor de opmaak van een bladzijde. Zie ook: composite video°.

compact - *comprimeren, compact* - **1.** Comprimeren: gegevens verdichten, zodat hun opslag minder ruimte vraagt, **2.** Compact: efficiënt samengesteld, weinig ruimte vragend.

compact disc - *CD* - Zie: CD°.

compact disc-digital audio - *CD-DA* - Zie: CD-DA°.

compact disc-interactive - *CD-i* - Zie: CD-i°.

compact disc-magneto-optical - *CD-MO* - Zie: CD-MO°.

compact disc-read-only memory - *CD-ROM* - Zie: CD-ROM°.

compact disc-recordable - *CD-R* - Zie: CD-R°.

compact disc-video - *CD-Video* - Zie: CD-Video°.

compact disc-writable - *CD-W* - Zie: CD-W°.

compact disc-write-once - *CD-WO* - Zie: CD-WO°.

compaction - *compaction* - Verdichting van gegevens of programma's; zie: compression°, data compaction°.

compatibility - *compatibiliteit* - Kenmerk van een product dat verwisselbaarheid van hardware° of software° mogelijk moet maken.

compatible - *compatibel* - Uitwisselbaar: het streven om twee verschillende systemen hetzelfde te laten werken. Bijvoorbeeld: backward compatible° (neerwaarts compatibel: het nieuwe werkt onder het oude), pin-compatible° (compatibel tot op de pinnen), plug-compatible (compatibel tot op de stekker), upward compatible° (opwaarts compatibel: het oude werkt onder het nieuwe). ⇔incompatible°

compile - *compileren* - Samenstellen, verzamelen: broninstructies (source code°) met behulp van een compiler° vertalen in machinetaal, zodat het resulterende programma direct uitvoerbaar (executable°) is.

compiled file - *.COM file* - Zie: .COM file°.

compiler - *compiler* - Een hulpprogramma dat een bronprogramma (source code°) vertaalt in een uitvoerbaar programma, maar dat niet uitvoert (execute°); letterlijk: samensteller (⇔interpreter°, die een bronprogramma zonder compileren direct uitvoert). In tegenstelling met een Assembler°, produceert een compiler meestal verscheidene machine-instructies voor elke broninstructie. A good compiler produces faster code° and produces code faster (Een goede compiler levert een sneller werkend programma in minder tijd). Omdat compileren meestal in drie stappen plaatsvindt, spreekt men ook van: pre-compiling, compiling, post-compiling; zie ook: cross compiler°, metacompiler°, incrementing compiler°, optimizing compiler°. Er is ook een: just-in-time° of real-time° compiler, die een programma in een interpreterende taal (interpretive language°) niet interpreteert maar eerst compileert voor het betreffende platform°, o.a. voor Java° applets (applet°) - mogelijk omdat het downloaden (download°) toch de nodige tijd vraagt - de uitvoering (execution°) is dan veel sneller.

compile-time, at - *tijdens het compileren* - Tijdspanne gebruikt voor het compileren (compile°) van een programma, voorafgaand aan het uitvoeren ervan. ⇔run-time°

complement - *complementeren, completeren, compliment maken* - **1.** Complementeren: Boole-bewerking met NOT°; synoniem: invert°, **2.** Met -1 vermenigvuldigen, **3.** Completeren: aanvullen, **4.** Iemand een compliment maken.

complementary - *complementair* - Complementair: inverse, door uitvoering van de logische bewerking NOT°; is afgeleid van:

complement° (complement). In verband met een exemplaar (copy°): gratis.

complementary metal oxide semiconductor - *CMOS* - Complementaire halfgeleider, zie: CMOS°, complementary°.

completion - *voltooiing* - Een taak of sessie is tot een goed einde gebracht.

complex - *complex* - Gecompliceerdheid of een gecompliceerd geheel, zoals: computer complex°. In de wiskunde ook: complex getal, dat een reële en een imaginaire component bezit.

complex instruction set computer - *CISC* - Zie: CISC°.

compliance with, in - *voldoet aan een norm of regel* - Synoniem van: -compliant°.

-compliant - *voldoet aan ...* - Is in overeenstemming met (comply with°) een norm of regel; bijvoorbeeld: X.400°-compliant. Het leidt tot een klacht (complaint) als later blijkt dat dit niet het geval is.

comply with - *voldoen aan* - In overeenstemming zijn met: bijvoorbeeld een norm of voorschrift.

component - *component* - Bouwsteen: onderdeel van een samenstel van elektronica, apparatuur of programmatuur; zie ook: discrete component°. In software°, meestal meer dan een: module°.

component-computer-aided software engineering - *C-CASE* - Zie: C-CASE°.

component-computer-aided system engineering - *C-CASE* - Zie: C-CASE°.

COM port {kom} - *COMmunications port* - COM-poort: een seriële poort (port°); COM1 t/m COM4 in een Intel° PC zijn een apparaat (device°) van DOS°.

composite - *samengesteld* - Samengesteld uit elementaire elementen, gegevens of opdrachten; synoniem: compound°. ⇔primitive°

composite model - *samengesteld model* - Model (model°) dat is samengesteld uit verschillende modellen.

composite monitor - *TV-monitor* - Beeldschermeenheid (monitor°) die composite video°-signalen kan afbeelden. ⇔RGB monitor°

composite video - *samengesteld videosignaal* - TV-signaal via een enkele kabel dat alle informatie (chrominance°, luminance°, synchronisatiepulsen en dergelijke) bevat voor de afbeelding van beelden op een televisie of monitor, bijvoorbeeld: NTSC° in de VS. ⇔bus° (waarin de informatie via verscheidene draden wordt overgebracht) ⇔S-video° ⇔Y/C°

compound - *samengesteld* - Samengesteld uit basiselementen, gegevens of opdrachten: bijvoorbeeld een document° met tekeningen; synoniem: composite°. ⇔primitive°

compound document - *samengesteld document* - Een document° met niet alleen tekst en graphics°, maar ook met dynamische multimedia°-objecten (object°) die automatisch worden aangepast: bevat informatie gecreëerd met behulp van verschillende toepassingen. De basismechanismen hiervoor komen van de OMG° via CORBA°; verdere ondersteuning door CIL° (OpenDoc°, Bento°, OSA°, SOM°).

compound growth rate - *samengestelde groeisnelheid* - CGR°: groeisnelheid (rate°) die is berekend over een aantal maanden of jaren en dus minder fluctuaties bezit dan die over een enkele periode.

compress - *comprimeren, inpakken* - Samendrukken of verdichten, zie: compression. ⇔decompress°

compressed drive - *gecomprimeerd station* - In Windows 95°, een station (drive°) waarvan de bestanden (file°) gecomprimeerd (compress°) zijn in een zogenaamde CVF°, een groot totaalbestand dat wordt opgeslagen op een harde schijf (hard disk°).

compressed volume file - *CVF* - Zie: CVF°.

compression - *compressie, defragmentatie* - **1.** Compressie: gegevens comprimeren om ze efficiënter te kunnen verzenden of opslaan; bijvoorbeeld CCITT° (nu: ITU-T°) groep 3 compressie, gebruikt voor fax° en beeldverwerking, die het aantal bits met een factor 10-15 of meer kan verkleinen; op een vaste schijf (hard disk°) kan compressie de effectieve opslagruimte verdubbelen. Zie ook: active° compression°, ADPCM°, ARC compression°, CELP°, fractal compression°, MP-MLQ°, (⇔decompression°); compressie kan zijn: losless (decompressie levert de oorspronkelijke informatie op) of lossy (er gaat informatie verloren); zie ook: image compression°; een gecomprimeerd bestand heeft een extensie (extension°) die aanduidt welke type compressie is gebruikt, bijvoorbeeld: ARC, ARJ, LZH°, PAK°, ZIP°, ZOO, UC2, RAR°, PKT. Er is: asymmetric compression°, symmetric compression°. **2.** Defragmentatie: records° groeperen op een vaste schijf om ze sneller te kunnen lezen (⇔fragmentation°).

compression bridge - *compression bridge* - Speciale uitvoering van een remote bridge°, waarbij compressie (compression°) wordt gebruikt om de verbindingslijn te vesnellen. Deze wordt ook wel geleverd als goedkope upgrade° voor een remote bridge.

CompuServe - *CompuServe* - Een Amerikaans internationaal informatienetwerk: grootste bulletinboardsysteem (BBS°) ter wereld. Een CompuServe adres bestaat uit twee groepen cijfers, gescheiden door een komma; geadresseerd vanuit Internet, moet de komma worden vervangen door een punt. ⇔Internet°

computation - *berekening* - Het berekenen van een percentage of spreadsheet°; is afgeleid van: to compute°.

compute - *berekenen* - Werkwoord waaraan computers hun naam ontlenen: in het Nederlands heeft de term ‘rekentuig’ echter geen ingang gevonden. De eerste computers werden als rekenmachine gebruikt tijdens de Tweede Wereldoorlog voor het (de)coderen van berichten en het ontwerpen van wapens, daarna voor wetenschappelijke berekeningen, vervolgens voor administratie en nu voor communicatie. Een lang bestaand computercentrum wordt daarom nog wel rekencentrum genoemd. De nadruk ligt nu op het verwerken van gegevens en vooral op het communiceren daarvan.

computer - *computer* - Elektronische machine voor de verwerking van gegevens, alleen of met alle randapparatuur samen (hardware°); wordt met programmatuur (stored program°) en gegevens een informatiesysteem (information system°); zie ook: generation, computer°, compute°. "Ik denk dat er op de hele wereld misschien vijf computers te verkopen zijn", zei T. Watson Sr (IBM) in 1943. "Waarom zouden mensen thuis een computer nodig hebben", zei Ken Olsen (Digital) in 1977. In 1980 waren er een miljoen computers gekocht door bedrijven, en 15 jaar later meer dan 100 miljoen. To err is human, but to really foul up things requires a computer (Fouten maken is menselijk, maar alleen met een computer kun je er een echte bende van maken - zie: automatic°). Verder: analog computer°, digital computer°, home computer°, minicomputer°, host computer°, microcomputer°, multicomputer system°, personal computer°, pen-based computer°, personal computer°, satellite computer°, supercomputer°, Von Neumann computer°, voting computer°.

computer-aided - *computer-ondersteund* - Werken met behulp van een computer als intermediair; synoniem: computer-mediated°, computer-assisted°.

computer-aided acquisition and logistics support - *CALS* - Zie: CALS/CE°.

computer-aided design/computer-aided manufacturing - *CAD/CAM* - Met de computer ontwerpen en produceren (CAD/CAM°). Wanneer CAD en CAM echt zijn gekoppeld, noemt men het CAD-CAM. Wanneer deze twee ook nog zijn gekoppeld aan het administratieve systeem, noemt men het: CIM°.

computer-aided engineering - *CAE* - Zie: CAE°.

computer-aided publishing - *CAP* - Zie: CAP°.

computer-aided software engineering - *CASE* - Dure programmatische hulpmiddelen (CASE°): die nog duurdere programmeurs overbodig zullen maken, waardoor ze moeten promoveren tot software engineer°. ⇔I-CASE°

computer and business equipment manufacturers association - *CBEMA* - Zie: CBEMA°.

computer application environment - *CAE* - Zie: CAE°.

computer-assisted - *computer-ondersteund* - Werken met behulp van een computer als intermediair; synoniem: computer-mediated°, computer-aided°.

computer-assisted instruction - *CAI, computer-ondersteund onderwijs* - COO: les met behulp van een computer; afgekort: CAI°; synoniem: CBT°; vereist: courseware°

computer-assisted logistics - *CAL* - Zie: CAL°.

computer-assisted system testing - *CAST* - Zie: CAST°.

computer-based training - *CBT, computerondersteunde training* - CBT: zelfstudie met behulp van een computer en courseware°.

computer bureau - *computerserviceorganisatie* - Britse term voor een organisatie die computertijd verhuurt en programmeursdiensten verleent; geen werktafel of bureau (in het Engels: desk°).

computer center - *computercentrum* - Gekoelde ruimte waar computers en randapparatuur (peripheral°) staan en waar gewone stervelingen niet mogen komen. Ook: het geheel van computers, programmatuur en technische medewerkers. Werd vroeger het rekencentrum genoemd (zie: compute°), nu moet het een profitcentrum worden! Niet afkorten met CC.

computer chess - *computerschaak* - Voor computers een hele klus want het schaakspel is te complex om optimale strategieën te beschrijven. Vandaar dat computers het vooral van zogenaamde brute kracht moeten hebben: elke zet in een stelling analyseren met elke tegenzet, en dat een aantal zetten (ply) diep, gevolgd door een beoordeling van de resulterende stelling. Als er in een stelling 25 zetten mogelijk zijn, dan zijn er maximaal 25 x 25 = 625 zet/tegenzet combinaties, 625^2 voor twee zetten diep, 625^3 voor drie zetten diep, enzovoorts (exponential explosion°) - dat loopt snel op! Deep Blue (IBM) gebruikt daarom een flink aantal hele snelle computers. Vooralsnog blijft menselijke intuïtie noodzakelijk bij schaken.

computer complex - *complex van computers* - Populaire term uit de jaren 80 waarmee de spreker indruk dacht te maken, maar waarvan hij weinig begreep; door de komst van PC netwerken is het een begrip uit de oudheid geworden.

computer conferencing - *via een computer confereren* - Conferentie (conference°) bijvoorbeeld via een bulletin-board°. ⇔conference call° ⇔video conferencing°

computer crime - *misdaad per computer* - Niet computercriminaliteit, want een computer voert alleen opdrachten van mensen uit en kan dus zelf niet crimineel zijn.

computer dealer exhibition - *COMDEX* - Zie: COMDEX°.

computer emergency response team - *CERT* - Zie: CERT°.

computer generation - *computergeneratie* - Evolutiestadium van een computer, zie: generation, computer°. Ook: de jeugd die opgroeit met computers.

computer graphics - *computergrafie* - Algemene benaming voor de invoer, bewerking en afbeelding van beelden met een computer, meestal gewoon graphics° genoemd.

computer graphics metafile - *CGM* - Zie: CGM°.

computer integrated manufacturing - *CIM* - Zie: CIM°.

computer integrated telephony - *CIT* - Zie: CIT°.

computerized branch exchange - *CBX* - Zie: CBX°.

computerized numeric(al) control - *CNC* - Zie: CNC°.

computer junk - *verslaafde aan een computer* - Iemand die alleen maar belangstelling heeft voor een computer.

computer literacy - *algemene ontwikkeling betreffende de toepassing van computers* - Computers kunnen gebruiken zonder te hoeven weten hoe ze intern werken of moeten worden geprogrammeerd.

computer-mediated - *computer-ondersteund* - Werken met behulp van een computer als intermediair; synoniem: computer-aided°, computer-assisted°.

computer output on microfilm - *COM* - Zie: COM°.

computer output to laser disc - *COLD* - Zie: COLD°.

computer science - *informatica* - De leer van computerapparatuur en hun programmatuur. ⇔information theory°

computer system - *computersysteem, informatietechnologie* - IT°: de combinatie van apparatuur (hardware°) en programmatuur (software°). Voor medewerkers in het computercentrum: de computer.

computer telephony - *computer-telefonie* - De koppeling van computers en telefoons, zie: PC telephony°.

computer type - *computerfanaticus* - Van een computer bezeten persoon: een type die alles van computers afweet.

computer widow - *vrouw van een computerfanaticus* - Partner die 's avonds alleen beneden zit voor de TV.

computing - *een computer gebruiken* - Zelfstandige werkwoordsvorm van: to compute°. Zie ook: chemical computing°, distributed computing°, interpersonal computing°, mobile computing°, optical computing°, parallel computing°, Real World Computing°, ubiquitous computing°, workgroup computing°. Computing and cooking (De warmteafvoer is een probleem - bij snelle 486 en Pentium processoren). Algemene vormen: host-centric computing (host° staat centraal), distributed computing (computers zijn gedistribueerd), network-centric computing (netwerk staat centraal).

computing power - *computerkracht* - Computersnelheid: die door verbeteringen elke 1,5 jaar verdubbelt.

COMSAT {kom·set} - *COMmunications SATellite corporation* - Commerciële organisatie die satellietverbindingen exploiteert.

CON {kon} - *CONsole* - Zie: CONS°.

concatenate - *aaneenschakelen, samenvoegen* - Synoniem: catenate°; zie ook: concatenation°.

concatenation - *aaneenschakeling* - Rijen tekens (string°), bits of bestanden (file°) samenvoegen (concatenate°).

conceal - *verbergen* - Onzichbaar maken: lijnen in een tekening/model of systeembestanden in een overzicht. Praktisch synoniem: hide°.

concentrator - *concentrator* - Een eenheid die verschillende communicatielijnen bundelt en hun signalen over een kleiner aantal verbindingen schakelt, en omgekeerd het ontvangen signaal uit elkaar haalt en in de oorspronkelijke communicatielijnen splitst; bijvoorbeeld: multimedia concentrator°. Werden in een token ring° netwerk vroeger genoemd: MAU°, nu: CAU°. ⇔multiplexer (waarmee alle lijnen tegelijkertijd kunnen werken)

conceptual model - *begripsmodel* - Logisch model° van gegevens (data°) of een proces (process°): dat voorafgaat aan de fysieke implementatie daarvan.

conceptual schema - *begrips-schema* - Logische schema: logische beschrijving van een database°-structuur die aansluit op door mensen gebruikte begrippen, zie: schema°.

concordance index - *concordantiebestand* - In een tekstverwerker, een bestand (file°) met namen, zinsdelen of andere tekstelementen, die wanneer zij voorkomen in een document°, automatisch in de index wilt laten opnemen - naast de in het document gemarkeerde woorden.

concrete - *concreet* - Concreet: stoffelijk, tastbaar, vastomlijnd. ⇔abstract° ⇔discrete°

concur - *instemmen* - Het wel willen onderschrijven van een voorstel. ⇔nonconcur°

concurrency - *gelijktijdigheid* - De studie van parallelle processen.

concurrent - *gelijktijdig* - Ogenschijnlijk of echt gelijktijdig, bijvoorbeeld: concurrent engineering°. Niet verwarren met deze term als Nederlands zelfstandig naamwoord (mededinger).

concurrent engineering - *CE, concurrent engineering* - CE°: diverse groepen ontwikkelen (engineering°) gelijktijdig (concurrent°) een product, zodat ze niet op elkaars resultaten hoeven te wachten - vraagt uitgebreide communicatie en groupware°. Is onderdeel van: CALS/CE°.

condensed - *condensed* - Smalschrift: smalle variant van een lettertype (font°): waarvan er meer tekens op een regel passen (pitch°).

condition - *conditie, voorwaarde* - De toestand van iemand of iets: die een voorwaarde kan zijn voor actie. Ook: ambient conditions°.

conditional - *conditioneel* - Voorwaardelijk: kenmerk van een actie die alleen plaatsvindt of instructie (instruction°) die alleen wordt uitgevoerd als aan een voorwaarde (condition°) voldaan is, bijvoorbeeld: if-then-else°. ⇔unconditional°

conditional access - *CA* - CA°: 'beperkte' toegang (access°) tot betaalde televisie via een set-top box°, via de kabel (CATV°) of via een satelliet (satellite°). Zie ook: PPV°, VoD°.

condition code - *conditiecode* - Een waarde die het resultaat aangeeft van een vorige bewerking (operation°) en die kan worden gebruikt als voorwaarde voor een volgende bewerking: bijvoorbeeld '0' als alles normaal is verlopen. ⇔operation code°

conductor - *geleider, ader* - Aanduiding van materie die stroom kan geleiden of elektromagnetische golven doorlaten; er zijn twee vormen: solid° conductor (massief), stranded conductor° (gevlochten). Voor aders in een kabel wordt meestal gebruikt: wire°. Een isolator laat geen stroom door en in een halfgeleider (semiconductor°) is het geleidend vermogen regelbaar.

conduit - *kabelgoot* - Doorgang voor kabels in een gebouw; buiten spreekt men van: duct°.

conference - *conferentie* - Elektronische samenspraak via een bulletin-board° (echo conference°) of een bijeenkomst van mensen; wordt ook gebruikt als werkwoord, zie bijvoorbeeld: computer conferencing°, video conferencing°.

conference call - *telefonisch vergaderen* - Gezamelijk telefoongesprek (call°) via drie of meer telefoontoestellen. ⇔computer conferencing°

conference on data system languages - *CODASYL* - Zie: CODASYL°.

conferencing - *confereren* - In het echt of via een computer en verbindingslijnen vergaderen, zie: computer conferencing°, video conferencing°.

confidence level - *mate van vertrouwen* - Verwachting dat uw werk volgens plan (planning°) zal worden volbracht; wordt statistisch uitgedrukt in een percentage: 100% is zekerheid dat het lukt, 0% is zekerheid dat het niet lukt.

CONFIG.SYS - *CONFIG.SYS* - DOS° systeembestand waarin wordt aangegeven hoe de PC moet worden geconfigureerd: bijvoorbeeld welke apparaten (device°, bijvoorbeeld C:\DOS \ANSI°.SYS) worden gebruikt, hoeveel bestanden (file handle°), buffers (buffer°), welke taal (country) enzovoort worden gebruikt. Zie ook: environment space°.

configuration - *configuratie* - Een bepaalde samenstelling van apparatuur en programmatuur; zie ook: remote configuration°, system configuration°. Autoconfiguratie houdt in dat de configuratie automatisch wordt bepaald tijdens de boot°. Bij plug-and-play° wordt de configuratie direct automatisch bijgewerkt, zonder dat de PC opnieuw hoeft te worden geboot.

configuration file - *configuratiebestand* - Bestand (file°) waarin de configuratie (configuration°) wordt gespecificeerd: CONFIG.SYS° wordt bijvoorbeeld tijdens het starten (boot°) gebruikt om een PC te configureren.

configuration management - *configuratiebeheer* - Het beheren van programmatuursystemen door middel van een speciaal informatiesysteem als instrument: om wijzigingen te controleren en beheersen en de integriteit van het systeem te waarborgen.

configure - *configureren* - Een configuratie (configuration°) samenstellen.

confirm - *bevestigen* - Meestal gebruikt in de vorm van een vraag of u echt instemt met een meestal onherroepelijke daad of bevestigd dat u bekend met de gevolgen daarvan, bijvoorbeeld in een: alert box°.

confirmation - *bevestiging* - Mondelinge of schriftelijke bevestiging (confirm°), bijvoorbeeld van een bestelling (order°).

conflicting - *strijdig* - Opdrachten (command°), opties (option°) enzovoort zijn strijdig met elkaar en kunnen niet samen gebruikt worden.

conform - *zich conformeren, conform* - Handelen volgens een bepaalde norm of specificatie.

conformance test - *conformiteitstest* - Proef (test°) of een product werkt conform een norm of specificatie (specification°).

congestion - *opstopping* - Files in een systeem of netwerk: die ontstaan door te veel vraag naar een hulpmiddel (resource°) en die vertragingen (delay°) veroorzaken.

connect - *aansluiten, verbinden* - Fysiek via een kabel met stekkers of logisch door een opdracht. ⇔disconnect° ⇔interconnect°

connection - *aansluiting, verbinding* - Combinatie van kabels, draden of ander vormen waardoor twee plaatsen direct met elkaar verbonden zijn. De draadverbinding kan worden gecontroleerd door middel van een: continuity check°, maar er zijn ook logische verbindingen, bijvoorbeeld via: packet-switching°. Wordt ook gebruikt in samenstellingen zoals: connection-mode° (⇔connectionless°).

connectionless - *connectieloos* - Een indirecte, logische verbinding (connection°) waardoor twee plaatsen met elkaar verbonden zijn via store-and-forward°-technieken, en er dus geen directe verbinding hoeft te zijn, bijvoorbeeld bij: HTTP° (WWW°), waarbij alleen verzoeken en bestanden worden overgestuurd. ⇔connection°

connectionless broadband data service - *CBDS* - Zie: CBDS°.

connectionless-mode - *connectieloze-modus* - Kenmerk van een methode voor gegevensoverdracht (data transmission°) waarbij een directe verbinding tussen afzender en ontvanger niet is vereist tijdens de overdracht; de goede overdracht van informatie is dan niet direct gegarandeerd, maar het is goedkoper en flexibeler. IP° werkt connectieloos, maar TCP niet, en dus TCP/IP° ook niet. ⇔connection-mode°

connection-mode - *connectie-modus* - Kenmerk van een methode voor gegevensoverdracht (data transmission°) waarbij een directe verbinding tussen afzender en ontvanger is vereist tijdens de overdracht, bijvoorbeeld APPC° en telefonie; wordt ook genoemd: connection-oriented° mode. ⇔connectionless-mode°

connection-oriented - *connectie-georiënteerd* - Kenmerk van een verbinding of norm, waarbij een daadwerkelijke verbinding (connection°) noodzakelijk is (connection mode°).

connectivity - *connectiviteit* - Alle verbindingen en protocollen (protocol°) die kunnen worden gebruikt tussen apparatuur van verschillende leveranciers (vendor°) of toepassingen (application°); is een modewoord dat alle verbindingen aangeeft, mogelijk zonder netwerkmanagement. Ook: database° connectivity (verbindingen tussen databases), islands of connectivity° (informatie-eilanden), local connectivity° (alle lokale verbindingen), multivendor connectivity° (mogelijkheid om producten van verscheidene leveranciers te koppelen), printer connectivity° (aansluiting van printers op een netwerk), remote connectivity° (alle verbindingen op afstand), RF° connectivity (verbonden via radio), terminal connectivity° (aansluiting van werkstations op een netwerk).

connector - *stekker, verbindingssymbool* - **1.** Stekker: heeft een gender° (geslacht): met pinnen (male connector) of met gaatjes (female connector°); bijvoorbeeld: 9-pin connector°, 25-pin connector°; zie ook: AUI connector°, DB connector°, DIN connector°, edge connector°, sub-D connector°, T-connector°, TNC connector°, **2.** Verbindingssymbool: tussen flowcharts° (stroomdiagrammen), **3.** Koppeling van twee data-structuren in een database°; zie ook: file connector°.

CONS {-} - *CONSole* - In opdrachten (command°): de naam van de console° (scherm van een PC of console van een mainframe°). Zie ook: pros and cons°.

consent degree - *consent degree* - Akkoord dat in 1968 is gesloten tussen het Amerikaanse ministerie van Justitie en IBM voor de ontkoppeling (unbundling°) van de verkoop van apparatuur, programmatuur en diensten. Dit maakte de opkomst van grote systeemhuizen (software house°) mogelijk.

consistency - *consistentie* - Wanneer elementen van een samenstel stoelen op dezelfde beginselen, niet met elkaar in tegenspraak zijn; bijvoorbeeld: consistent user interface° (CUI°, consistente gebruikersinterface).

consistent user interface - *CUI* - Zie: CUI°.

console - *console* - **1.** Beeldscherm voor de bediening van een grote computer waarop verschillende gebruikers zijn aangesloten (system console°), **2.** Beeldscherm (monitor°) en toetsenbord (keyboard°) van een PC die wordt gebruikt voor communicatie met een computer. Afgekort: CON° of CONS°. Oorspronkelijke betekenis: kaptafel, mengtafel.

consolidate - *consolideren* - Samenvoegen, bijvoorbeeld onderdelen van een organisatie of spreadsheet° samenvoegen of overtollige medewerkers overplaatsen of ontslaan.

constant - *constante* - Grootheid (value°) die of getal (number°) dat gedurende enige tijd dezelfde waarde behoudt. ⇔variable°

constant angular velocity - *CAV* - Zie: CAV°.

constant linear velocity - *CLV* - Zie: CLV°.

constraint - *beperking* - Voorwaarde die iets verhindert of bemoeilijkt.

construct - *concept* - Een gedachtenconstructie die wordt gebruikt in een programma (programming construct°), bijvoorbeeld het relationele model (relational model°) of het mechanisme van een wachtrij (queue°).

constructive cost model - *COCOMO* - Zie: COCOMO°.

consultant - *adviseur* - Duurbetaalde luisterkracht, die meteen begrijpt wat u wilt en dat in een fraai rapport weet te verwoorden en te rechtvaardigen.

consumables - *verbruiksartikelen* - Benodigdheden zoals papier, inktlinten, diskettes° of toner° voor een printer; synoniem: supplies°; zijn bedoeld om te gebruiken, niet om te consumeren.

contact - *contact* - Metalen delen die een elektrische verbinding kunnen maken en verbreken; betrouwbare schakelcontacten zijn verguld; soldeercontacten zijn verkoperd of vertind; zie ook: bounce°. Er bestaan uiteraard ook persoonlijke contacten, zie: contact manager°.

contactless - *contactloos* - Een apparaat of ding dat functioneert zonder directe contacten (contact°) met zijn omgeving, bijvoorbeeld: contacloze smart card°: elektromagnetische golven of licht (optical°) verzorgen voor de verbinding.

contact manager - *contactenmanager* - Programma waarmee contactgegevens kunnen worden vastgelegd, bijvoorbeeld naam, adres, woonplaats, telefoonnummer en datum van het contact met een (mogelijke) klant. Een PIM (personal information manager°) legt de nadruk op uzelf, niet op uw zakelijke contacten.

contained program - *ingevoegd programma* - Programma dat de algemene variabelen (global variable°) van het hoofdprogramma gebruikt. ⇔nested program°

container - *opbergplaats, hoofdobject* - Een subdirectory° waarin bestanden (file°) kunnen worden opgeslagen. OpenDoc° werkt met containers voor OLE° objecten (object°): OLEPart is used to wrap° an OpenDoc container to make it behave like an OLE container (OLEPart wordt gebruikt om een OpenDoc container te laten functioneren als een OLE container). Een EMBED-opdracht (embed°) kan werken als een container. SDH° werkt met virtuele containers (VC: Virtual Container) om informatiepakketten in te vervoeren.

content - *inhoud* - De inhoud van een bestand (file°), database°, cursus (courseware°) of bericht (message°). Met hoofdletter: Contents (Inhoudsopgave). Overdrachtelijk: information content°. Zie ook: content provider°.

contention - *contention* - Rivaliteit, wedijver: wanneer er om de middelen (resource°) in een computersysteem of netwerk (CSMA/CA°, CSMA/CD°) moet worden geknokt en vertragingen ontstaan.

content provider - *informatieleverancier* - De leverancier (provider°) van informatie (ook: information provider°) of amusementsprogramma's, bijvoorbeeld in een IN°. ⇔network provider°

context - *context, samenhang* - Het verband tussen de toestand waarin u zich bevindt en die van andere mensen of dingen; zie ook: keyword in context° (KWIC°), keyword out of context° (KWOC°).

context-free - *contextvrij* - Wiskundige eigenschap van een grammatica (grammar°) of taal waarin uitdrukkingen een enkelvoudige vorm hebben, bijvoorbeeld: BNF°.

context-sensitive help - *specifieke hulpinformatie* - Hulptekst die wordt bepaald door het onderdeel waarmee u bezig bent (context°), bijvoorbeeld betreffende een veld (field°) dat u moet invullen. Indien beschikbaar, wordt deze informatie verkregen door de aanwijzer (pointer°) op het betreffende veld te plaatsen en de hulptoets (help°), bijvoorbeeld F1, in te drukken.

contextual search - *contextual search* - Opsporing in een contextueel kader (context°): zoekmethode gebaseerd op de tekstuele inhoud van gegevens in een database°, niet op een sleutel (key°) of index°.

contiguous - *aaneengesloten* - Bijvoorbeeld twee of meer fysiek aansluitende sectoren (sector°) op een disk°, die niet zijn gefragmenteerd (fragmentation°).

contingency - *onvoorzien, uitzondering* - Niet-geplande omstandigheid: waarvoor wel tijd of geld moet worden gereserveerd. Ook: contingentie (bepaaldheid door geval of toeval).

contingency factor - *onzekerheidsfactor* - Een zeker deel (factor°) 'vet' dat aan een schatting (estimating°) wordt toegevoegd voor onvoorziene omstandigheden

contingency plan - *rampenplan* - Plan voor noodgevallen: omdat er altijd wel een kink in de kabel komt.

continuation character - *vervolgteken* - Teken (character°) aan het einde van een regel waardoor de volgende regel automatisch wordt geacht te behoren bij de voorgaande regel; vaak wordt hiervoor gebruikt het teken: +.

continuation line - *vervolgregel* - Regel (line°) waarop informatie kan worden gezet die niet op de vorige regel paste.

continue - *doorgaan* - In een melding (message°) meestal gevolgd door een vraagteken, om te vragen of u echt wil doorgaan met de gevraagde bewerking ⇔discontinue°

continuity check - *continuïteitscontrole* - Proef (check°) of een verbinding (connection°) functioneert, niet is verbroken.

continuous - *ononderbroken, continu* - **1.** Ononderbroken, bijvoorbeeld: continuous forms, **2.** Continu: geleidelijk verlopend; als wiskundig begrip tegengesteld aan discreet (discrete°).

continuous feed - *automatische papierinvoer* - In een printer°, invoer (feed°) voor losse vellen (sheet°) of kettingformulieren (continuous forms°).

continuous forms - *kettingformulieren* - Geketende formulieren: vereisen een pinfeed° of tractor° in de printer; synoniem: Z-fold°, fanfold°.

contractor - *aannemer* - Tegenwoordig meestal de hoofdaannemer van een groep onderaannemers, zie ook: subcontractor°.

contrast - *contrast* - De verhouding tussen het lichtste en donkerste gedeelte van een beeld of op papier. Het contrast in een beeldscherm is instelbaar met een knop. ⇔brightness°

control - *besturen, besturing, ctrl, besturingselement* - Ingrijpen om een zaak in de hand te houden of op het rechte spoor. Als toets (key°): Ctrl°. Zie ook: numeric(al) control° (NC°: numeriek bestuurd), change control°, flow control°, fuzzy control°, inventory control°, line control°, remote control°, single-point of control°, version control°, volume control°.

control block - *control block, ..CB* - Een logische plaats (block°) waarin stuurinformatie (control°) wordt opgeslagen, bijvoorbeeld over wat er moet worden gedaan; fysieke opslag vindt plaats in een register. Voorbeelden: access control block (ACB°), file control block (FCB°).

control break - *Ctrl-C* - Zie: Ctrl-C°.

control character - *besturingsteken* - Teken (character°) voor de besturing (control°) van een printer of andere randapparatuur (peripheral°), bijvoorbeeld: CR°, line feed° (LF°); wordt ook gebruikt voor de besturing van datatransmissie (data transmission°). De eerste 32 ASCII° besturingstekens (control character°) kunnen via Ctrl° en een letter worden weergegeven, bijvoorbeeld Ctrl-C (break°) of ^C.

control code - *stuurcode* - Een teken (code°) dat gebruikt wordt om een apparaat (device°) te besturen (control°)

control engineering - *meet- en regeltechniek* - Ontwerp van installaties voor bijvoorbeeld een chemische fabriek (process control°).

control key - *besturingstoets* - Zie: cursor control keys° (cursor- toetsen), key° (toets).

controlled access unit - *CAU* - Zie: CAU°.

controller - *besturingseenheid, controller* - **1.** Control unit° voor randapparatuur (peripheral°) in een groot computersysteem; wordt in een PC een adapter° genoemd en als PC een server°; zie ook: cluster controller°, **2.** Bedrijfseconoom, die adviseert en controleert en die de dromen van de directeur financieel moet zien te verwezenlijken (⇔treasurer°).

control program - *besturingsprogramma* - **1.** Onderdeel van een besturingssysteem (operating system°) dat de uitvoering van verwerkingsprogramma's coördineert, **2.** Programma (program°) in een control unit° dat randapparatuur (peripheral°) bestuurt, bijvoorbeeld een printer of een netwerk.

control program/monitor - *CP/M* - Zie: CP/M°.

control structure - *besturingsstructuur* - De logische opbouw van een programma, bijvoorbeeld: sequential° (sequentieel, met opeenvolgende stappen), selective° (naar keuze van de gebruiker), iterative° (iteratief, herhaald).

control system - *regelsysteem* - Onderdeel van een systeem dat de werking daarvan regelt of bestuurt: werkt altijd met terugkoppeling (feedback°) voor de correctie van eventuele afwijkingen; tegenwoordig wordt hiervoor ook gebruikt: fuzzy logic°; zie ook cybernetics°.

control tape - *besturingsband* - Zie: carriage control tape°.

control total - *controlegetal* - Totaal van één of meer velden (field°) gebruikt om te controleren dat alle records (record°) zijn verwerkt. Was vroeger erg belangrijk omdat er wel eens een ponskaart zoek raakte (unit record°), nu vanwege mogelijke fraude.

control unit - *controller* - Besturingseenheid voor de elektrische koppeling van randapparatuur (peripheral°), terminals en netwerken aan een grote computer; bevat meestal een control program°.

conventional memory - *conventional memory* - Het 'vrije' RAM°-geheugen in een Intel° PC dat onder DOS° een adres (address°) heeft van 0-640K, omdat het gebied van 640-1024K (upper memory°) vroeger niet kon worden gebruikt (gereserveerd voor systeemprogramma's. ⇔extended memory° ⇔upper memory°

convergence - *convergentie* - Het samenvallen van de rode, groene en blauwe (RGB°) elektronenstralen op het beeldscherm (⇔misconvergence°), meestal eerst zichtbaar aan de randen van het beeldscherm. Ook overdrachtelijk, het nieuwe toverwoord voor: het samenlopen van technologieën, fixed° and mobile° convergence, media (media convergence°), toepassingen en diensten die iets nieuws mogelijk maakt, bijvoorbeeld de combinatie van PC, televisie en telefoon (cable telephony°), of het synchronisatieproces van routers (router°) in een netwerk in geval van een verandering.

conversational - *conversationeel* - Kenmerk van een programma dat met zijn gebruiker converseert over het werk, niet zo maar opdrachten uitvoert. Synoniem: interactive°.

conversion - *conversie* - De moeizame weg om over te stappen van een oud naar een nieuw informatiesysteem; omvat de verandering van apparatuur, programmatuur en/of bestanden; als beide systemen hetzelfde resultaat opleveren, volgt overgang (cutover°) en migratie (migration°); is afgeleid van: convert°; ook: data° conversion (van gegevens), program° conversion (van programma's), raster-to-vector conversion (van een bitmap° naar vectoren).

convert - *converteren* - Omzetten van programmatuur en bestanden, mogelijk ook apparatuur, wanneer een nieuw programma een oud gaat vervangen.

converter - *converter* - Omzetter: van gelijkspanning naar wisselspanning, van serieel naar parallel, van analoog naar digitaal (ADC°), van EBCDIC° naar ASCII°, van 60 naar 50 Hz°, van de ene snelheid (rate°) naar de andere enzovoort; in hardware° of software°; zie ook: A/D converter°, D/A converter°, protocol converter°.

convolution - *convolutie* - Wiskundige combinatie van twee functies die kan worden opgevat als een transformatie van één van de twee; bijvoorbeeld: de convolutie van een ingangssignaal met de karakteristiek van een verbinding levert het uitgangssignaal op. Convolutie wordt ook veel toegepast bij codering/decodering door een bericht te convolueren met een polynoom (polynomial°) met behulp van schuifregisters (shift register°) en het resultaat bij ontvangst te deconvolueren; bijvoorbeeld: DES°.

cookbook - *procedures handboek* - Handleiding (letterlijk: kookboek) waarin precies staat wat u moet doen en in welke volgorde.

cooperative multitasking - *cooperative multitasking* - Werkwijze in een computer waarbij toepassingen (application°) met elkaar moeten samenwerken en elkaar daarbij naar eigen goeddunken, zonder centrale besturing, de beschikking over de processor° geven, zoals bijvoorbeeld in Windows°. ⇔pre-emptive multitasking°

cooperative processing - *coöperatieve gegevensverwerking* - Programma's actief in verschillende computers, meestal een PC en een host (computer)° of een server°, die gezamenlijk gegevens verwerken. Is een uitbreiding van de client/server° oplossing. ⇔central processing° ⇔distributed processing°

coordinate - *samenwerken, coördineren, coördinaat* - **1.** Samenwerken: in harmonie, **2.** Coördineren: rangschikken in een bepaalde orde, **3.** Coördinaat: afmeting langs een as (axis°, dimension°) van een assenstelsel waardoor de positie van een punt, lijn of vlak wordt bepaald.

copier - *kopieermachine* - Apparaat om een kopie van papier op papier (hardcopy°) te maken.

copper - *koperen* - Aanduiding voor een metalen (meestal telefoon)kabel als verbinding, eventueel gecombineerd met glasvezel (HFC°, fiber-optic°), maar niet via radio°. Koperen kabels worden nieuw leven ingeblazen door: ADSL°, HDSL° en straks wellicht VHDSL°. Als slangwoord: smeris.

copper distributed digital interface - *CDDI* - Zie: CDDI°.

copper to the home - *copper to the home, CTTH* - CTTH°: aanduiding dat de verbinding vanaf een plaatselijke glasvezelkabel (fiber to the curb°) naar uw huis via een koperen kabel (coax° of twisted pair°) loopt ten behoeve van interactieve multimedia°; zie ook: ADSL°, HDSL°. ⇔fiber to the curb° (FTTC°)

coprocessor - *coprocessor* - IC° die de normale microprocessor° een handje helpt bij moeilijke (floating-point°) berekeningen of grafische bewerkingen (graphic coprocessor°); de eerste wordt ook wel mathematische coprocessor (math coprocessor°) genoemd.

copy - *kopiëren, kopie* - **1.** Kopiëren: een kopie van een bestand maken (backup°), **2.** Kopie, bijvoorbeeld: backup copy° (reservekopie), carbon copy°, hardcopy°; omdat een kopie tegenwoordig vaak even goed of beter is dan het origineel, wordt ook gebruikt de term: exemplaar. ⇔transcribe°

copy-editing - *copy-editing* - Tweede stap in het editing-proces van een manuscript (MS°): grammaticale bewerking van de tekst (style°) nadat de inhoud is bewerkt.

copyholder - *papierhouder* - Eenvoudige constructie om vellen papier goed leesbaar vast te houden; wordt gebruikt bij het typen van informatie of tekst van blad door een secretaresse.

copy management - *copy management* - **1.** Het beheer van de kopieën van een programma, **2.** Het beheer van de kopieën van een gegevensbestand (file°) zodanig dat veranderingen in een bestand worden doorgevoerd in andere bestanden, bijvoorbeeld tussen verschillende servers (server°).

copy-protected - *tegen kopiëren beveiligd* - Kenmerk van een bestand waardoor het niet kan worden gekopieerd (copy°). ⇔file-protected° ⇔write-protected°

copy protection - *kopieerbeveiliging* - De manier waarop een medium beveiligd is tegen kopiëren (copy°).

copyright - *copyright* - Het auteursrecht op een tekst, programma of ontwerp: het recht kopiëren te verbieden of er een vergoeding voor te vragen. Wordt aangeduid met de letter C in een cirkeltje (©): zie de lijst met veelgebruikte tekens achterin dit boek. ⇔license° (gebruiksrecht)

CORBA {kor·baa} - *Common Object Request Broker Architecture* - CORBA: architectuurnorm (architecture°) van OMG° voor gedistribueerd objectbeheer in een heterogene omgeving, waarin objecten (object°) op elkaars verzoek (request°) via berichten (message°) samenwerken. Eind 1994 is een tweede versie (2.0) verschenen met verbeterde interoperability° en wordt er gewerkt aan een interface° met OLE° (van Microsoft°). De koppeling van CORBA°-objecten met Java heet: Java Objects Everywhere° (JOE).

cord - *snoer* - Meestal een netsnoer voor de elektrische voeding van een klein apparaat. Zonder snoer: cordless°. ⇔cable° (voor grote apparaten of verbindingen)

cordless - *snoerloos* - Met een interne voeding, accu, zodat geen netsnoer (power cord°) of telefoonsnoer nodig is; zie ook: CLAN°. ⇔wireless° (draadloos)

cordless local-area network - *CLAN* - Zie: CLAN°.

cordless PBX {pi·bi·eks}- *cordless Private Branch eXchange* - Draadloze telefooncentrale: telefooncentrale waarop uitsluitend snoerloze (cordless°) telefoontoestellen op zijn aangesloten: van een kleine centrale tot en met een centrale voor DECT°.

cordless telephony - *CT* - Zie: CT°. Heeft een beperkte dekking: binnenshuis, op kantoor en op drukke punten, maar kan over een hoge capaciteit beschikken dankzij het gebruik van kleine cellen (cellular°). ⇔mobile telephony°

core - *RAM geheugen, basis-* - Term stamt uit de tijd dat RAM°-geheugens werden gemaakt met magnetiseerbare ringkernen (core memory°), in plaats van halfgeleiders nu. Ook overdrachtelijk: core technology° (basistechnologie).

core dump - *core dump* - Onbegrijpelijke momentopname van de inhoud van een computergeheugen (core°), bijvoorbeeld: postmortem core dump° (dump gemaakt na een ramp).

core memory - *kerngeheugen* - Ringkerngeheugens zijn rond 1940 ontwikkeld door J.W. Forrester bij MIT° en zijn gebruikt vanaf de middenjaren 50 tot de eindjaren 60. Ofschoon men nu altijd halfgeleidergeheugens (semiconductor°) gebruikt, gebruikt men deze term nog steeds ter aanduiding van het RAM°-geheugen.

core server - *core server* - Basisprogramma van een server°: vergelijkbaar met de kernel° van een besturingssysteem (operating system°).

core technology - *basistechnologie* - Bijvoorbeeld multimedia° of object- oriëntatie (object-orientation°), die nodig is om bepaalde toepassingen te verwezenlijken.

corporate - *corporatief* - Van de corporatie (NV, incorporated°), meestal van of in het hoofdkantoor; in de VS zelden van een coöperatie.

corporate hub - *centrale hub* - Knooppunt (hub°) van een netwerk waar de krachtige centrale computers van de organisatie staan.

corporate user - *zakelijke gebruiker* - Gebruiker die werkt in een groot bedrijf dat zich financieel veel kan veroorloven; die vroeger meestal met dure apparatuur en programmatuur werkte (nu staat de geavanceerde apparatuur thuis vanwege multimedia°).

correct - *correct, corrigeren, repareren* - **1.** Correct: juist, **2.** Corrigeren of repareren: iets wat onjuist of niet in orde is, rechtzetten of in orde brengen.

correction - *correctie* - Het herstellen (correct°) van een gemaakte fout, een eenvoudige bewerking in een beeldscherm.

corrective maintenance - *reparatie* - Onderhoud (maintenance°) om een storing te verhelpen (correct°).

correctness - *juistheid* - Voldoen aan gestelde regels: gewenst kenmerk van gegevens, programma's, resultaten enzovoort. Het gaat hierbij meestal om de wiskundige of rekenkundige juistheid, niet of mensen ze kunnen gebruiken.

correlation - *correllatie* - De samenhang tussen twee verschijnselen: die statistisch (statistics°) kan worden berekend als correllatiecoëfficiënt (coefficient°): 0 (geen correllatie) ... 1 (volledige correllatie).

corrupt - *beschadigen* - Gegevens verminken, letterlijk of figuurlijk.

corruption - *beschadiging* - Fouten in gegevens (data°), die niet meer in orde zijn (corrupt°).

COSE {ko·si} - *Common Open Software Environment* - COSE: verbond van UNIX°-leveranciers voor een gemeenschappelijke desktop° betreffende programma- interfaces, multimedia en objectoriëntatie (OO°); is een initiatief contra Windows NT°; zie ook: X/Open°.

cost - *kosten* - Een van de zaken die in een slechte economie de pan uit rijzen. Zie: cost of computing°, low-cost°, incremental costs°, one-time cost°, overhead° (het doorbelasten van algemene kosten), recurring costs°. In een spreadsheet° wordt gewerkt met: fixed cost°, variable cost°.

cost allocation - *kostentoewijzing* - Het toewijzen van de eigen kosten aan de verschillende producten of diensten, vaak een moeilijke zaak omdat het in de wat grotere organisaties heel erg moeilijk is om precies te bepalen waarvoor uitgaven precies gedaan worden. Ook een belangrijke zaak om (wettelijk verboden) kruissubsidiëring te voorkomen en niet failliet te gaan omdat klanten alleen de te goedkope producten of diensten afnemen. Zie ook: activity-based costing°

cost center - *kostenplaats* - Plaats waar uitgaven en inkomsten van een onderdeel van een bedrijf in de administratie worden geboekt; men onderscheidt bijvoorbeeld hulpkosten van de huisvesting, zelfstandige kosten van het onderhoud en hoofdkosten van het productieproces.

costing - *prijsberekening* - Systematiek voor de financiële opzet van nieuwe projecten of producten, die per bedrijf zal verschillen. ⇔sizing°

cost of computing - *totale computerkosten* - Kosten voor de hardware°, de software°, het support°, de ruimte, de energie enzovoort, gedurende de levensduur van een apparaat of systeem. Is belangrijk geworden omdat de aanschafkosten van een PC steeds lager worden in vergelijking tot de andere kosten. Is een vaag begrip, vandaar dat men nu meestal spreekt over: total cost of computing°.

cost of ownership - *bedrijfskosten* - Totale kosten voor bijvoorbeeld een werkplek: omvat apparatuur, programmatuur, onderhoud, financiering, support enzovoort; zijn meestal veel hoger dan de kosten voor de apparatuur en programmatuur alleen, om het even of u least of koopt.

cost per hour - *CPH* - Zie: CPH°.

cost per minute - *CPM* - Zie: CPM°.

cost plus basis, on a - *op kostenplus-basis* - Werk verrichten tegen een vaste uurprijs en vergoeding van de onkosten plus een vaste provisie.

CO switch {-} - *Central Office switch* - Telefooncentrale; zie: switch°.

Coulomb - *C* - Eenheid van elektrische lading, genoemd naar Ch.A. de Coulomb (1736-1806): de hoeveelheid elektriciteit die per seconde door een geleider stroomt bij een stroomsterkte van 1 Ampère. In schema's wordt de afkorting C° wordt ook gebruikt voor een condensator (capacitor°).

council - *raad* - Zie: CEPIS°, JEDEC°, MPC Marketing Council°, OLAP Council°, SBPC°, TPC°.

council of European professional informatics societies - *CEPIS* - Zie: CEPIS°.

count - *aantal* - Telling: hier geen Engelse graaf.

counter - *loket, teller* - **1.** Loket: balie of kassa waar men iets kan krijgen of kopen; over the counter (directe verkoop), **2.** Teller: apparaat of register° dat een aantal (count°) bijhoudt; niet verwarren met het Engelse: teller°.

counter clockwise - *tegen de klok in* - Draaiing tegen de wijzers van de klok in. ⇔clockwise°

country code - *landcode* - In DOS°, een driecijferige code° die het land aangeeft, bijvoorbeeld: Nederland (031), België (032), VS (001). VS is natuurlijk de default°. Indien gebruikt, moet in de CONFIG.SYS° worden opgenomen de volgende opdracht:

country=031,,C:\dos\country.sys.

Verder kunnen de datum- (date°) en tijdweergave (time°), het toetsenbord (keyboard°), het beeldscherm (screen°) en de codepage° worden ingesteld.

couple - *koppelen, tweetal* - **1.** Als werkwoord: onderdelen verbinden, **2.** Als zelfstandig naamwoord: tweetal, meestal echt een paar, twee stuks, niet 'enkele'.

coupler - *accoustic coupler* - Zie: accoustic coupler°.

coupling - *koppeling* - Bijvoorbeeld een koppeling van computers. Een multiprocessor° werkt meestal met: tight coupling (via shared memory°). Andere vormen zijn: close coupling (via een bus°), loose coupling (via een adapter° of storage°). Ook processen (proces°) kunnen worden gekoppeld: IPC°.

Courier - *Courier* - Een lettertype (font°) ontworpen voor IBM° elektrische schrijfmachines, dat daarna is overgenomen voor de eerste laserprinters om te laten zien dat die tenminste gelijke kwaliteit leverden. Zonder hoofdletter: koerier.

courseware - *cursusprogrammatuur* - Programmatisch computer-lesmateriaal (CAI°) waarmee mensen iets kunnen leren.

cover - *kast, afdekken* - **1.** Kast, omhulsel: van een PC, printer of computereenheid; kan uit verscheidene onderdelen bestaan, **2.** Afdekken: van eisen, behoeften of gevaren; zie ook: dust cover° (stofkap).

coverage - *dekking* - Het gebied dat bestreken wordt door een leverancier of mobiele dienst (mobile°, wireless°).

cover letter - *begeleidende brief* - Meestal korte brief (letter°) die een bijgevoegd voorstel of brochures begeleidt.

cover page - *voorblad* - De eerste pagina of bladzijde (page°), waarop de titel van het document, de auteur(s) enzovoort vermeld staan.

CP {si·pi} - *Control Program, Command Processor* - **1.** Besturingsprogramma, zie ook: CP/M°, **2.** Opdrachtenverwerkingsprogramma (command°, processor°).

CPE {si·pi·ie} - *Customer Premise Equipment* - CPE: telefonie-apparatuur (equipment°) die bij de klant (customer°) staat opgesteld (premise°). Deze apparatuur kan dan diverse Centrex°-functies direct verrichten als onderdeel van een IN°.

CPH {-} - *Cost Per Hour* - Kosten (cost°) per uur.

cpi {si·pi·ai} - *characters per inch* - Cpi: aantal afgedrukte tekens (characters°) per inch, bijvoorbeeld 10 of 12. Synoniem: pitch°.

CPM {si·pi·em} - *Critical Path Method, Cost Per Minute* - CPM: **1.** Methode van het kritieke pad in een tijdschema, eind jaren 50 geïntroduceerd door DuPont; het resultaat wordt afgebeeld in een PERT chart°; men spreekt nu vaak over: PERT/ CPM, **2.** Kosten per minuut (⇔CPH°).

CP/M {si·pi·em} - *Control Program/Monitor* - CP/M: een nu verouderd besturingssysteem voor microcomputers° van G. Kildall (Digital Research, Inc.) uit 1973 - de begintijd van PC's, bijvoorbeeld voor de Z-80° processor; is de voorganger van DOS° en de moeder van het BIOS°-concept. CP/M 2.0 uit 1974 was het eerste besturingssysteem dat op verschillende computers werkte.

cps {si·pi·es} - *characters per second, cycles per second* - **1.** Characters per second, cps: tekens (character°) per seconde, bijvoorbeeld afgedrukt door een printer; synoniem: c/s°, **2.** Cycles per second, Hz°: eenheid voor de frequentie (cycle°, frequency°).

CPU {si·pi·joe} - *Central Processing Unit, centrale verwerkingseenheid* - CVE: een grote, centrale computer: veel meer dan zo maar een processor°.

CPU-bound {si·pi·joe} - *CPU-bound* - Beperkt door de snelheid van de processor° (CPU°), niet door de snelheid van de I/O's° (I/O-bound°) of het proces (process-bound°).

CPU-time {si·pi·joe} - *CPU-tijd* - De werkelijke tijdsduur die een grote computer aan één van de vele taken in time sharing° heeft gewerkt.

CPU wars - *processor-oorlog* - Anno 1994/ 95, het gevecht tussen Intel°/Microsoft° (CISC°-processoren) met Motorola/IBM (RISC°-processoren, PowerPC°). Het is inmiddels wel duidelijk dat RISC de technisch betere oplossing is, maar dat door te weinig daarvoor beschikbare toepassingen, Intel de oorlog waarschijnlijk zal gaan winnen. ⇔DOS wars°

CR {-} - *Carriage Return, CRedit* - **1.** Regelterugloop (RT, carriage return°, CR): besturingsteken (control character°) voor een printer; wordt aan het het einde van een regel geplaatst om het papier een regel op te schuiven, in tekstverwerking ook harde return° genoemd (⇔line feed°) en bij het invoeren van een opdracht (command°) de entertoets (enter°), **2.** Credit°, CR: wat men als koopman of bankhouder schuldig is aan een klant (⇔debit°).

cradle - *slede* - Voorziening waarin bijvoorbeeld een PDA° kan worden gestopt, met verbinding naar de seriële poort (serial port°) van een PC. Komt overeen met een dockingstation (docking station°) voor een notebook°. Uitspraak: {kree·dul}.

crash - *crash, vastlopen* - **1.** De vaste schijf (hard disk°) of een programma legt het hoofd in de schoot (disk crash°), **2.** Een programma loopt vast omdat vitale gegevens in het geheugen worden overschreven; synoniem: abend°. Letterlijk: verongelukken; niet verwarren met: crèche, dat bijna hetzelfde wordt uitgesproken.

CRC {si·ar·si} - *Cyclic Redundancy Character, Cyclic Redundancy Check, Camera-Ready Copy* - **1.** CRC: controle (check°), door middel van een CRC-teken (character°) of -patroon (pattern°, bijvoorbeeld van 12, 16 of 32 bits), of de gegevens correct gelezen of ontvangen zijn; cyclic° (cyclisch) duidt op de methode gebruikt om het CRC te berekenen via schuifregisters (shift register°), bijvoorbeeld op basis van de CRC-CCITT-polynoom (polynomial°) ($X^{16} + X^{12} + X^5 +1$); redundancy° betekent overtolligheid, **2.** Camera-Ready Copy (camera-ready°): gezette en afgedrukte vellen die gereed zijn om te worden gefotografeerd door de drukker.

create - *maken* - Creëren: bijvoorbeeld een nieuw bestand, dat waarschijnlijk gelijk wordt geopend (open°), of een opdracht tot afdrukken.

create, read, update, delete matrix - *CRUD matrix* - Zie: CRUD matrix°.

creator - *afzender, voortbrenger* - De gebruiker (user°) die een bericht (e-mail°, message°) schrijft, adresseert en verstuurt, of de persoon die gegevens invoert (data entry°) in een informatiesysteem. Algemeen: voortbrenger (van een schepping). Synoniem: originator°. ⇔recipient°

credit - *credit, krediet, eer* - **1.** Credit: wat men als koopman of bankhouder schuldig is; wordt op een afrekening aangeduid met: CR°, **2.** Krediet: opgebouwd vertrouwen of uitstel van betaling, **3.** Eer: voor het goed volbrengen van een werkzaamheid. ⇔debit°

creditcard - *creditcard* - Krediet door middel van een plastic kaartje, dat in 1948 werd geïntroduceerd door Diners Club. ⇔cash° ⇔check° ⇔debit card°

crimp - *krimpen* - Het plooien van metaal om een of meer aders van een kabel: dat solderen prima kan vervangen. Het hierbij gebruikte gereedschap heet: crimp tool (krimptang).

crippleware - *crippleware* - Aanduiding van een shareware°-programma waaruit essentiële functies onbruikbaar (letterlijk: kreupel) zijn gemaakt of verwijderd, zodat men wel een indruk van het programma krijgt, maar het niet echt kan gebruiken. Tegen betaling aan de auteur is de volledige versie beschikbaar. ⇔shelfware° ⇔vaporware° ⇔wishware°

crisp logic - *binaire logica* - Traditionele, volledig gedefinieerde Boole-logica (Boolean logic°): zo genoemd door voorstanders van: fuzzy logic°.

criteria - *criterium, criteria* - Onderscheidingskenmerk(en), gebruikt om te bepalen of iets juist of onjuist is, uitgevoerd kan worden of niet, enzovoort.

critical path - *kritieke pad* - Knelpunt in de planning; zie: CPM°.

critical path method - *CPM* - Zie: CPM°.

critical success factors - *CSF* - Zie: CSF°.

cropping - *trimmen* - Overbodige of ongewenste delen van een illustratie elektronisch verwijderen met behulp van een grafisch programma en een muis (mouse°).

cross-assembler - *cross-assembler* - Assembler° die programma's assembleert voor gebruik op een ander, niet-compatibel type computer.

cross-compiler - *cross-compiler* - Compiler (compiler°) die programma's compileert voor gebruik op een ander, niet-compatibel type computer.

cross-footing - *kruiscontrole* - Controle door bijvoorbeeld de rijen en kolommen van een tabel of overzicht op te tellen en te controleren dat hun totalen overeenstemmen.

cross-hair - *kruiscursor* - Draden- of lijnenkruis (cursor°) om nauwkeurig iets in een beeldscherm of tekening te positioneren.

crossmodulation - *kruismodulatie* - Ongewenste modulatie (modulation°) van een signaal door een ander signaal van een andere frequentie (frequency°). ⇔crosstalk°

crossover - *crossover* - Aanduiding van een scheidingspunt waarbij tussen twee grootheden of gebieden gewisseld wordt, bijvoorbeeld: crossover-frequentie (frequentie voor de scheiding van hoge en lage tonen).

cross-platform connectivity - *cross-platform connectivity* - Alle mogelijkheden om verschillende computers te verbinden en samen te laten werken (connectivity°), vrijwel altijd via netwerken; een supermodewoord.

cross-platform development tool - *algemeen ontwikkelgereedschap* - Ontwikkelgereedschap (tool°) waarmee bronprogrammatuur (source code°) voor een ander platform° of een verschillende besturingsomgeving kan worden ontwikkeld.

cross-reference - *kruisverwijzing* - Verwijzing (reference°) naar een andere verwijzing of naar een bestand met verwijzingen. Afgekort: xref°.

cross-reference listing - *cross-reference listing* - Een lijst (listing°) van de compiler°, met verwijzingen (reference°) waar namen zijn gebruikt in het bronprogramma (source code°).

crosstalk - *overspraak* - Crosstalk: ongewenste overdracht van het signaal in een naastliggend kanaal, spoor (track°) of aderpaar (twisted pair°). ⇔crossmodulation°

CRT {si·ar·ti} - *Cathode Ray Tube* - CRT: een glazen elektronische beeldbuis in de vorm van een trechter. CRT en buis worden soms, ten onrechte, gebruikt om een VDT° of VDU° mee aan te duiden. ⇔LCD° ⇔electroluminiscent display° ⇔plasma display° ⇔TFT°

CRU {si·ar·joe} - *Customer Replacable Unit* - CRU: onderdeel (unit°) dat door een klant (customer°) kan worden vervangen. ⇔FRU°

CRUD matrix - *Create, Read, Update, Delete matrix* - CRUD matrix: tabel die de bevoegdheden (access°) van groepen gebruikers specificeert om gegevens respectievelijk te creëren, te lezen, te veranderen en te verwijderen; wordt ook wel genoemd: data-manipulatietabel.

cryogenics - *suprageleiding* - De leer van de suprageleiding (superconductivity°) bij zeer lage temperaturen.

cryptanalysis - *crypto-analyse* - Het analyseren en decoderen van gecodeerde berichten zonder kennis van de gebruikte (de)codeersleutel (key°) en/of algoritme (algorithm°).

cryptography - *cryptografie* - Geheimschrift maken (encrypt°) met behulp van een sleutel (key°) en het resultaat volgens een algoritme (algorithm°) decoderen (decrypt°) met behulp van een private key° (DES°, triple-DES°) of een public key° (RSA°); zie ook: cipher°. In de uitspraak ligt de klemtoon op 'to':{krip·*toh*·gre·fi}.

crystal - *kristal, X-tal* - Kwartskristal in een behuizing: elektronisch element dat wordt gebruikt om nauwkeurig frequenties (frequency°) mee op te wekken, gebruikt voor de klok (clock°) van een computer of een elektronisch horloge. Afgekort: X-tal°.

c/s {-} - *cycles per second* - Zie: cps°, Hz°.

C/S {-} - *Client/Server* - Zie: client/server°, XDCS°.

C&S {si·en·es} - *Card and Socket services* - C&S: algemene aanduiding voor de programma's die PCMCIA°-kaarten in een bepaalde computer ondersteunen.

CSA {si·es·ee} - *Canadian Standards Association, Customer Service Area* - CSA: **1.** CSA: Canadese normalisatie-organisatie, **2.** CSA: Amerikaanse term voor het gebied rond een knooppunt van een telefoonnetwerk: waar de local loop° begint (tot 4 km verbinding naar de telefoonaansluitingen). Zie ook: ADSL°, HDSL°.

CSF {si·es·ef} - *Critical Success Factors* - CSF: onderzoekmethode naar de kritische succesfactoren (factor°) voor het behalen van gestelde doelen, afkomstig van R.D. Daniel (1961) en gepopulariseerd door J.F. Rockart (1979). Echter, vaak zijn de kritische faalfactoren nog belangrijker. I/T° can be a critical succes factor but its management often is a fail factor (IT kan een kritische succesfactor zijn, maar zijn management is vaak een faalfactor).

CSLIP {si·slip} - *Compressed Serial Line Internet Protocol* - CSLIP: SLIP° met compressie (compression°); indien u werkt via een modem°-verbinding is dit onnodig omdat die werkt met MNP°-compressie..

CSMA/CA {si·es·em·ee·si·*ee*} - *Carrier-Sense Multiple-Access/Collision Avoidance* - Toegangsmethode voor een LAN° waarbij conflicten (collision°) worden vermeden; een alternatief voor CSMA/CD°.

CSMA/CD {si·es·em·ee·si·*di*} - *Carrier-Sense Multiple-Access/Collision Detection* - Toegangsmethode voor een LAN°, uitgebreid met de detectie van conflicten (collision°); wordt gebruikt in Ethernet° of 100Base-T° en bij packet radio°. Terminals sturen berichten als er geen verkeer is; als blijkt dat er twee of meer berichten tegelijk zijn verzonden, wacht iedere terminal een willekeurige tijd alvorens het nog eens te proberen. ⇔CSMA/CA°

CSTP {si·es·ti·pi} - *Client/Server Transaction Processing* - CSTP: transacties (transaction°) verwerken in een client/server°-omgeving. ⇔OLTP°

CSU {si·es·joe} - *Customer Set-Up* - CSU, zie: customer setup°.

CT {-} - *Cordless Telephony, Call Transfer* - **1.** Snoerloze telefonie, waarbij een nummer de generatie aangeeft: CT-0 (eerste draadloze telefoon rond de 40 -50 MHz), CT-1 (uit 1983 met 100m bereik en meerdere kanalen, analoog werkend op 900 MHz), CT-2 (digitale Telepoint-norm, waarbij u nog steeds niet kan worden gebeld), CT-3 (Ericsson, voorbereiding tot DECT° en voorloper van GSM°, met automatische handover°). **2.** Doorschakelen: de mogelijkheid van de gebelde person om een lopend gesprek naar een derde persoon over te zetten.

CTI {si·ti·ai} - *Computer Telephony Integration* - De integratie van computers en telefonie. Er zijn drie grote allianties: Versit (Apple, AT&T, IBM, Siemens, 1994), ECTF (Dialog, Digital, Ericcson, HP, Nortel) en ECMA/CSTA. De twee belangrijkste API°s zijn: TAPI° (Microsoft, Intel) en TSAPI (AT&T en Novell). Hiervoor veelgebruikte architectuur: SCSA°. Zie verder onder synoniem: CIT°.

Ctl {-} - *Control* - Zie het synoniem: Ctrl°.

CTR {si·ti·ar} - *Common Technical Regulation* - CTR: geharmoniseerde Europese specificatie op basis van Europese normen voor telecommunicatie- en computerapparatuur, zie bijvoorbeeld: Euro-ISDN°.

Ctrl {kon·trool} - *Control* - Ctrl: toets op een PC-toetsenbord die andere toetsen een gewijzigde betekenis geeft; is afgeleid van: control° (besturen). Onder DOS° beëindigt u een batch job° met Ctrl-C (break°). In Windows° sluit u een venster (window°) met Ctrl-F4. Is een zelfde type toets als Alt° en Shift° op een Intel° PC. Wordt ook geschreven: Ctl°.

Ctrl-Alt-Del {kon·trool·olt·di·liet} - *Ctrl-Alt-Del* - CAD°: combinatie van drie toetsen (Ctrl°-Alt°-Del°) om een IBM°-type PC opnieuw te starten (warm start°); als dat niet helpt, is een hardware° reset° noodzakelijk. ⇔cold start°

Ctrl-C {-} - *Control-C* - Ctrl-C: toetscombinatie van Ctrl° en C, die in DOS° wordt gebruikt om de uitvoering van een batch file°, macro° of opdracht (command°) te onderbreken (interrupt°). Alternatief: Ctrl-Break.

Ctrl-Esc {-} - *Control-Escape* - Ctrl-Esc: combinatie van twee toetsen (Ctrl° en Esc°) om van taak (task°) te veranderen in OS/2°. ⇔Alt-Tab°

CTS {-} - *Carpal Tunnel Syndrome* - Zie: carpal tunnel syndrome°, RSI°.

CTTH {-} - *Copper To The Home* - Zie: copper to the home°.

CTTY {si·ti·ti·waj} - *Change TeleTYpe* - In DOS°: instructie om de in- en uitvoer te verleggen naar een ander apparaat (device°), bijvoorbeeld een seriële COM port°; zie ook: TTY°.

CU {-} - *Control Unit, Customer Unit* - **1.** CU, zie: control unit°, **2.** CU: operationele eenheid van een klant (customer unit°).

CUA {si·joe·ee} - *Common User Access* - CUA (access°): een norm uit 1991 voor een alphanumerieke gebruikers-interface° van IBM°, onderdeel van SAA°.

cue - *cue* - Sein of teken dat of plaats waar kan worden begonnen. Wordt ook gebruikt als werkwoord: to cue, cuing. Spreek uit: {kjoe}, hetzelfde als: queue°.

CUG {si·joe·dji} - *Closed User Group* - CUG: besloten gebruikersgroep (user group°) binnen een openbare netwerk-dienst; toegang alleen via een user ID° en een wachtwoord (password°); het lidmaatschap ervan kost meestal geld.

CUI {si·joe·ai} of {koewi} - *Command line User Interface, Consistent User Interface, Common User Interface, Character User Interface* - **1.** Command line User Interface (CLI°), een interface° waarbij gebruikers opdrachten (command°) moeten intikken op de opdrachtregel (command line°) in plaats van pictogrammen (icon°) selecteren (⇔GUI°), **2.** Consistent User Interface, CUI: een consistente gebruikers-interface, **3.** Common User Interface, CUI: een gemeenschappelijke gebruikers-interface, **4.** Character User Interface, CUI: gebruikersinterface met behulp van tekens (character mode°), dus niet grafisch of met pictogrammen (icon°).

cumulative - *cumulatief* - Samenvoegend, het volgende wordt steeds bij het vorige gevoegd of opgeteld; en bijvoorbeeld gedeeld door het aantal om al doende een lopend gemiddelde (running average°) te berekenen.

.CUR {kur} - *CURsor* - Extensie (extension°) van een cursor°-bestand. Onder Windows 95° kan de cursor door de gebruiker worden gekozen; cursors gebruiken een raster van 32x32 pixels (pixel°) in zwart/wit of 16 kleuren.

currency - *gangbaarheid, valuta* - Gangbaarheid: bijvoorbeeld van een programma- niveau (level°). Betekent ook geld in het algemeen (US currency: Amerikaanse dollars).

currency sign - *valutateken* - Bijvoorbeeld: $ (dollar), ¢ (cent), £ (pound), ¥ (Yen), *f* (gulden).

current - *gangbaar, huidig, actief, stroom* - **1.** Gangbaar, **2.** Huidig, met betrekking tot de datum en tijd, **3.** Actief: feitelijke of werk..., niet de vorige of de volgende regel (line°), drive°, directory°, record° of disk°, **4.** Elektrische stroom, die wordt gemeten in: Ampere°.

current loop - *current loop* - Transmissieverbinding die werkt op basis van verschillen in stroom (current°) in plaats van in spanning; loop° (lus).

current path - *actieve pad* - Het pad (path°) dat nu gebruikt wordt.

cursor - *cursor* - Specifiek symbool dat in het scherm wordt afgebeeld op de plaats waar het volgende teken zal worden afgebeeld (cursor location°); de cursor verspringt dan naar een volgende positie; meestal knippert (blink°) de cursor; letterlijk: indicator. In Windows° krijgt de cursor verschillende verschijningsvormen, afhankelijk van de modus (mode°) - zie: glyph°. In Windows° wordt de extensie .CUR gebruikt voor cursor-bestanden of .ANI (ANI°) voor geanimeerde cursors. Vroeger was je de kluts kwijt, nu de cursor (VN Terzijde) - vooral in een LCD°-scherm. Ook: aanwijzer van de positie op een tablet°. Extensie van cursor-bestanden:

.CUR°. In een tekstverwerker kan de cursor worden verplaatst door de aanwijzer (pointer°) op de gewenste plaats te zetten en te klikken (click°). ⇔pointer°

cursor control - *cursorbesturing* - De manier waarop een gebruiker de cursor verplaatst: met een muis (mouse°) of via de cursortoetsen (cursor control keys°). Synoniem: cursor movement°.

cursor control keys - *cursortoetsen* - Acht toetsen (key°) waarmee de cursor° kan worden verplaatst; op het toetsenbord voor een Intel PC zijn dat: vier pijltjestoetsen (naar boven, links, onder en rechts), End°, Home°, PgDn° en PgUp°.

cursor location - *cursorpositie* - De plaats waar de cursor° staat afgebeeld.

cursor movement - *cursorbesturing* - Synoniem van: cursor control°.

cursory - *vluchtig* - Oppervlakkig of haastig: kwalificatie van een inspectie, bijvoorbeeld: cursory look (vluchtige blik).

curve - *kromme* - Rechte of gebogen lijn die het verband tussen twee grootheden grafisch weergeeft. Zie ook: learning curve°, S-curve°. ⇔arc°

curve fitting - *curve fitting* - Berekening van een rechte of kromme lijn (curve°) of oppervlakte (surface) die zo goed mogelijk langs een aantal punten gaat, bijvoorbeeld met behulp van een: spline°. Zie ook: Bézier-curve°.

CU-SeeME {si·joe·si·mi} - *See you, see me* - Interactief programma op Internet°, waarmee met behulp van een videocamera en een videokaart (video-card°) audiovisueel naar anderen over de hele wereld kan worden gekeken en geluisterd. Werkt met een centrale Reflector°, bijvoorbeeld die van Cornell University, die de video-informatie ontvangt, bundelt en weer uitstuurt. De snelheid is afhankelijk van het aantal deelnemers en de gebruikte lijnen. Men kan ook alleen kijken en luisteren ('lurken').

custom - *aangepast* - Functie of instelling die is aangepast aan de wensen van de klant of de gebruiker; synoniem: customized°. ⇔standard°

customer - *klant* - Iedere persoon die of elk bedrijf dat geld kan uitgeven voor apparatuur of programmatuur; zie ook: point of customer contact°.

customer engineer - *CE* - Technicus (CE°) die bij een klant (customer°) mankementen van apparatuur of programmatuur verhelpt; synoniem: field engineer°.

customer information control system - *CICS* - Zie: CICS°.

customer name and address - *CNA* - Zie: CNA° (NAW).

customer premise equipment - *CPE* - Zie: CPE°.

customer replacable unit - *CRU* - Zie: CRU°. ⇔FRU°

customer setup - *customer setup* - CSU°: installatie (setup°) door de koper (klant: customer°).

customer unit - *CU* - Zie: CU°.

customized - *eigen, aangepast* - Apparatuur of programmatuur die speciaal voor een toepassing wordt gemaakt of aangepast; synoniem: custom°. ⇔standard°

cut-and-paste - *knippen en plakken* - Een plaatje of tekst elektronisch afbakenen en verplaatsen.

cut forms - *losse vellen* - Vellen papier (sheet°, form°) voor een printer met een sheet feeder°, soms voorbedrukt (preprinted°); letterlijk: gesneden formulieren. ⇔continuous forms°

cutover - *overschakeling* - De overschakeling van een oud productiesysteem op een nieuw: altijd een spannend moment want het is nooit mogelijk om alles van te voren te testen. Meer algemeen synoniem: change-over°, conversion°.

cut sheet - *los vel* - Vel papier (sheet°, form°) voor een printer met een sheet feeder°, meestal niet voorbedrukt (preprinted°); zie ook: cut forms°.

CVF {-} - *compressed volume file* - CVF: in Windows 95°, gecomprimeerd totaalbestand van alle bestanden op een logisch station (drive°), dat wordt opgeslagen op een echte harde schijf (hard disk°).

CW {-} - *ClockWise, Continuous Wave* - **1.** Draairichting met de wijzers van de klok mee (⇔CCW°), **2.** Ongedempte golf: waarvan de amplitude constant blijft; zie ook: attenuation°.

cyan - *cyaan* - Een van de vier standaard drukkleuren, zie: CMYK°.

cyan, magenta, yellow, black - *CMYK* - Zie: CMYK°.

cyber... - *cyber...* - Science fiction term, in 1984 geïntroduceerd door W. Gibson in zijn boek *Neuromancer*, tegelijk met de Mac°; het boek is geschreven op een schrijfmachine; Gibson gebruikt nu wel een computer, maar is niet aangesloten op een netwerk. Bijvoorbeeld: cyberpunk (gebruiker in cyberspace), cyberspace (informatieruimte), die verdeeld is in: cyberspace decks (werkomgeving van een cyberpunk). Meer formeel praktisch synoniem: virtual reality°.

cybernetics - *cybernetica, stuurkunde* - Leer van terugkoppelingsprocessen (feedback°, servo°) in mechanismen, levende organismen en organisaties; is afkomstig van N. Wiener [25.] uit 1948, ontwikkeld tijdens de Tweede Wereldoorlog; is afgeleid van het Griekse woord: kubernetes (bestuurder, roer).

cybrarian - *bibliothecaris* - Nieuwe naam voor een bibliothecaris van een informatiebibliotheek (library°), samentrekking van cyber...° en librarian°. Bibliothecaris van een Web site°: Webmaster°.

cycle - *cyclus, slag* - Eén volledige op- en neergang (cycle°): **1.** van een proces, bijvoorbeeld het ontwikkelen van een programma, **2.** van de interne werking van een computer, bijvoorbeeld de uitvoering van een instructie (instruction cycle°) gebruikt twee geheugencycli (memory cycle°). Zie ook: life cycle°, machine cycle°. Als werkwoord: to cycle through windows (window°) (schakelen tussen vensters).

cycles per second - *cps, c/s* - Zie: cycle°; synoniem: Hz°.

cycle stealing - *cycle stealing* - Directe toegang tot het geheugen; zie: DMA° (direct memory access°).

cycle time - *cyclustijd* - De tijd gebruikt voor een cyclus (cycle°).

cyclic - *cyclisch* - **1.** Berekend met behulp van herhaaldelijk uitgevoerde (schuif)bewerkingen, bijvoorbeeld: CRC°, DES°, **2.** Afwisselend gebruikt volgens een vaste volgorde, bijvoorbeeld backup°-banden (tape°) in de volgorde 1, 2, 3, 1, 2, 3 enzovoort, zodat steeds tenminste twee vorige versies (generation°) beschikbaar zijn om op terug te vallen.

cyclic redundancy character - *CRC* - Zie: CRC°.

cyclic redundancy check - *CRC* - Zie: CRC°.

cylinder - *cilinder* - Ringvormig spoor (track°) op een disk° of diskette°; stamt uit de tijd van een disk pack°, waarin de boven elkaar liggende sporen (één op elke schijf) op het oppervlak van een cilinder liggen en tegelijk beschreven/gelezen werden - dit principe komt weer terug in schijven met grote capaciteit.

cypher - *geheimschriftalgoritme* - Methode om informatie te versleutelen (encrypt°) en zo geheim te houden behalve diegenen die de sleutel (key°) beschikken (decrypt°). De oudst bekende methode is Caesar's cypher van G.J. Caesar (110-44 v.Chr.) waarbij de letters een vast aantal plaatsen opschuiven in het alfabet, bijvoorbeeld: A wordt F, B wordt G enzovoorts; deze methode staat ook bekend als: rot13° (13 plaatsen roteren). Alternatieve schrijfwijze: cipher°.

cyphertext - *geheimschrift* - Versleutelde tekst, zie: cypher°. Niet-gedecodeerde tekst wordt genoemd: cleartext°.

- D -

D {di} - *D* - D: de waarde 13 in het hexadecimale (hexadecimal°) talstelsel.

2D {toe·di} - *Double Density, Dual Density, two-Dimensional* - **1.** Dubbele dichtheid (density°) van bits, bijvoorbeeld op een magnetiseerbaar oppervlak; synoniem: DD°, **2.** Dual density: werkend met twee dichtheden, bijvoorbeeld kenmerk van een modern diskette-station, **3.** Tweedimensionaal.

3D {sree·di} - *three-Dimensional* - Driedimensionaal, zie: solid model°.

D2-MAC {di·toe·mek) - *D2-Multiplexed Analogue Components* - Variant van D-MAC voor kabeltelevisie, een transmissiesysteem met MAC° voor het videosignaal en NICAM voor audio, o.a. gebruikt door TV Plus.

D2S2 {di·toe·es·toe} - *Development of Data Sharing Systems* - Een methode voor systeemontwikkeling (system°).

D2T2 {di·toe·ti·toe} - *Dye Diffusion Thermal Transfer* - D2T2: thermal transfer°-technologie voor een kleurenprinter.

DAB {di·ee·bi} - *Digital Audio Broadcasting* - Digitale radio: over een aantal jaren zeker, maar allereerst via een digitaal kabelnet en/of satelliet. Maakt gebruik van COFDM° voor multiplexing°. ⇔DVB°

DAC {di·ee·si} of {dek} - *Digital/Analog Converter* - DAC: digitaal naar analoog omzetter, het omgekeerde van een: A/D converter°.

D/A converter {di·ee} - *Digital-to-Analog converter* - Zie: DAC°.

DACS {deks} - *Digital Access and Cross-connect System* - DACS: aansluiting op een digitale (digital°) verbinding, bijvoorbeeld ISDN°; het equivalent van een modem° voor een analoge verbinding.

daemon {di·men} - *Disk And Execution MONitor* - Daemon: een programma van het besturingssysteem dat het optreden van bepaalde gebeurtenissen in de gaten houdt (monitor°) en dan in actie komt. Een soortgelijke functie wordt in de AI°-wereld ook wel genoemd: demon. Warp Connect (OS/2°) beschikt over diverse daemons (inet, TELNETD, FTPD) - de toevoeging 'd' duidt op de daemon, die een TELNET° of FTP° aanvraag detecteert.

daisychain - *busnetwerk, doorlussen* - **1.** Een doorlopende verbinding (bus°) waarop eenheden parallel zijn aangesloten als een ketting van margrieten (daisy), bijvoorbeeld: SCSI°, token bus°, token ring°, **2.** Doorlussen: bijvoorbeeld voor de aansluiting van twee diskette-stations (diskette drive°) in een PC (waarvan er daarom slechts één tegelijk kan worden gebruikt).

daisywheel - *margrietwiel* - Letterschijf (print wheel°) die ronddraait in een printer; de tekens zitten op steeltjes langs de omtrek en worden op het juiste moment aangeslagen met een hamertje.

D-AMPS {*di*·emps} - *Digital-Advanced Mobile Phone System* - D-AMPS: digitale versie van AMPS°, gebruikt TDMA° en wordt ook wel genoemd: ADC°; staat ook bekend als IS-54. De invoering verloopt traag, mede door een discussie omtrent de vermeende voordelen van: CDMA° en de mogelijkheid van het analoge N-AMPS°.

DAP {dep} - *Directory Access Protocol* - DAP: protocol° voor het benaderen (access°) van een X.500° directory°.

dark fiber - *dark fiber* - Aanduiding van een verbinding die niet geschakeld of gemultiplext is, letterlijk of figuurlijk een directe glasvezelverbinding (fiber optics°) met grote capaciteit die door de huurder zelf bestuurd moet worden.

DASD {*des*·di} - *Direct Access Storage Device* - Direct toegankelijke opslag van gegevens en bestanden op een disk pack°.

dash - *streep(je)* - Liggend streepje, bijvoorbeeld: em dash°, en dash°, hyphen°.

dashed line - *onderbroken lijn* - Lijn (line°) die lijkt opgebouwd te zijn uit streepjes (dash°).

DAT {det} - *Digital Audio Tape, DATa* - **1.** DAT: een digitale technologie voor audio-opname op 4 mm of 8 mm magneetband (tape°), in de kiem gesmoord door de digitale compact cassette (DCC°); DAT wordt wel gebruikt voor het maken van een reservekopie (backup°) van gegevens op een tape streamer°: DDS°-1 (1,3 of 2 Gbyte) en DDS-2 (4 Gbyte); werkt met: helical scan° (⇔QIC° ⇔DLT°). **2.** DAT: extensie (extension°: .DAT) gebruikt voor een gegevensbestand (file°).

data - *gegevens* - Tekens (character°) of bits die de programmatuur tot informatie (information°) moet verwerken.

data abstraction - *data-abstractie* - De mogelijkheid om gegevens te verwerken onafhankelijk van hun kenmerken (attribute°); synoniem: abstract data types°, polymorphism°. Zie ook: data-rich and information-poor°, metadata°, raw data°, test data°, voice data°.

data access - *gegevenstoegang* - De manier waarop volgens een bepaald protocol° opgeslagen gegevens (data°) benaderd (access°) worden, toegankelijk worden.

data acquisition - *data-acquisitie* - Gegevens (data°) verzamelen voor invoer (data entry°) in een computer; synoniem: data collection°. ⇔knowledge acquisition°

data aggregate - *data aggregate* - Gegevenstotaal: verzameling gegevenseenheden (field°) in een record° die gezamenlijk een naam krijgen; bijvoorbeeld 'datum' die bestaat uit 'jaar', 'maand' en 'dag'. De term wordt ook gebruikt voor een verzameling gegevens in een database°. Zie ook: aggregate°.

data attribute - *gegevenskenmerk* - Eigenschap (attribute°) van een gegevenselement (data element°). .

database - *database, DB* - Gegevensbank (DB°): een logische structuur waarin een verzameling gegevens zodanig wordt opgeslagen dat de elementen (data element°) eenvoudig zijn terug te vinden. (In feite gebeurt de opslag in een bestand op disk° of tape°.) Het opslagmodel kan zijn: hiërarchisch (hierarchical°), relationeel (relational°) of netwerk (network°). Het databaseprogramma wordt ook wel genoemd: database. Zie ook: distributed database°, heterogeneous database°, networked database°. Zie ook: instantiation°, replication°.

database administrator - *DBA* - Beheerder (administrator°) van een database° en zijn definities; zie: DBA°.

database architecture - *database-architectuur* - Beschrijving van de opzet van een database, bijvoorbeeld als: conceptual schema°, external schema° en internal schema° (ANSI-SPARC°).

database data communication - *DB/DC* - Zie: DB/DC°.

database design - *database-ontwerp* - Ontwerp (design°) van een database°: definitie van velden (field°), hun relaties (data model°) enzovoort, tot en met normalisatie (normal form°).

database engine - *database mechanisme* - Basisprogrammatuur die gegevens opbergt in een database° en ze weer opzoekt, ze niet bewerkt of anders rangschikt; letterlijk: engine° (motor).

database file - *databasebestand* - Het bestand (file°) waarin de gegevens van een database° bewaard worden.

database management system - *DBMS* - De programmatische beheerder van een database°. Zie ook: DBA°, RDBMS°.

database mining - *database-exploratie* - Het zoeken van patronen en verbanden tussen gegevens in meestal grote databases, mogelijk door het combineren van databases; zie ook: OLAP°.

database query - *database-query* - Zoekopdracht (query°) in een database°.

database schema - *DBS* - Zie: DBS°.

database server - *database-server* - Een server° met een centrale database° ten behoeve van de op het netwerk aangesloten gebruikers. Mogelijk kan de server (delen van) de database buiten het netwerk repliceren (replicate°).

database system - *database-systeem* - De database° en alle hulpmiddelen daarvan gezien als systeem (system°).

database table - *database-tabel* - Een tabel (table°) een een relationele database°.

data bus - *bus, DB* - DB°: intern communicatiekanaal (bus°) in een PC waarop via een adapter° en een DB-connector° in- en uitvoereenheden kunnen worden aangesloten; zie ook: AT-bus°, PCI°, VLB°.

data capture - *gegevens verzamelen* - Gegevens verzamelen door middel van een scanner of toetsenbord; andere namen: data collection°, data entry°.

datacasting - *datacasting* - Paraplunaam voor diverse data°-distributiediensten via radio- en televisie-uitzendingen. Hierbij wordt gebruikgemaakt van onbenutte capaciteit, bijvoorbeeld tussen twee TV-frames. Het is te verwachten dat de mogelijkheden hiervoor sterk zullen groeien bij digitalisering (DAB°, DVB°). Voor de ontvangst, meestal binnen specifieke groepen (CUG°), is een speciale decoder° noodzakelijk. Naast data, is het ook mogelijk om op de zelfde manier audio° en video° te verspreiden; men spreekt dan van: audiocasting, videocasting.

datacenter - *computercentrum* - Synoniem: computer center°.

data collection - *gegevens verzamelen* - Formulieren en andere gegevens (data°) verzamelen voor invoer (data entry°) in een computer; synoniem: data acquisition°. Andere namen: data capture°, data entry°.

data collection terminal - *terminal voor gegevensverzameling* - Een apparaat voor het verzamelen van gegevens via een numeriek toetsenbord (keyboard°) of een scanner, dat in de hand gehouden (handheld°) wordt vastgehouden. Als er genoeg gegevens verzameld zijn, worden de intern opgeslagen gegevens uitgelezen naar een computer.

datacom {dee·ta·kom} - *data communication* - Datacommunicatie (data communication°).

data communication - *datacommunicatie, DC* - Het uitwisselen van gegevens (data°) of berichten door middel van datatransmissie (data transmission°). Zie ook: DC°, RF/DC°.

data communications equipment - *DCE* - Zie: DCE°.

data compaction - *datacompressie* - Zie: data compression°.

data compression - *datacompressie* - Gegevens comprimeren (Lempel-Ziv°) zodat zij minder opslagruimte vragen of sneller kunnen worden verstuurd; levert bijvoorbeeld voor tekst 4:1 en voor programma's 2:1 reductie; omvat meestal meer dan: pack°; synoniem: data compaction°.

data definition - *gegevensomschrijving* - De formele beschrijving van gegevens: die wordt gebruikt in een programma of is opgeslagen in een database°, beschreven met behulp van een DDL°.

data definition language - *DDL* - Zie: DDL°.

data dictionary - *gegevensdictionaire* - Voorziening (D/D°) waarmee beheerders van een database° (DBA°) blijven trachten een definitie van veranderende entiteiten (entity°) vast te leggen in de ijdele hoop dat programmeurs die definities ooit gebruiken; wordt in een moderne uitvoering meestal genoemd: repository°.

data dictionary system - *DDS* - Zie: DDS°.

data directory - *data directory* - Verzameling (directory°) gegevens over de bron, de plaats, de eigenaar en het gebruik van gegevens (data°) in een database°; wordt vaak genoemd: data dictionary°.

data disk - *gegevensdiskette* - De diskette° waarop de gegevens (data°) voor een toepassing (application°) worden geschreven; wordt gebruikt ter onderscheiding van de program disk (programmadiskette).

data division - *data division* - Onderdeel (division°) van een COBOL°-programma; zie ook: data°.

data element - *gegevenselement* - Het fundamentele element van de gegevensstructuur gebruikt voor de verwerking van gegevens (data processing°), bijvoorbeeld 'polisnummer', 'achternaam' en dergelijke; synoniem: veld (field°) in een record°. Een kenmerken van een gegevenselement heet: data attribute°.

data encryption algorithm - *DEA* - Zie: DEA°.

data encryption standard - *DES* - Cryptografische norm voor geheimschrift (cryptography°), die gebruik maakt van een bekend algoritme (algorithm°) en een geheime sleutel (private key°), bijvoorbeeld: ANSI° X3.92 (1981). IBM hanteert de naam DES°, ANSI gebruikt de naam DEA° voor dezelfde algoritme.

data entry - *gegevensinvoer* - Voer voor de gegevensverwerking: dat bijvoorbeeld wordt ingevoerd door: keying° (intypen) of een scanner°. Andere namen: data capture°, dat collection°.

data entry form - *invoerformulier* - Formulier (form°) waarop de in een computer in te voeren gegevens (data°) worden ingevuld. Het formulier kan ook elektronisch in een scherm worden afgebeeld en ingevuld.

data exchange - *gegevensuitwisseling* - Zie synoniem: data interchange°.

data file - *gegevensbestand* - Een bestand (file°) waarin gegevens (data°) worden opgeslagen.

data flow - *gegevensstroom* - Data flow: wijze waarop gegevens een systeem binnenkomen en worden verwerkt, gebruikt, opgeslagen en uitgevoerd; moet worden geanalyseerd om te controleren dat alle benodigde gegevens beschikbaar zijn en geen overbodige gegevens worden ingevoerd. ⇔work flow°

data flow diagram - *data flow diagram, gegevensstroomdiagram, DFD* - DFD°: diagram dat uitbeeldt hoe gegevens (data°) door een systeem of verbinding gaan (data flow°).

data fork - *data fork* - Mac°-bestand (file°) met gegevens die worden gebruikt door programma's in de resource fork°.

data format - *gegevensindeling* - De manier waarop de gegevens (data°) zijn ingedeeld (format°), bijvoorbeeld hoe de records (record°) zijn ingedeeld.

data frame - *data frame* - Gegevensstructuur: algemene term voor een hoeveelheid gegevens die op een vaste manier wordt samengesteld; wordt vooral gebruikt in verband met over een netwerk verzonden informatiepakketjes, bijvoorbeeld een datagram°. ⇔frame° (gebruikt in een kennissysteem) .

data-grade - *data-grade* - Indicatie van de kwaliteit (grade°) van een kabel (cable°) die geschikt is voor de overdracht van gegevens (data°). ⇔voice- grade°

datagram - *datagram* - Eenheid gegevens die door de IP-laag van TCP/IP° aan de netwerklaag wordt doorgegeven of ontvangen. ⇔packet°

data independence - *gegevensonafhankelijkheid* - Criterium voor het ontwerp van een database°: waardoor zijn structuur onafhankelijk is van de gegevensverwerking en later met de minst mogelijke problemen kan worden veranderd. Zie: normal form°, ..NF°.

data integrity - *gegevensintegriteit* - De juistheid (integrity°) van opgeslagen gegevens (data°), gerealiseerd door een goede controle bij hun invoer (data entry°) en goede zorg in hun database°; verschilt van: referential integrity°.

data interchange - *gegevensuitwisseling* - Gegevensuitwisseling bijvoorbeeld tussen twee computersystemen of programma's; betreft vooral de mogelijkheid, meestal niet de feitelijke overdracht van gegevens (data transfer°). Interfaces (interface°) met betrekking tot CAD°: DXF (2D°, van AutoDesk), IGES° (3D°, van ANSI°) en Step (ISO°, voor alle productgegevens, inclusief tekeningen).

data interchange format - *DIF* - Zie: DIF°.

data link - *gegevensverbinding* - Verbinding (link°) tussen twee punten voor de overdracht van gegevens (data°); OSI°-laag 2.

data link layer - *data link-laag* - De tweede van zeven lagen (layer°) van het OSI model°: die tot taak heeft de integriteit van de gegevensstroom (data stream°) tussen twee knooppunten (node°) in een netwerk te verzekeren.

data management - *gegevensbeheer* - Zorg voor gegevens: door een persoon (data definitions°), door programmatuur (data dictionary°, database management system°) of van de opgeslagen gegevens met behulp van een programma, bijvoorbeeld een: HSM°.

data manipulation - *behandeling van gegevens* - Gegevens (data°) op een gewenste manier rangschikken, bijvoorbeeld met een spreadsheet° of DML°. Manipuleren heeft bij ons een slechte betekenis.

data manipulation language - *DML* - Zie: DML°.

data MD {em·di} - *data MiniDisc* - MD° (MiniDisc°): magneto-optische (MO°) 2 inch disc° van Sony, goed voor de opslag van 140 MB° aan gegevens (data°).

data mining - *gegevens zoeken* - In een enorme berg gegevens (data°, information warehouse°), de gewenste zoeken. Hiervoor zijn speciale zoekprogramma's ontwikkeld waarmee eenvoudig op allerlei manieren kan worden gezocht naar verborgen trends en verbanden, bijvoorbeeld: OLAP°. ⇔data warehousing°

data model - *gegevensmodel* - Model dat het verband beschrijft tussen de entiteiten (entity°) van een database°; werkt met Entity-Relationships diagrammen (ERD°). Het maken van het model wordt genoemd: data modeling. De hierbij gebruikte conventies betreffen syntactische (syntax° - welke symbolen gebruikt worden), positionele (hoe de diagrammen worden getekend) en semantische (semantic° - hoe de entiteiten gestructureerd worden). ⇔process model°

data network - *informatienetwerk* - Netwerk waarin de aangeslotenen, meestal tegen betaling of een bijdrage, informatie kunnen opvragen.

data over voice - *data over voice, DOV* - DOV°: Netwerkverbinding via een telefoonlijn voor spraak (voice°) met 12 kanalen van 100 bit/s elk; het concept wordt uitgebreid naar ISDN° basic rate° (2B+D°). ⇔data under voice°

data packet - *data-pakket* - Eenheid gegevens die via een netwerk wordt verstuurd, zie: packet°. In packet-switching°, de overgestuurde eenheid informatie (header°, gegevens en mogelijk CRC°).

data partioning - *gegevenspartitionering* - Het grouperen (partitiong°) van gegevens (data°) op een zodanige manier dat zij eenvoudig en betrouwbaar te gebruiken zijn, bijvoorbeeld dat deelverzamelingen slechts op één punt gewijzigd kunnen worden.

dataphone digital service - *DDS* - Zie: DDS°.

data processing - *gegevensverwerking, DP* - DP°: werd vroeger ook wel genoemd: automatic data processing (ADP), nu meestal: information processing°.

data protection - *gegevensbescherming* - Maatregelen getroffen om verandering of verlies van gegevens, bedoeld of onbedoeld, tegen te gaan.

data rate - *overdrachtssnelheid* - Snelheid (rate°) van de overdracht van gegevens (data°), bijvoorbeeld tussen computer en disk° of via een netwerk, uitgedrukt in bps°, kbps° of Mbps°.

data record - *record* - Eenheid gegevens die gezamenlijk (record°) wordt behandeld en opgeslagen: fysiek op een disk° of logisch in een database°.

data-rich and information-poor - *veel gegevens, maar weinig informatie* - Als u door de bomen het bos niet meer ziet - de informatie die u nodig heeft, ligt verborgen in een enorme berg gegevens; zie: data°, information°.

data security - *gegevensbeveiliging* - Maatregelen genomen voor de handhaving van de vertrouwelijkheid, integriteit (integrity°) en beschikbaarheid (availability°) van gegevens (data°)

data set - *data set, modem* - **1.** Data set: een opgeslagen verzameling gegevens; bijvoorbeeld: partitioned data set°, sequential data set° (⇔database°, ⇔file°), **2.** Verouderde term voor: modem°. Zie ook: data°, set°.

data sink - *data sink* - Gegevensopslag: element in een systeemarchitectuur dat gegevens ontvangt en opslaat; letterlijk: gootsteen of zinkput. ⇔data source°

data source - *data source* - Gegevensbron: element in een systeemarchitectuur dat gegevens verstuurt. ⇔data sink°

data staging - *data staging* - Het onttrekken van gegevens uit een of meer databases (database°), die consolideren en vervolgens opslaan in een gemakkelijk te gebruiken vorm (to stage°: klaar zetten), bijvoorbeeld een relationele database of een spreadsheet°. Als deze gegevens gesynchroniseerd moeten blijven met de oorspronkelijke, is een uitgebreide vorm van replicatie (replication°) noodzakelijk. Om dit alles te realiseren. moet men beschikken over een goede repository° met gegevens over de gegevens.

data storage - *gegevensopslag* - De opslag (storage°) van gegevens (data°), die op verschillende manieren kan plaatsvinden: primary data storage (waarbij willekeurige toegang mogelijk is - random access°), secondary storage (gegevensopslag die fysiek verwisseld kan worden, bijvoorbeeld op tape° of diskette°), backup° data storage (bijvoorbeeld backup° via een tape streamer°).

data stream - *data-stream* - Een fysieke of logische verbinding (stream°) voor de overdracht van gegevens (data°).

data structure diagram - *DSD* - Zie: DSD°.

data switch - *omschakelaar* - Eenvoudige schakelaar waarmee twee of meer PC's met een of meer printers kunnen worden verbonden; kan ook voor andere verbindingen worden gebruikt.

data terminal equipment - *DTE* - Zie: DTE°.

data transfer - *gegevensoverdracht* - Gegevens (data°) overbrengen, op welke manier dan ook.

data transmission - *datatransmissie* - Het versturen van tekens over een verbinding volgens een bepaalde methode, bijvoorbeeld synchroon (synchronous°) of asynchroon (start/stop°). ⇔data communication°

data type - *gegevenstype* - Het soort gegeven, bijvoorbeeld: binary°, character°, integer°, floating-point°, logic type°; zie ook: abstract data type°, loosely-typed°, strong typing°, weak typing°.

data under voice - *DUV* - DUV°: techniek om gegevens (data°) *onder* de spraakfrequenties (voice°, 300-3200 Hz) te versturen. ⇔data over voice°

data-voice - *DV* - Zie: DV°.

data-voice multiplexer - *data-voice multiplexer* - Een multiplexer° voor spraak en gegevens (DV°) via een enkele lijn, met bijvoorbeeld de mogelijkheid om tot 13 spraakkanalen via een 64 kbps verbinding te laten lopen.

data warehousing - *gegevens opslaan* - Gegevens figuurlijk opslaan in een pakhuis (information warehouse°: een speciale database°): zodat zij later kunnen worden geraadpleegd (data mining°).

date - *datum* - Wel een gegeven in de computer, maar iets anders dan zomaar data° (gegevens); in DOS° een opdracht om de datum te veranderen. De datumnotatie (date format) en het gebruikte scheidingsteken (separator°) kan meestal gekozen worden. Zie ook: due date°, expiration date, Julian date°, system date°. Ook DOS°-opdracht om de datum te controleren en in te stellen.

daughterboard - *printplaat* - Plaat met gedrukte bedrading (printed circuit°) waarop elektronische modules (module°) worden gemonteerd; wordt geplaatst op een moederplaat (motherboard°)

DAVIC {dee·vik} - *Digital AudioVisual International Council* - Een internationale groep die normen ontwikkelt voor multimedia°, geleid door mensen die ook de MPEG-°-2 norm hebben ontwikkeld. In de VS is iets dergelijks opgericht onder de naam: DAVID. ⇔ECCA°

dB {di·bi} - *deciBel* - Logaritmische eenheid van geluidssterkte: een tiende Bel. Zie ook: dB(A)°, dBm°.

DB {di·bi} - *DataBase, Data Bus* - **1.** Database°: gegevensbank waarin gegevens systematisch worden opgeslagen (DBMS°), **2.** Data bus°: intern communicatiekanaal in een PC; zie ook: DB connector°, DB9°, DB25°.

DB2 {di·bi·toe} - *DataBase2* - DB2: populaire relationele database° (RDBMS°) van IBM voor grote en kleine computers.

DBA {di·bi·ee} - *DataBase Administrator* - DBA, databasebeheerder: persoon (administrator°) die een database° en zijn definities beheert. ⇔system administrator°

dB(A) {di·bi·ee} - *deciBel(Adjusted)* - dB(A): geluidsniveau (dB°) gecorrigeerd voor de gevoeligheid van het menselijk oor. Is de gebruikelijke manier om een geluidsniveau te specifieren, bijvoorbeeld: 50 dB(A) = gedempt, 60 dB(A) = storend, 70 dB(A) = tamelijk luid, en 80 dB(A) = luid.

dBASE {di·bees} - *dBASE* - De moeder van alle niet-relationele databases (database°) voor PC's van Ashton-Tate, opgericht door G. Tate; is gebaseerd op Vulcan, een database van C.W. Ratliff; gebruikt voor directe opdrachten een: dot prompt°. Bekend zijn: dBASE II (1981), dBASE IIIPlus (1986) en dBASE IV (1988, veel problemen). Tate overleed in de tweede helft van de jaren 80, toen het bedrijf steeds slechter liep; in 1991 is het bedrijf overgenomen door Borland, dat in 1994 dBASE 5.0 for Windows° uitbracht. Zie ook: DBF°, Xbase° (dBASE-klonen).

DB connector {di·bi} - *Data Bus connector* - DB-stekker: gebruikt voor de aansluiting van randapparatuur (peripheral°) op de data bus° van een PC; bijvoorbeeld: DB-9, DB-15, DB-25, DB-37 en DB-50 (het getal geeft het aantal pinnen aan). ⇔BNC connector° ⇔DIN connector°

DBCS {di·bi·si·es} - *Double-Byte Character Set* - DBCS: een uitbreiding van de EBCDIC°-tekenverzameling (character set°), waarbij voor elk teken twee bytes° (16 bits) worden gebruikt in plaats van één; wordt onder andere gebruikt voor Japanse tekens. ⇔Unicode° (voorgestelde 16-bit ASCII°)

DB/DC {di·bi·di·si} - *DataBase/Data Communication* - DB/DC: algemene term voor een database° geïntegreerd met data communicatie: die kan worden gebruikt door terminals op afstand (remote°).

DBF {di·bi·ef} - *dBASE Format* - Bestandsindeling (format°) van dBASE°: een de facto norm die ook wordt gebruikt door Xbase° (dBASE-klonen). Wordt ook als extensie (extension°: .DBF) gebruikt voor dBASE-bestanden (file°).

dBm {di·bi·em} - *deciBel·mWatt* - dBm: aantal dB° boven (+) of onder (-) 1 mWatt (een duizendste Watt°); bijvoorbeeld: -30 dBm = 0,001 mWatt.

DBMS {di·bi·em·es} - *DataBase Management System* - Database-managementsysteem: de programmatische beheerder van een database°systeem, gebruikt voor de toegang tot de gegevens (opslaan, uitlezen, veranderen en verwijderen).

DBS {di·bi·es} - *DataBase Schema* - Beschrijving (schema°) van een database°-ontwerp.

DC {di·si} - *Direct Current, Data Communication, Device Control* - **1.** Gelijkstroom (⇔AC°), **2.** Datacommunicatie; de afkorting wordt bijvoorbeeld gebruikt in de naam van een netwerkproduct of in een schema; zie ook: DB/DC°, **3.** Besturing (control°) van een apparaat (device°), zie: DC1...4°.

DC1...4 {di·si} - *Device Control character 1...4 - DC1...4: ASCII°*- besturingstekens die worden gebruikt voor het veranderen van de werking van een apparaat (device°); hun functie is in ieder apparaat vastgelegd.

DCA {di·si·ee} - *Document Content Architecture* - DCA: IBM-architectuur voor de uitwisseling van tekstbestanden, bijvoorbeeld tussen een PC en een Mac°. Ook: extensie (extension°) van een DCA-bestand.

DCC {di·si·si} - *Digital Compact Cassette* - DCC: Nieuw type digitale (digital°) geluidsband in een cassette van Philips met 2 + 9 sporen (track°), geintroduceerd in de beginjaren 90; gebruikt een speciale digitale codering. De leeskop (read head°) bestaat uit twee delen: (1) de digitale helft met 8 sporen + 1 hulp-spoor, (2) de analoge helft met twee (stereo)sporen voor conventionele bandjes; de kop wordt omgedraaid als de bandrichting verandert. Concurrent van MD°, maar anno 1996 lijken beide ten dode te zijn opgeschreven. ⇔DAT°

DCE {di·si·ie} - *Data Communications Equipment, Distributed Computing Environment* - **1.** Data Communications Equipment, DCE: communicatieapparatuur, bijvoorbeeld een modem° die wordt aangesloten op een poort (DTE°); wordt ook wel genoemd: Data Circuit-terminating Equipment, **2.** Distributed Computing Environment, DCE: belangrijke decentrale UNIX°-verwerkingsomgeving voor client/server° en distributed processing°, waarvan de bronprogramma's (source code°) worden verkocht door OSF°. De grote doorbraak van DCE° werd verwacht in 1995.

DCF77 {di·si·ef}- *Digitally Controlled Frequency 77 kHz* - DCF77: vanuit Frankfurt uitgezonden radiosignaal om klokken gelijk te laten lopen; gebruikt een frequentie van 77 kHz (lange golf).

D-channel {di} - *Delta-channel* - D-kanaal (channel°) voor 16 (BRS°) of 64 kbps° (PRS°) in een ISDN°-verbinding, bedoeld voor de besturing (signaling°), maar ook gebruikt voor PIN°-verificatie; werkt op basis van X25°. ⇔B-channel°

DCL {di·si·el} - *Digital Command Language* - DCL: opdrachtentaal (command°) van Digital° waarmee een command file° (vergelijkbaar met een batch file° in DOS°) kan worden geschreven.

DCOM {di·kom} - *Distributed Common Object Model* - DCOM: vervanger van Network OLE (OLE°) als naam voor de gedistribueerde (distributed°) object°-technologie.

DCS-1800 {di·si·es}- *Digital Cellular System*-1800 - Versie van GSM° (900 MHz) voor beperkt mobiele (mobile°) toepassingen, bijvoorbeeld binnen gebouwen of kantoorcentra, werkend op 1800 Mhz en met lagere vermogens dan GSM. Niet verwarren met: DECT°, dat over een beperkt gebied werkt, maar een hogere concentratie toestaat). In de VS is ook sprake van een DSC-1900-norm, werkend op een iets hogere frequentie. Beide normen van ETSI°.

DCS-1900 {di·si·es}- *Digital Cellular System*-1900 - Versie van DCS-1800° voor beperkt mobiele (mobile°) toepassingen, in de VS bedoeld voor PCS°, gepositioneerd rond de 1900 Mhz. ⇔NAMPS°

DCT {-} - *Direct Cosine Transformation, DiCTionary* - **1.** DCT: compressietechniek bijvoorbeeld gebruikt voor: real-time° video°; wordt toegepast in JPEG° en

MPEG° in een 8x8 pixel° vierkant (⇔fractal compression°, wavelet°), **2.** DCT: extensie (extension°) voor een dictionaire-bestand (dictionary°); alternatief: DIC°.

.DCT file {-} - *.DiCTionary file* - DCT: extensie (extension°) van een bestand (file°) waarin een dictionaire (dictionary°) is opgeslagen.

DD {di·di} - *Double Density, Dual Density* - **1.** Dubbele dichtheid (density°) van bits op een diskette°, waardoor er meer bits op kunnen worden opgeslagen (⇔HD° ⇔SD°), **2.** Met twee dichtheden werkend, zie: dual density°.

D/D {di·di} - *Data Dictionary* - Gegevensdictionaire, zie: data dictionary°.

DDE {di·di·ie} - *Dynamic Data Exchange* - DDE: in Windows°, OS/2° en System 7°, de mogelijkheid om direct (dynamic°) gegevens (data°) uit te wisselen tussen PC-programma's; is een vorm van hot link°. Heet op de Macintosh°: IAC°. DDE wordt vervangen OLE°. ⇔DLL°

DDL {di·di·el} - *Data Definition Language, Data Description Language* - DDL: een programmeertaal om gegevenselementen (data element°) in een database° te definiëren. ⇔DML°

DDP {di·di·pi} - *Distributed Data Processing* - DDP: decentrale gegevensverwerking; term is ontstaan in de begintijd van de computerdecentralisatie rond 1970.

DDS {di·di·es} - *Data Dictionary System, Dataphone Digital Service, Digital Data Storage* - **1.** D/D°-systeem: een gegevensdictionaire beschouwd als een systeem (system°), **2.** DDS: Amerikaanse dienst van AT&T° voor directe gegevensoverdracht via een modem° op 56 kbps, oorspronkelijk in 1958 met een snelheid van 300 bps°, zie ook: Switched 56°, **3.** DDS: norm van HP° en Sony voor 4 mm DAT° magneetband (tape°), later uitgebreid met data compression° (DDS-DC) (⇔QIC°); met DDS-3 past 24 GB° op een band van 125 m.

DDS cartridge {di·di·es} - *Digital Data Storage cartridge* - DDS° cassette (cartridge°): bevat 60 of 90 meter 4 mm DAT° magneetband.

DEA {-} - *Data Encryption Algorithm* - Codeeralgoritme (algorithm°), zie: data encryption standard°. Is de ANSI°-naam voor: DES°. Betekent ook: Drug Enforcement Agency (Amerikaanse organisatie voor de bestrijding van drugsgebruik).

deactivate - *inactiveren* - Logisch uitschakelen: een geactiveerd apparaat (device°) of onderdeel buiten bedrijf stellen; deactiveren staat niet in de Van Dale. ⇔activate°

dead-code - *dead-code* - Overbodige (niet langer gebruikte) stukken programmatuur (code°) in een programma.

dead key - *dode toets* - Toets gebruikt om een accent op een letter te plaatsen, want de cursor° verschuift niet na het indrukken ervan. Loze toets? ⇔autorepeat° ⇔typematic°

deadline - *deadline* - Een tijdslimiet in een tijdschema (schedule°); letterlijk: grens van een verboden gebied. The remaining work increases as the deadline approaches (Het resterende werk neemt toe naarmate de deadline nadert - omdat men zich beter bewust wordt van wat er nog allemaal moet worden gedaan).

deadlock - *deadlock, impasse* - Patstelling: ontstaat omdat een proces (process°) wacht op de actie van een ander, en omgekeerd. Wordt ook wel genoemd: deadly embrace°

deadly embrace - *deadlock, impasse* - Dodelijke omhelzing, synoniem van: deadlock°.

dead-on-arrival - *DOA* - Zie: DOA°.

dealer - *dealer* - Detaillist of leverancier: wederverkoper die al dan niet is geautoriseerd (authorized°). ⇔distributor°

deallocate - *deallocate (vrijgeven)* - Een reservering (allocate°) opheffen. ⇔reallocate°

deassign - *deassign (vrijgeven)* - Een toekenning of opdracht (assign°) opheffen.

debit - *debit, debet* - **1.** Debit, zoals in: debit card°, **2.** Debet: schuld die u moet betalen. ⇔credit°

debit card - *debit card* - Plastic kaart, ter grootte van een creditcard, waarvoor moet worden betaald voordat hij kan worden gebruikt, bijvoorbeeld een telefoonkaart; of een kaart waarmee direct van het saldo wordt afgeschreven. ⇔charge card° ⇔creditcard°

debug - *debug* - **1.** Debug (fouten opsporen en corrigeren): de bugs° uit een programma halen totdat het goed werkt, **2.** DOS°-programma om een gecompileerd (compile°) programma (zonder opnieuw compileren) direct te veranderen. ⇔zap°

debugger - *debugger* - Hulpprogramma voor het uitvoeren van debug°.

DEC {dek} - *Digital Equipment Corporation* - Een computerleverancier; zie: Alpha°, Digital°.

decapsulate - *uitpakken* - Een informatiepakket (packet°) uitpakken: de door elke laag van bijvoorbeeld het OSI°-model toegevoegde informatie deel na deel verwijderen. ⇔encapsulate°

decibel - *dB* - Eenheid van geluidssterkte, zie: dB°. Operatie DeciBel is de omschakeling op 10-cijferige telefoonnummers in Nederland op 10 oktober 1995.

decimal - *decimaal, tientallig* - Getal uitgedrukt in het tientallig stelsel (decimal system°). Zie ook: dotted decimal° (Internet° adres), packed decimal° (2 cijfers/byte°). ⇔binary° ⇔hexadecimal° ⇔sexadecimal° (hexadecimaal)

decimal aligning - *decimale uitlijning* - Horizontaal cijfers goed op hun plaats zetten, zodat tientallen, honderdtallen enzovoorts netjes onder elkaar staan - vooral een probleem met proportionele spatiëring (proportional spacing°). Wordt gedaan op plaatsen waar normaal de punten en komma (decimal point°) in de getallen staan.

decimal character - *decimaalteken* - In Angelsaksische landen een punt (decimal point°: .), bij ons een komma (,).

decimal digits - *cijfers achter de komma* - Cijfers (digit°) achter de komma (decimal point°): de cijfers 0...9. ⇔decimal number°

decimal number - *getal* - Waarde die wordt weergegeven door een of meer decimale cijfers. ⇔decimal digit°

decimal point - *komma* - Omdat Amerikanen een punt gebruiken als komma in getallen met cijfers achter de komma; zie de lijst met veelgebruikte tekens achterin dit boek.

decimal system - *tientallig stelsel* - Systeem voor het schrijven van getallen op basis van decimale (decimal°) cijfers, niet binair (binary°) of octaal (octal°). Het Dewey Decimal System wordt gebruikt in bibliotheken, bijvoorbeeld classificaties 500-599 (wetenschappen) of 600-699 (nuttige kunsten).

decipoint - *decipoint* - Maateenheid: 1/720 inch (0,0353 mm), een tiende point°, eenheid gebruikt voor de precieze afdruk van tekens.

decision - *beslissing* - Zie ook: Carterfone decision°, make-buy decision°.

decision support center - *DSC* - Zie: DSC°.

decision support system - *DSS* - Informatiesysteem voor de analyse van gegevens voor het maken van voorspellingen ter ondersteuning van de besluitvorming (decision°); programma's waarmee u eerder genomen beslissingen kunt rechtvaardigen. Voor een groep: GDSS°.

decision table - *beslissingstabel* - Tabel waarin u voor elk geval de uitkomst kunt aflezen; is een andere vorm van een: decision tree°.

decision tree - *beslissingsboom* - Logische structuur die voor elk voorgelegd geval een beslissing geeft; is een andere vorm van een: decision table°.

deck - *stapel, mechanisme* - **1.** Stapel: bijvoorbeeld ponskaarten (card° deck), **2.** Afspeel/opnamemechanisme voor magneetband (tape° deck).

declarative - *declaratief* - Eigenschap van een programmataal: waarmee alleen gezegd hoe de vork feitelijk in de steel zit, niet wat ermee moet worden gedaan; het programma is dan vaak object-georiënteerd (object-oriented°). ⇔procedural°

declare - *definiëren* - Gegevens, symbolen enzovoort definiëren in een programma, bijvoorbeeld in een include file°; letterlijk: een verklaring ergens over afleggen.

decode - *decoderen* - Gecodeerde informatie ontcijferen, zie bijvoorbeeld: UUdecode°, Viterbi-decoding°. ⇔encode°

decoder - *decodeerapparaat* - Een apparaat dat een signaal (signal°) of gegevens (data°) decodeert (decode°); zie bijvoorbeeld: IRD°. ⇔encoder°

decoding - *decoderen* - Een signaal (signal°) of gegevens (data°) decoderen (decode°). ⇔encoding°

decommit - *decommit* - Zichzelf van een verplichting ontheffen; het omgekeerde van: commit° (zichzelf tot iets verplichten).

decomposition - *decompositie* - Probleemstellingen in delen splitsen die makkelijker te begrijpen en te hanteren zijn; bijvoorbeeld in een besturingsmodule (module°) die verscheidene verwerkingsmodules bestuurt, die op hun beurt invoer/uitvoer modules besturen. Ook: functional decomposition° (functionele decompositie). Wordt ook gebruikt voor het uiteenrafelen van bestaande programma's, die daarna opnieuw worden samengesteld door middel van hercompositie (recomposition°, re-engineering°).

decompress - *decomprimeren* - Uit elkaar halen of uitpakken, zie: decompression. ⇔compress°

decompression - *decompressie* - Het uitpakken (decompress°) van gecomprimeerde gegevens. ⇔compression°

decrease - *verminderen* - Een getal, instelling of waarde verkleinen, soms met een bepaalde waarde; is praktisch gelijk aan: decrement. ⇔increase°

decrement - *verlagen* - Als werkwoord, een getal of waarde in een teller (counter°) verkleinen met een bepaalde waarde, meestal met 1. Als zelfstandig naamwoord, het getal waarmee iets wordt vermindert. Is praktisch gelijk aan het werkwoord: decrease°. ⇔increment°

decrypt - *ontsleutelen* - Versleutelde informatie herkenbaar maken. ⇔encrypt°

decryption - *ontcijfering* - Het herkenbaar maken van versleutelde informatie. ⇔encryption°

DECT {dekt} - *Digital European Cordless Telecommunications* - DECT: Europese norm voor digitale snoerloze (cordless°) telecommunicatie van ETSI° met 120 kanalen, oorspronkelijk ontwikkeld door Ericsson, vooral bedoeld voor kantoren, hallen of fabrieken; heette oorspronkelijk: Digital European Cordless Telephony (CT°); werkt als CT°-3 tussen 1880-1900 Mhz° en is geschikt voor draadloze LAN's (wireless LAN°). Het grote voordeel ten opzichte van GSM° is dat DECT beschikt over veel meer kanalen en dus gebruikt kan worden in een drukke ruimte; nadeel is de noodzaak voor de nabijheid van een radiocentrale (cordless PBX°). Niet verwarren met: DCS-1800° (GSM rond 1800 MHz), die geschikt is voor een nationale dienst maar niet zo'n hoge concentratie toestaat. Ofschoon het allemaal ETSI-normen zijn,betekent dit niet dat er gedacht is aan de integratie van de twee technieken, bijvoorbeeld dezelfde telefoonnummers of het gebruik van dezelfde telefoon enz.

dedicated - *dedicated* - Geheel toegewezen aan of gericht op een bepaalde activiteit en kan op dit moment dus niets anders doen, bijvoorbeeld: dedicated bandwidth°, die volledig is toegewezen. ⇔nondedicated° ⇔shared°

dedicated line - *gehuurde telefoonlijn* - Huurlijn die geheel tot uw beschikking staat (dedicated°), bijvoorbeeld gebruikt in een computernetwerk; synoniem: leased line°.

deduction - *deductie* - Gevolgtrekking afgeleid uit hypothesen. ⇔induction°

DEF {-} - *DEFinition, DEFault* - DEF: extensie (extension°) van een definitie- of default°-bestand (file°).

de facto standard - *de facto norm* - Norm (standard°) die niet officieel is aangenomen maar wel door praktisch iedereen wordt gehanteerd of gevraagd. ⇔de jure standard°

default - *default, standaard, standaard-instelling* - Vooraf gekozen, soms onhandige waarde of instelling die of element dat door het systeem wordt gebruikt en meestal niet of moeilijk kan worden veranderend; ook: default assumption (veronderstelling), default date° (datum), default device° (apparaat). Letterlijk: in gebreke blijven.

default attribute - *standaardkenmerk* - Kenmerk of waarde (attribuute°) die automatisch door het systeem wordt gebruikt.

default directory - *standaard-directory* - De directory° die, als niets anders wordt opgegeven, zal worden gebruikt.; in DOS°, de huidige (active°) directory°.

default disk - *standaard-diskette* - Het station (drive°) dat staat aangegeven in de prompt°, bijvoorbeeld: 'C:' in 'C:\WP51>'.

default drive - *standaard-station* - Het station (drive°) dat staat aangegeven in de prompt°.

default file - *standaard-bestand* - Het bestand (file°) dat normaal (default°) gebruikt wordt.

default font - *standaard-font* - Het lettertype (font°) dat zonder nadere aanwijzingen gebruikt wordt in een printer of door een tekstverwerker (text processor°): was vroeger Courier°, nu meestal Times Roman.

default path - *standaard-pad* - Het pad (path°) dat normaal in DOS° is ingesteld met behulp van de PATH-opdracht in de AUTOEXEC.BAT° of door een toepassing (application°).

default printer - *standaard-printer* - De printer die wordt gebruikt wanneer geen andere wordt gespecificeerd.

default setting - *standaard-instelling* - De instelling (setting°) van een apparaat (device°) of toepassing (application°) die zonder verandering wordt gebruikt.

default target drive - *standaard-directory* - De directory° die door een toepassing (application program°) steeds wordt gebruikt, bijvoorbeeld: 'C:\WP51'.

default value - *standaard-waarde* - Instelling of waarde (value°) die vanaf het begin aan een variabele (variable°) wordt gegeven, maar die veranderd kan worden.

defect - *afwijking* - Een mankement aan apparatuur of in een diskette°; zie ook: zero-defect°.

defer - *uitstellen* - Een actie of bewerking in een computer of organisatie uitstellen, omdat de benodigde middelen niet aanwezig zijn of omdat andere dingen op dit moment belangrijker zijn.

deferred printing - *deferred printing* - Uitgesteld afdrukken: een mogelijkheid om af te drukken zonder dat op dat moment de gewenste printer aanwezig is (bijvoorbeeld in een laptop°) of omdat de printer defect is. Een vorm van spoolen (spool°, redirection°).

deferred write - *deferred write* - Uitgesteld schrijven: techniek om het aantal schrijfopdrachten (I/Os°, write°) te beperken door af te wachten of er in het weg te schrijven blok (block°) nog wat verandert; vereist een groot cache°-geheugen maar kan de moeite lonen als de blokken groot zijn.

define - *definiëren, bepalen* - Een instelling (setting°), parameter° bepalen of een toepassing (application°) definiëren. Is meer algemeen dan: specify°.

definition - *definitie* - Specificatie van bijvoorbeeld gegevens (data definition°), oplossend vermogen (resolutie) van een camera of details in een beeld (image°). Extensie (extension°) van een definitiebestand: .DEF°.

defrag - *defragmenteren* - Bewerking om aansluitende informatie in aansluitende sectoren (sector°) van een disk° te plaatsen, zodat programma's en/of gegevens snel kunnen worden uitgelezen. Voluit: defragment.

defragger - *defragger* - Een programma waarmee u een disk° kunt defragmenteren of comprimeren, op elkaar aansluitende informatie in aansluitende sectoren (sector°) zetten; zie: defragmentation°.

defragmentation - *defragmentatie* - Gedefragmenteerde (fragmentation°) gegevens, die verspreid staan op een disk°, groeperen ter vergroting van de snelheid waarmee ze kunnen worden uitgelezen. Synoniem: compression° (compressie).

degauss - *ontmagnetiseren* - Geschreven magnetische sporen (track°) verwijderen van tape° of disk° met een degausser°, bijvoorbeeld om vertrouwelijke gegevens te vernietigen; is genoemd naar K.F. Gauss (1777-1855). De degaussing coil om de kathodestraalbuis van een beeldschermeenheid dient ervoor om het beeldscherm te ontmagnetiseren d.m.v. een drukknop.

degausser - *degausser* - Apparaat om gemagnetiseerde sporen te verwijderen door middel van een uitdovend magnetisch wisselveld (degauss°); synoniem: bulk eraser°.

degradation - *degradatie* - Achteruitgang in de werking: van een apparaat of systeem; zie ook: graceful degradation°.

degrade - *verminderen* - De goede werking van een computer, vaste schijf (hard disk°) enzovoort neemt af; ook: graceful degradation° (kapot, maar nog gedeeltelijk te gebruiken). Niet: degraderen. Het verband met upgrade° is uitsluitend gelegen in de mogelijkheid dat dit aanleiding is voor de aanschaf van een zwaardere of snellere uitvoering.

degree - *graad, mate* - **1.** Graad: maat voor de temperatuur, zoals: °C, °F, **2.** Universitaire graad, zoals: philosophical degree (PhD), **3.** Mate, zoals in: true to a degree (enigzins waar).

deinstall - *installatie ongedaan maken* - Een geïnstalleerd (install°) programma of apparaat (device°) letterlijk of figuurlijk verwijderen; kan bijvoorbeeld nodig zijn voor beschermde programma's waarvan slechts één kopie mag worden gemaakt.

de jure standard - *de jure norm* - Officiële norm (standard°). ⇔de facto standard°

Del {del} - *Delete* - Del: toets om het teken, aangewezen door de cursor°, op een scherm te verwijderen.

Delaware corporation - *Delaware corporation* - Delaware: staat (state°) in de VS waar (op papier) veel grote bedrijven (corporation) zijn gevestigd vanwege de soepele bedrijfswetgeving.

delay - *vertragen, vertraging* - **1.** Vertragen, in de tijd, bijvoorbeeld het gereedkomen van een project uitstellen, **2.** Tijdsverschil: tussen plan en werkelijkheid vanwege een te optimistische schatting (estimate°), of tussen spreken en ontvangst daarvan aan de andere kant van de telefoonlijn in geval van een satellietverbinding; zie ook: rotational delay°.

delay line - *vertragingslijn* - Analoog element dat werd gebruikt voor de opslag van gegevens in de allereerste computers, later voor het toevoegen van echo voor de ruimtelijke weergave van geluid; nu vindt vertraging meestal digitaal plaats.

delete - *verwijderen, wissen, Del* - Een teken in het scherm of een gemarkeerd deel (mark°) verwijderen met behulp van de Del°-toets of een naam of bestand (file°) verwijderen (zie ook: undelete°); synoniem: erase°. ⇔undelete°

delete key - *Del* - Toets (key°) waarmee een teken (character°) in het beeldscherm kan worden verwijderd (delete°).

deletion - *gewist record* - Record (record°) waarvan is aangegeven dat het niet meer als zodanig zal worden gebruikt; wordt pas later gewist wanneer het zeker niet meer nodig is.

delimiter - *scheidingsteken* - Een teken (character°), meestal een symbool, dat gebruikt wordt om twee delen informatie te scheiden, zie bijvoorbeeld: comma-delimited ASCII°.

deliverables - *af te leveren producten* - De in een project° ontwikkelde programmatuur, documentatie of training.

delta - *delta* - Verschil: extra tijd of geld die nodig is voor een bepaalde verandering in een programma, project of systeem; er is zelden een delta over.

delta modulation - *deltamodulatie* - Modulatiemethode waarbij alleen het verschil (delta°) met de vorige waarde (sample°) als enkel bit wordt verstuurd; is eenvoudig te realiseren maar vergt een hoge snelheid (bit rate°); is een vorm van PCM°.

demand, on - *naar behoefte* - Op aanvraag, variabel: inktdruppels in een inkjet° printer, bandbreedte (dynamic bandwidth allocation°), video-on-demand° (VoD°). Geeft flexibiliteit, maar is technisch vaak ingewikkelder dan continu leveren.

demand priority - *demand priority* - Methode van toewijzing van hulpmiddelen:

wie het eerst komt (vraagt), het eerste maalt (krijgt). ⇔CSMA/CD°

demand processing - *online transactieverwerking* - Transacties (transaction°) direct verwerken; synoniem: online° transaction processing° (OLTP°).

demo {*deh*·mo} - *demonstration* - Demo(nstratie): waarbij van alles kan misgaan; zie: Murphy's law°.

demodulate - *demoduleren* - De modulatie van een signaal verwijderen: het omgekeerde van: modulate° (moduleren); zie ook: modem°. ⇔modulate°

demon - *demon* - Zie: daemon°.

demonstration - *demo* - Zie: demo°.

demote - *niveau verlagen* - Het prioriteitsniveau (priority°) van een apparaat (device°) of programma, in een tekstverwerker van een kop (heading°) verlagen. ⇔promote°

demount - *afhalen* - Een tape° of disk°, die eerder was opgezet (mount°), er afhalen. ⇔mount°

demultiplex - *demultiplex* - Een gedeelde verbinding omzetten in de oorspronkelijke lijnen. ⇔multiplex°

demultiplexer - *demultiplexer* - Voorziening die een gedeelde verbinding omzet in de oorspronkelijke lijnen; zie ook: muldem°. Afgekort: demux°, DMUX°. ⇔multiplexer°

demultiplexing - *demultiplexing* - Verscheidene langzame kanalen ontrafelen uit een snelle gedeelde verbinding door middel van een demultiplexer°. ⇔multiplexing°

demux {di·muks} - *demultiplexer* - Afkorting van: demultiplexer°; ook: DMUX°. ⇔MUX°

denominator - *noemer* - Waarde die onder een deelstreep van een deling (division°) staat. Zie ook: common denominator°. ⇔numerator° (teller)

dense - *dicht* - In een grafische omgeving, de mate van arcering (shading°) of zwartheid.

density - *dichtheid, zwarting* - **1.** Dichtheid: van bits of sporen (track°) per inch op een disk°, diskette° of tape°; ook: double density°, high-density° (HD°), quad density°, recording density°, **2.** Zwarting: van afgedrukte tekens.

dependency - *afhankelijkheid* - Element waardoor een werkzaamheid of job° niet kan beginnen voordat de huidige is afgerond. Wordt ook gebruikt in verband met een attribuut (attribute°) van een entiteit (entity°) die alleen van belang is wanneer een ander attribuut wordt gebruikt, of van een entiteit als een andere entiteit aanwezig is.

dependent - *afhankelijk* - Een taak (task°) document of werkblad dat afhankelijk is van een hogere taak, document of werkblad voor input° of instellingen (setting°).

deployment - *gebruik, inzet* - De inzet of het gebruik van een hulpmiddel (resource°): mensen, software° of hardware°.

depth - *diepte* - Afmeting, meestal van voor naar achter. Ook: page depth° (aantal regels op een pagina).

depth-first - *depth-first* - In een zoekruimte (search space°) eerst de achtergelegen toestanden (state°) onderzoeken voordat men naar verwante toestanden kijkt. ⇔breadth-first°

deregulation - *deregulering* - Het versoepelen van beperkende overheidsvoorschriften; gaat vaak vooraf aan privatisering (privatization).

DES {des} - *Data Encryption Standard* - Een cryptografische norm (data encryption standard°); gebruikt 64-bit blokken met een 56-bit (+8 parity° bits) sleutel (key°) en werkt met schuifregisters (shift register°); FIPS° 46 uit 1979; zie ook: convolution°. Een verbetering van de nogal korte sleutel is: triple-DES°. Synoniem: DEA° (ANSI°-naam voor DES). ⇔RSA°

descend - *aflopen* - Naar beneden lopen. Met een 't': descent (afdaling). ⇔ascend°

descender - *staart* - Onderste deel van de letters g, j, p, q, y en ij. ⇔ascender° (stok)

descending order - *aflopende volgorde* - Manier om gegevens te rangschikken (sort°) in afdalende volgorde (order°); is meestal gebaseerd op de tekencode (collating sequence°). ⇔ascending order°

descending sort - *aflopend sorteren* - Sorteren (sort°) in een aflopende volgorde (descending order°). ⇔ascending sort°

descrambler - *descrambler* - **1.** Ontcijferschakeling: voor de berichten die met een scrambler° zijn versleuteld, **2.** Schakeling in een modem° die door een scrambler 'gehutselde' bits 'onthutselt' (het hutselen is nodig om de synchronisatie te behouden in geval van lange reeksen gelijke tekens); wordt toegepast in V.26ter° en V.27bis°. ⇔scrambler°

description - *beschrijving* - Tekst die een proces (process°), taak (task°) of toepassing (application°) beschrijft, op papier of in een scherm.

deselect - *selectie opheffen* - Een eerdere selectie (select°), bijvoorbeeld van een apparaat (device°), ongedaan maken. ⇔select°

deserializer - *serie-parallel omzetter* - Voorziening die achtereenvolgens beschikbaar komende (serial°) informatie of gebeurtenissen naast elkaar (parallel°) beschikbaar maakt. ⇔serializer°

design - *ontwerp, ontwerpen* - Ontwerp: Indeling van een systeem, van een schakeling, van een programma, van gegevens (data°) of van een database°; wordt ook bijvoeglijk gebruikt om aan te geven dat iets gebruikt wordt tijdens het ontwerp, bijvoorbeeld: design database. Ontwerpen: het indelen. Zie ook: logical design°, industrial design° (vormgeven), physical design°, structured design°. Gebruikt in verband met het uiterlijk van voorwerpen of apparaten: ontworpen door een kunstenaar.

designate - *vastleggen* - Iets benoemen of aanwijzen voor een bepaalde taak.

designation - *benaming, benoeming* - Naam, bijvoorbeeld: port designation° (poort-aanduiding).

design automation - *design automation* - Elektronica ontwerpen met behulp van een computer: elektronische en logische schakelingen berekenen en plaatsen op een chip° of PCB°; heet nu meestal: EDA°.

designer - *ontwerper* - De programmeur van de toekomst (computer-aided software engineering°).

design specifications - *ontwerpspecificaties* - Beschrijving van de specificaties van een systeem of toepassing: aan de hand waarvan het wordt ontworpen (design°).

desk - *bureau* - Schrijfbureau, zie: deskside°, desktop°, help desk°.

deskside - *deskside* - PC geplaatst tegen een zijkant onder een bureau, mogelijk op een floorstand° (vloerstaander). ⇔desktop°

desktop - *desktop, werkplek* - Letterlijk: bureaublad; bijvoorbeeld gebruikt in: desktop publishing° (DTP°). Figuurlijk: het GUI°-beeld met pictogrammen (icon°) enzovoort, vooral in Windows 95° met icons (icon°) en een Start-knop (button°). Pile it on the desktop (Gooi het op de desktop - in Windows 95 - toepassingen, documenten en al het andere waarmee u bezig bent, direct of via een shortcut°). ⇔deskside° ⇔laptop° ⇔palmtop° ⇔pentop°

desktop management interface - *DMI* - Zie: DMI°.

desktop multimedia - *desktop-multimedia* - Nieuwe media (multimedia°) beschikbaar stellen op de bureaus van medewerkers: nu mogelijk geworden dankzij de verhoging van de capaciteit en snelheid van LAN's (LAN°), o.a. mogelijk geworden door Ethernet switching°, ISDN° het gebruik van Internet°-voorzieningen in intranets (intranet°).

desktop publishing - *desktop-publishing, DTP* - Zie: DTP°. ⇔video publishing°

desktop video - *desktop-video* - Vergaderen (videoconferencing°) via een venster (window°) op het beeldscherm dat op uw bureau (desktop°) staat, mogelijk via een ATM°- of ISDN°-verbinding volgens H.320° of analoog via het telefoonnetwerk volgens H.324; zie ook: DTV°, ProShare°. Er zijn mogelijkheden om via Internet° vergaderen, o.a. volgens H.261.

destination - *bestemming, doel* - Plaats of onderdeel waar iets, vanuit een source° (bron), naar toe moet. Destination disk (disk°) (doeldiskette). Praktisch synoniem: target° (doel)

destructive readout - *wissende uitlezing* - Methode van gegevens uitlezen (read°) waarbij de oorspronkelijke informatie wordt gewist; als die later nodig is, moet deze opnieuw worden geschreven (write°). ⇔NDRO°

detach - *ontkoppelen* - Een onderdeel van een systeem of randapparatuur loskoppelen, fysiek (physical°) of logisch (logical°). ⇔attach°

detector - *detector* - Magnetische wikkeling of fotocel die de aan- of afwezigheid van een situatie signaleert, bijvoorbeeld een gemagnetiseerde strip in een boek, de aanwezigheid van papier in een printer of putjes in een CD°; ook: fotocel aan de ontvangstkant van een glasvezelkabel (fiber optics°).

determinant - *determinant* - In een NxN vierkant geschreven verzameling van N^2 getallen, gebruikt voor het wiskundig oplossen van N lineaire vergelijkingen met N onbekenden, o.a. gebruikt in spreasheets (spreadsheet°).

DEV {-} - *DEVice driver* - DEV: extensie (extension°) van een bestand dat een stuurprogramma (device driver°) bevat. Alternatief: DRV°, DVR°.

develop - *ontwikkelen* - Een architectuur, systeem of programma ontwikkelen.

developer - *ontwikkelaar* - Persoon die programmatuur ontwikkelt (develop°).

developing environment - *ontwikkel-omgeving* - Programma's en apparatuur als hulpmiddel voor de ontwikkeling van programmatuur.

development - *ontwikkeling* - Ontwikkeling van programmatuur of een informatiesysteem. Zie ook: application development and maintenance°.

development methodology - *ontwikkel-methodiek* - Methodiek (methodology°) gebruikt voor de ontwikkeling (development°) van programmatuur, bijvoorbeeld: SDM°, SSADM°.

development support center - *DSC* - Zie: DSC°.

development tools - *ontwikkelgereedschap* - Systeem, programmatuur en procedures (CASE°, IDE°) voor het ontwikkelen (development°) van programmatuur.

device - *device, apparaat* - Elektronische of elektromechanische randapparatuur van een computersysteem, bijvoorbeeld in- en uitvoereenheden, waarvan het besturingssysteem (operating system°) het adres (address°) of de naam (device name°) kent: eindigt in DOS° op ':', zoals C:° en LPT1:. Ook: network device°. Letterlijk: middel. Zie ook: DC1...4°, logical device°, physical device°.

device control - *DC* - Zie: DC°.

device dependent - *apparaat-afhankelijk* - Kenmerk van programmatuur die een speciaal apparaat (device°) vereist, bijvoorbeeld een bepaalde disk° of type printer. ⇔device independent°

device driver - *device driver, stuur-programma* - Besturingsprogramma voor een onderdeel van een PC of apparaat (device°) van DOS°, bijvoorbeeld: printer driver°, system device driver°. In Windows°, is de extensie van een stuurprogramma vaak: .DRV.

device independent - *onafhankelijk van het gebruikte device* - Kenmerk van programmatuur die op dezelfde manier werkt in verschillende apparaten (device°), bijvoorbeeld: PostScript°. ⇔device dependent°

device manager - *device-manager* - Programmatisch beheer van de hardware° in Windows 95°, waarmee ook de IRQ°-toewijzigingen zichtbaar gemaakt kunnen worden.

device name - *apparaatnaam* - Naam waaronder een apparaat (device°) bekend staat in het besturingssysteem: in DOS° bijvoorbeeld: A: (het eerste diskette°-station), C:° (de eerste vaste schijf) en LPT2: (tweede printer°).

DFD {di·ef·di} - *Data Flow Diagram* - DFD: gegevensstroomdiagram (data flow diagram°) getekend volgens bepaalde conventies.

DG XIII {di·dji} - *Directorate General XIII* - Afdeling van de EG die zich bezighoudt met de telecommunicatiemarkt.

Dhrystone - *Dhrystone* - Eenheid van compu-tercapaciteit: gemeten via een speciale benchmark° van verscheidene algemene instructies; is afgeleid van de VUP° en oorspronkelijk ontwikkeld door R. Weicker in 1984; zie ook: milestone°. ⇔Whetstones° (floating-point°)

DIA {di·ai·ee} - *Document Interchange Architecture* - DIA: IBM-architectuur voor kantoorinformatie, zie ook: DCA°.

DIAC {dai·jek} - *DIode AC switch* - DIAC: tweepolige gestuurde bidirectionele gelijkrichter (diode°) geschikt voor wisselstroom (AC°). ⇔TRIAC°

diacritic - *accent* - Zie: diacritical mark°.

diacritical mark - *accent* - Extra versiering van een teken die de uitspraak verandert, niet de betekenis, bijvoorbeeld: é, è, ê, ë. (Å en Ø lijken accenten te hebben gekregen, maar zijn in feite nieuwe letters.)

diagnostic - *diagnostiek* - Programma om de oorzaak van een fout in de apparatuur mee op te sporen. (Programmatuur gaat niet kapot, veroudert alleen, en werkt dan niet meer als vroeger.) Is tijdens de ontwikkeling ook een belangrijk onderdeel van CASE°-gereedschap om programmeursfouten mee te diagnosticeren. Wordt vaak gebruikt in de meervoudsvorm (diagnostics) omdat de diagnostiek meestal uit verscheidene programma's bestaat.

diagonal - *diagonaal* - De schuine verbindingslijn tussen twee tegenovergelegen hoekpunten van een rechthoek of veelhoek. Wordt gebruikt om de afmetingen van een beeldscherm (CRT°) aan te geven, in inches (bijvoorbeeld: 14 inch°, 15 inch°, 17 inch°, 20 inch°).

diagram - *diagram* - Een schematische tekening met symbolen (Bachmann diagram°, block diagram°, data flow diagram°, Nassi-Shneidermann diagram°, Venn diagram°, Veitch diagram°, Warnier-Orr diagram°) of een organisatieschema. Niet verwarren met: schema° (beschrijving van de structuur van een database°). Zie ook: flow diagram°, vector diagram°.

diagramming - *schema's/diagrammen maken* - Het maken van schematische tekeningen: echte schema's, stroomdiagrammen (flow diagram°), diagrammen (diagram°) of eenvoudige transparanten (foil°, slide°, transparancy°) voor een presentatie. ⇔charting°

dial - *kiesschijf, knop, kiezen* - **1.** Oorspronkelijk de draaischijf (rotary dial°) op een telefoon of draaiknop op een apparaat waarmee een keuze kan worden gemaakt, **2.** Kies-, bijvoorbeeld: kieslijn (dial line°), kiestoon (dial tone°), **3.** Kiezen: een nummer toetsen op een telefoon (redial: opnieuw kiezen).

dial-back modem - *dial-back modem* - Terugbelmodem (modem°) dat u terugbelt op een eerder vastgelegd nummer: dit verkleint de mogelijkheid van inbraak in de centrale computer.

dialect - *dialect* - Programmeertaal (programming language°) die of protocol° dat afwijkt van de gangbare of genormeerde versie.

dialer - *dialer* - PC-programma dat via een modem° een telefoonnummer belt. De gebruiker kiest het telefoonnummer uit een eerder ingevoerde lijst.

dial-in - *inbellen* - Vanaf de ene fysieke lokatie via een kieslijn (dial°) werken op de computer in een andere lokatie. ⇔dial-out° ⇔dial-up°

dialing - *kies..., kiezen* - Werkend of bellen via een telefoonlijn, zie: dial°, letter dialing°, pulse dialing°, redialing°, tone dialing°.

dial-in service - *inbeldienst* - Een afdeling of organisatie die telefonisch diensten (service°) verleent.

dial line - *kieslijn* - Gekozen telefoonlijn (line°) van het openbare telefoonnetwerk; synoniem: switched line°. ⇔leased line°

dialling - *kies...* - Britse spelling van: dialing°.

dialog - *dialoog* - De interactie tussen mens en computer, die nu vaak plaats vindt in een venster (window°); zie: HCI°.

dialog box - *dialoogvenster* - Venster (box°, window°) in een scherm waarin specifieke vragen worden afgebeeld in een grafische omgeving (GUI°).

dialogue - *dialoog* - Britse spelling van: dialog°.

dial-out - *dial-out* - **1.** Werkwijze waarbij een telefooncentrale verscheidene vestigingen (meestal 's nachts) belt om de resultaten van de afgelopen periode op te halen, **2.** Uitbellen van een gebruiker via een van de gemeenschappelijke modems (modem°) aangesloten op een netwerk. ⇔dial-in° ⇔dial-up°

dial phone - *kiesschijftelefoon* - Oud type telefoon (telephone°): waarmee nummers moesten worden gedraaid; werkt met pulsen. ⇔screen phone° ⇔touchtone phone°

dial tone - *kiestoon* - Toon wanneer de telefoonhoorn van de haak wordt genomen: betekent dat men kan gaan kiezen (dial° - letterlijk: draaien).

dial type - *kiessysteem* - De methode voor het kiezen (dial°) van een telefoonnummer: met een draaischijf (pulse-dialing°) of met toetsen (tone-dialing°).

dial-up - *gekozen verbinding* - Verbinding via een kieslijn (dial line° ⇔leased line°) van het openbare telefoonnetwerk. Als werkwoord: to dial up (nummer kiezen, bellen). Verschilt van: dial-in°, dial-out°.

dial-up terminal - *kiesstation* - Terminal die is aangesloten via een gekozen verbinding in het openbare telefoonnetwerk.

dibit - *dibit* - Groep van twee bits (bit°). ⇔tribit° ⇔bigram°

dibit coding - *dibit-codering* - Coderen van vier mogelijkheden met twee bits (bit°), iets heel anders dan: bigram° (combinatie van twee tekens: character°). ⇔tribit coding°

DIC {-} - *DICtionary* - DIC: extensie (extension°) van een dictionaire- bestand; alternatief: DCT°.

dictation - *dicteren* - Heel vroeger dicteerde men brieven en teksten aan een secretaresse, in de jaren 60-70 aan een dicteermachine, in de jaren 90 aan een computer met spraakherkenning (speech recognition°). In de jaren 80 tikte men ze zelf in op een PC. Eindjaren 90 kunt u opdrachten en berichten (message°) inspreken en verzenden via Internet°.

dictionary - *gegevensdictionaire* - Voorziening (data dictionary°) waarin gegevens (data°) zijn gedefinieerd. Snelle modems (modem°) bezitten tegenwoordig ook een dictionaire, die wordt opgebouwd tijdens elke overdracht vanwege compressie (compression°), zie: Lempel-Ziv°, MNP°. Ook een woordenboek voor computertermen of natuurlijke talen

dictionary file - *woordenlijstbestand* - Het bestand met woorden gebruikt voor spellingscontrole (spell checker°).

DIF {dif} - *Data Interchange Format* - DIF: een norm voor de uitwisseling van gegevens tussen microcomputers°, programma's en spreadsheets (spreadsheet°), oorspronkelijk ontwikkeld voor VisiCalc°. De afkorting wordt ook gebruikt als extensie (extension°) van spreadsheet-bestanden. ⇔SDF°

difference - *verschil* - **1.** Rekenkundig verschil van twee getallen, **2.** Een setbewerking (set operation°) waarbij de elementen van een eerste verzameling die niet voorkomen in een tweede, worden gevoegd bij de elementen van de tweede die niet in de eerste voorkomen: alle gemeenschappelijke elementen worden dus weggelaten.

differential phase shift keying - *DPSK* - Zie: DPSK°.

Diffie-Hellman - *Diffie-Hellman* - Uitvinders van de veel gebruikte manier (key exchange algorithm°) om sleutels (session key°) uit te wisselen.

diffraction limited - *door diffractie beperkt* - Eigenschap van optische systemen, zoals CD's (CD°) en glasvezelkabels (fibre optics°), waarvan de capaciteit niet verder kan worden verhoogd omdat kritieke afmetingen in de buurt komen van de golflengte (wavelength°) van het gebruikte licht en dus niet verder kunnen worden verkleind. Het enige wat dan nog rest is verkleining van de golflengte, bijvoorbeeld blauw licht gebruiken i.p.v. rood, of UV°.

digit - *digit* - Cijfer: een geheel, niet-negatief teken, bijvoorbeeld: binary digit° (bit), de cijfers 0 t/m 9 (decimal digit°) of de hexadecimale (hex°) tekens 0 t/m 9 en A t/m F; betekent letterlijk: vinger (in het Latijn: digitus). Zie ook: check digit°.

digital - *digitaal* - Omgezet in discrete waarden, die in een binaire (binary°) code kunnen worden vertaald; is de sleutel tot veel nieuwe elektronische apparaten met een microprocessor° die digitaal werkt. ⇔analog°

Digital - *Digital Equipment Corporation* - DEC°: een computerleverancier die in 1957 is opgericht door Ken Olsen (CEO tot 1992) in een oude wolspinnerij te Maynard, Massachusetts.

digital access and cross-connect system - *DACS* - Zie: DACS°.

digital/analog converter - *DAC* - Zie: DAC°.

digital audio - *digitaal geluid* - Gedigitaliseerde vorm van geluid (audio°). Dit vraagt de nodige bits: bij een bemonsteringsfrequentie (sampling rate°) van 44,1 kHz en 16-bit codering wordt de snelheid 88,2 kbyte/s per kanaal; 1 minuut (60 sec) ongecomprimeerde stereo vraagt dus een opslagruimte van 2x60x88,2 KB = 10,4 MB.

digital audio broadcasting - *DAB* - Zie: DAB°. ⇔DVB°

digital audio tape - *DAT* - Zie: DAT°.

digital audiovisual international council - *DAVIC* - Zie: DAVIC°.

digital cellular radio - *digitale cellulaire radio* - Zie: GSM°.

digital command language - *DCL* - Zie: DCL°.

digital compact cassette - *DCC* - Zie: DCC°.

digital computer - *digitale computer* - Nu gebruikelijk type computer°. ⇔analog computer°

digital equipment corporation - *DEC* - Zie: DEC°.

digital European cordless telecommunications - *DECT* - Zie: DECT°.

digital filter - *digitaal filter* - Filter voor digitale (digital°) audio°- of beeld-signalen: bestaande uit een digitale schakeling die bijvoorbeeld in de tijd middelt over een aantal posities. Zie ook: comb filter°.

digital ink - *digitale inkt* - Het communicatiemedium van pencomputers (pen-based computer°): op een tableau kunt u schrijven en communiceren; binnenkort kunt u gewoon spreken (voice recognition°)!

digitalization - *digitalisering* - Het digitaal (digital°) maken van analoge (analog°) informatie; synoniem: digitization°.

digitalize - *digitaliseren* - Informatie omzetten van analoge (analog°) naar digitale (digital°) vorm, bijvoorbeeld een signaal met een A/D converter° of een foto met een scanner° naar een bitmap°.

digital linear tape - *DLT* - Zie: DLT°.

digital media - *digitale media* - Ander woord voor multimedia°, geïntroduceerd door Silicon Graphics, maar nu algemeen gebruikt ter aanduiding van digitale (digital°) multimedia-toepassingen.

digital microprocessor plotter language - *DMPL* - Zie: DMPL°.

digital mirror - *digitale spiegel* - Techniek ontwikkeld door Texas Instrument om een matrix (array°) van microspiegeltjes in een chip te bakken, bijvoorbeeld 480 000 spiegeltjes voor een resolutie van 800 x 600 (SVGA°). Worden gebruikt in een lichtsterke projector met behulp van een lichtbron, lenzen en een kleurenwiel.

digital mobile - *digitaal mobiel* - Daarmee wordt meestal bedoeld: GSM°.

digital modem {moo·dem} - *digital modulator/demodulator* - Digitale modem: andere, onjuiste naam voor: terminal adapter (ISDN°). ⇔analog modem° ⇔cable modem°

digital optical recording - *DOR* - Zie: DOR°.

digital recording - *digitale opname* - Informatie digitaal (digital°) vastleggen op een magnetische drager, dat wil zeggen op discrete plaatsen en met discrete waarden. ⇔analog recording°

digital signal - *digitaal signaal* - Signaal (signal°) dat bestaat uit discrete waarden, meestal een reeks bits (binary code°), bijvoorbeeld: digital audio°, digital video°. ⇔analog signal°

digital signal processing - *digitale signaalbewerking, DSP* - DSP°: met behulp van computertechnologie beeld, geluid en andere elektronische signalen verbeteren, analyseren of herkennen.

digital signature - *digitale handtekening* - Code toegevoegd aan een elektronisch bericht als authenciteitskenmerk (authentication°); op grond waarvan wordt vastgesteld of de inhoud is veranderd en wie de afzender is; zie ook: MDS°. Deze digitale handtekening berust niet op een geheime sleutel en is daarom een verbetering van eerdere manieren om de authenticiteit van een bericht of handtekening te bewijzen; de digitale handtekening kan ook aan een ongecodeerd bericht worden toegevoegd.

digital signature standard - *DSS* - Zie: DSS°.

digital subscriber line - *DSL* - Zie: DSL°.

digital television - *digitale televisie* - Digitalisering van een televisiesignaal met MPEG°-compressie, waarbij de digitalisering extra voorzieningen mogelijk maakt, bijvoorbeeld extra informatie over het getoonde onderwerp. Voordeel is geen verlies aan kwaliteit bij overdracht, eenvoudige beeldbewerking (CCIR-norm 601) en de mogelijkheid van HDTV°, nadeel de grote bandbreedte (zie: digital video°); daarom is compressie een sleuteltechnologie hiervoor. Zie ook: DVB°.

digital video - *digitale video, DV* - DV: gedigitaliseerde videosignalen; geen kleinigheid als u bedenkt dat er voor de relatief lage resolutie van 640x480 punten (pixel°) per beeld en 3x8 = 24 bit/punt (3 kleuren) aan bytes nodig is: Met een herhalingsfrequentie (refresh rate°) van 30 beelden/s zou dit nerkomen op: 720x480x24x30 = 249 megabit/s = 31.1 MB/s. Televisie werkt echter met Y/C° signalen, die gedigitaliseerd circa 160 megabit/s zouden vergen. Vandaar dat MPEG°-compressie noodzakelijk is, vanwege zowel opslagruimte (storage space°) als overdracht- snelheid (transfer speed°); gebundeld met diverse kanalen, wordt de vereiste bandbreedte per digitaal televisiekanaal circa 1 Mhz. Zie ook: DVB°. Videorecordernormen (VCR°): SD° (500 lijnen) en HD° (600 lijnen); ter vergelijking: VHS (250 lijnen), S-VHS (405 lijnen).

digital video broadcasting - *DVB* - Zie: DVB°. ⇔DAB°

digital video interactive - *DVI* - Zie: DVI°.

digitize - *digitaliseren* - Digitaliseren van kaarten, tekeningen en dergelijke, niet van signalen (digitalize°).

digitizer - *digitizer* - Apparaat waarmee u een tekening kunt digitaliseren (digitalize°) en overbrengen naar een computer; bijvoorbeeld: digitizing tablet°.

digitizing tablet - *tablet* - Plateau waarop een tekening wordt gelegd die met behulp van een puck° wordt gedigitaliseerd en in een computer wordt ingevoerd.

dim - *lichter kleuren* - Door mogelijkheden (option°) in een menu° in een grafische omgeving (GUI°) grijs of lichter te kleuren, wordt aangegeven dat deze op dit moment niet beschikbaar zijn. In een andere situatie, kan dat veranderen.

dimension - *dimensie, afmeting* - **1.** Dimensie: het aantal assen (rank°) in een array° of het aantal elementen op één as, **2.** Afmeting: grootte in één richting, meestal gebruikt als meervoud: dimensions.

dimensioning - *dimensionering* - De maten in een elektronische tekening aangeven: een functie van een CAD°-programma.

DIMM {dimm} - *Dual In-line Memory Module* - DIMM: de opvolger van de SIMM°, waarbij de geheugenchips aan beide kanten van de kaart (module°) worden geplaatst, en dus twee keer zoveel geheugen kunnen bevatten. Bezitten 168 pinnen (pin°) en worden o.a. gebruikt voor EDO-RAM° en SDRAM° .

DIN {din} - *Deutsche Industrie-Norm* - DIN: Norm van het Duitse normalisatie-instituut (DNA).

DIN connector {din} - *Deutsche Industrie-Norm connector* - DIN-stekker met 3, 5, 7 of 8 pinnen (pin°): genormaliseerd door het Duits Normalisatie-instituut (DNA). Ook: mini-DIN° (verkleinde uitvoering) met 6 of 8 pinnen. ⇔DB connector° ⇔BNC connector°

dingbat - *dingbat* - Typografisch ornament, zie bijvoorbeeld: Zapf dingbats°; ook figuurlijk: een 'dinges'.

diode - *diode* - Gelijkrichter, zie ook: DIAC°, TRIAC°.

dip - *dip* - Korte vermindering van signaal bij magnetisch lezen; letterlijk of figuurlijk: kuil. Als werkwoord: indopen.

DIP-chip {dip} - *Dual Inline Package-chip* - DIP-chip: geheugenmodule met twee rijen pinnen (pin°) die een chip° bevat, tot een maximum van 64 pinnen totaal.

DIP-switch {dip} - *Dual Inline Package-switch* - DIP-switch: onhandig schuif- of wipschakelaartje (switch°) voor de instelling van PC-apparatuur, gevat in een module° met twee parallelle rijen pinnen (pin°). Deze functie wordt tegenwoordig vaak automatisch door het besturingssysteem (operating system°) afgehandeld. ⇔SIPP° ⇔switchbox°

dir {dir} - *directory* - Opdracht voor het tonen van een lijst met de namen van de bestanden (filename°) in de opgegeven of active directory°.

direct - *direct (richten aan)* - Doorsturen naar: resultaten van een apparaat (device°) naar een ander apparaat sturen in DOS°, in een PC aan te geven met > en <, zoals in de DOS prompt°: C:>\°, enzovoorts. ⇔routing° ⇔redirect°

direct access - *directe toegang* - Mogelijkheid om direct gegevens te lezen of te schrijven, onafhankelijk van eerder gelezen of geschreven gegevens; synoniem: random access°. ⇔sequential°

direct access storage device - *DASD* - Algemene term voor een schijfeenheid (disk pack°) met directe toegang (direct access°), gebruikt in een groot computersysteem, dat veel I/Os° (lees- en schrijfverrichtingen) verricht.

direct addressing - *directe adressering* - Zie: addressing°. ⇔indirect addressing° ⇔relative addressing°

direct broadcast - *direct broadcast* - Aanduiding van een type satelliet dat direct uitzendt naar de huizen van gebruikers, dus niet werkt met grondstations (fixed°) of voor mobiele (mobile°) gebruikers.

direct current - *DC* - Zie: DC°.

direct debit - *directe afschrijving* - Directe afschrijving van het bedrag van een rekening, bijvoorbeeld door middel van EDI°, waarvoor de eigenaar uiteraard vooraf toestemming moet geven.

direct manipulation - *directe hantering* - De mogelijkheid om in een grafische werkomgeving (graphical environment°) een pictogram (icon°) naar een andere pictogram te brengen of een bestand (file°) naar de knoppenbalk (button bar°) en te laten uitvoeren (drag-and-drop°).

direct memory access - *DMA* - Zie: DMA°.

directory - *index, directory, dir* - **1.** Index°: van een groep bestanden, artikelen of personen; online directory° (direct raadpleegbare index), **2.** Directory: hiërarchische organisatie van bestanden op een vaste schijf (hard disk°) of diskette° in een PC, verdeeld in: root directory°, parent directory° en subdirectorys (subdirectory°); wordt in Windows 95° genoemd: folder°, **3.** Directory: DOS°-opdracht om de inhoud van een directory te laten zien, afgekort: dir°, **4.** Directory: index van een gegevensdictionaire (data dictionary°); zie ook: data directory°, **5.** Directory: index van een netwerk met alle adressen, bijvoorbeeld X.500°; zie ook: DSA°, DUA°, electronic directory°.

directory entry - *directory-ingang* - Eén van de ingangen (entry°) in de lijst (list°) van bestanden (directory°): de naam van een subdirectory° of een bestand (file°).

directory name - *directory-naam* - De naam van een directory°, bijvoorbeeld WP51 in de directory C:\WP51. In DOS° heeft het top-directory (root directory°) geen naam en wordt aangeduid met: \.

directory services - *directory-diensten* - Gegevensbanken (database°) met informatie over gebruikers en/of hulpbronnen (resource°) in een netwerk, inclusief de synchronisatie (synchronization°) van deze informatie op de diverse servers (server°) in het netwerk, zie: DNS° (UNIX°), NDS° (Novell), UNC° (Windows NT°), WINS° (Windows°), X.500°.

directory system agent - *DSA* - Een agent° van een systeem volgens X.500, zie: directory°, DSA°. ⇔DUA°

directory tree - *directory-structuur* - Index in de vorm van een (omgekeerde) boomstructuur (tree°) met de root directory° in de top.

directory user agent - *DUA* - Een agent° van een gebruiker volgens X.500, zie: directory°, DUA°. ⇔DSA°

direct sequence - *direct sequence* - Directe volgorde: methode van werken bij spreadspectrum°, waarbij het signaal wordt gemengd met een pseudoruis, voordat het gemoduleerd wordt op de draaggolf (carrier°), om de bandbreedte te vergroten. Hierdoor wordt het vermogen continu verdeeld over de gehele bandbreedte. Aan de ontvangstzijde gebruikt men dezelfde pseudoruis om het gedemoduleerde signaal te decoderen. Voordelen zijn: verminderde storingsgevoeligheid en minder makkelijk af te luisteren. ⇔frequency hopping°

DIS {dis} - *Documentary Information System, Draft International Standard* - **1.** Documentair informatiesysteem: werkt met elektronische beelden (image°); vergelijkbaar: EDMS°, **2.** Concept internationale norm, DIS : concept dat mogelijk eerst een DP° (draft proposal) is geweest.

disable - *blokkeren* - Uitschakelen: een systeem, toepassing of functie blokkeren. In Windows° worden de geblokkeerde menumogelijkheden grijs getoond. ⇔enable°

disassembler - *disassembler* - Een hulpprogramma dat een bronprogramma (source code°) tracht af te leiden uit een gecompileerd programma (binary code°); decompileren: het omgekeerde van compileren (compiler°).

disaster plan - *rampenplan* - Plan voor wat er moet gebeuren in geval van een calamiteit. ⇔fallback plan°

disaster recovery - *disaster recovery* - Na een ongeval de oude toestand herstellen, door middel van een reservekopie (backup°), een log tape° of een compleet nieuw systeem; zie ook: checkpoint°.

disc {disk} - *disc, schijf, disconnect* - **1.** Schijf: algemene term voor een optische schijf met informatie. Het woord disc wordt vooral gebruikt voor audio°- en video°-opnamen op optische schijf, bijvoorbeeld een CD° (⇔disk° is magnetisch), **2.** Verbreken: opdracht of handeling om een verbinding (connection°, link°) te verbreken (disconnect°).

discard - *negeren* - Letterlijk weggooien, maar in een computer wordt dit zoveel mogelijk vermeden, bijvoorbeeld door de eerste letter van een bestandsnaam te vervangen door een '?', iets dat eenvoudig te herstellen is.

disclaimer - *disclaimer* - Afwijzing van verantwoordelijkheid: clausule waarmee bijvoorbeeld een fabrikant de verantwoordelijkheid voor schade afwijst die kan ontstaan door gebruik van een programma of apparaat; is belangrijk in de VS vanwege de vele schadeclaims die daar worden ingediend.

DISCO {dis·ko} - *Domestic and International Satellite Consolidation Order* - DISCO: regels van de FCC° waaraan telecommunicatie-satellieten moeten voldoen in de VS. Voor diensten buiten de VS moeten de betreffende landen ook toestemming verlenen. DISCO 1 maakt het mogelijk dat Amerikaanse satellieten zowel nationale als internationale diensten kunnen leveren. DISCO 2 moet voor eind '96 de status van buitenlandse satellieten regelen.

disconnect - *verbreken* - Een verbinding verbreken: fysiek met behulp van een stekker (connector°) of een schakelaar (switch°), logisch door middel van een opdracht. ⇔connect°

discontinue - *opheffen, afbreken* - Stoppen: bijvoorbeeld een proces of de productie van een machine. ⇔continue°

discrete - *afzonderlijk, verschillend, discreet* - Aparte eenheden, stappen, waarden enzovoort. Digitaal is discreet, maar niet de enige vorm daarvan. Ook: discrete wiskunde, gebruikt bij coderingstechnieken. Ook: niet- samenhangend. Niet: met discretie. ⇔concrete° ⇔continuous°

discrete component - *discrete component* - Niet-geïntegreerde, aparte transistor, weerstand of condensator, die apart gemonteerd en moet elkaar verbonden moeten worden. ⇔integrated circuit°

discrete multi-tone - *DMT* - Zie: DMT°. ⇔CAP°

discretionary - *naar goeddunken* - Het naar eigen oordeel kunnen gebruiken van bijvoorbeeld macht (power°), middelen (resource°) of koppelteken (soft hyphen°).

disk - *disk* - Algemene term voor een magnetische of magneto-optische (MO-disk°) schijf, werkelijk of nagebootst in het werkgeheugen (RAM disk°). Een vaste schijf (hard disk°) is opgebouwd uit meerdere schijven en leeskoppen (read head°). Zie ook: DOS disk°, fixed disk°, floptical disk°, free disk space°, hard disk°, key-to-disk°, mag disk°, scratch disk°, system disk°, virtual disk°. ⇔optical disc°

disk array - *disk-array* - Samenstel van vaste schijven (hard disk°), nu meestal in een

RAID°-configuratie. Synoniem: drive array°. Als het er erg veel zijn: disk farm (disk-'boerderij').

disk caching - *disk-caching* - Een programma (bijvoorbeeld SMARTDRV.EXE onder DOS°) gebruiken om het lezen (read°) en schrijven (write°) van de harde schijf (hard disk°) efficiënter te maken door gebruik van een tussengeheugen (cache°); dit ontlast de processor°. Versnelt ook het lezen van een CD-ROM°. Maar de computer mag niet worden uitgezet voordat de cache is uitgelezen.

disk controller - *disk controller* - Besturingseenheid (controller°) voor een vaste schijf (hard disk°) of diskette°. Is nu meestal geïntegreerd met die voor andere apparaten of met de (IDE°) disk zelf. Disk controllers kunnen meestal (afwisselend) 2 of 4 disks besturen.

disk crash - *disk crash* - Magnetische leeskop (write/read head°) verongelukt op een disk° of diskette°; is meestal het einde van zowel de kop als de magnetiseerbare schijf. Synoniem: head crash°.

disk drive - *disk drive* - Magnetisch schijfstation: loopwerk voor diskettes (diskette°) of de vaste schijf (hard disk°); letterlijk: schijfaandrijving; synoniem: disk unit°.

disk error - *schijffout* - Een fout (error°) die optreedt bij het schrijven (write°) of lezen (read°) van een schijf (disk°).

diskette - *diskette* - Een losse magnetiseerbare schijf in een hoesje (envelope°). Wordt soms nog steeds floppy° genoemd vanwege de buigzaamheid van de oorspronkelijke 5,25 en 8 inch schijven; de nieuwe diskette° zit in een hardplastic omhulsel (⇔hard disk°). Opslagcapaciteiten: **5,25 inch**: DS,DD geeft 360 KB°; DS,HD geeft 1,2 MB°; **3,5 inch**: DS,DD geeft 720 KB; DS,HD geeft 1,44 MB; EHD geeft 2,88 MB (maar wordt zelden gebruikt). Tegenwoordig wordt alleen de 3,5 inch DS, HD (1,44 MB) diskette nog gebruikt; men spreekt over MO°-diskette met een capaciteit van ... MB. Er zijn ook diskettes van 2 inch (MiniDisc°) en er is ook sprake van een 1,3 inch versie en een snelle 120 MB diskette; zie ook: formatted diskette°, master diskette°, source diskette°, target diskette°.

disk I/O - *disk Input/Output* - Disk I/O: afhandeling van lees- en schrijfopdrachten (I/O°) op disk°; dit kan soms (bijvoorbeeld met een relationele database°) veel tijd vragen, waardoor een computer I/O-bound° wordt.

disk label - *diskette-etiket* - Het etiket dat op een diskette is of wordt geplakt en waarop de inhoud van de diskette wordt vermeld. ⇔volume label°

diskless PC - *schijfloze PC* - PC zonder vaste schijf (hard disk°) of diskette°-station: wordt gebruikt in een netwerk (network°) met een server° en daarin een centraal beheerde vaste schijf (hard disk°) van waaruit de programma's worden gedownload (download°); is goedkoop en veilig (geen mogelijkheid van een virusinfectie).

disk manager - *disk manager* - Programma voor het beheer van een vaste schijf (hard disk°), bijvoorbeeld om fouten op te sporen en te corrigeren.

disk mirroring - *disk mirroring* - Een eerste disk° op een tweede dupliceren (mirroring°): zodat er tenminste één kopie bruikbaar is na een fout; zie ook: RAID°.

disk operating system - *disk besturingssysteem, DOS* - Besturingssysteem (operating system°) waarvan de programma's op disk° zijn opgeslagen, zoals nu gebruikelijk is. Op de eerste PC's zonder vaste schijf (hard disk°) stond DOS op een systeemdiskette en werd alleen het basisgedeelte (internal command°) ingelezen. Zie ook: DOS°.

disk pack - *disk pack* - Pakket met verscheidene magnetiseerbare schijven (platter°) boven elkaar op één as (spindle°), oorspronkelijk verwijderbaar uit het station, nu meestal een geheel met het station.

disk partition - *schijfpartitie* - Gereserveerd deel van een disk°; zie: partition°.

disk protection - *schijfbeveiliging* - Beveiliging tegen overschrijven, zie: read/write protection°, write protection°.

disk space - *vrije schijfruimte* - Niet-toegewezen gedeelte van een disk° of diskette°. Everyone runs out of disk space, no matter how much you have (Iedereen komt uiteindelijk vrije diskruimte tekort, hoeveel je ook hebt). ⇔disk storage°

disk storage - *schijfopslag* - Opslagruimte voor of het opslaan van gegevens, programmatuur enzovoort op een vaste schijf (hard disk°). ⇔disk space°

disk striping - *disk striping* - Zie: striping°. Synoniem: block interleave°.

disk unit - *schijfeenheid* - De uitbreiding van het werkgeheugen van de computer met een disk°. Een verzameling schijfeenheden in een computercentrum wordt ook wel konijnenhok of DASD°-bunker genoemd vanwege de opgestapelde stations voor disk packs (disk pack°). In PC's spreekt men van een hard disk° of disk drive°, en voor diskettes van een schijfstation; synoniem: disk drive°. ⇔tape unit°

disk upgrade - *disk-upgrade* - Nieuwe vaste schijf (hard disk°): omdat de oorspronkelijke te klein is geworden of defect is.

dispatcher - *dispatcher, coördinator* - Persoon die telefoontjes (call dispatcher°) verdeelt of programma dat naar keuze taken verdeelt.

displace - *verplaatsen* - Een afbeelding of venster (window°) verplaatsen, bijvoorbeeld door middel van: drag-and-drop°.

display - *afbeelden, display, inrichting* - **1.** Afbeelden: informatie in een scherm weergeven (⇔nondisplay°), **2.** Display: beeldschermeenheid (VDT°, VDU°), die meestal via een aparte kaart (card°) wordt aangesloten, **3.** Inrichting: van een winkel of van een stand op een tentoonstelling. De term 'display' wordt ook wel gebruikt voor de weergave in het scherm (screen°), beter is: panel° (paneel). Zie ook: full-page display°, liquid crystal display°, plasma display°, raster display°, vector display°, visual display terminal°

display face - *display font* - Een lettertype (typeface°) voor het beeldscherm (display°). Synoniem: screen font°. ⇔display type°

Display PostScript - *Display PostScript* - Een techniek van Adobe om PostScript° bestanden, gemaakt om afgedrukt te worden, met diverse resoluties af te beelden in een scherm; is nooit populair geworden.

display screen - *beeldscherm* - Glazen voorkant (screen°) van een beeldbuis (CRT°) die wordt gemonteerd in een VDT° of VDU°; aan de achterkant voorzien van fosforlagen die oplichten als ze beschoten worden met elektronen. Er zijn ook LCD°-beeldschermen.

display type - *kopletter* - Grote letter voor koppen, logo's en dergelijke. ⇔body type° ⇔display face°

distorsion - *vervorming* - Verminking, distorsie: eigenschap van een niet-ideale versterker, recorder° of verbinding waardoor het uitgangssignaal niet geheel overeenkomt met het ingangssignaal. Ook een optisch beeld of televisiebeeld kan vervormd worden, bijvoorbeeld cirkels die als een ellips of rechte lijnen die krom worden weergegeven.

distributed - *gedistribueerd* - Verspreid over twee of meer locaties, maar meestal gebruikt in de zin van een centrale computer verbonden met verspreide computers of werkstations.

distributed backbone - *distributed backbone* - Zie: backbone°.

distributed computing - *gedistribueerde gegevensverwerking* - Diverse verzamelingen historische gegevens, mogelijk afkomstig van verschillende computersystemen, distribueren en decentraal verwerken (computing°) ten behoeve van rapportages en beleidsanalyses. Omvat bijvoorbeeld: DCE°, mechanismen voor de verspreiding en opslag van gegevens, toegangscontrole (access control°), en EIS° of DSS°. ⇔distributed processing°

distributed computing environment - *DCE* - Zie: DCE°.

distributed common object model - *DCOM* - Zie: DCOM°.

distributed database - *decentrale database, gedistribueerde database* - **1.** Decentrale database°: die een consistent en geïntegreerd geheel moet vormen met de centrale database°, **2.** Gedistribueerde database: die verspreid over een netwerk is opgeslagen. Een goed maar moeilijk te volgen principe is dat elk gegeven slechts eenmalig dient te worden opgeslagen, maar dat de gebruiker daarvan geen hinder mag ondervinden (transparancy°).

distributed data processing - *DDP* - Zie: DDP°.

distributed management environment - *DME* - Zie: DME°.

distributed memory - *distributed memory* - RAM°-geheugen verdeeld over verschillende processoren van een multi-processor°. ⇔shared memory°

distributed object management - *beheer van gedistribueerde objecten* - Net als bij databases (distributed database°) kunnen objecten (object°) ook gedistribueerd worden en is hun beheer net zo moeilijk.

distributed processing - *decentrale gegevensverwerking* - Verwerking door decentrale computers, mogelijk met een decentrale database°, bijvoorbeeld: client/ server°. Wordt soms vertaald met: verspreide verwerking. ⇔central processing° ⇔cooperative processing° ⇔distributed computing°

distributed queue double bus - *DQDS* - Zie: DQDS°.

distributed relational database management system - *DRDBMS* - Zie: DRDBMS°.

distributed system - *gedistribueerd systeem* - Een systeem (system°) waarvan de componenten verspreid zijn over verschillende locaties.

distributed transaction processing - *DTP* - Zie: DTP°.

distribution - *distributie, verdeling* - **1.** Distributie: verdeling van goederen enzovoort, **2.** Verdeling van kansen, bijvoorbeeld: Gaussian distribution°, normal distribution°, Poisson distribution°.

distribution media format - *DMF* - Zie: DMF°.

distributor - *distributeur* - Groothandelaar: bedrijf dat spullen koopt bij de fabrikant of leverancier en die distribueert naar dealers (dealer°). Als het bedrijf alleen distribueert, wordt ook wel gebruikt: verspreider.

dithering - *dithering* - Een techniek om gedigitaliseerde beeldovergangen regelmatiger maar meer diffuus te laten verlopen door de grijswaarde of kleur in elk punt aan te passen aan die van punten in zijn naaste omgeving; is een anti-aliasing° techniek die een nuttig gebruik maakt van ruis (noise°).

diversity - *diversity* - Diversiteit: een principe voor radiocommunicatie tussen een zender (resp. ontvanger) en verscheidene ontvangers (resp. zenders), waarbij het ontvangende systeem steeds het beste signaal gebruikt, mogelijk zelfs signalen combineert. Wordt o.a. gebruikt in TETRA° om het zendvermogen van het mobiele station zo laag mogelijk te houden.

divestiture - *ontmanteling* - De verdeling van AT&T° op 1 januari 1984 in zeven regionale bedrijven (RBOC°), een fabrieksorganisatie en het huidige AT&T°. Bell Labs° werd daarbij door rechter H.H. Green verdeeld in Bellcore° voor de regionale telefonie en AT&T Bell Labs voor lange-afstands telefonie. In 1996 is het overblijvende deel vrijwillig verder opgesplitst.

divide - *delen, divide* - **1.** Delen: een rekenkundige deling van twee getallen (⇔multiply°), **2.** Divide: een relationele bewerking (relational operation°) waarbij die elementen van een tabel worden verzameld die behoren bij de elementen van een andere tabel.

dividend - *deeltal, dividend* - **1.** Deeltal: bovenste getal van een deling (⇔divisor°, deler); zie ook: quotient°, remainder°, **2.** Dividend: uitkering van winst op een aandeel.

dividing line - *scheidingslijn* - Een lijn (line°) die twee kolommen of gedeelten in een scherm scheidt. ⇔division line°

division - *deling, divisie, division* - **1.** Deling: van een getal door een ander getal, maar niet door nul, **2.** Divisie: onderdeel van een bedrijf, **3.** Division: een van de vier secties van een COBOL°-programma (Identification, Environment, Data en Procedure division). Zie ook: frequency division multiplexing° (FDM°).

division line - *deelteken* - De lijn (line°) die of teken dat de twee getallen (divisor°, dividend°) scheidt; synoniem: division mark°. ⇔dividing line°

division mark - *deelteken* - Synoniem van: divison line°.

divisor - *deler* - Onderste getal van een deling. ⇔dividend° (deeltal)

DLL {di·el·el} - *Dynamic Link Library* - Programmabibliotheek (library°) die dynamisch, tijdens runtime° wordt gekoppeld (link°) aan uitvoerende programma's, niet vooraf tijdens compile time°. Indien onderverdeeld, wordt vaak het meervoud gebruikt: libraries. Veelgebruikte extensies (extension°) zijn: .DLL, .DRV (driver°), .FON (font°). ⇔DDE° ⇔OLE°

DLT {di·el·ti} - *Digital Linear Tape* - DLT: nieuwe magneetband-techniek (tape°): straks een mogelijk alternatief van DAT° en Exabyte° voor backup° vanwege een hogere doorvoersnelheid (bijvoorbeeld: 20 MB° per seconde). ⇔DAT°

DMA {di·em·ee} - *Direct Memory Access, Document Management Alliance* - **1.** DMA: een werkwijze in een computer waarbij I/O°-processen directe toegang (access°) hebben tot het geheugen, overlappend met de uitvoering van het programma; synoniem: cycle stealing°, **2.** DMA: een werkgroep van AIIM° voor het definiëren van een API°-norm voor: version control°, beveiliging (security°), interoperability°, connectivity° en andere zaken voor documentaire systemen (document imaging°), opgericht in april 1995.

DMA transfer {di·em·ee} - *Direct Memory Access transfer* - Directe gegevensoverdracht (DMA°) naar en van het geheugen (memory°) onder besturing van een I/O proces (I/O process°).

DME {di·em·ie} - *Distributed Management Environment* - Decentrale systeembeheeromgeving: is een raamwerk voor UNIX° van OSF°, gebaseerd op: DCE°.

DMF {di·em·ef} - *Distribution Media Format* - DMF: methode voor het indelen (format°) van diskettes (media°) gebruikt door Microsoft° om ongewenst kopiëren (piracy°) te bemoeilijken. Wordt onder anderen gebruikt voor cabinet-bestanden, die moeten worden uitgepakt d.m.v. de EXTRACT-opdracht.

DMI {di·em·ai} - *Desktop Management Interface* - DMI: norm in ontwikkeling voor het beheer van werkstations.

DML {di·em·el - *Data Manipulation Language* - DML: programmeertaal (data manipulation language°) waarmee opdrachten kunnen worden geformuleerd om gegevens in een database° op te zoeken of te veranderen; omvat bijvoorbeeld een aantal SQL°-opdrachten. ⇔DDL° (voor de definitie)

DMPL {di·em·pi·el} - *Digital Microprocessor Plotter Language* - DMPL: plotter°-taal van Houston Instrument, werkt met behulp van vector graphics°, ook een de facto norm. ⇔HPGL°

DMS {di·em·es} - *Document Management System* - DMS: een informatiesysteem voor de verwerking van multimedia°-informatie, vergelijkbaar met: DIS°. Vroeger genoemd: EDMS°, maar de E is vanzelfsprekend.

DMT {di·em·ti} - *Discrete Multi-Tone* - DMT: modulatietechniek (modulation°) die werkt met 256 verschillende toontjes (4 kHz uit elkaar) die al dan niet gebruikt worden, afhankelijk van de lijnkwaliteit. Uitvoering: VDSL° (25-50 Mbit/s heen en 2-1,5 Mbit/s retour). Nieuwer maar 1 jaar achter in ontwikkeling vergeleken met: CAP°.

DMUX {di·muks} - *DeMUltipleXer* - Demultiplexer: voorziening die een gemultiplext signaal uit elkaar rafelt. ⇔MUX°

DNS {di·en·es} - *Domain Name Server* - Een nameserver° voor een bepaald domain°: het adresboek van een TCP/IP° netwerk in UNIX°, een gestructureerde database° met veel gevoelige informatie en daarom een geliefkoosd doelwit van krakers. NDS° (Novell°) ⇔UNC° (Windows NT°) ⇔WINS° (Windows°)

DOA {di·oo·ee} - *Dead On Arrival* - Een systeem dat het (vrijwel) direct na aankomst begeeft en dat dan direct wordt vervangen.

DOC {-} - *DOCument* - DOC: extensie (extension°) voor een tekstbestand met een document°, bijvoorbeeld een handleiding. Ook: Department Of Communication, Canadese instantie die telecommunicatie-apparatuur goedkeurt en voorziet van een sticker (label°).

dock - *docken* - Een notebook° in een dockingstation (docking station°) stoppen. ⇔undock°

docking station - *dockingstation* - Zie: docking unit°.

docking unit - *dockingstation* - Een voorziening op kantoor waarin een notebook° kan worden geplaatst en gebruikt als PC: wordt aangesloten op een monitor°, een printer en/of het netwerk. Synoniem: docking station°.

docu-failure {doh·kjoe} - *documentation-failure* - Vermeende fout: ontstaan omdat de papieren of elektronische documentatie (documentation°) onvoldoende of onjuist is, althans niet overeenstemt met de werking van een apparaat of programma.

document - *document, documenteren* - **1.** Document: een geschrift of bewijsstuk, gedrukt of in elektronische vorm; zie ook: compound document°, DIS°, EMDS°, master document°, OpenDoc°, source document°, subdocument°, turnaround document°; in Lotus Notes° bijvoorbeeld: een record° van onbepaalde grootte dat 7 types gegevens kan bevatten, waaronder rich-text fields (rich-text field°), **2.** Documenteren: iets voorzien van documentatie (documentation°), ook in elektronische vorm, echter ook bewijsstuk, een officieel document. Zie ook: document repository°.

documentary information system - *documentair informatiesysteem, DIS* - DIS°: dat elektronische rasterbeelden van documenten verwerkt en opslaat door middel van DOR°, mogelijk met microfilm° werkt. Is wellicht ooit een oplossing voor het mythische papierloze kantoor (paperless office°).

documentation - *documentatie* - Beschrijvingen van een ontwikkelingsproject°, van de computer of van de programmatuur voor een gebruiker (user°).

document capture - *document capture* - Het elektronisch vastleggen (capture°) van invoerdocumenten, meestal als bitpatroon (image°) met OCR° of barcode (bar code°) voor de informatie in de index°. Praktisch synoniem: document imaging°.

document content architecture - *DCA* - Zie: DCA°.

document conversion - *documentconversie* - Het overzetten van een tekstbestand (document file°) naar een andere indeling (format°), een andere versie of een ander product.

document file - *tekstbestand* - Documentbestand (document°), het bestand (file°) waarin tekst is opgeslagen.

document imaging - *document imaging* - Het elektronisch vastleggen van documentaire informatie in een DIS° in het algemeen. Praktisch synoniem: document capture°. ⇔document management° ⇔micrographics°

document interchange architecture - *DIA* - Zie: DIA°.

document management - *documentbeheer* - Het beheer (management°) van documenten (document°) in een documentair informatiesysteem (DIS°).

document management alliance - *DMA* - Zie: DMA°.

document name - *documentnaam* - De naam (name°) van het bestand waarin een document° is opgeslagen. Bij grote documenten of boeken, worden de onderdelen meestal in aparte bestanden (subdocument°) opgeslagen die eenvoudiger te bewerken zijn en ook in andere documenten te gebruiken zijn; de naamgeving daarvan wordt dan meestal afgeleid van die van het hoofddocument (master document°), bijvoorbeeld: win95000, win95001 enz.

document repository - *documentenbibliotheek* - Een opslagplaats (repository° voor documenten (document°) en andere informatie, bijvoorbeeld Lotus Notes.

document retrieval - *documenten ophalen* - Vroeger: informatie op papier of microfil terugzoeken, nu: uit een (meestal gecomprimeerd) elektronisch archief (archive°) op disk° of magneetband (tape°).

document type definition - *DTD* - Zie: DTD°.

DoD {di·oo·di} - *Department of Defense* - Het Amerikaanse ministerie van Defensie dat door zijn leveringsvoorwaarden (CALS/CE°) veel normen stelt, bijvoorbeeld Ada° en SGML°.

dollar sign - *dollarteken, $* - Teken voor de Amerikaanse munteenheid: dat veel wordt gebruikt in samengestelde namen. Zie de lijst met veelgebruikte tekens achterin dit boek.

DO loop - *Do-loop* - In een programma, reeks instructies (instruction°) die herhaald worden uitgevoerd onder besturing van de DO-instructie: een vast aantal keren of tot (until ...) aan bepaalde voorwaarde is voldaan.

domain - *domein, werkingsgebied* - Gebied of bereik waartoe een informatiesysteem, e-mail°-systeem, netwerk, programma of variabele (variable°) zich beperkt. In Internet°, een groep hosts (host°), in het Internet-adres vermeld na '@'; er zijn organisatorische domeinen (bijvoorbeeld: edu, gov, net) en geografische domeinen (bijvoorbeeld: nl, uk, us), zie bijlage E. Figuurlijk synoniem: world°. Ook: DNS°, public domain°.

domain name system - *DNS* - Zie: DNS°, domain°.

domestic - *binnenlands, in huis* - **1.** Binnenlands, dat wil zeggen, in de VS: de thuisbasis van Amerikanen, **2.** In huis, bijvoorbeeld: domestic appliance (huishoudelijke apparatuur).

domestic and international satellite consolidation order - *DISCO* - Zie: DISCO°.

done - *gereed* - Een bericht of knop (button°) die aangeeft dat de opdracht vervuld is, letterlijk: gedaan. ⇔busy°

dongle - *dongle* - Elektronische sleutel: klein tussenstuk, dat meestal op de parallelle poort (parallel port°) wordt geplaatst ter autorisatie voor het gebruik van erdoor beschermde programmatuur. De printerkabel kan op de andere kant worden aangesloten en de printerpoort functioneert normaal. ⇔backpack°

door - *grendel, sleuf* - **1.** Grendel: van 5¼ inch diskette°-eenheden (drive°), **2.** Sleuf: van 3½ inch diskette-eenheden zonder grendel.

DOR {dor} - *Digital Optical Recording* - DOR: gegevens digitaal (digital°) vastleggen op een optische disc°, microfiche° of microfilm°, in plaats van als analoog fotografisch beeld.

DOS {dos} - *Disk Operating System* - MS-DOS°, DOS: een besturingssysteem voor een Intel° PC van Microsoft°; versie 2.1 ondersteunde voor het eerst een vaste schijf (hard disk°) van de XT°; IBM brengt uit PC-DOS°, nu zelfs versie 7.0; DOS wordt ook wel generiek gebruikt ter aanduiding van een besturingssysteem op disk°. Programma's op een Intel° PC werken onder DOS, OS/2 of Windows NT°. Zie ook: native DOS°.

DOS-box {dos} - *Disk Operating System-box* - DOS-box: mogelijkheid in OS/2° om onder DOS° te werken.

DOS command {dos}- *Disk Operating System command* - DOS-opdracht: ingevoerd achter de prompt° of via een batch file°. DOS kent twee typen opdrachten: interne opdrachten (internal command°) en externe opdrachten (external command°) - zie: command°.

DOS disk {dos} - *Disk Operating System-disk* - Disk (disk°) of diskette° die is ingedeeld (format°) voor DOS°: 1) bootsector (boot sector°), van waaruit een PC wordt gestart, 2) FAT°, waarin alle bestanden en hun plaats staan vermeld, 3) root directory° en 4) de subdirectories (subdirectory°).

DOS extenders {dos} - *Disk Operating System extenders* - Hulpprogramma's waarmee programmeurs de (vroegere) beperkingen van DOS° ondervangen, bijvoorbeeld het maximale RAM°-geheugen van 1 MB° of 640K° 'vrij' geheugen (conventional memory°); bij de Mac° spreekt men van: extensions (extension°).

DOS extension {dos} - *Disk Operating System extension* - DOS-extensie (extension°): facultatieve aanduiding van het type DOS°-bestand, geplaatst achter de eerste naam gevolgd door een punt (dot°), bijvoorbeeld: .BAT (batch file°), .COM (COM file°) enzovoort.

DOSKEY - *DOSKEY* - DOS°-opdracht (command° waarmee vorige opdrachten kunnen worden teruggehaald voor hernieuwde of aangepaste uitvoering. Is ook geschikt voor het uitvoeren van macro's (macro°). Heet in OS/2°: KEYS.

DOS prompt {dos}- *Disk Operating System-prompt* - Onder DOS°, de opdrachtregel (command line°) waar u opdrachten kunt invoeren; wordt aangegeven onder vermelding van het directory° waarin u bent, bijvoorbeeld: C:\WP51>_.

DOS shell {dos} - *Disk Operating System shell* - DOS shell: het DOS° besturingssysteem beschouwd als een shell°, een intermediair programma dat het gebruik van een toepassing vereenvoudigt.

DOS wars {dos}- *DOS-oorlogen* - De strijd tussen DOS° (Microsoft°) en DR-DOS (oorspronkelijk van: Digital Research), OS/2° (IBM°) en Windows° (Microsoft°) in de beginjaren 90. Nu woeden: CPU wars° en andere oorlogen, bijvoorbeeld over: browser°.

dot - *punt, stip* - **1.** Als teken (character°, period°), **2.** Als stip: bijvoorbeeld afgebeeld op papier (dpi°) of in een beeldscherm (een kleuren-pixel° bestaat uit een rode, een groene en een blauwe stip; zie: dots per inch°, RGB monitor°). Zie ook: decimal point°, DOS extension°, dot prompt°.

dot-addressable - *adresseerbare punten* - Punten (dot°, pixel°) in een video display° of afgedrukt door een matrix printer° die onafhankelijk van elkaar kunnen worden veranderd.

dot pitch - *puntafstand* - Afstand tussen stippen (dot°), bijvoorbeeld 0,39, 0,31, 0,28 of 0,26 mm op een beeldscherm, of 1/300 inch op papier; in geval van kleur: tussen punten van dezelfde kleur.

dots per inch - *dpi* - Zie: dpi°.

dotted - *gestippeld* - Een lijn die gestippeld wordt; zie ook: dotted decimal°, dotted line°.

dot prompt - *dot prompt* - De commandline° user interface° van dBASE°: waarbij de prompt° bestaat uit een enkele punt (dot°), waarachter de opdracht moet worden getypt.

dotted decimal - *dotted decimal* - Notatiemethode voor een 32-bit adres in Internet° dat bestaat uit vier 8-bit decimale getallen, bijvoorbeeld '163.56.201.9'. ⇔packed decimal°

dotted line - *stippellijn* - In een organisatieschema, aanduiding van functioneel rapporteren aan een coördinator of functionele manager die bepaalt wat er moet gebeuren. De lijn naar de formele manager (die de beoordeling geeft) is niet-onderbroken (solid°).

double - *dubbel-* - Aanduiding dat iets tweemaal plaatsvindt (click°) of gebruikt (byte°) wordt, met dubbele dichtheid (double-density°) of aanhalingstekens (double quotation mark°). Is vergelijkbaar met: dual°.

double-byte character - *dubbel-byte teken* - Teken (character°) waarvoor twee bytes (byte°) worden gebruikt, bijvoorbeeld: DBCS° (voor EBCDIC°), Unicode° (voor ASCII°).

double-byte character set - *DBCS* - Zie: DBCS°. ⇔Unicode°

double-click - *dubbelklikken* - Tweemaal snel achter elkaar met een muisknop (mouse°) klikken (click°) op een pictogram (icon°).

double-density - *dubbele dichtheid, 2D* - Zie: 2D°. ⇔high-density° ⇔single-density°

double-precision - *dubbele precisie* - Werkend met tweemaal zoveel bits als floating point°; is dus veel meer dan tweemaal zo nauwkeurig en kan met veel meer dan tweemaal zo grote getallen werken. ⇔single-precision°

double quote - *dubbel aanhalingsteken, "* - Zie: quote° en de lijst met veelgebruikte tekens achterin dit boek. ⇔single quote°

doubler - *verdubbelaar* - Zie: clock doubler°, RAM doubler°, speed doubler°.

double-sided - *dubbelzijdig* - Papier wordt aan beide zijden (side°) bedrukt, niet aan slechts één (single-sided°).

double-spaced - *dubbele regelafstand* - Een extra regel (line°) invoegen tussen alle regels, bijvoorbeeld ten behoeve van correcties. ⇔single-spaced° ⇔triple-spaced°

double strike - *dubbele afdruk* - Informatie tweemaal over elkaar afdrukken: precies op elkaar om de afdruk via een inktlint zwarter te maken of iets verschoven om een schaduweffect te creëren. ⇔overstrike°

DOV {-} - *Data Over Voice* - Zie: data over voice° (techniek om spraak en data gelijktijdig over twisted pair°-kabel te sturen. ⇔DUV° (data under voice°) ⇔voice-over°

down - *plat, omlaag* - **1.** Een computersysteem legt het hoofd in de schoot of zijn stekker zit niet in het stopcontact, **2.** Een cursor-toets, die de cursor° een positie lager plaatst. What goes down, must come up (Wat neergaat, moet ook weer opkomen - wet van het economisch getij, die ook van toepassing is op computers en netwerken). Zie ook: top-down°. ⇔up°

downlink - *downlink* - De verbinding (link°) van een satelliet (satellite°) naar een aards station of van een celstation (cellular°) naar een mobiele (mobile°) telefoon, of van een centrale computer naar een decentrale computer. ⇔uplink°

download - *download, laden* - Gegevens van een grote computer overhalen naar een kleine, elektronisch of handmatig met een diskette°. Via een modem° wordt download meestal gestart met de PgDn°-toets met een snelheid van 1200 of 2400 bps°, 7 data bits, even parity°, 1 stop bit. Ook kunnen fonts (font°) worden gedownload naar een printer°. Het downloaden van bestanden van een BBS° naar een PC wordt sponzen genoemd. Verschilt van: file request°. ⇔upload°

downsize - *downsizen (afslanken, verkleinen)* - **1.** Afslanken: overtollige managers en medewerkers uit een groep verwijderen (R.H. Tomasko, 1987), **2.** Verkleinen: apparatuur of programmatuur op een kleinere schaal maken of gebruiken (downsizing°). Omdat beide betekenissen negatieve associaties opwekken, spreekt men hierbij nu liever van: rightsizing°.

downsizing - *downsizing* - Bestaande toepassingen op de mainframe houden maar de communicatie met de gebruikers en nieuwe toepassingen overbrengen naar lokale netwerken (W.F. Zachmann, 1989). ⇔rightsizing° ⇔upsizing°

downstream - *stroomafwaarts* - Plaatsaanduiding: ergens 'achterin' een netwerk in de richting van de data flow°; zie ook: stream°. In een kabeltelevisienetwerk, van de centrale naar de woningen toe. ⇔upstream°

downtime - *storingstijd* - De tijd dat een computer plat (down°) ligt. ⇔uptime°

downward compatible - *downward compatibel* - Achterwaarts compatibel: wanneer iets nieuws met iets ouds kan werken. Synoniem: backward compatible°. ⇔upward compatible°

DP {di·pi} - *Data Processing, Draft Proposal, Display PostScript, Double Play* - **1.** Gegevensverwerking, dat nu heet: electronic data processing° (EDP°), **2.** Conceptvoorstel in ISO°: nog lang geen DIS°, **3.** Display PostScript°: versie van PostScript° voor gebruik in beeldschermen (display°), **4.** Dubbele speelduur.

DPCM {di·pi·si·em} - *Differential Pulse Code Modulation* - DPCM: voorganger van ADPCM°.

dpi {di·pi·ai} - *dots per inch* - Dpi: rasterpunten per inch, eenheid voor het scheidend vermogen van een printer; vaak 300 in laserprinters°.

DPMS {di·pi·em·es} - *Display Power Management Signaling* - DPMS: een signaleringsprotocol van VESA° voor het reduceren van de energieconsumptie tot beneden de 30 W (8 W na langere tijd) wanneer een beeldscherm niet gebruikt wordt (Energy Star°).

DPSK {di·pi·es·kee} - *Differential Phase Shift Keying* - DPSK: Veelgebruikte en eenvoudige methode van digitale fasemodulatie (phase°, modulation°) in een modem°. ⇔FSK° ⇔PSK° ⇔QAM°

DQDB {di·kjoe·di·bi} - *Distributed Queue Dual Bus* - DQDB: een nieuwe busarchitectuur annex toegangsalgoritme (IEEE° 802.6) voor MANs (MAN°) met twee eenrichtingsbussen (bus°) en werkend met pakketjes van een vaste lengte (slot°) voor SMDS°, geschikt voor video°; het distributed queue-mechanisme zorgt ervoor dat elk aangesloten station een eerlijke kans krijgt; zal straks worden vervangen door ATM°.

draft - *concept* - **1.** Voorlopige versie van een brief, specificatie of voorstel, **2.** Snelle, maar niet erg fraaie afdruk door een printer (⇔letter quality° ⇔photo quality° ⇔presentation quality°).

draft proposal - *DP* - Zie: DP°.

drag - *drag, slepen* - In het beeldscherm een pictogram (icon°) meeslepen, door een muis te bewegen en een knop ingedrukt te houden; zie ook: drag-and-drop°.

drag-along - *bijkomende verkoop, inkomsten of voordelen* - Verkoop omdat iemand die een computer van een bepaalde leverancier koopt, vaak randapparatuur, programmatuur of supplies° van dezelfde leverancier zal kopen.

drag-and-drop - *drag-and-drop, slepen en neerzetten* - Een pictogram (icon°) meeslepen (drag°) en op een ander pictogram laten vallen (drop°), en zo een opdracht geven: bijvoorbeeld een documentpictogram (icon) meenemen en op een printerpictogram (icon) laten vallen om het document af te drukken.

DRAM {*di*·rem} - *Dynamic Random Access Memory* - DRAM: een dynamische RAM° technologie waarbij de geheugencellen voortdurend moeten worden geregenereerd (refresh°) omdat het basisgeheugenelement wordt gevormd door slechts een transistor en een condensator (capacitor°); wordt gebruikt voor het werkgeheugen met een gangbare snelheid van 60-70 nsec; zie ook SDRAM°. ⇔SRAM°

draw - *tekenen* - Het maken van een tekening (drawing°) met behulp van een computer; wordt ook gebruikt voor het trekken van een lijn (line draw°).

drawing - *tekening* - Tekening: door een printer afgedrukt op papier of elektronisch in een scherm. Ook: drawing ruler (tekenlineaal).

drawing exchange format - *DXF* - Zie: DXF°.

DRDBMS {di·ar·di·bi·em·es} - *Distributed Relational DataBase Management System* - DBRDMS: een relationele database° (RDBMS°) bestaande uit gedistribueerde databases (distributed database°).

drift - *verloop* - Langzame verandering van een frequentie, van de synchronisatie of van een afbeelding in een beeldscherm. ⇔jitter°

drive - *drive, station* - Loopwerk: apparatuureenheid voor een disk°, diskette° of tape°; als apparaat (device° van DOS°) aangeduid met een letter, bijvoorbeeld: A:°,

B:° of C:°. Ook: last drive (hoogste station, aangeduid met de laatst gebruikte letter in het alfabet). Zie ook: compressed drive°, floptical drive°, silicon drive°.

drive array - *drive-array* - Samenstel van vaste schijven (hard disk°), meestal in een RAID°-configuratie. Synoniem: disk array°.

drive bay - *drive bay* - Ruimte (bay°) in een PC voor een disk of diskette drive°.

drive letter - *stationaanduiding* - De letter gebruikt om een PC-station (drive°) aan te geven, bijvoorbeeld: A:°, B:°, C:°.

drive lock - *drive-slot* - Slot (lock°) voor een diskette-station (drive°): om te verhinderen dat het wordt gebruikt, bijvoorbeeld voor het kopiëren van bestanden (file°).

-driven - *gestuurd door ...* - Bijvoorbeeld: bepaald door de markt, een model° of de technologie (technology°).

driver - *driver, stuurprogramma, gangmaker, factor* - **1.** Driver: stuurprogramma voor een apparaat (device°); bijvoorbeeld: device driver°, mouse driver° (muis-driver), printer driver° (een groot probleem omdat er steeds nieuwe printers en software worden uitgebracht), Windows driver°, **2.** Driver: de eerste, nauwelijks werkende versie van een programma, gebruikt om andere programma's tijdens hun ontwikkeling mee te 'sturen', **3.** Gangmaker: persoon die het initiatief heeft tijdens een werkzaamheid waarbij anderen zijn betrokken, **4.** Factor, bijvoorbeeld: major driver (sleutelfactor).

drop - *drop, neerzetten* - Bijvoorbeeld een pictogram (icon°) op een andere laten vallen (drag-and-drop°), een view° laten verdwijnen of een verbinding verbreken. In de telefoniewereld, de plaats in een multidrop°-verbinding waar een aansluiting is gemaakt; zie : multipoint°.

drop cap {drop·kep} - *initiaal* - Grote hoofdletter (caps°) aan het begin van een stuk tekst, die in de tekst is verzonken. Voluit: dropped initial capitals.

drop-down - *vervolg-* - Een keuzelijst (box°) of menu° waarop een verdere keuze kan worden gemaakt.

drop-in - *drop-in* - Teken toegevoegd in een reeks tekens: afkomstig van een leesfout of storing op de lijn. ⇔drop-out°

drop-on-demand - *drop-on-demand* - Kenmerk van de huidige inkjet°printers, waarin druppeltjes inkt alleen wanneer nodig (demand, on°) worden gespoten; vroeger werd een continue straal druppels gespoten, die al dan niet werd afgebogen en de overtollige inkt opgevangen.

drop-out - *drop-out* - **1.** Kort wegvallen van de netspanning, **2.** Plaats op diskette° waar bits zijn weggevallen (⇔drop-in°), **3.** Teken dat is weggevallen door een leesfout (MICR°, OCR°). Ook aanduiding van iemand die definitief ophoudt met school of de Elfstedentocht.

drop shadow - *slagschaduw* - Een accentuering van rechthoeken die een driedimensionaal effect suggereert, veelvuldig gebruik in Windows°, meestal rechts en onder.

drum - *drum* - Cilinder: vroeger gebruikt voor magnetische gegevensopslag in een trommelgeheugen en voor afdrukken in een printer, nu ook gebruikt in een scanner° of drum plotter°.

drum plotter - *drum plotter* - Grote plotter waarbij het papier (A0 of A1) met behulp van een cylindrische rol (drum°) wordt bewogen.

DRV {-} - *DRiVer* - DRV: extensie (extension°) van een bestand (file°) dat een stuurprogramma (device driver°) bevat; alternatief: DEV°, DVR°.

DRW {-} - *DRaWing* - DRW: extensie (extension°) van een bestand (file°) dat een tekening (drawing°) bevat; alternatief: DWG°.

dry run - *dry run* - Een presentatie, bewerking of test (run°) testen om te voorkomen dat u in het echt nat gaat.

DS {di·es} - *Double-Sided* - Tweezijdig, bijvoorbeeld een diskette° met twee magnetische oppervlakken.

DS.. {di·es} - *Digital Signal..* - Aanduiding van Amerikaanse digitale verbindingen:
DS0 voor 64 kbit/s,
DS1 voor 24xDS0 (1,544 Mbit/s (T1°),
DS2 voor 4x DS1 (6,312 Mbit/s, T2°),
DS3 voor 7x DS2 (44,736 Mbit/s, T3°),
DS4 voor 6x DS3 (274,576 Mbit/s, T4°).

DSA {di·es·ee} - *Directory System Agent* - DSA: een agent° van een X.500° directory°-systeem. ⇔DUA°

DSC {di·es·si} - *Development Support Center, Decision Support Center* - **1.** DSC: een groep mensen die de programmeurs ondersteunt bij de invoering van nieuwe methoden en programmatische hulpmiddelen (⇔IC°), **2.** DSC: groep mensen die gebruikers ondersteunt bij het nemen van bedrijfsbeslissingen; nieuwe naam voor wat vroeger het Information Center (IC°) heette.

DSD {di·es·di} - *Data Structure Diagram* - Datastructuurdiagram: schematische voorstelling van de entiteiten (entity°) en hun samenhang (relation°) in de definitie van een database°. Hierbij worden entiteiten weergegeven als rechthoeken en de kardinaliteit (cardinality°) door pijlen of kraaiepoten; equivalent: ERD°.

DS DD {-} - *Double-Sided, Double-Density* - DS DD: aanduiding op een diskette°, zie: DS°, DD°.

DS HD {-} - *Double-Sided, High-Density* - DS HD: aanduiding op een diskette°, zie: DS°, HD°. Afkorting wordt nu steeds vaker vervangen door: 2HD°, de enige diskette (1,44 MB) die nog verkocht wordt.

DSL {di·es·el} - *Digital Subscriber Line* - DSL: paraplu-afkorting voor verschillende technieken voor het digitaliseren en versnellen van de telefoonaansluiting (subscriber°, line°, local loop°). Hiervoor zijn twee basistechnieken ontwikkeld: CAP° en DMT°. Uitvoeringen: SDSL° (CAP), ADSL° (CAP), RADSL° (CAP), VDSL° (DMT). Kenmerk is dat de verbinding loopt via een enkel aderpaar (twisted pair°) en dat er naast de breedbandverbinding een apart spraakkanaal beschikbaar komt. Een voorloper is: HDSL° (2 aderparen, geen apart spraakkanaal).

DSP {di·es·pi} - *Digital Signal Processing* - DSP: chip° of uitbreidingskaart voor een PC waarmee digitale (digital°) bewerkingen kunnen worden uitgevoerd op beeld of geluid, waaronder Fourier-transformaties (Fourier transform°) en analoog/digitaal (AD°) omzettingen, ook gebruikt in CD-spelers. Iets dergelijks: NSP°.

DSS {di·es·es} - *Decision Support System, Digital Signature Standard* - **1.** DSS: beslissing-ondersteunend systeem bestaande uit programmatuur en gegevens in een database°, **2.** DSS: Nieuw systeem van het NIST° voor de verificatie door middel van een digital signature° van de echtheid (authentication°) van een bericht, echter niet voor de versleuteling van de inhoud (encryption°).

DST {-} - *Daylight Saving Time* - Zomertijd: wanneer de klok een uur is teruggezet om elektriciteit te sparen door beter gebruik te maken van het daglicht.

DSTN {di·es·ti·en} - *Dual-Scan Supertwisted Nematic* - DSTN: een passieve (passive°) matrix-technologie voor LCD°-beeldschermen; zie ook: dual-scan°.

DSVD {di·es·vi·di} - *Digital Simultaneous Voice and Data* - Een technologie voor voice-data° communicatie via gewone telefoonlijnen. Een modem° hiervoor is een paar honderd gulden duurder dan een vergelijkbaar V.34° modem, maar spaart het geld voor een tweede aansluiting. Aan beide kanten van de telefoonlijn is wel eenzelfde modem nodig, maar dan kunt u zonder verdere voorzieningen van de telco° tegelijk praten en bestanden oversturen, samen bestanden bewerken, waar u ook bent, of tegelijk praten en surfen. De norm is zo slecht gedefinieerd dat aan beide kanten programmatuur van dezelfde leverancier moet worden gebruikt. ISDN° werkt beter en is goedkoper. ⇔ADSL°

DTD {di·ti·di} - *Document Type Definition* - DTD: stijlblad (style sheet°) in SGML° dat de opmaak van tekst bepaalt.

DTE {di·ti·ie} - *Data Terminal Equipment* - DTE: poort (port°) van een werkstation of computer in een netwerk: waarop een modem° (DCE°) kan worden aangesloten.

DTH {di·ti·eetsj} - *Direct To the Home* - DTH: satelliet-TV die direct thuis ontvangen wordt, niet via een kabel. Vanwege de hogere frequenties kunnen de schotel-antennes kleiner zijn; bovendien kunnen zij meer zenders instralen dan via de kabel mogelijk is. Is vooral populair in Engeland (bijvoorbeeld: BSkyB) en de VS. Nu nog analoog (analog°), maar vanaf eind 1996 ook digitaal: DVB°. Synoniem: wireless cable°.

DTMF {di·ti·em·ef} - *Dual-Tone Modulation Frequency* - Signaleringssysteem voor telefonie waarbij elke cijfertoets een andere combinatie van twee frequenties (frequency°) produceert (tone dialing°, ATDT°): twee combinaties van vijf frequenties geeft 10 cijfers plus twee aparte frequenties voor * en #, dus totaal zeven frequenties van 700-1700 Hz. Is door AT&T° ontwikkeld en wordt in de VS genoemd: TouchTone; in Nederland: IDK. ⇔pulse dialing°

DTP {di·ti·pi} - *DeskTop Publishing, Distributed Transaction Processing* - **1.** Desktop publishing°, DTP: met een PC en een laserprinter° zelf (letterlijk: op het bureau) drukwerk maken; uitdrukking wordt toegeschreven aan P. Brainerd van Aldus Corp. (1984), **2.** Distributed Transaction Processing°, DTP: decentraal transacties verwerken volgens ISO-norm 10026.

DTTV {-} - *Digital Terrestrial TeleVision* - DTTV: digitale (digital°) TV uitzendingen uitgezonden vanaf een aardse (terrestrial°) zender of via de kabel (CATV°), niet vanaf een satelliet (satellite°).

DTV {di·ti·vie} - *Desktop TeleVision* - DTV: televisie (television°) op het bureau (desktop°) via het beeldscherm van een computer; zie ook: desktop video°. ⇔DTP° ⇔DTTV°

DUA {di·joe·ee} - *Directory User Agent* - DUA: een agent° van de gebruiker (user°) van een X.500° directory°-systeem. ⇔DSA°

dual - *tweevoudig* - Met betrekking tot twee mogelijkheden. Is vergelijkbaar met: double-° ⇔single°

dual booting - *dual booting* - Oorspronkelijk een voorziening in OS/2°: de mogelijkheid om een PC te starten (boot°) met naar keuze DOS° of OS/2. Is nu ook beschikbaar in Windows° om te kunnen kiezen tussen DOS° en/of een van de vele Windows-versies.

dual density - *DD* - Zie: DD°.

dual inline memory module - *DIMM* - Zie: DIMM°. ⇔SIMM°

dual inline package - *DIP* - Zie: DIP°. ⇔SIP°

dual link - *dual link* - Dubbele verbinding: voor de verdeling van HDX°- verkeer en om zeker te zijn van tenminste één verbinding.

dual media - *dual media* - PC-programma's geleverd op 5¼ én 3½ inch diskettes° - nu meestal op: CD-ROM°. Voor andere media, zie: media°.

dual processor - *tweevoudige processor* - Mogelijkheid om twee processoren (processor°) te koppelen, bijvoorbeeld in de nieuwe Dual Pentium°, om de rekencapaciteit (bijna) te verdubbelen zonder al te veel extra kosten.

dual-scan - *dual-scan* - Techniek gebruikt bij LCD°-schermen waarbij twee horizontale helften van het scherm tegelijk worden beschreven (scan°): dit geeft een snellere vervanging (refresh°), beter contrast° en minder ghosting° (nalichten); bijvoorbeeld: DSTN

dual-tone modulation frequency - *DTMF* - Zie: DTMF°.

dual-vendor policy - *dual-vendor beleid* - Beleid (policy) om onderdelen, apparatuur of diensten van twee leveranciers (vendor°) te kopen om niet van één leverancier afhankelijk te zijn.

dub - *nasynchroniseren* - Dubben: een nieuw signaal opnemen naast een bestaande televisie- of audio-opname.

duct - *kabelgoot* - Doorgang in de grond of onder de straat; de kabelgoot in een gebouw wordt meestal genoemd: conduit°.

due date - *vervaldatum, einddatum* - De laatste dag waarop iets klaar moet zijn, zijn gebeurd of betaald.

dumb terminal - *terminal* - Beeldschermeenheid die wordt gestuurd door een control unit° of een grote computer: kan zelf geen gegevens verwerken. Wordt nu vaak genoemd: nonprogrammable terminal° (NPT°, niet-programmeerbaar) of niet-intelligent.

dummy - *dummy* - Een tijdelijke of niet-volwaardige of schijnversie van iets, die mogelijk later wordt vervangen door de echte; bijvoorbeeld een dummy bestand (file°), subroutine° of naam. Dummy wordt ook gebruikt voor mensen en het: NULL° apparaat (device°).

dump - *dump* - **1.** Onbegrijpelijke momentopname van de inhoud van een computergeheugen; bijvoorbeeld: postmortem core dump° na een fout, **2.** Gegevens direct afdrukken of opslaan op disk° of diskette°, bijvoorbeeld: screen dump°, **3.** Weggooien: papier of informatie; letterlijk: storten. Niet verwarren met: dumb (stom, als u het verkeerde hebt weggegooid).

dunning message - *aanmaning* - Brief waarin u wordt gemaand voor een bepaalde datum te betalen of actie te ondernemen.

duopoly - *duopolie* - Marktsituatie met slechts twee concurrenten: die nodig is na de privatisering van bijvoorbeeld telecombedrijven, om het nieuwe tweede bedrijf een goede start te geven. In Engeland, van 1984-94: BT° en MCL°. Werkt niet goed, is nu gebleken, omdat het tweede bedrijf het niet rooit of meteen uit elkaar valt (Enertel in Nederland).

dupe - *duplicate* - Kopiëren, meestal illegaal: Thou shalt not dupe (Gij zult niet illegaal kopiëren); zie ook: piracy°.

duplex - *duplex* - **1.** Dubbelzijdige (two-way°) datatransmissie (data transmission°), **2.** Dubbelzijdig afdrukken (printer°). ⇔simplex°

duplex printer - *dubbelzijdige printer* - Printer (printer°) die papier aan beide kanten (duplex°) afdrukt, o.a. gebruikt in netwerk (network printer°). Voordelen: spaart papier , tijd en opslagruimte. Dit soort printers wordt ook goedkoper.

duplicate - *dupliceren, duplicaat* - **1.** Dupliceren: een afgedrukte tekst of diskette vermenigvuldigen; in de computerwereld is er nauwelijks onderscheid met: copy°, replicate°, **2.** Duplicaat: kopie van een origineel of kopie.

duplicator - *duplicator* - **1.** Stencilmachine voor het bedrukken van papier, **2.** Kopieermachine voor het dupliceren van diskettes.

durability - *stevigheid* - Bestendigheid tegen ruw gebruik.

dust cover - *stofkap, stofhoes* - Bescherming tegen stof (dust), de grote vijand van toetsenborden en magnetische media°.

duty cycle - *bedrijfscyclus* - **1.** Gedeelte van een periode (cycle°) dat een onderdeel daadwerkelijk in bedrijf is, **2.** Maximum aantal kopieën/maand dat een printer kan afdrukken en dergelijke.

DUV {-} - *Data Under Voice* - Techniek om spraak (voice°) en gegevens (data°) gelijktijdig via een twisted-pair° kabel te versturen, zie: data under voice°. ⇔DOV° (data over voice°)

DV {di·vi} - *Data-Voice, Digital Video* - **1.** DV: Betreffende de gecombineerde overdacht van gegevens (data°) en spraak (voice°), bijvoorbeeld via een data-voice multiplexer° of modem°; is hetzelfde als: voice-data°, **2.** DV: digitale video (digital video°), opvolger van de huidige analoge (analog°) televisie-overdracht en opslag. Er zijn twee soorten cassette (cartridge°): DV (iets groter dan VHS-C° met een speeltijd van 4,5 uur) en Mini-DV (66x48x12,2 mm, 3,6x zo klein, met een speeltijd van 1 uur) voor draagbare apparatuur.

DVB {di·vi·bi} - *Digital Video Broadcasting* - Europese norm in wording (verwacht eind 1996) voor digitale video (digital video°) op basis van MPEG°-2; voor de ontvangst hiervan is een aparte set-top box° als decoder° nodig (die later in een digitaal TV-toestel zal kunnen worden geïntegreerd). Door de bundeling van digitale kanalen, is een elektronische gids nodig (EPG°). Het DVB-signaal kan ontvangen worden van een aardse (terrestrial°) bron (DTTV°: TV-zender of kabel) of direct van een satelliet (satellite°). ⇔DAB°

DVD {di·vi·di} - *Digital Video Disc* - DVD: opvolger van de CD-ROM voor digitale tekst, beeld en geluid (multimedia°), een aan een of twee zijden afspeelbaar schijfje met een diameter van 12 cm, even groot als de huidige CDs. In de enkelzijdige uitvoering bieden zij een opslagcapaciteit van 4,7 Gbyte, voldoende voor 133 minuten film en/of geluid; dubbelzijdig en dubbellagige zelfs 18 GB; spelers worden begin '97 verwacht. Er komen drie uitvoeringen: read-only (CD-ROM°), write-once (WORM°) en recordable (RAM). Oude CD's zijn wel afspeelbaar op een DVD-speler, CD-i° niet. Het compromis werd in 1995 bereikt tussen Sony/Philips (MMCD°) en Toshiba/Time Warner (SD°), maar eerst in september 1996 werd overeenstemming bereikt met de filmindustrie over de rechten en anti-kopieervoorzieningen.

DVI {di·vi·ai} - *Digital Video Interactive, Data Voice Integration* - **1.** DVI: methode van Intel° voor opslag en interactief gebruik (interactive°) van digitaal audio° en video°, bijvoorbeeld voor 70 minuten video op een CD-ROM; vereist een zogenaamde DVI chip° set in de PC ; techniek komt oorspronkelijk van General Electric/RCA en is door Intel° gekocht in 1987, en weer verder verkocht aan Horizons Technology inc in 1992 (⇔CD-I° ⇔VUI°), **2.** DVI: integratie van de overdracht van gegevens (data°) en spraak (voice°) via een lokaal netwerk (LAN°) en een telefooncentrale (PBX°).

Dvorak keyboard - *Dvorak toetsenbord* - Indeling ontwikkeld door A.N. Dvorak in 1936: werkt 10 procent sneller en veroorzaakt minder fouten dan een QWERTY°- of AZERTY°-indeling (waaraan iedereen nu is gewend) omdat de meest gebruikte tekens op de home row° zijn geplaatst (A,

O, E, U, I links en D, H, T, N, S rechts). Er zijn ook versies voor enkelhandige (rechts en links) gebruikers, o.a. beschikbaar in Windows°. Uitspraak: {*di*·voor·ek}.

DVM {-} - *Digital VoltMeter* - Digitale (digital°) spanningsmeter, zie: Volt°.

DVR {-} - *DeVice driveR* - DVR: extensie (extension°) van een bestand (file°) met een stuurprogramma (device driver°); alternatief: DEV°, DRV°.

DWG {-} - *DraWinG* - DWG: extensie (extension°) van een bestand (file°) dat een tekening (drawing°) bevat; alternatief: DRW°.

DX.. {di·ex} - *DX..* - Aanduiding voor versnellers van een Intel° microprocessor°, bijvoorbeeld: DX2, DX3, DX4; zie ook: clock doubler°, speed doubler°.

DXF {di·eks·ef} - *Drawing eXchange Format* - DXF: norm voor de uitwisseling van 2D° CAD°-beelden van Autodesk, Inc.; is vector°-georiënteerd.

dyadic - *dyadisch* - Kenmerk van een instructie (instruction°) met twee operands (operand°) of van een computersysteem met twee processoren (dyadic processor°). ⇔monadic° ⇔niladic° ⇔uniprocessor°

dye diffusion thermal transfer - *D2T2* - Zie: D2T2°.

dye sublimation - *dye sublimation* - Kostbare maar uitstekende technologie voor een kleurendrukker: door middel van temperatuurregeling wordt kleur van een speciaal inktlint overgebracht op speciaal papier.

Dylan - *Dylan* - Voorstel uit de middenjaren 80 van Apple° voor een hogere (high-level°) object-georiënteerde (object-oriented°) programmeertaal ten behoeve van de toen nieuwe Macintosh° gebruikersinterface, toen C++° nog niet in zwang was gekomen; wordt gecompileerd (compile°). Mogelijk genoemd naar: schrijver Dylan Thomas of zanger Bob Dylan. Apple is ermee gestopt, maar het werk bij Carnegie Mellon University voor een UNIX°-versie gaat door.

dynamic - *dynamisch* - Een variabele (variable°) of programma wordt voor het gebruik aangepast of kan steeds worden veranderd. Wordt ook gebruikt in verband met een database° die veranderingen gelijk weergeeft via een query° of aan een browser° via Internet°. ⇔static°

dynamic address allocation - *dynamische adrestoewijzing* - Toewijzing (allocation°) van stukken geheugen bij multi-programming° afhankelijk van de stukken geheugen die op dat moment in gebruik zijn.

dynamic bandwidth allocation - *dynamische bandbreedtetoewijzing* - Toewijzing van bandbreedte (bandwidth°) aan verschillende ingangskanalen van een snelle ISDN°-verbinding afhankelijk van het aanbod van informatie. Is zoiets als: bandwidth on demand°.

dynamic binding - *dynamische binding* - Directe koppeling (binding°) van programma's tijdens de uitvoering (runtime°), dus niet vooraf door middel van een link°. Wordt ook wel genoemd: dynamic link°.

dynamic data exchange - *DDE* - Zie: DDE°.

dynamic icon - *dynamisch pictogram* - Pictogram (icon°) dat van vorm of kleur verandert bij klikken (click°), ten teken dat het achterliggende programma wordt uitgevoerd; bijvoorbeeld een drukknop (button°) die zichtbaar wordt ingedrukt.

dynamic linking - *dynamisch linken* - Programma's die tijdens de uitvoering (runtime°) worden gekoppeld (link°), niet vooraf.

dynamic link library - *DLL* - Zie: DLL°.

dynamic RAM - *DRAM* - Veelgebruikte halfgeleidertechnologie voor geheugens (RAM°) waarvan de inhoud steeds moet worden geregeneerd (refresh°) omdat de erin gebruikte condensatoren (capacitor°) zich ontladen. Is goedkoper maar langzamer (70-80 nsec) dan SRAM° (15-30 nsec).

dynamic random access memory - *DRAM* - Zie: DRAM°, dynamic RAM°.

dynamic routing - *dynamische routering* - In een netwerk, een routeringstechniek (routing°) waarbij de gekozen door het netwerk gekozen weg steeds wordt bepaald aan de hand van plaatselijke condities, bijvoorbeeld verkeersdrukte of een kabelstoring.

dynamic scheduling - *dynamisch indelen* - Werk of tijd van moment tot moment indelen (scheduling°), niet van te voren alles regelen.

dynamic variable - *dynamische variabele* - Naam van een grootheid (variable°) waarvan de waarde wordt bepaald bij de start van de uitvoering van een programma.

- E -

e - *e* - Grondtal van natuurlijke logaritmen: 2,718..., een irrationeel getal (irrational number°) genoemd naar L. Euler (1707-83) en grondtal (base°) voor natuurlijke logaritmen (ln°). Grote kleine letter 'e' op verpakkingen: teken dat de nieuwe Europese maatvoering is gebruikt.

e-... {ie} - *electronic-...* - Elektronisch(e) ...: gebruikt voor alle elektronische vormen van het daarachter geplaatste woord, bijvoorbeeld: e-form°, e-mail°, e-money°, e-zine°, enzovoorts.

E {ie} - *Exponent, E, exa...* - **1.** Exponent: gebruikt in floating-point° getallen in plaats van 'tien tot de macht' (exponent°), bijvoorbeeld: 1.2E4 = $1{,}2 \times 10^4$ = 12.000; wordt ook genoemd: scientific notation; zie ook: decimal point°, **2.** E: waarde 14 in het hexadecimale (hexadecimal°) talstelsel, **3.** Exa... (exa....°): triljoen (10^{18}), een 1 met 18 nullen, in het Amerikaans quintillion genoemd en in het Engels trillion, bijvoorbeeld: EB°; zie echter ook: Exabyte°, een merknaam.

E1 {ie} - *E1* - E1: snelle Europese verbinding van 2,048 Mbps° volgens CCITT (nu: ITU-T°)-norm G.703: die kan worden verdeeld in 30 (bearer°) kanalen van 64 kbps (fractional E1°) plus kanalen voor signaling°; wordt ook wel genoemd: CEPT°. Zie ook: fractional E1°.

E2 {ie} - *E2* - E2: idem met 8,448 Mbps° (128 kanalen van 64 kbps°).

E3 {ie} - *E3* - E3: idem met 34,368 Mbps° (512 kanalen van 64 kbps°).

E4 {ie} - *E4* - E4: idem met 139,264 Mbps° (2028 kanalen van 64 kbps°).

E5 {ie} - *E5* - E5: idem met 564,992 Mbps° - alles inclusief besturingskanalen. E3 t/m E5 zijn voorlopig nog toekomstmuziek.

E,7,1 - *Even parity, 7 data bits, 1 stop bit* - E,7,1: populaire instelling van een modem°. ⇔N,8,1°

E-13B {ie·surtien·bi} - *E-13B* - Een gestyleerd magnetisch leesbaar (MICR°) font°, gebruikt op Amerikaanse en Britse cheques.

EAN {ie·ee·en} - *European Article Numbering* - EAN: een codesysteem, nu een internationale systematiek voor codes zoals: a) artikelcode, die als barcode (bar code°) op verpakkingen wordt afgedrukt, b) verzendcode voor goederen, c) adrescode in een EDI°-systeem, enzovoort. Het codesysteem wordt nu gecoördineerd door de International Article Numbering Organization. Code 128 gebruikt een set van 128 tekens in plaats van 10 cijfers (gebruikt in EAN-13) zodat extra informatie in de 13 posities kan worden ondergebracht; Code 39 werkt met 39 tekens. ⇔UPC°

earcon - *earcon* - Geluidspictogram (icon°): kort melodietje of ander geluidje (ear = oor, tevens afkorting van: Environmental Audio Reminder). ⇔picon ⇔vicon°

early binding - *early binding* - Wanneer de binding° van programma's plaats vindt tijdens het compileren (compile°). ⇔late binding°

earmark - *merkteken* - Een kenmerk toegekend aan een bepaalde plaats in een bestand om daarheen later snel terug te keren; in een boek: ezelsoor.

EAROM {ie·ee·rom} - *Electrically Alterable Read-Only Memory* - Alernatieve naam voor: EEROM°.

ease-of-use - *gebruikersgemak* - Meestal de werkwijze die de programmeurs het beste uitkwam. Zinvoller is de term: usability° (bruikbaarheid).

easy - *EZ* - Zie: EZ°.

EB {-} - *ExaByte* - Triljoen (exa...°) byte°: 1000 PB°, miljoen TB° enzovoort: een 1 met 18 nullen. Exabyte° is merknaam.

EBCDIC {*eps*·dik} - *Extended Binary-Coded Decimal Interchange Code* - EBCDIC: verzameling codes° voor de uitwisseling van gegevens; omvat 256 besturings- en informatietekens voor grote computers en hun 8-bit codering (byte°); is ontwikkeld voor het IBM° System/360 in de beginjaren zestig. ⇔ASCII° (verzameling codes voor PC's en grote computers)

EC {ie·si} - *Engineering Change, Electronic Commerce, European Community* - **1.** Technische verandering van de apparatuur (FCO° ⇔upgrade°), **2.** Elektronisch zaken doen (electronic commerce°), **3.** Europese Gemeenschap (EG).

ECC {-} - *Error Checking and Correction, Error Correcting Code* - **1.** Foutencontrole en -correctie, **2.** Foutencorrigerende code°. Door de toevoeging van voldoende redundante informatie wordt het mogelijk fouten te constateren en te corrigeren.

ECCA {ek·ka} - *European Cable Communications Association* - ECCA: groep Europese kabeltelevisie-leveranciers (CATV°) die normen ontwikkelen voor digitale televisie (DVB°) en radio (DAB°) voor verspreiding van programma's via de kabel.

echo - *echo* - **1.** Ongewenst signaal, 'nagalm', dat optreedt in elektronische verbindingen die niet goed zijn afgesloten (Z°), dat kan worden onderdrukt met behulp van een: echo canceller, **2.** DOS°-opdracht om bepaalde informatie in het scherm (display°) te tonen; de afbeelding kan worden onderdrukt door het teken '@' (commercial at sign°) voor een opdracht te plaatsen, **3.** Berichten doorgeven of terugsturen in een BBS°; zie: echo conference°, echomail°, echo message°.

echo conference - *echo-conferentie* - Conferentie (conference°) op een bulletinboard (BBS) die gekopieerd (echo°, echomail°) is van een ander BBS°.

echomail - *echomail* - Elektronische berichten, e-mail° en toevoegingen aan conferenties (conference°), die afkomstig zijn (echo°) van een ander BBS°.

echo message - *echo message* - Elektronische berichten (message°) die gekopieerd (echo°) zijn of worden doorgestuurd van een ander BBS°.

echoplex - *duplex* - Zie: duplex°.

ECMA {ek·ma} - *European Computer Manufacturers Association* - ECMA: vereniging van Europese computerfabrikanten, gevestigd in Genève; is vergelijkbaar met de Amerikaanse: CBEMA°. ⇔EEMA°

ECTRA {ek·tra} - *European Committee for Telecommunications Regulatory Affairs* - ECTRA: Commissie van Europese wetgevers (CEPT°: 42 landen) die zich onder andere bezig houdt met: Euro-numbering° (unificatie van Europese telefoonnummers).

EDA {ie·di·ee} - *Electronic Design Automation* - Programmatisch gereedschap voor het elektronisch ontwerp van IC's (IC°), bijvoorbeeld gebruikt voor de ontwikkeling van een ASIC°; vroeger genoemd: design automation° (DA°).

edge - *voordeel, rand* - Bijvoorbeeld: competitive edge (concurrentievoordeel), edge connector°, leading edge°.

edge connector - *edge connector* - Gedrukte bedrading (printed circuit°) op een PCB° die doorloopt tot aan de rand en zo de mannelijke helft van stekker (connector°) vormt; wordt gebruikt voor insteekkaarten (card°).

EDI {ie·dee·ai} - *Electronic Data Interchange* - Gestructureerde elektronische gegevensoverdracht volgens X.435, een subnorm van X.400°, nu meestal nog via een X.25°-verbinding; zie ook: EAN°. Ooit wellicht: Everybody Does It (Iedereen doet het). Nu nog niet interactief, later wellicht wel - de naam daarvoor bestaat al: i-EDI. ⇔e-mail° (ongestructureerd)

EDIFACT {ie·di·fekt} - *Electronic Data Interchange For Administration, Commerce and Transport* - EDIFACT: een norm van de Verenigde Naties voor gegevensoverdracht tussen bedrijven via EDI°.

edit - *edit, bewerken, redigeren* - Met een edit-programma (editor°) een toepassingsprogramma (application program°), tekening (drawing°) of tekst veranderen; Edit in Windows°: menu Bewerken; ook: image editing° (beeldbewerking). Echter ook: copy-editing°.

edition - *editie* - Een belangrijke versie van een programma; omvat meer dan een versie° of een release°; zie ook: soft edition°.

editor - *editor, redacteur* - **1.** Editor: programma waarmee bestanden kunnen worden gemaakt en veranderd, bijvoorbeeld: class editor°, icon editor°, line editor°, link editor°, macro editor°, pixel editor°, text editor°, **2.** Redacteur: persoon die teksten redigeert.

EDLIN - *EDLIN* - Regel-editor° (line editor°) onder DOS°: die moeizaam te gebruiken is omdat elke regel apart moet worden veranderd zonder dat men de andere ziet; bovendien moeten de regels worden aangeroepen met hun nummer (line number°). Vandaar dat men onder DOS° tegenwoordig de BASIC° editor gebruikt.

EDM {*ie*·di·em} - *Electronic Document Management* - EDM: elektronische verwerking van berichten, e-mail° en EDI°-gegevens, mogelijk ook DIS°-beelden in een EDMS°.

EDMS {*ie*·di·em·es} - *Electronic Document Management System* - EDMS: een informatiesysteem voor de verwerking van multimedia°-informatie, vergelijkbaar met: DIS°. Meestal afgekort tot: DMS°, want de E spreekt vanzelf.

EDO-RAM {ie·do·rem} - *Extended Data Out Random Access Memory* - EDO-RAM: RAM°-geheugen (interne cache°) dat de opgevraagde blok (block°) data° langer op de databus beschikbaar houdt voor de processor°, terwijl ondertussen gewerkt kan worden aan het ophalen van het volgende blok - dit geeft voordelen bij het uitlezen, maar de schrijftijd blijft gelijk. Uitvoering: DIMM°.

EDP {ie·di·pi} - *Electronic Data Processing* - EDP: elektronische gegevensverwerking (electronic data processing°).

EDP-audit {ie·di·pi} - *Electronic Data Processing-audit* - EDP°-audit: beoordeling (audit°) van de betrouwbaarheid, effectiviteit en efficiëntie van een geautomatiseerd informatiesysteem door een onafhankelijke en deskundige EDP auditor°.

EEMA {-} - *European Electronic Mail Association* - EEMA: Europese organisatie van bedrijven en aanbieders van X.400° diensten voor e-mail°, die tracht een open netwerkomgeving te creëren op basis van internationale normen; is in 1987 opgericht door Europese telecom-bedrijven; is de Europese tak van: EMA°. ⇔ECMA°

EEPROM {*ie·ie*·prom} - *Electrically Erasable Programmable Read-Only Memory* - EEPROM: programmeerbaar ROM°-geheugen dat elektrisch kan worden gewist. Zie ook: flash EEPROM°. ⇔EPROM° ⇔PROM°

EEROM {ie·ie·rom} - *Electrically Erasable Read-Only Memory* - EEROM, ook genoemd: EAROM°; zie: EEPROM°.

effect - *effect* - Zie bijvoorbeeld: Hawthorne effect°.

effectiveness - *effectiviteit* - De mate waarin iets voldoet aan de gestelde eisen of een beoogd doel wordt bereikt.

efficiency - *efficiency* - Efficiëntie: hoe weinig van iets nodig is om een bepaald doel te bereiken.

e-form {ie} - *electronic form* - Elektronisch formulier: formulier (form°) dat op een beeldscherm kan worden getoond, ingevuld en elektronisch verstuurd naar het juiste adres; werkt waarschijnlijk middels een: server°. ⇔e-mail°

EFTA {*ef*·te} - *European Free Trade Association* - EFTA: Europees verbond voor vrijhandel.

EFT {ie·ef·ti} - *Electronic Fund Transfer* - EFT: oude, algemene benaming voor het elektronisch overmaken (transfer°) van geld; wordt nu meestal electronic banking° (waaronder thuisbankieren) genoemd. ⇔e-mail°

EFTS {ie·ef·ti·es} - *Electronic Fund Transfer System* - EFTS: het systeem (system°) gebruikt voor elektronisch overmaken van geld (EFT°).

EGA {ie·dji·ee} - *Enhanced Graphics Adapter* - EGA: norm ontwikkeld door IBM rond 1984 voor kleuren-beeldschermen met een resolutie (resolution°) tot 640x350 punten (pixel°). Is inmiddels opgevolgd door VGA° en SVGA°.

EHD {-} - *Extra High Density* - Extra hoge dichtheid: van bits op een 3,5 inch diskette° (2,8 MB°). ⇔DD° ⇔HD°

EHF {ie·eetsj·ef} - *Extremely High Frequency* - EHF: frequentiegebied (frequency°) van 30-300 GHz° dat wordt gebruikt voor satellietverbindingen.

EIA {ie·ai·ee} - *Electronic Industries Association* - EIA: Amerikaanse vereniging die normen ontwikkelt voor de elektronische industrie, bijvoorbeeld: RS-232-C°, TSB°-36 (UTP°-bekabeling). Hun normen heten nu: EIA/TIA°. ⇔EIAJ° ⇔EIIA°

EIA-232-D {ie·ai·ee} - *Electronic Industries Association-232-D* - Opvolger van de RS-232-C° uit 1987, die zal worden opgevolgd door de snellere EIA/TIA°-562.

EIAJ {-} - *Electronic Industries Association of Japan* - EIAJ: Japanse tegenhanger van EIA/TIA° betreffende normen (standard°).

EIA/TIA {-} - *Electronic Industries Association/Telecommunications Industries Association* - Nieuwste naam voor RS°- en EIA°-normen, bijvoorbeeld: EIA/TIA-568 (1991) voor de bekabeling van gebouwen, -569 voor de kabelgeleiders enz.

EIDE {-} - *Enhanced Integrated Device Electronics* - Zie: Enhanced IDE°.

Eiffel - *Eiffel* - Object-georiënteerde (object-oriented°) programmeertaal, gedefinieerd in 1985 door dr B. Meyer in zijn boek *Object-Oriented Software Construction* (1988) en genoemd naar G. Eiffel (1832-1923), o.a. ontwerper van de Eiffeltoren. In 1991 is de taal vrijgegeven, en wordt het handelsmerk (trademark°) en de norm beheerd door een onafhankelijke organisatie (NICE). Het kan gebruikt worden voor zowel ontwerp (design°) als implementatie; het is inmiddels beschikbaar als compleet programmeringssysteem voor commerciële toepassingen van drie leveranciers, o.a. Tower Technology.

eight-bit - *8-bit* - Zie: 8-bit°.

EII {-} - *European Information Infrastructure* - Europese informatiesnelweg, die in 1994 is voorgesteld door J. Delors, voorzitter van de Europese Comissie, in navolging van de Amerikaanse NII°; zie ook: infrastructure°.

EIIA {ie·ai·ai·ee} - *European Information Industry Association* - Europese vereniging voor de informatica-industrie. ⇔EIA°

EIS {ie·ai·es} - *Executive Information System, Engineering Information System, Environmental Impact Statement* - **1.** Executive Information System, EIS: een informatiesysteem betreffende het reilen en zeilen van de eigen organisatie (Enterprise Information System); is een eis van de directie (⇔management information system°) omdat het MIS° mislukte; medewerkers zouden het liever zien als: Everybody's Information System; zie ook: MBAware°, **2.** Engineering Information System, EIS: technisch informatiesysteem voor ingenieurs, **3.** Environmental Impact Statement: Amerikaanse verklaring van een bedrijf omtrent de belasting van het milieu als gevolg van zijn activiteiten.

EISA {ie·ai·es·ee} - *Extended Industry Standard Architecture* - EISA: architectuur (architecture°) van een 32-bit bus° waarop insteekkaarten voor een PC worden aangesloten; is een uitbreiding van ISA° en daarom compatibel met de AT-bus°; EISA is niet doorgebroken, de VL-bus° enigzins, maar nu moet het PCI° zijn, waarop alles kan worden aangesloten. ⇔MC°

eject - *uitwerpen* - Het uitstoten van papier uit een printer of van een magneetband-cassette uit een recorder°.

EL {-} - *ElectroLuminescent* - Elektroluminescent: aanduiding van een type display° dat gebruik maakt van dit verschijnsel; fosfor straalt (vaak blauwgroen, soms oranje) licht uit als het elektrisch wordt geactiveerd.

E/L {-} - *Ethernet Local area network* - In een tekening, verwijzing naar de koppeling met een Ethernet° LAN°.

elapsed time - *verstreken tijd* - Tijd (time°) die bijvoorbeeld bestaat uit wachttijd, toegangstijd (access time°) en uitvoeringstijd (run time°), bijvoorbeeld van een I/O° of aanvraag via een netwerk.

ELD {ie·el·di} - *ElectroLuminescent Display* - Zie: EL°, ELD°.

electrically erasable programmable read-only memory - *EEPROM* - Zie: EEPROM°.

electroluminescent display - *ELD* - Een meestal klein scherm waarop tekens groen of oranje oplichten; bestaat uit fosfor aangebracht tussen twee elektroden waarvan de voorste transparant is. De technologie wordt ook gebruikt in TFT° displays, afgekort: EL°.

electromagnetic - *elektromagnetisch* - Aanduiding dat een feneomeen gebaseerd op magnetische (magnetic°) velden; dit kan een storing (EMI°, EMR°) betreffen, radiogolven (radio°, wave°), lezen/schrijven (read/write°) van magnetische media°, een plunjer, luidsprekerconus of de toegangsarm (access arm°) van een vaste schijf (hard disk°). Het magnetische veld wordt opgewekt en bestuurd door een stroom (current°). ⇔optical°

electromagnetic compatibility - *EMC* - Zie: EMC°.

electromagnetic interference - *EMI* - Zie: EMI°.

electromagnetic radiation - *EMR* - Zie: EMR°.

electromechanical - *elektromechanisch* - Mechanisme dat wordt bestuurd door elektronica via een elektromagnetisch veld (electromagnetic°), bijvoorbeeld: disk°, elektromotor, printer enzovoort; helaas slijten de bewegende delen. ⇔electronic°

electronic - *elektronisch* - Kenmerk van een machine of mechanisme dat elektronisch werkt met chips (chip°) of waarin een microprocessor° wordt gebruikt; zie ook: opto-electronic°.

electronic banking - *elektronisch bankieren* - Met een bank communiceren en geld overmaken via een telefoonlijn of netwerk (network°): EFT°. Verschilt van: electric money°.

electronic commerce - *elektronisch zaken doen* - Kopen en handelen via een netwerk: iets dat een goede beveiliging vereist, bijvoorbeeld: encryption°, digital signature°, om dit even veilig te maken als persoonlijke of geschreven commercie. Doorgaans is een elektronische handtekening voldoende, behalve bij transacties waarbij de wet een schriftelijk document voorschrijft, bijvoorbeeld voor de verkoop van een huis of de overdracht van auteursrechten. Electronic commerce is not an option, it's the way in which business will be done (Elektronisch zaken doen is geen optie, het is de manier waarop handel zal worden gedreven).

electronic data interchange - *EDI* - Zie: EDI°.

electronic design automation - *EDA* - Zie: EDA°.

electronic directory - *directory* - Elektronische index: van aangesloten gebruikers en hun adres of telefoonnummer, bijvoorbeeld op basis van X.500°.

electronic data interchange - *EDI* - EDI°: *gestructureerd* elektronisch berichtenverkeer tussen computers van verscheidene organisaties; is een eerste stap naar het papierloze kantoor. ⇔e-mail° (ongestructureerd)

electronic data processing - *gegevensverwerking, EDP* - EDP°: gegevens (data°) tot informatie (information°) verwerken met een computer.

electronic directory - *elektronische directory* - Elektronische index (directory°): van de aangesloten gebruikers en hun adres in een netwerk, bijvoorbeeld op basis van X.500° in een OSI°-omgeving.

electronic form - *e-form* - Zie: e-form°.

electronic funds transfer - *EFT* - Zie: EFT°.

electronic industries association - *EIA* - Zie: EIA°, EIA/TIA°.

electronic ink - *penschrift informatie* - informatie geschreven met een pencomputer (pen-based computer°). Synoniem: digital ink°.

electronic mail - *e-mail* - Zie: e-mail°, SMTP° (TCP/IP°), X.400° (OSI°).

electronic money - *elektrisch geld, e-money* - Alle vormen van elektronisch geld die via een netwerk worden gebruikt, niet via een kaart (plastic money°), maar het verschil is gradueel. Bijvoorbeeld: E-cash, I-Pay. Voornaamste drijfveer is betaling van bestellingen via Internet (⇔electronic banking°) zonder dat er directe validatie nodig is. Belangrijke aspecten: beveiliging van het aanmaken en overdragen, authenticatie (authentication°) van het geld zodat koper en verkoper weten dat het echt is, anonimiteit opdat de transactie en betrokken partijen anoniem blijven (?), deelbaarheid omdat er (nog) geen elektronisch wisselgeld is. Zowel Visa als MasterCard zullen de SET°-norm op basis van RSA° ondersteunen. IBM stelt iKP (Internet Keyed Payments) voor. Nieuwe afkorting: e-money°. ⇔plastic money°

electronic program guide - *EPG* - Zie: EPG°.

electronic publishing - *elektronisch publiceren* - Informatie in elektronische vorm uitgeven of verspreiden: op diskette°, magneetband (tape°), online° en nu ook op CD-ROM°.

electronic software distribution - *ESD* - Zie: ESD°.

electrostatic - *elektrostatisch* - Statische lading (static°): waarbij geen stroom loopt, maar wel een elektromagnetisch veld ontstaat; wordt toegepast in sommige plotters en printers. De lading kan echter wel wegvloeien door aanraking (ESD°: electrostatic discharge) en een schok geven.

electrostatic discharge - *ESD* - Elektrostatische ontlading, zie: ESD°.

element - *element* - Onderdeel van een geheel, zie bijvoorbeeld: data element°, finite element analysis°.

ELF {ie·el·ef} - *Extremely Low Frequency* - ELF: frequentiegebied (frequency°) van 3 Hz°-3 kHz°.

elite - *elite* - Een type font°: aanduiding van een schrijfmachineletter die wordt gedrukt met een tekenafstand (pitch°) van 12 tekens per inch. ⇔pica°

ELIZA - *ELIZA* - Een taalanalyse-programma van J. Weizenbaum (MIT°, 1965) dat vragen stelt en als een therapeut reageert, genoemd naar Eliza uit het toneelstuk Pygmalion van G.B. Shaw. Vanaf het moment dat Weizenbaum merkte dat mensen dachten dat ELIZA menselijke eigenschappen bezat, is hij ten strijde getrokken tegen de propagandisten van 'kunstmatige intelligentie' en AI°. Niet verwarren met: Lisa°, voorloper van de Mac°.

ellipse - *ellips* - Min of meer platgeslagen cirkel met twee centrale punten.

ellipsis - *ellipsis, ...* - Weglatingsteken: drie puntjes, horizontaal of verticaal geplaatst, die onvolledigheid aangeven. In Windows° en sommige andere grafische omgevingen, verschijnt na klikken (click°) op een ingang van een GUI°-lijst met puntjes aan het eind, een dialog box° waarin om detail-informatie wordt gevraagd.

EMA {ie·ma} - *Electronic Messaging Association* - EMA: Vereniging die zich bezighoudt met normen voor e-mail° (electonic messaging°); de Europese tak hiervan heet: EEMA°.

EMACS {*ie*·meks} - *Editor MACroS* - Tekst-editor° onder UNIX°: ontwikkeld aan het MIT° voor het schrijven van programma's; beschikt over de mogelijkheid van werken in vensters (window°). Vanwege de grootte van het programma ook genoemd: Eight Megabytes And Constantly Swapping (8 megabyte RAM°-geheugen en toch steeds pagineren, zie: swapping°).

e-mail {ie} - *electronic-mail* - E-mail: systeem voor *ongestructureerd* elektronisch berichtenverkeer tussen personen via een netwerk, mogelijk op basis van MHS° (X.400); zie ook: mail gateway°. Als het systeem niet goed werkt: fail-mail°. Eerdere spelling: E-mail. In combinatie met andere woorden, bijvoorbeeld: e-mailadres, e-mailbox. ⇔EDI° ⇔EFT° (gestructureerd) ⇔echomail° ⇔e-form°

Email - *Electronic mail* - Een e-mail°-dienst op Internet° en op via Internet bereikbare nodes (node°), bijvoorbeeld op CompuServe°.

emanations - *emanaties* - Elektromagnetische uitstraling van een apparaat: die de gezondheid van mensen zou kunnen beïnvloeden en in elk geval de beveiliging vermindert; synoniem: emission°.

embed - *invoegen* - Bijvoorbeeld een stuk tekst of een tekening uit een ander bestand in een tekst tussenvoegen; ook een programma (embedded software°) of apparaat in een systeem of een besturingsteken in een gegevensstroom. Synoniem: imbed°.

embedded object - *ingesloten object* - Een object°, tekst of grafisch, dat ingevoegd is, bijvoorbeeld in een document°.

embedded processor - *ingebouwde processor* - Elke processor° die niet als dè processor van een computer wordt gebruikt, wel bijvoorbeeld voor de besturing (controller°) van een printer of in een settop box°. Is meestal gebaseerd op een echte processor-architectuur maar heeft meer voorzieningen voor de aansluiting van allerlei randapparatuur. De RISC°-architectuur is duidelijk favoriet voor dit type processoren.

embedded software - *ingebouwde programmatuur* - Steeds programmatuur (software°) wordt ingebouwd op een PROM° of ROM° in vrijwel alle elektrische apparaten om die van nieuwe functies te voorzien, van scheerapparaten tot en met televisieapparaten en ovens.

embedded SQL {es·kjoe·el} - *embedded Structured Query Language* - Embedded SQL: SQL°-instructies die in een anderstalig programma zijn opgenomen en die na enige voorbereiding direct kunnen worden uitgevoerd. Te letterlijk vertaald: ingesloten SQL.

embedding - *embedding* - Overnemen: een object° overnemen in een document, zodat het er in opgeslagen wordt. Dit is een voordeel als het een eigen leven gaat leiden, maar het object wordt apart opgeslagen en verandert niet mee met het origineel, zoals bij linking°.

embossing - *reliëf* - Oorspronkelijk gebruikt voor opzettelijk in het papier aangebrachte uitstulpingen, daarna voor (specifiek MICR°-)tekens die te hard in het papier zijn gehamerd, nu voor de schaduw (shading°) van een button°, icon° of window° (GUI°) die ze figuurlijk doet uitsteken.

EMC {ie·em·si} - *ElectroMagnetic Compatibility* - EMC: wanneer een apparaat niet andere apparaten stoort en zelf ook niet wordt gestoord door andere apparaten. Verwant aan EMI°, EMR° en RFI°.

em dash - *em dash* - Een breed leesteken—gebruikt om een gedachtengang te onderbreken met een verklaring; wordt zonder spatie tegen de aanpalende letters gezet. Is afgeleid van de Amerikaanse typografische maateenheid 'em' en is even breed als de hoofdletter M; wordt gebruikt voor de aanduiding van een tussenzin of uitleg aan het einde van een zin. ⇔en dash°

emergency - *onverwachte gebeurtenis* - Situatie waarop moet worden gereageerd, meestal door de computer uit te zetten (EPO°).

emergency call - *noodoproep* - Acuut verzoek per telefoon (call°) om directe hulp bij een onverwachte gebeurtenis (emergency°).

emergency power-off - *EPO* - Zie: EPO°.

EMI {ie·em·ai} - *ElectroMagnetic Interference* - EMI: elektromagnetische velden van een apparaat, die andere apparaten storen. Verwant aan EMC°, EMR° en RFI°.

emission - *uitstraling* - Emanaties van een apparaat, zie: emanations°, MPR-2°.

emitter - *emitter* - De andere kant van een transistor°; aan de ene kant zit de collector° en in het midden de basis (base°).

EMM {ie·em·em} - *Expanded Memory Manager* - EMM: stuurprogramma (device driver°) voor de besturing van expanded memory° (EMS°). De DOS° device driver° daarvoor heet: EMM386.EXE.

e-money {ie} - *electronic money* - Elektronisch geld, op een smartcard° of via

Internet°. Vereist een goede beveiliging want anders zullen mensen hun eigen geld gaan maken. Een juridisch probleem vormen internationale transacties, want waar precies vindt een transactie plaats? In het midden van de Atlantische oceaan? De plaats is van belang vanwege het juridische aspect: welke nationale wetten zijn van toepassing op de transactie?

emoticon - *smiley* - Uitdrukking van een emotie in de vorm van een pictogram (icon°) gemaakt met tekens (character°), zie: smiley°.

emphasize - *benadrukken* - In een beeldscherm of op papier, tekst of een afbeelding er sterker laten uitspringen door het aanbrengen van een bepaald effect, bijvoorbeeld kleur (color°) en/of vet (bold°). In een toespraak: met luider stem spreken.

empowering people - *medewerkers zelfstandig maken* - Medewerkers zeggenschap geven over hoe zij hun werk doen. Ook: medewerkers hulpmiddelen geven, omdat men denkt dat zij dan productiever werken (maar ermee leren werken duurt vaak langer dan men aanvankelijk dacht); letterlijk: mensen in staat stellen (empowerment°).

empowerment - *empowerment* - Medewerkers meer zeggenschap geven over de manier van werken of betere hulpmiddelen voor het werk; quality of working life (kwaliteit van de arbeid - ARBO-wet). Synoniem: empowering people°.

empty slot - *empty slot, vrije plaats* - **1.** Toegangsmethode voor een ring° netwerk waarbij een slot° rondgaat in plaats van een token°, bijvoorbeeld in het Cambridge ring network°, **2.** Lege plaats voor een uitbreidingskaaart (extension card°).

EMR {ie·em·ar} - *ElectroMagnetic Radiation* - EMR: elektromagnetische straling; is verwant aan EMC°, EMI° en RFI°.

EMS {ie·em·es} - *Expanded Memory Specification, Electronic Message System* - **1.** EMS: extra (expanded memory°) RAM° geheugen, **2.** EMS: e-mail°-systeem.

emulate - *emuleren* - Een origineel ontwerp nabootsen, niet kopiëren want daarvoor is een licentie (license°) nodig.

emulation - *emulatie, nabootsing* - Het idee dat bepaalde apparatuur of programmatuur net zo zou kunnen werken als de originele, bijvoorbeeld: printer emulation°, terminal emulation°. Is afgeleid van: to emulate° (emuleren). In het algemeen geldt voor een emulator° dat hardware°-emulatie sneller is, maar duurder dan software°-emulatie in een processor.

emulator - *emulator* - Programma of apparatuur dat een systeem of interface° daarvan emuleert (emulate°).

enable - *enable, activeren* - Toepassingen, functies en dergelijke mogelijk maken of beschikbaar stellen; daarvan afgeleid: -enabled, enabling. Zie ook: voice-enabled°, Web-enabled°. ⇔disable° (blokkeren)

encapsulate - *isoleren, inpakken* - Zaken bij elkaar zetten en afschermen van andersoortige zaken, en zo de complexiteit van het geheel verminderen (letterlijk: inkapselen); reeds in de jaren 40 is voorgesteld om gerelateerde concepten als eenheid te behandelen, zodat ze onder één naam kunnen worden gebruikt. In de objectgeoriënteerde (object-oriented°) terminologie: procedures die gegevens (data°) inkapselen en daardoor als object° universeel bruikbaar zijn. In netwerken wordt de over te zenden informatie in pakketjes verpakt door de toevoeging van informatie uit elke laag van bijvoorbeeld het OSI°-model. ⇔decapsulate°

encapsulated PostScript - *EPS* - Voorzien van PostScript° instructies; zie: EPS°.

enclose - *bijsluiten, insluiten* - Een bijlage (attachment°) aan een brief toevoegen, een gebied afpalen of een stuk tekst van een kader voorzien.

encode - *coderen* - **1.** Datacompressie (compression°), die opslagruimte bespaart, **2.** Extra bits toevoegen aan een verzameling bits voor latere foutendetectie en/of -correctie. Zie ook: 2B1Q encoding°, 5B6B encoding°, Manchester encoding°, phase encoding°, UUencode°. ⇔decode°

encoding - *coderen* - Een signaal (signal°) of gegevens (data°) coderen (encode°). ⇔decoding°

encoder - *codeerapparaat* - Een apparaat dat een signaal (signal°) of gegevens (data°) codeert (encode°). ⇔decoder°

encrypt - *versleutelen* - Met behulp van een sleutel (key°) informatie onherkenbaar maken, versluieren. De versleuteling (encryption°) werkt over een link° of end-to-end°. Ook gebruikt: vercijferen. ⇔decrypt°

encryption - *versleuteling* - Het onherkenbaar maken van informatie met behulp van een geheime (secret key°) sleutel. De versleutelde informatie kan vervolgens leesbaar gemaakt worden met een geheime of een openbare sleutel (public key°). In het laatste geval spreekt men ook van: asymmetric encryption°. In GSM° wordt de A5 versleutel-algoritme gebruikt.

end - *einde* - Einde van een regel, record°, bestand en dergelijke, zie ook: back-end°, end-to-end°, front-end°, high-end°, low-end°. Zie ook: End°.

End - *End* - Toets (key°) waarmee de cursor° wordt verplaatst naar het einde van de regel. ⇔Home°

en dash - *en dash* - Een leesteken (-), gebruikt als koppelteken; is genoemd naar de Amerikaanse typografische maateenheid 'en', de helft van een em dash°. Een en dash wordt gebruikt in tijdsaanduidingen zoals 1990-93. (Een hyphen° is een afbreekteken aan het einde van een zin). ⇔em dash°

-endian - *-endian* - Zie: big-endian°, little-endian°.

endless loop - *eindeloze lus* - Een programma dat eindeloos herhaald wordt of een inktlint (ink ribbon°) zonder einde dat opgerold in een cassette (cartridge°) blijft ronddraaien. Synoniem: infinite loop°, zie verder: loop°.

end-of- - *EO* - Zie: EO°.

end-of-file marker - *EOF* - Laatste teken van een bestand (file°) dat het einde (end) aangeeft: ASCII°-code 26, Ctrl°-Z (DOS°) of Ctrl-D (UNIX°). Als de EOF ten gevolge van een ongelukje midden in een bestand staat, is het vrijwel onmogelijk om de erop volgende tekens terug te krijgen.

end of job - *EOJ* - Zie: EOJ°, job°.

end-of-line - *EOL* - Zie: EOL°, λινε°.

endorse - *endosseren, bevestigen* - **1.** Endosseren: een cheque of een wissel overdragen aan een ander door middel van een handtekening of stempel op de achterzijde; het stempelmechanisme heet: endorser, **2.** Bevestigen: goedkeuring geven aan een plan of voorstel.

end-to-end - *end-to-end* - **1.** Van uiteinde tot uiteinde, bijvoorbeeld van een verbinding of sessie (session°) of met betrekking tot encryptie (encryption°), **2.** Van eindgebruiker tot eindgebruiker (end user°). Verkorte schrijfwijze: E2E°. The market doesn't need hardware° but end-to-end solutions (De markt heeft geen behoefte aan kasten maar aan complete oplossingen). Verschilt van: any-to-any°. ⇔link-by-link°

end user - *eindgebruiker* - Persoon (user°) die direct met computerapparatuur en -programmatuur werkt, en die meestal aan het kortste eind trekt.

Energy Star - *Energy Star* - Kwalificatie van een weinig energie verbruikend elektronisch apparaat, verleend door het Amerikaanse EPA°; het apparaat mag dan in ruststand niet meer dan 30 Watt gebruiken

E-net {ie} - *Ethernet* - Zie: Ethernet°.

enforcement - *handhaving* - Handhaving van bepaalde regels of voorschriften, bijvoorbeeld: type enforcing°.

engine - *engine* - Processor: stuk van een programma dat de voornaamste basisbewerkingen uitvoert; bijvoorbeeld: database engine°, inference engine°, search engine°. Bij hardware° spreekt men meestal van processor°, maar niet altijd: de print engine° van de meeste laserprinters komt van Canon. Letterlijk: motor. De allereerste 'computer' was de Analytic Engine van Ch. Babbage op basis van de technologie van ponskaarten voor de Jacquard weefmachine, bedacht rond 1830 maar nooit uitgevoerd.

engineer - *ingenieur, technicus* - Zie: customer engineer°, field engineer°, knowledge engineer°, system engineer°.

engineering - *engineering* - Ontwikkelen volgens goed ingenieursschap (sound engineering°), op een gedisciplineerde manier, niet zomaar uit de losse pols; Bijvoorbeeld software engineering°, sound engineering° (deugdelijk ontwerpen), concurrent engineering°, control engineering°, forward engineering°, information engineering°, knowledge engineering°, reengineering°, reverse engineering°, requirements engineering°.

engineering change - *technische verandering, EC* - EC°: aanpassing (change°) van geleverde of nog te maken apparatuur.

engineering information system - *EIS* - Zie: EIS°.

enhance - *uitbreiden* - Functies toevoegen of uitbreiden; praktisch synoniem: extend°.

enhanced graphics adapter - *EGA* - Zie: EGA°.

enhanced IDE {ai·di·ie} - *enhanced Integrated Device Electronics* - EIDE: nieuwe versie van IDE° voor de aansluiting van een vaste schijf (hard disk°) die SCSI-snelheden en -mogelijkheden zouden moeten geven: is in 1994 voorgesteld door enkele leveranciers en in 1995 geleverd.

enhanced keyboard - *uitgebreid toetsenbord* - Toetsenbord met een uitgebreide indeling en functietoetsen aan de bovenkant; is in het midden van de jaren 80 geïntroduceerd door IBM° voor gebruik met grote én kleine computers en is nu een de facto norm; synoniem: 101-key keyboard°. De voorganger, het toetsenbord gebruikt voor de originele PC en de XT°, had 83 toetsen.)

enhanced mode - *enhanced mode* - Zie: Windows mode°.

enhanced music compact disc - *CD+* - Zie: CD+°.

enhanced small device interface - *ESDI* - Zie: ESDI°.

enhancement - *verbetering* - Een uitbreiding, zie: enhance°; praktisch synoniem: extension°.

ENIAC {ie·ni·ek} - *Electronic Numerical Integrator and Calculator* - ENIAC: de eerste elektronische computer met buizen (tube°) die in februari 1946 in de Moore School te Philadelphia in werking werd gesteld, ontworpen door o.a. J.P. Eckert en J. Mauchly die later de UNIVAC ontwikkelden. Het verhaal gaat dat de lichten in Philadelphia zwakker werden als de ENIAC werd aangezet; het opgenome vermogen was 150 kW en de rekensnelheid naar huidige begrippen minimaal. Werd gebruikt voor het bereken van schootstabellen en andere militaire toepassingen.

enlarge - *vergroten* - Een afbeelding of lettertype (font°) vergroten. ⇔reduce°

enquiry - *onderzoek, navraag* - Zie praktisch synoniem: inquiry°.

enter - *invoeren, entertoets* - **1.** Invoeren van gegevens (data°), **2.** Entertoets: toets waarop moet worden gedrukt om gegevens, die al in het scherm staan, in de computer vast te leggen; synoniem: release°, release/enter° en return key°.

enterprise - *onderneming* - Het hele bedrijf, verspreid over verscheidene locaties; zie ook: inter-enterprise°. In de TV-serie Star Trek als starship onder leiding van Captain J.T. Kirk op zoek naar Klingons en in gevecht met de Romulans.

enterprise server - *enterprise server* - Een grote centrale computer in een groot bedrijf die als server° dient voor het gehele bedrijf (enterprise°) in een client/server° omgeving.

enterprise system architecture - *ESA* - Zie: ESA°.

entity - *entiteit* - Een belangrijk onderdeel van een informatiestructuur, samengesteld uit diverse gegevenselementen (data element°, field°), dat wezenlijk bestaat en dat in de computer wordt nagebootst, bijvoorbeeld: medewerker, klantnummer of artikelcode. De samenhang tussen de entiteiten zijn de relaties, die worden verbeeld in entity-relationships diagrammen (ERD°). Een exemplaar van een entiteit heet: instance°, en wordt opgeslagen in een record°.

entity-relationships diagram - *ERD* - Zie: ERD°.

entity type - *entiteitsklasse* - Groepering van entiteiten (entity°) naar een bepaalde soort.

entry - *invoer, ingang, gegeven* - **1.** Invoer: gegevens of tekst invoeren (data entry°, key entry°) in een computer of bestand (file°) of papier invoeren in een printer°, **2.** Ingang van een gebouw of apparaat, **3.** Ingang in een menu° of lijst (list°), bijvoorbeeld: directory entry°, **3.** Gegeven dat in een tabel (table°) is ingevoerd. Zie ook: entry point°, entry system°, remote job entry°. ⇔exit°

entry field - *invoerveld* - Een veld (field°) waarin gegevens, bijvoorbeeld een naam of prijs, worden ingevoerd (entry°).

entry system - *instapsysteem* - Systeem dat wordt ingevoerd om eenvoudig te beginnen (entry°) en later te kunnen uitbreiden. Wordt ook wel genoemd: entry level system.

entry point - *ingang, beginpunt* - **1.** Waar u binnenkomt, **2.** Punt waar wordt begonnen in een diagram°, database°, programma (program°) of proces (process°), **3.** Plaats of positie (point°) waar men begint tekens in te voeren (entry°). Zie ook: entry°. ⇔exit point°

enumeration - *enumeratie* - Opsomming: van de elementen van een onderdeel of variabele (variable°).

envelope - *envelop, hoesje* - **1.** Envelop: voor een brief enzovoort, waarop een adres kan worden gedrukt met behulp van een tekstverwerker (text processor, **2.** Hoesje: voor een diskette° enzovoort. Voor e-mail° wordt de term 'envelop gebruikt voor een cryptografische (cryptography°) 'verpakking' die ervoor moet zorgen dat de inhoud niet gelezen kan worden.

environment - *werkomgeving* - Specifieke combinatie en toestand van apparatuur en/of programmatuur die nodig zijn om een programma te kunnen gebruiken. Bijvoorbeeld: developing environment°, graphical environment°, runtime environment°, single environment°, UNIX° environment. Is in DOS° een geheugenruimte waarin systeeminformatie wordt opgeslagen, die kan worden getoond of veranderd via de SET opdracht (command°), varieert tussen 256 en 32768 byte, standaard 256 byte).

environmental - *omgevings...* - Betreft bijvoorbeeld het bereik van de temperatuur of de relatieve vochtigheid waarbinnen apparatuur kan werken.

environmental protection agency - *EPA* - Zie: EPA°.

environment division - *environment division* - Onderdeel (division°) van een COBOL°-programma; zie ook: environment°.

environment space - *environment space* - Ruimte waarin de resources (resource°) van een apparaat (device°) worden gespecificeerd; bestaat uit een beperkt aantal posities waarin de specificatie moet worden aangegeven, onder DOS° bijvoorbeeld in de CONFIG.SYS°:
shell=C:\command.com /p /e:512,
voor een environment space van 512 byte°.

environment variables - *environment variables* - Variabelen (variable°) waarin details betreffende een opdracht of verzoek (request°) aan een ander programma worden gespecificeerd. Na de uitvoering krijgt het verzoekende programma (originator°) de resultaten en de beurt terug. Bijvoorbeeld een Web server° die via CGI° een Java°- of Perl°-programma aanroept en na uitvoering daarvan weer verder gaat.

EO {ie·oo} - *Erasable Optical* - Kenmerk van een magneto-optische disk die kan worden beschreven, gewist (erase°) en opnieuw beschreven door de combinatie van een magnetisch veld en een laserstraal; synoniem: MO-disk°.

EO... {ie·oo} - *End-Of-...* - Term die of teken dat aangeeft: einde (end°) van een block° (EOB), file° (EOF°), job° (EOJ°), transmission° (EOT°) enzovoort.

EOB {ie·oo·bi} - *End-Of-Block* - EOB: teken dat het einde van een blok (block°) aangeeft.

EOF {ie·oo·ef} - *End-Of-File* - EOF: teken dat het einde van een bestand (file°) aangeeft, zie: end-of-file marker°.

EOJ {ie·oo·dji} - *End-Of-Job* - EOJ: beëindiging van een job°: nu een bericht (message°), vroeger de laatste ponskaart (zie: punch°) van een job.

EOL {ie·oo·el} - *End-Of-Line* - Einde van een regel (teken in: text processing°) of lijnverbinding (telephony°): als symbool of als physiek einde. Zonder streepjes: het einde van een wachtrij of het eind van een reeks gebeurtenissen.

EOT {ie·oo·ti} - *End-Of-Transmission* - EOT: teken dat de beëindiging van de overdracht (transmission°) aangeeft.

EOTC {ie·oo·ti·si} - *European Organisation for Testing and Certification* - EOTC: Europese instantie voor keuring en certificering (T&C°), die o.a. het voldoen van telecommunicatie-apparatuur aan bepaalde normen beoordeelt.

EPA {ie·pi·ee} - *Environmental Protection Agency* - EPA: Amerikaanse overheidsinstantie ter bescherming van het milieu, die bijvoorbeeld normen stelt voor het energieverbruik van apparaten (Energy Star°-programma) en het recyclen van gebruikte computerapparatuur.

EPG {ie·pi·dji) - *Electronic Program Guide* - EPG: elektronische gids voor gebundelde digitale televisiekanalen (DVB°), een noodzaak om te weten welk kanalen u kunt kiezen en wat u daarvoor moet betalen. Het kanaal met deze gids is uiteraard wel gratis.

Mogelijk straks de sleutel tot de convergentie (convergence°) van TV en Internet°.

epistomological - *kennistheoretisch* - Betrekking hebbend op de kennisleer (epistomologie): wetenschap van de wetenschappen. ⇔ontological°

EPO {ie·pi·oo} - *Emergency Power Off* - EPO: schakelaar om in een noodsituatie (emergency°) snel een computer mee uit te zetten.

EPROM {*ie*·prom} - *Erasable Programmable Read-Only Memory* - EPROM: ROM° die meermalen kan worden geprogrammeerd; wordt met UV°-licht gewist. ⇔EEPROM° ⇔flash EEPROM° ⇔PROM°

EPS {ie·pi·es} - *Encapsulated PostScript* - EPS: aanduiding dat een bestand (file°) PostScript° instructies bevat. Een EPS-bestand (EPSF°) kan dus direct worden afgedrukt op een PostScript printer. EPS: extensie (extension°) van een EPS-bestand (file°).

EPSF {ie·pi·es·ef} - *Encapsulated PostScript File* - EPSF: kenmerk van een bestand (file°) waarin PostScript° instructies zijn opgenomen en dat dus direct kan worden afgedrukt.

eq {-} - *equals,* = - Gelijkteken; zie de lijst met veelgebruikte tekens achterin dit boek. Is ook een: relational operator°.

equalization - *vereffening* - Aanpassing van de frequentiekarakteristiek (frequency°) van een verbinding om die zo vlak mogelijk te laten verlopen. Zie ook: active°.

equals - *eq* - Is gelijk aan, zie: eq°.

equal sign - *gelijkteken,* = - Zie de lijst met veelgebruikte tekens achterin dit boek.

equation - *vergelijking* - Wiskundige gelijkstelling van twee expressies (expression°), die lineair (linear°) of niet-lineair (nonlinear°) kan zijn.

equipment - *apparatuur* - De computerkasten en -kastjes, bijvoorbeeld de computer of de printer. Zie ook: ancillary equipment°, auxiliary equipment°, CPE°.

equivalent - *equivalent* - Zie bijvoorbeeld: functionally equivalent°.

erasable - *wisbaar* - Kenmerk van een opslagmedium (medium°) waarvan de opgeslagen informatie kan worden gewist, meestal: erasable disk°, soms: EEPROM°. Synoniem: rewritable°.

erasable disk - *MO-disk* - Een magneto-optische disk (MO-disk°) die meermalen kan worden gewist en beschreven; is afgeleid van: erase° (wissen). Synoniem: rewritable°; bestaat in 3,5 inch (128 MB°) en 5,25 inch (650 MB, straks 1,3 Gbyte). ⇔WORM°

erasable optical - *EO* - Zie: EO°.

erasable programmable read-only memory - *EPROM* - Zie: EPROM°.

erase - *wissen, verwijderen* - Elektromagnetische informatie fysiek vernietigen; beperkt synoniem: delete°. Het wissen van bestanden in DOS° en andere omgevingen is een ongewisse zaak omdat meestal alleen de namen van de bestanden onklaar gemaakt worden, bijvoorbeeld in DOS door de eerste letter te veranderen in een ?; vandaar dat unerase dan heel eenvoudig is. Er zijn programma's voor: secure erase, waarbij het bestand zelf ook wordt gewist. In een tekenprogramma, uitgummen (met een speciale cursor°). Zie ook: bulk eraser°. ⇔unerase°

erase head - *wiskop* - Magnetische voorziening om de op magneetband (tape°) of magnetische schijf (disk°) geschreven informatie te wissen (erase°).

ERC {ie·ar·si} - *European Radio Committee* - ERC: een Europese commissie, gevestigd in Kopenhagen, die radiofrequenties (frequency°) toewijst in Europa, o.a. voor GSM° en DCS-1800°.

ERD {ie·ar·di} - *Entity-Relationships Diagram* - Zie: E-R diagram°.

E-R diagram {ie·ar} - *Entity-Relationships diagram* - E-R diagram, ERD: schetst de gebruikte entiteiten (entity°) en hun onderlinge verbanden (relationships°) in een model°; vergelijkbaar: DSD°. Is in 1976 bedacht door P. Chen.

ergonomics - *ergonomie* - De leer betreffende de aanpassing van werkomstandigheden aan mensen. Is afgeleid van de Griekse woorden: ergon (werk), nomos (wet). In de VS ook genoemd: human factors°.

Erlang - *Erlang* - Eenheid voor het verkeer (traffic°) over een verbinding: het gedeelte van de tijd dat de verbinding daadwerkelijk gebruikt wordt (0 betekent niet gebruikt, 1 betekent steeds gebruikt).

ERMES - *European Radio MEssaging System* - Pan-europese norm (ETSI°) voor semafonie (paging°): niet alleen piepers, maar ook berichten (message°) tot 400 byte; werkt rond de 169 Mhz. In 1990 tekenden 23 netwerkbeheerders de MOU° hierover. In 1994 wordt het eerste ERMES-netwerk in Frankrijk opengesteld. De invoering wordt vertraagd om allerlei redenen, waaronder storing van bestaande diensten. In Nederland verwacht in 1996 (PTT Telecom), zie: buzzer°.

error - *fout* - **1.** Fout van de gebruiker: want een computer maakt vrijwel geen fouten en een fout in een programma heet bug°, **2.** Fout in de apparatuur: meestal een mechanische storing, **3.** Fout van de programmeur: tijdens de ontwikkeling van een programma, bijvoorbeeld: semantic error°, syntax error°, **4.** Fout bij het lezen of overdragen van informatie, bijvoorbeeld: burst error°, forward error correction°, hard error°, intermittent error°, nonrecoverable error°, parity error°, permanent error°, transient error°. Ook: verschillen tussen een origineel en zijn bewerking (quantization errors°).

error checking and correction - *ECC* - Zie: ECC°.

error code - *foutcode* - De code° die wordt aangegeven door een systeem bij een foutmelding (error message°). ⇔result code°

error control - *foutenbeheersing* - Software°, hardware° en procedures gebruiken om bedoelde en onbedoelde fouten (error°) te signaleren en te corrigeren.

error correcting code - *ECC* - Zie: ECC°.

error detection and correction - *fouten-detectie en -correctie* - Fouten vaststellen en corrigeren: bijvoorbeeld gebruikmaken van een parity bit, checksum° of CRC°-tekens in een Hamming°-code. Zie ook: forward error correction°, LAP-M° error-correction°.

error handling - *foutafhandeling* - De manier waarop menselijke fouten en storingen door een programma worden afgehandeld.

error message - *foutmelding* - Melding (message°) van een programma dat 'denkt' dat zijn gebruiker een fout (error°) heeft gemaakt.

error rate - *foutenmarge* - Maatstaf voor de betrouwbaarheid van een verbinding of van het opslaan van gegevens, bijvoorbeeld uitgedrukt in het aantal fouten per miljoen tekens. Vergelijkbaar met: error ratio°.

error ratio - *foutenverhouding* - De verhouding (ratio°) tussen het aantal opgetreden fouten en het totale aantal. Vergelijkbaar: error rate°.

error recovery - *foutherstel* - Het herstellen (recovery°) van een fout (error°); in een database genoemd: rollback°.

error trapping - *fouten onderscheppen* - Letterlijk een val zetten (trap°) die de verdere bewerking stop zet. In de ontwikkeling (development°), om de toestand van registers (register°) en variabelen (variable) te bekijken tijdens debug°. Tijdens gebruik, om geen ernstige fouten te maken. Een veelgebruikt mechanisme hiervoor is de inspectie van return codes (return code°) die een indicatie geeft van eventuele fouten (error°).

ESA {ie·saa} - *Enterprise System Architecture* - ESA: architectuuruitbreiding van IBM, geïntroduceerd in 1988, met een virtuele geheugencapaciteit van 16 terabyte° (zijn voorloper XA uit 1981 kwam tot max. 2 gigabyte°), geschikt voor het gehele grote bedrijf (enterprise°). Werkt o.a. met ESCON glasvezelverbindingen (fiber optics°).

Esc {es·keep} - *Escape, ^* - Esc: **1.** Ontsnappingstoets (key°): die de DOS° command line° wist, **2.** Teken of teken-code° (^): die wordt gebruikt om daarna iets anders te kunnen doen (escape sequence°); zie de lijst met veelgebruikte tekens achterin dit boek.

escape sequence - *escape sequence* - Reeks (sequence°) opdrachten voor printers, monitors enzovoort, die beginnen met het Esc°-teken (ASCII° 27); zoals in: ANSI° of PCL° escape sequence°; de Esc-code geeft aan dat de erop volgende tekencodes opdrachten (command°) zijn, geen gegevens (data°), zoals gebruikelijk.

escrow - *escrow* - Zekerheidsstelling in handen van derden: bronprogromma's (source code°) of cryptografische sleutels (key°, key-escrow) die in handen van derden worden gegeven om misbruik te voorkomen; zie bijvoorbeeld: Clipper°.

escrowed encryption system - *EES* - Zie: Clipper°.

ESD {ie·es·di} - *ElectroStatic Discharge, Electronic Software Distribution* - **1.** ESD: elektrostatische (electrostatic°) ontlading: elektrische lading, ontstaan door wrijving tussen kunststof isolatoren, wordt afgevoerd via een geleider - levensgevaarlijk voor chips°, **2.** ESD: elektronische distributie (distribution°) van programmatuur (software°) via een netwerk en/of CD-ROM°, vaak de combinatie waarbij de veranderingen (update°, fix°) via een netwerk worden binnengehaald. De programmatuur wordt verspreid naar eindgebruikers door een distribution manager.

ESDI {ie·es·di·ai} - *Enhanced Small Device Interface* - ESDI: koppeling voor een vaste schijf (hard disk°) in een PC met een uitleessnelheid van 10 Mbps°; opvolger van IDE° en voorloper van SCSI°; is niet populair geworden.

ESPRIT {es·pri} - *European Strategic Programme for Research and development in Information Technology* - ESPRIT: Europees onderzoeksprogramma voor informatietechnologie, begonnen in 1984; zie ook: Alvey programme°.

ESSI {es·si} - *European Systems and Software Initiative* - ESSI: commissie van de Europese Commissie (CEC°) voor de bevordering van software engineering° in Europa.

establishment - *gevestigde orde, vestiging* - **1.** Gevestigde orde, samentrekking van: established management, **2.** Vestiging. Niet verwarren met enterprise° (onderneming met verschillende vestigingen).

estate - *terrein* - Zie: real estate°.

estimating - *schattingen maken* - Schatten hoeveel mensen nodig zijn om een bepaalde hoeveelheid werk (sizing°) uit te voeren; zie ook: contingency factor°.

Ethernet - *Ethernet* - Het meest populaire lokale netwerk (LAN°): busvormig (loop network°), packet-switching° netwerksysteem, bedacht door R.M. Metcalfe en D.R. Boggs (PARC°) in 1973, lang voordat er sprake was van de PC! Is rond 1979 verder ontwikkeld door 3Com, opgericht door Metcalfe. Gebruikt dikke coax°-kabels voor langere afstanden en dunne voor kortere afstanden of twisted pair° (zie: base°); is genormeerd in IEEE° 802.3 voor een snelheid van 10 Mbit/s, maar men praat nu over 20 Mbit/s (full duplex°) via 10Base-T° en over 100 Mbit/s (Fast Ethernet°, 100VG-AnyLAN° (IEEE 802.12) met behulp van 4 paren UTP°, en 100Base-T°). Een mogelijkheid om de netwerkcapaciteit te vergroten is het netwerk onder te verdelen in segmenten (segment°), die elk een capaciteit van 10 Mbps krijgen. Voor verdere verhoging, zie: Ethernet- switching°, Gigabit Ethernet Alliance°. De aansluiting op Ethernet geschiedt via een T-connector° of een transceiver°. Ethernet is beginjaren 90 de onbetwiste marktleider op het gebied van lokale netwerken en, vanwege de sterke binding met TCP/IP°, ook voor Internet° en intranet°. ⇔token ring°

Ethernet/LAN {len} - *E/L* - Zie: E/L°.

Ethernet medium - *Ethernet kabeltype* - Bijvoorbeeld: thin Ethernet° (10Base-2°), thick Ethernet° (10Base-5°), UTP°

(10Base-T°), fiber optics° (10Base-F°). Het getal 10 duidt op de snelheid: 10 Mbit/s.

Ethernet switch - *Ethernet-switch* - Nieuwe gebruik van de IEEE° 802.3- technologie voor een geschakelde aansluiting (switch°) op een Ethernet°-netwerk, waarbij elke poort (port°) van de switch kan beschikken over de volledige 10 Mbit/s capaciteit. Theoretisch kan men met een switch met 10 poorten van 10 Mbit/s een snelheid van 100 Mbit/s halen, afhankelijk van de uitvoering: hardware° (snel) of software° (langzaam). Zie: Ethernet-switching°.

Ethernet-switching - *Ethernet-switching* - Nieuwe gebruik van de IEEE° 802.3-technologie via een geschakelde aansluiting (Ethernet switch°). Het idee hiervoor uit 1987 is afkomstig van V. Bhardwaj en is in 1990 gerealiseerd door Kalpana, nu een onderdeel van Cisco. Dit is vooral aantrekkelijk als - zoals nu meestal het geval is - het netwerk vanwege de betrouwbaarheid stervormig is uitgevoerd en de bus is gerealiseerd in een centrale aansluitkast (collapsed backbone°, backplane°). Deze centrale kast kan dan eenvoudig vervangen worden door een hele snelle schakelaar (Ethernet switch°) die pakketjes doorstuurt naar de geadresseerde gebruikers. Als de schakelaar maar snel genoeg is, krijgt iedere gebruiker zo de beschikking over de volledige netwerkcapaciteit. Inmiddels is in 1996 de Gigabit Ethernet Alliance° van start gegaan om binnen IEEE° 802.3z (802.x°) normen te ontwikkelen voor 1000 Mbps switching, tevens op basis van CSMA/CD°.

ETNO {et·no} - *European Telecommunications Network Operators* - ETNO: verbond van Europese telecommunicatieleveranciers, gevestigd te Brussel. ⇔ACTA°

ETS {ie·ti·es} - *European Telecommunications Standard* - ETS: norm van het ETSI°.

ETSI {etsi} - *European Telecommunications Standards Institute* - ETSI: Europees normalisatie-instituut voor telecommunicatie dat onder andere normen ontwikkelt voor GSM° en DECT°; is gevestigd te Valbonne, Frankrijk.

Eudora - *Eudora* - E-mail (e-mail°) pakket voor Internet waarvan de eenvoudige versie gratis ter beschikking wordt gesteld via: http://www.qualcomm.com.

Eurocrypt - *Eurocrypt* - Een conditional access°-systeem voor MAC°-apparatuur voor betaalde kleurentelevisie-programma's via satelliet (satellite°) of kabel (CATV°).

Euro-ISDN {ai·es·di·en} - *Euro-Integrated Services Data Network* - Euro-ISDN: poging in december 1993 om de ISDN-dialecten in Europa te verenigen, nadat in 1989 hierover al een MOU° was getekend. Euro-ISDN door PTT- Telecom in de zomer van 1994 geïntroduceerd; het biedt de mogelijkheid van groepschakelingen, doorkiesnummers, beller-identificatie (CLI°) en overdraagbaarheid. Euro-ISDN apparatuur krijgt een oranje sticker ten teken dat de apparatuur voldoet aan de CTR° voor ISDN die per 1 januari 1995 van kracht is geworden. Euro-ISDN vervangt de door Duitsland ontwikkelde 1TR6-versie.

EURONET {joero·net} - *EUROpean NETwork* - EURONET: het packet-switching° netwerk in de EG.

Euro-numbering {joero} - *unificatie van Europese telefoonnummers* - Overeenstemming binnen ECTRA° over het aantal cijfers (13-15, exclusief 00) en speciale nummers voor alarmnummers en andere diensten. Het is de bedoeling dat dit eind 1996 wordt ingevoerd.

European article numbering - *EAN* - Zie: EAN°.

European cable communications association - *ECCA* - Zie: ECCA°.

European committee for telecommunications regulatory affairs - *ECTRA* - Zie: ECTRA°.

European computer manufacturers association - *ECMA* - Zie: ECMA°.

European electronic mail association - *EEMA* - Zie: EEMA°.

European information industry association - *EIIA* - Zie: EIIA°.

European information infrastructure - *EII* - Zie: EII°.

European organization for testing and certification - *EOTC* - Zie: EOTC°.

European radio messaging system - *ERMES* - Zie: ERMES.

European strategic programme for research and development in information technology - *ESPRIT* - Zie: ESPRIT°.

European systems and software initiative - *ESSI* - Zie: ESSI°.

European telecommunications network operators - *ETNO* - Zie: ETNO°.

European telecommunications standard - *ETS* - Zie: ETS°.

European telecommunications standards institute - *ETSI* - Zie: ETSI°.

even - *even* - Een meervoud van twee. ⇔odd° (oneven)

even parity - *even pariteit* - Een even aantal énen in een reeks bits (bit°) waaronder het pariteitsbit (parity bit°).⇔odd parity°

event - *gebeurtenis* - Situatie of conditie waarvan het optreden wordt gebruikt als aanzet (trigger°) of initiator van bijvoorbeeld een proces (process°) of onderdeel van een werkstroom (work flow°).

event-driven - *gestuurd door gebeurtenissen* - Processen die worden geïnitieerd door gebeurtenissen (event°), bijvoorbeeld in client/server°-systemen met een grafische gebruikers-interface (GUI°); zie ook: event model°, event-response°, functional decomposition°.

event model - *event-model* - Gebeurtenismodel: een model waarin (externe) gebeurtenissen (zoals de ontvangst van geld, een brief of bestelling) leiden tot (interne) organisatorische processen die uitmonden in (externe) acties (zoals bevestiging of uitvoering); is vaak overzichtelijker dan proces-decompositie en concentreert zich op de dienstverlening aan de externe klanten van een bedrijf.

event-monitoring - *event-monitoring* - Gebeurtenissen (event°) in de gaten houden (monitor°), afvangen en erop reageren, bijvoorbeeld met behulp van een monitor°-programma.

event-oriented - *event-georiënteerd* -Eigenschap van een toepassingssysteem dat is ge-baseerd op en wordt gestuurd door externe gebeurtenissen (event°); zie ook: event-driven°. ⇔object-oriented°

event-response - *event-response* - De voorafbepaalde reactie (response°) van een informatiesysteem op een bepaalde gebeurtenis (event°): die in event- response-modellen kunnen worden weergegeven, voor gegevens (data°) of voor processen (process°).

exa... - *E* - Exa...: triljoen ..., 10^{18}, zie bijvoorbeeld: E°, EB°.

Exabyte - *Exabyte* - Naam van een leverancier van apparatuur (tape cartridge°) voor opslag en archivering op 4mm tape° en 8 mm tape°, o.a. veel gebruikt voor backup° en voor de overdracht van CD-ROM° informatie.

example - *voorbeeld* - Zie bijvoorbeeld: Query-By-Example° (QBE°).

ExCA {eks·si·ee} - *EXchangeable Card Architecture* - ExCA: Intel°-norm voor een uitwisselbare flashcard° en andere uitbreidingskaarten.

excentralize - *deconcentreren* - Nieuw woord voor het afplatten van organisatiestructuren en decentraliseren van computers en organisaties met behoud van centrale controle.

exception - *fout, uitzondering* - **1.** Fout: die een programma niet kan verwerken, **2.** Uitzondering: die een programma op een speciale manier verwerkt.

exception handler - *exception handler* - Verzameling programma's om uitzonderingen (exception°) te ontdekken en af te handelen.

exception reporting - *uitzonderingen afdrukken of laten zien* - Speciale gevallen rapporteren en alle 'normale' gevallen weglaten. Een klein probleem vormt het specificeren van wat een uitzondering is.

exception routine - *uitzonderingsroutine* - Deel van een programma (routine°) dat alleen in uitzonderingsgevallen (exception°) wordt uitgevoerd.

exchangable card architecture - *ExCA* - Zie: ExCA°.

exchange - *telefooncentrale, uitwisseling* - **1.** Telefooncentrale, bijvoorbeeld: private branch exchange (PBX°), **2.** Uitwisseling, bij voorbeeld van gegevens (data°), bestanden (file°) of programma's. Exchange is de e-mail°, φαξ εν Ιντερνετ° oplossing van Microsoft° in Windows 95°.

exchange file - *exchange file* - Een bestand (file°) of bestandsindeling (format°) voor de uitwisseling (exchange°) van gegevens tussen programma's, systemen of computers.

exclamation point - *uitroepteken, !* - Teken dat gebruikt wordt in tekst of in de extensie (extension°) van een zelfuitpakkend bestand (self-extracting° file°). Zie de lijst met veelgebruikte tekens achterin dit boek.

exclusive OR - *XOR* - Zie: XOR°.

executable - *direct uitvoerbaar* - Kenmerk van een bestand (runtime module°) dat bijvoorbeeld in een Intel° PC de extension° .COM (COM file°) of .EXE (.EXE file°) heeft.

executable file - *uitvoerbaar bestand* - Een programma-bestand (file°) dat direct kan worden uitgevoerd (executable°), niet eerst hoeft te worden gecompileerd (compile°). Extensies (extension°) in DOS°/Windows°: .COM, .EXE, .BIN, OVL, .SYS. In Windows 95° o.a.: .DLL, .VBX enzovoorts.

execute - *uitvoeren* - Een programma (program°) ten uitvoer brengen, zoals de notaris een testament kan executeren.

execution - *uitvoering* - Een opdracht (command°) of programma (program°) uitvoeren.

executive information system - *EIS* - Zie: EIS°.

executive program - *hoofdprogramma* - Het programma dat andere programma's aanroept en laat uitvoeren.

executive size - *executive size* - Amerikaans papierformaat van 7¼ x 10½ inch (184 x 266 mm), speciaal voor de grote bazen.

.EXE file {ekse} - *EXEcutable file* - .EXE-bestand (file°): dat direct uitvoerbaar (executable°) is; heeft in DOS° de extensie (extension°) .EXE maar elders wordt de punt weggelaten of een 'C' toegevoegd; praktisch synoniem in DOS: .COM° (programma van max. 64 Kbyte).

exit - *afsluiten, einde, uitgang* - Beëindiging van een programma of routine; vanuit OS/2° kunt u via de DOS-box° of vanuit Windows° via de DOS-icon naar DOS° komen - om weer terug te gaan moet u intikken: exit; zie ook: hard exit°, exit point° (uitgang). Er is enig verschil met: close°. ⇔entry°

exit point - *uitgang* - Eindpunt: punt waar wordt geëindigd in een database°, diagram°, proces (process°) of programma. ⇔entry point° (ingang)

expand - *decomprimeren, uitvouwen* - Gecomprimeerde gegevens naar hun oorspronkelijke staat terugbrengen, of een gecomprimeerde structuur of outline° uitvouwen. Letterlijk: uitbreiden, uitwerken. ⇔collapse° ⇔compress° ⇔shrink°

expanded memory - *expanded memory* - Zie: expanded memory specificcation°.

expanded memory manager - *EMM* - Zie: EMM°, expanded memory specification°.

expanded memory specification - *EMS* - RAM°-geheugen in een PC dat *naast* het gewone geheugen (memory°) in blokken van 0-1024K wordt geadresseerd (LIM°) via bank switching° tot max. 32 MB°. Is nu vrijwel geheel vervangen door: extended memory° (XMS°).

expansion board - *uitbreidingskaart* - Insteekkaart (board°) voor een PC; synoniem: expansion card°.

expansion bus - *bus* - De bus° (EISA°, PCI°, ISA°, MC°) in een PC waarop uitbreidingskaarten (expansion board/card°) worden aangesloten. ⇔local video bus°

expansion card - *uitbreidingskaart* - Insteekkaart (card°) voor een PC. Synoniem: expansion board°.

expansion slot - *uitbreidingsgleuf* - Sleuf voor een uitbreidingskaart (expansion board°) in een PC, meestal alleen slot° genoemd.

expert - *expert* - Persoon die door schade en schande wijs geworden is en blijft.

expert system - *kennissysteem* - KBS: computersysteem dat een voorgelegd geval toetst aan zijn opgeslagen kennis. Het bezigen van de term expertsysteem (knowledge system°) doet meestal te kort aan het werk van een echte expert°.

expiration date - *vervaldatum* - Datum (date°) waarop een termijn verstrijkt (to expire); wordt ook genoemd: expiry date°.

expiry date - *vervaldatum* - Datum (date°) waarop een termijn verstrijkt; wordt ook genoemd: expiration date°.

explicit - *expliciet* - Duidelijk aangegeven. ⇔implicit°

explode - *detailleren, decomprimeren, exploderen* - **1.** Detailleren: een geheel in de samenstellende delen afbeelden in een tekst of in een tekening; bijvoorbeeld een BOM° in onderdelen of een budget in detailramingen (⇔implode°), **2.** Decomprimeren: een gecomprimeerd (data compression°) bestand in de originele staat terugbrengen (zie: ARC°, ZIP°), **3.** Exploderen: in woede uitbarsten of uit elkaar spatten, **4.** Verschuiven, zie: exploded pie chart°.

exploded pie chart - *exploded pie chart* - Taartpuntendiagram waarvan een punt is verschoven om er de aandacht op te vestigen.

explorer - *verkenner* - Nieuwe naam voor de verkenner van bestanden (file manager°) in Windows 95°, opvolger van: file manager°. Ook: Internet Explorer (Web° browser° van Microsoft in Windows 95°, anno 1996 versie 3.0) met Java° en VBScript°.

exponent - *macht, E* - Exponent waartoe een mantisse (mantissa°) wordt verheven, bijvoorbeeld b in: a^b; zie: E°, floating-point°. Als exponent, een vertegenwoordiger of voorbeeld.

exponential - *exponentieel* - Aanduiding van een verband niet lineair is maar met een macht (exponent°) verandert.

exponential explosion - *exponentiële vergroting* - Exponentiële (exponent°) vergroting van de complexiteit, bijvoorbeeld: tussen 100 elementen kunnen 100^2 = 10.000 verbindingen bestaan, tussen 1000 elementen 1000^2 = 1.000.000 enzovoort. ⇔linear°

exponentiation - *exponentie* - Machtsverheffen, zie: exponent°.

export - *exporteren* - Gegevens of graphics° in een extern bestand opslaan voor gebruik door een ander programma, meestal in ASCII°-formaat. ⇔import°

expression - *uitdrukking* - Expressie, een combinatie van bewerkingen in een instructie (instruction°), bijvoorbeeld: Boolean expression°, relational expression°. ⇔equation°

extend - *uitbreiden* - Een architectuur, tekenset, interface°, selectie enzovoorts uitbreiden; praktisch synoniem: enhance°.

extended - *uitgebreid* - Een veel gebruikt woord in de computerwereld omdat men - naar later bleek - te beperkt was begonnen; afgeleid van: extend°.

extended architecture - *XA* - Zie: XA°.

extended ASCII - *8-bit ASCII* - Een 8-bit code° (ASCII°, oorspronkelijk een 7-bit code) voor een verzameling van 256 tekens (character set°).

extended industry standard adapter - *EISA* - Zie: EISA°.

extended keyboard - *extended keyboard* - Het 101-key keyboard°, de opvolger van het 83-key keyboard°. Inmiddels zijn er voor Windows 95° nog enkele toetsen voorgesteld (104-key keyboard°).

extended memory - *extended memory* - Extra RAM° geheugen (memory°) in een PC dat boven het gewone geheugen, boven 1024K, wordt geadresseerd; de eerste 64K hiervan heet: high memory° (HMA°). Een DOS° apparaat (device°) wordt in extended memory° geplaatst door in CONFIG.SYS° achter de specificatie toe te voegen: /e. ⇔expanded memory° (EMS°, LIM°)

extended memory specification - *XMS* - Norm voor: extended memory°. ⇔expanded memory specification° (EMS°, LIM°)

extended technology - *XT* - Zie: XT°.

extenders - *uitbreidingen* - Zie: DOS extenders°.

extension - *uitbreiding, extension, toestelnummer* - **1.** Uitbreiding: van een PC of een gebouw; praktisch synoniem: enhancement°; zie ook: HTML extensions°, **2.** Extension (extensie): benaming voor het type PC-bestand, bijvoorbeeld .BAT voor een batch file°, bijvoorbeeld: DOS extension°; een ! als derde letter van de bestandsextensie duidt meestal op een zelfuitpakkend (self-extracting°) bestand; volledige naam: file extension°, **3.** Toestelnummer: binnen een bedrijf. Op de Mac° met een hoofdletter: Extension.

extension board - *uitbreidingskaart* - Insteekkaart, synoniem: expansion card°.

extension card - *uitbreidingskaart* - Insteekkaart, synoniem: expansion card°.

external - *extern* - Uitwendig: buiten een computer, een programma, een netwerk of een bedrijf (⇔inhouse°). ⇔internal°

external command - *externe opdracht* - In DOS°, opdracht (command°) die niet wordt uitgevoerd door COMMAND.COM°, maar door een apart module° (een voor elke opdracht). ⇔internal command°

external modem - *externe modem* - Modem (modem°) in een kastje dat via een kabel is verbonden met een PC, niet intern op een kaart (internal modem°).

external name - *externe naam* - De naam die in de computer wordt gehanteerd (internal name°) is vaak een logische afkorting die de gebruiker niets zegt - vandaar dat tegen de gebruiker een externe naam voor hetzelfde wordt gebruikt.

external schema - *extern schema* - Door mensen gebruikte begrippen in verband met de structuur van een database°, zie: schema°. ⇔internal schema°

external storage - *externe opslag* - Opslag (storage°) buiten de computer zelf, bijvoorbeeld: op disk°, diskette° of tape°.

extract - *extract, uitpakken* - Eruit halen: onderdelen uit een samenstel halen (letterlijk: extraheren), bijvoorbeeld bepaalde velden uit een database°, programma's uit een gecomprimeerd (compress°) bestand enzovoort. ⇔merge°

extra large - *XL* - Zie: XL°.

extrapolate - *extrapoleren* - Afleiden, een logische (logical°) conclusie trekken uit bepaalde gegevens. ⇔interpolate°

extremely high frequency - *EHF* - Zie: EHF°.

extremely low frequency - *ELF* - Zie: ELF°.

e-zine {ie·zain} - *electronic magazine* - Een elektronisch (electronic°) uitgegeven tijdschrift (magazine), in ieder geval via Internet° of op CD-ROM°.

EZ {ie·zie} - *easy* - Phonetische afkorting: gemakkelijk of eenvoudig te gebruiken.

- F -

F {-} - *Female, F, Forward, False, Farad* - **1.** Aanduiding van een stekker met gaatjes. (⇔M° ⇔male°), **2.** F: aanduiding van de waarde 15 in het hexadecimale (hexadecimal°) talstelsel, **3.** Voorwaarts: spoelrichting op een recorder°; ook: FF° (Fast Forward), **4.** Niet waar (false°): meestal de logische waarde '0' (⇔T°), **5.** Farad: eenheid van capaciteit (capacitor°).

°F {ef} - *degree Fahrenheit* - °F: Amerikaanse eenheid van temperatuur genoemd naar G.D. Fahrenheit (1686-1736); wordt geconverteerd naar °C met de formule: (°F-32)x 5/9 = °C (centigrade°).

F&A {ef·en·ee} - *Finance & Accounting* - De afdeling financiën (finance°) en de boekhouding (accounting°).

fabric - *constructie* - Letterlijk: weefsel, zie: switching fabric°. Niet: fabriek (factory°, plant°).

fabric ribbon - *gewoven inktlint* - Ouder type inktlint voor een schrijfmachine: dat geweven is van vezels en dat meervoudig te gebruiken is, niet een plastic filmbasis heeft (film ribbon°).

face - *lettertype* - Zie: type face°. Is ook de beste of belangrijkste kant van papier of karton, zie: feed°; papier kan door de uitvoer worden afgelegd: face up°, face down° (dan blijft de volgorde gehandhaafd).

face-down - *met de bedrukte kant onder* - Gangbare manier van afleggen van (destijds) ponskaarten of vellen met de bedrukte kant naar beneden, zodat hun volgorde bewaard blijft. ⇔face-up°

face-up - *met de bedrukte kant boven* - Manier van afleggen van vellen met de bedrukte kant naar boven. ⇔face-down°

facilities management - *facilities management* - Facilitaire diensten: activiteiten uitbesteden; bijvoorbeeld het computercentrum door iemand anders laten beheren omdat men het zelf niet kan of wil; is een onderdeel van outsourcing° en vereist de opstelling van kengetallen om de prestaties te kunnen meten. Wordt ook wel genoemd: facility management°, FM°.

facility - *voorziening, inrichting* - **1.** Voorziening: apparatuur of programmatuur die bepaalde bewerkingen mogelijk maakt, bijvoorbeeld: macro facility°, **2.** Inrichting: van een gebouw.

facility management - *facility management* - Zie: facilities management°.

facing pages - *linker- en rechterpagina* - Tegenover elkaar liggende pagina's, waarvan de header° en de footer° meestal anders worden ingedeeld door een tekstverwerker.

facsimile - *fax* - Zie: fax°.

factor - *factor* - Bijvoorbeeld de menselijke factor (human factor ⇔ human factors°). Zie verder: contingency factor°, key factor°. Is ook iemand die is aangewezen om namens iemand anders te handelen (in het Frans: facteur; zie bijvoorbeeld: factoring°.

factorial - *faculteit* - Product van positieve, gehele getallen tot en met een bepaald getal, bijvoorbeeld:

5! = 5x4x3x2x1 = 120;

zie ook: permutation°, faculty°.

factoring - *factoring* - Het door een financiële instelling laten verzorgen van de debiteurenadministratie en het innen van de vorderingen: is een vorm van outsourcing°; zie: factor°.

factory - *fabriek* - Productie van apparatuur of programmatuur; zie ook: software factory°. Synoniem: plant°.

faculty - *faculteit, !* - Wiskundige functie, zie: factorial°.

Fahrenheit - *°F* - Angelsaksische eenheid van temperatuur, zie: °F°. ⇔°C°

fail - *niet voldoen* - **1.** Niet voldoen: in een kennissysteem, als er niet wordt voldaan aan de voorwaarde in een regel (rule°); als er wel wordt voldaan: fire°, **2.** Falen: een systeem of onderdeel daarvan weigert dienst te doen, **3.** Overslaan: een bewerking niet laten uitvoeren.

fail-mail - *fail-mail* - Aanduiding van een slechtwerkend (fail°) e-mail° systeem.

fail-safe - *fail-safe* - Kenmerk van een systeem dat is beschermd tegen menselijke en andere fouten.

fail-soft - *fail-soft* - Kenmerk van een systeem waarin geen gegevens verloren gaan wanneer een machine-storing optreedt of dat wat langzamer gaat werken tijdens een storing.

failure - *storing* - Weigering: fout waardoor een opdracht niet kan worden uitgevoerd of waardoor een computer plat (down°) gaat. Ook: docu- failure°.

fallback modem - *fallback modem* - Modem dat automatisch naar een lagere snelheid schakelt als er veel fouten optreden bij een verbinding of als de modem° aan de andere kant een lagere snelheid gebruikt. Modems die detecteren dat de lijnkwaliteit verbeterd is en dan een hogere snelheid proberen te realiseren, heten: fall forward modem.

fallback plan - *fallback plan* - Plan voor het geval dat alle andere plannen (plan°) mislukken (backup°). ⇔disaster plan° (rampenplan)

false - *onwaar, onecht* - **1.** Onwaar: één van de twee Boole-waarden, weergegeven door 0 of 1 (of -1), **2.** Onecht: vervalst (een bericht) of onterecht (een alarm). ⇔true°

family - *familie* - Familie: gezin en familieleden. Term wordt vaak gebruikt in verband met een reeks producten (product line°) van een leverancier die een bepaalde samenhang hebben, fonts (font family°) enzovoort; dit is belangrijk want dan kunt u eenvoudig migreren naar een andere.

fan - *ventilator* - Ventilator: verzorgt de gewenste luchtkoeling en produceert het ongewenste geluid van computers.

fanfold - *kettingformulieren* - Synoniem: continuous forms° en Z-fold°. ⇔cut forms°

fan-in - *fan-in* - Het maximum aantal parallelle *in*gangen van een element of apparaat; stamt uit de tijd dat mensen zelf logische schakelingen maakten. ⇔fan-out°

fan-out - *fan-out* - Het maximum aantal parallelle *uit*gangen van een element of apparaat; stamt uit de tijd dat mensen zelf logische schakelingen maakten; wordt veel gehanteerd in de telecommunicatiewereld. ⇔fan-in°

FAQ {fek} - *Frequently Asked Questions* - FAQ: een institutie op Internet° en andere netten: een lijst met veelgestelde vragen en antwoorden, die op vrijwel elk lokaal Internet-systeem wordt bijgehouden, echter meestal op verschillende wijze. De extensie van zo'n bestand is echter meestal: .FAQ.

Farad - *F* - F°: eenheid van capaciteit, genoemd naar M. Faraday (1791- 1867): een condensator die bij een spanning van 1 volt° een lading van 1 Coulomb° heeft.

fast - *snel* - Sneller dan tot nu toe gebruikelijk was.

Fast Ethernet - *100Base-T* - Tienmaal snellere versie van Ethernet°: 100Base-T° met een snelheid van 100 Mbit/s, ontwikkeld door netwerkleveranciers op basis van CSMA/CD°. ⇔100Base-VG° ⇔100VG-AnyLAN°

fast forward - *FF* - Zie: FF°.

Fast Fourier Transform - *FFT* - Zie: FFT°.

fast packet-switching - *fast packet-switching* - Verzamelnaam voor snelle veelbelovende packet-switching° technieken: frame relay°

(LAP-D°, Q.931) en cell relay (ATM°, IEEE° 802.6 DQDB°) switching°; wordt soms afgekort tot: FSX°. Het centrale idee hierachter is dat de controles in tussenliggende knooppunten in een verbinding tussen twee eindpunten achterwege kunnen blijven in geval van betrouwbare verbindingen, waardoor (vergeleken met X.25°) de overdrachtssnelheid kan worden opgevoerd.

fast save - *snel opslaan* - In Word, een snelle manier van opslaan (save°), waarbij alleen de wijzigingen worden opgeslagen; bij de definitieve afsluiting wordt wel het gewijzigde document geheel opgeslagen.

FAT {fet} - *File Allocation Table* - FAT: tabel waarin DOS° bijhoudt in welke disk°- of diskette°-clusters (cluster°) bestanden (file°) zijn opgeslagen. In Windows 95° vervangen door: VFAT°. ⇔HPFS°

fatal error - *noodlottige fout* - Fout (error°) in een besturingssysteem (operating system° of toepassing (application°) die onherstelbaar is en een reboot° vereist.

fatware - *fatware* - Uitdrukking om aan te geven dat programmatuur (software°) steeds groter wordt, mogelijk zelfs sneller groeit dan de geheugen- (memory°) en schijftechnologie (disk°).

fault - *defect* - Mankement: iets dat niet in orde is in de hardware°; in de software° is het meestal een bepaalde situatie die een uitzonderingsroutine oproept, bijvoorbeeld: page fault°.

fault isolation - *foutbepaling* - Bepaling van de plaats (isolation°) waar een fout of defect (fault°) optreedt.

fault management - *foutenbeheer* - Het behandelen van opgetreden fouten (fault°) in een systeem of netwerk.

fault-tolerant - *fout-tolerant* - Eigenschap van een computersysteem dat defecten (fault°) tolereert en blijft doorwerken. Als zelfstandig naamwoord: fault-tolerance. Verwant: no-break°.

fax {feks} - *telefax* - Fax: beeldpost met een scanner°, een gekozen half duplex° telefoonverbinding en een (ingebouwde) printer die bits (pixel°) kan afdrukken, meestal op warmtegevoelig papier (thermal paper°); is afgeleid van: facsimile°. Pagina's krijgen een TTI°-regel waarin de afzender enzovoort staat vermeld. CCITT° (nu: ITU-T°) heeft faxapparaten ingedeeld in vier groepen, afhankelijk van de tijd nodig om een A4-pagina te faxen: groepen 1 (1988) en 2 (analoog) worden vrijwel niet meer gebruikt, groep 3 (digitaal) is gangbaar en werkt met compressie (compression°, Huffman code°) en V.27ter°-modulatie binnen een minuut, groep 4 is bedoeld voor IDSN° binnen 10 seconden. Omdat ook een fax bij bits alleen niet zal leven, ligt een combinatie met OCR° voor de hand. Het faxapparaat schijnt 150 jaar geleden al te zijn uitgevonden door A. Bain (octrooi in 1843: 30 jaar voor de eerste demonstratie van een telefoon!).

fax card - *faxkaart* - In een PC, uitbreidingskaart (card°) voor het versturen en verzenden van faxen (fax°) vanuit een PC of netwerk.

fax gateway - *fax gateway* - Aparte PC, meestal niet de LAN server°, met een faxkaart (fax card°), die is opgenomen in een LAN° om faxen (fax°) te ontvangen en te versturen voor de aangesloten gebruikers; synoniem: fax server°.

fax-mail - *fax-mail* - Een fax° verstuurd via een elektronische postbus (mailbox°). ⇔e-mail° ⇔voice-mail°

fax mailer - *fax mailer* - Openbare faxcel, vergelijkbaar met een telefooncel, waarin u een fax° kunt versturen of ontvangen. Zijn nog niet erg populair.

fax modem - *fax MOdulator/DEModulator* - Een modem° met speciale voorzieningen voor het versturen en ontvangen van faxen; zie verder: fax°. Is meestal gecombineerd de mogelijkheid gegevens (data°) en tegenwoordig ook voice° te versturen en ontvangen.

fax on demand - *fax on demand, FOD* - Dienstverlening waarbij u direct telefonisch (met druktoetsen) documentatie (documentation°) kunt aanvragen, die dan per fax naar u wordt verstuurd.

fax server - *fax-server* - PC-werkstation met een faxkaart (fax card°) die alleen wordt gebruikt (dedicated°) voor fax-verkeer: om de overdracht van faxen op het netwerk te vermijden. Synoniem: fax gateway°.

FC {-} - *Fiber Channel, File Compare* - **1.** FC: één van de vijf lagen (FC0-FC4) van een norm voor glasvezelverbindingen: die wordt voorbereid door ANSI° X3T11; ook: FC connector (stekker voor glasvezelkabel), **2.** FC: DOS°-opdracht voor het vergelijken van twee bestanden (file°).

FCB {ef·si·bi} - *File Control Block* - FCB (control block°): een record° met alle informatie over een bestand (file°), bijvoorbeeld structuur, lengte, plaats en naam.

FCC {ef·si·si} - *Federal Communications Commission* - FCC: een Amerikaanse commissie die magnetische straling van apparatuur meet en classificeert (klasse A voor industrieel gebruik, klasse B voor thuis) en telecommunicatie (telecommunication°) controleert door het uitdelen/verkopen van licenties voor het gebruik van bepaalde frequenties in de Amerikaanse ether. Op het gebied van antitrustzaken, is er ook: FTC°.

FCFS {-} - *First Come, First Served* - Principe voor een wachtrij (queue°): wie het eerst komt, het eerste maalt; synoniem: FIFO°. ⇔LIFO° ⇔SJN°

FCO {ef·si·oo} - *Field Change Order* - FCO: opdracht (order°) om een EC° (engineering change°) aan te brengen in bij een klant (field°) geïnstalleerde apparatuur.

FCS {ef·si·es} - *Fiber Channel Standard, First Customer Ship* - FCS: **1.** ANSI°-norm voor glasvezel (fiber optics°) computernetwerken, zie: fiber channel°, **2.** Eerste levering van een nieuw apparaat of programma aan een klant.

FDC {-} - *Floppy Disk Controller* - FDC: aansluiting (adapter°) voor een diskette (disk°) station (floppy° drive°). ⇔FDD°

FDD {ef·di·di} - *Floppy Disk Drive* - FDD: schijfstation voor een diskette° (vroeger genoemd: floppy°). ⇔HDD°

FDDI {ef·di·di·ai} - *Fiber-optic Distributed Data Interface* - FDDI: norm voor digitale glasvezel (fiber optics°) token ring° verbindingen (ISO°-norm 9314) met snelheden van 100 Mbit/s° en hoger; werkt met een dubbele ringstructuur, waardoor een enkele storing weinig gevolgen heeft. FDDI-II ondersteunt ook de overdracht van audio°- en video°- informatie (isochronous°). Een probleem met FDDI is interoperability°, vanwege de incomplete normen. De versie van FDDI voor STP°- of UTP°-kabels heet: CDDI°, bruikbaar voor korte afstanden.

FDM {ef·di·em} - *Frequency Division Multiplexing* - FDM: verbindingen combineren door gebruik van verscheidene frequentiebanden (frequency°) in een multiplexer°. ⇔FSK° ⇔TDM°

FDMA {ef·di·em·ee} - *Frequency-Division Multiple Access* - FDMA: methode om een aantal langzame kanalen één snel kanaal te laten delen door middel van frequentiebanden (frequency slot°); werkt analoog of digitaal en maakt gebruik van FDM°; wordt o.a. gebruikt in satellietverbindingen (satellite°). ⇔CDMA° ⇔TDMA°

FDP {ef·di·pi} - *Field-Developed Program* - FDP: aanduiding van een commercieel programma (program°) dat in het veld (field°) is ontwikkeld door de eigen staf of een klant, niet door de officiële ontwikkelingsorganisatie.

FDX {ef·di·ex} - *Full DupleX* - FDX: tweezijdige, gelijktijdige (duplex°) datatransmissie (data transmission°). ⇔HDX°

FE {ef·ie} - *Field Engineer* - Zie: field engineer°; synoniem: CE°.

feasibility - *haalbaarheid* - Uitvoerbaarheid: van een voorstel, die na bestudering wordt bepaald door een werkgroep of een expert°.

feasibility study - *haalbaarheidsstudie* - Analyse van wat er functioneel, sociaal-economisch en technisch nodig is om een probleem op te lossen of de oplossing in te voeren.

feature - *feature* - Extra voorziening, eigenschap of mogelijkheid, die vereist (mandatory°), voorgeschreven (prerequisite°, required°) of facultatief (optional°) is; letterlijk: kenmerk. If you can't sell it, feature it (Als je iets niet kunt verkopen, maak er dan een feature van - iets speciaals). That's not a bug, that's a feature (Dat is geen bug°, maar een feature - een andere zienswijze betreffende een programmeerfout). ⇔attribute°

FEC {ef·ie·si} - *Forward Error Correction* - Zie: forward error correction°.

federal communications commission - *FCC* - Zie: FCC°.

fee - *tarief, vergoeding* - Vast (flat) of variabel bedrag dat moet worden betaald voor bepaalde diensten of een abonnement.

feed - *feed, invoer, toevoer, nieuwe regel, nieuw vel* - **1.** Feed, invoer, toevoer: voor de invoer van een diskette° of losse vellen papier (form feed°, friction feed°, manual feed°, pin feed°, sheet feeder°), **2.** Nieuwe regel (line feed°), **3.** Nieuw vel (form feed°). Bij de invoer van IBM-ponskaartapparatuur stond de klassiek geworden zinsnede: Feed cards 9-edge forward, face down (Ponskaarten met rij 9 naar voren, omgekeerd inleggen).

feedback - *feedback, terugmelding* - Reageren om iets in het rechte spoor te houden door middel van terugkoppeling (cybernetics°).

feet - *ft* - Meervoud van: foot° (ft°).

female connector - *stopcontact* - Stekker met gaatjes, die moet worden gekoppeld aan een: male connector° (met pinnen).

femto... - *femto...* - Bijvoorbeeld: femtoseconde (10-15 sec).

FEP {fep} - *Front-End Processor* - Zie: front-end processor°.

ferro-electric liquid crystal - *FLC* - Zie: FLC°.

FET {fet} - *Field Effect Transistor* - FET: Unipolaire transistor° in MOS°-technologie: die weinig stroom verbruikt en daarom veel wordt gebruikt in draagbare apparatuur.

fetch - *fetch* - Ophalen: de uitvoering van een enkelvoudige opdracht om een gegeven uit te lezen, bijvoorbeeld van disk°.

FF {ef·ef} - *Fast Forward, Form Feed* - **1.** Snel vooruit: aanduiding op een knop van een recorder° waarmee de band (tape°) snel vooruit kan worden gspoeld, **2.** Besturingsteken (control character°, form feed°) waardoor een printer het huidige vel (form°) afvoert en mogelijk een nieuw vel klaar zet.

FFT {ef·ef·ti} - *Fast Fourier Transform* - FFT: snel algoritme (algorithm°) om een Fourier-analyse (Fourier analysis°) uit te voeren met een computer; is voor het eerst beschreven door Cooley en Tukey in 1985.

fiber channel - *fiber channel* - Ontwerp voor een glasvezelaansluiting (channel°) op een PC: een volledige netwerkaansluiting kost meestal teveel overhead°. Norm die wordt voorbereid door de ANSI°-werkgroep X3T11, die hiervoor een vijf-lagige structuur bedacht, genoemd: FC0 t/m FC4.

fiber channel standard - *FCS* - Zie: FCS°.

fiber hub - *glasvezel-hub* - Een hub° in een glasvezelnetwerk (fiber optics°).

fiber/optic - *F/O* - Zie: fiber optics°.

fiber-optic distributed data interface - *FDDI* - Zie: FDDI°.

fiber optic modem - *glasvezelmodem* - Modem (modem°) waarop een of meer glasvezelkabels (fiber optics°) kunnen worden aangesloten.

fiber optics - *glasvezel* - Kabeltechnologie (FDDI°) voor grote capaciteit, gebruikt voor communicatie met snelheden van 100 tot 10.000 Mbps°; werkt met een LED° of een laser°; wordt vooral gebruikt om grote computers te koppelen en voor ISDN°; de dikte van glasvezelkabel wordt opgegeven met twee getallen, bijvoorbeeld 50/125, resp. diameter binnenkern en buitenkern in micrometer; synoniem: optical fiber°. In glasvezels wordt gebruikgemaakt van een verlopende brekingsindex (graded index) om de lichtbundel binnen de vezel te houden. Glasvezelkabels bestaan in twee soorten: dikke (circa 50-100 micrometer, golflengte 850-1300 nm) multi-mode° en dunne (circa 8-10 micrometer, golflengte 1300-1550 nm) single-mode kabel; de laatstgenoemde kan grotere afstanden overbruggen, maar vereist een nauwkeuriger alignering van de vezels in de koppeling. De meeste glasvezelkabelverbindingen worden dubbel uitgevoerd omdat zij enkelzijdig (simplex°) worden gebruikt, meestal met een aantal paren tegelijk omdat de afscherming en het leggen de voornaamste kosten uitmaken. Zeekabels werken met versterkers, bijvoorbeeld de 27.300 km lange glasvezelkabel van Japan naar Engeland (FLAG: Fiber-optic Link Around the Globe) die eind '96 moet zijn gelegd door AT&T° (5000 Mbps). Een nieuwe ontwikkeling is het gebruik van licht van verscheidene golflengtes: wave division multiplexing (WDM°), en de mogelijkheid van solitons (groepen van duizenden fotonen die samengesteld zijn om heel snel informatie over te dragen) - men verwacht dat deze technieken de snelheid van een enkele glasvezel zullen verhogen tot 50-80 Gbps en de kosten van internationaal bellen zal reduceren tot die van een regionaal gesprek. Het futuristische Teledesic satellietproject wordt gepresenteerd onder het motto: fiber in the sky (glasvezel in de lucht). Zie ook: dark fiber°.

fiber optics inter-repeater link - *FOIRL* - Zie: FOIRL°.

fiber optics network - *FON* - Zie: FON°.

fiber optics transceiver - *FOT* - Zie: FOT°.

fiber ring - *glasvezelring* - Ringvormig (ring°) netwerk van glasvezel (fiber optics°).

fiber to the curb - *fiber to the curb, FTTC* - FTTC°: glasvezelkabel (fiber optics°) tot de stoeprand (curb): uitdrukking gebruikt in verband kabeltelefonie (cable telephony°), interactieve televisie en multimedia° via een kabel. De verbinding van de stoeprand naar binnenshuis vindt meestal plaats als: copper to the home° (CTTH°: met ADSL° of HDSL°).

Fibonacci numbers - *Fibonacci reeks* - Reeks hele getallen waarin ieder getal de som is van de twee voorafgaande: 0, 1, 1, 2, 3, 5, 8, 13...; wordt gebruikt in sorteer- en zoekprogramma's om een groep in twee groepen te verdelen (de verhouding tussen twee opeenvolgende getallen convergeert naar circa 1,63 - de verhouding in de gulden snede); zijn genoemd naar L. Fibonacci (13e eeuw). Zie ook: binary search°.

fibre - *fiber* - Engelse spelling van: fiber; zie: fiber optics°.

fiche - *fiche* - Kaart of blad van een kaartsysteem, zie ook: microfiche°.

FidoNet {-} - *FidoNet* - Internationaal netwerk van en voor hobbyisten, opgericht in de VS in 1984 door Tom Jennings, die een programma onder die naam ontwikkelde en behoefte had aan een systeem om met testers te communiceren; is het oudste BBS°-netwerk, dat in Nederland wordt verzorgd door de HCC, onderverdeeld in zones, netten, nodes (node°) en points. Een adres is bijvoorbeeld: 1:104/36.225, waarbij 1 zonenummer is (Noord-Amerika), 104 het netnummer (Nederland: zone 2, regio 28), 36 het nodenummer en 225 het pointnummer van een aangesloten abonnee (point°). De nodes zijn BBSen die worden beheerd door een boss°, een lokale sysop°. Het netwerk is bedoeld voor de uitwisseling van bestanden en berichten (Netmail tussen personen en Echomail binnen conferenties die iedereen kan ontvangen).

field - *veld, op de vrije markt, bij de koper* - **1.** Veld: dat wordt gevuld met een eenheid gegevens (data°) en opgeslagen in een record°; het key field° bevat de sleutel; ook: rich-text field°, search field°, signed field°, **2.** Op de vrije markt, bijvoorbeeld: in the field (in het veld), **3.** Bij de koper, zoals in: field upgrade (upgrade° bij de klant). Zie ook: GF° (Galois field°).

field attribute - *veldkenmerk* - Kenmerk (attribute°) van een veld (field°), bijvoorbeeld: protected°, numeric°, alphanumeric°, system°, hide° enzovoort. Zie ook: field type°.

field change order - *FCO* - Zie: FCO°.

field content - *veldinhoud* - De tekens (character°) in een veld (field°). Het is te hopen dat u daar content mee bent.

field definition - *velddefinitie* - De definitie (definition°) van de indeling van een veld (field°), de manier waarop gegevens daarin worden geplaatst.

field engineer - *FE* - FE°: technicus die bij een klant fouten in de apparatuur of programmatuur verhelpt; synoniem: customer engineer°, CE°.

field entry - *veldgegeven* - De informatie die in een veld (field°) wordt geplaatst (entry°).

field length - *veldlengte* - Het maximale aantal tekens (character°) of bits (bit°) dat een veld (field°) kan bevatten.

field manager - *buitendienstmanager* - Baas van ambulante medewerkers.

field name - *veldnaam* - De naam waaronder een veld (field°) bekend staat in een programma of bij een gebruiker.

field replacable unit - *FRU* - Zie: FRU°. ⇔CRU°

field separator - *veldscheidingsteken* - Teken dat de velden (field°) in een record° scheidt, bijvoorbeeld een ',' (comma-delimited ASCII°).

field test - *praktijktest* - Een test° 'in het veld' (field°), niet in een laboratorium, om te zien of een nieuw systeem, apparaat of programma voldoet aan de gestelde eisen. ⇔field trial°

field trial - *praktijkproef* - Een proef 'in het veld' (field°), niet in het laboratorium, om te zien of een nieuw systeem, apparaat of programma aanslaat bij de klanten. ⇔field test°

field type - *veldtype* - Het soort veld (field°), bijvoorbeeld numeriek (numeric°), alphanemeriek (alphanumeric°) enz.

FIFO {fai·fo} - *First-In, First-Out* - FIFO: een wachtrij (queue°), waarin de eersten het eerste aan de beurt komen; wordt gebruikt wanneer een zender en een ontvanger niet met dezelfde snelheid kunnen werken. Synoniem: pushup list°. Voor mensen: first come, first served° (FCFS°). ⇔FILO° ⇔LIFO°

fifth generation computer system - *vijfde generatiecomputersysteem* - Japans plan uit 1981 om een geavanceerde computer af te leveren in het midden van de jaren 90 (5GL°); is gebaseerd op parallel processing°, kennissystemen, Prolog° en dergelijke. Dit was in Europa de aanleiding voor de Alvey°- en ESPRIT°-programma's. Het project verkeert de anno 1992 in grote problemen. Desondanks is er een nieuw tienjaren plan gestart onder de naam: Real World Computing°.

figure - *figuur, getal, cijfer* - **1.** Figuur, een illustratie, meestal met een bijschrift (caption°), **2.** Getal, cijfer of totaal bedrag.

figure of merit - *kwaliteitscijfer, FOM* - Een getal dat aangeeft hoe goed of snel (merit°) een systeem is. Echter, de verdienste van een complex systeem is vaak niet in een enkel getal uit te drukken op een zinvolle manier.

file - *bestand, een bestand wegschrijven, dossier* - **1.** Bestand: een verzameling geordende records (record°) met gegevens of programmatuur, die als eenheid wordt behandeld; bijvoorbeeld: backup file°, transaction file°, **2.** Opslaan: een bestand wegschrijven als u ermee klaar bent (⇔save°), **3.** Dossier: elektronisch of op papier, dat u opbergt in een map (folder°) in een file cabinet°. Zie ook: batch file°, closed file°, command file°, configuration file°, .EXE file°, file handle°, flat file°, hidden file°, hold file°, indexed file°, inverted file°, master file°, metafile°, open file°, printer file°, script file°, self-extracting file°, standalone file°, transaction file°, work file°.

file allocation table - *FAT* - Zie: FAT°.

file cabinet - *archiefkast* - Letterlijk een kast of figuurlijk een pictogram (icon°) voor het opbergen van bestanden (file°) in een directory° of folder°.

file chaining - *bestanden koppelen* - Functie om voor bepaalde toepassingen bestanden (file°) te koppelen (chaining°).

file command - *bestandsopdracht* - In DOS°, een bewerkingsopdracht die op een bestand (file°) moet worden uitgevoerd.

file connector - *verbindingssymbool* - Een verwijzingssymbool in een stroomdiagram (flowchart°) of database°-structuur, gebruikt voor de koppeling van bestanden afgebeeld op verschillende bladzijden.

file control block - *FCB* - Zie: FCB°. Praktisch equivalent: file handle°.

file editor - *bestands-editor* - Een editor° waarmee een bestand (file°) kan worden bewerkt, meestal op het niveau van tekens (character°), gebruikt voor het maken van programma's of scripts (script°), niet voor tekstverwerking (text processor°).

file extension - *bestandsextensie* - Volledige aanduiding van de extensie (extension°) van een bestand, geplaatst achter de punt aan het einde van een filename°, bijvoorbeeld: .BAT° , .COM°, .EXE°.

file format - *bestandsindeling* - De logische of fysieke bestandsindeling, zie bijvoorbeeld: graphics file format°. De eenvoudigste indeling is: ASCII°; zie verder: DBF°, DCA°, EPS°, RTF°, TIFF° enz.

file fragmentation - *bestandsfragmentatie* - Zie: file°, fragmentation°.

file handle - *file handle* - Bestandsingang: allocatie (allocation°) van bestanden (file°), die onder DOS° wordt gespecificeerd in CONFIG.SYS° met: FILES=20. WP requires a minimum of 20 file handles (WP vereist de toewijzing van tenminste 20 bestanden - database°-programma's vragen nu soms wel 100 file handles!). Werd vroeger vaak genoemd: file control block° (FCB°). Zie ook: handle°.

file layout - *bestandsindeling* - De manier waarop gegevens in een bestand (file°) logisch worden opgeslagen, zie: layout°.

file list - *bestandslijst* - In een tekstverwerker, de lijst (list°) met documenten die recent zijn bewerkt; elders gewoon een lijst met bestandsnamen (filename°).

file lock - *bestandslot* - Voorziening om de toegang tot een bestand (file°) door andere gebruikers te verhinderen door middel van een wachtwoord (password°): betreft het lezen (read°) en/of schrijven (write°).

file locking - *bestandblokkering* - Wanneer verscheidene gebruikers werken met hetzelfde bestand (file°), is recordblokkering (record-level locking°) beter geschikt omdat de andere gebruikers dan de andere records (record°) kunnen blijven gebruiken, terwijl de integriteit van het bestand toch gewaarborgd blijft.

file maintenance - *bestandsbeheer* - Onderhoud (maintenance°) van bestanden (file°) of schijven (disk°): periodieke vernieuwing van de stambestanden (master file°) en reorganisatie/schoonmaak van disks (defragmentation°), verwijderen van tijdelijke bestanden en dergelijke.

file management - *bestandsbeheer* - Bestanden (file°) beheren met behulp van een file manager°-programma; onder Windows° getoond als een archiefkast: File Manager).

file manager - *file manager* - Bestandsbeheer: programma om bestanden (file°) mee te beheren: zien welke directories (directory°) er zijn, welke bestanden een directory bevat en wat hun inhoud is, en met ze te werken via functies als: print°, copy°, delete°, move° en rename°. Wordt in Windows 95° genoemd: explorer°. ⇔disk manager°

filename - *bestandsnaam* - Naam die meestal is samengesteld uit verschillende delen, bijvoorbeeld in DOS°: BESTAND.EXT. Het eerste deel (BESTAND), in het Engels 'file name' (*met spatie!*), geeft de naam aan. Het laatste deel (.EXT: extension°) is vaak een aanduiding van het soort bestand, bijvoorbeeld: .BAT voor een batch° file en .COM of .EXE voor een executable° (uitvoerbaar) bestand. De file spec° is uitgebreider. In de Mac° kunnen de bestandsnamen tot 31 tekens lang zijn. Zie ook: long filename°. Wordt ook geschreven: file name. ⇔filetype°

file naming - *naamgeving van bestanden* - De methode gebruikt voor de toewijzing van bestandsnamen (filename°), belangrijk om ze terug te kunnen vinden of bij elkaar te houden. Een boek of handleiding (manual°) is meestal opgebouwd uit diverse bestanden (file°) waarvan het eerste deel hetzelfde is en het laatste de plaats in het hoofddocument (master document°) aangeeft.

file-protected - *beschermd tegen verandering* - Kenmerk van een bestand (file°) waardoor het niet zo maar kan worden gewijzigd. Bij een magneetband (tape reel°) door middel van een plastic ring die verwijderd is. Synoniem: write-protected°. ⇔copy-protected°

file request - *bestandopvraag* - Het opvragen van een bestand bij een BBS° of server° via een speciaal van te voren gemaakt bericht , ook wel afgekort tot: F/R. In het Nederlandse jargon ook genoemd: freqqen (taalpuristen schrijven: F/Reqqen). Verschilt van: download°, dat direct plaats vindt via een gewoon communicatieprogramma.

file server - *file server* - Een server° bestemd om bestanden (file°) te ontvangen en versturen, bijvoorbeeld in een netwerk met schijfloze PC's (diskless PC°) of voor bestanden voor algemeen gebruik. Alternatives exist to the file server that once was central to the network architecture (Er zijn alternatieven voor de file server die vroeger het centrum vormde van de netwerkarchitectuur - bijvoorbeeld Lotus° Notes of een Web server).

file sharing - *voor gezamenlijk gebruik* - Programmatuur (software°), betsanden (file°) of toepassingen (application°) die gezamenlijk gebruikt kunnen worden; de gebruikers wordt hetzij een kopie van sommige bestanden ter beschikking gesteld hetzij wordt eenzelfde bestand door meerdere gebruikers tegelijk gebruikt.

file size - *bestandsgrootte* - Het aantal records (record°) in of het aantal bytes (byte°) van een bestand (file°).

file spec {spek} - *file specification* - De volledige naam waaronder een bestand (file°) is opgeslagen, in DOS° bijvoorbeeld: C:\DOS\UTILS\PROGRAM.EXE.

file structure - *bestandsstructuur* - De wijze waarop velden (field°), records°, blokken (block°) en bestanden (file°) zijn georganiseerd.

file synchronization - *gelijkloop van bestanden* - Hoofdbestanden en daarvan afgeleide bestanden (file°) met elkaar in overeenstemming houden (synchronize°): het kernprobleem van decentrale of gedistribueerde databases (distributed database°).

filesystem - *filesystem* - Partitie (partition°) in UNIX°.

file transfer - *bestandsoverdracht* - Het overbrengen (transfer°) van bestanden (file°), op welke manier dan ook; bijvoorbeeld FTP° in TCP/IP°, of FTAM° in OSI°.

file transfer, access and management - *FTAM* - Zie: FTAM°.

file transfer protocol - *FTP* - Zie: FTP°.

filetype - *bestandstype* - Soort bestand (file°), vaak aangeduid d.m.v. de extensie (extension°), bijvoorbeeld een GIF° bestand met .GIF°. ⇔filename°

file viewer - *file viewer* - Programma voor het bekijken (viewer°) van bestanden (file°), bijvoorbeeld: LIST (bekend shareware°-programma van V. Buerg). ⇔GIF viewer°

filing - *opslaan* - Zie het werkwoord: file°. Niet verwarren met: filling (vervoeging van: fill°).

filing system - *bestandsbeheersysteem* - Het systeem (system°) gebruikt voor het beheer van bestanden (file°), meestal een onderdeel van het besturingssysteem (operating system°).

fill - *opvullen, uitvullen, vullen* - Een gebied in een scherm of in een tekening 'invullen' met een kleur en/of structuur: kan lineair, konisch of effen gebeuren. Ook: to fill in (invullen).

fillet - *afronding* - Cirkelvormige afronding van een scherpe hoek in een elektronische tekening. ⇔chamfer°(vlak)

film - *film* - Dunne plastic drager: voor een foto-emulsie (microfilm°, transparancy°) of inkt (film ribbon°); zie ook: thin film°.

film ribbon - *plastic lint* - Plastic drager met een emulsie waarin positieve of negatieve afbeeldingen worden aangebracht door de overdracht op papier. ⇔fabric ribbon°

FILO {fai·lo} - *First-In, Last-Out* - FILO: een wachtrij (queue°) waarin de eersten het laatst aan de beurt zullen komen; een wachtrij wordt gebruikt wanneer een verzender en een ontvanger niet met dezelfde snelheid kunnen werken. Synoniem: pushdown list°. ⇔FIFO°

filter - *filter, masker* - **1.** Filter: programma dat gegevens krijgt, ze aanpast en het resultaat doorgeeft aan een ander programma of bestand; in DOS° bijvoorbeeld: find°, more°, sort° (sorteren), maar ook buiten DOS° wordt de term veel gebruikt, **2.** Masker: patroon dat bepaalt welke informatie wordt gebruikt en welke niet, **3.** Filter: elektronisch element (analog°: met spoelen en/of condensatoren; digital°: met digitale schakelingen) dat alleen bepaalde frequenties (frequency°) doorlaat of ongerechtigheden uit een signaal of beeld verwijdert (bijvoorbeeld: comb filter°); is actief (active filter°) of passief (passive filter°). ⇔pipe°

filter-and-forward - *filter-en-forward* - Het bekijken (filter°) en doorgeven (forward°) van informatiepakketjes in een bridge° of router° bij packet-switching° in een netwerk. ⇔store-and-forward°

finance - *financieren, Financiën* - **1.** Financieren: geld beschikbaar stellen voor een bepaald doel, **2.** Financiën: de afdeling die het vermogen van een organisatie bijhoudt (⇔accounting°).

finance and accounting - *F&A* - Zie: F&A°.

financial planning - *financiële planning* - Programma voor de planning van geldmiddelen (finance°): bijvoorbeeld voor het berekenen van hypotheken, leningen en schulden.

find - *find, zoeken* - Windows-opdracht (command°) om te zoeken (en hopelijk te vinden), die in DOS° ook kan worden gebruikt als filter°.

finger - *finger* - UNIX°-opdracht (command°) in Internet° (% finger gebruiker) waarmee informatie over een andere gebruiker kan worden opgevraagd: finger gebruiker@adres. De toevoeging van een 'd' (fingerd) duidt op een daemon° voor het finger-protocol° die finger-aanvragen afvangt (monitor°) en afhandelt. ⇔ping°

finite element analysis - *eindige-elementen analyse* - Wiskundige techniek voor het berekenen van spanningen die optreden in bouwsels onder verschillende belastingen; hierbij wordt het bouwsel in kleine elementen verdeeld, per element berekend en tenslotte worden de elementen geïntegreerd.

finite state automata - *finite state automata* - Theoretische structuur die kan worden beschreven met toestandsdiagrammen (state diagram°): waarin de toestanden met bogen (met een richting en naam) zijn verbonden; zie ook: automata°.

FIPS {fips} - *Federal Information Processing Standard* - Amerikaanse federale (federal°) normen (standard°) voor informatieverwerking (information processing°), bijvoorbeeld FIPS 46 voor: DES°. De normen worden opgesteld door: NIST°.

fire - *voldoen* - In een kennissysteem (knowledge system°): als aan de voorwaarde van een regel (rule°) is voldaan, 'vuurt' hij. ⇔fail°

firewall - *firewall* - Programmatische brandwerende muur (wall°) die ongeautoriseerde toegang tot netwerken moet verhinderen; is een onderdeel van de beveiliging wanneer netwerken gekoppeld worden, meestal gerealiseerd door de tussenschakeling van een aparte computer, waarvan het niet zo erg is als die gekraakt of geïnfecteerd wordt. Er zijn twee uitvoeringen: met IP°-pakketfilter of met een proxy server°. Een publieke èn een eigen (private) DNS° server° kan ook zinvol zijn om het interne netwerk te beschermen. De firewall kan een probleem vormen voor de isochrone (isochronous°) overdracht van bijvoorbeeld spraak (voice°).

firmware - *firmware* - Programmatuur (bijvoorbeeld gebruikt voor de boot°), gegevens of fonts (font°) vastgelegd in ROM°. Werd vroeger genoemd: microcode°.

first come, first served - *FCFS* - Zie: FCFS°.

first customer ship - *FCS* - Zie: FCS°.

first in, first out - *FIFO* - Zie: FIFO°.

first in, last out - *FILO* - Zie: FILO°.

fit - *passen* - Een blok tekst op een bladzijde of in een kader laten passen.

fix - *fix, repareren* - **1.** Fix: oplossing van een bug°, bijvoorbeeld een: patch°, quickfix°, fix level°, **2.** Repareren: If it ain't broke°, don't fix it (Als het niet echt kapot is, repareer/herstel het dan niet - R. Reagan). Zie ook: samenstellingen met: fixed (vaste).

fixed - *fixed, vast* - Vast, in het algemeen. Met betrekking tot satellieten: aanduiding van het type satelliet dat werkt via grondstations, niet direct naar de huizen uitzendt (direct broadcast°). Met betrekking tot telefonie: werkend met vaste verbindingen (wireline°), niet met radioverbindingen (wireless°) of mobiel (mobile°). Zie verder onder: fixed ...

fixed access - *vaste aansluiting* - Een vaste telefoonaansluiting: met een kabeltje naar de muur, ook al is de telefoonhoorn zelf draadloos verbonden met het telefoonapparaat. Kernpunt is dat de verbinding via een gewone centrale totstand komt. ⇔mobile°

fixed assets - *vaste activa* - Onroerende bedrijfsmiddelen (assets°).

fixed cost - *vaste kosten* - Kosten (cost°) die niet afhangen van het gebruik. ⇔variable cost°

fixed date - *vaste afleverdatum* - Zie: fixed price°.

fixed disk - *vaste schijf* - Gangbare term voor een (nu niet meer altijd vast-gemonteerde) hard disk°: dikke magnetiseerbare schijf voor de opslag van veel gegevens.

fixed format - *vaste notatie* - Een vaste manier om een getal te schrijven, bijvoorbeeld: 7 cijfers voor een postgironummer enz.

fixed-length - *vaste lengte* - Constant aantal posities in een record° of veld (field°): bijvoorbeeld voor de zes tekens van de Nederlandse postcode, de zeven posities van een postgirorekeningnummer of de negen posities van een bankrekeningnummer. ⇔variable length°

fixed/mobile integration - *fixed/mobile-integratie* - Integratie van vaste (fixed°), snoerloze (cordless°, DECT°) en mobiele (mobile°, GSM°) telefonie: waarbij het niets moet uitmaken welke vorm van toegang (access method°) men gebruikt voor telefoon, fax° of voice-mail°. Probleem vormen de (nu nog) veel hogere tarieven voor mobiele diensten, omdat gebruikers slechts één telefoon willen gebruiken.

fixed-pitch - *met vaste tekenafstand* - Tekens (character°) op vaste afstand van elkaar gedrukt, bijvoorbeeld 10 tekens/inch (pitch°); synoniem: monospaced°. ⇔proportional spacing°

fixed-point - *fixed-point, vaste-komma* - Indeling (format°) waarbij getallen worden weergegeven met een vast aantal cijfers achter de komma (decimal point°). ⇔floating-point°

fixed price, fixed date - *vaste prijs en afleverdatum* - Als het werk dan tegenvalt zal de klant genoegen moeten nemen met een slechtere kwaliteit of minder inhoud van de programmatuur dan was voorzien. Verwant is: No cure, still pay (Geen oplossing, toch betalen). ⇔time and material°

fixed radio access - *fixed radio access* - Zie synoniem: fixed wireless°.

fixed satellite service - *FSS* - Zie: FSS°. ⇔MSS°

fixed wireless - *fixed wireless* - Draadloze (wireless°) telefoon die alleen maar te gebruiken is binnen een straal van max.

50 km rond een radiostation; de radiostations zijn via vaste (fixed) verbindingen met elkaar verbonden. Dit kan voordelig zijn als er nog geen kabels liggen naar de huizen voor local access° of voor het uitlezen van muntapparaten, meters en dergelijke. Synoniem: fixed radio access°.

fix level - *fix level* - Indicatie van de fixes (fix°) in een programma of release°.

F-key {ef} - *function key* - F-toets: genummerde toets met een programmeerbare betekenis. Synoniem: PF-key° (PF-toets).

flag - *vlag, markering* - Kenmerk: een programmatische markering of indicator, bestaande uit een of meer bits die kunnen worden aan- en afgezet; als werkwoord: to flag (markeren). ⇔mark°

flame - *uitvallen* - In e-mail° slang: provoceren door uit te vallen tegen iets of iemand. Ook: flamer, flaming. Letterlijk: ontvlammen, opvliegen.

flash - *knipperen* - Als werkwoord, een cursor°, onderstrepen (underrscore°) of iets dergelijks dat knippert om de aandacht van de gebruiker te trekken.

flash card - *flashcard* - Kaart (card°) ter grootte van een creditcard met flash EEPROM° geheugen voor een laptop°, ontwikkeld door Intel° (introductie in 1989): momenteel voor 2-64 MB° halfgeleider (solid state°) geheugen; wordt steeds meer gebruikt als vervanger van EPROM° in ROM° BIOS°. Het wissen (erase°) geschiedt met behulp van een spanningsstoot (flash), vandaar de naam. Het schrijven van een flash card is niet zo eenvoudig als bij RAM° en kan slechts een beperkt aantal keren gebeuren; zie ook: ExCA° (architectuurnorm), PCMCIA° (interface°-norm); flitskaart?, flits-chip? De CFA° ontwikkelt een kleinere versie.

flash EEPROM {*ie·ie*·prom} - *flash Electrically Erasable Programmable Read-Only Memory* - Flash EEPROM: geheugen-chips (chip°) die de beschrijfbaarheid van RAM°-chips combineren met de permanentie van ROM°; heeft geen spanning nodig om gegevens te bewaren en vervangt wellicht ooit een vaste schijf (hard disk°); zie ook: flash card°, SSF°. Is de droom van een systeembeheerder omdat daarmee uitgeruste apparatuur zelfs op afstand kan worden geherprogrammeerd. ⇔EPROM°

flash memory - *flash-geheugen* - Semi-permanent halfgeleidergeheugen (semiconductor°) geheugen dat een beperkt aantal keren door middel van een spanningsstoot (flash) (langzaam) gewist en (snel) opnieuw beschreven kan worden; wordt gebruikt in een flash card°; de technologie heet: flash EEPROM°. De erin opgeslagen gegevens blijven bewaard als de spanning wegvalt. Om alle cellen gelijkmatig te laten 'slijten', worden de gegevens af en toe verplaatst; ook zijn extra cellen beschikbaar. De werking berust op een tweede sturingsaansluiting waarop lading wordt bewaard. Er zijn verscheidene uitvoeringen. Zie ook: CFA°.

flat-bed - *vlakke ondergrond* - Glasplaat: waarop het papier ligt in een plotter° of scanner° (⇔hand scanner°).

flat-cable - *flat-cable, lintkabel* - Platte kabel, waarin veel geleiders naast elkaar liggen; wordt meestal alleen binnen een computer gebruikt.

flat fee - *vast tarief* - Kosten (fee°) die niet afhangen van het verbruik of gebruik. Zo'n model zal mogelijk straks gebruikt worden voor communicatielijnen, waarbij mogelijk apart voor informatie of dienstverlening wordt betaald. Wordt nu al gehanteerd door sommige Internet°-aanbieders waar je voor een vast maandelijks bedrag naar hartelust kunt surfen. Synoniem: flat rate°

flat file - *kaartenbak* - Een eenvoudige database° met een platte structuur, die direct op kaarten kan worden vastgelegd; begrip stamt uit de tijd van ponskaarten. Synoniem: cardfile° (kaartenbak). In een relationele database (RDBMS°): relation°. ⇔hierarchical file° ⇔relational file°

flat memory model - *flat memory model* - Kenmerk van een besturingssysteem (operating system°) waarin de totale geheugenruimte (memory°) op dezelfde manier kan worden geadresseerd (address°) - het geheugen is dan niet gesegmenteerd. Dit is alleen mogelijk als er voldoende bits voor de adressering beschikbaar zijn. In de oorspronkelijke Intel°-PC met 16 bits was dit slechts: 2_{16} = 65.536 (64 KB°), vandaar de 64K beperking van .COM-programma's.

flat-panel display - *plat scherm* - Dun beeldscherm (display°) dat nu vooral in een laptop° wordt gebruikt; bijvoorbeeld: ELD°, LCD°, plasma display°, TFT°.

flat rate - *vast tarief* - Tarief (rate°) dat onafhankelijk is van de afgenomen hoeveelheid. Flat-rate pricing gives no incentive to conserve resources (Een vast tarief moedigt niet het zuinig gebruik van middelen aan - bijvoorbeeld op Internet°). Synonimem: flat fee°. ⇔usage fee°

flavor - *model/type apparatuur* - Spreektaal. Een smaak is bijvoorbeeld: vanilla° (basismodel); letterlijk: smaak.

FLC {ef·el·si}; - *Ferro-electric Liquid Crystal* - FLC: nieuw type LCD°-technologie van Canon die goedkoper schijnt te zijn dan TFT° en beter dan passieve (passive°) LCD-technologie.

flexible - *flexibel* - Term gebruikt voor alles wat met een computer kan worden gedaan omdat met verscheidene programma's vrijwel alles mogelijk is. Echter, in tegenstelling tot mensen heeft elk programma slechts een beperkt aantal mogelijkheden, waarvan niet kan worden afgeweken. Ook: flexible disk (diskette°, floppy°).

flex-time - *flexibele werkuren* - Wanneer werknemers een zekere vrijheid hebben om hun werktijd te bepalen, als zij maar wel een bepaald aantal uren per week maken of het werk afmaken.

flicker - *flakker* - Een trillend beeld in het scherm: waarschijnlijk omdat de herhalingsfrequentie (refresh rate°) niet hoog genoeg is.

flier - *brochure* - Korte beschrijving van een product; uitspraak: {*flaj*·er}; synoniem: flyer°.

flip - *draaien* - In een tekening, een object horizontaal of verticaal draaien.

flip-chart - *flap-over* - Grote blocnote, vaak op een standaard (easel): waarvan de beschreven vellen worden omgedraaid tijdens iemands verhaal (presentation°) of beschreven tijdens een discussie.

flip-flop - *flip-flop* - FF°: bistabiele elektronische schakeling: waarin een '0' of een '1' kan worden bewaard; oorspronkelijk met twee transistoren, nu met één; is het basiselement van RAM°-geheugens.

floating - *vloeien, drijven* - **1.** Tekst steeds naar een bepaald gedeelte van een pagina laten 'vloeien', **2.** Drijven, zie: floating-point° (drijvende-komma).

floating-point - *floating-point, drijvende-komma* - Indeling (format°) waarbij gebroken getallen worden weergegeven door een mantisse en een exponent (E°), bijvoorbeeld 2.56E-2 = 2,56 x 10^{-2} = 0,0256; maakt een grotere precisie in berekeningen mogelijk dan: fixed point° (vaste-komma, decimal point°); wordt vanwege de mogelijkheid om hele kleine en hele grote getallen weer te geven, ook genoemd: scientific notation°. Afhankelijk van het aantal beschikbare posities is een floating-point getal: single-precision° of double- precision°.

floating-point unit - *FPU* - Zie: FPU°.

floating text - *floating tekst* - In een tekstverwerker (word processor°), zwevende tekst die steeds naar hetzelfde gedeelte van de bladzijden 'vloeit' (floating°), bijvoorbeeld steeds de onderste 10 cm.

floor - *vloer, verdieping, bodem, vergadering* - **1.** Vloer, zoals in: raised floor° (verhoogde vloer, waaronder kabels liggen), **2.** Verdieping: etage van een gebouw (NB: first floor = begane grond!), **3.** Bodem, ook figuurlijk: minimum.

floppies - *diskettes* - Meervoud van: floppy° (diskette°).

floppy - *diskette* - Spreektaal: kunststofschijfje met een magnetiseerbare laag (diskette°) voor de opslag van gegevens, oorspronkelijk buigzaam, later in stevig omhulsel; gebruikelijke afmetingen zijn: 8 inch (verouderd), 5¼ inch (oud), 3½ inch (microdiskette°, microfloppy°) en 2 inch (nieuw). Don't copy° that floppy (Kopieer geen software° - zie: piracy°). ⇔floptical disk°

floppy disk drive - *FDD* - Zie: FDD°, floppy°.

FLOPS {flops} - *FLoating-point Operations Per Second* - FLOPS: een eenheid voor de snelheid van drijvende-komma berekeningen met een computer, zie ook: KFLOPS°, MFLOPS°, GFLOPS°, PFLOPS°. ⇔BIPS° ⇔MIPS°

floptical disk - *floptical disk* - Magnetische diskette die tweezijdig wordt gebruikt in combinatie met een optische sensor° voor de zeer nauwkeurige positionering van twee smalle leeskoppen (read/write head°): een 3½ inch diskette met optische markering die 21 MB° kan bevatten, meer dan 10x zo veel als de gangbare diskettes (anno 1996, die ook kunnen worden gelezen).

floptical drive - *floptical drive* - Station (drive°) waarin een floptical disk° kan worden gelezen en beschreven.

flow - *stroom, toevloed, vloeien* - **1.** Stroom, bijvoorbeeld: workflow°, cash flow°, **2.** Toevloed, stroom, zie bijvoorbeeld: flow control°, **3.** Vloeien of stromen, bijvoorbeeld: text flow°.

flow control - *flow control* - In een netwerk, er voor zorgen dat de stroom (flow°) van verzonden informatie correct, efficiënt en in de goede volgorde aankomt; zie ook: workflow°.

flow diagram - *stroomdiagram* - Zie: flowchart°.

flowchart - *stroomdiagram* - Flowchart: Een grafische weergave (model°) van een bewerking om zijn structurele details te kunnen begrijpen en controleren; gebruikt bijvoorbeeld een rechthoek om een proces aan te duiden en een ruit voor een beslissingspunt. ⇔block diagram° ⇔bubble chart°

fluorescent - *fluorescerend* - Kenmerk van licht of een lamp waarbij fluorescentie optreedt: materiaal dat wordt belicht, gaat licht van een andere kleur uitstralen. Dit effect wordt o.a. gebruikt in een TL-buis, bijvoorbeeld: CCFT°. ⇔phosphorescent°

flush - *gealinieerd* - Uitlijnen: tekst die rechts en/of links gelijkloopt (justification°). ⇔ragged°

flushing - *doorspoelen* - De op verschillende plaatsen verzamelde gegevens samenvoegen of verwerken en verwijderen.

fly - *vliegen, werken* - **1.** Letterlijk: vliegen, zoals in: on-the-fly°; ook zoals de leeskop van een vaste schijf (hard disk°) over de magnetische schijf op een luchtkussen vliegt op een bepaalde hoogte boven het oppervlak, **2.** Overdrachtelijk: werken, bijvoorbeeld van een programma zonder fouten (bug°).

flyer - *brochure* - Korte beschrijving van een product; synoniem: flier°.

FM {ef·em} - *Frequency Modulation, Facility Management* - **1.** FM, frequentiemodulatie: modulatie (modulation°) door de frequentie van de draaggolf (carrier°) te veranderen (⇔AM° ⇔PM°), voor het eerst gerealiseerd door E.H. Armstrong in 1935, **2.** FM, zie: facility management°.

FM encoding {ef·em} - *Frequency Modulation encoding* - Verouderde, inefficiënte methode voor (de codering - encoding° - van) de opslag van digitale gegevens op tape° of disk°. Is nu vervangen door: MFM°, RLL°, ARLL°.

FMT {-} - *ForMaT* - FMT: extensie (extension°) van een bestand met gegevens over een indeling of ingedeelde tekst (format°).

FMV {-} - *Full-Motion Video* - Datacompressiemethode van bewegende videobeelden (full-motion video°) met een factor 100: waardoor 74 minuten televisie op een 'gewone' CD (CD-Video°) past, die kan worden afgespeeld op een CD-i° speler met een MPEG°-1 cartridge°.

FNT {-} - *FoNT* - FNT: extensie (extension°) van een bestand waarin schriftsoorten (font°) staan beschreven.

F/O {ef·oo} - *Fiber/Optic* - Zie: fiber optics°.

focussing - *focusseren* - Scherpstellen van de afbeelding in een scherm of concentreren op een bepaald onderwerp.

FOD {ef·oo·di} - *Fax On Demand* - FOD, zie: fax on demand.

foil - *foil* - Praatplaatje: doorzichtig vel met tekst en/of illustraties, door een overheadprojector afgebeeld ter ondersteuning van het gesproken woord. Synoniem: slide°, transparency°.

foiled twisted pair - *FTP* - Zie: FTP°.

FOIRL {foj·rl} - *Fiber-Optic Inter-Repeater Link* - FOIRL: Ethernet°-norm voor glasvezelkabel (fiber optics°); betreft de verlenging van de verbinding (link°) tussen twee repeaters (repeater°); IEEE°-norm 802.3, die nu is vervangen door 10Base-F°.

folder - *map* - Hangmap: opslagmogelijkheid in een (elektronische) archiefkast (file cabinet°) en waarin u een bestand (file°), toepassing (application°), andere folder of dossier kunt opbergen in een GUI°, oorspronkelijk van de Mac°, nu ook in Windows 95; is verwant aan een directory° in DOS° en UNIX°. Een onderliggende folder heet: subfolder°.

folder window - *mapvenster* - In Windows 95°, een venster (window°) waarin alle icons (icon°) van een map (folder°) op de desktop° staan vermeld: een vervanging van Program Manager (Programmabeheer) uit Windows° 3.xx.

follow-me - *follow-me* - Volg mij: het overzetten van een telefoonnummer naar een nieuwe plaats, intern binnen het bedrijf via de centrale of extern daarbuiten, mogelijk via ISDN°. Veel gebruikte codes hiervoor: *22, *21, gevolgd door het nieuwe nummer.

follow-on - *follow-on* - De volgende versie van programmatuur: die nu nodig is, maar die mogelijk pas het volgend jaar beschikbaar komt.

follow-up - *follow-up* - Controleren of iemand of een groep zijn afspraken nakomt, bijvoorbeeld tijdens een checkpoint°.

FOM {-} - *Figure Of Merit* - FOM: een getal dat aangeeft hoe goed of snel (merit°) een systeem is; zie: figure of merit°.

FON {fon} - *Fiber-Optics Network, FONt* - **1.** FON: netwerk (network°) met behulp van glasvezelverbindingen (fiber optics°), **2.** FON: extensie (extension°) van een bestand met Windows°-fonts (font°) met een vaste grootte (niet scalable°).

font - *font, lettertype* - Lettertype (letterlijk: gegoten letters): grafisch ontwerp van een tekenset in een bepaalde vorm, stijl, pitch° en grootte, die u alleen kunt vergroten of verkleinen wanneer het font scalable° is. Alle lettertypes zijn te herleiden tot een van de vijf basistypes: Romein (roman°, het oudste type), Bodoni, Egyptiëne, schreefloos (sans-serif°) en fantasie. Wordt gebruikt op een printer° of in een scherm (screen font°). Men onderscheidt: internal font°, native font° (beide ingebouwd in de printer), cartridge font° (in een insteekcassette), base font°, bit-mapped font°, outline font°, raster font°, soft font° (gedownload vanuit een PC), script font°, vector font°.

font cartridge - *fontcassette* - Tekencassette: doosje (cartridge°) dat in een printer° wordt gestoken om andere lettertypes (font°) te kunnen gebruiken.

font family - *lettertypefamilie* - Dikke, dunne, cursieve enzovoort variaties (family°) van een lettertype (font°).

font manager - *font manager* - Een filter-programma (filter°), werkzaam tussen een tekstverwerker en een printer-stuur-programma (driver°), dat fonts genereert; maakt een dure font cartridge° in de printer overbodig.

font name - *lettertype* - De naam waaronder een font° bekend staat.

font rasterizer - *font-rasterizer* - Programma dat een scalable font° omzet in een bitmap° die rechtstreeks door een printer kan worden afgedrukt, bijvoorbeeld: ATM°.

font size - *tekengrootte* - De afmetingen (size°) van een tekenset (font°).

font style - *tekenstijl* - Het soort tekens (font°), bijvoorbeeld met of zonder schreven (serif°).

foot - *voet, ft* - Angelsaksische lengtemaat: 0,305 m, gelijk aan 1/3 yard° of 12 inch; meervoud: feet; beide afgekort tot: ft°.

footer - *voetregels* - Voettekst, de regels onderaan in de bladspiegel, die steeds worden herhaald (running footer°). ⇔header°

footnote - *voetnoot* - Eenmalige verwijzing of verklaring onder in een kolom of pagina, die meestal vooraf wordt gegaan door een referentienummer (footnote reference°).

footnote reference - *voetnootverwijzing* - Verwijzing (reference°) in de tekst naar een voetnoot, meestal een getal in superscript°.

footprint - *footprint* - Oppervlak (letterlijk: voetafdruk) dat een apparaat in beslag neemt op de vloer of op het bureau, dat een satellietantenne op aarde bestrijkt, enz.

FOR {for} - *FORtran* - Extensie (extension° van een FORTRAN° bronbestand. In een instructie (instruction°) ook gebruikt in de combinatie: FOR ... NEXT.

forecasting - *voorspellen* - De sleutel voor zakelijk succes, maar een moeilijke zaak in de huidige chaotische wereld, vandaar dat men tegenwoordig veel werkt met scenario's. Is afgeleid van: to forecast.

foreground - *voorgrond* - Hoge prioriteit in een computer voor werk dat dringend moet worden verricht; ook: de afgebeelde informatie, vergeleken met de achtergrond. ⇔background°

foreign character - *internationaal teken* - Teken (character°) gebruikt buiten de VS of Engeland.

foreign key - *externe sleutel* - In een relatie (relational model°), een kolom (key°) waarvan de gegevens overeenkomen met de waarden in een sleutelkolom in een andere relatie. Niet: vreemde of buitenlandse sleutel.

fork - *fork* - Zie: data fork°, resource fork°.

form - *formulier, vorm* - **1.** Structuur waarin u een bestelling kunt plaatsen of een voorwaarde kunt vastleggen; kan van papier (continuous form°, cut form°) zijn: formulier of voorbedrukt papier; ook elektronisch in een scherm (e-form°), zie ook: data entry form°, **2.** Vorm, zoals in: in the form of... (in de vorm van...). Zie ook: free-form°, normal form° (..NF°).

formal language - *formele taal* - Een taal die voldoet aan expliciete en nauwkeurige regels, bijvoorbeeld een programmeertaal. ⇔natural language°

format - *opmaak, opmaken, formatteren, indelen* - **1.** Opmaak, opmaken: de indeling of notatie van gegevens of woorden, op papier of in een scherm, in een veld (field°) of record° (record format°) of van gegevens (data format°), ook wel: afmetingen (aspect ratio°), **2.** Formatteren, indelen: lege sporen schrijven op een vaste schijf (hard disk°) of diskette° om hem gebruiksklaar te maken (⇔unformat°). Een hard disk moet low-level én high-level worden geformatteerd: low-level format° brengt de hard disk in kaart en schakelt slechte stukken van het oppervlak uit; wordt nu meestal door de fabriek gedaan; high-level format° veegt de geschreven sporen schoon en maakt de hard disk operationeel. Op een diskette° bijvoorbeeld:

format b: /N:9 /T:80,

om een 3,5 inch diskette in het B: station te formatteren met 80 sporen (track°) van 9 sectoren (sector°), goed voor 1,44 MB°. Heet op de Mac°: initialize°. ⇔reformat°

format on-the-fly - *tegelijk formatteren* - Een disk° of diskette° formatteren (format°) en tegelijk (on-the-fly: tijdens de vlucht) gegevens wegschrijven.

format option - *opmaak-optie* - Keuzemogelijkheid (option°), bijvoorbeeld voor de notatie van datum (date°) of tijd (time°).

formatted disk - *geformatteerde disk* - Een disk° of diskette° die geformatteerd (format°) is: dit moet gebeuren voordat er informatie op kan worden geschreven, tenzij format-on-the-fly° wordt gebruikt.

form design - *formulierontwerp* - Het ontwerp (design°) van een formulier (form°), op papier of gebruikt als voorblad voor faxen (fax°).

form factor - *afmetingen* - Modewoord voor de grootte van een apparaat: vooral gebruikt in verband met draagbare of desktop° apparatuur. Ook: diameter van het gebruikte medium°, bijvoorbeeld 2 inch voor een hard disk.

form feed - *form feed, FF, papierinvoer* - **1.** Nieuwe pagina: besturingscode° (FF°, ASCII° 12) voor een printer°, die een nieuw vel de printer invoert en een bedrukt vel uitvoert; zie de lijst met veelgebruikte tekens achterin dit boek, **2.** De papierinvoer zelf, synoniem van: sheetfeeder°.

form letter - *standaardbrief* - Vaste tekst waaraan door een tekstverwerker steeds een nieuwe naam, adres en woonplaats wordt toegevoegd (mail merge°).

formula - *formule* - Expressie (expression°) met getallen, variabelen (variable°) en functies (function°) die bijvoorbeeld het verband geeft tussen cellen (cell°) in een spreadsheet° of het verband tussen graden °C(C°) en graden °F (F°).

formula translation - *FORTRAN* - Als afkorting, wetenschappelijke programmeertaal: FORTRAN°.

Forth - *Forth* - Weinig gebruikte, interactieve (interactive°) programmeertaal ontworpen door Ch. Moore eind jaren 60 om de werking van een IBM 1130 computer te verbeteren; had Fourth (4GL°) moeten heten, maar deze eenvoudige computer kon niet werken met programmanamen van zes letters! De taal bestaat uit woorden die een procedure° oproepen. De Forth interpreter° kan vrijwel helemaal in Forth worden geschreven.

FORTRAN {for·tran} - *FORmula TRANslation* - FORTRAN: een gestructureerde programmeertaal, die ontworpen is voor het maken van wiskundige berekeningen; is ontwikkeld door J. Backus bij IBM° in 1954; de ANSI°-norm uit 1978 heet: FORTRAN-77; de laatste versie heet: FORTRAN 90 (ISO°-norm 1539). Extensie (extension° van een bronbestand: FOR°.

forum - *forum* - Een gedeelte van een computerconferentie° of bulletin-board° dat is gewijd aan een bepaald onderwerp, bijvoorbeeld een programmeertaal of een bepaald type computer; meervoud: forums of fora (Latijn). In een forum kunnen vragen worden gesteld en antwoorden gegeven; een beheerder coördineert het geheel. Ook samenwerkingsverband, bijvoorbeeld: ATM Forum°, Frame Relay Forum°, Network Management Forum°, dat is gevormd omdat de officiële normencommissies te langzaam werken. Is oorspronkelijk de naam van een marktplein in Rome waar mensen elkaar spraken. Synoniem: newsgroup°. De baas van een forum heet: sysop°.

forward - *voorwaarts, doorzenden, F* - **1.** Voorwaarts: in voorwaartse richting (⇔backward°), **2.** Doorzenden, bijvoorbeeld via e-mail° een ontvangen bericht doorsturen aan iemand anders; ook: filter-and-forward°, store-and-forward°. Zie ook afkorting: F°, FF°.

forward chaining - *forward chaining* - Vorm van redeneren in een kennissysteem (knowledge system°) die begint met de feiten en eindigt met de conclusies; werkt bottom-up°. ⇔backward chaining°

forward engineering - *forward engineering* - Het logisch ontwerp van een systeem verwezenlijken in werkende programmatuur; zie: engineering°. ⇔reverse engineering°

forward error correction - *forward error correction* - FEC°: voorwaartse (forward°) foutencorrectie (error correction°) d.m.v. een block- of convolution°-code°, door bij het verzenden systematisch bits toe te voegen aan een bericht, waardoor bij ontvangst fouten kunnen worden gecorrigeerd met behulp van een decodeerschakeling, bijvoorbeeld: Viterbi-decoding°. Voordeel hiervan is een constante overdrachtssnelheid en dat er niet om hertransmissie (retransmit°) hoeft te worden gevraagd. ⇔ARQ°

forward recovery - *forward recovery* - Wanneer een latere versie fouten blijkt te bevatten, een eerdere versie van een database° bijwerken door middel van de in een log° opgeslagen veranderingen. ⇔backward recovery°

forward search - *voorwaarts zoeken* - Vanaf een punt in een bestand (file°), verder zoeken (search°) richting het einde (forward°). ⇔backward search°

forward slash - *slash, /* - Schuine streep, ook genoemd: schrap, deelteken; zie de lijst met veelgebruikte tekens achterin dit boek. ⇔backslash°

FOT {-} - *Fiber-Optic Transceiver* - FOT: transceiver° voor de koppeling van twee glasvezelkabels (fiber optics°).

fount - *font* - Britse schrijfwijze van: font°.

four-headed arrow - *vierpuntige aanwijzer* - Vorm van de aanwijzer (pointer°) met pijlen in vier richtingen, gebruikt voor het verplaatsen (move°) van objecten in een grafische Windows°-omgeving.

Fourier analysis - *Fourier-analyse* - Wiskundige methode om elke willekeurige golfvorm van een signaal te ontbinden in een trigonometrische reeks van harmonische frequenties en amplitudes; de methode is omkeerbaar en legt de wiskundige basis voor de elektronische communicatieleer en wordt o.a. gebruikt bij signaalanalyse (signal processing°), bijvoorbeeld door middel van een FFT°; is afkomstig van J-B-J. Fourier (1768-1830); synoniem: Fourier transform°. (In plaats van goniometrische functies, bleken later ook golfvormen (wavelet°) te kunnen worden gebruikt.)

Fourier transform - *Fourier-transformatie* - Zie: FFT°, Fourier analysis°.

fourth generation language - *4GS, vierde-generatie systeemprogrammatuur* - Programmeertaal met ondersteunende programmatuur. Het bezigen van de term 4GL° duidt op onbegrip over het verschil tussen een programmeertaal (language°) en haar hulpmiddelen (CASE°); zie ook: generation, language°.

four-wire - *vierdraads* - Verbinding samengesteld uit twee gangbare tweedraads telefoonverbindingen, die elk half duplex° (HDX°) worden gebruikt; kan met een hogere snelheid werken dan tweedraadsverbinding (two-wire°); synoniem: 4- wire°.

FP {-} - *Floating-Point* - Drijvende-komma, zie: floating point°, FLOPS°.

FPA {ef·pi·ee} - *Function Point Analysis* - FPA: een analysemethode waarbij de complexiteit van een programma wordt uitgedrukt in functiepunten (function points°), een eenheid voor de hoeveelheid programmeerwerk (man-month°) voor een bepaalde groep. Is geïntroduceerd door A.J. Albrecht in 1979 en wordt verder uitgewerkt door de internationale gebruikersgroep IFPUG°. ⇔LOC°

FPLMTS {ef·pi·el·em·ti·es} - *Future Public Land Mobile Telecommunication System* - FPLMTS: paraplunaam van de ITU° voor een toekomstig geïntegreerd vast en mobiel (mobile°) telefoonnetwerk voor wereldwijde communicatie; men denkt aan toegangssnelheden van 2 Mbps (broadband°), dus dat duurt nog wel even. Vergelijkbaar met: UMTS° (van ETSI°); gecoördineerd: IMT-2000°. De huidige versie wordt genoemd: PLMN°.

fps {ef·pi·es} - *Frames Per Second* - Fps: aantal TV-beelden (frame°) per seconde; van belang bij videosystemen die langzamer werken dan de gewone TV, bijvoorbeeld 30 fps, zie: frame rate°.

FPU {ef·pi·joe} - *Floating-Point Unit* - FPU: coprocessor°, die in Intel°-processoren vanaf de 80486 (80X86°) geïntegreerd is in de processor°; zie: floating-point°.

FPX {ef·pi·eks} - *Fast Packet switching* - Zie: fast packet-switching°.

FR {-} - *Frame Relay, File Request* - Zie: frame relay°, file request°.

fractal compression - *fractalencompressie* - Wiskundige compressiemethode (compression°), bedacht door M. Barnsley in de beginjaren 80, wiskundig onderbouwd in 1988 en nu geleverd door Iterated Systems; die gebruik maakt van de verwantschap tussen delen van een (kleuren) plaatje; wordt o.a. gebruikt in de Encarta CD-ROM°- encyclopedie van Microsoft. Voordelen zijn een hoge compressiegraad (20x of meer) en schaalbaarheid (scalability°), nadeel - vergeleken met MPEG° - is de lange tijd nodig voor compressie/decompressie, zie: fractals° ⇔DCT°

fractals - *fractalen* - Een recursieve (recursive°) wiskundige formule gebruikt voor het berekenen van plaatjes; een fractal is een plaatje dat theoretisch oneindig kan worden vergroot; zij worden berekend aan de hand van een gegeven met behulp van enkele eenvoudige regels; fractal-berekeningen zijn een goede manier om een computer langdurig en zinledig bezig te houden, maar worden ook gebruikt voor (de)compressie (fractal compression°); hun dimensie (dimension°) ligt tussen 1 en 2 en is een maat voor de grilligheid. De naam is afgeleid van *FRACTional dimensionAL*: een neologisme van B.B. Mandelbrot uit 1975.

fraction - *breuk, fractie* - Gedeelte van een getal, meestal kleiner dan 1, bijvoorbeeld: ½, ¼. Voluit: fractional number°. Ook in het algemeen: een klein gedeelte of fractie.

fractional E1 {ie·wan} - *fractioneel E1* - Gedeelte van een E1°-verbinding met een bereik van nx64 kbps°, tussen de 2 (basic rate°) en 30 kanalen (primary rate°).

fractional number - *breuk* - Gedeelte van een getal, meestal kleiner dan 1, vaak afgekort tot: fraction°.

fractional T1 {ti·wan} - *fractioneel T1* - Gedeelte van een Amerikaanse T1°-verbinding met een bereik van nx64 kbps°, tussen de 2 (basic rate°) en 24 kanalen (primary rate°).

FRAD {fred} - *Frame Relay Assembler/ Disassembler* - FRAD: computerfunctie waarmee aangesloten werkstations toegang hebben tot een frame relay°-netwerk. Is vergelijkbaar met een PAD° voor X.25°.

fragment - *fragment, fragmenteren* - **1.** Een stuk uit een groter geheel, bijvoorbeeld een stukje video° dat meegezonden wordt met een e-mail°-bericht, **2.** In stukken hakken of gegevens op verschillende plaatsen van een hard disk° zetten (⇔defragmentation°)

fragmentation - *fragmentatie* - Bij elkaar horende gegevens staan niet naast elkaar op een disk°, waardoor het lang duurt om ze te lezen; is op te heffen door compressie (compression°) of defragmentatie (defragmentation°). De term fragmentatie wordt ook gebruikt voor het splitsen van lange berichten in kortere die na elkaar over een netwerk worden verstuurd.

frame - *frame* - **1.** Grotere eenheid informatie dan een record°, bijvoorbeeld gebruikt bij HDLC° telecommunicatie (IEEE°-norm 802) of in SDH°-netwerken; zie: data frame°, response frame°, **2.** Enkel videobeeld (video°) of afbeelding, zoals in: frame grabber°, fps°, frame rate°; zie ook: raster°, interlacing°, **3.** Kader: context waarbinnen mensen iets beschouwen, bijvoorbeeld: frame of reference° (referentiekader), **4.** Een formalisme voor kennisrepresentatie in een KBS°: bestaande uit een lijst met zogenaamde named slots, die feiten, pointers° of regels (rule°) kunnen bevatten, is rond 1975 voorgesteld als AI-kader door M. Minsky (MIT°); zie ook: framework°, **5.** Metalen raamwerk: waarin elektromechanische onderdelen en elektronica wordt gemonteerd. Op het Web worden frames gebruikt, objecten die worden binnengehaald van een andere Web site°.

frame grabber - *frame grabber* - Programma dat video°-afbeeldingen in een scherm digitaal in een bestand opslaat.

frame of reference - *referentiekader* - Context waarbinnen mensen het geobserveerde zien en beoordelen. If you only have a hammer, everything looks like a nail (Als je alleen over een hamer beschikt, ziet alles eruit als een spijker - bekende uitspraak die ook van toepassing is op ontwerpen en programmeren).

frame rate - *herhalingsfrequentie* - Hoe vaak (rate°) afbeeldingen (frame°) in een scherm worden getoond: bijvoorbeeld 30 frame/s in NTSC°, 25 frame/s in PAL° en 24 frame/s in de bioscoop; synoniem: fps°, refresh rate°.

frame relay - *frame relay, FR* - Een vereenvoudigde en dus theoretisch snellere vorm van X.25 packet-switching°, genormeerd door CCITT° (nu: ITU-T°); vergt een betrouwbare digitale verbinding, bijvoorbeeld tussen twee LANs (LAN°); wordt vooral in de VS gebruikt als voorloper van ATM°; deze vorm van switching° is echter niet erg geschikt voor isochrone (isochronous°) overdracht van spraak, maar wel efficiënt voor datacommunicatie. ⇔ATM° ⇔cell relay°.

frame relay switching - *frame relay switching* - Switching (switching°) met gebruik van: frame relay°. ⇔cell relay switching°

frame relay assembler/disassembler - *FRAD* - Zie: FRAD°, frame relay°.

Frame Relay Forum - *Frame Relay Forum* - Nonprofit-organisatie (forum°) opgericht in 1991, met ruim 300 leden, ter bevordering van en het maken van normen voor frame relay°.

frames per second - *fps* - Zie: fps°.

framework - *framework, structuur* - Groep bij elkaar horende objecten (object°) van Taligent (gezamenlijke onderneming van IBM, Apple en HP). In het algemeen: structuur, raamwerk. Nieuwe term voor het eerdere: frame°.

free - *vrij, beschikbaar* - Iets dat nog niet is toegewezen, meestal een ruimte (space°) of hulpmiddelen (resource°) waarover men naar goeddunken kan beschikken.

free disk space - *vrije opslagruimte* - Plaats voor nieuwe programma's en gegevens op een diskette° of vaste schijf (hard disk°). Praktisch synoniem: disk space°.

free-form - *vrije indeling* - Onbeperkte lengte: van een veld (field°) of record°. In een programmeertaal: vrij gebruik van spaties (blank°) in de regels, zodat kan worden ingesprongen (indentation level°).

freelance - *freelance* - Zonder vast dienstverband. De term stamt af van de vrije lanciers in de Middeleeuwen, die konden worden ingehuurd voor de vorming van een leger.

free memory - *vrij geheugen* - RAM°-geheugen dat niet wordt gebruikt door de huidige programma's en dat kan worden gebruikt voor een nieuw programma. ⇔free space°

freephone - *gratis telefoonnummer* - In Nederland sommige 06-nummers, in de VS (sinds 1967) en Engeland 800-nummers (met daarvoor een 0 of 1, en binnenkort ook 888); wordt t.z.t. over de hele wereld het algemene nummer voor gratis bellen. ⇔pay phone°

free space - *vrije ruimte* - Ruimte (space°) in het geheugen (RAM°), op een disk° of diskette° ,die naar believen kan worden gebruikt voor het werken met of opslaan van een programma; die niet is gereserveerd (allocate°). ⇔free memory°

freeware - *gratis programmatuur* - Programmatuur zonder kosten, maar wel met een copyright°. ⇔public domain° ⇔shareware°

freezing/unfreezing - *freezing/unfreezing* - Stappen in een veranderingsproces: 1) bij mensen: loskomen van oude ideeën (unfreezing) en vastleggen op nieuwe (freezing), 2) bij programmatuur: vastleggen (freezing), converteren en vergelijken, en vervolgens vrijgeven (unfreezing). Ook: to freeze (blokkeren. 'bevriezen').

frequency - *frequentie, interval* - Het aantal slagen (cycle°) per seconde, uitgedrukt in Hz°, kHz°, MHz° enzovoort. Het frequentiespectrum wordt als volgt onderverdeeld: ELF° (3 Hz - 3 kHz),
VLF° (3 kHz - 30 kHz),
LF° (30 kHz - 300 kHz),
MF° (300 kHz - 3 MHz),
HF° (3 MHz - 30 MHz),
VHF° (30 MHz - 300 MHz),
UHF° (300 MHz - 3 GHz),
SHF° (3 GHz - 30 GHz) en
EHF° (30 GHz - 300 GHz). De golflengte (wavelength°) loopt van 100.000 km bij 3 Hz tot 1 mm bij 300 GHz. Voor de golfbanden gebruikt voor satellietcommunicatie, zie: satellite°. Met betrekking op tijd, ook: interval (sampling frequency, synoniem van: sampling rate°). Zie verder: carrier frequency°, crossover°, horizontal frequency°.

frequency division multiple access - *FDMA* - Zie: FDMA°.

frequency division multiplexing - *FDM* - Een multiplexer-techniek, zie: multiplexer°.

frequency hopping - *frequency hopping* - Een spread-spectrum°-techniek waarbij de frequentie (frequency°) vele keren per seconde verspringt volgens een bepaalde algoritme (A5, algorithm°): is een van de beveiligingsmechanismen in GSM°, met als voordelen: goede bescherming tegen storingen, werkt onafhankelijk van de afstand, en gebruikt weinig vermogen vanwege de smalle frequentiebanden. ⇔channel hopping° ⇔direct sequence°

frequency modulation - *FM* - Zie: FM°.

frequency range - *frequentiebereik* - Frequentiegebied (frequency°, range°) waarin wordt gewerkt, het signaal wordt doorgelaten of uitgefilterd.

frequency shift keying - *FSK* - Zie: FSK°.

frequency slot - *frequentiegebied* - Een gebied (slot°) met een bepaalde bandbreedte (bandwidth°) dat geheel of gedeeltelijk is toegewezen aan een kanaal (channel°) of verbinding (connection°); zie ook: frequency°.

frequency use - *frequentiegebruik* - Hoe efficiënt een bepaalde techniek een bepaald frequentiegebied in algemene zin gebruikt. Cellulaire (cellular°) technieken, bijvoorbeeld, hergebruiken frequenties en zijn daardoor veel efficiënter dan niet-cellulaire technieken. Dit alles speelt vooral een rol in de ether, want op de kabel is bandbreedte (bandwidth°) spotgoedkoop.

friction feed - *frictietoevoer* - Papiertransport in een printer° of kopieermachine dat vellen separeert met behulp van wrijving (sheetfeeder°). ⇔pin feed°

front-end - *front-end* - 'Voorkant' van de interface° met de eindgebruikers, een netwerk enzovoort, het gedeelte van een systeem waarmee mensen direct te maken hebben, bijvoorbeeld: e-mail°, Gopher°, SQL front-end°. ⇔back-end°

front-ending - *front-ending* - Methode van werken via een window° op een PC met een programma in een andere computer, waarbij de oorspronkelijke user interface° 'grafisch' wordt vertaald, bijvoorbeeld naar Windows°.

front-end processor - *front-end processor, FEP* - **1.** FEP: IBM communicatie-processor° die communicatiekanalen bundelt en verbindt met een mainframe°, **2.** Programmatische processor° die de communicatie met de gebruiker(s) verzorgt. Zie ook: front-end°.

front-office - *front-office* - Het gedeelte van een organisatie (office°) dat contact heeft met klanten en dat alle ambiguïteiten van de buitenwereld moet opvangen, zodat klantenwensen volgens vaste procedures door de back-office° kan worden verwerkt. ⇔back-office°

front panel - *frontpaneel* - Voorkant van een computer of printer: waarop drukknoppen, schakelaars en lampjes zijn gemonteerd. ⇔backpanel°

FRU {froe} - *Field Replacable Unit* - FRU: onderdeel (unit°) dat bij de klant (field°) door een onderhoudstechnicus (CE°) kan worden vervangen. ⇔CRU°

FSK {ef·es·kee} - *Frequency Shift Keying* - FSK: digitale frequentiemodulatie- methode (shift keying°) waarbij een '0' wordt weergegeven door een bepaalde frequentie (frequency°) en een '1' door een andere; zie ook: AFSK°, MFSK°. ⇔ASK° ⇔DPSK° ⇔FDM°

FSS {ef·es·es} - *Fixed Satellite Service* - FSS: satellietdienst (satellite°) werkend met een vast grondstation, waarheen u kunt bellen via een mobiele (mobile°) of vaste telefoon. ⇔MSS°

ft {-} - *foot, feet* - Voet, zie: foot°.

FTAM {ef·tem} - *File Transfer, Access, and Management* - FTAM: een nieuw protocol° van OSI° voor de organisatiestructuur en de access°-methoden voor overdracht van bestanden (file transfer°) in een netwerk of tussen netwerken van verschillende leveranciers; ISO°-norm 8571, OSI°-laag 7. ⇔FTP° (TCP/IP°)

FTC {ef·ti·si} - *Federal Trade Commission* - FTC: Amerikaanse instantie die toezicht houdt op eerlijk handelen zonder monopolistische praktijken; ontwerpt bijvoorbeeld regels voor telemarketing en adverteren op Internet°. Verschilt van: FCC°.

FTP {ef·ti·pi} - *File Transfer Protocol, Foiled Twisted-Pair* - **1.** FTP: protocol° uit 1980 in TCP/IP° voor het tonen (list°) en overbrengen (transfer°) van bestanden (file°), RFC° 959 (⇔FTAM°); een FTP archive° bevat een lijst met bestanden (file°) die via FTP kunnen worden opgehaald; zie ook: Archie°; anonymous FTP°: inloggen op een andere computer via FTP zonder gebruik van een geregistreerde gebruikersnaam (user ID°) - dat kan beperkt gebruikt worden om bestanden binnen te halen (⇔HTTP°), **2.** Foiled Twisted-Pair (FTP°): synoniem van STP°.

FTTC {-} - *Fiber-To-The-Curb* - Zie: fiber-to-the-curb°. ⇔CTTH°

fulfilment - *vervulling* - Uitvoering van de wensen van uw bazen of van de bestellingen (order°) van uw klanten.

full - *volledig* - Aanduiding dat iets volledig wordt afgebeeld of uitgevoerd; synoniem: full-size°. ⇔partial°

full backup - *volledige backup* - Backup (backup°) van alle bestanden (file°) op een vaste schijf (hard disk°), bijvoorbeeld naar tape°. Is eenvoudig, maar vraagt veel tijd en opslagruimte. Alternatief: incremental backup°.

full-blown - *volledig opgetuigd* - Een apparaat of programma met alle toeters en bellen.

full duplex - *full duplex, FDX* - FDX°: tweezijdige, gelijktijdige (duplex°) datatransmissie°. ⇔half duplex° (HDX°)

full-height - *volle hoogte* - Meestal betreffende de originele hoogte van een diskette°-station: 3,25 inch (82,5 mm). Tegenwoordig is gangbaar: half- height°, maar er is ook: third-height°.

full-motion video - *bewegende beelden video, FMV* - Traditionele, niet- schokkerige televisiebeelden (video°). ⇔motion video° ⇔animation° ⇔still video°

full-page display - *A4-scherm* - Staand beeldscherm waarop een A4- pagina kan worden afgebeeld; synoniem: A4 screen°.

full-rate - *full-rate* - **1.** Met dezelfde snelheid: eigenschap van een apparaat of verbinding om de aangeboden signalen of gegevensstroom direct te kunnen verwerken, zonder buffer°; bijvoorbeeld: full-rate encoder of decoder, **2.** Vol tarief (rate°): zonder korting. In GSM°, de in 1996 gangbare snelheid (men spraat alleen nog maar over: half rate°).

full-screen - *full-screen* - Werking over het gehele beeldscherm (screen°), niet per regel (line°).

full-screen mode - *full-screen mode* - **1.** Behandeling van het beeldscherm (screen°) als één geheel (full screen°), **2.** Schermvullende afbeelding. Synoniem: page mode° (werkwijze waarbij het scherm in één klap wordt afgebeeld). ⇔line mode°

full-service - *full-service* - Aanduiding van een netwerk met meer diensten (service°) dan op dat moment gebruikelijk is, bijvoorbeeld: kabeltelevisie met telefoon en Internet°, intranet° met multimedia° en televisie.

full-size - *volledig* - Meer nadrukkelijk synoniem van: full°. Soms ook geschreven: full-sized.

full-text retrieval - *fulltext retrieval* - Een volledige ongestructureerde tekst (full-text) doorzoeken op een trefwoord (retrieve°). Hierbij wordt meestal ieder significant woord eerst geïndexeerd (index°), zodat vervolgens naar willekeur snel kan worden gezocht. Het is vaak mogelijk om aan te geven wat significant is en wat niet.

full-text search - *fulltext search* - Een vollledige ongestructureerde tekst doorzoeken op het voortkomen van een rij (string°) tekens, niet alleen de index met trefwoorden (keyword°).

full-time - *full-time* - Volledig, exclusief: bijvoorbeeld voor een volledige dagtaak of de gehele tijd. ⇔part-time°

function - *functioneren, functie, rol, betekenis* - **1.** Functioneren, **2.** Functie: van een computersysteem, gebruikt voor de uitvoering van een taak of voor de taak van een afdeling, bijvoorbeeld: human resource (mens als hulpmiddel) function, multifunction°, **3.** Rol (role°): die iemand vervult, **4.** Functie: wiskundig begrip of formule die het verband tussen twee of meer grootheden geeft of een waarde oplevert, bijvoorbeeld de sinus-functie (⇔procedure°), transcedental functions°, **5.** Betekenis: van iets voor mensen. In Notes° en elders: @functies om toepassing te programmeren.

functional decomposition - *functionele decompositie* - Verdeling van processen in subprocessen, met de gebeurtenissen (event°) die ze starten, inclusief de resulterende acties (response°).

functionality - *functionaliteit* - Alle functies (function°) samen, een veelgebruikt modewoord. Inmiddels hebben de populaire producten zoveel gecompliceerde functies dat de toegankelijkheid (accessability°) daarvan belangrijk wordt.

functionally equivalent - *dezelfde functies vervullend* - Ogenschijnlijk hetzelfde werkend, maar in andere opzichten verschillend.

functional specification - *functionele specificatie* - Formele beschrijving van voorzieningen in een informatiesysteem, die enkele gebruikers denken later nodig te hebben.

function key - *functietoets, F-key* - F-toets (F-key°): genummerde toets met geprogrammeerde betekenis (function key°), die vroeger links op het toetsenbord zaten, nu bovenaan.

function point analysis - *FPA* - Zie: FPA°.

function points - *functiepunten* - Eenheid gebruikt in function point analysis (FPA°) als maat voor de complexiteit van programmatuur. Als vuistregel geldt dat 1 functiepunt overeenkomt met circa 100 COBOL° regels of 300 Assembler° regels (LOC°).

funding - *funding* - Geld in het budget voor de uitvoering van een project.

fuse - *zekeren, zekering, smelten* - Apparatuur beschermen met een zekering: die smelt als de stroom te groot wordt. In een xerografisch apparaat (printer°, copier°): fuser°, die de toner° in het papier smelt.

fuser - *fuser* - Onderdeel van een copier° en laser printer°: waarin de op het papier gebrachte toner° in het papier wordt gesmolten door middel van warmte.

fusible - *smeltbaar* - Kenmerk van verbindingen in een EPROM°: die door stroom kunnen worden verbroken en zo worden geprogrammeerd (programmer°).

fuzzy logic - *fuzzy logic* - Vage (wollige) programmatische logica (logic°) waarbij rekening wordt gehouden met een zekere mate van onzekerheid, niet alleen met JA of NEE, maar ook ‘misschien JA’ en ‘waarschijnlijk NEE’; is gebaseerd op de theorie van fuzzy sets. Het concept is afkomstig van L.A. Zadeh uit 1965 en is nu de grote mode in Japan. Voorstanders van fuzzy logic spreken van ‘crisp logic°’ als zij de Boole-logica (Boolean logic°) bedoelen, en denken dat de vage logica beter bij mensen past. Hij werkt in ieder geval goed in regelsystemen (control system°).

fuzzy control - *vage besturing* - Besturing (control system°) door middel van: fuzzy logic°, waarmee bepaalde besturingsproblemen eenvoudig kunnen worden opgelost.

- G -

g {dji} - *gravitation, gravity, gram, gramme* - **1.** Gravitatie: versnelling van de zwaartekracht, op aarde bijna 10 m/sec2 ; bijvoorbeeld: A drive° that can withstand a shock of 100 g (een schijfstation dat een schok van 100 g kan hebben), **2.** Gram: een duizendste kilogram; wordt in het Engels ook geschreven: gramme (zelfde uitspraak).

G {-} - *Giga...* - Een miljard (billion°) of iets meer, zie: giga...°, en bijlage B. Machten van tien en twee.

G·... {dji} - *G·...* - Reeks normen van CCITT° (nu: ITU-T°), bijvoorbeeld: G.703°, G.711 (64 kbit/s PCM° audio°), G.722 (48/56/64 kbit/s ADPCM°) of G.728 (16 kbit/s audio over een bandbreedte van slechts 3 kHz) voor digitale geluids- en beeldoverdracht.

G3/4 {dji} - *Group 3/4* - Groep 3 of 4 fax°.

G.703 {dji} - *G.703* - CCITT° (nu: ITU-T°)-norm (Physical/electrical characteristics for hierarchical digital interfaces) voor de aansluiting van digitale koppelingen (interface°), bijvoorbeeld 64 kbps° en 2,048 Mbps° (E1°).

4GL {for·dji·el} - *Fourth Generation Language* - 4GS, zie: fourth generation language° en generation, language°.

GaAs {gkaas} - *Gallium Arsenide* - Galliumarsenide, GaAs: halfgeleidermateriaal voor LED°-lampjes. De pogingen om GaAs commercieel te gebruiken voor schakelingen in plaats van silicon° hebben nog geen succes.

gain - *versterking, voordeel* - **1.** Versterking: vergroting van een elektrisch signaal, bijvoorbeeld door een repeater°; wordt aangegeven in dB°, **2.** Voordeel: aanwinst, groei of winst.

galley proof - *drukproef* - In de drukkerswereld, een drukproef waarbij de tekst in enkele kolommen is afgedrukt ter controle van het (vroeger met de hand) zetten en de afbrekingen; is afgeleid van de smalle galeiboot waarin gevangenen moesten roeien.

gallium arsenide - *GaAs* - Zie: GaAs°.

Galois field - *GF* - Zie: GF°.

game - *spel, spelletje* - Zie bijvoorbeeld: arcade game°, game theory°, management games°.

game theory - *speltheorie* - Theorie betreffende het 'spelen' van spellen, bijvoorbeeld gebruikt bij onderhandelen en oorlogvoeren.

gamut - *gamma* - Scala: omvang van het vermogen om bijvoorbeeld kleuren weer te geven of verschillende apparatuur te leveren. Is vergelijkbaar met: range°.

GAN {-} - *Global-Area Network* - Wereldomvattend netwerk (network°): nog groter dan een MAN° (dat verschillende LAN°s omvat).

Gantt chart - *Gantt-tijdschema* - Planning waarin de activiteiten van een project° onder elkaar zijn afgezet en hun geplande tijdsperiode in horizontale balken. Is volgens overlevering door H.L. Gantt gebruikt tijdens de Amerikaanse burgeroorlog (1861-65) voor logistieke planning.

garbage collection - *schoonmaak* - Handelingen om na de uitvoering van een programma de resten op te ruimen: bijvoorbeeld tussenresultaten en extra kopieën van gegevens. Als onderdeel van memory management° ook: het bij elkaar zetten van verspreid opgeslagen gegevens, vergelijkbaar met: defragmentation°.

garbage in, garbage out - *rotzooi erin, rotzooi eruit, GIGO* - GIGO°: zelfs een computer kan van afval niet iets moois maken.

Gartner model - *Garter-model* - Taxonomie van vijf client/server°-systemen afkomstig van de Gartner Group: **1.** Distributed Presentation (data management - application - presentation1 - network - presentation2), **2.** Remote Presentation (data management - application - network - presentation), **3.** Distributed Logic (data management - application1 - network - application2 - presentation), **4.** Remote Data Management (data management - network - application - presentation), **5.** Distributed Database (data management1 - network - data management2 - application - presentation). De plaats waar het netwerk (network°) een splitsing veroorzaakt, is bepalend voor het type client/server-systeem.

gas-plasma - *gas-plasma* - Zie: plasma display°.

gate - *gate* - **1.** Poort: een element (AND°, OR° of NOT°) van logische (logic°) schakelingen of een ander schakelelement, **2.** Toegangspoort van een transistor° die zijn werking stuurt, **3.** Via een gateway° aangesloten zijn op een netwerk: iets om goed in de gaten te houden.

gateway - *gateway, conversie-apparatuur* - **1.** Gateway (toegangspoort): die gebruikers toegang geeft tot een dienst in een netwerk of een koppeling tussen netwerken met een verschillend protocol°; werkt in de bovenste drie lagen van het OSI°-model (⇔node°); zijn destijds uit nood geboren vanwege incompatibele protocollen, zie ook: fax gateway°, mail gateway°; gateway in HTML°: CGI°, **2.** Mogelijkheid om te lezen en schrijven in een database° van een andere fabrikant, **3.** Apparatuur voor de conversie van bestanden op diskette° of tape°. Gateway 2000 is de naam van postorderbedrijf voor computers in de VS, in 1985 gesticht door T. Waitt, dat nu mondiaal werkt.

gateway server - *gateway server* - Krachtige kleine computer (server°) die twee verschillende netwerken (bijvoorbeeld met PC's en Macs) koppelt voor de uitwisseling van bestanden (file°), algemene gateway°-diensten en interfacing°.

gauge - *maat, meten, schatten* - **1.** Maat, bijvoorbeeld: de diameter van een geleider (conductor°, AWG°), **2.** Meten, **3.** Schatten. Wordt in het Amerikaans ook geschreven: gage. Uitspraak: {gkeetsj}.

Gaussian distribution - *normale kansverdeling* - Veel voorkomende klokvormige kansverdeling die wordt bepaald door een gemiddelde en een standaardafwijking (σ of Σ, zie: 3Σ°, 6Σ°); is genoemd naar K.F. Gauss (1777- 1855); synoniem: normal distribution°. ⇔Poisson distribution°

Gaussian minimum shift keying - *GMSK* - Zie: GMSK°.

GB {dji·bi} - *GigaByte* - Gigabyte: meer dan een miljard (2^{30}) bytes°, nu nog gigantisch veel.

Gbps {*dji*·bi·pi·es} - *Gigabits per second* - Gigabit per seconde, Gbps: 10^9 bps°.

GDI {dji·di·ai} - *Graphical Device Interface, Graphics Device Interface* - **1.** GDI: interface° voor het op een beeldscherm afbeelden van informatie onder Windows, **2.** GDI: nieuw alternatief voor PCL° en PostScript°, waarbij Windows de omzetting voor alle toepassingen gaat doen en dus een goedkopere, gewone, zogenaamde Windows printer kan worden gebruikt. Beiden bieden weinig voordeel.

GDSS {dji·di·di·es}- *Group Decision Support System* - Een nu nog academisch concept van een systeem dat groepsbeslissingen zou moeten ondersteunen. Een DSS° voor één persoon is echter al moeilijk genoeg. Maakt in ieder geval gebruik van: groupware°, collaborative computing°.

ge {-} - *Greater than or Equal to, >=* - Groter dan of gelijk aan: een relationele operator (relational operator°).

geek - *artiest, sul* - Een (slechte) artiest of sul: iemand die weinig weet van wat er wel en niet goed is in de computerwereld en meestal zo wordt genoemd door anderen. Vergelijkbaar met: nerd° (dat vaak gebruikt wordt als zelfspot).

GEM {gkem} - *Graphics Environment Manager* - GEM: voorloper van Windows°, afkomstig van Digital Research; heeft het niet gemaakt.

gen {djen} - *generate, generator* - **1.** Voortbrengen (generate°), bijvoorbeeld een systeem (SYSGEN°), **2.** Generator (generator°), bijvoorbeeld: program generator°, report generator°.

gender - *gender* - Geslacht van een stekker (connector°): male (mannetjesstekker met pinnen) of female (vrouwtjesstekker met gaatjes).

gender bender - *gender changer* - ‘Geslachtsombuiger’ (gender changer°) van een stekker.

gender changer - *gender changer* - ‘Geslachtsomkeerder’: dubbele stekker die van een mannetjesstekker een vrouwtje maakt en omgekeerd; zie: gender°.

gender mender - *gender changer* - ‘Geslachtshersteller’ (gender changer°) van een stekker.

general - *algemeen, standaard* - Aanduiding dat iets algemeen wordt gebruikt of optreedt.

general failure - *algemene storing* - Een foutmelding die vertelt dat een storing (failure°) die overal en altijd optreedt.

General Packet Relay Service - *GPRS* - Zie: GPRS°.

general-purpose - *algemeen toepasbaar* - Zelfs zo algemeen dat het zonder meer waarschijnlijk niet is te gebruiken. Deze kwalificatie was vroeger een aanbeveling, maar wordt nu vrijwel niet meer gebruikt.

general-purpose interface bus - *GPIB* - Zie: GPIB°.

general switch - *algemene schakeloptie* - Een algemene (general°) schakeloptie (switch°) bij een opdracht (command°) of aanroep, zoals: /? kan worden gebruikt om hulpinformatie te vragen over de beschikbare schakelopties.

general switched telephone network - *GSTN* - Zie: GSTN°.

generate - *voortbrengen, genereren* - Werkzaamheid van een toepassings- of programmagenerator (4GL°). Hopelijk genereert u iets waarvoor u zich niet hoeft te generen.

generation - *generatie, versie* - **1.** Leeftijdsgroep: van computers (generation, computer°) en de daarin gebruikte technologie (generation, integrated circuit°) of van programmeertalen (generation, programming language°), **2.** Productie: van een programma uit specificaties, door een program generator°, **3.** Versie van een gegenereerd systeem: vaak worden drie versies bewaard (backup copy°): zoon, vader en grootvader; zie: cyclic°. Zie ook: system generation°.

generation, computers - *computergeneratie* - De eerste-generatie computers gebruikte elektronenbuizen, de tweede (1959-1964) transistoren en SSI° en de derde MSI°. Halfgeleiders werden verder geïntegreerd in LSI° voor de vierde-generatie computers en in VLSI° voor de vijfde (zie ook: fifth generation computer°). De zesde-generatie zal mogelijk SLSI° of ULSI° gebruiken; zie: generation, integrated circuit°.

generation, integrated circuit - *IC-generatie* - Men onderscheidt: SSI° (Small-Scale Integration, tot 100 componenten per chip°), MSI° (Medium-Scale Integration, 100-3000 componenten per chip), LSI° (Large-Scale Integration, 3000-100.000 componenten per chip), VLSI° (Very Large-Scale Integration, 100.000-1.000.000 componenten per chip), SLSI° (Super Large-Scale Integration) en ULSI° (ultra large-scale integration). Het aantal transistoren per chip° verdubbelt zich ongeveer elke twee jaar (Moore's law°).

generation, programming language - *programmeertaal-generatie* - Machinetaal was de eerste-generatietaal en Assembler° de tweede-. Derde-generatie talen hebben zeer beperkte ondersteunende programmatuur. Vierde-generatie talen hebben CASE° hulpmiddelen, zodat men beter kan spreken van vierde-generatie systemen (4GL°, 4GS). De volledige integratie van de ondersteunende programmatuur (I-CASE°) maakt 4GS mogelijk tot 5GS in de jaren 90.

generator - *generator* - **1.** Hulpprogramma dat specificaties omzet in een programma (source code generator°) of een toepassing (application generator°), zie ook: character generator°, program generator°,
2. Noodstroomvoorziening voor het geval dat de netspanning wegvalt, zie ook: UPS°.

generic - *generiek* - Betreffende of eigen aan de soort.

generic function - *generieke functie* - Functie (function°) die eenzelfde type (generic°) logische bewerking uitvoert op verschillende soorten gegevens.

generic key - *generieke sleutel* - Gegeven dat de soort (class°) aangeeft waartoe de sleutel (key°) behoort.

genetic algorithm - *genetische algoritme* - Algoritme (algorithm°) die gebruikt wordt in toepassingen voor kunstmatig leven (AL°).

Gen-Spec {djen·spek} - *Generalization-Specialization* - Gen-Spec: structuur waarin de algemene vorm bovenaan of vooraan staat en de specialisatie daarvan onderaan of achteraan, bijvoorbeeld: 'persoon' is 'man' of 'vrouw'. ⇔Whole-Part°

GEO {dji·oo} - *Geostationary Earth Orbit* - GEO: hoogvliegende geostationaire (geostationary°) communicatiesatellieten (satellite°) die synchroon (geosynchronous) met de aarde ronddraaien: geven vanwege de grote afstand (37.000 km) nogal wat vertraging, merkbaar tijdens telefoneren. ⇔LEO°

geographical information system - *GIS* - Zie: GIS°.

geostationary - *geostationair* - Baan voor satellieten: waardoor ze even snel draaien als de aarde en dus roerloos aan de hemel blijven staan, een plezierige eigenschap voor communicatie. Zie ook: GEO°. ⇔LEO°

get - *get* - Gegevens of een record° opvragen door middel van een leesopdracht (read°). ⇔put°

GF {-} - *Galois Field* - GF: een zogenaamd eindig veld (field°), ontdekt door en genoemd naar E. Galois, dat veel gebruikt wordt in cryptografie (cryptography°) en bij foutendetectie en -correctie. In binaire (binary°) systemen worden de velden voor de exponenten van 2 graag gebruikt, bijvoorbeeld: GF(2_5), waarin de polynoom (polynomial°) $x^4 + x^3 + 1$ de bit-vector 11001 voorstelt.

GFLOPS {*dji*·flops} - *Giga Floating-Point Operations Per Second* - Gflops: een miljard FLOPS° of duizend MFLOPS°.

ghosting - *nalichten* - Effect dat de fosfor in een scherm nalicht (persistence°): waardoor bij veranderingen het oorspronkelijke beeld langzaam vervaagt; hangt af van het type fosfor (phosphor°) dat wordt gebruikt. De term wordt ook gebruikt voor afdrukken waarbij tekens nog eens afgedrukt schijnen te zijn , bijvoorbeeld vanwege natrillen. Niet verwarren met: keyboard ghost°.

GHz {*gki*·gka·hurts} - *GigaHertz* - GHz: miljard (10^9) trillingen per seconde, maateenheid voor de frequenties (frequency°) bij satellietcommunicatie.

GIF {dji·ai·ef} - *Graphics Interchange Format* - GIF: Een populair protocol° voor de uitwisseling van bit-mapped (bitmap°) beeldbestanden, oorspronkelijk in 1987 ontwikkeld door CompuServe° , waarbij LZW°-compressie (compression°) plaatsvindt; is populair op bulletinboards vanwege de vele beschikbare fraaie damesplaatjes. De extensie (extension°) van een bestand (file°) met deze indeling: .GIF. Er is GIF87a (geen transparante kleuren) en GIF89a (wel transparante kleuren). Mede vanwege octrooikwesties ontwikkelt CompuServe nu GIF24, met de mogelijkheid van 24-bit compressie.

GIF viewer {dji·ai·ef} - *Graphics Interchange Format viewer* - GIF viewer: programma waarmee beeldbestanden met een GIF°-indeling kunnen worden bekeken (viewer°).

giga... {gki·gka} - *giga..., G* - Een miljard of meer, bijvoorbeeld: GB°: 2^{30} = 1.073.741.824 byte° (1,024 MB°), en GHz°: (10^9 Hz).

Gigabit Ethernet Alliance - *Gigabit Ethernet Alliance* - Alliantie van netwerkleveranciers, opgericht in 1996, die binnen IEEE° 802.3z (802.x°) normen willen ontwikkelen voor 1000 Mbps Ethernet° op basis van CSMA/CD°.

gigabits per second - *Gbps* - Zie: Gbps°.

GIGO {gkai·gko} - *Garbage In, Garbage Out* - Rotzooi erin, rotzooi eruit, want de kwaliteit van de ingevoerde gegevens bepaalt de kwaliteit van het resultaat.

GII {-} - *Global Information Infrastructure* - GII: nu het niet schijnt te lukken om op nationaal (NII°) of Europees niveau (EII°) een informatiesupersnelweg van de grond te krijgen, probeert men het op wereldschaal (global°); zie ook: infrastructure°.

GIS {dji·ai·es} - *Geographical Information System* - GIS: geografisch informatiesysteem, dat allerlei geografische zaken, tekeningen van pijpleidingen en straten tot en met satellietfoto's, elektronisch in kaart brengt.

GKS {dji·kee·es} - *Graphical Kernel System* - GKS: ISO°-normen 7942 en 8651 voor twee- en driedimensionale computertekeningen.

4GL {for·dji·el} -*fourth-generation language* - Zie: fourth-generation language°.

glare - *weerspiegeling* - Een oogverblindende lichtvlek op een beeldscherm, afkomstig van een raam of lamp.

glass cable - *glasvezelkabel* - Spreektaal, zie: fiber optics°.

glass fibre - *optical fiber* - Britse term voor: optical fiber° (glasvezel); er zijn natuurlijk ook andere vezels.

glass house - *computercentrum* - Jargon voor de ruimte van een groot computercentrum: dat vroeger achter glas stond om de klanten van de organisatie te imponeren. De term glas wordt ook overdrachtelijk gebruikt om aan te geven dat wat iedereen doet op een grote computer eenvoudig zichtbaar voor anderen kan worden gemaakt. Nu wordt de computer in een keldertje gezet en de verbindingskabels in glasvezel (fiber optics°) uitgevoerd.

glass TTY {ti·ti·wai} - *TeleTYpewriter terminal met beeldscherm* - Een VDT° of VDU° die werkt als een TTY°.

glitch - *glitch* - Intermitterende storing in de hardware°, software° of productie die tijdelijk of willekeurig optreedt door een onbekende samenloop van omstandigheden.

glyph - *glyph* - Symbooltje als aanwijzer (pointer°) om aan te geven in welke modus (mode°) men werkt. Normaal wordt in Windows een pijl gebruikt, die verandert bij slepen (drag°), hulp-informatie (help° - handje of vraagteken) enzovoort. Algemeen: vorm van klein object, afgeleid van: hieroglyph (hiëroglief).

global - *algemeen, wereldomvattend* - **1.** Algemeen: overal in een bestand of directory°, bijvoorbeeld: global search and replace° (overal zoeken en vervangen), **2.** Wereldomvattend: mondiaal, niet globaal, bijvoorbeeld: global village (de wereld één dorp - M. McLuhan, eindjaren 60). Think global, act local (Denk mondiaal, maar werk locaal - want dat is economisch, maar je moet dicht bij je klanten blijven). Global competition is shaping the telecoms markets (Mondiale concurrentie bepaalt de markten voor telecommunicatiebedrijven).

global connectivity - *wereldomvattende connectiviteit* - De mogelijkheid om alle eigen computernetwerken over de hele wereld (global°) met elkaar te verbinden, zodat alle medewerkers in principe toegang kunnen krijgen tot alle computers en andere medewerkers.

global information infrastructure - *GII* - Zie: GII°.

global naming - *global naming* - Conventies voor eenduidige benamingen in een samengesteld netwerk, waardoor verwarring kan worden voorkomen.

global positioning system - *GPS* - Zie: GPS°.

global system for mobile communications - *GSM* - Zie: GSM°.

global variable - *algemene variabele* - Variabele (variable°) die door allerlei programma-onderdelen kan worden gebruikt en veranderd; het bestaan daarvan wordt aangewezen als een van de redenen waarom traditioneel programmeren zo moeilijk is; door inkapseling (encapsulation°) vermijdt men dit systeemparadigma (en ontstaan andere problemen).

glossary - *woordenlijst* - Lijst met tekst en uitleg bij elk opgenomen trefwoord (lemma°). Ook: tekstfragment (?).

glue - *bindend element* - Meestal een netwerk (letterlijk: lijm) waardoor apparatuur en programmatuur kan samenwerken, zoals in: TCP/IP° is today's multi-vendor° network° glue (Op een TCP/IP netwerk kan apparatuur van verschillende leveranciers worden aangesloten). Ook: blue glue° (IBM°-netwerk, waarmee incompatibele systemen kunnen worden verbonden, zie ook: Big Blue°).

GMSK {-} - *Gaussian Minimum Shift Keying* - GMSK: vorm van digitale modulatie (shift keying°) waarbij het aantal overgangen statistisch wordt beperkt (Gaussian distribution°). Wordt gebruikt bij vier-fase PSK° of QPSK° en dient om de benodigde bandbreedte (bandwidth°) zoveel mogelijk te beperken.

GND {-} - *GrouND* - Aarde, zie: ground°.

GNMP {dji·en·em·pi} - *Government Network Management Profile* - Normen uit 1992 van het NIST° voor network management° met OSI°, tegenhanger van SNMP° met TCP/IP°; zie ook: CMIP°, CMIS°, GOSIP°.

GNU {gknoe} - *Gnu is Not Unix* - GNU: een freeware° C°-compiler°, die o.a. wordt gebruikt voor Linux°. De naam is recursief (recursive°). Met kleine letters een beest: gnu (gnoe, wildebeest).

go - *ga naar* - Opdracht in CompuServe om naar een bepaalde sectie te gaan, bijvoorbeeld: go nlforum. ⇔go back°

go back - *teruggaan* - Teruggaan (back°, go°) op de gedane bewerkingen; praktisch synoniem: undo°.

going gold - *productierijp zijn* - Zover zijn in de ontwikkeling van de inhoud (software°) voor een CD-ROM° zijn dat die op een beschrijfbare schijf (CD-R°, met goudkleurige laag!) kan worden gezet (burning°); vroeger werd de inhoud meestal op Exabyte°-band gezet.

golfball - *bolkop* - Bolletje ter grootte van een golfbal met uitstulpende tekens: dat wordt geroteerd en gedraaid en dan tegen een inktlint en papier geslagen om een teken (character°) af te drukken. Deze techniek werd gebruikt in elektrische schrijfmachines van IBM° (Selectric°) en Remington van 1961-85, die ook zijn gebruikt als ratelende schrijfmachineterminal (typewriter terminal°).

Gopher - *Gopher* - Naam van een populaire client/server° front-end° waarmee databanken (database°), zogenaamde Gopher servers (server°), via een menustructuur (menu°) kunnen worden benaderd en bekeken (navigate°); wordt veel gebruikt op Internet° (port number° 70). Is een voorloper van World Wide Web, maar zonder multimedia°-mogelijkheden, en werkt daarom veel sneller. Gopher+ is een recente uitbreiding. Is ontwikkeld aan de University of Minnesota en genoemd naar de daar veel voorkomende grondeekhoorn. Alternatief: WAIS°. ⇔WWW°

GOSIP {gko·sip} - *Government Open System Interconnection Protocols* - GOSIP: een OSI°-profiel van de Amerikaanse overheid uit 1990, ook gebruikt door de Engelse overheid; zie ook: GNMP°.

gothic - *schreefloze letter* - Niet verwarren met de gotische (=oude Duitse) letter met veel krullen. Synoniem: letter gothic°. ⇔italic° ⇔roman°

GOTO - *GOTO* - Sprongopdracht in een programmeertaal: die makkelijk leidt tot spaghetti-code°; letterlijk: ga naar (een bepaalde plaats in het programma). De problemen met GOTO's waren de aanleiding voor: structured programming°.

Gouraud shading - *Gouraud shading* - In 3D-modelling°, methode van nuanceren (shading°) van veelhoeken (polygon°) gebaseerd op de intensiteiten op de hoekpunten (vertices): de kleuren worden bepaald door lineaire interpolatie (interpolate°) langs de zijkanten.

government open system interconnection protocol - *GOSIP* - Zie: GOSIP°.

GP... {dji·pi} - *General-Purpose ...* - Algemeen bruikbaar: een toevoeging die vroeger veel werd gebruikt om de algemene bruikbaarheid van computers en dergelijke te kwalificeren. Tegenwoordig zoekt men liever iets dat specifiek is toegesneden op een bepaalde werkzaamheid.

GPIB {dji·pi·ai·bi} - *General-Purpose Instruments Bus* - GPIB: IEEE°-norm 488 voor de interface van een sensor° en laboratoriuminstrumenten; werkt 8-bit° parallel en gebruikt een 24-pin 488.2

connector°. Is ontwikkeld door HP°; de Europese versie gebruikt IEC°-norm 625 met een andere connector° en wordt ook genoemd: IEC-bus of IEEE-bus°.

GPRS {dji·pi·ar·es} - *General Packet Relay Service* - GPRS: toekomstige norm, ontwikkeld door ETSI°, voor GSM° cellular data - verwacht eind 1996, producten in 1997. Door gebruik te maken van 8 slots (slot°), die elk met een snelheid van 9,6 kbps kunnen werken, wordt een overdrachtssnelheid van 64 kbps bereikt. De GSM schakelcentrales (MSC°) worden omzeild en de pakketten (packet°) worden via IP routing° direct doorgesluisd naar datacommunicatienetwerken.

GPS {dji·pi·es} - *Global Positioning System* - GPS: de nieuwe, nauwkeurige bron van positie (tot op 100 m) en tijd via 4 van de in totaal 24 satellieten (NAVSTAR: NAVigation System with Timing And Ranging), oorspronkelijk ten behoeve van Amerikaanse militaire radionavigatie. De eerste satelliet werd gelanceerd in 1978. Commmercieel gebruik is begonnen in 1991, o.a. voor routebegeleidingssystemen. Door toevoeging van een lokale zender (Radio 2 in Nederland) wordt nauwkeurigheid tot op de meter bereikt met DGPS: Differential GPS. Een GPS ontvanger moet bij de start de globale lokatie, datum en tijd ingevoerd krijgen, om aan de hand van een tabel te bepalen naar welke van de 24 satellietsignalen het begint te luisteren - dat kan wel een 45 minuten duren. Eind 1996 zal het gebruik van het zogenaamde PC°-signaal (Precise Code°) worden vrijgegeven. Zie ook: bearing°.

grabber - *grabber* - Zie: frame grabber°.

graceful degradation - *gedeeltelijk kapot* - Storing waarbij sommige delen van een systeem nog te gebruiken zijn en andere niet (degradation°).

grade - *kwaliteit, niveau* - **1.** Kwaliteit: als categorie vaak gebruikt in verband met de kwaliteit van verbindingen, bijvoorbeeld voice-grade° of broadband°, van een dienstverlening (service level°) of van magneetband (high- grade°), **2.** Niveau: klas op school, beoordelingscijfer, gradiënt enzovoort.

gradient - *verloop* - Een meestal gelijkmatig verloop in de helderheid van licht (intensity° - in de grafische wereld), niet van kleur; of van hoogte (helling).

grammar - *grammatica* - Bij programmeren, wiskundige regels van een programmeertaal (programming language°). Is oorspronkelijk een wiskundig begrip.

grammar checker - *grammaticacontrole* - Programma dat niet alleen de spelling (spell checker°), maar ook de grammatica (grammar°) van een tekst in beperkte mate controleert: leestekens (punctuation marks°), onvolledige zinnen, jargon, clichés en passieve zinconstructies. Het geeft meestal een indicatie van de leesbaarheid (readability°). Een echt goed geschreven tekst zal waarschijnlijk niet aan de gestelde criteria voldoen omdat de regels van onze taal te gecompliceerd zijn.

gramme - *g* - Zie: g°.

grant - *toekennen* - In een informatiesysteem, een privilege - toestemming voor het uitvoeren van een bepaalde handeling -

toekennen: wordt o.a. gebruikt in een database°. ⇔revoke°

granularity - *granulatie* - De mate van verdeling van een systeem of programma in onderdelen: bepaalt tot op welk onderdeel iets adresseerbaar is of veranderd kan worden; letterlijk: korreligheid.

graph - *grafiek, graaf* - **1.** Grafische voorstelling van het verband tussen twee of meer grootheden of het verloop van iets in de tijd; wordt weergegeven met graphics°, **2.** Graaf: een wiskundige boomstructuur (tree°) met takken (branch°) en knopen (node°).

graphic - *grafische afbeelding* - Een tekening, illustratie, diagram of grafiek die op grafische wijze (graphical°) is weergegeven, niet is opgebouwd met behulp van tekens (character-based°).

graphical - *grafisch* - Aanduiding van een weergave of bewerking van bit- patronen (bitmap°), zoals in een GUI°, in plaats van met tekens (character°).

graphical environment - *grafische werkomgeving* - GUI°: met pictogrammen (icon°); is een idee ontwikkeld in het PARC° in de jaren 70, gepopulariseerd door Apple° met de Mac° en nu door Microsoft met Windows°.

graphical kernel system - *GKS* - Zie: GKS°.

graphical user interface - *GUI* - Zie: GUI°. ⇔character interface°

graphic primitives - *graphic primitives* - Grafische elementen (graphics°, primitive°): waarmee tekens of beelden worden opgebouwd.

graphics - *graphics* - Grafische gegevens, zoals: character graphics°, raster graphics°, vector graphics°. Zie ook: computer graphics°, micrographics, object-oriented graphics°, presentation graphics°.

graphics adapter - *grafische adapter* - De adapter° voor een grafisch (graphics°) beeldscherm, ook genoemd: video adapter°.

graphics accelerator - *videoversneller* - Uitbreidingskaart (expansion board°) waarmee de weergave van grafische (graphic°) beelden wordt versneld (accelerator°). Synoniem: GUI° accelerator°, video accelerator°, Windows accelerator°.

graphics conversion - *conversie van grafische afbeeldingen* - Het omzetten (conversion°) van een illustratie van een indeling (format°) naar een andere indeling; zie ook: graphics file format°.

graphics coprocessor - *grafische coprocessor* - Een coprocessor° die speciaal is ontworpen voor de afbeelding van grafische (graphic°) beelden, niet speciaal voor floating-point°.

graphics environment - *grafische omgeving* - Omgeving (environment°) waarin met grafische afbeeldingen (graphics°) wordt gewerkt, niet met tekens (character°).

graphics file format - *graphics file format* - Grafische bestandindeling, een van de vele indelingen (format°) die worden gebruikt voor grafische (graphics°) bestanden (file°), bijvoorbeeld: BMP°, CGM°, DMPL°, DXF°, EPS°, GIF°, HPGL°, IGES°, PCX°, PICT°, TIFF° of WMF° (en van vrijwel elke indeling bestaan verscheidene versies!).

graphics interchange format - *GIF* - Zie: GIF°.

graphics mode - *grafische modus* - Werkwijze (mode°) van een beeldscherm (monitor°) voor het tonen (display°) van grafische (graphic°) informatie. ⇔character mode°

gravitation - *g* - Zie: g°.

gray - *grijs* - Amerikaanse spelling van grijs; Brits: grey°. De niet- beschikbare opdrachten worden in een Windows°-menu grijs of lichter getoond.

Gray code - *Gray-code* - Cyclische binaire code° waarbij de opeenvolgende getallen op slechts één plaats verschillen van de voorafgaande; wordt gebruikt voor de codering van posities, niet in computers.

gray levels - *grijstinten* - Helderheidsniveaus: van een gedigitaliseerd beeld (scanner°).

grayscale - *grijsschaal* - Kenmerk van een scanner° die grijstinten (gray°) leest en digitaliseert, bijvoorbeeld op 16 (4-bit), 64 (6-bit) of 256 (8-bit) niveaus; is verwant aan: halftone°. ⇔B/W°

greater than - *gt, >* - Groter dan, zie: gt°.

greater than or equal to - *ge* - Zie: ge°.

greater than sign - > - Het groter-dan teken; zie verder de lijst met veelgebruikte tekens achterin dit boek.

greeking - *greeking* - In een tekstverwerker, globale, verkleinde afbeelding op een beeldscherm van een of twee pagina's, waarbij de letters worden vervangen door onleesbare strepen of punten (letterlijk: Griekse letters); is een functie om de bladindeling (layout°) te kunnen bekijken.

green - *milieuvriendelijk, groen* - Aanduiding van een PC of monitor° die weinig energie gebruikt (EPA°) en recyclebaar is. Letterlijk: groen.

greening - *milieuvriendelijk maken* - Door geen gebruik te maken van schadelijke stoffen of door recycling van een computer en de restanten van supplies°; letterlijk: een groen tintje eraan geven.

green paper - *green paper* - Inventarisatie van de situatie van en aanbevelingen voor mobiele (mobile°) communicatie van de Europese Unie, uitgebracht in mei '94, waarover in 1995 zou worden beslist; omvat o.a. GSM° en en DECT°/DCS-1800°.

Greenpoint - *Greenpoint* - Mobiel telefoonnetwerk van PTT Telecom, werkend volgens de CT-2°-norm. Is goedkoop, maar slechts op enkele drukbezochte plaatsen te gebruiken; bovendien kunt u alleen bellen, niet gebeld worden. Daarom kunt u beter wachten tot GSM° goedkoper wordt.

green screen - *computerterminal* - Aanduiding van een eenvoudige monochrome terminal (dumb terminal°), vroeger gebruikt op grote computers (mainframe°); bijnaam is ontstaan vanwege de groene kleur van de fosfor (phosphor°) gebruikt op het beeldscherm (screen°).

Gregorian calendar - *Gregoriaanse kalender-* De nu gebruikelijke kalender en schrijfwijze van de datum (date°, ⇔Julian date°), ingevoerd door paus Gregorius XIII in 1582.

grey - *grijs* - Brits grijs, zie onder: gray°.

GRF {-} - *GRaph* - GRF: extensie (extension°) van een grafisch (graphics°) bestand (file°).

grid - *rooster, raster* - Denkbeeldige puntjes die of raamwerk dat op een tekening, afdruk of scherm wordt gelegd, bijvoorbeeld voor een spreadsheet°, om een bitmap° te maken, om lijnen in een elektronische tekening uit te lijnen of voor de layout° van pagina's.

grid setup - *rasterinstelling* - In een elektronische tekening, de specificatie van de roosterpunten waarlangs horizontale en verticale lijnen moeten lopen als het rooster wordt gebruikt. Is een eenvoudig hulpmiddel, maar dan kunnen de lijnen slechts op bepaalde plaatsen lopen.

Grosch's law - *performance = constant x price²* - De prestaties van een computer zijn evenredig met het kwadraat van hun prijs (H.R.J. Grosch, 1953), en daarom kon u destijds beter grote computers kopen. Door nieuwe technologieën (LSI°, VLSI°) is deze empirische 'wet' nu volkomen achterhaald en zelfs omgekeerd.

ground - *aarde* - Aansluiting voor de aarding van elektrische apparaten.

grounding - *aarding* - Een apparaat of schakeling aan aarde (ground°) koppelen, bijvoorbeeld via een stekker met randaarde, om elektrische schokken en statische elektriciteit (static°) te voorkomen.

group - *groep, groeperen* - **1.** Groep: bijvoorbeeld een CCITT° (nu: ITU- T°) primaire groep (groupband°, supergroup°), fax°-groep, access° group of transit° group; zie ook: supergroup°, user group°, workgroup°, **2.** Groeperen: elementen in een groep samenbrengen. Veel voorkomend woord in bedrijfsnamen, bijvoorbeeld ING Groep: aanduiding van holding° van verschillende overgenomen bedrijven.

groupband - *groepsband* - Frequentieband van 60-108 kHz°: die een primaire groep (group°) van 12 kanalen (voice channel°) van 4 kHz bevat; gebruikt een speciale groepsbandmodem (modem°). Synoniem: wideband°.

group decision support system - *GDSS* - Zie: GDSS°.

Groupe Spéciale Mobile - *GSM* - Zie: GSM°.

group icon - *groeps-icon* - Een toepassingspictogram (icon°) in Windows°, meestal onderaan het scherm, die door erop te klikken (click°) een venster (window°) met elementaire pictogrammen oplevert.

groupware - *groupware* - Programmatuur waarmee verscheidene gebruikers in een netwerk, zonder dubbel werk te doen, samen aan één project kunnen werken (interpersonal computing°); is meer dan alleen de netwerkversie van een PC-programma, want WYSIWIS (What *you* see is what *I* see - wat *jij* ziet is wat *ik* zie) is hier een vereiste - geen kleine opgave. Om een groep zelfstandig te maken, zouden ze de programmatuur zelf moeten kunnen aanpassen. Een veelgebruikt systeem is Lotus Notes. De naam schijnt afkomstig te zijn van R. Johansen (1988). Licenties van Notes worden meestal gekocht per gebruiker (seat°). Als een groupware-toepassing niet goed georganiseerd is en de mensen niet-gemotiveerd, ontaardt het in computer-ondersteunde chaos. Het gebruik wordt genoemd: collaborative computing°. De strijd eind 1996 tussen Notes en het Web om de gunsten van gebruikers, wordt wel genoemd: group war; nu wint Notes nog, maar de vraag is: hoe lang nog?

growpath - *groeipad* - De manier waarop (path°) bestaande apparatuur (hardware°) of programmatuur (software°) naar behoefte kan worden uitgebreid.

GSM {dji·es·em} - *Global System for Mobile communications* - GSM: paneuropees systeem voor digitale (digital°) cellulaire (cellular°) telefonie via radio (mobile°), waarvoor de plannen zijn geïntroduceerd door het ETSI° in 1992. Maakt gebruik van de 900 (890-915 MHz van de telefoon en 935-960 naar de telefoon in 124 banden van 200 kHz waarin 8 spraakkanalen gemultiplext worden: 8x13 kbit/s) of 1800 MHz band (DCS-1800°) en TDMA°; is vergelijkbaar met PCN° voor zaktelefoons; wordt in Nederland ook wel genoemd: ATF-4 (ATF-1, 2 en 3 werken analoog). In het Frans: 'Groupe de travail Spéciale pour les services Mobile', in 1982 opgericht door CEPT° en in 1990 overgebracht naar ETSI°. Is o.a. beveiligd via: A5 frequency hopping°. Via SMS° kunnen ook berichten tot max. 160 tekens (character°) worden verstuurd. Wordt in Nederland geleverd door PTT Telecom en Libertel (voorheen MT2). In juni '95 hadden al 77 landen besloten gebruik te maken van GSM. Phase 2 omvat o.a. caller ID°, call waiting en closed user groups (CUG°). ETSI werkt medio '95 aan GSM fase 2+ voor uitbreidingen van de mogelijkheden voor data-overdracht. De gebruikte cryptografische normen heten: A3, A5 en A8; hierbij wordt gebruik gemaakt van een steeds nieuwe: session key°. GSM werkt met een speciale vocoder°; inmiddels is gebleken dat die ook met de halve frequentie kan werken: half-rate codec, een verdubbeling van de netwerkcapaciteit tegen geringe kosten. met signalering (signaling°) en data° via hetzelfde kanaal. GSM (900 Mhz) werkt met cellen van gemiddeld 35 km (zendvermogen 2 Watt), DCS (1800 Mhz) werkt met cellen van 100 m tot 2 km (0,8 Watt). In Europa wordt GSM gebruikt voor zowel cellulaire als persoonlijke (PCN°) communicatienetwerken. Zie ook: CB°.

GSTN {dji·es·ti·en} - *General Switched Telephone Network* - GSTN: het openbare telefoonnetwerk.

gt - *greater than,* > - Groter dan: een relationele operator°.

guestimate - *gissing* - Schatting (estimate°) gemaakt met een natte vinger; is afgeleid van: guess (gissen).

GUI {*gkoe*·wie} of {dji·joe·ai} - *Graphical User Interface* - GUI: een grafische interface met vensters (window°), pictogrammen (icon°), een muis en rolmenus (pull-down menu°) of een aanwijzer (pointer°; zie: WIMP°); is ontwikkeld rond 1974 in het PARC° en in 1984 geïntroduceerd in de Mac° en nu met Windows°. Volgens sommigen: A good way to slow down your computer (Een goede manier om je computer te vertragen - vandaar dat het gebruik van een GUI accelerator° of VL-bus° populair is geworden). ⇔character interface° ⇔CUI° ⇔CLI°

GUI accelerator {*gkoe*·wie} - *Graphical User Interface versneller* - Elektronica om grafische afbeeldingen (Windows°) in een scherm te versnellen; synoniem: graphics accelerator°, video accelerator°, Windows accelerator°.

guide - *gids, hulplijn* - **1.** Gids, gedrukte of elektronische tekst om een gebruiker op weg te helpen, **2.** Hulplijn bij het grafisch ontwerp van een illustratie, vergelijkbaar met een: hairline°.

guideline - *richtlijn* - Een advies om iets op een bepaalde manier aan te pakken, bijvoorbeeld bij de ontwikkeling van een programma of toepassing (application°).

gutter - *wit* - Marge tussen twee kolommen of twee pagina's gedrukte tekst (rugmarge); letterlijk: goot.

GW-BASIC {-} - *Gee Whiz Beginner's All-purpose Symbolic Instruction Code* - Vervolg op de oorspronkelijke 8-bit BASIC° van Microsoft° voor 16-bit Intel° PC's. Gee whiz: jeminee! (Amerikaanse uitroep van verbazing)

- H -

h, H {heks} - *hexadecimal* - Hexadecimaal: aanduiding van een waarde in het zestientallig stelsel (hex°).

H·... {eetsj} - *H·...* - CCITT° (nu: ITU-T°)-normen voor video-vergaderen (video conferencing°) via ISDN° en packet-switching°; omvat video-codering, video-compressie, data frame°-definitie, communicatieprotocollen en besturing; wordt geïmplementeerd in een codec°, bijvoorbeeld: H.233 (encryptie), H.231, H.243 (multipoint video-vergaderen), H.261 (video-codering) en de nu algemeen geaccepteerde H.320° (smalband AV-systemen). H.324 wordt de nieuwe norm voor vergaderen via het openbare telefoonnet op 28,8 kbps° volgens V.34°. Zie ook: H-channel°. ⇔G·...°

H.320 {eetsj}- *H.320* - Norm afgeleid van die voor grote videoconferencing°-systemen, die speciaal voor ISDN°-Gtransmissie is ontworpen. Werkt in combinatie met H.261 (videocompressie), waarbij de videobeelden eerst worden omgezet naar CIF-indeling (format°): Common Intermediate Format (352x288, 176x144 pixels of nog kleiner). Aan de opvolger voor gewone telefoonlijnen wordt gewerkt: H.324.

hacker {hekker} - *hacker, computerkraker* - Insluiper die er een sport van maakt om via een netwerk door de beveiliging van een computersysteem binnen te komen en daarin te snuffelen; oorspronkelijk een slimme programmeur die met collega's via een netwerk communiceerde en programmeerproblemen fijn hakte. Is afgeleid van: hack (figuurlijk: klein krijgen). Hackers vormen een subcultuur met een sterk eigen taalgebruik, zie [20.] en: S. Levy *Hackers: Heroes of the Computer Revolution* (1984). Begin 1995 werd K. Mitnick gesnapt door T. Shinomura, een beveiligingsexpert bij het San Diego Supercomputer Center. Als werkwoord: hacken, hackte, gehackt {hek·kun}. Het kan ook duiden op een snelle, maar niet zo'n beste aanpassing van een (fout in een) programma: quick hack°.

hairline - *haarlijn* - Een hulplijn bij het ontwerpen van een illustratie om grafische elementen goed op een rij te zetten.

half duplex - *half duplex* - HDX: tweezijdige, maar niet gelijktijdige datatransmissie (data transmission°). ⇔simplex° ⇔full duplex° (FDX°)

half-height - *halfhoog* - Half zo hoog als de diskette° drive° gebruikt in de oorspronkelijke (full-height°) IBM PC: 1⅝ inch; een hoogte die nu gebruikelijk is. Nog platter is: third height°.

half-inch tape - *½ inch magneetband* - Zie: tape°.

half rate - *half-rate* - Met halve snelheid, een nieuwe mogelijkheid in GSM°, die de netwerkcapaciteit goedkoop zal verdubbelen. ⇔full rate°

halftone - *halftoon* - Rasterillustratie met grijstinten (grayscale°). ⇔line art°

halt - *stoppen* - Een opdracht (command°) of bewerking stoppen.

Hamming-code - *Hamming-code* - Een coderingsmethode waarmee enkelvoudige fouten in een blok bits kunnen worden gecorrigeerd (forward error correction°), ontdekt door R.W. Hamming in 1950 en daarna uitgebreid.

Hamming-distance - *Hamming-afstand* - Het aantal bits waarin de tekens van een code° minimaal verschillen; is een maat voor de mogelijkheden om fouten te kunnen signaleren of corrigeren. Bijvoorbeeld: met een Hamming-afstand van 3 bits kunnen enkelvoudige fouten worden gecorrigeerd, met 5 bits dubbele enzovoort; is genoemd naar R.W. Hamming (Hamming-code°).

handheld - *hand...* - Kenmerk van een apparaat dat of afstandsbediening die u in de hand (palmtop°) kunt houden en communiceert via radiogolven of infrarood (infra-red°) licht.

handheld personal computer - *HPC* - Zie: HPC°.

handle - *handvat, ingang, bijnaam, verwerken* - **1.** Greep, punt in een elektronische afbeelding dat als handel kan worden gebruikt om haar te verkleinen, vergroten of verplaatsen, ook genoemd: action handle°; met een corner handle (op een hoek) verandert u de grootte in twee richtingen, met een side handle (op een zijkant) in één richting, **2.** In programmeren, een pointer° die wordt gebruikt bij de toegang (access°) tot een programma, **3.** Ingang: gereserveerde plaatsen voor de namen van tegelijk geopende bestanden (file handle°), in DOS gespecificeerd met de opdracht: FILES=..., **4.** Bijnaam: in een bulletin board system°, een persoonlijke, zelfgekozen roepnaam; zie ook: file handle° (⇔magic° alias voor een bestand), **5.** Op apparatuur, handel waarmee een apparaat kan worden gedragen, **6.** Een opdracht afhandelen, bijvoorbeeld d.m.v. een programma (handler°).

handler - *handler* - Programma dat bepaalde situaties of fouten (error°) afhandelt of specifieke bewerkingen doet; is een eenvoudige supervisor° voor speciale doeleinden.

hand-off - *hand-off* - Het overschakelen van een mobiele (mobile°) telefoon van een cel naar een volgende cel (cellular°) als de gebruiker zich verplaatst.

hand scanner - *handscanner* - Een lees-station (scanner°) voor barcodes (bar code°) of scanner die met de hand wordt voortbewogen. ⇔flat-bed°

handset - *telefoontoestel* - Amerikaanse naam voor een telefoontoestel of -hoorn. ⇔data set°

handsfree - *handsfree* - Zonder handen: eigenschap van een apparaat, bijvoorbeeld een telefoon, dat u kunt gebruiken zonder hem vast te houden, bijvoorbeeld door middel van een squawk box° (kwekbox).

handshaking - *handje-klap* - De regels en afspraken (protocol°) voor de communicatie tussen twee programma's, computers of apparaten (device)° in een interface° (koppeling), meestal via een netwerk-verbinding; synoniem: flow control°; vergelijkbaar met: ping pong°. Zie ook: Xon/Xoff°.

hands-on - *hands-on* - Na veel gezeur van een docent in een cursus het eindelijk zelf mogen proberen.

handwriting - *handschrift* - Met de hand geschreven tekst, die vaak onleesbaar is, maar wellicht weet een pencomputer (pen-based computer°) er wel raad mee.

handwriting recognition - *handschrift-herkenning* - Geschreven tekens inlezen en herkennen, *terwijl* zij geschreven worden. Het herkennen van handschrift op papier is een moeilijke zaak, maar de herkenning wordt eenvoudiger als zij plaats vindt terwijl men schrijft omdat dan de volgorde van penbewegingen benut kan worden. Wordt nu vooral toegepast in: pen-based computer°, PDA°. ⇔character recognition°

hang - *hang* - Vastlopen: als u uzelf hebt vastgezet in een computer, d.w.z. het programma weet niet wat het verder moet doen en stopt de uitvoering, ook wel genoemd: hangup°. ⇔hold°

hanging indent - *hanging indent* - Negatief inspringen (indent°) na de eerste regel van een alinea (paragraph°), zoals de lemma's in dit woordenboek zijn opgemaakt. Vergeleken met normale alinea's (paragraph°): verkeerd-om inspringen.

hangup - *verbinding verbreken, obsessie, hindernis, programmastop* - **1.** Verbinding verbreken door ophangen van de hoorn, **2.** Obsessie: iemands stokpaardje, **3.** Hindernis: die kan verhinderen dat een plan kan worden uitgevoerd, **4.** Programmastop, zie: hang°.

hard - *vast* - Behoorlijk stevig of flink bevestigd, soms niet zo makkelijk te verwijderen of te herstellen.

hard-card - *hardcard* - Een insteekkaart (card°) voor een PC waarop een (fysiek kleine) vaste schijf (hard disk°) is gemonteerd; is enige tijd populair geweest voor het opwaarderen van oudere PC's zonder vaste schijf - nu past een hard disk in een PCMCIA°-kaartje.

hard-coded - *hard-coded* - Functies of adressen (absolute address°) die zo zijn geprogrammeerd (code°) dat zij moeilijk of niet meer kunnen worden veranderd. In tekstverwerking, een onvoorwaardelijke nieuwe bladzijde (page°), afbreking (hyphen°), spatie (space°) enz. Wat betreft programmatuur, synoniem: hard-wired°.

hardcopy - *hardcopy, afdruk* - Informatie afgedrukt op papier. ⇔softcopy°

hard disk - *vaste schijf* - Vaste schijf: dikke magnetiseerbare schijf (disk°) voor de opslag van gegevens, programma's en dergelijke in een PC; oorspronkelijk genoemd fixed disk°, maar is er nu ook in een uitneembare vorm; is vergelijkbaar met DASD° in grote computers. Men verwacht dat in het jaar 2000 een 1-inch disk een opslagcapacitiet van 1,5 Gbyte zal hebben; de capaciteit nam elk jaar met circa 20% toe, nu met 60%, en de prijs daalt nog sterker. And even with a big hard disk, what matters is what's inside your head (En zelfs met een grote hard disk, waar het op aankomt is wat er in je hoofd zit - Penn Jilette). Anno 1993/94 is 125 MB° de norm, maar in 1996 is dat circa 1 GB°. ⇔diskette°

hard error - *permanente fout* - Een fout die blijft optreden, hoe vaak u het ook opnieuw probeert. ⇔intermittent error° ⇔transient error°

hard exit - *vast einde* - Vast einde (break°) van een pagina in een tekstverwerker of van een programma of toepassing (application°).

hard hyphen - *hard koppelteken* - Koppelteken (hyphen°, -): dat altijd moet worden geplaatst, niet alleen bij een afbreking aan het eind van een regel. ⇔soft hyphen°

hard return - *harde return* - Regelterugloop: besturingsteken (control character°) in tekstverwerking dat een nieuwe regel forceert; wordt door de gebruiker aangebracht door op Enter (return key°) te drukken. ⇔soft return°

hard-sectored - *mechanische sectorindeling* - Een mechanische indeling van sectoren (sector°) op een schijf (disc°, disk°). ⇔soft-sectored°

hardware - *apparatuur, hardware, HW* - HW°: computer en/of randapparatuur die men kan zien en voelen; onderdeel van een informatiesysteem. ⇔software°

hardware independent - *hardware-onafhankelijk* - Eigenschap van programmatuur (software°) of taal (language°) die op veel verschillende computer- apparatuur (hardware°) kan werken, bijvoorbeeld: UNIX°, PostScript°.

hardware key - *dongle* - Cryptografische sleutel (key°) in hardware°: beveiliging (dongle°) die in een port° van een PC wordt gestopt of een sleutel in een tamperproof° module° om beveiligde programmatuur te kunnen gebruiken. ⇔software key°

hard-wired - *hard-wired* - Logica (regels of programmatuur) en absolute adressen (addressing°) vastgelegd in een programma of een vaste verbinding en nauwelijks te veranderen. Wordt ook gebruikt als synoniem voor: hard-coded°. Oorspronkelijk: bedraad, via geleiders verbonden en daarom moeilijk te veranderen, maar bij gebruik van processors wordt alles bepaald door programmatuur.

hashing - *hashing* - **1.** Records (record°) symmetrisch groeperen: om ze snel te kunnen vinden, **2.** Het omvormen van een lange alfanumerieke sleutel (key°) tot een korte numerieke sleutel om het zoeken in een database° te versnellen.

hash total - *hash total, mengtotaal* - Een totaal (total°) van de getallen in een veld of van een geheel, die ter controle wordt vergeleken met een ander.

-haul - *-afstand* - Zie: long-haul°, short-haul°.

Hawthorne effect - *Hawthorne-effect* - De productiviteit stijgt met de aandacht die medewerkers krijgen (klimatologische omstandigheden bleken nauwelijks van invloed); is bij toeval gebleken tijdens een experiment van E. Mayo in de jaren dertig in een fabriek van Western Electric te Hawthorne bij Chicago.

Hayes-compatible modem - *Hayes-compatibel modem* - Modem (modem°) dat gehoorzaamt aan de opdrachten (AT commands°) van modem-fabrikant Hayes Microcomputer Products, Inc., die beginnen met de letters AT van ATtention.

H-channel {eetsj} - *H-kanaal* - Kanaal (channel°) voor breedband (broadband°) via ISDN°: meestal gebruikt met een subscript die het type aangeeft, bijvoorbeeld H2 of H4 voor video en dergelijke. Zie ook: H·...°.

HCI {eetsj·si·ai} - *Human-Computer Interaction* - Mens-Computer Interactie, MCI: de koppeling (interface°) tussen mens en computer; bijvoorbeeld: GUI°.

HCR {-} - *Hybrid Copper Radio* -HCR: de combinatie van een draadloze (WLL°) met een traditionele bekabelde local loop°: wat vooral interessant is buiten de steden of waar geen abonnee-infrastructuur aanwezig is. ⇔HFC°

HD {eetsj·di} - *High Density, Heavy Duty, High Definition* - **1.** Hoge dichtheid (density°) van bits op een diskette° (nu: 1.2 MB diskette°, 1.44 MB diskette°), zodat er nog meer op kunnen; niet verwarren met HDD° (⇔SD° ⇔DD°), **2.** Zware uitvoering, **3.** High Definition: norm voor digitale videorecorders (VCR°) van april 1994 (⇔SD°).

HDBMS {eetsj·di·bi·em·es} - *Hierarchical DataBase Management System* - HDBMS: ouder type database° waarin de gegevens hiërarchisch zijn geordend; wordt nog gebruikt als grote of snelle database°. ⇔RDBMS°

HDD {eetsj·di·di} - *Hard Disk Drive* - HDD: vaste schijfstation (hard disk°, disk drive°). Niet verwarren met: HD°. ⇔FDD°

HDLC {eetsj·di·el·si} - *High-level Data Link Control* - HDLC: een ISO°-norm voor het algemene lijn-protocol (line protocol°) van synchrone (synchronous°) datatransmissie in frames (frame°), waaraan BSC° en SDLC° voldoen, maar die full-duplex (FDX°) werkt; wordt gebruikt in X.25° netwerken; werkt op het lage data link° niveau van het OSI°-model, IEEE° 802.2, ISO 3309 en ISO 4335.

HDSL {eetsj·di·es·el} - *High bit-rate Digital Subscriber Line* - HDSL: biedt de mogelijkheid van een digitale E1° (2,048 Mbit/s) baseband°-verbinding tot max. 4 km full-duplex° over twee aderparen: four-wire° dual simplex coding (4B1Q). ⇔ADSL° ⇔RADSL° ⇔SDSL° ⇔VDSL° (alle vier over één aderpaar)

HDTV {eetsj·di·ti·vi} - *High-Definition TeleVision* - HDTV: voorgestelde analoge televisietechnologie met twee keer zoveel (1250) lijnen (line°) als de conventionele (PAL°) TV en met een liggend beeldformaat (16:9 in plaats van nu 4:3); dit voorstel is door de EG echter niet geaccepteerd, zodat het nu mogelijk een digitale HDTV zal kunnen worden; zie: digital television°.

HDX {eetsj·di·ex} - *Half DupleX* - Tweezijdige, maar niet gelijktijdige datatransmissie°; is vergelijkbaar met simplex°. ⇔FDX°

head - *kop* - Voorziening waarmee wordt gelezen of geschreven in een vaste schijf (hard disk°) of diskette-station (read/write head°), gelezen in een reader° of geplaatst in een tekst (header°) en afgedrukt door een printer°.

head crash - *head crash* - Fatale landing van de schrijf/leeskop (read/write head°) op de magnetiseerbare schijf (disk° of diskette°): zodat u een nieuwe zult moeten installeren. Synoniem: head crash°.

head-end - *head-end* - Het centrale punt (kopstation) van een kabeltelevisiebedrijf van waaruit de TV-signalen op de kabel worden gezet. Bij digitale televisie (digital video°) omvat dat heel veel kanalen (channel°), waaronder die voor: NVoD°, VoD° (stream°).

header - *header* - **1.** Groep metagegevens (meta...°) vastgelegd in een header record° (⇔trailer record°), **2.** Voorloopgegevens, bijvoorbeeld van een pakket (packet°) in packet-switching°, **3.** Kopregels: boven in de bladspiegel of boven een kolom van een tabel, die steeds worden herhaald; letterlijk: aanhef; zie: running header° (⇔footer°, ⇔heading°).

heading - *kop* - Titel van een hoofdstuk, kolom (column°) of sectie; zie ook: subheading°. ⇔header°

headquarters - *HQ* - Zie: HQ°.

heap - *heap* - Gereserveerde of vrije ruimte: voor de tijdelijke opslag van gegevens en/of programma's in RAM°; is direct toegankelijk. ⇔stack° (die FIFO° of LIFO° werkt)

heat sink - *warmteafvoer* - Metaalblok met ribbels: waarop een chip° of een transistor° wordt gemonteerd om de warmte af te voeren (sink°).

height - *hoogte* - De hoogte van tekens (character°), een illustratie of een PC-kast, soms aangeduid met de letter H. ⇔width°

helical scan - *helical scan* - Schuine sporen op magneetband: die worden geschreven en gelezen met magneetkoppen die zijn gemonteerd in een ronddraaiende trommel (drum°), waarbij de trommel en de band onder een kleine hoek staan (bij longitudinaal schrijven en lezen staan de koppen vast opgesteld). De techniek wordt gebruikt in een video°-recorder° en een DAT°-recorder. ⇔serpentine°

help - *hulp* - Een voorziening die tekst afbeeldt, waarvan programmeurs denken dat hij de gebruiker kan helpen; kan meestal worden opgeroepen door middel van de F1-toets (F-key°). In het Nederlands niet help, maar hulp! Met hoofdletter: Help (Help-functie van Windows°, ook wel aangeduid met een '?').

help desk - *hulpgroep* - EHBO om te helpen bij problemen van mensen met een computer.

Henry - *Henry* - Eenheid van zelfinductie (inductance°), genoemd naar J. Henry (1797-1878): een spoel waarin door een verandering van 1 Ampere° een spanning van 1 Volt° wordt geïnduceerd.

Hercules - *Hercules* - Grafische APA° adapter° voor monochrome (B/W°) beeldschermen van Hercules Computer Technology; geeft 720 x 348 beeldpunten (pixel°) en is een de facto norm sinds 1982. (Er bestaat inmiddels ook een VGA° kleurenkaart van deze firma.)

Hertz - *Hz* - Eenheid van het aantal trillingen per seconde (frequency°), genoemd naar H.R. Hertz (1857-1894), die in 1886 ontdekte dat onzichtbare radiogolven elders konden worden ontvangen.

heterogeneous database - *heterogene database* - Database samengesteld uit database°-systemen van verschillende leveranciers. Homogene (homogeneous) databases zijn eenvoudiger in het gebruik en worden meestal toegepast.

heterogeneous network - *heterogeen netwerk* - Netwerk samengesteld uit netwerksystemen van verschillende leveranciers; gebruikt zeer waarschijnlijk TCP/IP° en UNIX°. ⇔homogeneous network°

heuristic - *heuristiek* - Ondogmatische ervaringsregel, die bijvoorbeeld wordt gebruikt voor de schatting van programmeertijd of computercapaciteit. ⇔algorithm°

Hewlett-Packard - *HP* - Zie: HP°.

Hewlett-Packard Graphic Language - *HPGL* - Zie: HPGL°.

hex {heks} - *hexadecimal* - Hexadecimaal: 16-tallig stelsel waarin een 8-bit byte° wordt voorgesteld door twee 4-bit hexadecimale tekens, die elk een waarde 0-9 of A-F (A=10, B=11, C=12, D=13, E=14 en F=15) kunnen aannemen; zie de lijst met veelgebruikte tekens achterin dit boek. Synoniem: base 16°.

hexadecimal - *hex, H* - Hexadecimaal, zie: H°, hex°.

hexadecimal number - *hexadecimaal getal* - De weergave van een EBCDIC° of ASCII° byte d.m.v. twee hexadecimale tekens, bijvoorbeeld: '0010 1101' binair wordt '2D' hexadecimaal (hex, hexadecimal°).

HF {eetsj·ef} - *High Frequency* - HF: frequentieband van 3-30 MHz°. Zie echter ook: human factors°. ⇔LF° ⇔VHF° ⇔UHF°

HFC {-} - *Hybrid Fiber Coax* - HFC: hybride (hybrid°) netwerktechnologie op basis van glasvezel- (fiber optics°) en coax°-kabels, waarbij glasvezel gebruikt wordt voor de infrastructuur en coax naar de huizen, zie bijvoorbeeld: FTTC°. ⇔HCR°

HFS {eetsj·ef·es} - *Hierarchical File System* - HFS: hiërarchisch bestandbeheerssysteem op de Macintosh°, waarmee zowel bestanden (file°) als mappen (folder°) in een map kunnen worden bewaard. (De voorganger, MFS, was een eenvoudige kaartenbak.)

hi {haj} - *high* - Hoog, hoogwaardig, bijvoorbeeld: Hi8°, hi-res°, hi-tech°. Is ook een informele Amerikaanse groet.

Hi8 {haj·eet} - *High8* - Verbeterde uitvoering van: Video8°, 8 mm tape°, videoband en -opnamesysteem ontwikkeld door Sony. ⇔S-VHS°

hide - *verbergen* - Onzichtbaar maken, bijvoorbeeld de naam van een bestand (file°) of een lineaal (ruler°); praktisch synoniem: conceal°. Afgeleid bijvoeglijk naamwoord: hidden. ⇔unhide°

hidden charges - *verborgen kosten* - Bijvoorbeeld de kosten voor training, ondersteuning (support°) en beheer (management) van een client/server°-netwerk of PC: die een veelvoud kunnen bedragen van de (steeds lager wordende) kosten voor apparatuur en programmatuur.

hidden codes - *verborgen codes* - In WP, de codes (code°) voor vet, cursief enzovoorts, die in de tekst geplaatst zijn en normaal niet zichtbaar zijn (wel met F11, Weergeven Codes).

hidden directory - *onzichtbaar directory* - Directory (directory°) met een verborgen naam; heeft het kenmerk (attribute°): hidden (verborgen). Is alleen te gebruiken als de gebruiker de naam kent. Wordt gebruikt voor systeembestanden.

hidden file - *onzichtbaar bestand* - Bestand (file°) met een verborgen naam (filename°); heeft het kenmerk (attribute°): hidden (verborgen). Wordt gebruikt voor systeembestanden.

hidden line - *hidden line* - Onzichtbare lijnen (line°) in een weergegeven (CAD/CAM°, render°) computermodel: die achter een vlak liggen dat wel wordt weergegeven en die dus onzichtbaar moeten zijn; hidden (verborgen).

hidden surface - *hidden surface* - Onzichtbare oppervlakken (surface) in een weergegeven (CAD/CAM°, render°) computermodel: die achter een vlak liggen dat wel wordt weergegeven en die dus onzichtbaar zou moeten zijn; hidden (verborgen).

hidden text - *verborgen tekst* - In een tekstverwerker, stukken tekst die alleen bestemd zijn voor medeauteurs of de zetter, niet voor de uiteindelijke lezers.

hierarchy - *hiërarchie* - De verdeling van formele macht en bevoegdheden in een organisatie of systeem; de relaties, ook die in een hiërarchische organisatiestructuur, database° of informatiesysteem, kunnen worden weergegeven als boomstructuur (tree°).

hierarchical - *hiërarchisch* - Een database°-organisatie in de vorm van een hiërarchie, waarin sommige gegevens ondergeschikt zijn aan andere in een (omgekeerde) boomstructuur (tree°). ⇔relational°

hierarchical file - *hiërarchisch bestand* - Een bestand (file°) met een hiërarchische (hierarchical°) structuur met onderliggende en bovenliggende entiteiten (entity°).

hierarchical file system - *HFS* - Zie: HFS°.

hierarchical storage manager - *HSM* - Zie: HSM°.

high-availability - *uiterst betrouwbaar* - Kenmerk van apparatuur die vrijwel altijd te gebruiken is (availability°); wordt meestal dubbel uitgevoerd.

high bit-rate digital subscriber line - *HDSL* - Zie: HDSL°.

high-density - *HD* - Met hoge dichtheid (density°): van bits op een magnetiseerbaar oppervlak.

high-end - *topmodel* - Duurste van een reeks producten. ⇔low-end° ⇔midrange°

high-grade - *kwaliteits-* - Van uitstekende ('de beste') kwaliteit: aanduiding die o.a. wordt gebruikt voor magnetiseerbare producten, bijvoorbeeld videoband.

high-level - *hogere* - Samengestelde of meer omvattende vorm van bijvoorbeeld een programmeertaal (language°), bewerking, opdracht (command°) of definitie. ⇔low-level°

high-level format - *high-level format* - Het wissen van de tijdens low-level format° geschreven sporen en het operationeel maken van een hard disk° (format°).

highlight - *highlight* - **1.** Selecteren, een of meer velden (field°) of regels in een scherm (screen°) laten oplichten; synoniem: mark°, **2.** Hoofdzaken van een bijeenkomst of handeling naar voren brengen.

high memory - *high memory* - DOS° geheugen dat wordt geadresseerd tussen 1024K en 1088K-16; deze mogelijkheid is ontstaan door een foutje in de 286-processors, zie: A20°. Synoniem: HMA°.

high order - *hoogste, meest significante* - Het hoogste cijfer of de bits op de meest significante plaats; letterlijk: hoogste rangorde.

high-performance file system - *HPFS* - Zie: HPFS°.

high profile - *opzichtig gedrag* - Op de voorgrond treden omdat iemand dat beter uitkomt. ⇔low profile°

high-quality - *HQ* - Zie: HQ°.

High Sierra - *High Sierra* - Norm voor de indeling (format°) van CD-ROM°: genoemd naar het hotel bij Lake Tahoe, op de grens van Californië en Nevada, waar deze norm eind 1985 tot stand kwam.

high-speed - *snel, HS* - HS°: algemene aanduiding dat het nu sneller gaat dan vroeger. Zie ook: HS°.

high tension - *HT* - Hoogspanning, zie: HT°.

hindsight - *wijsheid achteraf* - Zoals in: What is logical in hindsight, can be improved with foresight (Wat achteraf logisch is, had vooraf beter gepland kunnen worden - denken sommigen).

hinting - *hinting* - Techniek van Adobe om PostScript° fonts vloeiender weer te geven, met minder rafels (jaggies°). Wordt ook gebruikt in Windows°: Hinting is used to convert an outline typeface into a type font (Hinting wordt gebruikt om een outline font om te zetten naar een lettertype - gebruikt om onderdelen weer te geven die niet precies op het gebruikte raster vallen). Daarbuiten: iemand een tip geven.

HIPO {hai·po} - *Hierarchy plus Input, Process and Output* - HIPO: een schematische voorstelling van een proces (process°) als blackbox°, waar invoer (input°) ingaat en uitvoer (output°) uitkomt. De processen en hun onderliggende subprocessen zijn hiërarchisch (hierarchical°) geordend.

Hiragana - *Hiragana* - Japans lettergreep-alfabet van 48 tekens; zie ook: Kanji°, Katakana°.

hire - *in dienst nemen* - Inhuren: van personeel; wordt ook als zelfstandig naamwoord gebruikt: new hire (nieuwe werknemer).

hi-res {*haj*·resz} - *high resolution* - Met hoog scheidend vermogen (resolution°): in een afdruk (dpi°) of van de afbeelding in een scherm. ⇔lo-res°

histogram - *histogram* - Staafdiagram (bar chart°) dat het historisch verloop van een grootheid in de tijd weergeeft.

history file - *log file* - Bestand (file°) waarin alle systeemactiviteiten worden bijgehouden (log°).

hit - *hit, treffer, overeenstemming* - **1.** Hit: wanneer een verandering in een programma wijzigingen noodzakelijk maakt in een ander programma, **2.** Treffer: wanneer opgevraagde informatie reeds aanwezig is in een cache°-geheugen (⇔miss°), **3.** Overeenstemming: wanneer twee bitpatronen overeenkomen, **4.** Hit: succesvolle interactie met bijvoorbeeld een Web server°.

hi-tech {*haj*·tek} - *high-technology* - Geavanceerd: nu nog de eigenschap van alle nieuwe computerapparatuur.

HLP {-} - *HeLP* - HLP: extensie (extension°) van een bestand met hulpinformatie (help°).

HLR {eetsj·el·ar} - *Home Location Register* - Zie: home location register°. ⇔VLR°

HMA {eetsj·em·ee} - *High Memory Area* - HMA: de eerste 64K adressen (adress°) boven de 1024K grens in een Intel°-PC. Zie: high memory°.

hold - *hold* - Met betrekking tot een toets (key°): ingedrukt (down) houden. Bij de werking van een computer: als u bent vastgezet (⇔hang°) of als een resource° wordt vastgehouden; op Amerikaanse telefoontoestellen zit een HOLD- toets waarmee de verbinding tijdelijk kan worden onderbroken. To put on hold (uitgestellen, vertragen). Hold the line (wacht even).

hold file - *hold bestand* - Bestand (file°) met informatie die moet worden bewaard omdat zij nog moet worden verwerkt.

hole - *gat* - In paper tape°: kleine ronde gaten. In een ponskaart (punch° card) ronde (Univac°) of rechthoekige (IBM°) gaten. Zie: index hole°, sprocket holes°.

Hollerith - *pons...* - Een kwalificatie die vroeger werd gebruikt voor ponsapparatuur, bedacht door H. Hollerith (1860-1929) voor de Amerikaanse volkstelling van 1890 en later algemeen toegepast in administratieve toepassingen tot in de jaren 60. De ponskaarten met 80 kolommen (column°) en 12 rijen (row°) worden nu
niet meer gebruikt, behalve als: aperture card°; zie ook: IBM°. Synoniem: punch°.

holographics - *holografie* - Techniek om een driemensionaal beeld van voorwerpen te maken, zodanig dat ze van verschillende kanten kunnen worden bekeken; het resultaat heet: hologram. De techniek is in 1949 uitgevonden door D. Gabor en het is reeds mogelijk om dit effect min of meer op een zilverachtig plaatje te reproduceren, bijvoorbeeld op bankpasjes.

home - *home* - **1.** Beginpositie: van de cursor° linksboven in een scherm, **2.** Beginpositie: van de leeskop op een disk°. Als werkwoord: to home in on ... (aankoersen op ...); zie ook: homing device°.

Home - *Home* - Toets (key°): waarmee de cursor° links, aan het begin van een regel, kan worden gezet (behalve in WP° en MS Word). ⇔End°

home computer - *thuiscomputer* - Oorspronkelijk (rond 1975-85) een eenvoudig type computer voor spelletjes en BASIC°, nu meestal vervangen door een echte Intel° PC en krachtiger en beter uitgerust dan de meeste zakelijke PC's.

home directory - *hoofd-directory* - Synoniem van: root directory°.

home location register - *HLR* - HLR°: het register° van de op een lokatie (location°) ingeschreven abonnees: dat vooral van belang is voor mobiele (mobile°) diensten als GSM°, omdat daar de kosten voor een gesprek moeten worden verrekend. ⇔visitor location register°

home page - *homepage* - Thuispagina, de eerste pagina van een World Wide Web-site (Web site°): die meestal een index bevat van de mogelijkheden van het betreffende Web document, in Internet°; gebruikelijke naam: welcome.html° of .htm. Als je geen homepage op Internet hebt, tel je volgens sommigen niet mee; het aantal hits (hit°) daarop geeft je status aan.

home position - *uitgangspositie* - Plaats (location°) van waaruit gewerkt wordt, bijvoorbeeld het begin van een regel (line°). Met behulp van de Home°-toets wordt de cursor (meestal) aan het begin gezet.

home row - *home row* - Tweede rij (row°) toetsen op een toetsenbord (keyboard°): waarboven de vingers in de uitgangspositie (home°) worden gehouden. ASDFG... op een QWERTY°-toetsenbord.

homing device - *homing device* - Oorspronkelijk een radiozendertje dat m.b.v. richtantennes of een satellietontvanger werd opgespoord. I.v.m. GPS°, een apparaat dat zijn eigen positie bepaald aan de hand van satellietsignalen en die radiografisch doorgeeft.

homogeneous network - *homogeen netwerk* - Een netwerk (network°) dat bestaat uit één type werkstation, server°, besturingssysteem (operating system°) enz., meestal afkomstig van één leverancier. ⇔heterogeneous network°

homologation - *homologatie* - Officiële goedkeuring: bijvoorbeeld van apparatuur, bijvoorbeeld een modem°, voor gebruik in een bepaald land.

homonym - *homoniem* - Eén woord gebruikt voor verschillende begrippen. ⇔synoniem°

hook - *hook* - Mogelijkheid ingebouwd in een programma om het later eenvoudig te kunnen aanpassen of uitbreiden: bijvoorbeeld nu een standaardwaarde gebruiken om later deze waarde extern te bepalen via een speciale routine°. Letterlijk: haak, waaraan iets wordt opgehangen.

hop - *hop* - De verbinding (link°) tussen twee hubs° (knooppunten) in een netwerk.

hop count - *aantal hops* - Het aantal hops (hop°) in een netwerkverbinding, een grootheid gebruikt voor het evalueren van een route door een netwerk ten behoeve van: routing°.

hopper - *invoervak* - Vak waarin formulieren of kaarten worden gelegd, bijvoorbeeld voor een sorteergang in een sorter°. ⇔stacker°

hopping - *hopping* - Verspringen, zie: channel hopping°, frequency hopping°.

horizontal - *horizontaal* - Niet verticaal (vertical°), maar liggend.

horizontal frequency - *horizontale frequentie* - Het aantal (horizontale) lijnen (line°) dat per seconde in een scherm (screen°) wordt geschreven: neemt toe bij een hogere resolutie (resolution°).

horizontal justification - *horizontaal uitvullen* - Tekens (character°) op een bepaalde manier over de regels (line°) verdelen. ⇔vertical justification°

horizontal scroll - *horizontaal schuiven* - De op een beeldscherm (screen°) afgebeelde informatie naar links of rechts (horizontal°) schuiven (scroll°). ⇔vertical scroll°

horizontal tab - *horizontale tab, HT* - Zie: HT°.

Horn clause - *Horn clause* - Een logische uitdrukking (clause°) met nul of meer voorwaarden die leidt tot een enkelvoudige conclusie; wordt gebruikt in kennissystemen (KBS°), bijvoorbeeld in Prolog°; chic woord voor: rule°.

host - *gastheer, massa* - **1.** Overdrachtelijk gebruikt: duidend op de grootste of belangrijkste computer of onderdeel daarvan in een informatiesysteem, bijvoorbeeld: host computer°, SCSI host adapter°;

bij PIN°-betalen komt de melding 'Wacht op host' gedurende de transactieverwerking via BeaNet, **2.** Als verzamelnaam: a host of ... (een massa ...).

host access method - *host access method* - Toegangsmethode (access method°) die de host° computer gebruikt voor het benaderen van (een gedeelte van) een netwerk.

host adapter - *host-adapter* - Een uitbreidingskaart (expansion board°) voor de aansluiting van een PC op een grotere computer (host°). Verschilt van: SCSI host adapter°.

host-based - *op de host geïmplementeerd* - Toepassingen (application°) of functies die op een grote computer (host°) zijn geïnstalleerd, niet op de via een netwerk aangesloten kleine computers; zie ook: client/server°, Gartner model°.

host computer - *host-computer* - Gastheer: die andere computers of programmatuur op hun wenken bedient; is meestal een grotere computer. Wordt voor specifieke diensten ook wel server° genoemd.

hot - *actief, heet, actueel, geweldig, spanningspool* - **1.** Actief: onder spanning of direct te gebruiken, bijvoorbeeld: hot button°, **2.** Heet: een snelle processor° die veel warmte afgeeft en moet worden gekoeld, **3.** Actueel, bijvoorbeeld: hot issue°, **4.** Flitsend, zoals in: What's hot and what's not (Wat te gek is en wat niet), **5.** Pool of draad waarop (hoog)spanning staat, vaak de plus-pool.

hot button - *hobby* - Iemand anders' favoriete onderwerp: dat u kunt aanroeren.

hot docking - *hot docking* - Draagbare computers zo in een dockingstation (docking station°) kunnen stoppen en eruit halen.

hot insertion - *hot insertion* - Mogelijkheid om een uitbreidingskaart in een werkende PC te plaatsen of een terminal in een werkend netwerk (insertion°), zonder dat fouten optreden. Synoniem: hot replacement°, hot swap°.

hot key - *hot key* - Sneltoets: waarmee de werkwijze direct kan worden veranderd, mogelijk omdat een ander programma wordt opgeroepen. Het omkeerbaar veranderen van de werkwijze via een hot key heet: toggle°.

hotline - *hotline* - Een speciaal telefoonnummer voor klanten met een spoedgeval; oorspronkelijk: de vaste telefoonverbinding tussen het Witte Huis en het Kremlin, ingesteld in 1963 tijdens de koude oorlog.

hot link - *hot link* - Interactieve koppeling: de mogelijkheid om gegevens of stukken tekst direct door te sluizen naar een ander programma, bijvoorbeeld: DDE°, OLE°; in een client/server°-omgeving worden veranderingen direct doorgegeven. ⇔clipboard° ⇔cold link° ⇔warm link°

hot replacement - *hot replacement* - Onderdeel is direct te vervangen, synoniem: hot insertion°, hot swap°.

hot spot - *actief gebied* - Selectiepunt: klein geactiveerd deel van een scherm (screen°) waarin of waarmee een gebruiker wensen kenbaar kan maken, met een muis (mouse°) of vinger (touch-screen°). In een tekstverwerker bijvoorbeeld gebruikt om een alinea (paragraph°) te selekteren. Als het gebied groter is, spreekt men van: hot zone (selectiegebied).

hot swap - *hot swap* - Onderdeel is direct te vervangen, synoniem: hot insertion°, hot replacement°.

hot zone - *afbreekzone, selectiegebied* - In een tekstverwerker, het gebied (zone°) aan het einde van een regel waar woorden afgebroken worden (hyphenation°). In een grafische omgeving, een selectiegebied, zie: hot spot°.

hour - *uur, hr* - Uur, afgekort: hr°.

hour glass - *zandloper* - Gefixeerde, nieuwe vorm van de aanwijzer (pointer°) als Windows° geen tijd heeft voor de gebruiker.

housekeeping - *huishoudelijke bewerkingen in een computer* - Tijdelijke gegevens en toestanden regelen en opruimen en administratieve gegevens bijwerken: bijvoorbeeld nodig na de uitvoering van een programma.

HP {eetsj·pi} - *Hewlett-Packard* - HP: leverancier van meet-, regel- en computerapparatuur; in 1972 de initiator van de zakrekenmachine; is met een startkapitaal van 600 dollar in 1939 opgericht door W. Hewlett (uitvinder) en D. Packard (financieel brein, overleden in 1996) in een garage bij Palo Alto, die nu museum is. Afkorting HP betekent ook: horsepower° (pk, paardekracht: als eenheid of in het algemeen).

HPC {-} - *Handheld Personal Computer* - HPC: nieuwe naam voor een draagbare PC°. Besturingssysteem mogelijk: Windows CE°.

HPFS {eetsj·pi·ef·es} - *High Performance File System* - HPFS: geeft snelle toegang tot PC-bestanden (file°) onder OS/2°. ⇔FAT° ⇔NTFS°

HPG {-} - *Hewlett-Packard Graphic* - HPG: extensie (extension°) van een grafisch bestand waarin HP-GL° wordt gebruikt.

HP-GL {eetsj·pi·dji·el} - *Hewlett-Packard-Graphic Language* - HP-GL: plotter°-taal van HP° die werkt met vector graphics°; de tweede versie heet: HP-GL/2; één van de twee de facto normen voor plotters; bestandsextensie (extension°): HPG°. ⇔DMPL°

HQ {eetsj·kjoe} - *HeadQuarters, High-Quality* - **1.** Hoofdkantoor van een organisatie, **2.** Hoge kwaliteit (quality°).

HREF {eetsj·ref} - *Hyper REFerence* - HREF: een markup° tag° in een World Wide Web waarmee door toevoeging van een URL° de link wordt gelegd naar een ander document, mogelijk in een andere locatie (Web site°).

HS {eetsj·es} - *High-Speed* - Snel: sneller dan men gewend was. Is ook een: modem light° (indicatie hoogst beschikbare lijnsnelheid).

HSB {eetsj·es·*bi*} - *Hue, Saturation, Brightness* - HSB: een kleurenmodel gebruikt in computer graphics° om een kleur te beschrijven. De werkelijke afbeelding vindt plaats via CMYK° of RGB°. Is vergelijkbaar met: HSI°, HSL°.

HSI {eetsj·es·*ai*} - *Hue, Saturation, Intensity* - HSI: tint, verzadiging en intensiteit, een kleurenmodel dat vergelijkbaar is met: HSB°, HSL°.

HSL {eetsj·es·*el*} - *Hue, Saturation, Luminance* - HSL: tint, verzadiging en luminantie, een kleurenmodel dat vergelijkbaar is met: HSB°, HSI°.

HSM {eetsj·es·em} - *Hierarchical Storage Manager* - HSM: programma voor de hiërarchische (hierarchical°) opslag (storage°) van bedrijfsgegevens; slechts een klein gedeelte moet direct online° beschikbaar zijn, een gedeelte moet makkelijk terug te vinden zijn en de rest wordt gearchiveerd - dit continue proces wordt beheert via een HSM-programma. Beheer is vooral belangrijk als er veel grote bestanden zijn, bijvoorbeeld in een: DIS°.

HT {-} - *High Tension, Horizontal Tab* - **1.** Hoogspanning: aantrekkelijk voor energietransport omdat de verliezen kwadratisch met de stroom toenemen (hoe hoger de spanning, hoe lager de stroom voor een bepaalde energie, zie: VA°) (⇔LT°), **2.** Horizontale tab°.

HTML {eetsj·ti·em·el} - *HyperText Markup Language* - HTML: opmaaktaal (markup°) gebruikt in World Wide Web° voor het aanbrengen van hypertext°-verbanden (link°) in een tekstbestand (file°). HTML-1 stamt uit 1990; HTML-3 is de nu algemeen gebruikte norm, die naar verwachting nog verder zal worden uitgebreid. Het resultaat wordt genoemd: HTML document°, dat begint met: <HTML> en eindigt met </HTML>. Tekst en illustraties worden gekoppeld (anchor°) met een zogenaamde anchor link: <A...>tekst</A>; zie ook: angle brackets°. HREFs (HREF°) maken referentie d.m.v. een hyperlink° naar een ander document of andere WEB site° mogelijk. Een Java°-applet° wordt aangeroepen door: <APPLET CODEBASE=bestandsnaam> en eindigt met </APPLET>. Teksten en plaatjes kunnen op verscheidene servers geplaatst zijn (Web of Web servers). HTML 3.0 is SGML°-compliant° en kan met tabellen (table°) werken. HTML+ is een informele maar vaak gebruikte uitbreiding van de oorspronkelijke HTML-taal. Versie 3.2 voegt style sheets (style sheet°) toe. Een HTML converter° is meestal geschreven in Perl°, een taal ontwikkeld door L. Wall. Extensie voor een beveilgde vorm: SHTML°; zie ook: S-HTTP°. Een HTML-bestand heeft de extensie (extension°) .HTM of .html (bijvoorbeeld: welcome.html°). Zie verder: VRML°. ⇔RTF°

HTML extensions { eetsj·ti·em·el } - *HyperText Markup Language extensions* - HTML-extensies: uitbreidingen van de HTML°-norm door een browser°-leverancier, die meestal niet door andere leveranciers ondersteund worden.

HTML proxy server { eetsj·ti·em·el } - *HyperText Markup Language proxy server* - Een HTML° server die fungeert als doorgeefluik voor HTML pagina's: een tussenschakel die veelgevraagde pagina's op disk zet en die deze dan snel kan leveren. Het gebruik van deze server° moet gespecificeerd worden in de browser°, in Netscape bijvoorbeeld 'proxy.ia.nl' op poort (port number°) 80.

HTTP {eetsj·ti·ti·pi} - *HyperText Transfer Protocol* - HTTP: het protocol° gebruikt door een browser° (Mosaic°, Netscape°) om hypertext°-documenten (World Wide Web°) binnen te halen en te laten zien. Een veilige vorm is: S-HTTP° of HTTPS (Netscape). ⇔FTP°

hub - *naaf, hub* - **1.** Naaf: van een diskette°, **2.** Hub: knooppunt van een (vaak stervormig uitgevoerd) netwerk, oorspronkelijk een kabelcentrum voor de aansluiting van telecommunicatieverbindingen, bijvoorbeeld een 12-port° hub met 12 poorten; bezit meestal meer functies dan een node°; ook: active hub°, corporate hub°, intelligent hub°, stackable hub°, switching hub°, wiring hub°. ATM° werkt met geschakelde (switched) hubs, andere technologieën met gedeelde (shared) hubs. **3.** Hub: grondstation voor satellietcommunicatie (satellite°), bijvoorbeeld: VSAT°.

hue - *kleurschakering* - Tint, de kleur zelf, die met verschillende intensiteit (intensity°) kan worden afgebeeld in een scherm; zie ook: HSB°.

hue, saturation, brightness - *HSB* - Zie: HSB°.

hue, saturation, intensity - *HSI* - Zie: HSI°.

hue, saturation, luminance - *HSL* - Zie: HSL°.

Huffman code - *Huffman-code* - Een codesystematiek om gegevens efficiënt te coderen en te comprimeren door veelvoorkomende tekens een korte code en weinig voorkomende tekens een lange code te geven, o.a. gebruikt in JPEG°; is afkomstig van D.A. Huffman uit 1951 en later uitgebreid (MH-code°). Destijds sprak men van *huff* (comprimeren) en *puff* (decomprimeren).

human computer interaction - *HCI* - Zie: HCI°.

human factors - *ergonomie* - Amerikaans synoniem van: ergonomics° (ergonomie). Niet verwarren met de menselijke factor (the human factor, zie: factor°).

humidity - *vochtigheid* - Zie: relative humidity°.

HW {-} - *HardWare* - De apparatuur (hardware°): alle kasten, dozen, kabels, beeldschermen en dergelijke. ⇔SW°

hybrid - *hybride* - Chic woord voor gemengd of geschikt voor diverse toepassingen; wordt vooral gebruikt wanneer de elementen niet zo goed bij elkaar passen, bijvoorbeeld voor breedband (broadband°) gebruikt men vaak de combinatie van glasvezel- (fiber optics°) en coax°-kabels: HFC°. Zie ook: HCR°.

hybrid copper radio - *HCR* - Zie: HCR°.

hybrid computer - *hybride computer* - Computer die is samengesteld uit analoge en digitale rekenelementen; is een concept uit de jaren '50 toen men wel wat zag in analoge computers voor berekeningen omdat digitale componenten toen erg duur waren.

hybrid fiber coax {ko·eks} - *HFC* - Zie: HFC°.

hybrid network - *hybride netwerk* - Netwerk dat is samengesteld uit verschillende netwerken, mogelijk met verschillende topologieën, bijvoorbeeld: star°, mesh°, bus°, ring°, tree°.

HYP {-} - *HYPhenation* - HYP: extensie (extension°) van een bestand (file°) met afbrekingsregels.

hype - *publiciteitsstunt* - Publiciteit waarbij u een rad voor de ogen gedraaid wordt. After the hype, the hangover (na alle publiciteit, de kater - omdat het toch niet zo mooi blijkt te zijn als het was voorgespiegeld).

hyper... - *hyper...* - Voorziening om termen uit verscheidene bestanden op verscheidene media met hyperlinks (link°) te koppelen zodat gebruikers ze eenvoudig kunnen oproepen; bijvoorbeeld: hypertext (tekst) en hypermedia (de gebruikte media°). Het idee is afkomstig van V. Bush (1890-1974) in een artikel "As we may think" (1945), uitgewerkt door D. Engelbert en T.H. Nelson [14.] in 1974 en populair gemaakt door Apple°, die HyperCard in 1987 introduceerde (opgevolgd door SuperCard van Allegiant Technologies).

hyperbole - *hyperbool* - Woord dat de werkelijkheid vergroot; bijvoorbeeld: beer voor een kleine PC. ⇔euphemism°

Hypercard - *Hypercard* - Zie: hyper...°.

hypercube - *hyperkubus* - Vier of meer-dimensionale kubus: die in zijn eenvoudigste vorm kan worden voorgesteld door twee driedimensionale kubussen waarvan de overeenkomstige hoekpunten zijn verbonden; is een geliefde structuur voor parallel computing°, waarbij in de hoekpunten processoren worden geplaatst die verbonden zijn via de ribben.

hyperlink - *hyperlink* - Zie: hyper...°, hypertext link°, MOSAIC°.

hypertext - *hypertekst* - Aanduiding van voorzieningen om tekstonderdelen (text°) te koppelen (link°), bijvoorbeeld d.m.v. HTML° in het World Wide Web°. Is voorgesteld door T. Nelson in zijn boek *Computer Lib* (1974).

hypertext link - *hypertekstkoppeling* - Zichtbaar: een of meer woorden die gekleurd worden weergegeven - door daarop te klikken (click°) komt u automatisch verder. Achterliggend: een verwijzing (reference°) naar de gewenste informatie (page° op het Web°). Synoniem: hyperlink°.

hypertext markup language - *HTML* - Zie: HTML°, World Wide Web°.

hypertext transfer protocol - *HTTP* - Zie: HTTP°

hyphen - *koppelteken* - Teken dat wordt gebruikt om een woord af te breken; zie de lijst met veelgebruikte tekens achterin dit boek.

hyphenate - *afbreken* - Woorden afbreken aan het einde van een regel (line°).

hyphenation - *woordafbreking* - Het einde van een regel afbreken in een: hot zone°; is voor nieuwe woorden een zeer moeilijke opgave voor computers, bijvoorbeeld: tekstomgeving, hoof- drollen; hangt samen met het ontstaan van termen en daarom zijn de afbreekregels per taal verschillend; is afgeleid van: hyphen° (afgebroken: hy-phen). Bestandsextensie (extension°): HYP°.

Hz {hurts} - *Hertz* - Hz: eenheid van de frequentie (frequency°) van een trilling, bijvoorbeeld 60 Hz van het Amerikaanse lichtnet (50 Hz in Europa); is genoemd naar H. Hertz (1857-94).

- I -

i {-} - *interactive* - Interactief, zoals gebruikt in acroniemen als: CD-i°, i-EDI (EDI°).

i486 - *i486* - Speciale uitvoering van een Intel° 486-processor° met ingebouwde co-processor°.

I&A {-} - *Identification and Authentication* - I&A: identificatie (identification°) en authenticatie (authentication°): begrippen betreffende beveiligde systemen die kunnen worden vertrouwd (trusted system°).

IA5 {-} - *International Alphabet No. 5* - Een 7-bit code°, in 1968 ontwikkeld door ISO° en CCITT° op basis van ASCII°.

IAB {ai·ee·bi} - *Internet Activities Board* - IAB: instantie die de ontwikkeling van TCP/IP° coördineert (zie: RFC°) en Internet° netwerknummers toewijst.

IAC {ai·ee·si} - *Inter-Application Communication* - IAC: in Macintosh System 7°, een mechanisme voor de communicatie tussen toepassingsprogramma's, vergelijkbaar met DDE°.

IBC {ai·bi·si} - *Integrated Broadband Communications* - IBC: geïntegreerde breedband (broadband°) communicatie.

I-beam {ai} - *invoegsymbool* - Vorm van de cursor° in de vorm van een I, waarmee de invoegpositie kan worden verplaatst. In de bouw: I-balk.

IBM {ai·bi·em} - *International Business Machines Corporation* - IBM (in Nederland: {ie·bé·em}): computerleverancier, groot geworden onder leiding van T.J. Watson, Sr. en Jr. is in 1924 ontstaan uit de Computing Tabulating Recording Cie. en die in 1911 weer uit de Hollerith° Tabulating Machine Cie. gevestigd in 1896. Als een secretaresse het vroeger over haar IBM had, betrof dat een elektrische schrijfmachine (typewriter°) van IBM: eerst met typ-armen, daarna met een bolkop (golfball°). Het concept van de Intel° PC en de uitbreiding van ASCII° , evenals EBCDIC°, zijn ook afkomstig van IBM.

IBM PC {ai·bi·em·pi·si} - *IBM Personal Computer* - Een PC° van IBM° of een IBM PC (kloon), beide hier genoemd: Intel° PC, naar de maker van de 80X86 processor°. De oorspronkelijke IBM PC werd in 1981 uitgebracht, later onder andere namen (PS/1°, PS/2°, enzovoort; eind '94 genoemd: Aptiva, PC/300, PC/700; de PC/8xx modellen (1995) bevatten een Power PC°-chip. Toen IBM na PC/M° koos voor MS-DOS° betekende dat het begin van de doorbraak van Microsoft°. IBM groef zijn eigen graf door het gebruik van MCA°, een eigen bus-architectuur die andere leveranciers niet wilden kopen. Zie ook: XT°, AT°.

IBU {ai·bi·joe} - *International Business Unit* - IBU: een internationale business unit°.

IC {ai·si} - *Information Center, Integrated Circuit* - **1.** Information center: informatiecentrum dat de kloof tussen gebruikers en de automatiseringsafdeling moest overbruggen (⇔DSC°), **2.** Integrated circuit°, IC: geïntegreerde schakeling; sinds de uitvinding van de IC in 1959 (R. Noyce bij Fairchild Semiconductor) heeft de halfgeleiderindustrie kans gezien om vrijwel elke twee jaar het aantal componenten op een chip° te verdubbelen (Moore's law°); zie ook: generation, integrated circuit°.

I-CASE {Ai, Kees} - *Integrated Computer Aided Software/System Engineering* - Ontwikkelsysteem voor de automatisering van informatiesystemen, dat zodanig is geïntegreerd dat elke specificatie direct volledig wordt verwerkt in verwijzingen (reference°) en technische fouten direct worden gesignaleerd; bestrijkt dan: planning, analyse, ontwerp en realisatie. ⇔C-CASE°

ICCP *{-} - Institute for Certification of Computer Professionals* - Zie: CCP°, CDP°.

ICMP {-} - *Internet Control Message Protocol* - ICMP: een TCP/IP° protocol° voor besturingsmeldingen (control°, message°) in de netwerklaag (network layer°); wordt o.a. gebruikt voor: ping°.

iComp {-} - *Intel COmparative Microprocessor Performance* - iComp: performance°-index van Intel° voor de vergelijking van 80X86-processoren. De 25 MHz Intel 486SX microprocessor° vormt de basis met een iComp=100.

icon - *icon, pictogram* - Pictogram (gestileerde voorstelling, beeldmerkje) in een menu°, dat een beschrijving vervangt. U opent een pictogram, en roept daarmee het achterliggende programma aan, door op het pictogram te klikken; het programma wordt beëindigd door op de einde-pictogram te klikken. Zie ook: dynamic icon°, earcon°, picon°, vicon°, smart icon°. Icon niet verwarren met icoon, gestileerde afbeelding in de Byzantijnse kunst.

icon bar - *pictogrambalk* - Een balk (bar°) waarop icons (icon°) zijn geplaatst.

icon editor - *pictogram-editor* - Programma (editor°) waarmee u pictogrammen (icon°) grafisch kunt ontwerpen of veranderen.

icon fatigue - *icon-moeheid* - Het fenomeen dat u een bepaalde icon niet meer ziet als de hele desktop vol staat met icons. Vandaar dat u in een Web°-pagina niet alleen op plaatjes kunt klikken, maar ook op gekleurde tekstuele velden.

iconize - *iconize* - **1.** Het in een window° actieve programma tot een pictogram (icon°) reduceren; synoniem: minimize°, **2.** Een programma als pictogram beschikbaar stellen.

ID {ai·di} - *IDentifier* - Naam waaronder een programma of iemand (user ID°) in een computersysteem bekend staat enzovoort; om toegang te krijgen is vaak ook wachtwoord (password°) vereist. Zie ook: autoID°, RF/ID°. ID-Software is een bekend bedrijf te Mesquita, Texas, opgericht in 1991, dat videospelletjes ontwikkelt, bijvoorbeeld: Doom, waarbij spelers via een telefoonlijn met elkaar verbonden zijn, en recentelijk Quake. Soms ook een nummer in: User ID°.

IDAPI {-} - *Integrated Database Application Programming Interface* - Idapi: interface°-norm van Borland, WordPerfect, Novell en IBM voor de benadering (access°) en samenvoeging van databases (database°), die onafhankelijk werkt van het gebruikte platform°. ⇔ODBC° (van Microsoft°)

IDE {ai·di·ie} - *Integrated Device Electronics, Integrated Development Environment* - **1.** Integrated Device Electronics (niet: Intelligent Drive Electronics!): interface° voor een schijf-station (disk drive°) gebruikt in AT° PC's; de controller° is geïntegreerd in de drive°; de uitleessnelheid is 7,5 Mbps; de in 1994 verbeterde versie heet: Enhanced IDE°; synoniem: ATA°, **2.** Integrated Development Environment: geïntegreerde ontwikkelomgeving (environment°); wordt nu meestal genoemd: VDE°; bevat bijvoorbeeld een editor°, compiler°, debugger°, disassembler° en gereedschappen voor de analyse van toepassingen (application°).

IDEA {ai·di·ja} - *International Data Encryption Algorithm* - IDEA: broer van RSA°, waarmee sneller kan worden gewerkt; wordt gebruikt door: PGP°.

identification - *identificatie* - Bepaling van de identeit of naam van een persoon , programma of systeem: door middel van een user ID° en een wachtwoord (password°) of anderzins. ⇔authentication° (verificatie of ze het ook echt zijn)

identification division - *identification division* - Onderdeel (division°) van een COBOL°-programma; zie ook: identification°.

identifier - *ID* - Aanduiding van de naam waaronder een gebruiker, knooppunt of bestand bekend is in het besturingssysteem van een computer.

identity - *identiteit* - Eenheid van wezen: zijn die of dat men zegt te zijn.

IDL {ai·di·el} - *Interface Definition Language, Interactive Data Language* - **1.** IDL: een interface°-taal norm van OMG° voor de communicatie tussen objecten (object°) in CORBA°, **2.** IDL: een programmeertaal (programming language°), ontwikkeld door D. Stern en gebruikt onder UNIX° (nu ook Windows°), voor interactieve (interactive°) bewerking en visualisering van wetenschappelijke gegevens (data°) en beelden (image°). Product van: Research Systems, Inc, te Boulder, Colorado.

idle - *stationnair lopen, leegloop* - Niet actief: toestand waarin een onderdeel of apparaat ingeschakeld is en beschikbaar staat, maar niet wordt gebruikt.

idle characters - *synchronisatietekens* - Tekens die bij telecommunicatie tijdens inactiviteit worden verstuurd om de zender en de ontvanger met elkaar te synchroniseren (synchronize°).

IDX {-} - *InDeX* - IDX: extensie (extension°) van een bestand (file°) dat een index° bevat.

IE {ai·ie} - *Information Engineering* - Een methode voor systeemontwikkeling afkomstig van J. Martin en anderen uit de eindjaren 70.

IEC {-} - *International Electrotechnical Commission* - IEC: commissie die elektrotechnische normen vaststelt.

IEE {ai·ie·ie} - *Institute of Electrical Engineers* - IEE: Brits equivalent van het Amerikaanse IEEE°.

IEEE {ai·trippel·ie} - *Institute of Electrical and Electronic Engineers* - IEEE: Amerikaans instituut voor elektrische en elektronische ingenieurs, opgericht in 1963, dat veel normen ontwikkelt, bijvoorbeeld de 802 serie betreffende netwerken: 801.1 (MAC°, spanning tree°), 802.2 (data link°, HDLC°), 802.3 (Ethernet°, CSMA/CD°, 100Base-T°), 802.4 (token bus°), 802.5 (token ring°), 802.6 (cell relay switching°, DQDB°, MAN°), 802.7 (B-ISDN°), 802.8 (FDDI°), 802.9 (integrated voice, data°, frame relay°, ATM°), 802.10 (network security°), 802.11 (wireless°), 802.12 (100VG-AnyLAN°). Voor IEEE-bus (IEEE 488), zie: GPIB°.

if - *IF, indien* - In een instructie, voorwaardelijke bepaling (iff°, if-then-else°). In natuurlijke talen: als, indien.

if and only if - *iff* - Zie: iff°.

iff {if·f} - *if and only if* - Iff: een logische voorwaarde, die waar is wanneer aan de voorwaarde is voldaan en alléén dan (equivalentie: A°B).

IFIP {ai·fip} - *International Federation for Information Processing* - IFIP: internationale federatie van wetenschappers die zich bezighouden met informatieverwerking; is destijds opgericht door de Unesco. In de VS: AFIPS°.

IFPUG {-} - *International Function Point Analysis User Group* - IFPUG: internationale gebruikersgroep (user group°) die FPA° verder ontwikkeld.

if-then-else - *if-then-else* - Logische instructie (instruction°) in de vorm van: IF (ALS) <aan deze voorwaarde is voldaan> THEN (DAN) <bewerking 1 uitvoeren>, ELSE (ANDERS) <bewerking 2 uitvoeren>.

IGES {ai·djez} - *Initial Graphics Exchange Specification* - IGES: een ANSI°-norm voor de samenstelling van CAD°-tekeningbestanden; de courante versie is 3.0.

ignore - *negeren* - Vraag van de computer of uw een mogelijk probleem wenst te negeren, bijvoorbeeld: Abort, Retry, Ignore?°

IIS {ai·ai·es} - *Internet Information Server* - IIS: de Web server° van Microsoft° geïntegreerd in Windows NT° 4.0, voor Internet° of intranet°, gratis beschikbaar vanaf medio 1996.

illegal - *ongeldig* - Een opdracht, parameter° of gevraagde bewerking kan niet worden uitgevoerd. Niet vertalen met: illegaal. ⇔legal°

image - *beeld, figuur, imago* - Beeld van een gedrukte pagina of illustratie of het afgebeelde in een scherm; bij een persoon of een organisatie spreekt men meestal van imago. Zie ook: single-system image°, IMG°.

image base - *beeldbank* - Verzameling elektronische beelden: vergelijkbaar met een database° voor gegevens (data°) en een knowledge base° voor kennis (knowledge°).

image capture - *beeld inlezen* - Documenten en/of formulieren scannen (scanner°) en in een computer inlezen voor verdere verwerking, bijvoorbeeld in een DIS°.

image compression - *beeldcompressie* - Algemene term voor de reductie (compression°) van het grote aantal bits in elektronische beelden (image°): full-motion video° of still (image) video°.

image editing - *beeldbewerking* - Elektronisch beeld-bewerken met een programma (editor°), bijvoorbeeld kleuren veranderen of ongewenste stukken verwijderen.

image processing - *beeldverwerking* - Bewerking van elektronisch beeld in een computer, bijvoorbeeld verkleinen, filteren, kleuren, knippen of plakken. ⇔data processing° ⇔voice processing°

imaging - *imaging* - De technologie om documenten en formulieren als elektronisch beeld vast te leggen, te beheren en te verwerken (image processing°), bijvoorbeeld in een DIS°. Zie ook: Notes°.

imbed - *invoegen* - Bijvoorbeeld een vast stuk tekst uit een ander bestand (file°) in een brief tussenvoegen; is een synoniem van: embed°.

IMG {-} - *IMaGe* - IMG: extensie (extension°) van een beeldbestand (image° file°).

IML {ai·em·el} - *Initial Microprogram Load* - IML: het laden en uitvoeren van een microprogramma (microcode°) bij het aanzetten van een computer. Synoniem: IMPL°, IPL°.

immediate - *direct* - Indicatie dat een bepaalde bewerking of instructie direct, zonder verdere tussenstappen, wordt uitgevoerd.

impact - *impact* - Een klap die indruk maakt: in een printer° om tekens af te drukken of van een presentatie die resultaten oplevert. ⇔nonimpact°

impact printer - *mechanische printer* - Printer die cijfers en letters door een inktlint heen op het papier hamert; is nodig als u doorslagen wilt maken. ⇔nonimpact°

impartial - *onpartijdig, neutraal* - Geen voorkeur hebben of in verband staan met een conflict of variabele (variable°). ⇔partial°

impedance - *impedantie* - De 'wisselstroomweerstand' tussen de twee aders van een verbindingslijn: die verandert met de frequentie (frequency°). Als een lijn niet is afgesloten (match°) met de zogenoemde karakteristieke impedantie (impedance°, terminator°, Z°, vaak 600, 75 of 50 Ohm), ontstaan reflecties (echo°). Er is ook een akoestische impedantie.

IMPL {ai·em·pi·el} - *Initial MicroProgram Load* - Zie: IML°.

implement - *verwezenlijken, aanbrengen* - Een informatiesysteem of database° uitvoeren of invoeren of een functie implementeren.

implementation - *implementatie* - Uitvoering: het realiseren van een ontwerp (design°); zie: implement°.

implicit - *impliciet* - Kenmerk van informatie of afspraken die stilzwijgend worden aangenomen, niet expliciet (explicit°) worden gespecificeerd. Synoniem: implied°.

implied - *impliciet* - Synoniem van: implicit°.

implode - *samenstellen* - De onderdelen van een samenstel gezamenlijk afbeelden of weergeven in een tekst, lijst of tekening. ⇔explode°

import - *importeren* - Gegevens of graphics° in een programma of bestand (file°) binnenhalen en mogelijk converteren (convert°), mogelijk via een import filter° (conversieprogramma). ⇔export°

imprinter - *imprinter* - Speciale printer: bijvoorbeeld voor boekdruk, in een boekhoudmachine of voor het maken van een afdruk van een creditcard of adresplaatje.

improvement area - *gebied dat verbetering behoeft* - Betreffende verbeteringen in een systeem of bij mensen.

improvement request - *IR* - Zie: IR°.

IMSI {-} - *International Mobile Subscriber Identity* - IMSI: uniek identiteitsnummer voor een GSM°-abonnee, dat ook in andere landen kan worden gebruikt; zie ook: mobile°, identity°.

IMT-2000 {ai·em·ti} - *International Mobile Telecommunications-2000* - IMT-2000: Project om de ontwikkeling van de toekomstige telecommunicatie (UMTS° van ETSI° en FPLMTS° van ITU-R°) te coördineren.

IN {ai·en} - *Intelligent Network* - Een geschakeld telefoonetwerk met additionele nieuwe diensten (PANS°) die eenvoudig kunnen worden toegevoegd middels het Intelligent Network Application Protocol (INAP), een ETSI°-norm. Er beginnen zich op dit gebied drie soorten leveranciers te vormen: dienstenverleners (service provider°), netwerkbedrijven (network provider°) en informatieleveranciers (content provider°). Amerikaanse versie: AIN°.

inactive - *inactief* - Niet in gebruik, bijvoorbeeld een niet-actief venster (window°) of programma dat inactief is vanwege een deactivate° opdracht. ⇔active°

inactive file - *inactief bestand* - Bestand (file°) dat niet (meer) actief is en in die toestand niet verandert. ⇔active file°

inactive window - *inactief venster* - Venster (window°) dat niet (meer) actief is, waarin niets gebeurt. ⇔active window°

in-band signaling - *in-band signaling* - In telefoonnetwerken, signalering (signaling°) via dezelfde verbinding als het gesprek of de gegevens. ⇔out-of-band signaling°

in-basket - *in-bak* - In e-mail°: denkbeeldige bak voor de inkomende post, mogelijk als pictogram (icon°) afgebeeld in een scherm. ⇔out-basket°

inbound - *binnenkomend* - Kenmerk van het verkeer (traffic°) dat via een verbindingslijn wordt ontvangen. Vergelijkbaar: incoming. ⇔outbound°

INC {-} - *InterNational Carrier* - Internationaal telecom-bedrijf, zie: carrier°.

inch - *inch, duim, "* - Lengte-eenheid van 25,4 mm: de breedte van een gemiddelde Britse duim. Zie ook: 19 inch°.

...-inch monitor - *...-inch monitor* - Beeldscherm (monitor°) met een diagonaal van ... inch; een 13-inch monitor heeft een horizontale beeldbreedte van circa 8 inch; bij een beeldweergave van 640x480 pixel° wordt dan 640:8 = 80 pixel/inch weergegeven.

include - *insluiten* - Een bestand (file°) of een bijlage (attachment°) bijsluiten.

include file - *include-bestand* - Bestand (file°) met definities (declare°) dat door een programma wordt gebruikt via een include-instructie, bijvoorbeeld:

#INCLUDE <programmanaam>.

incoming call - *binnenkomend gesprek* - Telefoongesprek (call°) dat bij een telefooncentrale van buiten het bedrijf binnenkomt. ⇔outgoing call°

incompatible - *incompatibel* - Onverenigbaar: stekkers, protocollen, programmaversies enzovoort die niet samenwerken. ⇔compatible°

incorporate - *opnemen* - Een functie die in een programma is opgenomen; chic woord voor: include°.

incorporated - *Inc., erin opgenomen* - **1.** Amerikaanse NV, zie: Inc.°, **2.** Erin opgenomen: bijvoorbeeld een functie die is geïmplementeerd in een programma.

increase - *vergroten* - Een getal, instelling of waarde vergroten, soms met een bepaalde waarde; is praktisch gelijk aan: increment. ⇔decrease°

increment - *verhogen, verhoging* - **1.** Verhogen: een getal met een bepaalde waarde verhogen, bijvoorbeeld met 1, **2.** De verhoging met een of meer stappen. ⇔decrement°

incremental - *incrementeel* - Stapsgewijs werkend.

incremental backup - *incrementele backup* - Backup van bestanden of onderdelen daarvan die sinds de vorige backup° zijn gewijzigd. ⇔full backup°

incremental compiler - *incrementele compiler* - Compiler (compiler°) die programmatische instructies stapsgewijs vertaalt en compileert, niet uitvoert.

incremental costs - *extra kosten* - Geld of budget gevraagd voor een toevoeging (increment°); wordt ook wel genoemd: delta°.

indent - *inspringen, inspringpositie* - Naar rechts of links verschoven alinea's (paragraph°) tekst op een bladzijde of de positie waarnaar wordt ingesprongen, bijvoorbeeld door het indrukken van een toets (key°); zie ook: hanging indent°, indentation level°.

indentation level - *inspringniveau* - Inspringafstand (indent°), gemeten vanaf de linker kantlijn: van belang bij gestructureerd programmeren (structured programming°) waar elke lus (loop°) of laag zijn eigen inspringniveau (level°) heeft om het programma voor een programmeur beter leesbaar te maken.

independent software vendor - *ISV* - Zie: ISV°.

index - *index* - Lijst met verwijzingen om bijvoorbeeld gegevens mee op te zoeken in een bestand of een onderwerp in een boek. Pricing index: vergelijking van de (telecommunicatie)tarieven van diverse leveranciers. Zie ook: inverted index° (geïnverteerde index). Als extensie: IDX°. Zie ook: concordance index°. Ook: refraction index (brekingsindex); in glasvezels (fiber optics°) wordt gebruikgemaakt van een verlopende index (graded index) om de lichtbundel binnen de vezel te houden.

index cards - *kaartenbak* - Verzameling kaarten die bijvoorbeeld zijn geïndexeerd (index°) op naam of postcode.

indexed - *geïndiceerd, geïndexeerd* - **1.** Geïndiceerd: een adres (address°), naam of bestand wordt tijdens de uitvoering van een programma gewijzigd (⇔absolute°), **2.** Geïndexeerd: trefwoorden en verwijzingen van een tekst zijn opgenomen in een index.

indexed file - *geïndiceerd bestand* - Bestand (file°) dat wordt benaderd (access°) via een index°: elk record° daarvan bevat een sleutelveld (key field°).

indexed sequential access method - *ISAM* - Zie: ISAM°.

index entry - *indexgegeven* - Ingang of trefwoord voor de index°.

index hole - *indexgat* - Gaatje in een grote diskette°: dat het begin van de sectoren (sector°) aangeeft.

indicate - *aangeven, aanduiden* - Aangeven met behulp van bijvoorbeeld een lampje of aanduiden door knipperen (flash°).

indicator - *signaallampje, indicator* - **1.** Signaallampje: dat de status van een elektronische schakeling weergeeft; bijvoorbeeld: modem lights°, **2.** Indicator: variabele° in een programma die een bepaalde toestand weerspiegelt, **3.** Elke vorm van indicatie van de gebokte vooruitgang (progress indicator°). Ook: aanwijzer.

indirect addressing - *indirecte adressering* - Adresseren (addressing°) door te verwijzen naar de plaats waar het echte adres is opgeslagen. ⇔direct addressing° ⇔relative addressing°

inductance - *zelfinductie* - Spoel: element voor elektronische schakelingen, bestaande uit een enkele wikkeling, dat wordt gebruikt in bandfilters (pass band°) en voor vereffening (equalization°); wordt uitgedrukt in Henry°. ⇔capacitor° ⇔transformer° (dubbele wikkeling)

induction - *inductie* - **1.** Wijze van redeneren waarbij men uit het bijzondere het algemene afleidt (⇔induction°); aan de hand van voorbeelden algemene conclusies trekken, **2.** Het opwekken van een elektromagnetisch (electromagnetic°) veld door middel van een stroom door een spoel (inductance°).

industrial design - *vormgeven* -Voorwerpen een vorm geven die ergonomisch en functioneel is. Een bekende vormgever van het eerste uur in de computerindustrie was Elliott Noyes, die veel voor IBM heeft gewerkt.

industry standard architecture - *ISA* - Zie: bus°, ISA°.

infer - *conclusies trekken* - Concluderen: gevolgtrekkingen van een mens of een computerprogramma uit voorgelegde feiten.

inference - *redeneer-, redenering, gevolgtrekking* - Conclusies getrokken (infer°) uit gegevens; wat de inference engine° in een kennissysteem doet door middel van chaining°. Niet verwarren met: interference° (storing).

inference engine - *inference engine* - Redeneermechanisme (engine°): onderdeel van een kennissysteem (knowledge system°) dat redeneert.

infinite loop - *oneindige lus* - In een programma: een lus (loop°) waarin een programma blijft steken en die steeds opnieuw wordt uitgevoerd. In een cassette (cartridge°): inktlint (ink ribbon°) of magneetband (tape°) dat blijft circuleren. Synoniem: endless loop°.

infix - *infix* - Notatie waarbij de operator° tussen de argumenten staat, bijvoorbeeld: (A+B)xC. ⇔prefix° ⇔suffix°

info {in·foo} - *information* - Informatie (information°) bedoeld ter informatie.

INFOMOD {in·fo·mod} - *INFOrmation MODelling* - Een methode voor systeemontwikkeling.

information - *informatie* - Gegevens (data°: cijfers, letters en andere tekens) in een voor mensen begrijpelijk verband gebracht (information processing°). Zie ook: coded information°, meta-information°, noncoded information°, point-of- information°, shared information°, wide-area information transfer system° (WAITS°). Geschreven met een hoofdletter: Information (Handleiding). Is een moeilijk te omschrijven begrip waarvan meer dan 100 definities bestaan.

information center - *informatiecentrum, IC* - IC°: een groep specialisten die eindgebruikers tijdens hun werk opleidt, in plaats van vooraf tijdens een cursus. ⇔DSC°

information content - *informatie-inhoud* - Wiskundig begrip uit de informatietheorie (information theory°): de informatie-inhoud $I(x_i)$ voor de gebeurtenis x_i is gelijk aan de logaritme (logarithm°) van 1 gedeeld door de waarschijnlijkheid $p(x_i)$ dat x_i zal plaatsvinden: $I(x_i) = -\log p(x_i)$.

information engineering - *IE* - Zie: IE°.

information highway - *elektronische snelweg, informatiesnelweg* - Meestal genoemd: information superhighway, bijvoorbeeld: EII°, GII°, NII°. Hoewel vaak over dè informatiesnelweg wordt gesproken, heeft alleen een groot stelsel van snelwegen met heel veel toegangswegen enige zin. Of wordt het een information hypeway (hype°)?

information management - *informatiebeheer* - Het beheer van een informatiesysteem in de een of andere vorm; resulteert onder meer in een informatieplan.

information manager - *informatiemanager* - Persoon die op directieniveau of direct daaronder de behoefte aan informatie afstemt op de mogelijkheden, het gebruik van informatie bevordert en het informatiebeleid formuleert. Is zeker geen manager van de informatie, mogelijk wel een CIO°.

information message - *statusbericht* - Bericht (message°) hoever een gevraagde bewerking of actie is gevorderd, bijvoorbeeld controle van het geheugen (memory°) of formatteren (format°).

information modelling - *INFOMOD* - Zie: INFOMOD°.

information network - *informatienetwerk* - Netwerk dat bedoeld is om informatie te leveren, niet om gegevens te verwerken tot informatie, bijvoorbeeld The Source° en CompuServe° in de VS; is meestal aangesloten op databanken en informatieleveranciers (information provider°). Niet afkorten met: IN°, want dat is wat anders.

information processing - *informatieverwerking* - Algemene uitdrukking voor het bewerken van gegevens (data°) tot informatie (information°) door een computersysteem.

information provider - *informatieleverancier, IP* - IP°: bedrijf dat informatie levert via een informatienetwerk (information network°), bijvoorbeeld: aandelenkoersen, nieuws en dergelijke. Een content provider° levert naast informatie ook amusementsprogramma's.

information resource management - *IRM* - Zie: IRM°.

information retrieval - *opgeslagen informatie terughalen* - Zie: ISR°.

information security - *informatiebeveiliging* - De beveiliging (security°) van informatie (information°) tegen ongewenst of ongeoorloofd gebruik: die o.a. wordt gerealiseerd door middel van systeembeveiliging (system security°).

information security assessment - *ISA* - Zie: ISA°.

information service - *informatiedienst* - Dienst (service°) die informatie levert via een netwerk, bijvoorbeeld over aandelenkoersen, Dow Jones, valutakoersen enzovoort.

information services - *IS* - Zie: IS°.

information storage and retrieval - *informatie-opslag en -ophalen* - Zie: ISR°.

information superhighway - *informatiesupersnelweg* - Het plan dat in 1993 door vice-president A. Gore is gelanceerd voor een enorm datanetwerk dat de meeste Amerikaanse huizen, scholen en bedrijven zou moeten verbinden: de National Information Infrastructure (NNI°). In

Europa: European Information Infrastructure (EII°). De investeringen hiervoor zijn enorm en daarom ligt het voor de hand dat de supersnelweg - een stelsel van snelwegen en toegangswegen - stap voor stap zal worden gerealiseerd, de meest profijtelijke stukken het eerst.

information system - *informatiesysteem* - IS°: een combinatie van apparatuur, programmatuur en een menselijke organisatie. Wat klanten denken dat de computer is. Hardware° plus software° plus peopleware° is an information system° that leads to nowhere (Apparatuur plus programmatuur plus mensen is een informatiesysteem dat nergens toe leidt - de klankspeling is onvertaalbaar). Zie ook: documentary information system° (DIS°), management information system° (MIS°).

Information Systems - *IS* - IS°: de automatiseringsafdeling die de informatiesystemen van een organisatie beheert.

information system work and analysis of change - *ISAC* - ISAC°: techniek voor de ontwikkeling van programmatuur met behulp van tabellen (table°) en diagrammen (diagram°); bijvoorbeeld A-schema's beschrijven activiteiten en I-schema's de informatiestructuren.

information technology - *informatietechnologie, I/T* - I/T°: de apparatuur (hardware°) en programmatuur (software°). Een veelgebruikte, maar weinigzeggende algemene aanduiding van een wel belangrijk begrip.

information theory - *informatietheorie* - Wiskundige leer over de eigenschappen en de overdracht van informatie; is ontwikkeld door C.E. Shannon e.a. gedurende de Tweede Wereldoorlog, beschreven rond 1948; omvat ondermeer: coding theory° (codeertheorie). Zie bijvoorbeeld: information content°. ⇔computer science°

information unit - *informatie-eenheid* - Aantal tekens of gegevens dat een logische eenheid (unit°) vormt, bijvoorbeeld een record°.

information warehouse - *informatiepakhuis* - Het idee dat gearchiveerde gegevens in verschillende plaatsen op verschillende media° kunnen worden opgeslagen en door bundeling toch voor alle gebruikers eenvoudig toegankelijk zijn voor het ontwikkelen van voorstellen of het nemen van beslissingen. Het opslaan wordt genoemd: data warehousing°.

informatization - *informatisering* - Toestand die ontstaat wanneer mensen met apparatuur en programmatuur samenwerken. ⇔automation°

infrared - *infrarood, IR* - IR°: onzichtbaar licht dat wordt gebruikt voor draadloze verbindingen in een ruimte, maar dat direct zicht vereist; heeft een golflengte (wavelength°) van tenminste 800 nm° en wordt ook wel warmtestraling genoemd; zie ook: color temperature°. ⇔UV°

infrared data association - *IrDA* - Zie: IrDA°.

infrared printer - *infrared printer* - Aanduiding van een printer die in een kantooromgeving met computers is verbonden via infrarode (infrared°) lichtgolven, niet via een kabel; wordt bijvoorbeeld gebruikt met draagbare computers.

infrastucture - *infrastructuur* - De fundamenten en onderbouw waarop informatie- en communicatiesystemen worden gebouwd: die door hun architectuur (architecture°) zoveel mogelijk verandering en aanpassing mogelijk moeten maken. Een algemeen en geliefkoosd kernbegrip eind jaren 90 omdat er veel en snel veranderd moet worden door de komst van steeds maar weer nieuwe technologie. Ook informatie zelf kan een infrastructuur hebben. Zie ook: EII°, GII°, NII°.

inheritance - *overerving* - De overdracht van eigenschappen tussen objecten, bijvoorbeeld in een kennissysteem (knowledge system°); is een belangrijk kenmerk van object-georiënteerde (object-oriented°) systemen, maar ook zijn achilleshiel. Relateerd aan overerving zijn de begrippen: superclass en subclass (class°). Zie ook: multiple inheritance° (overerving van twee of meer objecten). Het begrip is vergelijkbaar met: aggregation°.

inherited rights - *overerfde rechten* - In NetWare° van Novell°, de rechten die een gebruiker kan overerven (inheritance°) van een bovenliggende directory (parent directory°)

inhibit - *blokkeren* - Een elektrisch signaal dat of een factor (inhibitor°) die verhindert dat een bewerking of proces wordt uitgevoerd.

inhibitor - *struikelblok* - Probleem dat of situatie of persoon die iets leuks verhindert.

inhouse - *intern* - Binnen een bedrijf of instelling: bijvoorbeeld betreffende de ontwikkeling van programmatuur. ⇔external°

.INI file {in·ni} - *.INI-bestand* - Windows°-bestand met de .INI-extensie (extension°): WIN.INI en SYSTEM.INI, resp. gebruikt voor de initialisering (initialization°) van pictogrammen (icon°) en voor de configuratie (configuration°) van een Windows systeem.

init {in·nit} - *initialize, initiate, voorletter, paraferen* - **1.** Initialiseren (initialize°): wat straks zal worden gebruikt, in gereedheid brengen, **2.** Initiëren (initiate°): in gang zetten, **3.** Voorletter: eerste letter van een naam, **4.** Paraferen: een verkorte handtekening zetten.

initial - *begin..., voorletter, paraferen* - **1.** Begin-: dat waarmee wordt begonnen, bijvoorbeeld: initial state (begintoestand), initial approach (eerste benadering); ook: initially (aanvankelijk), initialization°, **2.** Voorletter: eerste letter van een voornaam, **3.** Paraferen: een paraaf (die meestal uit eerste letters bestaat) zetten.

initial caps {keps} - *Woorden Beginnen Met Een Hoofdletter* - De hoofdletter (capital°) is een Amerikaanse gewoonte in koppen en titels. Verschilt van: small caps° (klein kapitaal).

initial graphics exchange specification - *IGES* - Zie: IGES°.

initialise - *initialize* - Britse schrijfwijze van: initialize°.

initialization - *initialisatie* - Wanneer alles in de beginstand wordt klaargezet.

initialization file - *.INI file* - Zie: .INI file°.

initialize - *initialiseren, init, formatteren* - **1.** Alles in de beginstand klaarzetten, zie ook: IML°, IPL°, **2.** Formatteren (format°) op de Macintosh°. ⇔initiate°

initial microprogram load - *IML* - Zie: IML°.

initial microprogram load - *IMPL* - Zie: IMPL°.

initial program load - *IPL* - Zie: IPL°.

initials - *initialen* - Voorletters: de beginletters van iemands voornamen. Ook: initiaal, beginletter van een tekst die vergroot en eventueel versierd wordt afgedrukt.

initiate - *initiëren, init* - Beginnen: chic woord voor het in werking stellen van een proces of bewerking; afgekort: init°. ⇔initialize°

initiator - *initiator* - Programma of signaal dat een bewerking of iets anders in gang zet.

ink - *inkt, geschreven informatie* - **1.** Inkt: gebruikt voor drukken of schrijven, **2.** Geschreven informatie: bestaat straks wellicht alleen nog in elektronische vorm, zoals in: ink or ASCII? (geschreven of met ASCII°-tekens? - een vraag als pen computing° doorbreekt). Zie ook: digital ink°, electronic ink°, inkjet°, reflective ink°, MICR°, solid-ink°.

inkjet - *inkjet* - Inktstraal printertechnologie waarmee tekens en plaatjes worden afdrukt door fijne druppeltjes inkt op het papier te spuiten, in zwart/wit of in kleur; de huidige technologie werkt: drop on demand (druppels op verzoek). De algemene technologie bestaat al 100 jaar maar breekt nu pas goed door.

inkjet printer - *inkjet-printer* - Spuitgast: printer waarin de inktstraaltechnologie wordt gebruikt om af te drukken op gewoon papier, zie: inkjet°. ⇔laserprinter° ⇔thermal printer°

in line - *zwevend, niet-afwijkend* - In een tekening, een object dat meebeweegt als een ander object wordt verplaatst. In het gesproken of geschreven woord: overeenkomstig; A is in line with B (A is in overeenstemming met B).

inline - *inline* - Gerangschikt in een bepaalde bewerkings- of tijdsvolgorde (sequential data°, code°), of op één lijn (pin°: DIP-switch°, SIPP°). Verschilt van: online° (direct gekoppeld). In HTML°: afbeeldingen die automatisch worden afgebeeld wanneer een bladzij (page°) wordt getoond.

inline recovery - *inline recovery* - Herstel (recovery°) waarbij een proces (process°) opnieuw wordt begonnen op een punt vlak voor het ontstaan van de fout (error°).

Inmarsat {in·mar·set} - *INternational MARitime SATellite* - Inmarsat: internationale organisatie van 72 landen, opgericht in 1976 door een aantal organisaties, oorspronkelijk met vier geostationaire (geostationary°) satellieten (satellite°), waarmee elk schip contact kan leggen met het internationale telefoonnetwerk. In 1993 waren ca. 67 nationale PTT's lid. De verschillende systemen worden genoemd: Inmarsat-A (1982: analoog, alleen spraak), -B (1992: digitaal. spraak en data), -C (1991: digitaal, transceiver°) en -M (1992: digitaal; 1996, spraak, fax° en data°). Er worden inmiddels ook snelle data-verbindingen aangeboden met snelheden van 56 of 64 kbit/s. Er is nu een plan om rond 2000 twaalf (10 + 2 reserve) satellieten (satellite°, Project 21) op 10.000 km hoogte te brengen voor algemene mobiele (mobile°) telefonie: Inmarsat-P (MEO°); zie ook: satphone°. ⇔INTELSAT°

in-plan - *in-plan* - Opgenomen in een werkplan: zodat er een budget voor het werk is. ⇔out-plan°

input - *invoer, ingangs-, invoeren* - Het inbrengen van gegevens (data entry°) of opdrachten (command°) in een computer. ⇔output°

input data - *invoergegevens* - De gegevens (data°) die in een informatiesysteem worden ingebracht voor directe of latere verwerking; worden meestal gelijk gecontroleerd (input validation°).

input field - *invoerveld* - Veld (field°) waarin gegevens worden ingevoerd; onderdeel van een: input record°.

input/output - *invoer/uitvoer, ingang/uitgang* - **1.** Invoer/uitvoer: van gegevens, programma's en opdrachten, **2.** Ingang/uitgang (port°) van een computer. Synoniem: I/O°.

input/output unit - *randapparatuur* - Een in- of uitvoereenheid: een onderdeel van de apparatuur. Synoniem: peripheral°.

input record - *invoer-record* - Record (record°) dat in een informatiesysteem wordt ingevoerd: bestaat mogelijk uit invoervelden (input field°) en andere informatie.

input signal - *ingangssignaal* - Het signaal (signal°) dat in een apparaat wordt ingevoerd (input°) om te worden versterkt, gedigitaliseerd enzovoort. Uitvoer wordt meestal genoemd: output°.

input validation - *invoercontrole* - Controle (validation°, verification°) door een programma of de ingevoerde gegevens of opdrachten correct zijn, dat wil zeggen voldoen aan gestelde criteria voordat ze worden ingevoerd of uitgevoerd. Dit kan het beste direct (online°) gebeuren omdat de gebruiker de originele gegevens dan nog bij de hand heeft, niet in batch°.

inquiry - *onderzoek, verzoek om informatie* - Onderzoek van een commissie of verzoek om informatie aan een persoon of firma; voor informatieverzoeken in een database gebruikt men meestal: query°. Praktisch synoniem: enquiry°.

inquiry transaction - *opvraagtransactie* - Transactie (transaction°) waarmee informatie wordt opgevraagd, niet ingevoerd: de database° verandert niet. Synonym: query transaction°.

Ins {-} - *Insert* - Zie: insert key°.

insert - *invoegen* - Tekens ergens in- of tussenzetten (insertion mode°), modules (module°) in hun socket° plaatsen, of een plug° in een jack° plaatsen. Ook meer algemeen: een stuk tekst inlassen.

insertion - *tussenvoeging, plaatsing* - **1.** Tussenvoeging: iets ergens tussenvoegen, bijvoorbeeld een teken (character°) of stuk tekst, zie ook: insert mode°, **2.** Plaatsing: bijvoorbeeld van een module° of uitbreidingskaart (extension card°) op een moederbord (motherboard°); zie ook: hot insertion°.

insertion point - *invoegpositie* - De plaats (point°) war iets tussengevoegd (insert°) wordt.

insert key - *Ins* - Toets (key°) waarmee het invoegen (insert°) aan- en uitgezet kan worden.

insert mode - *invoegen* - Methode van werken in een tekstverwerker of invoerveld (input field°) waarbij de ingetoetste tekens worden ingevoegd, niet andere tekens overschrijven (replace mode°).

inside margin - *binnenmarge* - De marge (margin°) aan de kant waar een boek gebonden wordt. ⇔outside margin°

inspection - *inspectie* - Een methode voor de review° (letterlijk: onderzoek) van programmatuur tijdens haar ontwikkeling [8], bijvoorbeeld: code inspection°; zie ook: review°.

install - *installeren* - Apparatuur, programmatuur, fonts (font°) of een database° gereedmaken voor later gebruik, vaak uitgevoerd m.b.v. een speciaal installeringsprogramma. ⇔reinstall° ⇔uninstall°

installation - *installatie* - **1.** Het installatieproces (install°), **2.** De installatie: het werkende resultaat.

installed base - *installed base* - De geïnstalleerde computers of programma's van één bepaalde soort; is een begrip gebruikt bij marktanalyses.

installation disk - *installatiediskette* - De diskette° gebruikt voor het installeren van een besturingssysteem (operating system°) of toepassing (application°).

installer - *installatieprogramma* - Het programma dat de installatie, bijvoorbeeld van een toepassing (application°), verricht; dat dus als eerste programma aangeroepen wordt; heet vaak: INSTALL.EXE.

instance - *instance, voorbeeld, object* - **1.** Instance: een verzameling feiten in een database° omtrent een voorval, bijvoorbeeld een bestelling, **2.** Voorbeeld: het voorkomen van een algemeen concept of van een klasse (class°); synoniem: occurrence°, **3.** Object: in de objectgeoriënteerde (object-oriented°) terminologie; ook wordt gebruikt: instantie, maar dat heeft veel andere betekenissen.

instantiate - *creëren* - Een instance° of een voorbeeld van een gegeneraliseerd concept geven; stamt uit de object-georiënteerde (object-oriented°) terminologie; wordt gebruikt als chic woord voor het toekennen (assign°) van een waarde aan een variabele (variable°).

instantiation - *instantiatie* - Het creëren van een database° of een gerepliceerde (replication°) kopie daarvan. De eerste keer (pre-instantiation°) is dit eenvoudig het overzenden van een bestand, maar als dat bestand er al is, wordt het uitvoeren van replicatie van een database veel ingewikkelder omdat lokaal veranderingen kunnen zijn ingevoerd die nog niet door de centrale database zijn overgenomen.

institute of electrical and electronical engineers - *IEEE* - Zie: IEEE°.

institute of electrical engineers - *IEE* - Zie: IEE°.

instruction - *instructie, gebruiksaanwijzing, les* - **1.** Instructie: opdracht in een programmeertaal bijvoorbeeld voor een fixed-point° of floating point° bewerking of een branch°, ook: I/O instruction°; zie ook: instruction set°, **2.** Gebruiksaanwijzing, zoals in: If all else fails, read the instructions (Als al het andere mislukt, lees dan de gebruiksaanwijzing - wanneer een nieuw programma niet werkt), **3.** Les: klassikaal of met een computer (computer-aided instruction°, CAI°, CBT°).

instruction cycle - *instructiecyclus* - Tijd (cycle°) voor de uitvoering van een instructie Instruction°): ophalen, interpreteren en uitvoeren. RISC°-chips zijn geoptimaliseerd voor korte instructies; lange instructies voor vermenigvuldigen en delen moeten dan apart (in ROM°) worden geprogrammeerd in korte instructies. Zie ook: VLIW°.

instruction set - *instructieset* - De verzameling instructies (instruction°) in een programmeertaal (programming language°). ⇔character set°

instrument - *instrument* - Instrument voor het maken van muziek (MIDI°) of voor meten van bijvoorbeeld elektrische grootheden, in het echt of virtueel (virtual instrument°) in een beeldscherm.

INT 14 {-} - *INTerrupt 14* - De Intel° PC interrupt° die gebruikt wordt om berichten van de seriële poort (serial port°) over te zetten naar de NIC° (network interface card°); wordt gebruikt bij: terminal emulation°.

integer - *geheel getal* - Getal zonder komma, positief of negatief, dat al dan niet integer is. Niet verwarren met: integrity° (integriteit), natural number° (natuurlijk getal). Integer arithmetic (rekenkunde van gehele getallen).

integer type - *integer type* - Gegevenstype (data type°) voor uitsluitend gehele getallen (integer°). Niet een integer type.

integral - *integraal* - **1.** Als bijwoord, iets dat integraal wordt doorgevoerd, **2.** Integraalteken, om een wiskundige bewerking uit te voeren (in ASCII° beschikbaar in twee gedeelten: decimaal 244 en 245).

integrated broadband communications - *IBC* - Zie: IBC°.

integrated CASE - *Integrated Computer-Aided Software Engineering* - Zie: I-CASE°.

integrated circuit - *geïntegreerde schakeling, IC* - IC°: elektronische schakeling op een chip° die is gevat in een module°; zie ook: generation°.

integrated database application programming interface - *IDAPI* - Zie: IDAPI°.

integrated development environment - *IDE* - Een gecombineerde CASE°- en beheersomgeving (environment°) voor de ontwikkeling van programmatuur.

integrated modem - *interne modem* - Een modem° op een uitbreidingskaart (extension card°) of PCMCIA° kaart, die in een PC kan worden gemonteerd. Synoniem: internal modem°. ⇔stand-alone modem° ⇔external modem°

integrated programming shell - *IPS* - Zie: IPS°.

integrated project support environment - *IPSE* - Zie: IPSE°.

integrated receiver/decoder - *IRD* - Zie: IRD°.

integrated services data network - *ISDN* - ISDN°: digitaal (digital°) netwerk waarin computerdiensten (services°) zijn opgenomen, bijvoorbeeld videotex°. Is mogelijk geschikt voor de overdracht van spraak, tekst, beeld en gegevens.

integrated software - *geïntegreerde programmatuur* - In het bijzonder voor een PC met een database°, tekstverwerker (word processor°), spreadsheet° en een presentatiepakket; wordt nu ook genoemd: suite°.

integrated switching - *integrated switching* - Het combineren van switching°-technieken in één netwerk, bijvoorbeeld: circuit-switching°, message-switching°, packet-switching°.

integration - *integratie* - **1.** Eenheden programmatuur samenvoegen tot één systeem (system integration°), dat wordt beproefd in een integration test° (integratietest), **2.** Verschillende toepassingen of computers tot één geheel samenvoegen (network integration°): is een doelstelling voor informatiesystemen in de jaren negentig; zie ook: data voice integration° (DVI°), **3.** Integratie van schakelingen op een chip° (integrated circuit°, IC°). It's about integration (Het gaat om integratie - vooral bij netwerkdiensten en in netwerken).

integration test - *integratietest* - Test van samengestelde programmatuur (integration°) die in gedeelten is ontwikkeld en getest.

integrator - *integrator* - Een firma die apparatuur en programmatuur samenvoegt tot een werkend geheel, bijvoorbeeld een systeem (system integrator°) of een netwerk (network system integrator°).

integrity - *integriteit* - De ongeschonden staat van een systeem, proces (process°), database° of gegevens (data°), bijvoorbeeld: data integrity (gegevensintegriteit), referential integrity° (integriteit van een relationele database), system integrity° (systeemintegriteit). Process integrity: proces-integriteit (alle invoer wordt gebruikt door het proces en alle uitvoer wordt uitsluitend bepaald door de invoer).

Intel - *Intel Corporation* - Fabrikant van microprocessoren voor IBM-type PC's, algemeen aangeduid met 80X86 (co-processor°: 80X87 - samen i486°); de naam is een samentrekking van: INTegrated ELectronics; het bedrijf is in 1968 opgezet door R. Noyce en G. Moore (Moore's law°); sinds 1987 is A. Grove de topman. Intel is maker van de eerste microprocessor° (1971: de 4-bit 4004) en de eerste DRAM° (1970: de 1103). Intels x86 processoren zijn vanaf de 8086 (1978) met 29,000 transistoren gegroeid naar de P6 (1995) met 5,5 miljoen transistoren: een factor 190. Oorspronkelijk was hun ontwerp gericht op CISC°-architectuur, maar er komt steeds meer RISC°-elementen in Intels processoren, via converters, want anders verdwijnt de compatibiliteit; voor de P7 experimenteren zij met VLIW°. Zie ook: iComp°, Wintel°. Het Intel-museum (Robert Noyce Building) staat in Santa Clara, Californië. Zie ook: Proshare°. ⇔Motorola°

Intel-based PC - *Intel PC* - Personal Computer (PC°) met een 80X86 microprocessor° van Intel°.

Intel comparative microprocessor performance - *iComp* - Zie: iComp°.

intelligent - *'intelligent'* - Een minder dom apparaat of programma dan de spreker verwachtte (alleen mensen beschikken over intelligentie); zie echter ook: intelligent network°, IN°.

intelligent network - *IN* - Zie: IN°.

intelligent repeater - *intelligent repeater* - Een repeater° die met diverse protocollen (protocol°) kan werken; zie verder: intelligent°.

intelligent hub - *concentrator hub* - Hub (hub°) met een concentrator° die op afstand kan worden bediend, met verscheidene protocollen (bijvoorbeeld: Ethernet° en Token Ring°) kan werken en meestal SNMP° ondersteunt.

INTELSAT {in·tel·sat} - *INTernational TELecommunications SATellite consortium* - INTELSAT: consortium van 85 landen voor satellietcommunicatie (satellite°). In 1996 -97 zullen 15 nieuwe satellieten (series 7 en 8) worden gelanceerd. Houdt geen verband met: Intel°. ⇔Inmarsat°

intensity - *intensiteit* - De hoeveelheid licht, helderheid van licht, zie bijvoorbeeld: HSI°.

intent - *intentie* - Zie: statement of intent° (intentieverklaring).

interaction - *interactie* - De communicatie tussen gebruiker en computer. Ook: het reageren van een computersysteem op bepaalde activiteiten.

interactive - *interactief* - Werkwijze (mode°) waarbij een computer probeert u op uw wenken te bedienen (HCI°) tijdens een dialoog (dialog°) en zonodig opheldering vraagt; wordt ook gebruikt in verband met TV (VoD°). Synoniem: conversational°. Zie ook: ITV°, IVR°. ⇔batch° ⇔non-interactive°

interactive data language - *IDL* - Zie: IDL°.

interactive mode - *interactieve modus* - Interactief (interactive°) met een computer werken; zie ook: conversational°, mode°.

interactive processing - *interactieve verwerking* - De verwerking (processing°) vindt direct plaats (niet in: batch°) en de resultaten komen ook direct beschikbaar. Eventueel kan de verwerking worden veranderd naar aanleiding van de tussenresultaten.

interactive television - *interactieve televisie, ITV* - ITV°: televisie waarbij de kijker via een afstandsbediening zijn/haar wensen kenbaar kan maken, bijvoorbeeld voor het bestellen van producten of een film. Dit vereist een duplex° verbinding en de mogelijkheid van identificatie van de kijker: daarvoor is meer nodig dan de gangbare kabel-TV aansluiting of ISDN°. Zie ook: interactive video°. Vergelijkbaar: video-on-demand°, VoD°.

interactive video - *CD-i, CDTV* - CD-interactive (CD-i°) of CDTV°. Zie ook: interactive television°.

interactive voice response - *IVR* - Zie IVR°.

inter-application communication - *IAC* - Zie: IAC°.

intercept - *onderscheppen* - Gebeurtenissen (event°), berichten (message°) of andere informatie bestemd voor een bepaalde aansluiting of gebruiker onderscheppen, maar waarschijnlijk wel doorgeven want anders valt het onderscheppen op. Als zelfstandig naamwoord: interception.

interchange - *uitwisseling* - Onderlinge verwisseling: bijvoorbeeld van tekstbestanden (data interchange°, DIF°, RTF°, SDIF°) of van programma's.

interconnect - *doorverbinden* - Specifiek met betrekking tot openbare telefoonnetwerken, het onderling verbinden van abonnees. De verrekening tussen de operators loopt via zogenaamde: interconnection charge, die de mogelijkheden voor concurrentie bepalen. Het doorverbinden van een geprek via de eigen telefooncentrale heet: connect°.

interconnectivity - *interconnectiviteit* - De mogelijkheden om apparatuur of netwerken, al dan niet van dezelfde leverancier, te verbinden. Het summum van interconnectiviteit is: TCP/IP°, belangrijke reden voor zijn populariteit.

inter-enterprise - *tussen ondernemingen* - Betreffende bijvoorbeeld het berichtenverkeer tussen zelfstandige ondernemingen (enterprise°), bijvoorbeeld: EDI°.

inter exchange carrier - *IXC* - Zie: ICX°.

interface - *interface, koppeling* - De manier waarop twee delen van een informatiesysteem aan elkaar zouden moeten passen; figuurlijk: raakvlak of koppelvlak; bestaat in apparatuur, in programmatuur en in de menselijke organisatie; de regels voor de communicatie via een interface liggen vast in een protocol°. Zie ook: CGI° (in HTML°), GUI°, network interface card° (NIC°), user interface°.

interface converter - *interface converter* - Meestal een elektronisch apparaat dat spanningsniveaus, snelheid (rate°) of protocollen omzet naar een gewenste vorm.

interface definition language - *IDL* - Zie: IDL°.

interfacing - *koppelen* - Twee eenheden logisch (logical°) of fysiek (physical°) met elkaar verbinden zodat zij kunnen communiceren (interface°).

interference - *storing, verstoring* - Onregelmatigheid veroorzaakt door een elektromagnetisch veld (EMI°, RFI°) of door een persoon (time bandit).

interframe - *interframe* - Werkend *tussen* frames (frame°), bijvoorbeeld met de verschillen tussen twee opeenvolgende televisie-frames; term wordt vooral gebruikt in verband met de codering van televisiebeelden. ⇔intraframe°

interim manager - *interimmanager* - Tijdelijke manager°: die wordt ingehuurd wanneer managers weigeren, ongeschikt of niet beschikbaar zijn om door de directie noodzakelijk geachte veranderingen door te voeren.

interim standard - *IS* - Zie: IS°.

interlaced - *interlaced* - Aanduiding dat een beeldscherm (display°, monitor°, screen°) werkt met: interlacing°.

interlacing - *interlacing, interliniëring* - Een modus waarin de even en oneven TV-lijnen na elkaar worden geschreven in plaats van opeenvolgend, om beeldflakker (flicker°) te verminderen; is geschikt voor TV-beelden, niet voor tekens op een computerscherm (want dan gaan ze trillen). Tweemaal een raster° vormt een frame°, een geheel televisiebeeld. Niet verwarren met interleaving°.

interleave - *interleave* - **1.** Op disk°: bepaalt welke sectoren van een schijf worden gelezen; een interleave van 1:3 betekent bijvoorbeeld dat tijdens één omwenteling elke derde sector wordt gelezen, **2.** In het geheugen (memory°): het gebruik van verschillende chips voor opeenvolgende geheugenposities, zodat de computer met zero wait-state° (zonder wachttoestand) kan werken.

interleaving - *interleaving* - Een werkwijze (mode°) waarin computerbewerkingen afwisselend en overlappend worden verricht, bijvoorbeeld het schrijven of uitlezen van geheugen (memory°) of disk°. Niet verwarren met: interlacing°.

INTERLNK - *INTERLNK* - DOS°-opdracht (command°), geïntroduceerd in DOS 6.0: waarmee twee Intel° PC's via de parallelle (parallel°) of seriële (serial) poort kunnen communiceren, disks gebruiken en afdrukken.

interlock - *in elkaar grijpen, vergrendelen, vergrendeling* - **1.** In elkaar grijpen: wanneer een proces (process°) moet wachten op de afloop van een ander proces, **2.** Vergrendelen, vergrendeling: het blokkeren van de toegang tot een record° of proces omdat het in gebruik is, een vorm van beveiliging. Als twee processen elkaar vergrendelen, wordt het een: deadlock°.

intermediate - *tussenliggend, tijdelijk* - **1.** Tussenliggend: midden... of tussen... (⇔low-end° ⇔high-end°), **2.** Tijdelijk.

intermediate node - *knooppunt* - Knooppunt (node°) in een netwerk dat de gegevensstroom alleen maar doorstuurt, hem niet verandert.

intermediate solution - *tijdelijke oplossing* - Bruikbare oplossing (solution°) tot de definitieve oplossing (long-term solution) komt; synoniem: short-term fix°.

intermediate storage - *tijdelijke opslag* - Geheugenmedium waarop tussenresultaten enige tijd worden bewaard.

intermittent error - *intermitterende fout* - Fout die slechts af en toe optreedt omdat hij wordt veroorzaakt door een schijnbaar willekeurige samenloop van omstandigheden; is moeilijk op te sporen. ⇔hard error°

internal - *intern* - Inwendig: geïntegreerd in een PC, programma of bedrijf. ⇔external°

internal command - *interne opdracht* - In DOS°: opdracht die wordt uitgevoerd door COMMAND.COM°, niet door een externe module°. ⇔external command°

internal font - *intern font* - Lettertype (font°) dat in de printer° is opgeslagen in ROM°. ⇔cartridge font° ⇔soft font°

internal memory - *intern geheugen, interne opslag* - **1.** Intern geheugen (memory°): dat een processor direct kan adresseren zonder gebruik te maken van I/O°, bijvoorbeeld: RAM°, ROM°, **2.** Interne opslag: intern geheugen plus interne disk°-opslag (internal storage°).

internal modem - *interne modem* - Interne modem° op een kaart in een PC; synoniem: integrated modem°. Een grensgeval tussen een interne en externe modem (external modem°) is een modem op een PCMCIA°-kaartje.

internal name - *interne naam* - De naam die in de computer wordt gehanteerd, vaak een logische afkorting die alleen de programmeur iets zegt - vandaar dat tegen de gebruiker een externe naam (external name°) voor hetzelfde wordt gebruikt.

internals - *internals* - Interne onderdelen van een besturingssysteem (operating system°) of toepassingssysteem (application system°) die de gebruikers niet kunnen veranderen, alleen gebruiken; zij zijn het domein van de systeemprogrammeur.

internal schema - *intern schema* - Door programmeurs gebruikte interne begrippen omtrent de structuur van een database°, zie: schema°.

internal storage - *interne opslag* - Opslag (storage°) op de interne vaste schijf (hard disk°); in grote computers, wanneer de disks extern zijn, wordt hiermee meestal het geheugen (memory°) bedoeld. ⇔external storage°

international access code - *internationaal toegangsnummer* - De cijfers die moeten worden gekozen voor een internationaal telefoongesprek: in Europa meestal '00', in de VS '011'.

international alphabet 5 - *IA5* - Zie: IA5°.

international business machines - *IBM* - Zie: IBM°.

international business unit - *IBU* - Zie: IBU°.

international federation for information processing - *IFIP* - Zie: IFIP°.

internationalization - *internationalisatie* - Het proces tijdens de ontwikkeling of vlak daarna om een programma of toepassing application°) geschikt te maken voor het gebruik in andere landen, door de mogelijkheid van andere tekensets code page°), indelingen, afbreken (hyphenation°), spellingscontrole (spell check°) enzovoort.

international mobile subscriber identity - *IMSI* - Zie: IMSI°.

international mobile telecommunications-2000 - *IMT-2000* - Zie: IMT-2000°.

international standards organization - *ISO* - Zie: ISO°.

international telecommunications union - *ITU* - Zie: ITU°.

international telecommunications users group - *INTUG* - Zie: INTUG°.

international telegraph alphabet - *ITA* - Zie: ITA°.

Internaut - *Internet-gebruiker* - Samentrekking van: Internet° en astronaut, die aanduidt dat Internet-gebruikers meestal verkenners (surfers) zijn van de enorme bergen informatie die in de wereldruimte beschikbaar zijn via Internet.

Internet - *Internet* - Een supernetwerk dat in 1993 circa 700.000 computers en 10 miljoen gebruikers, gekoppeld aan meer dan 15.000 netwerken in 33 landen, verbindt; waarvan TCP/IP° is afgeleid. IP gebruikt dotted decimal° adressering 32-bit), maar een Internet address° ziet er wat vriendelijker uit. Internet wordt gecoördineerd door: IAB°. Is rond 1976 ontstaan uit ARPA-net°, onder leiding van V. Cerf, de vader van Internet, en R. Kahn. Internet wordt elk jaar 2x zo groot, vandaar dat men IP moet gaan vernieuwen (IPng°) en enkele bytes aan het adres zal gaan toevoegen. Internet wordt gefinancierd door de eigenaars van de lokale netwerken, met uitzondering van de North American T3° Backbone (backbone°) in de VS, die (tot mei '95) wordt betaald door de National Science Foundation. Internet wordt echter steeds vaker gebruikt door commerciële organisaties, zoals MCI, Sprint en ANS/AOL, die inmiddels de infrastructuur in de VS hebben overgenomen. Internet Protocol (IP°) wordt gebruikt voor de uitwisseling van berichten (message°) in de vorm van pakketten (packet°) van circa 1500 byte of minder; TCP wordt o.a. gebruikt voor het transport daarvan; bekende toepassingsprotocollen zijn: telnet°, FTP°, Archie°, Gopher°, WAIS° en World Wide Web°. De vrees is dat multimedia°-toepassingen (spraak, videoconferencing°) Het Net zullen gaan verstoppen, de voorspelling is al in 1997; sommige Nederlanders spreken van: Internep; een gebruiker: Internerd (nerd°). Als u thuis geen aansluiting hebt, gaat u maar naar een Internetcafé of cyberbar. Een bedrijfseigen Internet (op basis van TCP/IP) heet: intranet°. Amerikaanse uitspraak van Internet: {*in*·nur·net}. Zie ook: ISP°, [28.].

Internet address - *Internet-adres* - De combinatie van een gebruikersnaam en een domein, gescheiden door het teken @, user.name@domein.land. Tweeletter codes voor landen staan vermeld in bijlage E. In plaats van land, worden ook andere codes gebruikt, bijvoorbeeld: com (company: bedrijven), edu (education: scholen en universiteiten), gov (government: overheid). Voor het verband met het IP-adres, zie: IP address°.

Internet broadcasting - *Internet-uitzendingen* - De mogelijkheid om in de toekomst via Internet° radio of zelfs televisie-uitzendingen te ontvangen via de telefoon- of kabel-aansluiting, die gerealiseerd zouden kunnen worden d.m.v. HDSL° of een set-top box°. Als het alleen om een bericht gaat: broadcast°.

Internet control message protocol - *ICMP* - Zie: ICMP°.

Internet information server - *IIS* - Zie: IIS°.

Internet packet exchange protocol - *IPX* - IPX°: onderdeel van NetWare°, een netwerk-protocol van Novell° dat geen verband houdt met Internet°. Zie ook: IPX/SPX°.

Internet packet exchange/sequenced packet exchange - *IPX/SPX* - Zie: IPX/SPX°.

Internet protocol - *IP* - Zie: IP°, TCP/IP°.

Internet protocol address - *IP-address* - IP-adres, zie: IP-address°.

Internet Protocol suite - *IP suite* - Verzameling protocollen (protocol°) - onderdeel van TCP/IP° - waarmee verschillende typen netwerken kunnen worden gekoppeld tot een internetwerk - dat kan wel maar hoeft geen aansluiting op Internet° te zijn. Ondanks alle publiciteit over OSI° destijds, is TCP/IP dè de facto norm voor multivendor° netwerken en Internet.

Internet Protocol switch - *IP switch* - Zie: IP switch°.

Internet realtime transport protocol - *IRTP* - Zie: IRTP°.

Internet relay chat - *IRC* - Zie: IRC°.

Internet service provider - *ISP* - Zie: ISP°.

Internet site - *Internet site* - Plaats waar informatie is opgeslagen die via Internet kan worden benaderd: steeds vaker in de vorm van een World Wide Web°-document; het adres (URL°) is bijvoorbeeld: http://www.rdc.nl/eb95 over de Efficiency-beurs 1995.

Internet telephony - *Internet-telefonie* - Anno 1996, de nieuwe mogelijkheid om via Internet° te telefoneren (telephony°). Vereist vooralsnog dat beide partijen direct met Internet verbonden zijn en hetzelfde programma gebruiken, maar dat is een kwestie van tijd. Hopelijk wordt H.323 van ITU-T° de norm voor pakket-geschakelde (packet-switched°) spraakcommunicatie. Er zijn inmiddels al diensten met een aansluiting op het openbare telefoonnet (PSTN°), die als tussenstation kunnen dienen om iedere telefoonabonnee te bereiken. Dat betekent wellicht met Tokio bellen tegen lokaal tarief + een abonnement!

internetworking - *internetworking* - **1.** Netwerken verbinden, die mogelijk met verschillende protocollen (protocol°) werken, zodat toepassingen kunnen samenwerken (interoperability°), **2.** Werken met verschillende protocollen binnen één netwerk. Bij internetworking kan worden gewerkt met een repeater°, bridge°, router° of gateway°. ⇔networking°

internetworking platform - *internetworking platform* - Apparatuur en programmatuur gebruikt voor de protocollen (protocol°) van een laag in een netwerkmodel (OSI°), bijvoorbeeld een specifieke bridge° of router°.

interoperability - *interoperability* - Wanneer twee of meer apparaten, mogelijk van verschillende fabrikanten, goed samenwerken, meestal van toepassing naar toepassing (application°); zie ook: vendor°. Betekent ook: eenvoudige toegang tot alle voorzieningen en gegevens in een vestiging of bedrijf. Is afgeleid van: operability°.

interpersonal computing - *interpersonal computing* - Groep mensen die samenwerken middels een computer en groupware°-programmatuur (computing°).

interpolate - *interpoleren* - De waarde van een grootheid in een punt schatten aan de hand van de waardes in nabijgelegen punten, bijvoorbeeld met een spline°. ⇔extrapolate°

interpreted language - *interpreterende taal* - Synoniem van: interpretive language°.

interpreter - *interpreter, vertolker* - Programma dat de instructies van een bronprogramma (source code°) of opdrachten (command interpreter°) interpreteert, dat wil zeggen ze direct, zonder compileren (compile°), uitvoert; is vaak beschikbaar voor APL°, BASIC° en LISP°. ⇔compiler°

interpretive language - *interpreterende taal* - Programmeertaal voor programma's waarbij een interpreter° nodig is voor de uitvoering (execution°).

interprocess communication - *interprocescommunicatie, IPC* - Mogelijkheid in een besturingssysteem (operating system°) voor een proces (process°) om te communiceren met een ander proces, op dezelfde of op een andere computer, bijvoorbeeld: pipe°, shared memory°, DDE°, OLE°. IPC is een voorziening die nodig is voor: multiprocessing°.

interrogate - *ondervragen* - Opvragen van de toestand of status van een terminal°, apparaat of onderdeel daarvan op incidentele basis. ⇔polling° (op regelmatige basis)

interrupt - *interrupt, onderbreken* - Verzoek (request°) om de uitvoering van een proces te onderbreken omdat een ander proces niet kan wachten. Een interrupt kan worden veroorzaakt door hardware° of software°; tijdens debug° ook door een instructie. Als u niet langer wilt wachten, gebruik dan: Ctrl-C°. Volledige naam: interrupt request° (IRQ°). Zie echter ook: program interrupt°.

interrupt-driven - gestuurd door interrupts - Kenmerk van een programma dat wacht op een seintje (interrupt°) voordat het aan de slag gaat. ⇔polling°

interrupt handler - *interrupt handler* - Een routine° die interrupts (interrupt°) afhandelt ten behoeve van verschillende programma's; is bijvoorbeeld aanwezig in de BIOS° voor de afhandeling van IRQs (IRQ°).

interrupt handling - *interrupt handling* - Het afhandelen van interrupts (interrupt°) door een interrupt handler°.

interrupt level - *interrupt-niveau* - Het niveau (level°), meestal een getal of code°, waarboven de uitvoering van een programma enige tijd wordt onderbroken. Deze tijd wordt gebruikt om tijdkritische bewerkingen uit te voeren, bijvoorbeeld: I/O°.

interrupt request - *interrupt request, IRQ* - IRQ°: verzoek (request°) om een uitvoering van een proces te onderbreken (interrupt°), omdat een ander proces niet kan wachten. Deze verzoeken worden overgebracht via zogenaamde interrupt request lines, en verwerkt door een interrupt service routine°. Meestal alleen genoemd: IRQ of interrupt°. In een Intel° PC worden ze genummerd: IRQ0-15.

interrupt service routine - *ISR* - ISR: een klein programma (routine°) in het besturingssysteem die de interrupt requests (IRQ°) afhandelt, bijvoorbeeld elke keer na het indrukken van een toets (key°).

intersection - *doorsnede, kruispunt* - **1.** Doorsnede: een set-bewerking (set operation°) waarbij de gemeenschappelijke elementen van twee verzamelingen in een nieuwe verzameling worden ondergebracht; is een veelgebruikte methode van zoeken in een database° om een verband te leggen, bijvoorbeeld tussen een bepaald gebied, periode en product of verkoper, **2.** Kruispunt van twee of meer wegen of lijnen: gemeenschappelijk punt.

interval timer - *intervaltijdklok* - Tijdklok (timer°) die na het verstrijken van een ingesteld tijdsinterval een signaal (interrupt°) geeft: wordt meestal uitgevoerd als een elektronische teller (counter°) die wordt bestuurd met klokpulsen (clock°).

intervention required - *tussenkomst vereist* - Indicatie dat een apparaat of computer een probleem niet zelf kan oplossen en menselijke hulp nodig heeft, bijvoorbeeld om een gekreukeld vel uit een printer te halen of om een nieuwe diskette in het station te steken.

intraframe - *intraframe* - Werkend *binnen* een frame°, bijvoorbeeld de codering van een enkel, op zich zelf staand televisieframe; term wordt vooral gebruikt in verband met de compressie (compression°) van televisiebeelden. ⇔interframe°

intranet - *intranet* - Eigen netwerk à la Internet voor het bedrijf zelf, bijvoorbeeld met behulp van eigen Web°-servers. Aantrekkelijk omdat zo'n netwerk eenvoudig nieuwe samenwerkingsvormen stimuleert en de benodigde software (TCP/IP°, server°, browser°) overal goedkoop beschikbaar is, en het gebruik toch veilig (wat niet het geval is bij Internet° zelf). Bovendien kan bestaande gestructureerde informatie vrij eenvoudig worden gecodeerd in HTML, en via Web browsers beschikbaar worden gesteld, naast alle andere informatie op Internet. Voordelen: enkel communicatieprotocol en gebruikersinterface; nadelen: extra vertaalslag vanuit conventionele toepassingen en verminderde beveiliging. Voorlopig biedt Lotus Notes nog operationele voordelen, maar de vraag is: hoe lang nog? Geen merknaam, dus ook niet met een hoofdletter.

intro {in·troo} - *introduction* - Intro of introductie (introduction°).

introduction - *introductie, inleiding* - Het begin, waarin het een en ander wordt uitgelegd over de diepere bedoeling. Met een hoofdletter: Introduction (Inleiding).

INTUG {in·tugk} - *International Telecommunications Users Group* - INTUG: internationale vereniging van telecommunicatiegebruikers (telecommunication°), die graag een woordje zou willen meespreken over normen van bijvoorbeeld de ITU° en ETSI°.

intuitive user interface - *intuïtief te begrijpen gebruikers-interface* - Schermpresentatie die gebruikers (user°) intuïtief begrijpen, er niet eerst voor hebben moeten leren. Zo'n interface is meestal interactief (interactive°), maar moeilijk te verwezenlijken als de gebruikers erg verschillend zijn. Niet: intuïtieve gebruikers-interface, want intuïtie is aan mensen voorbehouden. Windows°?

invalid - *ongeldig* - Een waarde (value°), specificatie of parameter° die *niet* wordt geaccepteerd door een systeem of toepassing. ⇔valid°

invalidate - *ongeldig maken* - Een gebruikersnaam (user ID°), wachtwoord (password°) of toegangscode (access code°) verwijderen uit een systeembestand.

invariant - *constant, constante* - Waarde die niet verandert; wordt gebruikt als bijvoeglijk en als zelfstandig naamwoord.

inventory - *voorraad* - Bijvoorbeeld onderdelen of goederen in een magazijn; betekent ook: inventaris; synoniem: stock°.

inventory control - *voorraadbeheer* - Beheersing van de voorraden (inventory°) in een magazijn; zie ook: logistics°.

inverse - *omgekeerd, omkeren* - Een werking, richting of kleur omkeren. Is afgeleid van: invert° (omkeren).

inverse multiplexing - *inverse multiplexing* - Kanalen stapelen: in telefonie en ISDN°, langzame kanalen bundelen tot één snel kanaal, bijvoorbeeld acht 64 kbps B-kanalen naar een 512 kbps kanaal. Zie ook: multiplexing°. ⇔subrate multiplexing°

inverse video - *inverse video* - Zwarte tekst op een lichte achtergrond: zoals tekst wordt gedrukt, maar meestal niet wordt afgebeeld in een scherm (display°); synoniem: reverse video°.

invert - *inverteren* - **1.** De 0- en 1-bits in een reeks bits (string°) verwisselen; letterlijk: omkeren, **2.** Een bestand inverteren (inverted file°). Zie ook:inverse°.

inverted backbone - *inverted backbone* - Synoniem: collapsed backbone, zie backbone°.

inverted file - *geïnverteerd bestand* - Een 'omgekeerde' vorm van bestandsorganisatie (file structure°). Wanneer een bestandsorganisatie bijvoorbeeld geschikt is voor de vraag 'Welke kenmerken hebben een bepaalde entiteit?', dan is de geïnverteerde organisatie geschikt voor de vraag 'Welke entiteiten hebben een bepaald kenmerk?'.

inverted index - *geïnverteerde index* - Een index° voor text retrieval° waarin voor elke term vermeld staan: het document° en de plaatsen van voorkomen.

invocation - *aanroepen* - Het aanroepen van een programma of procedure; is afgeleid van het werkwoord: invoke°. Chic equivalent van: call°.

invoice - *factuur* - Rekening: opgave van geleverde goederen, hun prijs enzovoort, met een referentienummer.

invoicing - *factureren* - Facturen maken en versturen.

invoke - *aanroepen, activeren* - Bijvoorbeeld een programma; is een chic woord voor call°. Als zelfstandig naamwoord: invocation°.

I/O {ai·oo} - *Input/Output* - Invoer/uitvoer of ingang/uitgang (input/output°) van een disk°, diskette° of PC; meervoud: I/Os°. Zie ook: multi I/O card°, programmed I/O°.

I/O adapter {ai·oo} - *Input/Output adapter* - I/O adapter°: elektronische schakeling voor de koppeling van een computer en randapparatuur; bevat meestal een I/O processor°.

I/O address {ai·oo} - *I/O address* - Het adres van een op een bus° of I/O adapter° aangesloten I/O°-apparaat (device°), bijvoorbeeld een disk°, printer of modem°.

I/O-bound {ai·oo} - *beperkt door I/Os* - Toestand waarin de snelheid van een computersysteem niet volledig kan worden benut omdat het moet wachten op de uitvoering van I/Os°, bijvoorbeeld: disk I/O°. ⇔CPU-bound° ⇔process-bound°

I/O bus {ai·oo} - *Input/Output bus* - I/O bus° in een PC waarop insteekkaarten kunnen worden aangesloten.

I/O channel {ai·oo} - *Input/Output-kanaal* - Aansluiting voor randapparatuur op een mainframe°: bevat meestal een multiplexer°.

I/O instruction {ai·oo} - *Input/Output-instructie* - Instructie die wordt gebruikt voor het uitvoeren van I/O°-activiteiten door een programma.

I/O minimization - *I/O-minimalisering* - Minimalisering van het aantal I/Os° dat nodig is om een bepaalde bewerking uit te voeren, bijvoorbeeld een schrijfopdracht door middel van: deferred write°.

I/O monitor {ai·oo} - *Input/Output monitor* - Programma dat de I/Os° in een systeem statistisch bijhoudt, gebruikt voor de bepaling van knelpunten en optimalisering (tuning°) van het systeem (system°).

I/O port {ai·oo} - *Input/Output port* - Poort (port°) in een PC waarop een printer of een modem° kan worden aangesloten.

I/O process {ai·oo} - *Input/Output process* - Input/ouput (I/O°) activiteiten gezien als proces (process°).

I/O processor {ai·oo} - *Input/Output processor* - Microprocessor of programma gebruikt in een I/O adapter°.

I/Os {ai·oos} - *I/O's* - Het aantal leesverrichtingen (I/O°) in een schijfgeheugen, dat nodig is om een bepaalde taak uit te voeren, dat men liefst zo klein mogelijk wil houden (I/O minimization°).

IP {ai·pi} - *Information Provider, Internet Protocol, internetworking protocol* - **1.** IP: informatieleverancier (information provider°), **2.** IP: internetwerking gedeelte van TCP/IP°, RFG° 971, dat moet worden uitgebreid om meer computer-nodes en grafische informatie te kunnen gebruiken in Internet°; zie: IPng° (IP-next generation), port number°; IP versie 6 (verwacht in 1997) zal uitgebreidere adressering (addressing°) bieden en de mogelijkheid om voor bepaalde toepassingen (spraak, video) bandbreedte te reserveren, **3.** Internetwerking protocol: algemene term het protocol° gebruikt voor: internetworking°.

IP address {ai·pi} - *Internet Protocol adres* - IP-adres: een combinatie van vier getallen (dotted decimal addressing°), bijvoorbeeld het IP-adres van een computer van het Academisch Rekencentrum Amsterdam, aangesloten op Internet°, is: 192.16.188.40. Via een nameserver° kan dit IP-adres worden gerelateerd aan het Internet address°: horus.sara.nl. Op wereldniveau wordt de adressering bewaakt door het NIC°, die lokale instellingen gebruikt voor lokale adressen. Er zijn drie klassen IP-adres: A (max. 127,), B (ook nogal exclusief) en C (met maximaal 255 hosts). Zie echter ook: IPng°.

IPC {ai·pi·si} - *InterProcess Communication* - Zie: interprocess communication°.

IPL {ai·pi·el} - *Initial Program Load* - IPL: een (grote) computer starten. Synoniem: IML°, IMPL°. ⇔boot°

IPng {-} - *Internet Protocol Next Generation* - IPng: toekomstige versie van IP°: die Internet° geschikt moet maken voor 2,5 miljoen computer hosts en multimedia°, o.a. door toevoeging van enkele bytes aan het adres. Wordt dit straks: Ipv6, met 128-bit adressering of een veelvoud daarvan?

IPR {ai·pi·ar} - *Intellectual Property Rights* - IPR: intellectuele eigendomsrechten (octrooien, handelsmerken) van een maker of leverancier of het copyright, vooral in verband met elektronische media, compressie (compression°) en versleuteling (encryption°) een heikel punt.

IP routing {ai·pi} - *Internet Protocol routing* - IP°-routering: routering (routing°) door middel van IP protocollen en adressering. Is een aantrekkelijk alternatief voor Internet° en ATM° backbone°-netwerken, zie ook: IP switch°.

ips {ai·pi·es} - *Inches Per Second* - Inch/s: snelheidsmaat (2,54 cm/s).

IPS {ai·pi·es} - *Integrated Programming Shell* - IPS: een CASE°-ontwikkelsysteem en -omgeving voor programmatuur op een PC.

IPSE {ip·sie} - *Integrated Project Support Environment* - IPSE: verzameling geïntegreerde programmatische gereedschappen voor projectbeheersing, programmatuurontwikkeling, documentatie, Quality Assurance° enzovoort; omvat onder andere CASE°.

IP switch {ai·pi} - *Internet Protocol switch* - IP switch: een ATM° switch° met IP° routing° programmatuur gebruikt voor backbone° routing. Werkt veel sneller dan de conventionele routers en zou de complexiteit van backbone netwerken aanzienlijk kunnen verminderen: stopt de hersenen van routers in de spierballen van switches. Een ontwikkeling van Ipsilon Networks, Inc., geïntroduceerd medio 1996.

IPX/SPX {ai·pi·ex·es·pi·ex} - *Internet Packet eXchange/Sequenced Packet eXchange* - IPX/SPX: transport-protocol° voor de overdracht van gegevenspakketten (packet°) in NetWare° van Novell°, een alternatief voor TCP/IP° dat geen verband houdt met Internet°; zie ook: NCP°.

IR {ai·ar} - *InfraRed, Improvement Request, Information Retrieval* - **1.** Infrarood, **2.** Improvement request: formeel verzoek om apparatuur of programmatuur te verbeteren, **3.** Information retrieval°: opgeslagen informatie terughalen.

IRC {ai·ar·si} - *Internet Relay Chat* - Elektronische babbelbox op Internet, met de mogelijkheid met een zelfgekozen afbeelding rond te wandelen in een virtuele omgeving, anderen aan te schieten of zelf aangeschoten te worden; werkt via een IRC server (server°). Opdrachten bijvoorbeeld: /list (overzicht), /join ... (ga naar ...), /msg (bericht), /who .. (wie zit er op ...), /whois ... (wie is...) en /quit (ophouden).

IRD {ai·ar·di} - *Integrated Receiver/Decoder* - IRD: geïntegreerde ontvanger (receiver°) en decoder° voor satelliet-televisie.

IrDA {ai·ar·di·ee} - *Infrared Data Association* - IrDA: nonprofit verband van fabrikanten voor normering van infraroodverbindingen (infrared°) voor mobiele apparatuur, opgericht in 1993 en voorlopig halfduplex (HDX°), oorspronkelijk werkend in baseband° met 115,2 kbit/s, later tot 4 Mbps; de eerste producten worden in 1995 verwacht, bijvoorbeeld nieuwe PDA°s en Windows 95°.

IRE {ai·ar·ie} - *Institute of Radio Engineers* - IRE, dat nu heet: IEEE°.

IRM {ai·ar·em} - *Information Resource Management* - IRM: beheer van de informatie als hulpmiddel (resource°).

iron - *computerapparatuur* - Uitdrukking is ontstaan in de tijd van zware ponskaartapparatuur waarvan de prijs per kilo werd berekend; letterlijk: ijzer. Ook: big iron° (grote computer), old iron° (verouderde apparatuur).

IRQ {ai·ar·kjoe} - *Interrupt ReQuest* - IRQ (hardware°, interrupt°): verzoek in een computer of netwerk om de werkzaamheden (even) te onderbreken - zo'n verzoek wordt afgehandeld door een: interrupt handler°; elk stuk hardware° krijgt een eigen IRQ-nummer om aan de bel te trekken (in een Intel° PC zijn dat er 16: IRQ0 t/m IRQ15; bijvoorbeeld: IRQ3 is gekoppeld aan de COM2-poort; de interrupt handler zit in de BIOS°).

irrational number - *irrationeel getal* - Getal dat niet kan worden geschreven als verhouding (ratio°) van twee geheel getallen, bijvoorbeeld: e°. ⇔rational number°

irrecoverable error - *onherstelbare fout* - Fout (error°) die later niet meer kan worden hersteld; synoniem: unrecoverable error°.

IRTP {ai·ar·ti·pi} - *Internet Realtime Transport Protocol* - Een protocol voor het direct (real-time°) versturen van audio° en video°-signalen over Internet°, waarvan de infrastructuur op dit moment nog ongeschikt is.

IS {ai·es} - *Information Systems, Information Services, Information System, Interim Standard* - **1.** De afdeling Informatie*systemen* (Information Systems) voor gebruikers, **2.** Informatie*diensten* (Information Services) voor alle andere mensen, **3.** Informatiesysteem, ook genoemd: I/S°, **4.** Interimnorm, IS, bijvoorbeeld: IS-54 betreffende TDMA°, IS-95 betreffende CDMA° van EIA/TIA°.

IS-... {ai·es} - *Interim Standard-...* - Voorlopige normen van TIA° betreffende draadloze (wireless°) communicatie: IS-41 voor communicatie tussen het analoge AMPS° en digitale radionormen, incl. TDMA°; IS-53 beschrijft extra diensten voor cellulaire telefonie als caller ID° e.d.; en IS-136 geeft o.a. een uitbreiding van TDMA° en SMS°, en verschaft de basis voor PCS°.

ISA {ai·es·ee} - *Industry Standard Architecture, Information Security Assessment* - **1.** Industry Standard Architecture, ISA: een bus°-architectuur°; omvat de 8-bit XT°-bus en de 16-bit AT°-bus; is later uitgebreid tot EISA° met een 32-bit bus, **2.** Information Security Assessment, ISA: een methode van risico-analyse betreffende de betrouwbaarheid (reliability°) en beveiliging (security°) van informatiesystemen.

ISAC {ai·sak} - *Information System work and Analysis of Change* - Een methode voor systeemontwikkeling uit Stockholm.

ISAM {ai·sem} - *Indexed Sequential Access Method* - ISAM: toegangsmethode (access method°) en bestandsorganisatie waarin een record° kan worden opgezocht (access method°) via een index° of via een oplopende of aflopende volgorde (sequential°).

ISDN {ai·es·di·en} - *Integrated Services Digital Network* - ISDN: Circuit-geschakeld (circuit-switched°) telecommunicatiedienst op het gebied van gegevens, tekst, spraak en beeld. Oorspronkelijk ontwikkeld door Bell Labs° in 1977, maar de CCITT°-norm kwam pas tot stand in 1988; daarna nog vele jaren spottend genoemd: Is Still Doing Nothing (Doet nog steeds niets), Innovations Subscribers Don't Need (Innovaties die abonnees niet nodig hebben), Ik Snap Dit Niet, It Still Drives me Nuts (Ik word er nog steeds gestoord van). De twee basisvormen van ISDN zijn basic (rate) access (twee B- kanalen en een D-kanaal, in Engeland genoemd: ISDN-2) en primary (rate) access (23 of 30 kanalen van 64 kbps°), met een verschillende tariefstructuur (rate°): basic rate service (BRS°) en primary rate service (PRS°). Vooral basis-ISDN wordt nu snel populair door aantrekkelijke aanbiedingen. Een basis-ISDN- terminal° wordt aangesloten via een vierdraads twisted pair°-kabel; de drie full duplex°-kanalen worden gerealiseerd via TDM°; aansluiting via een S-bus° waarop maximaal acht randapparaten kunnen worden aangesloten. In de VS komt PRS° overeen met een 1,5444 Mbps T1° (23 B-kanalen + 1 D-kanaal); in Europa met een 2,048 Mbit/s E1° (30 B-kanalen + 1 D-kanaal). Verder bestaan er verschillende soorten H-channel° voor broadband° (B-ISDN°). Zie ook: Euro-ISDN° (waartoe in 1992 besloten werd; Duitsland gebruikte een speciale versie: 1TR6), V.110°, V.120°. In 1995 hoopt men een begin te maken met een transmondiaal ISDN-netwerk. In de VS begint ISDN eindelijk populair te worden vanwege Intel° ProShare video-vergaderen (video conferencing°) op een kwart scherm (320x240 pel°); daar hebben ze het echter vaak over N-ISDN (National ISDN)! Er drie typen geïntegreerde diensten: bearer services (bearer service°: directe overdracht van telefonie en datacommunicatie), tele services (e-mail°, videotex°, teletex° en fax°), en supplementary services (snel kiezen, caller ID°, call waiting, call forwarding, conferencing enz.). De (directe) aansluiting vindt plaats via een: terminal adapter°, zonder modulatie (modulation°); de telefoonverbinding levert een tweedraads U interface, waarop via een adapter conventionele telefoons kunnen worden aangesloten; via een network terminator NT-1 kan dit worden geconverteerd naar een achtdraads S/T interface.

ISDN-bridge {ai·es·di·en} - *Integrated Services Data Network-bridge* - ISDN-bridge: apparatuur voor de koppeling van twee lokale netwerken (LAN°) via een ISDN°-verbinding: ook hier bestaat de bridge° uit twee delen, één aan elke kant van de ISDN-verbinding.

islands of connectivity - *informatie-eilanden* - Computersystemen in een bedrijf die niet compatibel zijn en die niet met elkaar (connectivity°) kunnen worden gekoppeld.

ISO {ai·es·oo} - *International Standards Organization* - ISO: maakt internationale normen, bijvoorbeeld de ISO-9000/4 kwaliteitsnormen (quality management°) en ISO/OSI°; is opgericht in 1946.

ISO-9000 {ai·es·oo} - *International Standards Organization-9000* - Stelsel van vijf kwaliteitsnormen uit 1988/89, die zijn overgenomen door het Nederlands Normalisatie-instituut (NNI). ISO 9000: Kwaliteitszorg en normen voor kwaliteitsborging; ISO 9001: Kwaliteitssystemen, model voor de kwaliteitsborging bij het ontwerpen/ontwikkelen, het vervaardigen, het installeren en de nazorg; ISO 9002: Kwaliteitssystemen, model voor de kwaliteitsborging bij het vervaardigen en installeren; ISO 9003: Kwaliteitssystemen, model voor de eindkeuring en de beproeving; ISO 9004: Kwaliteitszorg en elementen van een kwaliteitssysteem. De ISO-9000 certificering (certification°: certificatie?), wordt in Nederland o.a. uitgevoerd door KEMA. Behalve op het proces, zijn er ook ISO-normen voor de kwaliteit van de inhoud, bijvoorbeeld ISO-9126 (Software product evaluation - Quality characteristics and guidelines for their use) en een concretere versie ISO-14598.

ISO sizes {ai·es·oo} - *International Standards Organization sizes* - Genormeerde papierafmetingen A0 t/m A13, bijvoorbeeld A3°, A4°.

isochronous - *isochroon* - Transmissiemodus (mode°) waarbij een circuit- switched° verbinding bestaat uit regelmatige toewijzing van time slots (time slot°, TDM°); bijvoorbeeld gebruikt in FDDI° II of voor ATM°. Dit is belangrijk voor de overdracht van spraak of video, waarbij tijdsverschillen van 5 msec al storend zijn. Letterlijk: met gelijke tijd van werking of tijdsduur. ⇔plesiochronous°

isolate - *isoleren* - Een elektrische geleider (conductor°) of een fout (fault°) isoleren, zie: isolation°.

isolation - *isolatie, isolering* - **1.** Isolatie: afscheiding van elektrische geleiders in een kabel, **2.** Isolering: bepaling waar een fout (fault isolation°) of iets anders optreedt.

ISO/OSI {ai·es·oo·oo·es·ai} - *International Standards Organization/Open System Interconnection, OSI* - Het Open System Interconnection (OSI°) referentiemodel (X.200°) met zeven lagen: dat ook een ISO°-norm is.

ISP {ai·es·pi} - *Information System Planning, Internet Service Provider* - **1.** ISP: analysemethodiek voor de opzet van informatiesystemen; is vergelijkbaar met: BSP°, **2.** Dienstverlener (service provider°) die toegang verschaft tot Internet° via een (liefst lokaal) inbelpunt (POP°).

ISR {ai·es·ar} - *Information Storage and Retrieval, Information Storage Routine* - **1.** Informatie opslaan en terughalen: een onderdeel van de informatieverwerking, waarvoor een opslagstructuur zoals een database° is vereist, **2.** ISR, zie: interrupt service routine°.

ISV {ai·es·vi} - *Independent Software Vendor* - ISV: onafhankelijke softwareleverancier.

I/T {ai·ti} - *Information Technology* - Informatietechnologie, IT: apparatuur (hardware°) en programmatuur (software°). In advertenties meldt men hoopvol: IT works (Het werkt, Informatietechnologie werkt - wordt hoopvol gemeld). If anyone tells you what will happen next, he doesn't know the IT industry (Als iemand je vertelt wat er gaat gebeuren, dan kent hij de IT-industrie niet). We make IT happen (Wij zorgen ervoor - SNI). Zie ook: CSF°, information technology°.

ITA {ai·ti·ee} - *International Telegraph Alphabet* - Stel tekencodes voor internationale telegrafie: ITA-2 is de 5-bit Baudot code°, ITA-3 is de 6-bit Transpac code, ITA-4 is vervangen door ITA-5 en die is de 7-bit ASCII° code geworden. Bij async° transmissie worden hieraan het start° en stop° bit toegevoegd, zie: start-stop°.

italic - *cursief* - Cijfers en letters schuin gezet en sommige opnieuw ontworpen. Verschilt van: oblique° (alleen schuin gezet). ⇔roman°

italicize - *cursief maken* - In een tekstverwerker, een woord of stuk tekst *cursief* (italic°) zetten; daarin wordt ook de cursor° schuin.

ITAR {ai·tar} - *International Traffic in Arms Regulation* - ITAR: Amerikaanse wetgeving die naast bewapening, de export van encryptie-systemen (encryption°) als DES° en RSA° regelt, dat wil zeggen verhindert (behalve voor financiële instellingen). Veel pogingen om dit vitale onderdeel van internationaal netwerken zijn ondernomen, maar gestrand. Wellicht dat nu de nieuwe wet: Promotion of Commerce On-line in the Digital Era, geïntroduceerd door C. Burns, het wel gaat halen.

item - *item* - Eenheid, onderdeel, element of nieuwsartikel: informatie, een keuzeoptie in een menu° (menu item°), een geschilpunt enzovoort; is een veelgebruikt woord waarvoor in het Nederlands geen eenduidig equivalent beschikbaar is.

iterate - *herhaald uitvoeren* - Telkens terugkerende herhaling (iteration°) van een bewerking of een stuk programma. Ook: reiterate (nogmaals herhalen).

iteration - *herhaling, iteratie* - Iets herhaald uitvoeren (iterate°); synoniem: loop°.

iterative - *iteratief* - Een deel van een programma herhaald uitvoeren door middel van een lus (DO-loop°, loop°). ⇔recursive°

ITIL {ai·til} - *Information Technology Infrastructure Library* - Brits idee voor een bibliotheek (library°) met informatie over de I/T°-infrastructuur van een bedrijf en hoe die het best kan worden beheerd (best practices: practice°). Meer een filosofie en een raamwerk dan een middel.

ITSEC {ai·ti·sek} - *Information Technology Security Evaluation Criteria* - ITSEC: Europese versie van TCSEC° (orange book°), criteria voor de beveiliging van computersystemen. ⇔TCSEC°

ITU {ai·ti·joe} - *International Telecommunications Union* - ITU: internationale telecommunicatie-unie van PTTs uit alle landen, opgericht in 1932 en gevestigd in Genève, waarvan CCITT° (sinds 1993: ITU-T°) en CCIR° (sinds 1993: ITU-R°) autonome afdelingen zijn. De derde afdeling heet: World Development Sector (ITU-D), bedoeld voor de ondersteuning van op telecommunicatiegebied minder ontwikkelde landen.

ITU-D {ai·ti·joe·di} - *International Telecommunication Union-Development* - ITU-D: afdeling (sector) van de ITU voor de ondersteuning van op telecommunicatiegebied minder ontwikkelde landen.

ITU-R {ai·ti·joe·ar} - *International Telecommunication Union-Radiocommunications* - ITU-R: nieuwe naam van: CCIR°.

ITU-T {ai·ti·joe·ti} - *International Telecommunications Union-Telecommunications* - ITU-T: sinds eind 1993, nieuwe naam van: CCITT°.

ITU-TSS {-} - *International Telecommunications Union- Telecommunications Standard Specification* - ITU-TSS: aanduiding van een norm (standard°) van ITU-T°.

ITV {*ai*·ti·vi} - *Interactive TeleVision* - Interactieve TV (interactive television°): via een aparte aansluitdoosje (set-top box°) kunt u straks via radio, kabel of modem° communiceren met een centrale computer (multimedia server°) en uw wensen indienen voor speciale TV-programma's, films, informatie, spelletjes, bestellingen enzovoort; videotex is daarvan een slap aftreksel. Een hiervoor gebruikte techniek is: VRML°. Maar als alle plannen om audio en video via Internet° te versturen werkelijkheid worden, kan het ook gaan betekenen: Internet TeleVision! De combinatie van PC en TV krijgt een eerste opstap via de set-top box° en de kabel modem (cable modem°), maar te zijner tijd zou de

PC en de tweewegsverbinding ook gebruikt kunnen worden om de TV aan te passen aan de individuele wensen via VoD°.

IVPN {ai·vi·pi·en} - *International Virtual Private Network* - IVPN: internationale VPN°.

IVR {ai·vi·ar} - *Interactive Voice-Response* - IVR: een alternatief voor de traditionele manier om telefonisch bestellingen te plaatsen, reserveringen te maken en informatie te verschaffen, via de toetsen van uw telefoontoestel en voice-response°. De interactiviteit betekent dat het meer is dan alleen het uitspreken van een vast bericht. Zie ook: interactive°, ADSI°.

IXC {-} - *Inter eXchange Carrier* - IXC: lange-afstands carrier°: synoniem voor: long-distance carrier°. ⇔LEC°

- J -

J {-} - *Joule, J* - **1.** J: eenheid van energie en verrichte arbeid; is gelijk aan 1 $kg.m^2/sec^2$ of 1 Watt.sec; is genoemd naar J. Joule (1818- 89), **2.** J: opvolger van APL°, bedacht door K.E. Iverson, beschikt over ruim 70 functies onder Windows°; is een interpreterende taal (interpretive language°) met variabelen (variable°), functies (function°) en operatoren (operator°) met veel array°-bewerkingsmogelijkheden. De functies zijn gecodeerd met een of twee ASCII°-tekens, bijvoorbeeld '=.' is de assignment operator°: A=.3 betekent dat de waarde 3 wordt toegekend aan de variabele A.

jack - *stopcontact* - Contrastekker: waarin een plug° (stekker) past, bijvoorbeeld de RJ-11° telephone jack° gemonteerd in een telefoontoestel; synoniem: socket°.

jacket - *jacket* - Plastic behuizing van een diskette°: die met de diskette in een station wordt gestopt; niet verwarren met de papieren beschermhoes (envelope°) van een 5¼ inch diskette, die wèl moet worden verwijderd voordat de diskette in het station (drive°) kan worden geplaatst. Ook: beschermhoes van een kabel, soms uitgevoerd in twee delen: inner jacket en outer jacket.

Jackson system development - *JSD* - Zie: JSD°.

JAD {djed} - *Joint Application Design, Joint Application Development* - **1.** Joint Application Design, JAD: een methode waarin gebruikers en technici gezamenlijk toepassingen (application°) ontwerpen (design°); is een vervolg op Joint Requirements Planning (JRP°), **2.** Joint Application Development, JAD: een methode waarin gebruikers en technici gezamenlijk toepassingen ontwikkelen (development°); de methode is in de jaren zeventig ontstaan bij IBM Canada.

jaggies - *rafels* - Rafelige diagonale contouren, afgebeeld in een scherm of op papier; worden veroorzaakt door digitalisatie en kunnen worden verminderd door anti-aliasing° technieken. Synoniem: aliasing°. ⇔anti-aliasing

jam - *vastlopen* - Bijvoorbeeld het papier dat vastraakt in een printer of kopieermachine.

jamming - *jamming* - Bewuste toevoeging van stoorsignalen of ruis om de normale werking van een communicatiesysteem te verhinderen of om een foute situatie te signaleren.

JAN {djen} - *Joint Army Navy* - JAN: aanduiding op elektronische onderdelen (part°) voor de Amerikaanse defensie dat zij voldoen aan bepaalde normen. Blijkt een beschermd keurmerk te zijn.

Japan electronic industry development association - *JEIDA* - Zie: JEIDA°.

Java - *Java* - Programmeertaal (script°) voor WWW°, ontworpen door A. van Hoff (Hooked on Java) en J. Gosling (Sun) in 1991 en eind 1995 zo'n groot succes geworden dat vele andere bedrijven de taal in licentie (license°) namen; oorspronkelijke naam: Oak (eik). Officiële naam: JavaScript. Het achterliggende idee is een kleine, snelle interpreter° die de HTML° tag° 'app=...' herkent en dan de gespecificeerde applet° van de Web server° ophaalt. Voordeel: het bronprogramma hoeft niet te worden aangepast voor verschillende platforms (iedere browser° ondersteunt Java) en de Java-programmeur hoeft zich geen zorgen te maken over huishoudelijke zaken, bijvoorbeeld de synchronisatie van informatiestromen en vervalt de behoefte aan een PC. Telefoons tot en met lichtschakelaars kunnen uitgerust worden met Java microprocessors op een chip° en dan het Java-programma uitvoeren, iets waarvoor Java oorspronkelijk is ontwikkeld. Er zijn Java-bibliotheken met routines (http://www.gamelan.com/ of http://www.jars.com/); Java wordt geïnterpreteert (interpretive language°) en werkt object-georiënteerd (object-oriented°); de applet wordt uitgevoerd in een apart venster (window°). Sun noemt zijn eigen browser: HotJava, en de ontwikkelomgeving voor applets: JavaScript. De naam Java schijnt ontstaan te zijn in een koffieshop in Californië. Er moet nog wel een betere beveiliging komen, want de kans bestaat dat er virussen (virus°) meekomen met een applet°. Volgens sommigen: Java is the most heavily hyped thing since Netscape° (Java is het zwaarst opgehemelde programma na Netscape); zo sterk dat zelfs Microsoft het zal gaan gebruiken naast een nieuwe versie van Visual Basic (VBScript°). Sun heeft JOE voor de koppeling van applets met CORBA°-objecten. Vergelijkbaar maar complementair is: CGI°; zie verder onder: ActiveX°. ⇔ActiveX°

Java Objects Everywhere - *JOE* - Norm van Sun en OMG° voor de koppeling van Java° applets (applet°) met CORBA°-objecten.

JCL {djee·si·el} - *Job Control Language* - JCL: IBM°-taal om een programma mee te schrijven dat de uitvoering van andere programmatuur (job°) regelt.

JEDEC {-} - *Joint Electronic Device Engineering Council* - JEDEC: stichting voor normen ten behoeve van de elektronische industrie.

JEIDA {-} - *Japan Electronic Industry Development Association* - JEIDA: Japanse vereniging voor elektronische industrienormen (JIS°).

jewel case - *CD-doosje* - Plastic doosje (case°) voor een CD° of CD-ROM°.

JIS {-} - *Japanese Industrial Standard* - Japanse industrienorm, bijvoorbeeld van het: JEIDA°.

JIT {djit} - *Just-In-Time* - JIT: het idee dat men alle benodigde onderdelen precies op tijd voor een fabricagelijn aangeleverd zou kunnen krijgen. Er hoeft dan echter maar een kleinigheid (nit) te gebeuren en het is not-in-time.

jitter - *jitter* - Kleine, snelle veranderingen in de tijd van een elektronisch digitaal signaal of beeld, die de synchronisatie (synchronization°) of bij fasemodulatie (phase°) de detectie bemoeilijken. ⇔drift° (langzame veranderingen)

JNK {-} - *JuNK* - JNK: extensie (extension°) van een tijdelijk bestand (file°), dat na gebruik kan worden verwijderd; zie ook: junk°.

job - *job, taak* - Een werkopdracht (letterlijk: karwei) voor de computer, die wordt ingediend en vervolgens gestart; zoals in: batch job°, remote job entry°, job queue°. Een job bestaat meestal uit verscheidene stappen (job step°). Snow job (Iemand onder technische of fraaie termen bedelven zodat hij of zij het overzicht verliest). Zie ook: training-on-the-job°.

job control language - *JCL* - Zie: JCL°.

job identifier - *taaknummer* - Het identificatienummer van een taak (job°).

job-oriented language - *taakgerichte programmeertaal* - Programmeertaal die specifiek geschikt is voor bepaalde taken, meestal wiskundige berekeningen, bijvoorbeeld: FORTRAN°.

job priority - *taakprioriteit* - De prioriteit (priority°) die een taak (job°) krijgt of heeft.

job queue - *job wachtrij* - Reeks werkopdrachten (job°) die in een bepaalde volgorde moeten worden afgewerkt en zo in een wachtrij (queue°) worden gezet in een computer. ⇔workflow° (in een organisatie)

job shop - *job shop* - Werkomgeving waarin elke opdracht opnieuw wordt ontwikkeld en geen verband tussen opdrachten (job°) wordt gelegd. ⇔software factory°

job step - *job-step* - Onderdeel van een werkopdracht (job°).

job stream - *job-stroom* - Reeks werkopdrachten (job°) die opeenvolgend (sequential°) moeten worden verwerkt.

job turnaround - *job turnaround* - Tijd verstreken tussen het indienen (submit°) van een werkopdracht (job°) en het beschikbaar zijn van het resultaat; synoniem: turnaround time°.

JOE {djoo} - *Java Objects Everywhere* - Zie: Java Objects Everywhere°.

joggle - *gelijkstoten* - Een stapel papier bewerken om de vellen los van elkaar te krijgen en goed op de stapel, voordat ze in de invoerbak (bin°) van een printer of copier° worden gelegd.

join - *samenvoegen, join* - **1.** Samenvoegen: bij elkaar doen, **2.** Samenvoegen: relationele bewerking (relational operation°) waarbij tabellen worden gecombineerd tot een nieuwe tabel (view°) in een relationele° database° (RDBMS°); bijvoorbeeld: JOIN <...> AND <...> OVER <kolom> GIVING <...>.

joint application design - *JAD* - Zie: JAD°.

joint electronic device engineering council - *JEDEC* - Zie: JEDEC°.

joint photographics expert group - *JPEG* - Zie: JPEG°.

joint requirements planning - *JRP* - Zie: JRP°.

joint technical committee - *JTC* - Zie: JTC°.

joint venture - *joint venture* - Een gezamenlijke onderneming, desnoods met de concurrentie: If you can't beat them, joint venture them (Als u ze niet kunt verslaan, ga een joint venture met hen aan).

Josephson junction - *Josephson-schakelingen* - Halfgeleidertechnologie op basis van supergeleiding (superconducting°) waarin een overgangslaag (junction°) met weinig vermogen kan worden geschakeld bij extreem lage temperaturen. Wellicht ooit?

Joule - *J* - Joule: eenheid van energie en verrichte arbeid; is gelijk aan 1 $kg.m^2/sec^2$ of 1 Watt.sec; is genoemd naar J. Joule (1818- 89).

journal - *journaal* - Kasboek waarin de inkomsten en uitgaven dagelijks worden bijgehouden of log° waarin alle gebeurtenissen van een dag worden opgeslagen; zie ook: journal tape°.

journal tape - *kassarol* - Rol papier waarop uitgaven en inkomsten worden bijgehouden (journal°) in een kassa.

joystick - *joystick* - Pienter pookje voor computerspelletjes, waarmee acties kunnen worden ondernomen in een scherm.

JPEG {djee·pegk} - *Joint Photographic Experts Group* - Werkgroep die normen ontwikkelt voor de compressie (compression°) van: still (image) video° met behulp van DCT° op een 8 x 8 raster, gevolgd door kwantisering (quantize°) om onbelangrijke informatie te verwijderen en Huffman codering (Huffman code°); door aanpassing van de kwantiseringstabel werkt de algoritme (algorithm°) met een instelbare compressiefactor, die tussen 15:1 tot wel 100:1 kan liggen; is echter niet verliesvrij (lossy°). ⇔MPEG°

JRP {djee·ar·pi} - *Joint Requirements Planning* - JRP: een methode waarin gebruikers en technici gezamenlijk de vereisten van een toepassing (application°) plannen. Gaat vooraf aan: Joint Application Development (JAD°).

JSD {djee·es·di} - *Jackson System Development* - JSD: een methode voor systeemontwikkeling van M. Jackson, niet de popster.

JSP {djee·es·pi} - *Jackson Structured Programming* - Gestructureerde manier (structured programming°) om logische schema's te ontwerpen en te tekenen volgens JSD°.

JTC {djee·ti·si} - *Joint Technical Committee* - JTC: gezamenlijke technische commissie, bijvoorbeeld: ISO°/IEC°/JTC1, die werkt aan normen voor de informatietechnologie.

juke box - *juke box, wisselaar* - Apparatuur die, in plaats van grammofoonplaten, een groot aantal optische discs (disc°) of filmcassettes met zeer grote opslagcapaciteit kan schrijven en/of lezen. ⇔CD-ROM changer°

Julian date - *Juliaanse datum* - Datum in cijfers geschreven: JJDDD, waarbij JJ (jaar) loopt van 00 tot 99 en DDD (dag van het jaar) van 001 tot 366; is genoemd naar Julius Caesar en is ingevoerd in 45 v. Chr. Deze schrijfwijze is handig in computers, maar geeft - gelijk alle systemen die alleen de laatste twee cijfers gebruiken - chronologische problemen in het jaar 2000°! Wij gebruiken nu de Gregoriaanse kalender, ingevoerd door paus Gregorius XIII in 1582.

jump - *springen, sprong* - In een programma: opdracht (JMP) om direct te springen naar een label° of instructie elders, niet naar de volgende instructie (wat normaal het geval is); is vergelijkbaar met: branch°; synoniem: GOTO°.

jumper - *jumper* - Een tijdelijke verbinding, bijvoorbeeld tussen twee pinnen (pin°) op een kaart via een verbindingsstukje of draadje; is een goedkoop alternatief voor een DIP-switch° of een andere schakelaar..

junction - *las, overgang, trunk, verbinding* - **1.** Las: verbinding van twee kabels. **2.** Overgang(slaag), bijvoorbeeld: Josephson junction°, **3.** Trunk: Britse verbinding tussen twee telefooncentrales, **4.** Verbinding: tussen twee punten.

junction box - *kabelkast, kabeldoos* - Kast of doos (box°) waarin kabels worden aangesloten en verbindingen (junction°) gemaakt.

junk - *rotzooi, verslaafde* - **1.** Rotzooi: gegevens die niets voorstellen, als bestandsextensie (extension°): JNK°, **2.** Verslaafde, bijvoorbeeld: computer junk° (verslaafd aan een computer).

justification - *rechtvaardiging, uitvullen* - **1.** Rechtvaardiging: van wat u wilt doen, **2.** Uitvullen: de tekst van een regel; right justified (rechts uitvullen tot een rechte kantlijn; dit gebeurt in Nederland door de woordafstand te veranderen; in de VS wordt ook de letterafstand aangepast: microspacing°). Zie ook: horizontal justification° (regels uitvullen), vertical justification° (bladzijden uitvullen). ⇔ragged right/left°

justify - *uitvullen* - In een tekstverwerker, links en/of rechts regels (line°) uitvullen, zie: left justify°, right justify°.

just-in-time - *just-in-time* - Precies op tijd, op het laatste nippertje: oorspronkelijk uit fabrieksomgevingen waarin de onderdelen precies op worden aangeleverd voor assemblage. Nu ook: just-in-time compiler (compiler°), die interpreterende taal (interpretive language) programma's eerst compileert voor het juiste platform voordat de schript worden uitgevoerd.

- K -

k {kee} - *kilo...* - Duizend (1000 = 10^3), zoals in kHz (kiloHz).

K {kee} - *Kilo..., °Kelvin* - **1.** K: dat is 1024 (2^{10}) stuks, iets meer dan duizend; zie ook: M°, G°, en bijlage B. Machten van tien en twee; als het niet verder wordt gespecificifeerd, is betekent K meestal: KB°, **2.** °K: graden Kelvin° (⇔°C)

Ka-band - *Ka-band* - Satelliet (satellite°) frequentieband (band°) van 27-40 GHz°.

Kanji - *Kanji* - Japans hiërogliefen-alfabet van circa 7000 tekens; zie ook: Hiragana°, Katakana°.

Karnaugh map - *Karnaugh-diagram* - Waarheidstabel (truth table°) van Boole-bewerkingen (Boolean logic°), ontwikkeld door E.W. Veitch en M. Karnaugh in de jaren 50. Bestaat uit 2^N vakken, één voor elke waardecombinatie van een Boole-expressie (Boolean expression°), bijvoorbeeld $2^3 = 8$ vakken voor 3 variabelen (variable°).

Katakana - *Katakana* - Japans lettergreep-alfabet van 48 tekens; zie ook: Hiragana°, Kanji°.

KB {kee·bi} - *KiloByte, KeyBoard* - **1.** 1024 (2^{10}) byte°, zie: K°, **2.** Toetsenbord (keyboard°): term gebruikt in een schema, niet in spreektaal.

K-band - *K-band* - Satelliet (satellite°) frequentieband (band°) van 18-27 GHz°.

KBD {-} - *KeyBoarD* - KBD: extensie (extension°) van een bestand (file°) dat toetsenbord-definities (keyboard°) bevat; alternatief: KEY°.

kbit/s {kee} - *kbps* - Kilobit per seconde, zie: kbps°.

kbps {*kee*·bi·pi·es} - *kilobits per second* - Kbps: 1000 bit/s; maateenheid voor de snelheid van overdracht van bits (bit°).

kbs {kee·bi·es} - *kilobits per second* - Zie: kbps°.

KBS {kee·bi·es} - *Knowledge-Based System* - KBS: kennissysteem (knowledge-based system°), waarin kennis (knowledge°) wordt verwerkt in plaats van informatie (information°). ⇔information system°

kCal {kello·ri} - *kiloCalories* - Kilocalorieën: hoeveelheid warmte nodig om een kg water een graad C in temperatuur te doen stijgen, meestal gewoon calorie genoemd. ⇔BTU°

keep track - *bijhouden* - Het tijdschema of de plaats van een pakket of onderdeel bijhouden, zie ook: track° (spoor).

Kelvin - *K* - °Kelvin: maateenheid van temperatuur (temperature°) en kleurtemperatuur (color temperature°), genoemd naar Lord Kelvin (W. Thompson, 1824-1907): 0 °K is het absolute nulpunt, 273 °K het vriespunt van water (0 °C), 373 °K het kookpunt van water (100 °C) enzovoort; dus: °C = 273 + °K.

Kerberos - *Kerberos* - Cryptografisch (cryptography°) systeem, de facto norm, voor de authenticatie (authentication°) van gebruikers en verbindingen, vooral gebruikt voor de distributie en het beheer van sleutels (key°), ontwikkelt bij MIT° in de jaren 80, genoemd naar de 3-hoofdige hond die volgens Griekse mythologie de ingang van Hades bewaakte; de hond wordt in het Nederlands meestal Cerberus genoemd.

Een variant van Kerberos wordt door OSF° gebruikt in DCE°.

Kermit - *Kermit* - Populair public domain° protocol° voor asynchrone (async°) datacommunicatie: is door F. DaCruz en B. Catchings bij Columbia University ontwikkeld; werkt langzaam (oorspronkelijk HDX° en 7-bit), maar is betrouwbaar en wordt door veel programma's ondersteund; is een letterwoord: KL10 Error-free Reciprocal Micro Interconnect over TTY°.

kernel - *kernel* - Het meest essentiële stuk of basisonderdeel van een programma; de kernel van een besturingssysteem bestuurt direct de hardware° van een computersysteem, zie: UNIX°, Mach-kernel°; AIX° werkt met een dynamische kernel; letterlijk: kern; praktisch synoniem: nucleus°.

kerning - *aan- en afspatiëren* - Grafische tekens goed op hun plaats zetten, belangrijk voor lettercombinaties zoals 'AV' en 'Ve'. Kerning werkt absoluut (⇔tracking°). Aanspatiëren is het uit elkaar halen van twee letters, afspatiëren het naar elkaar toe brengen. Zie ook: ligature°.

key - *toets, intoetsen, sleutel, voornaamste* - **1.** Toets: op een toetsenbord (keyboard°), zie bijvoorbeeld: dead key°, F-key°, function key°, return key°, shift key°, shift lock°; zie ook: 83-key keyboard°, 101-key keyboard°, 104-key keyboard°, **2.** Intoetsen: opdrachten of gegevens typen op een toetsenbord, **3.** Sleutel: voor het opzoeken van gegevens (search key°); het key field° bevat de sleutel, bijvoorbeeld: primary key°, foreign key°, **4.** Sleutel: voor het decoderen van een gecodeerd bericht, bijvoorbeeld: private key°, public key°, session key°, hardware key°, software key°, secret key°, metakey°; zie ook: escrow°, **5.** Voornaamste, bijvoorbeeld: key features° (hoofdpunten). Zie ook: turnkey°.

KEY {-} - *KEYboard* - KEY: extensie (extension°) van een bestand (file°) dat toetsenbord-definities (keyboard°) bevat; alternatief: KBD°.

key account - *belangrijke klant* - Klant (account°) waarmee veel omzet wordt gerealiseerd of die een grote uitstraling heeft naar andere klanten.

keyboard - *toetsenbord* - Verschillend bij elk model°, bij elke fabrikant en in elk land; zie ook: Dvorak keyboard°, extended keyboard°, split keyboard°. Is ook een elektrisch muziekorgel in een toetsenbord. Het definitiebestand heeft een extensie (extension°) KBD° of KEY°. Zie ook: 83-key keyboard°, 101-key keyboard°, 104-key keyboard°.

keyboard buffer - *toetsenbordbuffer* - De buffer° van een toetsenbord (keyboard°) waarin de scancodes (scan code°) van de ingedrukte toetsen worden opgeslagen, nodig omdat sommige typisten toetsen heel snel na elkaar kunnen indrukken. Synoniem: type-ahead buffer°.

keyboard definition - *toetsenbord-definitie* - De keuze van toetsenbord, die wordt ingesteld met de opdracht KEYB xx yyy in CONFIG.SYS°, waarbij xx = toetsenbord-code (keyboard code, 2 letters) en yyy = codetabelnummer (code page°, 3 letters). De definitie kan in DOS° ook direct veranderd worden.

keyboard ghost - *toetsenbordvervanger* - Doos die op een PC wordt aangesloten als ware het een toetsenbord (keyboard°): nuttig voor servers en demonstratie-PC's waarbij het onoordeelkundig gebruik van een toetsenbord tot grote problemen kan leiden; een PC start niet (POST°) zonder een toetsenbord! Op de doos kan voor noodgevallen een toetsenbord worden aangesloten. Niet verwarren met: ghosting°.

keyboard layout - *toetsenbordindeling* - De plaatsing (layout°) van tekens op een toetsenbord (keyboard°). Zie: AZERTY°, QWERTY°, 101-key keyboard°, Dvorak keyboard°, Veel landen kennen een eigen toetsenbordindeling vanwege accenten en speciale tekens, zie: code page°.

keyboard macro - *keyboard macro* - Programma (macro°) dat kan worden opgeroepen via een toets (key°) of toetsencombinatie; is een uitbreiding van de mogelijkheden van een toetsenbord (keyboard°).

keyboard overlay - *toetsenbordsjabloon* - Vel van kunststof met gaten dat over de toetsen (key°) van een toetsenbord (keyboard°) wordt gelegd (overlay°): waarop de betekenis/functie van bepaalde toetsen staat aangegeven.

key combination - *toetsencombinatie* - Twee of meer toetsen (key°) die tegelijk moeten worden ingedrukt om een bepaald effect te krijgen, in een tekstverwerker bijvoorbeeld Ctrl°, Shift° en ';' om een trema op de daarna ingedrukte letter te zetten.

key definition - *toetsdefinitie* - De mogelijkheid om tekens (character°, character code°) toe te wijzen aan bepaalde toetsen (key°) of functies aan toetscombinaties (macro°).

key entry - *gegevensinvoer* - Gegevens (data°) invoeren via een toetsenbord (keyboard°); is een vorm van: data entry°.

key exchange algorithm - *algoritme voor de uitwisseling van de sleutel* - De manier (algorithm°) waarop sleutels (key°) worden uitgewisseld; algemeen gebruikt wordt de Diffie-Hellman algoritme voor het uitwisselen van een steeds weer nieuwe: session key°.

key factor - *sleutelfactor* - Factor die de oplossing moet brengen voor een netelig probleem of die het doorslaggevende element is in een situatie.

key field - *sleutelveld* - Veld (field°) in een record° dat de sleutel (key°) bevat.

key generator - *sleutelgenerator* - Inrichting (device°) die cryptografische sleutels (key°) genereert (generator°).

keying - *intoetsen, seinen* - **1.** Intoetsen: op een toetsenbord (keyboard°), **2.** Seinen: met een seinsleutel, zie: shift keying°.

keyless - *zonder toetsen* - Aanduiding van een activiteit of werkzaamheid waarbij geen toetsenbord wordt gebruikt, bijvoorbeeld: keyless data entry°, maar bijvoorbeeld een streepjescodelezer (bar code reader°).

keylock {kie·lok} - *keylock* - Slot op een werkstation. Niet verwarren met het klankverwante KLOC° {kee·lok}.

key management - *sleutelbeheer* - De installatie en het beheer van de sleutels (key°) die in een bedrijf of afdeling worden gebruikt voor: encryption°, decryption°; is de sleutel tot vertrouwde (secure°, trusted°) systemen.

keypad - *keypad* - Klein toetsenblok naast of geïntegreerd in het grote toetsenbord (keyboard°), bijvoorbeeld om cijfers in te toetsen (numeric keypad°).

key punch - *ponsmachine* - Oud apparaat met toetsenbord waarmee ponskaarten (Hollerith°) konden worden geponsd (punch°).

keystroke - *toetsaanslag* - Het indrukken (strike°) van een toets (key°).

key-to-disk - *key-to-disk* - Vroegere methode van gegevensinvoer (data entry°) via een toetsenbord (keyboard°) naar diskette° in een stand-alone° machine; tegenwoordig doet men dit liever online°, want dan kunnen mogelijke fouten gelijk worden ontdekt en gecorrigeerd (input validation°).

keytop - *bovenzijde van toets* - De bovenvlak (top°) van een toets (key°), waarop de vinger drukt tijdens een aanslag (keystroke°).

keyword - *trefwoord, sleutelwoord, keyword* - **1.** Trefwoord: dat als sleutel gebruikt wordt voor het opzoeken van informatie; zie: KWIC°; op Internet° zult u de trefwoorden vrijwel altijd in het Engels/Amerikaans moeten invoeren, **2.** Sleutelwoord: om een bericht mee te versleutelen (encrypt°) of ontcijferen (decrypt°), **3.** Keyword: gereserveerd woord in een programmeertaal, bijvoorbeeld: DIR, IF, THEN en ELSE (if-then-else°); synoniem: reserved word°. Zie ook: predicate keyword°.

keyword in context - *KWIC* - Zie: KWIC°.

keyword out of context - *KWOC* - Zie: KWOC°.

KFLOPS {kee·flops} - *Kilo FLoating-point Operations Per Second* - KFLOPS: duizend (k°) eenheden snelheid van drijvende-komma berekeningen met een computer, zie ook: FLOPS°, MFLOPS°, GFLOPS°, PFLOPS°. ⇔BIPS° ⇔MIPS°

kHz {-} - *kiloHertz* - KHz: 10^3 trillingen per seconde (Hz°), maateenheid van frequentie (frequency°).

killer - *klapper* - Product (killer app°) waarvan de spreker verwacht dat het alle concurrenten van de markt zal vegen.

killer app {-} - *killer application* - Klapper (killer°): toepassing (application°) die of product dat een gat in de markt vindt of zal gaan vinden, bijvoorbeeld World Wide Web° voor Internet°.

kilo- {killo} - *kilo..., k...* - Met kleine k: duizend stuks, bijvoorbeeld: kLOC°.

Kilo- {killo} - *Kilo...* - Met grote K: 1024 (2^{10}) stuks, bijvoorbeeld: KB°.

Kilobyte {killo·bajt} - *KB* - KB°: dat is 1024 (2^{10}) bytes°. Wordt soms ook genoemd: K°.

kit - *bouwpakket* - Bouwdoos: onderdelen en instructies om iets in elkaar te zetten of in te bouwen, bijvoorbeeld: tool kit° (programmeurswerktuigen), SDK°.

KLIPS {kee·lips} - *Kilo Logical Inferences Per Second* - KLIPS: 1000 LIPS°, maat voor de snelheid van een kennissysteem (knowledge-based system°).

kLOC {kee·lok} - *Kilo Lines-Of-Code* - KLOC: duizend regels machine code°, eenheid voor de grootte van een programma. Als grove vuistregel komt 1 kLOC overeen met 10 functiepunten (FPA°, function points°).

knowbot - *knobot* - Robot (robot°) met kennis van zaken: een dienst die informatie verschaft over organisaties, producten, diensten of personen; zie ook: knowledge worker°.

knowledge - *kennis* - Kennis over onderwerpen, feiten en regels in de menselijke wereld: die kunnen worden opgeslagen in een kennissysteem (knowledge system°) in de vorm van regels (rule°), gestructureerde objecten (frame°) of predikaatlogica (predicate logic°). Kennis wordt de vierde productiefactor genoemd, naast grondstoffen, arbeid en kapitaal. De enige functie van kennis is zelfkennis (de rest is vaardigheid - Socrates). Er is geen andere kennis de moeite waard dan die van de mens (M. Gijzen, 1970). We are drowning in information but are starved for knowledge (We verzuipen in de informatie, maar hongeren naar kennis - J. Naisbitt, Megatrends, 1984). What we call knowledge is merely another form of ignorance, organized ignorance (Wat wij kennis noemen, is slechts een andere vorm van onwetendheid, georganiseerde onwetenheid - J. Huxley).

knowledge acquisition - *kennisverwerving* - Verzameling van kennis door middel van deductie (deduction°) of inductie (induction°); gaat vooraf aan kennisontwerp (knowledge engineering°); term wordt ook gebruikt voor het leerproces van een neuraal netwerk (neural net°). ⇔data acquisition°

knowledge base - *knowledge base, kennisbank* - Kennis in de vorm van definities (asssertion°) en regels (rule°), of van geclassificeerde voorbeelden (induction°).

knowledge-based system - *kennissysteem, KBS* - KBS: vergelijkbaar met een informatiesysteem, verwerkt echter kennis in plaats van informatie, en doet dat door middel van redeneren (inference°) of inductie (induction°). Wordt vaak verkort tot: knowledge system°.

knowledge engineer - *analist voor kennissystemen* - Kennisingenieur: die de toepassing van kennissystemen (knowledge system°) analyseert.

knowledge engineering - *kennisontwerp* - Engineering (engineering°) volgt op kennisverwerving (knowledge acquisition°).

knowledge model - *kennismodel* - Het model° dat in een kennisbank (knowledge base°) wordt geïmplementeerd.

knowledge system - *kennissysteem* - Systeem waarin kennis (knowledge°) is opgeslagen, niet alleen informatie (information°): wordt gebruikt om een diagnose te stellen, fouten op te speuren of trends te ontdekken in informatie. Synoniem: expert system°, knowledge-based system°.

knowledge tree - *kennisboom* - Structuur van een toepassing van een kennissysteem (knowledge-based system°), die de overerving (inheritance°) bepaald.

knowledge worker - *kenniswerker* - Creatieve gebruiker van een kennissysteem; een persoon die beslissingen neemt, niet alleen maar gegevens invoert. Op kennis gebaseerde automaten worden wel genoemd: knowbot (⇔robot°).

K&R {kee·en·ar} - *Kernighan and Ritchie* - K&R: B. Kernighan en D. Ritchie, schrijvers van het standaardwerk over de programmeertaal (programming language°) C° uit 1978: The C Programming Language; ook wel genoemd: het Oude Testament. C is de programmatische basis voor UNIX°.

Ku-band - *Ku-band* - Satelliet (satellite°) frequentieband (band°) van 12-18 GHz°.

kudos - *lof* - Schouderklopjes: waardering voor goede apparatuur, programmatuur, dienstverlening of medewerkers. Uitspraak: {kjoe·doos}.

KWIC {kwik} - *KeyWord In Context* - KWIC: automatische methode om een index van een bestand te creëren waarin trefwoorden (keyword°) worden gerangschikt met samenhangende woorden (context°) *aan weerszijden*; is geïntroduceerd door H.P. Luhn (1896-1964). ⇔KWOC°

KWOC {kwok} - *KeyWord Out of Context* - KWOC: indexeersysteem waarin de titels voluit worden afgedrukt *onder* de trefwoorden (keyword°). ⇔KWIC°

- L -

L - *inductor* - L: symbool voor een spoel (inductor°) in een schema; eenheid: Henry°.

lab {leb} - *laboratory* - Laboratorium: plaats waar men apparatuur of programmatuur ontwikkelt, bijvoorbeeld: Bell Labs°, CIL°. Amerikaanse uitspraak: {*leb*·ra·too·ri}.

label - *etiket, label, volume label* - **1.** Etiket: wat ergens op wordt geplakt, **2.** Label: symbolische naam in een programma waaraan gerefereerd kan worden, **3.** Volume label°: identificatierecord° van een bestand; in DOS° ook de opdracht om een label te maken of te veranderen, **4.** Label: naam van een disk°, diskette° of tape°, **5.** Beschrijvende tekst: geplaatst in de cel (cell°) van een spreadsheet°, **6.** Markupcodes (markup°) bij tekstverwerking, zie bijvoorbeeld: SGML°; synoniem: tag°. Als extensie (extension°) van een bestand (file°): LBL°. Wordt mannelijk gebruikt: *de* label.

labeling - *labeling*- Etikettering: het aanbrengen van labels (label°), een steeds belangrijker zaak voor voorraadbeheer (inventory control°) en verkoopadministratie. Wordt ook gebruikt met betrekking tot de keuze van het type label (auto ID°, bar code°, RF/ID° enz.).

label printer - *etikettendrukker* - Speciale kleine printer voor het drukken van etiketten (label°) geplaatst op een opgerolde drager.

labor - *werk, werken, werkstuk* - **1.** Werk: arbeid, de hoeveelheid werk, die wordt uitgedrukt in uren of geld; als werkwoord: to labor (werken, ploeteren), **2.** Werkstuk. In het Engels: labour°.

labour - *labor* - Engelse schrijfwijze van: labor°.

lag - *vertraging* - Het tijdsverloop tussen twee gerelateerde gebeurtenissen: bijvoorbeeld tussen het plan en de uitvoering; voluit: time lag. Zie ook: latency°.

LAM {lem} - *Lobe Access Module* - LAM: voorziening gebruikt voor het segmenteren (segment°) van een token ring°-netwerk; zie ook: CAU°, MAU°.

LAN {len} - *Local-Area Network* - Lokaal netwerk, bijvoorbeeld: Ethernet°, Token Ring°. Nu een belangrijk begrip, maar als alles straks met glasvezelkabels (fiber optics°) wordt gekoppeld, dan heeft u weer net een (moeilijker te beheren) mainframe°. Zie ook: remote LAN°, virtual LAN°, zero-slot LAN°.

LAN bridge {len} - *Local-Area Network bridge* - Koppeling (bridge°) tussen twee lokale netwerken (LAN°).

LAN emulation {len} - *Local-Area Network emulation* - LAN-emulatie: het emuleren (emulation°) van LAN°-protocollen (protocol°) om LANs met elkaar te kunnen verbinden. Wordt vooral toegepast om frame relay° en ATM° te gebruiken in token ring° lokale netwerken.

landscape - *landscape, liggend* - Tekst in de lengte van een pagina afdrukken. ⇔portrait°

LAN extender {len} - *Local-Area-Network extender* - LAN°-extender: eenvoudige brug (bridge°) voor de koppeling van twee LANs.

language - *programmeertaal, natuurlijke taal, set tekencodes* - **1.** Programmeertaal (programming language°), bijvoorbeeld COBOL°; zie: generation, language°, formal language°, interpretive language°, job-oriented language°, machine language°, macro language°, problem-oriented language°, procedural language°, symbolic language°, query language°, **2.** Natuurlijke taal: gesproken door mensen, **3.** Per land verschillende verzameling tekencodes (code page°). Zie ook: native language, metalanguage°, multilanguage°.

language-specific - *taalspecifiek* - Eigenschap die specifiek is voor een bepaalde natuurlijke taal (bijvoorbeeld afbreken) of programmeertaal (bijvoorbeeld de manier waarop variabelen worden gedefinieerd).

LAN-ing {lenning} - *Local-Area Networking* - Terminals of werkstations op een LAN° aansluiten.

LAN server {len} - *Local-Area Network server* - **1.** Krachtige computer (server°) in een lokaal netwerk (LAN°), die de aangesloten werkstations voorziet van bestanden (file°), **2.** Programmatuur voor een LAN server.

LAN switching {len} - *Local-Area Network switching* - LAN-switching: nieuwe techniek (switching°) om de capaciteit van bestaande Ethernet°- en token ring°-netwerken (LAN°) te verhogen d.m.v. een centrale switch°. In een campus network°: campus switching°.

LAP {lep} - *Link Access Procedure* - LAP: protocol° voor de correctie van transmissiefouten (error correction°) in de communicatie tussen een DCE° en een DTE°, beschreven in de V.42bis° norm; zie: LAP-M°.

LAP-B {lep·bi} - *Link Access Procedure-Balanced* - LAP-B: CCITT° (nu: ITU-T°) data link° protocol° voor packet-switched° netwerken (D-channel°); is vergelijkbaar met HDLC° en wordt nu ondersteund door alle publieke informatienetwerken (PDN°).

LAP-D {lep·di} - *Link Access Procedure-D* - LAP-D: CCITT° (nu: ITU-T°) data link° protocol° voor ISDN° netwerken (D-channel°), vergelijkbaar met HDLC°.

LAP-M {lep·em} - *Link Access Procedure-Modem* - LAP-M: CCITT° (nu: ITU- T°) norm voor foutencorrectie (error correction°) tussen modems (modem°); is een onderdeel van V.24°. Wordt ook vaak aan elkaar geschreven: LAPM.

laptop - *schootcomputer* - Doos (lunchbox°, oyster-shell°) waarmee zijn baas sjouwt, wordt ook wel 'lap' genoemd; is een geesteskind van A.C. Kay (PARC°). Zijn iets kleine broertje heet notebook° (die meer in zwang raakt) of subnotebook°. ⇔desktop° ⇔palmtop°

large-scale integration - *LSI* - Zie: LSI°.

laser {leser} - *Light Amplification by Stimulated Emission of Radiation* - Laser: wonderlampje dat licht van één golflengte produceert en daarom gebundeld blijft; wordt gebruikt in laserprinters° en glasvezelkabels (fiber optics°) en bij het lezen van optische discs°. Is uitgevonden door G. Gould in 1957 en T. Maiman maakte het eerste werkende model (robijnlaser) in 1960. Halfgeleider-lasers (semiconductor°) zijn het basiselement van veel vernieuwingen in de jaren 90, waaronder laserprinters en alle optische discs (disc°), tot nu toe bijna-infrarood (IR°, 780 nm) of rood (635 of 654 nm), maar straks ook blauw (430 nm) of UV° (350 nm) - een voordeel van een kleine golflengte (wavelength°) is de verhoging van de capaciteit, bijvoorbeeld op een CD-ROM° en in glasvezelkabel, zie: diffraction-limited°. Voor het schrijven van DVD°-schijven is meer vermogen (35 mW) nodig dan voor uitlezen (5 mW).

laserprinter - *laserprinter* - Printer die met behulp van een laser° en toner° (drukstof) afdrukt in zwart/wit of kleur: is gepopulariseerd door Apple° vanwege hun LaserWriter (geïntroduceerd in 1985) en door HP° vanwege hun LaserJet. Vrijwel alle laserprinters zijn uitgerust met een engine° van Canon. ⇔inkjet printer° ⇔matrix printer° ⇔thermal printer°

last in, first out - *LIFO* - Zie: LIFO°.

latch - *latch* - Bistabiele schakeling of voorziening die aan- of uitgezet kan worden en die in de gezette stand blijft staan tot een volgende tegenactie. Oorspronkelijk: klink, veerslot. ⇔flip-flop°

late binding - *late binding* - Wanneer binding° plaatsvindt tijdens de uitvoering (runtime°), niet vooraf tijdens het compileren (compile°) van een programma. ⇔early binding°

latency - *wachttijd* - Tijd tussen het verzoek om gegevens van een disk° en het begin van de gegevensoverdracht of de tijd waarin een groep bits door een netwerk loopt; kort (low) is beter dan lang (high); zie ook: time lag°, rotational latency°. Synoniem: access time°.

LATEX {lee·teks} - *LATEX* - Uitbreiding van TEX°, tekstverwerking onder UNIX°, afkomstig van L. Lamport. LATEX geeft de logische tekstmarkering en gebruikt TEX voor de opmaak (format°).

launch - *starten* - Een programma, bewerking of toepassing (application°) starten.

launcher - *launcher* - Een toepassing (application°), bijvoorbeeld voor Windows 95°, die de meest gebruikt programma's op een rijtje zet, om ze eenvoudig te kunnen starten (launch°). De lijst daarvoor moet wel op de desktop° staan; hij wordt ook wel genoemd: launch pad (lanceerplatform), launch bar (lanceerbalk).

law - *wet* - Zie bijvoorbeeld: Amdahl's law°, Grosch's law°, Moore's law°, Murphy's law°, Parkinson's law°, Zipf's law°, law of diminishing returns°.

LAWN {làwn} - *Local-Area Wireless Network* - Alternatieve naam voor: R- LAN°.

law of dimishing returns - *wet van de verminderde meeropbrengsten* - Wet (law°), ruim een eeuw geleden bedacht door A. Marshall, die stelt dat naarmate de productie groter wordt, de variabele kosten onevenredig toenemen, waardoor de winst (return°) daalt. Deze wet gaat niet langer op voor software° vanwege goedkope distributie, bijvoorbeeld via Internet°, en elektronisch betalen - die combinatie betekent vermeerderde opbrengst.

layer - *laag* - Onderdeel van een veelgebruikte manier van modellering in lagen, bijvoorbeeld één van de zeven lagen (network layer°, protocol layer°) van het OSI reference model° (synoniem: level°) of een laag in een neuraal netwerk (neural net°). Een interface kan ook worden gezien als laag, bijvoorbeeld: shell°. Elektronische tekeningen worden vaak opgebouwd in lagen zodat objecten en kleuren eenvoudig kunnen worden toegevoegd of veranderd. Zie ook: multilayer° (meerlaags), secure sockets layer (SSL°).

layout - *layout, indeling, plaatsing* - **1.** De samenstelling van een veld (field°), record° (record layout°) of bestand (file layout°), **2.** De typografische samenstelling van een pagina (page°), **3.** De plaatsing van componenten (module°) op een kaart (card°) of van kabels in een gebouw.

L-band - *L-band* - Satelliet (satellite°) frequentieband (band°) van 1-2 GHz°.

LCD {el·si·di} - *Liquid-Crystal Display* - Een monochrome beeldschermtechnologie met vloeibare kristallen, waarbij het scherm moet worden verlicht (reflective°, backlit°, sidelit°); voor kleur, zie: TFT°, wordt ook wel genoemd: active LCD; kan ook met diodes i.p.v. transistoren worden uitgevoerd. De LCD-technologie is oorspronkelijk ontwikkeld door G. Heilmeier bij RCA in 1965, maar die ontwikkeling werd gestopt omdat men bevreesd was voor het effect op de verkopen van televisiebuizen, toen een grote winstbron voor RCA; nu worden vrijwel alle televisiebuizen èn LCDs in Japan geproduceerd! Zie ook: active matrix LCD°. ⇔CRT° ⇔electroluminiscent display° ⇔plasma display°

LCD panel {el·si·di} - *Liquid-Crystal Display panel* - LCD-paneel: een doorzichtig LCD-scherm dat gekoppeld is aan een PC en op een overhead° projector wordt gelegd om de op het LCD-scherm afgebeelde informatie op een groot wit scherm te projecteren.

L&D {el·en·di} - *Logistics and Distribution* - Logistiek (logistics°) en distributie (distribution°): twee samenhangende en kostenbepalende factoren bij de verkoop van massaproducten.

le {-} - *less than or equal to,* <= - Minder dan of gelijk aan: een vergelijkingsoperator (relational operator°).

lead - *aanwijzing, kabel, lood* - **1.** {lied}: Aanwijzing dat iemand mogelijk geïnteresseerd is in uw product of dienst, **2.** {lied}: Kabel: dikke verbinding of dunne draad, **3.** {lèd}: Lood, zwaar materiaal. Zie ook: leading°.

leader - *leader, leider* - **1.** Leader: voorloopstuk magneetband of papier dat wordt gebruikt voor het inzetten van een band in het transportmechanisme, **2.** Leider: persoon die andere mensen kan inspireren to navolging. Ook: opvulteken, gebruikt in een inhoudsopgave.

leading - *leidend, regelspatiëring* - **1.** {lie·ding}: leidend, vooraanstaand; bijvoorbeeld: leading technology (belangrijkste technologie), leading zeroes (voorloopnullen), **2.** {lè·ding}: regelspatiëring, de afstand tussen de baseline° van twee opeenvolgende regels broodtekst; is afgeleid van lead (lood) waarmee vroeger tekst werd gezet.

leading edge - *invoerkant, geavanceerd* - **1.** Invoerkant: kant van een formulier of stuk papier dat als eerste een printer of leesmachine ingaat, **2.** Geavanceerd: modewoord dat letterlijk betekent: aan de voorkant van de technologie. Ironisch wordt vaak gesproken over de: bleeding edge of technology (bloedende kant van technologie), door klanten die te vroeg zijn overgestapt op een nog onvolgroeide nieuwe technologie.

leading sign - *voorloopteken* - Een plus- of minteken (sign°) geplaatst voor een getal, niet erachter.

leading zero - *voorloopnul* - Een of meer nullen (zero°) geplaatst voor een getal om het aantal cijfers aan te vullen tot een vast aantal (fieldlength°); dit wordt vooral gedaan met bedragen om verandering door toevoeging van een cijfer te bemoeilijken.

lean and mean - *lenig en gespierd* - Gewenste eigenschappen van computerbedrijven in moeilijke tijden.

learning curve - *aanlooptijd* - De aanloopperiode van een nieuwe activiteit omdat mensen het eerst moeten leren.

leased line - *leased line* - Huurlijn van het openbare telefoonnetwerk, die exclusief beschikbaar is zolang de rekening maar op tijd wordt betaald. ⇔dial line°

leasing - *leasing* - Een vorm van huurkoop waarvoor een leasingbedrijf de financiering verzorgt van auto's, computers enzovoort en uw bedrijf daarvoor huur betaalt. De lessee° is de gebruiker en de lessor° de financier in een lease-contract.

least squares - *minste kwadraten* - Een wiskundige benaderingsmethode waarbij de som van het kwadraat (square°) van het verschil tussen de geobserveerde en de theoretische waarde van parameters (parameter°) in een model wordt geminimaliseerd. Een verfijning is de gewogen minste kwadraten methode (weighted least squares method).

LEC {lek} - *Local Exchange Carrier* - LEC: lokale carrier°, die werkt in een beperkt gebied, bijvoorbeeld een stad of regio, mogelijk gebruikmakend van een enkele telefooncentrale (exchange°). ⇔IXC°

LED {el·ie·di} - *Light-Emitting Diode* - LED: diode° die licht geeft als er voldoende stroom doorheen loopt, is een halfgeleider lampje gemaakt van GaAs°. Nederlandse uitspraak is meestal: {led}.

LED printer {el·ie·di} - *Light-Emitting Diode printer* - LED°-printer: gebruikt een rij LEDs in plaats van een laser° voor de belichting in een printer. ⇔laserprinter° ⇔matrix printer ⇔thermal printer°

ledger - *grootboek* - Register waarin het vermogen van een bedrijf wordt bijgehouden door de afdeling Financiën (finance°) door middel van journaalposten van de Administratie.

left - *links, overgebleven* - **1.** Links, bijvoorbeeld: flush left°, ragged left°, **2.** Overgebleven, achtergelaten, bijvoorbeeld: Two choices left over (Twee keuzes blijven over); voltooid verleden tijd van: to leave.

left align - *links uitlijnen* - Synoniem voor: left justify°. ⇔right align°

left brace - *accolade openen, {* - Zie: brace°, en de lijst met veelgebruikte tekens achterin dit boek.

left indent - *links inspringen* - De linkermarge naar rechts opschuiven. ⇔right indent°

left justify - *rechte linkerkantlijn* - In tekstverwerking, regels links uitvullen (justification°, justify°): zoals te doen gebruikelijk is. ⇔right justify°

left margin - *linkermarge* - De marge (margin°) aan de linkerkant van een bladzijde. ⇔right margin°

left mouse button - *linkermuisknop* - De meest gebruikte muisknop (mouse°); op de Mac° de enige.

left parenthesis - *haakje openen, (* - Zie de lijst met veelgebruikte tekens achterin dit boek.

left square bracket - *rechte haak openen, [* - Zie: bracket°, en de lijst met veelgebruikte tekens achterin dit boek.

legacy - *oud* - Aanduiding van systemen, netwerken of toepassingen (application°) die verouderd zijn en niet meer passen in de nieuwe omgeving, waardoor ze moeilijk te onderhouden zijn, nu bijvoorbeeld vanwege: downsizing°. Men kan dan gaan denken aan re-engineering°. Vanwege de doorbraak van relationele databases (RDBMS°), worden hiërarchische databases inmiddels ook hieronder gerekend. De ATM°-gemeenschap spreekt over: legacy LAN° support (de ondersteuning van de huidige LANs in een ATM-netwerk). Letterlijk: legacy (erfenis). Binnen enkele jaren ondergaan de huidige client/server°-systemen hetzelfde lot.

legal - *juridisch, wettig, geldig* - **1.** Juridisch: rechtskundigen die advies geven over de wettigheid van te ondernemen stappen, **2.** Wettig: legaal, **3.** Geldig: een naam (name°) of indeling (format°) die door de computer geaccepteerd wordt. ⇔illegal°

legal size - *Amerikaanse folio* - Verlengde A-size°: 8½ x 14 inch (216 x 355 mm) papierformaat, gebruikt door rechtskundigen en anderen.

legend - *legenda* - Een verklaring van de symbolen gebruikt op een kaart of in een tekening.

legislation - *wetgeving* - In de VS (USA°) bestaan federale (federal) wetten en staatswetten (state); daarnaast speelt jurisprudentie een grote rol.

lemma - *trefwoord* - Lemma: ingang in een woordenlijst (glossary°).

Lempel-Ziv coding - *Lempel-Ziv compressie* - Een adaptieve compressiemethode (coding°) die veel wordt gebruikt in PC's en werkstations; is bedacht door A. Lempel en J. Ziv en uitgebreid tot Lempel-Ziv Huffman (LZH°) of Lempel-Ziv Welch (LZW°); is een verbetering van de MH-code° en vereist geen voorgaande statistische kennis: de algoritme (algorithm°) bouwt identieke string°-dictionaires (dictionary°) aan de zend- en ontvangstkant; wordt gebruikt in ARC°- en ZIP°-compressie en in V.42°.

length - *hoogte, lengte* - Betreft een afstand (⇔width°) of een aantal: field length°, variable-length°, bijvoorbeeld: page length°.

length-to-width ratio - *hoogte/breedte verhouding* - De verhouding tussen de hoogte (length°) en de breedte (width°) van een vel (page°), illustratie (figure°) of teken (character°).

LEO {li·oo} - *Low-Earth-Orbit* - LEO: aanduiding voor laagvliegende satellieten, bijvoorbeeld voorgesteld voor het Irridium project; voordeel is dat draagbare (mobile°) apparatuur dan minder energie nodig heeft, nadeel dat hun levensduur beperkt is - vergeleken met geostationaire satellieten (GEO°, geostationary°). Men spreekt over: big LEO (voor telefonie, data en berichten) en small LEO (alleen voor data en berichten). Zie ook: MEO°.

less than - *lt,* < - Zie: lt°.

less than or equal to - *le* - Zie: le°.

less than sign - < - Zie: lt°. Zie de lijst met veelgebruikte tekens achterin dit boek.

letter - *letter, brief* - **1.** Letter: tekens waarmee woorden worden geschreven, soms met accenten (diacritical mark°) of leestekens (punctuation marks°); zie ook: letter dialing°, lower-case°, upper-case°, **2.** Letter(type), zoals in: letter gothic°, **3.** Brief, zoals in: cover letter°, form letter°, letter of intent°, letter quality°; extensie (extension°) van een bestand (file°) met brieven: LTR°.

letter dialing - *letter dialing* - Letters gebruiken in plaats van cijfers om een telefoonnummer aan te geven en te kiezen (dial°). Dit kan in de VS omdat de telefoontoetsen als volgt zijn voorzien van drie letters: 2 (ABC), 3 (DEF), 4 (GHI), 5 (JKL), 6 (MNO), 7 (PRS), 8 (TUV), 9 (WXY). Zo wordt: 800-GETUNIX vertaald in: 800-438.8649, en 800-DH-BOOKS in: 800-342.6657.

letter gothic - *gothic* - Schreefloze letters (gothic°); hier geen oude Duitse letters.

letterhead - *briefhoofd* - De meestal voorbedrukte informatie over een bedrijf bovenaan het briefpapier, waarin adressen, telefoonnummers enz. staan vermeld en het logo°.

letter of intent - *intentieverklaring* - Geschrift (letter°) waarin een bedrijf verklaart van plan te zijn een bepaalde functie, uitbreiding enzovoort op termijn beschikbaar te stellen, of brief waarin een klant verklaart van plan te zijn bepaalde apparatuur aan te schaffen. Synoniem: statement of intent°.

letter quality - *elektrische schrijfmachinekwaliteit* - Goede afdrukkwaliteit. Gebruikt als bijvoeglijk naamwoord: letter-quality. Vergelijkbaar voor afbeeldingen: photo quality°, presentation quality°. ⇔draft° ⇔NLQ°

level - *niveau, level, abstractieniveau, laag, kwaliteit* - **1.** Niveau, bijvoorbeeld: gray-level° (grijstint), **2.** Level (figuurlijk niveau): een programmatische stand van zaken (interrupt level°, program level°, release level°, source level°); ook: back-level° (een eerder level), confidence level°, fix level°, high-level°, high-level format°, indentation level°, **3.** Abstractieniveau: de ontwikkeling van programmatuur verloopt van een hoog (de grote lijnen) naar een laag abstractieniveau (waar alle details zijn ingevuld), zoals: logical level°, physical level°, **4.** Laag: in een architectuur-model°, bijvoorbeeld OSI°, network level°; synoniem: layer°, **5.** Kwaliteit: het niveau van een dienstverlening (service level agreement°). Zie ook: high-level° en low-level°.

lever - *opvijzelen* - Vergroten door middel van een figuurlijke hefboom; zie: leverage°.

leverage - *hefboomwerking* - **1.** Functies waarmee u ook nog andere dingen kunt doen, waardoor de aangeboden oplossing nog aantrekkelijker wordt, **2.** Speculeren met geld op krediet, bijvoorbeeld: leveraged buyout. Zie ook: operational leverage°.

LEX {-} - *LEXicon* - Extensie (extension°) van een bestand (file°) dat een lexicon° bevat.

lexical - *lexicaal* - Betreffende de betekenis van woorden, opdrachten (command°) en instructies (instruction°).

LF {el·ef} - *Line Feed, Low Frequency* - **1.** Line Feed: nieuwe regel of zachte return°; tekencode (control character°) voor een printer in tekstverwerking, 2. Low Frequency: lage frequentieband, van 30-300 kHz° (⇔HF°, ⇔UHF°, ⇔VHF°).

liabilities - *verplichtingen, passiva* - Financiële verplichtingen. ⇔assets°

lib {lip} - *library, liberation* - **1.** Bibliotheek, met boeken of programma's, zie: library°, **2.** Bevrijding, bijvoorbeeld: women's lib (beweging voor de rechten van vrouwen). Ook: ad lib (voor de vuist weg), ad libitum (naar believen).

LIB {lib} - *LIBrary* - Extensie (extension°) van een bestand uit een bibliotheek (library°) gebruikt door een compiler° of assembler°.

librarian - *librarian* - Bibliothecaris van een programma- of tape-bibliotheek. Wordt nu ook wel genoemd: cybrarian°.

library - *library, programmabibliotheek* - Bibliotheek waarin of boeken of programma's en bestanden worden bewaard (library member°), bijvoorbeeld: class library°, macro library°, object library°, runtime library°, symbol library°. Is vaak onderverdeeld in verscheidene bibliotheken: libraries.

library member - *library member* - Verzameling elementen of element (member°) van een programmabibliotheek (library°).

licence - *license* - Britse schrijfwijze van: license° (licentie). ⇔copyright°

license - *licentie* - Vergunning: recht op het gebruik van apparatuur of programmatuur tegen betaling. Het aantal gebruikte licenties in een systeem kan worden bijgehouden door een metering°-programma. ⇔royalty° (aandeel in de opbrengst)

license agreement - *licentie-overeenkomst* - Overeenkomst (agreement) die u het gebruiksrecht geeft in ruil voor de betaling van een computerproduct; zie ook: shrinkwrap°.

licensed program - *gelicentieerd programma* - Programma (program°) waarvoor licentierechten (recht op gebruik, zie: license°) worden betaald.

life - *leven, levensduur* - Zie: artificial life°, life cycle°, shelf life°. Voor een leverancier betekent: life of a product, de tijd dat hij het kan verkopen. Voor een gebruiker, de tijd dat hij een product kan gebruiken.

life cycle - *levenscyclus* - Levensloop (zie: cycle°): **1.** van een programma: omdat ook programmatuur groeit, steeds meer uitwassen krijgt en ten slotte afsterft, **2.** van programmatuurontwikkeling, bijvoorbeeld: voorstel, definitie, functionele analyse, ontwerp, realisatie, test, invoering en onderhoud (SDLC°).

LIFO {lai·fo} - *Last-In, First-Out* - LIFO: een wachtrij (queue°), waarin de laatsten het eerst aan de beurt zijn. Synoniem: pushdown list°, stack°. ⇔FIFO°

LIF socket {lif} - *Low Insertion Force socket* - IC-voetje dat zo is geconstrueerd dat er weinig kracht nodig is om er een IC° in te zetten of uit te halen. ⇔ZIF socket°

ligature - *ligatuur* - Koppelletter: lettercombinatie zoals fl, ff, die uit esthetisch oogpunt wordt samengevoegd tot één letter; zie ook: kerning°

light - *mager, licht, lampje* - **1.** Mager: dunne letters (⇔bold° ⇔medium°), **2.** Licht: afdruk gemaakt met een versleten inktlint; fonetisch geschreven: lite°; zie ook: lightpen°, **3.** Lampje: gebruikt als indicator° voor een binaire toestand; AAN betekent meestal: actief, en UIT: niet actief; zie bijvoorbeeld: modem lights°.

light-emitting diode - *LED* - Zie: LED°.

light-pen - *lichtpen* - Pen met aan het eind een foto-elektrische cel: waarmee u kunt lezen of schrijven in een scherm (screen°); het licht is afkomstig van het oplichtende fosfor van de beeldbuis, zie: phosphorescent°.

lithium-ion - *Li-ion* - Li-ion°: Lithium-ion, anno 1995 het nieuwste herlaadbare type accu (battery°) voor draagbare apparatuur, die gedurende 1996 in productie wordt genomen door Ultralife. Is licht, gaan langer mee en kunnen in iedere gewenste vorm worden gekneed (polymeer). Zie ook: NiCad°, LiMh°.

LIM {lim} - *Lotus Intel Microsoft* - LIM: combinatie van de genoemde drie firma's voor de expanded memory specification° (EMS°) 4.0 uit 1987.

limit - *limiet* - Een maximum- of minimumwaarde die niet mag worden overschreden, bijvoorbeeld het maximum aantal keren dat door een modem° of fax° gebeld wordt of de minimum afstand tussen twee regels (line°). Ook: off limits (verboden toegang), that's the limit (nu is het genoeg).

line - *regel, lijn, verbindingslijn, rij* - **1.** Regel: voor gedrukte of afgebeelde informatie, bijvoorbeeld: blank line°, bottom line°, comment line°, current line°, status line°, **2.** Lijn: bijvoorbeeld een telefoonlijn (leased line°, dedicated line°, switched line°, party line°) of vertragingslijn (delay line°); zie ook: DSL° (⇔circuit°), **3.** Lijn: in een tekening of beeldscherm, bijvoorbeeld: dashed line°, hidden line°, line chart°, outline° (contour), **4.** Lijn: horizontaal geschreven in een scherm of TV, zie ook: 525 lines°, 625 lines°, **5.** Regel programmatuur: zoals in lines-of-code° (LOC°), **6.** Verbinding met de computer, bijvoorbeeld: online°, offline°, **7.** Lijn in een organisatie, bijvoorbeeld: line manager° (⇔staff°), dotted line°, **8.** Rij personen; wordt ook voor producten gebruikt: pipeline°, **9.** Verbindingslijn: voor de toegang tot het geheugen (address line°, A20°) of van een bus°. Ook: His job is on the line (Zijn baan staat op de tocht), deadline°.

line access procedure for modems - *LAP-M* - Zie: LAP-M°.

line adapter - *lijnaanpassing* - Een transformator (transformer°), modem° of andere voorziening voor de goede aansluiting van apparatuur op een verbindingslijn (line°).

linear - *lineair* - Kenmerk van een proces of werkwijze waarin een rechtevenredig (proportional°) verband bestaat tussen twee of meer grootheden: als de ene 2x zo groot wordt of lang duurt, geldt hetzelfde voor de andere. ⇔exponential° ⇔nonlinear°

linear code - *linear code* - Conventionele barcode (bar code°): die in één richting kan worden gescand. Er zijn ook 2D° barcodes, die efficiënter zijn qua benodigde ruimte, maar ingewikkelder om te scannen (scanner°) - gebruikt op kleine onderdelen (part°).

linear programming - *lineair programmeren* - Een wiskundige methode om een functie van variabelen (variable°) te optimaliseren: in de jaren 50 gepropageerd door G.B. Dantzig; is onderdeel van: operations research°.

linear search - *lineair zoeken* - Chic woord voor een eenvoudige zoekmethode: met het eerste element beginnen en doorgaan tot het gewenste is gevonden, eventueel tot en met het laatste.

linear structure - *lineaire structuur* - **1.** Enkelvoudige structuur van een database°, **2.** Een opeenvolgende (sequential°) lijst met records (record°) en dergelijke.

line art - *lijnillustraties* - Grafiek zonder raster. ⇔halftone°

line booster - *line booster* - Kabelversterker (booster°): waarmee de maximale aansluitlengte van een kabel (line°) kan worden vergroot.

line break - *regeleinde* - Afbreken (break°) van een regel (line°).

line character - *regelteken* - Besturingsteken (control character°) voor een printer: dat aangeeft dat de volgende informatie op een nieuwe regel (line°) moet worden afgedrukt. Synoniem: line feed°.

line chart - *lijndiagram* - Diagram (chart°) getekend met lijnen (line°) dat niet erg grafisch is, maar wel gekleurde lijnen kan bevatten.

line control - *lijnbesturing* - Logische manier waarop een verbindingslijn (line°) wordt bestuurd (control°) om informatie over te sturen. Praktisch synoniem: link control°.

line draw - *trekken van lijnen* - Voorziening om lijnen (line°) te trekken (draw°).

line driver - *lijnversterker* - Elektronische schakeling die lange verbindingslijnen (line°) kan aansturen, gebruikt voor de aansluiting van terminals op een computer; is nodig aan beide kanten van de lijn; synoniem: short-haul modem°.

line editor - *regeleditor* - Een ouderwets programma (editor°) waarmee regels (line°) programmatuur stuk voor stuk moeten worden veranderd; in DOS° bijvoorbeeld: EDLIN°. Tegenwoordig doen we dat: full-screen°.

line feed - *nieuwe regel, LF, RI* - Regelinvoer (RI, LF°): besturingscode (control character°) voor een printer om een regel op te schuiven, behalve op een nieuwe pagina; wordt in tekstverwerking ook genoemd: zachte return°; zie ook de lijst met veelgebruikte termen achterin dit boek. ⇔CR°

line filter - *spanningspiek-onderdrukker* - Een elektrisch filter° dat netspanningspieken onderdrukt, bijvoorbeeld veroorzaakt door het aan- of uitzetten van zware motoren (surge protection°), mogelijk zelfs tegen blikseminslag beschermt, maar niet tegen het uitvallen van de spanning (dat vereist een: UPS°).

line manager - *lijnmanager* - Persoon met een directe lijnverantwoordelijkheid. ⇔product manager° ⇔staff manager°

line mode - *line mode* - Lijnmodus: werkwijze (mode°) waarbij per regel (line°) wordt afgedrukt, verzonden of afgebeeld. ⇔page mode°

line number - *regelnummer* - Nummer van een regel (line°): dat bijvoorbeeld in EDLIN° of in een BASIC° interpreter° wordt gebruikt ter aanduiding van de regel.

line-of-code - *lines-of-code* - Zie: lines-of-code°.

line-of-sight - *direct-zicht* - Kenmerk van een licht- of radioverbinding waarbij men niet hoeft te vertrouwen op reflecties tegen de aarde of ionosfeer en geen voorwerpen in de weg van de licht- of radiogolven staan.

line pattern - *lijntype* - Het soort lijn (enkel, dubbel, dun, dik enz.) dat gekozen wordt om een lijn (line°) te trekken in een scherm of document°. Synoniem: line style°.

line printer - *regeldrukker, schreefloos lettertype* - **1.** Regeldrukker: die regel (line°) na regel afdrukt (⇔character printer° ⇔page printer°), **2.** Schreefloos lettertype: afkomstig van een destijds populaire regeldrukker.

line printer terminal - *LPT* - Zie: LPT°.

line protocol - *lijnprotocol* - Het protocol° voor een logische verbinding via een verbindingslijn (line°), bijvoorbeeld: HDLC°.

lines-of-code - *LOC* - Aantal regels programmatuur (code°) of opdrachten (command°); kLOC° per duizend; om de grootte van een programma aan te geven. ⇔function points° ⇔SLOC°

line size - *lijndikte* - De dikte (size°) van de getrokken of te trekken lijnen (line°).

line spacing - *regelspatiëring* - Regelafstand: aantal regels (line°) per inch (spacing°): meestal 6 of 8 lpi°; zie ook: leading°. In moderne tekstverwerkers kan de regelafstand kleiner zijn dan de alinea-afstand (paragraph spacing°).

line speed - *data rate* - Snelheid (speed°, rate°) van gegevensoverdracht, uitgedrukt in bps° of kbps°.

lines per inch - *lpi* - Zie: lpi°.

lines per minute - *lpm* - Zie: lpm°.

line style - *lijntype* - Het soort lijn (enkel, dubbel, dun, dik enz.) dat gekozen wordt om een lijn (line°) te trekken in een scherm of document°. Synoniem: line pattern°.

line weight - *lijndikte* - De dikte (weight°) van lijnen (line°) in een teken (character°), tekening of schema.

line width - *lijndikte* - De dikte (width°) van lijnen (line°) in een teken (character°), tekening of schema.

linguistics - *taalkunde* - Linguïstiek: wetenschap van natuurlijke talen, maar de term wordt ook wel gebruikt in verband met programmeertalen; zie: syntax°, semantic°.

link - *link, koppelen, koppeling, verbinding* - **1.** Bestanden, programma's of apparatuur koppelen, logisch (logical°, symbolic link°) of fysiek (physical°), mogelijk via een netwerk (remote link°), **2.** De koppeling tussen bestanden, programma's of spreadsheets (spreadsheet°); zie ook: cold link°, hot link°, warm link°, **3.** Naam van een DOS°-programma voor de koppeling van programma's, **4.** Verbinding, bijvoorbeeld een 155 Mbps° ATM°- link; zie ook: dual link°, radio link° (via radio° of microwave°), terrestrial link°; via satellieten (satellite°): downlink°, satellite link°, uplink°, **5.** Hypertext (hypertext°) link, bijvoorbeeld gebruikt in het World Wide Web°, **6.** Link-opdracht in HTML°. Missing link (ontbrekende schakel, koppeling of verbinding). ⇔unlink°

linkage editor - *link editor* - Wordt meestal genoemd: link editor°.

link-by-link - *link-by-link* - Aanduiding van een verbinding (connection°) die per link°-stuk wordt onderhouden, zoals gebruikelijk is bij ATM°. ⇔end-to-end°

link control - *linkbesturing* - Besturing (control°) van een link°; praktisch synoniem: line control°.

link editor - *link editor* - Edit-programma (editor)waarmee verscheidene, apart gecompileerde (compile°) modules° gecombineerd (link°) worden tot één programma, waarbij vooral de koppelingen en de adressering worden geregeld. Wordt ook genoemd: binder°, linker°.

linked objects - *gekoppelde objecten* - Object-georiënteerde terminologie: objecten (object°) die gekoppeld (link°) zijn.

linked spreadsheets - *gekoppelde spreadsheets* - Werkbladen (spreadsheet°) die gekoppeld zijn.

linker - *linker* - Korte term voor: link editor°.

linking - *linking* - Programma's koppelen (link°), zie ook: dynamic linking°. Het linken van modules wordt ook genoemd: binding°. Ook objecten (object°) kunnen gelinkt worden; een voordeel boven embedding° is dat de objecten slechts eenmaal worden opgeslagen en dat veranderingen automatisch worden doorgevoerd.

link protocol - *verbindingsprotocol* - Het protocol° om een logische verbinding (link°) tot stand te brengen, te onderhouden en te beëindigen (control°).

Linotronic - *Linotronic* - Aanduiding voor typesetting°-machines van Allied Linotype, die veel gebruikt worden voor het vervaardigen van offset°- masters met hoge resolutie (1200-2500 bpi°). Deze machines kunnen met DTP°- programma's gemaakte PostScript°-bestanden direct verwerken.

Linpack - *Linpack* - Een benchmark° voor wiskundige berekeningen; is geschreven in FORTRAN° door J. Dongarro.

Linux - *Linux* - UNIX°-versie voor Intel° PC's: een bijna gratis UNIX- kloon van Linus Torvalds, in 1991 een Finse student, voor het Intel°-platform. Is een uitbreiding van Minix, gebruikt voor informatica-onderwijs. Is uniek in de zin dat de broncode (source code°) meegeleverd wordt en mag worden veranderd. Staat met hulpprogramma's (utility°) op 3-4 CD-ROMs. Linux is the favorite among users of UNIX clones (Linux is de favoriet van gebruikers van UNIX-klonen - omdat het goed is en vrijwel gratis).

LIPS {lips} - *Logical Inferences Per Second* - LIPS: maat voor de snelheid van een kennissysteem (knowledge system°), uitgedrukt in het aantal logische gevolgtrekkingen (inference°) per seconde (⇔FLOPS° ⇔MIPS°). Per duizend: KLIPS°.

liquid crystal display - *LCD* - Zie: LCD°.

Lisa - *Lisa* - Voorloper van de Macintosh°: door Apple° geintroduceerd in 1983; werd geen succes vanwege de hoge prijs en de lage snelheid. Ontwerper Bill Atkinson noemde de computer naar een dochter van Steve Wozniak.

LISP {lisp} - *LISt Processing* - LISP: een declaratieve (declarative°) programmeertaal voor kennissystemen die met lijsten (list°) werkt; is rond 1960 ontwikkeld door J.M. McCarthy bij MIT° en wordt vooral in de VS gebruikt (⇔Prolog°, vooral in Europa). Zie ook: CLOS°, Common LISP°, LOOPS°. Volgens sommigen: Lots of Irritating Superfluous Parentheses (veel irritante en overbodige haakjes).

list - *lijst, afdrukken, list, tonen, opsommen* - **1.** Lijst: van artikelen, dingen of onderwerpen, bijvoorbeeld: pick list°, picking list°, short list°, long list°, **2.** Afdrukken of weergeven van lijsten of programma's, **3.** Tonen: de inhoud van een bestand (file°) laten zien op een mbeeldscherm (monitor°), **4.** List (⇔array°): een informatiestructuur gebaseerd op een volgorde (sequence°), zie ook: LISP°, UL-listed°, **5.** Opsommen: een lijst maken. List is ook de naam van een bekende shareware° file viewer° van V. Buerg. Zie ook: mailing list°.

list box - *list box* - Keuzelijst met bestandsnamen (filename°) in een GUI°- omgeving.

list file - *.LST file* - Zie: .LST file°.

list price - *adviesprijs, richtprijs* - Prijs (price°) die meestal hoger is dan de winkelprijs (street price°).

listing - *listing, uitdraai* - Een door de computer afgedrukte lijst, bijvoorbeeld van de instructies van een programma of de cross-reference listing° van een compiler°, bijvoorbeeld: source listing°.

list processing - *LISP* - Zie: LISP°.

listserver - *listserver* - Een server° in een netwerk die berichten of nieuwsbrieven verstuurd aan de lijst (list°) met abonnees, werd ontwikkeld voor BITNet, nu veel gebruikt op Internet°: LISTSERV@WWW.CERN.CH, waar u documenten kunt opvragen door in het bericht op te nemen de opdracht: send URL°. Andere LISTSERV-opdrachten zijn: subscribe, set, query, index, get.

lite - *gereduceerde, lichte uitvoering van ...* - Amerikaanse fonetische schrijfwijze van: light (licht), bijvoorbeeld: Novell Lite.

literacy - *algemene ontwikkeling* - Meestal de ontwikkeling van een persoon op een bepaald gebied, zie: computer literacy°.

literal - *literal* - Lettersymbool dat niet verandert tijdens de compilatie (compiler°); synoniem: constant° (constante) . ⇔variable°

literature - *documentatie* - In de computerwereld: handleidingen, brochures, specificaties, rapporten enzovoort, géén literatuur!

lithium-ion - *Li-ion* - Li-ion°: Lithium-ion, anno 1995 het nieuwste type accu (battery°) voor draagbare apparatuur. Zie ook: NiCad°, LiMh°.

litho {lì·szoo}- *lithography* - Vlakdruk,, offsetdruk, zie: lithography°.

lithography - *vlakdruk, offsetdruk* - Een veelgebruikte methode van drukken waarbij de offsetplaten worden vervaardigd van lithografische films. Betekende oorspronkelijk steendruk en de daarmee gemaakte prenten heten nog steeds litho's.

litigation - *proces* - Proces in de rechtszaal, een geliefkoosde, kostbare en langdurige zaak in de VS, bijvoorbeeld: antitrust litigation (gebaseerd op de Amerikaanse antitrust-wetten, die kartelvorming moet verhinderen).

little-endian - *little-endian* - Aanduiding voor een processor°-architectuur waarin het minst belangrijke byte° op het laagste geheugenadres wordt opgeslagen. Letterlijk: little end first (het kleine eind het eerst). Wordt gebruikt in VAX° en Intel° computers, en dat maakt ze incompatibel met RISC°- machines. Zie ook: bi-endian°. ⇔big-endian°

live - *live* - Actief: Gegevens (data°) of een document° met elementen die automatisch up-to-date worden gehouden: prijzen, btw, namen, productnummers, figuren enzovoort die automatisch meeveranderen; zie verder: CIL°, OpenDoc°. Letterlijk en figuurlijk: levend.

live data - *courante gegevens* - Gegevens (data°) waarvan steeds de laatste versie wordt gebruikt, bijvoorbeeld te bekijken of gebruiken via een Web server°. Dit vereist een directe koppeling van de server met de betreffende database°.

LLC {el·el·si} - *Logical Link Control* - LLC: de zesde laag (layer°) van het OSI°-model, die diensten verleent aan de vijf bovengelegen lagen.

lm {-} - *Lumen* - Eenheid van lichtstroom, zie: lux°.

ln {-} - *natural logrithm* - Natuurlijke logaritme (logarithm°) met het grondtal (base°): e°.

load - *laden, belasting* - **1.** Laden: bijvoorbeeld een programma in het geheugen inlezen door middel van een loader programma (⇔store° ⇔unload°); zie ook: reload°, **2.** Belasting: de werklast in een computer als gevolg van de uitvoering van een programma, meestal uitgedrukt als percentage van de computercapaciteit. Tussen een host° en een PC: download°, upload°. Zie ook: payload°.

load-and-go - *load-and-go* - Gangbare techniek waarbij een programma in het geheugen wordt geladen (load°) en direct wordt uitgevoerd.

load balancing - *load balancing* - De taken (load°) gelijkmatig verdelen (balance) over de onderdelen, in een multiprocessor°, bij parallel computing° of bij gedistribueerde verwerking (distributed processing°; het resultaat is: load sharing°.

loader - *loader* - Hulpprogramma dat het gewenste programma in het geheugen (memory°) laadt (load°) en meestal de uitvoering start.

load file - *load file* - Bestand (file°) dat direct kan worden geladen (load°) en uitgevoerd; synoniem: load module°.

load module - *load module* - Uitvoerbaar programma(-onderdeel) (module°): output° van een link editor°; of opdracht om het programma te laden (load°). Synoniem: binary code°, executable°.

load segment - *laadsegment* - Deel van een uitvoerbaar bestand (file°) dat direct in het geheugen (RAM°) geladen (load°) kan worden.

load sharing - *verdeling van de belasting* - **1.** Verdeling van het verkeer in een netwerk: door gebruik te maken van alternatieve paden, **2.** Verdeling van het werk in een multicomputersysteem. Is de uitvoering van: load balancing°.

load time - *laadtijd* - De tijd nodig om een bestand (file°) in het geheugen (RAM°) te laden (load°).

lobe - *lus* - Uitbreidingssegment (segment°) via een LAM°: meestal bestaande uit een dubbel-uitgevoerde aansluiting op een token ring°-netwerk; is afkomstig uit de IBM-stal, zie ook: CAU°.

LOC {lok} - *Lines-Of-Code* - Aantal regels machine-codes°; kLOC° per duizend.

local - *lokaal* - Ter plaatse (bijvoorbeeld van terminals, ⇔remote°) binnen een netwerk of beperkt tot een bepaald programma (bijvoorbeeld van een variabele, ⇔global°).

local-area network - *LAN* - Lokaal netwerk (LAN°) rond een computer, bijvoorbeeld: Ethernet°, Token Ring°. ⇔WAN°

local-area wireless network - *LAWN* - Zie: LAWN°.

local bridge - *local bridge* - Koppeling van LAN°s binnen een gebouw, dus zonder lijnverbinding. ⇔compression bridge° ⇔remote bridge°

local bus - *local bus* - Bus op het moederbord (motherboard°) om de weergave van grafische informatie (local bus video°) te versnellen, zie ook: PCI°, VESA°.

local bus video - *local bus video* - Eigen bus° voor de aansturing van het beeldscherm op het moederbord (motherboard°); dat werkt sneller dan via de gangbare data bus° (ISA° of EISA°) en een video-card°, belangrijk in een grafische omgeving (GUI°).

local carrier - *lokale carrier* - Een carrier° die lokaal opereert, niet nationaal of internationaal. ⇔long-distance carrier°

local connectivity - *alle lokale verbindingen* - Zie: connectivity°. ⇔remote connectivity°

local exchange carrier - *LEC* - Zie: LEC°.

localize - *lokaliseren* - Geschikt maken voor lokaal gebruik: bijvoorbeeld programmatuur en/of documentatie (documentation°) aanpassen en vertalen.

local loop - *lokale aansluiting* - Het laaste stuk van een telefoonaansluiting: vanaf een centraal knooppunt naar de huizen of kantoren, het laatste stuk van de: loop°. Zie ook bij: ADSL°, HDSL°. ⇔long-distance° ⇔trunk° ⇔wireless access°

local server - *local server* - Plaatselijke server°: waarmee de client°- werkstations via een LAN° zijn verbonden. ⇔remote server°

local store - *lokaal geheugen, buurtwinkel* - **1.** Lokaal geheugen: bijvoorbeeld registers die door een programma worden gebruikt, **2.** Buurtwinkel.

locate - *zich vestigen, opsporen* - **1.** Zich vestigen: in een bepaalde buurt of stad (⇔relocate°), **2.** De plaats bepalen: vaststellen waar informatie zich bevindt, bijvoorbeeld met een: locator°.

location - *plaats, lokatie* - **1.** Logische plaats: waar gegevens of programma's worden gelezen of opgeslagen: disk°, diskette° of directory° (⇔address°), **2.** Geografische plaats: waar een kantoor, kast of gebouw staat. Home location: waar men woont, of waar men een eigen telefoonaansluiting heeft. Zie ook: home location register° (HLR°).

location-transparent - *overal hetzelfde* - Op elke plaats (location°) in een netwerk of systeem werkt een programma hetzelfde.

locator - *lokaliserings-* - Voorziening waarmee een plaats of optie kan worden bepaald (locate°), bijvoorbeeld van een muis (mouse°) of naam.

lock - *vergrendelen, slot, synchroniseren, beveiligen* - **1.** Vergrendelen: waardoor u ergens niet bij kunt of zelf komt vast te zitten. Een gegevensrecord of bestand wordt bijvoorbeeld vergrendeld (record locking°, file locking°) om te verhinderen dat twee gebruikers het onafhankelijk van elkaar veranderen (⇔unlock°), zie: two-phase commit°, **2.** Slot met een sleutel (key°) of vergrendeling, **3.** Synchroniseren: een oscillator° synchroniseren m.b.v. een signaal d.m.v. terugkoppeling (feedback°), zie bijvoorbeeld: PLL°, **4.** Beveiligen tegen verandering: een veld, document of cel in een spreadsheet°. Zie ook de toetsen (key°): Caps Lock°, Num Lock°, Shift Lock°. ⇔unlock°

locked file - *beveiligd bestand* - Een bestand (file°) dat door middel van een wachtwoord (password°) beveiligd is tegen verandering.

log {logk} - *log, logtape, logarithm* - **1.** Bestand (log file°) of band (log tape°) waarin uw activiteiten door de computer worden vastgelegd, zodat bijvoorbeeld fouten kunnen worden teruggedraaid en malafide bewerkingen kunnen worden getraceerd; de activiteiten kunnen ook in een boek worden geschreven: logboek; zie verder: mail log°, transaction log°, **2.** Logaritme, zie: logarithm°, ln°. Zie ook: login° (aanmelden), log out° (afmelden) enzovoort.

LOG {-} - *log* - LOG: extensie (extension°) van een log-bestand (log file°).

logarithm - *logaritme, ln, log* - Wiskundige functie: de logaritme met grondtal (base°) g van A, X, is de macht waartoe b moet worden verheven om A te produceren; g^X = A of X = ^{g}log A; wordt ook wel geschreven als: $\log_g$ A. Gebruikelijke waarden voor g zijn 2 (binair) of 10 (decimaal). Een natuurlijk logaritme (ln°) heeft e° tot grondtal.

logarithmic - *logaritmisch* - Aanduiding van een functie of schaal (scale°) waarin een logaritme (logarithm°) gebruikt wordt.

log file - *log-bestand* - Bestand (file°) waarin een log° wordt bijgehouden; heeft vaak de extensie (extension°): LOG°.

logging - *bijhouden* - Informatie over gebeurtenissen bijhouden in een bestand (log°, log file°); zie ook: call logging°.

logic - *logica, logische schakelingen* - **1.** Logica: bijvoorbeeld de leer van de Boole-logica (Boolean logic°), gebruikt voor het ontwerp van computers en programma's; ook: fuzzy logic°, majority logic°, predicate logic°, program logic°, **2.** Logische schakelingen (gate°): in een computer.

logical - *logisch* - Alleen bestaand in de geest van mensen of op papier. ⇔physical°

logical design - *logisch ontwerp* - Ontwerp (design°) met behulp van logische symbolen: dat voorafgaat aan de implementatie van programma's in werkelijke modules (module°). ⇔physical design°

logical device - *logisch apparaat* - De naam of definitie van een apparaat (device°) in het besturingssysteem (operating system°) van een computer. ⇔physical device°

logical inferences per second - *LIPS* - Zie: LIPS°.

logical level - *logisch niveau* - Niet-materieel, conceptueel niveau van bijvoorbeeld een systeem, database° of verbinding: dat los staat van de fysieke implementatie en dat dus op verschillende wijze kan worden geïmplementeerd.

logical line - *logische verbinding* - Een logische (logical°) verbinding (line°) waarvan er verscheidene over een fysieke verbinding kunnen gaan of omgekeerd, zie ook: multipoint°.

logical link control - *logische link-besturing* - De besturing (control°) van een logische (logical°) link°.

logical operator - *logische operator* - Logisch bewerkingssymbool (operator°): bijvoorbeeld AND°, NOT°, OR° enzovoort (Boolean logic°). ⇔relational operator°

logical relation - *logische relatie* - Twee expressies (expression°) met daartussen een vergelijkingsoperator (relational operator°): eq°, ge°, gt°, le°, lt°, ne°.

logical type - *logisch type* - Gegevenssoort (data type°) dat alleen de waarden true° en false° kan krijgen.

logical unit - *LU* - Zie: LU°.

logical value - *logische waarde* - Uitkomst van een logische expressie (logical expression°) of waarde van een logische variabele (variable°): true° of false°, 1 of 0.

logic bomb - *logische bom* - Bom die onder bepaalde condities (logic°) afgaat, zie: bomb°. ⇔time bomb°

login - *inloggen* - U onder pseudoniem (identifier°) en met een wachtwoord (password) aanmelden bij een computer, hetgeen wordt bijgehouden in een log°. Log off° of logout° (afmelden) als u klaar bent.

login script - *login script* - Een script° gebruikt voor inloggen (login°); voor Internet° voert het achtereenvolgens een modem° reset° en initialisatie uit, belt naar het inbelnummer (POP°) van de aanbieder, logt in met de gebruikersnaam en wachtwoord, brengt een SLIP° of PPP° verbinding tot stand en haalt het eigen IP°-adres op; het programma gebruikt time-outs (time-out°) om af te breken als iets te lang duurt.

logistics - *logistiek* - Beheersproces voor onderdelen en goederen; omvat hun aanvoer, opslag, verwerking en afvoer. Ook logistics manager (logistiekmanager), door sommigen genoemd: de nieuwe magazijnbeheerder.

logistics and distribution - *L&D* - Logistiek en distributie: twee samenhangende kernbegrippen bij de verkoop en distributie (distribution°, logistics°) van massaproducten als PC's en printers.

logo - *logo, vignet* - Een firma-embleem of beeldmerk.

LOGO {loo·gkoo} - *LOGO* - Een conversationele, recursieve (recursive°) en objectgeoriënteerde (object-oriented°) programmeertaal, gebaseerd op LISP°, die ook geschikt is voor kinderen; werkt onder anderen met turtles (schildpadden of driehoeken) in het scherm; is rond 1968 ontwikkeld door S. Papert bij MIT°.

log off - *afloggen* - Afmelden als u klaar bent met werken op de computer, hetgeen is bijgehouden in een log° na: log on°.

logon - *logon* - Synoniem van: login°.

log on - *aanloggen* - Aanmelden als u begint met werken op de computer, hetgeen wordt bijgehouden in een log°, tot: log off° of logout°.

logo screen - *logo screen* - Het fraaie eerste scherm van een toepassing (application°): dat wordt getoond terwijl het programma wordt geladen (load°).

logout - *uitloggen* - Synoniem: log off°. ⇔login°

log tape - *log-tape* - Magneetband (tape°) waarop een log° wordt bijgehouden.

long - *lang, volledig* - Een lange of volledige versie van een veld (field°), streep of referentie (reference°).

long-distance - *interlokaal* - Alle niet-lokale telefonie: interlokaal of internationaal, bijvoorbeeld: long-distance call° (interlokaal gesprek).

long-distance carrier - *carrier* - Een telecommunicatiebedrijf (carrier°) dat interlokale en/of internationale verbindingen exploiteert; synoniem: IXC°. ⇔local carrier° ⇔ΛEX°

long-distance company - *carrier* - Eén van de Amerikaanse bedrijven voor telefonie over grote afstand, bijvoorbeeld AT&T° of MCI°, die zijn ontstaan na de afsplitsing van de regionale BOC°-bedrijven van het oorspronkelijke AT&T in 1984.

long filename - *lange bestandsnaam* - Nieuwe mogelijkheid in OS/2° en DOS° om de bestandsnaam (filename°) uit te breiden met extra informatie; nu ook in Windows 95°.

long-haul - *lange-afstands* - Technische aanduiding van interlokale communicatieverbindingen over grote afstand tussen twee telefooncentrales. ⇔short-haul°

look-and-feel - *het aanzien en hoe het gebruik aanvoelt* - Kenmerk van apparatuur of programmatuur; actueel is de vraag of men die zomaar mag kopiëren. Zie ook: Cairo°.

lookup - *opzoek...* - Raadplegen door een programma, bijvoorbeeld: table lookup (opzoeken via een tabel). De werkwoordsvorm is: to look up (opzoeken). Min of meer verwant: locate°. Het opzoeken in een database° heet meestal: query°.

loop - *loop, lus* - **1.** Loop: gedeelte van een programma dat een aantal keren herhaald kan worden; wanneer het programma verstrikt raakt in zijn eigen lussen, loopt het in een kringetje rond (endless loop°, infinite loop°) en neemt het een loopje met u; synoniem: iteration°, **2.** Lus: in een netwerk; zie ook: current loop°, **3.** Lokale telefoonaansluiting: de verbinding van de lokale telefooncentrale naar de aansluiting van een telefoontoestel; zie ook: local loop° (het laatste stuk). ⇔trunk°

loopback - *loopback* - Mechanisme in een terminal°, netwerk of modem° dat het ontvangen signaal terugstuurt door het aanbrengen van een lus (loop°): wordt gebruikt om de kwaliteit van een verbinding te controleren (V.54°). Een modem kan worden gecontroleerd met behulp van een loopback connector° op zijn uitgang. Zie ook: BER tester°.

loop network - *lusnetwerk* - Netwerk dat geacht kan worden te bestaan uit één enkele ononderbroken kabel die terugkomt bij het begin en waarop werkstations zijn aangesloten; synoniem: ring network°.

loop test - *lustest* - Controle van een verbinding door aan het einde de heen en teruweg te verbinden, zodat een lus (loop°) ontstaat die kan worden gemeten; zie ook: V.54°.

LOOPS {loeps} - *LISP Object-Oriented Programming System* - LOOPS: objectgeoriënteerde (object-oriented°) versie van LISP°.

loosely-typed - *loosely-typed* - Eigenschap van een variable (variable°) waarvan het gegevenstype (data type°) niet hoeft te worden gespecificeerd: die tijdens het gebruik automatisch van het juiste gegevenstype wordt voorzien. Werkt flexibel, maar gemakkelijker tot fouten leiden. Synoniem: weak typing°. ⇔strong typing°

LORAN {lo·ran} - *LOng-RAnge Navigation* - LORAN: navigatiesysteem voor schepen door middel van plaatsbepaling via radiogolven.

lo-res {*loo*·rez} - *low-resolution* - Zie: low-res°. ⇔hi-res°

lossless - *verliesvrij* - Kwalificatie van een overdracht (transfer°) of compressie (compression°) die aangeeft dat het oorspronkelijke signaal of beeld voor de volle 100% behouden blijft of te reconstrueren is, mogelijk m.b.v. foutencorrectie (error correction°), bijvoorbeeld: Lempel-Ziv° coding°. ⇔lossy°

lossy - *met verlies* - Kwalificatie van een overdracht (transfer°) of compressie (compression°) die aangeeft dat het oorspronkelijke signaal of beeld *niet* voor de volle 100% behouden blijft of te reconstrueren is, bijvoorbeeld: JPEG°, MPEG°. ⇔lossless°

lost cluster - *lost cluster* - Een van de mogelijk verspreide clusters (cluster°) die in één of meer sectoren op een vaste schijf (hard disk°) voorkomen, waarover geen gegevens (chain°) bekend zijn, bijvoorbeeld in de FAT° onder DOS°; deze moeten meestal ook letterlijk als verloren worden beschouwd.

Lotus, Intel, Microsoft - *LIM* - Zie: LIM°.

low-cost - *aantrekkelijk geprijsd* - Hoeft niet 'goedkoop' (cheap) te zijn!

low-density - *lage dichtheid* - Gegevens zijn ver van elkaar op de magnetische laag van een disk° of magneetband (tape°) geschreven: dit biedt een relatief klein aantal bpi°.

low-end - *onderkant* - De goedkoopste van een reeks producten. ⇔midrange° ⇔high-end°

lower - onder- - Aan de onderkant, bijvoorbeeld in de linker- of rechteronderhoek. ⇔upper°

lower-case - *onderkast* - Kleine letters: oorspronkelijk de onderste kast met kleine loden letters. ⇔upper-case°

lower CASE {*loo*·wer·kees} - *lower Computer Aided Software Engineering* - Lower CASE°: programmatische ondersteuning van het eindtraject (de lagere programmeerniveaus) in de ontwikkeling van programmatuur, bijvoorbeeld een programma-generator (program generator°). ⇔upper CASE°

low frequency - *LF* - Zie: LF°.

low insertion force socket - *LIF socket* - Zie: LIF socket°.

low-level - *lagere* - Elementaire vorm van een programmeertaal, bewerking, opdracht of definitie. ⇔high-level°

low-level format - *low-level format* - Een vaste schijf (hard disk°) in kaart brengen en slechte stukken van het oppervlak uitschakelen, waarna high-level format° de disk gebruiksklaar maakt; wordt nu meestal in de fabriek gedaan.

low-power technology - *lage-spanningstechnologie* - Algemene aanduiding voor energiezuinige elektronica: door bijvoorbeeld de spanning van de gangbare 5 V terug te brengen naar 3 V, wordt minder dan de helft van de energie gebruikt; ook kunnen niet-gebruikte onderdelen, bijvoorbeeld een FPU°, worden stil gezet. Veel gebruikte energiezuinige technologie (technology°): CMOS°.

low profile - *u gedeisd houden* - Op de achtergrond blijven omdat u dat beter uitkomt. ⇔high profile°

low-res {*loow*·rez} - *low-resolution* - Laag scheidend vermogen (resolution°). ⇔hi-res°

low resolution - *lo-res* - Zie: lo-res°, low-res°.

low speed - *LS* - Zie: LS°.

low tension - *LT* - Zie: LT°

lpi {el·pi·ai} - *lines per inch* - Regels per inch, gebruikt voor de afdruk van een printer, meestal 6.

lpm {el·pi·em} - *lines per minute* - Regels (line°) per minuut: eenheid voor de afdruksnelheid van een regeldrukker (line printer°).

LPT {el·pi·ti} - *Line Printer Terminal* - **1.** Regeldrukker, **2.** Naam van een printerapparaat (device°) in een Intel° PC, bijvoorbeeld: LPT1:.

LQ {el·kjoe} - *Letter Quality* - Elektrische schrijfmachinekwaliteit (letter quality°): beter dan NLQ°.

LRC {el·ar·si} - *Longitudinal Redundancy Check* - LRC: Overtolligheidscontrole (redundant°) in de tijd of horizontaal, niet parallel of verticaal. ⇔VRC°

LS {el·es} - *Low-Speed* - LS: langzamer dan men gewend is en zou wensen.

LSI {el·es·ai} - *Large-Scale Integration* - LSI: een vierde-generatie (generation, IC°) halfgeleidertechnologie met 3000-100.000 componenten op een chip°, die wordt vervangen door VLSI°.

.LST file {el·es·ti} - *LiST file* - LST bestand met de extensie (extension°) LST: dat direct door een geschikte printer kan worden afgedrukt (list°).

lt {-} - *less than,* < - Kleiner dan: een vergelijkingsoperator (relational operator°). ⇔gt°

LT {-} - *Low Tension* - Laagspanning. ⇔HT°

LTR {-} - *LeTteR* - LTR: extensie (extension°) van een bestand (file°) dat brieven (letter°) bevat.

LU {el·joe} - *Logical Unit* - LU: een logische toegangspoort van een IBM° netwerk, bijvoorbeeld: LU 6.2 (nu: APPC°).

luminance - *luminantie* - Helderheid: onderdeel van het composite video° signaal dat de helderheid van het TV-beeld bepaalt. ⇔chrominance°

lunch-box - *lunch-box* - Rechtopstaande behuizing van een draagbare computer: met handvat bovenaan. ⇔oyster-shell° ⇔pizza-box°

lux - *lux* - Eenheid van lichtsterkte: de lichtsterkte van een vlak waarop per m^2 een lichtstroom van 1 lm° (Lumen°) valt.

LZH {-} - *Lempel-Ziv Huffman* - LZH: populaire compressiemethode (Lempel-Ziv coding°) uitgebreid door D.A. Huffman.

LZW {-} - *Lempel-Ziv Welch* - LZW: een populaire compressiemethode (Lempel-Ziv coding°) uitgebreid door R. Welch. De methode is echter geoctrooieerd door Unisys, die voor het gebruik licensie verleent en geld vraagt een probleem voor het gebruik van een GIF° viewer°.

- M -

m {em} - *milli...* - Een duizendste (10^{-3}), bijvoorbeeld ms° (milliseconde).

M {em} - *Mega..., Male* - **1.** Miljoen (10^6), bijvoorbeeld: MegaHerz (MHz°), **2.** Meer dan een miljoen (1.048.576 = 2^{20}), bijvoorbeeld: MegaByte (MB°); zie verder bijlage B. Machten van tien en twee, **3.** Male: kenmerk van een stekker met pinnen (pin°, ⇔F°)

mA {-} - *milliAmpere* - MilliAmpère, mA: een duizendste Ampère (A°).

Ma Bell - *AT&T* - Vroegere bijnaam voor AT&T°, American Telephone and Telegraph Company, ontstaan uit Bell Telephone en in 1984 gesplitst.

MABI {-} - *Microsoft Application Binary Interface* - MABI: interface°- norm van Microsoft° en Intel° die ervoor zorgt dat programma's op alle Intel° PC's binary compatible° zijn. Is de technische sleutel voor het enorme succes van dit type PC. Zie ook: ABI°, WABI°.

Mac {mek} - *Macintosh* - Mac: een PC° van Apple, pionier van de WIMP°-interface (GUI°), geïntroduceerd in 1984 en vooral een succes geworden door de eraan gekoppelde laserprinter° met PostScript°; gebruikt een Motorola 680X0 microprocessor° en heeft een van DOS° afwijkende diskette-indeling (400 KB op een 3,5 inch diskette°); de notebook°-versie heet: PowerBook (1991); de appel, waarvan de naam is afgeleid, heet Mcintosh, zonder 'a' en is roodachtig.

MAC {mek} - *Message Authentication Code, Multiplexed Analogue Components, Medium Access Control* - **1.** MAC°: een code aan de hand waarvan de authenticiteit van een bericht of gegevens wordt vastgesteld, bijvoorbeeld met een op DES° gebaseerde 32-bit algoritme met geheime sleutels (private key°), ISO°-norm 8730/31 (⇔digital signature°), **2.** Een televisienorm voor HDTV° gebaseerd op time-division multiplexing° (TDM°), een verbetering van PAL°, **3.** MAC°: directe benadering van een netwerk, in de onderste laag van het OSI-model° (IEEE°-802, ISO° 8802/3), bijvoorbeeld: CSMA/CD°, token bus°, token ring°, FDDI°. Als extensie (extension°): een bestand met macros (macro°) of gebruikt op een Mac°.

Mach - *Mach* - Zie: Mach kernel°

machine - *machine* - Aanduiding voor alles wat apparatuur (hardware°) is of direct daarmee te maken heeft. Echter ook een complete machine: Turing machine°, virtual machine°.

machine check - *gesignaleerde fout* - Fout (check°) in de apparatuur (machine°), die een apparaat zelf heeft gevonden en die aan de gebruiker wordt gemeld.

machine code - *opdracht, gecompileerd programma* - **1.** Opdracht: een binaire opdrachtcode (code°), bijvoorbeeld voor een printer, **2.** Gecompileerd programma (code°): dat bestaat uit binaire opdrachtcodes en direct uitvoerbaar is (executable°); waaruit een gecompileerd programma (code°) bestaat; zie: compiler°.

machine cycle - *machinecyclus* - Tijd (cycle°) die een computer (machine°) nodig heeft voor een interne bewerking: meestal een aantal kloktikken (clock°).

machine dependent - *machine-afhankelijk* - Kenmerk van programmatuur die alleen met een speciaal type computers of randapparatuur (machine°) werkt.

machine language - *machinetaal* - Eerstegeneratie (generation, language°) programmeertaal, die direct door een computer (machine°) kan worden uitgevoerd. ⇔Assembler°

machine learning - *computerleren* - Zie: AI°.

machine-oriented language - *machinegeoriënteerde taal* - Programmeertaal (programming language°) die speciaal voor een bepaald type computer (machine°) is ontworpen. ⇔problem-oriented language°

machine-readable - *machinaal leesbaar* - Direct in een computer (machine°) in te voeren en te verwerken; synoniem: softcopy° (in elektronische vorm). ⇔hardcopy°

Mach kernel - *Mach kernel* - UNIX° microkernel°, ontwikkeld door Carnegie-Mellon University vanaf 1984: die voor uniformiteit tussen UNIX- en andere systemen zou kunnen zorgen, bijvoorbeeld: Mach 3.0 die wordt gebruikt door IBM en OSF°. Naam is afkomstig van E. Mach (1838-1926) naar wie het getal van Mach (de verhouding van een snelheid tot die van het geluid) is genoemd. De associatie met het woord 'MACHine' ligt voor de hand omdat microkernels direct met de apparatuur (machine°) werken. Functionaliteit: beheer van taken en hun uitvoering, communicatie tussen taken (IPC°), interrupt handling°, basis input/output° en processor°-management.

Macintosh - *Macintosh, Mac* - Zie: Mac°.

Macintosh application environment - *MAE* - Zie: MAE°.

MACLIB {mek·lib} - *MACro LIBrary* - Zie: macro library°.

macro - *macro-opdracht* - Opdracht, gegeven onder zijn naam of via een toets, die een groep instructies of opdrachten oproept, bijvoorbeeld om een briefhoofd in te voegen of om een regel te onderstrepen in een tekstverwerker. Synoniem: keyboard macro°, maar macro's kunnen ook verbonden worden met een pictogram (icon°).

macro assembler - *macro-assembler* - Assembler-programma (Assembler°) dat macro-opdrachten (macrocode°) omzet in machinetaal, ze als het ware assembleert.

macrocode - *macro-opdrachten* - Verzamelingen elementaire instructies (macro°) verenigd in nieuwe krachtige opdrachten of instructies. ⇔microcode°

macro conversion - *macroconversie* - De conversie (conversion°) van macro's (macro°) van de ene versie van bijvoorbeeld een tekstverwerker of spreadsheet° naar een andere.

macro editor - *macro-editor* - Een editor° voor het bewerken van macro's (macro°).

macro facility - *macrovoorziening* - Programma waarmee een macro° kan worden gedefinieerd en uitgevoerd.

macro language - *macrotaal* - Programmeertaal (language°) voor het schrijven van macro's (macro°).

macro library - *macrobibliotheek* - Bibliotheek (library°) voor macro's (macro°): hulpprogramma's; wordt afgekort tot: MACLIB°.

macro name - *macronaam* - De naam (name°) waaronder een macro° bekend staat in de computer of bij de gebruiker.

macro recorder - *macro-recorder* - Een programma voor de interactieve (interactive°) invoering van macro's (macro°): na invoering van de naam, neemt het programma op welke toetsen (key°) worden ingedrukt, later worden deze in dezelfde volgorde door de macro gesimuleerd.

MAE {-} - *Macintosh Application Environment* - MAE: een Mac-op-UNIX° emulator° in een X Window° sessie; emuleert (emulate°) 680X0°-toepassingsprogramma's onder UNIX.

mag disk {megk} - *magnetic disk* - Magnetische schijf (disk°). ⇔disc° (optisch)

magenta - *magenta* - Een van de vier standaard drukkleuren, zie: CMYK°.

magic - *alias* - Op een BBS°, een korte, eenvoudig te onthouden filename° voor een veelgevraagd bestand (file°) dat beschikbaar is via een: file request°, bijvoorbeeld 'FAQ°' voor FAQ257.ZIP en opvolgende versies. ⇔handle° (alias voor een persoon)

magnetic - *magneet..., magnetisch, magnetiseerbaar* - Techniek voor lezen en schrijven op disk° of tape° waarbij gebruik wordt gemaakt van de eigenschappen van het elektromagnetische (electromagnetic°) veld. ⇔optical°

magnetic card - *magneetkaart* - Kaart die geheel bedekt is met een magnetiseerbare laag: werd gebruikt voor de opslag van gegevens. Niet vertalen met: magnetische kaarten, want de kaarten zijn niet magnetisch. ⇔magnetic-strip card°

magnetic disk - *mag disk* - Zie: mag disk°.

magnetic ink character recognition - *MICR* - Zie: MICR°.

magnetic storage - *magnetische opslag* - Opslag (storage°) van gegevens op een magnetiseerbare laag, de nu meest gebruikte manier, bijvoorbeeld op: diskette°, hard disk° of tape°. ⇔ optical storage°

magnetic-strip card - *kaart met magneetstrip* - Creditcard of betaalkaart met een magnetiseerbare strip (mag strip°), volgens ISO°-norm 3554 met drie sporen (track°): wordt steeds meer gebruikt als plastic geld (creditcard°). ⇔magnetic card°

magnetic strip - *mag strip* - Zie: mag strip°.

magnetic tape - *mag tape* - Zie: mag tape°.

magneto-optical - *magneto-optisch, MO* - MO°: gecombineerde magnetische en optische techniek voor lezen en schrijven op een MO-disk° met grote capaciteit. Om een bit te schrijven wordt een klein gebiedje (1 micron in diameter) door een laserstraal verhit tot 150° C (Curie-punt), waardoor een magneetveld 'eenvoudig' de polariteit kan bepalen; bij het uitlezen met een (veel minder energierijke) laserstraal wordt de weerkaatsing verschillend gepolariseerd door de het magneetveldje (Kerr-effect). Het schrijven vereist twee omwentelingen en kan een groot aantal keren plaatsvinden (⇔CD-R°). In tegenstelling tot CD-ROM°, zit een MO-disk in een cassette (cartridge°), vergelijkbaar met die van een 3,5 inch diskette, en wordt de disk aan beide kanten beschreven op verschillende manieren; opslagcapaciteit meer dan 200 MB°. Er zijn zowel 3,5 als 5¼ inch en grotere schijven.

magneto-resistive - *magnetoresistief* - Kenmerk van een materiaal waarvan de elektrische weerstand verandert door een magneetveld. Is in 1851 uitgevonden door Lord Kelvin en wordt sinds 1991 gebruikt in leeskoppen (read/write head°) voor disks (disk°) en DCC°: een technologie waarmee een hoge bit-dichtheid kan worden gelezen.

magnification - *vergroting* - De mate waarin een beeld vergroot of verkleind wordt, meestal aangegeven met het maalteken (x1,7) of een percentage (170%).

mag strip {megk} - *magnetic strip* - Magneetstrip: magnetiseerbare strip (magnetic strip°) aangebracht op de achterkant van een creditcard° of betaalkaart. Wordt ook geschreven: mag stripe.

mag tape {megk} - *magnetic tape* - Magneetband: is ½ of ¼ inch breed, of 8 of 4 mm.

MAH {-} - *MilliAmpere-Hour* - MAH: het aantal mA° stroom die een accu (battery°) van bijvoorbeeld een mobiele telefoon (mobile phone°) gedurende een uur kan leveren.

mail - *post* - Berichten in een enveloppe of elektronisch (echomail°, e-mail°, voicemail°, fax-mail°). In Internet° (YNIΞ°), opdracht (command°) voor het versturen van een bericht of het lezen/beantwoorden van post. Mail is geadresseerd aan een of meer personen, terwijl berichten die gepost (posting°, {*poost*·ing}) worden als briefje op een BBS° hangen voor iedereen die langskomst. Ook: snail mail (gewone post - werkt met de snelheid van een slak).

mailbox - *mailbox* - Elektronisch postvak voor berichten (e-mail°), fax° en/of voice response°: dat bijvoorbeeld een TIN°-code heeft zodat u het vanuit de hele wereld kunt inbellen; synoniem: basket°.

mailer - *enveloppe* - Omhulsel waarin u iets per post (mail°) kan versturen; zie echter ook: fax mailer°.

mail gateway - *mail-gateway* - Station in een netwerk dat werkt als gateway° voor het ontvangen en verzenden van e-mail°: binnen een netwerk een node° die zorgt voor de uitwisseling van berichten met bijvoorbeeld Internet°.

mailing address - *adres* - Het adres (address°) voor elektronische post, nu vaak op Internet° (Internet address°).

mailing label - *adresetiket* - Het etiet (label°) dat op een brief of pakje wordt geplakt.

mailing list - *rondzendlijst* - Een lijst van gebruikers die over een bepaald onderwerp discussiëren; de discussies worden verspreid via e-mail°. Meestal gratis, maar soms moet een abonnement betaald worden. Is de gebruikersnaam majordomo, listproc of listserv, dan kunt u zich abonneren door een bericht met in de tekst: subscribe <lijstnaam> <eigen naam>. Eindigt de gebruikersnaam op '-request', dan volstaat een gewoon bericht.

mail log - *mail log* - Lijst (log°) met ontvangen e-mail° (elektronische post).

mail merge - *mail merge* - Met een programma in een computer postadressen (opgeslagen in een apart bestand) in een standaardbrief invoegen (merge°). ⇔print merge°

mail reader - *e-mailprogramma* - Programma voor het invoeren en lezen van e-mail°.

main - *hoofd-, voornaamste* - Belangrijkste. Niet hetzelfde als: major°

mainframe - *mainframe, M/F* - M/F°: grote computer gebouwd in een metalen kast. Ooit gedoodverfd als een dinosaurus die met uitsterven wordt bedreigd, groeit de mainframe-markt nog steeds, mogelijk om de nu gevestigde client/server°-netwerken te ondersteunen. ⇔mini° ⇔PC°

mainland - *de wereld van grote computers* - De interne programmatische en interface°-omgeving van grote computers in een computer center°; is afgeleid van: mainframe°. Geografisch: vasteland.

main memory - *hoofdgeheugen* - Het snelle RAM°-geheugen van een grote computer, synoniem: main storage°.

main storage - *hoofdgeheugen* - Het snelle RAM°-geheugen van een computer; synoniem: main memory°. Echter wanneer er verscheidene soorten opslag zijn, wordt hiermee bedoeld de voornaamste soort opslag (storage°).

mainstream - *voornaamste stroming* - Bekend type PC°, mini°, mainframe°, programmeertaal enzovoort. Bijvoorbeeld: Pen computing is entering the mainstream (Pen computing gaat doorbreken); The mainframe° is no longer mainstream (De mainframe is niet meer de belangrijkste stroming - zie: downsizing°). ⇔nonmainstream°

main switch - *hoofdschakelaar* - Schakelaar (switch°) die de netspanning voor een aantal apparaten tegelijk aan- en uitschakelt.

maintenance - *onderhoud* - Reparatie en aanpassing: van apparatuur, programmatuur of informatie, die nodig zijn omdat niets bij het oude blijft. Ook: application development and maintenance° (ADM°), corrective maintenance° (reparatie), file maintenance° (bestandsbeheer), preventive maintenance° (preventief onderhoud), scheduled maintenance° (periodiek onderhoud).

major - *primair, belangrijk* - Aanduiding dat iets van groot belang is, maar niet noodzakelijkerwijs het belangrijkste (main°). ⇔minor°

majority logic - *meerderheidslogica* - Logische (logic°) schakelmethode waarbij de meerderheid van de ingangssignalen beslist; is ooit voorgesteld, maar niet op enige schaal toegepast: binaire logica (binary logic°) werkt eenvoudiger.

make-buy decision - *maken/kopen beslissing* - Een beslissing die wat betreft programma's tegenwoordig steeds vaker op kopen (leasen) van een pakket (package°, packet°) uitdraait.

male connector - *mannetjesstekker* - Stekker met pinnen (pin°): die moet worden gekoppeld aan een stekker met gaatjes (female connector°).

MAN {men} - *Metropolitan-Area Network, MANual* - **1.** MAN: netwerk voor een grote stad; IEEE°-norm 802.6° uit 1990, gebruikt DQDB° en is in 1985 ontwikkeld te Perth, Australië, **2.** MAN: extensie (extension°) van een bestand dat een handleiding (manual°) bevat.

manage - *managen, beheren* - Het leiden en begeleiden door een manager°: beschikbare mensen en middelen (resource°) optimaal aanwenden; dit kan ook door een programma worden gedaan als de voorwaarden duidelijk vastliggen. De grote vraag hierbij is steeds: beheren, beheersen of overheersen?

managed link - *vaste verbinding* - Vaste, meestal internationale, point- to-point° verbinding (link°) met speciale voorzieningen, bijvoorbeeld voor: het maken van een reservekopie (backup°); wordt meestal beheerd door een: carrier°.

managed network - *managed network* - Een netwerk inclusief het beheer daarvan geleverd door een telco°, dat u kunt huren en waarover u zich verder geen zorgen hoeft te maken: als het niet werkt, betaalt u niet.

managed object - *managed object* - Onderdeel (object°) dat door een systeem (TMN° of SDH°) wordt beheerd: bijvoorbeeld de onderdelen van een netwerk (een modem°, bridge°, router° of session°) of pictogrammen (icon°) in een scherm; term komt oorspronkelijk uit CMIP°. De implicatie is vaak dat het object via het netwerk kan worden aangepast (software configurable°).

managed services - *ingehuurde diensten* - Vooral ingehuurde netwerkdiensten, aantrekkelijk omdat het steeds moeilijker en duurder wordt die zelf te beheren - een groeimarkt. Indien slechts een gedeelte wordt uitbesteed, spreekt men van: partial outsourcing (outsourcing°).

managed solution - *ingehuurde oplossing* - Complete dienstverlening, bijvoorbeeld een netwerkdienst (managed link°) die is uitbesteed (outsourcing°). Het bedrijf dat zo werk uitbesteedt, moet wel kunnen beoordelen of het management en de kwaliteit goed is.

management - *management, beheer* - Wordt vaak gebruikt in plaats van: manager°. Zie ook: AIIM°, bandwidt management°, call management°, change management°, configuration management°, copy management°, database management°, data management°, distributed object management°, DME°, DMI°, document management°, facilities management°, fault management°, file management°, information management°, IRM°, key management°, memory management°, network management°, object database management°, OMA°, PM°, portfolio management°, power management°, project management°, quality management°, service management°, SNMP°, storage management°, system management°, TMN°, TQM°, turnaround management°, wiring management°, WFM°.

management games - *simulatiespelen* - Computersimulaties waarmee het management inzicht krijgt in de mogelijkheden van bijvoorbeeld een financiële markt of economische situatie; geen spelletjes van of voor het management.

management information system - *management informatiesysteem, MIS* - MIS°: informatiesysteem voor managers die informatie nodig hebben om te kunnen ingrijpen voordat het misgaat.

management initiated separation - *MIS* - Zie: MIS°

management misinformation systems - *management misinformation systems* - Het begrip dat informatiebehoeften sneller veranderen dan informatiesystemen eraan kunnen voldoen, zodat niet de gewenste informatie wordt geleverd; een observatie van R.L. Ackoff uit 1967.

management support systems - *MSS* - Zie: MSS°.

management team - *management team* - De suggestie dat de directie als een team zou werken.

manager - *manager* - **1.** Persoon die leiding geeft (managing°); zie ook: interim manager°, product manager°, **2.** Programma dat andere programma's of middelen bestuurt, bijvoorbeeld: area manager°, database° manager (databasemanager), device manager°, field manager°, file manager°, font manager°, memory manager°, network manager°, portfolio manager°, session manager°; sommige hiervan kunnen ook een persoon betreffen. Zie ook: management°, WFM°.

managing system - *beheerssysteem* - Methode van coördinatie van het werk of de mensen.

Manchester encoding - *Manchester-codering* - Digitale coderingsmethode, gebruikt in Ethernet° (IEEE° 802.3) baseband°, waarin een 1-bit wordt voorgesteld door de overgang van negatief naar positief en een 0-bit door de overgang van positief naar negatief, en in het midden van de cyclus wordt het signaal omgekeerd (- + of + -); de verdeling van een bit-periode in twee helften vereenvoudigt de synchronisatie (synchronization°).

mandatory - *verplicht* - Wanneer er echt geen ontkomen aan het installeren van een feature° of upgrade° is. ⇔optional°

manipulate - *bewerken, wijzigen, verplaatsen* - Zie: manipulation°.

manipulation - *manipulatie, bewerking* - Niet fraai als het om mensen gaat, wel in een computer: data manipulation°, direct manipulation°.

man-month - *manmaand* - Mm.: eenheid van werk, het werk dat door een mens in een maand wordt geleverd. Leidt snel tot de fictie van het management dat een hoeveelheid manmaanden werk willekeurig over verscheidene mensen verdeeld kan worden; het veelvuldig misbruik van dit begrip is in 1982 kritisch beschreven door F.P. Brooks, Jr. [3.].

manpower - *mensen* - Menskracht: uitgedrukt in warm bodies (body°) of manmaanden (man-month°). Adding manpower to a late software project° makes it later (Menskracht toevoegen aan een project met vertraging, vergroot de vertraging - omdat de nieuwe mensen eerst moeten leren wat het project inhoudt - schreef F.P. Brooks, Jr. [3.]).

mantissa - *mantisse* - Getal dat wordt verheven tot een macht (exponent°): bijvoorbeeld a in: a_b; zie: floating-point°.

manual - *handboek, handmatig* - **1.** Handboek: een boekwerk of handleiding waarin alles staat behalve datgene wat men nu nodig heeft; echter ook: If all else fails, read the ... manual (Als niets anders helpt, lees dan de vervloekte handleiding); tekstbestanden met de handleiding hebben vaak de extensie (extension°): .MAN°, **2.** Handmatig: wanneer u het zonder computer moet doen, bijvoorbeeld: manual control (handbediening).

manual feed - *handmatige invoer* - Invoer (feed°) van een printer, scanner° of fax° waarin met de hand (manual°) een vel papier ingeschoven wordt.

manufacturing - *MFG, fabriceren* - **1.** MFG°: de fabrieksorganisatie van een bedrijf, **2.** Als werkwoord: fabriceren (⇔remanufacturing°).

manufacturing application protocol - *MAP* - Zie: MAP°, MAP/TOP°

map - *map, indelen, toewijzen, kaart* - Onderling relateren; een symbolische naam vertalen in een werkelijke door middel van een tabel (mapping table°), een procedure° of een algoritme (algorithm°). Ook: desktop mapping° (een desktop afbeelden op het beeldscherm), mapping°, Karnaugh map°, memory mapping°. In DOS°, kan men bijvoorbeeld drive° 'W:' relateren aan 'C:\WP51' via de SUBST-opdracht. Is ook een geografische kaart.

MAP {mep} - *Manufacturing Application Protocol* - MAP: protocol° voor fabriekssystemen met computers (CIM°) en tokenbus netwerken, afkomstig van General Motors uit 1982 en gebaseerd op IEEE°-norm 802.4. Als extensie (extension°): indicatie van een bestand (file°) met linkages (linkage editor°). ⇔TOP°

MAPI {-} - *Message Application Programming Interface* - MAPI: voorstel van Microsoft° voor een koppeling (API°, interface°) voor e-mail° en berichten (message°). ⇔VIM°

mapping - *afbeelden, afbeelding* - Iets bepaalds elders afbeelden, bijvoorbeeld: desktop mapping°.

mapping table - *correspondentietabel* - Tabel (table°) waarin staat hoe een afbeelding (mapping°) moet plaatsvinden.

MAP/TOP {mep·top} - *Manufacturing Application Protocol/Technical Office Protocol* - Poging om MAP° en TOP° te combineren tot één grote CIM°-norm onder de paraplu van OSI°.

margin - *marge* - **1.** Lege ruimte (boven en onder: top margin°, bottom margin°; rechts en links: right, left) tussen de zetspiegel en de bladspiegel van een gedrukte pagina; zie ook: binding margin°, inside margin°, outside margin°, **2.** Winstmarge of korting voor een distributeur of dealer.

margin setting - *marge-instelling* - In een tekstverwerker, de waarden aangegeven voor de marges (margin°), bijvoorbeeld in mm of inches.

mark - *markeren, markering, merkteken, accent* - **1.** Markeren, selecteren: stukken tekst aangeven die u wilt wissen of verplaatsen (⇔unmark°); synoniem: highlight°, **2.** Merkteken: dat een stuk informatie logisch begrenst of markeert; synoniem: flag° (⇔marker°), **3.** Markeren: een streepje, kruis of vinkje zetten in een check box° of een andere voorbedrukte ruimte (mark-read°), **4.** Aanwezigheid van een signaal: een binaire '1' (⇔space°: binaire '0'), **5.** Accent: diacritical mark°. Zie ook: book mark°, earmark°, punctuation marks°, question mark°, SPECmark°, trademark°.

marker - *markeerteken* - Het werkelijke merkteken: dat uit meerdere tekens (character°) kan bestaan. ⇔mark°

market - *markt* - Het afzetgebied voor een bepaalde product: dat vooral bepaald wordt door de functionaliteit (functionality°), het platform° en de prijs ten opzichten van die van concurrenten. Chic synoniem: market place.

marketer - *verkoper* - Een persoon of organisatie die eigen producten en/of diensten verkoopt. ⇔remarketer°

marketing - *marketing, MKTG* - **1.** Verkooporganisatie (⇔MFG°), **2.** Apparatuur, programmatuur of service slijten volgens een vastgestelde methodiek. Niche marketing: marketing op een speciaal (klein) gebied. Zie ook: telemarketing°.

marking - *markering* - Een stuk tekst of een aantal gegevens markeren, zie: mark°.

Markov chain - *Markov-keten* - Een statistisch model waarin de waarschijnlijkheid (probability°) dat een gebeurtenis (event°) plaatsvindt uitsluitend afhangt van de gebeurtenis daarvoor (chain°), soms verborgen (hidden Markov model). Het hierdoor ontstane, veel voorkomende proces heet: Markov process°, stochastic process°. Het idee (1913) is afkomstig van A.A. Markov (1856-1922).

Markov process - *Markof-proces* - Zie: Markov chain°.

market requirements planning - *MRP* - Zie: MRP°.

mark-read - *mark-read* - Het plaatsen van potloodstreepjes (mark°) op speciaal voorgedrukte OMR°-formulieren (vroeger ponskaarten), bijvoorbeeld bij multiple-choice examenvragen die optisch (optical°) worden gelezen; synoniem: mark-sense°.

mark-sense - *mark-sense* - Zie: mark-read°. Oorspronkelijke term voor: mark-read°, gebruikt voor het aftasten (sense°) van de elektrische weerstand van al dan niet aanwezige koolstof potloodstreepjes mark°) met behulp van koperen elektroden.

markup - *markup* - **1.** Wat een detaillist (dealer°) op de groothandelsprijs zet, **2.** Tags (tag°) die in de tekst worden geplaatst als markering (marker°) van vet, onderstreept of een nieuw hoofdstuk, bijvoorbeeld door middel van de markup-taal: HTML°, SGML°, VRML°.

mask - *masker, maskeren* - Binair gaten-patroon dat wordt gebruikt om te selecteren uit een verzameling bits (bit mask°) of tekens. Ook: fotografisch masker, waarmee bijvoorbeeld geïntegreerde schakelingen werden vervaardigd. Het masker in een kleurenscherm maakt het mogelijk de RGB°-kleuren apart aan te sturen; shadow mask (gaatjesmasker) of line mask (lijn-masker, dat een grotere lichtopbrengst oplevert en dus briljantere kleueren).

MASM {-} - *Microsoft macro ASseMbler* - Een compiler° voor Assembler° (ASM°) macro's (macro°) en programma's van Microsoft°.

massage - *manipuleren, bewerken* - Behandeling van tekst of gegevens om ze de gewenste vorm of inhoud te geven.

massive open systems environment standards - *MOSES* - MOSES: client/ server° normen.

massive parallel computing - *massaal-parallel computing* - MPP°: veel goedkope microprocessoren parallel geschakeld, elk met eigen geheugen en opslag, waarmee straks wellicht goedkope grote computers kunnen worden gemaakt; de interne communicatie, coördinatie en programmering is nu nog een probleem; norm (standard°): MOSES°. ⇔parallel computing° ⇔scalable parallel computing° ⇔SMP°

mass storage - *massageheugen* - Massale opslag (storage°) gebruikt voor archivering van heel veel (versies van) bestanden, meestal op een vorm van tape°, straks wellicht optische discs.

master - *hoofd-, origineel* - De originele versie of het hoogste onderdeel van een diskette°, bestand (file°) of document°.

master boot record - *MBR* - Zie: MBR°.

master diskette - *stamdiskette* - Originele diskette°: waarvan de kopieën worden gemaakt.

master document - *hoofddocument* - Tekstbestand waarin deelbestanden (sub-document°) worden ingevoegd (imbed°).

master file - *stambestand* - Bestand (file°) met de meest recente of oorspronkelijke gegevens, dat wordt gebruikt in geval van twijfel over een recenter bestand. ⇔transaction file°

mastering - *mastering* - Het gereed maken en samenvoegen van alle bestanden en hulpmiddelen in een vorm die direct geschikt is voor het gebruiken of produceren van een videofilm of CD-ROM° (CD mastering°); de informatie werd vroeger meestal opgeslagen op Exabyte°, nu vaak op een beschrijfbare CD.

master key - *hoofdsleutel* - Sleutel die toegang geeft tot alle andere sleutels (key°) in een beveiligd computersysteem: de sleutel van het sleutelkastje.

master/slave - *master/slave* - Een architectuur waarin één computer de baas is over een andere: zijn werkschema (schedule°) bepaalt. ⇔client/server° ⇔peer-to-peer°

match - *passen, evenaren, wedstrijd* - **1.** Kleuren of impedanties (impedance°) die bij elkaar passen, **2.** Evenaren: tegen elkaar opgewassen zijn, **3.** Wedstrijd, bijvoorbeeld tussen twee schaakcomputers.

material - *materiaal* - Zie bijvoorbeeld: reference material°, time and material°.

Material Resources Planning - *MRP* - Zie: MRP°.

Material Requirements Planning - *MRP* - Zie: MRP°.

math {mess} - *mathematics, mathematical* - Wiskunde, wiskundig.

math coprocessor {mess} - *mathematical coprocessor* - Mathematische coprocessor, zie: coprocessor°.

mathematics - *math* - Wiskunde, zie: math°.

matrix - *matrix* - Meervoudig geordende reeksen van waarden; is een wiskundig begrip voor een tabel met gegevens of een tweedimensionale rangschikking. Een matrix met puntjes wordt ook gebruikt om tekens af te beelden (7x9 of 9/10x13) of af te drukken (matrix printer°). Zie ook: CRUD matrix°, sparse matrix°.

matrix printer - *wire matrix printer* - Printer die tekens wel met puntjes maar niet tot in de puntjes afdrukt met behulp van een verticale rij draden (needle°) en een inktlint (ribbon°). Elk teken werd oorspronkelijk gevormd door een matrix° van 5x7 (verouderd) of 7x9 punten (dot°), nu vaak 24 punten hoog i.p.v. 9.

MAU {em·ee·joe} - *Multi-station Access Unit, Media Attachment Unit* - MAU: **1.** concentrator° of centrale hub° (access unit°) in een token ring° lokaal netwerk; de op afstand bedienbare versie heet: CAU°, **2.** MAU: koppeling van een terminal met het transmissiemedium of met een transceiver°; converteert signalen van het ene Ethernet°-medium° (10Base-...) naar het andere, zie ook: AUI°.

max {meks} - *maximum* - Maximum: bovengrens. ⇔min°

maximize - *maximaliseren* - **1.** Een waarde zo groot mogelijk maken, **2.** In een GUI°: een pictogram (icon°) of venster (window°) vergroten tot maximale grootte, door op de button° rechtsboven te klikken. ⇔minimize°

maximum - *max* - Bovengrens, zie: max°. ⇔minimum°

Mb {em·bi} - *MegaBit* - Mb: meer dan een miljoen (1.048.576 = 2^{20}) bit°.

MB {em·bi} - *MegaByte* - MB: meer dan een miljoen (1.048.576 = 2^{20}) byte°.

MBAware {em·bi·ee} - *Master of Business-ware* - MBAware: programma's voor het oplossen van problemen van algemeen management, bijvoorbeeld: voorbereiding voor onderhandelen, het managen van medewerkers, strategische analyse en marktvoorspellingen. Nieuw woord voor een EIS°.

Mbps {em·bi·pi·es} - *Megabits per second* - Mbps: miljoen bit° per seconde (bps°): maat voor de snelheid van overdracht van *bits*. ⇔MBps°

MBR {em·bi·ar} - *Master Boot Record* - MBR: het eerste record° van de boot file°; zie: boot°.

MBps {em·bi·pi·es} - *MegaBytes per second* - MBps: miljoen byte° per seconde: maat voor de snelheid van overdracht van *bytes*. ⇔Mbps°

Mbs - *megabit per second* - Ook wel: Mb/s; zie: bit°, Mbps°. ⇔MBs°

MBs - *megabyte per second* - Ook wel: MB/s; zie: byte°, MBps°. ⇔Mbs°

Mbus {em} - *MultiprocessorBus* - Mbus: een 64-bit brede SPARC°-bus voor het koppelen van multiprocessor°-configuraties, ontworpen door Sun. ⇔SBus°

Mc {em·si} - *MegaCycles per second* - Zie: Mc/s°.

MC {em·si} - *Micro Channel* - MC: 32-bit snelle busarchitectuur voor de IBM PS/2° en RS/6000°, ontworpen voor multiprocessing°; heette oorspronkelijk MCA (Micro Channel Architecture°), maar die afkorting was al in gebruik door Music Corporation of America. Is niet doorgebroken buiten IBM en wordt vanaf medio 1996 vervangen door PCI°. MC is incompatibel met: ISA°, EISA°. Inmiddels is er ook een USB°-bus gekomen.

MCa {em·si·ee} - *Micro Channel architecture* - Nu met kleine 'a': MC°, want Music Corporation of America (MCA) maakte bezwaar.

MCB {-} - *Memory Control Block* - MCB: element in een lijst met het besturingssysteem waarin wordt opgeslagen welke programma's waar in het RAM°- geheugen werkzaam zijn.

Mc/s {em·si} - *Megacycles per second* - MHz°: miljoen trillingen (cycle°) per seconde; vaak wordt gebruikt: Mc°.

MCI {em·si·ai} - *Microwave Communications Incorporated, Media Control Interface* - **1.** MCI: naast AT&T° de andere grote lange-afstands (long-distance° carrier° voor telefonie en datacommunicatie in de VS; zij gebruiken echter niet alleen micro-golven, **2.** MCI: een interface° voor stuur-programma's (driver°) onder Windows°, speciaal ontwikkeld met het oog op multimedia°-bestanden en -apparaten (device°) met functies als: stop, play, record.

MCL {em·si·el} - *Mercury Communications, Ltd* - MCL: concurrent van BT° in Engeland.

MD {em·di} - *MiniDisc* - MD, zie: MiniDisc°.

MD5 - *Message Digest 5* - MD5: versie 5 van een techniek voor het vervaardigen van een digitale handtekening (digital signature°) van R. Rivest (de 'R' van: RSA°).

MDA {em·di·ee} - *Monochrome Display Adapter* - MDA: de eenvoudigste PC-adapter°kaart die alleen 25 regels van 80 tekens kan afbeelden in een monochroom (monochrome°) scherm (display°).

ME {em·ie} - *Mechanical Engineer, MIJ* - **1.** Werktuigbouwkundig ingenieur, **2.** ME (MIJ): extensie (extension°) van een READ.ME (LEES.MIJ) bestand (file°) met goede raadgevingen voor het gebruik van een programma.

mean - *gemiddelde, gemeen* - **1.** Gemiddelde: statistisch berekend door de som van waarden te delen door hun aantal (⇔average°), **2.** Gemeen, zoals in lean and mean° (letterlijk: mager en gemeen).

mean time between failures - *MTBF* - Zie: MTBF°.

mean time to repair - *MTTR* - Zie: MTTR°.

measure - *maat, maatregel, meten, beoordelen* - **1.** Maat: bijvoorbeeld de maten in het metrieke stelsel, **2.** Maatregel: om iets te voorkomen of te bevorderen, **3.** Meten, zie: measuring°, **4.** Beoordelen: zien of iets zo is als het wordt gezegd.

measuring - *meet..., meten* - Bijvoorbeeld: measuring instrument (meetinstrument) of metric° for measuring (FPA°, KLOC°).

media - *media* - Meervoud van: medium°. Als netwerkkabel: coax°, fiber- optics°, twisted pair°. Als verbindingstechniek: cellular°, infrared°, microwave°, radio°, satellite°. Als netwerktechnologie: shared media°, switched media°. Als opslagmedium: digital media, dual media°, multimedia°. Men gebruikt het meervoud wanneer het om twee of meer typen of uitvoeringen gaat.

media convergence - *convergentie van de media* - Het samenvallen van de diverse soorten media°.

median - *mediaan* - Middelste waarde uit een oneven aantal geordende waarden (sample°).

media type - *media* - Zie: media°.

medium - *medium, gemiddeld* - **1.** Normale dikte van tekens (⇔bold° ⇔light°), **2.** Informatiedrager of communicatiemiddel; optisch of magnetisch, bijvoorbeeld: cartridge°, diskette° (storage medium°); ook papier, televisie, CD enzovoort; meervoud media, zoals in: dual media° (op 5¼ en 3½ inch diskettes), multimedia° (gecombineerde media). Wordt ook gebruikt voor netwerken: MAU°, Media Attachment Unit, is a device° which connects workstations to the medium in

Ethernet° (MAU is een apparaat waarmee werkstations aan de netwerkkabel worden verbonden in Ethernet - zie 10Base-...°). M. McLuhan introduceerde de frase 'The medium is the message°' (Het medium is de boodschap) in zijn boek 'Understanding Media' (1964), maar dat zal op de elektronische snelweg (information superhighway°) zeker niet meer het geval zijn; maar veel mensen twijfelen of dat ooit het geval is geweest.

medium access control - *MAC* - Zie: MAC°.

medium attachment unit - *MAU* - Zie: MAU°.

medium frequency - *MF* - Zie: MF°.

medium-scale integration - *MSI* - Zie: MSI°.

meg {megk} - *megabyte, megaOhm* - Zie: megabyte°, MB°, Ohm°.

mega... {mè·gka} - *mega...* - **1.** Millioen, bijvoorbeeld: MHz°, **2.** Meer dan een miljoen (1.048.576 = 2^{20}), bijvoorbeeld: megabyte (MB°), **3.** Vroeger onvoorstelbaar groot, nu vrij gewoon - bijvoorbeeld: megatrend.

megabit per second - *mbps* - Zie: mbps°.

megabyte - *MB* - Meer dan een miljoen (1.048.576 = 2^{20}) byte°.

megacenter - *megacenter* - Een groot geconsolideerd computercentrum.

megafloating-point operations per second - *MFlops* - Zie: MFlops°.

megaHertz - *MHz* - Zie: MHz°.

member - *member* - Deel van een gegevensverzameling (PDS°) of programmabibliotheek. ⇔partition°

membrane - *membraan* - Vlies: in de computerwereld gebruikt in een schakelaar die wordt ingedrukt door een vinger. Een gemetalliseerd vlies wordt op afstand gehouden van een contactoppervlak, en maakt contact bij indrukken, bijvoorbeeld toegepast op een toetsenbord (keyboard°). Is alleen geschikt voor beperkt gebruik, niet voor intensief gebruik, omdat de toetsbeweging minimaal is.

memo - *memo* - Een korte notitie als geheugensteuntje, een verkorte vorm van: memorandum.

memory - *geheugen* - Het interne geheugen van een computer, dat bestaat uit RAM° en ROM°; RAM moet worden uitgebreid naarmate programma's groter worden en de gegevens erin verdwijnen als u de computer uitschakelt; ROM is vast geheugen. Zie ook: base memory°, bubble memory°, distributed memory°, flat memory model°, internal memory°, main memory°, reserved memory°, user memory°, virtual memory°. There is no such thing as too much memory (Teveel geheugen bestaat niet - omdat programma's sneller groeien dan PC-geheugens en omdat vergroting van het geheugen paging° reduceert). ⇔storage°

memory address - *geheugenadres* - Een getal gebruikt om gegevens in die positie te schrijven of uit te lezen. In DOS° spreekt men van: conventional memory° (adres: 0-640K), reserved memory° of upper memory° (adres: 640K tot 1024K), high memory° (adres 1024K tot 1088K-16; zie:

A20°), extended memory° (adres boven 1024K) en expanded memory° (LIM°, EMS°; adres: blokken van 0-640K via bank switching°). Met 20 bits (XT°) kan worden geadresseerd: 2^{20} = 1 MB°; met 24 bits (AT°): 2^{24} = 16 MB; met 32 bits (386 en hoger): 2^{32} = 4 GB°.

memory allocation - *geheugentoewijzing* - Het toewijzen (allocate°) van geheugen (memory°) aan programma's zodanig dat zij elkaar niet in de weg zitten: een functie van het besturingssysteem (operating system°).

memory bank - *memory bank* - Logische geheugeneenheid (bank°), die kan worden ingeschakeld (bank switching°) wanneer de processor° het hele geheugen (memory°) niet in één keer kan adresseren.

memory board - *geheugenkaart* - Zie sysnoniem: memory card°.

memory card - *geheugenkaart* - Vroeger als uitbreidingskaart (expansion card°), nu meestal als flashcard° of memory card°; synoniem: silicon drive° (vervanging van een mechanische diskette drive° in een laptop° door een RAM° geheugen).

memory chip - *geheugenchip* - Module (IC°) voor het RAM°-geheugen (memory°): wordt met negen stuks op een SIMM° gemonteerd (8 data° + 1 parity°). Een 1 Mbit chip° bevat 2^{20} = 1.048.576 bits; dan per 1 MB° SIMM. Medio 1995 hebben IBM, Siemens en Toshiba een chip met 256 Mbit gepresenteerd, volgens hun zeggen goed voor meer dan 16.000 A4-tjes op 286 vierkante milimeter silicium.

memory cycle - *geheugencyclustijd* - Tijd (cycle°) om een eenheid informatie (een of meer bytes) uit te lezen of op te slaan; wordt uitgedrukt in ns° (nanoseconde); zie bijvoorbeeld: DRAM°, SRAM°.

memory hog - *geheugenvreter* - Programma dat beslag legt op veel geheugen; letterlijk: hog (zwijn).

memory effect - *geheugeneffect* - Het effect dat de capaciteit van een oplaadbare accu (battery°) afneemt wanneer de accu niet geheel ontladen is voordat hij geladen wordt. Het is daarom goed om de draagbare PC aan te laten staan voordat u ze gaat laden. Voor de accu's van videocamera's zijn er speciale ontladers.

memory management - *memory management* - De toewijzing van het geheugen aan programma's (memory allocation°), inclusief paging°, en het opruimen van tussenresultaten na afloop (garbage collection°).

memory manager - *geheugenbeheer* - PC programma dat de mogelijkheden van 286-chips en hoger benut om meer dan 640K RAM°-geheugen te gebruiken in DOS°, zie: memory address°. Is onder Windows° en OS/2° nauwelijks meer nodig, vooral als alleen 32-bit toepassingen worden gebruikt.

memory map - *memory map* - Grafische weergave (map°) van het door programma's in beslaggenomen geheugen (memory°), meestal in de vorm van een rechthoek die verticaal is onderverdeeld in stukken, bijvoorbeeld die toebedeeld zijn aan: conventional memory°, extended memory°, upper emory°. In DOS° kan een overzicht worden verkregen via de opdracht (command°) 'mem'.

memory mapping - *virtueel geheugen* - Term en idee van J.B. Dennis (MIT°) rond 1960; tegenwoordig genoemd: virtual memory°.

memory model - *geheugenmodel* - De manier waarop het geheugen geadresseerd wordt, zie bijvoorbeeld: flat memory model°, memory bank°.

memory module - *geheugenmodule* - Geheugenuitbreiding (chip°, module°) in de vorm van een DIP-chip°, SIMM° of SIP-chip°.

memory partition - *geheugenpartitie* - Een stuk van het geheugen (memory°) dat een partitie (partition°) vomt.

memory protection - *geheugenbescherming* - Maatregelen die moeten voorkomen dat programma's of belangrijke informatie in het RAM°-geheugen (memory°) wordt overschreven: een voorwaarde bij multitasking°.

memory requirement - *geheugenvereiste* - De hoeveelheid geheugen (memory°) die nodig is voor een toepassing (application°) of programma. Vroeger vaak van het conventionele geheugen (conventional memory°), nu van het totale.

memory-resident - *memory-resident* - Programma(-onderdeel) dat in het geheugen (memory°) blijft (resident°) ondanks paging° of beëindiging (TSR°).

memory usage - *geheugengebruik* - De hoeveelheid geheugen (memory°) die nodig is voor een programma.

memory used - *geheugen in gebruik* - De hoeveelheid geheugen (memory°) die gebruikt wordt voor een programma.

mender - *mender* - Verloopstekker, zie: gender mender°.

menu - *menu* - Een afgebeelde lijst met keuzemogelijkheden die een computer letterlijk (list°), pictogram (icon°) of geluidsfragment (voice menu°) figuurlijk voor u in petto heeft. Zie ook: pop-down menu°, pop-up menu°, pull- down menu°, pull-up menu°, submenu°.

menu bar - *menubalk* - Balk bovenin een scherm met menukeuzes die u kunt uitbreiden (pull-down menu°) door erop te klikken.

menuing software - *menu-programma* - Programmatuur (software°) waarmee eenvoudig een menu-systeem kan worden geprogrammeerd of gebouwd.

menu-driven - *menu-gestuurd* - Een gebruikers-interface° die werkt met menu's (menu°) waarop u keuzes kunt maken: menu-sturing.

menu item - *menukeuze* - Keuze: een van de mogelijkheden (item°) in een menu°, die met een toets (key°) of muisklik (mouse°) kan worden geselecteerd.

menu structure - *menustructuur* - De manier waarop verscheidene menu's aan elkaar gekoppeld zijn, gezien door de bril van de programmeur of van de gebruiker.

menu title - *menunaam* - De naam waarop geklikt (click°) om een menu tevoorschijn te toveren, bijvoorbeeld: Bestand, Bewerken.

menu tree - *menu-hiërarchie* - Menu (menu°) in de vorm van een (omgekeerde) boomstructuur (tree°): de wortel (root°) staat aan de top.

MEO {mi·jo} - *Medium Earth Orbit* - Satelliet (satellite°) op een afstand tot de aarde die ligt tussen doe van een GEO° en een LEO°, bijvoorbeeld: Inmarsat°-P.

Mercury - *MCL* - Zie: MCL°.

merge - *merge, samenvoegen* - Diverse gegevens (data°) of records (record°) samenvoegen, bijvoorbeeld via: sort-merge° (sorteren), mail merge° (postadressen invoegen in brieven), print merge° (samenvoegen en afdrukken). ⇔extract°

merit - *verdienste, verdienen* - **1.** Iets wat de moeite waard is, **2.** Een beloning of aandacht verdienen. Fashion is more important than merit today (Vandaag de dag is mode belangrijker dan verdienste).

merit system - *beloningssysteem* - Het systeem (system°) dat wordt gehanteerd bij het vaststellen van salarissen en verhogingen: dat in het bedrijfsleven meestal is gebaseerd op iemands verdiensten (merit°) voor het bedrijf.

Merlin - *Merlin* - Codenaam voor Warp (warp°, OS/2°) 4.0, PC besturingssysteem (operating system°) van IBM uitgebracht eind 1996, voorzien van spraakherkenning (Engels) voor opdrachten.

Mersenne prime number - *Mersenne-priemgetal* - Speciale priemgetallen (prime number°) die de vorm hebben van: 2^q-1, waarbij q zelf een gewoon priemgetal is. Het record uit 1993 is voor q=859.433.

mesh - *maasvormig* - Topologie (topology°) van een structuur of netwerk waarin punten via meerdere wegen zijn verbonden. ⇔bus° ⇔ring° ⇔star° ⇔tree°

message - *bericht, melding, boodschap* - **1.** Melding: bijvoorbeeld van een computer omdat u een fout maakt (error message°) of omdat een opdracht is vervuld, bijvoorbeeld: your message was posted (uw bericht is verstuurd) , **2.** Bericht: van een gebruiker naar een andere gebruiker, **3.** Bericht: van object° naar object (message passing° in object-georiënteerde terminologie), **4.** Boodschap, zoals in: The medium° is the message (Het medium is de boodschap - zie: medium°). Zie ook: dunning message° (aanmaning). MessageWatch is een Seiko horloge waarmee u gecodeerde berichten kunt ontvangen, als u bent aangesloten op de MiniMail-dienst.

message application programming interface - *MAPI* - Zie: MAPI°.

message authentication - *message authentication* - Controle (authentication°) of een ontvangen bericht gelijk is aan het verzonden bericht en dus kan worden vertrouwd: is mogelijk wanneer de afzender en de ontvanger dezelfde key° gebruiken om de MAC° te berekenen; staat los van: encryption°.

message authentication code - *MAC* - Zie: MAC°.

message backbone - *message backbone*- De snelle backbone°-verbinding in een e-mail° of berichtennetwerk (message°).

message box - *berichtvak* - Klein venster (box°) in een GUI° met een bericht voor de gebruiker: de ontvangst moet vaak worden bevestigd door op de OK-knop (OK button°) te klikken.

message handling system - *MHS* - Zie: MHS°.

message list - *berichtenlijst* - In een e-mail°-programma, de lijst met binnengekomen berichten (message°).

message notifier - *berichtgeving* - Bericht dat er berichten (message°) voor u zijn aangekomen, bijvoorbeeld een teken in het scherm van een mobiele terminal.

message passing - *message passing* - Aanduiding van een systeem dat werkt met het doorgeven van berichten (message°). Deze methode van werken via opdrachten of calls (RPC°) enzovoort is vooral gangbaar in netwerken (client/server°), grafische interfaces (GUI°), object-georiënteerde (object- oriented°) systemen en parallelle systemen (parallel computing°). Voordeel hiervan is een duidelijke structuur, flexibiliteit voor de gebruiker en het gemak waarmee elementen kunnen worden toegevoegd of verwijderd.

message pending - *message pending* - Melding (message°) dat de berichtenwachtrij (queue°) voor een gebruiker of operator nog ongelezen berichten bevat, niet leeg is.

message routing - *berichtroutering* - In een netwerk, het proces van het selecteren van een pad (routing°) voor het verzenden van een bericht (message°).

message-switching - *message-switching* - Een bericht versturen en dan de verbinding vrijgeven voor een ander bericht m.b.v. store-and-forward°-technieken. Packet-switching° is een vorm van message-switching. Zie ook: switching°. ⇔circuit-switching°

message telephone service - *MTS* - Zie: MTS°.

message transfer agent - *MTA* - Zie: MTA°.

message transfer service - *MTS* - Zie: MTS°.

messaging - *messaging* - Het versturen van echte berichten (message°), geen codes, via een elektronische postbus (mailbox°), bijvoorbeeld: voice-mail°, fax-mail°, e-mail°. ⇔paging°

meta... - *meta...* - Andere vorm van ..., die voor een bepaald doel of in een bepaald geval eenvoudiger of beter te hanteren is; bijvoorbeeld meta-application°, metacommand°, metacompiler°, metadata°, metafile°, metakey°, meta-information°, metalanguage°, metaplan°.

meta-application - *metatoepassing* - Toepassing (application°) gemaakt van toepassingen.

metacommand - *meta-opdracht* - Opdracht (command°) die de werking van gewone opdrachten verandert.

metacompiler - *metacompiler* - Compiler° voor het compileren van compilers; is meestal ongeschikt voor andere toepassingen.

metadata - *metagegevens* - Gegevens (data°) over de plaats, opslag, bescherming en inhoud van bestanden (file°) met gegevens (data°).

metafile - *metabestand* - Bestand (file°) met gegevens nodig voor de benadering (access°) of uitwisseling (exchange°) van gegevensbestanden.

meta-information - *meta-informatie* - Informatie (information°) over bepaalde gegevens: wat zij voorstellen, waar zij worden gebruikt en hoe ze zijn opgeslagen.

metakey - *metasleutel* - Sleutel (key°) voor de toegang tot andere sleutels, een soort van: master key°.

metalanguage - *metataal* - Taal (language°) om andere talen mee te beschrijven.

metal oxide semiconductor - *MOS* - Zie: MOS°.

metaphor - *metafoor* - Figuurlijke uitdrukking, berustend op een vergelijking, bijvoorbeeld: desktop° metaphor (pictogrammen in een scherm die een brievenbus, een postbak, een archiefkast of een prullenbak moeten voorstellen), index card (index cards°) metaphor° (database° als kaartenbak), Web metaphor°. Is afkomstig van het Griekse woord 'metaphora' (overdragen).

metaplan - *metaplan* - Plan voor het maken van een plan.

metering - *metering* - Het bijhouden van hoeveel medewerkers een gelicentieerd programma gebruiken op een netwerk of in een informatiesysteem. Afhankelijk van het aantal gekochte licenties (license°), kan een metering-programma medewerkers de toegang weigeren.

method - *methode, method* - **1.** Methode: een vaste manier van werken, **2.** Method: een executable° programma dat kan worden opgeroepen in een object- georiënteerd (object-oriented°) systeem.

methodology - *methodologie* - Doordachte en consistente verzameling methoden voor de ontwikkeling van een informatiesysteem, bijvoorbeeld: systems development methodology° (SDM°).

metric - *metrisch, meetstelsel* - **1.** Metrisch: maten afgeleid van de meter (SI°); de meter werd officieel erkend na de Franse revolutie in 1799, in Nederland in 1816, **2.** Meetstelsel: ook wel metriek genoemd. Ook: software metric° (een methode om de com-plexiteit van programmatuur te bepalen, bijvoorbeeld function points° (FPA°) of lines-of-code° (LOC°).

metric system - *SI* - Système Internationale (SI°): metrisch systeem, onder andere gebaseerd op de meter, kilogram en seconde; is ontstaan na de Franse revolutie rond 1795 en later uitgebreid. Zie ook de gebruikte decimale namen en symbolen in een appendix.

metropolitan-area network - *MAN* - Een PTT-netwerk voor grote steden; is een soort ISDN°. ⇔WAN°

MF {em·ef} - *Medium Frequency* - MF: middenfrequentiegebied van 300 kHz° tot 3 MHz°.

M/F {em·ef} - *MainFrame* - Een grote computer (mainframe°).

MFG {-} - *ManuFacturinG* - Fabrieksorganisatie, zie: manufacturing°. ⇔MKTG°

MFlops {em·flops} - *MegaFloating-Point Operations Per Second* - MFlops: een miljoen FLOPS°, maat voor de snelheid van drijvende-komma (floating-point°) bewerkingen. ⇔MIPS°

MFM {em·ef·em} - *Modified Frequency Modulation* - Een veelgebruikte FM° modulatietechniek (modulation°) om twee keer zoveel bits op een (magnetische) disk° te zetten, vergeleken met: FM encoding°. ⇔RLL°

MFSK {em·ef·es·kee} - *Multiple Frequency-Shift Keying* - MFSK: vorm van FSK° waarbij meerdere frequenties (frequency°) worden gebruikt. ⇔AFSK°

MH-code {-} - *Modified Huffman code* - Veranderde Huffman code°.

MHS {em·eetsj·es} - *Message Handling System* - MHS: protocol° voor een elektronisch postkantoor, mogelijk tussen verscheidene soorten netwerken, en bestandsoverdracht op basis van X.400°, bijvoorbeeld gebruikt voor e-mail°; werkt met een user agent° en store-and-forward° technieken. Bij Novell°: Message Handling Service.

MHz {mee·gka·hurts} - *MegaHerz* - MHz: 10_6 trillingen per seconde, eenheid van frequentie (frequency°) en voor de kloksnelheid (clock°) van een computer. Synoniem: Mc°, Mc/s°.

MICR {em·ai·si·ar} - *Magnetic Ink Character Recognition* - MICR: magnetische tekenherkenning; CMC-7° en E-13B° zijn speciaal voor MICR ontworpen schriftsoorten (font°). ⇔OCR°

micro {mai·kro} - *microcomputer* - Een kleine computer, variërend van een krachtige PC° tot en met een chip°. Zie ook: micro-mainframe link° (PC-mainframe koppeling). ⇔mainframe° ⇔mini°

micro... - *micro..., μ* - Een miljoenste (10^{-6}), bijvoorbeeld: microsecond°. Term wordt ook gebruikt om miniaturisering aan te geven, bijvoorbeeld: microcomputer°, microprocessor°.

micro-cell - *microcel* - Kleine cel van een cellulair (cellular°) netwerk.

microcode - *microcode* - Programma dat bepaalde elektronica vervangt, beschreven door M.V. Wilkes in 1951; werd oorspronkelijk van een floppy° ingelezen, nu meestal als firmware° vastgelegd in ROM°. ⇔macrocode°

microcom network protocol - *MNP* - Zie: MNP°.

microcomputer - *microcomputer* - Een kleine computer, variërend van een krachtige PC° tot en met een chip°; vaak genoemd: micro°. De eerste microcomputer was de MITS Altair°, die vanaf 1975 via postorder werd verkocht. ⇔mainframe° ⇔minicomputer°

microdiskette - *microdiskette* - Een 3½ inch diskette°. ⇔floppy°

microfiche - *microfiche* - Lichtgevoelige plaat (A6: 105 x 148 mm), waarop gecodeerde of niet-gecodeerde (NCI°) informatie wordt vastgelegd en verspreid; synoniem: 105 mm°.

microfilm - *microfilm* - Lichtgevoelige rolfilm (film°, 16 mm of 35 mm), waarop gecodeerde of niet-gecodeerde (NCI°) informatie wordt vastgelegd en verspreid.

microfloppy - *microdiskette* - Diskette (floppy°) van 3,5 inch in een hardplastic omhulsel. ⇔MD°

micrographics - *micrografie* - De toepassing van microfiches en microfilm. De fotografisch opgeslagen beelden kunnen worden teruggelezen met een: viewer/scanner°.

microkernel - *microkernel* - Gemeenschappelijk basiselement (kernel°) voor een besturingssysteem: dat op het laagste niveau werkt, bijvoorbeeld voor: memory management°, input/output°, task scheduling°. De veelgebruikte Mach kernel° van Carnegy Mellon University omvat bijvoorbeeld: thread° management, virtual memory° en apparaatstuurprogramma's (device driver°). Microkernels hit it big (Microkernels maken het helemaal - de popularisering van UNIX° is alleen mogelijk als iedereen dezelfde basis gebruikt, aangepast voor elk type computer). Min of meer synoniem: nucleus°.

micron - *micron* - Een miljoenste (10^{-6}) meter: maat voor de afmetingen van de elementen van een transistor° op een IC° (straks: nm°). Pentium gebruikt 0,6 micron technology°, circa 1/125 van de dikte van een menselijke haar, waardoor er 3,3 miljoen transistoren (transistor°) op een chip° kunnen.

..-micron technology - *..-micron-technologie* - Aanduiding van de integratietechnologie gebruikt voor de plaatsing van transistoren op een chip°. Hoe dichter de geleiders naast elkaar liggen, gemeten in micron°, hoe meer er op een bepaalde oppervlakte gaan (real estate°).

microprocessor - *microprocessor* - Computer op een chip°, geoctrooieerd door G.P. Hyatt in 1970 of van T. Hoff (Intel°) die gevolgd werd door, bijvoorbeeld de 286-, 386- en 486-chips voor Intel°-type PC's; de Intel 8080 uit 1974 was de eerste commercieel succesvolle microprocessor en voorloper van de 8088, gebruikt in de eerste IBM PC.

microprogramming - *microprogrammering* - Zie: microcode°, VLIW°.

micros {mai·kroos} - *microcomputers* - Zie: microcomputer°.

microsecond, µs - *microseconde, µs* - Miljoenste (10^{-6}) seconde.

Microsoft - *Microsoft, MS* - MS°: grote fabrikant van programmatuur voor PC's, bijvoorbeeld DOS° en Windows°; is in

1975 opgericht door W.H. Gates en P.G. Allen voor het maken van een 8-bit BASIC°-interpreter°. Hoofdkwartier staat in Redmont, Washington State. Vanaf augustus 1995 met een eigen informatienetwerk: Microsoft Network. Microsoft morphs (morphing°) into a media company (Microsoft wordt een media-leverancier - netwerken en gedigitaliseerde beelden).

Microsoft macro assembler - *MASM* - Zie: MASM°.

Microsoft network - *MSN* - Zie: MSN°.

microspacing - *microspatiëring* - Vorm van justeren (justification°) waarbij de afstand (spacing°) tussen de woorden èn tussen de letters (character°) wordt aangepast; is gebruikelijk in de VS, niet in Nederland. ⇔character spacing°

microswitch - *microswitch* - Schakelaartje (switch°) dat signaleert dat het papier in een printer° is vastgelopen, dat het papier op is, dat de kast (cover°) open staat enz.

microwave - *microgolven, MW* - MW°: hoogfrequente radiogolven (radio°): gebruikt voor direct-zicht (line-of-sight°) communicatie via schotelantennes (straalzenders) of in een magnetron.

microwave multimedia distribution system - *MMDS* - Zie: MMDS°.

microwave video distribution system - *MVDS* - Zie: MVDS°.

middle-out - *middle-out* - Een analyse vanuit het midden beginnen. ⇔bottom-up° ⇔top-down°

middleware - *middleware* - Systeemprogrammatuur: zoals een database managementsysteem (DBMS°), een TP monitor°, een screen handler°, een application system° of SQL°; deze staan tussen het besturingssysteem (operating system°) en toepassingen (application°). Het maakt het mogelijk dat onderdelen van een toepassing samenwerken via netwerkverbindingen ondanks verschillende protocollen (protocol°) of interfaces (interface°). Wordt vooral gebruikt in client/server° systemen, bijvoorbeeld: DCE°, DME°, voor transport en/of protocolvertaling en het doorgeven en/of verdelen van opdrachten. Middleware is the key to distributed computing° (Middleware is de sleutel tot gedistribueerde gegevensverwerking - omdat deze een beschermende laag aanbrengt tussen de gedistribueerde omgeving en de toepassingen); het omvat de communicatie tussen de processen over het netwerk, de beveiliging en herstel (recovery°) na netwerkproblemen. Internet° and the Web° may be all the middleware you need (Internet en het Web zouden alle benodigde middleware kunnen zijn - bijvoorbeeld in een intranet°).

MIDI {middie} - *Musical Instrument Digital Interface* - MIDI: seriële (serial°) koppeling tussen elektronische muziekinstrumenten en een PC; is een norm uit 1983.

midrange - *midrange* - Middelgrote computers: weinigzeggende term nu de PC's veel krachtiger en de grote computers veel kleiner worden; werd oorspronkelijk gebruikt voor: mini°, minicomputer°. De term wordt ook gebruikt voor: middenfrequenties (frequency°, MF°). ⇔low-end° ⇔high-end°

migrate - *migreren* - Overstappen op een nieuw systeem of een nieuwe release°: waarbij het probleem vaak ligt in de communicatie met I/O-apparatuur of een nieuwe database°-structuur of indeling.

migration - *migratie* - De moeizame overgang naar een nieuw systeem, waarvan conversie (conversion°) een onderdeel is. Is afgeleid van: to migrate, zie ook: change migration°.

mil {mil} - *milli-inch* - Duizendste inch: 0,025 mm.

MIL {mil} - *MILitary* - Militair: mogelijk van het DoD°, zoals in MIL-STD°.

milestone - *mijlpaal* - Figuurlijk: belangrijke gebeurtenis in het tijdschema van een project of werkzaamheid, meestal tevens tijdstip waarop een controle (checkpoint°) wordt gehouden, gevolgd door een feestje als het gelukt is. Letterlijk: stenen mijlpaal.

military - *MIL-* Zie: MIL°.

military standard - *MIL-STD* - Zie: MIL-STD°.

milli... - *milli...* - Een duizendste ..., bijvoorbeeld: mil°, millisecond (ms°), mA°, mV°.

milliAmpere - *mA* - Zie: mA°.

milliAmpere-hour - *MAH* - Zie: MAH°.

milliard - *miljard* - Engels miljard (10^9); wordt in het Amerikaans genoemd: billion°.

milli-inch - *mil* - Zie: mil°.

million - *M, miljoen* - Een één met zes nullen; zie: M°, MHz°, MIPS.

million instructions per second - *MIPS* - Zie: MIPS°.

million operations per second - *MOPS* - Zie: MOPS°.

millisecond - *milliseconde, ms* - Zie: ms°.

milliVolt - *mV* - Zie: mV°.

MIL-STD {-} - *MILitary-STandarD* - Militaire norm: van het Amerikaanse DoD°, bijvoorbeeld Mil-STD-810D betreffende de trillingsbestendigheid van draagbare apparatuur.

MIMD {mim·die} - *Multiple Instruction/ Multiple Data* - MIMD: parallelle uitvoering van instructies (instruction°) op duplikaten van gegevens (data°) - de meest parallelle vorm van: parallel computing°. ⇔SIMD°

MIME {majm} - *Multipurpose Internet Mail Extension* - MIME: specificatie voor de uitbreiding van e-mail° voor het versturen van multimedia°-bestanden in zeven categorieën: tekst (ASCII°), audio°, video°, enkelbeelden (still video°, enkelvoudige berichten (message°), meervoudige berichten en toepassingsspecifieke indelingen. PostScript°, bitmaps, audio° en digitale video° via Internet° (RFC 1521) en andere TCP/IP°-netwerken, vandaar dat men vaak spreekt van SMTP°/MIME.

min {-} - *minimum* - De benedengrens (minimum°). Het Nederlandse woord 'min' heet in het Engels: minus. ⇔max°

mini {min·nie} - *minicomputer* - Computer tussen een mainframe° en PC, voluit: minicomputer°.

minicomputer - *minicomputer* - Computer tussen een mainframe° en PC; wordt nu vaak als server° in een netwerk gebruikt, soms ook genoemd: supermini, minisuper-computer, ter onderscheiding van een krachtige PC. ⇔microcomputer°

mini-DIN {min·ni·din} - *Miniature-Deutsche Industrie Norm* - Mini-DIN: verkleinde DIN°-stekker: gebruikt in draagbare PC's.

MiniDisc - *MD* - MiniDisc (MD°): 2,5 inch diskette° ontwikkeld door Sony voor draagbare audio-apparatuur, concurrent van DCC°, uitgebracht eind 1992; lijkt anno 1996 ook een stille dood te sterven. De versie voor draagbare computers heeft een opslagcapaciteit van 140 MB° en is geschikt voor lezen, wissen en schrijven in één doorgang, afhankelijk van het type diskette. Volgens de commentaren medio 1995: too little, too late, and much too expensive (te weinig opslag, te laat beschikbaar en veel te duur).

minimax {minni·meks} - *minimum-maximum* - Minimax: wiskundige techniek voor het minimaliseren van de maximale afwijking in een proces.

minimize - *minimaliseren, iconize* - **1.** Minimaliseren: zo klein mogelijk maken, **2.** Iconize: in een GUI° het actieve venster (window°) tot een pictogram (icon°) reduceren door op de verkleinknop (minimize button°, rechtsboven links) te klikken. ⇔maximize°

minimum - *min* - Minimum: ondergrens, zie: min°. ⇔maximum°

minimum frequency-shift keying - *MFSK* - Zie: MFSK°.

minimum security requirement - *MSR* - Zie: MSR°.

minimum spanning tree - *MST* - Zie: MST°.

ministry of post and telecommunications - *MPT* - Zie: MPT°.

Minitel - *Minitel* - Toestel met beeldscherm en toetsenbord voor aansluiting op de Franse videotex°-dienst Télétel via een telefoonlijn uit de beginjaren 80; is onder andere bedoeld voor het opzoeken van telefoonnummers en wordt gebruikt voor het maken van afspraakjes. De koppeling met Internet° is in het vooruitzicht gesteld.

minitower - *minitower* - Halfhoge toren (tower°): kast voor een PC.

minor - *secundair* - Van minder belang. Gebruikt voor een persoon: minderjarige. ⇔major°

minuend - *aftrektal* - Getal waarvan de aftrekker (subtrahend°) wordt afgetrokken: a in (a-b).

minus - *min* - Bewerking voor aftrekken (subtract°), zie ook: minuend°, subtrahend°. ⇔plus°

minus sign - *minteken, -* - Het teken gebruikt voor aftrekken (subtract°); zie ook de lijst van veelgebruikte tekens achterin diit boek. ⇔plus sign°

minutes - *notulen, minuten* - **1.** Notities van een vergadering over de besproken punten en afspraken, **2.** Minuten.

minutes per page - *mpp* - Zie: mpp°.

MIPS {mips} - *Million Instructions Per Second* - Miljoen instructies (instruction°) per seconde, eenheid voor de interne verwerkingssnelheid van een computer waarvan gebruikers niet veel wijzer worden, immers de kracht van een computer wordt ook bepaald door het aantal bits dat tegelijk (parallel°) verwerkt wordt en hoe krachtig de instructies zijn. Niet: Most Impressive Processor Speed (zeer indrukwekkende processor°-snelheid) of Misleading Indicator of Processor Speed (misleidende indicator van de processorsnelheid). MIPS Computer Systems is ook een fabrikant van halfgeleiders, vooral RISC°- processoren (R-4000, R-4400). ⇔BIPS° ⇔FLOPS°

mirror image - *spiegelbeeld* - Zoals een originele afbeelding wordt gezien in een spiegel. Term wordt ook wel gebruikt voor de kopie van originele gegevens, zie: mirroring°.

mirroring - *mirroring* - Dupliceren: bijvoorbeeld gegevens opslaan op twee disks, zodat na een storing altijd een goede versie beschikbaar is. Ook: een grafische figuur omdraaien in een tekenprogramma; letterlijk: spiegelen.

MIS {mis} - *Management Information System, Management Initiated Separation* - **1.** MIS: management informatiesysteem dat moet voorkomen dat het misgaat, **2.** Ontslag (separation°) op initiatief van het management° als de plannen zijn misgegaan.

misconvergence - *misconvergentie* - Ontstaat als de convergentie (convergence°) niet goed tot stand komt: waardoor er gekleurde randen in het beeld ontstaan.

miss - *misser* - De gevraagde informatie is niet beschikbaar in een cache°-geheugen en moet dus worden opgevraagd van disk° (⇔hit°).

mission - *missie, opdracht* - Het grote doel dat een werkgroep of organisatie zich (op termijn) stelt, dat meestal wordt gedetailleerd in doelstellingen (objective°).

misspelling - *spelfout* - Fout in de spelling van een woord, mogelijk ontdekt door de spellingscontrole (spell checker°).

mistake - *fout* - Vergissing van een programmeur of gebruiker, want een computer maakt nauwelijks fouten. ⇔error° ⇔failure° ⇔fault°

MIT {em·ai·ti} - *Massachusetts Institute of Technology* - MIT: technische universiteit te Boston in de Amerikaanse staat Massachusetts°, waar veel onderzoek is en wordt verricht naar elektronische systemen.

MITI {mit·ti} - *Ministry of International Trade and Industry* - MITI: Japans ministerie ter bevordering van de internationale handel.

MITS Altair {mits} - *Microcomputer Interactive Test System Altair* - Zelfbouw PC (Altair 8800) van het eerste uur met een Intel° 8080 chip°, die in 1975 voor $350 per post te koop was - zonder toetsenbord of beeldscherm: net als bij de eerste grote computers bestond de interactiviteit (interactive°) uit het bedienen van schakelaars aan de hand van het al dan niet branden van lampjes. Als programmatuur diende de MBASIC interpreter°, geschreven door Paul Allen en Bill Gates (Microsoft°).

mixed media concentrator - *mixed media concentrator* - Een concentrator° waarop verschillende media° kunnen worden aangesloten, bijvoorbeeld: thick Ethernet°, thin Ethernet°, AUI°-kabel.

mixed number - *gemengd getal* - Getal waarvan opeenvolgende cijferposities een verschillend grondtal (radix°) kunnen hebben, bijvoorbeeld: Julian date° (JJDDD) en de tijd (UUMMSS).

mixed object - *gemengd object* - Een combinatie van tekens, graphics°, voice° en video° in één bestand (file°) voor multimedia°; synoniem: compound° object°.

mixed stack - *gemengde stack* - In gemengde netwerken of op API°-niveau, een stack° die wordt gevormd door een combinatie van functies uit twee of meer verschillende soorten stacks.

mixed-value - *met gemengde waarden* - Werkend met verscheidene soorten waarden (value°), bijvoorbeeld van variabelen (variable°).

MKTG {-} - *marketing* - De verkooporganisatie van een bedrijf, zie: marketing°. ⇔MFG°

MLA {em·el·ee} - *Multi-Letter Acronym* - MLA: afkorting gebruikt in e-mail° of op een BBS°, bijvoorbeeld: BTW (By The Way - tussen twee haakjes), IMHO (In My Humble Opinion - naar mijn bescheiden mening), ROTFL (Rolling On The Floor Laughing - laat me niet lachen). Zie bijlage F.

mm {em·em} - *man-month, milimeter* - **1.** Manmaand (man-month°): eenheid van werk voor het ontwikkelen van programmatuur, **2.** Afkorting van milimeter (een duizendste meter), bijvoorbeeld: 4 mm tape°, 8 mm tape°.

MMCD {em·em·si·di} - *MultiMedia Compact Disc* - MMCD: voorstel voor een multimedia CD° uit 1995 met grote capaciteit (7,4 GB°) van Philips en Sony, die compatibel zou zijn met vroegere CDs. ⇔SD°

MMDS {em·em·di·es} - *Microwave Multimedia Distribution System* - MMDS: distributiesysteem voor multimedia° op basis van microgolven (microwave°). Is praktisch gelijk aan: MVDS°.

MMH {em·em·eetsj} - *Maintenance Man-Hours* - MMH: Manuren voor onderhoud (maintenance°): van een bepaalde machine, meestal gespecificeerd per jaar.

MMOSA {-} - *MultiMedia Operating System Architecture* - De architectuur (architecture°) voor een gedistribueerd (distributed°) besturingssysteem (operating system°) voor multimedia° van Microsoft°: bestemd voor de nieuwe elektronische diensten (information highway°), dat in 1966 op de markt moet komen.

MVDS {em·vi·di·es} - *Microwave Video Distribution System* - MVDS: video°-distributiesysteem op basis van microgolven (microwave°). Praktisch gelijk aan: MMDS°.

MMX {-} - *MMX* - MMX: na 11 jaar, de eerste uitbreiding van Intel's X86° architectuur voor multimedia°; eerste producten in 1997 en standaard in alle nieuwe chips vanaf 1998, ook in die van de concurrenten (AMD en Cyrix). De eerste MMX Pentium°–ϖερσιε draagt de codenaam: P55C. De besturingssystemen (operating system°), toepassingen (application°) en gereedschappen (tool°) moeten nog wel worden aangepast om gebruik te kunnen maken van de 64-bit instructies. De droom: een PC zonder modem°, audio° of video°-kaart - die functies worden overgenomen door de processor°.

mnemonic - *mnemonische code of naam* - Een afkorting die makkelijk te onthouden is, bijvoorbeeld: MPY voor multiply (vermenigvuldigen) en MVC voor move character (verplaats teken). Uitspraak: {*ne* ·moh·nik}.

MNU {-} - *MeNU* - Extensie (extension°) van een bestand gebruikt voor men's (menu°).

MNP {em·en·pi} - *Microcom Network Protocol* - MNP1-10: protocollen (protocol°) voor datatransmissie, werkzaam in de onderste twee lagen van het OSI°-model, bijvoorbeeld voor foutencorrectie en datacompressie (MNP5 en hoger) door middel van foutendetectie en herhaling (retransmission°), gebruikt in V.42°; zijn destijds ontwikkeld door Microcom Inc., een modem°-fabrikant. De functies zijn als volgt verdeeld: MNP1 (async°, HDX°): eenvoudige foutencorrectie, MNP2 (async°, FDX°), MNP3 (FDX°, synchronous°), MNP4: pakketgrootte wordt aangepast aan de lijnkwaliteit, MNP5: door datacompressie kan de effectieve snelheid over de lijn worden verdubbeld, MNP6: geeft MNP5 voor niet-compatibele modems (de hoogste klasse wordt automatisch gekozen bij het opzetten van de link°), MNP7: drievoudige verbetering d.m.v. voorspelling, MNP9: voor snelle V.32° modems, MNP10: voor kanalen met zeer veel ruis (noise°) in cellulaire (cellular°) systemen.

MO {-} - *Magneto-Optical, Money Order* - **1.** Magneto-optisch, zie : magneto-optical°, MO-disk°, **2.** Postwissel.

mobile - *mobiel* - Niet-plaatsgebonden, kenmerk dat verplaatsing mogelijk maakt door middel van radiogolven: zodat u niet aan een plaats of kantoor bent gebonden; maakt gebruik van UHF° frequencies en wordt gebruikt voor telefonie (telephony°) en/of gegevensoverdracht (data°). Verschilt van: wireless°, dat wel gebruik maakt van draadloze communicatie, maar alleen binnen een kantoor, waar de mobiliteit erg beperkt is. Met betrekking tot satellieten: aanduiding van een satelliet die direct met mobiele gebruikers werkt, niet via grondstations (fixed°) of naar de huizen uitzendt (direct broadcast°). Zie ook: GSM°, PCN°, UMTS°.

mobile agent - *mobiele agent* - Een agent° speciaal bedoeld voor mobiele (mobile°) apparatuur.

mobile client - *mobiele client* - Draagbare apparatuur in mobiel (mobile°) client/ server° systeem.

mobile computing - *mobile computing* - Algemene aanduiding voor het gebruik van computers buiten de vaste werkplek en zonder kabels, maar met radioverbindingen (radio°).

mobile communication - *mobiele communicatie* - Mobiele communicatie (mobile°, communication°) kan worden onderscheiden in: mobile telecommunication°, mobile datacommunication°. Specifiek: semafonie (ERMES°), cellulaire telefonie (NMT°, GSM°, DCS-1800°), pakketgeschakelde datacommunicatie (Mobitex°), Mobilofonie (TETRA°), geostationnaire satellietsystemen (Inmarsat°), Niet-geostationaire satellietsystemen (Iridium°, Globalstar°, LEO°), draadloze telefonie (DECT°)

mobile radio - *mobiele radiocommunicatie* - Zie: PAMR° (openbaar netwerk), PMR° (netwerk in eigen beheer).

mobile telecommunications - *mobiele telecommunicatie* - Een vorm van radiocommunicatie waarbij vaste (fixed°) basisstations en verplaastbare (mobile°) stations via een radioweg communiceren; de netwerken hebben vrijwel altijd een cellulaire (cellular°) structuur.

mobile network - *radionetwerk* - Netwerk met radioverbindingen (radio°), mogelijk ook via een satelliet. De apparatuur is mobiel (mobile°), niet het netwerk.

mobile satellite service - *MSS* - Zie: MSS°. ⇔FSS°

mobile telephone service - *MTS* - Zie: MTS°.

mobile telephony - *mobiele telefonie* - Synoniem van: mobile telecommunications°. Kenmerk is de landelijke of internationale dekking, vergeleken met: cordless telephony°, CT°.

Mobitex - *Mobitex* - Een ontwikkeling van Swedish Telecom voor pure datacommunicatie (data communication° zonder de mogelijkheid van spraak, gerealiseerd door Ericsson, voor het eerst in 1986 (in Nederland: RAM Mobile Data). Werkt met snelheden van 8 kbit/s (effectief 4-5 kbit/s); werkt met store-and-forward°; pakketten hebben een maximale lengte van 512 byte. Normen worden beheerd door: Mobitex Operator Association; het protocol voor de radio-interface is een open norm.

mockup - *model* - Een niet-functionele, zichtbare nabootsing van iets tastbaars dat nog niet bestaat, bijvoorbeeld een maquette of een prototype° van een programma.

modal - *modusgebonden* - Gebonden aan een bepaalde werkwijze (mode°).

mode - *werkwijze, modus* - Werkmethode (modus): die gewild of ongewild is gekozen; bijvoorbeeld: insert°, overwrite°. Manieren van tekenvulling in een scherm (line mode°, full-screen mode°, page mode°), casters-up° mode. Ook: binary mode°, character mode°. Zie verder: batch mode°, burst mode°, command mode°, conversational mode°, interactive mode°, native mode°, SMM°, Windows mode°. Een werkwijze is vaak gekoppeld aan een functie. In de VS: pie à la mode (taart met roomijs).

model - *model, modelleren* - **1.** Model: versie of type van een apparaat, **2.** Modelleren: van data (data model°) of een proces (process model°), **3.** Model: het resultaat van modelleren, bijvoorbeeld een conceptual model°, data model°, Gartner model°, knowledge model°, memory model°, process model°, reference model°, relational model°, role model°, semantic model°, SMOP model°, solid model°, waterfall model°, wireframe model°. If a picture° is worth thousand words, then a model is worth a thousand pictures (Als een plaatje evenveel zegt als duizend woorden, komt een model overeen met duizend plaatjes - D. Hunt en E. Sullivan). ⇔mockup° ⇔prototype°

model-driven - *modelgestuurd* - Een methode van systeemontwikkeling waarbij een compleet gespecificeerd model wordt ontwikkeld dat direct kan worden vertaald in een uitvoerbaar (executable°) programma.

modeless - *niet-modusgebonden* - Niet gebonden aan bepaalde werkwijze (mode°).

modelling - *modellering* - Zie bijvoorbeeld: information modelling° (INFOMOD°), object modelling°, surface modelling°, maar worden gebruikt: data modelling, organization modelling, sequence° modelling enz.

modem {moo·dem} - *MOdulator/DEModulator* - Modem: doos (external modem°) of insteekkaart (internal modem°), waarmee een computer op een telefoonlijn wordt aangesloten; bevat schakelingen die een binaire gegevensstroom omzet (modulate°, moduleren) en na ontvangst reconstrueert (demodulate°, demoduleren); is een DCE°. Een dial-back modem° of ACB° belt terug naar een bepaald nummer en dat is veiliger (auto-answer modem°). Een null modem° of modem eliminator° is een kabelstuk waarin de zend- en ontvangstaansluitingen zijn verwisseld, gebruikt om zonder modems via een seriële poort (serial port°) te communiceren. Een populaire modem-instelling is: 1200 of 2400 Bd°, even parity°, 7 data bits, 1 stop bit (E,7,1° ⇔N,8,1°) en FDX°, eventueel HDX°. De effectieve modemsnelheid is de afgelopen tijd elke 18 maanden verdubbeld, maar anno 1994 is het einde in zicht voor gewone telefoonlijnen (28,8 kbps, meer dan 100 kbps effectief). Zie ook: external modem°, fiber-optic modem°, Hayes-compatible modem°, internal modem°, short-haul modem°, stand-alone modem°, turnaround modem°. Bekende modemprotocollen (protocol°) zijn: Kermit°, XMODEM°, YMODEM°, ZMODEM°. Volgens taalpuristen: *de* modem, niet *het* modem. De aansluiting voor ISDN° loopt via een terminal adapter°, ook wel genoemd: digital modem; een conventionele modem heet dan: analog modem°. Voor kabeltelevisie (CATV°): cable modem°. ⇔muldem°

modem eliminator - *nulmodem* - Zie: null modem°.

modem light - *modemlampje* - Indicator (indicator°) voor de status van een modem°, bijvoorbeeld: HS°, TR°, MR°, AA°, CD°, OH°, RD°, SD°, TD°.

modem ready - *MR* - Modem (modem°) staat klaar, een: modem light° (MR°).

modem setup - *modeminstelling* - De manier waarop een modem° is ingesteld, van te voren en/of vlak voor gebruik door initialisatie (AT commands°).

moderate - *regelen* - Dat wat een moderator° doet.

moderator - *moderator* - De toezichthouder op een (moderated) forum° of conferentie (conference°), ook wel genoemd: sysop°. Van Daalen: de leider van een debating club, die de discussie niet uit de hand laat lopen.

modified Huffman-code - *MH-code* - Zie: MH-code°.

modified frequency modulation - *MFM* - Zie: MFM°.

modifier - *wijzigende factor, modificatie-, modificator* - Een bit°, toets (key°, bijvoorbeeld Alt°, Ctrl°)), actie of teken (character°) die de op dat moment geldende werking van iets verandert, bijvoorbeeld: Alt°-, Ctrl°- en Shift°-toets.

modify - *veranderen* - Modificeren: van een proces, een programma of gegevens; een continue bezigheid van programmeurs.

MO-disk {em·oo} - *Magneto-Optical disk* - MO°-disk: een nieuwe magneto-optische (magneto-optical°) disk die meermalen kan worden beschreven en uitgelezen met behulp van een laser°; wordt ook wel erasable° en rewritable° genoemd; is opvolger van de Floptical disk°. Qua opslagruimte (bijvoorbeeld 128 of 230 MB° op een 3½ inch disk) een concurrent van de vaste schijf (hard disk°), maar lang niet zo snel. Andere benaming: MORW°. Medio 1994 is overeenstemming bereikt over een 3,5 inch 600 MB MO-disk, als opvolger van de magnetische 3½ inch diskette° (720 KB of 1,44 MB) voor multimedia°-toepassingen; massafabricage moet de prijs verlagen. ⇔WORM°

Modula-2 - *Modula-2* - Programmeertaal ontworpen door N. Wirth. Modula-2 werd in 1979 geïntroduceerd en bezit alle eigenschappen van Pascal°. Het heeft veel voordelen, maar wordt weinig gebruikt.

modularity - *modulariteit* - Groepering van een geheel in logische groepen of modules (module°), die afzonderlijk kunnen worden ontwikkeld en vervangen. Bijvoorbeeld de verdeling van programmatuur in een besturingssysteem, hulpprogramma's, een toepassingssysteem, toepassingen en gegevens.

modular phone jack - *modulair telefoons-topcontact* - Een stopcontact voor een telefoonstekker (plug°) of modemaan-sluiting, zie: RJ-11°, RJ-12°, RJ-45°.

modular programming - *modulair programmeren* - Een complex systeem top-down° splitsen in onderdelen (module°) die afzonderlijk eenvoudiger zijn te programmeren en te onderhouden, maar wel steeds moeten worden geïntegreerd (integration°).

modulate - *moduleren* - Zie: modulation°.

modulator - *modulator* - Apparaat voor het moduleren (modulation°) van een signaal. ⇔demodulator°

modulation - *modulatie* - De amplitude°, frequentie (frequency°) of fase (phase°) van een draaggolf (carrier°) variëren om een analoog (analog°) of digitaal (digital°) signaal over te brengen, bijvoorbeeld: ADPCM°, AM°, FM°, FSK°, MFM°, PM°, PCM°, QAM°. In snelle modems (modem°) wordt meestal een combinatie van bijvoorbeeld amplitude- en fasemodulatie gebruikt. Zie ook: crossmodulation°, delta modulation°, trellis-coded modulation°.

module - *module* - **1.** Stuk programmatuur, bijvoorbeeld: load module°, runtime module°, **2.** Elektronische component: een chip° in zijn omhulsel, bijvoorbeeld: memory module°, power module°, versacard module°, **3.** Onderdeel van een modulair (modular°) systeem: eenheden die in een rek (rack°) of behuizing bijgeplaatst kunnen worden.

modulo - *modulo* - Wiskundige bewerking van een getal waardoor een rest overblijft, bijvoorbeeld: 15modulo2 = 7x2 + 1 = 1 en 15modulo10 = 1x10 + 5 = 5.

monadic - *monadisch* - Kenmerk van een instructie (instruction°) of bewerking met één operand°, bijvoorbeeld een inversie (negate°). ⇔dyadic° ⇔niladic°

money order - *MO* - Postwissel, zie: MO°.

monitor - *monitor, toezien* - **1.** Programma dat gebeurtenissen of programma's in de gaten houdt en regelt, bijvoorbeeld: network monitor°, I/O monitor°, performance monitor°, TP monitor° (TPM°); zie ook: daemon°, event monitoring°, **2.** Beeldscherm (display°) waarmee u met een informatiesysteem werkt en waarmee u zaken kunt overzien en regelen; een RGB monitor° heeft aparte ingangen voor Rode, Groene en Blauwe signalen, **3.** Toezien: op het al dan niet voorkomen van bepaalde gebeurtenissen (event°); zie ook: event monitoring°.

mono - *monochrome, monaural* - **1.** Monochroom (monochrome°): enkelkleurig, kenmerk van een beeldscherm (display°), ten onrechte vaak B/W° (Black/White, zwart-wit) of twee-kleuren genoemd, **2.** Monauraal: geluid vanuit een punt, niet- stereofonisch.

monochrome - *monochroom* - Enkelkleurig, kenmerk van een beeldscherm (display°), ten onrechte vaak B/W° (Black/White, zwart-wit) of twee-kleuren genoemd.

monospaced - *met vaste tekenafstand* - Niet-proportioneel; synoniem: fixed-pitch°, zie ook: spacing°.

Monte Carlo simulation - *Monte Carlo-simulatie* - Een geprogrammeerd model van een systeem beproeven met statistisch willekeurige waarden (simulation°); is genoemd naar Monte Carlo vanwege de kansspelen in het bekende casino aldaar.

month-to-date - *MTD* - Zie: MTD°.

Moore's law - *wet van Moore* - G. Moore, oprichter van Intel°, stelde in 1965 dat het aantal transistoren (transistor°) op een processor°-chip° ongeveer elke 2 jaar verdubbelt, bij gelijkblijvende prijs van de chip°, maar ook daar komt onherroepelijk ooit een einde aan wanneer de de te etsen details de golflengte van licht benaderen (men gebruikt nu UV-licht met een golflengte van 0,25 micrometer) - men verwacht hooguit nog drie generaties. De eerste microprocessor° (Intel 4004) uit 1971 bevatte 2300 transistoren en kon 60.000 instructies/s uitvoeren. De Pentium° uit 1994 is nauwelijks groter, bevat 3,1 miljoen transistoren en kan 166 miljoen instructies/s uitvoeren. Zie ook: P6°.

MOPS {mops} - *Million Operations Per Second* - MOPS: miljoen bewerkingen (operation°) per seconde, eenheid voor de interne verwerkingssnelheid van een DSP°.

more - *more* - Een DOS° filter°.

morphing - *morphing* - Het bewerken van een 8-bit of 24-bit bitmap° om van een beeld via tussenbeelden naar een ander beeld te komen; het effect is te zien in de Terminator 2 film en bij de intro van Karel van de Graafs praatprogramma.

Morse code - *Morsecode* - Oorspronkelijke code van punten en strepen voor telegrafie, genoemd naar S.F.B. Morse (1791-1872) en in 1844 voor het eerst gebruikt om vier woorden over te seinen: What hath God wrought? (Wat heeft God gewrocht?) Het belangrijkste resultaat was echter de ontwikkeling van de termijnhandel en de aandelenbeurzen. Wordt gebruikt als internationaal alfabet, bijvoorbeeld: SOS (drie punten, drie strepen, drie punten). Per teken worden 1-6 eenheden gebruikt. Is voor telegrafie vervangen door de Baudot code° met vijf eenheden, waarmee direct leesbaar schrift kan worden afgedrukt; zie ook: ITA°.

MORW {morw} - *Magneto-Optical Read/ Write* - Afkorting gebruikt voor een MO-disk°, die kan worden beschreven (write°) en uitgelezen (read°), zie ook: magneto-optical°.

MOS {mos} - *Metal Oxide Semiconductor* - Type halfgeleider (semiconductor°) gebruikt voor ICs (IC°) en CMOS°. ⇔bipolar°

Mosaic - *Mosaic* - Een grafische (graphical°) front-end° viewer met hypertext°-mogelijkheden voor informatie van een Web server°, populair gemaakt op Internet°. Is ontworpen door het US Center for Supercomputing Applications van de University of Illinois, oorspronkelijk geschreven voor X Window°, nu uitgebracht door Quarterdeck. Er staat een nieuwe versie op stapel die beter geschikt is voor beeld en geluid en ook andere bedrijven leveren versies. De client/ server°-versie ervan heet: Netscape°.

MOSES {*mo*·ses} - *Massive Open System Environment Standards* - MOSES: normen voor open massaal-parallelle systemen (massive parallel computing°).

MOSFET {*mos*·fet} - *Metal Oxide Semiconductor Field Effect Transistor* - MOSFET: unipolaire (unipolar°) transistor° in MOS°-technologie.

motherboard - *moederbord* - Printplaat met gedrukte bedrading (printed circuit°) waarop de processor° en de bus° van een PC zijn gemonteerd. Wordt ook genoemd: mainboard. Wordt soms afgekort tot: MB. Er zijn diverse groottes (form factor°): full-size AT (oorspronkelijk voor AT°, nu vrijwel niet meer gebruikt), baby-AT (kleiner, nu gangbaar), ATX (voor multi-processors en Pentiums). ⇔daughterboard°

Motif - *Open Software Foundation/Motif* - Zie: OSF/Motif°.

motion video - *motion video* - Video met bewegende, maar schokkerige beelden, vaak alleen in een klein venster (window°); conventionele televisiebeelden worden meestal genoemd: full-motion video°. ⇔still video°

Motorola - *Motorola Inc.* - Motorola, gevestigd in 1928 door P.V. Galvin: fabrikant van mobiele (mobile°) apparatuur en chips (chip°): bijvoorbeeld de 680X0° serie gebruikt in de Mac°. ⇔Intel°

MoU {em·oo·joe} - *Memorandum of Understanding* - Overeenkomst: memo waarin afspraken worden vastgelegd, zoals plaatsvond over Euro-ISDN° of de afspraak van 22 landen om GSM° te gaan invoeren.

mount - *opzetten* - Een tape° of een disk° in een apparaat of een systeemprogramma in een computer enzovoorts gereedmaken voor gebruik. Zie echter ook: mounting°. ⇔demount°

mounting - *montage* - Het monteren van onderdelen: modules (module°) op een kaart (card°), een diskette-station in een PC met behulp van een mounting bracket° of van apparaten in een rek (rack mounting°. Ook het opzetten van een tape° (mount°).

mounting bracket - *montagebeugel* - Mechanische beugel (bracket°) waarmee een disk° of diskette-station en dergelijke kan worden vastgezet (mounting°); bij een kabel, waarschijnlijk voorzien van een: strain relief°.

mouse - *muis* - Hulpmiddel om met een aanwijzer (pointer°) iets in het scherm aan te wijzen en te selecteren; oorspronkelijk met één drukknop (button°), nu ook met twee of drie, waarmee u zelfs een menu tevoorschijn kunt toveren. Met een druk op een knop kunt u een pictogram (icon°) selecteren (click°), meenemen (drag°) of laten vallen (drop°). Een seriële muis (serial mouse) wordt aangesloten op een seriële poort (serial port°), een busmuis (bus mouse) via een speciale kaart op de expansion bus°. Er zijn ook draadloze (wireless°, infrared°) muizen en punt-muizen (mousepoint°); sommige PC's hebben een eigen mouse port°. Is uitgevonden door D. Engelbardt rond 1962 en geïntroduceerd door Microsoft° en Apple° in 1983.

mouse acceleration - *muisversnelling* - De versnelling (acceleration°) van de beweging van de aanwijzer (pointer°), die instelbaar is.

mouse button - *muisknop* - Knop (button°) op een muis (mouse°) die gebruikt wordt om een icon° of ingang te selecteren. Op de muis van de Mac° zit slechts één knop, op een Intel°-type PC twee (rechts en links). Weinig gebruikt zijn muizen met drie knoppen.

mouse driver - *muis-stuurprogramma* - Stuurprogramma (driver°) voor een muis (mouse°) dat uw bewegingen als aanwijzer (pointer°) in het scherm toont.

mouse pad - *muismat* - Plastic mat waarop een muis (mouse°) kan worden bewogen; het oppervlak is meestal bedrukt met reclame of een firmanaam.

mousepoint - *puntmuis* - Klein rood staafje in het midden van een (IBM) toetsenbord: waarmee de aanwijzer (pointer°) kan worden gepositioneerd; een puntmuis (mouse°). Als merknaam: MousePoint.

mouse pointer - *muisaanwijzer* - Aanwijzer (pointer°) bestuurt door bewegingen van een muis (mouse°). Het kleine, verplaatsbare pijltje waarmee een pictogram (icon°) kan worden aangewezen; het selecteren geschiedt door klikken (click°). De vorm van het beeldje kan veranderen van zandlopertje tot pijl enzovoort, afhankelijk van de situatie. Aangezien er verschillende andere manieren zijn (cursor control keys°, mouse pad°, trackball° en dergelijke) om de aanwijzer te besturen, is het aan te bevelen om alleen te spreken van: aanwijzer (pointer°).

mouse port - *muispoort* - Aansluiting (port°) op en PS/2° of Mac° voor een muis (mouse°).

mouse sensitivity - *reactiesnelheid van de muis* - Een instelling (setting°) die aangeeft hoe snel de aanwijzer (pointer°) op het scherm moet reageren op bewegingen van de muis (mouse°).

.MOV {moevf} - *MOVie* - Extensie (extension°) van video/audio bestanden, veel gebruikt op CD-ROM°, afkomstig van de ontwikkelaar van Quicktime: het multimedia°-programma voor Apple Macintosh°, nu ook beschikbaar voor Windows°. Geeft een betere kwaliteit dan: AVI°. De MOV-afspeler wordt gratis geleverd bij CD-ROMs.

move - *verplaatsen* - **1.** Gegevens of programma's naar een andere plaats of een ander medium° overbrengen, **2.** Instructie, bijvoorbeeld: MVC (move character) waarbij een teken wordt verplaatst, **3.** Tekst of (een gedeelte van een) tekening verplaatsen, **4.** De oorsprong (origin°) van een assenstelsel verplaatsen.

moving pictures expert group - *MPEG* - Zie: MPEG°.

moving target - *bewegend doel* - Veranderende doelstelling (target°): bijvoorbeeld gebruikers die hun vereisten (requirements°) blijven veranderen tijdens de ontwikkeling van programmatuur.

MP {em·pi} - *MultiProcessor* - een multiprocessor° is een processor° die is opgebouwd uit twee of meer enkelvoudige processoren (UP°: uniprocessor°).

MPC {em·pi·si} - *Multimedia Personal Computer* - PC met enigerlei vorm van multimedia: stem (voice°), fax°, geluid, animatie (animation°) en/of video°, maar nu vooral ook CD-ROM°. Volgens het MPC Marketing Council bestaat een MPC uit een snelle PC, een CD-ROM drive°, een audio° adapter°, Windows° met Multimedia Extensions en luidsprekers of een koptelefoon. MPC I (150 kbps CD-ROM°), MPC II (300 kbps CD-ROM XA°), MPC III (75 MHz Pentium°, quadspeed CD-ROM°, 8 MB geheugen, 540 MB hard disk° en een geluidskaart met synthesizer) - zie: multimedia°.

MPEG {em·pegk} - *Moving Pictures Expert Group* - Werkgroep die de normen ontwikkelt voor de compressie van digitale full-motion video° door middel van een schatting en compensatie van bewegingen: MPEG-1 (Source Input Format resolutie: 360x240 pixel°, 8-bit kleur) is ontwikkeld voor de digitale Video-CD° en wordt gebruikt bij CD-i°; MPEG-2 (720x480 pixel) voor DVB°; er wordt gewerkt aan MPEG-4. MPEG compressie vereist veel werk: circa 3 seconden/beeld op een stevige computer (asymmetric compression°), vandaar dat men hiervoor speciale hardware° is gaan ontwikkelen; het decoderen geschiedt al in hardware op de videokaart (video card°). De MPEG-algoritme werkt met DCT° en is niet verliesvrij (lossy°). ISO°-norm 13818-1 voor MPEG-2. ⇔JPEG°

MP-MLQ {em·pi·em·el·kjoe} - *Multi-Pulse Maximum Likelyhood Quantization* - MP-MLQ: genormeerde algoritme voor spraakcompressie (compression°): G.723. De waarschijnlijke opvolger van CELP°.

mpp {em·pi·pi} - *minutes per page* - Minuten per pagina: eenheid voor de snelheid van een kleurenprinter (color printer°).

MPP {em·pi·pi} - *Massive Parallel Processors* - MPP: Massaal parallel- geschakelde microprocessoren (massive parallel computing°). ⇔SMP°

MPR-2 {em·pi·ar} - *MPR-2* - Universeel geaccepteerde Zweedse norm, ontwikkeld door SWEDAC (Swedish Board for Technical Accreditation) uit 1990 voor de uitstraling (emission°) van elektronische apparatuur: geeft maximale waarden voor de elektromagnetische velden rond een monitor°. Inmiddels is er ook: TCO-91, een norm van de Zweedse vakbonds-organisatie TCO voor de totale beoordeling van een werkplek met beeldscherm, waarin de MPR-2 norm is aangescherpt (MPR-3); nog verder gaat TCO-92 (energie-zuinigheid). In Nederland geldt: NEN-ISO 9241 voor werken met een beeldscherm en publicatieblad P-184. Niet verwarren met: MRP°.

MPT {em·pi·ti} - *Ministry of Post and Telecommunications* - Ministerie van Post en Telecommunicatie: dat bestaat in landen waar die twee functies nog niet gescheiden en/of geprivatiseerd zijn, zoals in veel Aziatische landen. Afkorting wordt ook gebruikt voor normen voor radio-communicatie, bijvoorbeeld: MPT 1327 (signaling°), MPT 1343 (system interface) en MPT 1347 (radio interface) in 1988 opgesteld onder leiding van het Britse Department of Trade & Industry. (in Nederland door PTT Telecom geleverd onder de naam Traxys: analoge telefonie met de mogelijkheid van data).

MPX {em·pi·ex} - *MultiPleXer* - MPX: multiplexer° als kanaal of apparaat (MUX°), dat verbindingen om de beurt de tijd geeft om even te werken.

mr {-} - *Magneto-Resistive* - Nieuwe technologie voor magnetische lees- en schrijfkoppen, die door IBM wordt toegepast in grote disks vanaf 1991, maar nu ook voor 3,5 inch hard disks met een capaciteit van 2-4 gigabyte. De weerstand (resistance°) van een dunne laag materiaal verandert onder invloed van een magnetisch (magnetic°) veld. De technologie maakt het mogelijk meer bits per cm^2 op te slaan, vergeleken met de conventionele leeskoppen met een spoel op basis van inductie (induction°), die echter wel goedkoper zijn.

MR {-} - *Modem Ready* - MR: modemlampje (modem light°) als indicator° dat het modem° klaar (ready°) staat.

MRP {em·ar·pi} - *Market Requirements Planning, Material Requirements Planning, Material Resources Planning* - **1.** Market Requirements Planning: programma voor de planning van markteisen, **2.** Material Requirements Planning: planning van materialen, **3.** Material Resources Planning: planning van productiemiddelen, halffabrikaten en grondstoffen; courant is MRP-II (versie III gepland voor 1997) - de combinatie van logistieke (logistics°) en financiële beheer van de goederenstroom.

ms {em·es} - *millisecond* - Ms: een duizendste (10^{-3}) seconde, milliseconde, ms: zonder hoofdletters!

MS {em·es} - *Microsoft* - Microsoft°: leverancier van programmatuur, bijvoorbeeld MS-DOS°; wordt vaak gespeld: M$.

MSC {-} - *Microsoft C* - Faciliteiten van Microsoft° voor gebruik van de programmeertaal (programming language°) C°.

MS-DOS - *Microsoft Disk Operating System* - **1.** Uitgesproken als {em·es·dos}: officiële benaming voor DOS° van Microsoft° (IBM brengt ook een versie uit onder de naam: PC-DOS°, versie 7.0 in 1995); DOS 1.0 verscheen in 1981, DOS 6.0 in 1993, **2.** Uitgesproken als {mes·dos}: uiting van afkeer over de beperkingen van DOS (mess: warboel).

MSI {em·es·ai} - *Medium-Scale Integration* - MSI: tweede-generatie chips (generation, IC°) met 100-3.000 componenten per chip°, voorganger van LSI° en VLSI°.

MSN {em·es·en} - *MicroSoft Network, Multiple Subscriber Number* - **1.** MSN: online° dienst van Microsoft° en het Amerikaanse omroepbedrijf NBC, aangesloten op Internet°, straks ook via de kabel? De benodigde netwerkprogramma's komen in Windows 95°. **2.** De mogelijkheid van meerdere nummers voor één ISDN°-aansluiting, bijvoorbeeld voor een privé en een zakelijke telefoon.

MSO {em·es·oh} - *Multiple System Operator* - MSO: een operator° met verscheidene CATV°-systemen, bijvoorbeeld TCI, Time Warner, France telecom enz.

MSP {em·es·pi} - *Microsoft Paint* - Extensie (extension°) van een bestand voor Microsoft° Paint, een tekenprogramma.

MSR {em·es·ar} - *Minimum Security Requirement* - MSR: eisen voor het commerciële beveiligingsniveau van het NIST° voor multi-user systemen zoals UNIX°.

MSS {em·es·es} - *Management Support Systems, Mass Storage System, Mobile Satellite Service* - **1.** Management Support System: de combinatie van informatie uit verscheidene informatiesystemen ten behoeve van het management, bijvoorbeeld

EIS°, MIS°, DSS°, **2.** Massaal opslagsysteem: met disks voor recente informatie en magneetbanden (tape°) voor gearchiveerde informatie, **3.** MSS: mobiele satellietdienst, waarbij een abonnee direct met een satelliet communiceert, niet via een grondstation; gebruikt een mobiele telefoon of een vaste aansluiting met antenne.

MST {em·es·ti} - *Minimum Spanning Tree* - MST: minimum aantal verbindingen in een netwerk; zie: spanning tree°.

MTA {em·ti·ee} - *Message Transfer Agent* - MTA: faciliteit (agent°) voor de verzameling, verzending en bezorging (transfer°) van berichten (message°) in X.400°.

MTBF {em·ti·bi·ef} - *Mean Time Between Failures* - MTBF: Gemiddelde (mean°) tijd tussen twee storingen (failure°), vaak gespecificeerd in POH°.

MTD {-} - *Month-To-Date* - MTD: aanduiding van een maandelijks totaal tot aan de dag van vandaag.

MTS - *Message Transfer System, Message Telephone Service, Mobile Telephone Service* - **1.** Message Transfer System: een voorziening in X.400°, **2.** Message Telephone Service: telefonische berichtendienst, **3.** Mobile Telephone Service: radiotelefoondienst.

MTTR {em·ti·ti·ar} - *Mean Time To Repair* - MTTR: Gemiddelde (mean°) tijd om een storing te verhelpen.

MUD {-} - *Multi-User Dungeon* - MUD: algemene aanduiding voor een avonturenspel op Internet° voor meerdere spelers (multi-user°), meestal zonder plaatjes of geluid.

muldem {mul·dem} - *MULtiplexer/ DEMultiplexer* - Muldem: gecombineerde voorziening voor multiplexen (multiplex°) en demultiplexen (demultiplex°). ⇔modem°

multi- - *multi-, meer-* - Aanduiding dat het om diverse dingen van hetzelfde gaat.

multicast - *multicast* - In plaats van naar een enkel netwerkadres (address°) of alle netwerkadressen (broadcast°), een bericht versturen naar een bepaalde groep van adressen. Indien diverse geadresseerden via een enkele server bereikt worden, kan een enkel bericht plus adreslijst soms voldoende zijn. Hiervoor wordt gebruikt: IP Multicast Protocol (RFC° 1112 uit 1992), als proef via een virtuele (virtual°) Internet° backbone°. Voor multimedia° wordt hierbij gebruikt: RTP°. ⇔broadcast° ⇔unicast°

multichannel - *meerkanaals-* - Kenmerk van een verbinding waarin verscheidene onafhankelijk te gebruiken kanalen (channel°) beschikbaar zijn: bijvoorbeeld: groupband° (groepsband). ⇔multitrack°

multicomputer system - *multicomputer-systeem* - Systeem bestaande uit twee of meer gekoppelde computers.

multidrop - *multidrop* - Zie onder: multipoint°.

multifunction - *multifunction* - Aanduiding dat een apparaat of programma verscheidene functies (function°) kan verrichten.

multi I/O card {ai·oo} - *multi Input/Output card* - Multi I/O kaart: insteekkaart (card°) voor een PC waarop veel adapters (adapter°) zijn geïntegreerd, bijvoorbeeld: 2x HDD°, 2x FDD°, 2x serieel (serial°), 1x parallel° en 1x game° port°. Is nu voor een prikje te koop en wordt op het moederbord (motherbord°) geïntegreerd.

multilanguage - *meertalig* - Vermogen (functionality°) van een systeem of programmeertaal om met verschillende tekensets (character set°) te werken. ⇔multilingual°

multilayer - *meerlaags* - Kenmerk van een printed-circuit board° dat uit verscheidene lagen, elk met een eigen bedrading, is opgebouwd. Ook: van elektronische component die gelaagd is opgebouwd, bijvoorbeeld een transistor° of IC°.

multilevel - *op verscheidene niveaus* - Eigenschap van bijvoorbeeld een sorteer- of zoekbewerking die op verscheidene niveaus (level°) plaatsvindt, bijvoorbeeld met een primary key° en een secondary key°.

multilingual - *meertalig* - Kenmerk van programmatuur waardoor zij eenvoudig kan worden vertaald in een andere taal (language°): omdat de teksten in aparte bestanden zijn opgeslagen die eenvoudig kunnen worden veranderd. ⇔multilanguage°

multimedia - *multimedia* - Verzamelnaam voor nieuwe optische media° gecombineerd met oude en technieken voor animatie (animation°), MIDI° enzovoort, voor beeld, geluid en televisie, bijvoorbeeld CD-i° en DVI°. Betreft feitelijk vooral digitale informatie - nullen en enen - vandaar dat dit ook wel wordt genoemd: digital media°. De MPC°-norm (multimedia PC) bestaat in twee vormen: MPC1 (386SX met 2 MB geheugen; VGA°, 640x480, 16 kleuren; 8-bit geluidskaart en de basis CD-ROM°); MPC2 (486SX met 4 MB geheugen; 640x480, 64K kleuren; 16-bit geluidskaart; dubbelsnelle CD-ROM). Dit zal ongetwijfeld veranderen als MMX° vanaf 1997 doorzet. Zie ook: MMOSA°. Het begrip media omvat ook kabeltypes: multimedia concentrator°. Multimedia wordt nu vooral gebruikt in video-conferencing°, maar als het echt doorzet en meer vormen gaat omvatten, zou het beter zijn om te spreken van: mixed media (gemengde media).

multimedia concentrator - *multimedia concentrator* - Doos (concentrator°) waarmee kabeltypes (media°) kunnen worden aangesloten op een backbone LAN°.

multimedia personal computer - *MPC* - Zie: MPC°.

multimedia server - *multimedia-server* - Een server° in een netwerk die snel genoeg video° en andere plaatjes kan verschaffen aan de aangekoppelde werkstations - dat vraagt flink veel I/Os°.

multimode - *multimode* - Kenmerk van een apparaat, modem° of glasvezelkabel (fiber optics°): die in verschillende modes (mode°) kan werken. In glasvezelkabel mogelijk door verschillende invalshoeken alleen bij de dikkere soort glasvezel, en dan vanwege de bij reflectie optredende verliezen alleen over korte afstanden.

multimode modem - *multimode-modem* - Modem (modem°) dat - net als bij ISDN° - tegelijk (concurrently°) voor diverse doeleinden kan worden gebruikt, bijvoorbeeld voor conferenties, toegang tot gegevens, presentaties en/of telefoongesprekken.

multipass - *meergangs-* - Kenmerk van een sorteer-, compileer- of andere bewerkingsproces dat in verschillende gangen (pass°) plaatsvindt.

multiplatform - *multiplatform* - Kenmerk van een toepassing die of systeem dat op of met verscheidene platforms (platform°) kan werken.

multiple - *veelvoudig, meer-* - Aanduiding iets niet enkelvoudig is, bijvoorbeeld: multiple choice (meerkeuze).

multiple selection - *meervoudige selectie* - Selectie (selection°) met behulp van twee of meer trefwoorden (keyword°). De combinatie kan en-en zijn dan wel of-of.

multiple inheritance - *meervoudige overerving* - Overerving (inheritance°) van twee of meer (in de klassenboom, class tree°, bovengelegen) objecten (object°); begrip uit de OO (object-oriented°) terminologie.

multiple instruction, multiple date - *MIMD* - Zie: MIMD°.

multiple subscriber number - *MSN* - Zie: MSN°.

multiple system operator - *MSO* - Zie: MSO°.

multiple virtual storage - *MVS* - Zie: MVS°.

multiplex - *multiplex* - Een aantal lijnen (line°) combineren tot een gedeelde verbinding, bijvoorbeeld via een: multiplexer°. ⇔simplex°

multiplexed analogue components - *MAC* - Zie: MAC°.

multiplexer - *multiplexer, MPX, MUX* - Apparatuur waarmee verscheidene communicatieverbindingen (subkanalen) tegelijkertijd over één lijn kunnen worden gemaakt: bespaart veel kabels in computers en vliegtuigen; afgekort: MPX°. Een demultiplexer scheidt de verbindingen. Het multiplexen geschiedt in de tijd (time-division multiplexing°, waarbij elk kanaal bepaalde tijdperiodes krijgt toegewezen) of met behulp van verscheidene frequenties (frequency-division multiplexing°, waarbij elk kanaal een bepaald frequentiegebied toegewezen krijgt); zie ook: data-voice multiplexer°, DV°, muldem° (⇔modem°). In een geschakelde ATM-verbinding en met SDH° wordt in de tijd gemultiplext door gebruik te maken van pakketjes (packet°) die worden gevuld en leeggehaald in knooppunten (hub°): add and drop multiplexing. In SDH ook: terminal multiplexer (aan het einde van een SDH-netwerk). In Engeland genoemd: multiplexor°. ⇔concentrator° ⇔demultiplexer°

multiplexing - *multiplexing* - Verscheidene langzame kanalen via een snel kanaal combineren door middel van een multiplexer°; zie ook: V.120°, ATD°. ⇔demultiplexing° ⇔inverse multiplexing° ⇔subrate multiplexing°

multiplexor - *multiplexer* - Britse multiplexer°.

multiplicand - *vermenigvuldigtal* - Waarde die met een vermenigvuldiger (multiplier°) wordt vermenigvuldigd: a in (a x b).

multiplication - *vermenigvuldiging* - Twee getallen (multiplicand°, multiplier°) met elkaar vermenigvuldigd (multiply°). ⇔division°

multiplicity - *kardinaliteit* - Veelvoudigheid, zie synoniem: cardinality°.

multiplier - *vermenigvuldiger* - Waarde waarmee een vermenigvuldigtal (multiplicand°) wordt vermenigvuldigd: b in (a x b).

multiply - *vermenigvuldigen* - Twee getallen met elkaar vermenigvuldigen. ⇔divide°

multipoint - *multipoint* - Kenmerk van een verbinding (line°) in een netwerk waarop verscheidene toestellen of terminals zijn aangesloten, in een computernetwerk via een enkele logische verbinding (logical line°); synoniem: multidrop°. ⇔point-to-point°

multiport hub - *multiport hub* - Een hub° waarop twee of meer kabels naar een terminal° kunnen worden aangesloten. ⇔multiport repeater°

multiport repeater - *multiport repeater* - Een repeater° die de signalen van een transmissiekanaal doorgeeft (repeater°) naar de transmissiekabels waarop terminals zijn aangesloten. ⇔multiport hub°

multiprocessing - *multiprocessing* - Processen die simultaan worden uitgevoerd in een computersysteem van één of meer computers; vereist interprocess communication°. Bij asymmetrische multiprocessing zit het besturingssysteem in één processor° en alle threads (thread°) in de andere; bij symmetrische multiprocessing bevat elke processor een besturingssysteem en threads. Praktisch synoniem: multitasking° (dat ook in een enkele processor kan plaatsvinden).

multiprocessor specification - *MPS* - Normen (specification°) uit 1995 voor de hardware°, de BIOS° en het besturingssysteem (operating system°) van Intel° voor de uitbreiding van de traditionele PC-architectuur naar SMP°, waarbij traditionele toepassingen (applications°) gewoon gebruikt kunnen worden. Hoewel 486-processoren kunnen worden gebruikt, zal iedereen nu Pentium° hiervoor gebruiken.

multiprocessor - *multiprocessor, MP* - MP°: beperkt aantal gekoppelde verwerkingseenheden (processor°), die elk verscheidene taken (task°) verrichten. ⇔massive parallel computing° ⇔parallel computing°

multiprogramming - *multiprogrammering* - Het afwisselend laten uitvoeren van programma's door één verwerkingseenheid (processor°).

multiprotocol routing - *multiprotocol routing* - Kenmerk van een router° die verschillende communicatieprotocollen (protocol°) kan routeren, bijvoorbeeld via een ISDN°-verbinding.

multiscanning - *multiscanning* - Kenmerk van een monitor° die met verscheidene normen voor kleurenbeeldschermen (CGA°, EGA°, SVGA°, VGA°) kan werken.

multisession - *multisession* - Vermogen van een besturingssysteem om meer dan één sessie (session°) tegelijk te onderhouden. Men spreekt van multi- tasking als de sessies onafhankelijk van elkaar zijn, dat wil zeggen dat een sessie plat (down°) kan gaan zonder dat de andere sessies daaronder lijden. In verband met CD-WO(RM)°: de mogelijkheid om nog niet beschreven sporen (track°) later (in een tweede of derde sessie) alsnog te beschrijven; dit is een uitbreiding van ISO°-norm 9660, wordt ISO 13490. Zie ook: stamped multises-sion°.

multi-station access unit - *MAU* - Zie: MAU°.

multisync - *multisync* - Kenmerk van een monitor° die met verscheidene normen voor kleurenbeeldschermen (CGA°, EGA°, VGA°) kan werken; synoniem: multiscanning°. Multisync niet verwarren met: bisync°, een communicatiemethode.

multitasking - *multitasking* - Wanneer één computer twee of meer taken (task°) ogenschijnlijk tegelijkertijd en onafhankelijk van elkaar uitvoert; een vorm van multi-processing die veel meer is dan: multi-session°. Zie ook: pre- emptive multi-tasking°, wanneer verschillende processen actief zijn, maar op elk moment er slechts een wordt uitgevoerd, waarbij een proces niet door een fout bij andere processen kan worden gestopt, en: cooperative multitasking°. ⇔task switching°

multi-thread - *meerdraadverbinding* - Verbinding via een kabel met verscheidene aders; is afgeleid van thread° (letterlijk: draad). Niet verwarren met: multi-threading°. ⇔multitrack°

multi-threading - *multi-threading* - Kenmerk van een programma (thread°) dat gelijktijdig kan worden gebruikt door verscheidene andere programma's. Niet verwarren met: multi-thread°.

multitrack - *meersporen-* - Kenmerk van een recorder° die magneetband (tape°) in meestal 7, 8 of 9 sporen (track°) tegelijk beschrijft en leest; zie ook: DCC°. ⇔multi-thread°

multi-user - *multi-user* - Wanneer verscheidene gebruikers (user°) simultaan, ogenschijnlijk gelijktijdig, onafhankelijk van elkaar kunnen werken op één computersysteem of met één programma. ⇔single-user°

multi-user dungeon - *MUD* - Zie: MUD°.

multi-vendor - *multivendor* - Verscheidene leveranciers (vendor°) gebruiken: en om problemen vragen, want wie heeft dan de schuld als er iets misgaat? ⇔one-stop-shopping°

multi-vendor connectivity - *multivendor connectiviteit* - De mogelijkheid om apparatuur van verscheidene leveranciers (vendor°) te laten samenwerken, meestal via een netwerk (connectivity°). Synoniem: multi-platform°.

MUMPS {mumps} - *Massachusetts Utility MultiProgramming System* - MUMPS:

programmeertaal en geïntegreerde database° waarmee ook zakelijke toepassingen kunnen worden gemaakt. Is in 1966 ontwikkeld in het Massachu-setts General Hospital en wordt veel gebruikt in de gezondheidszorg. Letterlijk: mumps (de bof).

Murphy's law - *If something can go wrong, it will, and at the most inconvenient time* - Als iets verkeerd kan gaan, gebeurt dat zeker, en op het slechtste moment (en Murphy was een optimist, voegt men er gelijk aan toe). Werd geïntroduceerd door Captain Ed Murphy (US Air Force) in 1949 toen er weer een test mislukte.

musical instrument digital interface - *MIDI* - Zie; MIDI°.

mutate - *muteren* - Gegevens (data°) in een computer veranderen.

mutation - *mutatie* - Verandering van een gegeven (data°) in een computer.

MUX {muks} - *MUltipleXer* - Apparaat dat verscheidene verbindingen bundelt (multiplexer°) over één verbindingslijn (line°). Ook: stat mux° (statistical multiplexer), muldem°. ⇔DMUX° ⇔demux°

mV {-} - *milliVolt* - mV: een duizendste (m°) Volt°.

MVA {em·vi·ee} - *MegaVoltAmpere* - Megavoltampère: miljoen VA°, maateenheid voor de capaciteit van elektriciteitscentrales; zie: M°, Volt°, Ampere°.

MVS {em·vi·es} - *Multiple Virtual Storage* - MVS: universeel besturingssysteem van IBM voor haar grote computers, dat bestaat in diverse versies, bijvoorbeeld: MVS/SP (System Product), MVS/XA° en MVS/ESA° - zie ook: ESA°.

MW {-} - *MicroWave* - Zie: microwave°.

- N -

n {-} - *nano...* - Miljardste..., zie: nano...°.

N,8,1 - *No parity, 8 data bits, 1 stop bit* - N,8,1: de andere populaire instelling van een modem°. ⇔E,7,1°.

Nx64 kbps {-} - *Nx64 kbps* - Dataservice via een E1°- of T1°-verbinding van een aantal (N) kanalen van 64 kbps°; zie ook: Nyquist sampling rate°.

N/A {-} - *Not Avalailable* - Niet beschikbaar: aanduiding dat een apparaat (device°) niet kan worden gebruikt of een product niet geleverd. Verwant: nla°.

NAB {en·ee·bi} - *National Association of Broadcasters* - NAB: Amerikaanse vereniging die normen opstelt voor radio en televisie.

naive user - *eenvoudige gebruiker* - Gebruiker (user°) zonder veel ervaring of iemand die een programma slechts zelden gebruikt, die hoeft niet echt naïef te zijn.

NAK {nek} - *Negative AcKnowledgement* - NAK: teken (character°) dat een bericht onjuist is ontvangen en opnieuw moet worden verzonden. ⇔ACK°

name - *naam, een naam geven, benoemen* - Naam waaronder een programma, bestand (file°), variabele, apparaat (device°), adres en dergelijke bekend staat: in een computer of bij mensen. Zie ook: field name°, filename°, global naming°, handle°, magic°, path name°.

named pipe - *named pipe* - Een API°-protocol° tussen processen (process°) voor de UNIX°-wereld, oorspronkelijk afkomstig van UMX (netwerkprogramma in laag 7 van het OSI°-model).

Named Pipes - *Named Pipes* - Een proces-proces (process°) API°-protocol° van Microsoft° dat via LAN Manager ook in een netwerk kan worden gebruikt; oorspronkelijk genoemd: named pipe°.

name server - *name-server* - Een server° met alle informatie over de gebruikers (name) in een bepaald domein (domaine°); van een TCP/IP° netwerk: DNS°, met alle IP°-adressen van andere computers en andere name servers. Ook: X.500°.

naming convention - *naamgeving* - De regels gebruikt voor het geven van namen aan bestanden, documenten enzovoorts; belangrijk om ze terug te kunnen vinden.

N-AMPS {nemps} - *Narrowband-Advanced Mobile Phone Service* - NAMPS: voorgestelde norm van Motorola° voor het gebruik van digitale signalering (signaling°) in het cellulaire (cellular°) AMPS° om de werking daarvan te verbeteren; beide worden beschouwd als analoge (analog°) Amerikaanse normen. Door een kanaaalafstand van slechts 10 kHz verhoogt N-AMPS de capaciteit van het radiospectrum met een factor 3 t.o.v. AMPS°, wat de invoering van D-AMPS° minder zeker maakt. ⇔GSM° ⇔DCS-1900°

NAND {nend} - *Not AND* - NAND: een logische operator°, de inverse van: AND°. ⇔NOR°

nano... - *nano...* - Een miljardste (10^{-9}), bijvoorbeeld: nanosecond°.

nanometer - *nm* - Maateenheid voor de golflengte (wavelength°) van licht: 10^{-9} meter; zie: nm°. ⇔micron°

nanosecond - *ns* - Nanoseconde, ns°: 10^{-9} seconde.

NAPLS {*nee* ·puls} - *North American Presentation Level protocol Syntax* - NAPLS: ANSI°-norm voor videotex° en teletext° op presentatieniveau (level°).

narrowband - *smalband* - Datatransmissie (data transmission°) met een bandbreedte van maximaal 4 kHz° of 2,4 kbps°, voor RF/DC° met frequenties (frequency°) tussen 420-470 Mhz met met maximaal 9600 bps. Voor gegevensoverdracht via radio moet de keus gemaakt worden tussen: narrowband en spread spectrum°. ⇔narrowband ISDN° ⇔voiceband° ⇔wideband°

narrowband AMPS {emps} - *narrowband Advanced Mobile Phone Service* - Zie: NAMPS°.

narrowband ISDN - *narrowband Integrated Services Data Network* - N-ISDN°: twee B-kanalen en een D-kanaal (basic access°, 2B + D°) van een ISDN°-verbinding. In Engeland genoemd: ISDN-2.

n-ary - *n-voudig* - Kenmerk van een meervoudige (n:1 of 1:n) relatie (relation°): terwijl ik alleen van mijn partner houd, houdt mijn partner ook van vele anderen, of omgekeerd. ⇔binary° ⇔unary°

Nassi-Shneidermann diagram - *Nassi-Shneidermann diagram* - Een schets van de logische volgorde van bewerkingen in een programma in een rechthoek die volgens bepaalde conventies steeds verder wordt verdeeld in stukken die ook weer kunnen worden samengevoegd; is ontstaan rond 1973 en wordt ook genoemd: PSD°.

national bureau of standards - *NBS* - Zie: NBS°, NIST°.

national computing centre - *NCC* - Zie: NCC°.

national information infrastructure - *NII* - Zie: NII°.

national information infrastructure advisory council - *NIIAC* - Zie: NIIAC°.

national institute of standards and technology - *NIST* - Zie: NIST°.

national language support - *NLS* - Ondersteuning voor het gebruik van sommige eigen talen; zie: NLS°.

national security agency - *NSA* - Zie: NSA°.

national software testing laboratories - *NSTL* - Zie: NSTL°.

national television standards committee - *NTSC* - Zie: NTSC°.

native DOS {dos} - *native Disk Operating System* - Native DOS°: direct met DOS werken, niet via een DOS-box° of een andere shell°.

native fonts - *ingebouwde fonts* - Lettertypen (font°) die zijn ingebouwd in een printer of display: dus niet beschikbaar hoeven te komen via een font cartridge° of download° van een soft font°.

native language - *moedertaal, computertaal* - **1.** Moedertaal van mensen, **2.** Eigen taal van de computer: machine codes°.

native mode - *native mode* - Autochtone modus (werkwijze). Als een programma wordt gebruikt in native mode, dan wil dat zeggen, zonder shell° of besturingssysteem (operating system°), maar via machinetaal (machine language°) en dat gaat sneller.

native signal processing - *NSP* - Zie: NSP°.

native support - *eigen ondersteuning* - De ondersteuning (support°) voor een bepaalde functie, zoals TCP/IP°, is direct aanwezig of opgenomen: hoeft niet te worden geëmuleerd (emulation°) of apart te worden ingebracht.

natural language - *natuurlijke taal* - Gesproken en geschreven door mensen; is in tegenstelling met een kunstmatige programmeertaal (formal language°).

natural language processing - *NLP* - Zie: NLP°. In AI°, bijvoorbeeld spraakherkenning (speech recognition°).

natural number - *natuurlijk getal* - Alle positieve gehele getallen, inclusief 0. Verschilt van: integer°.

NAU {en·ee·joe} - *Network Addressable Unit* - NAU: in een netwerk adresseerbare eenheid (unit°), zowel logisch als fysiek; is een SNA°-term.

navigate - *navigeren* - Een weg zoeken in een (niet-relationele) database°, een menustructuur, een directory°-structuur of een 3D° virtuele ruimte (VR°), bijvoorbeeld met behulp van een: navigator°. Een veelgebruikte techniek is: VRML°

navigator - *navigator* - Hulpprogrammma om uw weg te zoeken in een database° of informatiebank, bijvoorbeeld: Gopher° op Internet°. Navigator 2.01 is de naam van de begin '96 uitgebrachte Web° browser° van Netscape°, waarin ook allerlei andere Internet°-functies zijn ondergebracht; Navigator 3.0 in de zomer van '96. Netscape is het meest verspreide PC-programma tot nu toe (40 miljoen exemplaren in 18 maanden + de nodige kopieën).

NBS {en·bi·es} - *National Bureau of Standards* - NBS: vroeger het Amerikaanse normalisatiebureau; heet nu: NIST°.

NC {en·si} - *Numerical Control, No Charge, Network Computer* - **1.** NC: numerieke besturing van bewerkingsmachines, tegenwoordig met computers en dan spreekt men van: CNC°; zie: numerical control°, **2.** Gratis, **3.** Netwerkcomputer: vereenvoudigde PC° zonder vaste schijf in de visie van L. Ellison (Oracle) die vanaf een speciale server programma's krijgt toegestuurd, waarop ook de gegevens worden bewaard. Conventionele PC's zijn te duur in grote bedrijven en de Windows programma's veel te gecompliceerd met teveel incompatibele versies; bovendien zorgen gebruikers niet of nauwelijks voor backup°. Eind 1996 worden de eerste NCs verwacht volgens de NC Reference Profile 1, op basis van Internet°-protocollen, dus klaar voor een intranet°. IBM noemt ze: Network Station, waarschijnlijk omdat NC en Network Computer merknamen van Oracle zijn.

NCC {en·si·si} - *National Computing Centre, Network Control Center* - **1.** NCC: Britse organisatie ter bevordering van het goed gebruikmaken van informatietechnologie, **2.** NCC: beheerscentrum van een hiërarchisch IBM SNA°-netwerk. Vroeger ook: National Computer Conference, voorganger van COMDEX°.

NCD {en·si·di} - *Network Copy Detection* - NCD: programmatuur die controleert dat er niet meer dan het toegestane aantal kopieën van een toepassingsprogramma worden gebruikt in de op een netwerk aangesloten werkstations.

NCI {en·si·ai} - *Non-Coded Information* - Beeldinformatie: zoals die bijvoorbeeld door een fax° wordt verzonden; bestaat uit rasterpunten in plaats van met tekens gecodeerde informatie (coded information°).

NCP {en·si·pi} - *Network Control Program, NetWare Core Protocols, Not Copy Protected* - **1.** NCP: netwerkbesturingsprogramma van IBM: werkt als een front-end processor° en bestuurt het verkeer tussen een mainframe° en de via netwerken aangesloten terminals (terminal°), **2.** NCP: netwerk-protocol van Novell°, **3.** NCP: niet beschermd tegen kopiëren.

NCR {en·si·ar} - *National Cash Register* - Zie: NCR paper°.

NCR paper {en·si·ar} - *No-Carbon-Required paper* - NCR-papier: waarmee doorslagen kunnen worden gemaakt zonder carbonvel; is destijds ontwikkeld door National Cash Register (NCR), dat een onderdeel van AT&T° is geworden en sinds 1994 heet: AT&T Global Information Solutions. In 1996 weer op eigen benen onder de naam NCR.

NCSC {en·si·es·si} - *National Computer Security Center* - NCSC: technisch laboratorium van de NSA°.

ND {-} - *No Date, Novell DOS* - **1.** Ongedateerd, **2.** ND: alternatief voor DOS° van Novell°, oorspronkelijk DR-DOS van Digital Research.

NDIS {en·dis} - *Network Driver Interface Specification* - Een device driver° interface° specificatie ontwikkeld door 3Com en Microsoft° in 1990: waarmee verscheidene protocol stacks (protocol stack°) in één computer kunnen worden gebruikt. In Windows NT° zit NDIS 3, gebruikt in NetBEUI°.

NDRO {en·di·ar·oo} - *Non-Destructive Read-Out* - Gegevens uitlezen (read°) zonder ze te wissen. ⇔destructive read-out°

NDS {en·di·es} - *NetWare Directory Services* - NDS: directory service° voor NetWare° van Novell° in overeenstemming met X.500°. ⇔DNS° (UNIX°) ⇔UNC° (Windows NT°) ⇔WINS° (Windows°)

ne {-} - *not equal,* <> - Ongelijk: niet gelijk aan, een logische operator°.

near-letter quality - *correspondentie-kwaliteit* - Vroeger een iets mindere kwaliteit dan: letter quality°.

near-VoD {vi·oo·di} - *near-Video-on-Demand* - VOD° in beperkte mate, NVoD: slechts bepaalde films of uitzendingen zijn direct aan te vragen of alleen op bepaalde tijden.

needle - *naald* - Draadhamertje waarmee een matrix printer° drukt; gebruikelijk zijn 9, 18 of 24 naalden die boven elkaar zijn geplaatst voor het afdrukken van één regel. Niet verwarren met: needless (onnodig). ⇔nozzle°

negate - *ontkennen, inverteren* - **1.** Ontkennen: dat iets is gebeurd, **2.** Inverteren: een logische waarde (true°, false°) omkeren, bijvoorbeeld van '0' naar '1' of omgekeerd.

negative - *negatief* - Niet nul of positief (positive°); in verband met een afbeelding, praktisch hetzelfde als: inverse°.

negative acknowledgement - *NAK* - Zie: NAK°.

negative temperature coefficient - *NTC* - Zie: NTC°.

Negroponte switch - *Omschakeling van Negroponte* - Voorspelling van prof. N. Negroponte (MIT°) rond 1970 dat de toenmalige kabeltransmissie zoals telefoon later door de lucht zouden gaan en de transmissie door de lucht via een kabel, bijvoorbeeld glasvezel. Die voorspelling komt inmiddels goed uit. Zie ook zijn boek *Being Digital.*

nerd - *oen* - Eikel: iemand met weinig gevoel voor bijvoorbeeld computers; term wordt vooral gebruikt als zelfspot. Vergelijkbaar: geek°. Zie ook onder: Internet°, Netscape°.

nest - *nesten* - Dingen die in elkaar passen als een nest pannen, zie hieronder.

nested array - *genest array* - Een array° als element van een array; zie: nesting°.

nested indent - *geneste inspringing* - Inspringen binnen een inspringing (indent°).

nested program - *genest programma* - Ingevoegd, maar overigens zelfstandig programma: gebruikt niet de global variable° informatie van het hoofdprogramma. ⇔contained program°

nesting - *genest* - Bewerkingsniveaus in een programma die in elkaar passen als een stel pannen; wordt ook gebruikt in verband met een hiërarchische informatiestructuur of de haakjes in een formule; zie ook: LISP°.

net - *netto, network* - **1.** Netto: inclusief verpakking of omzetbelasting; ook: net present value° (NPV°), **2.** Netwerk: Ethernet°, neural net°, Petri net°, sneakernet°. Net performance kan betekenen: netto resultaat of netwerksnelheid. Het Nederlandse bijvoeglijk naamwoord 'net' heet in het Engels: neat, just.

NetBEUI {*net*·boe·wie} - *NetBIOS Extended User Interface* - NetBEUI: LAN° transport-protocol° van Microsoft° voor LAN Manager° via NDIS°; zie ook: NetBIOS°, TCPBEUI°.

NetBIOS {*net*·bah·jos} - *Network Basic Input/Output System* - NetBIOS: uitbreiding van de BIOS° van een Intel° PC uit 1984 voor token ring°-netwerken, een programming interface° voor I/O°-requests voor de communicatie met de aangesloten computers; is vergelijkbaar met BIOS° in DOS°.

netizen - *Netter* - Burger (citizen) van het net (Internet°).

Netscape - *Netscape* - Netscape: bedrijf van de nieuwe Web-browser Navigator°, na Mosaic°, die naast browser° voor WWW° ook geschikt is voor het downloaden (FTP°) en inzien van bestanden, Gopher°, het lezen van nieuwsgroepen en e-mail°; hij is oorspronkelijk geprogrammeerd door M. Andreesen (24 jaar in 1995), voordat hij overstapte naar Netscape. Mosaic wordt gratis verstrekt, dit in tegenstelling tot de Navigator nu versie 3.0, Atlas° en de Web server van Netscape Communications, dat in augustus 1995 met veel succes naar de beurs ging o.l.v. J. Clark. De beveiliging buiten de VS werkt met 40-bit encryptie (encryption°), die redelijk eenvoudig te kraken is. In februari '96 is Navigator 2.0 beschikbaar gekomen, met ondersteuning van Java°, betere mogelijkheden voor beveiliging (security° - is verbeterd in 2.01) en frames (de mogelijkheid om diverse pages (page°) tegelijk af te beelden met elk een eigen URL°, zodat er niet steeds een nieuwe page hoeft te worden opgeroepen). Verder heeft Netscape het bedrijf Paper Software opgekocht, de ontwikkelaar van

VRML°, dè de facto norm voor 3D°-toepassingen. Medio 1996 sloot Netscape een alliantie met IBM, Oracle en vier grote Japanse bedrijven om software te ontwikkelen voor consumentenelektronica (Navio Corporation). Volgens sommigen: Nerdscape (nerd°).

NetWare - *NetWare* - Novell°s client/server° multitasking° netwerkprogrammatuur, bestaande uit: NCP°, NFSP°, NLM°, RIP°, IPX/SPX° enzovoort. Hun plan is om NetWare samen te voegen met UNIX° tot een besturingssysteem voor zowel genetwerkte als gedistribueerde systemen (distributed processing°), maar anno 1996 worden intranets (intranet°) belangrijk en besloot Novell tot een naamsverandering: IntraNetWare.

netware loadable module - *NLM* - Zie: NLM°.

network - *netwerk* - **1.** Net werk van koper, glasvezel, lucht en apparatuur, waarmee computers en gebruikers kunnen communiceren; bijvoorbeeld een LAN°, MAN° of WAN°; wordt ook wel genoemd: not work (werkt niet). The complexity of even a small network can be overwhelming (De complexiteit van zelfs een klein netwerk kan overweldigend zijn); Sun adverteert al 10 jaar met de slogan: The network is the computer° (Het netwerk is de computer - toch kochten ze Apple° begin '96), **2.** Model voor de opslag van gegevens in een database° waarin de elementen niet hiërarchisch of relationeel zijn geordend (⇔relational°, ⇔hierarchical°). Zie ook: hete-rogeneous network°, information network°, local-area network°, loop network°, mobile network°, radio network°, overlay network°, ring net-work°, value-added network°, virtual network°, wide-area network°, wireless network°.

network adapter - *netwerk-adapter* - Een aansluiting (adapter°) op een netwerk, geen modem°.

network addressable unit - *NAU* - Zie: NAU°.

network administrator - *netwerkbeheerder* - De beheerder (administrator°) van een netwerk.

network class - *netwerkklasse* - Het type TCP/IP° netwerk, bijvoorbeeld klasse A, B of C. Kan ook betekenen: netwerkcursus, zie: class°.

network computer - *NC* - Zie: NC°.

network control program - *NCP* - Zie: NCP°.

network copy detection - *NCD* - Zie: NCD°.

network database - *netwerk-database* - Database (database°) met een inwendige netwerkstructuur tussen de gegevens: werkt niet hiërarchisch (hierarchical°) of relationeel (relational°, RDBMS°). ⇔networked database°

network device - *netwerk-device* - Apparaat (device°) in een netwerkconfiguratie (configuration management°), gezien vanuit het oogpunt van netwerkmanagement (network management°).

network driver interface specification - *NDIS* - Zie: NDIS°.

networked computing - *computer gebruikt via een netwerk* - Computers used to have networks, now networks have computers (Vroeger hadden computers netwerken, nu hebben netwerken computers, zelfs een eigen besturingssysteem: NOS°).

networked database - *genetwerkte database* - Centrale database° in een netwerk (network°) die door de aangesloten gebruikers kan worden gebruikt.

networked organization - *genetwerkte organisatie* - Organisatieconcept waarin de contacten tussen medewerkers niet rechtstreeks plaatsvinden maar via een netwerk (network°) en terminals (terminal°). Zij hoeven dan niet meer op dezelfde locatie te zitten en kunnen ook telewerken.

network file system - *NFS* - Zie: NFS°.

networking - *networking* - Het onderhouden en gebruiken van contacten door mensen om het werk buiten de formele organisatie om te kunnen doen.

network integration - *netwerkintegratie* - Integratie (integration°) van computersystemen door middel van een of meer netwerken. ⇔systems integration°

network interface card - *network interface card, NIC* - NIC°: de elektronische koppeling (interface°) tussen een PC of werkstation en de kabels van een netwerk, gemonteerd op een insteekkaart (card°).

network layer - *netwerklaag* - Derde van de zeven lagen (layer°) van het OSI model°, met o.a. protocollen (protocol°) voor routering (routing°). Synoniem: network level°.

network level - *netwerkniveau* - Niveau in bijvoorbeeld het OSI°-model. Synoniem: network layer°.

network link - *netwerkverbinding* - Een verbinding (link°) met het (meestal lokale) netwerk of een onderdeel van een groot netwerk.

network management - *netwerkbeheer* - Menselijk beheer van de configuraties (configuration management°), volgens OSI°: opgetreden fouten (fault management°), administratie (account management), prestaties (performance management°) en beveiliging (security°) van een netwerk.

Network Management Forum - *Network Management Forum, NMF* - NMF: een forum° van leveranciers en gebruikers voor het ontwikkelen van normen voor netwerkbeheer (network management°). In oktober '95 werden de OMNI*Point*2 solution sets OmniPoint 2.0) aangekondigd, waarmee het kopen en verkopen van apparatuur en technologie voor het opzetten van netwerkmanagementsystemen kan worden vereenvoudigd.

network manager - *netwerkmanager* - Programma dat de werking van een netwerk regelt; synoniem: network monitor°.

network media - *netwerkkabel* - De in een netwerk gebruikte kabels (media°), bijvoorbeeld: twisted pair° (STP°, UTP°), coax° of glasvezel (fiber optics°).

network monitor - *netwerkmonitor* - Programma dat de werking van een netwerk regelt (monitor°); synoniem: network manager°.

network news transfer protocol - *NNTP* - Zie: NNTP°, USENET°.

network operating system - *NOS* - Zie: NOS°.

network PC {pi·si} - *network personal computer* - Genetwerkte PC: PC die is aangesloten op een netwerk (network°) en mogelijk een diskless PC° is.

network performance - *netwerksnelheid* - Algemeen: hoe snel het netwerk reageert. Specifiek: de tijd nodig om een opdracht van een aangesloten station naar de centrale computer te sturen en het resultaat terug te krijgen. Formeel gezien wordt de verwerkingstijd op de centrale computer niet meegeteld.

network planning - *netwerkplanning* - **1.** Planning van een netwerkconfiguratie (configuration°), **2.** Planningmethode (CPM°): om het kritieke pad in een tijdschema te vinden.

network printer - *netwerkprinter* - Centrale printer voor de gebruikers aangesloten op een netwerk; beschikt meestal over verscheidene fonts, grote capaciteit, diverse printertalen en spooling°.

network provider - *netwerkleverancier* - De leverancier (provider°) van netwerkverbindingen, onderdeel van een netwerkdienst; zie bijvoorbeeld: IN°. ⇔content provider° ⇔service provider°

network server - *netwerk-server* - Een server in een netwerk, bijvoorbeeld voor bestanden (file°), Web°, backup° enzovoorts; zie: server°.

network system integrator - *netwerksysteemintegrator* - Systeemintegrator (system integrator°) die netwerksystemen (network°) levert en installeert.

network termination - *NT* - Zie: NT°.

network topology - *netwerktopologie* - Zie: topology°.

network version - *netwerkversie* - PC-programmatuur die geschikt is gemaakt voor een bepaald aantal gebruikers in een netwerk; wordt gedownload (download°) vanuit de server; is per gebruiker goedkoper dan de versie voor een enkele gebruiker.

Neumann - *Von Neumann* - Zie: Von Neumann°.

neural net - *neuraal netwerk* - De poging om met nagebootste neuronen beslissingen te forceren, waarvan men zegt dat zij ook zo door het menselijk brein genomen zouden kunnen zijn; biologische neurale netwerken zijn daarvoor echter veel te complex. De term netwerk duidt op de zeer vele interne verbindingen, niet op externe. Neuronen kunnen leren van geclassificeerde voorbeelden en zo moeten zij meestal ook worden geprogrammeerd. In tegenstelling tot kennissystemen (knowledge system°) is geen uitleg van de beslissing beschikbaar. Wordt ook genoemd: neural network°, neuronaal netwerk.

NEW - *NEW* - NEW (nieuw): extensie (extension°) van een nieuw of laatste versie van een bestand (file°). ⇔OLD°

newbie - *newbie* - Nieuweling: een beginneling op een van de vele nieuwe gebieden in de computerwereld, vooral gebruikt in nieuwsgroepen (newsgroup°) en rond Internet°. Meervoud: newbies. Uitspraak: {noe·bie}.

newsgroup - *nieuwsgroep* - Een forum° over een specifiek onderwerp: waarin aangeslotenen naar hartelust kunnen debatteren en zeuren over hun interesses. USENET° omvat een grote verzameling nieuwsgroepen. Elke access provider° of service provider° maakt een eigen selectie van de duizenden nieuwsgroepen die beschikbaar zijn.

news server - *nieuws-server* - Een server° voor nieuwsgroepen (newsgroup°) die een neiuwsdienst verzorgt; kan benader worden via een browser° zoals Netscape° door het definiëren van de server als: news server.

new technology file system - *NTFS* - Zie: NTFS°.

next - *volgende* - De volgende regel (line°), taak (task°), paneel (panel°) of wat dan ook. Vaak gebruikt in combinatie met: back° (vorige). Ook: NeXT, naam van het bedrijf gesticht (1985) en de computer ontworpen door Steve Jobs, een van de stichters van Apple° op zijn 21ste; het hardware°-deel is in 1993 verkocht aan Canon; het geavanceerde object-georiënteerde besturingssysteem NeXTstep (voor UNIX°) wordt nog wel verkocht; de naam suggereert: nieuwe XT°. NEXT is een BASIC°-instructie.

...NF {en·ef} - ... *Normal Form* - Ontwerpcriterium voor een database°; zie: normal form°.

NFS {en·ef·es} - *Network File System* - NFS: protocol van TCP/IP° voor het gemeenschappelijk gebruik van bestanden (file°) in netwerk, 10 jaar geleden ontwikkeld door Sun; werkt in OSI°-laag 7 (Application). Vanwege het gebrek aan beveiliging ook wel genoemd: No File Security; mede daarom is een mogelijke opvolger: AFS°.

NFSP {en·ef·es·pi} - *Network File Service Protocol* - NFSP: toplaag (layer°) van NetWare° van Novell°.

nibble - *nibble* - Halve byte°: vier aaneengesloten bits (bit°).

NIC {nik} - *Network Interface Card, Network Information Center* - **1.** NIC: netwerkkaart, adapter° voor de aansluiting van een terminal° of werkstation op een netwerk. **2.** NIC: distributiecentrum voor IP°-adressen.

NiCad {nai·kad} - *Nickel-Cadmium battery* - NiCad: type herlaadbare batterij dat veel wordt gebruikt in een laptop°; kan ongeveer 1000x worden herladen; nieuwere typen zijn: nikkelhydride (LiMh°, Li-ion°) of zink-lucht.

NICAM {nai·kem} - *Near Instantaneously Companded Audio Multiplex* - Norm voor de digitale codering (encoding°) van het stereogeluid bij analoge versleutelde televisie (D2-MAC°).

nickel cadmium battery - *NiCad* - Zie: NiCad°.

nickel-metalhydrid - NiMh - NiMh°: Nikkel-metaalhydride: Type accu (battery°) voor een draagbare PC. Zie ook: Li-ion°, NiCad°.

nickname - *bijnaam* - Een korte, eenvoudig te onthouden naam die door programmatuur wordt vervangen door de volledige naam en een compleet adres, bijvoorbeeld in een e-mail° systeem.

NIH {en·ai·eetsj} - *Not Invented Here* - Hier niet uitgevonden: dus niet goed - een in de computerwereld veelvuldig voorkomend syndroom (syndrome°).

NII {-} - *National Information Infrastructure* - NII: de informatie- supersnelweg (information superhighway°) die in 1992 door vice-president Al Gore is voorgesteld om alle huizen, scholen en bedrijven in de VS elektronisch te verbinden via een gigantisch glasvezelnet (fiber optics°). De hiervoor benodigde investeringen zijn ook anno 1995 nog veel te groot. Zie ook: infrastructure°, NIIAX°. ⇔EII° ⇔GII°

NIIAC {naj·ajek} - *National Information Infrastructure Advisory Council* - NIIAC: een Amerikaanse adviesgroep opgezet door de regering-Clinton om te adviseren over de nationale elektronische informatiesnelweg (NII°). Drie principes daarvoor: eigendomsrecht (IPR°), elektronische handel (electronic commerce°) en 'education permanente' (1994).

nil - *nihil* - Het getal nul. ⇔null°

niladic - *niladisch* - Kenmerk van een instructie (instruction°) zonder operand°, bijvoorbeeld: CLS°, no-op°. ⇔dyadic° ⇔monadic°

NiMh {-} - *Nickel-Metalhydrid* - Nikkel-metaalhydride: Type accu (battery°) voor een draagbare PC, die meer werktijd heeft dan een NiCad° per kg gewicht. Het nieuwste type heet: Lithium-ion (Li-ion°).

nine-track tape - *9-track tape* - Zie: 9-track tape°.

N-ISDN {en·ai·es·di·en} - *Narrowband-Integrated Services Data Network* - Zie: narrowband-ISDN°, 2B+D°. Wordt ook wel genoemd: basis-ISDN (BRS°). ⇔B-ISDN°

NIST {nist} - *National Institute of Standards and Technology* -NIST: Amerikaans normalisatie-instituut, opvolger van het NBS°.

NJ {-} - *New Jersey* - NJ: afkorting in de postcode (Zip code°) voor de staat (state°) New Jersey° (zie appendix).

NLM {en·el·em} - *Network Loadable Module* - NLM: voorziening die in het besturingssysteem (operating system°) wordt geladen (load°) om een NetWare netwerk (Novell) te realiseren.

NLP {en·el·pi} - *Natural Language Processing* - Natuurlijke taalverwerking: de omzetting en interpretatie van ongestructureerde gesproken of geschreven teksten.

NLQ {en·el·kjoe} - *Near-Letter-Quality* - NLQ: bijna schrijfmachine- kwaliteit (letter quality°): door een goedkope imitatie van een echte printer.

NLS {en·el·es} - *National Language Support* - NLS: faciliteiten in apparatuur en programmatuur voor het gebruik van de eigen taal (localization°) en de eigen tekens en accenten.

nm {-} - *nanometer* - Nanometer, nm: 10^{-9} meter; zie: nano...°.

NMF {en·em·ef} - *Network Management Forum* - Zie: Network Management Forum°.

NMT {en·em·ti} - *Nordic Mobile Telephone* - NMT: mobiel telefoonsysteem, ontwikkeld in Scandinavië en in Nederland gebruikt onder de naam ATF3, de voorloper van GSM°. Wordt gebruikt in twee frequentiebanden: NMT-450 en NMT-900 (cijfers geven de frequentieband in Mhz°). ⇔TACS°

NNTP {en·en·ti·pi} - *Network News Transfer Protocol* - NNTP: protocol° gebruikt voor de verspreiding van berichten en bestanden in: USENET°.

no - *nee* - Ontkennend antwoord, bijvoorbeeld op de vraag of u een bestand (file°) wilt overschrijven of een toepassing beëindigen; meestal voldoet de letter N. ⇔yes°

no. {-} - *number* - Nummer, in het Nederlands afgekort: nr. Engels meervoud: nos. (de punt niet vergeten!).

no-break - *no-break* - Een (onderdeel van een) netwerk dat de verbindingen niet verbreekt ook al gaat er ergens iets mis; wordt ook gebruikt in verband met de energievoorziening van computers. Verwant is: fault-tolerant°.

no-carbon-required - *NCR* - Zie: NCR°.

node - *knooppunt* - Punt in een netwerk of structuur; waarop een werkstation, terminal° of file server° is aangesloten in een netwerk; is eenvoudiger dan een hub°; in FidoNet° een aangesloten BBS°; zie ook: intermediate node°. ⇔gateway°

node number - *node-nummer* - Individueel nummer (number°) dat een NIC° identificeert, die in een knooppunt (node°) gebruikt wordt. Ethernet°-kaarten krijgen dit nummer in de fabriek; op token ring°-kaarten wordt dit via schakelaars (DIP-switch°) of jumpers (jumper°) ingesteld.

noise - *ruis, fouten, lawaai*- **1.** Ruis: ongewenste elektrische fluctuaties van een signaal; zie ook: random noise°, signal-to-noise ratio°, **2.** Fouten: in de overdracht van gegevens bij datatransmissie (data transmission°) vanwege ruis, die gecorrigeerd kunnen worden m.b.v. MNP°-technieken, **3.** Lawaai.

Nolan stages - *Nolan-stadia* - Stadia (stage°) in het *gebruik* van computers over de decennia heen; hypothese van R.L. Nolan (1974), die in 1979 werd uitgebreid tot zes stadia: initiatie, uitbreiding, beheersing, integratie, architectuur en deconcentratie [15.]; verdere aanpassingen zijn waarschijnlijk. Nolan-stadia niet verwarren met de fasen (phase°) in de *ontwikkeling* van programmatuur.

nominal - *gepland* - Zoals voorzien: bijvoorbeeld de waarde van een impedantie (impedance°); er kunnen kleine afwijkingen optreden en de impedantie zal afhankelijk zijn van de frequentie (frequency°). Letterlijk: nominaal, alleen in naam; bijvoorbeeld de nominale waarde van een aandeel.

non-coded information - *niet-gecodeerde informatie, NCI* - NCI°: niet beschreven met tekens (character°) of vectoren (vector°) maar met bits (bitmap°); bijvoorbeeld beeldinformatie. ⇔coded information°

nonconcur - *niet instemmen* - Het niet willen onderschrijven van een voorstel waarvoor men wel uw instemming nodig heeft. ⇔concur°

nondedicated - *nondedicated* - Eigenschap van een apparaat of server° die voor verschillende taken, doeleinden of toepssingen kan worden gebruikt. ⇔dedicated°

nondestructive readout - *NDRO* - Nondestructieve uitlezing, zie: NDRO°, readout°.

nondisplay - *nondisplay* - Gegevenskenmerk (attribute°) voor een veld (field°) waardoor de inhoud niet wordt weergegeven (display°); wordt bijvoorbeeld gebruikt voor het veld waarin een wachtwoord (pass word°) wordt ingetypt, waardoor het wachtwoord niet zichtbaar wordt. ⇔display°

nondisruptive - *ononderbroken* - De goede werking van een informatiesysteem wordt niet verstoord.

nonimpact - *nonimpact* - Kenmerk van een printer° zonder hamer(s), bijvoorbeeld een inkjet° of laserprinter°. ⇔impact°

non-interactive - *niet-interactief* - Aanduiding dat een bewerking (processing°) niet interactief plaats vindt. ⇔interactive°

non-interlaced - *non-interlaced* - Zie: interlacing°.

nonlinear - *niet-lineair* - Kenmerk van een systeem waarvan de output° niet evenredig verloopt met de input° of niet-lineaire vergelijking (equation°). ⇔linear°

nonmainstream - *niet de voornaamste stroming* - Niet behorende tot de: mainstream°.

nonpaper - *elektronisch* - Papierloos: verwerking van transacties (transaction°) en dergelijke zonder dat er op papier gedrukte informatie aan te pas komt; nieuw woord voor papierloos, vroeger gebruikt in: paperless office°. Synoniem: softcopy°, soms ook: electronic°. ⇔hardcopy°

nonpreemptive - *niet-preemptive* - Eigenschap van een besturingssysteem (operating system°) waardoor de uitvoering van een gestarte taak niet kan worden onderbroken. ⇔preemptive°

nonprinting codes - *besturingcodes* - ASCII°- of EBCDIÇ°-codes (code°) die gebruikt worden voor de besturing van apparaten (device°), die in principe niet afgedrukt kunnen worden, bijvoorbeeld: ASCII 0...31 (in de tabel staat wel een plaatje voor visuele herkenning dat - onder bepaalde voorwaarden - kan worden afgedrukt.

nonprocedural - *niet-procedureel* - Kenmerk van een programmeertaal waarin de programmeur niet de volgorde van uitvoering van instructies hoeft aan te geven, bijvoorbeeld: Prolog°. Zo'n taal is waarschijnlijk declaratief (declarative°) of werkt met voorbeelden (QBE°) of specificaties (bijvoorbeeld: RPG°). ⇔procedural°

nonprogrammable - *niet-programmeerbaar* - Kenmerk van een eenvoudige terminal°: waarvan de werking vastligt, niet kan worden veranderd door een ander programma of parameter°. Zie ook: NPT°. ⇔programmable workstation°.

nonprogrammable terminal - *NPT* - Zie: NPT°.

nonrecoverable error - *onherstelbare fout* - Fout (error°) die niet kan worden hersteld, bijvoorbeeld omdat unieke informatie is overschreven. Synoniem: irrecoverable error°.

nonreflective ink - *niet-reflecterende inkt* - Inkt voor gedrukte tekens (character°) die optisch (OCR°) moeten worden gelezen: moet daarom het licht van de scanner° absorberen, niet reflecteren; is meestal zwart. ⇔reflective ink°

nonresident - *nonresident, extern* - Kenmerk van een PC-programma dat na elk gebruik opnieuw moet worden geladen. ⇔resident°

non-return to zero - *NRZ* - Zie: NRZ°.

non-return to zero inverted - *NRZI* - Zie: NRZI°.

nontrivial - *niet triviaal* - Uitdrukking die door een expert° wordt gebruikt om aan te geven dat hij de oplossing van een technisch probleem niet direct kan geven. ⇔trivial°

nonverbal communication - *nonverbale communicatie* - Gebruik maken van lichaamstaal om (meestal onbewust) dingen duidelijk te maken.

nonvolatile - *niet-vluchtig* - Eigenschap van geheugen (memory°) dat de erin opgeslagen informatie bewaard als de spanning wegvalt, bijvoorbeeld: ROM°, EPROM°, EEROM°.

nonvolatile random access memory - *NVRAM* - Zie: NVRAM°.

non-Von {non·von} - *non-Von Neumann* - Verwijzing naar een computer met een andere (niet-seriële) architectuur dan die van een: Von Neumann computer°.

nonzero - *niet nul* - Een waarde (value°) of grootte (size°) die niet nul mag zijn.

no-op {noo·op} - *no-operation* - No-op: instructie (instruction°) die niets doet, waaraan programmeurs ook wel eens behoefte hebben.

no-operation - *no-op, NOP* - Zie: no-op°.

NOP {nop} - *No OPeration, no-op* - Zie: no-op°.

no parity - *geen pariteit* - Synoniem: odd parity°. ⇔parity°

NOR {nor} - *Not OR* - NOR: een logische operator°; de inverse van: OR°. ⇔NAND°

norm - *norm* - Zoals in: Multimedia (multimedia°) will be the norm (Multimedia wordt de norm); is wat algemener dan: standard° (norm).

normal - *normaal, standaard* - Aanduiding dat iets gangbaar is, vaak wordt gebruikt of voorkomt.

normal distribution - *normale verdeling* - Vaak voorkomende kansverdeling: ook genoemd Gauss-Laplace- of alleen Gauss-verdeling (Gaussian distribution°). Zie ook: standard deviation°, 3Σ°, 6Σ°.

normal form - *normal form, ...NF* - Vorm van een gegevensmodel (data model°) voor een database° die de afhankelijkheden en mogelijke inconsistenties tussen zijn elementen vermindert (data independence°); gradaties van normalisatie zijn 1NF tot en met 5NF (...NF°, zie: normal form°).

normalize - *normeren* - **1.** Normen (standard°) ontwikkelen en invoeren, **2.** Een gegevensmodel in ... normal form° (...NF°) brengen, **3.** In OCR°: de gescande tekengrootte naar een standaard grootte converteren.

North American presentation level protocol syntax - *NAPLS* - Zie: NAPLS°.

Northern Telecom - *Northern Telecom* - Grote Canadese leverancier van telecommunicatiediensten; heet inmiddels: Nortel.

NOS {nos} - *Network Operating System* - NOS: besturingssysteem (operating system°) voor een van de vele soorten netwerken; bijvoorbeeld: NetWare° (Novell) of LAN Server (IBM).

no-slot peripheral - *externe ...* - Randapparatuur (peripheral°) die extern aan een PC kan worden aangesloten: bijvoorbeeld een hard disk° of een tape streamer° op de parallel port°; dat kost geen plaats voor een insteekkaart (slot°) en is dus eenvoudig aan te sluiten.

NOT - *NOT* - Boole-operator° (Boolean logic°) die de waarde van bits (bit°) omkeert (invert°).

NOTA {-} - *Novell Open Telephony Association* - NOTA: vereniging gevormd door Novell° in 1994 voor de integratie van telefoongebruik in computernetwerken.

not and - *NAND* - Zie: NAND°.

notation - *notatie, schrijfwijze* - Systeem van benoemen van getallen, woorden en hoeveelheden; bijvoorbeeld: positional notation°, infix notation°, Polish notation°, prefix notation°, scientific notation°, suffix notation°. Ook: manier waarop variabelen, symbolen en woorden worden geschreven.

notch - *uitsparing* - Inkeping, opening in een 5¼ inch diskette° die het beschrijven ervan toelaat; afsluiting hiervan geeft bescherming tegen overschrijven (write protection°). (In een 3½ inch diskette moet voor beschrijven juist het schuifje (tab°) voor het gat worden geschoven!)

notch filter - *notch filter* - Filter (filter°) met een smal frequentiebereik (frequency range), waar het signaal wordt doorgelaten of gefilterd. Is afgeleid van: notch° (keep, bergpas). ⇔comb filter°

note - *note, notitie, opmerking* - Elektronische brief of notitie (e-mail°), overgebracht via een netwerk (MHS°), of een opmerking of N.B.

notebook - *notebook* - Kladblokcomputer: vaak ter grootte van A4°; is het iets kleine broertje van een schootcomputer (laptop°, een term die in onbruik dreigt te raken), maar tegenwoordig ook met Pentium° en CD-ROM°. ⇔subnotebook°

notepad - *kladblok* - Blok waarop u geschreven of elektronische notities kunt maken; oorspronkelijk van papier.

not equal - *ne* - Zie: ne°. Wordt ook wel aangegeven door een '=' met een '/' erdoor: ≠.

Notes - *Notes* Notes: e-mail°/groupware° programmatuur van Lotus, ontwikkeld door R. Ozzie c.s. bij Iris (aangekocht door Lotus in 1988), waarbij replicatie (replication°, synchronization°) de sleutel voor suc-ces is voor het in de pas laten lopen van soms wel meer dan duizend Notes databases (database°). Deze databases bevatten documenten en werken dus niet relationeel (relational model°). Uiteraard werkt Notes ook met image processing° (beeldverwerking): Lotus Notes: Document Imaging (LN:DI). Begin 1996 is release 4.0 beschikbaar gekomen, met veel Internet° faciliteiten: een kant en klaar, maar niet open intrannet°. Een Notes-zaak voor werken in groepen (collaborative computing°, groupware°)?

not invented here - *NIH* - Zie: NIH°.

not later than - *NLLT* - Zie: NLT°.

not or - *NOR* - Zie: NOR°.

not ready - *niet gereed* - Toestand waarin een apparaat, bijvoorbeeld een printer of tape unit°, niet kan worden gebruikt. Drukken op een schakelaar met (meestal een groen) lampje is dan de oplossing om het apparaat gereed te maken. ⇔ready°

no trouble found - *NTF* - Zie: NTF°.

Novell - *Novell* - Oorspronkelijk netwerkleverancier, nu tevens eigenaar van Digital Research (1991), UNIX (1993) en WordPerfect (1994).

Novell open telephony association - *NOTA* - Zie: NOTA°.

no-win situation - *no-win situatie* - Gekozen situatie waarin alle betrokkenen verliezers zijn. Een *catch-22* (oorlogsroman van J. Heller) situatie is ook uitzichtloos, maar daarvoor is niet gekozen door de betrokkenen. ⇔win-win situation°

nozzle - *spuitmondje, -straals* - Gaatjes waardoor de inkt in een inkjet° printer op papier gespoten wordt in de vorm van een stipje, bijvoorbeeld: 24-nozzle inkjet printer (24-straals inkjet-printer). ⇔needle°

NPT {en·pi·ti} - Non-Programmable Terminal - NPT: niet-programmeerbare (domme) terminal, meestal gewoon terminal° genoemd. ⇔(slimme) PWS°

NPV {en·pi·vi} - *Net Present Value* - NPV: Contante waarde van de verwachtte nettokasstroom, die via een ingewikkelde formule kan worden berekend uit de cash flow°.

NRZ {en·ar·zie} - *Non-Return to Zero* - NRZ: Codering gebruikt voor magnetische opname en in telecommunicatie, waarbij de golfvorm niet na elke bit automatisch terugvalt naar de nulstand. De synchronisatie wordt moeilijk als er een reeks '1' bits wordt verstuurd. Een methode om dat te voorkomen is NRZI°, maar dat heeft hetzelfde probleem voor een reeks '0' bits. Vandaar dat NRZ en NRZI alleen worden gebruikt in parallelle systemen, waarin een odd parity° bit synchronisatie garandeert. In seriële systemen gebruikt men een scrambler°/descrambler°.

NRZI {en·ar·zie·ai} - *Non-Return to Zero Inverted* - Zie bij: NRZ°.

ns {en·es} - *nanosecond* - Nanoseconde: een miljardste (10^{-9}) seconde: zonder hoofdletters om verwarring met de NS te voorkomen.

NSA {en·es·ee} - *National Security Agency* - NSA: Amerikaanse overheidsinstelling betreffende de veiligheid en de beveiliging van de informatieverwerking; publiceert onder andere de Rainbow Series, een reeks boeken (book°) met gekleurde kaften over beveiliging (orange book°).

NSP {en·es·pi} - *Native Signal Processing* - NSP: voorstel van Intel° uit 1994 om diverse DSP°-technieken onder te brengen in nieuwe Pentium°-processoren, in plaats van in aparte chips. Waarschijnlijk een doodgeboren kindje, omdat DSP's zeer goedkoop zijn en overal gebruikt; om deze functies in een Pentium te benutten is veel nieuwe programmering nodig.

NSTL {en·es·ti·el} - *National Software Testing Laboratories* - NSTL: onafhankelijke Amerikaanse organisatie, gesticht in 1983 en gevestigd te Philadelphia, voor het beproeven van microcomputer-technologie.

NT {en·ti} - *New Technology, Network Termination* - **1.** NT: een Windows° pre-emptive°, multitasking° besturingssysteem (operating system°) met een eigen (niet-DOS°) kernel°, aangekondigd in 1991 en versie 3.5 beschikbaar in 1994, dat het moet opnemen tegen OS/2°; volgens sommigen destijds: Not There (niet beschikbaar), Not Today (niet vandaag), Nice Try (leuk geprobeerd), **2.** NT, aansluiting op een ISDN-verbinding: NT1 is een eenvoudig stopcontact met een S-bus°, NT2 is een kleine telefooncentrale.

NTC {en·ti·si} - *Negative Temperature Coefficient* - NTC: aanduiding voor element met een negatieve temperatuurscoefficiënt, dat wordt gebruikt voor de meting van temperaturen.

NTF {en·ti·ef} - *No Trouble Found* - NTF: code om aan te geven dat er na onderzoek geen oorzaak is gevonden voor een vermeende fout.

NTFS {en·ti·ef·es} - *New Technology File System* - NTFS: nieuw bestandssysteem (file system°) voor Windows NT°, met ondersteuning van: FAT° (DOS°), HPFS° (OS/2°).

NTSC {en·ti·es·si} - *National Television Standards Committee* - NTSC: Amerikaanse TV-norm met 525 lijnen en 60 halve frames (interlaced°) per seconde; zie ook: frame rate°. Volgens sommigen:

Never The Same Color (Nooit dezelfde kleur). ⇔PAL° ⇔SECAM°

NTT {en·ti·ti} - *Nippon Telephone and Telecommunications* - NTT: de Japanse PTT Telecom, een van de grootste telecommunicatiebedrijven (telco°) ter wereld. Begin 1996 wordt gespeculeerd over het opbreken van dit bedrijf in kleinere stukken.

n-tuple - *n-tuple* - Groep van n (meestal binaire) getallen of bits (bit°): die als geheel wordt beschouwd, bijvoorbeeld als een vector°; de bits kunnen aaneengesloten zijn of verspreid in een matrix (bij tekenherkenning); is waarschijnlijk fonetisch een specifieke vorm van: multiple (veelvoudig); zie ook: tuple°.

Nu-Bus - *Nu-Bus* - Een nieuwe bus° van Apple° voor hun Mac°; 'nu' wordt door Amerikanen hetzelfde uitgesproken als 'new': {noe}.

nucleus - *nucleus* - Onderdeel van een besturingssysteem dat in het werkgeheugen blijft; in een groot multi-user°-systeem krijgt elke gebruiker een kopie van de nucleus van het besturingssysteem, die kan worden aangepast aan de individuele behoefte; is te vergelijken met: microkernel°.

NUL - *NUL* - Het zwarte gat van DOS°: alle berichten die naar dit apparaat (device°) worden gestuurd (direct°) door de toevoeging '>NUL' aan een opdracht, verdwijnen; dit is nuttig om onnodige meldingen in het scherm te onderdrukken.

null - *leeg* - Bijvoorbeeld een lege waarde of verzameling, zie ook: nil°, null modem°. (Ons getal 'nul' heet in het Engels: zero.)

NULL - *NULL* - Besturingsteken dat tot niets leidt (ASCII° 0).

null modem - *null-modem* - Een kabelstuk met stekkers waarin alleen de zend- en ontvangst-aansluitingen zijn verwisseld; wordt gebruikt om zonder modem° via een seriële poort (serial port°) te communiceren tussen twee PC's.

number - *getal, nummer, nummeren, teken, aantal, no.* - **1.** Getal: waarde die in diverse vormen (BCD°, binary°, fixed-point° of floating-point°) in een computer kan worden opgeslagen; zie ook: Fibonacci numbers°, mixed number, **2.** Teken: binair (binary number°), decimaal (decimal number°) of hexadecimaal (hexadecimal°), met behulp waarvan een getal wordt samengesteld, **3.** Nummer: een groep cijfers; bijvoorbeeld: back number°, node number°, partnumber°, prime number°, serial number°, telephone number, toll-free number°, volume serial number°, **4.** Nummeren, bijvoorbeeld de opsommingen in een lijst (list°) automatisch nummeren of voetnoten (footnote°), **5.** Aantal, zoals in: a number of problems (een aantal problemen). Afgekort in het Engels: no.° (niet: nr.). Zie ook: personal numbering°

number cruncher - *getallenkraker* - Snelle rekencomputer voor langdurige berekeningen.

number portability - *uniek abonneenummer* - Uniek telefoonnummer: waar u via verschillende diensten kunt worden bereikt en waarvan u kunt bellen, waar u ook bent. Niet eenvoudig omdat de nummers nu vastliggen in een lokale centrale en niet zo maar overgedragen kunnen worden naar andere centrales - essentieel voor de concurrentie tussen telefoonbedrijven, want anders denken klanten niet aan overstappen naar een andere leverancier van vaste of mobiele (mobile°) telefonie; is ook belangrijk voor de overstap naar ISDN°, want daarvoor is soms een nieuw nummer nodig. Vergelijkbaar: personal numbering°

number sign - *hekje, matje, #* - Teken dat vaak een volgnummer aangeeft; zie de lijst met veelgebruikte tekens achterin dit boek.

number system - *getalsysteem* - Systeem voor het schrijven van getallen (number°), bijvoorbeeld: BCD°, fixed-point°, floating-point°, binary°, hex°, decimal°.

numeral - *cijfer* - Cijferteken, zie: Arabic numerals°, Roman numerals°.

numerator - *teller* - Waarde die boven de deelstreep van een deling (division°) staat. ⇔denominator° (noemer).

numeric - *numeriek* - Aanduiding van getalgegevens. ⇔alphanumeric°

numerical - *numeriek* - Aanduiding van getalgegevens. ⇔alphanumeric°

numerical control - *numeriek bestuurd, NC* - Zie: numeric control°.

numeric control - *numeriek bestuurd, NC* - NC°: digitaal bestuurd, niet analoog: werkte vroeger met ponsband, zonder computers; is een voorganger van CNC°. Alternatieve schrijfwijze: numerical control°.

numeric keypad - *numerieke toetsen* - Toetsen (key°) gearrangeerd zoals op een telmachine (7,8,9 bovenaan), geactiveerd door Num Lock°. (Op een telefoon met toetsen staat 1,2,3 bovenaan en dat schijnt beter geschikt te zijn voor incidentele gebruikers.)

numeric value - *numerieke waarde* - De waarde van bijvoorbeeld een integraal, uitgedrukt in getallen.

Num Lock {-} - *Numeric Lock* - Num Lock: toggle°-toets die een numeriek toetsenbord (numeric keypad°) activeert en uitschakelt (lock°).

NVoD {-} - *Near-Video-on-Demand* - Bijna VoD°: d.w.z. dat u niet op elk gewenst moment elk gewenst TV-programma of film kunt krijgen, maar dat die wel elk kwartier of uur kan worden gestart. Dit is veel goedkoper dan volledige VoD° en is waarschijnlijk voldoende aantrekkelijk. Het kan worden gerealiseerd via digitale satellietverbindingen vanuit een internationale centrale of via een nationale video server° (head-end°); in een echte situatie zal een batterij videospelers de vraag niet altijd aankunnen.

NVRAM {en·vi·rem} - *Non-Volatile Random Access Memory* - NVRAM: niet- vluchtig RAM°-geheugen; houdt geen verband met: VRAM°.

Nyquist sampling rate - *Nyquist bemonsteringsfrequentie* - Het aantal bemonsteringen (sample°) per seconde van een analoog (analog°) signaal dat nodig is om het te kunnen reconstrueren uit de bemonsteringen: tweemaal de bandbreedte van het analoge signaal; is genoemd naar de uitvinder H. Nyquist en beschreven in 1924. Is bijvoorbeeld 8 kHz° voor de spraakband van 0-4 kHz. In combinatie met een 8-bit digitalisatie (2^8 = 256 waarden) leidt dat tot een digitale snelheid van 8x8 kbps = 64 kbps°, onderdeel van E1° of T1°; daarom gebruikt men: Nx64 kbps°. Bij 8-bit digitalisatie (digitalization°) is de afwijking bij de reproductie van het analoge signaal minder dan een half procent. Wanneer de modulatiemethode (modulation°) meer dan twee niveaus gebruikt, kan de maximale transmissiesenlheid aanzienlijk hoger liggen; zie bijvoorbeeld: QAM°. Cl. Shannon heeft in 1948 de formules van Nyquist uitgebreid voor een kanaal met ruis (noise°) en een bepaalde signaal/ruisverhouding (S/N°).

- O -

OA {oo·ee} - Office Automation - Kantoorautomatisering (paperless office°).

Oberon - *Oberon* - Object-georiënteerd (OO°) besturingssysteem (operating system°) van N. Wirth, de ontwerper van Pascal° en Modula-2°. Oberon/F is de recente versie, gebaseerd op Oberon 2, waaraan in 1995 een ODBC database° subsystem° zal worden toegevoegd. Toepassingen (application°) maken plaats voor groepen kleine programma's die door aangepast viewers gecombineerd worden tot functies. Het besturingssysteem incl. compiler° vraagt circa 130K, minder dan de meeste Windows° hulpprogramma's (utility°). U kunt zo een kopie krijgen van de ETH te Zürich.

object - *voorwerp, object* - **1.** Voorwerp of ding dat kan worden behandeld, bijvoorbeeld een pand dat door een schoonmaakbedrijf wordt gereinigd, **2.** Object: systeemcomponent die gegevens (data°) en programmatuur bevat, die kenmerken kan overerven (inheritance°) van andere objecten (abstraction°), en die via berichten (message°) elkaar opdrachten geven zonder dat zij hoeven te weten hoe die opdrachten worden verwerkt (encapsulation°). Het object-georiënteerd concept sluit goed aan bij client/server° en maakt distributed computing° mogelijk; men koestert grote verwachtingen van het hergebruik (reuse°) van objecten; objecten werken ook plezierig in een GUI° omdat de gebruiker de objecten (bestanden of programma's) eenvoudig met elkaar kan combineren d.m.v. drag-and-drop°, zonder zich om de juiste spelling te hoeven bekommeren; zie ook: class°, embedded object°, managed object°, mixed object°, object-oriented°, polymorphism°, ravioli code°.

object code - *doelprogramma* - Direct uitvoerbaar (executable°) programma: het resultaat van compileren (compile°). Synoniem: object program°. Er is geen verband met: object° (object). ⇔source code°

object code only - *alleen doelprogramma's* - Beleid van IBM° sinds 1983 om alleen uitvoerbare doelprogramma's (object code°) te leveren aan klanten; wat nu algemeen gebruik is. Dit verhindert de aanpassing door klanten en verkleint de kans op problemen en dus klachten.

object database management group - *ODMG* - Zie: ODMG°.

objective - *doelstelling* - Doel van een onderneming (⇔mission°) of een persoon (Management By Objectives).

object level program - *uitvoerbaar programma* - Doelprogramma, zie: object program°.

object library - *objectenbibliotheek* - In een computersysteem, bibliotheek (library°) waarin programmatische objecten (object°) worden bewaard.

object linking and embedding - *OLE* - Zie: OLE°.

object management architecture - *OMA* - Zie: OMA°.

object management group - *OMG* - Zie: OMG°.

object modelling - *objectmodellering* - Modellering (model°) vindt plaats op drie niveaus van een object°: object°, objecttype, objectklasse.

object-oriented - *object-oriëntatie* - OO°: kenmerk van programmatuur waarvan sommigen verwachten dat zij een revolutie in het programmeren teweeg zal brengen, bijvoorbeeld hergebruik (reuse°). Een voordeel is in ieder geval wel dat de techniek in het hele ontwikkelingscyclus kan worden gebruikt: analyse, specificatie, ontwerp en implementatie. Een logisch object (object°) bevat meestal gegevens (data°) en programma's (method°) die kunnen worden geactiveerd door berichten (message°) die een opdracht van een ander object bevatten; wordt ook genoemd: actor°. OO wordt gekenmerkt door: abstract data types°, inkapseling (encapsulate°), veelvormigheid of polimorfisme (polymorphism°) en overerving (inheritance°); zie ook: class° (klasse); is een nuttige toevoeging aan conventionele programmeertalen, waarvan men verwacht dat het de karakteristiek van een 5GL (⇔3GL° ⇔4GL°) zal worden. Programmeertalen (OOPL°): C++°, Eiffel°, Simula°, Smalltalk. Object-georiënteerd afkorten met OG is ongebruikelijk. Zie ook: procedural°, event-oriented°. Objectoriëntatie kan ook worden gebruikt voor de analyse (analysis°, OOA°) en ontwerp (design°, OOD°) van een systeem of database°. ⇔event-oriented°

object-oriented analysis - *OOA* - Zie: OOA°.

object-oriented database - *object-georiënteerde database* - Een database° die informatie kan bevatten over elk willekeurig object dat een naam heeft, bijvoorbeeld gedeelten audio of video, tabellen, gegevens en dergelijke.

object-oriented database management system - *OODBMS* - Zie: OODBMS°.

object-oriented design - *OOD* - Zie: OOD°.

object-oriented graphics - *object-georiënteerde graphics* - Eigenschap van afbeeldingen (graphics°) die zijn samengesteld uit individuele componenten die als object°

kunnen worden geplaatst, verplaatst, veranderd enzovoort, bijvoorbeeld gebruikt in CAD° of een GUI°.

object-oriented programming language - *OOPL* - Zie: OOPL°.

object-oriented programming system - *OOPS* - Zie: OOPS°.

object-oriented query language - *OQL* - Zie: OQL°.

object-oriented technology - *OOT* - Zie: OOT°.

object program - *uitvoerbaar programma* - Doelprogramma: een verzameling opdrachtcodes (machine codes°); houdt geen verband met object-oriëntatie (object-oriented°). Synoniem: object code°. ⇔source program°

object relational database management system - *ORDBMS* - Zie: ORDBMS°.

object request broker - *object request broker, ORB* - ORB°: voorstel van het OMG° voor een programmatische makelaar (broker°) die de werking van diverse onderdelen van de OMA°-architectuur moet coördineren; zie ook: CORBA°.

oblique - *schuin* - Letters (font°) onder een hoek gezet; verschilt van italic° (cursief), waarbij verscheidene letters ook opnieuw zijn ontworpen. Deze methodiek wordt vooral gebruikt voor schreefloze (sans-serif°) fonts.

obsolete - *verouderd* - Incourant, obsoleet. If it works, it is obsolete (Als het werkt, is het verouderd - gevolg van de snelle ontwikkelingen in de informatietechnologie).

OC-.. {oo·si} - *Optical Carrier-..* - OC-..: SONET°-normen voor optische transmissie over glasvezelkabel (fiber optics°), bijvoorbeeld: OC-1 (51,84 Mbps), OC-2 (103,68 Mbps), OC-3 (155,52 Mbps), OC-9 (466,560 Mbpps) tot OC-48 (2.488,320 Mbps); worden gebruikt voor de verbindingen tussen telefooncentrales. De bijbehorende elektronische normen heten: STS-..° (met hetzelfde getal).

occurrence - *voorbeeld* - Het voorkomen van een bepaald ding of een bepaalde gebeurtenis: in werkelijkheid of in een database°. Synoniem: instance°.

OCR {oo·si·ar} - *Optical Character Recognition* - OCR: optische (optical°) tekenherkenning. OCR-A en OCR-B zijn speciaal voor OCR ontworpen fonts (font°); het conventionele OCR-B wordt gebruikt onderaan op onze betaalkaarten. Het herkennen van handschrift is veel moeilijker door de grotere variaties, waarschijnlijk daarom noemt een leverancier dat ICR (Intelligent Character Recognition). ⇔MICR°

octal - *octaal* - Achttallig: met grondtal (base°, radix°) 8: waarin getallen worden geschreven met de octale getallen 0...7; het octale talstelsel werd gebruikt in de allereerste computers, bijvoorbeeld de IBM 650.

octet - *byte* - Uit Frankrijk en de telefoniewereld (CCITT°, ITU°) stammende term voor: byte° (acht bits).

OCX {oo·si·ex} - *Object Linking and Embedding Custom Controls* - Programma-objecten die binnen verscheidene toepassingen kunnen werken - dit houdt dus meer in dan alleen tekst, een figuur of een bitmap binnenhalen via OLE°. Worden o.a. gebruikt in Notes 4.0. Zouden op termijn de geïntegreerde suites toepassings-programmatuur (tekstverwerker, database, spreadsheet enz.) kunnen vervangen. Naam (Microsoft) is nu: ActiveX°.

ODA {oo·di·ee} - *Open Document Architecture* - ODA: een architectuur voor kantoordocumenten in gecodeerde vorm of als beeld (ISO°-norm 8613). Wordt vaak gebruikt in combinatie met ODIF° (Open Document Interchange Format).

ODBC {oo·di·bi·si} - *Open DataBase Connectivity* - ODBC: interface° van Microsoft° voor databases (database°) onder Windows°; is wat betreft SQL° gebaseerd op de specificatie van X/Open° en de SQL° Access Group; in 1994 kwam release 2.0. ⇔IDAPI° (van andere leveranciers)

odd - *oneven, toevallig, vreemd* - **1.** Oneven: geen meervoud van twee (⇔even°), **2.** Toevallig, ook als meervoud: odds (kans op ...), **3.** Vreemd. Ook: odd man out (selectie door middel van stokjes trekken, of kruis of munt).

odd-even check - *pariteitscontrole* - Controle (check°) van de pariteit (parity°); zie ook: parity check°.

odd parity - *oneven pariteit* - Een oneven (odd°) aantal énen in een reeks bits waaronder het pariteitsbit (parity bit°). ⇔even parity°

ODMG {oo·di·em·dji} - *Object Database Management Group* - ODMG: werkgroep van OMG°, die in 1991 begon met de ontwikkeling van een object database°-norm (ODMG-93).

ODIF {oo·dif} - *Open Document Interchange Format* - ODIF: norm van OSI° betreffende de uitwisseling (interchange°) van bedrijfsdocumenten (document°); zie ook: ODA°.

ODP {oo·di·pi} - *Open Distributed Processing* - ODP: een norm in de maak voor decentrale gegevensverwerking, onderdeel van het OSI°-model.

ODSI {oo·di·es·ai} - *Open Directory Services Interface* - ODSI: een open° API° van Microsoft° die t.z.t. zou moeten worden kunnen gebruikt om andere directory services° op een uniforme manier te benaderen. Voorwaarde is dat netwerk-leveranciers als Novell, Banyan enz. deze interface° zullen gaan ondersteunen.

OEIC {-} - *Opto-Electronic Integrated Circuit* - OEIC: opto-elektronische (opto-electronic°) IC° waarin optische componenten (LED°, photodiode°) zijn gecombineerd met elektronische, bijvoorbeeld als zender/ontvanger in glasvezelkabels (fiber optics°)

OEM {oo·ie·em} - *Original Equipment Manufacturer, Other Equipment Manufacturer* - OEM: fabrikant wiens apparatuur verkocht wordt door een ander.

OEM software {oo·ie·em} - *Original Equipment Manufacturer software* - OEM-programmatuur: programmatuur (software°) die wordt verkocht door een andere leverancier. Bijvoorbeeld: DOS° en Windows° die met een PC worden meegeleverd; dat is goedkoop, maar de programmatuur kan dan meestal niet worden ge-upgrade°.

offering - *aangeboden product* - Apparaat of programma dat meestal behoorlijke financiële offers vraagt.

off hook - *OH* - OH°: modemlampje (modem light°) dat aangeeft dat een modem° 'de hoorn van de haak heeft genomen': de eerste stap voordat een nummer wordt gekozen.

office - *kantoor* - Zie: back-office°, front-office°, office automation°, SOHO°. Box office (kaartjesloket). Van Microsoft een geïntegreerd pakket: Office 95, Office '97 (eind 1996).

office automation - *kantoorautomatisering, OA* - Gebruik van computers in een kantoor (office°), bijvoorbeeld voor toepassingen (application°), workflow management°, DTP°, e-mail°, fax°.

offline - *offline* - Niet gekoppeld aan de computer. Ook overdrachtelijk: Let's take this discussion offline (Laten we hierover apart praten - niet in dit gezelschap). ⇔online°

offload - *ontlasten* - Werk van een te druk bezette computer of apparaat overbrengen naar een andere, bijvoorbeeld door: load balancing°.

offset - *offset, verschuiving, bindbreedte* - **1.** Offset: drukmethode waarbij de inkt van een rubberrol op papier wordt gedrukt; de gebruikelijke offset-methode werkt met vocht, maar er is nu ook droge offset, **2.** Verschuiving: van een adres in een computer, **3.** Bindbreedte: lege ruimte aan de kant waar bladzijden worden gebonden.

off-the-shelf - *direct leverbaar* - Producten die op de plank (shelf°) liggen en direct kunnen worden gehaald of verkocht. In verband met programmatuur wordt ook vaak gebruikt: shrink-wrap°.

OH {-} - *Off Hook* - OH: modemlampje (modem light°) dat aangeeft dat de hoorn van de haak is genomen (off hook°).

Ohm - *Ohm,* Ω - Ohm: eenheid van elektrische weerstand (symbool: Ω), genoemd naar G.S. Ohm (1789-1854). De wet van Ohm luidt: V = I x R (spanning in Volt° is stroom in Ampère maal weerstand in Ohm). In de elektronica wordt meestal gebruikt: kΩ (kilo-Ohm), MΩ (mega-Ohm, meg°).

OK button - *OK-knop* - In een grafische gebruikers-interface (GUI°), een dialog box° voor de bevestiging van een eerdere keuze. Over de afkomst van OK zijn de geleerden het niet eens.

OLAP {oo·lep} - *On-Line Analytical Processing* - OLAP: interactieve (interactive°) analytische verwerking van gearchiveerde gegevens (data mining°), voor trendanalyse, beleidsontwikkeling of rapportage, met behulp van een EIS° of DSS°. E.F. Codd, de vader van het relationele model (relational model°) ontwikkelde hiervoor 12 regels; zie: Byte (juni '94). Inmiddels is er reeds in januari 1995 een OLAP Council opgericht om een API° te definiëren.

OLD - *OLD* - OLD (oud): extensie (extension°) van een oude of verouderde versie van een bestand (file°). ⇔NEW°

old iron - *verouderde apparatuur* - Zie: iron°.

OLE {oo·lee} - *Object Linking and Embedding* - OLE: objecten (object°) koppelen en insluiten, een specificatie van Microsoft° om programmatuur onder Windows° te gebruiken; wordt gebruikt om objecten (bijvoorbeeld een illustratie) van de ene toepassing naar een andere over te brengen via referentie (link°) of direct (embed°), voorlopig alleen nog maar binnen een computer, nog niet over het netwerk; is opvolger van: DDE°. De originele term is inmiddels nog slechts een klein onderdeel van OLE 2.0, dat een paraplu is geworden voor de integratie van alle interne en externe communicatie tussen programma's, die niet eenvoudig te leren zijn en overerving (inheritance°) (nog) niet ondersteunen. Bovendien worden niet alle functies door iedereen ondersteund - daarom heeft OpenDoc°, dat ontworpen is voor een open en gedistribueerde omgeving, wellicht straks toch succes. Microsoft gebruikt zelf: custom° OLE°, voor Office 95. Zie ook: ActiveX°. ⇔DLL°

OLTP {oo·el·ti·pi} - *On-Line Transaction Processing* - OLTP: online° transacties (transaction°) verwerken met een computer. ⇔CSTP°

O&M {oo·en·em} - *Operation and Maintenance* - Gebruik en onderhoud: bijvoorbeeld van een systeem dat wordt gebruikt (operation°) en onderhouden (maintenance°), maar niet uitgebreid.

OMA {oo·em·ee} - *Object Management Architecture* - OMA: raamwerk van de OMG° voor toepassingsontwikkeling (application°) via objecten (object°), gepubliceerd eind 1990.

OMG {oo·em·dji} - *Object Management Group* - OMG: een groep van 300 fabrikanten en gebruikers, opgericht in 1989, die trachten het onderliggende model van OO (object-oriented°) programmeertalen en hun benamingen te formaliseren in specificaties, geen normen. Hun doel is een uniforme OO- omgeving te definiëren waarin volgens uniforme regels wordt gewerkt, onafhankelijk van het gebruikte besturingssysteem (operating system°), hardware platform° of netwerkprotocol; zie ook: Object Request Broker°, ODMG°. De OMG architecuur-versie uit januari 1995 omvat o.a. de CORBA 2.0 ORB°.

omit - *weglaten* - Het weglaten van bepaalde dingen, die alleen gebruikt worden tijdens de ontwikkeling van een programma of presentatie.

omni- - *omni-* - Universeel: allesomvattend en/of overal te gebruiken, bijvoorbeeld: omnidirectional (rondom-gevoelig: soms een gewenste kenmerk van een microfoon of antenne, maar ook eigenschap van een scanner° die een bar code° onder allerlei hoeken kan lezen).

omnipoint solution sets - *OmniPoint solution sets* - Zie onder: Network Management Forum°.

OMR {oo·em·ar} - *Optical Mark Reading* - Het lezen van potloodstreepjes (mark°), bijvoorbeeld gebruikt voor de CITO-toets. Zie: mark-read°, mark-sense°.

ONA {oo·en·ee} - *Open Network Architecture* - Architectuur voor een open netwerkomgeving ontwikkeld door de FCC°: de Amerikaanse tegenhanger van ONP°.

on-board - *aanwezig* - **1.** Nieuwe medewerkers voor een project die 'aan boord' komen of zijn, **2.** Voorzieningen in een PC die op de moederplaat (motherboard°) zijn aangebracht, bijvoorbeeld een aansluiting op het netwerk of geheugen (memory°). Het koppelteken wordt soms weggelaten: onboard.

on-demand - *op verzoek* - Bijvoorbeeld: bandbreedte (bandwidth-on-demand°), inktdruppels (inkjet°), geheugen (memory allocation°), printing on-demand°, video (video- on-demand°). Is on-demand in demand? (Is er wel vraag naar on-demand - dat altijd iets duurder is?).

one2one (toe} - *one-to-one* - Letterlijk: persoon-naar-persoon, mobiele (mobile°) GSM°-telefoondienst in het Verenigd Koninkrijk van MCL°: een PCN°.

one-stop-shopping - *één leverancier gebruiken* - Alle apparatuur en programmatuur van één leverancier betrekken: aantrekkelijk omdat de producten waarschijnlijk beter bij elkaar passen en u in elk geval op één leverancier kunt terugvallen in geval van problemen. ⇔multivendor°

one-time cost - *eenmalige kosten* - Zie: cost°. ⇔recurring costs°

one-time programmable - *OTP* - Eenmalig programmeerbaar, zie: OTP°.

one-to-many relationship - *één-op-meer verhouding* - Zie: cardinality°.

one-to-one relationship - *één-op-één verhouding* - Zie: cardinality°.

one-way - *eenrichtings* - Aanduiding dat berichtenverkeer slechts één richting op werkt, niet tweerichtings. Bijvoorbeeld: een buzzer° die alleen kan worden opgeroepen. Synoniem: simplex°. ⇔two-way°

online - *online* - Wanneer een terminal° of werkstation is gekoppeld aan een computer of een functie (bijvoorbeeld Help) direct gebruikt kan worden. ⇔inline° ⇔offline°

on-line - *online* - Andere schrijfwijze van: online, die niet-consistent is met: inline°, offline°.

online directory - *online gegevensdictionaire* - Directory° in een computer met gegevens over de gegevens, die direct toegankelijk (online°) is.

online help - *schermhulp* - Hulpinformatie die direct in het scherm kan worden afgebeeld, bijvoorbeeld in Windows° door op het '?' te klikken.

online transaction processing - *OLTP* - Zie: OLTP°.

ONP {oo·en·pi} - *Open Network Provision* - Initiatief en kaderrichtlijn van de EG-commissie (DG XIII°) voor de harmonisatie van de telecommunicatiemarkt in de EG, neergelegd in een Green Paper in 1987 en aangenomen in 1990: Europese tegenhanger van ONA° die beging 1996 nog niet erg veel succes heeft.

on-screen - *op het scherm* - Aanduiding dat bijvoorbeeld het indelen van tekst of het programmeren direct in het beeldscherm (screen°) plaatsvindt, niet achteraf of door ingetypte opdrachten.

on-site - *ter plaatse* - Dat wil zeggen, bij de klant; zie ook: site°.

on-the-fly - *gelijktijdig* - Tijdens de vlucht: zonder tussenopslag gegevens direct comprimeren (data compression°) en opslaan, of tekens afdrukken (print°) terwijl de printkop langs het papier beweegt, niet telkens stopt. Ook: format on-the-fly° (tegelijk formatteren en schrijven).

ontological - *ontologisch* - Met betrekking tot de leer der onderwerpen van het menselijk denkvermogen (ontology - ontologie). ⇔epistomological°

OO {oh, oh} - *Object-Oriented* - Objectoriëntatie; zie: object-oriented°.

OOA {oo·oo·ee} - *Object-Oriented Analysis* - OOA: analyse (analysis°) voor een objectgeoriënteerd (object-oriented°) systeem.

OOD {oo·oo·di} - *Object-Oriented Design* - OOD: ontwerp (design°) van een objectgeoriënteerd (object-oriented°) systeem.

OODB {*oo·oo*·di·bi} - *Object-Oriented Data Base* - OODB: object-georiënteerde (object-oriented) database°. Het managementsysteem hiervoor: OODBMS°; de taal: OQL°.

OODBMS {*oo·oo*·di·bi·em·es}} - *Object-Oriented DataBase Management System* - OODBMS: database-managementsysteem (DBMS°) voor objecten (object°), gegevens, plaatjes, gesproken fragmenten enz.; zie: object-oriented°. ⇔RDBMS°

OOPL {oe·pel} - *Object-Oriented Programming Language* - OOPL: object- georiënteerde (object-oriented°) programmeertaal (programming language°), bijvoorbeeld: C++°, Eiffel°, Simula°, Smalltalk°.

OOPS {oeps} - *Object-Oriented Programming System* - OOPS: object-georiënteerd (object-oriented°) programmeersysteem; de gereedschappen voor het werken met een programmeertaal vormen tegenwoordig een waar systeem (4GL°).

OOT {-} - *Object-Oriented Technology* - OOT: object-georiënteerde (object-oriented°) technologie een algemene kreet die nadere uitleg verdient.

opacity - *ondoorzichtigheid* - Maatstaf voor de optische dichtheid van papier (die van belang is bij OCR°) of het dekkend vermogen van inkt.

op-amp {op·emp} - *operational amplifier* - Operationele versterker (amplifier°), op-amp: element voor een analoge computer (analog computer°).

opaque - *ondoorzichtig, mat* - Optisch kenmerk: niet-transparant (transparant°) of niet-glimmend.

op-code {op} - *operation code* - Zie: operation code°.

open - *open, openen* - **1.** Aanduiding van een open architectuur (architecture°) of systeem, waardoor gebruikers veel mogelijkheden hebben om verscheidene producten en/of leveranciers te kiezen, zodat door concurrentie goedkopere producten beschikbaar komen; zie ook: X/Open° (⇔closed°), **2.** Openen: een bestand (file°), document° of sessie (session°) activeren voordat het kan worden gebruikt (⇔close°).

open blueprint - *Open Blueprint* - Nieuwe infrastructurele architectuur van IBM (Big Blue°): de opvolger van SAA° en SNA°.

open circuit - *onderbreking* - Verbinding (circuit°) of verbindingsdraad (wire°) die is onderbroken. ⇔short-circuit°

open directory services interface - *ODSI* - Zie: ODSI°.

open distributed processing - *ODP* - Zie: ODP°.

OpenDoc - *OpenDoc* - Een compound document° API° (interface°) van CIL°. Niet een concept, maar een uitbreiding van het besturingssysteem (operating system°); wordt bedreigd door OLE° van Microsoft° en bovendien is Apple°, een van de initiatiefnemers, opgekocht door Sun°. Verder krijgen Web°-browsers steeds meer faciliteiten van OpenDoc.

open document architecture - *ODA* - Zie: ODA°.

open file - *geopend bestand* - Bestand (file°) dat is geïdentificeerd en waarvan is gecontroleerd dat het voldoet aan de eisen van het programma dat het bestand gebruikt. ⇔closed file°

Open GL {dji·el} - *Open Graphic Language* - Open GL: technologie van Silicon Graphics voor 3D-modelling° (render°).

open graphic language - *Open GL* - Zie: Open GL°.

Open Group - *Open Group* - Nieuwe organisatie ontstaan door fusie van: X/Open° (UNIX°-gereedschappen) en OSF° (normen en programmatuur) in 1996.

opening - ... *openen* - Bijvoorbeeld: haakjes openen (left parenthesis°).

open network architecture - *ONA* - Zie: ONA°.

open network provision - *ONP* - Zie: ONP°.

open scripting architecture - *OSA* - Zie: OSA°.

open shop - *open shop* - Computeromgeving waarin het programmeren van toepassingen vooral wordt verricht door gebruikers, niet door specialisten van het computercentrum. ⇔closed shop°

open shortest path first - *OSPF* - Zie: OSPF°.

open software foundation - *OSF* - Zie: OSF°.

open system - *open systeem* - Systeem waarin een groot aantal producten van verscheidene leveranciers kan worden gebruikt (open°), meestal met een netwerk;

werkt meestal met de facto normen; echter ook wel: IEEE°-norm 1003 met controle door X/Open°. Er zijn diverse niveaus van openheid: operationeel, middleware° (database°, netwerk, monitor° enzovoorts), in ontwikkeling (development°) en tussen hulpmiddelen.

open-system interconnection - *OSI* - Zie: OSI°. ⇔TCP/IP°

open systems environment - *OSE* - Een geheel van internationale normen voor interfaces (interface°), diensten (service°) en indelingen (format°) waarmee interoperability° en portability° kan worden gerealiseerd in open systemen (open system°); zie: OSE°.

Open Type - *Open Type* - Nieuwe fonttechnologie van Microsoft (True Type°) en Adobe (Type 1 font°), die uitwiselbaarheid moet realiseren vanaf eind 1996; is: backward compatible° - dus u hoeft geen fonts weg te gooien.

operability - *operability* - Wanneer een systeem goed werkt (operate°).

operand - *operand* - Element van een instructie (instruction°), bijvoorbeeld een gegeven of een adres (address°). Meervoud: operanden. ⇔operator°

operate - *functioneren, bedienen* - **1.** Werken, zoals in: This program operates on UNIX platforms (Dit programma werkt op UNIX°-platforms), **2.** Bedienen, zoals in: operator°.

operating environment - *besturingsomgeving* - De omgeving, gecreëerd door het besturingssysteem en de beschikbare hardware°, waarin programma's in een computer zouden moeten werken.

operating system - *besturingssysteem, OS* - OS°: programmatuur die de basisvoorzieningen van de apparatuur beschikbaar stelt, bijvoorbeeld DOS° op een PC. Oorspronkelijk een verzameling hulpprogramma's (utility°), nu steeds meer een geïntegreerd systeem van functies die door andere programma's worden gebruikt. Uitspraak: {*op*·puh·ree·ting}, niet: {op·puh·*ree*·ting}.

operation - *bewerking* - Een bepaalde actie uitvoeren in de computer, waardoor uiteindelijk de waarde voor de gebruiker vergroot wordt.

operational amplifier - *op-amp* - Zie: op-amp°.

operational leverage - *operational leverage* - Aandeel van de personeelskosten in de totale kosten van een bedrijf: als dat aandeel hoog is, betekent een hogere omzet een grotere winstmarge, en omgekeerd. Zie ook: leverage° (hefboomwerking).

operation and maintenance - *O&M* - Zie: O&M°.

operation code - *op-code* - Bewerkingscode (op-code°): onderdeel van een instructie (instruction°) dat aangeeft welke bewerking moet worden uitgevoerd, bijvoorbeeld: add (optellen), branch°, input° of move°. ⇔condition code°

Operations - *Operations* - Groep mensen die een computercentrum (computer center°) draaiend houdt.

operations research - *operations research* - OR: wiskundige wetenschap betreffende het verrichten van werkzaamheden en dergelijke; omvat bijvoorbeeld: linear programming°, game theory°, Monte Carlo simulation°.

Operations Support System - *OSS* - OSS°: beheerprogramma van een telefoonmaatschappij: vergelijkbaar met SNMP° en CMIP°, maar inclusief het opstellen van rekeningen enzovoort.

operator - *operator* - **1.** Medewerker van een computercentrum; meervoud: operators; is afgeleid van: to operate° (bedienen), **2.** Bedrijf dat bijvoorbeeld verbindingen exploiteert, zie: cable operator° (CO°), telcom°, PNO°, PTO°; zie ook: callback°, **3.** Bewerkingsteken, bijvoorbeeld + of -; logische operatoren (logical operator°) zijn: AND°, OR°, NOT° (⇔operand°), vergelijkingsoperatoren (relational operator°) zijn: eq°, ge°, gt°, le°, lt° en ne°; meervoud: operatoren; zie ook: assignment operator°.

optical - *optisch* - Een bijvoeglijk naamwoord dat steeds vaker wordt gebruikt in verband nieuwe technologieën (fiber optics°, magneto-optical°), hoofdzakelijk duidend op de daarbij gebruikte halfgeleider-lasers (semiconductor°, laser°). ⇔magnetic°

optical card - *optische geheugenkaart* - Kaart ter grootte van een creditcard met een geheugencapaciteit van 2-4 MB° van het type WORM°: die eenmalig kan worden beschreven en daarna 'eindeloos' uitgelezen; is een vorm van ROM°-geheugen.

optical carrier - *OC-..* - Zie: OC-..°.

optical character reader - *OCR* - Zie: OCR°.

optical character recognition - *OCR* - Zie: OCR°.

optical computing - *optical computing* - Computers die werken met licht (laser°) in plaats van met elektronen en die daardoor over veertig jaar heel snel kunnen werken. ⇔chemical computing°

optical disc - *optische disc* - Schijf (disc°) die optisch, in plaats van magnetisch, wordt gelezen met een laser°, bijvoorbeeld: CD-ROM°. Er is nu ook een magneto-optische MO-disk°, die tevens beschrijfbaar is. Naast de kleine Photo CD°, zijn er ook 12 inch° en 14 inch° uitvoeringen.

optical fiber - *glasvezel* - Optische kabeltechnologie voor grote capaciteit, bijvoorbeeld gebruikmakend van FDDI°: oorspronkelijk gebruikt voor een backbone°, nu ook voor een LAN°; synoniem: fiber optics°.

optical mark reading - *OMR* - Zie: OMR°.

optical network - *glasvezelnetwerk* - Zie: fiber optics°, network°.

optical port - *optical port* - Aansluitmogelijkheid (port°) voor een glasvezelkabel (fiber optics°) op een computer.

optical reader - *optische leesmachine* - Apparaat dat papieren formulieren scant (scanner°) en gedrukte of geschreven tekens herkent (OCR°) en omzet in tekencodes (ASCII° of EBCDIC°). PC-uitvoering: een scanner° met software°-herkenning (recognition°).

optical scanner - *optische scanner* - Apparaat dat papieren formulieren scant (scanner°) en een grayscale° of color° bitmap° produceert.

optical storage - *optische opslag* - Gegevens (data°) op een optische (optical°) schijf (disc°) opslaan (storage°): vast op een CD-ROM°, voor eenmalig schrijven op een CD-R°, of voor meermalig schrijven op een MO°-schijf (magneto-optical°). Optische schijven beschikken over een grote opslagcapaciteit en bieden snelle toegang (access°), bijvoorbeeld in een jukebox° op een netwerk. ⇔magnetic storage°

optics - *optiek* - De lenzen van een optisch apparaat.

optimize - *optimaliseren* - Zodanig bewerken dat de (directe of indirecte) waarde voor de gebruiker optimaal is.

optimizer - *optimizer* - Hulpprogramma dat (de uitvoering van) een programma of een query° in een database° optimaliseert.

optimizing compiler - *optimaliserende compiler* - Aanduiding van een compiler° die instructies (instruction°) eerst optimaliseert en vervolgens compileert.

option - *optie* - Keuzemogelijkheid in een menu° of van een opdracht (command°); zie ook: null option°, option button°.

optional - *facultatief, tijdelijk* - Naar keuze: vrij. Ook: tijdelijk, bijvoorbeeld een afbreekstreepje (hyphen°) dat tijdelijk gebruikt wordt, dus alleen gebruikt wordt als het aan het einde van een regel staat. Optioneel wordt ook wel gebruikt. ⇔mandatory° ⇔required°

option button - *keuzerondje* - Nu weer een rondje, zie: radio button°.

opto-electronic - *opto-elektronisch* - Technologie waarbij lichtstralen worden gebruikt die elektronisch (electronic°) worden opgewekt en/of gedetecteerd, bijvoorbeeld in een glasvezelkabel (fiber optics°). Zie ook: OEIC°.

opto-electronic integrated circuit - *OEIC* - Zie: OEIC°.

OQL {oo·kjoe·el} - *Object-oriented Query language* - OQL: object-georiënteerde opvraagtaal (query language°), een SQL°-achtige taal (language°) voor toegang tot een OODB°, ontwikkeld door de ODMG° in 1994/95.

OR - *OR, OF, Operations Research* - **1.** OR, OF: Boole-operator° voor logische bewerkingen (Boolean logic°); als elektronica: OR-gate° (OF-poort ⇔NOR°), **2.** Operations Research (operations research°).

orange book - *orange book* - Oranje boek: een van de vele voorschriften, bijvoorbeeld: Trusted Computer System Evaluation Criteria (TCSEC°), evaluatiecriteria voor trusted° computersystemen van het DoD° uit 1985: E (no security), D (minimal security: minimale beveiliging),

C (discretionary protection: zelf- gekozen beveiliging), B (mandatory protection: verplichte beveiliging, verdeeld in B1, B2, B3), A (verified protection: bewezen beveiliging, verdeeld in A1, A2). Er is ook een oranje boek voor: CD-R°; zie: CD-ROM°.

ORB {oo·ar·bi} - *Object Request Broker* - ORB: een communicatiemechanisme dat werkt als makelaar (broker°) tussen objecten (object°), een norm van de OMG° en een onderdeel van de OMA°. Roept een method° aan in plaats van een functie zoals bij RPC°.

ORDBMS {oo·ar·di·bi·em·es}- *Object Relational DataBase Management System* - ORDBMS: een database° die de kracht van objecten (object°) paart aan de eenvoud van een relationele database (RDBMS°), waarmee multimedia°-fragmenten even gemakkelijk te manipuleren zouden zijn als tekst of getallen. Mogelijk wordt Postgres, van M. Stonebraker (eerder de grondlegger van Ingres) de eerste - hij schreef er een boek over dat eind '95 uitkwam.

orbital slot - *orbital slot* - Plaats voor een satelliet, die wordt toegewezen door de ITU°; synoniem:satellite slot°. De Amerikaanse FCC° verkoopt inmiddels slots bij opbod, en dat is niet de bedoeling van de ITU en de aangesloten, die dat liever zelf zouden doen.

order - *bestellen, bestelling, volgorde, order* - **1.** Bestellen, **2.** Bestelling, **3.** Volgorde of rangschikking (ascending order°, descending order°, high-order°, search order°), **4.** Order: een opdracht die moet worden uitgevoerd.

ordinal number - *rangnummer* - Een nummer uit een volgorde van nummers (⇔cardinal number°). In natuurlijke taal: ordinal (rangtelwoord: een woord dat de rangvolgorde te kennen geeft, bijvoorbeeld: eerste, tweede enzovoort).

organization - *organisatie* - Bedrijf, instelling of zelfstandige afdeling: algemene term voor een samenwerkingsverband tussen mensen met een formele structuur en werkprocessen, waarin ook een informele cultuur heerst (organizational culture). Organizational processes are designed by geniuses to be run by idiots (Werkprocessen worden ontworpen door genieën om te worden uitgevoerd door idioten - wanneer alles precies wordt voorgeschreven). Zie ook: networked organization°.

organizer - *organizer* - Kleine zakcomputer voor persoonlijke gegevens: telefoonnummers, adressen, een agenda, tekstverwerker, fax, spreadsheet enzovoorts, bijvoorbeeld van PSION .

orientation - *afdrukstand* - Liggend (landscape°) of staand (portrait°); letterlijk: oriëntatie (van tekst en/of afbeelding).

-oriented - *-georiënteerd* - Gericht op of ingericht voor, bijvoorbeeld: gebeurtenissen (event-oriented°), problemen (problem-oriented°), procedures (procedure-oriented), gegevens (data-oriented°), processen (process-oriented°).

origin - *oorsprong* - **1.** Punt waar bepaalde gegevens (data°) vandaan komen (to originate), **2.** Centrum van een assenstelsel (axis°): waar vandaan de coördinaten (coordinate°) worden gerekend. Zie ook: OEM°.

original - *oorspronkelijk* - De eigenschappen die iets oorspronkelijk had, bijvoorbeeld: original size (oorspronkelijke grootte).

original equipment manufacturer - *OEM* - Zie: OEM°.

originator - *afzender, voortbrenger* - De gebruiker (user°) die een bericht (e-mail°, message°) schrijft, adresseert en verstuurt, of de persoon die gegevens invoert (data entry°) in een informatiesysteem. Algemeen: voortbrenger (van een schepping). Synoniem: creator°. ⇔recipient°

orphan - *wees* - Enkele eerste regel (line°) van een alinea (paragraph°) onder in een kolom of bladzijde, of enkele laatste regel van een alinea bovenaan in een kolom of bladzijde. ⇔widow°

OS {oo·es} - *Operating System* - Besturingssysteem: bijvoorbeeld OS/2°.

OS/2 {oh·es·toe} - *Operating System/2* - OS/2: besturingssysteem van IBM°, concurrent van Windows° (NT); volgens sommigen een half OS° voor de PS/2°. Werkt niet met FAT°, maar met HPFS°. De toevoeging EE (Extended Edition) duidt op extra ontwikkelgereedschap. Nu ook: OS/2 Warp (versie 3, die echt maar 4 MB° nodig schijnt te hebben), OS/2 2.11 for SMP° (voor parallelle processoren). In het vat zit nog: OS/2 for PowerPC° (?) en Merlin° (opvolger van Warp), beschikbaar eind '96.

OSA {oh·es·ee} - *Open Scripting Architecture* - OSA: een automation° en scripting API° van CIL° voor een compound document°.

Oscard - *Oscard* - Amerikaans voorstel voor een smartcard° zonder contacten, die direct met een gewoon telefoontoestel via het openbare telefoonnet te gebruiken is. Omvat een kaart met optische informatie (bar code°), een klein leesapparaat dat DTMF° tonen produceert en het gebruik van een PIN°. Een transactie vereist wel twee telefoongesprekken: 1. naar het lokale 800-nummer (graties 06-...) en 2. naar het verkooppunt. Ontwikkeld door L. Brilliant en S. Howard (Brilliant Color Cards), voorlopig nog alleen voor telefoondiensten. Leesapparaat met LCD°-scherm komt in september 1996.

oscillator - *oscillator* - Elektronische schakeling die een wisselspanning van een bepaalde frequentie (frequency°) opwekt; voor synchronisatie (synchronization°) hiervan, zie: lock°, PLL°.

oscilloscope - *oscillograaf* - Apparaat waarmee de golfvorm (waveform°) van een signaal kan worden afgebeeld; een stilstaand beeld vereist een triggerpunt en een daarna steeds herhaalde golfvorm.

OSE {-} - *Open System Environment* - OSE: een omgeving (environment°) voor open systemen van IEEE°.

OSF {oo·es·ef} - *Open Software Foundation* - Een groep leveranciers die programmatuur voor UNIX° leveren, opgericht in 1988. Ontwikkelt de OSF/I kernel° van het besturingssysteem (zonder succes), de decentrale verwerkingsomgeving DCE°, de beheersomgeving DME° en Motif°, een grafische gebruikers-interface° (IEEE°-norm P1295) Volgens mensen van Sun°: Opposes Sun Forever (Steeds tegen Sun), maar in 1994 is Sun ook lid geworden. Inmiddels gefuseeerd met X/Open° tot Open Group°.

OSI {oo·es·ai} - *Open System Interconnection* - Een referentiemodel (reference model°) voor netwerksystemen. De zeven lagen, met hun internetworking platform° tussen haakjes, zijn: **7.** application (gateway° - informatie over de uitgewisselde gegevens en terminal°-emulatie), **6.** presentation (gateway° - conventies voor de representatie van gegevens), **5.** session (gateway° - coördineert de sessie), **4.** transport (gateway° - overdracht van gegevensblokken en controle daarop), **3.** network (router° - routering van de pakketten), **2.** data link (bridge° - access°-mechanisme) en **1.** physical (repeater° - transmissiemedium); zie ook: GNMP°, GOSIP°, ISO/OSI°. Synoniem: ISO/OSI° en X.200°.

OSPF {oh·es·pi·ef} - *Open Shortest Path First* - Routeringsprotocol (routing protocol°): die bij aanvraag van een netwerkverbinding het kortste open pad (path°) kiest.

OSS {oh·es·es} - *Operations Support System* - OSS, zie: operations support system°.

OTDR {-} - *Optical Time Domain Reflectometer* - OTDR: optische TDR° (reflectometer°), waarmee de plaats van breuken en slechte lassen in een glasvezelkabel (fiber optics°) kunnen worden opgespoord d.m.v. het tijdsverschil van een reflectie met de oorspronkelijke lichtflits.

other equipment manaufacturer - *OEM* - Zie: OEM°.

OTP {oh·ti·pi} - *One-Time Programmable* - OTP: geheugenkaart die eenmalig kan worden geprogrammeerd; bevat ROM°-geheugen in plaats van flash memory°.

outage - *spanningsonderbreking* - Het wegvallen van de (net)spanning gedurende een korte tijd. Ook: het wegvallen van een radioverbinding door gebrek aan signaal of het uitvallen van de dienst van een Internet°-aanbieder (bijvoorbeeld America Online medio '96).

out-basket - *uit-bak* - In e-mail°: denkbeeldige bak voor de uitgaande post, waarschijnlijk afgebeeld als pictogram (icon°) in het scherm. ⇔in- basket°

outbound - *uitgaand* - Kenmerk van bijvoorbeeld het uitgaande (gerekend vanuit de centrale) verkeer over een verbindingslijn: outbound traffic. ⇔inbound°

outgoing call - *uitgaand gesprek* - Telefoongesprek (call°) van de centrale naar buiten. ⇔incoming call°

outlet - *stopcontact, winkel* - **1.** Stopcontact: voor netspanning, **2.** Winkel. Geen uitlaat!

outline - *outline, overzicht, contour* - **1.** Outline, opzet of overzicht: de structuur van wat u gaat schrijven of doen, die u kunt maken met een outliner°-programma, **2.** Contour: omtrek van een voorwerp of teken. Als werkwoord: een overzicht of structuur ontwerpen of maken.

outline font - *outline font* - Lettertype (font°) waarvan alleen de contour (outline°) is beschreven door wiskundige formules (Bézier-curve°), die met stippen (dot°) wordt ingevuld; ISO°-norm 9541. Synoniem: scalable font°. ⇔bit-mapped font° ⇔raster font° ⇔vector font°

outline screen- *overzichtsscherm* - Afbeelding van een overzicht (outline°) in een beeldscherm.

outline structure - *overzichtsstructuur* - De structuur (structure °) van een outline°.

out-of-band signaling - out-of-*band signaling* - In telefoonnetwerken, signalering (signaling°) via een andere verbinding dan die voor het gesprek of de gegevens. ⇔in-band signaling°

out of memory - *onvoldoende geheugen* - Foutmelding (error message°) die wordt gegeven als het te laden programma te groot is voor het beschikbare geheugen (memory°).

outplacement - *outplacement* - Uitplaatsing: overtollige medewerkers via een outplacement-bureau elders een baan trachten te bezorgen, wat netter is dan ze te ontslaan.

out-plan - *out-plan* - Wenselijke onderwerpen, die niet in het werkplan konden worden opgenomen. ⇔in-plan°

output - *uitvoeren, uitvoer* - **1.** Uitvoeren: verwerkte computergegevens naar bijvoorbeeld een bestand (file°), disk°, netwerk of printer° sturen, **2.** Uitvoer: de verwerkte gegevens zelf. ⇔input°

output port - *uitvoerpoort* - De poort (port) gebruikt voor de uitvoer (output°) van gegevens, bestand (file°) of bericht (e-mail°.

outside-in - *outside-in* - **1.** Programmatuur ontwerpen (design°) vanuit de dialoog (dialog°), **2.** Problemen beschouwen en oplossen vanuit het gezichtspunt van de omgeving.

outside margin - *buitenmarge* - De marge (margin°) aan de kant waar een boek openslaat. ⇔inside margin°

outsourcing - *uitbesteden* - **1.** Uitbesteden: van werk, **2.** Planning, ontwikkeling, installatie en onderhoud van een informatiesysteem door een ander bedrijf laten verrichten, omdat iemand heeft uitgerekend dat dat goedkoper zou zijn; omvat dan onder meer: facilities management°. If you plan outsourcing because you cannot manage your operation, you're in for real trouble (Als je wilt outsourcen omdat je de zaak niet goed kunt managen, vraag je echt om moeilijkheden - want dan kun je niet beoordelen of het goed gebeurt).

oval - *ovaal* - Een min of meer platgedrukte cirkel, graag gebruikt in flowcharts (flowchart°) en illustraties om tekst in te plaatsen. Als wiskundige figuur: ellipse° (ellips).

overdrive processor - *overdrive processor* - Intel°-technologie om de snelheid van een microprocessor° te vergroten door toevoeging van een extra chip° (waarvoor een ZIF°-socket° aanwezig moet zijn op het moederbord (motherboard°). Hierdoor worden instructies sneller uitgevoerd, zonder verdere aanpassing, bijvoorbeeld: 486DX2, die de iCOMP°-index met 40-70% verhoogt. Is afgeleid van: overdrive° (extra hoge versnelling in een auto). Bleek geen goed idee te zijn want een nieuw moederbord (motherboard°) en een nieuwe processor° geven een betere upgrade°.

overflow - *overloop* - Overloop ontstaat wanneer een gegeven te groot is voor het toegewezen aantal posities, er dus niet in past en gedeeltelijk verloren gaat.

overhead - *algemene kosten, overhead, projector* - **1.** Algemene kosten: kostenpost op de een of andere maar nooit rechtvaardige manier moeten worden verdeeld over alle afdelingen, **2.** Overhead: extra bewerkingen in een computer vanwege een besturingssysteem (operating system°) enzovoort, **3.** Projector: voor transparanten (slide°), **4.** Overhead: dia of transparant gebruikt voor projectie; synoniem: foil°, slide° en transparency°.

overlap - *overlapping, overlappen* - Wanneer een bewerking tegelijkertijd met een andere wordt uitgevoerd. Ook velden (field°), vensters (window°) en grafische figuren kunnen overlappen.

overlay - *overlay* - Tijdens zijn uitvoering, hetzelfde deel van een werkgeheugen (memory°) voor verscheidene delen (module°) van een programma gebruiken (opgeslagen in een overlay file°); ook een vel kunststof met uitleg (template°) dat over een toetsenbord (keyboard overlay°) wordt gelegd.

overlay file - *overlay-bestand* - Bestand (file°) dat in het directe geheugen met een ander wordt gewisseld (swap°); deze techniek wordt gebruikt als het bestand niet in zijn geheel in het directe geheugen past; een overlay°- bestand heeft vaak de extensie (extension°) .OVL.

overlay network - *overkoepelend netwerk* - Netwerk dat is samengesteld uit diverse netwerken en/of verbindingen.

override - *overnemen, onderdrukken, vervangen* - Een omstandigheid of waarde die zich vanwege een bepaalde of uitzonderlijke situatie in de plaats stelt van bijvoorbeeld een default° omstandigheid (condition°) of waarde (value°).

overrun - *overrun* - Situatie die optreedt als er te veel gegevens achter elkaar worden overgezonden of bewerkingen worden gedaan - de capaciteit wordt overschreden - waardoor gegevens verloren gaan. Dit vermijdt men door middel van: pacing°.

overstrike - *over elkaar typen* - Een of meer tekens over elkaar afdrukken, bijvoorbeeld een letter en een accent, of een hoofdletter L en een streepje (hyphen°) om een pondteken (£) te vormen. Meestal wordt hiervoor een backspace°-teken geplaatst tussen twee over elkaar te drukken tekens (character°). Werd vroeger veel gebruikt vanwege de beperkte tekenset (code page°).

overtype - *overschrijven* - Synoniem van: overwrite°.

overview - *overzicht* - De structuur of opzet van een artikel, boek of presentatie, gepresenteerd om de lezer of toehoorder een indruk te geven van wat hem of haar te wachten staat. Ook een opsomming van beschikbare functies of opties.

overwrite - *overschrijven* - Een werkwijze (mode°) bij het intypen van gegevens of tekens of bij hun opslag in het geheugen, waarbij de bestaande tekens worden vervangen door de ingevoerde. ⇔insert°

OVL {-} - *OVerLay* - Extensie (extension°) van een overlay°-bestand.

owner - *eigenaar, proces* - **1.** Eigenaar: van een programma of definitie (definition°), **2.** Proces: dat resources (resource°) en gegevens bezit.

ownership - *eigenaarschap* - U verantwoordelijk voelen voor een probleem dat u moet oplossen; zie echter ook: cost of ownership°.

oyster-shell - *plat model* - Gebruikelijk type draagbare platte PC: waarvan de bovenkant kan worden opengevouwen als een oesterschelp. ⇔lunch-box°

- P -

p... {-} - *pico...* - Een biljoenste (10^{-9}); zie: pico...°.

P... - *Peta...* - Een heleboel van iets: 2^{50}, dat is meer dan 10^{15}; bijvoorbeeld: petabyte (PB°).

P5 - *P5* - Codenaam voor de opvolger van de Intel° 80486: verschenen eind 1993, die niet 80586 werd genoemd maar Pentium° omdat getallen niet kunnen worden beschermd; sommige uitvoeringen: P60, P90 (MHz). Bevat 3,1 miljoen transistoren en gebruikt 0,8 micron technology°. Zie ook P6°.

P6 - *P6* - Codenaam voor de opvolger van Intel° voor de P5° (Pentium°) met 5,5 miljoen transistoren en 0,6 micron technology°, geïntroduceerd in het laatste kwartaal van 1995 onder de naam: Pentium Pro°; bestaande uit 2 chips en werkend met 2,9 Volt. De te verwerken CISC°-instructies worden vertaald naar RISC°-microinstructies voor de processor°. De 64-bit opvolger, P7°, wordt verwacht in 1997.

P7 - *P7* - Codenaam voor de opvolger van de P6° (Pentium Pro°): die mogelijk een VLIW°-architectuur zal gaan gebruiken. Er wordt ook gesproken over twee versies: P7a (een uitbreiding van het huidige ontwerp) en P7b (VLIW).

PA {pi·ee} - *Public Address, Per Annum, Prosecuting Attorney* - **1.** Geluidsinstallatie: die een toespraak of muziek voor iedereen hoorbaar maakt (address°), **2.** Per jaar, **3.** Openbare aanklager: de eisende partij in een rechtszaak.

PABX (pi·ee·bi·eks} - *Private Automatic Branch eXchange* - PABX: automatische telefooncentrale (PBX°) in een bedrijf of instelling.

pacing - *pacing* - Het in de pas houden van een gegevensoverdracht of reeks bewerkingen zodat gegevens niet verloren gaan door een overrun°. Zie ook: self-paced°.

pack - *pack* - **1.** Gegevens comprimeren (compress°), bijvoorbeeld: packed-decimal°; een gecomprimeerd bestand (file°)

kan de extensie (extension°) PAK° krijgen, bedoeld om de beschikbare ruimte effectief te ver-groten of de overdrachttijd te verkorten, **2.** Pakket magnetische schijven (disk pack°).

package - *pakket* - Bundeling van bijvoorbeeld software° en/of documentatie (documentation°), of van diverse functies.

package deal - *samengestelde overeenkomst* - Een pakket producten die u samen tegen een gereduceerde prijs kunt kopen, afzonderlijk zijn de kosten hoger; kan ook een pakket afspraken betreffen.

packed decimal - *packed decimal* - Twee cijfers opgeslagen in één 8-bit byte°; geeft een efficiënte opslag van zuiver numerieke gegevens. ⇔dotted decimal°

packet - *pakket* - **1.** Programmapakket, bijvoorbeeld verpakt als: shrink-wrap°, **2.** Data-pakket (data packet°): gegevens 'ingepakt' in onder andere routerings- en adresseringsinformatie; in een protocol stack° worden informatiepakketjes in elke laag ingepakt met extra informatie, zie ook: packet size°; zie: broadband packet°, packet-switching°.

packet assembler/disassembler - *PAD* - Zie: PAD°.

packet radio - *packet radio* - Packet-switching° techniek voor draagbare radiozenders en -ontvangers; maakt gebruik van CSMA/CD° protocol° om botsingen (collision°) tussen pakketjes te voorkomen en werkt met TNC°s. Is vergelijkbaar met: cellular radio°.

packet size - *pakketgrootte* - Aantal byte/pakket (packet°): dat kan zijn vast (ATM°: 53 byte) of variabel: Ethernet° (max. 1518 byte), token ring° (max. 16.384 of max. 4096 byte, voor 16 en 4 Mbps), FDDI° (max. 4096 byte). De payload° is altijd minder dan de pakketgrootte.

packets per second - *pps* - Zie: pps°.

packet-switched data network - *PSDN* - Zie: packet-switching°, PSDN°.

packet-switched network - *PSN* - Zie: packet-switching°, PSN°.

packet-switched node - *PSN* - Zie: packet-switching°, PSN°.

packet-switched services - *PSS* - Zie: packet-switching°, PSS°.

packet-switching - *packet-switching* - Netwerk waarin gegevens in blokken (pakketjes) worden overgestuurd, letterlijk: pakketschakelen; wordt toegepast in het X.25° protocol°; is een vorm van message-switching° en vereist geen directe verbinding tussen zender en ontvanger (connectionless mode°) omdat het werkt met store-and-forward°-technieken; zie ook: switching°. ⇔asynchronous° ⇔synchronous° ⇔circuit-switching°

packet switch stream - *PSS* - Zie: packet-switching°, PSS°.

pad - *vullen, invoermechanisme* - **1.** Een gegeven bijvoorbeeld met nullen (leading zeroes°) opvullen tot een vast aantal tekens, **2.** Invoermechanisme voor gegevens of opdrachten: met toetsen (keypad°) of een pen; zie ook: notepad°. In het Nederlands gebruikt men 'pinpad' voor het toetsenbordje waarmee een pincode wordt ingevoerd. Zie ook: launcher°.

PAD {pedd} - *Packet Assembler/ Disassembler* - PAD: computerfunctie waarmee aangesloten werkstations toegang hebben tot een X.25° packet-switching° netwerk. Is vergelijkbaar met: FRAD° (voor: frame relay°).

paddle - *paddle* - Synoniem voor: joystick°. Letterlijk: roeien, roeispaan.

page - *pagina, page, oproepen, pagineren* - **1.** Pagina: gedrukt op papier of afgebeeld in een scherm; op het World Wide Web°: de structuur van elektronische documenten, bijvoorbeeld home page° (eerste pagina - die langer kan zijn dan een beldscherm hoog is), zie ook: separator page°, **2.** Page (pagineren): blokken programmatuur omwisselen (paging°); zie ook: code page° (tekenrepertoire), **3.** Oproepen: een persoon via een omroepsysteem of een pieper (pager°) bereiken binnen een kantoor, of via een semafoon (pager°) daarbuiten, **4.** Pagineren: delen van een programma naar behoefte in en uit het directe (RAM°) geheugen halen, zie: paging°; synoniem: swap°.

page break - *pagina-einde* - In een tekstverwerker, het logische einde van een pagina (page°), hetzij omdat het maximale aantal regels (line°) bereikt is of omdat het einde is geforceerd, bijvoorbeeld door middel van Ctrl-Enter (Ctrl°, enter°).

page depth - *aantal regels per pagina* - Synoniem voor: page length°; zie ook: depth° (diepte).

page description language - *page description language, PDL* - PDL°: taal (language°) om de layout° van een pagina te beschrijven, bijvoorbeeld: PostScript°, HPGL°.

page down - *terugbladeren, PgDn* - Omlaag schuiven: met de PgDn°-toets (key°) in de richting van het begin door een bestand bladeren. ⇔page up°

page fault - *page fault* - Een page fault ontstaat wanneer een benodigd stuk programma of gegeven niet in het werkgeheugen aanwezig is en van disk° moet worden gehaald (paging°) - dit kost I/Os° en tijd.

page feed - *papierinvoer* - Invoer (feed°) voor losse vellen (page°) van een scanner° of printer; synoniem: sheet feeder°.

page footer - *voetregels* - Regels onderaan elke bladzijde (page°), zie: footer°

page header - *kopregels* - Regels bovenaan elke bladzijde (page°), zie: header°

page in - *inbrengen* - Een stuk programma (overlay file°) in het geheugen laden: onderdeel van paging°. ⇔page out°

page layout - *bladzijde-indeling* - De indeling (layout°) van een bladzijde (page°) als ontwerp of als uitvoering met behulp van een tekstverwerker (DTP°).

page left - *page left* - Informatie links van de afgebeelde informatie zichtbaar maken: de informatie schuift naar rechts. ⇔page right°.

page length - *aantal regels per pagina* - Paginalengte, meestal in aantal regels, soms in inch of mm; synoniem: page depth°. ⇔page width°

page mode - *pagina modus* - Werkwijze (mode°) waarin per pagina wordt afgedrukt, verzonden of afgebeeld. ⇔line mode°

page number - *paginanummer* - Het nummer van een bladzijde (page°), hetzij in letters (roman numerals°) of nummers (arabic numerals°).

page numbering - *paginanummering* - In een tekstverwerker, het nummeren (number°) van de bladzijden (page°) van een boek of handleiding. Kan worden aangezet (on°) of afgezet (off°).

page out - *uithalen* - Stuk programma uit het geheugen halen: onderdeel van paging°. ⇔page in°

page printer - *pagina-printer* - Printer die een hele pagina tegelijk afdrukt, bijvoorbeeld een laserprinter°. ⇔character printer° ⇔line printer°

pager - *pieper, semafoon* - Binnen een kantoor: pieper; daarbuiten: semafoon; zie: page°. Vooral de laatste vorm van oproepen is erg in opkomst als cellulair (cellular°) systeem, bijvoorbeeld door PTT Telecom genoemd: buzzer°. Voor een pager moet u een abonnement hebben - deze is gericht op de zakelijke markt. Voor een buzzer° betaalt de oproeper - deze is gericht op de privémarkt. Beide gebruiken hetzelfde semafoonnet. Het oproepen wordt genoemd: paging°

page range - *paginabereik* - Aanduiding van de bladzijden (page°) die moeten worden afgedrukt of gefaxt, bijvoorbeeld: 3-6 (bladzijden 3 t/m 6) of 3-* (3 tot einde).

page reader - *paginalezer* - Leesmachine (OCR°, reader°) die hele pagina's kan lezen.

page right - *page right* - Informatie rechts van de afgebeelde informatie zichtbaar maken: de informatie schuift naar links. ⇔page left°.

page scanner - *bladscanner* - Scanner (scanner°) in de vorm van een tafelmodel kopieerapparaat, waarin de te scannen bladzijde (page°) op een glasplaat wordt gelegd.

page setup - *pagina-instelling* - In een tekstverwerker, de instellingen (setup°) voor een pagina (page°), bijvoorbeeld aantal regels, regellengte, marges, nummering, kop- en voetteksten enzovoorts.

page size - *papiergrootte* - De afmetingen (size°) van een vel papier (page°) in inches of mm.

page skip - *page skip* - Besturingsopdracht voor een line printer°: die daardoor naar het begin van het volgende vel (page°) springt (skip°); is analoog aan: form feed°.

pages per minute - *ppm* - Zie: ppm°.

page up - *vooruit bladeren, PgUp* - Omhoog schuiven: met de PgUp°-toets (key°) in de richting van het einde van een bestand bladeren. ⇔page down°

page width - *paginabreedte* - De breedte (width°) van een vel papier (page°). ⇔page length°

paginating - *pagineren* - Zie: pagination°.

pagination - *paginering* - Het indelen van tekst in pagina's volgens gegeven richtlijnen en deze desgewenst nummeren.

paging - *paging, oproepen, bladeren* - **1.** Pagineren: stukken programmatuur in blokken (page°) uitwisselen tussen het werkgeheugen en een vaste schijf (hard disk°); wordt gebruikt om virtual memory° te realiseren; wordt in spreektaal vaak genoemd: swapping° (omwisselen), **2.** Oproepen: een persoon met een pager° of buzzer° een kort bericht sturen of melden dat hij of zij moet bellen naar een bepaald nummer; dit is op veel manieren mogelijk, bijvoorbeeld via SMS°, maar de norm voor pure semafonie is: ERMES°; karakteristiek is: eenrichtingsverkeer, **3.** Bladeren: door een bestand (file°).

paint - *tekenen, ontwerpen* - **1.** Tekenen: in een scherm met een pen of muis, **2.** Ontwerpen: van een paneel (panel°), formulier (form°) of rapport (report°) door een voorbeeld in een scherm in te voeren met behulp van een: screen painter° (schermontwerpprogramma).

painter - *painter* - Zie: paint°, screen painter°.

pair - *paar* - Twee, maar in een kabel vaak met meerdere paren tegelijk, zie: twisted pair°, STP°, UTP°.

PAK {-} - *PAcKed* - PAK: extensie (extension°) van een gecomprimeerd (pack°) bestand (file°). Alternatief: ZIP°.

PAL {pel} - *Phase Alternating Line* - PAL: Europese TV-norm met 625 lijnen en 50 Hz°; zie ook: frame rate°. PALplus (norm uit 1990) zal vanaf 1995 worden ingevoerd voor breedbeeld (widescreen°) TV en dan wordt het voor bezitters van een ouderwets TV-toestel wennen aan de zwarte balken bovenaan en onderaan in het beeld. ⇔NTSC° ⇔SECAM°

palette - *palet* - Reeks beschikbare kleuren die in een scherm of met een tekenprogramma kunnen worden gebruikt.

Palo Alto research center - *PARC* - Zie: PARC°.

palmtop - *palmtop* - Kleine PC die u in de hand(palm) kunt houden; synoniem: handheld°. ⇔desktop° ⇔laptop° ⇔notebook°

PAM {pem} - *Pulse Amplitude Modulation* - Modulatiemethode (modulation°) waarbij de pulsamplitude (pulse°, amplitude°) meer dan twee niveaus kan krijgen.

PAMR {-} - *Public Access Mobile Radio* - PAMR: openbaar netwetwerk voor mobiele radiocommunicatie (mobile radio°). ⇔PMR°

pane - *paneel, deelvenster* - De inhoud van een venster (window°) of paneel (pane°). In Windows°: deelvenster (window pane°), bijvoorbeeld die links en rechts in het scherm van de Windows 95° Explorer.

panel - *paneel, scherm* - **1.** Scherm: een geheel van informatie dat in een scherm of in een venster (window°) wordt afgebeeld op een beeldscherm; interface° waarmee een gebruiker met een programma werkt; synoniem: pane°, **2.** Paneel, bijvoorbeeld: back panel° (achterpaneel), front panel (voorpaneel), patch panel° (schakelpaneel), **3.** Paneel: vlak beeldscherm, bijvoorbeeld: flat- panel display°, LCD panel°.

PANS {pens} - *Possibly Attractive New Services* - PANS: mogelijk attractieve nieuwe diensten uit de keuken van een telecombedrijf, mogelijk in combinatie met mobiele (mobile°) diensten, of PCN° of PCS°; is nieuwer en duurder dan: POTS°. Voorbeelden: call management (telefoon aannemen of bericht opnemen), call waiting (signaal tijdens een gesprek dat iemand anders belt), call forwarding (gesprekken overzetten naar een ander nummer), call return (terugbellen van nummers waarvan gebeld is tijdens uw afwezigheid), caller ID (wie belt er?) of auto redial (automatisch herhaald bellen indien een nummer in gesprek is). ⇔POTS°

Pantone matching system - *Pantone kleurensysteem, PMS* - PMS°: bestaat uit 747 genummerde vergelijkingskleuren in een kleurenwaaier voor drukkerijen van het Pantone bedrijf te Carlstadt, NJ.

paper - *papier, paper, rapport, behang* - **1.** Papier: in de vorm van vellen (cut forms°) of kettingformulieren (continuous forms°), **2.** Paper: verhandeling of voordracht op een conferentie, **3.** Rapport, zie bijvoorbeeld: white paper°, **4.** Behang, zie: wallpaper°.

paper feed - *papierinvoer* - In een leesmachine, kopieerapparaat, printer of scanner°: invoermechanisme voor losse vellen (page°); synoniem: sheetfeeder°.

paper height - *papierlengte* - De hoogte van de gebruikte vellen papier (paper°). ⇔paper width°

paperless office - *papierloos kantoor* - Met alleen elektronische documenten; is een fictie gelijk het papierloos toilet, maar wellicht brengen documentaire informatiesystemen (documentary information system°) en EDI° ooit een oplossing; is een wensdroom van: office automation°. De nieuwe term is: non-paper°.

paper tape - *ponsband, paper tape* - Papierband waarin heel vroeger computergegevens werden opgeslagen door middel van wel of niet geponste gaatjes, tot acht stuks over een breedte van 1 inch plus een gaatje voor de voortbeweging; wordt nu vrijwel niet meer gebruikt.

paper-white monitor - *paper-white monitor* - Een monochroom (monochrome°) beeldscherm (monitor°) met een hoog scheidend vermogen (resolution°) voor grafische toepassingen, dat de tekst en plaatjes donker afbeeldt op een witte achtergrond. ⇔RGB monitor°

paper width - *papierbreedte* - De breedte (width°) van de gebruikte vellen papier (paper°). ⇔paper height°

paradigm shift - *paradigmaverandering* - Andere manier van denken: die nodig is om een belangrijke trend in de computerwereld te begrijpen. De aanleiding hiervoor kan ontstaan door een nieuwe technologie, bijvoorbeeld Internet° dat heeft laten zien dat universele toegang en online° gebruik heel goed kunnen samengaan.

paragraph - *alinea* - Samenhangend stuk tekst: bestaande uit één of meer zinnen. (Een Nederlandse paragraaf heet in het Engels: section°)

paragraph break - *alinea-einde* - In een tekstverwerker wordt het einde van een alinea (paragraph°) meestal aangegeven door de Enter-toets (enter°) in te drukken.

paragraph sign - *alineateken* - In een tekstverwerker of bij correcties: het teken () dat het einde van een alinea (paragraph°) aangeeft, een soort gespiegelde hoofdletter P die wordt geplaatst aan het einde van elke alinea.

paragraph spacing - *alinea-afstand* - De afstand tussen het einde van een alinea (paragraph°) en het begin van de volgende, die groter kan zijn dan de regelafstand (line spacing°).

parallel - *parallel, gelijktijdig, parallel Centronics* - **1.** Parallel: gegevens enzovoort overbrengen met bijvoorbeeld 8, 16 of 32 bit° tegelijk, en het kan dan mogelijk sneller (⇔serial°), **2.** Gelijktijdig: met verscheidene eenheden tegelijk (parallel computing°; ⇔sequential°), **3.** Parallel Centronics°: aansluiting van een printer op een PC; wordt meestal genoemd: parallel°. (Omdat netwerken serieel werken, is de aansluiting van een printer in een netwerk meestal: serial°.)

parallel adapter - *parallelle adapter* - Op een PC een printeraansluiting, algemene naam voor: parallel Centronics°. ⇔serial adapter°

parallel Centronics - *parallelle printer-aansluiting* - Parallelle (8-bit) aansluiting van printers van de firma Centronics: een de facto norm voor een koppeling (interface°) met een DB°-25 stekker op de PC en een 36-pin stekker (connector°) op de printer. ⇔serial°

parallel communications - *parallelle communicatie* - Overdracht van gegevens met tekens (character°) tegelijk: waarbij alle bits (bit°) van een tekencode (character code°) tegelijk (parallel°) worden overgestuurd via een kabel met verscheidene aders. ⇔serial communications°

parallel computing - *parallelle processoren* - Processor gemaakt met transputers (transputer°) of gewone processoren, die samen een krachtige computer kunnen vormen; zij vereisen meestal een iets andere programmering; zie ook: scalable parallel computing°, MIMD°, SIMD°. Zijn onderworpen aan: Amdahl's law°, als gebruik wordt gemaakt van: shared memory°, shared storage°. De onderlinge afhankelijkheid wordt vermeden bij: massive parallel computing°, ook wel genoemd: shared nothing°; zie ook: MOSES°. ⇔multiprocessor°

parallel port - *parallelle poort* - Zie: parallel°, parallel Centronics°, port°.

parallel printer - *parallelle printer* - Printer die de af te drukken- en besturingstekens via acht draden (parallel°) ontvangt, niet serieel (serial°) werkt; synoniem: parallel Centronics°.

parallel run - *parallelverwerking* - Run (run°) met een oud en een nieuw systeem ter vergelijking; wordt ook genoemd: shadow run°.

parallel server - *parallelle server* - **1.** Server (server°) gemaakt met conventionele microprocessoren, die elk voor verschei-dene taken kunnen worden ingezet, dus 'parallel' te schakelen zijn, **2.** Server bestaande uit parallelle processoren (parallel computing°).

parallel-to-serial converter - *parallel-serie omzetter* - Omzetter (converter°) die paral-lelle (parallel°) informatie (meestal 8, 16, 32 of 64 bits) omzet naar serieel (serial°). Synoniem: serializer°. ⇔deserializer° ⇔serial-to-parallel converter°

parameter - *parameter* - Variabele (variable°) in een vergelijking of systeem: die op het laatste moment kan worden vastgesteld of veranderd. Ook: de speci-fieke toevoegingen aan een opdracht, bijvoorbeeld een : switch°. Too many parameters (Teveel parameters: stupide DOS°-melding wanneer u andere parame-ters gebruikt dan DOS verwacht). Engelse uitspraak: {pe·*reh*·me·tur).

parameter passing - *parameters doorgeven* - Parameters (parameter°) van een pro-gramma of toepassing (application°) doorgeven (pass°) aan ander(e).

parameter RAM {rem} - *parameter Random Access Memory, PRAM* - Zie: PRAM°.

parametric - *parametrisch* - Gestuurd of bepaald door parameters (parameter°): die u eenvoudig kunt aanpassen om de wer-king of grootte te veranderen. Bijvoor-beeld: parametric equalization° (parametrische vereffenning).

PARC {park} - *Palo Alto Research Center* - PARC: researchlab van Xerox, in 1970 gevestigd door A.C. Kay, dat veel vernieuwende ideeën lanceerde voor hun Star computer, bijvoorbeeld: Ethernet°, GUI°, laptop°, laser printer°. Het lab is gevestigd te Palo Alto, ten Zuiden van San Francisco.

parent - *parent, hoofd-* - In een hiërarchisch (hierachical°) systeem of database°, de denkbeeldige ouder van een onderliggend proces (process°) of gegeven (entity°). Wordt ook gebruikt om bijvoorbeeld een hoofdvenster (parent window) aan te duiden. ⇔child°.

parent directory - *bovenliggende directory* - Directory (directory°) waaraan een onderliggende directory (subdirectory°) ondergeschikt is; wordt in DOS° en UNIX° aangeduid met twee punten (..), bijvoor-beeld: cd..° (ga naar het bovenliggende directory.

parentheses - *haakjes* - Meervoud van: parenthesis°.

parenthesis - *haakje, ( )* - Stel speciale tekens voor de aanduiding van de volgorde van bewerking in expressies (expression°) of voor een tussenvoegsel in een zin, zie: left parenthesis°, right parenthesis°, LISP°; meervoud: parentheses. ⇔brace° ⇔bracket°

Pareto principle - *Pareto-principe, 80/20 regel* - Empirische regel die aangeeft dat bijvoorbeeld 20% van de klanten zorgt voor 80% van de omzet, of dat 80% van de gebruikers slechts 20% van alle fouten veroorzaakt enzovoort; is genoemd naar de ontdekker V. Pareto (1848-1923).

parity - *pariteit* - Algemeen gebruikt: kenmerk van gehele getallen dat zij even (even parity°) of oneven (odd parity°) zijn. Specifiek gebruikt: even pariteit (even parity ⇔no parity°).

parity bit - *pariteitsbit* - Een extra bit° dat aan een groep bits (binaire° tekens) wordt toegevoegd om hun juistheid te kunnen controleren. Het pariteitsbit maakt volgens afspraak de som van alle bits even (even parity°) of oneven (odd parity°); zie: parity°, VRC.

parity check - *pariteitsfout, pariteitscontrole* - Indicatie dat het extra pariteitsbit (parity bit°) niet overeenstemt (odd parity°, even parity°) met de bits waaraan het is toegevoegd; synoniem: parity error°. Ook wel gebruikt voor de pariteitscontrole (check°) zelf; synoniem: odd-even check°.

parity error - *pariteitsfout* - Ontdekte fout: omdat het pariteitsbit (parity bit) niet overeenstemt met de bits van een gegeven; synoniem: parity check°.

park - *parkeren* - De lees/schrijfkop (read/write head°) van een vaste schijf (hard disk°) naar een vaste locatie brengen voordat de spanning wordt afgezet: om schade aan opgeslagen informatie te voorkomen. Moest vroeger speciaal worden gedaan, maar gebeurt nu automatisch.

Parkinson's law - *Work expands so as to fill the time available for its completion* - Het werk vult de beschikbare tijd - en zo groeit de bureaucratie; is beschreven door C.N. Parkinson [18.] in 1958. Analoog: Programs expand so as to fill the memory available (Programma's groeien tot zij het beschikbare geheugen vullen), zie: fatware°.

parms {parms} - *parameters* - Variabelen (variable°): gespecificeerd bij een opdracht (command°) of instructie (instruction°).

parse - *parse* - Een reeks woorden of elementen van een instructie analyseren en benoemen in functionele eenheden; is een taak die wordt uitgevoerd door een: parser°.

parser - *parser* - Een programma dat de samenhang van instructies in een programma syntactisch (syntax°) ontleedt en hun juistheid (correctness°) controleert.

parsing - *parsing* - **1.** De uitvoering van een ontledingsproces door een parser° van geprogrammeerde of natuurlijke taal, **2.** De plaatsing van geïmporteerde gegevens in de cellen van een spreadsheet°.

part - *onderdeel, deel* - **1.** Onderdeel van een systeem, zie bijvoorbeeld: FRU°, part number°, spare part°, **2.** Deel of gedeelte, zoals in: that's all part of the game (dat hoort bij het spel), for my part (wat mij betreft). Zie ook: PPM°, Whole-Part°.

partial - *gedeeltelijk, partijdig* - **1.** Gedeeltelijk: betreffende een deel van een groter geheel; soms is beter: partly (⇔full°), **2.** Partijdig: niet onbevooroordeeld (⇔impartial°).

partition - *partitie, partitioneren* - Partitie: gereserveerd deel van het werkgeheugen (⇔member°) of deel van een vaste schijf (hard disk°); bijvoorbeeld: primary partition° (partitie met het besturingssysteem in DOS°), disk partition°. Bestaat uit een tabel waarin staat welke fysieke gedeelten van een disk kunnen worden gebruikt; letterlijk: verdeling. Een partitie kan worden verdeeld in: volumes (volume°). De verdeling is belangrijk: partities hebben een verschillende clustergrootte (cluster°) afhankelijk van de grootte van de partitie (i..v.m. adressering). In DOS° bijvoorbeeld is de clustergrootte 8 KB° (8192 byte) in een partitie tot 528MB°, daarboven wordt het direct 16 KB - dit kan leiden tot veel loze ruimte voor kleine bestanden. Het type partitie staat in de zogenaamde partition table in de boot sector° op de vaste schijf, bijvoorbeeld DOS-partitie, UNIX-partitie. Zie ook: cluster size°, memory partition°.

partitioned data set - *gepartitioneerd bestand, PDS* - PDS°: bestand (data set°) dat bestaat uit een groep logisch samenhangende bestanden (member°); de partitionering kan zijn naar waarde (die een plaats aangeeft) of naar structuur.

partitioning - *indeling, scheiding, structurering* - In het algemeen: een verdeling maken, bijvoorbeeld in partities (partition°). Zie ook: data partitioning° (gegevenspartionering).

partition size - *partitiegrootte* - De grootte van een partitie (partition°), zie: cluster size°.

partnumber - *P/N* - P/N°: identificatienummer (number°) van een onderdeel (part°).

part-time - *part-time* - Met onvolledige dagtaak: voor een deel van de dag werken of ergens mee bezig zijn. ⇔full-time°

party - *partij, gezelschap* - **1.** Partij in een samenwerking of conflict, bijvoorbeeld: third party°, third party vendor°, **2.** Gezelschap: groep die op bezoek komt of samen een reis maakt of persoon die u belt.

party line - *gemeenschappelijke telefoonlijn, bedrijfsbeleid* - **1.** Telefoonlijn (line°) in de VS in afgelegen gebieden, waarop verscheidene aansluitingen worden gemaakt, **2.** Bedrijfsbeleid: de politieke koers van uw bedrijf of organisatie, die u loyaal dient te volgen.

Pascal - *Pascal* - Een programmeertaal die is afgeleid van Algol°, ontwikkeld door N. Wirth in 1968, genoemd naar B. Pascal (1623-62); ISO°-norm 7185; vormt de basis voor Ada°. UCSD° Pascal is ontwikkeld aan de University of California te San Diego, Cal.; er zijn echter veel andere dialecten (dialect°).

pass - *pass, gang, passeren, overslaan, doorgeven, pasje* - **1.** Gang: een volgorde van bewerkingen, die gevolgd kan worden door een second pass° (tweede gang); zie ook: multipass° (in meerdere gangen), two-pass° (tweegangs), **2.** Passeren: een test, **3.** Overslaan: een deel van een programma, **4.** Doorgeven, bijvoorbeeld parameters (parameter passing°), **5.** Pasje: dat toegang geeft; zie ook: password°.

pass band - *doorlaatband* - Frequentiegebied (frequency°) waarbinnen signalen worden doorgelaten; daarbuiten worden ze onderdrukt.

passcode - *wachtwoord* - Tekencombinatie die een gebruiker (user°) moet intypen bij login° of logon°.

passive - *passief* - Niet-actief: niets doen, niets veranderen of niet ingrijpen, bijvoorbeeld: passive color°, passive LCD°; zie ook: inactive°. ⇔active°

passive filter - *passief filter* - Een filter zonder versterker, met louter weerstanden, spoelen en condensatoren. ⇔active filter°

passive hub - *passieve hub* - Knooppunt (hub°) in een netwerk: waar het signaal niet wordt versterkt, maar wel verscheidene aansluitpunten aanwezig zijn. ⇔active hub°

pass-thru - *pass-thru* - Een snelle weg door een programma, knooppunt of systeem, zodat u niet wordt opgehouden door onnodige formaliteiten.

password - *wachtwoord, pw* - Toegangscode (pw°) die een gebruiker (user°) moet intypen bij login° of logon°. Niet vertalen met paswoord, want dat past niet in het Nederlands.

password-protected - *beveiligd door een wachtwoord* - Zie: password security°.

password security - *beveiligd door een wachtwoord* - Mogelijkheid om een systeem, toepassing (application°), database° of bestand (file°) te beveiligen (security°) tegen oneigenlijk gebruik.

paste - *invoegen, plakken* - Elektronisch een afgepaalde afbeelding inplakken; letterlijk: inplakken; is een onderdeel van: cut-and-paste°.

paste-up - *paste-up* - Afbeelding op papier die in een opengelaten ruimte tussen de afgedrukte tekst wordt geplakt.

patch - *patch* - Tijdelijke, soms blijvende, correctie van programmatuur (fix°) of elektronica; een pleister voor een bug° of de gele draden op een printplaat (PCB°). De term wordt gebruikt voor de verandering zelf en voor het aanbrengen ervan. Om aan te geven welke patches zijn aangebracht in een systeem, spreekt men van: patch level (level°).

patch cord - *snoertje* - Snoertje of kabeltje om even snel (patch°) een verbinding te maken op een: patch panel°.

patch panel - *schakelpaneel* - Verzameling stekkers, stopcontacten op een paneel (panel°) en kabels (patch cord°) om snel verbindingen om te schakelen, bijvoorbeeld in een lokaal netwerk (LAN°).

path - *pad, path, toegangspad* - **1.** Toegangspad (access path°): naar de plaats (directory°) waar een bestand in een PC is opgeslagen, bijvoorbeeld: current path°, path name°, **2.** Path: een DOS°-opdracht om een toegangspad te definiëren of op te vragen; daarvoor is een ruimte van 122 tekens beschikbaar (127 inclusief de tekst 'PATH='), **3.** Path: plaats van een DOS-bestand, **4.** Path: plaatsen waar DOS° zoekt bij het uitvoeren van een opdracht; bijvoorbeeld: Put the file° in a directory° in your path to run the program from another directory (Plaats het bestand in een directory van uw pad zodat u het programma kunt aanroepen vanuit een andere directory), **5.** Pad: gevolgd in een programma of netwerk, **6.** Letterlijk pad: door een processor° of bus°, dat een aantal bits (...-bit°) breed is, **7.** Figuurlijk pad, bijvoorbeeld: critical path° (kritieke pad), growpath° (groeipad), upgrade path° (mogelijkheid voor upgrading), **8.** Door radiostralen gevolgde weg, zie bijvoorbeeld: path diversity°.

path diversity - *pad-diversiteit* - Bij radiocommunicatie wanneer er gebruikt wordt gemaakt van diverse paden (path°) die door de radiostralen gevolgd worden - men kiest dan steeds het sterkste signaal. Dit verhoogt de betrouwbaarheid van de radioverbinding, altijd een moeilijk punt. Wordt vooral toegepast in satellietverbindingen.

path name - *padnaam* - De naam (name°) van een pad (path°), bijvoorbeeld: C:\WP51\DOCS.

pattern - *patroon, model* - Een letterlijk of figuurlijk patroon of model. Wordt ook als werkwoord gebruikt. Zie ook: area fill°.

pattern recognition - *patroonherkenning* - Herkenning van tekens (OCR°) of figuren in een bitmap° die zijn gedigitaliseerd door een scanner° of van voorwerpen in een elektronische foto.

pause - *pause, pauze, pauzeren* - **1.** In DOS° en OS/2° een opdracht in een batch file° om even te wachten, een pauze in te lassen. Door het indrukken van een toets (key°) geeft de gebruiker aan dat de uitvoering (execution°) kan worden voortgezet, **2.** In een bericht of boek: pauze.

payload - *nuttige lading* - Deel waar u wat aan hebt, de rest is ballast; bijvoorbeeld in ATM°: 48 bytes van de 53 in een packet°. Het begrip is populair gemaakt in de ruimtevaart voor de lichte satelliet die door middel van een zware raket in een baan om de aarde moet worden gebracht.

pay per view - *PPV* - Zie: PPV°.

pay phone - *munttelefoon* - Telefoon (phone°), meestal geplaatst in een cabine (booth°) waar telefoongesprekken direct worden afgerekend, vroeger met munten (coins), nu met een vooraf betaalde telefoonkaart. Is in 1888 uitgevonden door W. Gray, die ze ook fabriceerde. ⇔freephone°

payroll - *betaalstaat, loonlijst* - De lijst met namen van mensen die in dienst zijn van een bedrijf en dus betaald moeten worden.

PB {pi·bi} - *PetaByte* - PB (2^{50}): meer dan duizend biljoen (10^{15}) byte°.

PBX {pi·bi·eks} - *Private Branch eXchange* - Telefooncentrale in een bedrijf of instelling: die meestal wel automatisch zal zijn (PABX°).

pc. {-} - *piece* - Stuk(s) of eenheid; niet verwarren met: PC°.

PC {pi·si} - *Personal Computer, Precise Code* - Personal Computer: **1.** een kleine computer, zie ook: diskless PC°, network PC°, PC terminal°, upgradable PC°, **2.** Personal Computer: soortnaam voor de originele Intel° PC waarvan het geheugen op de moederplaat van 16 tot maximaal 64 KB° kon worden uitgebreid; is ontwikkeld in 1981 door een groep onder leiding van D. Estridge (⇔XT° ⇔AT°). Boze tongen beweerden dat PC betekent: a) Price Cut (prijsverlaging, vanwege de grote prijsverlagingen elk kwartaal), b) Personal Chaos (persoonlijke chaos, vanwege het veel voorkomende gebrek aan discipline bij zijn gebruikers), c) Price Chaos (prijschaos), d) Piece of Crab (rommel), maar anderen denken dat er naast mainframes (mainframe°) binnenkort vrijwel alleen nog maar PC's zullen zijn. De draagbare versie met een modem° zou ook kunnen heten: Personal Communicator, PDA° (Apple°), PIC° (General Magic). Een discussie in 1995 tussen Bill Gates (Microsoft°) en Larry Ellison (Oracle) heeft de vraag losgemaakt hoe de PC zal gaan evolueren: meer van hetzelfde en sneller, of een eenvoudige Web° of Internet° PC (NC°: Network Computer) met een browser° en een eenvoudig stel programma's (suite°), bediend door een speciale server°. Eind 1996 doet de NC zijn intrede en introduceert Microsoft het begrip HPC°. **3.** Precise Code: een mogelijkheid voor extra nauwkeurige positiebepaling (nauwkeurigheid van max. 5 m) in het GPS°-systeem, die eind 1996 werd vrijgegeven voor niet-militaire doeleinden.

PC-AT {pi·si·ee·ti} - *Personal Computer-Advanced Technology* - PC-AT: meestal genoemd: AT°, die een 16-bit AT-bus° (ISA°) heeft en een 286-processor°; is de opvolger van de XT°.

PCB {pi·si·bi} - *Printed-Circuit Board* - Printplaat: bijvoorbeeld een moederbord (motherboard°) waarop elektronica is gemonteerd.

PC Card {pi·si} - *PC Card* - Logo dat aangeeft dat een bedrijf lid is van de PCMCIA°-organisatie en dat de zogenaamde PC Card-technologie is toegepast, die hot-swap° van PCMCIA-kaarten (met 68 pinnen) toestaat. Is sinds 1994 de nieuwe naam voor: PCMCIA°.

PC-DOS {pi·si·dos} - *Personal Computer-Disk Operating System* - PC-DOS: IBM°-versie van DOS°, die nog steeds vrijwel identiek is met: MS-DOS° van Microsoft°, ook al lopen de release-nummers niet gelijk op (1995: versie 7.0).

PCI {pi·si·ai} - *Peripheral Component Interconnect* - PCI: een 32- of 64- bit local bus° tot 33 MHz; is een norm voor Intel°-processoren om de weergave van grafische beelden te versnellen; is ingevoerd om de afhankelijkheid van de processor° voor de bus° te vermijden; is een multiplex°-kanaal waarop SCSI°- apparaten (device°), de vaste schijf (hard disk°), een full-motion° videokaart en een EISA°- bus kan worden aangesloten, dat de VESA° VL-bus° overbodig maakt. Voordelen van PCI zijn dat diverse SCSI-stuurprogramma's (device driver°) tegelijkertijd actief kunnen zijn, autoconfiguratie (configuration°), verscheidene apparaten (device°) kunnen dezelfde IRQ° delen, hoge bandbreedte (bandwidth°) en er kunnen tot 8 functies (video, geluid modem enz.) op een kaart worden gecombineerd. Volgens sommigen is de toekomst een PCI-bus met plug-and-play° SCSI-apparaten (device°). De PCI-bus kan met 3,3 en 5 Volt kaarten werken en gebruikt dezelfde insteekverbinding (connector°) als MCA°.

PCL {pi·si·el} - *Printer Command Language* - PCL: taal voor de besturing van printers van Hewlett-Packard (HP°); er zijn nu 6 versies, de nieuwste heet: PCL6 (1996) en werkt o.a. object-georiënteerd. ⇔PDL°

PCL escape sequence {pi·si·el} - *Printer Command Language escape sequence* - Reeks opdrachten in PCL° voor HP° en compatibele printers, die worden uitgevoerd als escape sequence°.

PCM {pi·si·em} - *Plug-Compatible Machine/Mainframe, Pulse Code Modulation* - PCM: **1.** Plug-Compatible Machine/ Mainframe: apparaat dat direct uitwisselbaar is met het origineel, **2.** Pulse Code Modulation°, PCM: een eenvoudige methode om analoge signalen te digitaliseren en in pulsvorm te coderen; is uitgevonden door Reeves in 1939 en voor het eerst praktisch toegepast in de jaren 50; zie ook: ADPCM°. ⇔PWM°

PCMCIA {pi·si·em·si·ee} - *Personal Computer Memory Card International Association* - PCMCIA (stichting opgericht in 1989), gevestigd te Sunnyvale, Cal.: norm voor uitwisselbare geheugenkaarten (flash card°) van 85,6 x 54 mm (3.37 x 2.12 inch) voor een notebook° of palmtop°; heeft 68 aansluitingen aan de korte zijkant; type 1 uit 1990 is 3,3 mm dik en wordt gebruikt voor geheugenuitbreiding, type 2 uit 1991 is tot 5,5 mm dik en bevat een fax modem° of LAN°-adapter, type 3 uit 1993 is tot 10,5 mm dik en kan een echte vaste schijf (hard disk°) bevatten of mobiele (mobile°) communicatie verzorgen. Deze kaarten kunnen in een gleuf van een laptop° worden gestopt en via een drukknop er weer uit worden gehaald (ZIF-socket°) als een diskette: hot swap°. De interface° met de hardware wordt verzorgd door een: socket services°. Afkorting betekende volgens sommigen: People Can't Memorize Complicated Industry Acronyms (Mensen kunnen gecompliceerde industriële acroniemen niet onthouden), vandaar wellicht de nieuwe naam: PC Card° (in 1994). Is oorspronkelijk ontworpen door N. Chandra voor de Poquet computer.

PCN {pi·si·en} - *Personal Communications Network* - PCN: variant van GSM° voor mobiele telefoongesprekken, wellicht straks in de 1,8-2,3 GHz band. Het concept (personal mobility) is afkomstig van het Britse Department of Trade and Industry; de eerste uitvoering is van Mercury: One-2-One. ⇔PCS° (VS)

PCS {pi·si·es} - *Personal Communication Services* - PCS: Persoonlijke of gepersonaliseerde communicatiediensten voor mobiel gebruik, bijvoorbeeld zaktelefoons, in kleine cellen (cellular°); in Europa op basis van GSM° of DECT°, in de VS op basis van AMPS°. Naar analogie van DCS-1800, spreekt men van: PCS-1900. ⇔PCN° (Europa)

PCT {-} - *PiCTure* - PCT: extensie (extension°) van een beeldbestand (file°); is vergelijkbaar met: PCX°.

PC telephony {pi·si} - *Personal Computer telephony* - PC-telefonie: de koppeling van telefoon (telephony°) en PC voor het opzoeken van telefoonnummers, automatisch bellen, fax, voice processing, telefoonbeantwoording enzovoort. Uitspraak: {te· *leh* ·fo·ni}. Zie ook: Web phone°.

PCX {pi·si·eks} - *PCX* - Een formaat (format°) van Z-Soft voor beeld- bestanden van PC Paintbrush (dat nu standaard bij Windows° wordt geleverd) met de extensie (extension°) .PCX; wordt vrij algemeen gebruikt, maar is vaak aangepast (onlangs: 24-bit grafische voorzieningen); gebruikt voor compressie: run-length coding°. Vergelijkbaar met: PCT°.

PDA {pi·di·ee} - *Personal Digital Assistant* - PDA: zakcomputer, geïntroduceerd door Apple° (Newton), een kruising van een calculator° en een PC°; werkt nu vaak met handschriftherkenning, straks wellicht spraakherkenning. Belangrijk is de mogelijkheid om bestanden te synchroniseren, bijvoorbeeld PIM°-bestanden met de vaste PC. BellSouth introduceerde Simon van IBM, en Motorola° ENVOY eind 1994; zie ook: PIC°.

PDC {pi·di·si} - *Program Delivery Control* - PDC: mogelijkheid om uw video (VCR°) te programmeren via teletext°, met als extra boven VPT° dat de video start en stopt in opdracht van een signaal van de TV-zender.

PDF {pi·di·ef} - *Portable Document Format, Programmed Development Facility, Printer Description File* - **1.** PDF: voorstel van Adobe voor een open norm voor grafische bestanden die onafhankelijk van de gebruikte apparatuur zou werken; is gebaseerd op 7-bit ASCII° en gebruikt verscheidene compressienormen (compression°), maar is nog niet erg populair, mogelijk straks wel via: Acrobat°; een PDF-bestand van een bladzij tekst vraagt 10 kbyte ongecomprimeerd en kan eindeloos uitvergroot worden (⇔TIF°), **2.** PDF: programmatische voorziening voor de ontwikkeling van programma's, **3.** PDF: extensie (extension°) van een bestand (file°) met printerdefinities, bijvoorbeeld van een tekstverwerker.

PDH {pi·di·eetsj} - *Plesiochronous Digital Hierarchy* - PDH: multiplexers met verschillende snelheden (8, 34 of 140 Mbps) en verbindingstechnologieën. Een technologie die geoptimaliseerd is voor (dure) coax°-kabels en weinig betrouwbare elektronica. Nieuwer en tevens geschikt voor glasvezelkabel (fiber optics°) is: SDH°.

PDL {pi·di·el} - *Page Description Language, Program Design Language* - **1.** Page Description Language: programmeertaal, waarin de opdrachten voor de opmaak van een pagina aan de printer° worden gegeven, bijvoorbeeld PostScript° of PCL°, **2.** Program Design Language: een programmeertaal om programma's mee te ontwerpen, bijvoorbeeld: Pseudo-code°.

PDN {pi·di·en} - *Public Data Network* - PDN: publiek informatie-netwerk (data network°), veel gebruikt in de VS.

PDP {pi·di·pi} - *Programmed Data Processor* - De eerste serie computers van Digital°: vanaf 1962 tot 1977, toen ze VAX° werden genoemd. De PDP-1 was een 18-bit computer die eind 1959 is geïntroduceerd; de PDP-8 had een processor° op een chip°; de PDP-11 was de populairste van de serie, geïntroduceerd in 1970; zie ook: VUP°.

PDS {pi·di·es} - *Partitioned Data Set, Premise Distribution System, Public Domain Software* - PDS: **1.** Gesegmenteerd (partition°) bestand (data set°) dat bestaat uit een groep logisch samenhangende bestanden (member°), **2.** Bekabelingssysteem voor een gebouw (premise°) van AT&T°, **3.** Programma's in openbaar bezit (public domain°).

Peak Music Power Output - *PMPO*- Zie: PMPO°.

peek - *peek* - Kijk-instructie (instruction°): om te zien wat er op een bepaalde plaats in het werkgeheugen is opgeslagen; behoort bij een poke°.

peer - *peer* - Gelijke: een collega die of programma dat op hetzelfde niveau werkt; uitspraak: {pier}; meervoud: peers.

peer LAN {len} - *peer Local-Area Network* - Peer LAN: lokaal netwerk (LAN°) waarin de aangesloten gebruikers en computers als gelijken (peer°) met elkaar omgaan, bijvoorbeeld: WfW°.

peer review - *review* - beoordeling van uw werk door collega's (peer°).

peer-to-peer - *peer-to-peer* - Een architectuur zonder een server° waarin computers als gelijken (peer°) met elkaar praten, bijvoorbeeld tussen twee programma's op dezelfde netwerklaag (OSI°); zie ook: TCP/IP°. Sommige schrijvers spreken van: evenknienetwerken (?). De architectuur is zeer geschikt voor kleine netwerken waarin sommige computers zowel als server° als werkstation kunnen dienen - is een standaardvoorziening van veel nieuwe PC besturingssystemen. ⇔client/server° ⇔master/slave°

pel {pel} - *pixel* - Elektronisch beeldpunt (pixel°) in een computer.

pen-based computer - *pencomputer* - Pen-PC: het voorstel anno 1991 om een PC via een pen te bedienen in plaats van een muis (mouse°) of toetsenbord (keyboard°), bijvoorbeeld: PDA°; synoniem: pentop°. De verwachting is dat spraakherkenning (speech recognition°), gerealiseerd in een chip°, als invoermechanisme beter zal werken. ⇔wand°

pen computing - *pen-computing* - Het idee van een pencomputer (pen-based computer°) die werkt met: digital ink°.

pen plotter - *pen plotter* - Plotter: die met pennen tekent (er bestaan ook andere technieken, zie: plotter°).

Pentium - *Pentium* - De opvolger van de Intel° 80486 processor°; vroegere codenaam: P5°. Intel besloot over te stappen op wettig gedeponeerde handelsmerken omdat getallen (80586 enz.) niet kunnen worden beschermd. De eerste Pentium doet 112 MIPS°, vergeleken met 50 MIPS voor de snelste 486 en 0,65 MIPS voor de eerste 8086; bezit 3,1 miljoen transistoren. P6 wordt de volgende versie met 5,5 miljoen transistoren. Anno 1994 is de warmteontwikkeling een probleem (zie: computing and cooking°) evenals de nauwkeurigheid van rekenen door een ontwerpfout ontdekt door prof. Nicely (de ingeruilde Pentiums zullen straks hun weg naar de consument vinden in de vorm van een oorhanger, broche of sleutelhanger, met een sticker waarop staat: intel outside).

Pentium Pro - *Pentium Pro* - De nieuwe versie van de Pentium° processor met snelheden boven de 100 Mhz, die ongekende prestaties geeft met 32-bit° programma's. Een forse chip met ditto koeling, die werkt met zogenaamde micro-instructies (microcode°), eerder genoemd P6° en geïntroduceerd eind 1995. Intel zal hiervoor zelf de moederborden maken. De 150, 166, 180 en 200 Mhz versie hebben in totaal 45 fouten, waarvan er 13 niet worden hersteld, geeft Intel° nu zelf toe.

pentop - *pentop* - Aanduiding voor een computer met pen-invoer; synoniem: pen-based computer°. ⇔desktop°

peopleware - *menselijke organisatie* - Onderdeel van een informatiesysteem (information system°). ⇔hardware° ⇔software°

percent - *procent* - Per honderd, aangegeven door het procentteken (percent sign°).

percentage - *percentage* - Het aantal honderden (percent°) van iets, bijvoorbeeld de marge voor een detaillist.

percent sign - *procentteken, %* - Per honderd; zie de lijst met veelgebruikte tekens achterin dit boek. Is ook een symbool in opdrachten (command°) en DOS° batch file° en op Internet° (finger°, FTP°).

Perceptron - *Perceptron* - Analoge herkenningsmachine: voorgesteld door McCulloch en Pitts in 1943 en ontwikkeld door F. Rosenblatt rond 1960; was de eerste stap naar neurale netwerken (neural net°); is later uitgebreid met: backpropagation°.

perform - *uitvoeren* - Een bepaalde bewerking doen.

performance - *prestatie, snelheid* - Capaciteit van mens of machine, vaak uitgedrukt in de tijd nodig om een actie of bewerking (benchmark°) uit te voeren. Ook: high-performance° (snel of betrouwbaar), network performance°.

performance management - *PM* - Zie: PM°.

performance monitor - *performance monitor* - Programma dat gegevens verzamelt (monitor°) over de werking (performance°) van een netwerk of database°, op basis waarvan optimalisering (tuning°) plaatsvindt.

period - *punt, ., punt uit, periode* - **1.** Punt: leesteken, zie de lijst met veelgebruikte tekens achterin dit boek; zie ook: wildcard°, **2.** Punt uit: geen verdere discussie, **3.** Periode: tijdperk, bijvoorbeeld: access period°, retention period°. Zie ook: cd..°, ellipsis°.

peripheral unit - *randapparatuur* - Apparaten gekoppeld aan een computer of netwerk, gebruikt voor de in- en uitvoer (I/O°) van gegevens, bijvoorbeeld een toetsenbord (keyboard°), een diskette°-station, een printer° of een tape°-eenheid; ook een PC in een netwerk. Zie verder: no-slot peripheral°.

peripheral component interconnect - *PCI* - Zie: PCI°.

Perl {purl} - *Practical Extraction and Report Language* - Perl: een krachtige programmeertaal (programming language°) van L. Wall voor UNIX°; wordt geïnterpreteerd. Perl5 (1994) brengt geneste datastructuren en object-georiënteerde (object-oriented°) faciliteiten. Volgens sommigen: Pathological Eclectic Rubbish Lister (pathologische, eclectische rommellijstenmaker). Ontworpen voor het scannen van tekstbestanden en systeemmanagement. Met initiële hoofdletter: de taal (programming language°) zelf; zonder hoofdletters de: interpreter°. Wordt gedistribueerd via UUNET. USENET: comp.lang.perl.misc.

permanent - *permanent, blijvend* - Het idee dat dingen of fouten (error°) blijvend zijn. ⇔volatile°

permanent error - *blijvende fout* - Fout (error°) die niet opgelost kan worden door het opnieuw te proberen of een PC opnieuw te starten.

permanent virtual circuit - *PVC* - Zie: PVC°.

permutation - *permutatie* - Eén van de mogelijke combinaties van een groep elementen: het maximum aantal permutaties van n elementen is n faculteit (n!, factorial°). Bijvoorbeeld voor drie elementen a, b en c is het maximum aantal permutaties gelijk aan: 3! = 6, te weten: abc, acb, bac, bca, cab, cba.

perpendicular - *loodrecht* - Een lijn (line°) of vlak (plane°) die onder 90 graden staat op een ander.

persistence - *persistentie* - Nagloeitijd: van fosfor (phosphor°) in een beeldbuis (CRT°); kan het effect van flicker° verminderen, maar veroorzaakt een streperig bewegend beeld (ghosting°).

personal - *persoonlijk* - Voor een bepaalde persoon of voor één persoon. Uitspraak: {*pur*·se·nul}. Niet verwarren met: personnel (personeel, personeels..., {pur·se·*nel*})

personal communications network - *PCN* - Zie: PCN°.

personal communication services - *PCS* - Zie: PCS°.

personal communicator - *PC* - PC°: een kleine computer die bijvoorbeeld via GSM° draadloos is verbonden met andere computers en daarmee kan communiceren (e-mail°, fax°, voice°); zie ook: PDA°. Een nieuwe betekenis voor de afkorting PC (personal computer), bijvoorbeeld de Nokia 9000 Communicator; zie ook: PIC°.

personal computer - *PC* - PC°: een kleine computer, oorspronkelijk bedoeld voor persoonlijk gebruik, die thuis meestal als schrijfmachine wordt gebruikt en op het werk aan een netwerk is gekoppeld. Staat ook bekend onder soortnamen zoals: Mac°, PS/1°, PS/2°.

personal computer memory card international association - *PCMCIA* - Zie: PCMCIA°.

personal digital assistant - *PDA* - Zie: PDA°.

personal identification number - *PIN* - Zie: PIN-code°.

personal information manager - *PIM* - PIM: PC-programmatuur voor al uw persoonlijke informatie: notities, adressen, telefoonnummers, banksaldi, agenda enzovoort. Is gericht op uw tijd en te verrichten taken. ⇔contact manager°

personal intelligent communicator - *PIC* - Zie: PIC°.

personal mobile radio - *PMR* - Zie: PMR°.

personal numbering - *uniek abonnee-nummer* - Uniek telefoonnummer: waar u via verschillende diensten kunt worden bereikt, waar u ook bent. Synoniem: number portability°

personal scanner - *persoonlijke scanner* - Kleine scanner die gekoppeld is aan een PC voor persoonlijk gebruik.

person-to-person - *persoonlijk* - Mogelijkheid in de VS om via een operator° te bellen en alleen te hoeven betalen als de gevraagde persoon aan het toestel komt. ⇔station-to-station°

perspective - *perspectief* - Zaken of voorwerpen op een juiste manier zien of tonen.

PERT {purt} - *Program Evaluation and Review Technique* - Zie: PERT chart°.

PERT chart {purt} - *Program Evaluation and Review Technique chart* - PERT chart: schema (chart°) om de doorlooptijd van een project te bepalen (analysis°) aan de hand van het kritieke pad (CPM°); is afkomstig van de US Navy uit 1958, gebruikt bij de ontwikkeling van de Polaris-raket. Nu weer populair vanwege de vele beschikbare programma's voor project management°. Men spreekt nu vaak van: PERT/CPM.

petabyte - *PB* - PB°: 2^{50}, meer dan duizend biljoen (10^{15}) byte°.

Peter principle - *In a hierarchy every employee tends to rise to his level of incompetence* - In een hiërarchie groeit elke medewerker tot zijn incompetentieniveau. Is beschreven door Peter en Hull [19.]. Analoog: Program complexity grows above the capability of the programmer who must maintain it (De complexititeit van een programma groeit de onderhoudsprogrammeur boven het hoofd).

Petri net - *Petri-net* - Toestandsmodel en grafische notatie voor parallelle activiteiten: bestaande uit toestanden (state°) en overgangen (transistion°); wordt gebruikt om processen (process°) te modelleren (model°), aan te sturen (control°) en om de voortgang van processen te volgen (monitor°); het kent vier elementen: places (toestanden), transitions (overgangen), arcs (verbindingsbogen, arc°) en tokens (token°); is bedacht door C.A. Petri in de beginjaren 60; wordt gebruikt voor parallelle systemen (parallel computing°).

PEX - *PEX* - PEX: uitbreiding van X Window° voor 3D° graphics°.

PF-key {pi·ef} - *Programmed Function-key* - PF-toets: geprogrammeerde functietoets met een nummer. Synoniem: F-key° (functietoets).

PFLOPS {pi·flops} - *Peta Floating-Point Operations Per Second* - PFLOPS: 1000 GFLOPS°, maat voor de snelheid van massaalparallelle (massive parallel computing°) systemen; zie ook: FLOPS°.

PGA {pi·dji·ee} - *Pin Grid Array* - PGA: vierkante behuizing voor een chip°: met pinnen (pin°) in concentrische vierkanten; wordt bijvoorbeeld gebruikt voor de microprocessor° op de printplaat (motherboard°). Pentium, bijvoorbeeld, heeft 273 pinnen.

PgDn {peetsj·doun} - *Page Down* - PgDn (page down°): toets om het schermvenster 'omlaag' te schuiven (of de afgebeelde informatie omhoog - up). ⇔PgUp°

PGM {-} - *ProGraM* - PGM: extensie (extension°) van een bestand (file°) met programma's (program°).

PGP {pi·dji·pi} - *Pretty Good Privacy* - PGP: public domain° crypto- programma (cryptography°) van Ph. Zimmerman voor e-mail°, in 1991 gratis verspreid via Internet°; maakt gebruik van de IDEA°, MD5° en RSA° algoritmes (algorithm°). Is een soort van enveloppe voor het elektronische bericht. Zie ook: privacy°. RSA-mensen noemen het: Pretty Good Piracy (piracy°). De UNIX°-gemeenschap staat aan zijn zijde nu de Amerikaanse overheid hem heeft aangeklaagd omdat hij een exportvergunning nodig zou hebben voor de distributie van PGP via Internet°; in januari '96 kwam het bericht dat niet zal worden vervolgd. Zimmerman zit echter niet stil en heeft medio '95 ook PGfone ontwikkeld voor telefoneren (phone°) in geheimtaal via een Mac° en een snel modem°.

PgUp {peetsj·up} - *Page Up* - PgUp (page up°): toets om het schermvenster 'omhoog' te schuiven (of de afgebeelde informatie omlaag - down). ⇔PgDn°

phase - *fase, faseren* - **1.** Fase: onderdeel van een ontwikkelings-of installatietraject; bijvoorbeeld, met de SDM°-methodologie worden projecten° in fasen beheerd (⇔Nolan stages°), **2.** Fase: toestand van een elektrisch signaal die kan worden gemoduleerd (PM°), **3.** Faseren: in fases uitvoeren, bijvoorbeeld: phase in°, phase out°, two-phase commit°.

phase alternating line - *PAL* - Zie: PAL°.

phase change - *phase-change* - Fase-omkeer: een nieuwe techniek voor herschrijfbare (rewritable°) optische schijven met een capaciteit van 650 MB°, geïntroduceerd in 1995; deze schijven kan in één gang direct gewist, geschreven en gecontroleerd worden, zelfs met viervoudige snelheid (quad-speed°). De twee fasen (phase°): amorf en kristallijn, niet: magnetisch of MO°, bereikt met de warmte van een laserstraal. De twee fasen hebben een andere reflectiecoëfficiënt. Samensmelting van de WORM° en de CD-ROM°?

phase encoding - *fasecodering* - Magnetische opnametechniek voor tape° en disk°: waarbij de overgang van positief naar negatief als 1-bit wordt geschreven en de overgang van negatief naar positief als 0-bit; geeft een grote dichtheid omdat slechts een halve cycle° per bit wordt gebruikt; wordt o.a. gebruikt op 1600 bpi° magneetband (tape°).

phase-locked loop - *PLL* - Zie: PLL°.

phase modulation - *fasemodulatie, PM* - PM°: modulatie door omkering van de fase (phase°) van een draaggolf. ⇔AM° ⇔FM°

phase shift keying - *PSK* - Zie: PSK°.

PHIGS {figks} - *Programmer's Hierarchical Interactive Graphics Standard* - PHIGS: taal en systeem voor 2D° en 3D° grafische beelden; is vergelijkbaar met GKS°, maar werkt hiërarchisch.

phone {foon} - *telephone* - **1.** Telefoon (synoniem: handset°), **2.** Telefoneren. Zie: freephone°, pay phone°, screen phone°, telephone°, touchtone phone°, videophone°.

phoneme - *foneem* - Basisklank-element in menselijke spraak; Engels en Nederlands kennen ongeveer 40 fonemen (26 verscheidene letters).

phone number - *telefoonnummer* - Het abonneenummer van iemands telefoonaansluiting (phone°).

phosphor - *fosfor* - Aan de binnenkant van een beeldscherm (CRT°) aangebrachte stof die oplicht als zij wordt getroffen door een elektronenstraal. Het type fosfor bepaalt de uitgestraalde kleur (RGB monitor°). Zie ook: ghosting°.

phosphorescent - *fosforescerend* - De lichtgevende eigenschap van fosfor (phosphor°) bezittend. ⇔fluorescent°

Photo CD {si·di} - *Photo Compact Disc* - Photo-CD: optische CD van Kodak voor de opslag van still video° beelden: elektronische foto's met de mogelijkheid van: multisession°. Is in korte tijd een de facto norm geworden voor elektronische beeldverwerking, vooral in de grafische industrie; gebruikt dezelfde indeling (format°) als CD-i° en CD-ROM XA°. Elk beeld wordt in één vorm opgeslagen en kan in vijf verschillende resoluties (resolution°) worden uitgelezen: Base/16 (128x192), Base/4 (256x384), Base (512x768), 4Base (1024x1536) en 16Base (2048x3072); de Pro Photo CD biedt 64Base (4096x6144) - een heel andere Base dan 10Base...°! Beeldcompressie via: YCC°, Huffman code°.

photonics - *fotonica* - Het idee om licht niet alleen passief als drager van informatie te gebruiken maar ook actief voor beeldverwerking (optical computing°).

photodiode - *fotodiode* - Fotocel in de vorm van een diode°, bijvoorbeeld: PIN photodiode°.

photodiode array - *rij fotocellen* - Fotocellen (photodiode°): in een scanner° of videocamera, één cel per pixel°; zal meestal een CCD° zijn.

photo quality - *fotokwaliteit* - Eigenschap van een kleurenprinter (color printer°) om net zo mooi af te drukken als foto's; is vergelijkbaar met: letter quality°, presentation quality°.

photo-realism - *fotorealisme* - CAD°-tekeningen elektronisch omgezet (render°) in bijna-foto's zonder zichtbaar raster°.

photosensor - *optische sensor* - Sensor° die met licht de aan- of afwezigheid van papier bepaalt, bijvoorbeeld in een printer; detecteert het opvallende of weerkaatste licht.

physical - *werkelijk, fysiek* - Tastbaar aanwezig; ook de onderste laag van het OSI°-model. Niet verwarren met: physique (lichaamsbouw). ⇔logical°

physical access - *persoonlijke toegang* - Binnenkomen alleen op vertoon van een pasje (badge°) of door het intoetsen van een wachtwoord (password°).

physical design - *detailontwerp* - Het fysieke ontwerp: het laatste stuk in het traject van analyse (analysis°) naar ontwerp (design°). ⇔logical design°

physical device - *physical device* - De werkelijke in- of uitvoereenheid. In Windows°: het werkelijke apparaat (device°). ⇔logical device°

physical layer - *physical-laag* - De onderste, eerste van zeven lagen (layer°) van het OSI model°, die het mechanisme bevat voor het aansturen van de interface° met het transmissiemedium (media°): de kabel.

physical level - *fysiek niveau, physical-niveau* - 'Fysiek' in normaal spraakgebruik en 'physical' in verband met de laag (physical layer) in het OSI-model (OSI model°).

physical planning - *plaatsindeling* - Plaatsing van apparaten of indeling van werkplekken.

PIC {pik} - *Personal Intelligent Communicator, PICture* - **1.** PIC: communicatie-apparaatje waarmee u iets kunt kopen of bestellen door het bij het gewenste artikel te houden en op een knop te drukken, een idee van M. Porat (General Magic, 1993), **2.** PIC: extensie (extension°) van een beeldbestand (picture°, file°).

pica - *pica* - Eenheid voor tekenhoogte: 1 pica = 12 point° = 1/6 inch = 4,23 mm groot; is bijna een cicero = 12 Didot punten = 4,512 mm. Pica wordt ook gebruikt voor een schrijfmachineletter gedrukt met 10 tekens per inch (⇔elite°, met 12 tekens per inch).

pick list - *keuzelijst* - Lijst (list°) met bestandsnamen in een grafische omgeving (GUI°) waaruit u met een muis (mouse°) een keus kan maken of een lijst met goederen die op de gegeven volgorde in een magazijn verzameld worden.

picking list - *vergaarlijst* - Lijst (list°) aan de hand waarvan iemand langs de stellingen van een magazijn loopt en onderdelen of eenheden vergaart voor een of meer bestellingen (order°).

pico- - *pico-* - Een biljoenste (10^{-12}), bijvoorbeeld picoseconde (ps°).

picon {pai·kon} - *picture icon* - Beeldpictogram: een venster (window°) verkleind tot pictogram (icon°). ⇔earcon° ⇔vicon°

picosecond - *ps* - Zie: ps°.

PICS {piks} - *Platform for Internet Content Selection* - PICS: platform dat regels heeft vastgesteld voor de inhoud van informatie op Internet°, in overeenstemming met: CDA°.

PICT {pikt} - *PICTure* - Norm voor de indeling (format°) van grafische metabestanden (metafile°) voor de Mac°; werkt met vector graphics°.

pictogram - *pictogram* - Beeldmerk: gestileerd symbool. In gebouwen gebruikt als wegwijzer, bij sportreportages op de TV om het onderdeel aan te geven of in een computerscherm (icon°) voor toepassingen en dergelijke.

picture - *afbeelding, figuur, PIC, PICT* - Zoals in: A picture is worth 1000 words and 2 Mbyte on your hard disk° (Een plaatje zegt evenveel als 1000 woorden en kost 2 MB° op je vaste schijf). Zie ook: model°, PIC°, PICT°.

picture phone - *beeldtelefoon* - Zie: videophone°.

PictureTel {tel} - *PictureTelephone* - Beeldtelefoondienst voor videovergaderen (video conferencing°), bijvoorbeeld op basis van twee of zes ISDN° B-kanalen (B-channel°).

pie chart - *taartdiagram* - Cirkeldiagram: grafische voorstelling (chart°) waarin het oppervlak van een cirkel in taartpunten is verdeeld volgens berekende percentages; zie ook: exploded pie chart° (met een verschoven punt).

.PIF {pif} - *Program Information File* - .PIF (Microsoft°): extensie (extension°) van een bestand (file°) met informatie over de te gebruiken programma's (program°) onder Windows°, bijvoorbeeld hoeveel geheugen (memory°) zij nodig hebben.

piggyback - *bovenop* - Een board° of een module° dat op een ander wordt geplaatst; wordt ook gebruikt voor het invoegen van protocol°-informatie in de gegevens-pakketjes bij packet-switching°; letterlijk: op de rug van een varken, gelijk Dik Trom.

pilot - *pilot, proefproject* - Proef om uit te vinden of het systeem werkt en wat een klant werkelijk wil. Betekent onder andere ook: loods of piloot. Als elektronisch signaal: stuurpuls die aangeeft dat er iets gaat gebeuren.

PILOT {pai·lot} - *Programmed Inquiry, Language Or Teaching* - PILOT: een programmeertaal voor computer-ondersteunde training (CBT°) van J. Starkweather uit 1969.

PIM {pim} - *Personal Information Manager* - PIM: PC-programma voor persoonlijke informatie, met een tekstverwerker, data-base°, agenda°, adressen, telefoonnummers enz.

pin - *pin, naald* - **1.** Onderdeel van een stekker, zoals in een DB°-25 connector° (databus-stekker met 25 pinnen) en pin-compatible° (compatibel tot op de stekker); ook zoals in: pinfeed°. Wordt in het Nederlands ook wel genoemd: pen. **2.** Naald (ook: needle°) van een matrixprinter (matrix printer°).

PIN {pin} - *Personal Identification Number* - Zie: PIN-code°.

PIN photodiode {pin} - *Positive-Intrinsic-Negative photodiode* - PIN- fotodiode: die is opgebouwd uit drie lagen (P, I, N) maar werkt als een diode° en licht omzet in elektrische signalen, bijvoorbeeld in een glasvezelverbinding (fiber optics°).

pin assignment - *pin-toewijzing* - Toewijzing (assignment°) van betekenissen aan de pinnen (pin°) van een stekker (connector°).

pinch roller - *aandrukrol* - Meedraaiende rubberen rol die tegen de capstan° (aandrijfas) wordt gedrukt om magneetband (tape°) te transporteren.

PIN-code {pin} - *Personal Identification Number-code* - PIN-code: code° van vier cijfers waarmee u zich kunt legitimeren; de verificatie-algoritme lijkt op DES°; de code wordt getoetst op een pinpad (pad°).

pin-compatible - *compatibel tot op de stekkerpinnen* - Zie: pin°; praktisch synoniem: plug-compatible°.

PIN diode {pin} - *Positive-Intrinsic-Negative diode* - Zie: PIN photodiode°.

pinfeed - *pinfeed* - Papiertoevoer (feed°) met behulp van pinnen (pin°) in de gaatjes aan de rand van kettingformulieren; werd vroeger ook wel tractor feed° genoemd, maar tegenwoordig zitten de pinnen vaak op een plastic wiel. ⇔friction feed°

ping - *ping* - Opdracht (command°) in UNIX° (ICMP°), gebruikt om te bepalen of een TCP/IP° host° op een bepaald adres actief (alive°) is; zo ja, dan wordt dat bevestigd door een antwoordbericht. Ping that workstation to see if it's alive (Ping dat werkstation om te zien of het actief is). Afkomst: Packet INternet Groper (TCP/IP°) en de gelijknamige term voor een sonarpuls waarmee onder water objecten worden gelokaliseerd via de terugkomende echo. ⇔Pong°

ping pong - *ping pong* - Afwisselend werken, gelijk in tennis, bijvoorbeeld met betrekking tot zenden/ontvangen, half duplex° (HDX°), twee magneetbandeenheden enzovoort. Bij een protocol spreekt men meestal van: handshaking°. Zie ook: ping°, Pong°.

pin grid array - *PGA* - Zie: PGA°.

pipe - *pipe* - Sluis: mechanisme dat het resultaat van een opdracht direct doorgeeft aan een volgende; in DOS aangegeven met | (vertical line°) ; ook gebruikt als werkwoord: piping°. Ook: named pipe° (netwerkprogramma in laag 7 van het OSI°-model, afkomstig uit UNIX°), Named Pipes° (netwerkcommunicatieprotocol van Microsoft). ⇔filter°

pipeline - *pijpleiding* - Toekomst waarin zich figuurlijk producten of gegevens bevinden die pas later beschikbaar komen.

pipelining - *pipelining* - Een opdracht in de processor° starten voordat de voorgaande is beëindigd. ⇔piping°

piping - *piping* - Het resultaat van een opdracht direct, zonder tussenliggende opslag, gebruiken voor (doorsluizen naar) een volgende opdracht (pipe°); in DOS aangegeven door |; is een vorm van: chaining°. ⇔pipelining°

piracy - *piraterij* - Het illegaal kopiëren (dupe°) of gebruiken van programma's; zie ook: Software Publishers Association°. Zie ook: PGP°.

pitch - *pitch, presentatie, toonhoogte* -**1.** Pitch: aantal afgedrukte tekens (character°) of stippen (dot°) per inch; zie ook: fixed-pitch°, variable pitch°, **2.** Mondeling voorstel of presentatie: is afkomstig uit de honkbalwereld, waar de pitcher (werper) een balletje opgooit, **3.** Toonhoogte in een recorder°, die afhankelijk is van de bandsnelheid.

pixel - *pel, pixel, beeldpunt* - Een stip in een elektronisch rasterbeeld; wordt ook wel pel° genoemd; is een samentrekking van: picture element. Een kleuren-pixel bestaat uit een rode, een groene en een blauwe (RGB monitor°) stip (dot°). Een nu gebruikelijk 768x1024 SVGA° beeldscherm be-vat 768.432 pixels van 1 (monochrome°) tot (true color°: 3x8 =) 24 bits. Bij kleur bestaat een pixel uit drie getallen voor rood, groen en blauw (RGB°) of voor tint (hue), verzadiging (saturation) en intensiteit (intensity), zie: HSB°, HSI°.

pixel editor - *pixel editor* - Programma (editor°) waarmee beeldpunten (pixel°) kunnen worden veranderd.

pixels per inch - *PPI* - Zie: pixel°, PPI°.

pizza-box - *pizzadoos* - Platte kast ter grootte van een pizzadoos: waarin de elektronica van een PC is gemonteerd en waarop meestal een beeldscherm staat. ⇔lunch-box°

PLA {pi·el·ee} - *Programmable Logic Array* - PLA: programmeerbaar logisch (logic°) element (array°), een speciaal soort chip°.

placeholder - *plaatsaanduiding, variabele* - Een tijdelijke aanduiding voor de plaats waar later een cijfer (digit°) kan komen te staan of alles wat een reservering aangeeft voor iets dat later kan worden ingevuld (variable°) of toegevoegd.

plain - *standaard* - Aanduiding dat iets steeds zo wordt geleverd, zonder extra's. Plain vanilla (de allereenvoudigste vorm of uitvoering van iets).

plain ASCII {es·ki} - *plain American Standard Code for Information Interchange* - De oorspronkelijke 7-bit° standaard ASCII° tekencode (code°) voor 127 tekens. Tegenwoordig wordt door vrijwel iedereen de uitgebreide 8-bit° versie (extended ASCII°) gebruikt voor 256 tekens, maar daarbij kunnen de tekencodes verschillen, afhankelijk van de gebruikte code page°.

plain old telephone service - *POTS* - Zie: POTS°.

plain paper - *gewoon papier* - Kenmerk van bijvoorbeeld een copier° (PPC°) of fax° die aangeeft dat hij met gewoon papier kan werken. ⇔thermal paper°

plain paper copier - *PPC* - Zie: copier°, PPC°.

plaintext - *niet-gecodeerde tekst* - Tekst die gewoon kan worden gelezen, die niet is versleuteld (encrypt°); synoniem: cleartext°. Met een spatie: plain text (onbewerkte tekst: zonder opmaakcodes). ⇔ciphertext°

plan - *plan* - Voornemen: gemaakt om straks voor zo min mogelijk verrassingen te komen staan. If you fail to plan, you plan to fail (Als u nalaat te plannen, plant u iets na te laten). Zie ook: business plan°, contingency plan°, fallback plan°, in-plan°, metaplan°, out-plan°.

planar - *planar* - Aanduiding van het huidige proces voor het maken van een IC°: waarbij een isolerende laag silicon over de chip° wordt aangebracht waarop dunne verbindingsdraden worden neergeslagen om de componenten te verbinden. Dit 'vlakke' (plane°) proces is de opvolger van het eerdere mesa- proces, waarbij in de diepte werd geëtst. De term wordt ook gebruikt voor een printplaat, bijvoorbeeld: motherboard°, expansion board°.

planar upgrade - *planar upgrade* - Een upgrade° van het moederbord (motherboard°) in een PC. ⇔disk upgrade° ⇔processor upgrade°

plane - *vlak, laag, airplane* - **1.** Vlak, zie bijvoorbeeld: planar°, **2.** Laag, bijvoorbeeld van een multilayer° board°, **3.** Vliegtuig. Is ook: schaaf.

planning - *planning* - Een voortdurende bezigheid, want het enige dat blijft, is de verandering (zie: permanent°). Ook een frustrerende bezigheid omdat u minder mogelijkheden hebt om de planning te veranderen naarmate de plannen concreter worden en uitgevoerd, en u meer weet. Zie ook: financial planning°, network planning°, physical planning°.

planning and requirements analysis for information systems - *PRISMA* - Zie: PRISMA°, een methode voor systeemontwikkeling.

plant - *fabriek* - Plaats waar apparatuur wordt geassembleerd of programmatuur en handleidingen worden verpakt; ook een gewone plant in de tuin; synoniem: factory°.

plasma display - *plasmascherm* - Afbeeldingstechnologie voor een monochroom (monochrome°) beeldscherm (display°) op basis van gasontlading met een geheugen (eenmaal ontstoken blijft de ontlading doorgaan); heeft meestal een oranje of rode kleur. ⇔CRT° ⇔electroluminescent display° ⇔LCD° ⇔LED°

plastic money - *plastic geld* - Betaalmiddel via een plastic kaart, van eenvoudige creditcard° tot en met een geavanceerde smartcard° met chip°, bijvoorbeeld: chipper, chipkaart. ⇔electric money°

platen - *platen, degel* - Rol of plaat die achter het papier is opgesteld om de klap van een printhamer (impact printer°) op te vangen; bijvoorbeeld de rol in een schrijfmachine; spreek uit: {*plet*·tun}

platform - *platform* - Strategische combinatie van apparatuur en programmatuur: stamt uit de eindjaren 80. Wordt nu gebruikt voor elke willekeurige computer. Synoniem: environment° (werkomgeving); zie ook: internetworking platform°, multiplatform°.

platform for Internet content selection - *PICS* - Zie: PICS°.

PLATO {plee·too} - *Programmed Logic for Automatic Teaching Operations* - In de jaren 70 een geavanceerd CBT° systeem ontwikkelt door D. Bitzer (Control Data Corporation) voor gebruik op grote computers. ⇔PILOT°

platter - *schijf* - Enkele magnetiseerbare schijf van een vaste schijf (hard disk°) of disk pack°.

play - *afspelen, werken* - **1.** Afspelen: acties of gebeurtenissen die eerder zijn opgenomen, (play back: opnieuw) uitvoeren, **2.** Werken, zoals in: plug-and-play° (kaart erin steken en het werkt).

PLC {pi·el·si} - *Programmable Logic Controller* - PLC: processor op een chip° of kaart (card°) voor de besturing van een elektrisch apparaat, bijvoorbeeld een magnetron of een tape unit°; is als bouwsteen voor procesbesturing uitgevonden door R. Morley (IEC°-norm 1131).

PLD {pi·el·di} - *Programmable Logic Device* - Programmeerbare chip° met elektronische logica (logic°). ⇔ASIC°

plesiochronous - *plesiochroon* - Aanduiding van een verbindingsprotocol (protocol°)

dat werkt met verschillende snelheden en technologieën. ⇔isochronous°

plesiochronous digital hierarchy - *PDH* - Zie: PDH°, plesiochronous°.

PL/I {pi·el·wan} - *Programming Language/ I* - PL/I: programmeertaal ontwikkeld door IBM° in de beginjaren 60 voor System/ 360; toen een noviteit omdat zij geschikt was voor zowel administratieve als wetenschappelijke toepassingen; wordt vrijwel alleen door IBM zelf gebruikt. Eraan verwant is PL/S (IBM interne programmeertaal voor systeemontwikkeling).

PLL {pi·el·el} - *Phase-Locked Loop* - PLL: elektronische techniek om een ontvanger te synchroniseren (synchronization°) met het inkomend signaal door middel van tegenkoppeling (feedback°) die inhaakt (lock°) op de fase (phase°) van het signaal.

PLMN {pi·el·em·en} - *Public Land Mobile Network* - PLMN: generieke term voor een openbaar (public°) geïntegreerd vast en mobiel (mobile°) netwerk (network°) met behulp van radiogolven in een bepaald gebied, bijvoorbeeld op basis van: GSM°. De toekomstige internationale versie wordt genoemd: FPLMTS°.

plot - *tekenen, grafiek* - **1.** Tekenen, plotten: met een plotter° een grafiek maken, **2.** Grafiek: grafische voorstelling van gegevens.

plotter - *plotter* - Tekeninstrument met kleurstiften (pen plotter°) of een inkjet° voor een PC. In tegenstelling tot een printer°, werkt een plotter met vectoren (vector°: gerichte lijnstukken) en cirkelbogen die worden geplot (getekend) in plaats van gedrukt. Plotter tekentechnologieën: pennen, thermisch (op speciaal papier), elektrostatisch, inkjet°, thermal wax° of laser°. Papiertransport: flat-bed°, drum plotter°.

plug - *stekker* - Uiteinde van een kabel om een insteekverbinding mee te maken.

plug-and-play - *plug-and-play, P&P* - P&P°: mogelijkheid om naar believen apparatuur aan een computer te koppelen, terminals aan een netwerk of kaarten in een PC; vereist dat de systeemconfiguratie (configuration°) automatisch wordt bijgewerkt, bijvoorbeeld door een speciale BIOS°; is vergelijkbaar met: hot insertion°. Wordt door sommigen genoemd: plug-and-pray (erin stoppen en bidden dat het werkt).

plug-compatible - *plug-compatibel* - Een apparaat met dezelfde stekkers (plug°) en werking als het originele, en dat dus daarmee zou moeten kunnen worden verwisseld. Synoniem: pin-compatible°.

plug-compatible machine - *PCM* - Zie: PCM°.

plug-in - *insteek-* - Een apparaat, kaart (card°) of programma (filter°) dat met behulp van een stekkerverbinding (plug°) ergens kan worden ingestoken of tussengeschakeld. Ook: programma van derden dat bijvoorbeeld aan een DTP°-programma of Netscape° wordt toegevoegd voor extra functies, bijvoorbeeld tonen van films, muziek spelen of spraakherkenning (speech recognition°).

plumbicon - *plumbicon* - Type opnamebuis voor een professionele televisiecamera. ⇔CCD° ⇔vidicon°

plus - *plus* - Bewerking voor optellen (add°), zie ook: addend°, augend°. ⇔minus°

plus sign - *plusteken, +* - Het teken gebruikt voor optellen (add°); zie ook de lijst van veelgebruikte tekens achterin dit boek. Wordt in programma's aan het einde van een regel ook wel gebruikt om aan te geven dat de volgende regel er ook bijhoort, wanneer er onvoldoende plaats is op de oorspronkelijke regel. ⇔minus sign°

p.m. {*pi*·em} - *post meridiem* - Ná de middag, gebruikt bij een tijdsindeling van 12 uur (12-hour clock°) in plaats van 24. ⇔a.m.°

PM {pi·em} - *Presentation Manager, Performance Measurement, Preventive Maintenance, Phase Modulation, Post Meridiem, Power Management* - **1.** Presentation manager: grafische interface° van een PC-besturingssysteem, bijvoorbeeld: OS/2°, **2.** Performance measurement: beoordelingssysteem waarmee managers hun medewerkers beoordelen, **3.** Preventive maintenance: preventief onderhoud, soms een PM (Pro Memorie) post, **4.** Phase modulation°: modulatie door verandering van de fase (phase°) (⇔AM°, ⇔FM°), **5.** Post Meridiem, zie: p.m.° (⇔AM°), **6.** Power Management: energiebeheersing, bijvoorbeeld om de werkingsduur van een accu te vergroten, interessant in een notebook°.

PMPO {pi·em·pi·oo} - *Peak Music Power Output* - PMPO: piekvermogen: het maximale vermogen dat een versterker of luidspreker gedurende zeer korte tijd kan leveren. Het begrip wordt gebruikt om de specificaties van multimedia°-apparatuur onnodig op te vijzelen. Als indicatie van vermogen is beter: rms°.

PMR {pi·em·ar} - *Personal Mobile Radio, Private Mobile Radio* - **1.** PMR: toekomstige Europese versie van: PCN° (⇔GSM°), **2.** PMR: mobiele telefoon gebruikt door overheidsinstellingen en hulpverleners; nu nog analoog op basis van MPT 1327, vanaf 1997 digitaal (TETRA°), maakt gebruik van trunking°-technieken (PAMR°).

PMS {pi·em·es} - *Pantone Matching System* - PMS: systeem met 747 standaardkleuren voor drukkerijen.

P/N {pi·en} - *Part/Number* - Artikelcode (partnumber°): code waaronder een artikel of onderdeel bekend staat in een computer, een handleiding, het magazijn of een winkel; zie ook: EAN°, partnumber°.

PNO {pi·en·oo} - *Public Network Operator* - Leverancier van openbare netwerkdiensten, vroeger genoemd: PTT.

PO {pi·oo} - *Purchase Order* - Bestelling (PO°) op een formulier voor een leverancier.

pocket adapter - *pocket adapter* - Kleine adapter°: die in de zak kan worden meegedragen; wordt bijvoorbeeld gebruikt voor de aansluiting van een draagbare computer op een netwerk of telefoon, die meestal wordt aangesloten op de parallelle printerpoort (Centronics°).

PoD {-} - *Printing on-Demand* - Zie: printing on-demand°. ⇔VoD°

POE {-} - *PowerOpen Environment* - Zie: PowerOpen Environment°.

POH {-} - *Power-On Hours* - Gemiddeld aantal werkuren voordat een apparaat of eenheid het begeeft; zie ook: MTBF°.

point - *plaats, point, punt, aanwijzen* - **1.** Punt: eenheid voor tekenhoogte (point size°) in aantallen van 1/72 = 0,0139 inch), iets kleiner dan een Didot punt (0,0148 inch); afgekort: pt.°. De Amerikaanse pica° is 12 points groot. Zie ook: decimal point°; de punt aan het einde van een regel heet: period°. **2.** Plaats, bijvoorbeeld in een netwerk (point-to-point°) of in een programma (restart point°); zie ook: point-of-information°, point-of-sale°, **3.** Point: abonnee van een BBS°, waarvan een boss° de baas is (FidoNet°), **4**. Aanwijzen, met behulp van een pointer°; het selecteren geschiedt door te klikken (click°). Zie ook: anchor point°, codepoint°, entry point°, exclamation point°, fixed-point°, floating-point°, function points°, multipoint°, POP°, synchronization point°.

point at - *aanwijzen* - Bijvoorbeeld met de aanwijzer (pointer°) een pictogram (icon°) aanwijzen.

point-and-click - *point en click* - Met een muis (mouse°) een pictogram (icon°) aanwijzen (point at°) en selecteren (click°, double-click°). ⇔drag-and-drop°

point-and-shoot - *point en shoot* - Oorspronkelijk: met een joystick° of optisch pistool richten (point at°) en iets afvuren in een computerspelletje. Nu ook: dubbelklikken (double-click°).

pointer - *pointer, aanwijzer* - Pointer: in een programma, naar de plaats van een gegeven in het geheugen. Aanwijzer: in een scherm, om een pictogram (icon°) of bestandsnaam (filename°) aan te wijzen, soms genoemd: schermwijzer (?). Als een van zijn pointers in het geheugen wordt overschreven, gaat een programma de mist in. Een muiswijzer (mouse pointer°) verandert met de werkwijze van vorm, en wordt bijvoorbeeld een zandlopertje of klokje als u even moet wachten. Ga op die icon staan (met je pointer, bedoelen ze dan...). ⇔cursor°

pointing - *aanwijs-* - Zoals in: pointing device (aanwijsapparaat). Om iets vast te leggen of te selecteren moet er ook geklikt (click°) worden.

point of customer contact - *contactpunt* - De plaats of gelegenheid waar de medewerker van een bedrijf contact heeft met een klant; tegenwoordig steeds vaker via de telefoon (call center°). Belangrijk omdat er geen tweede kans is bij eerste indrukken.

point-of-information - *informatiepunt, informatiekiosk* - POI: plaats (point°) waar u via een computer informatie (information°) kunt krijgen. ⇔point-of-sale°

point of presence - *POP* - Zie: POP°, ΙΣΠ°.

point-of-sale - *verkooppunt* - POS: plaats (point°) waar de kassa rinkelt (sales°).

point size - *corps* - Grootte (size°) van gedrukte tekens uitgedrukt in punten (point°).

point-to-point - *vaste lijn* - Directe verbinding tussen twee punten van het telefoonnet, afgekort: pt-pt°. Praktisch hetzelfde: unicast°. ⇔multipoint°

point-to-point protocol - *PPP* - Zie: PPP°.

Poisson distribution - *Poisson-verdeling* - Kansverdeling die wordt bepaald door een gemiddelde verwachting (Σ); benadert bij grote aantallen steekproeven de normale verdeling (Gaussian distribution°); is genoemd naar S.D. Poisson (1781-1840).

poke - *poke* - Zet-instructie om bepaalde gegevens op een bepaalde plaats in het geheugen te zetten, nadat waarschijnlijk eerst is gekeken (peek°) wat er stond - een gevaarlijke handeling als u niet goed weet wat u doet.

polar - *polair* - Coördinatensysteem van hoeken en afstanden gemeten vanaf een oorsprong (origin°), geen x-, y- of z-assen.

polarity - *polariteit* - Gerichtheid van elektrische polen en de aansluiting van draden op de polen: belangrijk bij gelijkspanning (DC°) en de aansluiting van diodes en transistoren.

Polish notation - *Polish notation* - Een logische notatiemethode afkomstig van J. Lukasiewicz, waarbij de operators (operator°) vóór de operandi (operand°) worden geplaatst, gelezen van links naar rechts, en geen haakjes (parenthesis°) worden gebruikt; bijvoorbeeld: +xABC, wat betekent: (A+B)xC. ⇔RPN°

poll - *poll, pollen* - De aan een netwerk aangesloten eenheden regelmatig ondervragen d.m.v. een vraag (inquiry°) of token° om te zien of zij berichten willen versturen (send°) of kunnen ontvangen (receive°); idem voor de op een bus°, ring° of hub° aangesloten apparaten (device°). Ook omgekeerd: gebruikers die een BBS of aanbieder pollen om te zien of er post (e-mail°) is. Letterlijk: ondervragen.

polling - *polling* - Vervoeging van: to poll°. ⇔interrupt-driven° ⇔interrogate° (op incidentele basis)

polling rate - *polling-snelheid* - De snelheid (rate°) waarmee polling° plaatsvindt.

polling sequence - *polling-volgorde* - Volgorde (sequence°) waarin eenheden worden afgevraagd of zij iets willen verzenden of ontvangen (polling°), bijvoorbeeld: round-robbin°.

polygon - *veelhoek* - Een figuur getekend met een reeks lijnsegmenten die een gebied omsluiten; wordt bijvoorbeeld gebruikt in: Gouraud shading°.

polymorphism - *polimorfisme* - Chic woord uit de object-georiënteerde (object-oriented°) terminologie voor de mogelijkheid om variabelen van verscheidene typen (string°, integer° enzovoort) zonder een verdere aanduiding te kunnen gebruiken als argument° van een functie; synoniem: data abstraction°.

polynomial - *polynoom* - Veelterm, bijvoorbeeld: $1 + x^3 + x^4$; deze worden met behulp van schuifregisters (shift register°) veel gebruikt voor codering (encoding°) en decodering decoding°), bijvoorbeeld: DES°, Reed-Solomon code°; zie ook: convolution°, CRC°.

Pong - *Pong* - De moeder van alle videospelen: waarop Atari zijn succes bouwde; is afkomstig van N. Bushnell en A. Alcom. ⇔ping° ⇔ping pong°

pool - *pool* - Gemeenschappelijke voorziening: waarin mensen of hulpmiddelen (resource°) zijn ondergebracht die op aanvraag kunnen worden ingezet; wordt ook wel genoemd: shared pool. De Nederlandse (+ of -) pool van een accu heet in het Engels: pole.

pop - *herstellen* - Een opgeslagen werkomgeving terugbrengen, zie: pop-up menu°, push, pop°.

POP {pop} - *Point Of Presence, Post Office Protocol* - **1.** Plaats (point°) om contact te leggen: een bijkantoor waar een vertegenwoordiger zit, toegangspoort (gateway°) tot een netwerk of inbelpunt van een ISP° (Internet°); letterlijk: punt van aanwezigheid, **2.** Internet°-protocol voor e-mail° (die bewaard wordt tot het door de geadresseerde wordt opgehaald).

populate - *modules plaatsen* - Modules (module°) op een printplaat (printed circuit board°, PCB°) zetten of eenheden in een rek (rack°); letterlijk: bevolken.

pop-up menu - *pop-up menu* - Menu dat u naar wens ergens in het scherm in de voorgrond te voorschijn kunt brengen en dat over andere informatie wordt getoond. ⇔pull-down menu°

pop-up program - *pop-up programma* - Hulpprogramma dat u op bevel in een venster (window°) op het scherm kunt brengen en uitvoeren; ook wel genoemd: pop-up utility°.

pop-up window - *voorgrondvenster* - Een venster (window°) dat in de voorgrond in een beeldscherm opgeroepen kan worden.

port - *port, poort* - **1.** Port: programma's (code°) overdragen naar een andere type computer en ze daar aan de praat krijgen; wordt ook wel genoemd: porting° (porten of poorten), **2.** Poort: ingang/uitgang (I/O°) van een netwerk of aansluiting op een PC; bijvoorbeeld: COM port°, game port°, I/O port°, optical port°, parallel port°, port replicator°, port switchin°, serial port°.

portable - *draagbaar, overdraagbaar* - **1.** Eigenschap van een computer of printer die kan worden meegenomen, **2.** Eigenschap van programmatuur die naar een ander type computer kan worden overgezet. Zie: portability°.

portability - *draagbaarheid, overdraagbaarheid* - **1.** Draagbaarheid: van een PC, **2.** Overdraagbaarheid: van programmatuur, waardoor zij op verscheidene computers zou zijn te gebruiken; betreft meestal slechts de bronprogramma's (source code°, source portability°), niet: binary portability°; betreft vaak de programmeertaal C°. Bovendien lost een norm als Spec 1170° niet de problemen rond verschillende scherm/toetsenbord/muis op, mogelijk wel: Posix°. Zie ook: number portability°.

portable application - *overdraagbare toepassing* - Toepassing (application°) die op verscheidene systemen kan worden gebruikt, mogelijk na hercompilatie (compile°), bijvoorbeeld UNIX°-toepassingen.

portable document format - *PDF* - Zie: PDF°.

portable operating system interface for computer environments - *Posix* - Zie: Posix°.

portfolio management - *portfolio management* - Uw projecten en toepassingen beheren als een portefeuille aandelen, dat wil zeggen, risico's spreiden en streven naar een optimaal rendement, of alle gebruikers zo goed mogelijk tevreden stellen; betreft het geheel van oude en nieuwe programmatuur.

portfolio manager - *portfolio manager* - Als mens, een manager die beschikt over verscheidene vaardigheden en die daardoor op verschillende plaatsen inzetbaar is in een organisatie, ook als interim manager. Als programma, een hulpmiddel bij het beheren van een portfolio (portfolio management°).

porting - *porten* - Programma's (code°) overbrengen (port°) naar een andere computer: porting code°.

porting code - *programma's porten* - Programma's (code°) overbrengen (port°) naar een andere computer.

port name - *poortnaam* - De naam (name°) van een poort (port°), in DOS° bijvoorbeeld: COM1..4°.

port number - *port number* - Een extra laag onder het IP-adres (IP address°, dat een computer aanduidt) voor het adresseren van de diensten op de betreffende computer, bijvoorbeeld: 20/21 (FTP°), 23 (telnet°), 25 (SNMP°), 70 (Gopher°) of 80 (HTML proxy server°).

portrait - *portrait, staand* - Tekst in de breedte van een pagina afdrukken: er een staand 'portret' van maken. ⇔landscape°

port replicator - *port-replicator* - Voorziening op uw bureau waarin uw laptop° kan worden geschoven om alle vaste kabels en stekkers met één handeling aan de laptop te koppelen. Hierin worden de poorten (port°) 'gekopieerd' (replicate°).

port switching - *poort-switching* - Elektronische schakelfunctie waarmee een beheerder een netwerk kan configureren (configuration°); moet niet verward worden met switching°, waarmee de bandbreedte (bandwidth°) vergroot kan worden.

POS {pos} - *Point-Of-Sale* - POS: de plaats waar een verkooptransactie plaatsvindt.

position - *positie, positioneren* - De positie van een object° of grafisch gegeven in een beeldscherm of van een programmeur in zijn bedrijf. I'm looking for a new position, not a new job (Ik ben op zoek naar een nieuwe baan, niet een nieuwe klus). Als werkwoord: positioneren, in dezelfde betekenissen.

positional notation - *positienotatie* - Schrijfwijze van getallen waarbij de positie van een cijfer zijn waarde bepaalt, bijvoorbeeld in het decimale talstelsel van rechts naar links: eenheden, tientallen, honderdtallen enzovoort; zie ook: mixed number°.

positive - *positief* - Niet nul (zero°) of negatief (negative°).

positive-intrinsic-negative-photodiode - *PIN photodiode* - Zie: PIN photodiode°.

Posix {poo·siks} - *Portable Operating System Interface for computer environments* - Posix (oorspronkelijk: Portable Operating System Interface for uniX, maar UNIX is een handelsmerk!): IEEE°-norm 1003 van UNIX°-systemen uit 1988, die wordt uitgebreid met veel andere normen voor open systemen en zelfs parallel computing°; is bedoeld om UNIX-toepassingen overdraagbaar (portable°) te maken op bron-niveau (source level°); IEEE° 1003.1 voor API° en HFS°, 1003.2 voor de shell° en user interface°, 1003.3 voor de validation° tests, 1003.4 voor utilities (utility°) en real-time° (ISO°-norm 9945); werkt nu nog alleen voor teken-georiënteerde (character-oriented°) toepassingen, nog niet voor grafische. ⇔XPG4°

post - *aanplakken, posten, versturen* - **1.** Aanplakken: bijvoorbeeld een aankondiging op een mededelingenbord, **2.** Posten {poos·ten}: boekhoudkundige bestanden bijwerken of een bericht posten op een bulletin board (BBS°), in beide gevallen: posting°, **3.** Versturen: mondeling, schriftelijk of via e-mail°, bijvoorbeeld het bericht (message°): Your message was posted (Uw bericht is verstuurd). Spreek uit: {poost}.

POST {poost} - *Power-On Self-Test* - POST: interne test° uitgevoerd door een programma in ROM° bij het aanzetten van een computer: om te controleren dat de hardware° naar behoren werkt; is onder DOS° tijdens het doorlopen van de geheugenposities zichtbaar in het scherm. ⇔BERT° (van een verbinding)

postal code - *postcode* - Code gebruikt voor de bestelling van post: de indeling verschilt van land tot land (in Nederland: 4 cijfers + twee letters).

postal, telephone and telegraph - *PTT* - Zie: PTT°.

posting - *posting* - **1.** Het vastleggen van gegevens of veranderingen daarin: een veelvuldige bewerking in adminstratieve processen, die vaak wordt gedaan in een batch run°, **2.** Een e-mail° bericht naar BBS° sturen. Spreek uit: {*poos*·ting}. Niet verwarren met: mail°, die specifiek is geadresseerd aan een of meer personen. Zie verder: post°.

POSTNET barcodes - *POSTNET barcodes* - Codering van de postcode (Zip code°) op enveloppen door middel van een barcode (bar code°) in de VS.

post office protocol - *POP* - Zie: POP°.

postpone - *uitstellen* - Een annoncering of beschikbaarheid (availability°) van een product uitstellen: een gebruikelijke bezigheid in de wereld van programmatuurontwikkeling.

postprocessor - *postprocessor* - Programma dat na de basisverwerking door een processor°, de resultaten in een door mensen gewenste vorm zet. ⇔preprocessor°

PostScript - *PostScript* - **1.** Een programmeertaal (PDL°) om een pagina met fonts (font°) of graphics° met vectoren° te beschrijven en af te beelden of drukken van Adobe Systems, Inc. uit 1985, die tot een succes is gemaakt door de laserprinter aangesloten op de Mac° en daarna een revolutie in de grafische wereld tot stand bracht; Adobe is in 1982 opgericht door J. Warnock en Ch. Geschke, **2.** Elektronica in een adapter° of cartridge° om PostScript bestanden (EPS°) te verwerken. PostScript maakt bestanden overdraagbaar naar printers met verschillende resoluties, maar vereist veel extra bewerkingen. Het Type-1 formaat (format°) vormt de basis voor het outline font° principe (ISO°-norm 9541); PostScript 2 is geïntroduceerd in 1992 voor apparaat-onafhankelijk kleurreproductie. Over Display PostScript° horen we niets meer. Wel is in 1993 door Adobe aangekondigd: Acrobat°, waarvan men hoopt dat het de norm zal worden voor elektronisch publiceren. ⇔bit-mapped° ⇔PCL°

PostScript printer description file - *PPD file* - Zie: PPD file°.

pot {pot} - *potentiometer* - Zie: potentiometer°.

potentiometer - *potentiometer* - Variabele weerstand: die met een draaiknop of schuif kan worden ingesteld, bijvoorbeeld de volumeregelaar op een versterker of TV.

POTS {pots} - *Plain Old Telephone Service* - POTS: de gewone telefoondiensten; wordt gebruikt ter onderscheiding van de nieuwe telefoondiensten (PANS°). ⇔WATS°

power - *power, macht, capaciteit, geavanceerd, krachtig* - **1.** Power: elektrische voeding, zoals in: power cord , power cable° (netsnoer), solar power°; zie ook: reset button°, low power technology°, power level°, **2.** Macht (exponent°): waartoe een getal wordt verheven, **3.** Capaciteit, zoals in: processing power° (verwerkingscapaciteit), power to burn (voldoende krachtig, letterlijk: om in uw auto te kunnen racen), **4.** Geavanceerd: voorvoegsel waarmee kracht wordt aangeduid, bijvoorbeeld: power tool° (krachtig programmatisch gereedschap), power user° (geavanceerde computergebruiker). Vanaf DOS° 6.0, opdracht voor: power management°. Ook: het vermogen beslissingen te kunnen nemen en daarvoor verantwoordelijk te zijn. Power-play (machtsvertoon).

POWER {pau·wur} - *Performance Optimization With Enhanced RISC* - POWER: nieuwe RISC°-chip° voor de PowerPC° architectuur ontwikkeld door Apple°, IBM° en Motorola°. De architectuur voor de zware RS/6000 systemen heet: POWER2. Zie ook: PowerOpen Environment°.

power cable - *netsnoer* - Het snoer (cable°) voor de aansluiting van een computer of beeldscherm op 220 Volt. Wordt ook in het algemeen gebruikt voor een voedingskabel voor andere spanningen.

power consumption - *energieverbruik* - Benodigd vermogen: dat de gebruiksduur van draagbare apparatuur bepaalt.

powered - *met voeding* - Aanduiding dat luidsprekers of iets dergelijks over een eigen elektrische voeding beschikken, niet afhankelijk zijn van de energie van een signaalbron o.i.d.

powerhouse - *reus, krachtcentrale* - Overdrachtelijk: een persoon, computer of programma (software°) met grote capaciteit; letterlijk: elektriciteitscentrale.

power level - *vermogen* - Het maximale vermogen waarmee bijvoorbeeld een mobiel (mobile°) apparaat mag zenden, afhankelijk van de gebruikte frequentieband (band°), bijvoorbeeld 1 W°.

power management - *power management* - Energiebeheersing, bijvoorbeeld voor een notebook°: belangrijk vanwege de gebruiksduur van een acculading (baterry°, charge°); vindt plaats door een schakeling die een niet-gebruikte computer in standby° zet, bijvoorbeeld Intel° SL-technologie (SMM°), zie bijvoorbeeld: DPMS°.

power module - *voeding* - Een eenheid (module°) voor de voeding van bijvoorbeeld een PC of beeldscherm.

power off - *uitzetten* - Een computer uitzetten. ⇔power on°

power on - *aanzetten* - Een computer aanzetten. ⇔power off° ⇔power up°

power-on hours - *POH* - Zie: POH°.

power-on self test - *POST* - Zie: POST°.

PowerOpen Environment - *POE* - Open systeemnorm (environment°) voor PowerPC°.

PowerPC {pi·si} - *Performance Optimization With Enhanced RISC Personal Computer* - PowerPC: RISC°-technologie ontwikkeld door IBM°, Motorola en Apple, die mogelijk de hegemonie van de Intel° CISC°-technologie zal gaan doorbreken. De eerste reeks processoren (processor°) is genummerd: 601 (32-bit eersteling), 603 (32-bit voor draagbare toepassingen), 604 (32-bit voor middelzware toepassingen met extra nauwkeurige floating-point° voorzieningen), 620 (64-bit, eind '94); er gaan geruchten over: 615, 630. Er is ook een 400-reeks voor gebruik als: embedded processor°. Adressering: zowel big-endian° als little-endian°, d.w.z. bi-endian°. Besturingssysteem: WOS°.

power rating - *toelaatbare belasting* - De hoeveelheid (rating°) vermogen (VA°) die een voedingsbron (power supply°) kan leveren.

power supply - *voedingsbron* - Voorziening voor elektrische voeding, meestal gelijkspanning (DC°). Voor een computer tot 12 V, voor een beeldbuis tot vele kV, veelal in de vorm van een eenheid (power module°).

power supply unit - *PSU* - Voedingsbron als fysieke eenheid, zie: PSU°.

power tool - *krachtig programmatisch gereedschap* - Werkmiddelen voor ontwikkelaars of gebruikers.

power up - *aanzetten* - De apparaten van een computersysteem in een bepaalde volgorde aanzetten. ⇔power on°

power user - *geavanceerde computergebruiker* - Gebruiker van geavanceerde programmatuur en/of krachtige apparatuur.

P&P {pi·en·pi} - *Plug-and-Play* - Zie: plug-and-play°.

PPC {pi·pi·si} - *Plain Paper Copier* - PPC: begrip uit de jaren 70 toen het kopiëren (copier°) op gewoon papier (plain paper°) alleen mogelijk was op grote, dure kopieermachines van Xerox, gevolgd door die van IBM.

PPD file {pi·pi·di} - *PostScript Printer Description file* - PPD-bestand: bevat de printerbeschrijving en de printer-stuurprogramma (driver°) om PostScript° codes optimaal mee af te drukken.

ppi {pi·pi·ai} - *Pixels Per Inch* - Ppi: aantal puntjes (pixel°) per inch: maat voor het oplossend vermogen (resolution°) van een afbeelding of afdruk in kleur; bij monochroom (B/W°) wordt meestal gebruikt: dpi°.

ppm {pi·pi·em} - *Pages Per Minute, Parts Per Million* - **1.** Pagina's (page°) per minuut: maat voor de afdruksnelheid van een kleurenprinter (color printer°); vaak wordt hierbij onderscheid gemaakt tussen pagina's met en zonder grafische informatie, **2.** Delen (part°) per miljoen: maateenheid voor lage concentraties, bijvoorbeeld van ozon.

PPP {-} - *Point-to-Point Protocol* - PPP: een poin-to-point° protocol° gebaseerd op HDLC°, ontwikkeld voor Internet° (RFC° 1331), dat SLIP° zal gaan vervangen, en dat in een aangepaste versie ook elders zal gaan worden gebruikt.

pps {pi·pi·es} - *Packets Per Second* - Pps: aantal data-pakketjes (packet°) per seconde: maat voor de snelheid van een packet-switching° netwerk.

PPS {-} - *Post PostScriptum* - PPS: een tweede PS° onderaan een brief.

PPV {-} - *Pay Per View* - Betalen voor het bekijken van een TV-programma, zoals een film of voetbalwedstrijd; is vooral interessant voor sport; synoniem: VoD°. De aanvraag vindt nu nog plaats via de telefoon, straks via de: set-top box°. Zie ook: CA°.

practical extraction and report language - *Perl* - Zie: Perl°.

practice - *regel, oefening* - **1.** Praktijkregel in een bedrijf (business practices°); in het Nederlands is er weinig verschil met andere regels (business rules°); zie ook: Code of Practice°, **2.** Oefening om los te raken op een programma.

PRAM {pi·rem} - *Parameter Random-Access Memory* - PRAM: in een Macintosh°, geheugen (RAM°) waarin informatie wordt opgeslagen over de configuratie (configuration°), datum en tijd, boot-disk, en de opmaak van de desktop°. Deze informatie blijft bewaard (nonvolatile°) na afzetten.

preamp {pri·emp} - *preamplifier* - Voorversterker (voor zwakke signalen), zie verder: amplifier°.

precedence - *bewerkingsvolgorde* - Volgorde waarin de bewerkingen in een expressie moeten worden uitgevoerd. In de wiskunde is de gangbare volgorde: 1) Plus- en mintekens, 2) Machtverheffen, 3) Vermenigvuldigen en delen, 4) Optellen en aftrekken. Bij programmeren verschilt deze volgorde van taal naar taal; zonodig moeten haakjes (parenthesis°) worden gebruikt.

precise code - *PC* - Zie: PC°, GPS°.

precision - *nauwkeurigheid* - Precisie, vaak gebruikt in verband met: floating-point°, zie: single-precision°, double-precision°.

precompile - *precompile* - Eerste, voorbereidende stap bij het compileren (compile°) van een programma.

predefined - *van te voren vastgelegd* - Vooraf gedefinieerd, bijvoorbeeld een query° die (meestal door iemand anders) van te voren is geprogrammeerd (⇔ad hoc°), of afbeelding in een scherm waarvan de waarden (argument°) in sommige velden (field°) al is vastgelegd (default°, definition°).

predicate - *predikaat* - Een logische expressie (expression°) die al dan niet waar (true°, false°) is; gebruikt relationele operatoren (relational operator°).

predicate calculus - *predikaten-calculus* - Predikatenlogica, zie: predicate°; wordt gebruikt in het relationele model (relational model°). ⇔propositional calculus°

predicate keyword - *opdracht* - Bewerkingspecificatie (keyword°) van een instructie (instruction°), opdracht (command°) of uitdrukking (expression°): waaraan argumenten (argument°) zijn toegevoegd die worden gebruikt bij de uitvoering; is vergelijkbaar met een op-code°, maar kan midden in de expressie staan.

predicate logic - *predikatenlogica* - Logica (logic°) werkend met elementen waaraan een betekenis en een argument kan worden toegekend (predicate°); is een uitbreiding van de propositielogica en wordt gebruikt in het relationele model (relational model°, [7.]).

predictive - *voorspellend* - Kenmerk van een voorziening die anticipeert op nieuwe gebeurtenissen. Echter, honkbalcoach Yogi Berra zei: Prediction is difficult, especially about the future (Voorspellen is moeilijk, vooral over de toekomst).

preemptive - *preëmptief* - Iets doen om erger te voorkomen: niet alleen bij het bieden in bridge, maar ook bij multitasking°, waar een proces (process°) kan worden gedwongen zijn processor° af te staan aan een proces met hogere prioriteit (priority°). ⇔nonpreemptive°

preemptive multitasking - *preemptive multitasking* - Werkwijze van een besturingssysteem (operating system°) waarbij alle toepassingen (application°) volgens een vastgestelde prioriteit enige tijd aan de beurt komen, waarbij toepassingen dus moeten kunnen worden onderbroken, bijvoorbeeld in OS/2°, Windows NT°. ⇔cooperative multitasking°

preference - *voorkeur* - Voorkeur van een gebruiker (user°) voor de manier waarop hij of zij met een computer werkt, die bijvoorbeeld in een profiel (profile°) wordt vastgelegd.

prefix - *voorvoegsel, prefix* - **1.** Voorvoegsel, **2.** Prefix: code° aan het begin van message°, record° enzovoort; zie bijvoorbeeld: Polish notation°. ⇔infix° ⇔suffix°

preload - *voorladen* - Een stuk van een programma (module°) of gegevens (data°) in het geheugen (memory°) laden (load°) voordat ze echt nodig zijn, om de gebruiker korter te laten wachten wanneer ze echt nodig zijn.

premastering - *premastering* - De laatste stap voor het beschrijven of vervaardigen van een CD°: het overzetten en combineren van alle deelbestanden in de juiste indeling (format°), het controleren daarvan en het schrijven van het geheel op tape° of CD-R°.

premise - *pand, vooronderstelling* - **1.** Pand, zoals in: on customer premises (bij de klant ter plaatse); zie ook: CPE°,
2. Vooronderstelling: premisse, gebruikt in een toepassing (application°), aanbod (offering°) of programma.

premise distribution system - *PDS* - Zie: PDS°.

premium rate numbers - *tariefnummers* - Telefoonnummers (06-nummers in Nederland, 900-nummers in de VS) waarvoor betaald moet worden: met een fors tarief (rate°).

premium rate service - *PRS* - Zie: PRS°.

prepare - *voorbereiden* - Een computer die of besturingssysteem (operating system°) dat voorbereid is voor een bepaald gebruik, bijvoorbeeld multimedia° of Internet°.

prepress - *prepress* - Alle bewerkingen die voorafgaan aan het maken van offsetplaten voor een drukkerij, bijvoorbeeld tekstverwerking, layout, koppen maken en illustraties inplakken. Over het drukken zelf, zie onder: litho°. ⇔afterpress°

preprinted - *voorbedrukt* - Een serienummer of bankrekeningnummer dat voorbedrukt is op een formulier of betaalkaart, of het vignet (logo°) en adres van een bedrijf op papier (cut forms°, continuous forms°).

preprocessor - *preprocessor* - Programma dat de te verwerken gegevens in de vereiste vorm zet, voorafgaande aan de verwerking ervan door een processor°. ⇔postprocessor°

preprogrammed - *vooraf geprogrammeerd* - Toepassingen (application°), sjablonen (template°) of functies (function°) die voorgeprogrammeerd zijn, maar die voor het gebruik meestal wel enigzins kunnen worden aangepast.

prerelease - *prerelease* - Voorlopige versie van een nieuwe release°: die wordt verspreid om problemen te laten ontdekken door geavanceerde gebruikers.

prerequisite - *vereiste* - **1.** Een voorziening die is vereist voor de installatie van een andere, **2.** Een voorziening die een gebruiker nodig heeft om iets bepaalds te doen; synoniem: requirement°.

presales - *presales* - Alle activiteiten die voorafgaan aan de feitelijke verkoop (sales°) van een product of dienst, bijvoorbeeld verkoopinformatie verstrekken. ⇔aftersales°

presentation - *presentatie, voorstel* - Een voordracht of voorstel, meestal geïllustreerd met transparanten (transparency°) of flap-overs (flip-chart°), soms een hele show.

presentation graphics - *presentatie-graphics* - Professionele plaatjes (graphics°): voor zakelijke presentaties op niveau.

presentation layer - *presentation-laag* - De zesde van zeven lagen in het OSI-model°, waarin wordt vastgelegd hoe informatie wordt ingedeeld, geconverteerd of getoond.

presentation manager - *PM* - Zie: PM°.

presentation quality - *hoge kwaliteit* - Presentatiemateriaal en -apparatuur van hoge kwaliteit. Het equivalent van: letter quality°, photo quality°. ⇔draft°

preset - *vooraf ingesteld, vooraf instellen* - Wanneer een grootheid of instelling (setting°) van te voren op een bepaalde waarde is ingesteld (set°) of wordt ingesteld.

press - *drukken op, indrukken, pers* - **1.** Indrukken: een toets (key°), bijvoorbeeld: press any key to continue (druk op een willekeurige toets), **2.** Pers: een drukpers (offset°) voor drukwerk, **3.** Pers: journalisten of hun krant.

press any key to continue - *druk op een toets om verder te gaan* - Druk (press°) op een willekeurige toets (key°). Melding van het besturingssysteem (operating system°) die u de gelegenheid geeft wat anders te doen alvorens verder te gaan; druk echter niet op Alt°, Ctrl° of Shift°, want dan gebeurt er niets.

Prestel - *Prestel* - Britse videotex°-dienst van BT°: heeft iets meer succes dan de Nederlandse Viditel.

pretty good privacy - *PGP* - Zie: PGP°.

preventive maintenance - *preventief onderhoud, PM* - PM°, zie maintenance°; synoniem: scheduled maintenance°. ⇔corrective maintenance°

preview - *preview* - Voorvertoning of voorbeeld: opgemaakte pagina's in een scherm laten zien voordat ze worden afgedrukt of de dry run° van een presentatie.

PRI {pi·ar·ai} - *Primary Rate Interface* - PRI: basis-ISDN° aansluiting (interface°), zie: primary rate°. ⇔BRI°

price - *prijs* - Zie bijvoorbeeld: list price°, street price°. Ook: rock-bottom price (bodemprijs).

price/performance - *prijs/prestatie* - Prestatie (performance°) die de te hoge prijs (price°) moet rechtvaardigen.

pricing scheme - *prijsstelsel* - De regeling (scheme°) voor de prijs van grote aantallen apparatuur of programmatuur of voor alle gebruikers in een locatie (site-licensing°) of bedrijf.

primary - *primair* - De eerste, de belangrijkste. ⇔secondary°

primary DOS partition {dos} - *primaire DOS-partitie* - In DOS°, de partitie (partition°) waarin de essentiële DOS-bestanden staan: MSDOS.SYS, IO.SYS, COMMAND.COM°. Zie ook: primary partition°.

primary key - *primaire sleutel* - Een unieke combinatie van velden (field°) waarmee elk gegeven in een database° kan worden gevonden, bijvoorbeeld postcode + huisnummer in een database met huisadressen. ⇔foreign key° ⇔secondary key°

primary partition - *primaire partitie* - Gedeelte van een hard disk° (partition°) waarin het besturingssysteem (bijvoorbeeld: DOS°) is opgeslagen.

primary rate - *primary rate* - ISDN°-dienst: in Europa, 30 B-kanalen (B channel°) plus

1 D-kanaal (D channel°) van 64 kbps, tesamen E1° (2,048 Mbps); in de VS, 23 B-kanalen plus 1 D-kanaal van 64 kbps, tesamen T1° (1,544 Mbps). De aansluiting: PRI°. ⇔basic rate°

PRI {pi·ar·ai} - *Primary Rate Interface* - Aansluiting (interface°) voor snelle ISDN°, zie: primary rate°. ⇔BRI°

primary rate service - *PRS* - Zie: primary rate°, PRS°. ⇔BRS°

primary storage - *direct geheugen* - RAM°-geheugen. ⇔secondary storage°

prime number - *priemgetal* - Ondeelbaar getal: geheel getal dat alleen door zichzelf en 1 deelbaar is; zie bijvoorbeeld: sieve°. Priemgetallen worden vaak gebruikt in cryptografie (cryptography°), bijvoorbeeld in: RSA°, omdat het product van twee grote priemgetallen uitermate moeilijk te factoriseren is als men niet een van de twee priemgetallen kent. De coderingssleutel is gebaseerd op het product en de decoderingssleutel (public key°) door de priemgetallen zelf. Zie ook: Mersenne prime number°.

primer - *inleiding* - Introductie tot een systeem of eenheid, meestal gedrukt op papier; letterlijk: grondverf.

primitive - *elementair, element* - **1.** Elementair: de basisvorm van een gegeven, opdracht of systeem, **2.** Element, bijvoorbeeld: graphic primitives° (grafische elementen waaruit tekens of beelden worden opgebouwd). ⇔composite, compound°

principle - *principe* - Zie: Pareto principle°, Peter principle°.

print - *afdrukken, afdruk* - **1.** Afdrukken: een afdruk van computerinformatie maken met een printer°, mogelijk via een print spooler°, **2.** Afdruk: gedrukte informatie op papier, ook als foto; zie ook: printer°. Zie ook: footprint°.

print contrast - *zwartheid* - Het contrast tussen de afgedrukte tekens en de (meestal papieren) ondergrond. Is van belang voor optisch lezen (bar code°, OCR°). Het gebruikte lichtspectrum speelt hierbij een belangrijke rol: met infrarood licht worden kleurpigmenten vrijwel niet gezien, zwarte koolstof pigmenten wel. In normen (standard°) en meetinstrumenten spreekt men vaak van: print contrast signal (signal°), dat op een meter wordt getoond.

printed circuit - *gedrukte bedrading* - Koperen laagjes op, onder en in een printplaat (printed circuit board°): de verbindingen in elektronische schakelingen (circuit°) op een board° of card°.

printed circuit board - *PCB* - PCB°: plaat met gedrukte bedradingen (printed circuit°) waarop elektronische componenten en modules (module°) worden gemonteerd.

print date - *afdrukdatum* - Een gegeven dat hoort te worden vermeld op een afdruk (print°), samen met de naam van het bestand (file°), om te bepalen of hij nog kan worden gebruikt (currency°).

print engine - *afdrukmechanisme* - Het afdrukmechanisme (engine°) van een printer: vooral gebruikt in verband met een laserprinter° omdat het afdrukmechanisme daarvan verwisselbaar is. ⇔print head°

printer - *printer, afdrukeenheid* - In tegenstelling tot een plotter°, drukt een impact printer° af door middel van een band, een margrietwiel of een rij naalden (matrix° printer) en een inktlint (ink ribbon°). Voorbeelden van nonimpact° printers zijn: inkjet printer°, laserprinter°, thermal printer°, wax printer°. Sommige printers kunnen alleen tekens afdrukken, andere ook APA° graphics° (rasterbeelden). Afhankelijk van het type adapter° waarop zij worden aangesloten: parallel printer°, serial printer°. Printers werken per teken (character°), per regel (line°) of per vel (page°). Printers werken alleen als zij READY zijn of ONLINE (online° ⇔offline°) staan. Zie ook: color printer°, network printer°, PCL°, PostScript°.

printer buffer - *printer buffer* - Tijdelijke opslagplaats (buffer°) voor de tekencodes die een PC naar de printer stuurt zodat u niet hoeft te wachten tot die zijn afgedrukt; het buffergeheugen kan in de PC of in de printer zijn geplaatst.

printer cable - *printerkabel* - De kabel (cable°) waarmee een printer op een computer wordt aangesloten. Is vaak een speciale kabel vanwege de Centronics°-aansluiting op de printer.

printer command language - *PCL* - Zie: PCL°.

printer connectivity - *printeraansluiting* - De aansluiting (connectivity°) van printer op een netwerk: waarvoor voorzieningen moeten zijn in het netwerkbesturingssysteem omdat printers met verschillende protocollen (protocol°) werken.

printer control code - *printerstuurcode* - Code (één van de eerste 32 ASCII°-tekens) of één of meer tekens voorafgegaan door Esc° (escape sequence°), gebruikt voor de besturing van een printer. Wordt ook wel genoemd: printer code.

printer driver - *printerstuurprogramma* - Het stuurprogramma (driver°), geleverd bij een toepassingsprogramma bijvoorbeeld een tekstverwerker (word processing°), dat de koppeling vormt tussen dat programma en een specifieke printer. In Windows° zit vaak een universeel stuurprogramma (geleverd door de printer-leverancier) met veel tekensoorten (font°), dat door alle toepassingen onder Windows kan worden gebruikt

printer emulation - *printer-emulatie* - Het emuleren (emulate°) van de mogelijkheden van een populaire printer van een andere fabrikant (bijvoorbeeld een Epson matrix printer° of een HP° laserprinter°): omdat veel toepassingen daarvoor geschikt zijn.

printer file - *printerbestand* - Bestand (file°) dat is 'opgemaakt' (format°) om rechtstreeks te worden afgedrukt op een (bepaald type) printer: kan worden afgedrukt via een kopieeropdracht; bevat alle benodigde besturingstekens, grafische informatie enzovoort.

printer port - *printerpoort* - Aansluiting (port°) voor een printer, achterop een PC of op een adapter°, logisch meestal op een bus°. Op een PC is dat meestal een parallelle (parallel°, Centronics°) poort, op een netwerk meestal seriële (serial°).

printer setting - *printerinstelling* - De instelling (setting°, setup°) van een printer, bijvoorbeeld welk font° gebruikt wordt, welke tekenafstand (pitch°), regelafstand (line spacing°) enzovoort.

printhead - *print-kop* - Het eigenlijke afdrukmechanisme van een printer, bij-voorbeeld de component met pinnen (pin°) van een matrix printer°, een letterschijf (daisywheel°, print wheel°) of de spuitkop (nozzle°) van een inkjet° printer. ⇔print engine°

printing - *afdrukken* - Zie: print°.

printing on-demand - *printing on-demand, PoD* - PoD°: op verzoek (on-demand°) een bepaald aantal exemplaren afdrukken (print°): op een snelle printer het gevraagde aantal documenten of handleidingen (manual°) afdrukken - dit wordt steeds vaker een economisch alternatief voor het traditionele drukken van 1000 of meer exemplaren, die in een magazijn moeten worden opgeslagen. In het het kader van elektronische documenten op CD-ROM°, kunnen gebruikers dit zelf naar behoefte doen.

printing option - *afdrukoptie* - Een keuze-mogelijkheid gebruikt om een bestand of document af te drukken, bijvoorbeeld welke pagina's afgedrukt moeten worden of welke afdrukkwaliteit (print quality°) gebruikt moet worden.

print merge - *samenvoegen en afdrukken* - Diverse aparte bestanden samenvoegen (merge°) en het geheel vervolgens afdruk-ken (print°); het voordeel hiervan voor een groot document is dat de aparte bestanden eenvoudiger te bewerken (edit°) zijn en eenvoudig in andere documenten gebruikt kunnen worden. ⇔mail merge°

print job - *afdruktaak* - Een opdracht (job°) om iets af te drukken (print°), die in een netwerk waarschijnlijk in een wachtrij (job queue°) terechtkomt. De afdrukken van twee afdruktaken worden gescheiden met een: separator page°.

printout - *afdruk, uitdraai* - Op papier afgedrukte versie (hardcopy°) van een brief of rapport; is samentrekking van: printer output°. ⇔softcopy°

print quality - *afdrukkwaliteit* - De opgege-ven kwaliteit van afdrukken (draft°, letter quality°, near-letter quality°, NLQ°, photo quality°, presentation quality°) of - vergeleken met andere printers - de door een printer geleverde kwaliteit van afdruk-ken.

print queue - *printerwachtrij* - De volgorde (queue°) waarin printerbestanden (print file°) worden afgedrukt op een mainframe°-systeem of netwerkprinter.

print server - *print-server* - In een netwerk, de (server° met een) printer die het afdruk-werk verzorgd voor alle aangesloten gebruikers.

print spooler - *print spooler* - Programma dat de af te drukken bestanden spoolt (spool°): ze tijdelijk opslaat zodat de computer andere opdrachten kan verwer-ken; spreek uit: {*spoe*·ler}.

print wheel - *letterschijf* - Zie: daisywheel°.

priority - *prioriteit* - Voorrang: die u, een programma , taak (job°) of interrupt° in een computer of netwerk krijgt, bijvoorbeeld: demand priority°, job priority°. In ATM°, spreekt men van: UBR (unspecified bit rate - geen enkele voorrrang(, ABR (available bit rate - meer bandbreedte in de dal-uren), CBR (constant bit rate - altijd dezelfde bandbreedte), VBR (variable bit rate - gevraagde bandbreedte tot een bepaald maximum); zie ook: QoS°.

PRISMA {pris·mè} - *Planning and Requirements analysis for Information Systems, a Modelling Approach* - PRISMA: een methode voor systeemontwikkeling.

privacy - *privacy* - Het recht van mensen om niet te worden achtervolgd met informatie verkregen uit computers of het recht om zelf te beslissen over de verspreiding van persoonlijke informatie. Amerikaans: {*prai*·ve·sie}; is in de VS geregeld in: Fourth Amendment.
Engels: {*pri*·ve·sie}. Zie ook: PGP°.

private - *besloten, persoonlijk* - Niet-gemeenschappelijk: kenmerk van gegevens (data°), een faciliteit of dienstverlening die alleen voor leden of voor uzelf toegankelijk is. ⇔shared°

private automatic branch exchange - *PABX* - PABX° of PBX°: bedrijfscentrale voor telefoons en mogelijk datacommunicatie.

private branch exchange - *PBX* - PBX°: bedrijfscentrale voor telefoons en mogelijk datacommunicatie; is nu vanzelfsprekend automatisch (PABX°).

private circuit - *huurlijn* - Een eigen, vaste telefoonlijn of verbinding (circuit°) die geheel ter beschikking staat van de huurder; synoniem: leased line°.

private key - *geheime sleutel* - Geheim wachtwoord (key°) voor het ontcijferen van versleutelde informatie (cryptography°). ⇔public key°

private mobile radio - *PMR* - Zie: PMR°, TETRA°. ⇔public access mobile radio°

priviliged - *bevoorrecht* - Eigenschap van een instructie (instruction°), opdracht (command°) of functie in een systeem: die niet bestemd is voor algemeen gebruik (gepriviligeerd), maar alleen voor systeemprogrammeurs, bepaalde gebruikers of een beheerder (administrator°).

PRN {-} - *PRiNter* - Naam voor een printer° in DOS° en OS/2°, tevens extensie (extension°) van een printerbestand (file°).

pro {proo} - *professional* - Iemand die goed is in zijn vak of beroep.

pro-active - *proactief* - Eigenschap van iemand die op eigen iniatief actie onderneemt; is in tegenstelling met: reactive (reactief).

probe - *probe* - Sonde: apparaat om de toestand ergens in een schakeling of netwerk te bekijken (monitor°); term wordt ook gebruikt voor de speciale aansluitstekkers, vaak met een klem.

problem - *probleem* - Alles wat iemand als een probleem ervaart. Werk voor een adviseur, want elk probleem kan door een buitenstaander worden vertaald in een nieuwe mogelijkheid door de verandering van zijn context.

problem-oriented language - *probleem-georiënteerde taal* - Programmeertaal die voor een speciaal probleem is ontworpen, bijvoorbeeld: FORTRAN° voor wiskundige berekingen of SQL° voor relationele databases. ⇔machine- oriented language°

problem solving - *probleemoplossend* - Aard van een programma dat gericht is op het oplossen van bepaalde problemen: bijvoorbeeld het maken van een tijdschema (schedule°) of het berekenen van pijpleidingen.

problem tracking - *problem tracking* - Problemen (problem°), hun stand van zaken en hun oplossing registreren en volgen (tracking°) met behulp van een programma.

proc {prok} - *procedure* - Zie: procedure°.

procedural - *procedureel* - Werking van een programma ligt vast in procedures, die aangeven welke acties moeten worden ondernomen; is al dan niet object-georiënteerd (object-oriented°). ⇔declarative°

procedural language - *procedurele programmeertaal* - Programmeertaal waarmee een programmeur de oplossing van een probleem in een procedure°, opdrachten in een bepaalde volgorde, kan vastleggen; is nu nog de meest gebruikelijke taal. ⇔nonprocedural language°

procedure - *procedure* - Stuk programma dat kan worden aangeroepen (call°) in een programma of door andere programma's; verricht een taak, maar levert geen waarde op zoals een functie (function°); synoniem: stored procedure°. Hieraan zijn uiteraard ook organisatorische en operationele procedures voor mensen gekoppeld. Zie ook: cataloged procedure°, command procedure°, stored procedure°.

procedure call - *procedure call* - Aanroep (call°) van een procedure (procedure°) vanuit een programma of besturingssysteem: om in een computer een bepaalde bewerking uit te voeren; zie ook: remote procedure call° (aanroep van een procedure in een andere computer).

procedure division - *procedure division* - Onderdeel (division°) van een COBOL°-programma; zie ook: procedure°.

procedure file - *procedurebestand* - Een bestand (file°) waarin procedures (procedure°) zijn of worden opgeslagen.

process-bound - *process-bound* - Beperkt door de tijd nodig voor de uitvoering van processen (process°), niet door I/Os° of de processor°: waardoor een computersysteem niet volledig wordt benut. ⇔CPU-bound° ⇔I/O-bound°

process - *proces, verwerken* - **1.** De werking of het verloop van een activiteit in een organisatie, fabriek of informatiesysteem. Bij de opzet van een informatiesysteem is vaak de vraag of men moet uitgaan van de gewenste gegevens (data°), van de processen die men wil definiëren of van de gebeurtenissen (event°) die een proces in gang zetten; zie ook: integrity°. **2.** Als werkwoord: verwerken, bijvoorbeeld:

process data (gegevens verwerken - tot informatie).

process control - *procesbesturing* - Besturing (control°) van bijvoorbeeld chemische processen in een fabriek.

processing - *verwerking, verwerken* - Zie bijvoorbeeld: batch processing°, cooperative processing°, distributed processing°, demand processing°, image processing°, information processing°, interactive processing°, multiprocessing°, remote batch processing°, signal processing°, teleprocessing°, transaction processing°, voice processing°, word processing°.

processing power - *verwerkingscapaciteit* - Bijvoorbeeld de capaciteit (power°) van een computer of netwerk om gegevens of berichten te verwerken.

process model - *procesmodel* - Model (model°) van een proces (process°): werkt met dataflow diagrammen (DFD°). ⇔data model°

processor - *processor, verwerkingseenheid, verwerkingsprogramma* - **1.** Processor chip: in een PC, bijvoorbeeld een Intel° 80486 of Pentium°, **2.** Verwerkingseenheid: de eigenlijke computer, in een grote kast of op een chip°, **3.** Verwerkingsprogramma: bijvoorbeeld een command processor°, die opdrachten verwerkt in een computer. Zie ook: embedded processor°, front-end processor°, I/O processor°, preprocessor°, postprocessor°, scalable processor°.

processor upgrade - *processor upgrade* - Vervanging van de microprocessor° in een PC door een sneller type. ⇔disk upgrade° ⇔planar upgrade°

product - *product, resultaat* - **1.** Product: voortbrengsel of resultaat van ontwikkeling, productie en marketing: bijvoorbeeld een programmapakket; als het als warme broodjes wordt verkocht: commodity product° **2.** Product: resultaat van een vermenigvuldiging, **3.** Resultaat: het gevolg, **4.** Product: een set- bewerking (set operations°) waarbij elk element uit een eerste verzameling wordt gecombineerd met elk element uit een tweede verzameling; dit resulteert in een zeer groot aantal elementen.

production - *productie* - Vervaardiging van een product (product°), bijvoorbeeld: production line (lopende band waar een product wordt geassembleerd). Ook: production run°, niet tijdens de ontwikkeling of een test, maar een run om bruikbare producten te fabriceren.

product line - *productenlijn* - Reeks producten van een leverancier die bij elkaar passen, ook wel aangeduid met: product family°. Niet verwarren met: production line° (lopende band waar een product wordt geassembleerd).

product manager - *productmanager* - De manager van een product: de persoon die de ontwikkeling, fabricage (manufacturing°) en/of marketing° beheert, en dus verantwoordelijk is voor de gerelateerde uitgaven en inkomsten.

product support - *productondersteuning* - Leverancier die klanten helpt bij de aankoop (presales°) of het gebruik (aftersales°) van een bepaald product (product°). Wordt steeds meer bepalend voor het succes van een product.

professional - *pro* - Letterlijk: beroeps-; zie: pro°.

profile - *profile, profiel* - **1.** Profile: een bestand waarmee een gebruikersomgeving wordt gecreëerd voor het gebruik van andere programmma's, zie ook: user profile°, **2.** Profiel: beschrijving van iemands eigenschappen, belangstelling of voorkeur (preference°). Ook als werkwoord: profiling (bibliotheken koppelen met programma's). Zie ook: low profile°, high profile°.

profiler - *profiler* - Programma om de eigenschappen van programma's te meten, als apart programma of als (-p) optie van een compiler: bijvoorbeeld hoe vaak de instructies worden uitgevoerd, hoeveel tijd dat kost en welke tijdelijke bestanden gecreëerd worden tijdens de uitvoering.

profit center - *profit center* - Een zelfstandig bedrijfsonderdeel (business unit°) dat in concurrentie met andere bedrijfsonderdelen of externe bedrijven moet werken. Het onderdeel is zelf verantwoordelijk voor het behalen van zijn omzet en winst.

profit and loss - *P&L* - Zie: P&L°.

profit/loss - *P/L* - Zie: P/L°.

profit/loss center - *profit/loss center* - Een groep waarvan het financiële reilen en zeilen (P/L°) wordt bijgehouden en doorberekend. ⇔business unit°

profit margin - *winstmarge* - Zie: margin°, profit.

program - *programmeren, programma, agenda* - **1.** Programmeren; synoniem: code°, **2.** Computerprogramma, dat in een programmeertaal (generation, language°) wordt geschreven door een programmeur; bijvoorbeeld: control program°, executive program°, licensed program°, nested program°, pop-up program°, reentrant program°, relocatable program°, stored program°, transient program°, user program°, **3.** Agenda: van een seminar of een andere gebeurtenis.

program design language - *PDL* - Zie: PDL°.

program disk - *programmadiskette* - Een diskette° met het programma (program°) van een toepassing (application°), meestal het voornaamste programma. Omdat programma's nu vaak erg groot zijn, worden programma's en gegevens (data°) meestal gescheiden opgeslagen; dit is ook handig in verband met de backup° van de verwerkte gegevens.

program evaluation and review technique - *PERT* - Zie: PERT°.

program generator - *programmagenerator* - Programma dat een programma samenstelt aan de hand van zijn specificaties.

program information file - *.PIF* - Zie: .PIF file°.

program interrupt - *programma-onderbreking* - Het opschorten (interrupt°) van de uitvoering van een programma (program°) vanwege een fout (exception°).

program level - *programma-level* - Het level° (ontwikkelingsstadium) van een programma (program°): version°, release° en fix level°.

program logic - *programmalogica* - **1.** De abstracte logische ideeën die door de instructies worden verwezenlijkt, **2.** De werkelijke volgorde van instructies (instruction°) in een programma, met lussen (loop°), if-then-else° en dergelijke.

programmable - *programmeerbaar* - Kenmerk van een rekenmachine (calculator°) of apparaat: waardoor het de mogelijkheid krijgt om bewerkingen uit te voeren of om de werking ervan aan te passen door invoering van een ander programma. ⇔nonprogrammable°.

programmable logic array - *PLA* - Zie: PLA°.

programmable logic controller - *PLC* - Zie: PLC°.

programmable logic device - *PLD* - Zie: PLD°.

programmable read-only memory - *PROM* - Zie: PROM°.

programmable workstation - *PWS* - Zie: PWS°.

program maintenance - *programma-onderhoud* - Zie: maintenance°, program°.

programme - *programma, agenda* - Britse versie van: program°.

programmed function key - *PF-toets* - Genummerde toets (key°) waarvan de betekenis wordt geprogrammeerd, dus kan verschillen van wat u bent gewend. Synoniem: F-key°.

programmed inquiry, language on teaching - *PILOT* - Zie: PILOT. ⇔PLATO°

programmed I/O {ai·oo} - *programmed Input/Output* - Programmed I/O: gegevensoverdracht tussen computers en I/O°-apparaten onder besturing van een programma (program°), bijvoorbeeld in een channel° of PC.

programmer - *programmeur, programmer* - **1.** Programmeur: schrijver van computerprogramma's; waaraan steeds minder behoefte bestaat dankzij de nieuwe programmatische hulpmiddelen zoals I-CASE° (die programmeurs tot software engineer° maakt); ook: system programmer°, **2.** Programmer: apparaat waarmee een EEPROM° of EPROM° wordt geprogrammeerd.

programmer's hierarchical interactive graphics standard - *PHIGS* - Zie: PHIGS°.

programming - *programmering* - **1.** Vervoeging van: (to) program° (programmeren); zie ook: linear programming°, microprogramming°, modular programming°, multiprogramming°, rule-based° programming, structured programming°, visual programming°. Ontwikkelomgevingen voor programmeren: 3GL°, 4GL°, 5GL°. The end of programming - again! (Het einde van programmeren - alweer!: verzuchting bij het lezen van een artikel waarin programmeergereedschap wordt aanbevolen dat nu *echt* programmeren overbodig zal maken). Neurolinguistic programming heeft te maken met programmeren van wat u zegt. **2.** De aard en verdeling van programma's op een TV-station of de keuze van zenders op de kabel.

programming construct - *programmastructuur* - Logische constructie van een bepaalde logische bewerking (construct°): bijvoorbeeld DO WHILE (DO loop°), FOR NEXT. Term wordt ook gebruikt voor een groot onderdeel van een programma of een geheel programma.

programming language - *programmeertaal* - Taal (language°) - de definities van de grammatica (grammar°) en syntax° van instructies - waarin programma's worden 'geschreven', bijvoorbeeld: Ada°, Algol°, APL°, Assembler°, BASIC°, C°, Cobol°, Dylan°, Forth°, Java°, LISP°, Logo°, Modula-2°, Pascal°, Perl°, PL/I°, REXX°, Smalltalk°.

programming language I - *PL/I* - Zie: PL/I°.

programming request for price quotation - *PRPQ* - Zie: PRPQ°.

program name - *programmanaam* - De naam (name°) van een programma (program°), formeel de volledige naam (filename°), informeel ook alleen de naam (zonder extensie) waarmee het kan worden opgeroepen (call°).

program-oriented - *programma-georiënteerd* - Aanduiding dat bij het ontwerpen van een programmeertaal de nadruk op het programmeren is gelegd, niet op de te programmeren taken (task-oriented°), op het ermee werken (work- oriented°) of op de computer (machine-oriented°).

program product - *programmaproduct* - Verkoopbaar programma, wordt nu meestal genoemd: licensed program°.

program stack - *programmastack (programmastapel)* - De wachtrij (stack°) voor programma's (program°).

program structure diagram - *PSD* - Zie: PSD°.

program switch - *programmawissel* - Plaats in een programma waar verscheidene wegen mogelijk zijn (switch°), afhankelijk van interne of externe voorwaarden (in DOS° bestuurd via '/', bijvoorbeeld: dir *.bat /p).

program temporary fix - *PTF* - Zie; PTF°.

progress indicator - *voortgangsindicator* - Aanduiding (indicator°) van de geboekte vooruitgang (progress): bijvoorbeeld na het aanzetten van een PC, het tonen van hoever de computer is gevorderd met het controleren van het geheugen (memory°) of het aangeven hoeveel bytes (byte°) zijn overgebracht; een belangrijke zaak bij langdurige bewerkingen.

project - *project, projecteren, schatten* - **1.** Project: De mensen (manpower°) en hun organisatie die een van te voren afgesproken werk op tijd moeten zien te verwezenlijken met een gezamenlijk budget, **2.** Projecteren: een plan beramen of een overhead° op een scherm afbeelden, **3.** Project:

een relationele bewerking (relational operations°) in een relationele database° (RDBMS°): resulteert in een verticale subset° (view°) van een tabel (⇔select°), **4.** Schatten: een bestaande situatie extrapoleren naar een toekomstige; het resultaat heet: projection (raming).

project management - *project management* - Het hele werk managen en administreren als een project°. Bestaat uit: a) sizing° (schatting van de hoeveelheid werk), b) estimating° (schatting van hoeveel mensen daarvoor nodig zijn), c) planning° (mensen indelen in een werkplan), d) tracking° (de voortgang van het werk volgen en registreren), e) measuring° (de ervaringen vastleggen en bewerken zodat anderen ervan kunnen profiteren). ⇔contract management°

projector - *projector* - Apparaat waarmee TV-beelden of schermafbeeldingen kunnen worden geprojecteerd; daarnaast: overhead projector° (voor transparanten).

prolog - *proloog* - Beginonderdeel van een programma: dat de gebruikte variabelen (variable°) definieert en andere zaken voorbereidt voordat de hoofdmoot wordt uitgevoerd.

Prolog {pro·logk} - *PROgrammation en LOGique* - Een programmeertaal volgens de regels van de symbolische logica (symbolic language°); is ontwikkeld door A. Colmerauer en P. Roessel in 1973 in Marseille en wordt vooral in Europa gebruikt. Prolog++ is object-georiënteerd (object-oriented°). ⇔LISP°

PROM {prom} - *Programmable Read-Only Memory* - PROM: een ROM° die slechts eenmalig kan worden geprogrammeerd (read-only°) met een PROM programmer°. ⇔EEPROM° ⇔EPROM°

promote - *niveau verhogen* - Het prioriteitsniveau (priority°) van een apparaat (device°) of programma, in een tekstverwerker van een kop (heading°), verhogen. ⇔demote°

prompt - *prompt* - Vraag van de computer om een opdracht (command°) of gegeven in te voeren; bijvoorbeeld: 'C:\>' (DOS°, DOS prompt°), '$' in oudere UNIX°-systemen. Is ook een vraag van de computer (interactive°), zoals: Enter filename: _ (Voer bestandsnaam in: _), evenals de DOS-opdracht om de prompt te veranderen. Zie ook: dot prompt° (dBASE°). Ook gebruikt als werkwoord: to prompt for ... (vragen om ...). De DOS° prompt kan eenvoudig worden veranderd door middel van een ANSI.SYS-opdracht ('$e...' in CONFIG.SYS°).

prompt line - *opdrachtregel* - De regel (line°) waarin, achter de prompt°, een opdracht kan worden ingevoerd.

proof - *bewijzen, drukproef, proeflezen, - bestendig* - **1.** Bewijzen: dat iets is zoals wordt beweerd, **2.** Drukproef, **3.** Proeflezen: het controleren van een concepttekst, **4.** Bestand tegen...

propagate - *zich voortplanten, doorzetten* - **1.** Het zich voortplanten van elektromagnetische (electromagnetic°) of optische (optical°) golven (wave°), wat gepaard gaat met enige vertraging (delay°); radiogolven planten zich rechtlijnig voort (line of sight°, direct wave), langs de aarde (ground wave) of weerkaatst door de ionosfeer (sky wave), **2.** Doorzetten: een fout (mistake°) die doorwerkt in verdere berekeningen.

propagation delay - *voortplantingstijd* - De tijd waarin een elektromagnetische (electromagnetic°) of optische (optical°) golf (wave°) zich voortplant (propagate°) over een verbinding of door een medium°.

property - *eigenschap, kenmerk, perceel, bezit* - **1.** Eigenschap of kenmerk van een gegeven of variabele (variable°), **2.** Perceel: gebouw en grond, **3.** Bezit: eigendom; bijvoorbeeld: lost properties (gevonden voorwerpen). In Windows°: properties (instellingen).

property sheet - *opmaakspecificatie* - Overzicht van de schermopmaak van een venster (window°): waarin lettertype (font°), grootte (size°), de plaats van een balk (bar°), kleur en dergelijke wordt gespecificeerd; is vergelijkbaar met: style sheet° (opmaakspecificatie).

proportional - *evenredig, propotioneel* - **1.** Evenredig: wanneer er een lineair (linear°) verband bestaat tussen twee of meer grootheden; inversely proportional (omgekeerd evenredig), **2.** Proportioneel: met evenredige delen zie: proportional spacing°.

proportional font - *proportioneel font* - Lettertype (font°) waarvoor proportionele spatiëring (proportional spacing°) wordt gebruikt.

proportional spacing - *proportionele spatiëring* - In een tekstafdruk: wanneer de letter W meer ruimte (spacing°) krijgt dan de letter i enzovoort; zie: proportional°; is vergelijkbaar met: kerning°. ⇔fixed-pitch°

proposal - *voorstel* - Plan of plannetje: meestal in geschreven vorm.

proposition - *voorstel, propositie* - **1.** Voorstel: dat al dan niet kan worden geaccepteerd, **2.** Propositie: een logische expressie (statement°) die al dan niet waar (true°, false°) kan zijn.

propositional calculus - *propositiecalculus* - Propositielogica, zie: calculus°, proposition°. ⇔predicate calculus°

proprietary - *beschermd* - **1.** Wanneer het gebruik een licentie (license°) vereist (⇔public domain°), **2.** Wanneer apparatuur, programmatuur of architectuur (architecture°) alleen beschikbaar is van één leverancier; letterlijk gesloten (closed°) is (⇔open°).

pros and cons - *voor- en nadelen* - De vóór (pro) en tegens (con) van iets voor een bepaald doel onder bepaalde omstandigheden op een bepaald tijdstip.

Proshare - *Proshare* - Intel° product voor televergaderen (videoconferencing°) en samenwerken aan één bestand via een ISDN°-verbinding of een LAN°: is een goedkopere oplossing dan betere PictureTel. Een PC, Windows°, een PC-kaart, een compacte camera en wat programma's aan iedere kant zijn voldoende.

prospect - *potentiële klant* - Mogelijke koper voor een product. Niet verwarren met: prospector (onderzoeker van mijnen of locaties). ⇔lead°

protect - *beschermen, beveiligen* - Eigendommen, apparatuur of gegevens beschermen of beveiligen tegen ongewenst gebruik of ongewenste invloeden Zie ook: password-protected°.

protected - *beschermd* - Beveiligd, als in: copy-protected°, data protection°, file-protected°, read/write protection°, surge protection°, write-protected°.

protected mode - *protected mode* - Modus van werken (mode°) voor een Intel° PC (vanaf 80286) voor multitasking° en virtual memory°. In 16-bit computers is dan adressering (addressing°) mogelijk tot 16 MB°, in 32-bit computers tot 4 GB°. ⇔real mode°

protocol - *protocol* - De regels en afspraken voor de uitwisseling van gegevens en het handje-klap in de koppeling (interface°) tussen twee systeemdelen of programma's, in een computersysteem, tussen twee delen van een netwerk of lagen in een netwerkmodel (OSI°). Zie ook: Internet Protocol suite°, line protocol°, link protocol°, NNTP°, protocol suite°, session protocol°.

protocol analyzer - *protocol analyzer* - Een meetinstrument (analyzer°) om een (netwerk)verbinding te testen, bijvoorbeeld van foutopsporing en protocoldecodering; bestaat meestal uit een PC met een speciale kaart en programmatuur.

protocol converter - *protocol converter* - In een verbinding tussen twee netwerken, de omzetter (converter°) van het protocol°, bijvoorbeeld: gateway°.

protocol layer - *protocollaag* - Eén van de lagen (layer°) van bijvoorbeeld het OSI°-model die met een overeenkomstige laag op een andere plaats communiceert volgens de regels en afspraken van een protocol°.

protocol stack - *protocol stack* - Verzameling programmatuur in een knooppunt van een netwerk, die van boven naar beneden wordt doorlopen bij het verzenden van een pakket informatie (packet°) en van beneden naar boven bij de ontvangst. De protocol stack is afhankelijk van de lagen die in een bepaald punt zijn geïmplementeerd: een router° werkt in de OSI°-netwerklaag 3 en daarin bestaat de protocol stack dus uit de protocollen van de onderste drie OSI-lagen; in een bridge°: die van de onderste twee.

protocol suite - *verzameling protocollen* - Consistente verzameling (suite°) procedures (protocol°), die wordt gebruikt voor het uitvoeren van taken in een netwerk, bijvoorbeeld TCP/IP° voor internetworking°. Term wordt gebruikt voor de complete verzameling protocollen van een netwerk en voor de specifieke protocol stack° in een knooppunt van een netwerk.

prototype - *prototype* - Vóóraf een nabootsing of een eenvoudige versie maken van een nog niet bestaand programma. Brooks [3.] zei: Plan to throw a prototype away, you will anyhow (Plan om een prototype weg te gooien, want dat doe je toch - de gebruikers willen het toch altijd anders). Zie ook: rapid prototyping° (snel prototypen).

provider - *leverancier* - Zie: access provider°, content provider°, information provider° (IP°), service provider°.

provision - *bepaling, voorziening* - **1.** Voorwaarde, bijvoorbeeld in een contract, **2.** Voorziening, waarvoor een apparaat of programma is voorbereid.

proximity card - *toegangskaart* - Een kaart (card°) waarmee mensen toegang krijgen tot een gebouw door de kaart in de buurt van een reader° te houden; er hoeft dus geen directe elektrische verbinding te zijn. De afstand is afhankelijk van de uitvoering. Proximity (nabijheid).

proxy - *proxy* - Gevolmachtigd programma of toepassing (application°): een afgezant die bijvoorbeeld in een aparte computer (proxy server°, in Internet° met port number° 80) met een speciale versie (van FTP° of DNS°) communicatieprotocollen afhandelt, zodat het echte programma niet via het netwerk kan worden gekraakt . De proxy dient als: firewall°. Zie ook: HTML proxy server°.

proxy server - *proxy server* - Een beveiliging (firewall°) waarbij de verbinding tussen het eigen netwerk en het onveilige netwerk is - deze verbinding wordt verzorgd door kleine proxy-pramma's, niet direct via IP°-pakketfilters. Voordeel is dat het eigen netwerk geen officieel geregistreerde adressen hoeft te bezitten, maar de oplossing is minder flexibel en werkt trager.

PRPQ {pi·ar·pi·kjoe} - *Programming Request for Price Quotation* - PRPQ: prijsopgave voor de aanpassing van een programmaproduct (product°); de pendant van een RPQ° voor programmatuur.

PRS {*pi*·ar·es} - *Primary Rate Service, Premium Rate Services* - PRS: **1.** Primary Rate Service: E1°-verbinding van 1,54 Mbps°, bestaande uit 23 kanalen van 64 kbps° en 1 kanaal van 64 kbps voor besturing (signaling°), **2.** Premium Rate Services: dienstverlening via een telefoonlijn of ISDN° en incasso van de kosten via de telefoonmaatschappij, bijvoorbeeld de niet-gratis 06- of 900- nummers (⇔BRS°). Als extensie (extension°): printerdefinitiebestand van WP°.

pruning - *optimaliseren* - Ongebruikte of onnodige delen uit een programma, klassenboom (class tree°) of informatie wegsnoeien om de uitvoeringssnelheid te verhogen of de opslagruimte te verkleinen. Letterlijk: snoeien.

ps {pi·es} - *picosecond* - Picoseconde, ps: een biljoenste (10^{-12}) seconde.

PS {pi·es} - *PostScript, Power Supply* - **1.** PostScript°: taal voor printeropmaak, **2.** Voedingsbron, zie: power supply°.

PS/1 {pi·es·wan} - *Personal System/1* - PS/1: een IBM° PC voor thuisgebruik, geïntroduceerd in 1990; is eind 1994 vervangen door: Aptiva°. ⇔PS/2°

PS/2 {pi·es·toe} - *Personal System/2* - PS/2: een IBM° PC voor zakelijk gebruik, geïntroduceerd in 1987; is eind 1994 vervangen door: IBM PC (/300, /700). ⇔PS/1°

PSD {pi·es·di} - *Program Structure Diagram* - PSD: weergave van de logische structuur (structure°) van een programma (program°); synoniem: Nassi-Shneidermann diagram°.

PSDN {pi·es·di·en} - *Packet-Switched Data Network* - PSDN: pakket-geschakeld netwerk voor de overdracht van gegevens (data°), ook genoemd: PSN°

Pseudo-code - *Pseudo-code* - Een soort gestructureerd Engels als PDL°, gebruikt voor de beschrijving en opzet (code°) van nieuw programma's.

PSK {pi·es·kee} - *Phase Shift Keying* - PSK: digitale modulatie (modulation°) van de fase (phase°): door de fase in discrete stappen te veranderen (shift keying°); gangbaar is: DPSK°. Zie ook QPSK°.

PSN {pi·es·en} - *Packet-Switched Network, Packet-Switched Node* - **1.** PSN: een netwerk dat informatie in pakketjes (packet-switching°) overstuurt, ook genoemd: PSDN°, **2.** PSN: knooppunt in een packet-switched netwerk, bijvoorbeeld: X.25°.

PSS {pi·es·es} - *Packet Switch Stream, Packet-Switched Services* - **1.** PSS: pakketgeschakelde stream°, **2.** PSS: pakketgeschakelde dienst (service°). Zie: packet-switching°.

PST {pi·es·ti} - *Proposed Standard Technology* - Nieuwe naam van een voorstel voor de ontwikkeling van nieuwe technologie bij OSI°, opvolger van: RFT°

PSTN {pi·es·ti·en} - *Public Switched Telephone Network* - PSTN: publiek telefoonnetwerk van een PTT°.

PSU {pi·es·joe} - *Power Supply Unit* - Elektrische voeding (power supply°): als eenheid (unit°) gevat in een doosje of grote kast; zie ook: PS°, UPS°.

pt. {-} - *point* - Eenheid voor de tekengrootte: 1/72 inch. Meervoud: pts. (point°).

PTF {pi·ti·ef} - *Program Temporary Fix* - PTF: Tijdelijke oplossing voor een bug° (programmeerfout).

PTO {pi·ti·oo} - *Public Telecom Operator, Patent & Trademark Office* - **1.** Publiek telecommunicatiebedrijf (telecom°, operator°), bijvoorbeeld: PTT Telecom, BT°, **2.** PTO: Amerikaanse octrooiraad.

PTP {-} - *Point-To-Point* - Zie: point-to-point°.

pt-pt {-} - *point-to-point* - Zie: point-to-point°.

ptr {-} - *pointer* - Verwijzing (pointer°) naar een positie in het geheugen of een database° of in een data stream°.

pts. {-} - *points* - Meervoud van: point°, pt°.

PTT {pi·ti·ti} - *Postal, Telephone and Telegraph* - PTT: nationale organisatie voor Post, Telefoon en Telegrafie, in Europa nu meestal geprivatiseerd en gescheiden in aparte organisaties; in de VS bestaat die scheiding al van oudsher. In veel Aziatische landen bestuurd door een minister (MPT°). Zie ook: MPT°.

public address - *PA* - Zie: PA°.

public access mobile radio - *PAMR* - Zie: PAMR°. ⇔private mobile radio°

public carrier - *telecom-bedrijf* - In de VS bijvoorbeeld: AT&T°, MCI° , US Sprint of Western Union; in Groot-Brittannië: BT° en Mercury°.

public data network - *PDN* - Zie: PDN°.

public-domain - *in openbaar bezit* - Niet beschermde programmatuur (software°), zonder copyright°, die door de auteur in penbaar bezit is verklaard. ⇔freeware° ⇔proprietary°

public key - *openbare sleutel* - Openbare sleutel (key°): die in combinatie met de eigen geheime sleutel (private key°) kan worden gebruikt om een versleuteld bericht te ontcijferen of omgekeerd een bericht te versleutelen (cryptography°, encryption°); is voor het eerst beschreven door W. Diffie en M. Hellman in 1976. De eerste geslaagde toepassing is: RSA°; een andere: PGP°. De afzender (originator°) beschikt over een combinatie van twee sleutels, een geheime (secret key) en een openbare (public key); de openbare sleutel kan door de ontvanger gebruikt worden om de authenticiteit van ontvangen berichten te controleren (authentication°) en om gecodeerde berichten naar de afzender te sturen. ⇔private key°

public land mobile network - *PLMN* - Zie: PLMN°.

public switched telephone network - *PSTN* - Zie: PSTN°.

public telecom operator - *PTO* - Zie: PTO°.

publishing - *uitgeven* - Uitbrengen, bijvoorbeeld: een handboek door een uitgever, op papier of op CD-ROM°. Zie ook: DTP°, video publishing°.

puck - *puck* - Soort van ijshockey puck, uitgerust met een kruis-cursor (cross-hair°), die op een tablet (digitizing tablet°) met de hand wordt verschoven voor de digitalisering en invoer van tekeningen in een computer; wordt gebruikt in CAD°.

pull - *vragen* - Wanneer klanten vragen om bepaalde producten, zie: push, pull°.

pull-down menu - *rolmenu* - Menu (menu°): dat boven in het scherm als een rolgordijn verschijnt en dat voor details verder naar beneden kan worden getrokken; wordt ook wel genoemd: afrolmenu. ⇔pop-up menu°

pull quote - *pull quote* - Citaat (quote°) uit de tekst, dat groot is gezet tussen de tekst van een artikel om de overgebleven ruimte te vullen; synoniem: streamer°.

pull-up menu - *optrekmenu* - Menu (menu°): dat onderaan in het scherm als een rolgordijn voor het venster (window°) verschijnt en dat voor details verder naar boven kan worden getrokken. ⇔pop-up menu°

pulse-amplitude modulation - *PAM* - Zie: PAM°.

pulse-code modulation - *PCM* - Zie: PCM°.

pulse-dialing - *pulse-dialing* - Oude methode van een nummer kiezen (dialing°) via een kiesschijftelefoon: waarbij elk cijfer overeenkomt met een aantal pulsen (korte onderbrekingen van de lijnverbinding). ⇔DTMF° ⇔tone dialing°

pulse modulation - *pulsmodulatie* - Zie: PCM°

pulse width modulation - *PWM* - Zie: PWM°.

punch - *pons, ponsen* - Gegevens met ponsgaten vastleggen in een ponskaart (card°) met een ponsmachine (cardpunch, Hollerith°), hetgeen tot 1960 gebruikelijk was voor administraties. IBM° werkte met rechthoekige gaten, UNIVAC° met ronde gaten.

punctuation marks - *leestekens* - Zoals: ., ", :, ?, ! (mark°). Aanhalingstekens (quotation mark°) worden per paar gebruikt.

purchase order - *PO* - Zie: PO°.

purge - *verwijderen, wissen* - Gegevens (data°) of een bestand (file°) opruimen; letterlijk: doorspoelen, zuiveren. Is meer dan: delete°, erase°.

push - *push, opdringen, indrukken* - **1.** Zie: push, pop°, pushdown list°, pushup list°, **2.** Opdringen, zie: push, pull°, **3.** Indrukken, bijvoorbeeld van een toets (key°).

push button - *drukknop, keuzeknop* - **1.** Mechanische of elektronische aan/uit schakelaar, **2.** Keuzeknop in een grafische omgeving (GUI°) voor het geven van een opdracht (⇔radio button°).

pushdown list - *omgekeerde lijst* - Wachtrij (queue°) waarin het laatst ingebrachte (push°) onderdeel het eerst aan de beurt is; synoniem: LIFO°. ⇔pushup list°

push, pop - *push, pop* - Een environment° (werkomgeving) opslaan (push) en terughalen (pop) met behulp van een stack°. ⇔push, pull°

push, pull - *push, pull* - Opdringen (push) en vragen (pull), bijvoorbeeld van resp. de technologie (technology°) en de markt (market°).Vroeger pakte de markt alle technologie die beschikbaar kwam, nu schreeuwt de technologie om aandacht. ⇔push, pop°

pushup list - *directe lijst* - Wachtrij (queue°) waarin het eerst ingebrachte (push°) onderdeel het eerst aan de beurt is; synoniem: FIFO°. ⇔pushdown list°

put - *put* - Iets wegschrijven, letterlijk: ergens plaatsen. De Engelse premier Major zei toen hij (tijdelijk) aftrad: It's time to put up or shut up (Het is tijd voor slikken of stikken). ⇔get°

PVC {pi·vi·si} - *Permanent Virtual Circuit,* - PVC: virtuele (virtual°) huurlijn (circuit°, ⇔SVC°), die van te voren is opgezet; bijvoorbeeld in een pakket-geschakeld (packet- switching°) netwerk van een leverancier (provider°) van verbindingslijnen; zie: CIR°.

pw {-} - *password* - Wachtwoord, zie: password°.

PWM {pi·dubbeljoe·em} - *Pulse Width Modulation* - PWM: weinig toegepaste analoge of digitale modulatiemethode (modulation°) waarbij de breedte van pulsen wordt gemoduleerd, niet hun tijdsinterval of amplitude° (PAM°). ⇔PCM°

PWS {pi·dubbeljoe·es} - *Programmable WorkStation* - PWS: slim, programmeerbaar werkstation. ⇔(domme) NPT°

- Q -

QA {kjoe·ee} - *Quality Assurance* - QA: kwaliteitsborg; zie: quality assurance°, QC°.

Q&A {kjoe·en·ee} - *Questions and Answers* - Vragen en antwoorden. De titel van een overzicht van de mogelijke vragen die journalisten of klanten zouden kunnen stellen naar aanleiding van een aankondiging en de te geven antwoorden.

QAM {kwam} - *Quadrature Amplitude Modulation* - QAM: amplitudemodulatietechniek (AM°, modulation°) voor het versturen van 4 of meer bits per baud° door modulatie van de fase (phase°) en de amplitude (amplitude°); werkt met twee dragers (carrier°) die 90° in fase verschoven zijn; 16-QAM betreft 4 bits, 32-QAM 5 bits enzovoort; voor de overdracht van digitale video via de kabel zal worden gebruikt 64-QAM; QAM wordt vaak gecombineerd met: trellis°-codering (TCM°). ⇔QPSK°

QBASIC {*kjoe* ·bee·sik} - *Quick Beginner's All-purpose Symbolic Instruction Code* - QBASIC: de BASIC°-interpreter° meegeleverd met Microsoft DOS° 5.0 en hoger. Nu ook: Visual BASIC (VB°).

QBE {kjoe·bi·ie} - *Query-By-Example* - Methode om gegevens in een relationele database° op te vragen door het geven van een voorbeeld (query-by- example°). Is bij IBM ontwikkeld door M. Zloof rond 1977 als alternatief voor SQL°.

QC (kjoe·si} - *Quality Control* - Kwaliteitscontrole; zie: QA°, quality control°.

QDA {kjoe·di·ee} - *Quantity Discount Agreement* - Kwantumkorting: regeling voor korting bij grote afname.

QIC {kik} - *Quarter-Inch Cartridge* - QIC: een cassette met ¼ inch magneetband voor gebruik in een tape streamer°; er is een 3,5 inch mini- cartridge en een 5,25 inch datacartridge; QIC werkt met parallelle leeskoppen (read/write head°); normen worden ontwikkeld door de QIC Drive Standards groep op basis van de DC-2000 serie tape cartridge°; zie ook: QIC-40°, QIC-80°. ⇔DAT°

QIC-40 {kik} - *Quarter-Inch cartridge-40* - QIC-40: Formatteringsnorm (format°) voor QIC° magneetband, oorspronkelijk ontwikkeld voor 40 MB° banden, die nu ook geschikt zijn voor 80 of 120 MB.

QIC-80 {kik} - *Quarter-Inch cartridge-80* - QIC-80: Formatteringsnorm (format°) voor QIC° magneetband, oorspronkelijk ontwikkeld voor 80 MB° door middel van data compression°, die nu ook al geschikt is tot 250 MB; elke QIC-80 drive° kan ook QIC-40° banden lezen.

QoS {-} - *Quality of Service* - Voorziening in een ATM°-netwerk waarmee de beheerder (administrator°) prioriteiten (priority°) kan toekennen aan bepaalde types verkeer, bijvoorbeeld videoconferenties (videoconferencing°) hoger dan de overdracht van grote bestanden (file°).

QPSK {kjoe·pi·es·ka} - *Quadrature Phase Shift Keying* - QPSK: digitale modulatietechniek (modulation°) waarbij de fase (phase°) in discrete stappen wordt verschoven (PSK°, shift keying°). ⇔QAM°

Q&R {kjoe·en·ar} - *Quality and Reliability* - Q&R: kwaliteit (quality°) en betrouwbaarheid (reliability°): beide belangrijk om in de gunst van klanten te komen en te blijven.

qty. {-} - *quantity* - Aantal (quantity°).

quad density - *viervoudige dichtheid* - Dichtheid (density°) van viermaal zoveel bits per inch (bpi°), dubbel zoveel als: DD°.

quadrant - *kwadrant* - Gedeelte van een tweedimensionaal vlak tussen een X- en een Y-as, die vier kwadranten bepalen.

quadrature amplitude modulation - *QAM* - Zie: QAM°.

quadrature phase shift keying - *QPSK* - Zie: QPSK°.

quad-speed - *quad-speed* - Viervoudige snelheid van een CD-ROM° station (drive°): die anno 1995 de gangbare snelheid is geworden. In 1996: six-speed°.

qualify - *zich kwalificeren, gekwalificeerd zijn* - Geschikt zijn: de benodigde kwaliteiten bezitten voor bepaald werk.

quality - *kwaliteit* - Essentiële aspecten van een product of dienst die niet in cijfers kunnen worden uitgedrukt; zie ook: letter quality°, NLQ°, photo quality°, Q&R°.

quality assurance - *kwaliteitsborg, QA* - QA°: een formele poging om kwaliteit (quality°) meetbaar en voorspelbaar te maken, door opgedane ervaringen te gebruiken bij het plannen van nieuwe projecten. Niet afkorten als KB°, want dat is een koninklijk besluit, een toetsenbord of 1024 byte°. In Nederland wordt vaak de term kwaliteitsborg*ing* gebruikt, maar borging staat niet in Van Dale.

quality control - *kwaliteitscontrole* - QC: Controle van de kwaliteit (quality°), meestal door middel van steekproeven (sample°).

quality management - *kwaliteitsbeheer* - Het managen van kwaliteit (quality°).

quality of service - *QoS* - Zie: QoS°.

quantity - *aantal, qty.* - Getal dat positief of negatief kan zijn; afgekort: qty°. Als teken aangeduid met: #.

quantity discount - *kwantumkorting* - Zie: QDA°.

quantize - *kwantiseren* - Het bereik van een grootheid splitsen in een eindig aantal delen en die elk een eigen discrete waarde geven, bijvoorbeeld iemands leeftijd in hele jaren, een dag waarop iets plaatvindt in de betreffende maand. De digitalisering (digitalization°) van analoge signalen is een andere vorm van kwantiseren, waarbij discrete digitale waarden ontstaan. Zie ook: quantization errors°.

quantization errors - *kwantiseringsfouten* - De gemiddelde verschillen (error°) tussen de oorspronkelijke en de gekwantiseerde (quantize°) waarden. Afhankelijk van de gestelde eisen, mogen die verschillen niet te groot zijn; zonodig moet er fijner worden gekwantiseerd, d.w.z. meer bits (bit°) worden gebruikt, zie ook: Nyquist sampling rate°.

quarter-inch cartridge - *QIC* - Zie: QIC°.

quarter-inch tape - *¼ inch tape* - Zie: ¼ inch tape°.

query - *query, zoekopdracht* - **1.** Opvraagverzoek: dat van te voren is gedefinieerd (pre-defined°) of ad hoc°, **2.** Gegevens opvragen uit een database°. In een relationele database (RDBMS°) levert dat een tabel (view°) op.

Query-By-Example - *QBE* - QBE°: programmeermethode om gegevens in een relationele database° (RDBMS°) op te vragen (query°) door het geven van een voorbeeld (example°); is bij IBM ontwikkeld als alternatief voor SQL° en wordt nog wel gebruikt. Is alleen geschikt voor interactief (interactive°) gebruik.

query criteria - *zoekcriteria* - Het zoekargument gebruikt om informatie in een database° of index te vinden, waarin meestal ook jokertekens (wildcard°) kunnen worden gebruikt.

query file - *opvraagbestand* - Het bestand (file°) waarin wordt gezocht bij de uitvoering van een query°.

query language - *opvraagtaal* - Programmeertaal (language°) voor het opvragen en tabelleren van geselecteerde informatie: bijvoorbeeld SQL° in een relationele database°.

query transaction - *opvraagtransactie* - Transactie (transaction°) waarmee informatie wordt opgevraagd (query°) - de database° verandert hierdoor niet. Synoniem: inquiry transaction°.

question mark - *vraagteken, ?* - Een wild card°-teken dat ook vaak gebruikt kan worden om vooraf enige uitleg over een programma te krijgen door het intypen van: programmanaam ? of /?. Zie ook de lijst met veelgebruikte tekens achterin dit boek.

questions and answers - *Q&A* - Zie: Q&A°.

queue - *wachtrij, wachtrij vormen* - **1.** Wachtrij: een lijst met verzoeken die gewoonlijk first-in, first-out (FIFO°) worden afgehandeld (⇔stack°); zie ook: job queue°, print queue°, **2.** Een wachtrij vormen: nodig wanneer opdrachten gelijktijdig kunnen worden gegeven maar niet gelijktijdig afgehandeld. Uitspraak: {kjoe}.

quick-and-dirty - *snel en slordig* - Haastig, zelden een goede aanpak: haastige spoed is zelden goed. Ook Amerikaans voor: snackbar.

quick-and-dirty fix - *haastige oplossing* - Snelle, tijdelijke oplossing (fix°): zodat er verder kan worden gewerkt.

quickfix - *quickfix* - Snel noodverband (fix°) voor een bug°.

quick hack - *vluggertje* - Even snel een programma in elkaar draaien door een slimme programmmeur (hacker°); management synoniem: rapid prototyping°.

quick install - *snelle installatie* - Een mogelijkheid geboden bij de installatie (install°) van een programma om dit op een standaard manier te installeren; dit is sneller dan dat u alle keuzemogelijkheden moet invullen (custom°) en verzekert meestal direct een goede werking.

quick reference - *beknopte handleiding* - Een handleiding waarin allerlei mogelijkheden kort worden besproken en snel kunnen worden opgezocht (reference°).

quit - *quit, beëindigen* - Mogelijkheid om een programma te beëindigen of het beëindigen daarvan.

quota - *quota* - Taakstellende hoeveelheid apparatuur, programmatuur en/of service° die een vertegenwoordiger (rep°) in een jaar moet zien te verkopen; is afgeleid van: quota pars (hoeveelste deel).

quotation - *prijsopgave* - Voorstel dat men mag aanhalen (quote°); zie: RFQ°.

quotation mark - *aanhalingsteken* - Teken aan het begin (opening quotation mark) van een citaat of aan het einde (closing quotation mark), dat ook nog enkel (single quotation mark, single quote°) of dubbel (double quotation mark, double quote°) kan zijn. In Frankrijk wordt meestal gebruikt: chevron° («...»).

quote - *citeren, aanhaling, aanhalingsteken (', "), prijsopgave* - **1.** Aanhalen wat iemand heeft gezegd, **2.** Aanhaling: citaat, bijvoorbeeld 'Alle goede spreuken bestaan al, men verzuimt slechts ze toe te passen' (B. Pascal, 1632-62); zie ook: pull quote°, **3.** Aanhalingsteken: single quote° ('), double quote° ("), quotation mark°, smart quotes°, unquote°; zie ook de lijst met veelgebruikte tekens achterin dit boek, **4.** Prijsopgave: die u mag aanhalen als men u niet gelooft.

quotient - *quotiënt* - Uitkomst van een deling: deeltal (dividend°) gedeeld door een deler (divisor°), afgezien van de rest (remainder°).

QWERTY {kwer·tie} - *QWERTY* - Indeling van een toetsenbord, genoemd naar de linker letters op de bovenste rij lettertoetsen, ontworpen om de typsnelheid te beperken (nodig vanwege de toen gangbare mechanische schrijfmachines) en geoctrooieerd door C.L. Sholes en C. Glidden in 1875; kenmerk van QWERTY is dat de letters van het woord 'typewriter' op de bovenste regel staan en het woord snel kan worden getikt; verschilt van de in Frankrijk gebruikelijke AZERTY°-indeling. ⇔Dvorak keyboard°

- R -

R {ar} - *Resistor* - Symbool voor: weerstand (resistor°), gebruikt in een schakelschema; eenheid: Ohm (Ω). ⇔C° ⇔L°

RACF {rek·ef} - *Resource Access Control Facility* - RACF: toegangscontrole (access control°) voor bestanden (file°) van leverancier IBM, gebruikt op grote computers.

rack - *rek* - Metalen frame° waarin modules (module°) of kaarten (card°, board°) kunnen worden geplaatst: wordt meestal aangeduid met zijn breedte, bijvoorbeeld 19 inch.

rack mounting - *rekmontage* - Apparatuur of modules (module°) die in een rek (rack°) kunnen worden gemonteerd (mount°), meestal in een 19-inch rek.

RAD {red} - *Rapid Application Development* - RAD: Snelle methode voor toepassingsontwikkeling met behulp van gespecialiseerde teams, een variant van JAD°; is bedacht door J. Martin eind jaren 80 en nu een gedeponeerd handelsmerk van James Martin Inc.

radian - *radiaal* - Hoek omsloten door een cirkelstuk ter grootte van zijn straal: 360 graden komt overeen met 2π radialen.

radio - *radio-* - Draadloze (wireless°) verbinding via radiogolven: binnen een bedrijf of ergens in het land, mogelijk ooit rechtstreeks via een satelliet en grondstations; bijvoorbeeld: autotelefoon, cellular radio°, RLAN°. In het algemeen: zonder een direct contact. Ook: radioactive (radio-actief, zie: X-ray°).

radio access - *draadloze toegang* - Toegang (local access°) tot een telefoonnetwerk via een radioverbinding (radio°) in plaats van een telefoonkabel, hetzij vast (fixed°, wireless local loop°) dan wel mobiel (mobile°). Is vooral aantrekkelijk wanneer er geen telefoonkabel aanwezig is of wanneer men uitsluitend een draagbaar telefoontoestel wil gebruiken.

radio-based local area network - *RLAN* - Zie: RLAN°.

radio button - *drukknop* - In Windows°, een keuzerondje-knop (button°) met tekst in een dialoogvenster (dialog box°), waarop u kunt klikken (click°) om een keuze te maken; uit een rij kan er slechts één zijn ingedrukt; synoniem: option button°. ⇔push button°

radio frequency - *RF* - Zie: RF°, RF/DC°.

radio frequency identification - *RF/ID* - Zie: RF/ID°.

radio frequency interference - *RFI* - Zie: RFI°.

radio government - *RG* - RG: type-aanduiding van coax°-kabel, zie: RG- 11°, RG-58°.

radio link - *radioverbinding* - Verbinding via aardse radiogolven (radio°), meestal niet via een satelliet.

radio network - *radio netwerk* - Netwerk met radioverbindingen (radio°), synoniem: wireless network°.

radio spectrum - *etherfrequenties* - Het geheel (spectrum°) aan beschikbare etherfrequenties (radio°), gebruikt voor radio, televisie enz..

radix - *grondtal* - Aantal verschillende tekens in een talstelsel: dat de grondslag ervan vormt, bijvoorbeeld 2 in het binaire (binary°) stelsel en 10 in het decimale (decimal°) stelsel; synoniem: base°.

RADSL {ret·sel} - *Rate Adaptive Digital Subscriber Line* - De combinatie van twee eerdere technieken, SDSL° en ADSL°, voor de digitalisering van de abonnee-aansluiting (één aderpaar), waarbij de snelheid (rate°) naar de centrale, die wordt aangepast aan de kwaliteit van de telefoonlijn (line°). ⇔ADSL° ⇔HDSL° ⇔SDSL° ⇔VDSL°

ragged - *onregelmatig* - Contouren van tekens die rafelig zijn of tekst die niet recht is uitgevuld.

ragged left - *vrije regelval links* - Tekst die links niet is uitgevuld (justification°) en dus rafelig is; de tekst is dan mogelijk gecentreerd (center°) of rechts uitgevuld (flush° right).

ragged right - *vrije regelval rechts* - Tekst die rechts niet is uitgevuld (justification°) en dus rafelig is; de tekst is dan mogelijk gecentreerd (center°) of links uitgevuld (flush° left).

RAID {reed} - *Redundant Array of Inexpensive Disks* - RAID: alternatieve DASD° voor grote en kleine computers, samengesteld uit goedkope vaste schijven (hard disk°), vaak in dubbele uitvoering. Deze disks zijn minder betrouwbaar dan grote, maar eenvoudig te vervangen (hot insertion°) en het geheel is goedkoper dan grote DASD. RAID bestaat in diverse vormen (oorspronkelijk niveau 1 t/m 5) met verschillende prestaties en foutencorrectie-methoden; is in 1987 voorgesteld door Patterson, Gibson en Katz (UCB°). Level 0 beschikt over verscheidene disks en gebruikt striping° (block interleaving°) maar geen redundantie; level 1 voorziet tevens in mirroring° (alles wordt in duplo opgeslagen); level 2 voorziet tevens in foutencorrectie; level 3 werkt met een foutencorrectie waarbij mirroring overbodig is; level 4 schrijft alle controlegetallen op een aparte disk waardoor parallelle schrijfoperaties onmogelijk worden; bij level 5 worden deze controlegetallen over de disks verdeeld zodat parallelle schrijfoperaties wel mogelijk zijn, waardoor het opslagsysteem geschikt is voor een LAN°-omgeving. Sommige leveranciers schermen met nog hogere niveaus, bijvoorbeeld level 6 of 10 (een combinatie van levels 0 en 1). Sommige (duurdere?) leveranciers spreken van: *Independent Disks*. Er is een RAID Advisory Board om RAID te promoten, gevestigd te St. Peter, MN.

raise - *verhogen* - De vloer (floor) of een kopniveau (heading°) verhogen.

raised floor - *verhoogde vloer* - Plankenvloer op pootjes, waaronder de kabelverbindingen tussen apparatuureenheden worden gelegd in een computer center°.

rainbow - *rainbow* - Aanduiding een serie gekleurde boeken (NSA°) of CD-normen (book°), letterlijk alle kleuren van de regenboog. Philips kwam in 1995 met een Rainbow CD die op drie typen CD-spelers kan worden afgespeeld: audio-CD (CD-DA°), CD-ROM° en CD-i°.

RAM {rem} - *Random-Access Memory* - RAM: het werkgeheugen (memory°) van een computer, waarin gegevens op elke willekeurige plaats kunnen worden geschreven en gelezen (access°); vanwege de nu gebruikelijke halfgeleidertechnologie verdwijnen de in RAM opgeslagen gegevens als de spanning uitvalt. In 1995 moest een PC over 4 MB geheugen beschikken, in 1996 over 16 MB en in 1997 over 32 MB, maar de MB's worden wel steeds goedkoper. Er zijn veel verschillende soorten RAM: CDRAM (cached DRAM), CVRAM (cached VRAM), DRAM° (dynamic RAM), EDRAM (enhanced DRAM), EDORAM° (extended data out RAM), EDOSRAM (extended data out SRAM), EDOVRAM (extended data out VRAM), flash RAM (flash card°), FRAM (ferroelectric RAM), RDRAM (Rambus DRAM), SDRAM (synchronous DRAM),

SRAM (static RAM), SVRAM (synchronous VRAM), VRAM° (video RAM), WRAM (Window RAM). Zie ook: RAM cram°, RAM disk°, RAM doubler°. ⇔ROM°

RAMAC {rè·mek} - *Random Access Method of Accounting & Control* - RAMAC: Eerste computer (IBM 305) met een schijfstation (disk drive°) met een toegangstijd van 1 seconde, geïntroduceerd in 1956 en een mijlpaal in de geschiedenis van computers. Anno 1994 is de term wederom geïntroduceerd door IBM voor een RAID°-5 systeem.

RAM cram {rem} - *Random Access Memory cram* - Slang-aanduiding van de tekortkoming van DOS° (vòòr DOS 6.0) waardoor het eerst onmogelijk, later moeilijk was om meer dan 1024K RAM°-geheugen te adresseren (address°). Algemeen gebruikt, het feit dat veel programma's eigenlijk meer geheugen vragen dan beschikbaar is; cram (volproppen).

RAM disk {rem} - *Random-Access Memory disk* - Een disk° nagebootst in het RAM°-geheugen van een PC, die het lezen van en schrijven naar disk versnelt; wordt in CONFIG.SYS° als apparaat (device°) gespecificeerd door middel van RAMDRIVE of VDISK. Na afloop moeten de resultaten wel naar een echte disk worden gekopieerd om ze te bewaren voordat de spanning afgezet wordt; synoniem: virtual disk°.

RAM doubler {rem} - *Random Access Memory Doubler* - Voorziening ten behoeve van Windows° voor Windows 95° om het geheugen (memory°) effectief te verdubbelen door middel van compressie (comptression°). Vertraagt wel het laden van programma's, maar maakt een beter gebruik van het directe geheugen (RAM°).

RAND {-} - *RANDom number* - Willekeurig getal (random number°) dat wordt gebruikt in een programma of voor encryptie (encryption°). Er is ook een RAND Corporation, een denktank.

random - *willekeurig, direct* - **1.** Willekeurig, zie: Poisson distribution°, random number°, **2.** Direct, zie: random access°.

random access - *direct toegankelijk* - Kenmerk van geheugen (RAM°), apparaat (device°) en dergelijke, waardoor gegevens in een willekeurige volgorde kunnen worden uitgelezen; is analoog met: direct access° op disk° (DASD°). ⇔sequential access°

random access file - *direct-toegankelijk bestand* - Bestand (file°) waarvan de records (record°) in een willekeurige volgorde zijn opgeslagen op een direct-toegankelijk (direct access°) medium; het opzoeken van hun plaats (address°) geschiedt via een berekening (hashing°).

random access memory - *RAM* - Zie: RAM°.

random access method of accounting and control - *RAMAC* - Zie: RAMAC°.

random noise - *ruis* - Willekeurige ruis, zonder patroon, die door natuurlijke fluctuaties overal in de natuur aanwezig is en die vaak de drempel vormt voor het onderscheiden of detecteren van een signaal; treedt op in een verbinding en in de ontvanger.

random number - *willekeurig getal* - Getal dat door een programma (random number generator°) kan worden berekend; zie ook: RAND°.

random number generator - *random number generator* - Programma dat een reeks willekeurige getallen (random number°) berekent op basis van een zaadgetal (seed°).

range - *bereik, groep* - **1.** Bereik: minimum en/of maximum waarde die een grootheid mag of kan aannemen, bjvoorbeeld in een veld (field°) van een record° of in de cellen (cell°) van een spreadsheet°, **2.** Groep: groep eenheden of modellen binnen een reeks; zie ook: midrange°, **3.** Bereik: de bladzijden die moeten worden afgdrukt (page range°).

range check - *bereikcontrole* - Verifiëren (check°) dat de waarde van een ingevoerde grootheid binnen een bepaald bereik (range) ligt: bijvoorbeeld dat een aflever-datum niet voor vandaag ligt of dat een bestelling niet een bepaald bedrag te boven gaat.

rank - *rangschikken, rang* - **1.** Rangschikken: elementen volgens een bepaald criterium ordenen, **2.** Rang: plaats in een groep of reeks; synoniem: ranking. In FORTRAN°, het aantal dimensies (dimension°) van een array°.

rapid application development - *RAD* - Zie: RAD°.

rapid prototyping - *rapid prototyping* - Snel beginnen met een prototype° te maken en dat successievelijk verbeteren aan de hand van ontvangen commentaar. Programmeurssynoniem: quick hack°.

RAR {rehr} - *Roshal ARchiver* - Extensie (extension°) en naam van een nieuw en snel compressie/decompressieprogramma (compression°), ontwikkeld gedurende 1992 door Eugene Roshal, in 1995 23 jaar oud en wonende in Chelyabinsk (Centraal Rusland). Biedt de mogelijkheid een afweging te maken tussen tijd en compressiefactor, is eenvoudig te gebruiken en werkt efficiënt

RAS {res} - *Reliability, Availability and Serviceability, Remote Access Service* - **1.** RAS: betrouwbaarheid, beschikbaarheid en de mate waarin een apparaat te onderhouden is, drie kwaliteitsaspecten van apparatuur en systemen, **2.** RAS: verzameling gereedschappen (tool°) in Windows NT° voor de configuratie (configuration°) en onderhoud (maintenance°) van verbindingen (remote access°) met andere systemen.

raster - *raster* - In de televisiewereld, een 'half' televisiebeeld waarvan de lijnen (line°) om de andere worden geschreven in een televisiescherm (interlacing°). Twee opeenvolgende rasters vormen een enkel televisiebeeld, genaamd: frame°. In de computer- en drukkerswereld, het denkbeeldige rooster dat over een afbeelding wordt gelegd om er een 'puntjesbeeld' van te maken, bijvoorbeeld: bitmap°, rasterfoto.

raster display - *rasterafbeelding* - Gebruikelijke methode van afbeelding in punten op een rooster, niet met vectoren (vector display°). In een beeldbuis (CRT°) beschrijft de elektronenstraal steeds hetzelfde raster van horizontale lijnen (bijvoorbeeld

PAL° voor televisie of SVGA° voor een PC-scherm) en worden de lichtsterkte en kleur in de tijd gemoduleerd. In een LCD°, plasma° of TFT° display liggen de rasterpunten fysiek vast en worden zij individueel geadresseerd en aangestuurd.

raster font - *rasterfont* - Lettertype (font°) waarin de tekens met puntjes (bit map°) zijn opgebouwd. ⇔outline font° ⇔vector font°

raster graphics - *rasterbeeld* - Beeld dat is samengesteld uit puntjes (pixel°). ⇔character graphics° ⇔vector graphics°

raster image processor - *RIP* - Zie: RIP°.

rasterizer - *rasterizer* - Programma dat een scalable font° (font rasterizer°) of vector graphics° omzet in bitpatronen (bitmap°) die direct kunnen worden afgedrukt; zie ook: ATM°. ⇔vectorizer°

raster unit - *rastereenheid* - De afstand tussen twee aanpalende punten (pixel°) in een rasterbeeld (raster graphics°); synoniem: dot pitch°.

rate - *snelheid, tarief, beoordelen* - **1.** Snelheid: het tempo waarin iets geschiedt; bijvoorbeeld: access rate°, basic rate°, compound growth rate°, data rate°, Nyquist sampling rate°, frame rate°, polling rate°, primary rate°, sampling rate°, slew rate°, typematic rate°, **2.** Tarief: kosten per eenheid of de verdeling van kosten, bijvoorbeeld: accounting rates°, flat rate°, full rate°, usage fee°, **3.** Beoordelen, zie: rating°.

rated speed - *nominale snelheid* - Snelheid (speed°) waarvan de fabrikant verwacht (rate°) dat zijn apparaat die zal halen gedurende de garantieperiode.

rating - *toelaatbare belasting, waarderingscijfer, status* - **1.** Toelaatbare belasting, bijvoorbeeld: power rating°, **2.** Waarderingscijfer, **3.** Status: bijvoorbeeld van een leverancier (vendor°).

ratio - *verhouding* - Zoals in: aspect ratio°, error ratio°.

rational number - *rationeel getal* - Een getal dat kan worden geschreven als verhouding (ratio°) van twee gehele getallen (integer°). ⇔irrational number°

ravioli code - *ravioli-code* - Programmatuur (object-oriented programming°) waarbij zoveel specifieke kenmerken en verbanden in de objecten zitten opgeborgen dat zij helaas nimmer voor hergebruik (reuse°) in aanmerking zullen komen. ⇔spaghetti code°

RAW {-} - *Read After Write* - Zie: read after write°.

raw data - *oorspronkelijke gegevens* - 'Ruwe' gegevens zoals ze zijn binnengekomen of verzameld: nog niet gecontroleerd of bewerkt.

ray-tracing - *ray-tracing* - Het aanbrengen van spiegelingen en schaduw door middel van lichtstralen (ray) in een grafisch beeld: is een onderdeel van 3D°-rendering (render°); zie ook: trace°.

RBOC {ar·bok} - *Regional Bell Operating Company* - Een Baby Bell°, zie: BOC°.

RC {ar·si} - *Remote Controlled, Resistor-Capacitor* - RC: **1.** Op afstand (remote°) bestuurd (control°), **2.** Weerstand-capaciteit, RC: combinatie van elementen (R°, C°) die veel wordt gebruikt in filterschakelingen, met als karakteristiek de zogenaamde RC-tijd.

rcv {-} - *receiver* - Ontvanger (receiver°) of het ontvangen van bits, tekens of berichten, ook wel: rcvr°.

rcvr {-} - *receiver* - Ontvanger (receiver°) of het ontvangen van bits, tekens of berichten, ook wel: rcv°.

RD {-} - *Receive Data* - RD°: een modemlampje (modem light°) dat brandt als gegevens (data°) worden ontvangen.

R&D {ar·en·di} - *Research and Development, Resourcing and Development* - R&D: **1.** Research & Development: onderzoek en ontwikkeling, **2.** Resourcing and Development: menselijke hulpbronnen aantrekken en opleiden. Niet verwarren met: R&B (Rhythm and Blues).

RDBMS {ar·di·bi·em·es} - *Relational DataBase Management System* - RDBMS: relationeel database°-systeem (relational model°). ⇔HDBMS°

read - *uitlezen* - Het uitlezen van gegevens vanuit het geheugen, disc° of disk°, bijvoorbeeld de uitvoering van een get° of read opdracht. Zie ook: read after write°, read/write head°. ⇔write°

readability - *leesbaarheid* - Het begrijpelijk zijn van documentatie (documentation°) voor haar gebruikers: kan automatisch worden bepaald aan de hand van het aantal woorden per zin, de moeilijkheidsgraad van de woorden enzovoort, maar een bruikbaarheidstest (usability°) met representatieve gebruikers is beter. Zie ook: machine-readable°.

read after write - *RAW* - Lezen (read°) na het schrijven (write°): een betrouwbaardere maar meestal langzamere techniek dan alleen schrijven op een diskette° of vaste schijf (hard disk°). Afhankelijk van de plaats van de lees- en schrijfkoppen, kan de controle mogelijk pas een omwenteling later plaatsvinden.

reader - *lezer, leesvoorziening, leesmachine* - Menselijke lezer of leesmachine, zoals in: badge reader°, optical/magnetical reader (optische/magnetische leesmachine, OCR°, MICR°), reader/sorter (lees- en sorteermachine). Ook: programma voor het lezen van USENET°-nieuws op Internet°.

read error - *leesfout* - Geconstateerde fout (error°) tijdens het uitlezen van gegevens, veroorzaakt door een defect (fault°). ⇔write error°

read head - *leeskop* - De magnetische (magnetic°) of optische (optical°) voorziening die de op papier of magnetisch opppervlak geschrevenen informatie omzet in elektronische signalen. Zie: read/write head°.

READ.ME - *LEES.MIJ* - Gebruikelijke naam van een bestand met aanwijzingen voor het gebruik van een programma die niet meer in de handleiding konden worden opgenomen.

README file - *LEESMIJ bestand* - Tekstbestand (file°) dat vaak wordt meegeleverd met een programmapakket, waarin een overzicht wordt gegeven van het gebruik en/of de allerlaatste nieuwtjes over het pakket staan vermeld.

read-only - *read-only, RO - Alleen-lezen:* gegevens die alleen kunnen worden uitgelezen of ingezien (read°), niet veranderd; bijvoorbeeld omdat deze zijn opgeslagen in ROM°. ⇔read/write°

read-only memory - *ROM* - Zie: ROM°.

readout - *uitlezing* - Het uitlezen van een gegeven of bestand, bijvoorbeeld: destructive readout°, nondestructive readout° (NDRO°).

read/write - *read/write, R/W* - R/W°: Gegevens kunnen bekijken én veranderen: lezen (read°) en schrijven (write°). ⇔read-only°

read/write head - *lees/schrijfkop* - Magnetische kop (head°) in een disk° of tape unit°: waarvan een gedeelte kan lezen en een ander gedeelte kan schrijven, zodat directe controle van het geschrevene mogelijk is.

read/write protection - *lees/schrijfbeveiliging* - Bescherming tegen het inzien of uitlezen (read°) en het veranderen (write°) van een bestand (file°).

ready - *ready, gereed* - Gereed voor de uitvoering van een opdracht, dat wil zeggen, niet uitgezet of bezig met een andere opdracht; deze situatie wordt vaak aangegeven door een brandend groen lampje/schakelaar, bijvoorbeeld op een printer, waarmee de machine ook op niet-gereed (not ready°) kan worden gezet.

real - *werkelijk bestaand* - Dingen die werkelijk aanwezig zijn of bestaan. ⇔virtual°

real estate - *plaatsing* - Indeling van elementen op een chip°, sporen (track°) op een disk°, informatie in een scherm enzovoort; term wordt vooral gebruikt als de ruimte schaars is. Letterlijk: gebouwen en grond, onroerend goed.

realign - *opnieuw rechtzetten* - **1.** Middelen nogmaals op een rijtje zetten, **2.** Een regel of een leeskop nogmaals uitlijnen. Is afgeleid van: to align°.

reality - *werkelijkheid* - De echte werkelijkheid. ⇔virtual reality°

reallocate - *opnieuw toewijzen* - Een eerdere toewijzing (allocate°) veranderen. ⇔deallocate°

real mode - *real mode* - Werkwijze (mode°) voor elke Intel° 80X86° processor°, waarbij tot 1024K° geheugen kan worden geadresseerd (address°). ⇔protected mode°

real storage - *real storage* - Echt geheugen (memory°), niet virtueel (virtual memory°): dat direct door de processor° kan worden gebruikt, zonder paging°.

real-time - *real-time* - Wanneer een computer direct een proces of machine moet besturen of een groep mensen van informatie moet voorzien; maar mensen kunnen meestal wel even wachten; letterlijk: onvertraagd. Wordt ook gebruikt in verband met video°

wanneer de decompressie (MPEG°) gelijktijdig plaatsvindt of rendering (render°); dat betekent dus meestal niet 'live'. Verschilt van: online°. ⇔offline° ⇔store-and-forward°

real-time processing - *directe verwerking* - Modus (mode°) van werken waarbij bestellingen (order°) of berichten (message°, EDI°) direct (real-time°) verwerkt worden.

Real-time protocol - *RTP* - Zie: RTP°.

real-time system - *RTS* - Zie: RTS°.

Real World Computing - *Real World Computing* - Tienjarig Japans onderzoeksprogramma, gestart in 1992 en opvolger van het vijfde-generatie project (fifth-generation computer system°) van het MITI (1982-92) met een budget van 35 miljard gulden.

reason code - *reason code* - Code (code°) die aangeeft wat de reden is waarom de uitvoering van een instructie of programma fout is gelopen (return code°).

reasoning - *redeneren* - Door een mens of door een kennissysteem (knowledge system°), zie: case-based reasoning°.

reassign - *reassign* - Opnieuw toewijzen: een toekenning of opdracht (assign°) veranderen; ook een defecte disk sector° als zodanig markeren, zodat hij niet meer wordt gebruikt.

reboot - *reboot* - Een PC herstarten door middel van een boot°. Synoniem: warm start°.

recalculate - *opnieuw bereken* - Een berekening of werkblad (spreadsheet°) opnieuw uitvoeren, omdat bepaalde gegevens of parameters (parameter°) veranderd zijn.

recall - *opnieuw oproepen, terughalen* - **1.** Opnieuw oproepen (call°): een instructie of programma opnieuw uitvoeren, **2.** Terughalen: apparaten met een defect terughalen naar de fabriek.

receipt - *ontvangstbewijs* - Kwitantie: bewijs dat u heeft betaald; zie ook: sales receipt° (kassabon). Ook getekend bewijs dat goederen zijn afgeleverd en ontvangen.

receive - *ontvangen* - Binnen krijgen: een elektronisch signaal via een ontvanger (receiver°), mensen bij de receptie of een pakje via de post. Een ontvangstbewijs heet: receipt°. ⇔transmit°

receive data - *RD* - Lampje (modem light°) dat aangeeft dat een modem° gegevens (data°) ontvangt.

receive-only - *RO* - Aanduiding van een terminal° die alleen gegevens kan ontvangen (receive°), niet verzenden; zie: RO°.

receiver - *ontvanger, telefoonhoorn, rcvr* - **1.** Ontvangend systeem of ontvanger, zie bijvoorbeeld: IRD°, **2.** Telefoonhoorn; zie ook: rcvr°, handset°.

recipient - *ontvanger* - De gebruiker (user°) die berichten ontvangt (receive°). ⇔originator°

reciprocal - *omgekeerd evenredig, wederkerig* - **1.** De reciproke van een getal: 1 gedeeld door het getal, bijvoorbeeld de reciproke van 3 is 1/3, **2.** Wederkerig of wederzijds: in het algemeen, equivalentie in beide richtingen.

recoding - *herprogrammeren* - Programma's opnieuw programmeren, bijvoorbeeld door ze in de nu algemeen gebruikte programmeertaal (programming language°) om te zetten, om ze beter te kunnen onderhouden (maintenance°). Een CASE°-gereedschap kan hierbij nuttige diensten verlenen. ⇔re-engineering°

recognition - *herkenning, erkenning* - **1.** Herkenning, bijvoorbeeld van tekens (character recognition°), **2.** Erkenning, bijvoorbeeld voor uw werk, bijvoorbeeld in de vorm van een beloning (award, renumeration°)

recommended standard - *RS* - Zie: RS-232-C°, RS-422° enzovoort.

recomposition - *hercompositie* - Programma's opnieuw samenstellen, volgt na de decompositie (decomposition°) van een bestaand programma.

reconfigurable - *herconfigureerbaar* - De mogelijkheid om de definities van eenheden (unit°) of apparaten (device°) in een computer of netwerk te wijzigen.

record - *record, opnemen* - **1.** Record: logische eenheid waarin bij elkaar behorende gegevens (data record°) of elementen worden opgeslagen in een bestand, bijvoorbeeld: tape record°, unit record°, **2.** Record: een verslag, document, dossier of archiefstuk, waarvan de wettelijke of financiële betekenis van vitaal belang is, bijvoorbeeld: vital records°, **3.** Vastleggen, opnemen: bijvoorbeeld gesproken post (voice-mail°) of video. I don't want to sound like a broken record (Ik wil het niet steeds herhalen - grammofoonplaat met een buts waardoor steeds een bepaald stuk wordt herhaald).

recordable CD {si·di} - *recordable Compact Disc* - Zie: CD-R°.

recorder - *recorder* - Opneemapparaat (record°), bijvoorbeeld: VCR°.

record format - *recordindeling* - Synoniem van: record layout°.

recording - *opname* - Magnetisch of optisch schrijven, analoog (analog recording°) of digitaal (digital recording°). Zie ook: vertical recording°.

recording density - *schrijfdichtheid* - Dichtheid van geschreven (record°) informatie; op magneetband (tape°) meestal in bits per inch (1600 of 6250 bpi°); op disk° of diskette°: meestal de totale capaciteit (op 3½ inch: 720 KB°, 1,44 MB° of 2,8 MB).

record keeping - *records bijhouden* - Gebeurtenissen bijhouden in records (record°) of anderzins.

record layout - *recordindeling* - De indeling van een record° in velden (field°) en gegevenskenmerken (attribute°) zoals lengte en soort.

record-level locking - *record-blokkering* - Voorzorg in een database° wanneer iemand write access° (schrijftoegang) krijgt, waarbij het gebruikte record° geblokkeerd wordt, om te verhinderen dat het door twee gebruikers onafhankelijk van elkaar wordt veranderd, zie: two-phase commit°.

record-oriented - *record-georiënteerd* - Een netwerkprotocol (protocol°) dat werkt op basis van records (record°), bijvoorbeeld uit een database°. ⇔stream-oriented°

recover - *herstellen, terughalen* - De gevolgen van een fout of abend° herstellen, meestal vanaf een reservekopie (backup°) en een log° of een checkpoint°; ook het terughalen van een bestand (file°) na wissen (delete°, erase°), wat soms zelfs mogelijk is als dat gecomprimeerd is.

recoverability - *recoverability* - Maat voor de hoeveelheid werk die nodig is om een bepaalde systeemfout te herstellen.

recovery - *herstel* - Terug naar een vorige status, bijvoorbeeld een database° herstellen na een fout, mogelijk vanaf een reservekopie (backup°). Zie ook: backward recovery°, disaster recovery°, forward recovery°, inline recovery°, safe recovery°. ⇔restore°

recovery manager - *recovery manager* - Programma dat na een crash° zorgt voor het herstel (recovery°) van de gegevens in een gedistribueerd systeem (distributed system°).

rectangle - *rechthoek* - Een vierhoek waarvan de lengte en breedte verschillend zijn. ⇔square°

rectify - *gelijkrichten, rechtzetten* - **1.** Gelijkrichten: met behulp diodes (diode°, SCR°) een wisselspanning omzetten in gelijkspanning voor een voeding (power supply°), **2.** Rechtzetten: een fout herstellen bijvoorbeeld door een rectificatie.

recurring costs - *terugkerende kosten* - Kosten (cost°) die regelmatig gemaakt moeten worden. ⇔one-time cost°

recursion - *recursie* - Een zichzelf herhalend (recursive°) proces, waarbij de resultaten van voorafgaande stappen worden gebruikt, hetgeen soms tot in het oneindige kan doorgaan (loop°).

recursive - *recursief* - Zichzelf herhalend: in een proces, bij een aanroep (call°) of bij een deling (divide°).

recycle bin - *recyclebak* - In Windows 95°, nieuwe en modernere term voor de prullebak (thrash can) in Windows° 3.xx. Plaats voor bestanden (file°) en mappen (folder°) die (meestal) niet langer nodig zijn. Een beter idee dan: undelete° (DOS°).

Red Book - *Red Book* - In multimedia°, de specificatie van de CD-DA°, de audio-CD, de moeder van alle CDs: 16-bit stereo met 44,1 kbps; is genoemd naar de kleur van zijn omslag.

redefine - *opnieuw bepalen* - Voorwaarden opnieuw definiëren, voordat een programma of berekening opnieuw wordt uitgevoerd.

redevelop - *herontwikkelen* - Een verouderde toepassing (application°) opnieuw ontwikkelen: omvat reverse engineering° en reengineering°.

red, green, blue - *RGB* - Zie: RGB°.

redialing - *opnieuw kiezen* - Een eerder gekozen telefoonnummer opnieuw bellen; zie: dialing°.

redirect - *redirect, doorsturen* - Resultaten of een bericht (mesage°) van een apparaat (device°) of gebruiker naar elders doorsturen (direct°). Er is dan sprake van: redirection°. In de virtuele interne wereld van computers komt dit vaak voor.

redirection - *redirection, omleiding* - Ontvangen informatie of gegevens naar een andere gebruiker, een ander bestand of een ander apparaat (device°) sturen (direct°); wordt in DOS° aangegeven met: >, < of >> (append°). Op systeemniveau wordt een redirector ook wel genoemd: shell°. ⇔rerouting° ⇔append°

redirector - *redirector* - Een programma voor: redirection°.

redlining - *revisiemarkeringen aanbrengen* - In MS Word, revisies aangeven door middel van markeringen (aangegeven in kleur en/of onderstreept), die al dan niet kunnen worden opgenomen.

redo - *opnieuw, overdoen* - Herstellen: iets opnieuw (moeten) doen omdat het fout ging. ⇔undo°

reduce - *verkleinen* - Een afbeelding of lettertype (font°) verkleinen. ⇔enlarge°

reduced instruction set computer - *RISC* - Zie: RISC°.

redundant - *overtollig* - Extra apparatuur of informatie (CRC°, parity°) om de betrouwbaarheid te verhogen.

redundant array of inexpensive disks - *RAID* - Zie: RAID°.

reed relay - *reed relais* - Klein, betrouwbaar relais (relay°) in een glazen buisje, dat wordt bekrachtigd door een uitwendige spoel.

Reed-Solomon code - *Reed-Solomon code* - Foutencorrigerende code: die speciaal geschikt is om een lange reeks fouten te corrigeren; wordt onder andere gebruikt in CD-spelers om het effect van krassen te compenseren (cross-interleaved Reed-Solomon codering) en in digitale videorecorders. Voluit: Cross Interleave Reed-Solomon code

reel - *reel, spoel* - Haspel (tape reel°) waarop magneetband (tape°) is gewonden. Ook: open reel° (magneetband-spoel ⇔cartridge°).

reel-to-reel - *spoelen...* - Aanduiding van een magneetband-eenheid met twee spoelen (reel°).

re-engineering - *re-engineering* - Programmatuur geheel renoveren door het opnieuw te structureren (restructuring°) en te veranderen (recomposition°). Volgt op reverse engineering° en spaart dan mogelijk auteursrechten uit. Zie ook: BPR°, engineering°. Re-engineering wordt nu ook gebruikt voor het herstructureren van organisaties, hun werkprocessen en hun bedrijfssystemen, gepopulariseerd door M. Hammer (1995). ⇔recoding°

reentrant program - *reentrant programma* - Programma dat door verscheidene personen of programma's in één computer gelijktijdig kan worden gebruikt; wordt vooral toegepast in systeemprogrammatuur. ⇔relocatable°

refer - *verwijzen* - Een gegeven, waarde of trefwoord dat naar een ander verwijst.

reference - *verwijzing* - Referentie: verwijzen naar informatie die elders is opgeslagen (cross-reference°), bijvoorbeeld in een andere cel (cell°) van een spreadsheet°, of informatie die verwijst naar apparatuur of programmatuur (reference material°); ook: frame of reference°. Met een hoofdletter: Reference (Naslagboek); zie ook: quick reference°.

reference material - *referentie-informatie* - Meestal gedrukte informatie, zoals een handleiding (manual°), waarin tot in de puntjes staat beschreven hoe iets werkt - die u als referentie (reference°) kunt gebruiken.

reference model - *referentiemodel* - Een algemeen model° aan de hand waarvan leveranciers programmatuur ontwikkelen, bijvoorbeeld het OSI°-referentiemodel.

referential integrity - *referentiële integriteit* - De ongeschonden staat (integrity°) van een relationeel database° systeem (RDBMS°); wil zeggen dat de sleutels (key°) waarnaar wordt verwezen (reference°), moeten bestaan, zodat alle bewerkingen kunnen worden uitgevoerd. ⇔data integrity°

reflect - *weergeven, reflecteren* - **1.** Weergeven: gemaakte veranderingen doorvoeren, **2.** Reflecteren: licht weerkaatsen.

reflectance - *reflectiefactor* - Optisch kenmerk van een oppervlak: de verhouding tussen de hoeveelheid weerkaatst en invallend licht, meestal uitgedrukt in procenten.

reflective - *reflecterend, met gereflecteerd licht* - Werkend met opvallend licht dat wordt weerkaatst, bijvoorbeeld: LCD°-paneel of inkt (reflective ink°).

reflective ink - *reflecterende inkt* - Inkt die het licht van een optische scanner reflecteert en dus niet wordt 'gezien'; kan vrijelijk op een formulier worden gebruikt, bijvoorbeeld voor de vakjes waarin cijfers moeten worden geschreven of streepjes (mark read°) gezet. ⇔nonreflective ink°

reflectometer - *reflectiemeter* - Meetinstrument om kabelfouten op te sporen; aan de hand van het tijdsverschil tussen een uitgezonden signaal en het bij de fout gereflecteerde signaal kan de plaats van een kortsluiting, breuk of slecht contact worden bepaald. Elektrische versie: TDR°. Optische versie: OTDR°.

Reflector - *Reflector* - Centrale voor CU-SeeME°-aansluitingen: die individuele videosignalen ontvangt, bundelt en weer terugstuurt; letterlijk: reflector.

reformat - *herformatteren* - **1.** De record-indeling (record layout°) van een bestand of database° veranderen, **2.** Een disk° of diskette° opnieuw formatteren (format°): om enige zekerheid te hebben dat eerder geschreven informatie is gewist (zie: undelete°).

refresh - *vernieuwen* - Vluchtige informatie opnieuw activeren, die bijvoorbeeld is afgebeeld in een scherm (CRT°) of is opgeslagen in een geheugen (DRAM°).

refresh rate - *herhalingsfrequentie* - Hoe vaak afbeeldingen in een scherm (screen°) of gegevens (data°) in een vluchtig geheugen worden ververst; bijvoorbeeld 70 Hz° voor trillingsvrije beelden (flicker°). Wordt ook wel genoemd: vertical refresh rate°, frame rate°.

regen {*re*·djen} - *regeneration* - Regeneratie: herhaling van een generatie (generation°) van een programma; is verwant aan: SYSGEN°.

region - *region* - Een gebied in het hoofdgeheugen (memory°), echt (real°) of virtueel (virtual°), waarin een programma wordt uitgevoerd.

regional Bell operating company - *RBOC* - Zie: RBOC°.

register - *register, zich inschrijven, doordringen, samenvallen* - **1.** Register: elektronisch of programmatisch buffergeheugen (buffer°), gebruikt voor de uitvoering van instructies (instruction°); in speciale uitvoering: schuifregister (shift register°), **2.** Zich inschrijven: bijvoorbeeld voor een cursus, **3.** Doordringen: opgemerkt worden, **4.** Samenvallen: in elkaars verlengde liggen of over elkaar vallen, bijvoorbeeld van lijnen of kleuren, **5.** In GSM°, het register waarin de gegevens van een abonnee worden bijgehouden: home location register° (HLR°), visitor location register° (VLR°).

registration - *registrering, registratie* - **1.** Registrering: nauwkeurige positionering (alignment°) ten opzichte van een referentiepositie, zoals van een kop (head°) ten opzichte van een spoor (track°) of van kleurenclichés, **2.** Registratie: het inschrijven van bezoekers, het optekenen van gegevens en dergelijke.

registration card - *registratiekaart* - Kaart (card°) verpakt bij programmatuur waarmee u zich kunt laten registreren als eigenaar, vaak een voorwaarde voor ondersteuning (support°) tijdens het gebruik (aftersales°).

registry - *register* - Een formeel register (register°), bijvoorbeeld Registery in Windows°, een bestand waarin alle informatie over Windows en Windows-toepassingen staat vermeld.

regression - *regressie* - De teruggang of het verloop van een fenomeen, bijvoorbeeld: regression to the mean (terugkeer naar het gemiddelde).

regression analysis - *regressie-analyse* - Wetmatigheden afleiden uit praktijkgegevens; is afgeleid van: to regress (redeneren van gevolgen naar oorzaken).

regression test - *regressietest* - Nagaan of een nieuwe module° (programma) goed werkt met de reeds bestaande en geteste modules, waarschijnlijk door middel van een test case°.

regular - *normaal, vast, regelmatig, gewoon* - Niet speciaal.

reinstall - *opnieuw installeren* - Een toepassing°, programma of font° opnieuw installeren, omdat het per ongeluk was gewist (delete°) of omdat het niet goed werkte.

Reinstall if there are problems (Installeer opnieuw indien er problemen zijn - een goede raad want vaak is de fout niet te vinden). ⇔install° ⇔uninstall°

rel. {-} - *release* - Zie: release°.

related - *verwant* - Aanduiding van een samenhang of verwantschap tussen twee fenomenen.

relation - *relation, relatie* - **1.** Relation: vergelijking met twee expressies waartussen een relational operator° of een logical operator° is geplaatst, **2.** Relatie; in een relationele database°, een tabel (view°) met entiteiten (entity°) en hun gegevenskenmerken (attribute°); synoniem: flat file°, **3.** Relation: in COBOL, synoniem voor: relational operator°. Tussen mensen of zakelijk: relatie.

relational - *relationeel* - Eigenschap van een database waarin de gegevens onderling gerelateerd zijn en via hun relatie kunnen worden benaderd (access°), zie: relational model°. Zie echter ook: relational expression°, relational operator°.

relational database - *relationele database* - Database (database°) waarin twee tabellen kunnen worden verenigd via een gemeenschappelijk veld. Zie: relational database management system° (RDBMS°). Dit type database is tegenwoordig gebruikelijk, behalve voor hele grote databases.

relational database management system - *relationeel database beheersysteem, RDBMS* - RDBMS°: een database° organisatie in de vorm van tabellen (view°), die volgens het relationele model (relational model°) eenvoudig kunnen worden bewerkt; beschikt over een interne data dictionary°. De bewerkingen bestaan uit: set operation° (set theory°: union°, intersection°, difference°, product°) en: relational operation° (select°, project°, join°, divide°). De nu universeel gebruikte taal is: SQL°; zie echter ook: QBE°. Zie ook onder: DBMS°. ⇔hierarchical°

relational expression - *relationele expressie* - Expressie (expression°) met een of meer vergelijkingsoperatoren (relational operator°); wordt onder andere gebruikt voor de selectie van gegevens uit een database° en in programma's, bijvoorbeeld een if-then-else° expressie.

relational file - *relationeel bestand* - Bestand (file°) georganiseerd volgens het relationele model (relational model°).

relational model - *relationele model* - Structuur van een relationeel database° managementsysteem die geschikt is voor het werken met tabellen; werkt dus met een groep gegevens tegelijk, niet met enkele records (record°); de bewerkingen bestaan uit set operations (union°, intersection°, difference° en product°) en relational operations (select°, project°, join° en divide°); is gebaseerd op predikatenlogica (predicate logic°) en vereist een genormeerde vorm van het gegevensmodel (normal form°); werd geïntroduceerd door E.F. Codd in 1969 [7.], maar het model° is steeds aangepast.

relational operation - *relationele bewerking* - Bewerking (operation°) in het relationele model (relational model°): select°, project°, join° en divide°). ⇔set operation°

relational operator - *vergelijkingsoperator* - Bewerkingsteken (operator°) dat twee waarden logisch vergelijkt: eq°, ge°, gt°, le°, lt° en ne°. ⇔logical operator°

relationship - *relatie* - Verwantschap tussen twee of meer elementen of entiteiten (entity°), die bijvoorbeeld wordt weergegeven in een: E-R Diagram°; zie ook: cardinality°.

relative - *relatief* - Plaats van iets ten opzichte van die van iets anders, meestal een referentiepositie of een vorige positie, in welk opzicht dan ook.

relative addressing - *relatief adresseren* - Adresnotatie in een instructie (instruction°) waarbij een relatief adres (address°) wordt gebruikt: het verschil tussen het absolute adres (absolute address°) en het basisadres (base address°). ⇔direct addressing° ⇔indirect addressing°

relative humidity - *relatieve vochtigheid, RH* - RH°: maat voor de hoeveelheid water in de lucht, afhankelijk van de temperatuur: wordt uitgedrukt in % (RH°) en is belangrijk voor het in- en uitvoeren van papier.

relay - *relais, heruitzenden, estafette* - **1.** Relais: elektrisch bediende schakelaar, meestal met veel contacten, waarmee de eerste computers zijn gemaakt (zie: bug°); ook: reed relay°, **2.** Heruitzenden: ook wel relayeren genoemd, zie: cell relay°, frame relay°, **3.** Estafette: wedstrijd met een token° (stokje).

release - *vrijgeven, release, rel, entertoets* - **1.** Vrijgeven: van een apparaat (device°), **2.** Release: een nieuwe uitgave van een programma (release level°); afgekort: rel.°, **3.** Entertoets (release/enter°).

release/enter - *entertoets* - Entertoets (key°) waarmee gegevens, die al in een scherm staan, in een computer worden vastgelegd. Synoniem: enter°, release°.

release level - *release* - Het 'uitgavenummer' van programmatuur is meestal een combinatie van de versie (version°) en de release°, bijvoorbeeld: rel. 5.1. De ···.0 releases kunt u soms beter overslaan vanwege de fouten (bug°) die er nog in zitten

reliability - *betrouwbaarheid* - Zie ook: Q&R°.

reliability, availability and serviceability - *RAS* - Zie: RAS°.

reload - *opnieuw laden* - Een programma of database° opnieuw laden (load°), mogelijk omdat er iets is misgegaan.

relocatable program - *verplaatsbaar programma* - Programma dat op verschillende adressen (address°) in het werkgeheugen (RAM°) kan worden geladen; dit vereist een dynamische vertaling (translate°) van adressen.

relocate - *zich opnieuw vestigen, verplaatsen* - **1.** Zich ergens opnieuw vestigen: verhuizen, **2.** Verplaatsen: informatie op een andere plaats opslaan. ⇔locate°

relocation - *verplaatsing, verhuizing* - Veranderen van adres (address°): van gegevens (data°), een programma (program°), een dictionaire (dictionary°), een huis of een kantoor (office°).

rem {rem} - *remark* - Opmerking: opdrachtcode (op-code°) die wordt gebruikt voor het: a) opnemen van verklarende tekst in een programma, b) tijdelijk uitschakelen een programmaregel; bijvoorbeeld 'rem <tekst>'; geen rem om te stoppen, maar juist om door te gaan.

remainder - *rest, restant* - **1.** Rest: overblijfsel van een deling, **2.** Restant: eenheden of elementen die overblijven na een verhuizing, uitverkoop of verwerking.

remanufacturing - *hergebruik* - Chic woord voor recycling: materialen of producten opnieuw gebruiken, door omsmelten (glas, blik of videobanddozen) of opnieuw vullen (cartridge°). Praktisch synoniem: reuse°. ⇔manufacturing°

remappable - *opnieuw indeelbaar* - Bijvoorbeeld stukken van een geheugenruimte die opnieuw kunnen worden ingedeeld (assign°).

remark - *rem* - Opmerken, opmerking, zie: rem°.

remarketer - *wederverkoper* - Bedrijf dat producten van een ander afzet: vaak met enige eigen toevoegingen, al is het alleen een ander naamplaatje. Zie bijvoorbeeld: marketer°, VAR°, value-added remarketer°. ⇔reseller°

remote - *remote* - Op afstand of extern met de computer werken. Letterlijk: afgelegen, zoals in: Remote but still connected (Ver weg, maar wel aangesloten). Een afstandsbesturing voor TV of PC wordt ook wel genoemd: remote. ⇔local°

remote access - *remote access, toegang op afstand* - Op afstand met een computer te werken, mogelijk via een remote access server°.

remote access server - *remote access server* - Een server° als intermediair tussen een grote computer en een netwerk met gebruikers.

remote access service - *RAS* - Zie: RAS°.

remote batch processing - *remote batch-verwerking* - Decentrale verwerking van batches (batch°) in een meestal kleinere computer op afstand van de mainframe°.

remote boot - *een netwerk-PC starten* - Een op een netwerk aangesloten (diskless°) PC starten (boot°) vanuit een server°.

remote bridge - *remote bridge* - Speciale bridge°: die twee op afstand van elkaar gelegen netwerken verbindt via twee halve bridges die zijn verbonden via een gehuurde vaste verbinding (leased line°, remote link°). Hiermee kan een WAN°-omgeving worden gerealiseerd. Wanneer compressie (compression°) wordt gebruikt om de snelheid over de verbinding te versnellen, spreekt men van: compression bridge°. ⇔local bridge°

remote configuration - *remote configuration* - De mogelijkheid om op afstand (remote°) configuraties (configuration°) te kunnen samenstellen en beheersen.

remote connectivity - *remote connectivity* - **1.** Via een verbinding (remote°) aangesloten zijn op een computer, **2.** Alle mogelijke verbindingen (connevtivity°) van een netwerk met andere netwerken.

remote control - *afstandsbesturing, RC* - RC°: bediening op afstand (remote°), een apparaat of regelaar via een netwerk, telefoonlijn of radioverbinding besturen (control°) via een computer of met de hand. Het gebruikte apparaat wordt ook wel genoemd: remote. ⇔remote node°

remote job entry - *RJE* - RJE°: op afstand (remote°) de opdrachten voor een job° (bewerkingen) geven.

remote LAN {len} - *remote Local Area Network* - Remote LAN: LAN° op afstand, waaraan u via het eigen LAN en een gateway°, router° of bridge° bent gekoppeld.

remote link - *remote link* - Verbinding (link°) via een remote bridge°.

remote node - *remote node* - Wanneer een computer via een verbinding is aangesloten op een netwerk, maar zich gedraagt alsof hij direct is aangesloten, bedient wordt via remote control° - werkt alleen goed als er weinig verkeer over de verbinding is.

remote procedure call - *remote procedure call, RPC* - RPC°: de mogelijkheid om een procedure (procedure call°) aan te roepen op een andere computer via een netwerkverbinding; is een onderdeel van: cooperative processing°.

remote router - *remote router* - Router (router°) die werkzaam is in een remote bridge°: gebruikt om lokale netwerken te koppelen via het openbare telecommunicatienetwerk.

remote sensing - *waarnemen op afstand* - Het waarnemen van de bepaalde aspecten van de aarde vanuit de lucht of ruimte, bijvoorbeeld met behulp van een satelliet (satellite°), in het UV°-, zichtbare-, infrarood- (infrared°) microgolf- (microwave°) of Röntgen-gebied (spectrum°), ten behoeve van millieubescherming of een GIS°.

remote server - *remote server* - Server (server°) die met client werkstations (client/server°) verbonden is via een WAN°, zie: remote access server°. ⇔local server°

remote terminal access - *remote terminal access* - Via een netwerk op een andere computer inloggen (log in°): met telnet° in TCP/IP° of met VT° in OSI°.

removable - *uitneembaar, verwisselbaar* - Kenmerk van een diskette°, vaste schijf (hard disk°) of CD-ROM° die u uit het station (drive°) kunt halen en meenemen.

remove - *verwijderen, verhuizen* - Fouten verwijderen uit een concepttekst of opdracht, of bestanden (file°) of apparatuur verhuizen naar een andere plaats.

rename - *hernoemen* - De naam van een bestand (file°) wijzigen; is ook een opdracht (command°) van DOS°.

render - *render* - Beeldconverteren: driedimensionale (3D°) CAD°-tekeningen omzetten in kunstmatig foto-realistische beelden, bijvoorbeeld met RenderMan-programmatuur van Pixar, die is gebruikt in de Disney-film 'Belle en het beest'. Het oppervlak van materialen wordt hierbij ruimtelijk en onder verschillende hoeken belicht (ray tracing°) weergegeven (solid model°).

renumber - *hernummeren* - Regels (line°) van een lijst opnieuw (automatisch) nummeren, omdat er regels verwijderd of toegevoegd zijn; zie bijvoorbeeld: line number°.

renumeration - *beloning* - Geldelijke of stoffelijke middelen of voorrechten die iemand ontvangt als beloning of erkenning (recognition°) voor zijn of haar werk.

reorder - *herschikken, nabestellen* - **1.** Opnieuw rangschikken, omdat er onderdelen verwijderd of toegevoegd zijn, **2.** Nabestellen, omdat er anders een tekort dreigt

reorder level - *nabestellingsniveau* - Minimum aantal eenheden van een bepaald onderdeel in een magazijn; als er minder zijn, volgt nabestelling (reorder°); synoniem: reorder point°. Uitspraak: {*rie*·order}.

reorder point - *nabestellingspunt* - Zie: reorder level°.

reorganize - *reorganiseren* - Een directory°-structuur, een schijfindeling of een bestandindeling (format°) veranderen.

rep {rep} - *representative* - Vertegenwoordiger, bijvoorbeeld: sales rep° (verkoopvertegenwoordiger).

repaginate - *herpagineren* - Een document° van opnieuw indelen (pagination°), bijvoorbeeld omdat de lettergrootte (font size°) of de papierafmetingen (paper size) veranderd zijn.

repeat - *herhalen* - Een bepaalde actie herhalen, bijvoorbeeld: repeat job (taak herhalen), repeat order (nabestelling).

repeater - *repeater (regenerator)* - Versterker die op vaste afstanden in een lange (koperen of glasvezel) kabel is opgenomen om het signaal te versterken; werkt in de physical-laag van het OSI°-model; is een soort van transceiver°, bijvoorbeeld: LAN°-repeater. Zie ook: multiport repeater°.

repetitive - *(zich) herhalend* - Werkzaamheden of bewerkingen die steeds opnieuw moeten worden uitgevoerd; zijn de kracht van een computer.

repetitive strain injury - *RSI* - Zie: RSI°.

replace - *vervangen* - In tekstverwerking: replace mode°, search-and- replace°. In een apparaat: een defect onderdeel (FRU°), een inktlint of een tonercassette vervangen. Op disk°: een bestand (file°) vervangen door een ander met dezelfde naam (filename°).

replace mode - *vervangen* - Modus van werken in een tekstverker of bij het invoeren van gegevens in een veld (field°), waarbij de ingevoerde tekens de bestaande tekens overschrijven, niet worden tussengevoegd zoals bij: insert mode°. Het omschakelen van modus geschiedt met de Ins(ert) toets (key°).

replay - *replay* - Een opgenomen (capture°) situatie herhalen.

replicate - *kopiëren* - Bijvoorbeeld een kopie maken van alle gegevens in bepaalde bestanden op CD-ROM° of CD-R°. Ook: één kopie van een bericht (e- mail°) naar een server° sturen, die het verder verspreid naar de geadresseerden op het netwerk. Letterlijk: opnieuw kopiëren, maar in de computerwereld is er nauwelijks onderscheid met: copy°, duplicate°.

replication - *kopieer-, kopiëren* - Het maken van kopieën van gegevens (data°) en verspreiden via een netwerk, waarbij voorzieningen zijn gemaakt om ervoor te zorgen dat die courant blijven. Symmetric replication: het over en weer kopiëren van gegevens in databases om die te synchroniseren (synchronization°). Synchrone (synchronous°) replicatie zorgt ervoor dat veranderingen onmiddellijk worden; bij asynchrone (asynchronous°, store-and-forward°) replicatie kan plaatsvinden als het rustig is op het netwerk. Zie ook: briefcase°.

replicator - *replicator* - Zie: port replicator°.

report - *verslag, rapport, rapporteren* - **1.** Verslag of rapport: overzicht van het werk in een bepaalde tijdsperiode of van de inhoud van een bestand (zie ook: RPG°), **2.** Rapporteren: a) verslag doen, bijvoorbeeld: exception reporting°, b) medewerker zijn van een manager (John reports to Peter - John is medewerker van Peter), c) iets aanmelden enzovoort.

report program generator - *RPG* - Zie: RPG°.

report summary - *samenvatting* - De samenvatting of opsomming van de belangrijkste punten van een rapport (report°).

reportwriter - *reportwriter* - Hulpprogramma waarmee men eenvoudig een rapporteringsprogramma (report°) kan maken. Wordt meestal meegeleverd bij een database°-programma, maar is ook apart verkrijgbaar.

repository - *moderne gegevensdictionaire* - Een systeem-encyclopedie waarin de definities van de gegevens (data°) en van het systeem worden opgeslagen; bevat meestal meer functies dan een gegevensdictionaire (data dictionary°), maar in ieder geval ook: version control° en configuration management°. Zie ook: CASE repository°, document repository°.

representation - *notatie, schrijfwijze* - Hoe gegevens en dergelijke gestalte krijgen, bijvoorbeeld: BCD°, hex°, vector°, naam van maximaal acht letters.

representative - *rep* - Zie: rep°, sales representative°, service representative°.

reproduce - *reproduceren* - Dupliceren (duplicate°) in dezelfde fysieke vorm.

request - *verzoek* - Zie bijvoorbeeld: interrupt request° (IRQ°), PRPQ°, RFC°, RFI°, RFP°, RFQ°, RPQ°.

request broker - *request broker* - ORB°: communicatiemechanisme in de vorm van een makelaar (broker°) tussen objecten (object°) van het OMG°, die aanvragen (request) onderbrengt; is een onderdeel van de OMA°.

request for comment - *RFC* - Zie: RFC°.

request for information - *RFI* - Zie: RFI°.

request for price quotation - *RPQ* - Zie: RPQ°.

request for proposal - *RFP* - Zie: RFP°.

request for quotation - *RFQ* - Zie: RFQ°.

request for technology - *RFT* - Zie: RFT°.

require - *nodig zijn, nodig hebben* - Vereisen, behoeven.

required - *vereist* - Voorzieningen, parameters (parameter°), afmetingen (size°) enzovoorts die nodig zijn voor een goede werking, die worden gecontroleerd voordat een uitvoering wordt gestart. Synoniem: prerequisite°, mandatory°. ⇔optional°

requirements - *vereisten* - Programma van eisen voor nieuw te ontwikkelen toepassing of programma, of om iets uit te voeren.

requirements analysis - *analyse van de vereisten* - Onderzoek (analysis°) naar de eisen (requirements°) van gebruikers en hun organisatie: een eerste en belangrijke stap bij de ontwikkeling van programmatuur.

requirements engineering - *requirements engineering* - Het idee dat de vereisten (requirements°) volgens goed ingenieursschap (engineering°) kunnen worden ontwikkeld.

rerouting - *omgeleid worden* - Een andere route krijgen in een netwerk; is afgeleid van: routing° (routering). ⇔redirection°

rerun - *opnieuw uitvoeren* - Een verwerkingsgang (run°) nogmaals uitvoeren, meestal omdat er iets is misgegaan.

resale market - *resale-markt* - In verband met telecommunicatie (telecommunications°), de markt voor de wederverkoop (sales°) van telefoonverbindingen, een van de mogelijkheden om geleidelijk concurrentie te introduceren in een gesloten markt.

research - *research, onderzoek* - Wetenschappelijk onderzoek in het algemeen, bijvoorbeeld: operations research°; zie ook: R&D°. Maar er is ook: marketing research° (marktonderzoek). ⇔development°

research and development - *R&D* - Zie: R&D°.

reseller - *wederverkoper* - Bedrijf dat apparaten inkoopt en ze verkoopt. Wordt er ook waarde toegevoegd, dan spreekt men van: value-added reseller°. ⇔remarketer°

reserved memory - *reserved memory* - Geheugen (memory°) in een Intel° PC dat geadresseerd wordt tussen 640 en 1024K; is in principe gereserveerd voor systeemprogramma's.

reserved word - *keyword* - Gereserveerd woord in een programmerings- of opdrachtentaal, bijvoorbeeld: dir°, if-then-else° enzovoort; synoniem: keyword°; analoog: operation code° (op-code°).

reset - *reset* - Terugstellen: een computer opnieuw instellen door op de (vroeger rode) reset-knop (reset button°) te drukken, een programma te herstarten of een beginwaarde opnieuw instellen; is afgeleid van: set°.

reset button - *reset-knop* - Knop (button°) waarmee een Intel° PC opnieuw kan worden gestart; onderbreekt de zogenaamde 'power-good' verbinding, waardoor de PC opnieuw boot°.

resident - *resident* - Een programma dat na uitvoering in het RAM°-werkgeheugen aanwezig blijft en kan worden opgeroepen, bijvoorbeeld een TSR°-programma; is afgeleid van: to reside (zetelen), bijvoorbeeld: memory-resident°. ⇔nonresident° ⇔transient°

resistance - *weerstand* - Het algemene begrip, niet een specifiek weerstand (resistor°); zie: Ohm°.

resistance-capacitor - *RC* - Zie: capacitor°, RC°, resistance°.

resistor - *weerstand* - Een specifieke weerstand, niet het algemene begrip (resistance°); zie: R°, Ohm°.

resize - *afmetingen heraanpassen* - De afmetingen van ee figuur opnieuw bepalen (size°) aan de hand van een gegeven plaats of met een muis (mouse°), door middel van vergroten (enlarge°) of verkleinen (reduce°).

resolution - *resolutie, scheidend vermogen* - Aantal punten (dpi°) of lijnen per inch of cm.

resource - *resource, bron* - Hulpbron. Ook: resourcing (hulpmiddelen verzamelen), shared resource°, system resource°. Dit begrip wordt heel algemeen gebruikt voor alles dat de werking van een processor°, systeem of organisatie mogelijk maakt. Ook: Internet resource (bulletin board°, catalog°, database° enz. beschikbaar via Internet°).

resource access control facility - *RACF* - Zie: RACF°.

resource allocation - *resource-toewijzing* - Toewijzing (allocate°) van middelen (resource°) of apparaten (device°) ten behoeve van een taak (task°).

resource fork - *resource fork* - Mac°-bestand met uitvoerbare (executable°) programma's, die gegevens gebruiken uit de data fork°.

resource interchange file format - *RIFF* - Zie: RIFF°.

resource levelling - *resource levelling* - Het gelijkmatig spreiden van het gebruik van hulpmiddelen (resource°) bij het opzetten van een tijdschema (schedule°): een aspect waarmee rekening kan worden gehouden bij het gebruik van een scheduler°. To level (effenen).

resource reservation protocol - *RSVP* - Zie: RSVP°.

response - *reactie, respons* - Het antwoord op een actie of gebeurtenis (event°), zie ook: event- response°, response time°, voice-response°.

response frame - *responsframe* - Frame (frame°) of paneel (panel°) waarin een gebruiker informatie kan invullen, bijvoorbeeld een bestelling in videotex°.

response time - *responstijd* - Reactietijd van een computer of netwerk: hangt af van de verbindingslijn, het verkeer op de lijn en de snelheid van de computer; afhankelijk van de aard van de opdracht is wenselijk: subsecond response time°.

restart - *restart* - Herstart: een bepaald proces opnieuw beginnen, mogelijk vanaf een checkpoint° als de zaak in het honderd is gelopen.

restart point - *herstartpunt* - Na het optreden van een probleem, plaats (point°) in een programma waar de uitvoering opnieuw kan worden begonnen.

restore - *restore, herstellen* - Een situatie naar een vroegere status terugbrengen, bijvoorbeeld vanaf een reservekopie (backup°) of de vorige indeling (format°) gebruiken, of een verandering ongedaan maken (undo°). ⇔recovery°

restructure - *herstructureren* - Reorganiseren: een organisatie, informatiedienst of programma een nieuwe structuur (structure°) geven en (tegenwoordig meestal) afslanken.

restructured extended executor - *REXX* - Zie: REXX°.

restructuring - *herstructureren* - Ongestructureerde programma's (spaghetti code°) op bronniveau (source level°) omzetten in gestructureerde vorm (structured programming°): om het onderhoud (maintenance°) te vereenvoudigen. Ook: reorganiseren.

result - *resultaat* - De uitkomst van een berekening, bewerking of actie.

result code - *resultaatcode* - Code (code°) die aangeeft wat het resultaat is geweest van een bewerking. ⇔error code°

resume - *hervatten, samenvatten* - **1.** Doorgaan: na een onderbreking of checkpoint° het werk weer opvatten, **2.** Samenvatten, bijvoorbeeld van de punten gemaakt in een presentatie; ook: resumé (resumé, cv).

resync {*ri*·sink} - *resynchronization* - Hersynchronisatie: het gelijkzetten (synchronization°) van twee processen (process°) na een gebeurtenis waardoor ze uit de pas zijn gaan lopen.

resynchronization - *resync* - Zie: resync°.

retention period - *bewaartermijn* - Periode dat gegevens, formulieren of vital records° worden bewaard. Niet verwarren met: detention (gevangenhouding).

retransmission - *herzending* - Een verzending opnieuw doen (transmit°), omdat het de vorige keer niet goed is gegaan, bijvoorbeeld van een blok (block°) of pakket (packet°) gegevens.

retransmit - *opnieuw verzenden* - Een verzonden (transmit°) maar niet goed aangekomen blok (block°) informatie na detectie (error detection°) opnieuw verzenden, bijvoorbeeld bij gebruik van het MNP°-prototcol°.

retrieval - *terughalen* - Zie: information retrieval°.

retrieve - *ophalen* - Terughalen van opgeslagen informatie (information retrieval°).

retrofit - *revideren* - Iets aanbrengen dat al in de fabriek had moeten worden aangebracht; een upgrade° komt pas later.

retry - *opnieuw proberen* - Een actie herhalen als het mis is gegaan, bijvoorbeeld bij datatransmissie een blok (block°) gegevens (een maximum aantal keren) opnieuw verzenden (retransmit°) als blijkt dat ze niet goed zijn aangekomen, of een leesbewerking herhalen tot die goed is uitgevoerd. Zie ook: Abort, Retry, Ignore°.

return - *terugkeer, return, opbrengst, terugkeren* - **1.** Terugkeer: naar een bepaald punt in een dialoog (dialog°) of programma; zie ook: point of no return°, **2.** Return: regelomhaaltoets om naar het begin van een regel te gaan - als zachte return (linefeed°, soft return°) of als harde return (carriage return°, hard return°), **3.** Return: regelteruglooptoets (hard return°, soft return°), **4.** Opbrengst (ROI°), zoals in: early return (snelle opbrengst van een investering), law of diminishing returns° (wet van de verminderende meeropbrengst). **5.** Als werkwoord: terugkeren.

return address - *afzender* - Het adres (address°) van de verzender van een brief (letter°) of bericht (message°).

return call - *return call* - Terugbellen (call°): het nummer dat iemand u gaf omdat u niet beschikbaar was of een dienstverlening van het telefoonbedrijf die u vertelt wie er gebeld heeft en dat nummer automatisch kan terugbellen.

return code - *return code* - Code (code°) die aangeeft hoe de uitvoering van een instructie (instruction°) of programma (program°) is verlopen; vergelijkbaar: reason code°.

return key - *entertoets* - Zie bij: enter°.

return-to-zero - *RZ* - Zie: RZ°.

retype - *opnieuw typen* - Bijvoorbeeld een wachtwoord (password°) nogmaals intypen ter verificatie.

reusability - *mogelijkheid van hergebruik* - Zie: reusable°, reuse°.

reusable - *herbruikbaar* - Kenmerk van bijvoorbeeld een inktlint (ink ribbon°), programma (load module°) of hulpbron (resource°) waardoor hergebruik mogelijk is.

reuse - *hergebruik* - Het idee dat men stukken programmatuur, ontwerp, model of informatie nogmaals kan gebruiken; is een argument gebruikt voor object-oriented° programmering; zie echter: ravioli code°. Is een nieuw toverwoord nu is gebleken dat de eenmalige toepassing van informatica meestal onvoldoende opbrengt. Cellulaire (cellular°) communicatiesystemen bieden hergebruik van frequenties (frequency°). Uitspreken: {*rie*·joes}. Zie ook: binary reuse°.

reveal - *weergeven* - Laten zien, bijvoorbeeld de verborgen (hide°) opmaakcodes in WP of het commentaar van iemand die uw concepttekst heeft gecontroleerd.

revenue - *omzet* - Jaarlijkse inkomsten van een bedrijf verkregen door de verkoop (sales°) van apparatuur (hardware°), programmatuur (software°) en/of diensten (services°).

reverse - *omgekeerd, achterkant. omkeren* - **1.** In omgekeerde richting, volgorde of wijze, met betrekking tot: engineering°, order°, search°, video°, of de bandrichting (tape° direction), **2.** Achterkant: van een formulier (form°), biljet of vel, **3.** Omkeren: een volgorde (order°) of beeld (reverse video°).

reverse engineering - *reverse engineering* - Decompilatie (⇔compile°): de poging om de logica in gecompileerde programma's, waarvan de broncode is verdwenen, op te sporen en te beschrijven. Is mogelijk een onderdeel van CASE° en gaat vooraf aan re-engineering° en restructuring°. Is hoe dan ook vaak een moeilijke zaak, want je kunt van worst geen varken meer maken (Pagrach, 1991).

reverse order - *omgekeerde volgorde, volgorde omkeren* - Elementen van een geheel in de omgekeerde volgorde (order°) zetten.

reverse Polish notation - *RPN* - Zie: RPN°.

reverse search - *terugzoeken* - In een lijst (list°) of bestand (file°) van achter naar voren zoeken (search°).

reverse video - *reverse video* - Donkere tekens op een lichte achtergrond, mogelijk slechts in een deel van een scherm; synoniem: inverse video°.

reversible - *omkeerbaar* - Aanduiding dat een bewerking omkeerbaar is.

revise - *herzien* - Een tekst, document of woordenboek herzien. De herziene tekst kan vaak worden aangegeven met verticale lijnen in de linkermarge (revision bars).

revision - *herziene uitgave* - Revisie: nieuwe versie van een programma of handleiding, die wordt voorzien van een nieuw nummer (number°).

review - *review, herzien* - Uw werk door een ander laten bekijken (door collega's: peer review°), omdat het zo moeilijk is om de eigen fouten te zien; bijvoorbeeld via een inspection° (letterlijk: onderzoek) of een walkthrough° (letterlijk: erdoorheen lopen). Het belang van reviews moet niet worden onderschat: M. Fagan kreeg één van de hoogste beloningen in de geschiedenis van IBM° voor zijn inspectiemethode [8.].

revoke - *intrekken* - Een wachtwoord (password°), toestemming of vergunning (license°) om een systeem te mogen gebruiken, intrekken. ⇔grant° (verlenen)

rework - *herstellen* - Goedmaken: omdat het werk als onvoldoende is beoordeeld.

rewritable - *herschrijfbaar* - Kenmerk van een magneto-optische disk (MO-disk°) die meermalen kan worden beschreven. Wordt ook als zelfstandig naamwoord gebruikt. Synoniem: erasable°. ⇔WORM° ⇔write-once°

REXX {reks} - *Restructured EXtended eXecutor* - REXX: programmeertaal voor het schrijven van opdrachten in procedures (command procedure°) en scripts (script°), is rond 1970 ontwikkeld door M. Cowlishaw bij IBM; is nu een ANSI°-norm; in sommige implementaties moet de eerste regel beginnen met de tekens '/*', waarachter de procedure- en auteursnaam kan worden vermeld, als onderscheid met programma's geschreven in het eerdere REX.

RF {ar·ef} - *Radio Frequency* - RF: het gebied van het elektromagnetische spectrum van 10 kHz° tot 300 GHz°; dit komt overeen met golflengtes van 30 km tot 1 mm; zie: frequency°. Tevens algemene aanduiding voor een radioverbinding, bijvoorbeeld: RF connectivity (connectivity°), RF/DC°, RF/ID°.

RFC {ar·ef·si} - *Request For Comments* - Concept (met nummer): waarop uw reactie wordt gevraagd; wordt onder meer gebruikt bij TCP/IP° voor de beoordeling van voorstellen en voor de aanduiding van de uiteindelijk ontwikkelde functie. ⇔RFT°

RF/DC {ar·ef·di·si} - *Radio Frequency/Data Communication* - RF/DC: aanduiding van draagbare apparaten (terminal°) die via radiogolven (RF°) hun gegevens doorgeven (data communication°), bijvoorbeeld draagbare POS°-apparaten (450-470 MHz via narroband° of straks 2,4-2,5 GHz via spread spectrum°).

RFI {ar·ef·ai} - *Radio Frequency Interference, Request For Information* - RFI: **1.** Elektromagnetische storing op radiofrequenties (frequency°), **2.** Verzoek om informatie waarmee een voorselectie van leveranciers (vendor°) kan worden gemaakt.

RF/ID {ar·ef·ai·di} - *Radio Frequency/ IDentification* - Aanduiding van een techniek die via radiogolven (RF°), zonder elektrische contacten, automatisch mensen of dingen identificeert (ID°); werkt met een transponder°, een zender/ontvanger en een antenne. Er is een groot gebrek aan normen hiervoor.

RF/ID card - *Radio Frequency/ IDentification card* - Kaart (card°) die werkt met de RF/ID°-techniek.

RFP {ar·ef·pi} - *Request For Proposal* - RFP: verzoek om inschrijving: om leveranciers (vendor°) van hardware° en/of software° technisch en financieel te kunnen vergelijken en kiezen. ⇔RPQ°

RFQ {ar·ef·kjoe} - *Request for Quotation* - RFQ: verzoek om prijsopgave (quotation°) voor een uitgewerkt voorstel.

RFT {ar·ef·ti} - *Request For Technology* - RFT: verzoek om een omschreven functie of technologie te ontwikkelen (OSF°); nu zoekt OSF het in: PST°. ⇔RFC°

RG-11 {ar·dji} - *Radio Government-11* - Dikke coax°-kabel voor Thick Ethernet° (10Base-5°) met een impedantie (Z°) van 75 Ohm; zie verder: RG-58°

RG-58 {ar·dji} - *Radio Government-58* - Dunne coax°-kabel voor Thin Ethernet° (10Base-2°) met een impedantie (Z°) van 50 Ohm; andere soorten coax- kabels voeren andere nummers. De afkorting RG is waarschijnlijk ontstaan rond de Tweede Wereldoorlog, toen coax-kabel is ontwikkeld voor verbindingen in hoogfrequente militaire communicatie-apparatuur.

RG-59 {ar·dji} - *Radio Government-59* - Een coax°-kabel voor ARCnet° met een impedantie (Z°) van 75 Ohm.

RG-62 {ar·dji} - *Radio Government-62* - Een coax°-kabel voor ARCnet° en de 3270°-terminal met een impedantie (Z°) van 93 Ohm.

RGB {ar·dji·bi} - *Red, Green, Blue* - Rood, Groen, Blauw: drie additieve kleuren voor een beeldscherm (RGB monitor°). ⇔CMYK°

RGB monitor {ar·dji·bi} - *Red Green Blue monitor* - Beeldscherm (monitor°) met aparte ingangen voor de kleuren Rood, Groen en Blauw (RGB°). ⇔composite monitor° ⇔CYMK° ⇔paper-white monitor°

RH {ar·eetsj} - *Relative Humidity* - Relatieve luchtvochtigheid (relative humidity°): die als een percentage (0-100%) vocht in de lucht wordt gegeven.

ribbon - *inktlint, lint(je)* - **1.** Inktlint: bijvoorbeeld van een matrix printer°; zie ook: fabric ribbon°, film ribbon°, **2.** Lint(je): bijvoorbeeld blue-ribbon (eersterangs).

rich text - *rich text* - Samengesteld tekstbestand met opmaakcodes (tag° voor font°, tekengrootte, kleur en dergelijke; zie ook: RTF°.

rich-text field - *rich-text field* - Aanduiding van een veld (field°) in een database° dat alle mogelijke en onmogelijke soorten multimedia°-informarmatie kan bevatten: tekstbestanden, een spreadsheet°, een bit map°, OLE° objecten, geluid, hypertext° links enz. De indeling (format°) van het record wordt in het record zelf opgeslagen.

RIFF {rif} - *Resource Interchange File Format* - RIFF: een bestandsindeling (format°) van IBM en Microsoft° voor multimedia° met tags (tag°) waarmee verschillende typen bestanden in één bestand kunnen worden ondergebracht op een CD-ROM°.

right - *rechts, juist, recht* - **1.** Rechts, bijvoorbeeld: flush right°, ragged right°, **2.** Juist, zoals in: rightsizing°. That's right (Dat is juist). **3.** Recht: bijvoorbeeld de privileges (rights) verleend aan een gebruiker door de netwerkadministrateur.

right align - *rechts uitlijnen* - Synoniem voor: right justify°. ⇔left align°

right brace - *rechter accolade,}* - Zie: brace°, en de lijst met veelgebruikte tekens achterin dit boek.

right indent - *rechts inspringen* - De rechtermarge naar links opschuiven. ⇔left indent°

right justify - *rechte rechterkantlijn* - In tekstverwerking, het uitvullen (justification°, justify°) van regels aan de rechterkant; als de kolommen van een krant. ⇔left justify°

right margin - *rechtermarge* - De marge (margin°) aan de rechterkant van een bladzijde. ⇔left margin°

right parenthesis - *rechterhaak ,)* - Zie de lijst met veelgebruikte tekens achterin dit boek.

rights - *rechten* - Zie enkelvoud: right°.

rightsizing - *rightsizing* - Een organisatie afslanken of computertoepassingen overbrengen van een grote computer naar een goedkopere kleine, straks wellicht weer omgekeerd; is de opvolger van de term: downsizing°.

right square bracket - *rechter rechte haak,]* - Zie: bracket°, en de lijst met veelgebruikte tekens achterin dit boek.

ring - *ring, bellen* - **1.** Ringvormige groepering (circulaire lijst) van bestanden (file°), waarlangs kan worden geschakeld om ze te bewerken, **2.** Een type netwerk (ring network°, token ring°); zie: topology°, slotted ring°, **3.** Bellen: het rinkelen van een telefoon, dat kan verschillen voor interne en externe gesprekken.

ring network - *ringnetwerk* - Netwerk waarbij de kabel in elk aansluitpunt is onderbroken, zodat het signaal daar kan worden bewerkt en versterkt en stations kunnen communiceren buiten de centrale besturing om; de gegevens worden in één richting verzonden. De besturing kan plaatsvinden via: daisy chain°, token (token-ring°), of time-slot°; zie ook: empty slot°; synoniem: loop network°. ⇔bus network°

RIP {rip} - *Raster Image Processor, Routing Information Protocol* - RIP: **1.** Raster Image Processor: apparaat dat gezette tekst omzet in een fijn rasterbeeld, dat met hoge resolutie (bijvoorbeeld 2400 dpi°) wordt vastgelegd op lichtgevoelige film of plaat voor een drukkerij, **2.** Routing Information Protocol: protocol voor het bepalen van de routering (routing°) in TCP/IP° netwerken (BSD 4.2° ⇔OSPF°) op basis van het aantal hops (hop count°).

RISC {risk} - *Reduced Instruction Set Computer* - RISC: een recent herontdekte computerarchitectuur (architecture°) met vrijwel alleen korte instructies (instruction°), een lagere prijs en een grotere snelheid dan de traditionele CISC°. RISC is geoptimaliseerd voor korte instructies, zoals vroeger gebruikelijk was - dat impliceert het gebruik van een nieuwe, voor RISC geschikte compiler°. IBM PC RT computers hebben destijds de weg geëffend voor SUN RISC werkstations (SPARC°, workstation°), die het concept hebben bewezen en gepopulariseerd, zie bijvoorbeeld; PowerPC°. J. Hennesey (Stanford) is een van de pioniers en stichters van MIPS Computer Systems dat later is overgenomen door Silicon Graphics. Acorn is een Engelse RISC-fabrikant vanaf 1983: de ARM-processor. RISC-verwerking is gebaseerd op pipeling°, waardoor de uitvoering van instructies in onderdelen kan worden gesplitst; door de parallelverwerking lijkt het net alsof elke instructie slechts een cyclus (cycle°) vergt. De term 'RISC computer' is dubbelop en daarom niet juist; wel kan men spreken van een RISC-processor. Dit type wordt vooral gebruikt voor een: embedded processor°. De architectuur was ook favoriet voor PC's, maar het ziet er naar uit dat daarvoor VLIW° het pleit gaat winnen.

risk analysis - *risico-analyse* - Analyse van de risico's en hun kosten, het begin van: risk assessment°.

risk assessment - *risico-afweging* - Het inschatten van de risico's en hun kosten: formeel aan de hand van een analyse of vragenlijst, bijvoorbeeld voor computerbeveiliging (security°); de analyse heet: risk analysis°.

Rivest, Shamir, Adleman - *RSA* - Zie: RSA°.

RJ-11 {ar·djee} - *RJ-11* - Stekker/stopcontact systeem met 6 aansluitingen; met 4 aansluitingen gebruikt op telefoontoestellen en de hoorn.

RJ-12 {ar·djee} - *RJ-12* - Stekker/stopcontact systeem met 6 aansluitingen.

RJ-45 {ar·djee} - *RJ-45* - Stekker/stopcontact systeem met 8 aansluitingen, gebruikt voor 10BaseT° (twisted pair kabel, UTP° bedradingsnorm EIA/TIA° 568), Mac° en ISDN-2 (ISO°-norm 8877); wordt ook wel genoemd: 8-position modular jack.

RJE {ar·djee·ie} - *Remote Job Entry* - RJE: op afstand een werkopdracht (job°) invoeren; term is afkomstig uit de IBM-wereld.

RLAN {*ar*·len} - *Radio-based Local Area Network* - RLAN: LAN°-netwerk van ETSI° dat werkt met radioverbindingen in plaats van kabels; gebruikt CSMA/CD°; wordt ook wel genoemd: CLAN°, LAWN°.

RLC {-} - *Run-Length Coding* - RLC, zie: run-length coding°.

RLE {ar·el·ie} - *Run-Length Encoded* - RLE: extensie (extension°) van een gecomprimeerd bestand (file°); zie: run-length coding°.

RLL {ar·el·el} - *Run-Length Limited* - RLL: methode om gegevens op disk° te comprimeren met ongeveer 50%, afhankelijk van het aantal gelijke opeenvolgende bits (run-length coding°). Is verbeterd tot: ARLL°. ⇔MFM°

RMON {ar·mon} - *Remote network MONitoring* - RMON: een agent° als monitor° voor een netwerksegment (segment°) binnen SNMP°.

rms {ar·em·es} - *root mean square* - Effectieve waarde: van wisselstroom of -spanning; wordt berekend door de wisselende waarde te kwadrateren (square°) en daaruit de wortel (root°) te trekken om tot een gemiddelde (mean°) waarde te komen. ⇔PMPO°

RO {ar·oo} - *Read-Only, Receive-Only* - **1.** Read-only, een toegangscode: een bestand (file°) mag alleen worden bekeken, niet veranderd (access°), **2.** Receive-only: alleen ontvangen, kenmerk van een terminal° die niet de mogelijkheid bezit om gegevens (data°) te versturen.

roaming - *roaming* - De mogelijkheid om een mobiele (mobile°) telefoon te gebruiken in gebieden buiten die van de eigen centrale, in het eigen land of daarbuiten. Het eigen gebied omvat een groot aantal cellen (cell°, cellular°); daarbuiten werkt de communicatie over een vaste verbinding tussen de centrales. Het overschakelen van cel naar cel binnen het eigen of een ander gebied wordt genoemd: hand-off°, en dat is iets anders dan roaming. Wat klanten het liefste willen is: seamless° roaming (kunnen bellen waar je ook bent) - dit vereist SIM°-kaarten die daarvoor geschikt zijn en speciale voorzieningen in de te bezoeken landen.

robot - *robot* - Een computer-gestuurde machine met elektronische sensoren (sensor°), bijvoorbeeld een robot-lasmachine. Is afgeleid van het Tsjechische woord ‘robota’ (gedwongen zware arbeid), gebruikt in het toneelstuk R.U.R. (Rossum’s Universal Robots, 1920) van K. Capek (1890-1938). Een knobot is de combinatie van kennis (knowledge°) en een robot.

robotics - *robotica* - De leer betreffende robots (robot°, bionics°). I. Asimov (1920-92) formuleerde in 1950 wetten voor het gebruik van robots, bijvoorbeeld dat een robot geen mens letsel mag kunnen toebrengen.

robustness - *robuustheid* - Niet stuk of plat te krijgen: goed bestand tegen allerlei omstandigheden.

rollback - *rollback* - Een foutieve toestand van een database° stap voor stap terug-draaien. Synoniem: backout°, backward recovery°.

roll in - *inlezen* - Stukken programmatuur of gegevens van disk° of tape° in het RAM°-geheugen inlezen; is een onderdeel van: paging°. Als zelfstandig naamwoord: roll-in. ⇔roll out°

roll out - *uitlezen* - Stukken programmatuur of gegevens van het RAM°- geheugen naar disk° of tape° uitlezen; is een onderdeel van: paging°. Als zelfstandig naamwoord: roll-out. Aan elkaar geschreven (rollout), tegenwoordig vaak gebruikt voor de introductie en invoering van een nieuwe lijn of technologie. ⇔roll in°

rollover - *rollover* - Twee of meer toetsen (key°) vrijwel gelijktijdig indrukken:moge-lijk omdat de toetsenborden tegenwoordig met een buffer (keyboard buffer°) werken.

ROM {rom} - *Read-Only Memory* - ROM: vast geheugen (memory°) van een compu-ter, dat alleen kan worden uitgelezen (read-only°), niet beschreven; waarin bijvoor-beeld het deel van het besturingssysteem is opgeslagen dat wordt gebruikt bij het aanzetten van een PC. Programmeerbare uitvoeringen zijn EEPROM°, EPROM°, PROM°. ⇔RAM°

roman - *Romein, Romeins* - Gewoon letter-type, niet cursief. Oorspronkelijk: Romeins (uit het oude Rome); zie: upper-case°. ⇔gothic° ⇔italic°

roman numerals - *Romeinse cijfers* - Getallen geschreven met letters: i=1, ii=2, v=5, x=10 enzovoort. Als paginanummer (page number°) gebruikt voor de inleiding van een boek of handleiding. ⇔arabic numerals° (geschreven met cijfers)

root - *root, wortel* - **1.** Root: top van een (omgekeerde) boomstructuur: de 'wortel' staat bovenin; wordt vaak aangegeven met: / of \; de root directory° is het hoogste directory van een directory-structuur,
2. Wortel: de wortel van een getal a is het getal b dat vermenigvuldigd met zichzelf het getal a oplevert (a=bxb); wortel trekken (square root°) is het omgekeerde van kwadrateren (square°); zie ook: rms°. Grass roots (de basis: mensen die het werk doen of klanten die producten kopen - oorspronkelijk de agrarische gebieden in de VS die geacht werden de bron te zijn van de volksopinie).

root directory - *hoofddirectory* - Directory (directory°) in de top (root°) van een (omgekeerde) boomstructuur (tree°). Synoniem: home directory°.

root mean square - *rms* - Zie: rms°.

rot13 {rot} - *ROTate13* - Eenvoudige manier van codering van tekst in berichten, bijvoorbeeld via een BBS° of Internet°, waarbij elke letter vervangen wordt door de letter die 13 plaatsen verderop in het alfabet staat, bijvoorbeeld 'A' door 'N', 'B' door 'O' enzovoorts. Roteren (rotate°) betekent dat de letters hierbij in een gesloten cirkel staan. Deze methode wordt gebruikt om de 'lezers' van het bericht te waarschuwen dat de inhoud controversieel of beledigend is; de meeste mailers beschikken over de faciliteit om rot13 direct te coderen of decoderen. Is een uitvoering van: Caesar cipher°.

rotary dial - *kiesschijf* - Ronde schijf met gaatjes op oude telefoontoestellen, waarmee een telefoonnummer werd gedraaid; werkt met: pulse dialing°. Nu toetst (key°) men telefoonnummers (touch-tone telephone°).

rotate - *roteren, draaien* - Werkwoord, zie: rot13°, rotation°, rotation angle°, rotation strategy°.

rotation - *omwenteling, draaiing, rotatie* - **1.** Omwenteling: zoals in rpm°, **2.** Draaiing: van bijvoorbeeld een font°, tekst of tekening, **3.** Rotatie: bijvoorbeeld van de reservekopieën (backup copy°) zoon, vader en grootvader; zie ook: rotation strategy°.

rotation angle - *draaihoek* - Hoek (angle°) waaronder tekens (character°, font°) of afbeeldingen gedraaid (rotate°) worden.

rotational delay - *rotatievertraging* - Vertraging bij het schrijven of uitlezen van gege-vens van disk°: veroorzaakt doordat de kop eerst op de juiste plaats moet komen; bedraagt gemiddeld een halve omwentelingstijd.

rotational latency - *rotatievertraging* - Chic woord voor: rotational delay°.

rotations per minute - *rpm* - Zie: rpm°.

rotations per second - *rps* - Zie: rps°.

rotation strategy - *rotatieschema* - Procedure voor het rouleren van media waarop reservekopieën (backup°) worden gemaakt, bijvoorbeeld voor 3, 6, of 10 magneetbanden (tape°) of cassettes (cartridge°).

round off - *afronden* - Afhankelijk van het beschikbare aantal decimale posities, cijfers in een getal weglaten en het laatste cijfer naar boven (round up°) of beneden (round down°) afronden. Ook de hoeken (corner) van een rechthoek kunnen worden afgerond.

round-robbin - *round-robbin* - Programma's en gebruikers om beurten een stuk tijd toebedelen in een computer om zo timesharing° in een multi-user° systeem te realiseren; is oorspronkelijk een brief met handtekeningen in een cirkel, zodat niemand bovenaan de lijst staat; synoniem: time-slicing°.

routed ATM {ee·ti·em} - *routed Asynchronous Transfer Mode* - Gerouteerde ATM°: een strategie van netwerkleverancier 3Com, gebaseerd op ATM° en bestaande netwerkapparatuur, die een stapsgewijze overschakeling op ATM en snelle netwerken mogelijk moet maken.

router - *router* - **1.** Programma dat de route bepaalt in een netwerk of complex van netwerken, zie ook: remote router°, **2.** Apparaat voor de koppeling van twee netwerksegmenten, mogelijk van een verschillend type en werkend met een verschillend protocol° (multi-protocol routing°, source route bridging°); bevat meer functies dan een bridge° en minder dan een gateway°; werkt in de network-laag (network layer°) van het OSI°-model; zie ook: access router°, boundary router°, brouter°. In de jaren 80 was het devies: Route where you can, bridge where you must (Routeer zoveel mogelijk en gebruik zo weinig mogelijk bridges). In de jaren 90 is het devies: Switch where you can, route where you must (Gebruik switches waar mogelijk, routeer als het niet anders kan - zie: switching°).

routine - *routine* - Een opzichzelfstaand (deel van een) programma dat vaak wordt herhaald. Een korte routine heet ook wel: subroutine°. Zie ook: exception routine° (routine om fouten af te handelen).

routing - *routering* - **1.** Een route bepalen voor het verzenden van informatie in een netwerk (router°), mogelijk volgens verschillende protocollen (protocol°), zie ook: dynamic routing°, multiprotocol router°, source routing°; er zijn drie vormen: hierarchisch (hierarchical°, vanuit een centraal punt), vanuit de bron (ook genoemd: source bridging°, source routing°) en via buren (step-by-step routing); de laatste twee vormen hebben het voordeel dat een kapot stuk van het netwerk dynamisch kan worden omzeild, **2.** Een formulier of voorstel ter goedkeuring of ter kennisneming langs afdelingen sturen.

routing information protocol - *RIP* - Zie: RIP°.

routing protocol - *routeringsprotocol* - Het protocol° gebruikt voor de routering (routing°) door het kiezen van het meest geschikte pad tussen afzender en ontvanger, bijvoorbeeld: OSPF°, RIP°. Als algoritme (algorithm°): MST°.

routing table - *routeringstabel* - Tabel (table°) in een router° waarin de paden naar verscheidene bestemmingen (destination°) staan vermeld.

row - *rij* - **1.** Horizontale rij in een matrix°, **2.** Horizontale rij in een spreadsheet°, meestal aangeduid met een letter, **3.** Horizontale balk (bar°) waarop knoppen (button°) geplaatst zijn, **4.** Rij toetsen op een toetsenbord (keyboard°), bijvoorbeeld: home row°. ⇔column°

royalty - *royalty* - Aandeel in de opbrengst: vergoeding aan de intellectuele eigenaar van een boek, programma of product. Oorspronkelijk een door de Kroon toegekend recht tot exploitatie, waarvoor moest worden betaald. ⇔license° (gebruiksvergunning)

royalty-free - *royalty-vrij* - Toevoeging die betekent dat u het systeemprogramma, bijvoorbeeld een database° of compiler°, wel moet kopen maar dat u daarna geen royalties (royalty°) hoeft te betalen voor de ermee gemaakte en door u verkochte toepassingen (application°).

RPC {ar·pi·si} - *Remote Procedure Call* - RPC: API°-mechanisme voor de communicatie tussen twee toepassingen in een netwerk; zie: remote procedure call°. Het idee uit 1982 is afkomstig van B. Nelson (Carnegy-Mellon University) en vormt de sleutel tot gedistribueerde omgevingen als DCE°. Roept een functie aan in plaats van een method° zoals bij ORB°.

RPG {ar·pi·dji} - *Report Program Generator* - RPG: een programmeertaal (language°) voor administratieve toepassingen waarmee eenvoudig een rapportage (report°) kan worden geprogrammeerd.

rpm {ar·pi·em} - *rotations per minute* - Rpm: aantal omwentelingen (rotation°) per minuut. ⇔rps°

RPN {ar·pi·en} - *Reverse Polish Notation* - RPN: een logische notatiemethode die vroeger werd gebruikt in zakrekenmachines, waarbij de operatoren (operator°) *achter* de operandi (operand°) worden geplaatst, gelezen van links naar rechts; bijvoorbeeld: ABC+x betekent (A+B)xC. Is ontwikkeld door J. Lukasiewicz in 1949 en wordt gebruikt in Forth°. Synoniem: suffix° notation. ⇔Polish notation°

RPQ {ar·pi·kjoe} - *Request for Price Quotation* - RPQ: prijsaanvraag voor een extra voorziening in apparatuur, die op verzoek van een klant wordt ontwikkeld en die daarna ook door andere klanten kan worden besteld. ⇔RFP° ⇔PRPQ° (voor een programma)

rps {ar·pi·es} - *rotations per second* - Rps: aantal omwentelingen (rotation°) per seconde. ⇔rpm°

RS-232-C {ar·es-si} - *Recommended Standard-232-C* - EIA/TIA°-norm voor de mechanische en elektrische kenmerken van een seriële (serial°) adapter° voor de aansluiting van een modem°, printers en dergelijke op een Intel° PC (V.24° of V.28°); de oorspronkelijke versie stamt uit 1960 en C duidt op de derde versie uit 1981; de revisie van 1987 heet nu: EIA/TIA-232-D°; de stekker heeft 9 (DB-9°) of 25 (DB-25°) pinnen (pin°). **NB**: de vroeger RS-normen, kregen beginjaren 90 de naam EIA° en heten sinds 1993: EIA/TIA. De opvolger van RS-232 schijnt te worden: EIA/TIA-562.

RS-232 LAN {ar·es-len} - *Recommended Standard-232 Local Area Network* - Verbinding tussen twee PC's via een null modem°-kabel en RS-232-C°; synoniem: zero-slot LAN°.

RS-422 {ar·es} - *Recommended Standard-422* - EIA/TIA°-norm toegepast in een *gebalanceerde* seriële (serial°) adapter° voor de aansluiting van een modem°, printers enzovoort op een Mac°; werkt sneller dan RS-232-C°; zie ook: RS-485°, V.24°. Recent: EIA/TIA-422A.

RS-423 {ar·es} - *Recommended Standard-423* - EIA/TIA°-norm toegepast in een *ongebalanceerde* seriële (serial°) adapter° voor de aansluiting van een modem°, printers en dergelijke op een Mac°; werkt sneller dan RS-232-C°; zie ook: V.24°. Recent: EIA/TIA-423A.

RS-449 {ar·es} - *Recommended Standard-449* - EIA/TIA°-norm voor seriële, meestal synchrone (synchronous°) DTE°-DCE° interfaces voor hoge snelheid (48 - 168 kbps° en hoger) volgens V.35°-V.37°. Deze verbetering van RS-232 werd niet populair en wordt nu opgevolgd door RS-530°.

RS-485 {ar·es} - *Recommended Standard-485* - EIA/TIA°-norm voor de elektrische kenmerken van aansluitingen in gebalanceerde digitale multipoint° verbindingen. Lijkt op RS-422° en werkt met een: current loop°.

RS-530 {ar·es} - *Recommended Standard-530* - EIA/TIA°-norm toegepast in DTE°-DCE° interfaces voor hoge snelheid (20 kbps° tot 2 Mbps°) volgens RS-422 of RS-423: opvolger van RS-449° onder gebruikmaking van dezelfde kabels en stekkers.

RS/6000 {ar·es} - *RISC System/6000* - Minicomputersysteem (minicomputer°) van IBM: dat wordt overgeschakeld op de PowerPC°-technologie (RISC°).

RSA {ar·es·ee} - *Rivest, Shamir, Adleman* - RSA: een algoritme (algorithm°) uit 1978 voor het versleutelen (encryption°) van berichten en dergelijke met een public key° en het ontcijferen met een private key°, genoemd naar zijn uitvinders R.L. Rivest, A. Shamir en L.M. Adleman (MIT°, 1983). De methodiek kan ook gebruikt worden voor: digital signature°. Het bedrijf dat de licenties verstrekt heet: RSA Data Security Inc. Voor de export buiten de VS is alleen 40-bit encryptie beschikbaar, die redelijk eenvoudig te kraken is, maar banken kunnen toestemming vragen voor het gebruik van langere sleutels. ⇔DES°

RSI {ar·es·ai} - *Repetitive Strain Injuries* - RSI: lichamelijk letsel door langdurig kortstondig herhaald werk, waarvoor machines beter geschikt zijn dan mensen. Mogelijk de nieuwe volksziekte nummer 1. Een van de vele vormen bij typisten is: carpal tunnel syndrome°.

RSVP {ar·es·vi·pi} - *Resource Reservation Protocol* - RSVP: een nieuw protocol° voor Internet°, dat wordt ontwikkeld door de Internet Engineering task Force, waarmee capaciteit kan kan worden gereserveerd - nodig voor telefoneren en multimedia° via Internet (VON°).

RT {ar·ti} - *Real-Time, RISC Technology* - **1.** RT: directe verwerking; zie: real-time°, **2.** RISC Technology: oorspronkelijke RISC-technologie ontwikkeld door IBM in de beginjaren 80, die verkocht is vanwege gebrek aan succes van de RT-computers, maar die later door Sun° is gepopulariseerd (⇔AT°) en nu in PowerPC wordt toegepast. (RISC°)

RTF {ar·ti·ef} - *Rich Text Format* - RTF: opmaaknorm (format°) van tekst onder Windows° voor de uitwisseling van bestanden tussen tekstverwerkers (word processor°); is een Microsoft° aanpassing van DCA°. Lotus werkt met een niet-compatibele versie. Een tekst gecodeerd in RTF begingt met {RTF} en alle andere opmaakattributen staan tussen { } (brace°) en worden voorafgegaan door '\', bijvoorbeeld:

```
{\rtf1\ansi \deff4\deflang1033
{\fonttbl{\f4\froman\fcharset0
\fprq2 Times New Roman;}}{\.........
\f4\fs20\lang1043  {b Dit is vet}{\tab naar
rechts{\b\i\par Dit is cursief.}
\par
\par}
```

NB: RTF niet verwarren met RFT (Revisable-Form Text, een onderdeel van DCA°).

RTOS {ar·tos} - *Real-Time Operating System* - RTOS: besturingssysteem (operating system°) voor real-time° toepassingen: waarin binnen een bepaalde tijd op iets gereageerd moet worden, toegepast bij chemische processen (process control°), luchtverkeersleiding, medische toepassingen enzovoort.

RTP {ar·ti·pi} - *Real-Time Protocol* - RTP: protocol° voor de compressie van audio° en video° informatie op Internet°, o.a. gebruikt voor videoconferencing°.

RTS {ar·ti·es} - *Real-Time System* - Direct verwerkend systeem; zie: real-time°.

rubber banding - *rubber banding* - Vervormen: de vorm van een object in een elektronische tekening veranderen door een punt op de contour naar een andere plaats te trekken alsof de omtrek van elastiek is.

rule - *lijn, regel* - **1.** Lijn: die u trekt met een ruler (liniaal), **2.** Regel: eenheid van procedurele kennis in een kennissysteem (knowledge system°); regels horen bij de definities (assertion°); fire°: als aan de voorwaarde in een regel is voldaan (⇔fail°). Er zijn ook organisatorische regels: To every rule there is an exception, and vice versa (Geen regel zonder uitzonderingen, en omgekeerd). Rules are for the guidance of wise men and for the obedience of fools (Regels leiden wijze mensen en worden gehoorzaamd door dwazen - Ogilvy). Zie ook: 80/20 rule°, business rules°.

rule-based - *rule-based* - Gebaseerd op de regels (rule°) in een kennissysteem (knowledge system°): mogelijke eigenschap van programmeren (programming°), een programma (program°) of een agent (agent°).

ruler - *lineaal* - Maatverdeling in een scherm waarop de tabs (tab°) zijn afgebeeld: wordt gebruikt bij tekstverwerking; is de heerser (ook: ruler) over de verdeling van tekens op een regel (line°).

ruler guide - *hulplijn* - Oorspronkelijk op papier: blauwe lijntjes die worden gebruikt bij het opmaken van pagina's: die wegvallen bij het maken van de master. Bij elektronische opmaak, een equivalent daarvan.

ruler marker - *lineaalmarkering* - In een tekstverwerker, aanduiding van inspringen (indent°) of tabs (tab°) op de lineaal (ruler°)

run - *gang, starten, uitvoeren* - **1.** Gang: de uitvoering van een programma, **2.** Starten, uitvoeren: een programma 'draaien'. Bijvoorbeeld: batch run°, shadow run°, parallel run° (parallelle run ter vergelijking met de oorspronkelijke), rerun°. Zie ook: up and running°.

run in the background - *op de achtergrond uitvoeren* - Een programma met lage prioriteit (background°) uitvoeren (run°), bijvoorbeeld een afdruktaak (print job).

run in the foreground - *op de voorgrond uitvoeren* - Een programma met hoge prioriteit (foreground°) uitvoeren (run°).

run-length coding - *run-length codering, RLC* - Codering (coding°) waarbij herhaalde tekens worden vervangen door een code met het aantal herhalingen; is een eenvoudige vorm van datacompressie (data compression°) die vooral effectief is in grafische bitmaps (bitmap°); wordt bijvoorbeeld gebruikt in PCX° en RLL°.

run-length limited - *RLL* - Zie: RLL°.

running average - *lopend gemiddelde* - Het gemiddelde (average°) over een bepaalde periode (maand of jaar) of van een aantal steekproeven (sample°) dat meeloopt in de tijd en dus steeds in een volgende periode begint. Hierdoor worden bijvoorbeeld seizoensgebonden fluctuaties of ruis (noise°) vermindert (smoothing°).

running footer - *herhaalde voetregels* - Regels *onderaan* elke bladzijde (footer°): die worden aangebracht door een tekstverwerker.

running header - *herhaalde kop* - Regels *bovenaan* elke bladzijde (header°): die worden aangebracht door een tekstverwerker. ⇔heading°

running indent - *doorlopende inspringing* - Inspringen voor alle volgende alinea's (paragraph°).

running program - *actief programma* - Lopend programma, dat nog niet gereed is; de uitvoering kan plaatsvinden op de voorgrond (foreground°) of op de achtergrond (background°).

run time - *looptijd, werkingsduur* - Tijd die nodig is om een programma uit te voeren (run°); is bij multitasking° afhankelijk van welke andere programma's tezelfdertijd worden uitgevoerd. Wordt ook aan elkaar geschreven: runtime, bijvoorbeeld: battery° runtime (werkingsduur van een accu).

run-time - *runtime* - **1.** Tijdens de uitvoering (run-time°) van een programma, **2.** Uitvoeringsversie van een programma, niet de bron (source°). Wordt in het Engels ook vaak geschreven zonder streepje: runtime. ⇔compile-time° (tijdens het compileren).

run-time environment - *runtime omgeving* - De combinatie van apparatuur en programmatuur (environment°) die nodig is om een gecompileerd (executable°) programma te kunnen uitvoeren.

run-time library - *programmabibliotheek* - Bibliotheek (library°) waaruit hulpprogramma's en routines kunnen worden gebruikt tijdens de uitvoering van een programma.

run-time license fee - *runtime license fee* - Kosten voor een licentie (license°) voor het uitvoeren van een systeemprogramma, maar daarmee wordt het niet uw eigendom.

run-time module - *uitvoerbaar programma* - Programma dat al is gecompileerd (compile°); zie: executable°, module°.

run-time version - *runtime versie* - Wanneer een programma wordt geleverd met de besturingsprogrammatuur, bijvoorbeeld Windows: die kan echter alleen worden gebruikt voor dat ene programma.

RW {ar·dubbel·joe} - *Read/Write* - Zie het meer gebruikelijke: R/W°.

R/W {ar·dubbel·joe} - *Read/Write* - Toegangscode: bekijken en veranderen van een bestand is toegestaan (access°); zie ook: read/write head°.

RZ {ar·zie} - *Return-to-Zero* - RZ: de golfvorm keert na elk bit terug naar de nulstand (zero°); dit veroorzaakt veel signaalovergangen - een voordeel voor de synchronisatie (synchronization°) maar weinig efficiënt, veroorzaakt bovendien hogere frequenties. ⇔NRZ°

- S -

SAA {es·ee·ee} - *System Application Architecture* - SAA: systeemarchitectuur voor programmatische toepassingen, door IBM met veel tamtam geïntroduceerd in 1987, daarna regelmatig aangepast en uitgebreid, maar anno 1993 stilletjes verlaten in verband met de overgang naar open systemen (open system°), de nieuwste versie heet: Open Blueprint°. Omvat onder andere: CUA°.

SADT {es·ee·di·ti} - *Structured Analysis and Design Technique* - SADT: een methode voor gestructureerde systeemontwikkeling, omvat analyse (analysis°) en ontwerp (design°).

safety - *beveiliging* - Betreft de veiligheid van mensen, niet van dingen. ⇔security° (van gegevens en dergelijke)

sales - *verkopen* - Meervoud van: sale; zie ook: aftersales°, presales°, resale market°, sales rep°.

sales receipt - *kassabon* - Ontvangstbewijs (receipt°) dat u de in een winkel gekochte goederen hebt betaald.

sales rep {rep} - *sales representative* - Verkoper, letterlijk: verkoopvertegenwoordiger (rep°).

SAM {sem} - *Sequential Access Method, Status Activity Monitor* - **1.** SAM: sequentiële access-methode (access method°): die op volgorde werkt (sequential°), zonder index° (⇔ISAM°), **2.** SAM: een breakout box° waarmee de activiteiten op de diverse aders van een kabel kunnen worden bekeken; synoniem: BOB°.

sample - *monster, voorbeeld, steekproef, bemonstering* - **1.** Monster of voorbeeld: een exemplaar op proef om te zien of het bevalt, **2.** Steekproef: meestal willekeurig, om te zien of goederen of onderdelen aan de eisen voldoen, **3.** Bemonstering: regelmatige (sampling rate°) steekproef van een signaal om het te digitaliseren; zie ook: Nyquist sampling rate°.

sampling - *steekproeven nemen, bemonsteren* - **1.** Steekproeven nemen: om te zien of een zending wordt geaccepteerd,
2. Bemonsteren: regelmatig de grootte van een analoog (analog°) signaal meten en opslaan, bijvoorbeeld voor signaalanalyse of een DSP° of een sampling keyboard (sampler); zie ook: Nyquist sampling rate°.

sampling rate - *bemonsteringsfrequentie* - Aantal keren per seconde dat een signaal wordt bemonsterd (sampling°). Voor een spraaksignaal met een bandbreedte van circa 4000 Hz° is een bemonsteringsfrequentie van 8000 Hz° nodig, zie: Nyquist sampling rate°; als elke sample° met 8 bits wordt gecodeerd, vraagt dit een transmissiecapaciteit van 64 kbps°, bijvoorbeeld een B- channel°.

sans-serif - *schreefloos* - Letters zonder schreven (korte streepjes). ⇔serif°

SA/SD {es·ee·es·di} - *Structured Analysis/ Structured Design* - SA/SD: gestructureerde methode voor analyse (data flow diagram°, DFD) en ontwerp (structure chart°, SC) van programmatuur.

SAT {set} - *SATelliet, Scholastic Aptitude Test* - **1.** Satelliet (satellite°), zie bijvoorbeeld: satphone, **2.** Amerikaanse toelatingstest voor scholen en universiteiten.

SATAN {see·ten} - *Security Administrator/ Analysis Tool for Analyzing Networks* - Satan: een gratis programma, geschreven door A.D. Farmer en W. Venema en in april 1995 verspreid op Internet°, dat nogal opzien baarde omdat lekken in de beveiliging (security°) van netwerken er eenvoudig mee kunnen worden opgespoord, maar niet alleen door de administrator°! Geldt voor TCP/IP° netwerken, waaronder Internet°, zie IP-spoofing°. Framer werd op staande voet ontslagen door Silicon Graphics en stapte over naar Sun°.

satcom {*set*·kom} - *SATellite COMmunication* - Satellietcommunicatie, zie: satellite°. Ook als meervoud: satcoms. Comsat is een Amerikaanse mobiele dienstenleverancier via Inmarsat°-satellieten.

satellite - *satelliet* - Kunstmaan die veel verbindingen (satellite link°) met grote capaciteit mogelijk maakt voor communicatie op wereldschaal. Geostationaire satellieten (GEO°) draaien met de aarde mee op een hoogte van circa 36.000 km; zij geven een vertraging van circa 0,6 sec vanwege de overbrugde afstand (space segment°: 160.000 - 200.000 km, tweemaal heen èn weer naar de satelliet). Qua afstand tussen LEO (tot 1500 km) en GEO, wordt verwacht: MEO (op 10.000 km). Er wordt gesproken over HEO (Highly Elliptical Orbit) met een sterk elliptische baan. Frequentiebanden (frequency°) voor satellietcommunicatie: L-band° (1-2 GHz), S-band° (2-4 GHz), C-band° (4-8 GHz), X-band° (8-12 GHz), Ku-band° (12-18 GHz), K-band° (18-27 GHz) en Ka-band° (27-40 Ghz). Wat betreft telecommunicatie, zijn er drie typen satelliet: fixed°, mobile° en direct broadcast° - die in de VS gebonden zijn aan de zogenaamde DISCO°-regels. Zie ook: FSS°, MSS°. ⇔terestrial°

satellite computer - *satellietcomputer* - Extra computer die een grote computer ondersteunt bij de uitvoering van opdrachten, mogelijk gekoppeld via een satellietverbinding (satellite link°).

satellite link - *satellietverbinding* - Verbinding door de lucht via twee grondstations en landverbindingen naar deze stations. Naast een aantal bestaande satellietverbindingen van bijvoorbeeld COMSAT°, liggen er anno 1994 nogal wat voorstellen ter tafel voor laagvliegende satellieten: Irridium (Motorola, oorspronkelijk 77, nu 66 stuks), Globalstar (Loral en partners, 48 stuks), Odyssey (TRW, 12 stuks), Project 21 (Inmarsat°, 12 stuks) en Teledesic (W. Gates en C. McCaw, 840 stuks). Velen denken dat satellieten toch niet de verwachtingen van de jaren 80 zullen vervullen, omdat glasvezel (fiber optics°) goedkoper wordt en sneller werkt, en veel grotere capaciteit heeft; de ether is hoe dan ook beperkt vergeleken met de mogelijke aardse verbindingen die elkaar niet storen. ⇔radio link° ⇔terrestrial link°

satellite slot - *satellite slot* - Plaats (slot°) voor een satelliet (satellite°), die wordt toegewezen door de ITU°.

satphone {*set*·foon} - *satellite telephone* - Telefoon (telephone°) waarme u direct naar een satelliet (satellite°) kunt bellen, bijvoorbeeld van Inmarsat°: vroeger moest de apparatuur daarvoor in een koffer geborgen worden, maar die wordt steeds kleiner en krijgt steeds meer toeters en bellen. Is handig na een wervelstorm of op een hoge berg.

saturation - *verzadiging* - Intensiteit, een onderdeel van: HSB°.

SAV {-} - *SAVe* - SAV: extensie (extension°) van een bestand (file°) na een save°-opdracht; alternatief: BAK°.

save - *opslaan, veilig stellen* - Opslaan: een reservekopie (backup°) van de huidige versie van een bestand (file°) maken en dan verder gaan met een bewerking. Ook: fast save°, save as (opslaan als ...). ⇔file°

save as - *opslaan als* - Alternatief voor het geval dat een bestand (file°) of document° nog geen naam heeft of onder een andere naam moet worden opgeslagen (save°).

saver - *saver* - Programma of functie die bestanden veilig stelt (save°) of beeldschermen spaart (screen saver°).

save recovery - *safe recovery* - Voorziening in Windows 95, om na een hardware°-fout weer goed te kunnen opstarten. Is helaas nog niet beschikbaar voor software°-fouten.

S-band - *S-band* - Satelliet (satellite°) frequentieband (band°) van 2-4 GHz°.

SBPC {-} - *Software Business Practices Council* - SBPC: organisatie van software-leveranciers die afspraken hebben gemaakt op het punt van ethisch zakelijk handelen (business practices°).

SBus {es·bus} - *SunBus* - Een 32- of 64-bit bus° van Sun° voor hun SPARC°-werkstations. De naam wordt ook gebruikt voor de aansluiting op een ISDN°-verbinding. ⇔MBus° ⇔S-bus°

S-bus - *Subscriber-Bus* - In ISDN°, de bus° - lintkabel (flat-cable°) vanuit een NT1 (NT°) - waarop een abonnee (subscriber°) tot maximaal 8 apparaten op kan aansluiten. De aangesloten apparaten kunnen direct gekozen worden via: MSN°. ⇔Sbus°

SC {es·si} - *Structure Chart, SubCommittee* - **1.** Ontwerpstructuur, resulterend uit gestructureerd ontwerpen (SA/SD°), **2.** SC: subcommissie, bijvoorbeeld van ISO°.

scalability - *schaalbaarheid* - Aanpasbaarheid: gewenst kenmerk van fonts (font°), tekeningen (drawing°), toepassingen (application°) en computers, zodat flexibel kan worden ingespeeld op veranderingen in de eisen of wensen van gebruikers.

scalable - *scalable, schaalbaar* - Aanpasbaar: aanduiding dat de grootte of het bereik kan worden aangepast aan de behoefte, bijvoorbeeld de grootte van een lettertype (font°) tot op de point° instelbaar is of de capaciteit van processor° in discrete stappen. Zie ook: true scalability°.

scalable bandwidth - *scalable bandwidth* - Aanduiding van apparatuur of een verbinding waarvan de bandbreedte (bandwidth°) naar behoefte kan worden gevraagd of geleverd, bijvoorbeeld via ISDN° of een satellietverbinding. Voordeel is dat men geen vaste bandbreedte, afgestemd op de piekbehoefte, hoeft te betalen, maar ook hier geldt: op is op.

scalable font - *schaalbaar lettertype* - Lettertype (font°) dat naar believen kan worden vergroot of verkleind; is gedefinieerd met een Bézier-curve° en vectoren in plaats van een bitmap°; zie ook: rasterizer°. Synoniem: outline font°.

scalable parallel computing - *scalable parallel computing* - Gegevens verwerken met een schaalbare (scalable°) vorm van: massive parallel computing°.

scalable processor - *scalable processor* - Een processor° waarvan u de capaciteit naar behoefte kunt uitbreiden of beperken, bijvoorbeeld door het bijplaatsen en weghalen, in- en uitschakelen van parallelle processoren (parallel computing°) of door het verwisselen van een enkele processor.

scalable processor architecture - *SPARC* - Zie: SPARC°.

scalar - *scalar, scalair* - Aanduiding van een grootheid die uitsluitend een enkel getal kan weergeven, of dit kenmerk hebbend. ⇔record° ⇔vector°

scale - *schaal, schalen, weegschaal, niveau* - **1.** Schaal (z.n.): waarop iets plaatsvindt, zie ook: scaling°, **2.** Schalen (w.w.): de schaal waarop iets plaats vindt veranderen, **3.** Weegschaal, **4.** Niveau, bijvoorbeeld: greyscale°.

scaleable - *schaalbaar* - Alternatieve spelling van: scalable°.

scaling - *scaling* - Op een andere schaal afbeelden of gebruiken: vergroten of verkleinen van een venster (window°), een lettertype (font°) en dergelijke of extra processoren (processor°) inschakelen; wordt ook wel genoemd 'verschalen'.

scan - *scannen, nalopen* - **1.** Aftasten: zoeken naar gegevens, contrast, ongebruikte lijnen en dergelijke, met behulp van een scanner°; zie ook: dual-scan°, helical scan°, multi-scanning°, **2.** Nalopen: een disk, directory-structuur, document of het geheugen doorzoeken op het voorkomen van een bestand (file°), gegeven of mankement.

scan code - *scancode* - Teken (code°) die van een toetsenbord naar een computer wordt overgestuurd als een toets of combinatie van toetsen (key°) wordt ingedrukt; zie ook: keyboard buffer°. Shift°, Control° en Alt° hebben ook een eigen scancode.

scanner - *scanner, aftaster* - **1.** Optisch: omzetter van gedrukt naar elektronisch beeld, voor fax°, OCR° of beeldverwerking; bijvoorbeeld: bar code scanner°, flatbed scanner° (scanner met vlakke ondergrond), hand scanner° (met de hand bewogen scanner), page scanner° (bladscanner), viewer/scanner°, **2.** Programmatisch: om te zien waar een interrupt° is gegeven, virussen aanwezig zijn (virus scanner°) en dergelijke.

SCART {skart} - *Syndicat de Constructeurs des Appareils Radiorécepteur et Télévision* - SCART: genormeerde aansluiting met 21 pinnen (pin°) op een televisietoestel of videorecorder (VCR°) voor video- en audiosignalen van goede kwaliteit.

scatter diagram - *spreidingsdiagram* - Weergave van gegevens als punt in een twee-dimensionale grafiek: een eenvoudig middel om mogelijke clusters (cluster°) of verbanden visueel te vinden. Wordt ook genoemd: scatter plot (plot°).

schedule - *inroosteren, tijdschema* -
1. Inroosteren: van werk of mensen,
2. Tijdschema: planning van een project°, die heilig is omdat anderen met uw resultaten verder moeten.

scheduled maintenance - *periodiek onderhoud* - Onderhoud dat van tevoren is vastgesteld. Synoniem: preventive maintenance° (preventief onderhoud). ⇔corrective maintenance°

scheduler - *scheduler* - Planner: programma dat de uitvoering (execution°) van een job° programma regelt in een computer of het tijdschema (schedule°) van een groep mensen indeelt. Zie ook: PERT°, resource levelling°.

scheduling - *indelen, detailplanning, job indienen* - **1.** Indelen: de volgorde van verwerking vaststellen in een computer of elders, **2.** Een gedetailleerd plan opzetten met een tijdschema, **3.** Een job° indienen, synoniem voor: submit°.

schema - *schema* - Beschrijving van de logische en fysieke structuur van een database°, of een aspect daarvan. Niet verwarren met het Nederlandse woord schema (diagram°). Externe schema's zijn door mensen gebruikte begrippen, die worden verenigd in conceptuele logische schema's, die leiden tot interne fysieke schema's, gebruikt voor de database (ANSI-SPARC°). Uitspraak: {*skie*·maa}.

schematic - *diagram* - Schematische tekening van de opbouw van een elektronische schakeling of een systeem met behulp van grafische symbolen.

scientific notation - *drijvende-komma notatie* - Zie synoniem: floating- point°; zie ook: notation°.

SCO {sko} - *Santa Cruz Operation* - SCO: pionierbedrijf van UNIX° op een Intel° PC, dat nu is overgenomen door Microsoft°. Santa Cruz, de vestigingsplaats, ligt aan de Westkust ten Zuiden van San Francisco. In september 1996 kwam release 5.0.2 beschikbaar.

scope - *scope* - Draagwijdte of werkterrein: bijvoorbeeld van een norm (standard°). In de wiskunde en bij programmeren spreekt men meestal van: domein (domain°).

SCP {es·si·pi} - *System Control Program, Service Control Point* - **1.** SCP: besturingssysteem; synoniem: operating system°, OS°, **2.** SCP: punt in een telecomnetwerk van waaruit diensten (service°) worden gecoördineerd.

SCR {es·si·ar} - *Silicon Controlled Rectifier, SCReen, SCRipt* - **1.** SCR: speciaal soort halfgeleider voor het gelijkrichten (rectify°) van grote stromen; wordt gebruikt in voedingsbronnen (power supply°); synoniem: thyristor°, **2.** SCR: extensie (extension°) van een bestand (file°) met schermgegevens (screen°) of script°-opdrachten (script file°); ook een screen saver heeft vaak een bestandsnaam met de extensie .SCR (After Dark gebruikt: AD).

scramble - *scramble* - Bits (bit°) door elkaar hutselen: bijvoorbeeld om een bericht (message°) of gegevens (data°) voor anderen onleesbaar te maken door middel van cryptografie (cryptography°) of bits door elkaar te hutselen in een modem° (scrambler°); met eieren: scrambled eggs (roerei).

scrambler - *scrambler* - **1.** Codeerschakeling (encryption°), **2.** Schakeling in een modem° die bits door elkaar 'hutselt' met het doel een voldoende willekeurige reeks bits over een lijn te sturen die nodig is voor de synchronisatie (synchronization°), bijvoorbeeld gebruikt in V.26ter° en V.27bis°. ⇔descrambler°

scrap - *weggoien* - Letterlijk: tot afval verklaren en weggooien. In Windows°: Scrap (Prullenbak). In een fabriek wordt de term 'scrap and rework' gebruikt voor die gefabriceerde onderdelen die volledig onbruikbaar zijn en die nog gerepareerd kunnen worden.

scratch - *scratch, klad...* - Gegevens overschrijven/weggooien, bijvoorbeeld: start from scratch° (geheel opnieuw beginnen), scratch tape° (klad- tape).

scratch disk - *klad-disk* - Een disk° of diskette° gebruikt voor berekeningen, resultaten en bestanden, die niet hoeft te worden gearchiveerd.

scratch tape - *klad-tape* - Tape° gebruikt voor tussenresultaten, die niet hoeft te worden gearchiveerd in de tape library°.

scratch, start from - *geheel opnieuw beginnen* - Wanneer u geen voorbeeld heeft dat u kunt aanpassen, moet er eerst gekrast (scratch°) worden op een kladblok; synoniem: square one, back to°.

screen - *beeldscherm, raster, projectiescherm, screenen* - **1.** Beeldscherm (display screen°): televisiebuis (CRT°) waarop informatie (information°) wordt afgebeeld; gangbaar is een breedte:hoogte-verhouding van 4:3, bij breedband wordt dit 16:9; zie: A3 screen°, A4 screen°, clear screen° (CL°), green screen°, split-screen°, touch(-sensitive) screen°; zie ook: screen phone°; mensen zitten vóór een beeldscherm, niet erachter, zoals Nederlanders vaak zeggen; **2.** Raster: gebruikt om in een drukkerij om een foto te kunnen afdrukken, **3.** Projectiescherm, **4.** Screenen: aan een onderzoek onderwerpen. Afgekort: SCR°.

screen blanker - *screen blanker* - Programma dat een scherm (screen°) vult met fraaie plaatjes en uw PC afsluit voor onbevoegd gebruik terwijl u weg bent. ⇔screen saver°

screen capture - *beeld vastleggen* - Met behulp van een programma, het op een beeldscherm (screen°) getoonde beeld of beelden vastleggen (record°) in een bestand (file°) en zo bewaren voor later gebruik, bijvoorbeeld als illustratie. Niet verwarren met: screen saver°.

screen display - *schermweergave* - Wanneer een bestand of bericht in het beeldscherm wordt weergegeven, niet afgedrukt.

screen dump - *schermafdruk* - De op een beeldscherm (screen°) afgebeelde informatie direct afdrukken of opslaan (dump°) in een bestand (file°).

screen font - *screen font* - In een beeldscherm (screen°) gebruikt lettertype (font°); synoniem: display face°.

screen handler - *screen handler* - Algemeen hulpprogramma voor het afbeelden van informatie in een scherm (screen°); is bijvoorbeeld een onderdeel van Windows°.

screening - *doorlichting, afscherming* - **1.** Doorlichting: onderzoek van sollicitanten of methodes, **2.** Afscherming: meestal koperen mantel van een kabel ter afscherming van elektromagnetische storingen (EMI°, RFI°).

screen painter - *screen painter* - Programma voor het ontwerpen van panelen (panel°), de indeling en opmaak van wat er in een scherm (screen°) wordt afgebeeld; letterlijk: beeldschermschilder.

screen phone - *beeldschermtelefoon* - Telefoon met een beeldscherm van meer dan een of twee regels, gebruikt voor het afbeelden van informatie via ADSI°, een signaling° protocol° voor analoge verbindingen.

screen saver - *screen saver* - Schermredder: programmaatje dat de afbeelding in een scherm verwijdert wanneer het toetsenbord enkele minuten niet wordt gebruikt om inbranden van het beeldscherm te voorkomen; de weergave wordt hersteld door op een toets (any key°) te drukken. ⇔screen blanker° ⇔screen capture°

screen size - *schermgrootte* - Afmeting van het scherm (screen°) van een beeldschermeenheid (VDT°, VDU°): wordt diagonaal gemeten in inches (bijvoorbeeld 14, 17, 19 inch) en/of gegeven in ...x... pixels (pixel°). Zie ook: A3 screen°, A4 screen°. (opdrachten om de UNIX shell te controleren), script file°, command script°, **2.** Tekens van gewone grootte: zoals gebruikt voor de platte tekst van een boek (⇔subscript°, ⇔superscript°). Afgekort: SCR°.

script - *script, schrijfletters* - **1.** Script: een programma, routine° of scenario dat in een bepaald geval wordt gebruikt, opgeslagen in een script file°, bijvoorbeeld om een Internet°-sessie te starten (login script°) of e-mail° op te halen, **2.** Schrijfletters: oorspronkelijk met de hand geschreven letters die nu zo uit de printer komen rollen (script font°).

script file - *script file* - Bestand (file°) met opdrachten, bijvoorbeeld voor het starten en afsluiten van een verbinding via een modem°.

script font - *schrijfletters* - Handschrift dat wordt afgedrukt alsof het is geschreven.

scroll - *schuiven* - Het afgebeelde, bijvoorbeeld een lijst, verticaal (up°, down°, vertical scroll°) of horizontaal (right°, left°, horizontal scroll°) over het beeldscherm verschuiven bijvoorbeeld door middel van een schuifpijl (scroll arrow°); letterlijk: rollen.

scrollable window - *schuifbaar venster* - Venster (window°) waarin de tekst meestal verticaal kan worden verschoven (scroll°) door met de aanwijzer (pointer°) op de pijltjestoetsen (scroll arrow°) of de schuifbalk (scroll bar°) te klikken.

scroll arrow - *schuifpijl* - In een grafische werkomgeving (GUI°): button° met pijltje (arrow°) ter weerszijden van de schuifbalken (scroll bar°) om het afgebeelde horizontaal (horizontal°) of verticaal (vertical°) te verschuiven (scroll°).

scroll bar - *schuifbalk* - Balk (bar°) wordt gebruikt in een grafische omgeving om het in een venster (window°) zichtbare gedeelte van een afbeelding verticaal (vertical°) of horizontaal (horizontal°) te verschuiven (scroll°). Deze twee balken zijn meestal rechts en onder geplaatst in het venster (window°).

scroll box - *schuifblok* - Vierkantje in de schuifbalk (scroll bar°): die de relatieve schuifpositie aangeeft en die kan worden verschoven (drag°) met de muis (mouse°).

Scroll Lock - *Scroll Lock* - Toets (key°) op een IBM-type toetsenbord (keyboard°): waarmee de werking van de cursor°-toetsen kan worden veranderd, afhankelijk van het toepassingsprogramma. Hoewel de naam aanduidt dat het schuiven ermee kan worden gestopt, is dit lang niet altijd het geval - daarom wordt de toets zelden gebruikt.

SCSA {es·si·es·ee} - *Signal Computing System Architecture* - SCSA: door CTI-leveranciers veel gebruikte norm voor een modulaire architectuur voor de integratie van CTI-toepassingen en telefonie-apparatuur.

SCSI {*skoe*·zie} - *Small Computer System Interface* - SCSI: een nieuwe universele koppeling én bus° voor de aansluiting van randapparatuur zoals een vaste schijf (hard disk°), printer, DAT° en dergelijke op een werkstation of server° van verschillende pluimage; werkt met een centrale controller° en 7 aansluitingen voor apparaten (device°) die als daisychain° kunnen worden aangesloten; de interface werkt als block multiplexer°; is een vervolg op de EISA°- en de MC-bus° uit 1986 (8-bit), in 1990 door ANSI° uitgebreid tot SCSI-2 (16-bit); de volgende versie wordt mogelijk SCSI-3 die naast SCSI-2 ook seriële toegang mogelijk maakt (interessant vanwege de kleinere stekker op de steeds kleiner wordende vaste schijf). Er bestaan veel niet-compatibele SCSI-versies, bijvoorbeeld Ultra SCSI, Fast SCSI-2Fast&Wide SCUSI-2; ASPI° is bedoeld om hier meer eenheid in te brengen. Men verwacht dat PCI° te zijner tijd de SCSI-bus overbodig zal maken, maar niet de SCSI-apparaten (device°).

SCSI host adapter {*skoe*·zie} - *Small Computer System Interface host adapter* - SCSI°-kaart: een insteekkaart met SCSI-elektronica, geheugen en de koppeling (host°, adapter°) met de PC; waarop aansluitingen voor de kabels van zeven

SCSI-apparaten (device°) 0 t/m 6 zijn geplaatst (apparaat 7 is gereserveerd voor de host adapter). ⇔host adapter°

S-curve {es} - *S-kromme* - Sigmoïde kromme (curve°): grafiek in de vorm van een scheve letter S; schetst het verloop van een ontwikkeling die langzaam aanzet, vervolgens snel stijgt, daarna langzaam de top bereikt en daar blijft; ontstaat door sommering (Σ: sigma°) van steeds meer gevallen.

SD {es·di} - *Single Density, Send Data, Super Density disc, Standard Definition* - **1.** SD: enkele dichtheid (density°) van bits op een diskette°, die eens normaal was (⇔DD° ⇔HD°), **2.** SD: een modemlampje (modem light°) dat aangeeft (indicator°) dat het modem° gegevens (data°) verstuurt; synoniem: TD°, **3.** SD: voorstel van Toshiba en Time Warner voor een multimedia CD° met grote capaciteit (9 GB°, dubbelzijdig zelfs 18 GB), die niet compatibel is met bestaande CDs ⇔(MMCD°), **4.** Standard Definition (SD): norm voor digitale videorecorders (VCR°) van april 1994 (⇔HD°).

SDC {es·di·si} - *Systems Development life Cycle* - SDC: een methode voor systeemontwikkeling.

SDF {es·di·ef} - *Standard Data Format* - SDF: norm voor de uitwisseling van gegevensbestanden bestaande uit ASCII°-records (record°) met een vaste lengte. ⇔DIF°

SDH {es·di·eetsj} - *Synchronous Digital Hierarchy* - SDH: CCITT° (nu: ITU- T°)-norm (G.707-709) voor snelle synchrone (sync°) transmissie. SDH kent een hiërarchisch model° van vier lagen: Network management, Data transport, Payload management en Physical interface. Voor gebruik over glasvezelkabels (fiber optics°) of andere verbindingen (STM-..°): STM-1 (155,52 Mbit/s), STM-4 (622,08 Mbit/s), STM-16 (2.488,32 Mbit/s), STM-32 (4.976,64 Mbit/s) en STM-64 (9.953,28 Mbit/s), waarbij de capaciteit softwarematig beschikbaar komt in trunks (trunk°) van 2 Mbit/s of 64 kbit/s verbindingen. De informatie wordt overgestuurd in frames (frame°) van 125 µsec, zodat de framegrootte afhangt van de gebruikte snelheid: 1x, 4x, 16x, 32x of 64 x 270x9 byte. Wordt gebruikt voor verbindingen tussen centrales of grote steden, maar ook voor kabelnetten; is ontworpen om ook te werken met: ATM°. Het Amerikaanse SONET° is een subset van SDH°. PDH-netwerken en 64 kbps verbindingen kunnen eenvoudig ondergebracht worden in een SDH-netwerk. Voordelen van SDH boven PDH zijn de hiërarchische uitbreidingsmogelijkheden en netwerk-elementen die door programmatuur op afstand kunnen worden ingesteld (software° configurable). Speciale voorzieningen voor de synchronisatie (synchronization°) maken tevens hogere snelheden mogelijk. Zie ook: multiplexer°. ⇔PDH°

SDIF {es·dif} - *Standard General Markup Language Document Interchange Format* - SDIF: ISO°-norm 9069 uit 1988 voor de aanmaak en uitwisseling van SGML°-tekstbestanden.

SDK {-} - *Software Developer Kit* - SDK: speciale uitgebreide versie van een programma voor programmatuurontwikkelaars (software°, developer°) met hulpmiddelen om uitbreidingen van het programma te maken.

SDLC {es·di·el·si} - *Synchronous Data Link Control, Software Development Life Cycle* - **1.** Synchronous Data Link Control, SDLC: een methode voor synchrone datatransmissie van IBM (⇔BSC°), die vergelijkbaar is met HDLC°, **2.** Software Development Life Cycle, SDLC: levenscyclus (life cycle°) van programmatuurontwikkeling, bestaande uit: Requirements, Software design, Coding, Integration, Validation en Maintenance.

SDM {es·di·em} - *Systems Development Methodology* - SDM: een in Nederland veelgebruikte methode van projectbeheer voor het gefaseerd ontwikkelen van programmatuur, bijvoorbeeld: SDM 2°.

SDM 2 {es·di·em} - *Systems Development Methodology 2* - SDM 2: de gangbare versie van SDM°, die de volgende fasering kent: informatieplanning, definitiestudie, basisontwerp, detailontwerp, realisatie, invoering, en gebruik en beheer; zie ook: SSADM°.

SDRAM {es·di·rem} - *Synchronous Dynamic Random-Access Memory* - SDRAM: synchrone (synchronous°) DRAM°, goedkoop en snel geheugen voor processoren van 50-100 MHz, dat ook als VRAM° of SRAM° kan worden gebruikt. Eind '95 maakte Samsung bekend dat het een prototype SDRAM chip met een capaciteit van 1 GB° gemaakt had; proefexemplaren in 1997. Uitvoering: DIMM°.

SDSL {es·di·es·el} - *Symmetric Digital Subscriber Line* - SDSL: modemtechnologie voor full duplex° basis-ISDN (BRI°, 6x 64 kbit/s), dat televergaderen (videoconferencing°) mogelijk zou moeten maken via een enkel aderpaar. ⇔ADSL° ⇔HDSL° ⇔RADSL° ⇔VDSL°

SE {es·ie} - *Systems Engineer, Software Engineer* - Systeemingenieur: bouwer van systemen. ⇔CE° (die ze onderhoudt)

search - *zoeken* - In een database° naar een gegeven of in een tekst naar een woord, bijvoorbeeld met jokertekens (wildcard°). Is vergelijkbaar met: seek° (zoeken op een disk° of diskette°). Ook: binary search° (binaire zoekmethode), exhaustive search (alle mogelijkheden onderzoeken), full-text search°, linear search°, reverse search°.

search-and-replace - *zoeken en vervangen* - Bewerking van een tekst waarbij wordt gezocht naar een bepaalde tekenrij (string°), die wordt vervangen door een andere.

search argument - *zoekargument* - Reeks tekens (argument°, character°, string°) waarnaar moet worden gezocht (search°) in een veld (field°) van een database° of tekstbestand.

search direction - *zoekrichting* - De richting in een bestand (file°) of lijst (list°) waarin gezocht (en eventueel vervangen) moet worden (up°, down°).

search engine - *zoekprogramma* - Een programma of onderdeel daarvan (engine°) dat zoekt in een database° of op Internet°. Voor het World Wide Web° bieden zij een index van de informatie op Web-lokaties (Web site°), bijvoorbeeld: Yahoo°.

search field - *zoekveld* - Het veld (field°) van de informatie in een database°, waarin moet worden gezocht naar een zoek-argument (search argument°).

search key - *zoeksleutel* - Kenmerk (key°) waarop moet worden gezocht in een database° of tekst, bijvoorbeeld: primary key°, secondary key°.

search order - *zoekvolgorde* - De manier waarop een lijst met termen of een database° met records (record°) wordt doorlopen: dit kan belangrijk zijn wanneer het gezochte vaak aan het einde van de lijst staat, of wanneer de gezochte term (bijvoorbeeld de naam van een programma) in diverse subdirectory's (subdirectory°; bijvoorbeeld van DOS°) voorkomt.

search path - *zoekpad* - Het pad (path°) waarin naar een bestand (file°) moet worden gezocht (search°).

search sequence - *zoekvolgorde* - De volgorde waarin gezocht wordt, bijvoorbeeld in hiërarchische (hierarchical°) structuur: breadth-first°, depth-first°.

search space - *zoekruimte* - Conceptuele ruimte van alle toestanden (state°) waarin naar een bepaalde situatie moet worden gezocht: dit kan in de diepte (depth-first°, eerst verwante toestanden) of in de breedte (breadth- first°, eerst laag voor laag) plaatsvinden. Synoniem: state search space°.

seat - *werkplek* - Figuurlijk: plaats waar iemand kan werken, die van belang is verband met de licentierechten (site licensing°) die genomen zijn voor een maximaal aantal gebruikers tegelijkertijd. Letterlijk: zitplaats.

SEC {es·ie·si} - *Stock Exchange Commission* - Amerikaanse (aandelen)beurscommissie (stock exchange°).

SECAM {si·kem} - *SEquential Couleur A Mémoire* - SECAM: kleuren TV-norm met 819 lijnen geïnterlinieerd (interlacing°), gebruikt in Frankrijk en Rusland. Volgens Amerikanen: Something Essentially Contrary to AMerica (vooral iets contra Amerika). ⇔NTSC° ⇔PAL°

second - *seconde, tweede* - **1.** Seconde, sec: eenheid van tijd, **2.** Tweede: volgt op of na een eerste ...

secondary - *secundair* - Uitbreiding van een primair of eerste onderdeel. ⇔primary°

secondary key - *secundaire sleutel* - Sleutel (key°) die meer dan één record° uit een database° identificeert of een gedeelte van het eerste deel van ieder record van een geïndiceerd bestand (indexed file°). ⇔primary key°

secondary storage - *secundair geheugen* - Algemene term voor vaste schijf (hard disk°), diskette of tape°. De term wordt gebruikt door mensen die het RAM°-geheugen zien als primair geheugen (primary storage°); anderen onderscheiden: memory° (geheugen) en storage° (opslag). ⇔primary storage°

second-level cache - *second-level cache* - Een effectieve versneller van de werking van en computer: een snel 256K of 512K buffergeheugen geplaatst tussen de processor° en het systeemgeheugen (het eerste niveau) dat een tijdelijke opslagplaats voor veelgebruikte instructies en gegevens biedt.

second pass - *tweede gang* - Na een eerste doorloop (pass°), nogmaals een bestand doorlopen; bijvoorbeeld door een two-pass° compiler° of tekstverwerker.

second source - *tweede leverancier* - Leverancier naast de hoofdleverancier: om niet van één leverancier afhankelijk te zijn; is gebruikelijk voor elektronische onderdelen. Wordt ook als werkwoord gebruikt: second sourcing (een tweede leverancier gebruiken).

secret key - *geheime sleutel* - Synoniem van: private key°.

section - *sectie, gedeelte, paragraaf* - **1.** Sectie: een afdeling, **2.** Sectie: lijnstuk in telefonie; afhankelijk van het gebruikte medium (media°), spreekt men van radio° section, optical section (fiber optics°), satellite° section enz., zie ook: space segment°, **3.** Gedeelte: van een geheugen, bestand (file°) of plaats, **4.** Paragraaf: in een tekst (DTP°); niet verwarren met: paragraph° (alinea).

sector - *sector* - Een onderdeel van een disk° of diskette° waarin gegevens (block°) worden bewaard, een deel van de markt voor een product enzovoort. Een cluster°, de kleinste eenheid waarin DOS° bestanden opslaat, bestaat uit één of meer sectoren.

sectoring - *indeling in sectoren* - Indeling op een disk die mechanisch (hard-sectored°) wordt aangebracht of magnetisch geschreven (soft-sectored°) in sectoren (sector°).

secure - *veilig* - Beveiligd tegen oneigenlijk gebruik: bijvoorbeeld door het gebruik van vertrouwde systemen, databases of verbindingen. Aangezien 100% beveiliging onmogelijk is, spreken velen liever van: trusted° (vertrouwd). Als werkwoord: beveiligen, bemachtigen, waarborgen, stevig vastmaken enz.

secure hypertext transfer protocol - S-HTTP - Zie: S-HTTP°.

secure sockets layer - *SSL* - Zie: SSL°.

security - *beveiliging* - Van apparatuur, programmatuur en informatie (data security°) tegen oneigenlijk gebruik, bijvoorbeeld: security keylock° (slot met sleutel). Het orange book° (TCSEC°) defineert beveiligingsniveaux A (verified protection) tot en met D (minimal security). ⇔safety° (van mensen)

seed - *zaadgetal* - Getal dat de basis vormt voor de berekening van een reeks willekeurige getallen (random number generator°). Ook: seed money (startkapitaal voor een bedrijf - de rest moet het van de bank lenen).

seek - *seek* - Positionering van de leeskop in een bepaalde plaats op een vaste schijf (hard disk°) of diskette°. Is vergelijkbaar met: search° (zoeken in een database° of bestand). De tijd die een seek kost, heet: seek time (zoektijd), een onderdeel van: access time°.

segment - *segment* - **1.** Een bepaald gedeelte van het geheugen, een industrietak (industry segment), programma enzovoort, dat wordt behandelt of gebruikt als eenheid, bijvoorbeeld in DOS° het 64K segment voor .COM°-programma's; het is goed gebruik om programma's (code°) en gegevens in verschillende segmenten onder te brengen - dit vermindert het gevaar van ongewenste wijziging van de programma's, **2.** Deel van een Ethernet° of token ring° netwerk (network°) met eigen adressering (address°); het opdelen in segmenten wordt gedaan om de capaciteit te kunnen verhogen; synoniem: subarea°, **3.** Verbindingsstuk bij telefonie, zie: space segment°.

SEI {es·ie·ai} - *Software Engineering Institute* - SEI: Amerikaanse instelling, opgezet door o.a. W. Humphrey, die tracht software engineering° methodieken te bevorderen door aandacht voor de volwassenheid (maturity) van het ontwikkelproces van programmatuur (software development process°).

select - *selecteren, select* - **1.** Selecteren: iets uitkiezen, bijvoorbeeld een stuk tekst, een menu-optie of een apparaat (device°); men spreekt ook over markeren bij het selecteren van een pictogram (icon°) of bij het selecteren van een stuk (block°) tekst (⇔deselect° ⇔unselect°), **2.** Select: een relationele bewerking (relational operation°) waarbij elementen uit een tabel (view°), een horizontale subset°, worden geselecteerd (⇔project°).

selection - *selectie* - Hetgene dat geselecteerd (select°) is.

selective - *naar keuze* - Activiteiten kunnen door de gebruiker ad hoc bepaald of geselecteerd worden.

selective backup - *selectieve backup* - Een reservekopie (backup°) maken van de bestanden die aan een bepaald criterium voldoen, bijvoorbeeld nieuw zijn of veranderd sinds de vorige backup°.

Selectric - *bolletjesschrijfmachine* - Schrijfmachine met een soort golfbal (golfball°) waarop tekens zijn aangebracht, die eenvoudig te verwisselen is; is door IBM geïntroduceerd in 1961 en wordt niet meer gemaakt.

self-checking - *zelfcontrolerend* - Kenmerk van een proces (process°), overdracht (transmission°) of getal (number°), dat controle op de juistheid mogelijk maakt, zie: error detection and correction°.

self-contained - *zefstandig* - Aanduiding dat een programma of toepassing (application°) over alles beschikt dat nodig is om ermee te werken, afgezien van het besturingssysteem (operating system°) of andere basisvoorzieningen.

self-documenting - *zichzelf documenterend* - Gewenste eigenschap van ontwikkelgereedschap (development tools°) of een ontwikkelomgeving (developing environment°) waardoor de ontwikkelde programma's (vrijwel) automatisch gedocumenteerd worden - zodat een andere programmeur ze eenvoudiger kan onderhouden. Veroorzaakt geen: uncommented code°.

self-extracting file - *zichzelf uitpakkend bestand* - Een gecomprimeerd (compressed°) bestand dat bij aanroepen (call°) zichzelf uitpakt; heeft de extensie (extension°) .EXE°. Bij het uitpakken worden zelfstandige bestanden automatisch geherconstrueerd.

self-paced - *in eigen tempo* - Kenmerk van een demo° of cursus (courseware°) waarvan een toeschouwer of leerling zelf het tempo bepaalt: bijvoorbeeld door op de spatietoets te drukken voor de volgende stap.

self-study - *zelfstudie* - Cursus (course°, instruction°) die door zelfstudie wordt gevolgd, mogelijk met behulp van een computer, niet klassikaal.

semantic - *semantisch* - Betreffende de betekenis van symbolen (symbol°), woorden en zinnen (model°); als zelfstandig naamwoord: semantics.

semantic error - *semantische fout* - Fout die tijdens de ontwikkeling is veroorzaakt door het onbegrip van een programmeur. ⇔syntax error°

semantic gap - *semantische kloof* - Het onbegrip of de kenniskloof, bijvoorbeeld tussen technici en gebruikers.

semantic model - *semantisch model* - Begripsmatig model dat de betekenis beschrijft van de gebruikte begrippen (entity°) en hun logische samenhang (relationships°); is (nog) geen eenduidig begrip.

semaphore - *semafoor* - Een chic sein (dure flag°) voor de regeling van het gebruik van: shared system resource°; wordt gebruikt bij de toegangscontrole (access control°) en samenwerking bij multitasking°. De eerste beschrijving van een semafoor voor datatransmissie (data transmission°) dateert uit 300 v.Chr. van de Griekse generaal Polybius (twee toortsen op twee rijen met vijf posities elk). De semafoor van C. Chappe met twee tweevoudig draaibare armen op een toren werd in Europa gebruikt rond 1900.

semi-automatic - *halfautomatisch* - Niet geheel automatisch (automatic°) of handmatig (manual°).

semicolon - *puntkomma, ;* - Zie de lijst met veelgebruikte tekens achterin dit boek.

semiconductor - *halfgeleider* - Materiaal (silicon°) waarin elektronische schakelingen (circuit°) met transistoren zijn aangebracht; zie ook: conductor°. R.N. Noyce is vanaf de beginjaren 50 een innovator op het gebied van het integreren (integration°) van steeds meer schakelingen op een chip°: via Fairchild en Intel°; hij werkt nu bij: Sematech.

seminar - *seminar* - Bijeenkomst waarbij de sprekers zichzelf zo belangrijk vinden dat er geen tijd overblijft voor het stellen van vragen. ⇔workshop°

send - *versturen, verzenden* - Gegevens (data°), een bericht (message°) of een bestand (file°) versturen of kopiëren; praktisch synoniem: transmit°. ⇔receive°

send data - *SD* - Zie: data°, SD°, modem light°; synoniem: TD°.

sender - *afzender* - Persoon of naam van een persoon die een brief, bericht (message°) of bestand (file°) verstuurt (send°). ⇔addressee°

send/receive - *zenden/ontvangen* - Aanduiding van de enkelvoudige (simplex°)

werking van een apparaat of interface°: er kan worden gezonden (send°) òf ontvangen (receive°), bijvoorbeeld via een knop, maar niet beide tegelijk.

senior officials group on information system security - *SOG-IS* - Zie: SOG-IS°.

sense - *aftasten, bedoeling, betekenis, zintuig* - **1.** Aftasten: bijvoorbeeld de aanwezigheid van streepjes (mark-sense°) of papier (sensor°), **2.** Bedoeling: de strekking van iets, **3.** Betekenis: de zin van iets; ook: common sense (gezond verstand), **4.** Zintuig: hearing (horen), sight (zien), smell ruiken), taste (proeven), touch (voelen); zesde zintuig: intuition (intuïtie); verder: common sense (boerenverstand).

sensitivity - *gevoeligheid* - Snelheid van reageren, bijvoorbeeld van de aanwijzer (pointer°) op bewegingen van een muis (mouse°) of van de detectie of reproductie van een signaal.

sensor - *sensor* - Voeler: elektronisch 'zintuig', een meetcel die de aan- of afwezigheid van papier, een diskette en dergelijke meet, of de druk of temperatuur (thermal sensor°) in de procesindustrie. Kan mechanisch of elektronisch werken, maar ook optisch: photo sensor°; is afgeleid van: to sense° (aftasten).

separation - *kleurscheiding, ontslag* - **1.** Kleurscheiding (color separation°): grijspositief van een van de vier kleuren (CMYK°) voor kleurendruk, **2.** Ontslag: een Amerikaans eufemisme betreffende de 'scheiding' van een werknemer en zijn of haar bedrijf.

separator - *scheidingsteken, scheidingslijn* - Teken dat een stuk informatie begrenst, bijvoorbeeld de aanhalingstekens ter weerszijden van een literal° ("ABC"), bijvoorbeeld de speciale tekens op een OCR° betaalkaart (field separator°) of een scheidingslijn. In een papierinvoer (sheet feeder°), het mechanisme dat de losse vellen scheidt.

separator page - *scheidingsvel* - Een vel (page°) dat blanco gelaten wordt of bedrukt, gebruikt om de afdrukken van twee afdruktaken (print job°) in een netwerkprinter te scheiden. Door hiervoor gekleurd papier te gebruiken, kunnen de afdrukken eenvoudig worden gescheiden.

sequel - *vervolg* - Vervolg op een eerder succes of een eerdere technologie. Is ook een fonetische uitspraak van: SQL°.

sequence - *volgorde* - Opeenvolging van tekens, taken in een job°, bewerkingen en dergelijke, bijvoorbeeld: calling sequence°, collating sequence°, polling sequence°, search sequence°, sort sequence°.

sequenced packet exchange - *SPX* - Zie: SPX°, IPX/SPX°.

sequencer - *sequencer* - Programma dat een verzameling gegevens of verzoeken in een bepaalde volgorde zet. Is wat algemener dan een eenvoudig sorteerprogramma.

sequential - *opeenvolgend (sequentieel)* - Na elkaar in plaats van tegelijk (parallel°) of in een willekeurige (random°) volgorde.

sequential access - *sequentiële toegang* - Een rij elementen aflopen tot het gewenste element is gevonden (SAM°). ⇔random access°

sequential access method - *SAM* - Zie: ISAM°, SAM°.

sequential data set - *sequentieel bestand* - Bestandsorganisatie op basis van opeenvolgende records (record°), zoals op magneetband (tape°).

sequential numbering - *opeenvolgende nummering* - Opeenvolgende nummers uitdelen.

serial - *serieel* - **1.** Serieel: met één bit tegelijk in plaats van met verscheidene bits parallel°, **2.** Serienummmer (serial number°) van een computer of een ROM°.

serial adapter - *seriële adapter* - Seriële (serial°) elektronische besturing (adapter°) van een in- of uitvoerstation in een PC. ⇔parallel adapter°

serial card - *seriële kaart* - Uitbreidingskaart (expansion card°) met een seriële poort (serial port°), bijvoorbeeld gebruikt voor een modem° of muis (mouse°).

serial communications - *seriële communicatie* - Overdracht van gegevens (data°) en dergelijke, bit na bit (serial°) via een seriële poort (serial port°), waarbij de bits worden overgestuurd via een enkele ader. Is de nu meest gebruikelijke vorm. ⇔parallel communications°

serializer - *parallel-serie omzetter* - Voorziening die tegelijkertijd beschikbare (parallel°) informatie of gebeurtenissen omzet in een seriële (serial°) reeks. ⇔deserializer°

serial mouse - *seriële muis* - Meest gebruikelijke type muis (mouse°), die wordt aangesloten op een seriële poort (serial port°). ⇔bus mouse°

serial number - *serienummer* - Fabricagenummer van een computer, programma of ROM°; zie ook: volume serial number°.

serial port - *seriële poort* - Uitgang van een PC, werkend volgens de RS-232-C° of RS-422° norm. Een uitgang (port°) van een: serial adapter° , serial card°. Werkt met een: 9-pin connector° of 25-pin connector°.

serial printer - *seriële printer* - Printer met een seriële adapter, bijvoorbeeld voor een netwerk (voor een alleenstaande PC is een parallelle gebruikelijk, zie: parallel Centronics°).

serial-to-parallel converter - *serie-parallel omzetter* - Omzetter (converter°) die seriële (serial°) informatie naar parallelle (parallel°) omzet; synoniem: deserializer°. ⇔parallel-to-serial converter° ⇔serializer°

series - *reeks, serie-* - **1.** Reeks: een rij getallen of waarden, bijvoorbeeld: a series of numbers (een getallenreeks) **2.** Serie-, bijvoorbeeld: series connection (serieschakeling). Wordt gebruikt als enkelvoud of meervoud.

serif - *schreef* - Streepjes aan drukletters. ⇔sans-serif°

serpentine - *serpentine* - Manier van schrijven/lezen op magneetband (tape°) waarbij de sporen na elkaar in plaats parallel° beschreven/gelezen worden. Het bovenste spoor (track°) wordt eerst beschreven, daarna het onderliggende spoor in de omgekeerde richting enzovoort. Het resultaat kan vergeleken worden met een soort grote serpentine. Deze methode zal niet zo vaak meer gebruikt worden nu parallelle koppen (read/write head°) gemeengoed zijn geworden. ⇔helical scan°

server - *server* - Een computervoorziening die diensten levert in een netwerk, bijvoorbeeld: back-end°, backup server°, LAN server° (client/server°); een hiervoor speciaal ontworpen mini° wordt ook wel genoemd: superserver°. Het nieuwe toverwoord voor netwerken, vooral client/server°. Zie ook: Archie°, communications server°, core server°, fax server°, file server°, FTP°, gateway server°, IRC server°, local server°, multimedia server°, network server°, news server°, parallel server°, print server°, remote (access) server°, software server°, terminal server°, video server°, Web server°, WAIS server°, X server°. ⇔client°

server software - *server-programmatuur* - De programmatuur (software°) voor de server in een client/server°-netwerk.

service - *service* - Service: diensten die gebruikers en hun klanten graag willen krijgen, bijvoorbeeld: bearer service°, cloud° service, intergrated services network°, SCP°, value-added network services°. Het liefste: any service, anywhere, any time (elke dienst, overal en altijd).

serviceability - *serviceability* - Het gemak waarmee storingen of fouten kunnen worden ontdekt, gelokaliseerd en verholpen.

service aids - *service aids* - Hulpmiddelen (aids°) in de vorm van procedures en programma's waarmee systeemproblemen kunnen worden bepaald en gecorrigeerd.

service bureau - *service-bureau* - Organisatie die informatie verwerkt voor een ander bedrijf, mogelijk ook programmeursdiensten levert.

service control point - *SCP* - Zie: SCP°.

service level - *kwaliteit van dienstverlening* - Zie: level°, service°, service level agreement°.

service level agreement - *service level agreement, SLA* - SLA°: een afspraak over de kwaliteit van een dienstverlening (service°).

service management - *management van de dienstverlening* - Bij telecommunicatiebedrijven, tegemoet komen aan de verwachtingen van klanten aangaande telecommunicatievoorzieningen, vooral betreffende kosten, beschikbaarheid, betrouwbaarheid en beveiliging. Een doorslaggevende factor in een wereld van concurrentie.

service provider - *dienstverlener* - Organisatie of toepassing die elektronische informatiediensten levert via een netwerk, bijvoorbeeld via videotex° of een IN°; zie ook: WOSA°. Ook: elke dienstverlener in een netwerk, bijvoorbeeld een printer (network printer°). Een service provider kan ook toegang tot een netwerk, bijvoorbeeld Internet° (ISP°), verlenen en is dan tevens: access provider°.

service representative - *onderhouds-technicus* - Iemand die u helpt storingen in de apparatuur of fouten in de programmatuur te verhelpen (CE°). Term is een pendant van: sales rep°.

servo - *servo* - Regelmechanisme: dat de mechanische werking elektronisch regelt via terugkoppeling (feedback°) en daardoor nauwkeurig kan werken; wordt bijvoorbeeld gebruikt voor de positionering van een leeskop, in een robot° of bij de landing van een jumbojet.

session - *sessie, session* - **1.** Sessie: tijdsspanne waarin een taak door een computer wordt uitgevoerd, die moet worden geopend (open°) en afgesloten (close°); tijdens multitasking° zijn verschillende sessies (multi-session°, ook in verband met: CD-WO°) actief; zie ook: X-session°, **2.** Sessie: tijdsspanne van een tijdelijke verbinding in een netwerk tussen twee eenheden (terminal°, server°) of toepassingen, **3.** Session, zie: session layer°, de vijfde van zeven lagen (layer°) in het OSI model°.

session key - *session key* - Geheime cryptografische sleutel (key°) die wordt gebruikt tijdens een sessie (session°) via een netwerk en die voor elke sessie opnieuw wordt bepaald; de hiervoor gebruikte veilige algoritme (key exchange algorithm°) heet: Diffie-Hellman, naar de uitvinders. ⇔private key° ⇔public key°

session layer - *session-laag* - De vijfde van zeven lagen (layer°) in het OSI model°, die de sessie (session°) beheert, waaronder beveiliging, logging° en administratieve zaken.

session manager - *sessiebeheer* - Programma dat een sessie (session°) beheert en die tot taak heeft de sessie goed te laten verlopen.

session protocol - *session protocol* - De regels en afspraken (protocol°) voor het houden van een sessie (session°).

set - *instellen, een waarde geven, verzameling, toestel* - **1.** Instellen: bijvoorbeeld instellingen (setting°) doen met een DIP-switch°, **2.** Een waarde geven: bijvoorbeeld aan een variabele (variable°), **3.** Verzameling, bijvoorbeeld: carbon set°, character set°, chip set°, data set°, partitioned data set°, subset, **4.** Toestel, bijvoorbeeld: handset, set-top°, TV-set°. This computer will set you back ... dollars (Deze computer kost ... dollar). ⇔reset°

SET {set} - *Secure Electronic Transactions* - SET: norm voor elektronisch betalen van transacties via Internet°, op basis van RSA° encryptie (encryption°). Wordt gebruikt door de twee grote organisaties: Visa en MasterCard, evenals door Microsoft en Netscape.

set operation - *set-bewerking* - Bewerking (operation°) uit de verzamelingenleer (set theory°): union°, intersection°, difference°, product°. ⇔relational operation°

set theory - *verzamelingenleer* - Wiskundige theorie betreffende verzamelingen (set°); omvat de bewerkingen gebruikt in een RDBMS°, zie: set operation°.

setting - *instelling, omgeving* - **1.** Instelling: een of meer variabelen een waarde toewijzen; synoniem: setup°, **2.** Omgeving: interieur of exterieur (landschap) waarin een kantoor of gelegenheid is gestoken of geplaatst; in een systeem spreekt men van: environment°. De standaardinstelling: standard setting°. Zie echter ook: typesetting° (oorspronkelijk: het in lood zetten van tekst).

set-top box - *set-top box, STB* - Benaming voor het nieuwe aansluitdoosje (box°) voor elektronische informatiediensten en straks digitale televisie (DVB°), waarvan men verwacht dat het bovenop het televisietoestel (TV set°) komt te staan, naar analogie met: desktop°.

setup - *setup, installatie, installeren, instellen, instelling* - Het optuigen van een omgeving (environment°) of configuratie (configuration°), bijvoorbeeld: CMOS setup°, customer setup°, grid setup°. Details over de installatie worden vaak vastgelegd in een: setup string (string°). Ook de instellingen zelf: page setup° (pagina-instellingen). Vaak ook de naam van een bestand (.EXE file°) dat de installatie verzorgt, eventueel met de mogelijkheid van switches (switch°). Als instelling synoniem van: setting°.

setup procedure - *installatieprocedure* - De procedure (procedure°) die gevolgd moet worden om een toepassing (application°) of programma te installeren (setup°).

seven-bit - *7-bit* - Zie: 7-bit°.

seven-track - *7-track* - Zie: 7-track°.

severity code - *severity code* - Code (code°) waarmee een computer of toepassing aangeeft hoe ernstig een gebeurtenis, meestal een fout, is.

sexadecimal - *hexadecimaal* - Hex°; is afgeleid van het Latijnse woord: sexdecim (zestien).

SFAS {-} - *Statement of Financial Accounting Standard* - SFAS: Amerikaanse voorschriften voor het samenstellen van jaarcijfers, afkomstig van de Financial Accounting Standards Board.

SFBI {-} - *Shared Frame Buffer Interconnect* - SFBI: een interface° waarmee video- en grafische informatie in eenzelfde beeldgeheugen kunnen worden opgeslagen; is een concept ontwikkeld door ATI en Intel; zie ook: buffer°, frame°, share°.

SG {es·dji} - *Study Group, SubGroup* - **1.** SG: studiegroep, bijvoorbeeld van CCITT° (nu: ITU-T°), **2.** SG: subgroep, bijvoorbeeld van een werkgroep (WG°).

SGML {es·dji·em·el} - *Standard General Markup Language* - SGML: zichtbare codes (tag°) voor de opmaak van tekst en illustraties, die zijn vereist volgens CALS/CE°, in 1986 verheven tot ISO°-norm 8879:1986. SGML tags bestaan uit een naam geplaatst tussen < en >, bijvoorbeeld de subject tag: <subject>Bijeenkomst: ... </subject> (de / duidt de eind-tag van het onderwerp aan); het onderwerp zal worden afgedrukt volgens de specificatie van 'subject' in de style sheet°: Document Type Definition (DTD°); zie ook: SDIF°. Is zeer vergelijkbaar met: HTML°.

SGML document interchange format {es·dji·em·el} - *SDIF* - Zie: SDIF°.

shading - *arcering, tint* - Een gemarkeerd blok arceren of een tint geven; wordt ook gebruikt voor verlopende tinten; zie ook: Gouraud shading°.

shadowing - *schaduw geven* - Een blok tekst of een window° een schaduwrand geven, meestal rechts en onderaan, om diepte (3D°) te suggereren. In verband met een PC, zie ook: shadow RAM°.

shadow RAM {rem} - *shadow Random Access Memory* - Schaduwgeheugen: gedeelte van het RAM°-geheugen waarin ROM°-gegevens worden gekopieerd om hun gebruik te versnellen.

shadow run - *parallelle run* - Extra gang (run°) waarvan de resultaten als controle worden vergeleken met die van de oorspronkelijke.

shake-out - *sanering* - Nadat begin 1990 de bomen nog tot de hemel leken te groeien, volgde een recessie en bleven alleen de sterke bedrijven over. Anno 1995 gaat het iets beter, maar dit selectieproces blijft. Letterlijk: uitschudden. ⇔shoot-out°

shape - *vorm* - De vorm van bijvoorbeeld de aanwijzer (pointer°), die in Windows° gewijzigd wordt afhankelijk van de modus (mode°) waarin gewerkt wordt.

share - *deel, delen, aandeel* - **1.** Deel van het werk, de opbrengsten enzovoort, **2.** Samen gebruiken: gegevens (data°), een buffer°, disk°, geheugen (memory°), hulpmiddelen (resource°), opslag (storage°) of programmatuur (shareware°) die gedeeld wordt met anderen, **3.** Aandeel: in een bedrijf.

shared - *gedeeld* - Gemeenschappelijk gebruikt: voorziening (resource°) zoals gegevens (data°) of een bibliotheek (library°) die gedeeld wordt met anderen; ook: shared bandwidth°. ⇔private°

shared data - *shared data* - Met andere mensen of andere programma's gedeelde gegevens (data°): die dan maar een keer hoeft te worden opgeslagen.

shared disk - *gemeenschappelijke disk* - Disk (disk°) die gedeeld (share°) wordt met een andere computer of anderen in een cluster°.

shared frame buffer - *SFB* - Zie: SFBI°.

shared information - *gedeelde informatie* - Een vereiste voor: workgroup computing°, waarbij het belangrijk is dat iedereen steeds beschikt over de meest recente versie van die informatie.

shared media - *gedeelde kabel* - Aanduiding van de nu nog gebruikelijke methode om een kabel te delen met anderen. ⇔switched media°

shared memory - *shared memory* - Gedeeld geheugen: RAM°-geheugen (memory°) dat samen met andere processoren wordt gebruikt in een symmetrische multiprocessor° (SMP°); zie: coupling°, parallel computing°. ⇔distributed memory°

shared pool - *gemeenschappelijke pool* - Zie: pool°.

shared resource - *shared resource* - Gedeeld systeemelement, apparaat (device°) of gedeelte van een netwerk (resource°); in een computer, bijvoorbeeld: shared disk°, shared memory°, shared printer, shared storage°. Ook een plaatje of tekst dat door anderen kan worden gebruikt.

shared storage - *shared storage* - Het vaste geheugen (DASD°) dat gemeenschappelijk met andere processoren wordt gebruikt in een multi-processor° of parallel systeem (parallel computing°); zie: coupling°.

shareware - *shareware* - Programmatuur die u gratis mag proberen en dan voor weinig geld kunt kopen, en die u zo met veel mensen kunt delen; heeft een copyright°; de makers zijn verenigd in de ASP°. Veel shareware-programma's zijn beschikbaar via het Web° op: http://www.shareware.com. ⇔freeware°

sheet - *blad* - Letterlijk of figuurlijk, een vel papier waarop of waarin informatie wordt geplaatst: coding sheet°, property sheet°, style sheet°.

sheetfeeder - *velleninvoer* - Papiertransport (feed°) voor losse vellen (sheet°) vanuit een bin°, bijvoorbeeld in een printer°; wordt ook wel shitfeeder genoemd als het papier vastloopt (jam°). ⇔pinfeed°

shelf life - *houdbaarheidsperiode* - Letterlijk: de tijd dat een product op de schappen (shelf) in een magazijn of winkel mag staan in verband met de kwaliteitsgarantie, wat met name van belang is bij: supplies° (benodigdheden). Overdrachtelijk: idem, maar dan vanwege de economische verkoopbaarheid.

shelfware - *winkeldochters* - Programmatuur die onverkocht in de schappen van de winkels of ongebruikt in een kantoorkast blijft liggen: programmatuur die niet meer kan worden verkocht of niet wordt gebruikt.

shell - *shell* - Intermediair programma tussen gebruiker en computersysteem, gebruikt als 'schil' om het gebruik van andere programma's te vereenvoudigen, bijvoorbeeld: DOS shell° of Windows° in een Intel° PC; zie ook: workplace shell°. De shell 'beheert' een sessie (session°) en accepteert opdrachten (command°) van de gebruiker; letterlijk: schil (om programma's): A shell protects the user from the operating system, and the operating system from the user (Een shell schermt het besturingssysteem af voor de gebruiker en beschermt het besturingssysteem tegen de gebruiker). In DOS° bijvoorbeeld: DOSSHELL of Norton Commander. In UNIX° begint een shell-opdracht met een bepaald teken, bijvoorbeeld $ of %. In DOS°, opdracht (command°) voor de specificatie van een command interpreter° en environment°, die moeten worden gebruikt in CONFIG.SYS.

shelling to DOS {dos} - *shelling to Disk Operating System* - Vanuit een toepassing (application°) tijdelijk terug naar DOS° (ook een shell°) terugkeren, bijvoorbeeld om de naam van een bestand op te zoeken; door 'exit' te typen, kunt u weer terug naar de toepassing.

shell scripts - *shell scripts* - Verzamelingen opdrachten (command°): die in bestanden (file°) zijn verzameld om de werking van nieuwe programmatuur te testen, bijvoorbeeld onder UNIX°.

SHF {es·eetsj·ef} - *Super High Frequency* - SHF: frequenties (frequency°) tussen 3 en 30 GHz°.

shielded twisted pair - *STP* - Zie: STP°.

shielding - *afscherming* - Metalen bescherming tegen elektromagnetische straling (EMC°, EMI°, EMR°, RFI°).

shift - *verplaatsen* - Verplaatsen van cellen (cell°) in een spreadsheet of van objecten (object°).

Shift key - *wisseltoets* - Toets (key°) op een toetsenbord (keyboard°) waarmee u tijdelijk kunt overgaan van kleine letters naar hoofdletters en omgekeerd. ⇔Shift Lock°

shift keying - *shift keying* - Digitale modulatie: door middel van een vaste verandering (shift°) bits moduleren op een draaggolf (carrier°); de drie generieke modulatiemethoden gebruiken de amplitude (ASK°), de frequentie (FSK°) en de fase (PSK°, QPSK°); staat tegenover analoge modulatie van de draaggolf zoals bij radio en televisie; is afgeleid van: key (met een morsesleutel seinen); zie ook: GMSK°.

Shift Lock - *wisselslot* - Toets (key°) op een toetsenbord (keyboard°) waarmee u permanent kunt overgaan van kleine letters naar hoofdletters en omgekeerd. Synoniem: Caps Lock°. ⇔Shift key°

shift register - *schuifregister* - Register (register°) waarin de opgeslagen bits of tekens naar links of rechts kunnen worden geschoven (shift°); wordt onder andere als opslagelement gebruikt bij de Bose-Chaudhuri- Hocquenghem-code, DES° en Viterbi-decoding°.

Shlaer-Mellor - *Shlaer-Mellor* - Ontwerpmethode voor grote object-georiënteerde (object-oriented°) systemen; een bondige en daardoor redelijk eenvoudig te leren methode die werkt met onafhankelijke domeinen (domain°) zoals: user interface°, software architecture, hardware°, operating system°, language°. In ieder domein (domain°) wordt gewerkt met drie hiërarchische modellen: 'object information model' dat de objecten definieert, voor ieder object een 'state model' dat zijn gedrag definieert en voor ieder toestand (state°) een 'process model' die de verwerking (processing°) definieert.

short - *kort, kortsluiting* - **1.** Kort, verkort: snel, niet lang, met minder tekens of toetsaanslagen, **2.** Kortsluiting, verkorte vorm van: short-circuit°.

short-circuit - *kortsluiten, kortsluiting* - Letterlijk of figuurlijk kortgesloten: een slechte zaak in de elektronica en een goede tussen mensen. ⇔open-circuit°

shortcut - *snelkoppeling* - In Windows 95°, een snelle manier van werken door icons (icon°) op de desktop te zetten, bijvoorbeeld voor een browser°, printer of document°, zodat u door slepen (drag-and-drop°) taken eenvoudig kunt uitvoeren. Bestanden (file°) worden niet overgebracht naar de desktop folder°, er wordt alleen een logische verbinding gelegd door middel van een knop (button°), icon°, of toets (key°).

shortcut key - *sneltoets* - Een toets (key°) waarmee snel een keuze kan worden gemaakt, bijvoorbeeld: acces key°; de toetsen kunnen voor iedere toepassing verschillen. In Windows 95°: een toets waarmee een shortcut° wordt opgeroepen. Synoniem: accelerator key°, hot key°.

shortest-job-next - *SJN* - Zie: SJN°.

short-haul - *korte-afstand* - Technische term voor een lokale telefoonverbinding (local loop°), die toch wel vele kilometers lang kan zijn. ⇔long-haul°

short-haul modem - *short-haul modem°* - Koppeling met een terminal voor de korte afstand, tot maximaal 40 km: werkt met baseband°, niet met modulatie en is dus geen echt modem°; wordt gebruikt om de beperkingen van V.24°/RS-232-C° op te heffen; synoniem: line driver°.

short message service - *SMS* - Zie: GSM°, SMS°.

short-term fix - *oplossing op korte termijn* - Helaas soms ook de uiteindelijke oplossing. Wordt toegepast wanneer er geen tijd is om het goed te doen, wel om het opnieuw te doen; synoniem: intermediate solution°. De echte oplossing wordt de: long-term solution.

show - *tonen* - Weergeven van een plaatje (GIF°), tekst of spreadsheet°.

shredder - *papiervernietiger* - Versnipperaar voor papieren brieven of vertrouwelijke gegevens; wordt ook als pictogram (icon°) gebruikt voor: wissen (erase°).

shrink - *verkleinen* - Een figuur kleiner maken of een folie krimpen (⇔expand°). Ook: zielenknijper (psychiater).

shrink-wrap - *krimpverpakken* - Doorzichtige folieverpakking (wrap°) van PC-programma's en hun documentatie, waarvan u de achterop leesbare leveringsvoorwaarden accepteert als u de folie verbreekt. In 1996 ontstond Nederlandse jurisprudentie die stelt dat dit ongeldig is: (a) koper moet zich van te voren bewust zijn van de manier waarop het contract tot stand komt, (b) de voorwaarden moeten op voorhand duidelijk zijn.

SHTML {es·eetsj·ti·em·el} - *Secure Hypertext Markup Language* - Extensie (extension°) die aangeeft dat een beveiligde vorm van HTML gebruikt is; zie ook: S-HTTP°.

S-HTTP {es·eetsj·ti·ti·pi}- *Secure HyperText Transfer Protocol* - S-HTTP: een veilige vorm van HTTP° voor het verwerken van transacties (transaction°); het protocol° werkt op de Application-laag in combinatie met: SSL° en is ontwikkeld door Terisa Systems op basis van openbare sleutels (public key°) en RSA°. Export buiten de VS is helaas nog niet mogelijk. Netscape gebruikt zelf: HTTPS.

shutdown - *uitzetten* - De apparaten van een computersysteem in een bepaalde volgorde uitzetten; synoniem: power down°. Wordt nu ook gebruikt voor het afsluiten van Windows°.

SI {es·ai} - *Système International d'unité, System Integrator, Status Indicator* - **1.** Internationaal systeem van maateenheden, waaronder het metrische systeem, **2.** Systeemintegrator: leverancier van een integraal informatiesysteem, geen leverancier van louter onderdelen, hardware° of software°, **3.** Statusindicator: lampje aan/uit of stand van een flipje dat de status (state°) van iets aangeeft.

SIC-code {sik} - *Standard Industrial Classification-code* - SIC-code: een Amerikaanse codering van iedere economische activiteit in een code° van vier cijfers; er worden tien hoofdgroepen onderscheiden. Wordt gebruikt voor marktanalyses en het berekenen van voorspellingen.

side - *kant, gedeelte, gezichtspunt, bijgerecht, bij-* - **1.** Kant, zie: SS SD°, SD SD°, **2.** Gedeelte, bijvoorbeeld van een stad, **3.** Gezichtspunt: from your side (van jouw kant); ook: partij, **4.** Bijgerecht: side dish, en dergelijkes. Zie ook: side by side°

sidebar - *terzijde, verticale balk* - Een verticale kolom tekst, waarin wat technische details ter ondersteuning van een nevengeplaatst artikel zijn geplaatst in een kader of op een gekleurde ondergrond, of een balk (bar°) in een scherm.

side by side - *naast elkaar* - Vensters (window°, tiling°) of alinea's (paragraph°) die naast elkaar worden geplaatst, afgedrukt of getoond.

sidelit - *sidelit* - Van de zijkant belicht: methode van verlichting van LCD°-schermen; synoniem: backlit°. ⇔reflective°

sideways - *liggend* - Tekst en afbeeldingen afdrukken (print°) in de richting van de lange kant (landscape°) van het papier.

SIDF {-} - *System-Independent Data Format* - SIDF: voorstel voor een universele backup°-indeling (format°).

sieve - *sieve* - Algoritme (algorithm°) om priemgetallen (prime number°) te vinden via een eliminatieproces (sieve: zeef); is ontwikkeld door Eratosthenes in het oude Griekenland; werd vroeger veel gebruikt als benchmark° voor de rekensnelheid van computers.

SIG {sigk} - *Special Interest Group* - SIG: groep belangstellenden voor een bepaald onderwerp, meestal binnen een organisatie zoals de ACM° of ASI.

sigma - *Σ, σ* - Griekse letters S en s: die in de statistiek (statistics°) een specifieke betekenis hebben; zie: 3Σ°, 6Σ°, standard deviation°.

sign - *teken, ondertekenen* - **1.** Teken: plus (+) of min (-), bijvoorbeeld: leading sign°, number sign°, percent sign°, signed field°, **2.** Ondertekenen: een handtekening zetten; zie ook: digital signature°. Zie ook: sign on°, sign off°.

signal - *signaal* - Veranderende elektrische spanning (tension°), stroom (current°) of frequentie (frequency°): die wordt gebruikt om informatie (information°) over te dragen, in welke vorm dan ook: analog signal°, digital signal°. Zie ook: signal-to-noise ratio°.

signal computing system architecture - *SCSA* - Zie: SCSA°.

signaling - *signalering* - Besturingssignalen: die een gegevensstroom of een verbinding besturen; kunnen met de gegevens worden meegestuurd (in-band signaling) of via een aparte verbinding (out-of-band signaling°, bijvoorbeeld het D-kanaal in 2B + D°, ISDN°-verbinding). Andere vormen van signaling: DTMF°, SS7°. Zie ook: baseband signaling°. Britten schrijven:

signalling; met dubbel ‘l’, zoals iedereen het uitspreekt.

signaling system no. 7 - *SS7* - Zie: signaling°, SS7°.

signal processing - *signaalverwerking* - De analyse en bewerking van een meestal analoog signaal, dat eerst wordt gedigitaliseerd (digital signal processing°); bijvoorbeeld: van een ecg of van spraak. ⇔information processing°

signal-to-noise ratio - *signaal/ruis-verhouding* - De verhouding (ratio°) tussen een gewenst signaal (signal°) en ongewenste ruis (noise°) over een verbinding, uitgedrukt in dB°. Synoniem: S/N°.

signature - *handtekening, kenmerk* - In elektronische vorm, digitaal kenmerk dat wordt gebruikt voor de identificatie van een persoon of terminal (digital signature°), of van een virus°; ook overdrachtelijk voor de analoge karakteristiek van de overdracht van spraak, elektrische signalen en dergelijke. In e-mail°, het onderschrift van een bericht, dat vaak wel vijf regels groot kan zijn voor de vermelding van naam, adres en soms een grappig bedoelde aanhaling of uitspraak.

signed field - *voortekenveld* - Veld (field°) met een teken (sign°) dat de waarde van het veld positief (positive°) of negatief (negative°) maakt.

sign off - *afmelden* - Hetzelfde als: log off°.

sign on - *aanmelden* - Hetzelfde als: log on°.

sign-on - *aanmelding* - Het feit dat iemand zich aanmeldt of aangemeld heeft (sign on°).

silicon - *elektronische chips, silicium* - Elektronica gebruikt in de apparatuur en genoemd naar de grondstof silicium (Si), waaraan voor de vervaardiging van halfgeleiders (semiconductor°) kleine hoeveelheden verontreiniging (doping) zijn toegevoegd. ⇔GaAs°

silicon controlled rectifier - *SCR* - Zie: SCR°.

silicon drive - *silicon storage* - Zie: silicon storage°.

silicon storage - *halfgeleideropslag* - Geheugenkaart met IC°s: bijvoorbeeld een flash card°, met halfgeleiders in plaats van magnetische opslag; wordt wellicht ooit vervanger van een diskette° (silicon drive°); wordt ook genoemd: storage° on silicon°. ⇔disk°

Silicon Valley - *Silicon Valley* - Een gebied ten Zuiden van San Francisco, Cal., waar veel halfgeleiderindustrie (silicon°) is gevestigd.

silver bullet - *panacee* - Onfeilbare methodiek/gereedschap waarmee iedereen programmatuur kan ontwikkelen: een fictie omdat die nooit technische specialisten kan vervangen. Term is geïntroduceerd door F.P. Brooks, Jr. [4.].

SIM {sim} - *Subscriber Identity Module* - SIM: een verwisselbare (removable°) creditcard° of module° die in een digitale radiotelefoon (GSM°) gebruikt wordt als identificatie van de abonnee (subscriber°). SIM-functies omvatten tegenwoordig meestal: fax°, e-mail°, telefonisch vergaderen (conference call°), nummeropslag, status van de accu en gebruikte taal. Er zijn twee versies: IC° card (smartcard°), plug-in SIM (25 mm^2). De verstrekkers (telco°) plaatsen hierin ook hun eigen codes (lock), waardoor het praktisch onmogelijk wordt om met een bepaalde telefoon (handset°) over te lopen naar een andere leverancier; dit beperkt de concurrentiemogelijkheden sterk. Niet verwarren met: SIMM°.

SIMD {es·ai·em·di} - *Single Instruction, Multiple Data* - SIMD: enkelvoudige uitvoering van instructies (instruction°) op meervoudig aanwezige gegevens (data°) - een eenvoudige vorm van: parallel computing°. ⇔MIMD°

SIMM {sim} - *Single Inline Memory Module* - SIMM: een RAM° geheugen op één kant van een kaartje met één rij contacten, waarop acht of negen (acht voor data° en één voor parity checking°) chips (module°) zijn gemonteerd; de vroegere 8/9 bit SIMMs hebben 30 contacten, de moderne 36-bit SIMMs hebben 72 contacten; er is een verloopprint dat past in een 72-contact stopcontact waarop vier oudere SIMMs passen. Uitbreiding is vrijwel altijd alleen mogelijk met hetzelfde type chips. Niet verwarren met SIM°. ⇔DIMM° ⇔SIPP°

simple mail transfer protocol - *SMPT* - Zie: SMPT°.

simple network management protocol - *SNMP* - Zie: SNMP°.

simplex - *simplex* - **1.** Enkelzijdige (one-way°) datatransmissie (data transmission°), **2.** Enkelzijdig afdrukken (print°). ⇔duplex°

Simula {-} - *SIMUlation LAnguage* - Simula: programmeertaal gebaseerd op Algol° met uitbreidingen voor het maken van simulatieprogramma's (simulation°) voor discrete (discrete°) problemen; programmeertaal die als eerste het klassen-concept (class°) introduceerde in 1967 (Simula-67).

simulate - *simuleren*- Een situatie nabootsen met behulp van een computer. Ook: de oorspronkelijke omgeving van een programma nabootsen zodat het in een andere computer kan werken; is dan verwant aan: emulate°. Bekend programma van Microsoft: Flightsimulator, waarmee u het vliegtuig van uw keuze kunt doen opstijgen en landen op diverse vliegvelden.

simulation - *simulatie* - Een met een computer nagebootste situatie: d.m.v. met formules, Monte Carlo simulation° of management games°.

simultaneous update - *gelijktijdige update* - Simultane verandering van mogelijk verschillende gegevens in één of meer databases (database°).

single - *enkel(voudig)* - Met betrekking tot een enkelvoudige werking of aard, niet meervoudig. ⇔dual° ⇔multiple°

single density - *SD* - Zie: SD°.

single environment - *enkelvoudige werkomgeving* - De mogelijkheid om over tien jaar elk gegeven overal in een netwerk te kunnen gebruiken, onafhankelijk waar of waarop het is opgeslagen (medium°).

single inline memory module - *SIMM* - Zie: SIMM°.

single inline pin package - *SIPP* - Zie: SIPP°.

single instruction, multiple data - *SIMD* - Zie: SIMD°.

single-point of control - *centrale besturing* - Beheersing van een systeem door procedures en gegevens vastleggen op één enkele plaats of door één persoon - resulteert in: single-point of failure° (fouten of storingen op dezelfde plaats).

single-precision - *enkele precisie* - In drijvende-komma bewerkingen (floating point°), beperkte nauwkeurigheid van berekening. ⇔double-precision°

single quote - *enkel aanhalingsteken, '* - Zie de lijst met veelgebruikte tekens achterin dit boek. ⇔double quote°

single sheet - *enkel vel* - Veel printers bezitten een aparte invoer (feed) voor een enkel vel.

single-sided - *enkelzijdig* - Papier wordt slechts aan één zijde (side°) bedrukt, niet aan twee (double-sided°).

single sideband - *SSB* - Zie: SSB°.

single-spaced - *enkele regelafstand* - Regels (line°) worden op normale afstand afgedrukt. ⇔double-spaced° ⇔triple-spaced°

single-system image - *indruk van een enkelvoudig systeem* - Wanneer verschillende toepassingen en/of systemen ogenschijnlijk een eenheid vormen.

single-user - *enkelgebruiker* - Aanduiding voor programmatuur of een systeem waarmee slechts één gebruiker tegelijkertijd kan werken. ⇔multi-user°

sink - *sink* - Apparaat dat warmte absorbeert (heat sink°) of informatie opslaat (information° sink). Wordt in diagrammen (diagram°) vaak gebruikt in combinatie met: source° (bron, waar iets ontstaat), zie bijvoorbeeld: data sink°; letterlijk: gootsteen.

SIP {sip} - *Single Inline Package* - SIP: IC°- of weerstands-module die alle pootjes (pin°) op één rij heeft.

SIPP {sip} - *Single Inline Pin Package* - SIPP: een RAM° geheugenchip (memory chip°), verpakt in een module° met één rij pinnen. ⇔DIP° ⇔SIMM°

SIR {sur} - *Sustained Information Rate* - SIR: gegarandeerde snelheid (rate°) van informatie-overdracht, belangrijk in een fast packet-switching° netwerk als isochrone (isochronous°) overdracht nodig is. Sustained (volgehouden).

site - *locatie* - Vestiging van een bedrijf: plaats waar bepaalde activiteiten plaatsvinden. Zie bijvoorbeeld: Internet site°, on-site°, World Wide Web-site°.

site licensing - *site licensing* - Licentie (license°) van een programma voor alle medewerkers in een bepaalde locatie (site°); is per medewerker goedkoper dan individuele licenties.

six sigma - *6Σ* - Zie: 6Σ°.

six-speed - *six-speed* - Zesvoudige snelheid van een CD-ROM° station (drive°): die naar verwachting in 1996 de norm zal worden. ⇔quad-speed°

size - *corps, grootte, schatten, aanpassen, papiergrootte, dikte* - **1.** Lettergrootte in punten (point°, type size°), **2.** Grootte: de afmetingen, bijvoorbeeld: file size°, screen size°, **3.** Schatten: hoeveel een project of product gaat kosten, **4.** Aanpassen: een figuur, venster (window°) of veld (field°) de gewenste omvang geven,
5. Papiergrootte (page size°), bijvoorbeeld: executive size°, A3°, A4°, **6.** Dikte, zie: line size°.

sizing - *schatting* - Raming (size°) van de hoeveelheid werk om programmatuur inclusief specificaties, test documentatie en dergelijke te ontwikkelen. Ook: het stijven van papier om het beter bestand te maken tegen vocht. ⇔costing°

SJN {-} - *Shortest Job Next* - Wachtrij waarin de kortste taak (job°) het eerst aan de beurt komt. ⇔FCFS°

skew - *scheefheid* - Verdraaiing van een leeskop ten opzichte van de op een magneetband geschreven informatie, verschillen in aankomsttijd van elektrisch signalen (signal°), scheefheid van een kansverdeling enzovoort.

skip - *overslaan, sprong* - **1.** Overslaan: een stuk van een programma of de rest van een pagina(page°) in een printer°, **2.** Sprong: iets overslaan of weglaten.

SLA {es·el·ee} - *Service Level Agreement* - SLA: afspraak over de kwaliteit (level°) van een dienstverlening (service°).

slack - *slapte, reserve* - Extra tijd en/of geld bij het opzetten van een project°: om onvoorziene omstandigheden te kunnen opvangen.

slant - *laten hellen* - Scheef zetten; slanted (schuin).

slash - *schuine streep, /* - Teken gebruikt voor delingen, bijvoorbeeld: ½; als scheiding in afkortingen, bijvoorbeeld: B/W°; of ter aanduiding van de root°. Wordt in combinatie met * (asterisk°) ook gebruikt in commentaarregels van een programma, bijvoorbeeld: '/* programmanaam: sorteert de maandelijkse uitgaven */'; gebruikt achter een opdracht: switch°. Zie verder ook: HTML°, rtf°, SGML°; officiële naam: solidus°; zie de lijst met veelgebruikte tekens achterin dit boek. ⇔backslash°

slave - *slaaf* - Apparatuur, programmatuur of eenheid die de opdrachten van zijn heer en meester slaafs opvolgt, onderdeel van: master/slave°.

slew rate - *omschakeltijd* - Tijd die nodig is of snelheid om van de ene discrete toestand in de andere te geraken: is van belang bij elektronische verbindingen of het beschrijven van een beeldscherm.

slicing - *slicing* - Zie: time-slicing°.

slide - *slide, dia* - Grafische voorstelling of tekst voor een diaprojector of een overhead° projector. Synoniem: foil°, transparency°.

slider - *schuifregelaar* - Knop waarmee de sterkte of intensiteit kan worden geregeld; in virtuele vorm afgebeeld in een scherm en bedienbaar met een muis (mouse°).

SLIP {slip} - *Serial Line Internet Protocol* - SLIP°: Internet° protocol° (RFC° 1055) dat wordt gebruikt om via een SLIP-verbinding onderdeel te worden van Internet°. Wordt straks opgevolgd door: PPP°. Er is ook een CSLIP (Compressed SLIP) protocol.

SLOC {es·lok} - *Source Lines-Of-Code* - SLOC: aantal regels (statement°) bronprogrammatuur (source code°). ⇔LOC°

slope - *helling* - De hoek waaronder een lijn (line°) of functie (function°) toe- of afneemt.

slot - *vacature, slot, sleuf* - **1.** Vacature, **2.** Slot (meervoud: slots): gereserveerde plaats (letterlijk f figuurlijk) waarin iets past, bijvoorbeeld: time slot (tijdperiode), frequency slot (frequentieband), named slot (zie: frame°, DBDQ°); orbital slot (plaats voor een satelliet in een geostationnaire omloopbaan, die wordt toegewezen door de ITU°), satellite slot (synoniem van: orbital slot), **3.** Sleuf: voor een insteekkaart. Een slot om iets mee af te sluiten heet in het Engels: lock.

slotted ring - *slotted ring* - Een variatie op het protocol° van: token ring°.

SLSI {es·el·es·ai} - *Super Large-Scale Integration* - Nog meer schakelingen op een chip° dan bij VLSI°, wellicht straks gebruikt in zesde-generatie computers of wordt het meteen: ULSI°?

small caps - *kleinkapitaal* - KLEINE HOOFDLETTERS (capital°). Verschilt van: initial caps°.

small computer system interface - *SCSI* - Zie: SCSI°.

small-scale integration - *SSI* - Zie: SSI°.

smaller than - *kleiner dan,* < - Kleiner dan. ⇔gt°

smaller than sign - < - Het kleiner-dan teken; zie verder de lijst met veelgebruikte tekens achterin dit boek.

Smalltalk - *Smalltalk* - Een hogere, object-georiënteerde (object-oriented°) programmeertaal en werkomgeving met data dictionary°; is rond 1980 ontwikkeld in het PARC° door A. Kay; is ook geschikt voor kinderen en wordt onder andere gebruikt voor AI° en grafische toepassingen. Inmiddels: Smalltalk V voor PC's (1986).

smartcard - *smartcard* - Een plastic kaart (card°) met een slimme chip°, ook wel chipkaart genoemd; bevat een processor°, geheugen en een programma; wordt onder andere gebruikt voor authentication°. Er zijn twee uitvoeringen: met contacten en contactloos (radio°). Een recente oplossing voor alle problemen, nu en in de toekomst. The smart card will change the way customers and business will interact (De smartcard zal de manier waarop mensen winkelen veranderen). Volgens sommigen wordt het straks de kleinste computer in de hiërarchie: mainframe°, mini°, PC°, smartcard.

smart hub - *smart hub* - Knooppunt (hub°) in Ethernet° met voorzieningen voor de netwerkbeheerder (administrator°).

smart icons - *smart icons* - Pictogrammen (icon°) die slimme functies kunnen verrichten, bijvoorbeeld een lijst maken in een tekst of een genummerde lijst.

smart quotes - *gekrulde aanhalingstekens* - Optie in een tekstverwerker: beginnen met omgekeerde (enkele of dubbele) aanhalingstekens en eindigen met gewone - zoals gebruikelijk is in een boek. Wanneer dezelfde aanhalingstekens aan begin en eind gebruikt, spreekt men van 'rechte aanhalingstekens'.

SMDS {es·em·di·es} - *Switched Multi-megabit Data Service* - SMDS: snelle breedband (broadband°) verbinding voor een MAN° of WAN°/LAN° internetworking° tot 25 Mbit/s, nu meestal gebaseerd op frame relay switching° met het DQDB° protocol° volgens IEEE° 802.6, maar straks ook op ATM°; is ontwikkeld door Bellcore° en in de VS geïntroduceerd in 1991; kan worden beschouwd als een voorloper van ISDN° met ATM°; het Europese equivalent heet: CBDS°. In tegenstelling tot ATM werkt SMDS met paketten (packet°) van verschillende grootte, tot max. 9188 byte. SMDS gebruikt het SIP protocol en de modus is connectieloos (connectionless-mode°).

smiley - *smiley* - Lachebekje: figuurtjes gemaakt van lettertekens, gebruikt op een BBS° en in e-mail°. Zij moeten van opzij worden bekeken (links boven, rechts onder):
:-) (glimlach),
:-((betrokken gezicht),
;-) (knipoog),
:-.) (Madonna),
:-D (grote glimlach),
:-O (mond open van verbazing),
:-Q (tong uit de mond walging)
enzovoort. Synoniem: emoticon°.
D.W. Sanderson schreef een boek vol over smileys (1993).

SMM {-} - *System Management Mode* - Mogelijkheid in alle SL-verbeterde Intel° 486- en Pentium-processoren om apparaten (device°) automatisch uit te schakelen en daardoor energie te besparen (power management°).

smoke test - *proef* - Letterlijk: apparatuur (hardware°) aanzetten om te zien of er rook uitkomt. Figuurlijk: een systeem opbrengen om te zien of het werkt. ⇔acid test°

SMOP model {smob} - *Small Matter Of Programming model, Send Me One-hundred Programmers model* - SMOP model: twee benaderingen voor de ontwikkeling van programmatuur uit de jaren 60: **1.** Eventjes Doen-model: stukje voor stukje programmeren: ontwikkel met enkele specialisten en plan niet te veel, want het verandert toch; ook genoemd: garage approach, **2.** Stuur Honderd Programmeurs-model: ontwikkel met veel mensen en plan alles heel nauwkeurig, want fouten die je in het begin maakt, zijn later moeilijk en alleen tegen hoge kosten te corrigeren, ook genoemd: army approach. Het SMOP model is een voorloper van: software engineering°. ⇔spiral model° ⇔waterfall model°

smoothing - *smoothing* - Het 'afvlakken' van gegevens of signalen: waardoor kleine willekeurige fluctuaties worden verwijderd met statistische technieken, bijvoorbeeld: running average°.

SMP {es·em·pi} - *Symmetric MultiProcessor* - Symmetrische multiprocessor°, zie: symmetric multiprocessor system°. ⇔MPP°

SMPTE {es·em·pi·ti·ie} - *Society for Motion Picture and Television Engineers* - SMPTE: Amerikaanse beroepsvereniging van film- en televisie-ingenieurs.

SMS {es·em·es} - *Short Message Service, Subscriber Management System* - **1.** SMS: korte berichtendienst van GSM°, tot max. 160 tekens (character°) per bericht (message°). Oorspronkelijk bedoeld om gebruikers van een GSM-telefoon te waarschuwen dat er een bericht in hun voicemailbox° of fax is binnengekomen, maar nu gezien als een op zichzelf staande dienst die werkt met een snelheid van circa 600 bit/s. **2.** Administratief systeem van een telecommunicatiebedrijf voor abonneegegevens en de afrekening van het gebruik van geleverde diensten en tikken.

SMTP {es·em·ti·pi} - *Simple Mail Transfer Protocol* - SMTP: eenvoudig protocol° voor elektronische berichten (e-mail°) in heterogene TCP/IP° netwerken; RFC°822 voor TCP/IP°; uitbreiding met: MIME°. ⇔X.400° (OSI°)

S/N {-} - *Signal-to-Noise* - Signaal/ruisverhouding, zie: Nyquist sampling rate°, signal-to-noise ratio°. ⇔C/N°

SNA {es·en·ee} - *Systems Network Architecture* - SNA: strategie voor netwerken van IBM, geïntroduceerd in 1974, met zeven lagen die verschillen van die van het OSI°-model: Applica-tion, Function Management, Data Flow Control, Transmission Control, Path Control, Data Link Control, Physical Control. SNA- netwerken zijn hiërarchisch, maar ook IBM schakelt over op client/server°, zie: APPC, APPN°, Open Blueprint°. ⇔OSI° ⇔TCP/IP°

snap - *vastleggen, vastzetten, uitlijnen* - Een situatie van een bepaald moment of op een bepaalde plaats vastzetten.

snapshot - *momentopname* - Eenmalig 'foto' van de inhoud van een database° of stand van zaken in een computer of netwerk, die verder niet courant wordt gehouden (in een database zou dat replicatie (replication°) vereisen). Het is uiteraard mogelijk om op gezette tijden snapshots te maken en te distribueren.

sneakernet - *gegevensoverdracht via diskette* - Distributiemethode met behulp van mensen die op gymschoenen (sneakers) lopen, in plaats van via een modem° of netwerk.

SNMP {es·en·em·pi} - *Simple Network Management Protocol* - SNMP: een taal voor het beheer van een netwerk en de aangesloten eenheden (vooral printers), de facto° gebruikt in TCP/IP° en ook andere netwerken. Is ontwikkeld rond 1988 en zeer snel algemeen ingevoerd; de verbeterde versie 2 arriveerde in 1993, maar werd eind 1994 nog nauwelijks gebruikt (te complex in het gebruik); versie 2c dateert uit begin '96. De managementinformatie bestaat uit objecten worden opgeslagen in een Management Information Base (MIB). SNMP has become the dominant standard for managing multivendor° networks (SNMP is de heersende norm geworden voor het beheer van multivendor-netwerken - hopen de voorstanders). ⇔CMIP°

society for motion pictures and television engineers - *SMPTE* - Zie: SMPTE°.

society for worldwide interbank financial transaction telecommunications - *SWIFT* - Zie: SWIFT°.

socket - *socket* - Stopcontact voor een module° (LIF socket°, ZIF socket°), kabel of plug° (stekker); synoniem: jack°. Wordt ook gebruikt voor programma-interfaces (interface°), speciaal voor netwerken: BSD socket°, voor TCP/IP° toepassingen in UNIX°, in feite een programmabibliotheek die programmeurs kunnen gebruiken; Windows NT° krijgt ook sockets (Winsocket°). Zie ook: SSL°. Ook: het gat voor een muisbal.

socket services - *socket services* - Programmatische ondersteuning voor PCMCIA° (nu: PC Card°) kaarten.

softcopy - *softcopy* - Boeken, handleidingen, gegevens, berichten en dergelijke in elektronische vorm (soft edition°), bijvoorbeeld op diskette°, niet gedrukt op papier; synoniem: machine-readable°. De informatie zelf (programma's, databanken of spelletjes) wordt nu algemeen genoemd: software°. ⇔hardcopy°

soft edition - *elektronische uitgave* - Boeken, handleidingen, gegevens, berichten en dergelijke in elektronische vorm (softcopy°), bijvoorbeeld op diskette°, niet gedrukt (hardcopy°).

soft font - *soft font* - Laadbaar lettertype (font°), dat in het RAM°-geheugen of in een printer kan worden geladen. ⇔cartridge font° ⇔internal font°

soft hyphen - *zacht koppelteken* - Koppelteken (hyphen°) dat aangeeft waar een woord zonodig kan worden worden afgebroken; wordt alleen afgedrukt aan het eind van een regel. ⇔hard hyphen°

soft return - *zachte return* - Regelterugloop: besturingsteken (control character°) dat in tekst-verwerking binnen een alinea een nieuwe regel veroorzaakt; wordt door een tekstverwerker automatisch in de opgemaakte tekst gezet. ⇔hard return°

soft-sectored - *magnetische sectorindeling* - De gebruikelijke indeling van een disk° of diskette°, die niet mechanisch (hard-sectored°) is aangebracht; wordt ook genoemd: soft-sectoring.

software - *programmatuur, informatie-database, software, SW* - **1.** Programmatuur (SW°): bestuurt de apparatuur; is een onderdeel van een informatiesysteem (information system°) en bestaat uit een besturingssysteem (operating system°), toepassingssysteem (application system°), toepassingsprogramma's (application program°), netwerkprogrammatuur en dergelijke, nu vooral: client software°, server software°; zie ook: integrated software°, system software°, **2.** Informatie in een direct bruikbare vorm: statistieke gegevens, juridische teksten, cursusmateriaal, televisiebeelden en dergelijke, bijvoorbeeld opgeslagen op een CD-ROM°. In ieder geval wordt programmatuur inmiddels gezien als een essentieel machine-onderdeel dat valt onder risico-aansprakelijkheid, vooral als zij 'sturend' werkt; als zij 'ondersteunend' werkt, is de gebruike(ste)r of de organisatie aansprakelijk. Zie ook: software server°.

software business practices council - *SBPC* - Zie: SBPC°.

software configurable - *software-configureerbaar* - Eigenschap van een apparaat of netwerk-element (managed object°) waarvan de configuratie (configuration°) kan worden aangepast door de interne programmering (software°) te veranderen.

software crisis - *software-crisis* - Term uit de jaren 80, toen bleek dat er echt iets aan de ontwikkeling van programmatuur moest worden gedaan omdat de kosten, tijdsoverschrijdingen en fouten de pan uitrezen. Deze crisis was de aanleiding voor de interesse in: software engineering°; zie ook: SEI°, software process°.

software development kit - *SDK* - Zie: SDK°.

software development process - *programmatuur-ontwikkelingsproces* - Zie: SEI°.

software development life cycle - *SDLC* - Zie: SDLC°.

software engineer - *SE* - Software engineer (SE°): programmeur of ontwerper die mogelijk software-engineering°-technieken gebruikt.

software engineering - *software engineering* - **1.** Systematiek om de ontwikkeling van programmatuur beter te beheersen door gebruik te maken van empirische wetmatigheden afgeleid uit vroegere ervaringen; term is in 1968 ontstaan door een NATO-conferentie onder deze titel in Garmisch-Partenkirchen; een van de gangmakers is B.W. Boehm, zie: SEI°, software process°, **2.** Programmatuur ontwikkelen met behulp van CASE°-gereedschappen.

software engineering institute - *SEI* - Zie: SEI°.

software factory - *software-fabriek* - Ontwikkelomgeving om nieuwe programmatuur fabrieksmatig te produceren: met software-onderdelen een gewenste toepassing op maat maken, waarbij de ontwikkeling, het onderhoud en het hergebruik goed beheersd worden; is een begrip ontwikkeld door Hitachi rond 1969. ⇔job shop°

software house - *systeemhuis* - Leverancier van programmeurs, analisten of programmatuur.

software IC {ai·si} - *software Integrated Circuit* - Programma-bouwsteen: het idee dat programma's (software°) net als elektronica (IC°) kunnen worden samengesteld, bijvoorbeeld in een software-fabriek (software factory°).

software key - *programmatische sleutel* - Cryptografische (cryptography°) sleutel (key°) die in de programmatuur (software°)

is opgenomen of wordt gegenereerd. ⇔hardware key°

software license - *programmalicentie* - Het gebruiksrecht (license°) voor een programma: de belangrijke bron van inkomsten voor de makers van een programma want het produceren van een handboek (manual°) en diskettes is goedkoop; zie ook: SPA°.

software maintenance - *onderhoud van programmatuur* - Onderhoud (maintenance°), een onderdeel van programmatuurontwikkeling dat een steeds groter deel van de ontwikkeling vergt.

software metric - *meetstelsel voor programmatuur* - Methode (metric°) om de complexiteit van programmatuur te bepalen, bijvoorbeeld: function points°, lines-of-code°.

software process - *software-ontwikkelings-proces* - Proces waaraan steeds meer aandacht wordt besteed omdat nieuwe programmatuur nog steeds te laat wort afgeleverd, te duur is en/of te veel fouten bevat, zie: software crisis°. Het SEI° definieert de volwassenheid (maturity) van het software° process° op vijf niveaux: initial, repeatable, defined, managed, optimizing.

Software Publishers Association - *SPA* - Zie: SPA°.

software server - *software-server* - Server (server°) in een netwerk, die programmatuur (software°) verspreid onder de aangesloten gebruikers. Voordelen ten opzichte van individueel geïnstalleerde programmatuur: de diverse toepassingen werken met elkaar en kunnen centraal worden onderhouden.

software-upgradable - *software-upgradable* - Kenmerk van een apparaat dat middels nieuwe programmatuur (software°) kan worden uitgebreid (upgrade°); is alleen mogelijk wanneer het apparaat wordt bestuurd door een processor°.

SOG-IS {-} - *Senior Officials Group on Information System Security* - SOG-IS: een werkgroep van CEPIS°, gevormd in 1992 om aanbevelingen te doen omtrent de beveiliging (security°) van informatiesystemen.

SOHO {soo·hoo} - *Small Offices, Home Offices* - SOHO: aanduiding van de recent ontdekte markt van kleine zakelijke gebruikers (office°).

solar power - *zonne-energie* - Panelen met halfgeleidercellen in de zon die elektrische energie opleveren. Worden vooral gebruikt waar geen elektriciteit beschikbaar is, in de woestijn of in de ruimte. De eerste toepassing dateert uit 1958 in de Vanguard communicatiesatelliet. De cellen werken met het foto-voltaïsche effect en zijn zeer betrouwbaar.

solenoid - *elektromagnetische schakelaar of plunjer* - Is genoemd naar de spoel (solenoid: solenoïde, schroefgewonden wiskundige figuur), waarin een stroom een magnetisch (magnetic°) veld opwekt dat een schakelaar (switch°) of plunjer (plunger) bekrachtigt.

solid - *massief, vast, dicht* - **1.** Massief: kenmerk van bijvoorbeeld een kabel (cable°) die bestaat uit een enkele geleider, niet uit veel in elkaar gedraaide draden (stranded°), **2.** Vast, dat wil zeggen: niet vloeibaar, **3.** Dicht, niet open, bijvoorbeeld: solid line (gesloten lijn).

solid conductor - *massieve geleider* - Geleider (conductor°) uit één stuk. ⇔stranded conductor°

solid-ink - *vaste inkt* - Crayon-achtige gekleurde staafjes voor sommige kleurenprinters, bijvoorbeeld: wax printer°. ⇔inkjet° (werkt met vloeibare inkt)

solid model - *3D-model* - Visualisatie van een ontworpen 3D° lichaam dat fraai belicht op een beeldscherm wordt getoverd (render°); het ontwerp is al dan niet solide. Het hiervoor gebruikte programma heet: solid modeller. ⇔wireframe model°

solid-state - *halfgeleider...* - Materiaal waarin elektronische schakelingen worden gemaakt, meestal silicon° (anders: GaAs°); letterlijk: vaste stof; werd vroeger gebruikt om aan te duiden dat iets met halfgeleiders (semi- conductor°) was gerealiseerd, niet met elektronenbuizen of mechanisch - dat spreekt nu vanzelf. Synoniem: semiconductor°. Zie ook: SSF°.

solid state files - *SSF* - Zie: SSF°.

solidus - *schuine streep, /* - Officiële naam van: slash°; zie de lijst met veelgebruikte tekens achterin dit boek. ⇔backslash°

solution - *oplossing* - Werkelijke oplossing voor een bepaald probleem; zie ook: intermediate solution°. De echte oplossing is de: long-term solution. ⇔fix° ⇔workaround°

SOM {som} - *System Object Model* - Objectgeoriënteerde (object- oriented°) systeemmodel van IBM en het CIL° voor dynamisch hergebruik van objecten (binary reuse°). De gedistribueerde versie heet: DSOM, en werkt op basis van RPC°. ⇔COM° (Microsoft°)

SONET {so·net} - *Synchronous Optical NETwork* - SONET: digitale interface°-norm voor transmissietechnologie via glasvezelkabels, ontwikkeld door Bellcore° op basis van ATM°, een Amerikaanse uitbreiding van B-ISDN° die werkt met snelheden van 51,480 Mbps (en 1,5 Mhbps i.p.v. 2,0) of meervouden daarvan (OC-..° en het elektronische equivalent STS-..°). Vanuit Europa (ETSI°) is dit verder uitgebreid met SDH°, als opvolger van PDH°, vandaar dat vaak wordt geschreven over 'Sonet (SDH)' of 'SDH/Sonet'. De verschillen met SDH zijn minimaal, vooral in de gebruikte terminologie.

SOP {es·oo·pi} - *Standard Operating Procedure* - SOP: de standaardprocedure die gebruikt wordt voor de backup° van ee computersysteem, het afsluiten daarvan enzovoorts.

sort - *sorteren* - Gegevens of records (record°) in een gewenste volgorde zetten (ascending order°, descending order°). Ook: bubble sort° (een sorteermethode) en sort/merge° (samenvoegen en sorteren). Omdat als sorteercriterium meestal de binaire code° van de tekens wordt gebruikt, levert dit bij letters vaak een onjuist resultaat op, omdat dan de hoofdletters voor de kleine letters worden gesorteerd. Er zijn ook problemen met niet-Engelse talen. Is ook een DOS°- en OS/2-opdracht (command°).

sorter - *sorteermachine, sorteerprogramma* - Machine die of programma dat kaarten, formulieren of informatie sorteert (sort°) en op volgorde (collating sequence°) zet.

sort field - *sorteerveld* - Een veld (field°) waarop gesorteerd wordt: de daarin vermelde informatie dient om records te rangschikken (sort°).

sort key - *sorteersleutel* - De naam van het veld (field°) of de volgorde van veldnamen waarop gesorteerd (sort°) moet worden (meestal in alfabetische volgorde).

sort sequence - *sorteervolgorde* - Volgorde (sequence°) waarin records (record°) of gegevens worden gesorteerd (sort°); zie ook: ascending sort°, descending sort°.

sound - *geluid, deugdelijk* - **1.** Zelfstandig naamwoord: geluid, **2.** Bijvoeglijk naamwoord: deugdelijk, gezond.

sound card - *geluidskaart* - Uitbreidingskaart (card°) voor geluid: waarop vaak een CD-ROM° speler kan worden aangesloten; synoniem: audio adapter°, sound board. ⇔video card°

sound engineering - *deugdelijk ontwerpen* - Een systeem deugdelijk ontwerpen (engineering°), niet geluid (ook: sound).

source - *bron, leverancier* - **1.** Bron: het begin van alles; het eindpunt is mogelijk een bestemming (destination°), een uitvoerbaar programma (object code°) of een sink°, **2.** Leverancier: van goederen en/of diensten, zie bijvoorbeeld: outsourcing°, second source°.

source address - *afzendadres* - Het netwerkadres van een apparaat (device°) dat berichten of bestanden verstuurt via een netwerk.

Source, The - *The Source* - Amerikaans informatienetwerk. ⇔AOL° ⇔CompuServe°

source bridging - *source bridging* - De verzender (source°) stuurt een soort verkenner uit om te bepalen wat de snelste weg is om een bestand te versturen naar een adres in een token ring°-netwerk; de gepasseerde bridges (bridge°) voegen hun adres toe zodat de afzender vervolgens het beste pad kan bepalen; wordt daarom ook wel genoemd: source route bridging.

source code - *bronprogramma* - Broncode: programma (code°) dat door programmeurs wordt geschreven en daarna moet worden gecompileerd (compile°) tot een uitvoerbaar programma (object code°). Synoniem: source program°.

source code debugger - *source code debugger* - Interactief programma waarmee een bronprogramma (source code°) kan worden gecontroleerd en soms gelijktijdig (online°) gecorrigeerd, voordat het wordt gecompileerd (compile°).

source code generator - *source code generator* - Hulpprogramma (generator°) dat specificaties omzet in een bronprogramma (source code°).

source disk - *brondiskette* - Originele (source°) diskette°: *waarvan* wordt gekopieerd. ⇔target diskette°

source document - *brondocument* - Origineel (source°) formulier of document°: waarvan de inhoud in een computer is opgeslagen.

source file - *bronbestand* - Een origineel (source°) bestand, waarvan gecompileerd (compile°) of gekopieerd wordt.

source level - *bronniveau* - Aanduiding van bronprogrammatuur (source code°) die nog moet worden gecompileerd (compiler°). ⇔binary level° ⇔machine code°

source lines-of-code - *SLOC* - Zie: SLOC°.

source listing - *afdruk van een bronprogramma* - Zie: listing°, source code°.

source portability - *overdraagbaarheid op bronniveau* - Kenmerk van een platform°, waardoor bronprogramma's (source code°) eerst opnieuw moeten worden gecompileerd (compile°) voordat zij naar een andere computer kunnen worden overgebracht (portability°). ⇔binary compatibility°

source program - *bronprogramma* - Synoniem: source code°.

source route bridging - *source bridging* - Synoniem: source bridging°.

source routing - *source routing* - Zie: routing°.

source routing transparent - *SRT* - Zie: routing°, SRT°.

source statement - *broninstructie* - Instructie (statement°, instruction°) in een hogere programmeertaal, gebruikt in het bronprogramma (source code°) dat nog gecompileerd (compiler°) moet worden.

SP {es·pi} - *SPace, Short Play, System Product* - **1.** SP: spatieteken, zie: space°, **2.** Short Play: aanduiding van korte VHS°-videobanden, **3.** System Product: afkorting gebruikt door IBM voor besturingsprogrammatuur (operating system°) voor grote computers.

SPA {-} - *Software Publishers Association* - SPA: Amerikaanse vereniging van software-leveranciers, die illegaal kopiëren (piracy°) tracht te bestrijden.

space - *ruimte, spatieteken, spatie* - **1.** Ruimte: voor bureaus, computers en dergelijke in een gebouw, **2.** Ruimte: op een disk° (disk space°, free disk space°), diskette°, database° of geheugen (memory space°) om gegevens te bewaren; zie ook: address space°, search space°, **3.** Ruimte buiten de aarde, **4.** Spatieteken (SP°): zoiets als een blank°; zie de lijst met veelgebruikte tekens achterin dit boek, **5.** Spatie, witruimte, ook genoemd: blank space°, **6.** De afwezigheid van signaal, is meestal een binaire '0' (⇔mark°).

space bar - *spatiebalk* - Lange toets onder in een toetsenbord: waarmee een spatieteken (space°, ASCII° 32) wordt ingevoerd.

space segment - *space segment* - De weg (segment°) in de ruimte (space°): van een grondstation naar een satelliet (satellite°) en weer terug naar een ander grondstation: die dus bestaat uit twee secties (section°).

spacing - *spatiëring* - **1.** Tekenafstand: het aantal tekens per inch (character spacing°, kerning°, microspacing°, proportional spacing), aantal regels per inch (line spacing°), of aantal sporen (track°) per inch; zie ook: paragraph spacing°, **2.** Regelafstand: het aantal regels per inch (line spacing°).

spaghetti code - *spaghetti code* - Programmatuur (code°) met een erg verstrengelde logische structuur door veel GOTO°-instructies; dit kan vermeden worden door gestructureerd programmeren (structured programming°). ⇔ravioli code°

spamming - *spamming* - In (te) grote overvloed berichten of faxen versturen naar nieuwsgroepen of individuen, of iemand abonneren op honderden mail-lijsten. De berichten kunnen worden gekoppeld aan grote beeldbestanden, waardoor de inleestijd groot wordt. Eenvoudig voor de verzender via een mail-lijst en vervelend voor de ontvangers. Met faxen, bij voorkeur 's nachts verzenden, zodat de fax niet kan worden afgezet.

span - *beslaan* - Overspannen of omspannen, van plaats, tijd of anderszins. Bijvoorbeeld: Paging network to span Europe (Pagingnetwerk gaat Europa omvatten - bijvoorbeeld via: ERMES°), span of control (aantal medewerkers van een manager).

spanned record - *gesegmenteerd record* - Een logisch (logical°) record° dat verscheidene blokken (block°) beslaat in verscheidene fysieke (fysical°) records. ⇔volume spanning°

spanning tree - *spanning tree* - Als wiskundig begrip: het pad tussen twee punten in een boom (tree°), dat wil zeggen de serie knooppunten die twee punten verbindt. In internetworking°: de algoritme (STA°) die bridges elimineert tot elke bridge° slechts één pad heeft naar elke andere bridge; ook genoemd: Minimum Spanning Tree (MST°), in 1957 ontdekt door R. Prim bij Bell Labs° en als norm vastgelegd in IEEE° 802.1.

spanning tree algorithm - *STA* - Zie: STA°.

SPARC {spark} - *Scalable Processor ARChitecture* - SPARC: de RISC°-technologie van Sun°; zie ook: ACE°; het oorspronkelijk concept stamt uit de oertijd van computers en werd later herontwikkeld voor de RT°. De vierde generatie SPARC gaat heten: UltraSPARC-II. Zie ook: Mbus°. ⇔ANSI-SPARC°

spare part - *reserve-onderdeel* - Onderdeel (part°) gebruikt ter vervanging van verbruikte of kapotte onderdelen.

sparse matrix - *bijna lege matrix* - Situatie van gegevens die spaarzaam over een matrix° zijn verdeeld, zodat rijen en/of kolommen kunnen worden gecombineerd om een database° te comprimeren (compression°).

spawn - *voortbrengen* - Processen initiëren door een eerder proces (process°). In verband met vissen: kuit schieten.

spec - *specification* - Specificatie (specification°); als meervoud: specs (specificaties).

SPEC95 {spek} - *Standard Performance Evaluation Corporation 1995* - Een nieuwe prestatie (performance°) benchmark° van de Standard Performance Evaluation Corporation: omhelst de uitvoeringssnelheid van een reeks (suite°) integer° en floating-point° programmatuur. Is de opvolger van SPEC92, en is speciaal geschikt voor de steeds snellere computers. SPEC is een onderdeel van de (Amerikaanse) National Computer Graphics Association. SPEC95 meet echter niet de I/O° prestatie, die ook belangrijk kan zijn.

Spec 1170 {spek} - *Specification 1170* - Specificatie (spec°) van X/Open (oktober 1993) betreffende API°s, die de overdraagbaarheid (portability°) van toepassingen (application°) onder UNIX° zou moeten waarborgen; in de praktijk blijven echter vaak problemen met ongelijke toetsenborden, beeldschermen en dergelijke. Geruchten dat het aantal eind 1994 reeds hoger zou zijn geworden, blijken medio 1995 niet bewaarheid..

special character - *speciaal teken* - Bijvoorbeeld: @, #, $, %, &, * enzovoort; zie de lijst met veelgebruikte tekens achterin dit boek. De term wordt ook gebruikt voor OCR° scheidingstekens (field separator°).

special interest group - *SIG* - Zie: SIG°.

specify - *opgeven, specificeren* - Aangeven hoe men iets wil hebben, van een parameter° tot en met een compleet systeem. Praktisch gelijk aan, maar meer specifiek dan: define°.

specification - *specificatie* - Beschrijving waarin wordt beschreven (specify°) hoe men iets wil hebben of over welke mogelijkheden een systeem of programma beschikt. Wordt vaak afgekort tot: spec°.

SPECmark {spek·mark} - *System Performance Evaluation Cooperation mark* - SPECmark: eenheid voor de snelheid (performance°) van middelgrote computers, gebaseerd op een mix van integer° en floating-point° bewerkingen; is een benchmark°-norm voor RISC°-processoren, ontwikkeld door diverse fabrikanten, gerelateerd aan de VUP°.

spectrum - *spectrum, bandbreedte* - **1.** Spectrum, bijvoorbeeld: kleurenspectrum van infrarood (IR°) tot ultraviolet (UV°) en radiospectrum (EHF°, SHF°, UHF°, VHF°, HF°, MF°, LF° en VLF°), **2.** Bandbreedte, zie bijvoorbeeld: frequency spectrum°, spread-spectrum°. There is never enough spectrum for everybody to use GSM° (Er is nooit voldoende bandbreedte wanneer iedereen GSM gaat gebruiken - aangezien de ether maar eenmaal is te gebruiken, vergeleken met de beperkte ruimte die kabels innemen, maar de cellen kunnen wel verkleind worden - zie: cellular°).

speech recognition - *spraakherkenning* - Mogelijk goed alternatief voor handschriftherkenning (pen-based computer°), o.a. gebruikt in een PDA°. Verschilt van: voice recognition° (herkenning van een bepaalde stem). Voor het (de)coderen (encode°/ decode°) van spraak, zie: vocoder°.

speed - *snelheid* - Zie: clock speed°, high-speed°, line speed°. Synoniem: rate°. Ook: up to speed (een nieuwe ontwikkeling goed bijhouden). Speed isn't everything, it's the only thing (Snelheid is niet alles, het is het enige werkelijk belangrijke - S. Cray, maker van supercomputers, overleden in 1996 na een verkeersongeval).

speed doubler - *snelheidsverdubbelaar* - Nieuwe microprocessor° chips met vrijwel dezelfde logica als oorspronkelijk, maar anders ontworpen (kortere afstanden) en een interne verdubbeling van de kloksnelheid (clock°); zijn niet zomaar verwisselbaar met de oorspronkelijke; worden aangeduid door de toevoeging DX2°; synoniem: clock doubler°.

spell - *spellen* - Door de telefoon vreemde woorden spellen, bijvoorbeeld met de volgende namen: A-Alice, B-Bertha, C-Charles, D-David, E-Edward, F- Frank, G-George, H-Henry, I-Isaac, J-John, K-Kate, L-Lewis, M-Mary, N-Nancy, O- Oliver, P-Peter, Q-Queen, R-Robert of Roger°, S-Samuel, T-Thomas, U-Utah, V- Victor, W-William, X-X-ray, Y-Young en Z-Zebra.

spell checker - *spellingcontroleprogramma* - Programma met meestal alleen con-trole (checker°) van de Amerikaanse spelling. ⇔grammar checker°

spelling checker - *spellingcontrole-programma* - Zie: spell checker°.

spindle - *spindle* - Aandrijfas van een schijfstation (disk drive°) in een groot computersysteem, waarop een disk pack° kan worden geplaatst.

spin-off - *bijproduct, afgestoten gedeelte* - **1.** Bijproduct: van een ontwikkeling, bijvoorbeeld een hulpprogramma dat ook elders kan worden gebruikt, bedoeld of onbedoeld, **2.** Afgestoten bedrijfs-onderdeel: dat zelfstandig is geworden.

spiral model - *spiraalmodel* - Model voor de ontwikkeling van informatiesystemen, ontwikkeld door B.W. Boehm als tegenhanger van het watervalmodel (waterfall model°) ten behoeve van: software engineering°.

splice - *las* - Twee kabeleinden verbonden met behulp van een splicer°. Term wordt ook gebruikt voor een las in een magneetband (tape°) of film.

splicer - *lasapparaat* - Voorziening om lassen te maken in koper- of glasvezelkabels (cable°), magneetbanden (tape°) of films.

spline - *spline* - Een wiskundige interpolatiemethode (interpolate°): benadert de waarde in punten gelegen tussen de punten waarvan de waarde bekend is.

split - *splitsen, splitsing* - Een document°, scherm (screen°) of toetsenbord in twee of meer delen splitsen.

split keyboard - *gedeeld toestenbord* - Toetsenbord (keyboard°) waarvan u het linker-, rechter-, boven- en ondergedeelte kunt verdraaien, zodat u de polsen recht kunt houden, niet hoeft te draaien. Is een ergonomisch (ergonomic°) ontwerp, gepopulariseerd door Apple°. Lijkt niet door te zetten omdat mensen nu eenmaal aan het vaste ontwerp gewend zijn.

split-screen - *gesplitst scherm* - Twee of meer vensters (window°) *naast elkaar* op het beeldscherm, niet overlappend, die worden gebruikt om (stukken van) bestanden te vergelijken of om iets op te zoeken.

splitter - *splitter* - Doosje dat in een verbinding wordt geplaatst om twee of meer aftakkingen van een kabel te maken. Met een console splitter kunnen verscheidene PC's worden bediend vanaf één PC of verscheidene monitoren met toetsenbord werken met één PC.

sponsor - *sponsor* - Bedrijf dat financieel of materieel een activiteit ondersteunt in de hoop daarvoor sympathie of naamsbekendheid terug te krijgen. Is afgeleid van het Latijnse woord: sponsor (peetvader).

spoofing - *spoofing* - Falsificatie: versnellingstechniek voor oudere modem°-protocollen zoals XMODEM°: in plaats van te wachten op een ACK°-teken na verzending van bijvoorbeeld 128 tekens, wordt een pseudo ACK-teken gegeven, zodat de pakketjes sneller achter elkaar worden verstuurd. Er wordt ook gesproken over: LAN° spoofing (d.m.v. snelle verbindingen LANs koppelen tot een WAN° zonder dat de LAN-protocollen dat merken), IP-spoofing (om toegang tot de root° van een UNIX°-systeem te krijgen) . Is afgeleid van: to spoof (voor de gek houden).

spool {spoel} - *Simultaneous Peripheral Operation OnLine* - Spool: input/output° tijdelijk opslaan op disk° of tape° en in een wachtrij plaatsen, met behulp van een spooler°-programma, zodat de computer direct daarna aan iets anders kan werken. Ook: magneetband opwinden op een spoel (reel°).

spooler - *spooler* - Een spool°-programma, bijvoorbeeld: print spooler°.

spool file - *spool-bestand* - Bestand (file°) dat gespoold (spool°) wordt.

spooling - *spoolen* - Zie: spool°.

spot - *gebied* - Plaats waar of tijdstip waarop wordt gecontroleerd (spot check°); in een scherm, waar een activiteit kan plaatsvinden (hot spot°).

spot check - *steekproef* - Controle (check°) door middel van steekproeven; zie: spot°.

spot colour - *steunkleur* - Speciaal gekleurde (color°) inkt die gebruikt wordt in de layout° van een bladzijde (page°: die dus niet ontstaat door combinatie van over elkaar gedrukte primaire kleuren (CMYK°).

spreadsheet - *spreadsheet, werkblad* - Elektronisch rekenblad dat een rekenmodel bevat waarmee u kunt rekenen; de gegevens en het probleem modelleert (model°) u één-twee-drie in de cellen (cell°) van zijn tabellen. De eerste spreadsheet uit 1979 heette VisiCalc°, is afkomstig van Dan Brinklin (Harvard) en B. Frankston (MIT) werd gemaakt voor de Apple° II.

spreadsheet file - *werkbladbestand* - Bestand (file°) waarin de gegevens, indeling enz. voor een werkblad (spreadsheet°) zijn opgeslagen.

spread-spectrum - *spread-spectrum, SS* - SS°: techniek om informatie over te zenden: gespreid over een breed frequentiegebied (spectrum°) en parallel over verschillende frequentiebanden (frequency hopping°); dit vermindert de storingsgevoeligheid en bemoeilijkt het afluisteren. De techniek is ontwikkeld gedurende de Tweede Wereldoorlog en zijn twee vormen: direct sequence° (sneller, maar ruisgevoeliger), channel hopping° (langzamer, maar minder ruisgevoelig, doordat steeds naar het meest storingsvrije kanaal wordt gezocht). De keus bij radiotransmissie gaat vaak tussen: narrowband° en spread spectrum.

sprite - *sprite* - Grafisch object in een scherm: dat programmatisch kan worden bewogen, bijvoorbeeld voor animatie (animation°) of in spelletjes.

sprocket holes - *geleidegaten* - Gaten in de strip ter weerszijden van kettingformulieren (continuous forms°), die gebruikt worden voor de voortbeweging (tractor°) in een printer.

SPX {es·pi·eks} - *Sequenced Packet Exchange* - SPX: een onderdeel van Novell°s NetWare°, zie: IPX/SPX°.

square - *kwadrateren, vierkant, rechthoekig, eerlijk, ouderwets* - **1.** Kwadrateren: een getal met zichzelf vermenigvuldigen; zoals in: least squares°, rms°, **2.** Vierkant: een vierhoek met gelijke zijden (⇔rectangle°), **3.** Rechthoekig, bijvoorbeeld: square bracket°, **4.** Eerlijk: recht door zee, **5.** Ouderwets: niet hip.

square bracket - *rechte haak, [ ]* - Zie: left square bracket°, right square bracket°

square root - *vierkantswortel* - Vierkantswortel van een getal: dat met zichzelf vermenigvuldigt het oorspronkelijke getal oplevert, het getal tot de macht -2. Bij een derdemachtswortel (macht: -3), moet de wortel drie keer worden vermenigvuldigd om het oorspronkelijke getal te vinden.

SQL {*es*·kjoe·el} of {*si*·kwel} - *Structured Query Language* - SQL: opzoektaal voor een relationele database° (RDBMS°), ontwikkeld door R. Boyce en D.D. Chamberlin bij IBM in 1974 en oorspronkelijk genoemd SEQUEL (Structured English QUEry Language). SQL-2 is de ISO°-norm 9075 uit 1992, opvolger van de eerste uit 1987; SQL-3 wordt verwacht rond 1997. Ofschoon SQL is ontwikkeld als programmeertaal voor relationele databases, wordt het steeds meer gebruikt als algemene databasetaal: via een vertaalprogramma wordt de SQL-opdracht dan 'vertaald' naar de echte opdrachtentaal. Zie ook: embedded SQL°, OQL°.

SQL front-end {*es*·kjoe·el} - *Structured Query Language front-end* - SQL front-end: ontwikkelomgeving voor het samenstellen van SQL° queries (SQL query°).

SQL query {*es*·kjoe·el} - *Structured Query Language query* - SLQ query: zoekopdracht (query°), geschreven in SQL°, meestal voor een relationale database° (RDBMS°).

SQL/RDA {*es*·kjoe·el·ar·di·ee} - *Structured Query Language/Remote Data Access* - SQL/RDA: een norm van een groep leveranciers voor het gecombineerd gebruik van SQL-databases (RDBMS°) in verschillende locaties.

SRAM {*es*·rem} - *Static Random-Access Memory, Scratchpad Random-Access-Memory* - **1.** SRAM: een statische RAM° geheugentechnologie (⇔DRAM°),

2. SRAM: snelle (10-20 ns) cache°-geheugens waarvan de inhoud niet regelmatig hoeft te worden geregenereerd; gebruikt 4 of 6 transistoren (transistor°) per bit (⇔DRAM°).

SRT {es·ar·ti}} - *Source Routing Transparent* - Algoritme (algorithm°) die een combinatie is van twee verschillende bridging°-normen: spanning tree° en source routing°.

SS {es·es} - *Start-Stop, Spread-Spectrum* - SS: **1.** Start-stop: asynchrone datatransmissie (async°), zie: start-stop°, **2.** Spread-spectrum: speciaal gebruik van het frequentiespectrum, zie: frequency°, spread-spectrum°.

SS7 {es·es} - *Signaling System no. 7* - SS7: besturingssignalen (signaling°) van CCITT° (nu: ITU-T°) voor telecommunicatiebedrijven (telco°) in de communicatie tussen schakelstations, beschreven in het blauwe boek. Deze opvolger van SS6 is geschikt voor ISDN° en wordt nu algemeen gebruikt door de telco's (telco°). Voluit: Common Channel Signaling System no. 7, zie ook: common channel signaling°.

SSADM {es·es·ee·di·em} - *Structured Systems Analysis and Development Methodology* - SSADM: een in Groot-Brittannië veelgebruikte methodologie voor systeemanalyse en -ontwikkeling met de volgende fases: analysis°, requirements° specification, logical design°, physical design (data° & process°), en program specification; is ontwikkeld door de Central Computer Telecommunications Agency (CCTA°) in de beginjaren 80; versie 4 dateert uit 1990. ⇔SDM°

SSB {es·es·bi} - *Single SideBand* - SSB: transmissie van radiosignalen via een enkele zijband. (Een dubbele zijband, ter weerszijde van de draaggolffrequentie (carrier frequency°), is gebruikelijk, maar geeft voor hetzelfde gebruikte vermogen een slechtere signaal/ruisverhouding).

SS DD {-} - *Single-Sided, Double Density* - SS DD: enkelzijdig (side°), maar met dubbele dichtheid (density°): aanduiding op een diskette°. ⇔DS° ⇔SS SD°

SS SD {-} - *Single-Sided, Single-Density* - SS SD: enkelzijdig (side°) en enkele dichtheid (density°): aanduiding op een diskette°. ⇔DS° ⇔SS DD°

SSF {es·es·ef} - *Solid-State Files* - Flash EPROM° geheugen van IBM° en Toshiba.

SSL {es·es·el} - *Secure Sockets Layer* - SSL: een open protocol°–λααγ (λαψερ°) die de communicatie tussen netwerken beveiligt (secure°) tegen ongeoorloofde toegang, afkomstig van Netscape Communications, dat door veel bedrijven zal worden ondersteund om Internet° meer geschikt te maken voor commercieel gebruik; zie ook: socket°. Anno 1996: versie 3.0.

SSI {es·es·ai} - *Small-Scale Integration* - SSI: eerste generatie IC-technologie (generation, IC°) tot 100 componenten per chip°. ⇔LSI°, ⇔MSI°, ⇔ULSI°, ⇔VLSI°

ST-506 {es·ti} - *Seagate Technology-506* - ST-506: norm van Seagate Technology (Shugart) voor de elektrische aansluiting (interface°) van een vaste schijf (hard disk°), geschikt tot 40 MB° voor zowel

MFM° als RLL°, o.a. gebruikt in de XT° van 1983. Een voorloper was ST412. Nu gebruikt men liever: IDE°, Enhanced IDE°, ESDI°, SCSI°.

STA {es·ti·ee} - *Spanning Tree Algorithm* - STA, zie: spanning tree°; synoniem: MST°.

stable - *stabiel* - Volgroeid: programmatuur (software°, code°) of normen (standard°) die zodanig zijn uitgewerkt en beproefd dat ze niet veel meer zullen veranderen, en dus gereed zijn voor werkelijk gebruik; een probleem bij het gebruik van geavanceerde toepassingen, zie: leading edge°. Als zelfstandig naamwoord of werkwoord: stal(len).

stack - *stack (stapel), stapelen* - Een last-in, first-out (LIFO°) wachtrij, waarin de laatsten het eerst aan de beurt komen; zie ook: protocol stack°. Als werkwoord: stapelen (stackable hub°). ⇔queue°

stackable hub - *stapelbare hub* - Apparaat met een hub° die op andere apparaten kan worden gezet en gekoppeld worden met een speciale kabel waardoor zij zich gedragen als één grote hub, een eenvoudige oplossing voor de vele kabelverbindingen en voordelig omdat minder repeaters (repeater°) nodig zijn. ⇔standalone°

stacked bar chart - *stapelstaafdiagram* - Staafdiagram (bar chart°) waarin de staven (bar°) uit diverse gestapelde (stack°) onderdelen bestaan die meestal verschillend gekleurd zijn.

stacker - *aflegbak* - Bak waarin formulieren of kaarten worden afgelegd na een sorteergang of doorvoer door een printer. Vanwege de volgorde is het belangrijk hoe het papier wordt afgelegd: face-up of face-down, zie: face° (de belangrijkste kant van het afgelegde papier). ⇔hopper° (invoer)

staff - *bemannen, staf* - **1.** Bemannen: mensen aanwijzen voor een project°, **2.** Staf: medewerkers die zowel in de lijn- als in de staforganisatie kunnen zijn geplaatst. Wordt echter ook gebruikt als echte staf, in tegenstelling tot: line°.

staff manager - *stafmanager* - Manager van een stafafdeling (staff°).

stage - *klaarzetten* - Klaarzetten: informatie zo opslaan (data staging°) dat zij op een passend tijdstip direct kan worden verzonden of gearchiveerd.

stamp - *stempel, stempelen* - **1.** Stempel: als afdruk mogelijk met datum, maar ook als tijdsvastlegging (time stamp°), **2.** Stempelen: brieven of cheques afstempelen (zie ook: endorse°).

stamped multisession - *stamped multisession* - Voorstel voor een nieuwe technologie van Philips en Sony voor een verbeterde weergave van multimedia°- informatie op CD-ROM°: een synthese van de audio-CD (CD-DA°) en de klassieke CD-ROM.

stand - *onderstel* - Stellage of drager waarop bijvoorbeeld een printer of beeldscherm (display°) staat. Synoniem: base°.

standalone - *standalone, extern* - Op zichzelf staande, niet-geïntegreerde computer, configuratie (configuration°), printer of programma. Wordt ook in veel gevallen ook genoemd: external (⇔internal°).

standalone file - *autonoom bestand* - Bestand (file°) dat kan worden uitgevoerd zonder de aanwezigheid van andere bestanden of het besturingssysteem (operating system°).

standalone modem - *externe modem* - Een modem° in een aparte kast, die via een kabel wordt aangesloten op een apparaat of computer. Synoniem: external modem°. ⇔integrated modem°

standard - *norm, normaal, standaard* - **1.** Bijvoorbeeld een ISO°- of IEEE°-norm. Niet vertalen met standaard, dat veel andere betekenissen heeft. Ook: de facto standard (de facto norm, onofficiële norm), IS° (interim standard). Standards are great, that's why everyone has one (Normen zijn fantastisch, daarom heeft iedereen zijn eigen norm) (⇔norm°). **2.** Normaal: standaarduitvoering (⇔custom° ⇔customized°).

standard ASCII {es·ki} - *Standard American Standard Code for Information Interchange* - Oorspronkelijke, 7-bit ASCII° tekenset, synoniem: plain ASCII°.

standard data format - *SDF* - Zie: SDF°.

standard deviation - *standaardafwijking* - In statistiek (statistics°), de spreiding of deviatie in een normale verdeling (normal distribution°) rond the gemiddelde waarde (mean°), die wordt aangegeven door de Griekse letter sigma°: Σ, σ. Wiskundig: de wortel (square root°) uit de som van de kwadraten (square°) van de afwijkingen van het gemiddelde. Zie ook: 3Σ°, 6Σ°.

standard for the exchange of product data - *STEP* - Zie: STEP°.

standard general markup language - *SGML* - Zie: SGML°.

standard industrial classification-code - *SIC-code* - Zie: SIC-code°.

standardize - *normaliseren, standaardiseren* - **1.** Normaliseren: normen ontwikkelen of toepassen, **2.** Standaardiseren: procedures en werkwijzen vastleggen.

standard mode - *standard mode* - De meest gebruikte modus (mode°) onder Microsoft Windows voor Intel° 80286 en latere processoren (processor°); biedt task-switching°, geen multitasking°.

standard operating procedure - *SOP* - Zie: SOP°.

standard settings - *standaardinstellingen* - De manier waarop een programma, toepassing (application°) of systeem normaal (standard°) of van fabriekswege is ingesteld (setting°).

standard wire gauge - *SWG* - Zie: SWG°.

standby - *standby, gereed staan* - **1.** Thuis dienst hebben: om in geval van nood snel te kunnen inspringen, **2.** Een extra apparaat of elektrische voeding die een defecte direct kan vervangen, zie: UPS°, **3.** In ruststand: veel gebruikte functie in een draagbaar apparaat om stroom te sparen door het scherm af te zetten tot de gebruiker een toets (key°) of de muis aanraakt (EPA°, green°, power management°).

standing order - *standing order* - Blijvende opdracht voor de levering (order°) van goederen en/of diensten.

star - *stervormig* - Een topologie (topology°) waarin één centraal punt is verbonden met alle andere punten, bijvoorbeeld in een netwerk. Is echter ook een ster, zie bijvoorbeeld: Energy Star°.

start - *start, starten* - Zie bijvoorbeeld: cold start°, warm start°, (start from) scratch°. Ook: to start up (opstarten).

start bit - *start bit* - Bit (bit°) waarmee een asynchrone (async°) transmissie (transmission°) begint: gaat vooraf aan de bits van elk teken; zie: start-stop°. ⇔stop bit°

start from scratch - *geheel opnieuw beginnen* - Zie: scratch, start from°.

start-stop - *start-stop* - Asynchrone (asynchronous°) datatransmissie; is afgeleid van het start bit° en de stop bits (beter: tijdsspanne, zie: stop bit°) die de verzonden tekens (character°) begrenzen.

startup - *opstartprocedure* - De manier waarop gestart (start°) wordt: kan een disk°, bestand (file°), scherm (screen°) enz. omvatten.

state - *toestand, status, verklaren* - **1.** Toestand: status waarin een programma of systeem zich bevindt; zie ook: finite state automata°, solid- state°, space search°, wait state°; synoniem: status°, **2.** Verklaren: iets aankondigen of specificeren.

state diagram - *state transition diagram* - Zie: state transition diagram°.

statement - *opdracht, officiële verklaring, statement, afschrift* - **1.** Opdrachtregel: instructie voor een computer, geschreven in brontaal (source language°, source statement°); opdrachten die worden gegeven op de command line°, heten: command°, **2.** Officiële verklaring, zoals in: statement of intent°, **3.** Statement: logische expressie (expression°) die al dan niet waar (true°, false°) kan zijn, **4.** Afschrift: bijvoorbeeld van een bankrekening.

statement of financial accounting standard - *SFAS* - Zie: SFAS°.

statement of intent - *intentieverklaring* - Verklaring van een fabrikant dat men een essentiële uitbreiding of voorziening in de toekomst beschikbaar zal stellen. Synoniem: letter of intent°.

state-of-the-art - *volgens de laatste mode* - Letterlijk: volgens de huidige stand der techniek.

state-space search - *state-space search* - Zie: search space°.

state transition diagram - *state transition diagram, STD* - STD°: statusdiagram: grafische weergave van alle toestanden in een technisch computersysteem en hun overgang (transition°), in een dialoog (dialog°) tussen gebruiker en programmatuur en dergelijke; wordt vaak genoemd: state diagram°.

static - *statische elektriciteit, commentaar, statisch* - **1.** Statische elektriciteit, dodelijk voor chips; moet worden voorkomen door goede aarding (grounding°); is vooral in de winter een probleem vanwege de droge lucht, **2.** Commentaar (letterlijk: atmosferische storing): dat wellicht uw plannen verstoort, **3.** Statisch, onveranderlijk: gedurende een bepaalde tijd, bijvoorbeeld kenmerk van routing°, een variabele (variable°) of een achtergrond (background°). ⇔dynamic°

static random-access memory - *SRAM* - Zie: SRAM°.

stationary - *stationair* - Kenmerk van een stabiel proces, dat niet verandert.

stationery - *kantoorbenodigdheden, formulieren* - Brits: **1.** Kantoorbenodigdheden: papier, balpennen, diskettes en dergelijke, **2.** Meestal voorbedrukte formulieren (form°).

station-to-station - *direct bellen* - Telefoneren (phone°) zonder tussenkomst van een operator°. ⇔person-to-person°

statistical multiplexer - *stat mux, STM* - Zie: stat mux°, STM°.

statistical time-division multiplexer - *STDM* - Zie: STDM°.

statistics - *statistiek, statistieken, stats* - Wiskundige waarschijnlijkheidsberekening, waaruit o.a. de begrippen 3Σ° en 6Σ° (normal distribution°) stammen. Amerikaanse afkorting: stats°. There are lies, damn lies, and (Web°) statistics (Er zijn leugens, vervloekte leugens en statistieken - die van hits op een Web server° zeggen al helemaal niets).

stat mux {stet·muks} - *statistical multiplexer* - Multiplexer (multiplexer°, mux°) die, afhankelijk van de verkeersdichtheid, de tijd over een verbinding statistisch toewijst aan verschillende inkomende lijnen.

stats {-} - *statistics* - Statistieken (statistics°): over het gebruik van een computer, de verkoop van een product, het verkeer (traffic°) over een netwerk en dergelijke.

status - *status* - De status waarin een apparaat, programma of proces (process°) zich bevindt, vaak weergegeven in de: status code°; synoniem: state°.

status code - *statuscode* - Een code° die de status (state°) van een (onderdeel van een) systeem aangeeft.

status indicator - *SI* - Zie: SI°.

status bar - *statusbalk* - In Windows°, de balk (bar°) waarop de status° wordt bijgehouden.

status line - *statusregel* - Regel (line°), meestal onderaan in het scherm, waarop de status° van datgene waarmee u bezig bent, wordt afgebeeld. ⇔command line°

STB {es·ti·bi} - *Set-Top Box* - Zie: set-top box°.

STD {es·ti·di} - *State Transition Diagram, STanDard* - **1.** Grafische weergave van de toestanden in een systeem of mens-computer dialoog (dialog°), **2.** Norm of genormeerd, zie bijvoorbeeld: MIL-STD°.

STDM {es·ti·di·em} - *Statistical Time Division Multiplexing* - STDM: een vorm van TDM° aangepast aan verkeersstatistiek over de kanalen die worden gemultiplext; werkt efficiënter dan gewone TDM.

stealing - *stealing* - Zie: cycle stealing°.

steering committee - *stuurgroep* - Groep hoge functionarissen die belangrijke beslissingen moeten voorbereiden en/of nemen (contention management°). Volgens sommigen kan een werkgroep (working group°) niet werken en een stuurgroep niet sturen.

step - *stap* - Onderdeel van een proces; ook: job step° (stap in een werkopdracht). Ook: step by step (stap voor stap), to take steps (maatregelen nemen).

STEP {step} - *Standard for The Exchange of Product data* - Norm ontwikkeld door CAD°-leveranciers en ISO° voor de uitwisseling van productgegevens (product°, data°).

step by step - *stapsgewijs* - Stap voor stap: manier om een ingewikkelde bewerking te demonstreren of uit te voeren.

stepped indent - *trapsgewijze inspringing* - Inspringing (indent°) die trapsgewijs verloopt, gebruikt om de belangrijkheid of het niveau (level°) van tekstdelen aan te geven.

stepper motor - *stappenmotor* - Motor die in discrete stappen ronddraait: wordt digitaal (digital°) aangestuurd (control°) en veel gebruikt voor precieze positionering, bijvoorbeeld in een printer.

stereo {steh·ri·oo} - *stereophonic* - Stereo: aanduiding van ruimtelijke weergave van geluid (audio°). Een pionier op dit gebied is A.D. Blumlein die in 1931 diverse methoden octrooieerde voor sterofonisch opnemen en weergeven. De eerste stereo-grammofoonplaten volgden eerst in 1958. Is afgeleid van het Griekse woord: stereos (vast lichaam).

still camera - *still-camera* - Fototoestel waarmee u enkelvoudige elektronische foto's kunt maken (still image video°), geen bewegende beelden. De beelden kunt u afspelen op een TV of PC.

still image video - *enkelbeeldsvideo* - Elektronische foto's; zie video°. Ingekort: still video. ⇔full-motion video°

STM {es·ti·em} - *Synchronous Transfer Mode, Statistical Multiplexer* - **1.** STM: universeel synchroon (synchronous°) transportformaat (format°) voor gegevens (packet-switching°) en telefonie (circuit-switching°) via ISDN° (⇔ATM°), **2.** STM: statistische multiplexer, zie: STDM°

STM-.. {es·ti·em} - *Synchronous Transfer Module-..* - STM-..: informatie-eenheid van SDH° via een glasvezelkabel. Het getal geeft de snelheid (en de framegrootte) aan: STM-1 (155,52 Mbps), STM-4 (622,08 Mbps), STM-16 (2.488,32 Mbps), STM-32 (4.976,64 Mbps) en STM-64 (9.953,28 Mbps).

stochastic process - *stochastisch proces* - Proces (process°) volgens een bepaald statistisch model; synoniem: Markov process, zie: Markov chain°.

stock - *voorraad* - Voorraad, synoniem: inventory°.

stone - *stone* - Zie: Dhrystone°, Whetstone°, X-stone°. Ook: stone (gewicht van 14 lbs, circa 6,34 kilogram).

stop - *stop, stoppen, afbreken* - Een teken (start-stop°) of het beëindigen van een proces (process°),

stop bit - *stop bit* - Bit (bit°) waarmee een asynchrone (async°) transmissie van een teken (character°) eindigt: volgt op de 7 of 8 bits van een teken (character°); soms worden twee stop bits gebruikt. Is geen echt bit, maar een tijdsinterval tussen twee tekens, vandaar dat het soms ook mogelijk is om 1,5 bit in te stellen; zie: start-stop°. ⇔start bit°

storage - *vaste geheugen, opslag* - Disk° of tape° waarop gegevens worden vastgelegd totdat ze worden overschreven; wordt door sommigen genoemd: secondary storage°, omdat zij het RAM°-geheugen zien als: primary storage°; informatie op papier of microfilm wordt dan genoemd: tertiary storage; synoniem: store°; zie ook: external storage°, information storage°, intermediate storage°, internal storage°, main storage°, mass storage°, silicon storage°. ⇔memory°

storage area - *opslaggebied* - Algemene aanduiding van de plaats waar gegevens (data°) kan worden opgeslagen, in een partitie (partition°), directory° of op magneetband (tape°). ⇔storage space°

storage capacity - *opslagcapaciteit* - De ruimte beschikbaar voor opslag (storage°): wordt nu meestal nog gemeten in MB° of GB°, straks in TB°, ooit in PB°.

storage medium - *vast geheugenmedium* - Optisch of magnetisch, disk° of tape°.

storage management - *storage management* - Programmatische hulpmiddelen voor het beheer (management°) van gegevens in decentrale databases (distributed database°); omvat: reservekopieën maken (backup°), transparent access° en het beheer van alle opslagapparatuur (storage device°).

storage space - *opslagruimte* - Het aantal bytes (MB°) dat: (a) nog beschikbaar is op een diskette° of vaste schijf (hard disk°), of (b) nodig is voor de opslag (storage°) van een bestand of toepassing. Zie ook: digital audio°, digital video°. ⇔storage area°

storage tube - *geheugenbuis* - Een glazen beeldbuis (tube°) waarop een geschreven beeld kan worden vastgehouden: nuttig voor eenmalige verschijnselen; werd in de beginjaren 50 gebruikt als RAM°-geheugen; is wat betreft geheugen (memory°) de opvolger van vertragingslijnen (delay line°) en de voorloper van kerngeheugens (core°).

store - *store, opslaan, vaste geheugeneenheid, winkel* - **1.** Gegevens wegschrijven op een disk° of tape° door middel van een write° (⇔load°), **2.** Vaste geheugeneenheid (storage°); zie ook: backing store°, **3.** Winkel: die niet erg chic is.

store-and-forward - *store-and-forward* - Een bestand wordt tijdelijk opgeslagen (store°) in een knooppunt van een netwerk voordat het verder wordt gezonden (forward°); is een vorm van message-switching°. ⇔real-time° ⇔filter- and-forward°

stored procedure - *stored procedure* - Een kort programma (procedure°) dat is opgeslagen (store°) en snel kan worden opgeroepen; is een soort van hulpprogramma (utility°) dat lokaal wordt gebruikt, bijvoorbeeld voor communicatie.

stored program - *stored program* - Kenmerk van een computer met programma's in het geheugen (RAM°), in plaats van extern in een ponsband of op een schakelpaneel; een baanbrekend concept uit 1946 van J. Von Neumann (Von Neumann computer°) dat nu algemeen ingang heeft gevonden.

STP {es·ti·pi} - *Shielded Twisted Pair* - STP: afgeschermde twisted pair° kabel voor Ethernet°. ⇔UTP°

strain relief - *trekontlasting* - Voorziening om een kabel zo vast te zetten dat men eraan kan trekken, zonder dat dit invloed heeft op de verbinding; bijvoorbeeld: het beugeltje waarmee een netsnoer in een stekker kan worden vastgezet.

stranded - *gevlochten* - Kenmerk van de centrale geleider (conductor°) of afscherming (shielding°) in een kabel die bestaat uit in elkaar gedraaide dunne geleiders: die hem meer flexibel maakt dan wanneer de geleider of afscherming massief (solid°) zou zijn.

stranded conductor - *gevlochten geleider* - Geleider (conductor°) die bestaat uit in elkaar gevlochten draadjes (stranded°): wat hem soepel maakt. Hier geen gestrande dirigent. ⇔solid conductor°

stream - *stream* - Programmatuur op twee plaatsen die samenwerkt voor de goede overdracht van gegevens (data stream°): bijvoorbeeld tussen dezelfde netwerklagen (layer°, OSI°) op twee punten in een netwerk of tussen huis en kabeltelevisiecentrale (NVoD°, VoD°); is een populair begrip in: UNIX°, OSI°, TCP/IP°; zie ook: downstream°, job stream°, upstream°.

streamer - *tape streamer, streamer* - **1.** Tape streamer (tape streamer°): snelle magneetbandeenheid (tape°) voor de backup° van bestanden; wordt ook genoemd: streaming tape, **2.** Streamer: een citaat dat groot gezet is tussen de tekst van een artikel om de overgebleven ruimte op te vullen; synoniem: pull- quote°.

streaming mode - *streaming mode* - Stroomsgewijs: bits (bit°) of packets (packet°) in een ononderbroken stroom overdragen, wegschrijven of lezen; synoniem: burst mode°.

stream-oriented - *stream-georiënteerd* - Communicatieprotocol (protocol°) dat werkt op basis van streams (stream°), niet van records (record°), bijvoorbeeld: TCP/IP°.

street price - *winkelprijs* - In de winkel gangbare prijs, die meestal lager is dan de adviesprijs (list price°). In Engeland spreekt men ook over: high street price (in de hoofdstraat).

strengths, weaknesses, opportunities, threats - *SWOT* - Zie: SWOT°.

stress - *nadruk, belasting* - **1.** Nadruk leggen, bijvoorbeeld door een grote verhouding tussen de dikte van horizontale en verticale lijnstukken van tekens (font°); high-stress (veel nadruk) heeft een grote verhouding en no- stress heeft een verhouding van 1 (gelijke dikte), **2.** Belasting, zie bijvoorbeeld: stress test°.

stress test - *stress test* - Test waarbij de capaciteiten van een systeem (system°), programma of printer° tot het uiterste wordt beproefd.

strike - *slag* - In een mechanische printer, met een klap een afdruk maken; zie ook: double strike°, strikeout°, strikeover°, strikethrough°, stroke°.

strikeout - *doorhalen* - Schrappen, synoniem van: strikethrough°.

strikeover - *strikeover* - In een scherm, een teken (character°) overschrijven, niet tussenvoegen (replace mode°); synoniem: overstrike°. (In insert mode° schuift het oorspronkelijk teken een plaats op naar rechts.) In een printer, zie: overstrike°.

strikethrough - *doorhalen* - Streep door gedeelten tekst afdrukken: om aan te geven welke stukken tekst in de uiteindelijke versie worden weggelaten (⇔doublestrike°): ~~deze tekst is doorgehaald~~.

string - *string* - Reeks tekens (character°) of bits (bit°) die kunnen worden bewerkt en veranderd; kan wel cijfers bevatten, maar die kunnen niet direct worden gebruikt voor berekeningen. This deal has strings attached (Aan deze overeenkomst zit meer vast - extra voorwaarden of problemen). Ook: setup string°, substring°.

strip - *strip* - Zie: magnetic-strip card°, mag strip°.

stripe - *strip* - Alternatieve spelling van: strip°. Tevens: streep.

striping - *striping* - Het opslaan van bestanden (file°) op diverse disks (disk°) om de lees- en schrijfsnelheid te vergroten; deze techniek wordt ondermeer gebruikt in: RAID°; synoniem: block interleave°.

stroke - *toetsaanslag, lijnstuk* - **1.** Toetsaanslag (keystroke°): is afgeleid van: strike°, **2.** Lijnstuk: segment van een teken, vroeger geschreven met een pennestreek.

strong typing - *strong typing* - Kenmerk van een programmeertaal die weinig vrijheid geeft om verschillend gedefinieerde soorten gegevens door elkaar te verwerken. ⇔loosely-typed° ⇔weak typing°

structure - *structureren, structuur* - **1.** Structureren: een complex geheel ordenen in kleinere elementen waarvan de samenhang en inhoud eenvoudiger begrepen of bewerkt kunnen worden. Het organiseren kan op vele manieren en de moeilijke vraag is, hoe dat het beste kan (structured design°). (⇔restructure°) **2.** Structuur: het resulterende, structureerde geheel, zie bijvoorbeeld: control structure°, file structure°, linear structure°.

structure chart - *structure chart, SC* - SC°: grafisch resultaat (chart°) van gestructureerd ontwerpen (structured design°) volgens SA/SD°.

structured analysis - *structured analysis* - Gestructureerde analyse (analysis°): maakt gebruik van een data flow diagram°, een data dictionary°, data store° en process logic°; is ontstaan in de eindjaren 70.

structured analysis and design technique - *SADT* - Zie: SADT°.

structured analysis, structured design - *SA/SD* - Zie: SA/SD°.

structured design - *structured design* - Gestructureerd ontwerpen: zodat de programmastructuur logisch overeenkomt met de functies van het programma; is ontstaan in het midden van de jaren 70.

structured programming - *structured programming* - Methode van overzichtelijk programmeren volgens de ideeën van E.W. Dijkstra (1968) en anderen zonder GOTO°-instructies; dit verbetert de leesbaarheid van programma's en maakt hun werking meer betrouwbaar, althans wiskundig correct (correctness°). ⇔spaghetti code°

structured query language - *SQL* - Zie: SQL°.

structured systems analysis end development methodology - *SSADM* - Zie: SSADM°.

structured walkthrough - *structured walkthrough* - Technische review° van het ontwerp (design°) van een programma: een manier van bespreken die onderdeel is van de structured programming° methodologie.

STS-.. {es·ti·es} - *Synchronous Transport Signal-..* - Norm voor elektronische signalen bij glasvezelcommunicatie, behorende bij OC-..°, bijvoorbeeld: STS-1 hoort bij OC-1 (51,480 Mbps), STS-3 bij OC-3 (155,520 Mbps), STS-9 bij OC-9 (466,560 Mbps) tot STS-48 bij OC-48 (2.488,320 Mbps).

stub - *souche, stub* - **1.** Souche: afscheurstrook van een formulier, **2.** Stub: tijdelijk stuk in een programma.

study - *studie* - Onderzoek, bijvoorbeeld: feasibility study°.

STY {-} - *STYle* - STY: extensie (extension°) van een bestand (file°) met informatie over de indeling voor een tekstverwerker (style sheet°).

style - *opmaak, opmaakprofiel* - Indeling en vormgeving van een brief, pagina, boek of beeldscherm. Zie ook: STY°, type style°.

style sheet - *opmaakmodel* - Specificatie aan de hand waarvan een tekstverwerker (DTP°) pagina's opmaakt, bijvoorbeeld: DTD°, of een spreadsheet-programma een werkblad. Wordt vaak bewaard in een bestand (file°) met de extensie (extension°): STY°.

stylus - *schrijfstift* - Soort pen zonder inkt om mee te 'schrijven' in een scherm, bijvoorbeeld van een pencomputer.

subarea - *deelgebied* - Deel van een groter geheel (area°), met een eigen identiteit, bijvoorbeeld een onderdeel van een netwerk (segment°) met eigen conventies voor adressering (address°).

subassembly - *halfproduct* - Samengesteld onderdeel, bijvoorbeeld een voeding (power supply°) of een uitbreidingskaart, gebruikt in een groter geheel.

subclassing - *subclassing* - Het plaatsen van een object° *onder* een ander object in een klassenboom (class°): een van de activiteiten bij object-georiënteerd (object-oriented°) programmeren. ⇔superclassing°

subcontractor - *onderaannemer, uitzendkracht* - Letterlijk: onderaannemer; in de praktijk meestal: uitzendkracht.

sub-D connector - *sub-D stekker* - Een kleine ronde stekker (connector°) met 9 pinnen (pin°)

subdirectory - *subdirectory* - Een onderliggende directory° die ondergeschikt is aan een bovenliggende (parent directory°). Wanneer een directory een folder° wordt genoemd, heet een subdirectory: subfolder°.

subdocument - *subdocument* - Deeldocument: bijvoorbeeld een hoofdstuk van handleiding (manual°) of boek dat in een apart bestand (file°) is opgeslagen en dat in het hoofddocument (master document°) wordt ingevoerd (imbed°).

subfolder - *subfolder* - Een onderliggende map (folder°) die ondergeschikt is aan een bovenliggende (parent folder). Wanneer een folder directory° wordt genoemd, heet een subfolder: subdirectory°.

subheading - *subkop* - Een kop (heading°) die een lager niveau heeft dan de hoogste die gebruikt wordt in een document°.

submenu - *submenu* - Een menu° dat ondergeschikt is aan een ander menu. In een grafische omgeving (GUI°, Windows°), wordt de beschikbaarheid van een submenu aangegeven door een driehoekje ter rechterzijde van een keuzemogelijkheid.

submit - *indienen* - Een hoeveelheid werk (job°) opdragen aan een grote computer.

subnetworking - *subnetworking* - De communicatie binnen een netwerk. De toevoeging sub wordt gebruikt om het verschil aan te geven met geïntegreerde netwerken (networking°).

subnotebook - *subnotebook* - Meestal net niet helemaal volwaardige Intel°-PC in een behuizing die kleiner is dan die van een notebook°, maar wel groter dan die van een palmtop°.

subrate multiplexing - *subrate multiplexing* - Een snel kanaal (channel°) splitsen in diverse langzame kanalen, bijvoorbeeld een 64 kbps B-kanaal (ISDN°) in 3x 19.200 bps en 1x 9.600 kbps. ⇔inverse multiplexing°

subroutine - *subroutine* - Een (gedeelte van een) programma, kleiner dan een utility° (hulpprogramma) of routine°, dat veel wordt gebruikt; wordt ook wel procedure° genoemd.

subscriber - *abonnee* - Person of organisatie die geabonneerd is op een bepaalde dienstverlening of aangesloten op een dienst, bijvoorbeeld de telefoondienst. Letterlijk: afnemer die zijn of haar handtekening heeft gezet onder het contract. Zie bijvoorbeeld: DSL° (digital subscriber line).

subscript - *subscript, onder-index* - **1.** Subscript, inferieur: $_{\text{Kleine tekens onder in een regel}}$ (⇔superscript°); is afgeleid van: script° (tekens van gewone grootte), **2.** Onderindex: bijvoorbeeld de subscript 3 van de string° A$(3) selecteert het derde element van A$.

subsecond response time - *responstijd beneden een seconde* - Een (grote) computer die of netwerk dat binnen de seconde reageert, zodat de aangesloten gebruikers hun concentratie niet verliezen. Dit is nodig voor bepaalde eenvoudige bewerkingen, maar niet voor alle (het samenstellen van een maandelijks rapport mag best langer duren).

subset - *subset, deelverzameling, modem* - **1.** Verkleinde versie of onderdeel van een systeem, programma of verzameling (set°), **2.** Verouderde term voor modem°.

subsetting - *subsetting* - Een gedeelte (subset°) van een uitgebreid product apart gebruiken of goedkoop verkopen.

subsidiary - *dochteronderneming* - Ondergeschikte onderneming: een lokaal of gespecialiseerd zelfstandig onderdeel van een groot bedrijf.

substitute - *vervangen* - Een variabele (variable°) door een gegeven waarde vervangen of een directory° (bijvoorbeeld: C:\WP51) door een drive° (W:), zie ook: map° met behulp van de SUBST-opdracht in DOS°.

substrate - *substraat* - Onderlaag: waarop de pinnen (pin°) en de chips (chip°) van een module° worden gemonteerd; is meestal van keramisch materiaal. Term wordt ook gebruikt in netwerken: a backbone that runs over an ATM° substrate (een backbone die werkt op basis van ATM°).

substring - *substring* - Onderdeel van een string° (rij tekens), dat ook weer een string is. Wordt gebruikt om een onderdeel van een variabele (variable°) te selecteren of om naar een trefwoord (key word°) te zoeken; zie ook: case-sensitive°.

subsystem - *subsysteem* - Een systeem (system°) dat onderdeel is van een groter systeem, bijvoorbeeld: printing subsystem° (printers in een systeem gegroepeerd als onderdeel van een informatiesysteem).

subtract - *aftrekken* - Twee getallen, signalen (signal°) en dergelijke van elkaar aftrekken. ⇔add°

subtrahend - *aftrekker* - Getal dat van een aftrektal (minuend°) wordt afgetrokken: b in (a-b).

suffix - *achtervoegsel, suffix* - **1.** Achtervoegsel, **2.** Suffix: code° achter een message°, record° en dergelijke; zie bijvoorbeeld: RPN°. ⇔infix° ⇔prefix°

suite - *verzameling* - Samenstel: reeks programma's (test suite°) gebruikt om een nieuwe release° te testen of verzameling protocollen (protocol suite°); bijvoorbeeld: validation° suite°. Term wordt nu ook gebruikt voor: integrated software° (een pakket op elkaar aansluitende programma's, bijvoorbeeld een tekstverwerker, database° en spreadsheet°; zie echter ook: OCX°).

sum - *som* - Resultaat van een optelling, de som van een augend° en een addend°.

summary - *samenvatting* - Beknopte samenvatting van een document, boek , rapport (report°) of presentatie (presentation°).

Sun {sun} - *Stanford University Network* - Sun Microsystems, Inc.: fabrikant van werkstations die de RISC°-technologie tot een succes maakte onder de naam SPARC°. De naam duidt op Stanford University waar A. Von Bechtolsheim het eerste SUN werkstation ontwikkelde; het bedrijf werd samen met B. Joy gevestigd in 1982. Het UNIX°-besturingssysteem van Sun voor Intel°-PC's heet: Solaris. Von Bertelsheim is inmiddels vertrokken en heeft opgericht: Granite Systems, voor de ontwikkeling van snelle netwerk-switches (switching°), gebaseerd op de ideeën van D. Cheriton. De slogan van Sun is: The network is the computer (Het netwerk is de computer) - met Java° proberen zij dat verder in de praktijk te brengen.

SUP {-} - *SUPplemental* - SUP: extensie (extension°) van een bestand (file°) met een extra dictionaire (dictionary°), bijvoorbeeld voor door de gebruiker (user°) toegevoegde woorden t.b.v. de spell checker°.

supercard - *SuperCard* - Zie: hyper...°.

superclassing - *superclassing* - Het plaatsen van een object° boven andere objecten in een klassenboom (class°): een activiteit bij object-georiënteerd (object-oriented°) programmeren. ⇔subclassing°

supercomputer - *supercomputer* - Algemene term voor de snelste en duurste computer° die op dat moment beschikbaar is.

superconductivity - *supergeleiding* - De kenmerk van metalen en legeringen om beneden een extreem lage temperatuur plotsklaps geen weerstand (resistance°) meer te hebben. Dit biedt theoretisch de mogelijkheid om computers met lage warmte-ontwikkeling te maken, hetgeen na 30 jaar ontwikkeling nog steeds niet praktisch is verwezenlijkt.

supergroup - *secundaire groep* - Vijf primaire CCITT° (nu: ITU-T°) groepen (groupband°) met een bandbreedte (frequency band°) van 48 kHz° elk, combineren tot één groep met een bandbreedte van 240 kHz voor 60 kanalen (channel°).

super high frequency - *SHF* - Zie: SHF°.

superhighway - *supersnelweg* - Voorstel anno 1994 om een elektronische supersnelweg van glasvezelkabels (fiber optics°) aan te leggen, wat technisch wel haalbaar is maar financieringsproblemen kent. Het project National Information Infrastructure (NII°) is in 1992 voorgesteld door vice-president A. Gore; zie ook: EII°, GII°.

supericon - *supericon* - Een pictogram (icon°) met een gecombineerde functie: die is samengesteld uit twee of meer basisfuncties.

super large-scale integration - *SLSI* - Zie: SLSI°.

superpipelining - *superpipelining* - Techniek gebruikt in sommige processoren (processor°, Alpha°) waarbij twee of meer uitvoeringsstadia worden gesplitst in twee of meer stukken die werken met: pipelining°. Hierdoor kan de effectieve snelheid flink toenemen.

superscalar - *superscalair* - Techniek waardoor een processor° meer dan één instructie tegelijkertijd kan uitvoeren omdat de processor speciale eenheden bezit voor bijvoorbeeld integer°, load/store en floating-point bewerkingen.

superscript - *superscript* - Superscript, superieur: Kleine tekens boven in de regel (⇔subscript°). Is afgeleid van: script° (tekens van gewone grootte).

superserver - *superserver* - Een minicomputer (mini°) die speciaal is ontworpen om als server° in een netwerk te dienen.

superuser - *superuser* - In UNIX°, een gebruiker (user°) met het recht van toegang tot alle bestanden (file°), directories (directory°) enz.

super VGA {vi·dji·ee} - *SVGA* - Zie: SVGA°.

supervisor - *supervisor* - Persoon die toezicht houdt op een complexe gang van zaken of onderdeel van een besturingssysteem (operating system°) dat taken (task°) beheert. ⇔handler°

supervisor call - *SVC* - Zie: SVC°.

supplemental - *aanvullend* - Een woordenlijst (dictionary°) of speciale hulpmiddelen, die u cadeau krijgt of kunt kopen.

supplier - *leverancier* - Firma die programmatuur en dozen apparatuur levert (supply°).

supplies - *benodigdheden* - Diskette°, papier, toner° en dergelijke; synoniem: consumables°. Verschilt van: supply°

supply - *voeding, voorraad, aanbod, leveren* - **1.** Voeding, zie: power supply° (stroomvoorziening van een computer), **2.** Voorraad, bijvoorbeeld van kantoorbenodigdheden (supplies°) of voor assemblage, bijvoorbeeld: supply chain (keten van onderdelenleveranciers), **3.** Aanbod. Als werkwoord: aanvullen, verschaffen, leveren.

supply cable - *voedingskabel* - Zie: cable°, power supply°, supply°.

support - *support, ondersteunen* - EHBO voor computergebruikers of ondersteuning van bepaalde functies in een apparaat of programma ten behoeve van klanten, bijvoorbeeld: product support°. De belangrijke vraag die iedere koper van software° zou moeten stellen is: Hoe lang wordt deze versie gesupport? Het antwoord is meestal max. twee jaar, terwijl de koper denkt die langer te willen gebruiken. Overschakelen op een nieuwe versie is vaak een pijnlijke en kostbare operatie.

supporting - *ondersteunend* - Bijvoorbeeld een document°, tekening of werkblad (spreadsheet°) dat een voorstel ondersteunt.

suppression - *onderdrukken* - Elimineren van bijvoorbeeld vonken (spark suppression°) of nullen (zero-suppression°).

surf - *surfen* - In het World Wide Web° over de hele wereld springen van site naar site, liefst in 3D° (VRML°) - naar analogie van surfen op zee of in de sneeuw. HTML° hypertext° links maken het springen kinderspel: klik (click°) een gekleurd veld aan en u bent op weg.

surface modelling - *surface modelling* - Oppervlak-modellering: wiskundige techniek voor het driedimensionaal afbeelden van oppervlakken (surface) in een tweedimensionaal scherm; zie ook: render°, wireframe model°.

surface mounting - *surface mounting* - Techniek om IC°s direct op de printplaat (PCB°: printed circuit board°) te solderen in plaats van de pinnen (pin°) en de gaten te moeten stoppen. Deze techniek maakt het mogelijk om de modules aan beide kanten te monteren, maar verhindert de mogelijkheid om een PCB° met verscheidene lagen van bedrading te gebruiken.

surface test - *oppervlakte test* - Test van het magnetiseerbare oppervlak (surface) van een vaste schijf (hard disk°) door middel van een hulpprogramma, hetzij door het schrijven van testpatronen (destructief) of door het lezen, herschrijven en nogmaals lezen/controleren (niet-destructief). Op een grote disk, een langdurige kwestie.

surge protection - *bescherming tegen pieken in de netspanning* - Beveiliging tegen spanningspieken (surge) die nodig is als in de buurt zware elektromotoren worden aan- en uitgeschakeld, bijvoorbeeld een: line filter°.

suspend - *uitstellen* - Een bewerking of uitvoering voor onbepaalde tijd stoppen. Later kunt u beslissen de de bewerking of uitvoering alsnog door te zetten of geheel te stoppen.

sustained information rate - *SIR* - Zie: SIR°.

SVC {es·vi·si} - *SuperVisor Call, Switched Virtual Circuit* - SVC: **1.** Supervisor-opdracht: die de besturing overdraagt aan de supervisor°, **2.** Geschakelde (switched circuit°) virtuele (virtual°) lijn: logische verbinding voor de duur van een sessie (session°), zelf gekozen via het telefoonnet of in een ATM° breedbandnetwerk (hoeft dus niet van tevoren worden opgezet). Deze kan goedkoper zijn dan een PVC°, omdat alleen betaald wordt voor het gebruik (usage°).

SVID {-} - *System V Interface Definition* - SVID: interface°-norm voor UNIX° System V release 4 van USL° (AT&T°).

S-video - *S-signaal* - Vorm van een videosignaal, die ook wordt genoemd: Y/C°. ⇔composite video°

SVGA {*es*·vi·dji·ee} - *Super-VGA* - SVGA: term gebruikt voor nieuwe vormen van VGA°, PC-kaart en beeldscherm voor kleur met groot scheidend vermogen, bijvoorbeeld: 640x480, 800x600 en 1024x768 pixel°; zie ook: VESA°, XGA°.

S-VHS {es·vi·eetsj·es} - *Super-Video Home System* - S-VHS: verbetering van VHS° en PAL° door de luminantie- (luminance°) en chrominantie-signalen (chrominance°) te scheiden en apart op te nemen, waardoor minder interferentie en een scherper beeld ontstaat. De populariteit voor S-VHS wordt beperkt door het feit dat S-VHS banden niet kunnen worden afgespeeld op VHS-spelers.

S-video {es} - *Super-Video Home System video* - S-video: aanduiding van een videosignaal (video°) dat voldoet aan de S-VHS°-normen.

SW {-} - *SoftWare* - Programmatuur (software°): meestal een bundeling van vele duizenden programma's; is een onderdeel van een computersysteem; zie: information system°, shelfware°. ⇔HW°

swap - *wisselen* - Bijvoorbeeld een printer verwisselen of een bestand (file°) of programmadeel (swapping°) in het computergeheugen.

swap file - *wisselbestand* - Bestand (file°) waarin alle informatie over een wisseling (swap°) in wordt opgeslagen, zodat de wisseling later eenvoudig kan worden teruggedraaid.

swapping - *paging* - Pagineren: bestanden of programmadelen in het geheugen verwisselen (paging°) met die op disk° door middel van: roll in°, roll out°; zie ook: overlay°; chic synoniem: paging°.

SWG {es·dubbeljoe·dji} - *Standard Wire Gauge* - SWG: Britse maateenheid (gauge°) voor de dikte van koperdraad (wire°) in kabels. ⇔AWG°

SWIFT {swift} - *Society for Worldwide Interbank Financial Transaction telecommunications* - SWIFT: internationaal interbancair netwerk voor elektronisch geld overmaken (EFTS°).

switch - *schakelaar, switch, omschakelen, telefooncentrale, omschakeling, activeren* - **1.** Schakelaar: bijvoorbeeld voor het aan-, uit- of omzetten van apparatuur (main switch°), **2.** Switch, schakeloptie: een parameter° gebruikt bij het oproepen van een programma (program switch°) op de command line°, die aangeeft hoe men een programma wil gebruiken, in DOS° aangegeven met /, bijvoorbeeld: dir /p (toon de directory-lijst en pauzeer als het scherm vol is), **3.** Omschakelen, bijvoorbeeld naar een andere mode° of printer (data switch°, DIP switch°, microswitch°), of activeren, bijvoorbeeld overschakelen naar een ander programma, **4.** Switch: aansluitpunt voor een PAD° in een X.25° netwerk; een nieuwe ontwikkeling zijn de algemene network access° switches, zoals: ATM switch°, Ethernet-switching°; wordt een steeds meer gebruikte manier van koppelen met en tussen netwerken; switching° is a low-cost solution to LAN° congestion° (Switching is een goedkope oplossing voor overbezette lokale netwerken); ATM kent: edge switch (langs de periferie van een ATM-netwerk), core switch (intern in het ATM-netwerk), IP switch°, **5.** Telefooncentrale, bijvoorbeeld: central office switch°, **6.** Omschakeling, bijvoorbeeld: Negroponte switch°.

switchboard - *telefooncentrale* - Term dateert uit de tijd dat telefoons (telephone°) via schakelpanelen en kabels met stekkers met de hand moesten worden verbonden.

switch box - *omschakelapparaat* - Een eenvoudige kleine of grote schakelaar in een kastje (box°) om randapparatuur te kiezen, gebruikt wanneer er te weinig poorten (port°) op een PC aanwezig zijn of voor het delen van een printer met een andere PC. Synoniem: a-b box°.

switched - *kies-, geschakelde* - **1.** Kies-, zie bijvoorbeeld: general switched telephone network° (GSTN°), switched line° (⇔switching°), **2.** Geschakelde, zie bijvoorbeeld: switched LAN°.

Switched 56 - *Switched 56* - Amerikaanse geschakelde (switched°) digitale netwerkdienst: werkt met 56 kbit/s synchroon (synchronous°) of 57,6 kbit/s asynchroon (asynchronous°) tegen normale telefoontarieven (POTS°).

switched LAN {len} - *switched local-area network* - Geschakeld (switched°) LAN°: dat geschakeld werkt, bijvoorbeeld op basis van ATM° of frame relay°.

switched line - *kieslijn* - Verbinding via het openbare (geschakelde) telefoonnetwerk; synoniem: dial line°. ⇔leased line°

switched media - *geschakelde kabel* - Nieuwe methode om een netwerkverbinding te delen met anderen door middel van: switching°, packet-switching°. ⇔shared media°

switched virtual circuit - *SVC* - Zie: SVC°.

switching - *schakelen* - Schakelen (switch°) in het algemeen, maar nu vooral door het schakelen op de kabel zelf (switching°, ATM°); zie ook: bank switching°, cell relay switching°, circuit-switching°, fast packet-switching°, integrated switching°, message-switching°, packet-switching°, switching hub°. Zie ook: ATD°. ⇔switched°

switching fabric - *switching-fabric* - Aanduiding voor de structuur of constructie van een switching°-netwerk of - verbinding. Als een gedeelte daarvan decentraal staat, spreekt men van: distributed switching fabric°. Term wordt vooral gebruikt in verband met: ATM°.

switching hub - *switching hub* - Een knooppunt dat een LAN° in kleinere stukken (segment°) deelt, die met de volle snelheid (mogelijk via een backbone°) met elkaar verbonden worden, meestal onder gebruikmaking van frame relay° of ATM°. In de ultieme vorm beschikt gebruiker over een eigen segment; i.p.v. 12 Ethernet°-gebruikers die 10 Mbps moeten delen, beschikt dan iedere gebruiker over 10 Mbps - als de infrastructuur dan tenminste ondersteunt! Men verwacht dat zij routers overbodig zullen maken, zie: router°.

swivel-and-tilt base - *kantelbare draaivoet* - Onderstel voor een beeldscherm. Synoniem: tilt-and-swivel base°.

SWOT {swot} - *Strengths, Weaknesses, Opportunities, and Threats* - Sterkten, Zwakten, Kansen en Bedreigingen: analyse van de positie van een bedrijf, instelling of groep vanuit deze vier gezichtshoeken.

SYLK {silk} - *SYmbolic LinK file* - SYLK: een bestand gebruikt door Microsoft voor de uitwisseling van spreadsheet°-gegevens, bijvoorbeeld tussen een Mac° en een PC; heeft de extensie (extension°): SYL°.

symbol - *symbool* - Plaatje, speciaal teken of tekenrij die een hoeveelheid, proces, gegeven, relatie of bewerking voorstelt. Als term: een verwijzing.

symbolic - *symbolisch* - Werkend met symbolen (symbol°) in plaats van waarden, bijvoorbeeld Boole-logica (Boolean logic°).

symbolic language - *symbolische taal* - Programmeertaal waarin de opdrachten worden gedefinieerd met symbolen, niet met directe waarden; is het geval bij vrijwel elke programmeertaal.

symbolic link - *symbolische link* - Een link° via een symbolisch (symbol°) gebruikte uitdrukking gebruikt in een programma.

symbolic link file - *SYLK file* - Zie: SYLK file°.

symbol library - *symboolbibliotheek* - Bibliotheek (library°) van plaatjes (symbol°) voor het ontwerpen van een organisatie, structuur of elektronische schakeling.

symbology - *symboliek* - Het ontwerp of codering van de gebruikte symbolen, bijvoorbeeld: Code 39 and EAN° symbologies (Code 39 en EAN typen barcode), 2D symbologies (tweedimensionale barcodes); zie ook: bar code°.

symbol set - *tekenrepertoire* - De verzameling beschikbare tekens (set°), bijvoorbeeld in een 8-bit° code°. Synoniem: character set°, code page°.

symmetric - *symmetrisch* - Vanuit twee of meer kanten of gezichtspunten gelijk of elkaars spiegelbeeld, betreffende vorm of kenmerken. ⇔asymmetric°

symmetric compression - *symmetrische compressie* - Eigenschap van een compressiemethode (compression°) die evenveel bewerkingen vergt voor het comprimeren als decomprimeren.

symmetric multiprocessor - *symmetrische multiprocessor, SMP* - SMP°: symmetrische multiprocessor° die is opgebouwd uit twee of meer processoren aangesloten op een gemeenschappelijke bus° waarop ook het gedeelde geheugen (shared memory°) is aangesloten: de eenvoudigste vorm van parallellisme, vooral voor de nieuwe Pentium°-processoren, waarbij de bus een knelpunt is. Zie ook: massive parallel°, OS/2°. ⇔asymmetric multiprocessor° ⇔distributed memory°

sync {sink} - *synchronization, synchronous* - **1.** Synchronisatie: twee processen (process°) met elkaar in de pas laten lopen, synchroniseren, **2.** Synchroon: kenmerk van in de tijd op elkaar afgestemde, samenlopende processen, bijvoorbeeld op verschillende plaatsen en verbonden via een netwerk voor de overdracht (transmission°) van gegevens. Zie ook: multisync°.

synchronization - *synchronisatie, sync* - Twee of meer asynchrone processen (process°) gelijk laten lopen; de term wordt ook gebruikt in verband met de gelijkloop van de inhoud van twee of meer databases (file synchronization°, replication°), de afbeelding in een TV- of PC-scherm (verticale en horizontale synchronisatie) en dergelijke. De synchronisatie van databases geschiedt steeds op bepaalde tijdstippen (sync point°) in een herhaalde cyclus d.m.v. replication°

synchronize - *synchroniseren* - Gebeurtenissen op elkaar afstemmen, wat meestal met een zekere regelmaat plaatsvindt; zie ook: file synchronization°, SMPTE°.

synchronous - *synchroon, sync* - Een datacommunicatiemethode (data communication) waarbij gegevens met vaste tussenpozen worden verzonden, bijvoorbeeld BSC° en SDLC°. ⇔asynchronous° ⇔packet-switching°

synchronous data link control - *SDLC* - Zie: SDLC°

synchronous digital hierarchy - *SDH* - Zie: SDH°

synchronous optical network - *Sonet* - Zie: Sonet°

synchronous transfer mode - *STM* - Zie: STM°

sync point {sink} - *synchronization point* - Synchronisatiepunt: tijdstip waarop synchronisatie (synchronization°) plaatsvindt.

syndicat de constructeurs des appareil radiorécepteur et télévision - *SCART* - Zie: SCART°.

syndrome - *syndroom* - Kenmerkend complex van verschijnselen, zie bijvoorbeeld: carpal tunnel syndrome°, NIH°.

synergy - *synergie* - Wanneer mensen en/of dingen samenwerken om een doel te bereiken dat voor elk afzonderlijk onbereikbaar is; wanneer het resultaat meer lijkt dan de som der samenstellende delen (omdat zij elkaar niet tegenwerken).

synonym - *synoniem, alias* - Verschillende woorden verwijzen naar hetzelfde begrip; staat in het Engels ook bekend als: aka°. ⇔antonym° ⇔homonym°

syntax - *syntaxis* - Syntax: de grammatica van woorden en zinnen in een natuurlijke of programmeertaal.

syntax error - *syntactische fout* - Niet geschreven volgens de grammaticale regels van een programmeer- of opdrachttaal; dit mag niet meer voorkomen in een grafische werkomgeving (graphical environment°). ⇔semantic error°

syntax notation - *syntaxnotatie* - Zie: ASN/1°, syntax°.

synthesizer - *synthesizer* - Elektronische schakeling voor het omzetten van bits naar elektronische klanken, bijvoorbeeld met behulp van een wavetable°. Wordt o.a. gebruikt in een MIDI°-systeem. Is afgeleid van: to synthesize (langs synthetische weg produceren).

sys {sis} - *system* - Systeem: bijvoorbeeld het besturingssysteem (operating system°). Is in DOS° een opdracht om een systeemschijf (system disk°) te maken.

SYS {sis} - *SYStem* - SYS: extensie (extension°) van een systeembestand of stuurprogramma (device driver°).

SYSGEN {sis·djen} - *SYStem GENeration* - De programmatische bouw van een nieuw(e versie van een) systeem (system°) aan de hand van specificaties en met behulp van een computer als generator (generator°).

sysop {sis·op} - *system operator* - Sysop: persoon die een bulletin-board° beheert of de moderator° van een forum°.

system - *systeem, sys* - Een complex stelsel van delen (subsystem°) en begrippen die logisch zijn geordend om verschillende doelen te verwezenlijken. Bijvoorbeeld: een computersysteem, een programmeringssysteem of een toepassingssysteem (application system°). Zie bijvoorbeeld: file system°, information system°, legacy system°, management system°, metric system°, number system°, Pantone matching system°, wide-area information transfer system° (WAITS°).

System 7 - *SS7, System 7, System/7* - **1.** SS7°: common signalling system 7°, gebruikt voor de signalering (signaling°) tussen telefooncentrales, **2.** System 7: besturingssysteem van Apple° voor de Mac°; is medio '95 inmiddels: System 7.5; in 1997 wordt System 8.0 (Copland) verwacht, **3.** System/7: destijds een IBM minicomputer° voor de procesindustrie (process control°).

System V - *System V* - Bekende versie van UNIX°, destijds ontwikkeld door AT&T°, zie: SVID°, USL°.

system administrator - *systeemadministrateur* - Persoon (administrator°) die de configuratie (configuration°) van een systeem (system°) bijhoudt, gebruikers autoriseert en de toegang tot programmatuur en gegevens beheert. ⇔DBA°

system analysis - *systeemanalyse* - De analyse (analysis°) van een informatiesysteem: bepaling van welke taken het moet verrichten en hoe het die taken moet uitvoeren. Dit dient als voorbereiding voor de definitie van de voor het systeem benodigde programmatuur en apparatuur.

system application architecture - *SAA* - Zie: SAA°.

system board - *systeembord* - Moederbord (motherboard°): printplaat waarop de microprocessor° is gemonteerd; wordt soms genoemd: planar°.

system call - *system call* - Interface (call°) binnen een besturingssysteem, bijvoorbeeld UNIX°, tussen de kernel° en de hogere niveaus.

system configuration - *systeemconfiguratie* - De samenstelling (configuration°) van een systeem (system°), tevens aanduiding van het proces om die samenstelling te specificeren.

system console - *systeemconsole* - Bedieningsterminal (console°) voor de beheerder van een computersysteem: waarmee de operationele, administratieve, beheers- en onderhoudstaken worden uitgevoerd.

system control program - *SCP* - Zie: SCP°.

system date - *systeemdatum* - Datum (date°) die in een computer wordt bijgehouden: welke u in DOS° te zien krijgt door het intypen van 'date' of 'datum', waarbij de mogelijkheid bestaat om de datum te veranderen. Ook wel: de datum van installatie van een systeem of de aanmaakdatum van de BIOS°. ⇔system time°

system default printer - *standaardprinter* - In Windows°, de printer die in elke toepassing gebruikt kan worden. Het grote voordeel hiervan is dat iedere toepassing niet langer zijn eigen stuurprogramma's voor zeer veel verschillende printers hoeft te heb-ben (zoals voor Windows het geval was).

system device driver - *systeemapparaatstuurprogramma* - Een stuurprogramma (device driver°) van het besturingssysteem (operating system°), bijvoorbeeld in DOS°

voor de volgende systeemapparaten: NUL°, CON°, AUX°, PRN°, COM1..4°, LPT°x, CLOCK$ (clock°).

system disk - *systeemschijf* - De vaste schijf (hard disk°) of een diskette° waarop de basiselementen van het besturingssysteem (operating system°) staan. Een systeemdiskette worden kan gebruikt in het A:°-station om een Intel° PC op te starten als de vaste schijf (hard disk°) het heeft begeven, bij een virusinfectie (virus°) of als er geen vaste schijf is. ⇔DOS disk°

system engineer - *SE* - Systeemingenieur: bouwer van informatiesystemen.

system file - *systeembestand* - Een van de vele bestanden van een besturingssysteem (operating system°) of toepassingssysteem (application°). ⇔user file°

system generation - *systeemgeneratie, SYSGEN* - Zie: SYSGEN°.

system house - *systeemhuis* - Firma die apparatuur en programmatuur samenvoegt tot een systeem en dat verkoopt; heet nu: system integrator°. ⇔solutions house°

system-independent source format - *SIDF* - Zie: SIDF.

system integration - *systeemintegratie* - Zie: systems integration°. ⇔network integration°

system integrator - *systeemintegrator, SI* - SI°: een firma die een volledige informatievoorziening (apparatuur en programmatuur) levert: een turnkey° oplossing. Zie ook: network system integrator°.

system integrity - *systeemintegriteit* - De ongeschonden staat van een systeem (system°), zie: integrity°.

system management - *systeembeheer* - Het beheren van een informatiesysteem (system°), tegenwoordig inclusief de gebruikte netwerken; zie ook: SMM°.

system management mode - *SMM* - Zie: SMM°.

system object model - *SOM* - Zie: SOM°.

system operator - *sysop* - Zie: sysop°.

system performance evaluation cooperation - *SPEC* - Zie: SPECmark°.

system programmer - *systeemprogrammeur* - Persoon die het besturingssysteem (operating system°), een toepassingssysteem (application system°) of een ander systeem programmeert en/of installeert.

system resources - *systeem-resources* - Alle hulpbronnen (resource°) die een systeem tot zijn beschikking heeft, bijvoorbeeld een disk° of printer.

systems development life cycle - *SDC* - Zie: SDC°.

systems development methodology - *SDM* - SDM°: methodologie (methodology°) voor de ontwikkeling (development°) van computersystemen, bijvoorbeeld: SDM 2°.

system security - systeem*beveiliging* - De beveiliging (security°) van een informatiesysteem (system°) tegen ongewenst of ongeoorloofd gebruik: o.a. vanwege informatiebeveiliging (information security°).

system setting - *systeeminstelling* - De instelling (setting°) van een Windows°-systeem (system°).

systems engineer - *SE* - Zie: SE°.

systems integration - *systeemintegratie* - **1.** Het samenvoegen van aparte computersystemen tot een logisch geheel, **2.** Het samenvoegen van aparte programmatische modules (module°) tot een computersysteem tijdens de ontwikkeling (development°), waarbij vaak blijkt dat alles toch niet zo goed was afgesproken als men dacht. Zie ook: integration°, network system integrator°. ⇔network integration°

systems network architecture - *SNA* - Zie: SNA.

system software - *systeemprogrammatuur* - Zoals besturingssystemen (operating system°) en algemene toepassingssystemen (application system°).

system time - *systeemtijd* - Tijd (time°) die in een computersysteem wordt bijgehouden, die u in DOS° te zien krijgt en kunt veranderen na het intypen van 'time' of 'tijd'. ⇔system date°

system tuning - *systeemoptimalisering* - Zie: tuning°.

system utilities - *systeemhulpprogramma's* - Hulpprogramma's (utility°) op systeemniveau van vroeger die nu zijn verzameld in een besturingssysteem (operating system°) of toepassingssysteem (application system°).

- T -

T {ti} - *tera..., True, Tesla* - **1.** Tera-: meer dan en biljoen (2^{40}), iets meer dan 10^{12}; zie: terabyte°, en bijlage B. Machten van tien en twee, **2.** Waar (true°): meestal de logische waarde '1' (⇔F°), **3.** T: eenheid van magnetische veldsterkte, genoemd naar N. Tesla (1856-1943); in het SI°-systeem opvolger van de Gauss; wordt o.a. gebruikt om de magnetische straling van beeldschermen te meten.

T1 {ti·wan} - *T1* - Amerikaanse standaard verbinding voor digitale (digital°) transmissie met een snelheid van 1,544 Mbps°, ingevoerd in 1962 en beschikkend over 24 gemultiplexte (multiplexer°) kanalen van 64 kbps° (fractional T1° ⇔Switched 56°), oorspronkelijk voor digitale spraakoverdracht met 8000 bemonsteringen/sec (sampling°) van 8 bits elk; werkt met TDM° en PCM°. In verband met lettertypes: Type 1 font° (⇔TT°). ⇔E1°

T2 {ti·toe} - *T2* - Amerikaanse standaard verbinding voor digitale transmissie met een snelheid van 6,312 Mbps°, die kan worden verdeeld in 96 gemultiplexte (multiplexer°) kanalen van 64 kbps° (4x zoveel als T1°). ⇔E2°

T3 {ti·srie} - *T3* - Amerikaanse standaard verbinding voor digitale transmissie met een snelheid van 44,736 Mbps°, die kan worden verdeeld in 672 gemultiplexte (multiplexer°) kanalen van 64 kbps (28x zoveel als T1°), normaal via glasvezel (fiber optics°). Het protocol° wordt, in combinatie met compressie (compression°) ook gebruikt voor satellietverbindingen; is geschikt voor de overdracht van TV-signalen zonder compressie. ⇔E3°

T4 {ti·for} - *T* - Toekomstige Amerikaanse standaard verbinding voor digitale transmissie met een snelheid van 274,176 Mbps° (168x zoveel als T1°) via een satelliet. ⇔E4°

TA {ti·ee} - *Terminal Adapter* - Zie: terminal adapter°.

tab {teb} - *tabulate, tab* - **1.** Tabelleren (tabulate°): naar een ingestelde positie in een regel (line°) springen, **2.** Tab: de ingestelde positie, **3.** Tab: het schuifje in een diskette° waarmee deze kan worden beveiligd tegen overschrijven (write-protected°). I'll pick up the tab (Ik betaal de rekening). Keeping tabs on spending (De uitgaven in de gaten houden). Zie ook: tab card°, thumb tab°. ⇔tap°

Tab {teb} - *Tabulate* - Toets (key°) waarmee kan worden getabuleerd of Tab-teken (code°) dat een tabellarische sprong veroorzaakt; zie ook: Alt-Tab°.

tab card - *indexkaart* - Kaart (card°) met uitstekend stukje waarop een letter of woord is aangebracht als structuur van een index: op karton of afgebeeld op een beeldscherm.

tab delimiter - *tabscheidingsteken* - Het scheidingsteken (delimiter°) gebruikt informatie in een plat tekstbestand te scheiden. Dankzij de tabs (tab°) kan het bestand de informatie toch netjes in kolommen weergeven of afdrukken. Zie verder: comma-delimited ASCII°.

tab key - *tabtoets* - Tab°: toets (key°) waarmee de cursor° verplaatst wordt over de geldende tab°-afstand (tab settings°). In de meeste tekstverwerkers verschuift tekst vanaf de cursor mee naar rechts (naar links indien de wisseltoets - Shift key° - ook ingedrukt wordt).

table - *tabel* - Lijst waarin gegevens zijn vastgelegd, bijvoorbeeld een view° in een relationele database° (RDBMS°), zie ook: base table°, database table°, routing table°, truth table°; in een kantoor of lab ook: tafel.

table item - *tabelelement* - Aanduiding van een enkele plaats in een tabel (table°).

table lookup - *een waarde of gegeven in een tabel opzoeken* - Het opzoeken (lookup°) via een adres, index° of trefwoord (keyword°), of via een andere tabel.

table of contents - *TOC* - Inhoudsopgave, zie: TOC°.

table of figures - *lijst met afbeeldingen* - Indien een boek of handleiding veel afbeeldingen (figure°) bevat, verdient het aanbeveling een extra lijst met de afbeeldingen, hun onderschriften en bladzijdenummers op te nemen; deze lijst wordt geplaatst direct achter de inhoudsopgave (TOC°).

tablet - *tablet* - Een elektronisch schrijfblad dat penbewegingen overbrengt naar een PC, een pen-based computer° geïntegreerd met het beeldscherm; ook: digitizing tablet°. Posities op een tablet kunnen worden aangewezen en overgenomen via een: cursor°.

tab settings - *tab-instellingen* - Plaatsen (tabstop°) op de lineaal (ruler°) waarheen getabt kan worden met de tabtoets (Tab°).

tab stop - *tabstop* - Plaats op de lineaal (ruler°) waarheen getabt kan worden met de tabtoets (Tab°). Alle tabstops samen worden genoemd: tab settings°.

tabular form - *tabelvorm* - Een manier om gegevens te presenteren of op te slaan: als tabel. (table°).

tabulate - *tabelleren* - Gegevens tabellarisch rangschikken, netjes onder elkaar zetten of totaliseren. Afgekort: tab°.

TAC {tek} - *Total Acces Communications* - Zie volledige naam: TACS°.

TACS {teks} - *Total Access Communication System* - TACS: een analoog (analog°), cellulair (cellular°) mobiel telefoonnetwerk, Engelse versie van AMPS°. ⇔NMT°

tag - *tag* - **1.** Een zichtbare of onzichtbare opmaakcode, geplaatst in de tekst of tussen de gegevens; bijvoorbeeld: SGML°-tag, **2.** Klein kaartje met ronde ponsgaten (Kimball tag), gebruikt in Amerikaanse warenhuizen. Ook: telephone tag[c] (telefonisch opgeroepen zijn); letterlijk: markering. Supertag is een vorm van productcodering die experimenteel wordt uitgeprobeerd in supermarkten e.d., waarmee etiketten via radiogolven (RF/ID°) worden uitgelezen.

tagged - *gemarkeerd* - Afgepaald door middel van tekens (character°, separator°), bits (bit°) of een tag°.

tagged image file format - *TIFF* - Zie: TIFF°.

tailor - *aanpassen* - De configuratie (configuration°) van een systeem of presentatie aanpassen.

Taligent - *Taligent* - Dochter van IBM° en Apple° (en later HP°) voor de ontwikkeling van een object-georiënteerd (object-oriented°) besturingssysteem (operating system°) gebaseerd op de Mach° microkernel° en Apple's Pink; de eerste release° werd in 1995 verwacht en zou DOS°, Windows NT°, OS/2° en UNIX° met elkaar moeten kunnen combineren. Voor werkgroeptoepassingen: Common Point Application System. Begin '96 is overeengekomen dat het zijn activiteiten zal doorzetten als 100% dochter van IBM - een centrum voor object-technologie.

tamper-proof - *bestand tegen geknoei* - Ander woord voor: tamper-resistant°.

tamper-resistant - *bestand tegen geknoei* - Kenmerk van een doosje waarin geheime sleutels (private key°) worden opgeslagen en MAC°-controle plaatsvindt. Als er met het doosje wordt geknoeid, verdwijnt de informatie. Synoniem: tamper-proof°.

tap - *aftappen, tap, aansluiting* - **1.** Aftappen: het signaal op een lijn (line°) aftappen door middel van een tap, **2.** Tap: afluisterverbinding; in een passieve tap kan het signaal alleen worden afgeluisterd, in een actieve tap kan ook de inhoud van het signaal worden gewijzigd, **3.** Aansluiting: bijvoorbeeld op een netwerk, **4.** Tap: met een plastic pen toetsen (key°) of icons (icon°) aanwijzen op een LCD°-scherm (pen computing°). Niet verwarren met: tab°.

tape - *tape, magneetband, kassarol* - **1.** Plastic film met een magnetiseerbare (magnetic°) laag, waarin gegevens worden vastgelegd, opgewonden op een reel° (spoel) of in een cartridge° (cassette); ook: log tape°, mag tape°, scratch tape°, **2.** Kassarol, bijvoorbeeld: journal tape°. Ook: plakband.

tape cartridge - *tape-cassette* - Plastic omhulsel (cartridge°) met magneetband (tape°) voor 9-track tape°, QIC° (DC-2000 serie) of een DAT° recorder°, meestal gebruikt voor archivering (archive°) en/of backup°.

tape drive - *tape-station* - Magneetbandeenheid, zie: drive°, tape transport°, tape unit°. ⇔tape streamer°

tape library - *tape-bibliotheek* - Bibliotheek (library°) waarin de magneetbanden (tape°) logisch en/of fysiek bewaard worden.

tape record - *tape record* - Eenheid gegevens (record°) opgeslagen op magneetband (tape°) met een speciale indeling (format°).

tape reel - *magneetbandspoel* - Kunststof spoel (reel°) waarop een magneetband (tape°) is gewonden, die meestal is afgesloten of opgeborgen in een doos.

tape streamer - *tape streamer* - Snelle magnetische bandrecorder voor het maken van een reservekopie (backup°) op cassettes zonder te stoppen. Gebruikt mogelijk een QIC°-cassette. ⇔tape drive° ⇔tape unit°

tape transport - *bandtransport* - Het transportmechanisme van een tape drive° (capstan° en aandrukrol, en mechanismen voor het strakhouden en oprollen van de band), dat de magneetband (tape°) verplaatst langs de lees/schrijfkop.

tape unit - *magneetbandeenheid* - Kast in een computercentrum gebruikt om gegevens op magneetband (mag tape°) op te slaan of te archiveren; werkt met een reel° of cartridge°; kan, in tegenstelling tot een tape streamer°, wel tussendoor stoppen. Men spreekt ook wel van bandstation. ⇔disk unit°

tape volume - *magneetband* - De opslagruimte met gegevens op een magneetband (tape°) met een eigen label° en serienummer, zie: volume°.

TAPI {-} - *Telephony Application Programming Interface* - TAPI: API° van Microsoft in Windows 95° (Chicago°) voor de integratie (CIT°) van telefonie (telephony°) in een PC. ⇔CAPI° ⇔TSAPI°

target - *doelstelling, einddoel, doel-* - **1.** Doelstelling: die moet worden gehaald, zie bijvoorbeeld: moving target°, **2.** Einddoel, doel-: plaats waar bronbestanden moeten worden verwerkt of vastgelegd; ook: target directory°, target diskette° (⇔destination°).

target directory - *doeldirectory* - Directory (directory°) *waarheen* gekopieerd wordt: meestal vanuit het huidige directory.

target diskette - *doeldiskette* - Diskette *waarop* gekopieerd wordt: de kopie. ⇔source diskette°

tariffs - *tarieven* - Kosten van invoer/uitvoer of van producten of diensten. Voor internationale verbindingen, bijvoorbeeld, kan het goedkoper zijn om teruggebeld (callback°) te worden door verschillen in de nationale tarieven.

task - *taak* - Een stuk werk dat moet worden uitgevoerd door een mens of een programma, vergelijkbaar met een proces (process°) of job°; zie ook: multi- tasking°. Uitgevoerd in de achtergrond: background task°.

task analysis - *taakanalyse* - Onderzoek dat uitsluitsel geeft over welke taken (task°) moeten worden verricht en hoe ze kunnen worden verdeeld tussen mens en computer°; gaat vooraf aan systeemontwerp (design°). Is ontstaan tijdens de Tweede Wereldoorlog ten behoeve van het leren gebruiken van wapens; is nu een onderdeel van ergonomisch (ergonomics°) ontwerpen.

task bar - *taakbalk* - In Windows 95°, de (meestal onderste) balk (bar°) met de Start-knop en klok (clock°); kan verplaatst worden. Hierop kan met enkel-klikken (click°) gewerkt worden.

task-oriented - *taakgeoriënteerd* - Kenmerk van een toepassing (application°) die is ontworpen voor het vervullen van bepaalde taken die vooraf zijn geanalyseerd. Was vroeger een positieve aanduiding omdat de nadruk toen erg op programmeren lag (program-oriented°). Nu spreekt men van: work-oriented°, met het idee dat een systeem voldoende mogelijkheden moet bieden ter ondersteuning van al het werk van mensen. niet alleen het voorziene werk.

task-related - *taakgericht* - Gerelateerd aan één of meer taken (task°).

task switching - *task switching* - De mogelijkheid voor de gebruiker om van de ene task° over te schakelen naar een andere middels Ctrl-Esc: de eerste task wordt dan wel stilgelegd in Windows° 3.1. In Windows 95° een belangrijke voorziening via Alt-Tab.Verschilt van: multi-tasking°.

TB {ti·bi} - *terabyte* - Meer dan een biljoen (2^{40}) byte°, die u wellicht ooit ter beschikking krijgt. (Biljoen = 10^{12}, niet verwarren met het Amerikaanse billion = miljard = 10^{9}.)

T&C {ti·en·si} - *Terms and Conditions, Testing and Certification* - **1.** Voorwaarden voor het gebruik van apparatuur of programmatuur: die in de kleine lettertjes staan, **2.** Keuring en certificatie: bijvoorbeeld van telecommunicatie-apparatuur door de overheid of PTT of de EOTC°.

TCL {tik·kel} - *Tool Command Language* - TCL: een machine-onafhankelijk geïnterpreteerde script°-taal, ontwikkeld door J. Ousterhout en zijn studenten bij UCB°, een metaprogrammeertaal waarmee kleine stukken programma's (module°) eenvoudig tot een groter geheel kunnen worden samengevoegd (link°), bedoeld om Visual BASIC uit te roeien. Ousterhout werkt nu bij Sun°; TCL zal dus moeten kunnen werken met Java. Een idee is ook om het te gebruiken voor agents (agent°) ⇔Telescript°) omdat kleine programma's eenvoudig meegestuurd kunnen worden en op elk platform kunnen werken. Eind 1995 al: TCL 7.5. Voor Internet is er ook: Safe-TCL.

TCM {ti·si·em} - *Time Compression Multiplexing, Trellis-Coded Modulation* - **1.** Time Compression Multiplexing:

simulatie van full duplex (FDX°) over half duplex (HDX°) verbindingen door de signalen in tijd te comprimeren en afwisselend te zenden, **2.** Trellis-Coded Modulation: een combinatie van trellis°-codering en QAM°-modulatie die het mogelijk maakt om 9600 bps en meer over een 2400 baud verbinding te sturen (V.32°, V.33°).

T-connector - *T-stuk* - T-vormig verbindingsstuk voor thin Ethernet° coax°-kabels (het horizontale stuk van de T) waarmee een terminal° kan worden aangesloten op de Ethernet° bus door de verticale staart van de T achterin de terminal te stoppen.

TCP {ti·si·pi} - *Terminal Control Program* - Zie: TCP/IP°.

TCPBEUI {ti·si·pi·boe·wie} - *Terminal Control Program BIOS Extended User Interface* - LAN° transport-protocol voor TCP/IP°; zie ook: BIOS°. ⇔NetBEUI°

TCP/IP {ti·si·pi·ai·pi} - *Transmission Control Protocol/Internet Protocol* - Een packet-switching° datatransmissie-protocol° suite° van het US Department of Defense (DoD°) voor Internet°: dè de facto norm voor het verbinden van LAN°s, internetwerken en Internet° (interconnectivity°); gebruikt onder andere FTP°, TELNET° en SMTP°. TCP werkt in de OSI°-laag 4 (Transport) en IP in laag 3 (Netwerk). TCP/IP is een peer-to-peer° netwerk zonder centrale computer, en daarom worden de aangesloten gebruikers genoemd: host°. ⇔OSI°

TCSEC {ti·si·sek} - *Trusted Computer System Evaluation Criteria* - TCSEC: evaluatiecriteria van het DoD° voor trusted° computersystemen; synoniem: orange book°. ⇔ITSEC°

TD {-} - *Transmit Data* - TD: modemlampje (modem light°) dat aangeeft (indicator°) dat het modem° gegevens (data°) verstuurt (transmit°).

T&D {ti·en·di} - *Trends & Directions* - Welke kant men denkt dat op gaat.

TDM {ti·di·em} - *Time Division Multiplexing* - TDM: verbindingen combineren door toewijzing van tijdsintervallen in een multiplexer°; zie ook: TDMA°. ⇔FDM°

TDMA {ti·di·em·ee} - *Time Division Multiple Access* - TDMA: methodiek om een aantal langzame digitale kanalen één snel kanaal te laten delen via TDM° (zie ook: time slot°); wordt onder andere gebruikt voor digitale cellular° communicatie in de VS, GSM° en voor satellietverbindingen (satellite°). Sommige fabrikanten ontwikkelden E-TDMA - een uitgebreide versie die meer gebruikers ondersteunt. ⇔CDMA° ⇔FDMA°

TDR {ti·di·ar} - *Time Domain Reflectometer* - TDR: meetapparaat voor netwerkkabels, waarmee de plaats van een breuk of slecht contact kan worden bepaald aan de hand van het tijdsverschil tussen een verzonden puls en het ontvangen van het daar gereflecteerde signaal. Voor glasvezelkabel (fiber optics°) is er een optische versie: OTDR°.

team computing - *team-computing* - Computers en netwerken gebruiken (computing°) ter ondersteuning van een team; synoniem: collaborative computing°.

technical office protocol - *TOP* - Zie: TOP°.

technical systems bulletin - *TSB* - Zie: TSB°

technique - *techniek* - Werkwijze. ⇔technology°

technology - *technologie* - De techniek of de middelen (apparatuur en programmatuur) voor het ontwikkelen, maken en gebruiken van computers. For every bit of technology that is introduced in an organization, at least two new management problems emerge (Voor elk stuk nieuwe technologie dat wordt geïntroduceerd in een organisatie, ontstaan tenminste twee nieuwe managementproblemen. Zie ook cloud°, core technology°, information technology°, ..micron technology°. ⇔technique°

technology assessment - *technology assessment* - TA: evaluatie (assessment°) van de technologie (technology°) gebruikt in apparatuur en programmatuur van een organisatie.

TEDIS {ti·dis} - *Trade Electronic Data Interchange Systems* - TEDIS: gebruik van EDI° voor de handel (trade).

telco {tel·ko} - *TELecommunications COmpany* - Bedrijf dat telefoon- en telecommunicatieverbindingen exploiteert, bijvoorbeeld: BT°, PTT Telecom. Engels meervoud: telcos {tel·koos}; Nederlands: telco's? ⇔cable operator° ⇔cableco°

telecom {*teh*·le·kom} - *telecommunication* - Telecommunicatie (telecommunication°): communiceren via een telefoon- of netwerkverbinding. Wordt vaak gebruikt in de meervoudsvorm: telecoms.

telecommunication - *telecommunicatie* - Alle vormen van informatie (data°, voice°, television°, fax° enz) via alle mogelijke verbindingen (kabels, radio, mobile° enz.) overdragen: een sleutelwoord van de jaren 90 en de elektronische snelweg (information superhighway°); afgekort: telecom°.

telecommunication management network - *TMN* - Zie: TMN°.

telecommunications company - *telco* - Zie: telco°.

telecommunications industries association - *TIA* - Zie: EIA/TIA°, TIA°.

telecommunications information network architecture consortium - *TINA-C* - Zie: TINA-C°.

telecommunications operator - *TO* - Zie: TO°.

telecommunications technology committee - *TTC* - Zie: TTC°.

telecommuting - *telewerken* - Thuis werken met een computer en een modem° via een telefoonlijn; is afgeleid van: to commute (forenzen).

teleconferencing - *televergaderen* - Vergaderen (conference°) via een video-verbinding, bijvoorbeeld ProShare of PictureTel°; synoniem: videoconferencing°.

telefax - *fax* - Beeldpost: beeldoverdracht van bedrukte of beschreven vellen papier via het openbare telefoonnetwerk; wordt vrijwel altijd genoemd: fax°. Telefax 3 werkt met de nu gebruikelijke groep 3 compressie (compres-sion°).

telemarketing - *telemarketing* - Verkoop (marketing°) per telefoon: meestal op initiatief van de leverancier of verkoper.

telematics - *telematica* - Computers via een netwerk op afstand gebruiken voor zeer verschillende doelen, bijvoorbeeld: verkeersregeling, telemetrie (telemetry°), teleprocessing° en teleshopping (elektronisch winkelen).

telemetry - *telemetrie* - Meetgegevens van afgelegen plaatsen overbrengen naar een centraal punt voor bewaking en beveiliging, en besturing op afstand (remote control°).

telephone - *telefoon* - Zie bijvoorbeeld: cellular telephone°, general switched telephone network° (GSTN°), hand set°, telephony° en dergelijke. Voor ons een gewone zaak, maar niet voor de 4 miljard mensen (van de 5,7 miljard totaal) die geen aansluiting hebben. Straks ook over Internet°? (Internet telephony°).

telephone tag - *telephone tag* - Per telefoon (telephone°) vragen of u kunt worden teruggebeld (tag°).

telephony - *telefonie* - Op afstand met elkaar spreken: een uitvinding van A.G. Bell, die in 1876 bij een demonstratie de woorden sprak: "Mr. Watson, come here; I want you."; Bell Labs° en Ma Bell° zijn naar hem genoemd. Zie ook: cable telephony°, CIT°, TAPI°. Uitspraak: {te· *leh* ·foo·ni}.

telephony server application program interface - *TSAPI* - Zie: TSAPI°.

Telepoint - *Telepoint* - Systeem voor mobiele telefonie (mobile telephony°): in Nederland Greenpoint genoemd vanwege de groene huiskleur van PTT Telecom; werkt volgens de CT°-2 norm. Is vanwege de beperkte actieradius van 150 meter, alleen op drukbezochte plaatsen met een zender/ontvanger te gebruiken; bovendien kan men alleen bellen, niet worden gebeld - wordt t.z.t. vervangen door GSM°.

teleprocessing - *TP* - TP°: gegevensverwerking op afstand, een onderdeel van telematica (telematics°).

teleprocessing monitor - *TP monitor* - Zie: TP monitor°.

Telescript - *Telescript* - Een script°-programmeertaal van General Magic, ontwikkeld voor het creëren van agents (agent°) voor een PIC°. ⇔TCL°

teletype network - *TELNET* - Zie: TELNET°.

teletypewriter - *TTY* - Zie: TTY°.

teletex - *teletex* - Nieuwe vorm van telex°, bijvoorbeeld via ISDN°. Niet verwarren met: teletext°.

teletext - *teletekst* - Digitale (digital°) tekst- en beeldinformatie (24 regels van 40 tekens) die gratis meekomt met het antennesignaal in het interval tussen twee TV-beelden; kan door een speciale (niet gratis) voorziening op het scherm zichtbaar worden gemaakt. Na elk beeld van 600 lijnen is er een interval van 25 lijnen, waarvan er 8 worden gebruikt voor teletextinformatie (PAL°). ⇔teletex° ⇔videotex°

television - *televisie, TV* - TV: bewegende beelden opnemen, uitzenden en ontvangen op een TV-toestel. Zie ook: CATV°, digital television°, interactive television, video°, VoD°.

telex {ti·leks} - *TELetypewriter EXchange* - Telex: directe communicatie door middel van speciale schrijfmachines (TTY°); gebruikt de Baudot code°. Is een voorloper van fax°, e-mail° en teletex°.

teller - *bankmedewerker* - Persoon met een kas die geld ontvangt of uitbetaalt; zie ook: ATM° (geld uit de muur); moet ook geld kunnen tellen (in het Engels: to count).

telnet - *TELetype NETwork* - TELNET (TTY°): een oud, maar nog veel gebruikt virtual° terminal° protocol° in TCP/IP° netwerken om op andere computers van het netwerk in te loggen (log in°) en interactief met andere gebruikers (host°) te communiceren in een TELNET-session°; werkt op OSI°-lagen 5, 6 en 7, en wordt o.a. gebruikt in Internet°. Emuleert (terminal emulation°) de VT100 (VT...°) terminal° en is tekst-georiënteerd. ⇔VT° (OSI°)

temp {temp} - *temporary* - Tijdelijk, tijdelijke hulpkracht (subcontractor°), ook wel genoemd: temp help.

template - *mal, template, model, sjabloon* - **1.** Plastic mal: om stroomdiagrammen (flowchart°) mee te tekenen of panelen (panel°) mee te ontwerpen, **2.** Template, model: een werkend voorbeeld-programma dat of -specificatie die u kunt aanpassen voor een werkelijke toepassing, **3.** Sjabloon: plastic plaat met informatie over de betekenis van de toetsen (key°) van een toetsenbord (keyboard°).

temporary - *tijdelijk, temp, TMP* - Kenmerk van een bestand (file°) of gegevens (data°) voor tijdelijk gebruik, bijvoorbeeld alleen tijdens een run° of session°. Afgekort: temp, TMP. ⇔permanent°

tension - *spanning* - Elektrische spanning (Volt°), zie ook: HT°, high tension°.

ter - *ter* - Toevoeging die duidt op de derde versie van een norm van ITU-T°: bijvoorbeeld: V.27ter°. ⇔bis°

terabyte - *TB* - TB°: meer dan een biljoen (2^{40}) byte°.

teraHertz - *THz* - Zie: THz°.

terminal - *terminal* - Ieder type werkstation, gekoppeld aan een netwerk, voor een enkele gebruiker: vanaf het eenvoudigste type (dumb terminal°: beeldscherm en toetsenbord) tot en met een NPT° en een volledig uitgerust werkstation (workstation°) voor CAD/CAM°. Communicatiepakketten kennen meestal een terminalmodus (mode°), waarbij de terminal zich bij gedraagt als een terminal van een bepaald type (terminal emulation°). Zie ook: ANSI terminal°, ASCII terminal°.

terminal adapter - *terminal adapter, TA* - TA: aansluiting voor een terminal°, in een netwerk of op ISDN°. De verbinding werkt direct, zonder modulatie (modulation°), zodat een modem° onnodig is.

terminal connectivity - *terminal connectivity* - De mogelijkheid om bepaalde terminals (terminal°) aan te sluiten op een netwerk: die moet worden ondersteund door het netwerkbesturingssysteem (NOS°) omdat terminals van verschillende leveranciers met verschillende protocollen (protocol°) werken.

terminal control program - *TCP* - Zie: TCP°, TCP/IP°.

terminal device - *terminal* - Een terminal° als apparaat (device°).

terminal emulation - *terminal-emulatie* - Programmatuur in een PC en een adapter° die een terminal° emuleren (emulate°), zodat uw PC ook als terminal aan een mainframe° (grote computer) kan worden gebruikt.

terminal node controller - *TNC* - Zie: TNC°.

terminal ready - *TR* - Zie: modem light°, TR°.

terminal server - *terminal server* - Een krachtige PC of mini° die beeld- en werkstations en randapparatuur op een verdieping via een netwerk (bijvoorbeeld: backbone LAN°) aansluit op de centrale computer; dit bespaart kabelkosten.

terminate - *ontslaan, beëindigen, afsluiten* - **1.** Ontslaan: een dienstverband beëindigen, **2.** Beëindigen: een contract afbreken of niet verlengen, **3.** Afsluiten: een kabel afsluiten met zijn karakteristieke impedantie (impedance°, Z°) of een sessie (session°) beëindigen. Zie ook: TSR° (terminate-and-stay- resident°).

terminate-and-stay-resident - *TSR* - Zie: TSR°.

terminator - *afsluitweerstand, eindpunt, afsluitprogramma* - **1.** Karakteristieke impedantie (impedance°, Z°): die een kabeleinde correct afsluit: zodat er geen reflecties optreden, **2.** Eindpunt: in een diagram°, **3.** Afsluitprogramma: dat een sessie (session°) of run° beëindigt.

terms and conditions - *T&C* - Zie: T&C°.

ternary - *drietallig* - Talstelsel met drie getallen of mogelijkheden. ⇔binary°

terrestrial - *aards* - Meestal gebruikt om aan te duiden dat er geen sprake is van directe verbinding met een satelliet, bijvoorbeeld een aardse zender of kabel (die heel waarschijnlijk wel satellietprogramma's zal aanbieden). Zie ook: DTTV°. ⇔satellite°

terrestrial link - *aardse verbinding* - Verbinding (link°) via aardse kabels van koper of glasvezel of microgolf (microwave°); geeft vanwege de kortere afstand minder vertraging (delay°) dan een satellietverbinding (satellite°). ⇔radio link° ⇔satellite link°

Tesla - *T* - Zie: T°.

test - *test, testen* - Controleren of een programma voldoet aan zijn specificatie (functioneel) en of er niet al te veel fouten (bug°) in zitten (technisch); bijvoorbeeld: acid test°, alfa test°, beta test°, smoke test. Testing can show the presence of bugs, but not their absence (Testen kan de aanwezigheid van bugs aantonen, maar niet hun afwezigheid - E.W. Dijkstra), vandaar dat men testen moet zien als het bepalen van de kwaliteit van een programma. Zie ook: acceptance test°, conformance test°, integration test°, regression test°, stress test°, Turing test°.

testbed - *testbed* - Programmatuur en systeem waarmee een programma, routine of module° wordt beproefd: tijdens de ontwikkeling hoeven de andere onderdelen dan niet beschikbaar te zijn; tijdens een evaluatie van een gereed product betreft het de testomgeving.

test case - *test-case* - Een typerend geval (case°) waarmee een systeem wordt beproefd (test°), zie ook: test data°.

test data - *testgegevens* - Uitgezochte gegevens (data°) waarmee een nieuw(e versie van een) programma wordt beproefd in een test-case (test case°).

test suite - *test suite* - Reeks (suite°) programma's en opdrachten (command script°, shell script°) en gevallen (test case°): om een nieuwe release° te beproeven (test°).

tethered - *via een kabelverbinding* - Verbinding via een koperen of glasvezelkabel (fiber optics°); is afgeleid van: tether (tuier of touw waarmee grazend vee wordt vastgelegd). ⇔untethered° (luchtverbinding)

TETRA {ti·tra} - *Trans European Trunked RAdio* - Toekomstige paneuropese ETSI°-norm voor snelle maar beperkte digitale data- en spraakcommunicatie via radiogolven (radio°) op basis van TDMA°; een idee uit 1989, waarvan de norm eind 199? wordt verwacht (zowel circuit- als pakketgeschakelde verbindingen). De eerste gebruikers zullen naar verwachting zijn: openbare veiligheids- en eerste hulpdiensten (380-400 MHz); producten worden begin 199? verwacht; publieke banden: 410, 450 en 870 MHz; zie ook: PMR°, trunk°. Gaat om diverse redenen niet zo snel als men oorspronkelijk hoopte.

TEX {tekh} - *TEX* - Tekstverwerker, rond 1980 door D.E. Knuth geschreven uit onvrede met de toenmalige DTP°-programma's, die erg populair is in wetenschappelijke kringen en UNIX°-omgevingen. De drie letters horen aan elkaar te worden geschreven en de 'E' lager geplaatst dan de buitenste letters; uitspraak: {tekh}. Knuth schreef ook een handleiding: *The TEXbook* (Addison-Wesley, 1984). Een mogelijke opvolger is: LATEX°.

text - *tekst* - Ongestructureerde zinnen en woorden: die ideeën overdragen, zonder veel afspraken betreffende hun indeling (vergeleken met gegevens, die aan specifieke afspraken moeten voldoen en worden gestructureerd in exact gedefinieerde velden; zie: data°, field°). Als extensie (extension°): .TXT°. Zie ook: body text°, cleartext°, cyphertext°, floating text°, full-text search°.

text editing - *tekstbewerking* - Het bewerken en redigeren (edit°) van tekst (text°).

text editor - *teksteditor* - Programmatische editor° voor de invoer en aanpassing van tekst (text°) of programma's, niet voor de opmaak daarvan voor een printer; produceert een ASCII°- of EBCDIC°-bestand. ⇔word processor°

text file - *tekstbestand* - Bestand (file°) waarin tekst wordt opgeslagen, als ASCII-bestand (ASCII file°) of in de speciale indeling van de gebruikte tekstverwerker (text processor°, DTP°).

text flow - *tekst om een illustratie draperen* - Indelen met behulp van een tekstverwerkingsprogramma (DTP°). ⇔text reflow°

text layout - *tekstopmaak* - De manier waarop tekst (text°) en afbeeldingen worden geplaatst (layout°) op de bladzijden van een document° of handleiding (manual°).

text processing - *tekstverwerking* - Opmaak van uw brieven of rapporten, een onderdeel van DTP°. Synoniem: word processing°. Zie ook: rich text°.

text processor - *tekstverwerker* - Programma voor het invoeren van tekst (text°), indelen (format°) en opmaken voor een printer; synoniem: word processor°. ⇔text editor°

text reflow - *text reflow* - Het opnieuw formatteren (flow°) van tekst (text°) wanneer die van een bepaalde tekstverwerker (word processor°) of specifiek platform° naar een ander wordt overgebracht: iets wat u beter kunt vermijden. ⇔text flow°

text retrieval - *tekst-retrieval* - Het ophalen (retrieval°) van tekstuele bouwstenen of van gearchiveerde tekstbestanden (text°). Wordt ook gebruikt voor het opzoeken van woorden in grote tekstbestanden aan de hand van een geïnverteerde index (inverted index°).

text wrap - *terugloop* - De tekst die niet meer op een regel (line°) past, overbrengen naar de volgende regel (wrap°)

T/F {-} - *True/False* - Waar/Niet waar: één van de twee mogelijkheden moet worden doorgestreept of omcirkeld als antwoord op een vraag in een vragenlijst; zie: true°, false°.

TFlops {ti·flops} - *Tera Floating-Point Operations Per Second* - TFlops: een biljard FLOPS° (floating-point°), duizend GFlops°, of miljoen MFlops°.

TFT {ti·ef·ti} - *Thin-Film Transistor* - TFT: een nieuwe technologie voor kleuren beeldschermen met drie transistoren in elk beeldpunt die LCD°-kristallen besturen. Het witte licht van achteren (backlit°) is afkomstig van een fosforescerende laag; synoniem: active matrix LCD°.

theory - *theorie* - Zie bijvoorbeeld: chaos theory°, coding theory°, information theory°, game theory°, set theory°.

thermal fax - *thermische fax* - Faxmachine (fax°) die afdrukt met warmte op speciaal warmtegevoelig papier (thermal paper°); is nu nog gangbaar. ⇔plainpaper° ⇔infrared printer° (werkt met infrarode verbindingen) ⇔thermal wax°

thermal paper - *warmtegevoelig papier* - Nu nog gebruikelijk speciaal papier voor een fax° (thermal fax°); zit op een rol. ⇔plain paper°

thermal printer - *thermische printer* - Printer die afdrukt door plaatselijke verhitting van speciaal papier (thermal paper°) of door verhitting van was (thermal wax°). ⇔inkjet printer° ⇔laserprinter°

thermal sensor - *temperatuursensor* - Sensor (sensor°) die de temperatuur meet: zodat een apparaat kan worden uitgeschakeld als de temperatuur te hoog oploopt.

thermal transfer - *thermal-transfer* - Druktechnologie voor een printer°, geen fax°, die snel en betaalbaar uitstekende kwaliteit levert, op papier of transparant (transparancy°).

thermal wax - *thermische was* - In een afdrukproces: wassen staafjes of met was bedekte vellen die door plaatselijke verhitting worden gesmolten en naar het te bedrukken papier overgebracht. ⇔thermal fax°

thesaurus - *synoniemenlijst* - Een 'thesaurus' waarin u synoniemen van een woord kunt opzoeken; is oorspronkelijk een boek, nu ook onderdeel van veel tekstverwerkers. Extensie (extension°) van thesaurusbestand: THS°.

thick Ethernet - *dik Ethernet* - Ethernet° met 10 mm dikke RG-11° coax°-kabel (10Base-5°) tot maximaal 1000 m en TNC-connectoren (TNC connector°) met een schroefsluiting.

Thicknet - *thick Ethernet* - Zie: thick Ethernet°, 10Base-5°. ⇔Thinnet°

thin Ethernet - *dun Ethernet* - Ethernet° met 5 mm dunne RG-58° coax°- kabel (10Base-2°) tot maximaal 300 m en BNC-connectoren (BNC connector°) met een bajonetsluiting. Ook genoemd: Thinnet°.

thin film - *magnetisch vlies* - Een micron-dunne laag magnetisch materiaal: die lang geleden werd voorgesteld voor het maken van logische en geheugenelementen, die nu eindelijk toepassing heeft gevonden in: mr°, TFT°.

thin-film transistor - *TFT* - Een nieuwe technologie voor kleuren LCD°-schermen, zie: TFT°.

Thinnet - *thin Ethernet* - Zie: thin Ethernet°, 10Base-2°. ⇔Thicknet°

third-generation language - *3GL* - Zie: 3GL°.

third-height - *eenderde hoogte* - Slechts eenderde hoog, vergeleken met de hoogte van het oorspronkelijke diskette-station. ⇔half-height° ⇔full-height°

third-party - *third-party* - Leverancier die de hoofdleverancier helpt zijn klanten te bedienen, bijvoorbeeld voor het onderhoud (third-party maintenance°) of de verkoop (third-party vendor°); letterlijk: derde partij (party°).

third-party maintenance - *TPM* - Zie: TPM°.

thrashing - *thrashing* - Te uitbundig gebruik van een vaste schijf (hard disk°) voor swapping°, waardoor het systeem slecht functioneert. De enige oplossing is een groter RAM°-geheugen en/of vergroting van de stukken die geswapt worden.

thread - *thread* - Uitvoerbaar programma of deel daarvan dat gelijktijdig kan worden gebruikt door verscheidene andere programmaʼs (multi-threading°); Posix° 1003.4a definieert o.a. het gebruik van threads; thread niet verwarren met: threat (bedreiging). In e-mail°, een conferentie (conference°) of forum°, de rode draad in een discussie: die een goede browser° kan volgen zodat de onderwerpen na elkaar gepresenteerd worden; de rode draad ontstaat doordat iemand een nieuw onderwerp (subject) aansnijdt en anderen daarop antwoorden (reply). Als werkwoord: invoeren.

three-dimensional - *3D* - Zie: 3D°.

three sigma - *3Σ* - Zie: 3Σ°.

throughput - *verwerkingscapaciteit* - Capaciteit van een computer of netwerk; wordt vaak fonetisch gespeld: thruput°.

thruput - *verwerkingscapaciteit* - Amerikaanse schrijfwijze van: throughput°.

THS {-} - *THesaurusS* - THS: extensie (extension°) van een thesaurusbestand (thesaurus°, file°) in WP°.

thumbnail - *thumbnail* - Miniatuurafbeelding van een pagina of overhead° ter grootte van een ʻnagel van een duimʼ; wordt gebruikt voor het weergeven van een serie plaatjes in een scherm, zodat u de volgorde kunt beoordelen of een selectie maken.

thumb tab - *duimindex* - Uitsparing of zwart blok aan de rechterkant van een boek of handleiding, die een hoofdstuk, onderdeel of letter aangeven; zie ook: tab°.

thyristor - *thyristor* - Speciaal soort halfgeleider voor het schakelen van grote stromen en spanningen; synoniem: SCR°.

THz {-} - *TeraHertz* - Biljoen (10_{12}) Hz°; wordt wellicht ooit gebruikt voor satellietcommunicatie (frequency°).

TIA {ti·ai·ee} - *Telecommunications Industries Association* - Vereniging gevormd door de Electronic Industries Association (EIA°) en de US Telecommunications Buyers Association, voor het ontwikkelen van normen zoals RS-232-C°, die nu meestal worden genoemd: EIA/TIA°-... TIA normen voor draadloze communicatie (wireless°) zijn: IS-41, IS-53 en IS-136 (IS°).

tick - *aankruisen, tik* - **1.** Aankruisen: een keuze markeren (mark°) door het zetten van vinkje (tick mark), **2.** Tik, bijvoorbeeld: telefoontikken.

tick box - *tick box, aankruisvak* - Voorgedrukt vierkantje (box°) links of rechts van een keuzemogelijkheid, die u kunt markeren (tick°).

ticket - *kaartje, prijskaartje, etiket, bon* - **1.** Kaartje: toegangsbewijs of plaatsbewijs, **2.** Prijskaartje: kaartje gehecht aan goederen in een winkel, **3.** Etiket: op een blik met product- en prijsinformatie, **4.** Bon: vanwege een verkeerssovertreding.

tie-line - *gehuurde telefoonlijn, T/L* - T/L°: Vaste huurlijn(en) voor veelgebruikte interlokale en internationale verbindingen, om kosten te besparen; in verband met gegevensoverdracht (data transmission°) spreekt men meestal over: leased line°; is afkomstig van: to tie (vastbinden).

tier - *rij, laag* - In client/server°systemen spreekt men van een three-tier model°

(desktop° level, integration level, en application management level); zie ook: two-tier°.

TIF {tif} - *Tagged Image Format* - TIF: extensie (extension°) van een bekend type beeldbestand (image°), zie: CompuServe°, TIFF°.

TIFF {tif} - *Tagged Image File Format* - TIFF: een norm van Microsoft en Aldus voor de indeling (format°) van uitwisselbare bit-mapped° beeldbestanden van scanners; is geschikt voor halftone° en voor elke grootte en kleur; extensie (extension°: TIF°).

tightly-coupled - *sterkgekoppeld* - Twee of meer computers (multiprocessor°) die nauw samenwerken via een gemeenschappelijk geheugen of gedeelde bus° (coupling°).

tilde - *tile, ~* - Een accent dat in UNIX° wordt gebruikt om het eigen directory° mee aan te duiden, maar wordt ook apart gebruikt als teken, bijvoorbeeld in een leeg veld (field°); zie ook de lijst met veelgebruikte tekens achterin dit boek.

tiling - *naast elkaar geplaatst* - Vensters (window°) in een scherm die naast elkaar liggen, zodat zij elkaar niet overlappen; letterlijk: als tegels (tile) leggen of zetten. ⇔cascaded° ⇔split screen°

tilt-and-swivel base - *kantelbare draaivoet* - Onderstel voor een beeldscherm. Synoniem: swivel-and-tilt base°.

time - *tijd* - Zie: access time°, compile time°, downtime°, elapsed time°, flex time°, realtime°, response time°, runtime°, system time°, turnaround time°, uptime°. DOS°-opdracht om de tijd te controleren en in te stellen.

time and material - *tijd en onkosten* - Een contract waarbij de tijd (time°) en de onkosten van de uitvoering van een stuk werk worden gedeclareerd. ⇔fixed price, fixed date°

time bomb - *tijdbom* - Een Trojan horse° dat aangebracht wordt om op een bepaald moment actief te worden. ⇔logic bomb°

time compression multiplexing - *TCM* - Zie: TCM°.

time division multiple access - *TDMA* - Zie: TDMA°.

time division multiplexing - *TDM* - Verbindingen combineren door toewijzing van verschillende tijdsintervallen (time slot°) in een multiplexer° (TDM°). ⇔FDM°

time domain reflectometer - *TDR* - Zie: TDR°.

time lag - *tijdsverschil* - Tijdsinterval of -verschil tussen twee gebeurtenissen of plaatsen, zie: lag°.

time-out - *time-out* - Aanduiding dat de ingestelde of beschikbare tijd voor een gebeurtenis is overschreden; dan volgt een bepaalde actie, bijvoorbeeld hertransmissie of een foutindicatie (error°).

timer - *timer* - Tijdklok: die de gebruikte tijd bijhoudt of een timeout° signaleert aan de hand van de tijd (clock°). Zie ook: interval timer°.

time-sharing - *time-sharing, simultaan-gebruik* - Verschillende gebruikers maken ogenschijnlijk gelijktijdig gebruik van een computer of netwerk; is lang geleden voorgesteld door C. Strachey toen computers eerst een job° moesten afmaken voordat ze aan een nieuwe konden beginnen. (NB: multi-tasking° en multi-threading° kunnen ook binnen een enkele PC plaatsvinden en één gebruiker betreffen.) In de vakantiewereld: veel geld betalen voor enkele weken verplicht gebruik van een appartement.

time-sharing option - *TSO* - Zie: TSO°.

time-slicing - *time-slicing* - Programma's - en daarmee hun gebruikers (user°) - in een computer om beurten een kort tijdsdeel toekennen en op die manier time-sharing° realiseren; synoniem: round-robbin°.

time slot - *time slot* - Tijdsinterval: een toegewezen periode (slot°) bij TDM° waarin gegevens kunnen worden verstuurd. In het algemeen ook: de tijdsspanne waarin een bepaald werk moet worden verricht. Ook gebruikt: tijdsleuf (?).

timestamp - *tijdregistratie* - **1.** Het tijdstip (clock°) van een gebeurtenis vastleggen (stamp°), **2.** De vastlegging ervan als gegeven in een computer, bijvoorbeeld in een database° en in een log°. Wordt gebruikt om chronologisch te werken; letterlijk: tijdstempel.

time-to-live - *TTL* - Zie: TTL°.

time warp - *time warp* - Verplaatsing in de tijd (time°), een begrip uit de science fiction, zie: warp°.

TIN {tin} - *Telephone Identification Number* - TIN: een identificatienummer voor een spraak (voice°) mailbox°, dat vanuit de gehele wereld kan worden gebeld.

TINA-C {-} - *Telecommunications Information Network Architecture-Consortium* - TINA-C: een consortium van gebruikers, leveranciers en verbindings-bedrijven (carrier°) dat een architectuur tracht te ontwerpen voor nieuwe telecommunicatienetwerken.

TIS {tis} - *Tool International Standards* - TIS: samenwerkingsverband van software-leveranciers betreffende normen (standard°) voor programmeerhulpmiddelen (tool°) voor 32-bit besturingssystemen (operating system°), opgericht in 1993.

title - *titel, naam, eigendomspapieren* - **1.** Titel: van een presentatie, artikel, boek of persoon, **2.** Naam, bijvoorbeeld van een venster (window°) of menu (menu title°). Ook: eigendomspapieren, die iemand het recht van gebruik geven op een stuk land, een huis of fabriek.

title bar - *titelbalk* - De bovenste regel in een venster (window°), waarin de naam van de toepassing staat vermeld. U kunt een venster verplaatsen door op zijn titelbalk te klikken (click°) en hem te verslepen (drag-and- drop°).

T/L {-} - *Tie-Line* - Gehuurde telefoonlijn (tie-line°): wordt in een briefhoofd gevolgd door het nummer waaronder de schrijver via de tie-line bereikbaar is.

TMN {ti·em·en} - *Telecommunications Management Network* - TMN: aanbevelingen (M.3010) van de ITU-T° voor het ontwikkelen van programmatuur voor telecommunicatienetwerken (telecommunication°) en -diensten, inclusief planning, configureren, installeren, onderhouden, in bedrijf houden en administreren op basis van X.500°. Na een periode waarin heeft getracht een universeel netwerkmanagementsysteem te ontwerpen, wordt getracht eind '95 een wat eenvoudiger norm uit te brengen voor de interconnectie van netwerkelementen en managementsystemen voor openbare netten van verschillende telecommunicatieleveranciers (telco°).

TMP {-} - *TeMPorary* - TMP: extensie van een tijdelijk (temporary°) bestand: waarin een tussenresultaat zonder blijvende waarde wordt opgeslagen. In UNIX°, een directory° gebruikt voor tijdelijke opslag waarin iedereen bestanden mag plaatsen en dat regelmatig geschoond wordt; zie ook: temp°.

TNC {ti·en·si} - *Terminal Network Controller* - TNC: besturing (controller°) voor: packet-radio°. Houdt geen verband met: TNC connector°

TNC connector {ti·en·si} - *Threaded Neill Concelman connector* - TNC- connector: coax°-kabel connector° met een schroefsluiting (threaded), genoemd naar zijn ontwerper Neill Concelman. Wordt ook wel genoemd: twist-on connector. ⇔BNC connector° (bajonetsluiting)

TO {ti·oo} - *Telecommunications Operator* - Carrier (carrier°): een telecommunicatiebedrijf (telco°) zoals AT&T° en PTT Telecom, zie ook: operator°.

TOC {-} - *Table Of Contents* - Inhoud(sopgave): lijst met hoofdstukken en secties, aan het begin van een handleiding (manual°) of boek. ⇔index° ⇔VTOC°

toggle - *toggle, wisselen* - In-/uitschakelen: met een enkele toets (hot key°) kiezen uit twee modi (mode°) kiezen; is afkomstig van: toggle switch° (tuimelschakelaar met twee standen). Bijvoorbeeld: Shift key° (wisseltoets schakelt tussen hoofdletters en kleine letters), Ins° (tussen invoegen en overschrijven).

token - *token* - **1.** Een naam, constante, gereserveerd woord enzovoort in een programmeertaal, gebruikt door een compiler°, **2.** Een afgesproken uniek bitpatroon dat dient als sein om te beginnen (token bus°, token ring°), **3.** Een fysiek item dat dient om iemands identiteit te controleren, bijvoorbeeld een badge° of een chip card°.

token bus - *token bus* - Breedband (broadband°) busnetwerk (bus°) waarin de aangesloten stations alleen na toestemming, verkregen door ontvangst van een token°, informatie kunnen verzenden of ontvangen via de bus°. Norm IEEE° 802.4 is oorspronkelijk door General Motors ontwikkelt voor MAP°. ⇔token ring°

token frame - *token frame* - Een frame°, door een werkstation gebruikt voor toegang tot een token bus° of token ring° netwerk.

token passing - *token-* - Aanduiding dat een netwerk of toegangsmethode (access method°) werkt met behulp van tokens (token°) die worden doorgegeven (to pass), bijvoorbeeld in: ARCnet°, token ring°.

token ring - *token ring* - Lokaal ringnetwerk (LAN°, ring°), als IBM- product met hoofdletters: Token Ring, waarin de aangesloten stations alleen na toestemming, verkregen door ontvangst van een token°, informatie kunnen verzenden of ontvangen. Wordt vaak stervormig uitgevoerd met een centrale MAU° die als ring functioneert. Werkt met STP° of UTP° kabels met een snelheid van 4 of 16 (geïntroduceerd in 1988) Mbit/s, is oorspronkelijk door IBM ontwikkeld, maar nu ook: IEEE° 802.5 (alleen 4 Mbps); zie ook: CAU°, LAM°. Eind 1994 komt IBM met full duplex° Token Ring°, waardoor de snelheid wordt verhoogd van 16 naar 32 Mbps, en wordt Token Ring-switching° in het vooruitzicht gesteld. De alliantie ter bevordering van de token ring-technologie heet: Astral°. Wordt ook wel geschreven: token-ring. Afgekort: TRN°. ⇔Ethernet°

toll - *telefoonkosten* - Speciaal kosten voor interlokale en internationale (long-distance°) gesprekken, het telefonische equivalent van tolgeld. Ook: toll fraud (fraude met telefoonkosten - die aardig kan oplopen in de VS, bijvoorbeeld door het openen van de mogelijkheid van goedkope interlokale gesprekken tegen contante betaling en vertrekken voordat de eerste rekenig aan het telefoonbedrijf betaald moet worden.

tone - *tint, toon, geest* - **1.** Tint: kleurschakering; zie ook: halftone°, **2.** Toon: bijvoorbeeld de kiestoon van een telefoontoestel; zie: DTMF°, **3.** Geest: teneur van een stem, bericht of conversatie; zie echter ook: keynote° (grondtoon).

tone dialing - *toonkiezen* - Een telefoonnummer kiezen (dialing°) m.b.v. tooncombinaties (DTMF°) via druktoetsen; ook genoemd: touchtone (touchtone phone°). Zie ook: video tone dialing° (VDT°). ⇔pulse dialing°

toner - *toner* - Zwarte kleurstof waarmee een kopieermachine (copier°) of laserprinter° op papier afdrukt.

tool - *tool* - Hulpmiddel: gereedschap voor programmeurs of gebruikers, bijvoorbeeld: charting tool°, CASE tool°, development tools°, power tool°. Is onder Windows° vaak beschikbaar via een knop (button°) op de werkbalk (tool bar°).

tool bar - *werkbalk* - Een balk (bar°) in een GUI° waarop de hulpmiddelen (tool°) als pictogram (icon°) of knop (button°) staan aangegeven.

toolbox - *toolbox* - Verzameling programmatische hulpmiddelen voor de ontwikkeling van programmatuur; letterlijk: gereedschapskist.

tool command language - *TCL* - Zie: TCL°.

toolkit - *toolkit* - Synoniem van: toolbox°.

top - *begin, voorgrond, bovenkant* - **1.** Het begin van een tekst, bladzijde of bestand (file°); letterlijk: bovenkant. Zie ook: desktop°, set-top box° (⇔bottom°), **2.** Voorgrond in of van een venster, bijvoorbeeld: Allways on top (Altijd op de voorgrond), **3.** Bovenkant, bijvoorbeeld van een toets (keytop°).

TOP {top} - *Technical Office Protocol* - TOP: netwerk-protocol van Boeing met een uitgebreide application°-laag, waarvoor veel toepassingen zijn ontwikkeld; zie ook: MAP/TOP°. ⇔MAP°

top-down - *top-down* - Een analyse (analysis°), ontwerp (design°) of programma (van bovenaf) beginnen bij de hoofdzaken. ⇔bottom-up° ⇔middle-out°

top margin - *bovenmarge* - De marge (margin°) aan de bovenkant van elke bladzijde (page°). ⇔bottom margin°

topology - *topologie* - De manier waarop eenheden in een netwerk zijn verbonden (network topology°), bijvoorbeeld: bus° (bus), mesh° (maasvormig), ring° (ring), star° (stervormig), tree° (boom).

total - *totaal* - Zie ook: batch total°, control total°, hash total°.

total cost of computing - *totale computerkosten* - Zie: cost of computing°.

total production maintenance - *TPM* - Zie: TPM°.

total quality control - *TQC* - Zie: TQC°.

total quality management - *TQM* - Zie: TQM°.

touchscreen - *touchscreen, tipscherm* - Aanraakscherm (screen°) waarop u met uw vinger of pen onderwerpen kunt aanwijzen en selecteren. Ook genoemd: touch-sensitive screen.

touchtone phone - *toetstelefoon* - Moderne telefoon (phone°, telephone°) met toetsen (key°) in plaats van een draaischijf: werkt met 7 kiesstonen (DTMF°). Is ontwikkeld door AT&T° en heet officieel: TouchTone; zie: tone dialing°. ⇔dial phone°

tower - *tower, toren* - Rechtopstaande behuizing (case°) voor een (meestal krachtige) PC. Kleine vormen: minitower°; midi-tower.

TP {ti·pi} - *Transaction Processing, Tele-Processing, Twisted Pair* - **1.** Transaction Processing, TP: transacties (transaction°) verwerken, **2.** TeleProcessing°, TP: telematica°, **3.** Twisted Pair: kabel met één of meer in elkaar gevlochten ader-paren (10Base-T°, twisted pair°), al dan niet afgeschermd: STP°, UTP°.

TPC {ti·pi·si} - *Transaction-processing Performance Council* - TPC: is in 1988 opgericht door verschillende leveranciers voor het vaststellen van benchmarks (benchmark°) voor het meten van : (A) database° updates in online transaction processing° (OLTP°) met 256 gebruikers (zie: tps°), (B) veel transacties in een relationele database° (RDBMS°), en (C) complexe order entry° in een magazijn (warehouse°) d.m.v. OLTP°, uitgedrukt in tpmC°; verschilt van SPEC°

tpmC {-} - *transactions per minute Cbenchmark* - Zie: TPC°, benchmark°.

tpi {ti·pi·ai} - *tracks per inch* - Sporen (track°) per inch, tpi: een maat voor de dichtheid van magnetisch geschreven informatie. ⇔bpi°

TP monitor {ti·pi} - *TeleProcessing monitor, Transaction Processing Monitor* - Intermediair programma (monitor°) tussen gebruikers op afstand, toepassingen (application°)

en het besturingssysteem (operating system°) of een transactieverwerkend systeem (TP°, TPM°); wordt meestal geleverd bij de betreffende database°. Het begrip stamt uit de wereld van grote commerciële computers, bijvoorbeeld CICS° van IBM, maar het komt nu ook naar client/server°-netwerken.

TPM {ti·pi·em} - *Third-Party Maintenance, Total Productive Maintenance, Transaction Processing Monitor* - **1.** TPM: onderhoud door derden (third-party°), **2.** TPM: meer effectief gebruik van de aanwezige apparatuur, een onderdeel van TQM°, **3.** TPM: TP monitor° voor het verwerken van transacties (transaction°).

tps {ti·pi·es} - *transactions per second* - Transacties per seconde, tps: eenheid van de snelheid van transactieverwerking (transaction processing°). Ook: tpsA (aantal transacties per seconde met benchmark° A van TPC°) enzovoorts.

TQC {ti·kjoe·si} - *Total Quality Control* - TQC: methode om kwaliteit goed onder controle te krijgen: het begin van TQM°.

TQM {ti·kjoe·em} - *Total Quality Management* - Integrale kwaliteitszorg: zoiets als Total Quality Control (TQC°), dat echter doordringt tot alle lagen van een organisatie en in alle activiteiten (ISO°-norm 9002).

TR {-} - *Terminal Ready* - TR: modemlampje (modem light°) dat aangeeft (indicator°) dat de verbinding met de PC (terminal°) gereed (ready°) is.

trace - *trace, traceren* - Het gevolgde pad (path°) en de tussenresultaten vastleggen of laten zien tijdens het debuggen (debug°) van een programma: wegwijzers achterlaten om de weg terug te kunnen gaan. Vaak kan de werkwijze worden aangezet (trace on) en afgezet (trace off). Ook: autotracing°, backtracing° (achterwaarts instructies doorlopen), ray tracing°.

tracer - *tracer* - **1.** Trace-programma dat de uitvoering van een ander programma volgt (trace°) en vastlegt, **2.** Programma dat een bitmap° (rasterbeelden) omzet in vector graphics° door contouren te volgen (Bézier-curve°).

tracing - *opsporen* - Het opsporen (trace°) van goederen op weg naar hun afnemer. ⇔tracking°

track - *spoor, volgen* - Leesspoor op een magnetische disk°, optische disc° of elders. Ook: 7-track tape°, 9-track tape° (7/9-sporen tape), backtracking° (het spoor terug volgen en stapsgewijs fouten ongedaan maken). Volgen: to keep track° of. Als werkwoord: volgen. ⇔trail°

trackball - *trackball* - Een dode rolmuis (mouse°) met een draaibare bal, waarmee u iets in een scherm kunt aanwijzen (track°) en selecteren. Belgen noemen hem: volgbol. Wordt mogelijk vervangen door een: trackpad°.

tracker - *tracker* - Programma waarmee het verloop van een werkproces (process°) in een fabriek of kantoor wordt gevolgd (track°).

tracking - *tracking* - **1.** Letterlijk: het spoor (track°) op een disk° goed blijven volgen, **2.** Figuurlijk: een gebeurtenis, het werk, de uitgaven, een probleem , goederen (⇔tracing°) of de ontwikkeling van programmatuur in een project° blijven volgen (⇔backtracking°), mogelijk met behulp van radiogolven (RF/ID°) **3.** Vullen van de ruimte tussen letters en woorden in een regel afhankelijk van hun grootte (size°) en type (style°), vergelijkbaar met: kerning° (absoluut).

trackpad - *stuurmatje* - Alternatief voor een trackball° of mousepoint°: plastic rechthoek van 5x8 cm, waarover een gebruiker een vinger kan bewegen om de aanwijzer (pointer°) te verplaatsen; klikken geschied door op de knop eronder te drukken. Dit vervangt de trackball in Apple's PowerBook.

trackpoint - *trackpoint*- Klein rood paaltje op IBM toetsenborden (keyboard°) voor het bewegen van de aanwijzer (pointer°) op het beeldscherm. Uitgevonden in 1988 door T. Selker (IBM), vervaardigd door Philips en door IBM uitgebracht vanaf eind 1992.

tractor - *tractor* - Transport voor kettingformulieren (continuous forms°) in een printer via twee gekoppelde banden (nu ook wielen) met pinnen (pin feed°).

trade electronic data interchange systems - *TEDIS* - Zie: TEDIS°.

trade-in - *inruil* - Apparatuur of programmatuur inruilen voor een nieuwe versie van dezelfde fabrikant; vergelijkbaar met: upgrade°. ⇔trade-up°

trademark - *handelsmerk* - Een mogelijk wettig gedeponeerde naam die een leverancier als zijn eigendom beschouwt; wordt aangegeven door de kleine letters TM (TradeMark) of een R in een rondje (Registered trademark); zie de lijst met veelgebruikte tekens achterin dit boek.

trade-off - *trade-off* - Afweging van belangen, kosten enzovoorts.

trade-up - *trade-up* - Overstappen op nieuwe programmatuur van hetzelfde type maar van een andere fabrikant. Door uw oude programma in te leveren, krijgt u korting op de nieuwe. Verschilt van een trade-in° of een upgrade° (bij dezelfde fabrikant).

traffic - *verkeer* - Berichten, handshaking en dergelijke over een bus° of netwerk of via een centrale (inbound°, outbound°): waar files (congestion°) kunnen optreden als de verstuurde bestanden (file°) groot zijn; kan worden geanalyseerd aan de hand van statistieken en wordt berekend in Erlang°. Voice (⇔data°) still accounts for 90% of all traffic° (Spraak vormt nog 90% van al het telefoonverkeer).

trail - *spoor* - De gevolgde weg, zie: audit trail°. ⇔track°

trailer - *trailer* - Besturingsinformatie aan het einde van een record° of een bestand (file°), bijvoorbeeld: trailer record. ⇔leader°

transaction - *transactie* - Het uitvoeren van een actie in het informatiesysteem; is een samentrekking van: transmit° action (een verandering in de werkelijke wereld in een database° invoeren); afgekort: TX°. Bijvoorbeeld: inquiry transaction°, query transaction° (opvraagtransactie).

transaction code - *transactiecode* - Code (code°) die de toepassing (application°) aangeeft welke een transactie moet verwerken (transaction processing°).

transaction file - *transactiebestand* - Bestand (file°) met de ingevoerde transacties (transaction°) voor latere batch°-verwerking. ⇔master file°

transaction log - *transactielog* - Bestand (log°) waarin alle details over de uitgevoerde transacties (transaction°) staan (audit trail°).

transaction processing - *transactieverwerking, TP* - TP°: het direct, online° verwerken van transacties (transaction°) in een computer; wordt gecontroleerd door een: TPM°. ⇔batch processing°

transaction processing monitor - *TPM, TP monitor* - Zie: TPM°, TP monitor°.

transaction-processing performance council - *TPC* - Zie: TPC°.

transactions per second - *tps* - Zie: tps°.

transcedental function - *transcedente functie* - Wiskundige functie, bijvoorbeeld: logaritme (logarithm°), exponentiële functie (exponent°), goniometrische functie (trigonometric°): die uitstijgen boven gewone functies zoals optellen, aftrekken of vermenigvuldigen.

transceiver - *transceiver* - Een zender/ontvanger in een netwerk om signalen versterkt door te geven; is een samentrekking van transmitter° (zender) en receiver° (ontvanger); synoniem: repeater°. In verband met Inmarsat°: zend- en ontvangantenne voor communicatie met een satelliet (satellite°).

transcribe - *overzetten* - Gegevens van een informatiedrager naar een andere kopiëren, meestal in een andere vorm of volgorde. ⇔copy°

transducer - *omvormer* - Transducent: een element dat bijvoorbeeld de temperatuur of druk aftast (sense°) en omzet in een elektrisch signaal dat gedigitaliseerd (ADC°) wordt zodat het kan worden verwerkt om een proces te regelen. Ook omgekeerd kan een elektrisch signaal door een transducent worden omgezet in geluid (luidspreker), beweging enzovoorts. Het begrip wordt ook zeer algemeen gebruikt, bijvoorbeeld voor een GSM°-telefoon die geluid omzet in radiogolven en omgekeerd.

trans European trunked radio - *TETRA* - Zie: TETRA°.

transfer - *overdragen, oversturen, overzetten, xfer* - **1.** Overdragen: verantwoordelijkheid, **2.** Oversturen: gegevens (data transfer°), berichten (message transfer°) of bestanden (file transfer°), **3.** Overzetten: een telefoongesprek (call°). Afgekort: xfer°.

transfer speed - *overdrachtssnelheid* - Het aantal bits (bit°) of bytes (byte°) dat per seconde wordt of kan worden overgebracht (transfer°) via een lijnverbinding (line°), via een bus° of direct. Deze snelheid (speed°) kan zeer aanzienlijk zijn, vooral bij: multimedia°, zie: digital audio°, digital video°.

transform - *transformeren* - Iets omzetten naar een andere vorm of grootte, bijvoorbeeld een spanning (tension°), frequentie (frequency°), tekening of organisatie. Zie ook: Fast Fourier Transform (FFT°).

transformer - *transformator* - Elektrisch element met twee spoelen om een ijzerkern waarmee wisselspanningen kunnen worden omgezet, bijvoorbeeld van 220 naar 110 Volt of omgekeerd. Bij andersoortige omzettingen spreekt men van: converter°; voor de hoogspanning van een beeldscherm (CRT°) wordt een flyback transformer gebruikt; zie ook: balun°.

transient - *tijdelijke fout, niet-resident* - **1.** Fout veroorzaakt door een sterke fluctuatie van de netspanning, een kritieke combinatie van factoren en dergelijke; synoniem: intermittent error°. Zie echter ook: transient program°; letterlijk: iets dat voorbij gaat (⇔hard error°). **2.** Een programma of onderdeel daarvan (module°) dat niet steeds in het geheugen blijft, maar wordt ingelezen als het nodig is en daarna overschreven (⇔resident°).

transient program - *transient programma* - Zelfverplaatsbaar programma dat steeds door iedereen kan worden gebruikt. Omvat de begrippen: relocatable° en re-entrant°.

transistor - *transistor* - De halfgeleider (semiconductor°) die de computerrevolutie heeft mogelijk gemaakt, uitgevonden in 1948 door W. Shockley, W. Brattain en J. Bardeen. Is het basiselement op een chip°, waarmee logische schakelingen en geheugens worden gerealiseerd. Een transistor° bestaat uit drie lagen: emitter°, base°, collector°. Er zijn twee typen transistoren: NPN en PNP, afhankelijk van de polariteit (polarity°). Term is afgeleid van: TRANSfer resISTOR (overgedragen variabele weerstand). Zie echter ook: thin-film transistor° (TFT°).

transistor-transistor logic - *TTL* - Zie: TTL°.

transit - *transit* - Doorvoer...: aanduiding van alles dat op weg is naar elders en dus van tijdelijke aard is: passagiers, goederen of een groep (group°) verbindingen voor de doorvoer van signalen.

transition - *overgang* - Overstap van de ene status (state°) naar een andere, die onder bepaalde voorwaarden plaatsvindt: wordt gebruikt voor een snelle verandering van de spanning, in een state transition diagram° of voor de snelle overgang van 0 naar 1 en omgekeerd.

translate - *vertalen, verplaatsen* - **1.** Vertalen: van tekst door een mens of gegevens door een programma (translator°), **2.** Verplaatsen: van beeld in een scherm (display°) zonder het te roteren.

translation - *vertaling, conversie* - Tekst die vertaald is uit een andere taal, een natuurlijke taal (natural language°) of een programmeertaal (programming language°). Ook andere zaken kunnen 'vertaald' worden, bijvoorbeeld inches in mm; men spreekt dan meestal van: conversie.

translator - *vertaler* - Mens of programma dat een tekst of een bronprogramma (source code°) omzet, bijvoorbeeld van COBOL° naar C°. Het vertalen kan echter ook meer algemeen zijn, bijvoorbeeld ook van protocollen (protocol°) of handleidingen (manual°).

transmission - *overdracht* - Bijvoorbeeld: data transmission°. Kan ook worden vertaald met 'transmissie' voor het voortplanten van elektromagnetische (electromagnetic°) golven (wave°) of het overbrengen van kracht in een auto.

transmission control protocol/internet protocol - *TCP/IP* - Zie: TCP/IP°.

transmission medium - *transmissiemedium* - Het medium° gebruikt voor een verbinding: een bepaald type kabel (coax°, fiber optics°, STP°, UTP°) of lucht (radio°, microwave°).

transmit - *verzenden, uitzenden* - Een bestand (file°), gegevens (data°) of een bericht (message°) over een netwerk sturen, bijvoorbeeld: data transmission°. Afgekort: xmit°. Nogmaals verzenden: retransmit°. Ook: uitzenden als radiosignaal (⇔receive°) - de zender heet: transmitter.

transmit data - *TD* - TD°: modemlampje (modem light°) dat aangeeft dat er gegevens (data°) worden verzonden, synoniem: SD°.

transmitter - *zender* - Elektronische voorziening die signalen uitstuurt via een kabel of netwerk of uitzendt door de ether. Een transponder° ontvangt signalen en zendt ze versterkt weer verder.

transmit terminal identification - *TTI* - Zie: TTI°.

Transpac - *Transpac* - Openbare packet-switching° dienst in Frankrijk op basis van X.25°, in 1978 in gebruik genomen, en o.a. gebruikt voor de Minitel-dienst (videotex°).

transparency - *transparant* - Doorzichtig (transparent°) vel met tekst en afbeeldingen voor een overhead°-projector of dia, geprojecteerd ter ondersteuning van het gesproken woord; synoniem: foil°, slide°. Betekent ook: onmerkbaarheid (zie: transparent°), bijvoorbeeld belangrijk bij: distributed processing°.

transparent - *transparant* - Onzichtbaar voor een gebruiker of programma; bijvoorbeeld: location-transparant° (overal hetzelfde) en end user° transparent (zonder waarneembaar verschil voor eindgebruikers) enzovoorts. In optische zin: doorzichtig (⇔opaque°).

transparant bridging - *transparant bridging* - Bridging (bridge°) via een ander medium en via een ander protocol°, zoals via een FDDI°- of ISDN°- verbinding, bijvoorbeeld in een Ethernet°-netwerk, zonder dat iemand het merkt (transparant°).

transparent connection - *transparante verbinding* - Kenmerk van een netwerkverbinding (connection°) die kan werken met verschillende protocollen (protocol°) en/of snelheden (bit rate°) en synchroon of asynchroon (async°) zonder dat iemand het merkt (transparant°).

transponder - *transponder* - Ontvanger/zender in een satelliet die ontvangen signalen onveranderd weer uitzendt naar aarde; is vergelijkbaar met een repeater° op aarde, maar werkt over een grotere frequentieband. Ook: chip° of elektronische schakeling die actief reageert op elektromagnetische (electromagnetic°) golven (wave°), bijvoorbeeld voor een auto ID°-systeem of in een smartcard°.

transport layer - *transport-laag* - De vierde van zeven lagen (layer°) van het OSI° model°, waarin de overdracht (transport) van de gegevens wordt geregeld: structuur van de berichten (message°) en controle op de overdracht (error checking°).

transpose - *transponeren* - De positie van twee naast elkaar gelegen elementen verwisselen: bijvoorbeeld van twee letters of twee woorden.

transputer - *transputer* - Speciale complete processor° op een chip°, die met anderen kan worden gekoppeld tot een zeer krachtige processor voor parallel processing°; bevat een verwerkingseenheid, geheugen en communicatiemogelijkheden met buurtransputers; vereist echter een heel nieuwe manier van programmeren. Een norm voor binaire compatibiliteit van programma's voor Inmos transputers is: BCS°. De naam is afgeleid van: TRANSistor comPUTER (transistor°).

trap - *valstrik, onderscheppen* - **1.** In een programmeertaal: valkuil waarin een programmeur is getrapt, **2.** In een programma: valkuil die door een programmeur opzettelijk is aangebracht om te stoppen in een bepaalde situatie om die te kunnen analyseren. Zie ook: error trapping°.

trapdoor - *achterdeurtje* - In cryptografie (cryptography°), een relatief eenvoudige maar heimelijke mogelijkheid om een code° te breken, meestal ten behoeve van de overheid om te kunnen afluisteren. Letterlijk: (val)luik.

trashcan - *vuilnisbak* - Een pictogram (icon°) voor het verwijderen (delete°) van bestanden (file°), directory's (directory°) of programma's in een grafische omgeving (GUI°). In BBS°-jargon: bittenbak (bit°).

treasurer - *treasurer* - Beheerder van de financiën van een bedrijf. ⇔controller°

tree - *boom* - Een hiërarchische structuur (structure°) in de vorm van een boom, zoals in decision tree° (beslissingsboom), directory tree° (directory structuur), B-tree° (beslissingsboom met een gebalanceerde structuur); wordt meestal omgekeerd getekend met de wortel (root°) bovenaan. Grafisch weergegeven: boomdiagram, spanning tree°. Ook: menu tree° (menuhiërarchie).

trellis - *trellis* - Statusdiagram in de vorm van een latwerk (trellis) dat eenvoudig kan worden gebruikt voor codering en decodering (Viterbi-decoding°) in telecommunicatie; zie: trellis-coded modulation°.

trellis-coded modulation - *trellis-modulatie, TCM* - TCM°: een combinatie trellis°-codering en decodering (Viterbi-decoding°) gecombineerd met bijvoorbeeld QAM°-modulatie waardoor veel meer bits dan voorheen over een full duplex°-verbinding kunnen worden gestuurd; wordt gebruikt in V.32° en V.33°. Is gepopulariseerd door G. Ungerboeck in de midden jaren 80 en wordt nu toegepast in snelle modems (modem°).

trends and directions - *T&D* - Zie: T&D°.

TRIAC {trai·ek} - *TRIode Alternating Current switch* - TRIAC: gestuurde bidirectionele gelijkrichter, geschikt voor wisselstroom (AC°). De middelste laag van de triode (oorspronkelijk: radiobuis met drie elektroden) wordt gebruikt om het geleidend vermogen te sturen. ⇔DIAC°

triangle - *driehoek* - In een pull-down menu° (Windows°) kan een driehoekje aan de rechterkant van een menukeuze staan: duidt op de aanwezigheid van een submenu°.

tribit - *tribit* - Groep van drie bits (bit°). ⇔dibit° ⇔trigram°

tribit coding - *tribit-codering* - Overgangen (transition°) in datatransmissie met drie bits (tribit°) coderen. ⇔dibit coding°

trickle - *trickle* - Een alternatieve manier om bestanden (file°) per e-mail° binnen te halen met de mogelijkheid zich te abonneren op een bestand. Is in Nederland bereikbaar op: trickle@hearn.nic.surfnet.nl. Alle trickle-opdrachten beginnen met een '/', bijvoorbeeld: /PDDIR, voor een overzicht van alle op de server beschikbare directories (directory°).

trigger - *trigger* - Initiator: gebeurtenis (event°) die de aanzet tot een actie vormt, bijvoorbeeld: van een proces (process°) in een werkstroom (workflow°), van een situatie in een database° of van de golfvorm van een elektrisch signaal (oscillograph°).

triggered procedure - *getriggerde procedure* - In een database°, een procedure° (programma) die start zodra een bepaalde gebeurtenis (trigger°) optreedt.

trigonometric - *goniometrisch* - Betreffende functies zoals sinus (sine), cosinus (cosine) en tangens (tangent): een vorm van transcedente functies (transcedental functions°).

trigram - *trigram* - Combinatie van drie letters of drie woorden: bijvoorbeeld 'and'; is een concept dat wordt gebruikt bij compressie (data compression°). ⇔bigram° (twee letters of woorden) ⇔tribit° (drie bits)

trillion - *Amerikaans biljoen, Brits triljoen* - **1.** Amerikaans biljoen (10^{12}): ons biljoen en het Britse billion, **2.** Brits triljoen (10^{18}).

triple-DES {des} - *triple-Data Encryption Standard* - Triple-DES: de DES°-algoritme in drie slagen uitgevoerd met twee sleutels van 56 bit: coderen met sleutel 1, decoderen met sleutel 2 en opnieuw coderen met sleutel 1. Dit levert een cryptografische sterkte op van een sleutel van circa 75 bit. Wordt nu algemeen gebruikt, o.a. in de smartcard°; ANSI° formuleert de norm ervoor

triple spaced - *drievoudige regelafstand* - Twee blanco regels plaatsen tussen elke stel tekstregels: regelafstand 3. ⇔double spaced° ⇔single spaced°

trivial - *triviaal* - Onbelangrijk of gewoon: in de ogen van een expert. ⇔nontrivial°

TRN {ti·ar·en} - *Token Ring Network* - Zie: token ring°.

Trojan horse - *paard van Troje* - Kwaadwillend programma dat onder de dekmantel van een ander programma in een computer binnenkomt, zichzelf echter niet vermenigvuldigt zoals een virus°; de term is afkomstig van de ontdekker D. Edwards in 1972.

TRON {tron} - *The Real-time Operating system Nucleus-* TRON: Japanse geavanceerde real-time° architectuur van K. Sakamura voor elektronica en programmatuur voor kleine huishoudelijke apparaten tot en met supercomputers; de specificaties worden ontwikkeld door de non-profit TRON Association; nucleus° is een synoniem voor kernel°: het basisbesturingssysteem (operating system°).

true - *waar, echt* - **1.** Waar: een van de twee Boole-waarden (Boolean logic°), afhankelijk van de programmeertaal, een 0 of een 1, **2.** Echt: onvervalst (bericht) of terecht (alarm). ⇔false°

true blue - *geheel IBM* - Aanduiding van een installatie die bestaat uit louter IBM°-apparatuur, zie: Big Blue°. De kleur blauw wordt steeds minder gebruikt, zie: Big Black°.

true color - *true color* - Codering van kleur door middel van 24 bits: waarmee 16,7 miljoen kleuren kunnen worden weergegeven, voldoende voor fotografische weergave (photo quality°) mits de resolutie voldoende is.

true/false - *T/F* - Zie: T/F°.

true scalability - *echte schaalbaarheid* - Wanneer een leverancier toepassingen kan laten werken op al zijn apparatuur, van pencomputer tot en met grote computer. Wordt straks wellicht mogelijk als overal RISC°-technologie en UNIX° wordt gebruikt. Zie ook: scalable°.

TrueType - *TrueType* - Aanduiding van lettertypes (typeface°) die bij System 7° en Windows° (Microsoft°) worden geleverd en die in verschillende grootte (scalable°) afgebeeld kunnen worden en afgedrukt met gewone printers. Het grote succesnummer van Windows 3.1. Is een concurrent van Type 1 font° van Adobe (ATM font°), maar ze gaan nu samen in Open Type°. Soms afgekort tot: TT° (⇔T1°).

truncate - *afkappen* - Het voorste of achterste gedeelte van een rij tekens (string°) weglaten.

truncation - *afkapping* - Tekens weglaten; zie: truncate°.

trunk - *bundelverbinding* - Hoofdverbinding (line°) tussen twee telefooncentrales die gedeeld wordt en waarvan de capapciteit steeds opnieuw gebruikt wordt door andere gebruikers. Een PTTer spreekt waarschijnlijk van: trunk circuit, trunk line°; zie ook: trunking°. Ook: Amerikaanse kofferruimte achterin een auto. ⇔local loop° ⇔loop°

trunked radio - *trunked radio* - Zie: TETRA°.

trunking - *trunking* - Kanaalbundeling: in telefonie (telephony°) en telecommunicatie (telecommunication°), het principe van toewijzing van de voorzieningen (time slot°, frequency slot° enz.) op basis van de actuele behoefte, dus niet van te voren vastgesteld of geheel toegewezen. Na gebruik komen de voorzieningen weer beschikbaar voor andere aanvragers. Wordt universeel gebruikt door telefoonbedrijven om de capaciteit van de vaste (fixed°) of mobiele (mobile°) hoofdverbindingen (trunk°) te verhogen met een factor 10 of meer; wordt o.a. gebruikt in: TETRA°, waar efficiëntie voor korte berichten en een snelle reponstijd belangrijk zijn (PMR°). Sleutel is een efficiënt mechanisme voor de toewijzing (assigment°) van kanalen (channel°) die het multiplexen (multiplex°) op de trunk° regelt; zie ook: channel hopping°.

trunk line - *hoofdverbinding* - Uitgebreidere naam voor: trunk°.

trusted - *trusted* - Vertrouwd: door speciale voorzieningen en interne controles kan men vertrouwen op een systeem, database° of verbinding (path°), waardoor die veilig (secure°) wordt verklaard. Criteria hiervoor zijn bijvoorbeeld gegeven in: ITSEC° en TCSEC°.

trusted computer system evaluation criteria - *TCSEC* - Zie: TCSEC°.

truth table - *waarheidstabel* - Tabel die de uitkomsten van Boole-bewerkingen en expressies (Boolean expression°) geeft; tot vier variabelen is een Karnaugh map° eenvoudiger.

TSAPI {-} - *Telephony Server Application Program Interface* - TSAPI: een API° voor een centrale telefoonserver° van Novell°. ⇔TAPI°

TSB {ti·es·bi} - *Technical Systems Bulletin* - TSB: normen (EIA°), bijvoorbeeld TSB-36 beschrijft vijf typen UTP°-kabels, TSB-40 beschrijft connectoren (connector°) en montagevoorschriften (EIA/TIA° 568).

TSO {ti·es·oo} - *Time-Sharing Option* - TSO: interactieve (interactive°) voorziening voor het batch°-georiënteerde MVS° van IBM.

TSR {ti·es·ar} - *Terminate-and-Stay-Resident* - TSR: programma dat na gebruik in het RAM°-werkgeheugen werkzaam blijft of direct kan worden opgeroepen; zoals in: TSR programs eat up RAM° (TSR-programma's kosten veel RAM- geheugen - maar dat is niet erg als u ze in extended memory° kunt plaatsen).

TT {-} - *TrueType* - Zie: TrueType°. ⇔T1°

TTC {ti·ti·si} - *Telecommunication Technology Committee* - TTC: Japanse telecommunicatie normalisatiecommissie.

TTI {ti·ti·ai} - *Transmit Terminal Identification* - TTI: de eerste regel (header°) van een afgedrukte fax°, met daarin de afzender, zijn telefoonnummer, de datum, de tijd en het paginanummer ter identificatie (identification°) van de verstuurder.

TTL {ti·ti·el} - *Transistor-Transistor Logic, Through-The-Lens, Time-To-Live* - **1.** TTL: een halfgeleidertechnologie met bipolaire (bipolair°) transistoren als logisch element, **2.** TTL: in camera's, zoeker waarmee men door de cameralens kijkt, niet via een aparte zoeker, **3.** TTL: een byte° met een vervaldatum, gebruikt in de header° van een pakket (datagram°) in TCP/IP°, die aangeeft wanneer het pakket kan worden vernietigd - gebruikt om eindeloos heen en weer sturen van onbezorgbare pakketten te voorkomen.

TTY {ti·ti·wai} - *TeleTYpewriter* - TTY: eenvoudige terminal uit de oertijd (rond 1960), afgeleid van de teletypewriter die rond 1915 ontwikkeld werd door E. Kleinschmidt, werkend met een snelheid van 110 bps°. De moderne uitvoering heeft een beeldscherm (glass TTY°).

tube - *buis* - Elektronenbuis: die na relais (relay°) werden gebruikt om computers mee te bouwen en die zijn vervangen door transistoren en ICs (IC°). Zie ook: cathode ray tube°, CCFT°, CRT°, storage tube°, vacuum tube°.

tune - *instellen* - Zie: tuning°.

tuning - *instellen* - Allerlei variabelen goed instellen, bijvoorbeeld om de werking van een database° of computersysteem (system tuning°) te optimaliseren.

tunneling - *tunneling* - Overdracht via een bepaald protocol° *onder* een ander protocol, bijvoorbeeld een Ethernet°-protocol dat werkt via een backbone°-protocol van FDDI° of ISDN°. Wordt ook gebruikt i.v.m. halfgeleider (semi- conductor°). De scanning tunneling microscoop werd beginjaren 80 uitgevonden door G. Binnig en H. Rohrer. Als werkwoord ook: overbruggen.

tuple - *tupel* - Een groep velden (field°) uit een record° van een database° of een rij (row°) in een tabel van een relationele database (RDBMS°); zie ook: n-tuple°.

turbo - *turbo* - Een suggestieve toevoeging die alleen een werkelijke betekenis heeft met betrekking tot brandstofmotoren; de toevoeging wordt veel gebruikt door software-leverancier Borland, bijvoorbeeld: Turbo Pascal°.

Turing machine - *Turing-machine* - Het concept van een computer met een verwerkingseenheid en een oneindig lange magneetband, waarmee in principe elke rekentaak kan worden uitgevoerd. Onder besturing van de verwerkingseenheid wordt de band voor- en achteruit bewogen en worden gegevens geschreven of gelezen. Deze voorloper van de Von Neumann computer° werd in 1936 beschreven door A.M. Turing (1912-54).

Turing test - *Turing test* - Test die bepaalt of machines even intelligente resultaten boeken als mensen, door te testen of die in de communicatie via een beeldscherm daarvan niet zijn te onderscheiden door mensen; is gebaseerd op een Engels gezelschapspel en in 1950 voorgesteld door en genoemd naar A.M. Turing (1912-54). Op een heel beperkt, specialistisch gebied kan dit nu al, maar in het algemeen zeker niet, zie ook: AI°. Een uitgebreidere test met een zogenaamde Chinese kamer is voorgesteld door J. Searle.

turnaround - *turnaround* - Aanduiding voor iets dat heen gaat en weer terugkomt, dus letterlijk of figuurlijk terugkomt of omdraait; zie ook: job turnaround°.

turnaround document - *turnaround formulier* - Formulier (document°) dat wordt gemaakt door een computer en na gebruik weer in een computer wordt ingevoerd, bijvoorbeeld een acceptgiro.

turnaround management - *management dat de hele organisatie overhoop haalt* - Nieuw management dat hoopt dat door grote veranderingen de financiële zaken ten goede zullen keren.

turnaround modem - *turnaround modem* - Modem dat binnen één sessie (session°) met verschillende snelheden kan ontvangen en zenden, bijvoorbeeld nodig voor V.23° en videotex° (1200 en 75 bps°).

turnaround time - *turnaround-tijd* - **1.** Tijd nodig om heen en weer te zenden over een half-duplex° verbinding, **2.** Tijd verstreken tussen het indienen (schedule°) van een job° en het beschikbaar zijn van het resultaat; synoniem: job turnaround°.

turnkey - *turnkey* - Een volledig systeem van apparatuur en programmatuur leveren, waarbij de koper alleen nog maar een sleutel hoeft om te draaien. De firma die dat doet heet: system integrator°. ⇔body shopping°

turn off - *uitschakelen* - Een bepaalde functie of computer uitzetten. ⇔turn on°

turn on - *inschakelen* - Een bepaalde functie of computer aanzetten. ⇔turn off°

TUT {-} - *TUTorial* - TUT: extensie (extension°) van een bestand dat een tutorial° bevat.

tutorial - *tutorial, leerprogramma* - Een zelfstudiecursus met een computer of een boek, of een cursus van een dag tijdens een congres.

TV {ti·vi} - *TeleVision* - TV: televisie; letterlijk: op afstand zien met een televisietoestel (TV set°).

TV set {ti·vi} - *TeleVision set* - Televisietoestel, zie: set°.

TWAIN {tween} - *Toolkit Without An Interesting Name* - TWAIN: afspraken voor een directe communicatie tussen een scanner en een toepassing, waardoor een gescande afbeelding direct in de toepassing kan worden ingevoerd en gebruikt, mits beide TWAIN-compatibel zijn. Deze de facto° norm is rond 1992 ontwikkeld door een consortium gevormd door Aldus, Caere, Kodak, HP° en Logitech. Letterlijk: twain (tweetal); de 'afkorting' refereert aan regels van R. Kipling (1865-1936): Oh, East is East, and West is West, and never the twain shall meet (Oost is Oost en West is West en nooit zullen zij tot elkaar komen - maar wel in TWAIN, waarvan men geen woordcombinatie kon vinden). Niet verwarren met: twin (tweeling), bijvoorbeeld gebruikt in: twinax°.

tweak - *fijnafstellen* - Apparatuur precies afstellen; wordt ook gebruikt voor kleine veranderingen in programmatuur; letterlijk: een kneepje geven.

twinax {twin·eks} - *twinaxial* - Twinax: twee (twin) geleiders in een afgeschermde kabel (cable°), waarop randapparatuur (peripheral°) kan worden aangesloten; is afgeleid van: twinaxial cable°. ⇔coax° ⇔twisted pair°

twinaxial cable - *twinax-kabel* - Kabel met twee (twin) geleiders in een afgeschermde kabel, waarop randapparatuur kan worden aangesloten; wordt meestal afgekort tot: twinax°. ⇔coax° ⇔twisted pair°

twisted pair - *twisted pair, TP* - Netwerkkabel, bestaande uit één tot vier paar in elkaar gevlochten en gebalanceerde aders, die afgeschermd (STP°) of niet (UTP°).

Hoe meer twists, hoe lager de overspraak (crosstalk°) tussen de paren. Bij garen of touw spreekt men van twijnen, bij kabels meestal niet. ⇔coax° ⇔twinax°

twist-on connector - *TNC* - Zie: TNC-connector°

two-dimensional - *2D* - Tweedimensionaal, zie: 2D°.

two-pass - *tweegangs* - Betreffende een bewerking die in twee gangen of trappen wordt uitgevoerd: de tweede gang (second pass°) is nodig om de resultaten van de eerste te verwerken, bijvoorbeeld voor de paginanummers in de inhoudsopgave aan het begin van een boek.

two-phase commit - *twee-staps commit* - Wederzijdse toestemming voor de verandering van gegevens enzovoort in een multi-user systeem in twee stappen: a) toestemming krijgen voor de verandering en de gegevens vergrendelen (lock°) voor anderen, b) veranderen. De in de eerste stap verkregen toestemming moet het onmogelijk maken dat twee gebruikers tegelijk eenzelfde gegeven trachten te veranderen.

two-tier - *tweelagig, tweevoudig* - Kenmerk van een architectuur (architecture°) die bestaat uit twee lagen (tier°). Bij meer dan twee lagen, spreekt men meestal van: layer°.

two-way - *tweerichtings* - Berichtenverkeer dat in twee richtingen kan verlopen, hetzij: duplex° of half duplex°. ⇔one-way°

two-wire - *tweedraads* - Betreft een verbinding met twee draden (2-wire°): zoals gebruikelijk bij een lokale telefoon-aansluiting (de andere draden in een telefoonkabel worden alleen gebruikt voor de aansluiting van extra telefoontoestellen). ⇔four-wire°

TX {-} - *Transaction* - Transactie, zie: transaction°.

.TXT {-} - *TeXT* - .TXT: extensie (extension°) van een bestand (file°) dat bestaat uit (meestal ASCII°) tekens (character°), niet uit bits (bitmap°, BIN°). Praktisch synoniem: .ASC°.

type - *intypen, soort, lettertype, persoon* - **1.** Typen: informatie in een computer brengen door het indrukken van toet-sen op een toetsenbord (keyboard°); zie ook: touch-typing°, **2.** Soort: het type tekens, variabelen, programma's enzovoort; zie: data type°, entity type°, logical type°, integer type°, **3.** Lettertype (font°): meestal gebruikt in samenhang met andere termen, bijvoorbeeld: display type°, typeface°, type font°, typematic° en typesetting°. In DOS°, opdracht (command°) om een bestand (file°) te tonen op het beeldscherm.

Type 1 font - *Type 1 font* - Een outline° font° dat wordt ondersteund door Adobe Type Manager (ATM°); zie ook: PostScript°. Concurrent van True Type° van Adobe, maar ze gaan nu samen in Open Type°. Soms afgekort tot: T1° (⇔TT°).

Type 1..9 cable - *Type 1..9-kabel* - Aanduiding van kabel (cable°) voor het IBM Cabling System.

type-ahead buffer - *toetsenbordbuffer* - Synoniem van: keyboard buffer°.

type-area - *zetspiegel* - Het gedeelte van een bladzijde (page°) waarbinnen de tekst wordt geplaatst, mogelijk verdeeld in kolommen.

type enforcing - *handhaving van de soort* - Veiligheidsmechanisme door middel van de handhaving (enforcement°) van: het type gegevens (data°), de soort van communicatie (intern of extern) in een fire wall° of het type gebruiker bij de toegang tot een database°.

typeface - *lettertype* - Het grafisch ontwerp van een font°, dat in verschillende grootte kan worden gebruikt. (Een font heeft één bepaalde grootte tenzij het scalable° is.) ⇔typesize°

typematic - *repeterende toets* - Synoniem: autorepeat°.

typematic rate - *typematic rate* - Aanslagsnelheid (rate°) van de repeterende toetsen (typematic°), uitgedrukt in tekens/sec (character/second)

typesetting - *typografisch zetten* - Tekens, plaatjes (art°) enzovoort opmaken binnen de zetspiegel (type-area°) van een pagina, bijvoorbeeld door middel van DTP°-programma; is afkomstig van het vroegere in lood zetten van tekst. Als bitmap°: digital typesetting. Op film: phototypesetting.

typesize - *corps* - De grootte van letters, uitgedrukt in aantallen punten (point°); corps in het Nederlands uitgesproken als: korps. ⇔typeface°

type-style - *type-style* - Aanduiding van de stijl van een font: mager (light°), vet (bold°), versmald (condensed°), kleinkapitaal (small caps°) enzovoort.

typewriter - *schrijfmachine* - Typmachine: in de VS gepopulariseerd door Remington toen het rustig werd in de wapenhandel; zij kochten het octrooi van technici Sholes en Glidden in 1875 en gebruikten hun, nu nog steeds gangbare, QWERTY°-toetsenbord (⇔AZERTY°). In de jaren 60 populariseerde IBM de elektrische schrijfmachine, maar nu gebruikt vrijwel iedereen een PC en een tekstverwerker. Sinds 1992 concentreert Remington zich wederom op de wapenhandel. Het Scryption-museum in Tilburg herbergt een uitgebreide collectie schrijfmachines.

typewriter terminal - *schrijfmachine-terminal* - Werkstation (terminal°) van een computersysteem van het eerste uur, voordat beeldschermen (VDT°, VDU°) in zwang kwamen: bestond uit een schrijfmachine met bolkop (golf ball°) met toetsenbord en een klein bureau, dat kon worden gebruikt voor zowel invoer (data entry°) als uitvoer (printer°). Afgezien van het kabaal, was een nadeel dat invoer (input°) en uitvoer (output°) door elkaar kwam te staan.

- U -

UAE {joe·ee·ie} - *Unrecoverable Application Error* - UAE: geconstateerde fout in een programma onder Windows° (3.0), die het besturingssysteem (operating system°) niet kan verwerken; herstarten (reboot°) is dan de enige oplossing.

UART {joe·art} - *Universal Asynchronous Receiver/Transmitter* - UART: elektronische schakeling voor een asynchrone (async°) seriële poort (serial port°); zet gegevens om van parallel (parallel°) naar serieel (serial°) en omgekeerd. De oorspronkelijke 8250 of 16450 UARTs beschikken niet over een interne buffer° en zijn daarom ongeschikt voor modemsnelheden van 9600 bps en hoger; de 16550 is dat wel. ⇔USRT°

ubiquitous computing - *alomtegenwoordige verwerking* - Computers in het bureau, in pennen, in muren en in allerlei andere voorwerpen, waar u ook bent: die in de visie van het PARC° in de toekomst uw leven zouden kunnen veraangenamen.

UC {-} - *Universal Client* - UC: universele faciliteiten van Microsoft° voor e-mail° onder Windows° en andere systemen ten behoeve van client/server°-systemen.

UCB {joe·si·bi} - *University of California, Berkeley* - UCB: een UNIX°- centrum (BSD-socket°) en een broedplaats van mensen voor Silicon Valley°. ⇔UCSD°

UCSD {joe·si·es·di} - *University of California, San Diego* - UCSD: ontwikkelt bijvoorbeeld UCSD Pascal°. ⇔UCB°

UDP {joe·di·pi} - *User Datagram Protocol* - UDP: een protocol voor het overzenden van gegevens (data°) via Internet°; wordt o.a. gebruikt voor het oversturen van audio°-signalen (VON°), tot betere manieren om capaciteit te reserveren (RSVP°) beschikbaar komen.

UHF {joe·eetsj·ef} - *Ultra High Frequency* - Frequentiebereik van 300 MHz° - 3 GHz°. ⇔LF°, ⇔HF°, ⇔VHF°

UI {joe·ai} - *UNIX International* - Een belangenvereniging opgericht in 1988 voor de UNIX°-versie uitgebracht door UNIX System Laboratories, Inc. (USL°) van AT&T°. Inmiddels is UNIX overgegaan naar Novell° en X/Open°. ⇔OSF°

UL-certification {joe·el} - *Underwriters Laboratory-certification* - Norm voor UTP°-kabels in vijf kwaliteiten: UL-1 (eenvoudigste) t/m UL-5 (beste kwaliteit).

UL-listed {joe·el} - *Underwriters Laboratory-listed* - Amerikaanse KEMA-keur: die van belang is vanwege veiligheid en verzekeringen. Underwriter (medeverzekeraar): letterlijk iemand een verzekeringspolis mede ondertekent.

ULSI {joe·el·es·ai} - *Ultra Large-Scale Integration* - ULSI: mogelijke IC-technologie in plaats van of als opvolger van SLSI°, zie: generation, IC°; in elk geval nog meer componenten op een chip°.

ultra high frequency - *UHF* - Zie: UHF°.

ultra large-scale integration - *ULSI* - Zie: ULSI°.

ultra-violet - *UV* - Zie: UV°.

UMA {joe·em·ee} - *Upper Memory Area, Unified Memory Architecture* - **1.** UMA, zie: upper memory°, UMB°, **2.** UMA: een architectuurvoorstel en chip° set van S3: om het gewone geheugen (RAM°) tevens te gebruiken als video-geheugen - dit spaart geld, maar werkt vertragend; bovendien wordt geheugen chips goedkoper. Mogelijk iets voor de goedkopere computers zoals: NC°.

UMB {joe·em·bi} - *Upper Memory Block* - UMB: in DOS°, blokken (block°) vrij addresseerbaar geheugen van verschillende grootte in upper memory° (tussen 640K en 1024K); zie ook: memory address°.

UMTS {-} - *Universal Mobile Telecommunications System* - UMTS: paraplunaam van ETSI° voor een nieuw universeel systeem voor mobiele (mobile°) telecommunicatie (telecommunication°), bruikbaar over de gehele wereld, dat op de lange termijn DECT°, GSM° en PCN° moet gaan vervangen. Vergelijkbaar met: FPLMTS° (van ITU-R°); gecoördineerd: IMT-2000°.

unallocated - *vrij* - Niet-toegewezen: eenheid of ruimte die of geld dat nog beschikbaar is; zie: allocate°; synoniem: uncommitted°, maar wordt vooral gebruikt in geval van meermalige toewijzing, bijvoorbeeld van RAM°.

unary - *monadisch* - Eendelig: aanduiding van een 1:1 relatie, bijvoorbeeld: als ik alleen van mijn vrouw houd, houdt zij alleen van mij. Spreek uit: {*joe*·ne·rie}. ⇔binary° ⇔n-ary°

unassign - *toewijzing opheffen* - Een eerder gedane toewijzing (assignment°) ongedaan maken. ⇔assign°

unattended operation - *werken van een computer zonder operators* - Werkwijze van een computercentrum waarbij alle werkopdrachten (job°) en verzoeken worden afgehandeld door een computer, niet door een operator°. ⇔attended operation°

unavailable - *onbeschikbaar* - Een hulpbron (resource°), bestand (file°) of verbinding is niet beschikbaar. ⇔available°

unbalanced - *niet-gebalanceerd* - Aanduiding van een tweedraadsverbinding waarbij de aders een verschillende weerstand ten opzichte van aarde (ground°) hebben; zie ook: balun°. ⇔balanced°

unbundling - *unbundling* - Het gerechtelijk verbod (consent degree°) op de koppelverkoop van apparatuur en programmatuur, opgelegd aan IBM° in 1968. ⇔bundling°

unclassified - *niet geheim* - Openbaar: aanduiding dat bepaalde informatie, bijvoorbeeld rapporten, voor iedereen toegankelijk is. ⇔classified°

uncommented code - *niet van commentaar voorziene programma's* - Programma's (code°) waarin de oorspronkelijke programmeur geen commentaarregels (comment line°) heeft opgenomen om aan anderen te vertellen hoe het programma in elkaar steekt.

uncommitted - *vrij* - Niet vastgelegd: eenheid of ruimte die of geld dat nog beschikbaar is; zie: commit°; synoniem: unallocated°, maar wordt vooral gebruikt in geval van eenmalige vastlegging, bijvoorbeeld in ROM°.

UNC {joe·en·si} - *Universal Naming Convention* - UNC: adresboekje (directory services°) voor Windows NT°. ⇔DNS° (UNIX°) ⇔WINS° (Windows°) ⇔NDS° (Novell°)

unconditional - *onvoorwaardelijk* - Zonder voorbehoud. ⇔conditional°

undelete - *undelete* - Een DOS°-opdracht (command°) waarmee een bestand, waarvan de naam is gewist (delete°) in de FAT° door de eerste letter te vervangen door een '?', weer beschikbaar stellen; dit is alleen zinvol als de sectoren waarin het bestand is opgeslagen, niet zijn overschreven (overwrite°).

underline - *onderstrepen* - Synoniem van het werkwoord: underscore°. Zie ook: word underline°.

underscore - *onderstrepen, _, onderstrepingsteken* - Wordt gebruikt als werkwoord of als zelfstandig naamwoord; is ook een teken: zie de lijst met veelgebruikte tekens achterin dit boek.

underwriter laboratory-listed - *UL-listed* - Zie: UL-listed°.

undo - *undo, ongedaan maken* - De laatste van een reeks handelingen ongedaan maken; dit kan meestal een aantal malen worden herhaald. Ten aanzien van de installatie van een programma of pakket spreekt men van: uninstall°. ⇔redo°

undock - *undock* - Een notebook° uit een dockingstation (docking station°) halen. ⇔dock°

undocumented - *niet-gedocumenteerd* - Voorziening (feature°) in een computer of besturingssysteem (operating system°) die niet is beschreven in de documentatie (documentation°), maar die wel kan worden gebruikt; dit houdt het gevaar in dat zo'n voorziening later niet meer wordt ondersteund. Bijvoorbeeld: undocumented system calls (niet-gedocumenteerde systeemcodes).

unformat - *unformat* - Een disk° die (per ongeluk) geformatteerd (format) is weer in de oude staat terugbrengen m.b.v. hulpprogramma (utility°); dit is alleen mogelijk als er na het formatteren geen gegevens op de disk zijn geschreven (overwrite°). ⇔format°

unformatted - *niet-geformateerd* - Eigenschap van een diskette° of vaste schijf (hard disk°) die nog niet geformatteerd (format°) is; wordt ook gebruikt voor tekst- of beeldinformatie die nog niet is opgemaakt.

unhide - *zichtbaar maken* - Bijvoorbeeld een verborgen bestand (hidden file°) weer zichtbaar maken. ⇔hide°

unicast - *unicast* - Een bericht of bestand van een aansluiting naar een andere aansluiting sturen. Term is geïntroduceerd als tegenstelling tot: multicast° (naar een groep), broadcast° (naar iedereen). Praktisch hetzelfde: point-to-point°.

Unicode - *Unicode* - Een door leveranciers voorgestelde uitbreiding van 8-bit naar 16-bit ASCII° voor de uniforme codering van maximaal 65.536 verschillende tekens, die is vastgelegd in ISO°-norm 10646 (1992). Deze uitbreiding maakt code pages (code page°) overbodig. Het nonprofit Unicode consortium, dat de toewijzing van codes beheert, is gevestigd in Mountain View, Cal. ⇔DBCS° (de 16-bit uitbreiding van EBCDIC°)

unidirectional - *unidirectioneel, eenrichtings-* - In één richting: bijvoorbeeld kenmerk van een printer met een mechanisch bewogen print-kop (print head°), die alleen van links naar rechts afdrukt, niet omgekeerd. Dit werkt nauwkeuriger dan bidirectioneel, maar is langzaam omdat het afdrukelement terug moet voordat de volgende regel kan worden afgedrukt. Mede daarom wordt in bidirectionele printers deze werkwijze (mode°) vaak gebruikt voor grafische informatie (bitmap°). ⇔bidirectional°

uninstall - *uninstall* - DOS°-opdracht (command°) om de vorige DOS- versie, die bij installatie van een nieuwe versie in het OLD_DOS.1 directory° is opgeslagen, weer terug te halen. Ook een gewaardeerde functie bij een toepassing of pakket. ⇔install° ⇔reinstall°

uninterrupted - *ononderbroken* - Zie: continuous°, UPS°.

uninterruptible power supply - *UPS* - Zie: UPS°.

union - *union* - Union, een operator°: vereniging (samenvoeging) van twee tabellen (view°) uit een relationele database (RDBMS°) waarbij dubbele elementen worden weggelaten; is een set-bewerking (set operation°).

unipolar - *unipolair* - Aanduiding van motoren of halfgeleiders (semiconductor°, MOS°, MOSFET°) die werken met een enkele pool. ⇔bipolair°

uniprocessor - *uniprocessor, UP* - Enkelvoudige processor (UP°): niet dyadisch (dyadic°). ⇔multiprocessor°

unit - *eenheid* - Letterlijk of figuurlijk een element van een geheel, bijvoorbeeld: allocation unit°, business unit°, control unit°, disk unit°, field replacable unit° (FRU°), information unit°, logical unit° (LU°), tape unit°.

United States Digital Communications - *USDC* - Zie: USDC°.

unit record - *ponskaartapparatuur* - Systeem waarin elke ponskaart als een record° werd behandeld.

UNIVAC {joe·ni·vek} - *UNIVersal Automatic Computer* - Univac: de eerste commercieel succesvolle computer, ontworpen door J.P. Eckert en J.W. Mauchly, en in 1951 geïntroduceerd door Remington Rand. De term was jarenlang synoniem met 'computer' en werd later de naam van een computerleverancier (zie: BUNCH°). Nu opgenomen in: Unisys.

universal - *universeel* - Helaas zijn er steeds minder universele oplossingen (solution°) in de computerwereld.

universal asynchronous receiver/ transmitter - *UART* - Zie: UART°.

universal client - *UC* - Zie: UC°.

universal mobile telecommunications system - *UMTS* - Zie: UMTS°.

universal naming convention - *UNC* - Zie: UNC°.

universal personal telecommunications - *UPT* - Zie: UPT°.

universal product code - *UPC* - Zie: UPC°.

universal resource locator - *URL* - Soms ook genoemd: universal resource locat*ion*; zie: URL°

universal serial bus - *USB* - zie: USB°.

universal synchronous receiver/ transmitter - *USRT* - Zie: USRT°.

UNIX {*joe*·niks} - *UNIX* - Een multi-user° besturingssysteem (operating system°), populair vanwege de overdraagbaarheid (portability°) van programmatuur; is geschreven in C° door K. Thompson en D. Ritchie in de jaren zeventig bij Bell Labs°, uit onvrede met het door hen gebruikte Multics time-sharing° systeem; was oorspronkelijk bedoeld voor één programmeur (vandaar: UNIX), maar is nu het meest gebruikt multi-user° systeem: het standaard besturingssysteem voor werkstations en servers. Ritchie en consorten zouden oorspronkelijk een tekstverwerker schrijven , maar zij deden er een besturingssysteem bij! De kernel° van UNIX verschilt van computer tot computer (Mach kernel°), maar alle hogere niveaus zijn overdraagbaar (portable°) door gebruik van dezelfde system calls (system call°) en van C°- dit vereenvoudigt de porting° van UNIX. UNIX System Laboratories (USL°) was een onderdeel van AT&T° dat in 1993 is verkocht aan Novell; in oktober 1993 heeft Novell via COSE° de rechten overgedragen aan X/Open° en is de Spec 1170° ontwikkeld. XENIX° is een versie van UNIX voor een Intel° PC. Er bestaan erg veel versies van UNIX (IBM: AIX°; Apple°: A/UX°) en uitbreidingen (BSD sockets°). Als iemand UNIX noemt, is de vraag gerechtvaardigd: welke UNIX? Of wordt het Windows° NT of Taligent°? M. Healy: "Een gruwelijk stuk software dat door zijn hap-snap ontwikkeling veel te gecompliceerd is geworden." Toch hebben 50 grote bedrijven in augustus '95 afspraken gemaakt om een nieuwe generatie UNIX te ontwikkelen als concurrentie voor Microsoft° en Windows NT.

UNIX international {*joe*·niks} - *UI* - Zie: UI°.

UNIX system laboratories {*joe*·niks} - *USL* - Zie: USL°.

unlink - *ontkoppelen* - Een bestaande koppeling (link°) verwijderen. ⇔link°

unload - *unload* - **1.** Een programma en zijn bestanden (file°) afsluiten zodat hun plaats in het geheugen vrijkomt, **2.** Een volle magneetbandspoel (reel°) uit een tape unit° halen; letterlijk: lossen.

unlock - *vrijgeven* - Een record°, document°, database° of resource° vrijgeven, zodat anderen het kunnen gebruiken. ⇔lock°

unmark - *unmark* - De markering van geselecteerde stukken tekst of bepaalde elementen opheffen. ⇔mark°

unnamed - *naamloos* - Een bestand dat is gecreëerd, maar nog nooit is opgeslagen (save°) en dus nog geen naam (name°) bezit - wordt opgeslagen met de opdracht: save as... (opslaan als...). Praktisch gelijk aan: untitled°.

unpack - *unpack* - Gecomprimeerde gegevens decomprimeren: uitpakken. ⇔pack°

unquote - *aanhalingstekens sluiten* - Spreektaal: einde citaat. ⇔quote°

unrecoverable - *onherstelbaar* - Eigenschap van een fout (error°) of abend° die niet kan worden hersteld (recover°).

unrecoverable application error - *UAE* - Zie: UAE°.

unselect - *selectie opheffen* - Een eerder gemaakte selectie teniet doen. Praktisch gelijk aan: deselect°. ⇔select°

unshielded twisted pair - *UTP* - Zie: UTP°.

untethered - *via een luchtverbinding* - Verbinding via radiogolven of infrarood licht door de lucht, niet via een kabel. ⇔tethered°

untitled - *naamloos* - Indicatie dat een actief bestand (file°), document° of kopie (copy°) nog geen naam (name°) heeft gekregen. Praktisch gelijk aan: unnamed°.

unwrap - *verbreken* - Een elektrische verbinding of een netwerkverbinding verbreken. ⇔wrap°

up - *up, hoger, omhoog* - **1.** Up: als de computer beschikbaar is (⇔down°), **2.** Hoger, zoals in: DOS° 3.3 and up (DOS 3.3 en hoger). What is Microsoft up to? (Wat heeft Microsoft in de zin? - een belangrijke vraag voor concurrent en klant). Zie ook: paste-up°, upward compatible°. **3.** Omhoog: een richting, bijvoorbeeld aangegeven door een pijltjestoets.(cursor control keys°).

UP {joe·pi} - *UniProcessor* - Enkelvoudige processor (uniprocessor°). ⇔MP°

up and running - *beschikbaar en werkend* - Zie: up°, run°.

UPC {joe·pi·si} - *Universal Product Code* - UPC: een Amerikaanse barcode (bar code°) voor bijvoorbeeld een code van 10 cijfers. ⇔EAN°

update - *update, bijwerken* - **1.** Een gegeven, record°, handleiding of programma bijwerken, **2.** De veranderingen (change°) die zijn aangebracht of die moeten worden aangebracht, bijvoorbeeld: simultaneous update°, **3.** De nieuwe versie van een programma.

upgradable PC {pi·si} - *upgradable Personal Computer* - PC waarin de processor° kan worden verwisseld (upgrade°) met een krachtiger versie. ⇔software upgradable°

upgrade - *upgrade* - Een apparaat of programma uitbreiden; omvat veel veranderingen (EC°). Oude bugs (bug°) worden uit een programma gehaald en nieuwe bugs ontstaan; een upgrade kit° bevat de benodigde onderdelen (part°) en programmatuur (software upgradable°). Met betrekking tot CPU's, plande Intel° ooit een: overdrive processor°, maar de moederborden (motherboard°) en processors zijn zo goedkoop dat dit geen goed alternatief bleek. Zie ook: disk upgrade°, planar upgrade°, processor upgrade°.

upgrade path - *mogelijkheid voor upgrading* - Wat u moet bestellen en doen om van een oude versie een nieuwe te maken (upgrade°); vergelijk: growpath°.

uplink - *uplink* - De enkelzijdige verbinding (link°) van een aards station naar een satelliet (satellite°) of van een mobiele (mobile°) telefoon naar een celstation (cellular°). ⇔downlink°

upload - *upload* - Gegevens van een kleine computer elektronisch of handmatig wegzetten via een diskette° naar een grotere computer. Via een modem° wordt upload meestal gestart met PgUp°. ⇔download°

upper - *boven-* - Aan de bovenkant, bijvoorbeeld in de linker- of rechterbovenhoek. ⇔lower°

upper-case - *bovenkast* - Hoofdletters (all caps°); oorspronkelijk: bovenste kast met loden hoofdletters. De Romeinse kapitale letters kregen rond 200 v.Chr. hun definitieve vorm en werden eerst rond 800 n.Chr. gecombineerd met de Karolingische minuskel (lower-case°).

upper CASE {*up*·per·kees} - *upper Computer-Aided Software Engineering* - Upper CASE: programmatische ondersteuning van het begintraject (de hogere programmeer-niveaus) van programmatuurontwikkeling, bijvoorbeeld informatieanalyse. ⇔lower CASE°

upper memory - *upper memory* - UMA° (upper memory area°): geheugen (memory°) in een PC dat wordt geadresseerd (address°) van 640-1024K en bestemd is voor systeemprogramma's; synoniem: reserved memory°; de ongebruikte stukken geheugen hiervan heten: upper memory° blocks (UMB°).

UPS {joe·pi·es} - *Uninterruptible Power Supply* - UPS: accu die de functie van de elektrische voeding (power supply°) gedurende maximaal enkele minuten overneemt als de netspanning wegvalt, zodat u uw werk veilig kunt beëindigen. Er zijn twee systemen: online (de beste methode: werken vanaf een accu die continu wordt bijgeladen) of switching (bij het wegvallen van de spanning wordt snel overgeschakeld op de accu). In grote systemen werkt men met een wisselspanningsgenerator die wordt gevoed door een noodaggregaat.

upscale - *top...* - Figuurlijke bovenkant van een schaal, bijvoorbeeld: topmodel, bijvoorbeeld een 21-inch monitor°; synoniem: high-end°.

upsizing - *upsizing* - De informatieverwerking meer centraliseren: het omgekeerde van downsizing°; mogelijk omdat downsizing toch duurder of slechter te beheersen was dan men dacht. Zie ook: rightsizing°.

upstream - *stroomopwaarts* - Plaatsaanduiding bij gegevensoverdracht: ergens 'voorin' in het netwerk, in de tegenovergestelde richting van de dataflow°; zie: stream°. In een kabeltelevisienetwerk, de verbindingen van de woningen naar de centrale. ⇔downstream°

UPT {joe·pi·ti} - *Universal Personal Telecommunications* - UPT: toekomstige datacommunicatiedienst voor mobiliteit via het vaste telefoonnetwerk (fixed network°) waardoor u altijd direct bereikbaar bent en kunt communiceren. Het mogelijke antwoord van de bestaande PTT Telecoms op de nieuwe mobile (mobile°) diensten.

Wordt ook wel genoemd: one person, one number (één persoon, één telefoonnummer) omdat hetzelfde nummer wordt gebruikt voor kantoor, huis en mobiele telefoon. Vereist dat iedere operator de beschikking heeft over de gegevens (HLR: Home Location Register).

uptime - *bedrijfstijd* - Tijdspanne dat een computer kan worden gebruikt, meestal uitgedrukt als een percentage van de totale tijd (time°). ⇔downtime°

upward compatible - *upward compatibel* - Wanneer iets ouds met iets nieuws kan werken. Upward compatible means we keep all our old mistakes (Upward compatibel betekent dat al onze vroegere fouten nog in de nieuwe versie zitten). ⇔downward compatible°

URL {joe·ar·el} - *Universal Resource Locator* - URL: naam voor een zoekobject (site°) binnen Internet°, bijvoorbeeld: http://www.hotwired.com, voor het elektronische tijdschrift *Wired* op het World Wide Web°. Voor een FTP° server is de begincode: ftp, bijvoorbeeld: ftp://ftp.uu.net:21/readme, hiermee wordt het bestand README opgehaald uit site° ftp.uu.net via FTP° op poort (port number°) 21. Diverse URLs zijn: HTTP°, FTP°, Gopher°, telnet°, mailto (e-mail°).

usability - *bruikbaarheid* - Van een systeem of programma voor de eindgebruiker; is een zinvoller concept dan gebruikersgemak (ease-of-use°).

usage - *gebruik* - Het gebruik dat men maakt van een (onderdeel van een) informatiesysteem: naar rato waarvan wellicht moet worden betaald (usage fee°). Ook taalgebruik, bijvoorbeeld: Modern English Usage (Fowler), enzovoorts.

usage fee - gebruikstarief - Betalen voor het gebruik dat u van een hulpmiddel (resource°) hebt gemaakt, mogelijk per tijds- of ander eenheid. ⇔flat rate°

USB {joe·es·bi} - *Universal Serial Bus* - USB: voorstel uit 1995 voor een universele stekker (connector°) en kabel waarmee een of meer apparaten kunnen worden aangesloten op een universele PC-bus (bus°); Intel° zal de moederborden eind 1996 gaan leveren. snelheid: 12 Mbps; geschikt voor isochroon (isochronous°) gegevensstromen. Is ontwikkeld door Compaq, Intel°, Microsoft°, NEC en Northern Telecom (Nortel). USB laat tot 127 onderling met elkaar verbonden apparaten communiceren via een enkele digitale seriële verbinding met snelheden van maximaal 12 Mbps (audio° en video°) of 1,5 Mbps (toetsenbord en muis), inclusief ISDN° en telefooncentrales (PBX°); is een goede zaak voor CTI°. SCSI° en PCI° blijven aangewezen voor harde schijven en video. Bestaande PC's kunnen niet worden omgebouwd. De USB-stekker heeft vier aansluitingen, twee voor de voeding en twee voor gegevens; de aansluiting van randapparatuur is plug-and-play°. Vereist een nieuwe BIOS° en PCI° versie 2.1; producten waarschijnlijk eerst in 1997. Er is nog een andere candidaat (IEEE° P1394, FireWire, 100-400 Mbps), mogelijk als opvolger van SCSI° en voor voor video°. ⇔EISA° ⇔SCSI°

USDC {joe·es·di·si} - *United States Digital Communications* - USDC: Amerikaanse norm voor digitale (digital°) cellulaire (cellular°) radiotelefonie, vergelijkbaar met GSM° in Europa.

USENET {joez·net} - *USEr NETwork* - USENET: mondiaal logisch netwerk gebruikt voor e-mail° en door groepen (SIG°), gestart in 1979, oorspronkelijk op basis van UUCP°, later meestal via NNTP°. Was oorspronkelijk opgezet als apart netwerk, maar is nu geïntegreerd in Internet°. Beschikt over meer dan 4000 forums (forum°, newsgroup) met meer dan 15 miljoen abonnees uit meer dan 100 landen.

user - *gebruiker, gebruikers-* - Algemeen begrip voor een eindgebruiker (end user°) tot en met managers en de organisatie die een computer of een programma gebruiken. Zie ook: corporate user°, multi-user°, power user°. In samenstellingen: gebruikers-, bijvoorbeeld: user dictionary (gebruikerswoordenlijst).

user account - *user account* - Gebruikersgegevens (account°), bijvoorbeeld betreffende het wachtwoord (password°), toegangsrechten (access°), groepen waartoe de gebruiker behoort en informatie over het systeem- en/of netwerkgebruik.

user agent - *user agent* - Programma (agent°) in een computer of terminal° dat namens de gebruiker (user°) bepaalde zaken regelt, bijvoorbeeld de ontvangst van e-mail° (zie: MHS°) of het uitvoeren van een job° op een bepaalde tijd.

user-defined - *door de gebruiker gedefinieerd* - Wanneer de gebruiker)user°) definieert (definition°) hoe een toepassing (application°) of informatiesysteem er uitziet of wordt gebruikt, niet de systeemprogrammeurs of het systeem zelf.

user dialog - *gebruikersdialoog* - De samenspraak (dialog°) tussen gebruiker (user°) en computer, die verloopt volgens de regels van de gebruikers-interface (user interface°)

user file - *gebruikersbestand* - Een bestand (file°) met gegevens (data°) of informatie van de gebruiker (user°), niet van het systeem. ⇔system file°

user-friendly - *gebruikersvriendelijk* - Eigenschap van alle programmatuur die men zelf ontwikkelt of verkoopt.

user group - *gebruikersgroep* - Groep (group°) die de belangen van de aangesloten gebruikers (user°) van producten of programma's behartigen bij hun leverancier. Zie ook: closed user group° (CUG°).

user ID {ai·di} - *user identifier* - Naam (ID°) waaronder een gebruiker (user°) bekend is in een computer of netwerk met verscheidene gebruikers.

user interface - *gebruikers-interface* - Afspraken en regels (interface°) voor de communicatie tussen een gebruiker en een computerprogramma, bijvoorbeeld: CLI°, GUI°. De ontwikkeling hiervan begon in 1960 met een artikel van J.C.R. Licklider (MIT°). Zie ook: user dialog°.

user memory - *user memory* - Het geheugen (memory°) dat een gebruiker voor zijn toepassing kan gebruiken, dat dus niet door het besturingssysteem enzovoort in beslag wordt genomen.

username - *user ID* - De naam waaronder een gebruiker (user°) bekend staat in het computersysteem; wordt gebruikt bij logon°.

user profile - *gebruikersprofiel* - Een bestand (file°) of de gegevens (data°) die daarin zijn opgeslagen (profile°), gebruikt om een aan de gebruiker (user°) aangepaste omgeving van een toepassing (application°) of systeem te creëren.

user program - *gebruikersprogramma* - Programma geschreven door een gebruiker (user°).

USL {joe·es·el} - *UNIX System Laboratories* - Leverancier van UNIX° systemen: lang eigendom van AT&T°, maar nu van Novell° (zie onder: UNIX), die de rechten overdroeg aan X/Open°.

USRT {joe·es·ar·ti} - *Universal Synchronous Receiver/Transmitter* - USRT: elektronische schakeling voor een synchrone (synchronous°) seriële poort (serial port°), inclusief de omzetting van parallel (parallel°) naar serieel (serial°) en omgekeerd. ⇔UART°

utility - *utility, hulpprogramma* - Een algemeen of specifiek programma om bepaalde bewerkingen regelmatig uit te voeren. Nu meestal gecombineerd, bijvoorbeeld: system utilities°. Het besturingssysteem (operating system°) is ontstaan uit een steeds groter wordende verzameling hulpprogramma's.

utilization - *gebruik* - Het gebruik van een apparaat of hulpmiddel (resource°): meestal uitgedrukt als percentage van de totaal beschikbare tijd.

UTP {joe·ti·pi} - *Unshielded Twisted Pair* - UTP volgens EIA/TIA°-norm 568: speciale, niet-afgeschermde, twee-aderige telefoondraad (10Base-T°) met RJ-45° connectoren volgens EIA/TIA° 568B, mogelijk straks een vervanger van coax°-kabel in Ethernet°. De kabel is beschikbaar in verschillende kwaliteiten, bijvoorbeeld: Category 3 (voice-grade°, tot 10 Mbps), Category 4 (data-grade°, tot 16 Mbps) en Category 5 (data-grade°, tot 100 Mbps); zie ook onder: TSB°. ⇔STP°

UUCP {-} - *UNIX-to-UNIX Copy Protocol* - UUCP: een store-and-forward° protocol°, dat veel gebruikt werd op Internet° (USENET°) voor e-mail° en het overbrengen (transfer°) van bestanden (file°).

UUdecode - *UUdecode* - Programma waarmee binaire (binary°) bestanden, in ASCII° gecodeerd via UUencode°, worden omgezet naar de oorspronkelijke bitpatronen (bitmap°); is oorspronkelijk ontwikkeld voor UNIX°-systemen, maar nu beschikbaar voor vrijwel alle platforms. ⇔UUencode°

UUE {-} - *UUEncoded* - Extensie (extension° van een bestand dat gecodeerd is met: UUencode°.

UUencode - *UUencode* - Programma waarmee binaire (binary°) bestanden (bit map°) worden omgezet naar ASCCI°-bestanden die dan via e-mail verstuurd kunnen worden naar een BBS° of via Internet°; is oorspronkelijk ontwikkeld voor UNIX°-systemen, maar nu beschikbaar voor vrijwel alle platforms. UUencoded bestanden zijn circa 35% groter dan de originele omdat elke

3 opvolgende bytes (byte° = 8 bit) worden omgezet naar 4 bytes (6-bit ASCII°: de twee hoogste bits blijven ongebruikt, Base64°). Extensie: .UUE. ⇔UUdecode°

UV {joe·vi} - *Ultra-Violet* - Ultraviolet (UV): licht met een golflengte tussen de 10 en 390 nm, dat een ioniserende werking bezit. ⇔IR°

- V -

V {-} - *Volt, Version* - V: **1.** Volt: eenheid van elektrische spanning, genoemd naar A.G.A.A. Volta (1745-1827); gangbare netspanningen zijn: 110 Volt° (USA°) en 220/240 Volt° (Europa), **2.** Versie van programmatuur.

V.··· {vi} - *V.···* - V.···: *analoge* datatransmissie-aanbeveling van het CCITT° (nu: ITU-T°), bijvoorbeeld: V.22bis (voor 2400 bps°-verbindingen) en V.32 (voor 9600 bps-verbindingen). De V.··· aanbevelingen regelen de elektrische koppelingen tussen terminals (DTE°) en datacommunicatie-apparatuur (DCE°) in publieke telefoonnetwerken; zie ook: Vfast°. ⇔X.···° (digitaal)

V5 - *V5* - Norm van ETSI° voor een open interface° tussen een knoopunt (node°) in een lokaal telefoonnetwerk en de lokale centrale. Hierdoor wordt bereikt dat de telefoonmaatschappijen hun centrales en concentrators (concentrator°) niet meer van dezelfde leverancier hoeven te kopen. Maar anno 1995 zijn er nog enige problemen.

V.10 - *V.10* - CCITT° (nu: ITU-T°)-norm: eigenschappen van *ongebalanceerde* DTE° en DCE° schakelingen tot 100 kbps.

V.11 - *V.11* - CCITT° (nu: ITU-T°)-norm: eigenschappen van *gebalanceerde* DTE° en DCE° schakelingen (RS-422°).

V.15 - *V.15* - CCITT° (nu: ITU-T°)-norm: akoestische koppeling (acoustic coupler°) van een modem° met een telefoonlijn.

V.21 - *V.21* - CCITT° (nu: ITU-T°)-norm: voor 300 bps° asynchroon full duplex (FDX°) over 2-draads kieslijnen met FSK° modulatie; is vergelijkbaar met Bell° 103.

V.22 - *V.22* - CCITT° (nu: ITU-T°)-norm voor **1.** 1200/600/300 bps° asynchroon full duplex (FDX°) over 2-draads kieslijnen met PSK° modulatie, **2.** 1200/600/300 bps asynchroon/synchroon FDX over huurlijnen met PSK modulatie; is vergelijkbaar met Bell° 212.

V.22bis - *V.22bis* - CCITT° (nu: ITU-T°)-norm voor **1.** 2400 bps° synchroon full duplex (FDX°) over 2-draads kieslijnen met QAM° modulatie, **2.** 2400 bps asynchroon/synchroon FDX over huurlijnen met QAM modulatie.

V.23 - *V.23* - CCITT° (nu: ITU-T°)-norm: voor 1200/600/75 bps° asynchroon half duplex° (HDX°) over 2-draads kieslijnen met FSK° modulatie of 4-draads full duplex. Het eerste wordt in Europa gebruikt voor: videotex°.

V.24 - *V.24* - CCITT° (nu: ITU-T°)-norm: **1.** met V.10°: EIA RS-449° en RS- 423° interface (DCE° en DTE°), **2.** met V.11°: EIA RS-449° en RS-422° interface (DCE° en DTE°), **3.** met V.28°: EIA RS-232-C° interface (DCE°, DTE°).

V.25 - *V.25* - CCITT° (nu: ITU-T°)-norm: procedures voor auto-answer° via 2-draads kieslijnen (asynchroon).

V.25bis - *V.25bis* - CCITT° (nu: ITU-T°)-norm: als V.25°, maar synchroon (synchronous°).

V.26 - *V.26* - CCITT° (nu: ITU-T°)-norm: voor 2400/1200 bps° synchroon full duplex (FDX°) via 4-draads huurlijnen met PSK° modulatie.

V.26bis - *V.26bis* - CCITT° (nu: ITU-T°)-norm: voor 2400/1200 bps° synchroon half duplex° (HDX°) over 2-draads kieslijnen met PSK° modulatie.

V.26ter - *V.26ter* - CCITT° (nu: ITU-T°)-norm: voor 2400/1200 bps° synchroon full duplex (FDX°) over 2-draads huurlijnen met PSK° modulatie.

V.27bis - *V.27bis* - CCITT° (nu: ITU-T°)-norm: voor 4800/2400 bps° synchroon full duplex (FDX°) over 2-draads huurlijnen met PSK° modulatie.

V.27ter - *V.27ter* - CCITT° (nu: ITU-T°)-norm: voor 4800/2400 bps° synchroon half duplex° (HDX°) over 2-draads kieslijnen met PSK° modulatie.

V.28 - *V.28* - CCITT° (nu: ITU-T°)-norm, met V.24°: EIA RS-232-C° interface (DCE° en DTE°).

V.29 - *V.29* - CCITT° (nu: ITU-T°)-norm: voor 9600/4800 bps° synchroon half duplex (HDX°) over 4-draads huurlijnen met QAM° modulatie.

V.32 - *V.32* - CCITT° (nu: ITU-T°)-norm: voor 9600/7200/4800 bps° asyncroon/ synchroon full duplex (FDX°) over 2-draads kieslijnen met 4-bit TCM°/QAM° modulatie.

V.32bis - *V.32bis* - CCITT° (nu: ITU-T°)-norm: voor 14,4/12 kbps° asynchroon/ synchroon full duplex (FDX°) over 2/4-draads kieslijnen met 6-bit TCM°/QAM° modulatie.

V.32terbo - *V.32terbo* - Voorstel van enkele fabrikanten voor snelheden van 19,2 en 16,8 kbps, in afwachting van de normering van VFast° (V.34°).

V.33 - *V.33* - CCITT° (nu: ITU-T°)-norm: voor 14,4/12 kbps° synchroon half duplex° (HDX°) over 4-draads huurlijnen met TCM°/QAM° modulatie.

V.34 - *V.34* - Nieuwe ITU-T°-norm (1994) voor een snelheid 28,8 kbps (28k8°), die het voorstel VFast° vervangt; gebruikt V.42° foutendetectie en -correctie.

V.35 - *V.35* - CCITT° (nu: ITU-T°)-norm: voor 48 kbps° synchroon via groepsband (groupband°) van 60-108 kHz°.

V.36 - *V.36* - CCITT° (nu: ITU-T°)-norm: voor 48/64/72 kbps° synchroon via groepsband (groupband°) van 60-108 kHz°.

V.37 - *V.37* - CCITT° (nu: ITU-T°)-norm: voor meer dan 72 kbps° synchroon via groepsband (groupband°) van 96-168 kHz°.

V.40 - *V.40* - CCITT° (nu: ITU-T°)-norm: Indicaties van pariteitsfouten.

V.41 - *V.41* - CCITT° (nu: ITU-T°)-norm: Blokcontrole van fouten.

V.42 - *V.42* - CCITT° (nu: ITU-T°)-norm: Foutencorrigerende protocollen (zoals MNP°2-4, LAP-M°).

V.42bis - *V.42bis* - CCITT° (nu: ITU-T°)-norm: Comprimerende protocollen (Lempel-Ziv°, MNP°5), waardoor het mogelijk wordt om 38.400 of zelfs 76.800 bps° over een gewone telefoonlijn te sturen. MNP°10 is bedoeld voor slechte lijnen en wordt in Nederland nog nauwelijks gebruikt; zie ook: LAP-M°.

V.50 - *V.50* - CCITT° (nu: ITU-T°)-norm: Grenswaarden van transmissiekwaliteit voor modems.

V.52 - *V.52* - CCITT° (nu: ITU-T°)-norm: Bitpatronen voor het meten van fouten in datatransmissie.

V.53 - *V.53* - CCITT° (nu: ITU-T°)-norm: Grenswaarden voor foutpercentages over telefoonverbindingen.

V.54 - *V.54* - CCITT° (nu: ITU-T°)-norm: Testapparatuur voor een modem°: remote digital loopback°, local analog loopback, loop test°.

V.55 - *V.55* - CCITT° (nu: ITU-T°)-norm: Meetinstrumenten werkend met impulsruis.

V.56 - *V.56* - CCITT° (nu: ITU-T°)-norm: Testbestand voor breedband (broadband°) modems.

V.57 - *V.57* - CCITT° (nu: ITU-T°)-norm: Meetapparatuur voor breedband (broadband°) verbindingen.

V.100 - *V.100* - CCITT° (nu: ITU-T°)-norm: Verbinding van een PDN° met een PSTN°.

V.110 - *V.110* - CCITT° (nu: ITU-T°)-norm: Ondersteuning van een DTE° in ISDN° voor het omzetten van lage snelheden naar 64 kbps (B-channel°).

V.120 - *V.120* - CCITT° (nu: ITU-T°)-norm: Statistische multiplexing° van terminals via ISDN°.

V.230 - *V.230* - CCITT° (nu: ITU-T°)-norm: Algemene datacommunicatie-interface° voor laag 1.

VA {-} - *Volt.Ampere* - Volt.Ampère, Watt (W°): product van stroom en spanning met een gelijke fasehoek, anders het product van hun rms°-waarde.

VAB {vi·ee·bi} - *Voice Answer-Back* - Door een computer 'gesproken' beantwoording (voice answer-back°) van uw telefoontje, niet zo maar het bandje van een antwoordapparaat.

VAC {vi·ee·si} - *Volts Alternating Current* - Volt°: wisselspanning (AC°).

vaccine - *vaccin* - Hulpprogramma voor het detecteren en onschadelijk maken van computervirussen (virus°).

vacuum tube - *elektronenbuis* - Elektronica in een vacuum-gezogen glazen buis: voorganger van de transistor° en basiselement van de eerste elektronische computers tot circa 1960; synoniem: valve°. Deze techniek wordt nu alleen nog gebruikt in een TV-buis (CRT°), vidicon° of zendbuis met groot vermogen.

valid - *geldig* - Een waarde (value°), parameter° enz of opdracht (command°) die aan de gestelde voorwaarden voldoet en dus kan worden gebruikt of uitgevoerd. Als dat niet het geval is, komt het bericht (message°): ongeldig. ⇔invalid°

validate - *valideren* - Bevestigen dat bijvoorbeeld programmatuur correct en zinvol werkt; in het algemeen kijken of iets werkelijk zo is als werd beweerd.

validation - *validatie* - De juistheid van bijvoorbeeld een specificatie vaststellen (validate°) of van een programmeersysteem zoals een compiler° door middel van een: validation suite (suite°); zie ook: input validation°. ⇔verification°

value - *waarde* - **1.** Gevoelswaarde of betekenis van iets, **2.** Waarde van een variabele (variable°), bijvoorbeeld: default value°, logical value°, **3.** Taxeren: van de geldelijke waarde van bijvoorbeeld informatie. Waarde wordt meestal toegevoegd (value-added ...°, value chain°) en de prijs verhoogd.

value-added network - *VAN* - VAN°: dienstverlening toegevoegd aan een netwerk; synoniem: information network°, VANS°.

value-added network services - *VANS* - VANS°: dienstverlening (service°) via een netwerk; synoniem: information network°.

value-added partnership - *VAP* - VAP°: onafhankelijke bedrijven die in een deelgenootschap (partnership°) samenwerken.

value-added remarketer - *VAR* - VAR: leverancier die voor veel geld zijn eigen programmatuur met de apparatuur van een ander verkoopt.

value-added reseller - *VAR* - Zie: value-added remarketer°.

value chain - *waardeketen* - Keten van op elkaar volgende activiteiten bij het produceren van goederen of diensten, waarbij ieder onderdeel waarde (value°) toevoegt. Het begrip is afkomstig van M.E. Porter (1985).

valve - *elektronenbuis* - Britse term voor: tube°. Volledige naam: thermionic valve (thermische buis, vanwege de gloeikathode), uitgevonden door Lee de Forest (1873-1961). In een mechanische regeling: klep of afsluiter.

vanilla ... - *basismodel van ...* - Is afgeleid vanille, de eenvoudigste smaak. Plain-vanilla: bijna te eenvoudig om zinvol te kunnen worden gebruikt.

VAN {ven} - *Value-Added Network* - VAN: netwerk (network°) met toegevoegde diensten.

VANS {vens} - *Value-Added Network Services* - VANS: netwerkdiensten (service°) met toegevoegde waarde.

VAP {vep} - *Value-Added Partnership* - VVAP: deelgenootschap met toegevoegde waarde.

vaporware - *vaporware* - Apparaten en programmatuur die aangekondigd zijn, maar nooit worden geleverd; vapor (damp). ⇔crippleware° ⇔shelfware° ⇔wishware°

VAR {var} - *Value-Added Remarketer, Value-Added Reseller* - Wederverkoper (remarketer°) die waarde toevoegt aan de producten van een ander (OEM°). Bijvoorbeeld, vrijwel elke laserprinter° is uitgerust met een print engine° van Canon. ⇔reseller°

variable - *variabele* - Symbolische naam waaraan verschillende waarden kunnen worden toegekend, bijvoorbeeld: string°, character°, byte°, integer°, floating-point number°. Variables won't, constants aren't, because one person's constant is another person's variable (Variabelen doen 't niet, constanten zijn het niet, want iemands constante is een variabele voor een ander). Zie ook: environment variables°, global variable°, local variable°. ⇔constant° ⇔literal°

variable cost - *variabele kosten* - Kosten (cost°) die afhangen van het gebruik. ⇔fixed cost°

variable-length - *met variabele lengte* - Eigenschap van een veld (field°), string° of record° zonder een vast aantal posities: dan is een scheidingsteken (tag°) of lengte-informatie noodzakelijk. ⇔fixed length°

variable pitch font - *proportioneel font* - Zie: proportional spacing°, pitch°.

VAX {veks} - *Virtual Address eXtension* - Naam van 32-bit computers van Digital°, geïntroduceerd in 1977 als opvolger van de PDP°; besturingssysteem (operating system°) is VMS°. VAX wordt opgevolgd door Alpha computers. De schepper van VAX is Gordon Bell, tevens stichter van het Computer Museum te Boston.

VAX unit of performance {veks} - *VUP* - Zie: VUP°.

VB {vi·bi} - *Visual Basic* - De nieuwe BASIC°-versie van Microsoft, waarvan een eenvoudige versie (VBScript°) wordt gebruikt als tegenhanger van Java°; zie ook: visual°.

VBE {vi·bi·ie} - *Video Electronics Standards Association (VESA) Basic Input/Output System (BIOS) Extension* - VBE: uitbreiding van de BIOS° voor Windows° door VESA°, een organisatie van leveranciers.

VBScript {vi·bi} - *Visual Basic Script*- Een eenvoudige versie van BASIC° (VB°, VBScript°), die Microsoft lanceert als tegenhanger van JavaScript (Java°) van Sun.

V chip {vi} - *Violence chip* - Chip (chip°) die allereerst in Amerikaanse televisietoestellen komt, om geweld en porno te weren; vereist klassering van programma's en een signaal dat wordt mee uitgezonden met de programma's.

VCR {vi·si·ar} - *Video Cassette Recorder* - Videorecorder (record°): ten onrechte vaak video° genoemd.

VDC {-} - *Volts Direct Current* - Volt° gelijkspanning (DC°).

VDE {vi·di·ie} - *Visual Development Environment* - VDE: grafische werkomgeving (environment°) voor programmatuurontwikkeling (development°), de opvolger van IDE°.

VDI {vi·di·ai} - *Virtual Device Interface, Video Device Interface* - **1.** VDI: verzameling systeemroutines (utility°) waarmee toepassingsprogramma's op een uniforme manier kunnen werken met het scherm, de printer enzovoort (device°), **2.** VDI: interface° van Intel° voor een tweemaal zo snelle weergave van video° onder Windows°.

VDM {vi·di·em} - *Vienna Development Method* - VDM: formele methode voor de specificatie en het ontwerp van systemen: is in de jaren 60 door H. Zemanek van het IBM Laboratorium in Wenen (Vienna) ontwikkeld voor de definitie van programmeertalen, maar de methodiek wordt nu vooral gebruikt voor toepassingen.

VDSL {vi·di·es·el} - *Very high-speed Digital Subscriber Line* - VSDL: nieuwe en snelle technologie voor het gebruik van koperen telefoondraden om grote bandbreedte (10-50 Mbit/s) binnen te halen (retour: 1,5-2 Mbit/s), in het bedrijf of thuis. Gebruikt DMT° als modulatietechniek. ⇔ADSL° ⇔HDSL° ⇔RADSL° ⇔SDSL°

VDT {vi·di·ti} - *Video Display Terminal, Video Dial Tone* - **1.** VDT: een terminal° met een beeldscherm, geen televisietoestel; synoniem: VDU°. Bevat een CRT°, maar is er géén! **2.** Kabeltelefonie, zie: video dial tone°.

VDU {vi·di·joe} - *Video Display Unit* - VDU: een terminal° met een beeldscherm, geen televisietoestel; synoniem: VDT°.

vector - *vector* - Een geordende reeks getallen, die een gericht lijnsegment kan voorstellen; elke kromme kan worden weergegeven door middel van een reeks van zulke lijnsegmenten; is een wiskundig begrip gebruikt voor het afbeelden van letters en illustraties, bijvoorbeeld in: vector graphics°, PostScript°. ⇔scalar°

vector diagram - *vectordiagram* - Diagram waarin wisselspanningen of -stromen als vector° zijn aangegeven; dit is vooral van belang voor de ontwerper van analoge (analog°) elektronische schakelingen.

vector display - *vectorbeeld* - Speciale methode van beeldvorming op een beeldbuis (CRT°, display°) waarbij de elektronenbundel rechtstreeks vectoren (vector°) afbeeldt, dus geen raster volgt, bijvoorbeeld gebruikt bij de luchtverkeersleiding. ⇔raster display°

vector font - *vector-font* - Font (font°) waarbij de tekens gevormd woorden door korte lijnstukken die als vector° worden opgeslagen en dat dus na rastering (rasterizer°) eenvoudig schaalbaar (scalable°) is. Wordt vooral gebruikt in CAD°-systemen en voor plotters (plotter°). ⇔bit-mapped font° ⇔outline font° ⇔raster font°

vector graphics - *vector graphics* - Elektronische beelden (graphics°) die zijn samengesteld uit lijnstukken (vector°), cirkelsegmenten enzovoort; zie ook: Bézier-curve°, rasterizer°. ⇔character graphics° ⇔raster graphics°

vectorizer - *vectorizer* - Programma dat een bitmap° omzet in vector graphics°; een langdurige geschiedenis omdat alle contouren (outline°) moeten worden bepaald en gecodeerd in vectoren. ⇔rasterizer°

vector-to-raster conversion - *vector-bitmap conversie* - Omzetting (conversion°) van vector°-beelden naar een bitmap° met behulp van een programma (vectorizer°). Deze conversie, die nodig is voor het afdrukken van vector graphics° of een scalable font°, vindt plaats in de PC, in een adapter° of in de printer; alleen plotters (plotter°) kunnen vectoren direct afdrukken. Het omgekeerde is ook mogelijk, maar geschiedt meestal eenmalig, bijvoorbeeld bij de omzetting van een rasterbeeld in PostScript°.

Veitch-diagram - *Karnaugh map* - Andere naam voor: Karnaugh map°. ⇔Venn-diagram°

vendor - *leverancier* - Zie bijvoorbeeld: multi-vendor° (van verschillende leveranciers), dual-vendor policy° (beleid om producten van twee leveranciers te betrekken). In verband met interoperability° van de producten van twee of meer leveranciers, spreekt men van: vendor interoperability°, multivendor connectivity°.

vendor independent networking - *VIN* - Zie: VIN°.

Venn-diagram - *Venn-diagram* - Visuele weergave van logische relaties tussen verzamelingen door middel van gedeeltelijk overlappende cirkels in een rechthoek, voor het eerst gebruikt door J. Venn in de 19e eeuw. ⇔Veitch- diagram°

verification - *verificatie* - **1.** Controle of een bewerking goed is uitgevoerd, bijvoorbeeld door vergelijking van totalen, **2.** Controle of een programma voldoet aan zijn specificatie (⇔validation° - controle of het zinvol werkt).

verification and validation - *V&V* - Zie: V&V°.

verification suite for X/Open - *VSX* - Zie: suite°, VSX°.

verify - *verifiëren* - Gegevens twee keer invoeren (data entry°) en de toetsaanslagen vergelijken om fouten op te sporen; wordt in de een of andere vorm vaak gedaan voor bedragen, bijvoorbeeld bij een bank of giro. Een speciaal hiervoor ontworpen ponsmachine heette: verifier°.

Veronica {vu·ron·ni·ka}- *Very Easy Rodent-Oriented Netwide Index to Computerized Archives* - Veronica: programma om met behulp van een muis (rodent: knaagdier) op trefwoorden te zoeken in Gopher°-systemen. Niet verwarren met de omroep Veronica, hoewel die wel te vinden is in Internet° op de Veronica Interactive Plaza (www.veronica.nl).

versacard module Eurocard-bus - *VME-bus* - Zie: VME-bus°.

version - *versie, V* - V: versie van apparatuur of programmatuur; de -.0 release° van een versie bevatten soms nog fouten en kunt u dus beter overslaan. Zie ook: network version°, runtime version°. DOS° en OS/2° tonen hun versie op verzoek via de VER-opdracht (command°).

version control - *het beheren van veranderingen in programmatuur* - Belangrijke activiteit waarbij de veranderingen in systemen en programma's worden bijgehouden, zodat men terug kan vallen op eerdere versies; de versies worden bewaard in een: repository°. Synoniem: change control°.

versioning - *versioning* - Verschillende versies van dezelfde programmatuur of van dezelfde gegevens in een database° bijhouden. Het beheer (control°) van de diverse versies wordt genoemd: versioning control.

vertex - *hoekpunt* - Extern punt van een structuur, bijvoorbeeld van een hyperkubus (hypercube°) of graaf (graph°); meervoud: vertices.

vertical - *verticaal* - Niet horizontaal (horizontal°), maar staand.

vertical justification - *verticaal uitvullen* - Regels (line°) op een bepaalde manier over de bladzijde verdelen. ⇔horizontal justification°

vertical line - *verticale lijn,* | - Lijnteken: dat in BNF° wordt gebruikt om alternatieven aan te geven (OR°-functie). De lijn wordt soms ook onderbroken (split) getekend: ¦, en ook wel genoemd: long vertical line°, vertical mark.

vertical recording - *verticale opname* - Opname verticaal op de magnetische geluidsdrager: nieuwe manier die minder ruimte per bit vergt zodat er meer van op een inch (bpi°) passen (gangbaar is horizontale opname); wordt gebruikt in de 2,8 MB° diskette°.

vertical scroll - *verticaal schuiven* - De op een beeldscherm (screen°) afgebeelde informatie omhoog of omlaag (vertical°) schuiven (scroll°). ⇔horizontal scroll°

vertices - *hoekpunten* - Zie enkelvoud: vertex°.

very high frequency - *VHF* - Zie: VHF°.

very high-speed digital subscriber line - *VDSL* - Zie: VDSL°.

very low frequency - *VLF* - Zie: VLF°.

very large-scale integration - *VLSI* - Zie: VLSI°.

VESA {vi·ie·sa} - *Video Electronics Standards Association* - VESA: organisatie van leveranciers die een SVGA°-norm heeft ontwikkeld en recentelijk de VL-Bus°, een local bus°-uitbreiding van de data bus° van een PC.

VESA BIOS extension {vi·ie·sa·baj·jos} - *VBE* - Zie: VBE°.

VESA media channel {vi·ie·sa} - *Video Electronics Standards Association media channel* - Kanaal (channel°) waarmee diverse bronnen kunnen worden verbonden voor multipoint° desktop° teleconferencing° en/of multimedia°-toepassingen, genormeerd door VESA°.

VF {vie·ef} - *Voice Frequency* - Spraakband: frequenties (frequency°) van 300-3400 Hz°, nominaal van 0-4000 Hz.

V.Fast - *V.Fast* - Voorstel van enkele modem°-leveranciers uit 1993 voor snelle datatransmissie (data transmission°) over telefoonlijnen, door middel van datacompressie (data compression°, MNP°5, V.42bis°) mogelijk zelfs tot 115.200 bps°; zie ook: V32terbo°. V.Fast is in 1994 vervangen door: V.34° (28k8 bps als basissnelheid).

VFAT {vi·fet} - *Virtual File Allocation Table* - VFAT: virtuele (virtual°) tabel waarin Windows 95° bijhoudt in welke disk°- of diskette°-clusters (cluster°) bestanden (file°) zijn opgeslagen; de opvolger van FAT° in DOS°. In Cairo° wordt VFAT vervangen door: OFS . ⇔HPFS°

VGA {vi·dji·ee} - *Video Graphics Array* - VGA: PC-kaart voor kleurenschermen (color°, display°) tot en met 1024 x 768 (256 kleuren) beeldpunten (pixel°); sommige uitvoeringen worden ook wel genoemd: Super-VGA (SVGA°). ⇔XGA°

VHDSL {-} - *Very High-Bit Rate Digital Sunscriber Loop* - VHDSL: mogelijke, nog snellere opvolger van ADSL° of HDSL° voor CTTH°.

VHF {vi·eetsj·ef} - *Very High Frequency* - Frequentiebereik van 30 - 300 MHz°. ⇔LF° ⇔HF° ⇔UHF°

VHS {vi·eetsj·es}} - *Video Home System* - VHS: nu al de norm voor videobanden en -recorders (VCR°) voor huiselijk gebruik, afkomstig van JVC (Japan Victor Company). VHS-C° is een kleine cassette voor videocamera's. ⇔VTR°

VHS-C {vi·eetsj·es·si}} - *Video Home System-Compact* - VHS-C: kleine VHS-cassette voor gebruik in videocamera's (camcorder°), die kan worden geplaatst in een speciaal plastic frame voor afspelen in een normale VHS°- recorder°. ⇔VTR°

vicon {vaj·kon} - *Video ICON* - Animatie of videobeeld gereduceerd tot een pictogram (icon°). ⇔earcon° ⇔picon°

video - *beeld-, video* - Algemene aanduiding dat iets verband houdt met elektronische beelden of beeldoverdracht; zie ook: video dial tone°. Video-normen: DVB° (Digital Video Broadcasting), MPEG°. Normen voor digitale videorecorders voor de consumentenmarkt: SD° (Standard Definition), HD° (High Definition). Op schijf: DVD° (Digital Video Disc).

Video8 - *Video8* - Aanduiding van het opnamesysteem voor een camcorder° op basis van 8 mm magneetband (tape°), ontwikkeld door Sony; de verbeterde versie hiervan heet: Hi8° (⇔S-VHS°). ⇔VHS° ⇔VHS-C°

video accelerator - *videoversneller* - Een insteekkaart; synoniem: graphics accelerator°, GUI accelerator°, Windows accelerator°.

video adapter - *videokaart* - Zie synoniem: video-card°.

video board - *videokaart* - Zie: video-card°. ⇔video graphics board°

video camera - *videocamera* - Televisiecamera die bewegende beelden omzet in videosignalen; werkt met een vidicon° of CCD°.

video-card - *videokaart* - Uitbreidingskaart in een PC met een adapter° voor grafische beeldschermen. Nothing speeds up Windows° like a good video-card (Niets versnelt Windows zo veel als een goede videokaart). Er zijn veel verschillende soorten en namen, waaronder ook: graphics adapter°.

video cassette recorder - *VCR* - Videorecorder, zie: VCR°.

Video-CD {si·di} - *Video-Compact Disc* - Video-CD: beeldplaat ter grootte van een gewone CD, met max. 74 minuten televisiebeelden en stereogeluid, mogelijk dankzij MPEG°1: compressie met een factor 100 en VHS-kwaliteit. Migratie naar MPEG2 met betere kwaliteit wordt verwacht. Straks kunt hem op uw PC CD-ROM afspelen m.b.v. een videokaart (video-card°). Synoniem: CD-Video°. Wordt mogelijk vanaf 1997: DVD°.

videoconferencing - *televergaderen* - Direct met elkaar praten via satelliet-TV of een venster (window°) in een scherm (desktop°), bijvoorbeeld via een codec° onder H.320° (video interoperability° norm van CCITT°, nu ITU- T°, gebruikt in Intel° ProShare of PictureTel) met H.261 compressie (compression°), H.221 multiplexing en H.242 protocol°. Vereist een ISDN°- of ATM°-verbinding. Tot nu toe het (enige) grote succes van alle pogingen om multimedia° te verwezenlijken. Synoniem: teleconferencing°. ⇔computer conferencing°

video converter - *video converter* - Voorziening die bijvoorbeeld VGA°- beelden omzet naar PAL°-, SECAM°- of NTSC°-videosignalen voor TV-weergave.

video device interface - *VDI* - Zie: VDI°.

video dial tone - *video on-demand, VDT* - VDT°: de mogelijkheid in kabeltelevisie om een programma aan te vragen; synoniem: VoD°, near-VoD°. Wordt waarschijnlijk aangeboden in combinatie met kabeltelefonie (cable telephony°), omdat een retourpad (upstream°) hoe dan ook nodig is voor het aanvragen. Letterlijk: kiestoon (dial tone°) voor het kiezen van een Tv-programma (video°).

video disc - *beeldplaat* - Optische disc met traditionele videobeelden: die niet kan worden beschreven (read-only°); is nog niet erg aangeslagen.

video display - *beeldscherm* - Scherm van een VDT° of VDU° voor het weergeven van beelden (video°).

video display terminal - *VDT* - Zie: VDT°.

video display unit - *VDU* - Zie: VDU°.

video electronics association - *VESA* - Zie: VESA°.

video-enhanced application - *toepassing met videobeelden* - Een toepassing (application°) waarbij video-beelden worden getoond, bijvoorbeeld een elektronische catalogus of een programma voor het uitzoeken van een kleur.

video-game - *videospelletje* - Ooit begonnen als een kleine, eenvoudige computer, maar nu zeer krachtig vanwege de grafische mogelijkheden. Vanaf 1993 zijn de 16-bit computers vervangen door heuse 32-bit computers met 3D° en vanaf 1996 door 64-bit computers (Nintendo). S. Miyamoto is de bekende ontwerper van Super Mario 64 en eerdere spellen bij Nintendo.

video graphics array - *VGA* - Zie: VGA°, SVGA°.

video graphics board - *video graphics kaart* - Uitbreidingskaart in een PC waarmee televisiesignalen (NTSC°, PAL°, SECAM°) van een videocamera (camcorder°) of -recorder (VCR°) kunnen worden verwerkt; bijvoorbeeld van tekst of grafische informatie kunnen worden voorzien. ⇔video board°

video home system - *VHS* - Zie: VHS°.

video-on-demand - *TV op aanvraag, VoD* - VoD°: de mogelijkheid om televisieprogramma's en -films op aanvraag (demand, on°) thuisbezorgd te krijgen via de kabel; is technisch mogelijk via: fiber to the curb°, copper to the home°. Bij near-video-on-demand kan een film slechts op bepaalde tijdstippen worden getoond of is er een beperkte keuze. Vergelijkbaar: interactive television°. Zie ook: video dial tone°.

videophone - *videofoon* - Beeldtelefoon: hernieuwde poging van AT&T° voor het combineren van beelden in kleur met telefonie; door compressie (compression°) kan de vereiste snelheid worden beperkt tot 19,2 kbps°. De eerste poging in 1964, monochroom (B/W°) Picturephone, mislukte volledig; het huidige Viewphone is gebrekkig.

video publishing - *video publishing* - Bewerking van videobeelden met een PC: vergelijkbaar met desktop publishing°. Door middel van een uitbreidingskaart met video°-input° en video-output°, kunnen TV-beelden in een scherm worden getoond, worden voorzien van computer graphics° en daarna op videoband (videotape°) worden weggeschreven.

video RAM - *VRAM* - Zie: VRAM°.

video random-access memory - *VRAM* - Zie: VRAM°.

video server - *videoserver* - Krachtige computer met grote schijven (disk°) die zal worden gebruikt voor de distributie van interactieve programma's, waaronder TV, via kabeltelevisienetten (CATV°), straks mogelijk via de digitale informatiesnelweg (information highway°). De capaciteit van een videoserver wordt gemeten naar het aantal videostromen dat kan worden geleverd.

videotape - *videoband* - Magnetiseerbare band (tape°) in een cassette geschikt voor het opnemen en afspelen van analoge TV-signalen in een VCR°, zie: VHS°, Video8°. Er zijn: NTSC° (VS), PAL° (Europa gedeeltelijk), SECAM° (Frankrijk en Rusland).

videotape recorder - *VTR* - Zie: VTR°.

video terminal - *VT* - Zie: VT...°.

videotex - *videotex, VTX* - VTX°: een computerdienstverlening via een telefoonlijn. Het resultaat is vrijwel gelijk aan teletekst (teletext°, dat in de vrije beeldlijnen van TV-beelden gratis meekomt). Om videotex te gebruiken, moet men geabonneerd zijn, een modem° (V.23°: 1200/75 bps) hebben en telefoontikken betalen, soms ook voor de informatie. Is in Frankrijk een redelijk succes geworden via Minitel, maar het systeem is nu sterk verouderd, vooral sinds de opkomst van Internet. Is anno 1995 een al veertien jaar oude oplossing voor alle problemen, die desondanks werd voorgesteld voor SCHOOLnet!

video user interface - *VUI* - Zie: VUI°.

vidicon - *vidicon* - Elektronische opnamebuis (tube°) voor professionele televisiecamera's. ⇔CCD° ⇔plumbicon°

Vienna development environment - *VDE* - Zie: VDE°.

view - *bekijken, beeld, view, weergave* - **1.** Bekijken: bijvoorbeeld de gegevens (data°) in een bestand (file°), **2.** Beeld: informatie samengesteld vanuit een bepaald perspectief, **3.** View: een tabel uit een relationele database (RDBMS°), samengesteld met een join° uit eerder gedefinieerde tabellen via een query°, **4.** Weergave: de manier waarop informatie of een programma in beeld wordt gebracht; een componenten wordt vaak voor verschillende doeleinden gebruikt en kan er dan heel anders uitzien voor de gebruiker.

viewer - *viewer* - Hulpprogramma (utility°) voor het bekijken van een bestand (file°), database°, tekst, spreadsheet° of tekening; werkt zonder de programma's waarmee de informatie is vervaardigd en kan dus met veel bestandsindelingen (format°) werken; zie ook: file viewer°. Een viewer wordt ook gebruikt om documentatie, geleverd op CD-ROM°, te 'lezen', bijvoorbeeld een Dynatext viewer. Synoniem: browser°.

viewer/scanner - *viewer/scanner* - Een scanner° die beelden opgeslagen op microfilm° scant en op een beeldscherm afbeeldt (viewer°), zodat u die kunt gebruiken voor het werk.

VIM {vim} - *Vendor Independent Messaging* - VIM: voorstel van Lotus, Apple, Borland en Novell voor een koppeling (interface°) voor e-mail°. ⇔MAPI° (van Microsoft°)

VIN {vin} - *Vendor Independent Networking* - VIN: verzameling voorschriften van functies voor elektronische gegevensuitwisseling onafhankelijk van de leveranciers (vendor°); is afkomstig van Apple°, Lotus en Novell uit 1992; concurreert met het meer uitgebreide X.400°.

virtual - *virtueel* - Denkbeeldig: net doen alsof er iets is dat er niet werkelijk is, bijvoorbeeld: MVS°, RAM-disk°, virtual reality°, VM°, VS°. Een kernbegrip uit de jaren 90, want niets is meer wat het lijkt te zijn. Virtually yours (Virtueel de uwe - onderschrift van een elektronisch bericht van een listserver°). ⇔real°

virtual 8086 mode - *virtual 8086 mode* - Modus (mode°) in Intel° 80386 en latere processoren die de emulatie van verscheidene 8086-omgevingen (environment°) mogelijk maakt; wordt gebruikt voor multitasking° DOS°-sessies (session°).

virtual address extension - *VAX* - Zie: VAX°.

virtual circuit - *virtuele verbinding* - Denkbeeldige (virtual°) verbinding (circuit°) in een netwerk: die kan worden gerealiseerd door middel van circuit-switching°, message-switching° of packet-switching°; is vergelijkbaar met: connectionless°.

virtual circuit-switching - *virtual circuit-switching* - De mogelijkheid in een ATM-switch° om het adres (address°) van een virtuele verbinding (virtual circuit°) te veranderen in een nieuw adres; hierdoor kan voldoende adresseringsruimte (address space°) worden gecreëerd in grote netwerken omdat elk stuk zijn eigen adressering heeft.

virtual device interface - *VDI* - Zie: VDI°.

virtual disk - *virtuele disk* - RAM°-disk: disk° of diskette° die in het RAM-geheugen (memory°) wordt nagebootst.

virtual instrument - *virtueel instrument* - Instrument waarvan het frontpaneel wordt afgebeeld en gesimuleerd in het scherm van een werkstation (workstation°), inclusief alle knoppen, meters, schakelaars en zelfs het eigen beeldscherm; aansluitingen lopen via een DSP° naar het werkstation; de bediening is met een muis (mouse°).

virtuality - *virtuality* - Samentrekking van: virtual reality°.

virtual LAN {len}- *virtual Local-Area Network, VLAN* - Virtueel LAN°: een ontwikkeling die mogelijk is gemaakt door switching°, waarbij binnen een netwerk verpreide groepen medewerkers als het ware (virtual°) op één lokaal netwerk verenigd zijn door middel van een logische definitie, gemaakt door de beheerder (administrator°) in plaats van fysiek kabels e.d. te verwisselen. Hiervoor heeft op dit moment elke leverancier nog zijn eigen oplossing (proprietary°), helaas, maar IEEE° 802.1 ontwikkeld normen. Afgekort: VLAN°.

virtual machine - *virtuele machine, VM* - VM°: een ogenschijnlijk eigen computersysteem voor elke gebruiker van een time-sharing° systeem van IBM.

virtual memory - *virtueel geheugen, VM* - VM°: door paging° net doen alsof er meer geheugen (memory°) is dan er werkelijk is. Het werkelijke geheugen vormt samen met de vaste schijf (hard disk°) door middel van paging° (of swapping°) het virtuele geheugen. Dit idee is in de jaren 60 voorgesteld om met programma's te kunnen werken die groter zijn dan het werkelijke RAM°-ge-heugen. VM is een interactief (interactive°) besturingssysteem voor grote computers van IBM dat op termijn mogelijk zal worden vervangen door MVS°/TSO°.

virtual network - *virtueel netwerk* - Bijvoorbeeld een privé netwerk (VPN°) gerealiseerd met behulp van openbare of andere netwerken. Voordelen: eigen nummers toedelen, verkort kiezen naar andere steden of landen, goedkoper. Een andere mogelijkheid is het gebruikmaken van symbolische adresseringen, die eenvoudig kunnen worden veranderd zonder dat de fysieke adressering hoeft te worden aangepast.

virtual path - *virtueel pad* - In telecommunicatie, een niet-werkelijk bestaand pad (path°) in een netwerk, bijvoorbeeld: A virtual path on an ATM° backbone° (Een verbinding via een ATM-backbone).

virtual private network - *VPN* - Zie: VPN°.

virtual reality - *virtuele werkelijkheid* - Denkbeeldige werkelijkheid: werkomgeving (environment°) die een bepaalde werkelijkheid nauwkeurig nabootst, bijvoorbeeld de simulator waarin piloten worden opgeleid of een futuristische stereohelm en een data-handschoen - tegenwoordig veel gebruikt in spelletjes, IRC° en telewinkelen. J. Lanier bedacht de term in 1984. Is te vergelijken met de SF-term: cyber...°. De markup°-taal voor tekst en 2D°-graphics op het World Wide Web° is: HTML, voor 3D°-graphics: VRML°. "Virtual reality is een krachtig concept om mensen te kunnen laten zien wat voor een verwrongen beeld sommige ingenieurs hebben van het universum." (stelling van L.B. Soldano).

virtual reality markup language - *VRML* - Zie: VRML°.

virtual storage - *VS* - Zie: VS°.

virtual system - *VS* - Zie: VS°.

virtual terminal - *virtuele terminal* - **1.** PC die als verschillende terminals (terminal°) kan werken: de omschakeling van zijn werking geschiedt meestal via een hot key°, **2.** OSI°-terminologie voor een protocol voor een universele terminal° of toepassing: die de mogelijkheid heeft om in te loggen op computers in netwerken met een ander protocol°.

virus - *virus* - Een klein, zichzelf vermenigvuldigend programma dat bestanden vernietigt; wordt ook wel de wraak van een programmeur genoemd; is formeel beschreven door F.B. Cohen in 1984. Een virus moet zich hechten aan andere programma's en wordt vooral verspreid via diskettes. Systemen kunnen op drie manieren worden geïnfecteerd: via de bootsector (boot sector virus°), via een bestand (file°) en via een paard van Troje (Trojan horse°). Ook: TSR°-virus (virus die zichzelf in het geheugen laadt en van daaruit andere bestanden infecteert), stealth-virus (dat verscheidene technieken gebruikt om zichzelf te verbergen), polimorf-virus (die het eigen programma verspreid over het geïnfecteerde bestand en variabele stukken introduceert), dropper-virus (dat een virus creëert zodra het geïnfecteerde programma wordt uitgevoerd). Een nieuw soort macro-virus heeft zich gemanifesteerd met Windows 95°: dat zich nestelt in macros binnen MS Word documenten; de oplossingen: de betreffende macro's (o.a. AAAZFS en AAAZAO) wissen of wegschrijven in RTF°-indeling. ⇔worm°

virus scanner - *virusscanner* - Programma dat virussen opspoort door programma's op hun aanwezigheid te scannen (scanner°): door te zoeken naar bepaalde bit-patronen (bit°).

VisiCalc - *VisiCalc* - De moeder van alle elektronische rekenbladen (spreadsheet°) geïntroduceerd in 1979 door D. Brinklin en B. Frankston, die de doorbraak van de Apple° II veroorzaakte.

visitor location register - *VLR* - VLR°: het register° van een abonnee op een lokatie (location°) die elders staat ingeschreven ingeschreven abonnees: dat vooral van belang is voor mobiele (mobile°) diensten als GSM°, omdat de kosten voor het gesprek thuis moeten worden verrekend. ⇔home location register°

visual - *visueel* - Visueel: bijvoeglijk modewoord voor een grafische interface°, zoals GUI° en WIMP°, toegespitst op programmering, tekstverwerking enzovoort, bijvoorbeeld: Visual Basic (VB°, BASIC°) van Microsoft° en VisualAge van IBM°. Nu ook: VBScript°.

visual development environment - *VDE* - Zie: VDE°.

visual programming - *al tekenend in schema's programmeren* - Visueel (visual°) programmeren met behulp van programmatisch gereedschap (tool°): met symbolische plaatjes, niet met pictogrammen (icon°).

vital records - *vital records* - Documenten, dossiers, archiefstukken enzovoort (record°) die wettelijk van vitaal belang zijn voor een bedrijf of instelling en die een wettelijke termijn moeten worden bewaard.

Viterbi-decoding - *Viterbi-decodering* - Decodeeralgoritme (decode°, algorithm°) waarbij in een trellis° wordt gezocht naar het kortste pad dat overeenkomt met de kleinste Hamming-afstand (Hamming distance°); is genoemd naar zijn uitvinder A.J. Viterbi, die het principe in 1971 beschreef.

VLAN {vi·len} - *Virtual Local-Area Network* - VLAN: een virtueel LAN° gerealiseerd in een netwerk door middel van switching° - iedere samenwerkende groep mensen krijgt daarmee een eigen LAN in een groot netwerk, dat eenvoudig kan worden aangepast aan veranderende behoeftes. Normen hoervoor worden ontwikkeld door IEEE° 802.1.

VL-Bus {vi·el} - *Video Electronics Standards Association Local-Bus* - Recente VESA°-norm voor een local bus°. In de concurrentiestrijd met PCI°, is de in 1994 uitgebrachte VL-Bus 2.0 ontstaan, die bijna even snel is.

VLF {vi·el·ef} - *Very Low Frequency* - VLF: zeer lage frequenties (frequency°) tussen 3-30 kHz°.

VLIW {-} - *Very Long Instruction Word* - VLIW: Alternatieve processor°- technologie met lange instructies (instruction°), die eind 1994 de tweedeling CISC°/RISC° dreigt te verstoren, zie bijvoorbeeld: P7°. Het principe werd eerder gebruikt door Turing (Turing machine°, 1946) en bij microprogrammering (microcode°). Door intern zoveel mogelijk processen parallel te verwerken, kunnen veel hogere snelheden worden bereikt. Echter: VLIW technology° is riskier than RISC° (De VLIW-technologie is meer riskant dan die van RISC - omdat daarvoor geheel nieuwe hardware° en compilers (compiler°) nodig zijn).

VLR {vi·el·ar} - *Visitor Location Register* - Zie: visitor location register°. ⇔HLR°

VLSI {vi·el·es·ai} - *Very-Large-Scale-Integration* - VLSI: veel elektronica op één chip° voor vijfde-generatie computers (generation, computers°).

VM {vi·em} - *Virtual Memory, Virtual Machine* - **1.** Virtual Memory: virtueel geheugen (virtual memory°) door paging° (⇔VS°), **2.** Virtual Machine: virtuele machine, compleet met eigen disk°, tape, printer enzovoort, gerealiseerd door time-sharing°; synoniem: VS°.

VMC {vi·em·si} - *VESA Media Channel* - Zie: VESA media channel°.

VME-bus {vi·em·ie} - *VersaModule Eurocard-bus* - VME-bus: 32-bit bus° ontwikkeld door Mostek, Motorola, Signetics en Thompson CSF voor industriële en militaire toepassingen.

VMS {vi·em·es} - *Virtual Memory System* - VMS: multi-user°, multi- tasking° virtual memory° besturingssysteem van Digital° voor hun VAX°-computers.

VOC {-} - *VOCoder* - Extensie (extension°) van een bestand met gedigitaliseerde spraak (speech°), zie vocoder°.

vocoder - *voice coder* - Voorziening waarmee spraak (voice°) kan worden gecodeerd (encode°) en gedecodeerd (decode°). Hierbij wordt meestal gebruikgemaakt van voorspelling (predictive° coding). Zit nu op een chip° in een GSM°-telefoon, waarmee compressie plaatsvindt tot 13 kbit/s - dit is geen bit-compressie, maar compressie waarbij gebruik wordt gemaakt van de speciale eigenschappen van het spraaksignaal; de decompressie werkt omgekeerd.

VoD {vi·oo·di} - *Video-on-Demand* - VoD: de mogelijkheid om televisieprogramma's of -films (video°) op aanvraag (demand, on°) thuisbezorgd te krijgen. Dit blijkt toch duurder te zijn dan klanten bereid zijn te betalen, vandaar dat men nu meer ziet in: near-VoD (NVoD°: VoD met beperkingen, bijvoorbeeld een erg beperkte programmakeuze of alleen op bepaalde tijden beginnen - dit is goedkoper om in te voeren, bijvoorbeeld via digitale satelliettelevisie).

voice - *spraak* - Spraak: **1.** Gesproken woorden: in tegenstelling tot bijvoorbeeld muziek of fax°; met betrekking tot computers in digitale vorm (digitalized°), **2.** Frequentieband: die geschikt is voor de overdracht van het gesproken woord; zie: voice-band°. Eigenlijk is voice (stem) hiervoor een onjuiste benaming en zou speech (spraak) beter zijn geweest.

voice annotation - *gesproken aantekeningen* - Gesproken in plaats van geschreven opmerkingen in een tekst (annotation°).

voice answer-back - *voice answer-back, VAB* - VAB°: door middel van telefoontoetsen een door een computer gesproken (voice°) antwoord krijgen, bijvoorbeeld betreffende uw saldo; is een techniek gebruikt voor audiotex°. Synoniem: voice-response°.

voice-band - *telefoonlijnkwaliteit* - Een verbinding (voice channel°) met een bandbreedte (bandwidth°) van 300-3400 Hz° (VF°), geschikt voor de menselijke stem; synoniem: voice-grade. ⇔baseband° ⇔narrowband° ⇔wideband°

voice channel - *spraakkanaal* - Verbinding (channel°) met een frequentieband van 4 kHz°, geschikt voor de menselijke stem (voice°); waarvan er 12 in een groepsband (groupband°) gaan.

voice coder - *vocoder* - Zie: vocoder°.

voice computer - *spraakcomputer* - Computer die wordt gebruikt voor de toepassing van digitale (digital°) spraak (voice°). Niet vertalen met stemcomputer (voting computer).

voice-data - *voice-data* - De combinatie van spraak (voice°) en gecodeerde gegevens (data°); is hetzelfde als: data voice°.

voice-enabled - *met spraak-* Toepassing of dienst waarbij tevens de mogelijkheid van telefoneren (voice°) wordt geboden (enable°), bijvoorbeeld op Internet° of op de kabel (CATV°).

voice-enhanced application - *gesproken toepassing* - Toepassing met een gesproken menu (voice menu°): die door klanten kan worden gebeld , waarbij de menukeuzes met de druktoetsen van een telefoon worden ingevoerd.

voice frequency - *VF* - Zie: VF°.

voice-grade - *telefoonlijnkwaliteit* - Zie: voice-band°. ⇔data-grade°

voice-mail - *spraakpost* - Een (in)gesproken bericht dat digitaal kan worden opgeslagen in een voice-mailbox° (spraakpostbus). Voice-mail jail (doolhof van geautomatiseerde vragen waaruit een beller niet kan ontsnappen, alleen de hoorn op de haak kan leggen). Niet vertalen met: stempost, want het gaat om spraak, niet om de stem.

voice-mailbox - *spraakpostbus* - Een virtuele postbus (mailbox°) waarin u een gesproken bericht (voice-mail°) kunt achterlaten. De programmatuur wordt meestal bij het modem° geleverd en biedt vaak de mogelijkheid van verscheidene spraakpostbussen - de beller bepaalt in welke het bericht wordt gepost. Elke spraakpostbus heeft zijn eigen wachtwoord (password°) voor het afluisteren van de achtergelaten berichten en is vanuit de hele wereld telefonisch te bereiken. De eigenaar van een mobiele GSM°-telefoon kan van de aankomst van een bericht worden verwittigd via SMS°.

voice menu - *gesproken menu* - Langzame, maar eenvoudige methode om via de telefoon een onderwerp te kiezen: Wilt u A, toets dan 1; wilt u B, toets dan 2 enzovoort.

voice messaging - *voice messaging* - Gesproken (voice°) berichten versturen (messaging°): bijvoorbeeld op basis van X.440 met behulp van X.400° via MHS°-protocollen.

voice-over - *voice-over* - In multimedia° of TV, de stem (voice°) van een verteller die niet in beeld komt.

voice over Internet - *VON* - Zie: VON°.

voice processing - *spraakverwerking* - Technologie die het gebruik van spraak in computertoepassingen (application°) mogelijk maakt door middel van reproductie, synthetische opwekking of herkenning (voice recognition°). ⇔data processing° ⇔image processing° ⇔information processing°

voice recognition - *spraakherkenning, stemherkenning* - Stemherkenning: herkenning van de eigenschappen van iemands stem, gebruikt ter identificatie van een beller; dit is elektronisch waarschijnlijk eenvoudiger dan het kerkennen van de handtekening (signature°). Wordt steeds vaker ook gebruikt voor spraakherkenning (speech recognition°), waarbij het gaat om herkenning van het gesprokene (speech), voor de stem van een specifieke persoon of algemeen (speaker-independent).

voice-response - *voice-respons, door een computer gesproken antwoorden en/of* *vragen* - Digitale spraak (voice) als respons van een computer in combinatie met door u gedrukte toetsen (key°) - dit werkt allen met DTMF°, dus niet voor toestellen met een draaischijf. Synoniem: voice answer-back°. Voor diegene die een antwoordapparaat als voice-response zien, is een andere term: interactive voice-response (IVR°). Zie ook: VRS°. ⇔voice messaging°

VoiceSpan - *VoiceSpan* - Technologie van AT&T° om spraak (voice°) en gegevens (fax°, data°) tegelijkertijd over een gewone analoge telefoonlijn te voeren.

void - *lege plek, vrij, nietig* - **1.** Lege plek: stuk van een teken dat niet goed is afgedrukt, geen inkt bevat, **2.** Vrij: een plaats, post of tijdperiode die vrij is gekomen, **3.** Nietig: een actie die of aanbod of contract dat ongeldig is verklaard. Een void pointer° bevat geen informatie of ongeldige informatie.

vol {vol} - *volume* - Volume (volume°): dat leeg of vol kan zijn (gevuld met gegevens), hard of zacht (geluid).

volatile - *vluchtig* - Eigenschap van bijvoorbeeld een halfgeleidergeheugen (semiconductor°, memory°) dat zijn vermogen om bepaalde gegevens te bewaren verliest als de spanning wegvalt. ⇔nonvolatile° ⇔permanent°

Volt - *V* - Volt: eenheid van elektrische spanning; zie: V°.

Volts alternating current - *VAC* - Zie: VAC°.

Volts direct current - *VDC* - Zie: VDC°.

volume - *volume, deel* - **1.** Ruimte op een schijf (disk°, diskette°): gereserveerd voor de opslag van informatie, met een eigen naam (volume label°) en soms een eigen inhoudsopgave (Volume Table Of Contents, VTOC°); volume- informatie wordt in DOS° of OS/2° getoond door de VOL-opdracht (command°), **2.** Deel: van een serie boeken, **3.** Volume: omvang of geluidssterkte (audio°), **4.** Inhoud: de ruimte ingenomen door een apparaat of voorwerp, bijvoorbeeld uitgedrukt in liter.

volume business - *massamarkt* - Fabricage en marketing op grote schaal: een mogelijkheid waarnaar iedereen op zoek is in economisch slechte tijden.

volume control - *geluidsterkte* - Knop waarmee de geluidsterkte (volume°) kan worden geregeld (control°).

volume ID {ai·dee} - *volume IDentification* - Volumenaam: de naam (name°) die aan een volume° gegeven wordt. Synoniem van: volume label°.

volume label - *volume label* - Naam (label°) van een volume° (gereserveerde geheugenruimte) op bijvoorbeeld een disk° of tape°. Wordt in DOS° of OS/2° getoond door de VOL-opdracht (command°) en verandert met LABEL. Synoniem: volume ID°. Heet op de MAC°: volume name. ⇔disk label°

volume serial number - *volume-serienummer* - Het identificatienummer (serial number°) van een disk° of diskette°; heet op de Mac°: volume reference number.

volume spanning - *gesegmenteerd volume* - Een logisch volume° dat is samengesteld uit verscheidene fysieke volumes. ⇔spanned record°

volume table of contents - *VTOC* - Zie: VTOC°.

VON {von} - *Voice Over the Net* - VON: een programmatische voorziening om interlokaal te bellen via Internet°. Vooralsnog een matige verbinding, waarbij beide partijen met Internet verbonden moeten zijn, maar er wordt ook gesproken over de mogelijkheid om elk telefoonnummer te bellen via een lokale centrale verbonden met Internet. Hierbij wordt meestal gebruikgemaakt van: UDP°. Zie verder de mogelijkheid van callback° in een Web° browser°.

Von Neumann computer - *Von Neumann computer* - Het architectuurconcept van de huidige seriële computer (⇔parallel computing°), bestaande uit een centrale verwerkingseenheid, een geheugen waarin programma's en gegevens worden opgeslagen, en in- en uitvoervoorzieningen. Deze opvolger van de Turing machine° werd in 1946 beschreven door J. Von Neumann (1903-57). ⇔non-Von°

VOR {-} - *Voice-Operated Recording* - VOR: eigenschap van een opnameapparaat (recorder°) dat alleen opneemt als er wordt gesproken, de pauzes weglaat.

voting computer - *stemcomputer* - Computer gebruikt voor elektronisch stemmen (to vote) op een partij of kandidaat. ⇔voice computer°

VPN {vi·pi·en} - *Virtual Private Network* - VPN: een eigen (private°) virtueel (virtual°) netwerk voor de medewerkers van een multinational (CUG°): is geïntroduceerd in 1989 en wordt gerealiseerd in openbare telefoonnetwerken door middel van toegangscontrole (access control°) en eigen telefooncentrales (PABX°), nu vooral via ISDN verbindingen. Internationaal: IVPN°.

VPT {vi·pi·ti} - *Video Programming by Teletext* - VPT: via teletext° uw video (VCR°) programmeren; het opnemen werkt echter niet op commando van een signaal van de zender zoals bij: PDC° - van belang als programma's uitlopen.

VR {vi·ar} - *Virtual Reality* - Virtuele werkelijkheid, zie: virtual reality°. Als afkorting vooral gebruikt voor het maken van initiële architectuur- en bouwtekeningen en -modellen, en die tonen met behulp van rendering (render°), met als voordeel dat men in het getekende model kan rondlopen, perspectieven beoordelen enzovoorts. Dankzij de nieuwe 3D°-programmatuur gaat het ontwerpen ook sneller en goedkoper. Een uitbreiding is animatie (animation°): om te laten zien hoe iets moet worden gerepareerd, CBT° (authoring°), spelletjes of om films mee te maken zoals Jurassic Park of Toy Story.

VRAM {vi·rem} - *Video Random-Access Memory* - VRAM: snel RAM° videogeheugen gebruikt voor de afbeelding van informatie in een scherm, met communicatie naar zowel de monitor° als de processor°. Voor de afbeelding van maximaal 16,7 miljoen kleuren door middel van 24 bits (3x8, RGB°) met een resolutie van 640 x 480 heeft u al een geheugen nodig van 24 x 640 x 480 : 8 = 0,92 megabyte. Meestal zijn 256 kleuren voldoende met een resolutie van 1024 x 768 (SVGA°) en dan is nodig: 8 x 1024 x 768 : 8 = 0,79 megabyte. Houdt geen verband met: NVRAM°.

VRC {vi·ar·si} - *Vertical Redundancy Check* - VRC: Overtolligheidscontrole (redundant°) parallel of verticaal, niet in de tijd. In de eenvoudigste vorm, het parity bit° dat aan een teken wordt toegevoegd. ⇔LRC°

VRML {*vur*·mil} - *Virtual Reality Markup/ Modeling Language* - VRML: markup°-taal norm voor 3D° graphics voor World Wide Web°, oorspronkelijk afkomstig van IRIS GL (M. Pesce en T. Parisi) en gepopulariseerd door Silicon Graphics. Paper Software, die de technologie ervoor ontwikkelde, is inmiddels opgekocht door Netscape°. Vereist echter wel een extra toevoeging aan de browser°, maar biedt: 3D geometry, bewegingen (motions) en Web links. Oorspronkelijk (1994) genoemd Markup Language, maar om het grafische karakter te benadrukken, nu genoemd: Modeling Language. Beschikt over een mechanisme (Level Of Detail) om meer details te tonen naarmate een object dichterbij komt. Wordt o.a. gebruikt om door middel van navigatie (navigate°) onderwerpen te selecteren en voor interactieve televisie (ITV°). Versie 1.1 is courant, over versie 2.0 bestaat medio 1996 onenigheid. ⇔HTML°

VRS {vi·ar·es} - *Voice-Response System* - Gesproken (voice°) antwoordsysteem: dat geïntegreerd in een PABX° vrijwel altijd samen met ACD° zal worden gebruikt.

VS {vi·es} - *Virtual Storage, Virtual System* - **1.** Virtual Storage: virtuele opslag (virtual storage°) door paging° (⇔VM°), **2.** Virtual System: virtueel systeem, compleet met eigen disk°, tape, printer enzovoort, dankzij time-sharing°; synoniem: VM°.

VSAM {vi·sem} - *Virtual Storage Access Method* - VSAM: universele toegangsmethode (access method°) voor grote computers van IBM voor het benaderen van diverse soorten records (record°) op disk° (DASD°).

VSAT {vi·sat} - *Very Small Aperture Terminal* - VSAT: terminal° die via een kleine schotel (diameter 1 tot 3 m) direct of via een hubstation (hub°) op aarde kan communiceren met een satelliet bij een snelheid van 64 kbps.

VSX {vi·es·eks} - *Verification Suite for X/Open* - VSX: verzameling (suite°) testprogramma's voor X/Open normen, bijvoorbeeld VSX3 voor XPG3 (XPG°).

VT {vi·ti} - *Virtual Terminal* - In OSI°: via een netwerk aanloggen op een andere computer (remote terminal access°; ⇔TELNET° voor TCP/IP°), een ISO°-protocol° om terminals (VDT°, VDU°) te koppelen aan toepassingen (application°).

VT... {vi·ti} - *Video Terminal ...* - Videoterminal, VT...: reeks asynchrone (async°) ASCII° beeldschermeenheden (VDU°, VDT°) van Digital°, gebruikt bij hun VAX°-computers; bijvoorbeeld: VT52, VT100, VT200, VT220 en VT320. ⇔3270°

VTAM {vi·tem} - *Virtual Telecommunications Access Method* - Telecommunicatieprotocol (access method°) van IBM, gebruikt onder MVS°, met ondersteuning van o.a. SDLC° en token ring°. ⇔BTAM°

VTOC {vi·tok} - *Volume Table of Contents* - VTOC: bevat de inhoudsopgave (content°) van een volume°. ⇔TOC°

VTR {vi·ti·ar} - *VideoTape Recorder* - VTR: Professionele videoband recorder met spoelen in plaats van cassettes. ⇔VCR° ⇔VHS°

VTX {vi·ti·eks} - *VideoTeX* - VTX: computerdienst via een telefoonlijn.

VUI {vi·joe·ai} - *Video User Interface* - Interface° voor het gebruik door mensen van TV-beelden via een PC. ⇔CLI° ⇔DVI°

VUP {vup} - *VAX Unit of Performance* - VUP: de capaciteit van een VAX11/780 uit 1978, de eerste VAX°-computer, die door Digital° wordt gebruikt als eenheid voor de capaciteit van nieuwe computers (VAX°); vormt de basis voor de SPECmark°.

V&V {vi·end·vi} - *Verification & Validation* - Beoordeling van nieuw ontwikkelde programmatuur: verifiëren (verify°) of zij voldoet aan de specificatie en bevestigen (validate°) dat er correct en zinvol mee kan worden gewerkt.

- W -

W {-} - *Watt* - W: eenheid van elektrisch vermogen (energie per seconde), genoemd naar J. Watt (1736-1819), uitvinder van de stoommachine in 1769.

W3 {-} - *World Wide Web* - Zie: World Wide Web°.

W3C {-} - *World Wide Web Consortium* - W3C: in 1994 opgericht consortium voor de ontwikkeling van World Wide Web°.

W4WG {-} - *Windows for WorkGroups* - Zie synoniem: WfW°.

WABI {wob·bie} - *Windows Application Binary Interface* - WABI: norm van Microsoft° die ervoor zorgt dat alle Windows°-toepassingen binary compatible° zijn. ⇔MABI° (voor DOS°)

WAIS {wais} - *Wide Area Information Server* - WAIS: alternatief voor Gopher° op Internet° om informatie in document°-databases te zoeken en op te vragen op een zogenaamde WAIS-server (server°). De informatie moet van tevoren geïndexeerd zijn.

wait - *wachten* - **1.** In een wachtrij staan, **2.** Wachten op een bepaalde gebeurtenis (event°). Waiting for reply (Wachten op antwoord - bericht in een Web° browser° dat het druk is op Internet°)

wait-state - *wachttoestand* - Tijd die wordt gebruikt om het geheugen en de processor° in de pas te laten lopen. Moderne computers hebben een zero wait-state° (geen wachttoestand), zie: interleave°.

WAITS {weets} - *Wide-Area Information Transfer System* - Uitgestrekt netwerk voor de overdracht (transfer°) van informatie.

walkthrough - *walkthrough* - Methode van review° van een programmatuurontwerp (design°) op papier, formeel: structured walkthrough°; letterlijk: erdoorheen lopen.

wall - *wand* - Muur, meestal figuurlijk gebruikt, bijvoorbeeld: fire wall°. Letterlijk: wall outlet (stopcontact).

wallpaper - *achtergrond* - Het figuurlijke behang van een Windows°-scherm waarop pictogrammen (icon°) en vensters (window°) worden gehangen als schilderijen; bestanden (file°) hebben de extensie (extension°): .BMP° of .RLE°.

WAN {wen} - *Wide-Area Network* - Zie: wide-area network°. ⇔MAN°

wand - *leespen* - Pen waarmee u een scherm (screen°) of barcode (bar code°) kunt aftasten; ook: magic wand (toverstaf). ⇔pen-based computer°

WARC {wark} - *World Administrative Radio Conference* - Is in 1993 hernoemd tot: WRC°.

warehouse - *pakhuis, magazijn* - Opslagplaats of distributiecentrum voor goederen of informatie (information warehouse°), geen warenhuis, wel een ware-hausse?

warm link - *warm link* - De mogelijkheid om gegevens, stukken tekst en dergelijke over te brengen naar een ander programma via een tussenbestand; veranderingen worden niet doorgegeven, maar in een client/server°-omgeving wordt wel wel gemeld dat er veranderingen zijn. ⇔cold link° ⇔hot link°

warm start - *warme start, reboot* - IPL° vanuit een werksituatie. ⇔cold start°

Warnier-Orr diagram - *Warnier-Orr diagram* - Notatie met een licht grafisch karakter voor top-down° programma-ontwikkeling, genoemd naar zijn uitvinder J-P Warnier en verbreider K. Orr.

warning - *waarschuwing* - Bericht (message°) dat u op het punt staat iets onherstelbaars te doen - bent u zich daarvan wel bewust?

warp - *warp, verdraaien* - Letterlijk: hout dat kromtrekt of scheluw is. Wordt in science fiction overdrachtelijk gebruikt om aan te geven dat de gebruikelijke referentiekaders in een bepaald gebied niet meer gelden, bijvoorbeeld: time warp°, afkomstig uit de TV-serie Star Trek. In 1994 kwam IBM met OS/2° Warp release 3, bedoeld als bedreiging voor Windows°; de opvolger van Warp is: Merlin°, release 4.0).

waste basket - *prullenbak* - Een icon° waarmee u bestanden (file°) of berichten (message°) kunt wissen door hun naam (filename°) daarheen te slepen en te laten vallen (drag and drop°). In het jargon van techneuten: bittenbak (bit°).

waterfall model - *watervalmodel* - Werkmodel waarvan de onderdelen *na elkaar* worden uitgevoerd, niet parallel - worden in een Gantt chart° onder elkaar gezet en vormen dan een getrapte waterval; wordt bijvoorbeeld gebruikt in: SDM 2°, SSADM°. Dit model werkt niet evolutionair (klein beginnen en geleidelijk laten groeien). ⇔spiral model°

WATS {wots} - *Wide-Area Telephone Service* - WATS: mogelijkheid in de VS om binnen een bepaald gebied ongelimiteerd te kunnen bellen of gebeld te worden tegen een vast maandelijks tarief. ⇔POTS°

Watt - *W* - Zie: W°.

wave - *golf* - De voortplanting van een akoestisch, magnetisch (magnetic°) of optisch optical°) fenomeen. Een golf met een bepaalde frequentie (frequency°) heeft een bepaalde golflengte (wavelength°), afhankelijk van de voortplantingssnelheid die varieert tussen die van het geluid en het licht.

wavelength division multiplexing - *WDM* - Zie: WDM°.

waveform - *golfvorm* - Verloop van een signaal in de tijd, grafisch weergegeven. Van een enkele frequentie (frequency°) is de golfvorm een sinus; pulsvormige signalen zijn samengesteld uit verschillende frequenties (Fourier analysis°).

wavelength - *golflengte* - De afstand waarover een elektromagnetische (electromagnetic°) golf (wave°) zich voortplant gedurende een cyclus (cycle°): golflengte = c/f, waarbij
c = snelheid van licht (300.000 km/sec) en
f = frequentie (frequency°) in kHz.
In speciale media° en voor geluid ligt de snelheid lager. Zie ook: diffraction-limited°.

wavelength division multiplexing - *WDM* - Zie: WDM°.

wavelet - *wavelet* - Een wiskundige functie gebruikt om een signaal of beeld mee te ontleden en vervolgens te comprimeren (compression°), vergelijkbaar met Fourier-analyse (Fourier analysis°). Het equivalent van de FFT° is de DWT (Discrete Wavelet Transform). Voor het eerst gebruikt door A. Haar (1909), verfijnd door S. Mallat en I. Daubechies eindjaren 80 en o.a. gebruikt voor de compressie van vingerafdrukken in de VS (FBI). Vooral geschikt voor scherpe discontinuïteiten.

wavetable - *wavetable* - Een database° waarin gecomprimeerde geluiden zijn opgeslagen in de vorm van een golfvorm (waveform°): die kunnen worden samengevoegd en via een speciale synthesizer° op de geluidskaart (soundcard°) ten gehore worden gebracht. Dit proces wordt genoemd: wavetable synthesis°.

wax printer - *wax printer* - Printer met een drukproces waarbij was (thermal wax°) wordt gesmolten en op papier overgedragen; werkt langzaam, mede omdat vier gangen nodig zijn voor vier kleurendruk (CMYK)°) en buffering van de hele pagina is vereist, maar zorgt voor een goede drukkwaliteit.

WC {-} - *Wire Center* - Bedradingscentrum: in een computer, computercentrum of netwerk.

WDM {-} - *Wavelength Division Multiplexing* - Nieuwe technologie voor het multiplexen (multiplexer°) van licht van verscheidene golflengtes (wavelength°) in een glasvezel (fiber optics°): waardoor de bandbreedte aanzienlijk vergroot kan worden. Het is echter de vraag of WDM nu al financieel de moeite loont, gezien de geringe meerkosten om extra glasvezels te leggen.

weak typing - *weak typing* - Eigenschap van een programmeertaal waardoor er enige vrijheid is om verschillende soorten gegevens door elkaar te verwerken; is een slappe vorm van: abstract data types°. Synoniem: loosely-typed°. ⇔strong typing°

Web - *World Wide Web* - Het Web, zie: World Wide Web°. Met kleine letter: web (weefsel, netwerk, papierrol bij rotatie-druk).

Web-enabled - *Web-enabled* - Eigenschap van een systeem of toepassing dat met het Web° (via Internet°) kan samenwerken (enable°) - steeds vaker een noodzaak om bij te blijven.

Webmaster - *Webmaster* - De baas (cybrarian°) van een Web server°. ⇔sysop° (van een BBS° of forum°)

Web metaphor - *Web-metafoor* - De interface° en manier van werken (metaphor°) op het Web°: die in feite neerkomt op het opvragen van steeds nieuwe bestanden (hypertext°, maar die de indruk wekt dat men direct online (on-line°) verbonden is met de hele wereld, willekeurig kan surfen over de gehele wereld en werken op de computers aldaar. Een eenvoudige en zeer krachtige metafoor (metaphore°), die mogelijk de Windows° GUI° op termijn kan vervangen.

Web phone {foon} - *Web telephone* - De mogelijkheid om te telefoneren met iemand op een Web site° die u bezoekt: een leuke combinatie, niet alleen voor elektronisch zaken doen (electronic commerce°).

Web server - *World Wide Web server* - Web-server: server° uitgerust met World Wide Web°-programmatuur, waarmee via een Web° browser° informatie kan worden bekeken, populair op Internet°. Dit kan een aparte server zijn of een die geïntegreerd is in het besturingssysteem (bijvoorbeeld: IIS° in Windows NT°). Zie ook: statistics°.

Web site - *World Wide Web site* - Web-site: locatie waar een Web server° beschikbaar is, vaak aangeduidt met zijn URL°.

Web TV {ti·vi} - *Web Television* - Wellicht toekomstige mogelijkheid om TV te bestellen en bekijken via het Web° - voorlopig alleen enkele beelden (still video°) met audio° voor het gesproken woord; men verwacht dat nieuws de allereerste toepassing zal zijn, en daarvoor kunnen enkele beelden voldoen. Via knoppen (button°) kunnen nieuwe beelden gevraagd worden.

webvertizing - *webvertizing* - Informatie over het eigen bedrijf op het Web° zetten, en hopen dat anderen die komt bekijken: de nieuwe vorm van informatieverstrekking door bedrijven. De grote bron van inkomsten voor zoekmachines op Internet, bijvoorbeeld Netscape, Mosaic°, Alta Vista° en Yahoo!°: logo's of advertenties op de home page° brengen miljarden dollars per jaar op. Is samentrekking van: Web°, advertizing (adverteren).

weight - *gewicht, dikte* - **1.** Gewicht: in kg of Britse ponden (lb), **2.** Gewicht: dat u toekent aan een bepaalde factor of aan een positie in een getal, **3.** Dikte: van letters of strepen, bijvoorbeeld, light° (mager), medium° (normaal) of heavy (vet, bold°). To pull your weight (Je invloed uitoefenen).

welcome.html - *welcome.HyperText Markup Language* - Gebruikelijke naam van bestand (file°) voor een home page° op het Web°, die gecodeerd met: HTML°. Onder Windows°: extensie .htm°.

well-behaved - *well-behaved* - Eigenschap van een programma dat alleen gebruik maakt van de diensten van het besturingssysteem (operating system°), niet zelf het video display° of een disk° aanstuurt om een bewerking te versnellen; letterlijk: zich netjes gedragend. Is belangrijk om een programma ook nog onder een volgend release° van het besturingssysteem te kunnen gebruiken.

WFM {-} - *WorkFlow Management* - Werkstroombeheer, WFM: programmatuur die de gang van het werk (workflow°) in een groep bestuurd en controleert, ervoor zorgt dat iedere opvolgende medewerker tijdig zijn portie krijgt.

WfW {-} - *Windows for Workgroups* - Versie van Windows° voor groepen samenwerkende mensen met een beperkte netwerkfunctie (peer LAN°); zie ook: groupware°. Synoniem: W4WG°.

WG {-} - *Working Group* - Werkgroep (group°): bijvoorbeeld van een commissie die een norm voorbereidt.

What-If? - *What-If?* - Wat gebeurt er met ... als ...?: vraagstelling voor een spreadsheet°-(rekenblad)programma, bijvoorbeeld: Wat gebeurt er met de kosten als de rente naar 15% stijgt?

Whetstone - *Whetstone* - Eenheid voor de capaciteit van een computer voor het uitvoeren van floating-point° instructies (instruction°), tegenhanger van de Dhrystone°; zie ook: milestone°.

whiteboard - *witbord* - Een elektronisch notitieblok dat wordt gedeeld met andere gebruikers op conferentiesysteem of via een videoconferentie (videoconferencing°): alle partijen kunnen krassen in hetzelfde beeld. Als bord in een conferentiekamer: een wit bord waarop alleen met speciale stiften mag worden geschreven.

white paper - *rapport* - Verhaal (paper°) opgesteld door een werkgroep of commissie.

white space - *spatie* - Witruimte (space°): (gedeelte van) tekens (character°) of regels (line°) die open gelaten worden.

whois - *whois* - Een UNIX°-opdracht waarmee de databank met de namen van Internet°-domeinen kan worden benaderd; letterlijk: wie is ...? Is een van de oudste zoekdiensten op Internet, bijvoorbeeld om te zien of iemand nog ongelezen e-mail° heeft. Via telnet° kan een zoeksleutel worden opgegeven; het systeemadres van een whois-dienst in Nederland is whois.ripe.net.

Whole-Part - *Whole-Part* - Whole-Part: structuur waarin onderdelen van een geheel worden beschreven, bijvoorbeeld: 'persoon' heeft 'hoofd', 2x 'arm', 2x 'been'. ⇔Gen-Spec°

wide-area information transfer system - *WAITS* - Een netwerk om snel bestanden over grote afstanden te versturen.

wide-area network - *WAN* - WAN: netwerk dat een groot gebied bestrijkt; is meestal opgebouwd uit LANs (LAN°) die zijn verbonden via X.25° of frame relay° als cloud°-verbinding. Men moet er voor waken WAN-beheer als wanbeheer te schrijven. ⇔LAN°

wideband - *wideband* - Verbinding met hoge transmissiesnelheid, bijvoorbeeld 18.000 bps°; de snelle digitale verbindingen worden nu meestal aangeduid met: broadband°, bijvoorbeeld: B-ISDN°. ⇔baseband° ⇔narrow-band°

widescreen - *breedbeeld* - Nieuwe afmetingen voor een televisiescherm met een hoogte-breedte-verhouding (aspect ratio°) van 16:9 in plaats van 4:3. Op 'oude' televisietoestellen betekent dat zwarte balken boven en onder het beeld; zie ook: PAL°. De algemene invoering hiervan zal afhangen van de komst van digitale televisie (digital television°).

widget - *widget* - Dingetje: visueel object in een grafische werkomgeving (GUI°) of X Window°, bijvoorbeeld een pictogram (icon°) drukknop (radio button°) of figuurtje, dat eenvoudig op het scherm geplaatst en verplaatst kan worden. Wordt ook gebruikt bij hulpprogramma's in OSF°/Motif°.

widow - *hoerenjong* - Zwevende regel, een enkele eerste regel (line°) van een alinea of kop onder in een kolom of bladzijde; letterlijk: weduwe. ⇔orphan°

width - *breedte, dikte* - Zie bijvoorbeeld: line width° (lijndikte), page width° (paginabreedte). Overdrachtelijke breedte: breadth (breadth-first°). ⇔heigth° ⇔length°

wildcard - *jokerteken* - Tekens (*, ?, ~ en .), die willekeurig andere tekens kunnen betekenen; wordt gebruikt om een opdracht te beperken tot een specifieke groep bestanden. Bijvoorbeeld in DOS°: '*.bat' betekent alle bestanden met .BAT extensie (extension°), 'jan?' betekent alle bestandsnamen van vier letters die met 'jan' beginnen en geen extensie (extension°) hebben, en '..' betekent de bovenliggende directory (parent directory°); met een enkele '.' wordt het huidige directory aangegeven. Met 'copy a:.' kopieert u alle bestanden op de diskette in het A:-station naar de hard disk° (C:°).

WIMP {wimp} - *Windows, Icons, Mouse, Pull-down menu* - WIMP: onderdelen van een grafische omgeving (GUI°). De P kan ook afkomstig zijn van: Pointer. Zie: window°, icon°, mouse°, pull-down menu°, pointer°.

Win32 {win} - *Windows 32* - Een 32-bit° versie van Windows, bijvoorbeeld: Windows NT°, Windows 95°.

Winchester - *Winchester* - Een codenaam voor de IBM° 3030 uit 1973, ontstaan vanwege zijn capaciteit van tweemaal 30 MB° (30-30, een beroemd dubbelloopsgeweer van de Winchester Company), het begin van DASD° voor grote computers en van de vaste schijf (hard disk°) voor een PC. Term wordt nog steeds gebruikt voor elke DASD° of vaste schijf met een dynamisch luchtkussen tussen leeskop en schijf; dit zal mogelijk verdwijnen in de nieuwe kleine disks.

window - *window* - Venster, deel van een scherm waarbinnen een gebruiker met een programma kan communiceren; vensters kunnen elkaar overlappen of niet (tiling°); een venster kan slechts een enkele regel of veld beslaan; zie ook: active window°, folder window°, scrollable window°.

window arrangement - *vensterschikking* - De manier waarop vensters (window°) getoond worden, zie: tiling°, cascaded°.

window pane - *deelvenster* - Gedeelte van een venster°; zie ook: pane°.

Windows - *Windows* - Een shell° voor DOS° van Microsoft° voor een IBM°- type PC dat met vensters (window°) in het scherm werkt op basis van DOS°; een multitasking° NT°-versie (Windows NT°, New Technology) met een nieuwe (niet-DOS°) kernel° - een compleet besturingssysteem met NT File System° (NTFS°) - is in 1991 aangekondigd voor levering in 1993 en anno 1994 zijn voorlopige versies beschikbaar gekomen. Sommigen zien meer in: Windows 95°, codenaam: Chicago°, opvolger van Windows 3.1, WfW° 3.11 en MS-DOS°. Zie ook: Windows for Workgroups° (WfW°), Windows NT°, Win32°, Wintel°, Windows CE°.

Windows 95 - *Windows 95* - De nieuwe Windows°-versie van Microsoft, codenaam Chicago, met als belangrijkste kenmerken: 32-bit° technologie, plug- and-play° BIOS°; die het moet opnemen tegen OS/2 Warp°; werd eindelijk vanaf 24 augustus '95 geleverd; het advertentiebudget voor de introductie bedroeg 200 miljoen dollar en men verwacht 100 miljoen exemplaren te verkopen. Behalve 32-bit° verwerking, is ook de muis-werking verbeterd: met de rechterknop kunt u direct een menu tevoorschijn toveren van de meest voor de handliggende bewerkingen, bijvoorbeeld kopiëren of inzien. Er worden geen vensters (window°) meer getoond, alleen icons (icon°). Een klus van 293 mensjaar (12 man-months°) waardoor in vier jaar circa 11 miljoen programmaregels (LOC°) werden geproduceerd. De verwachting begin '96 is dat Windows 95 eind '96 echt zal gaan doorbreken; de geruchten gaan dat er een Windows 97 op stapel staat. Er is inmiddels een 104-key keyboard° in de handel met drie extra toetsen (key°): 2x Windows'95 Start, en Applications, die het oproepen vereenvoudigen. De grote vraag is hoe Windows 95 moet gan samenvallen met Windows NT°, wat uiteindelijk wel de bedoeling is. Afkortingen: Win95°, W95°. In september '96 aangekondigd: Windows CE°.

Windows accelerator - *Windows-versneller* - Kaart (expansion board°) waarmee de grafische weergave onder Windows° wordt versneld (accelerator°); synoniem: graphics accelerator°, GUI accelerator°, video accelerator°.

Windows CE {si·ie} - *Windows Consumer Electronics* - Windows° voor de mobiele (mobile°, handheld°) en consumentenmarkt, inclusief Internet°; aangekondigd in september '96 en leverbaar via de leveranciers van HPC's (HPC°).

Windows driver - *Windows driver* - Stuurprogramma (driver°) voor een Windows°-omgeving; werkt via VDI° om de afbeelding van bitmaps (bitmap°) te versnellen.

Windows environment - *Windows-omgeving* - Elke shell° of elk besturingssysteem (operating system°) dat met Windows° werkt.

window session - *window-sessie* - Sessie (session°) die in een venster (window°) wordt gehouden in een GUI°-omgeving (environment°), bijvoorbeeld Windows°.

Windows for Workgroups - *WfW* - WfW°: versie van Windows° besturingssysteem Microsoft° voor werkgroepen (workgroup°); zie ook: groupware°. Synoniem: W4WG°.

windows, icons, mouse, pull-down menu - *WIMP* - Zie: WIMP°.

Windows Internet naming services - *WINS* - Zie: WINS°.

Windows metafile format - *WMF* - Zie: WMF°.

Windows mode - *Windows-modus* - Windows° kent twee modi (mode°): **1.** Standard mode, waarin extended memory° kan worden gebruikt en waarin tussen twee toepassingen (application°) kan worden geschakeld, **2.** 386-enhanced mode, waarin toepassingen met virtueel geheugen kunnen werken. Vroeger was er ook: real mode° voor PC's met EMS°-geheugen, maar die modus is ongeschikt voor Windows.

Windows NT {en·ti} - *Windows New Technology* - Windows NT: de nieuwe grote 32-bit multi-tasking versie van Windows° met een nieuwe file manager (NTFS°), die het moet opnemen tegen UNIX° en OS/2°; zie ook: NT°, Windows°. Is vooral interessant voor een server° want er zijn (nog) vrijwel geen toepassingen voor beschikbaar, maar de verwachting is dat Windows NT Workstation het in 1997 zal gaan maken. Nu OS/2 het niet echt schijnt te halen en niemand meer iets van UNIX hoort, en de grote bedrijven in 1997 hun PC's gaan vervangen (met 32 MB RAM°), komt succes dichterbij; NetWare° is niet beschikbaar op veel platformen. Het voor-deel van Windows NT is dat het op elk platform hetzelfde is; UNIX is verschillend op elk platform. De eerste versie uit 1993 werd genoemd 3.1, naar analogie met Windows 3.1, maar NT is geheel ander systeem. Opvolger: Cairo°, die ook de Windows 95 buitenkant (GUI°) moet krijgen, medio 1996 beschikbaar als release 4.0. Met Windows 98 zullen naar verwachting Windows en Windows NT gaan samenvallen.

Windows printer - *Windows printer* - Printer die kan worden aangestuurd via GDI° onder Windows°: dat is goedkoper dan via PostScript°.

Winmark - *Windows benchmark* - Winmark: een benchmark° voor het gebruik van Windows°-toepassingen.

WINS {wins} - *Windows Internet Naming Service* - WINS: directory-diensten (directory services°) onder Windows°. ⇔DNS° (UNIX°) ⇔NDS° (Novell°) ⇔UNC° (Windows NT°)

Winsocket - *Windows socket* - Winsocket: naam van een stuurprogramma (device driver°) onder Windows° voor het benaderen (access°) van TCP/IP°-netwerken en Internet°; zie ook: socket°.

Wintel {win·tel} - *Windows-Intel* - Aanduiding van elk platform° met Windows° en Intel° PC's.

win-win situation - *win-win situatie* - Eindsituatie waarin alle betrokkenen winnaars zijn: dit vereist wel een bepaalde aanpak. ⇔no-win situation°

wire - *draad, naald, telegram* - **1.** Draad: meestal van koper, waarmee verbindingen worden gemaakt (printed circuit°, wire-wrap°); zie ook: 2-wire°, 4-wire°, two-wire°, four-wire°, **2.** Naald: van een matrix printer°; synoniem: needle°, **3.** Telegram: dat via een draadverbinding wordt overgeseind. Hot Wired is de naam van een elektronisch uitgegeven tijdschrift, gesticht door L. Rosito en beschikbaar op Internet° (bijvoorbeeld via: http://www.hotwired.com).

wireframe model - *draadmodel* - Afbeelding (model°) van een 3D° lichaam in een scherm door middel van denkbeeldige draden (wire°) over het oppervlak. ⇔solid model°

wireless - *draadloos* - Zonder kabels: informatie overdragen via radiogolven (radio°) of lichtgolven (infrared°), niet via een draad of kabel (wire°). Tegenwoordig wordt de term 'mobile°' meestal gebruikt, voor communicatie over grote afstanden. De drie grote optimaliseringsproblemen: coverage (dekking), capacity (capaciteit) en cost (kosten). Zie ook: fixed wireless°, wireless cable°. Synoniem: radio network°, untethered° (⇔tethered°). ⇔cordless° (snoerloos) ⇔wireline°

wireless access - *toegang via een radiotelefoon* - Alternatief voor toegang (access°) via de: local loop°. Praktisch synoniem: wireless local loop°.

wireless cable - *wireless cable* - Kabeltelevisie die draadloos wordt uitgezonden; zit met smart te wachten op digitale televisie omdat daarmee het aantal kanalen kan worden verhoogd van van 33 tot meer dan 100. Synoniem: DTH°.

wireless hub - *wireless hub* - Aansluitpunt (hub°) voor draadloze (wireless°) communicatie in een LAN°.

wireless LAN {len} - *wireless Local-Area Network* - Wireless LAN: lokaal netwerk (LAN°) met draadloze (wireless°) verbindingen: infrared°, radio° en/of spread-spectrum°. Bevat meestal ook kabelverbindingen.

wireless local loop - *draadloze toegang, WLL* - Aantrekkelijk alternatief voor het aanleggen van kabels van centrale punten naar telefoonaansluitingen in gebieden waar die infrastructuur ontbreekt of moet worden vernieuwd. Is sneller en soms goedkoper te installeren dan kabels voor de local loop°. Praktisch synoniem: wireless access°. Als de communicatie digitaal is, wordt waarschijnlijk gebruikt: DECT° en GSM°.

wireless network - *draadloos netwerk* - Netwerk dat werkt met radiogolven (radio°) of infrarood (infrared°) licht in plaats van kabels (wire°).

wireless office - *draadloos kantoor* - Na het papierloze kantoor (paperless office°) worden radiogolven wellicht de publiciteitstrend van de jaren 90. Het voordeel is de afwezigheid van kabels en vaste verbindingen, maar het nadeel de beveiliging, want iedereen kan radiogolven eenvoudig opvangen. Wellicht een toepassing voor: DECT°.

wireline - *telefoondraad, bedrading* - Aanduiding voor een telefoonverbinding (line°) via een kabel (wire°), niet via radiogolven (radio°); praktisch synoniem: fixed°. ⇔wireless°

wire matrix printer - *matrixprinter* - Printer die afdrukt met een verticale rij draadnaalden (needle°), nu meestal genoemd: matrix printer°.

wire-wrap - *wikkelverbinding* - Verbinding (wire°) die wordt gemaakt door een blanke draad stevig om een pin° te wikkelen.

wiring - *bedrading* - Verbindingen (wire°) in een printed circuit°, met draden of kabels.

wiring closet - *bedradingskast* - Ruimte (closet°) op een verdieping waar de kabels (wiring°) van een netwerk samenkomen.

wiring hub - *wiring hub* - Knooppunt in een netwerk (hub°) waarop verschillende poorten (port°) kunnen worden aangesloten (wiring°).

wiring management - *kabelbeheer* - Het bijhouden waar netwerkkabels gelegd zijn, nieuwe kabels (wiring°) gelegd moeten worden enzovoort.

wishware - *wishware* - Apparatuur en programmatuur die u wilt hebben (to wish) maar die niet is aangekondigd. ⇔vaporware°

wizard - *genie, wizard* - **1.** Knappe bol op het gebied van computers, maar geen wonderkind (whiz kid); bijvoorbeeld; wizop (wizard system operator, sysop°), **2.** Hulpmiddel in Microsoft-programma's dat laat zien hoe iets zou kunnen (⇔Bob°).

WLL {-} - *Wireless Local Loop* - Zie: wireless local loop°, wireless°, local loop°.

WMF {-} - *Windows Metafile Format* - Indeling (format°) voor de uitwisseling van grafische informatie tussen twee Windows° toepassingen.

WO {-} - *Write-Only* - Een toegangscode: een bestand alleen mogen veranderen (write°), niet inzien (read°).

word - *word, woord* - **1.** Word: een geheugenelement in een computer, bijvoorbeeld bestaande uit 8, 16, 32 of 64 bits, respectievelijk 1, 2, 4 of 8 bytes, bijvoorbeeld, een 8-bit computer werkt met woorden van 1 byte° tegelijk, een 32-bit computer met woorden van 4 byte; zie ook: keyword°, reserved word°, **2.** Woord, zoals in: word processing° (tekstverwerking). Word is de nu succesvolle tekstverker van Microsoft°, in de beginjaren 80 ontworpen door de toen 21-jarige student R. Brodie die zijn idee verkocht.

word count - *woorden tellen* - In een tekstverwerker, opdracht om het aantal woorden in een document te tellen; belangrijk voor schrijvers die een bepaalde lengte moeten aanhouden of voor vertalers die per woord betaald worden.

word hyphenation - *woordafbreking* - Het afbreken van woorden (hyphenation°) aan het einde van een regel (line°).

word length - *woordgrootte, woordlengte* - **1.** Woordgrootte: het aantal bits (bit°) in een woord (word°): 8, 16, 32 of 64, dat gezamenlijk wordt gehanteerd in een computer of bij datatransmissie (data transmission°), **2.** Woordlengte: in tekst, het gemiddelde aantal tekens (character°) van een woord (ligt in het Nederlands rond de 6 à 7).

WordPerfect - *WP* - Zie: WP°.
WordtPerfect? (VN) - de kans lijkt niet meer zo groot.

WordPerfect graphic - *WPG* - Zie: WPG°.

WordPerfect macro - *WPM* - Zie: WPM°.

word processing - *tekstverwerking* - Wat een tekstverwerker (word processor°) doet; synoniem: text processing°.

word processor - *tekstverwerker* - Programma voor de opmaak van uw woorden in brieven of rapporten enzovoort (text processing°), een eenvoudige vorm van DTP°. Synoniem: text processor°.

words per minute - *wpm* - Zie: wpm°.

WordStar - *WordStar, WS* - Destijds de populaire tekstverwerker van WordStar International, in 1979 ontwikkeld door S. Rubinstein en oorspronkelijk uitgebracht voor CP/M° computers. Werkt zonder F-toetsen (F-key°), maar met Alt-letter opdrachten. Er is recentelijk een Windows°-versie van WS° uitgebracht.

word underline - *woorden onderstrepen* - In een tekstverwerker (text processor°), het onderstrepen (underline°, underscore°) van woorden (word°) of tekens (character°).

word wrap - *woordomslag* - Automatische terugloop: tekstoverloop naar de volgende regel, zie: wraparound°.

workaround - *tijdelijke oplossing* - Oplossing (fix°) die een probleem niet oplost, maar waardoor u wel kunt verder werken. ⇔solution°

workbench - *werkstation* - Krachtige PC met een reeks programmatische hulpmiddelen: voor een analist, ontwerper of programmeur. ⇔workstation°

work file - *werkbestand* - Tijdelijk bestand (file°) gebruikt voor het opslaan van tussenresultaten tijdens een bewerking.

workflow - *workflow, werkstroom* - Werkprocedure voor een bedrijfsproces: voortgangscontrole op de volgorde van bewerkingen door een mens en/of een machine; letterlijk: werkstroom. Een bedrijfsproces kan door een stroomdiagram (flowchart°) worden voorgesteld met daarin de activiteiten of taken die moeten worden uitgevoerd, de initiators (event°) en het resultaat (result). ⇔data flow°

Workflow Coalition - *Workflow Coalition* - Groep van 175 leveranciers en gebruikers van werkstroompakketten (workflow°) die de inter-operabiliteit van programma's trachten te bevorderen, o.a. door normen zoals Workflow Application Programmer Interface.

workflow management - *WFM* - Zie: WFM°.

workgroup - *werkgroep* - Synoniem van: working group° (WG°); zie bijvoorbeeld: Windows for Workgroups° (WfW°).

workgroup computing - *werkgroep-computing* - Gebruik van computers (computing°) door werkgroepen (workgroup°) met behulp van groupware°. Essentieel hierbij dat de gezamenlijk bewerkte onderwerpen (een offerte, afwikkeling van een schade of behandeling van een klacht) steeds voor iedereen in de groep ogenblikkelijk meeloopt (synchronization°) zodat er nooit misverstanden hoeven te ontstaan. Dit vereist tevens veel elektronische communicatie, vandaar dat Lotus Notes hiervoor vaak gebruikt wordt.

working directory - *huidige directory* - Het directory° waar u nu bent (current°).

working drive - *huidig station* - Het station (drive°) waar u nu bent (current°), aangegeven door de eerste letter van het huidige directory (working directory°), bijvoorbeeld: A:°, B:°, C:° enz.

working group - *werkgroep, WG* - Synoniem van: workgroup°; zie: WG°.

work-oriented - *werk-georiënteerd* - Is hetzelfde, maar klinkt wat vriendelijker dan: task-oriented° (taak-georiënteerd). ⇔program-oriented°

workplace - *workplace* - De opvolger van het modewoord 'desktop', dat vooral wordt gebruikt in verband met grafische interfaces (GUI°) en workgroup computing°. Met hoofdletter, API° van IBM voor de WOS°. Niet vertalen met: werkplaats, waar echt gewerkt wordt.

workplace operating system - *WOS* - Zie: workplace°, WOS°.

workplace shell - *workplace shell* - De grafische werkomgeving (shell°) van OS/2: die object-georiënteerd (object-oriented°) is; is een plaats om te werken, geen werkplaats.

worksheet - *werkblad* - Rekenblad, zie: spreadsheet°.

workshop - *workshop* - Bijeenkomst met voordrachten waarin de mensen vragen kunnen stellen. ⇔seminar°

workspace - *werkruimte* - De ruimte (space°) waarin u of een programma letterlijk of figuurlijk werkt.

workstation - *werkstation* - Krachtige PC voor een enkele gebruiker: hardware° van een workbench° voor het ontwerpen van programmatuur of voor CAD/CAM°. De term wordt ook algemeen gebruikt voor een PC° terminal, vooral nu PC's steeds krachtiger worden. ⇔terminal°

world radio conference - *WRC* - Zie: WRC°.

World Wide Web - *World Wide Web, W3* - Web: programmatuur voor een server° (WEB server°) en voorziening in Internet° naar een idee van T. Berners- Lee (CERN, Zwitserland), die daarvoor ook het concept van URL°, HTTP° en HTML° ontwikkelde. Is in 1991 gemaakt en in 1992 geïntroduceerd als client/server°-toepassing, die veel wordt gebruikt in Internet° in combinatie met de Mosaic° of Netscape° browser° voor het zoeken naar informatie via hypertext markup° (HTML°) en VRML°. De index staat meestal op de: home page°. De locatie heet: World Wide Web-site°. Wordt vaak genoemd: The Web (Het Web). De web°-structuur is eenvoudiger te gebruiken dan de traditionele, hiërarchische boomstructuren (tree°), maar staat (nog) geen persoonlijke contacten toe. Verder: The Web conceals the plumbing of communications (Het Web maakt netwerkverbindingen onzichtbaar - het is dus het perfecte platform° voor een elektronische informatiemarkt omdat het door middel van hypertext° naadloos informatie van verschillende locaties (URL°) tevoorschijn kan toveren). Helaas duurt het soms erg lang voordat de mooie plaatjes (veel bits) binnen gebracht zijn. De Netscape° browser° kan ook offline° Web-documenten lezen. Als de wachttijden lang zijn: World Wide Wait (WWW°). The Web is more than surfing; it's a community (Het Web is meer dan surfen op Internet, het is een gemeenschap - omdat het zo gemakkelijk informatie van verschillende lokaties combineert via URL's). T. Berners Lee is nu baas van het World Wide Web Consortium bij MIT° (http://www.w3.org/hypertext/WWW/Consortium/).

worm - *worm* - Geniepig zelfstandig programma dat zich overal doorheen wurmt en zichzelf reproduceert om bepaalde bestanden te vernietigen of de computer of het geheugen zinloos te gebruiken; de eerste worm is in 1982 ontwikkeld door J. Shock en J. Hupp om nuttig werk te verrichten. Een worm wordt nu vooral ten kwade gebruikt, bijvoorbeeld de kerstboomworm die op 11 december 1987 alle IBM-netwerken platlegde via VM, de worm van R.T. Morris Jr op 2 november 1988 in Internet°, en de worm op VAX/VMS computers op 16 october 1989. In tegenstelling met een virus° heeft een worm niet een ander programma nodig om zich te verspreiden.

WORM {worm} - *Write Once Read Many times* - WORM: een soort compact disc (CD°) waarop gegevens en programma's eenmalig kunnen worden vastgelegd en meermalen gelezen; is vanwege het ontbreken van normen meestal niet uitwisselbaar met drives van andere fabrikanten. CD-R° is een van de bekende vormen van WORM°. ⇔CD-ROM° ⇔MO-disk°

WOS {wos} - *Workplace Operating System* - WOS: IBM-besturingssysteem voor de PowerPC°-technologie: soort van OS/2° op basis van de Mach°-3 microkernel° voor PowerPC° computers.

WOSA {woo·saa} - *Windows Open Services Architecture* - Architectuur (architecture°) van de Intel°-interface° tussen Windows°-toepassingen en op een netwerk beschikbare faciliteiten (service provider°). MAPI° is hiervan een onderdeel.

WP {-} - *WordPerfect* - WP: populaire tekstverwerkinger van de WordPerfect Corporation; is uitgebreid voor diverse andere kantoorwerkzaamheden. Het bedrijf is in 1994 overgenomen door Novell°.

.WPG {-} - *WordPerfect Graphic* - .WPG: extensie (extension°) van grafische (bitmap°) WP°-bestanden.

.WPM {-} - *WordPerfect Macro* - .WPG: extensie (extension°) van macro- bestanden (macro°) in WP°.

wpm {-} - *words per minute* - Wpm: woorden per minuut, eenheid van de typsnelheid.

WPS {-} - *WorkPlace Shell* - De GUI° van IBMs OS/2° besturingssysteem (operating system°).

wrap - *wikkelverbinding, verbinding, tekstoverloop, verpakken* - **1.** Wikkelverbinding (wire wrap°): die wordt gemaakt door een blank draadeinde stevig om een pin° te wikkelen, **2.** Verbinding in een netwerk: die via een opdracht wordt gelegd; zie ook: wrapping gateway°, **3.** Automatische terugloop: tekstoverloop naar de volgende regel, zie: word wrap°, wraparound°, **4.** Verpakken, bijvoorbeeld: shrink-wrap°. Zie ook: wrap-up° (samenvatting). ⇔unwrap°

wraparound - *woordomslag* - Overlooptekst in het begin plaatsen, op dezelfde of de volgende regel; ook genoemd: word wrap°.

wrapper - *wrapper* - Een 'omslag' waarin gegevens (data°) kunnen worden opgeslagen of een script° met opdrachten die programma's aanroept; in het algemeen dingen omwikkelt om ze gebundeld te verwerken of gebruiken.

wrapping gateway - *wrapping gateway* - In een netwerk, een gateway° die via een opdracht lokale netwerken (LAN°) met elkaar verbindt.

wrap-up - *samenvatting* - De losse eindjes van een verhaal aan elkaar knopen als samenvatting; als werkwoord: to wrap up (samenvatten).

WRC {dubbel·joe·ar·si} - *World Radio Conference* - WRC: beslissend orgaan van ITU-R° waarin wereldwijd beslist wordt over het gebruik van etherfrequenties. Vergaderingen worden circa elke twee jaar gehouden.

WRI {-} - *WRIte* - Extensie (extension°) van een tekstbestand (file°) van Windows° Write.

writable CD {si·di} - *writable Compact Disc* - Zie: CD°, CD-R°, CDW°.

write - *write* - Gegevens wegschrijven; de uitvoering van een store°(opslaan)-opdracht; zie ook: deferred write°, read/write°. Ook: de tekst van een rapport of artikel of een macro schrijven. ⇔read°

write-access - *schrijftoegang* - Wanneer een gebruiker een record° in een bestand mag veranderen; de toegang is meestal per bestand geregeld.

write-back cache - *write-back cache* - Voor een vaste schijf (hard disk°): een cache° waarin niet alleen ingelezen wordt, maar waaruit ook op de vaste schijf geschreven wordt. In plaats van elke schrijfopdracht afzonderlijk uit te voeren, worden ze verzameld en geconsolideerd voordat ze gezamenlijk efficiënter worden uitgevoerd.

write-enabled - *schrijven toegestaan* - Voorziening waarvan de aan- of afwezigheid schrijven (write°) toestaat, bijvoorbeeld de aanwezigheid van een plastic ring in een tape reel° of een dicht gat in 3,5 inch diskettes. ⇔write- protected°

write error - *schrijffout* - Geconstateerde fout (error°) tijdens het schrijven van gegevens, veroorzaakt door een defect (fault°). ⇔read error°

write head - *schrijfkop* - De kop in een diskettestation (drive°) of vaste schijf (hard disk°) waarmee geschreven wordt; zie ook: reda/write head°. ⇔read head°

write-once - *eenmalig beschrijfbaar* - Kenmerk van een WORM° (disk°) die slechts één keer kan worden beschreven. Wordt ook als zelfstandig naamwoord gebruikt. De term is inmiddels enigzins achterhaald door de mogelijkheid onbeschreven delen in max. 99 sessies te beschrijven (multisession°), maar nog steeds kunnen eenmaal beschreven sectoren niet kunnen worden gewist en opnieuw beschreven. Synoniem: WORM°, write-once°. ⇔rewritable°

write once read many times - *WORM* - Zie: WORM°

write-protected - *beveiligd tegen overschrijven* - Kenmerk van een bestand (RO°), een diskette° (notch°, tab°), band of tape° (plastic ring) die overschrijven verhindert. Synoniem voor een bestand (file°): file-protected°. ⇔copy-protected°

write-protection - *schrijfbeveiliging* - Beveiliging (protected°) tegen het overschrijven van bestanden (file°) op diskette°, band of tape°

WS {-} - *WordStar* - WS: extensie van een WordStar° documentenbestand, populaire tekstverwerker van het eerste uur.

WWW {-} - *World Wide Web, W3* - Zie: World Wide Web°. Volgens sommigen: World Wide Wait - als het binnenkomen van bestanden langzaam verloopt.

- X -

X {eks} - *X* - Norm voor de genetwerkte grafische gebruikers-interface (GUI°) in UNIX°, middenjaren 80 ontwikkeld bij MIT° als onderdeel van het project Athena, zie: X client°, X server°, X Window°. Het X consortium ontwikkelt nu Broadway, een nieuwe specificatie die het beste uit X, Plan 9, Java° en dergelijke moet combineren voor een nieuwe generatie desktop-terminals in multi-user° systemen.

X.··· {eks} - *X.···* - X.···: digitale datacommunicatie-protocollen van het CCITT° (nu: ITU-T°) zie hieronder. ⇔V.···°(analoog)

X.3 - *X.3* - CCITT° (nu: ITU-T°)-norm: Packet Assembly Disassembly (PAD°) voor packet-switching° (X.25°); zie ook X.28° en X.29°. Zie ook: ANSI X.3° (commissie met werkgroepen voor diverse IT-normen.

X.20 - *X.20* - CCITT° (nu: ITU-T°)-norm: Interface tussen DCE° en DTE° voor start-stop° over kieslijnen.

X.20bis - *X.20bis* - CCITT° (nu: ITU-T°)-norm: Interface tussen DCE° en DTE° voor asynchrone (async°) duplex° V.21° modems.

X.21 - *X.21* - CCITT° (nu: ITU-T°)-norm: Interface tussen DCE° en DTE° voor synchrone (sync°) modems over kieslijnen.

X.21bis - *X.21bis* - CCITT° (nu: ITU-T°)-norm: Interface tussen DTE° en synchrone V.··· modems.

X.22 - *X.22* - CCITT° (nu: ITU-T°)-norm: Multiplex DTE°/DCE° interface° voor openbare netten.

X.24 - *X.24* - CCITT° (nu: ITU-T°)-norm: Definities van de interface° tussen DTE° en DCE° in openbare netten.

X.25 - *X.25* - CCITT° (nu: ITU-T°)-norm: Veelgebruikte interface° tussen DTE° en DCE° voor packet-switching°: omvat de onderste drie lagen van het OSI°- model, inclusief error detection and correction° (cloud°-technologie) en wordt onder andere gebruikt voor het maken van een WAN°; zie ook: X.75°; origineel uit 1978 en revisie in 1984. Populair in Frankrijk onder de naam: Transpac°. Werkt nu met snelheden tot 166 kbps en is nog steeds een van de meest gebruikte protocollen (protocol°) voor datacommunicatie..

X.25 PAD {ped} - *X.25 Packet Assembler/ Disassembler* - Aansluitpunt op een X.25° netwerk (packet-switching°); zie ook: X.75°.

X.26 - *X.26* - CCITT° (nu: ITU-T°)-norm: Ongebalanceerde DTE°/DCE° schakelingen (RS-422°, V.10°).

X.27 - *X.27* - CCITT° (nu: ITU-T°)-norm: Gebalanceerde DTE°/DCE° schakelingen (RS-423°, V.11°).

X.28 - *X.28* - CCITT° (nu: ITU-T°)-norm: Interface tussen DTE° en DCE° voor start-stop° via een PAD° uit 1977.

X.29 - *X.29* - CCITT° (nu: ITU-T°)-norm: Procedures voor PAD°-DTE° en PAD-PAD besturing.

X.30 - *X.30* - CCITT° (nu: ITU-T°)-norm: Ondersteuning van X.21°, X.21bis° en X.20bis° DTE's in ISDN°.

X.31 - *X.31* - CCITT° (nu: ITU-T°)-norm: Ondersteuning van packet-switching° via een DTE° in ISDN° B- of D-kanalen (basic access°, 2B ⇔ D°).

X.32 - *X.32* - CCITT° (nu: ITU-T°)-norm: Ondersteuning van DTE° en DCE° in packet-switching° via ISDN°.

X.75 - *X.75* - CCITT° (nu: ITU-T°)-norm: Verbinding tussen twee X.25° netwerken via een gateway°; is vergelijkbaar met X.25° en wordt ook genoemd: X.25 gateway°, maar werkt met hogere snelheid.

X.200 - *X.200* - CCITT° (nu: ITU-T°)-norm: OSI° referentiemodel voor CCITT° computer-computer toepassingen.

X.300 - *X.300* - CCITT° (nu: ITU-T°)-norm: Internetworking tussen netwerken.

X.400 - *X.400* - CCITT° (nu: ITU-T°)-norm: Message handling systemen (MHS°) volgens OSI° (e-mail°, EDI°) met P-protocollen voor de opmaak, ontvangst en bezorging. De versie '84 wordt anno 1994 meestal nog gebruikt; men schakelt over op die van '88; de versie van '92 omvat ook voice-mail°. De adressen zijn nogal ingewikkeld: het eerste deel bevat de persoonlijke naam, voornaam en achternaam, het tweede deel de routeringsinformatie (bijvoorbeeld: X.400: s=peterscott; p=NET-TEL; a=Gold 400; c=GB). De postagent heet: MTA°. ⇔SMTP° (TCP/IP°) ⇔VIN°

X.500 - *X.500* - CCITT° (nu: ITU-T°)-norm: Directory (directory°) services volgens OSI° voor diensten volgens X.400°, o.a. met DSA°'s en DUA°'s.

X.700 - *X.700* - Toekomstige CCITT° (nu: ITU-T°)-norm: netwerkmanagement (network management°, CMIP°).

XA {eks·ee} - *eXtended Architecture* - Veel gebruikte aanduiding dat een architectuur is uitgebreid, bijvoorbeeld: CD-ROM XA°, ESA°.

X applications - *X-toepassingen* - Toepassingen voor het X°-systeem. Building X applications has never been easy (Het bouwen van toepassingen (application°) voor X is nooit eenvoudig geweest - maar er zijn gereedschappen (tool°) die het werk kunnen verlichten).

X-band - *X-band* - Satelliet (satellite°) frequentieband (band°) van 8-12 GHz°.

Xbase - *dBASE-achtig* - Kloon van dBASE°: origineel van Ashton Tate, nu van Borland; de niet-relationele database° voor PC's; men spreekt van Xbase omdat de naam dBASE beschermd is.

X client - *X-client* - Een X Window°-toepassing, bijvoorbeeld een spreadsheet° of tekenprogramma, die aan een X server (elders in het netwerk of binnen het werkstation) vraagt om iets in een scherm (window°) af te beelden. ⇔X server°

XDCS {-} - *X/Open Distributed Computing Services* - XDCS: leveranciersonafhankelijke architectuur voor open gedistribueerde toepassingen op basis van de X/Open° portability guide° (XPG°).

XENIX {'k·zie·niks} - *XENIX* - Een versie van het UNIX°-systeem voor Intel° PC's van Microsoft°, oorspronkelijk: SCO° (Santa Cruz Operation).

xerography - *xerografie* - Werkwijze van kopieermachines (copier°) en de laserprinter°, in 1940 uitgevonden door Ch. Carlson. Het latere Xerox bedrijf bracht in 1959 de eerste kopieermachine het eerste massaproduct hiervan uit. Het hierin gebruikte zwarte poeder heet: toner°.

Xerox network system - *XNS* - Zie: XNS°.

X event - *X-event* - Actie van een gebruiker onder X Window°.

xfer {-} - *transfer* - Overdragen (transfer°): gegevens (data°), bestanden (file°) of berichten (message°) overbrengen naar een ander systeem of een andere gebruiker (user°). Praktisch synoniem: xmit°.

XGA {-} - *eXtended Graphics Adapter* - XGA: adapter° voor schermen van 1280x1024 pel° in kleur, zinvol voor de weergave van multimedia°. ⇔SVGA°

XL {eks·el} - *eXtra Large* - Extra breed: een printer geschikt voor A3-papier in de breedte of A4-papier in de lengte, in tegenstelling tot A4-papier in de breedte.

xmit {eks·mit} - *transmit* - Verzenden: gegevens (data°), bestanden (file°) of berichten (message°) over een verbinding versturen. Praktisch synoniem: xfer°.

XMODEM - *XMODEM* - Een veelgebruikt maar primitief protocol voor bestandsoverdracht in stukken van 128 byte° +

CRC° via een modem°; verifieert onder andere de juiste overdracht van gegevens; is oorspronkelijk in 1977 ontwikkeld door W. Christensen voor CP/M°; zie ook: Kermit°, spoofing°, YMODEM°, ZMODEM°.

XMS {eks·em·es} - *eXtended Memory Specification* - Extra geheugen (extended memory°) in een PC: dat boven 1024K° wordt geadresseerd (address°).

XNS {-} - *Xerox Network System* - XNS: een van de eerste gepubliceerde protocollen (protocol°) van een LAN°, ontwikkeld door Xerox en later gebruikt door Novell°. ⇔OSI° ⇔TCP/IP°

Xon/Xoff - *Xon/Xoff* - Eenvoudig asynchroon (async°) protocol° (handshaking°) waarbij de ontvanger een Xoff-teken (Ctrl-S) stuurt als zijn input°- buffer° vol is en een Xon-teken (Ctrl-Q) als er weer nieuwe tekens kunnen worden verzonden.

X/Open - *X/Open* - Een groep leveranciers van UNIX°-programmatuur, opgericht in 1984 door Europese computerfabrikanten, maar nu gedomineerd door Amerikaanse leveranciers; ontwikkelt CAE°, XPG° en VSX°en beheert nu UNIX; zie ook: Spec 1170°; houdt geen verband met: X Window°. Is in 1996 gefuseerd met OSF° tot: Open Group°. ⇔UI°

X/Open portability guide - *XPG* - Zie: XPG°.

XOR {eks·or} - *eXclusive OR* - XOR: logische operator° die de een of de ander kiest, maar nooit twee gelijken.

XPG {eks·pi·dji} - *X/Open Portability Guide* - XPG: gids voor de overdraagbaarheid (portability°) van UNIX°-programmatuur van X/Open°, bijvoorbeeld XPG4 uit 1992 (7500 bladzijden). ⇔Posix°

X protocol - *X-protocol* - Verzameling high-level° grafische opdrachten onder X Window°.

X-ray - *Röntgen...* - Foto of beeld gemaakt met Röntgen-stralen, ontdekt door W.C. Röntgen in 1895 - hetzelfde jaar dat ook de radio werd uitgevonden. Materialen die dit soort stralen uitzenden worden genoemd: radio-active (radio-actief).

xref {eks·ref} - *cross-reference* - Kruisverwijzing (cross-reference°): indirecte verwijzing naar informatie of een naam elders.

X server - *X-server* - Het X Window°-systeem dat een scherm (display°) bestuurt. Verscheidene X Window-toepassingen kunnen via vensters (window°) in een scherm worden afgebeeld. ⇔X client°

X session - *X-sessie* - Sessie (session°) onder X Window°; een gebruiker kan tegelijk met verscheidene X-sessies bezig zijn.

X-stone - *X-stone* - Meeteenheid voor de snelheid van een X-terminal°; term past in het rijtje: Dhrystone°, Whetstone°.

XT {eks·ti} - *eXtended Technology* - XT: uitgebreide technologie, maar allang achterhaald; dit tweede type Intel° PC heeft een XT-bus° die 8 bit° breed is, een 10-20 MB hard disk° ondersteunt en een toetsenbord met 83/84 toetsen (⇔enhanced keyboard°) heeft; kostte eind 1983 meer dan Fl 20.000 en is nu een soortnaam. ⇔AT° ⇔PC°

X-tal {-} - *crystal* - Kristal: wordt gebruikt voor het vaststellen van radiofrequenties (frequency°) en voor het bijhouden van de tijd in horloges en de klok (clock°) van computers.

X terminal - *X-terminal* - Beeldstation (terminal° of workstation°) waarmee men kan werken onder X Window°, zonder besturingssysteem of OSF°/Motif°

X Window - *X Window* - De facto norm van het X consortium (http://www.x.org/) van MIT° voor windowing (window°), vooral gebruikt onder UNIX°; X11 is de aanduiding voor het meest gebruikte protocol. De term X is rond 1984 ontstaan bij MIT° vanwege een eerder windowing project rond 1982 bij Stanford University dat W heette; X houdt geen verband met X/Open°. Gebruikt de uitzonderlijke terminologie dat het beeldstation de server is en de toepassing de client (⇔client/server°). Hoewel X Window meestal met UNIX° wordt geassocieerd, werkt het principieel onafhankelijk van apparatuur en programmatuur. Gebruikt PEX° voor 3D°-graphics. Een nieuw te ontwikkelen versie met audio heet: Broadway (eind 1996). Zie ook: widget°, X client°, X event°, X protocol°, X server°, X session°, X terminal° - in het Amerikaans zonder streepje, in het Nederlands soms met verbindingsstreepje.

- Y -

Y - *luminantie* - Aanduiding van het luminantie-signaal (grijswaarden) voor televisie, zie: Y/C°.

Yahoo! - *Yet Another Hierarchical Officious Oracle!* - Broodnodig zoek-orakel voor Internet, ooit begonnen als afstudeerproject van de Amerikaanse studenten J. Yang en D. Filo te Stanford (1994). Een uitstekende index van Internet°, die gratis kan worden geraapleegd - het liefst 's ochtends wanneer Amerika slaapt. Adres: http://www.yahoo.com. Het inmiddels opgezette bedrijf verdient geld door reclame toe te voegen (webvertizing°). Yang kent de beperkingen van elektronische media en stelde dat Yahoo! ook betekent: You Always Have Other Options! Vanaf eind 1995 is een nog betere index te vinden op http://www.altavista.digital.com/ van Digital°.

Y/C {waj·si} - *S-signaal* - Luminantie (Y°)/ Chrominantie (C°): bij televisie, gescheiden luminantie- en chrominantiesignaal; synoniem: S-video°. Wordt ook geschreven: YC. Niet verwarren met: YYC°. ⇔composite video°

yellow - *geel* - Een van de vier standaard drukkleuren, zie: CMYK°.

yes - *ja* - Bevestigend antwoord, bijvoorbeeld op de vraag of u een bestand (file°) wilt overschrijven of een toepassing beëindigen; meestal voldoet de letter Y. ⇔no°

YMODEM - *YMODEM* - Opvolger van XMODEM° en basis voor ZMODEM°: biedt de mogelijkheid om bestanden na elkaar te versturen in blokken van 1 KB°. ⇔ CRC°.

yoke - *afbuigspoel* - In een beeldschermeenheid, de spoel om de kathodestraalbuis (CRT°) waarmee de elektronenstraal wordt afgebogen naar een een specifieke plaats op het beeldscherm; letterlijk: juk.

Yourdon structured design - *YSD* - Zie: YSD°.

YSD {waj·es·di} - *Yourdon Structured Design* - YSD-II: ontwerpmethode (design°) voor gestructureerde systeemontwikkeling van E. Yourdon.

YYC {-} - *enkelbeeldcompressie* - Beeldcompressiesysteem, destijds door Kodak ontwikkeld voor de Photo CD°, voor enkele beelden: Y-waarden voor groen, Chroma1- en Chroma2-waarden voor rood en blauw. Omdat de C-waarden weinig signaal bevatten, kunnen ze om de andere pixel° worden weggelaten. Methode wordt ook gebruikt in Kodaks digitale fototoestellen. Niet verwarren met: Y/C° (televisie-signaal).

- Z -

Z {zie} - Z - Karakteristieke impedantie (impedance°): de 'wisselstroomweerstand' van een schakeling of verbindingslijn: als die niet is afgesloten met de karakteristieke impedantie, ontstaan ongewenste reflecties (echo°). Gebruikelijke afsluitweerstanden van kabels zijn 50, 75 of 600 Ohm°. Voor Z1, Z2 enz , zie: Zuse°. In het Engels: {zet}.

Z-80 - *Z-80* - Rond 1980, een populaire 8-bit microprocessor° van Zilog.

zap - *zappen* - **1.** Een geladen programma wijzigen (⇔debug°), **2.** Een zap-programma uitvoeren, **3.** Met een afstandsbediening overschakelen naar een andere TV-zender (kanaalzwemmen, rubriek van H. Lips in Het Parool). Stamt uit de tijd toen de aanpassing van een bronprogramma veel tijd vroeg en betekent nu vooral: ad hoc wijzigen.

Zapf dingbats - *Zapf dingbats* - Populaire grafische symbolen (dingbat°), in 1978 ontworpen door H. Zapf en uitgebracht door ITC.

zero - *nul* - **1.** Het getal nul, **2.** Het teken nul, bijvoorbeeld: leading zeroes° (voorloopnullen). Britten gebruiken de term 'nought' voor nul als wiskundig begrip.

zero-defect - *foutloos* - Aanduiding van een productieproces dat zo goed onder controle is dat er geen fouten worden gemaakt: het idee daarcahter is dat men beter fouten kan voorkomen dan later corrigeren.

zero insertion force - *ZIF* - Zie: ZIF socket°. ⇔LIF°

zero-inventory - *ZI* - Zie: ZI°.

zero-slot LAN {len} - *zero-slot Local Area Network* - Een eenvoudige LAN gemaakt door de seriële (serial°) adapters van PC's te verbinden via een null modem° kabel; heeft geen network interface card° nodig en kost daarom geen slot° (sleuf) in de PC. Synoniem: RS-232 LAN°.

zero-suppression - *nul-onderdrukking* - Onderdrukking van de voorloopnullen bij het afdrukken van velden met een vaste lengte; 00053 wordt dan afgedrukt als 53 en decimaal uitgelijnd.

zero value - *nulwaarde* - In een database-record (record°) of cel (cell°) van een spreadsheet°: de waarde nul (zero°) hebbend.

zero wait-state - *geen wacht-status* - Werkwijze in het geheugen (memory°) waarvoor, dankzij interleave°, geen wacht-status (wait-state°) nodig is - dit werkt sneller.

.Z file - *.Z bestand* - Bestand (file°) die gecompimeerd (compression°) is met de UNIX°-opdracht 'compress'

Z-fold {zi} - *kettingformulieren* - Synoniem: continuous forms°, fanfold°.

ZI {-} - *Zero Inventory* - Geen voorraad: onderdeel van JIT°, waarbij toeleveranciers de onderdelen komen aandragen op het moment dat zij nodig zijn - dit bespaart opslag en investeringskosten.

ZIF socket {zif} - *Zero Insertion Force socket* - ZIF-aansluiting: voor een module of kaart waarvoor geen kracht (force) is vereist, bijvoorbeeld PCMCIA°; werkt zoals een diskette-station. De ZIF-socket voor Pentium heeft 238 pennen (pin°). ⇔LIF socket°

zillion - *heel erg veel* - Woord zonder precieze betekenis, passend in de reeks: million°, billion°, trillion° ... zillion.

zine {-} - *magazine* - Uitgave of blad, meestal in elektronische vorm.

ZIP {zip} - *ZIP* - ZIP: extensie (extension°) van een gecomprimeerd (ZIP compression°) bestand (file°). Alternatief: PAK°.

ZIP code {zip}- *Zone Improvement Program code* - ZIP-code: Amerikaanse postcode van vijf letters, geplaatst achter de woonplaats van de geadresseerde, samen met twee letters voor de staat (zie bijlage E). Bijvoorbeeld: Los Angeles, CA 90005.

ZIP compression {zip} - *ZIP-compressie* - Compressie (compression°) van bestanden (file°) met behulp van het PKZIP hulpprogramma (utility°). genoemd naar de programmeur Phil Katz; gebruikt Lempel-Ziv-coding°; is vergelijkbaar met: ARC compression°.

Zipf's law - *wet van Zipf* - Empirische wet betreffende de frequentie van voorkomen van elementen en hun rangorde (het meest voorkomende element heeft rangorde 1 enzovoort): frequentie x rangorde = constant. Deze zeer algemene wet geldt bijvoorbeeld ook voor de lengte van woorden in teksten: hoe korter de woordlengte, hoe minder ervan zijn en hoe vaker ze voorkomen; hoe groter de woordlengte, hoe meer verschillende woorden er zijn en hoe minder vaak ze voorkomen. Volgens B.B. Mandelbrot neemt het aantal verschillende woorden van een bepaalde lengte exponentieel toe met hun lengte.

ZMODEM - *ZMODEM* - Verbeterde versie van: YMODEM°, dat een verbeterde versie is van het populaire: XMODEM°. ZMODEM stemt de grootte van de overgezonden blokken (block°) af op de kwaliteit van de verbinding: bij goede kwaliteit worden grote blokken gebruikt en dan gaat de overdracht (transmission°) sneller.

zone - *zone* - Bijvoorbeeld een van de 24 tijdzones waarin de wereld verdeeld is of zone die wordt gebruikt.

zoom - *zoomen* - Een afbeelding vergroten (zoom in: zodat u een detail beter kunt bekijken) of verkleinen (zoom out: zodat u een beter overzicht krijgt).

Zuse - *Zuse* - K. Zuse (1910-95), Duitse computerpionier die de allereerste computer, de Z1 in 1936 ontwikkelde, die in 1990 is nagebouwd. Na de oorlog kwamen de Z2, Z3 enz.

Woordenlijst Nederlands-Engels

NB: Hierin staan uitsluitend de woorden uit de E-N lijst vermeld. Na de Nederlandse term staan dus niet alle mogelijke Engelse vertalingen!

-A-

aan- en afspatiëren - kerning

aanbieder - access provider

aanbod - supply, offering

aanbrengen - apply

aandrukrol - pinch roller

aanduiden - designate, indicate

aanduiding - designation

aaneengesloten - contiguous

aaneenschakelen - concatenate

aaneenschakeling - concatenation

aangeboden product - offering

aangepast - custom, customized

aangeven - indicate

aanhalingsteken - quotation mark

aanhalingstekens sluiten - unquote

aanklikken - click

aankoppelen - attach

aankruisen - check, tick

aankruisvak - tick box, check box

aanloggen - log on

aanlooptijd - learning curve

aanmelden - sign on

aanpakken - address

aanpassen - adjust, tailor

aanplakken - post

aanroep - invocation

aanroepen - invoke

aansluiten - attach, connect

aansluiting - attachment

aansluiting - tap

aantal - count

aantal - quantity, bunch

aantal hops - hop count

aantal regels per pagina - page depth, page length

aantal tekens per inch - character spacing, pitch

aantekening - annotation

aanvallen - charge

aanvraag - application

aanvullend - supplemental

aanwezig - on board

aanwijzen - point at

aanwijzer - pointer

aanwinst - acquisition

aanzetten - power on, power up

aarde - ground

aarding - grounding

aards - terrestrial

aardse verbinding - terrestrial link

abend - abend, bomb

absoluut - absolute

absoluut adres - absolute address

abstracte data types - abstract data types

accent - accent, diacritic, diacritical mark

accent circonflexe - caret

acceptatietest - acceptance test

accessoire - accessory

accolade - brace (right, left)

accolade openen - left brace

accolade sluiten- right brace

accoustic coupler - coupler

accu - battery

achterdeurtje - trapdoor

achter elkaar afdrukken - batch-printing

achtergrond - background, wallpaper

achtergrondruis - background noise

achterpaneel - back panel

achterstand - application backlog

achtervoegsel - suffix

achterwaarts zoeken - backward search

achtste bit - 8th bit

acroniem - acronym

actiebalk - action bar

actief - hot, active, current

actief gebied - hot spot

actieve cel - active cell

actieve file - active file

actieve hub - active hub

activa - assets

activeren - activate, invoke

actueel - current

actuele regel - current line

adaptieve compressie - adaptive compression

adaptieve vereffening - adaptive equalization

adaptive routing - adaptive routing

adres - address

adres van een geheugenpositie - memory address

adresruimte - address space

adresseerbare punten - dot-addressable

adresseren - address

adviesprijs - list price

adviseur - consultant

af te leveren producten - deliverables

afbeelden - display

afbeelding - display image, picture, art, artwork

afbreken - abort, abend, hyphenate, stop

Afbreken, Herhalen, Negeren, Overslaan? - Abort, Retry, Ignore, Fail?

Afbreken, Herhalen, Negeren? - Abort, Retry, Ignore?

afdekken - cover

afdruk - hardcopy, print, printout

afdruk van een bronprogramma - source listing

afdrukdatum - print date

afdrukeenheid - printer

afdrukmechanisme - print engine

afdrukoptie - printing option

afdrukstand - orientation

afgebroken - discontinued

afgesloten - closed

afgesloten bestand - closed file

afhalen - demount

afhankelijkheid - dependency

afkappen - truncate

afkapping - truncation

afkorting - abbreviation

aflegbak - stacker

afloggen - log off

aflopend sorteren - descending sort

aflopende volgorde - descending order

afmelden - sign off

afmeting - dimension, form factor

afnemen - fade

afronden - round off

afronding - fillet

afschermen - shield

afscherming - shielding, screening

afschuining - chamfer

afslanken - downsize

afsluiten - close, terminate

afsluiting - closedown

afsluitprogramma - terminator

afsluitweerstand - terminator

afspelen - play

afstand - zie: korte-afstand, lange-afstand

afstandsbesturing - remote control

aftappen - tap

aftasten - sense

aftrekken - subtract

aftrekker - subtrahend

aftrektal - minuend

afwijking - defect

afwisselen - alternate

afzender - sender, originator

afzonderlijk - discrete

agent - agent

al tekenend in schema's programmeren - visual programming

alfabetisch - alphabetic

alfanumeriek - alphameric, alphanumeric

algemeen - global, general

algemeen ontwikkelgereedschap - cross-platform development tool

algemeen toepasbaar - general purpose

algemene kosten - overhead

algemene ontwikkeling - literacy, computer literacy

algemene variabele - global variable

algoritme - algorithm

alias - synonym, magic, alias, handle

alinea - paragraph

alinea-afstand - paragraph spacing

alinea-einde - paragraph break

alomtegenwoordige verwerking - ubiquitous computing

alternatief - alternative

ambigu - ambiguous

ambiguïteit - ambiguity

Amerikaans A3 - B-size

Amerikaans A4 - 8 ½ x 11 inch

Amerikaans A4 - A-size

Amerikaans biljoen - trillion

Amerikaans miljard - billion, bn

amodaliteit - amodality

analist - analyst

analist voor kennissystemen - knowledge engineer

analoge computer - analog computer

analoge opname - analog recording

analogie - analogy

analoog - analog, analogue

analoog signaal - analog signal

analyse - analysis

analyse van de vereisten - requirements analysis

animatie - animation

ankercel - anchor cell

ankerpunten - anchor points

annotatie - annotation

annuleren - cancel

antenne - aerial, antenna

antoniem - antonym

apestaartje (@) - commercial at sign

apostrof - apostrophe

apparaat - device

apparaat-afhankelijk - device dependent

apparaatnaam - device name

apparatuur - equipment, hardware

applet - applet

applicatie - application

applicatie-laag - application layer

applicaties - apps, applications

Arabische cijfers - arabic numerals

arcering - shading

archief - archive

archiefkast - file cabinet

archiefkenmerk - archive attribute

architectuur - architecture

archiveren - archive

argument - argument, arg

artiest - artist, geek

as - axis

assembleerprogramma - Assembler

assembleertaal - assembly language

assembleren - assemble

associatie - association

asymmetrische multiprocessing - asymmetrical multiprocessing

async - asynchronous

asynchrone Input/Output - asynchronous I/O

asynchroon - asynchronous, async

atomair proces - atomic process

ATtention-opdrachten - AT commands

Audio Compact Disc - Audio CD

audiovisueel - audio-visual

auteur - author

automatisch - automatic

automatische belichting - auto-exposure

automatische gegevensverwerking - automatic data processing

automatiseren - automate

automatisering - automation

autonoom bestand - standalone file

autorisatie - authorization

autoriseren - authorize

autoriteit - authority

-B-

babbelen - chat

bak - bin

balie - counter

balk - bar

bandbreedte - bandwidth, spectrum

bandbreedtebeheer - bandwidth management

bandtransport - tape transport

bankbiljet - bill

barrière - barrier

basis- - base-, core

basisband - baseband

basisfont - base font

basisgeheugen - base memory

basistabel - base table

basistechnologie - core technology

batch-bestand - batch file

batch-programmering - batch programming

batch-verwerking - batch-processing

bedienen - operate

bedrading - wiring

bedradingskast - wiring closet

bedrijfsbeleid - party line

bedrijfscyclus - duty cycle

bedrijfsonderdeel - business unit

bedrijfsplan - business plan

bedrijfsregels - business practices, business rules

bedrijfstijd - uptime

beëindigen - exit, quit

beeld - view, image, screen

beeld inlezen - image capture

beeld vastleggen - screen capture

beeldbank - image base

beeldbewerking - image editing

beeldcompressie - image compression

beeldscherm - beeldscherm

beeldplaat - video disc

beeldpunt - pixel

beeldscherm - display screen, screen

beeldtelefoon - picture phone

beeldverwerking - image processing

begeleide werking - attended operation

begin - top

beginadres - base address

beginhoofdletters - initial caps

beginpunt - entry point

begrensd door ... - ...-bound

begripsmodel - conceptual model

beheer - management

beheer van gedistribueerde objecten - distributed object management

beheerder - administrator (network, system)

beheerssysteem - managing system

behuizing - case

bekabeling - cabling

bekijken - view

beknopt - quick, short

belangrijke klant - key account

bellen - ring

bellengeheugen - bubble memory

beloning - renumeration

beloningssysteem - merit system

bemannen - staff

bemonsteren - sample

bemonsteringsfrequentie - sampling rate

benadrukken - emphasize, highlight

benodigdheden - supplies

beoordelen- judge, rate

bepaling - provision

beperking - constraint

beperkt door I/O's - I/O-bound

bereik - range

bereikcontrole - range check

berekenen - compute, calculate, charge

bericht - message

bericht in geheimschrift - cipher

berichtroutering - message routing

berichtvak - alert box, message box

beschadigen - corrupt

beschadiging - corruption

beschermd - proprietary, protected

beschermd tegen verandering - file protected

bescherming tegen pieken in de netspanning - surge protection

beschikbaar - available

beschikbaar en werkend - up and running

beschikbaarheid - availability

beschrijven - burn (CD-ROM), write

beslaan - span

beslissing - decision

beslissingsboom - decision tree

beslissingstabel - decision table

besloten - private

bestand - file

bestand tegen geknoei - tamper proof, tamper resistant

bestandblokkering - file locking

bestanden koppelen - file chaining

bestandsbeheer - file maintenance, file management

bestandsfragmentatie - file fragmentation

bestandsgrootte - file size

bestandsindeling - file format, file layout

bestandslot - file lock

bestandsnaam - file name, filename

bestandsopvraag - file request

bestandsoverdracht - file transfer

bestandsstructuur - file structure

bestellen - order

bestelling - order

bestemming - destination

besturen - control

besturing - control

besturingsband - control tape

besturingscodes - nonprinting codes, control codes

besturingseenheid - controller

besturingsprogramma - control program

besturingsstructuur - control structure

besturingssysteem - operating system, OS

besturingsteken - control character

besturingsteken - control code

besturingstoets - control key

betaalbaar - affordable

betrouwbaarheid - reliability

beveiligd door een wachtwoord - password security, password-protected

beveiligen - secure

beveiliging - safety, security

bevestigen - acknowledge, confirm

bevestigen - confirm, endorse

bevoorrecht - priviliged

bevroren - cast in concrete

bewaartermijn - retention period

bewegend doel - moving target

bewegende beelden video - full motion video

bewering - assertion

bewerken - edit, massage

bewerking - manipulation, operation, processing

bewerkingsvolgorde - precedence

bewijzen - proof

bezet - busy

bezig - busy

bibliothecaris - cybrarian, librarian

bidirectioneel - bidirectional

bieden - bid

bijhouden - logging

bijkantoor - branch, branch office

bijkomende verkoop, inkomsten of voordelen - drag-along

bijlage - appendix, attachment

bijna lege matrix - sparse matrix

bijnaam - nickname

bijproduct - spin-off

bijschrift - caption

bijvoegen - attach

bijwerken - update

binair - binary, base 2

binair bestand - binary file

binair compatibel - binary compatible

binair gecodeerd - binary coded

binair getal - binary number

binair niveau - binary level

binaire editor - binary editor

binaire logica - binary logic, crisp logic

binaire modus - binary mode

binaire norm - binary standard

binaire zoekmethode - binary search

bindend element - glue

binnenkomend - inbound

binnenkomend gesprek - incoming call

binnenlands - domestic

bipolair - bipolar

bit - binary digit

bit kleur - bit color

blad - sheet

bladeren - browse, page (up, down)

bladscanner - page scanner

bladwijzer - bookmark

blauwdruk - blueprint

blijvende fout - permanent error

blok - block

blokdiagram - block diagram

blokkeren - inhibit

blokkingsfactor - blocking factor

blokmultiplexer - block multiplexer

blokopdracht - block command

blokoverdracht - block transfer

blokverplaatsing - block move

boekelegger - bookmark

boekhouding - accounting

boekhoudkundige informatie - accounting information

bolkop - golfball

boog - arc

Boole-expressie - Boolean expression

Boole-logica - Boolean logic

boom - tree

boot-bestand - boot file

bouwpakket - kit

bouwsteen - building block

bovenkant - top

bovenkast - upper-case

bovenliggende directory - parent directory

bovenop - piggyback, on top of

breedband - broadband

breedbandnetwerk - broadband network

breedte - width

breken - break

breuk - fraction

brief - letter

briefhoofd - letter head

Brits biljoen - trillion

brochure - flier, flyer

bron - source

brondiskette - source diskette

brondocument - source document

broninstructie - source statement

bronniveau - source level

bronprogramma - source code

broodletter - body type

brug - bridge

brug naar een mainframe - bridge to mainland

bruikbaarheid - usability

budget - budget

buis - tube

buitendienst manager - field manager

buitenstaander - outsider

bundel - bundle

bundeling - bundling

bureau - desk

busmuis - bus mouse

-C-

calibreren - calibrate

camcorder - camera recorder

capaciteit - capacitor, capacity, power

carbonformulier - carbonset

carbonlint - carbon ribbon

carpal tunnel syndroom - carpal tunnel syndrome

cassette - cartridge

cassetteband - cartridge tape

catalog - catalog, catalogue

Celsius - centigrade

cell relay switching - cell relay switching

cellulair - cellular

cellulaire automaten - cellular automata

cellulaire telefoon - cellular phone

center - centre

centraal - central

centrale besturing - single point of control

centrale hub - corporate hub

centreren - center

centrum - center

certificatieprogramma - branding program

certificering - certification

checklijst - checklist

checkpoint - checkpoint

chemische computer - chemical computer

chipkaart - chip card

chrominantie - chrominance

cijfer - decimal digit, numeral

cilinder - cylinder

circonflexe - caret

citeren - quote

classificatie - classification

clausule - clause

coaxkabel - coax, coaxial cable

code - code, cipher

code review - code inspection

codec - coder-decoder

codeertheorie - coding theory

coderen - encode

codetabel - code page

coëfficiënt - coefficient

coëxistentie - coexistence

cognitie - cognition

combinatorische explosie - combinatorial explosion

commentaarregel - comment line

communicatie - communication

communicatie-server - communications server

communiceren - communicate

compatibel - compatible

compatibel tot op de stekkerpinnen - pin-compatible

compatibiliteit - compatibility

compiler - compiler

complementair - complementary

complementeren - complement

completeren - complement

complex van computers - computer complex

compressie - compression

comprimeren - compact, compress

computer service-organisatie - computer bureau

computer-ondersteund - computer mediated

computer-telefonie - computer telephony

computerapparatuur - iron

computercentrum - computer center

computercentrum - datacenter, glass house

computergrafie - computer graphics

computerkracht - computing power

computerkraker - hacker

computerleren - machine learning

computersysteem - computer system

concatenate - catenate

concentrator hub - intelligent hub

concept - draft, construct

concluderen - conclude, infer

concreet - concrete

conditiecode - condition code

conditioneel - conditional

conferentie - conference

conferentiegesprek - conference call

confereren - conferencing

configuratie - configuration

configuratiebeheer - configuration management

configuratiebestand - configuration file

conflict - collision

conformiteitstest - conformance test

connectie-georiënteerd - connection-oriented

connectieloze-modus - connectionless mode

connectie-modus - connection mode

connectiviteit - connectivity

consent degree - consent degree

consistentie - consistency

console - console

consolideren - consolidate

constante - invariant, constant

constructie - fabric

contact - contact

contactenmanager - contact manager

contention - contention

context, samenhang - context

contextual search - contextual search

contextvrij - context-free

continuïteitscontrole - continuity check

contour - outline

contrast - contrast

controlebit - check bit

controlecijfer - check digit

controlegetal - control total

controlepunt - checkpoint

controletotaal - checksum

controleur - checker

controller - control unit

conventional memory - conventional memory

convergentie - convergence

conversationeel - conversational

conversie - conversion

conversie-apparatuur - gateway

converteren - convert

convolutie - convolution

coöperatieve gegevensverwerking - cooperative processing

cooperative multitasking - cooperative multitasking

coördinator - dispatcher

corporatief - corporate

corps - point size, typesize

correllatie - correlation

crediteuren - accounts payable

creëren - create, instantiate

crypto-analyse - cryptanalysis

cryptografie - cryptography

cumulatief - cumulative

cursief - italic

cursorbesturing - cursor control, cursor movement

cursortoetsen - cursor control keys

cursus - class, course

cursusprogrammatuur - courseware

cybernetica - cybernetics

cyclisch - cyclic

cyclische verwijzing - circular reference

cyclus - cycle

cyclustijd - cycle time

-D-

data-abstractie - data abstraction

data-acquisitie - data acquisition

database-exploratie - database mining

database-mechanisme - database engine

database-ontwerp - database design

datacommunicatie - data communication

datacompressie - data compression, data compaction

datapakket - data packet

datatransmissie - data transmission

datum - date

de facto norm - de facto standard

de jure norm - de jure standard

debiteuren - accounts receivable

decentraal - decentral, distributed, remote

decentrale gegevensverwerking - distributed processing

declaratief - declarative

decoderen - decode

decompositie - decomposition

decompressie - decompression

decomprimeren - expand, explode

deconcentreren - excentralize

deductie - deduction

deelgebied - subarea

deeltal - dividend

defect - fault, breakdown

definiëren - declare

definitie - definition

defragmentatie - compression, defragmentation

degradatie - degradation

dekking - coverage

delen - divide

deler - divisor

deling - division

demoduleren - demodulate

demping - attenuation

deregulering - deregulation

detachering - body shopping

detailontwerp - physical design

deugdelijk ontwerpen - sound engineering

dezelfde functies vervullend - functionally equivalent

diagnostiek - diagnostic

diagram - chart, schematic

dialoog - dialog, dialogue

dialoogvenster - dialog box

dichtbij - close, near

dichtheid - density

dicteren - dictation

Didot puntensysteem - Didot point system

dienstverlener - service provider

diepte - depth

digitaal - digital

digitaal filter - digital filter

digitaal geluid - digital audio

digitaal mobiel - digital mobile

digitaal signaal - digital signal

digitale handtekening - digital signature

digitale inkt - digital ink

digitale media - digital media

digitale opname - digital recording

digitale radio - digital audio, DAB

digitale signaalbewerking - digital signal processing

digitale televisie - digital television, DVB

digitale video - digital video

digitaliseren - digitalize, digitize

digitalisering - digitalization, digitization

dik Ethernet - thick Ethernet

dimensie - dimension

dimensionering - dimensioning

direct - immediate, immediately, random

direct bellen - station-to-station

direct geheugen - primary storage

direct leverbaar - off-the-shelf

direct toegankelijk - random access

direct uitvoerbaar - executable

direct-toegankelijk bestand - random access file

direct-zicht - line-of-sight

directe adressering - direct addressing

directe afschrijving - direct debit

directe bewerking - direct manipulation

directe lijst - pushup list

directe overdracht - bearer service

directe toegang - direct access

directory-diensten - directory services

directory-structuur - directory tree

diskette - diskette, floppy

display font - display face

distributeur - distributor

distributie - distribution

dividend - dividend

dochteronderneming - subsidiary

docken - dock

docking-station - docking unit

documentatie - documentation, literature, reference material

dode toets - dead key

doeldiskette - target diskette

doelgroep - audience

doelprogramma - object code

doelstelling - objective, target

dollarteken dollar sign

domein - domain

dongle - dongle, hardware key

door de gebruiker gedefinieerd - userdefined

doorhalen - overstrike, strikeout, strikeover

doorkijken - browse

doorlaatband - pass band

doorlaten - pass

doorlichting - screening

doorlussen - daisychain

doorsnede - intersection

doorspoelen - flushing

doorzenden - forward

draadloos - wireless, radio

draadloos kantoor - wireless office

draadloos netwerk - wireless network

draadloze toegang - wireless local loop

draadmodel - wireframe model

draagbaarheid - portability

draaggolf - carrier

draaggolffrequentie - carrier frequency

draaien - churn, rotate

dragerkanaal - bearer channel

driedimensional - three-dimensional, 3D

driehoek - triangle

drietallig - ternary

drievoudig - triple

drijven - floating

drijvende-komma - floating-point

drijvende-komma notatie - scientific notation

drive-slot - drive lock

druk op een toets om verder te gaan - press any key to continue

drukknop - push button, radio button

drukproef - proof, galley proof

dubbel aanhalingsteken (") - double quote

dubbel-byte teken - double-byte character

dubbele afdruk - double strike

dubbele dichtheid - double-density

dubbele precisie - double-precision

dubbele punt (:) - colon

dubbelklikken - double-click

duimindex - thumb tab

dump van het beeldscherm - screen dump

dun Ethernet - thin Ethernet

duopolie - duopoly

duplicaat - dupe, duplicate

dyadisch - dyadic

dynamisch - dynamic

dynamisch indelen - dynamic scheduling

dynamisch linken - dynamic linking

dynamisch pictogram - dynamic icon

dynamische adrestoewijzing - dynamic address allocation

dynamische bandbreedtetoewijzing - dynamic bandwidth allocation

dynamische binding - dynamic binding

dynamische routering - dynamic routing

dynamische variabele - dynamic variable

-E-

e-mail - electronic mail

echo-conferentie - echo conference

echte schaalbaarheid - true scalability

editie - edition

een waarde in een tabel opzoeken - table lookup

eenheid - unit

eenmalige kosten - one-time cost

eenrichtings... - one-way ...

eenvoudig - budget

eenvoudige gebruiker - naive user, simple user

eigen - customized

eigen ondersteuning - native support

eigenaar - owner

einde - bottom, end

eindgebruiker - end user

eindige-elementen analyse - finite element analysis

eindresultaat - bottom line

electronische post - e-mail

elektromagnetisch - electromagnetic

elektromagnetische schakelaar - solenoid

elektromechanisch - electromechanical

elektronenbuis - vacuum tube, valve

elektronisch - electronic, nonpaper, e-...

elektronisch bankieren - electronic banking

elektronisch formulier - e-form, electronic form

elektronisch geld - electronic money, e-money

elektronisch publiceren - electronic publishing

elektronische chips - silicon

elektronische directory - electronic directory

elektronische uitgave - soft edition

elektrostatisch - electrostatic

elementair - primitive

ellips - ellipse

emanaties - emanations

emulatie - emulation

endosseren - endorse

energieverbruik - power consumption

enkel aanhalingsteken - single quote

enkel(voudig) - single

enkelbeeldsvideo - still image video

enkele precisie - single-precision

enkelgebruiker - single-user

enkelvoudige werkomgeving - single environment

entertoets - return key, enter key, Release Enter

enthousiaste liefhebbber - buff

entiteit - entity

entiteitsklasse - entity type

enumeratie - enumeration

enveloppe - mailer

ergonomie - ergonomics

erin opgenomen - incorporated

erkenning - recognition

etherfrequenties - radio frequencies

Ethernet kabeltype - Ethernet medium

etiket - label

etikettendrukker - label printer

evaluatie - assessment

even pariteit - even parity

evenaren - match

experiment - breadboard

expliciet - explicit

exponentiële vergroting - exponential explosion

exporteren - export

extern - external, nonresident, standalone

externe ... - no-slot peripheral

externe modem - external modem, standalone modem

externe opdracht - external command

externe opslag - external storage, backing store

extra - auxiliary

extra kosten - incremental costs

-F-

fabriek - factory, plant

facilitair management - facilities management

factureren - invoicing

factuur - invoice

facultatief - optional

faculteit - factorial, faculty

failliet - broke

fase - phase

fasecodering - phase encoding

fasemodulatie - phase modulation

faseren - phase (in, out)

fax - facsimile, telefax

faxkaart - fax card

fiber - fibre

fijnafstellen - tweak

financiële planning - financial planning

financieren - finance

fixeren - anchor

flakker - flicker

flap-over - flip-chart

flashcard - flash card

flexibel - flexible

flexibele werkuren - flex-time

fluorescerend - fluorescent

focusseren - focussing

foneem - phoneme

font - fount

fontcassette - font cartridge

formatteren - format

formele taal - formal language

formule - formula

formulier - form, stationery (Brits)

formulierontwerp - form design

fosfor - phosphor

fosforescerend - phosphorescent

fotodiode - photodiode

fotokwaliteit - photo quality, photo-realism

fotonica - photonics

fotorealisme - photo-realism

fout - error, mistake

foutafhandeling - error handling

foutbeheersing - error control

foutbepaling - fault isolation

foutdetectie en -correctie - error detection and correction

fouten bevattend - buggy

foutenreeks - burst error

foutenverhouding - error ratio

foutherstel - error recovery

foutmarge - error rate

foutmelding - error message

fouttolerant - fault tolerant

fractalen - fractals

fractalencompressie - fractal compression

fragment - clip

fragmentatie - fragmentation

frame - chassis, frame

frequentie - frequency

frequentiebereik - frequency range

frictietoevoer - friction feed

frontpaneel - front panel

functie - function

functiepunten - function points

functietoets - function key, F-key

functionaliteit - functionality

functionele decompositie - functional decomposition

functionele specificatie - functional specification

functioneren - function, operate

fysiek - physical

fysiek apparaat - physical device

fysieke laag - physical layer

-G-

gamma - gamut

gangbaar - current

gangbaarheid - currency

gastheer - host

gat - hole

geadresseerde - addressee

gealinieerd - flush

geavanceerd - advanced, power

geavanceerde computergebruiker - power user

gebalanceerd - balanced

gebeurtenis - event

gebeurtenis georiënteerd - event-oriented

gebied - spot, area

gebied dat verbetering behoeft - improvement area

gebied vullen - area fill

gebruik - usage, utilization

gebruiken - deploy, use

gebruiker - user

gebruikers-interface - user interface

gebruikersgemak - ease-of-use

gebruikersgroep - user group

gebruikersprogramma - user program

gebruikersvriendelijk - user-friendly

gebruiksaanwijzing - instruction manual

gecatalogiseerde procedure - cataloged procedure

gecodeerde informatie - coded information

gecodeerde tekst - ciphertext

gecompileerd programma - binaries

gecompileerd programma - machine code

gecompileerd programma, binaire code - binary code

gecomprimeerd station - compressed drive

gedeeld - shared

gedeeld toetsenbord - split keyboard

gedeelde gegevens - shared data

gedeelde kabel - shared media

gedeeltelijk - partial

gedeeltelijk kapot - graceful degradation

gedistribueerd geheugen - distributed memory

gedistribueerde database - distributed database

gedistribueerde gegevensverwerking - distributed computing

gedrukte bedrading - printed circuit

geen pariteit - no parity

geen toegang - access denied

geen wachtstatus - zero wait-state

geformatteerde disk - formatted disk

gegevens - data

gegevens uitlezen - read

gegevens verzamelen - data capture, data collection, data mining

gegevens zoeken - data mining

gegevensbeheer - data management

gegevensbescherming - data protection

gegevensbestand - data file

gegevensbeveiliging - data security

gegevensbewerking - data manipulation

gegevensdictionaire - data dictionary, dictionary

gegevensdiskette - data diskette

gegevenselement - data element

gegevensintegriteit - data integrity

gegevensinvoer - data entry, key entry

gegevenskenmerk - data attribute

gegevensmodel - data model

gegevensomschrijving - data definition

gegevensonafhankelijkheid - data independence

gegevensopslag - data storage, data warehousing

gegevensoverdracht - data transfer

gegevensstroom - data flow

gegevensstroom - data stream

gegevensstroomdiagram - data flow diagram

gegevenstoegang - data access

gegevenstype - data type

gegevensuitwisseling - data exchange, data interchange

gegevensverbinding - data link

gegevensverwerking - (electronic) data processing

geheel getal - integer

geheel opnieuw beginnen - start from scratch

geheim - classified, secret

geheime sleutel - private key, secret key

geheugen - memory

geheugenbeheer - memory manager, memory management

geheugenbescherming - memory protection

geheugenbuis - storage tube

geheugenchip - memory chip

geheugencyclustijd - memory cycle

geheugeneffect - memory effect

geheugengebruik - memory usage

geheugenkaart - memory board, memory card

geheugenmodel - memory model

geheugenmodule - memory module

geheugentoewijzing - memory allocation

geheugenvreter - memory hog

gehuurde telefoonlijn - dedicated line, leased line, tie-line

geïndiceerd bestand - indexed file

geïndiceerd, geïndexeerd - indexed

geïntegreerde programmatuur - integrated software

geïntegreerde schakeling - integrated circuit

geïnverteerd bestand - inverted file

geïnverteerde index - inverted index

gekozen verbinding - dial-up

geldig - valid

geleidegaten - sprocket holes

geleider - conductor

gelicentieerd programma - licensed program

gelijke - peer

gelijkloop van bestanden - file synchronization

gelijkrichten - rectify

gelijkstoten - joggle

gelijkteken (=) - equals sign

gelijktijdig - concurrent, on-the-fly, parallel, simultaneous

gelijktijdige update - simultaneous update

gelijktijdigheid - concurrency

geluidskaart - audio adapter, sound card

geluidssignaal - alarm

gemarkeerd - tagged

gemeenschappelijk - common, shared

gemeenschappelijke pool - shared pool

gemeenschappelijke telefoonlijn - party line

gemengd getal - mixed number

gemengd object - mixed object

gemengde stack - mixed stack

gemiddeld - average, mean

gemiddelde - mean, average

generatie - generation

genereren - generate

generiek - generic

generieke functie - generic function

generieke sleutel - generic key

genest - nested, nesting

genest programma - nested program

genetische algoritme - genetic algorithm

genetwerkte database - networked database

genetwerkte organisatie - networked organization

genie - wizard

geopend bestand - open file

georiënteerd - -oriented

geostationair - geostationary

gepartitioneerd bestand - partitioned data set

gepland - nominal, planned

gereduceerde uitvoering van - lite

gereed - ready

gereed staan - standby

geschakelde kabel - switched media

gesegmenteerd record - spanned record

gesegmenteerd volume - volume spanning

gesignaleerde fout - machine check

gesloten - closed, solid

gesloten lijn - solid line

gesloten lus - closed loop

gesplitst scherm - split-screen

gesproken aantekeningen - audio annotation, voice annotation

gesproken menu - voice menu

gesproken toepassing - voice-enhanced application

gestippeld - dotted

gestuurd door ... - ...-driven

gestuurd door gebeurtenissen - event driven

gestuurd door interrupts - interrupt driven

get - get

getal - decimal number, number

getallenkraker - number cruncher

getalsysteem - number system

getriggerde procedure - triggered procedure

gevestigde orde - establishment

gevlochten - stranded

gevlochten geleider - stranded conductor

gevolgtrekking - inference

gewicht - weight

gewist record - deletion

gewoon - common, plain

gewoon papier - plain paper

gewoven inktlint - fabric ribbon

gids - guide

gissing - guestimate

glasvezel - fiber optics, optical fiber

glasvezelkabel - glass cable

glasvezelmodem - fiber optic modem

glasvezelnetwerk - optical network

goedgekeurd - certified

golf - wave

golflengte - wavelength

golfvorm - waveform

goniometrisch - trigonometric

graad - degree

graden Celcius - centigrade

grafiek - line chart, graph, plot

grafisch - graphic, graphical, graphics

grafisch gereedschap - charting tool

grafische coprocessor - graphics coprocessor

grafische kleuren... - color graphics...

grafische modus - graphics mode

grafische werkomgeving - graphical environment

grammatica - grammar

grammaticacontrole - grammar checker

granulatie - granularity

gratis programmatuur - freeware

grendel - door

grens - barrier, border

grijs - gray, grey

grijsschaal - grayscale

grijstinten - gray levels

groeipad - growpath

groen - green

groep - batch, group

groeperen - group

groepsband - groupband

groepstotaal - batch total

groepswerken - collaborative computing, groupware computing

grondtal - base, radix

grootboek - ledger

grote computer - big iron

-H-

haak *([ ])*- square bracket

haakje *(())* - parenthesis

haalbaarheid - feasibility

haalbaarheidsstudie - feasibility study

haastige oplossing - quick-and-dirty fix

halfgeleider - semiconductor

halfgeleider... - solid-state ...

halfgeleideropslag - silicon storage

halfhoog - half-height

halfproduct - subassembly

halftoon - halftone

Hamming-afstand - Hamming-distance

hand... - handheld...

handelsmerk - trademark

handhaven - enforce, maintain

handje-klap - handshaking

handleiding - manual

handmatige invoer - manual feed

handschrift - handwriting

handschriftherkenning - handwriting recognition

handtekening - signature

handvat - handle

hard disk - fixed disk

hard koppelteken - hard hyphen

hardware-onafhankelijk - hardware independent

heel erg veel - zillion

heen en weer - back and forth

hefboomwerking - leverage

hekje - number sign

helderheid - brightness

herbruikbaar - reusable

herconfigureerbaar - reconfigurable

herformatteren - reformat

hergebruik - reuse

hergebruik van gecompileerde programma's - binary reuse

herhaald uitvoeren - iterate

herhaalde kop - running header

herhaalde voetregels - running footer

herhalend - repetitive

herhaling - iteration

herhalingsfrequentie - frame rate, refresh rate

herkenning - recognition

hernoemen - rename

herontwikkelen - redevelop

herschrijfbaar - rewritable

herstarten - reboot

herstartpunt - restart point

herstel - recovery

herstellen - pop, recover, repair, rework, restore

herstructureren - restructure, restructuring

heruitzenden - relay

hervatten - resume

herziene uitgave - revision

het aanzien en hoe het gebruik aanvoelt - look-and-feel

het beheren van veranderingen in programmatuur - version control

het heft in handen nemen - taking charge

het op een rij zetten - align

heterogeen netwerk - heterogeneous network

heterogene databases - heterogeneous databases

heuristiek - heuristic

hexadecimaal getal - hexadecimal number

hiërarchie - hierarchy

hiërarchisch - hierarchical

hoek - angle

hoekpunt - vertex

hoerenjong - widow

hogere - high-level

hold bestand - hold file

homogeen netwerk - homogeneous network

homologatie - homologation

homoniem - homonym

hoofd- - main, master, primary

hoofd-directory - root directory, home directory

hoofddocument - master document

hoofdgeheugen - main memory, main storage

hoofdletter - capital

hoofdletters - caps, all caps

hoofdprogramma - executive program

hoofdschakelaar - main switch

hoofdsleutel - master key

hoofdstuk - chapter

hoofdverbinding - trunk, trunk line

hoog - high, hi

hoogste - high order

hoogte-breedte-verhouding - aspect ratio

horizontale frequentie - horizontal frequency

horizontale tab - horizontal tab

hot link - hot link

huidig - active, curent

huishoudelijke bewerkingen in een computer - housekeeping

hulp - help

hulp... - auxiliary...

hulpgroep - help desk

hulplijn - ruler guide, guide

hulpmiddelen - aids, tools

hulpprogramma - utility

huurlijn - leased line, private circuit

hybride - hybrid

hybride computer - hybrid computer

hybride netwerk - hybrid network

hyper... - hyper...

hyperbool - hyperbole

hyperkubus - hypercube

-I-

identificatie - identification

identiteit - identity

illustratie - art, figure

impasse - deadlock, deadly embrace

impedantie - impedance

implementatie - implementation

impliciet - implicit, implied

importeren - import

in dienst nemen - hire

in eigen tempo - self-paced

in elkaar grijpen - interlock

in openbaar bezit - public-domain

in-bak - in-basket

in-plan - in-plan

inactief - inactive

inactiveren - deactivate

inbranden - burn-in

inbreken - break

inbrengen - page in

include-bestand - include file

incompatibel - incompatible

incrementeel - incremental

incrementele backup - incremental backup

incrementele compiler - incremental compiler

indelen - scheduling, format

indeling - partitioning

indeling in sectoren - sectoring

indexgat - index hole

indienen - submit

indirecte adressering - indirect addressing

indruk van een enkelvoudig systeem - single-system image

indrukken - press

inductie - induction

informatica - computer science

informatie - information

informatie-eenheid - information unit

informatie-eilanden - islands of connectivity

informatie-inhoud - information content

informatie-opslag en -ophalen - information storage and retrieval

informatie-supersnelweg - information superhighway

informatiebeheer - information management

informatiecentrum - information center

informatieleverancier - information provider

informatiemanager - information manager

informatienetwerk - data network, information network

informatiepakhuis - information warehouse

informatiepunt - point-of-information

informatiesnelweg - information highway

informatiesysteem - information system

informatietechnologie - information technology

informatietheorie - information theory

informatieverwerking - information processing

informatisering - informatization

infrarood - infrared

infrastructuur - infrastructuur

ingang - entry point, input

ingangssignaal - input signal

ingebouwd - built-in, embedded, internal

ingebouwd font - internal font, native font

ingebruiknemer - adaptor

ingehuurde diensten - managed services

ingehuurde oplossing - managed solution

ingenieur - engineer

ingevoegd programma - contained program, embedded program

inhoud - content

initiaal - drop cap

initialisatie - initialization

initialiseren - initialize

initiëren - initiate

inkapselen - encapsulate

inktlint - ribbon

inleiding - primer, introduction

inlezen - roll in, read in

inlichten - post

inloggen - login

inrichting - facility

inroosteren - schedule

inruil - trade-in

inschrijven - register

insluiten - include

inspectie - inspection

inspringen - indent

inspringniveau - indentation level

installatie - installation, setup

installatie ongedaan maken - deinstall

installed base - installed base

installeren - install

instantiatie - instantiation

instantiëren - instantiate

instapsysteem - entry system

insteek-... - plug-in...

instellen - set, tune, tweak

instelling - setting, tuning

instructiecyclus - instruction cycle

instructieset - instruction set

integratie - integration

integratietest - integration test

integriteit - integrity

integriteitsfout - integrity check

intelligent - intelligent

intelligent repeater - intelligent repeater

intensiteit - intensity

intentie - intent

intentieverklaring - letter of intent, statement of intent

interactie - interaction

interactief - interactive

interactieve modus - interactive mode

interactieve televisie - interactive television

interconnectiviteit - interconnectivity

interliniëring - interlacing

interlokaal - long-distance

intermitterende fout - intermittent error

intern - inhouse, internal

intern geheugen - internal memory

interne modem - integrated modem, internal modem

interne opdracht - internal command

interne opslag - internal storage

Internet Protocol adres - IP address

Internet-adres - Internet address

Internet-gebruiker - Internaut

interpoleren - interpolate

interpreterende taal - interpreted language, interpretive language

interprocescommunicatie - interprocess communication

interval - interval, frequency

intervaltijdklok - interval timer

intoetsen - key

intoetsen - keying

intrekken - revoke

introductie - introduction

intuïtief te begrijpen gebruikers-interface - intuitive user interface

inverteren - invert, negate

invoegen - embed, imbed

invoegen - insert, paste

invoer - entry, input, feed

invoeren - enter, input

invoergegevens - input data

invoer-record - input record

invoer/uitvoer - input/output

invoercontrole - input validation

invoeren - enter

invoergegevens - input data

invoerkant, geavanceerd - leading edge

invoervak - hopper

invoerveld - input field

inzetten - deploy

irrationeel getal - irrational number

isochroon - isochronous

isolatie - isolation

isoleren - isolate

isolering - isolation

I/T - information technology

iteratief - iterative

-J-

job wachtrij - job queue

joker - wildcard

journaal - journal

juistheid - correctness

-K-

kaart - board

kaart met magneetstrip - magnetic-strip card

kaartenbak - cardfile, flat file, index cards

kabel - cable

kabelbeheer - wiring management

kabeldoos - junction box

kabelgoot - conduit, duct

kabelkast - junction box

kabeltelefonie - cable telephony

kabeltelevisie - cable television, CATV

kabelverbinding - tethered

kalender - calendar

kamfilter - comb filter

kanaal - channel

kant - side

kantelbare draaivoet - swivel-and-tilt base, tilt-and-swivel base

kantoor - office

kantoorautomatisering - office automation

kantoorbenodigdheden - stationery

kardinaliteit - cardinality, multiplicity

kassabon - sales receipt

kast - cabinet, case, closet

kathode - cathode

kenmerk - attribute, property

kennis - knowledge

kennisboom - knowledge tree

kennismodel - knowledge model

kennisontwerp - knowledge engineering

kennissysteem - expert system, knowledge system, knowledge-based system

kennistheoretisch - epistomological

kennisverwerving - knowledge acquisition

kenniswerker - knowledge worker

keten - chain

kettingformulieren - continuous forms, fanfold, Z-fold

keuzelijst - pick list

keuzerondje - option button

kies - dial

kieslijn - dial line, switched line

kiesschijf - rotary dial

kiesschijftelefoon - dial phone

kiesstation - dial-up terminal

kiestoon - dial tone

klaarzetten - stage

klad-disk - scratch disk

klad-tape - scratch tape

kladblok - notepad

kladschijf - scratch disk

klant - account, customer

klantenrekening - account

klapper - killer (application)

klasse - class

klassebibliotheek - class library

klasseboom - class tree

klein-kapitaal - small caps

klembord - clipboard

kleur - color

kleurenprinter - color printer

kleurenscala - color gamut

kleurschakering - hue

kleurscheiding - color separation, separation

kleurtemperatuur - color temperature

kleurverzadiging - color saturation

kleurweergave - color

klok - clock

kloksnelheid - clock speed

kloon - clone

knippen en plakken - cut-and-paste

knipperen - blink, flash

knooppunt - intermediate node

knooppunt - node

knop - button, dial

knoppenbalk - button bar

koffer - briefcase

kolom - column

komma - comma, decimal point

komma-gescheiden ASCII - comma-delimited ASCII

koorde - chord

kop - head, heading

koperen - copper

kopie - copy, carbon copy

kopieermachine - copier

kopiëren - copy, replicate

kopletter - display type

koppelen - couple, associate, attach

koppeling - chaining

koppeling - coupling

koppeling - interface

koppelteken - hyphen

korte-afstand - short-haul

kortsluiten - short-circuit

kortsluiting - short-circuit

kosten - cost

kostenplaats - cost center

kostentoewijzing - cost allocation

krachtcentrale - powerhouse

krachtig programmatisch gereedschap - power tool

kraker - cruncher

krimpen - crimp

krimpverpakken - shrink-wrap

kristal - crystal

kritieke pad - critical path

kromme - curve

kruiscontrole - cross-footing

kruiscursor - cross-hair

kruispunt - intersection

kruisverwijzing - cross-reference

kunstmatige intelligentie - artificial intelligence

kwaliteit - quality, grade

kwaliteit - grade

kwaliteits-... - high-grade...

kwaliteitsborg - quality assurance

kwaliteitscijfer - figure of merit

kwaliteitscontrole - quality control

kwantificeren - quantify

kwantiseren - quantize

kwantiseringsfouten - quantization errors

kwantumkorting - quantity discount

kwitantie - receipt

-L-

la - bin, drawer

laadtijd - load time

laag - layer, tier

laden - load

lage-spanningstechnologie - low-power technology

lagere - low-level

lange bestandsnaam - long filename

lange-afstand - long-haul

las - splice

lasapparaat - splicer

leeg - blank, null, empty

leegloop - idle

leegmaken - clear

leerprogramma - tutorial

lees/schrijfbeveiliging - read/write protection

lees/schrijfkop - read/write head

leesbaarheid - readability

LEESMIJ bestand - README file

leespen - wand

leestekens - punctuation marks

legenda - legend

lege plek - void

leider - leader

lenig en gespierd - lean and mean

leraar - tutor

letterlijn - baseline

lettertype - face, font, type face, type font

lettertypefamilie - font family

levenscyclus - life cycle

leverancier - provider, supplier, vendor, source

lexicaal - lexical

licentie - license

lichtpen - light-pen

ligatuur - ligature

liggende oriëntatie - landscape

lijn - line

lijnaanpassing - line adapter

lijnbesturing - line control

lijndikte - line width, line weight

lijnillustraties - line art

lijnmanager - line manager

lijnprotocol - line protocol

lijnstuk - stroke

lijn type - line style

lijnversterker - line driver

lijst - list, listing

lineair - linear

lineair programmeren - linear programming

lineair zoeken - linear search

lineaire structuur - linear structure

liniaal - ruler

lintkabel - flat-cable

lithography - litho

locatie - site

lof - kudos

log tape - journal tape

log-bestand - history file

logica - logic

logisch - logical

logisch niveau - logical level

logisch ontwerp - logical design

logisch type - logical type

logische bom - logic bomb, bomb

logische operator - logical operator

logische relatie - logical relation

logische waarde - logical value

logistiek - logistics

lokaal - local

lokaal geheugen - local store

lokale aansluiting - local loop

lokale verbindingen - local connectivity

lokaliseren - localize

lokatie - location

loket - counter

loonlijst - payroll

looptijd - run time

losse vellen - cut forms, cut sheets

luchtverbinding - untethered

luminantie - luminance

lus - lobe, loop

lusnetwerk - loop network

-M-

maasvormig - mesh

maat - gauge, measure

maatregel - measure

machinaal leesbaar - machine-readable

machine-afhankelijk - machine dependent

machine-georiënteerde taal - machine-oriented language

machinecyclus - machine cycle

machinetaal - machine language

macht - exponent, power

macro-opdracht - macro

macro-opdrachten - macrocode

macrobibliotheek - macro library

macrotaal - macro language

macrovoorziening - macro facility

magneet... - magnetic..., tape

magneetband - tape, magnetic tape

magneetbandeenheid - tape unit

magneetbandspoel - tape reel

magneetkaart - magnetic card

magnetic disk - mag disk

magnetic tape - mag tape

magnetisch - magnetic

magnetisch vlies - thin film

magnetische sectorindeling - soft-sectored

magneto-optisch - magneto-optical

magnetoresistief - magneto-resistive

makelaar - broker

maken - create, make

maken/kopen beslissing - make-buy decision

mannetjesstekker - male connector

map - folder

marge - margin (left, right, binding)

marge-instelling - mragin setting

margrietwiel - daisywheel

markeerteken - marker, mark

markeren - mark, tag

masker - filter, mask

massaal-parallel computing - massive parallel computing

massageheugen - bulk storage, mass storage

massamarkt - volume business

massief - solid

massieve geleider - solid conductor

mat - opaque

mate - degree

mate van vertrouwen - confidence level

materiaal - material

maximaliseren - maximize

mechanische printer - impact printer

medewerkers zelfstandig maken - empowering people

meerderheidslogica - majority logic

meerdraadverbinding - multi-thread

meergangs-... - multipass ...

meerkanaals- ... - multichannel ...

meerlaags - multilayer

meersporen-... - multitrack ...

meertalig - multilingual, multilanguage

meervoudige overerving - multiple inheritance

meest significante - high order

meet- - measuring ...

meet- en regeltechniek - control engineering

meetinstrument - analyzer

meetstelsel voor programmatuur - software metric

melding - message

mengtotaal - hash total

menselijke factoren - human factors

menselijke organisatie - peopleware

mensen - manpower

menubalk - action bar, menu bar

menu-gestuurd - menu-driven

menu-hiërarchie - menu tree

menukeuze - menu item

menu-programma - menuing software

merknaam - brand

meten - measure, gauge

met vaste tekenafstand - fixed-pitch, monospaced

met verlies - lossy

meta-opdracht - meta command

metabestand - meta file

metafoor - metaphor

metagegevens - meta data

metasleutel - meta key

metatoepassing - meta application

meten - gauge, measure

methode - method

methodologie - methodology

metrisch - metric

microgolven - microwave

microspatiëring - microspacing

middelen - average

middelpunt - center

migreren - migrate

mijlpaal - milestone

milieu-vriendelijk maken - greening

miljard - milliard (Engels), billion (Amerikaans)

minimaliseren - minimize

minimalisering - minimization

misdaad per computer - computer crime

misser - miss

mnemonische code of naam - mnemonic

mobiel - mobile

mobiele client - mobile client

mobiele communicatie - mobile communication

mobilofoon - cellular radio, cellular telephone

model - model, mockup, prototype

model /type - flavor

modelgestuurd - model driven

modellering - modelling

modem - modem

modemlampje - modem light

modemsnelheid - baud rate

moderne gegevensdictionaire - repository

modificator - modifier

modulair programmeren - modular programming

modulariteit - modularity

modulatie - modulation

moduleren - modulate

modules plaatsen - populate

moederbord - motherboard

moedertaal - native language

mogelijkheid van hergebruik - reusability

mogelijkheid voor upgrading - upgrade path

momentopname - snapshot

monadisch - monadic, unary

mondiaal - global

monochroom - monochrome

montage - mounting

montageband - assembly line

montagebeugel - mounting bracket

monteren - assemble

muis - mouse

muisaanwijzer - mouse pointer

muis-stuurprogramma - mouse driver

muismat - mouse pad

muispoort - mouse port

muiswijzer - mouse pointer

multiprocessor - multiprocessor

multiprogrammering - multiprogramming

multitasking - multitasking

munttelefoon - pay phone

mutatie - mutation

muteren - mutate

-N-

naald - needle

naam - name

naamgeving - naming

naamloos - untitled

naar behoefte - on demand

naar goeddunken - discretionary

naast elkaar - side by side

nabestellingsniveau - reorder level

nabestellingspunt - reorder point

nabootsing - emulation

nadruk - stress

nalichten - ghosting

nalopen - scan, check

nasynchroniseren - dub

natuurlijk getal - natural number

natuurlijke taal - natural language

nauwkeurigheid - precision

navigator - navigator

navigeren - navigate

navraag - enquiry, inquiry

negatief - negative

negeren - discard, ignore

netsnoer - power cable

netwerk - network

netwerk-database - network database

netwerkbeheer - network management

netwerkbeheerder - network administrator

netwerkintegratie - network integration

netwerk-interfacekaart - network interface card, NIC

netwerkkabel - network media

netwerkklasse - network class

netwerklaag - network layer

netwerkleverancier - network provider

netwerkmanager - network manager

netwerkmonitor - network monitor

netwerkniveau - network level

netwerkplanning - network planning

netwerkprinter - network printer

netwerksnelheid - network performance

netwerksysteemintegrator - network system integrator

netwerktopologie - network topology

netwerkversie - network version

neuraal netwerk - neural net

neutraal - impartial, neutral

niet de voornaamste stroming - nonmainstream

niet-gecodeerde informatie - non-coded information, plaintext

niet geheim - unclassified

niet gereed - not ready

niet instemmen - nonconcur

niet-interactief - non-interactive

niet overlappend - tiling

niet triviaal - nontrivial

niet voldoen - fail

nietig - void

niet-lineair - nonlinear

niet-preemptive - nonpreemptive

niet-procedureel - nonprocedural

niet -programmeerbaar - nonprogrammable

niet-reflecterende inkt - nonreflective ink

niet-vluchtig - nonvolatile

nieuwe regel - line feed

niladisch - niladic

niveau - grade, level

niveau verhogen - promote

niveau verlagen - demotel

noemer - denominator

nominale snelheid - rated speed

nonverbale communicatie - nonverbal communication

noodlottige fout - fatal error

noodoproep - emergency call

norm - norm, standard

normale kansverdeling - Gaussian distribution, normal distribution

normeren - normalize

notatie - notation, representation

nul - zero

null-modem - null modem

nulmodem - modem eliminator

numeriek - numeric, numerical

numeriek bestuurd - numeric control, numerical control

numerieke toetsen - numeric keypad

nummer - number, no.

nuttige lading - payload

-O-

object-oriëntatie - object-oriented

objectenbibliotheek - object library

object-georiënteerde database - object-oriented database

object-georiënteerde programmeertaal - object-oriented programming language

objectmodellering - object modelling

octaal - octal

oefening - practice

offerte - bid

officiële verklaring - statement

omgekeerd - reverse

omgekeerd evenredig - reciprocal

omgekeerde lijst - pushdown list

omgekeerde volgorde - reverse orden

omgeleid worden - rerouting

omgeving - environment

omgevings... - environmental...

omgevingsvoorwaarden - ambient conditions

omleiden - redirect, reroute

omschakelaar - data switch

omschakelapparaat - switch box

omschakeltijd - slew rate

omvormer - transducer

omwentelen - rotate

omwenteling - rotation

omzet - revenue

onafhankelijk van het gebruikte apparaat - device independent

onderaannemer - subcontractor

onderbreken - break, dash

onderbreker - circuitbreaker

onderbreking - open circuit

onderbrekingspunt - breakpoint

onderbroken lijn - dashed line

onderdeel - part, component

onderdrukken - override, suppress

onderhoud - maintenance

onderhoud van programmatuur - software maintenance

onderhoudspersoon - service representative

onderkant - low-end, bottom

onderkast - lower-case

onderneming - enterprise

onderscheppen - intercept, trap

onderschrift - caption

onderstel - stand

ondersteuning - support

onderstrepen - underscore

ondervragen - interrogate, poll

onderzoek - enquiry, inquiry, research

ondoorzichtig - opaque

ondoorzichtigheid - opacity

onecht - false

oneindige lus - infinite loop

oneven - odd

oneven pariteit - odd parity

ongebalanceerd - unbalanced

ongecodeerde informatie - non-coded information

ongecodeerde tekst - cleartext, plaintext

ongedocumenteerd - undocumented

ongeformatteerd - unformatted

ongeldig - bad, illegal, invalid

onherstelbaar - unrecoverable, unrepairable

onherstelbare fout - irrecoverable error, nonrecoverable error

onjuist - bad

online transactieverwerking - demand processing

ononderbroken - nondisruptive, uninterrupted, continuous

onpartijdig - impartial

onprogrammeerbaar - nonprogrammable

onregelmatig - ragged

ontkennen - negate

ontkoppelen - detach, decouple

ontlasten - offload

ontmagnetiseren - degauss

ontmanteling - divestiture

ontslaan - fire, terminate

ontsleutelen - decrypt

ontvangen - receive

ontvanger - receiver, recipient

ontvangstbewijs - receipt

ontwerp - design

ontwerper - designer

ontwerpspecificaties - design specifications

ontwikkelaar - developer

ontwikkelen - develop

ontwikkelgereedschap - development tools

ontwikkelmethodiek - development methodology

ontwikkeling - development

ontwikkelingsproces - development process

ontwikkelmethodiek - development methodology

ontwikkelomgeving - developing environment

onverwachte gebeurtenis - emergency

onvoldoende geheugen - out of memory

onvoorzien - contingency

onwaar - false

onzekerheidsfactor - contingency factor

onzichtbaar bestand - hidden file

oorsprong - origin

oorspronkelijke gegevens - raw data

op afstand - remote, decentral

op de host geïmplementeerd - host-based

op het scherm - on-screen

op kostenbasis - on a cost plus basis

op maat brengen - rightsizing

op verscheidene niveaus - multilevel

op verzoek - on-demand

opbergplaats - container

opbrengst - return

opdracht - assignment, command, predicate keyword

opdrachten-interpreter - command interpreter

opdrachten-script - command script

opdrachtenbestand - command file

opdrachtenmodus - command mode

opdrachtgebied - opdrachtgebied

opdrachtgestuurd - command-driven

opdrachtprocedure - command procedure

opdrachtprocessor - command processor

opdrachtregel - command line

opdrachttaal - command language

opdragen - assign

opdringen - push

opeenvolgend (sequentieel) - sequential

open - open

openbare sleutel - public key

openen - open

opening - aperture

opgeslagen informatie terughalen - information retrieval

ophalen - fetch, retrieve

opladen - charge

oplopend sorteren - ascending sort

oplopende volgorde - ascending order

oplossing - solution

oplossing op korte termijn - short-term fix

opmaak - style, format

opmaakspecificatie - property sheet

opmaakspecificatie - style sheet

opname - recording

opnemen - record

opnieuw indeelbaar - remappable

opnieuw proberen - retry

opnieuw rechtzetten - realign

opnieuw toewijzen - reallocate

opnieuw uitvoeren - rerun

opnieuw verzenden - retransmit

oppervlakte test - surface test

oproepen - paging

opslaan - filing, store, save

opslag - storage

opslagruimte - storage space

opsporen - trace

opstartdiskette - boot diskette

opstarten - startup, start up

opstopping - congestion

optellen - add

opteller - addend

opteller - adder

opteltal - augend

optical fiber - glass fiber, glass fibre

optie - option

optiek - optics

optimaliseren - pruning, optimize

optimaliserende compiler - optimizing compiler

optimizer - optimizer

optisch - optical

optische disc - optical disc

optische geheugenkaart - optical card

optische leesmachine - optical reader

optische scanner - optical scanner

optische sensor - photosensor

opto-elektronisch - opto-electronic

optrekmenu - pull-up menu

op verzoek - on demand

opvijzelen - lever

opvouwen - collapse

opvraagbestand - query file

opvraagtaal - query language

opvraagtransactie - inquiry transaction, query transaction

opvragen- query

opvullen - add, pad

opzetten - mount

opzichtig gedrag - high profile

opzoek... - lookup...

organisatie - organization

oscillograaf - oscilloscope

oud - back, legacy, old

oud nummer - back number

overal hetzelfde - location-transparent

overdoen - redo

overdraagbaar - portable

overdraagbaarheid - portability

overdraagbaarheid op binair niveau - binary portability

overdraagbaarheid op bronniveau - source portability

overdraagbare toepassing - portable application

overdracht - transmission

overdrachtsnelheid - data rate

overdrachtssnelheid - transfer speed

overdragen - transfer, transmit

overdrachtssnelheid - transfer speed, transmission speed

overdrive processor - overdrive processor

overeenkomstig - in line with

overerfde rechten - inherited rights

overerving - inheritance

overgang - cutover, transition

overgangssnelheid - churn rate

overgebleven - left

overkoepelend netwerk - overlay network

overlappen - overlap

overlappend - cascaded

overlapping - overlap

overlay-bestand - overlay file

overloop - overflow

overschakeling - change-over

overschrijven - overtype, overwrite

overslaan - pass, skip

overspraak - crosstalk

overtollig - redundant

overzetten - transcribe

overzicht - outline, overview, summary

-P-

paar - pair

pad - path

padnaam - path name

pagina - page

paginabereik - page range

pagina modus - page mode

pagina-indeling - page layout, page setup

pagina-printer - page printer

paginalezer - page reader

paginanummering - page numbering

pagineren - swapping, paging

paginering - pagination

pakket - package, packet

pakketgrootte - packet size

palet - palette

palmtop - palmtop

panacee - silver bullet

pand - premise

paneel - pane, panel

Pantone kleurensysteem - Pantone matching system (PMS)

papier - paper

papierbreedte - paper width

papierhouder - copyholder

papierinvoer - feed

papierlengte - paper height

papierloos kantoor - paperless office

papiervernietiger - shredder

paradigmaverandering - paradigm shift

parallel-serie omzetter - parallel-to-serial converter

parallel-serie omzetter - serializer

parallelle adapter - parallel adapter

parallelle communicatie - parallel communications

parallelle poort - parallel port

parallelle printer - parallel printer

parallelle printeraansluiting - parallel Centronics

parallelle processoren - parallel computing

parallelle run - shadow run

parallelle server - parallel server

parallelverwerking - parallel run

parameter - parameter, parm(s)

parameters doorgeven - parameter passing

parametrisch - parametric

pariteit - parity (odd, even)

pariteitsbit - parity bit

pariteitsfout - parity check, parity error

parkeren - park

partitie - partition

partijdig - partial

pasje - pass

passen - fit

passeren - pass

passief - passive

patroon - pattern

patroonherkenning - pattern recognition

pauze - break

peiling - bearing

penschrift informatie - electronic ink

periodiek onderhoud - scheduled maintenance

permanente fout - hard error

permutatie - permutation

persistentie - persistence

persoonlijk - person-to-person, personal

persoonlijke toegang - physical access

pictogram - icon

pictogram-editor - icon editor

piepen - beep

pieper - pager

pijl - arrow

pijltjestoets - scroll arrow

pijpleiding - pipeline

pin-toewijzing - pin assignment

piraterij - piracy

plaats - location

plaatsaanduiding - place holder

plaatsindeling - physical planning

plaatsing - real estate

plasmascherm - plasma display

plastic lint - film ribbon

plat - casters up, down

plat model - oyster-shell

plat scherm - flat-panel display

platte tekst - body

plunjer - solenoid

polair - polar

polimorfisme - polymorphism

polling-snelheid - polling rate

polling-volgorde - polling sequence

polynoom - polynomial

ponsband - paper tape

ponskaartapparatuur - unit record

ponsmachine - key punch

poort - port, gate

portrait - portrait

positie - position

positief - positive

positienotatie - positional notation

positioneren - position

post - mail

postbak - basket (in, out)

posten - post

potentiële klant - prospect

potentiële klanten - business area

praktijkproef - field trial

praktijktest - field test

predikatenlogica - predicate logic

preëmptief - preemptive

presentatie-graphics - presentation graphics

prestatie - performance

prestatietest - benchmark

preventief onderhoud - preventive maintenance

priemgetal - prime number

prijs - price

prijsopgave - price quotation

prijs/prestatie - price/performance

prijsberekening - costing

prijsopgave - quotation

prijsstelsel - pricing scheme

prikbord - bulletin board system

primair - primary, main, major

primaire DOS-partitie - primary DOS partition

primaire partitie - primary partition

principe - principle

printer-stuurprogramma - printer driver

printerbestand - printer file

printerbesturingsband - carriage control tape

printerwachtrij - print queue

printkop - printhead

printplaat - daughterboard, motherboard

prioriteit - priority

probleem-georiënteerde taal - problem-oriented language

probleemoplossend - problem solving

problem tracking - problem tracking

procedurebestand - procedure file

procedureel - procedural

procedurele programmeertaal - procedural language

procedures handboek - cookbook

proces - litigation, process

procesbesturing - process control

procesmodel - process model

product - product

productenlijn - product line

productie - production

productierijp zijn - going gold

productkenmerk - feature

productondersteuning - product support

proef - test, acid test, smoke test

proefdruk - blueline, draft print

proeflezen - proof

proefproject - pilot

profiel - profile

programma - programme

programma's porten - porting code

programma-georiënteerd - program-oriented

programma-niveau - program level

programma-onderbreking - program interrupt

programma-onderhoud - program maintenance, software maintenance

programmabibliotheek - library, run-time library

programmadiskette - program diskette

programmafout - bug

programmagenerator - code generator, program generator

programmalicentie - software license

programmalogica - program logic

programmaproduct - program product

programmastapel - program stack

programmastructuur - programming construct

programmatische sleutel - software key

programmatuur - software

programmawissel - program switch

programmeerbaar - programmable

programmeerblad - coding sheet

programmeertaal - programming language

programmeren - code, program

programmering - coding, programming

programmeur - programmer

proportionele spatiëring - proportional spacing

propositiecalculus - propositional calculus

protocol - protocol

protocollaag - protocol layer

publiciteitsstunt - hype

pulsmodulatie - pulse modulation

punt - dot, period, point

puntafstand - dot pitch

punthaken - angle brackets

puntkomma - semicolon

-R-

raad - council

radiaal - radian

radionetwerk - mobile network, wireless network

radioverbinding - radio link

rafels - jaggies

rampenplan - contingency plan, disaster plan

rand - border, edge

randapparatuur - ancillary equipment, auxiliary equipment, input/output unit, peripheral unit

rang - rank

rangschikken - order, rank

raster - bit-map, grid

rasterfont - bit-mapped font, raster font

rasterafbeelding - raster display

rasterbeeld - raster graphics

rastereenheid - raster unit

rasterizer - rasterizer

rationeel getal - rational number

reactietijd - response time

reboot - warm start

recht - authority, right

rechte rechterkantlijn - right justify

rechten - rights

rechter accolade (}) - right brace

rechtermarge - right margin

rechter rechte haak (]) - right square bracket

rechterhaak ()) - right parenthesis

rechthoek - rectangle

rechts - right

rechts inspringen - right indent

rechts uitlijnen- right align

rechtzetten - rectify

record - record

record-blokkering - record-level locking

recordindeling - record format, record layout

records bijhouden - record keeping

recursie - recursion

recursief - recursive

redeneren - reasoning

referentie-informatie - reference information

referentiekader - frame of reference

referentiële integriteit - referential integrity

referentiemodel - reference model

referentiepunt - benchmark

reflecteren - reflect

reflecterend - reflective

reflecterende inkt - reflective ink

reflectiefactor - reflectance

reflectiemeter - reflectometer

regel - line, rule, practice

regeleditor - line editor

regeleinde - line break

regelen - control, moderate, regulate

regelmatig - regular, even

regelnummer - line number

regelspatiëring - leading, line spacing

regelteken - line character

regelterugloop - carriage return

regenereren - refresh

registratie - registration

regressie-analyse - regression analysis

regressietest - regression test

rek - rack

rekenblad - spreadsheet

rekening - bill

rekenkundig - arithmetic

rekenmachine - calculator

rekmontage - rack mounting

relais - relay

relatie - relation

relatief - relative

relatief adresseren - relative addressing

relatieve vochtigheid- relative humidity

relationele bewerking - relational operation

relationele database - relational database

relationele expressie - relational expression

relationele model - relational model

reliëf - embossing

remote batch-verwerking - remote batch processing

reorganiseren - reorganize

reparatie - corrective maintenance

repareren - correct, fix, repair

repeterende toets - autorepeat, typematic

reproduceren - reproduce

reserve - slack, backup

reserve-onderdeel - spare part

reservekopie - backup, backup copy

reservekopie maken - back up

resource-toewijzing - resource allocation

rest - remainder

restant - remainder

resultaat - result

revideren - retrofit

revisiemarkeringen aanbrengen - redlining

richtlijn - guideline

rij - row, tier

rij fotocellen - photodiode array

ringband - binder

ringnetwerk - ring network

risico-afweging - risk assessment

risico-analyse - risk analysis, risk assessment

robotica - robotics

robuustheid - robustness

rode aan/uit schakelaar - big red switch

rolmenu - pull-down menu

Romeinse cijfers - roman numerals

rondzendlijst - mailing list

rondgeketende lijst - circular list

rooster - grid

roosterinstelling - grid setup

rotatieschema - rotation strategy

rotatievertraging - rotational delay, rotational latency

roteren - rotate

rotzooi - junk, garbage

rotzooi erin, rotzooi eruit - garbage in, garbage out (GIGO)

routeren - route

routering - routing

routeringsprotocol - routing protocol

routeringstabel - routing table

royalty-vrij - royalty-free

rubriceren - classify

rugmarge - binding margin

-S-

samengesteld - aggregate, composite, compound

samengesteld document - compound document

samengesteld model - composite model

samengesteld onderdeel - assembly

samengesteld videosignaal - composite video

samengestelde overeenkomst - package deal

samenstellen - assemble, build, implode

samenvatten - resume, summarize

samenvatting - summary

samenvoegen - catenate, collate, concatenate, join, merge

samenvoeging - aggregation

samenwerken - coordinate

sanering - shake-out

satelliet - satellite

satellietcomputer - satellite computer

satellietverbinding - satellite link

scala - gamut

schaalbaar lettertype - scalable font

schaalbaarheid - scalability

schaduw geven - shadowing

schakelaar - switch

schakelen - switching

schakeling - circuit

schakelpaneel - patch panel

schatten - gauge, size, estimate

schatting - sizing, estimate

schattingen maken - estimating

scheduler - scheduler

scheefheid - skew

scheidend vermogen - resolution

scheiden - divide, separate, split

scheidingslijn - dividing line

scheidingsteken - delimiter, separator

schema - schema

schermafdruk - screen dump

schermgrootte - screen size

schermweergave - screen display

schijf - disc, disk, platter

schijf besturingssysteem - disk operating system

schijf input/output - disk I/O

schijfloze PC - diskless PC

schijf manager - disk manager

schijf mirroring - disk mirroring

schijfeenheid - disk unit

schijfloze PC - diskless PC

schijfopslag - disk storage

schijfpartitie - disk partition

schijfruimte - disk space

schijfstation - disk drive

schoonmaak - garbage collection

schootcomputer - laptop

schreef - serif

schreefloos - sans-serif

schreefloze letter - gothic

schrijfbeveiliging - write-protected

schrijfdichtheid - recording density

schrijfletters - script font

schrijfmachine - typewriter

schrijfmachine-terminal - typewriter terminal

schrijfmachinekwaliteit - letter quality

schrijfstift - stylus

schrijftoegang - write-access

schrijfwijze - notation, representation

schrijven toegestaan - write-enabled

script - script

schuifbaar venster - scrollable window

schuifbalk - scroll bar

schuifpijl - scroll arrow

schuifblokje - scroll box

schuifregelaar - slider

schuifregister - shift register

schuin - oblique, slanted

schuine streep - dash, solidus

schuiven - scroll

seconde - second

secundair - secondary. minor

secundair geheugen - secondary storage

secundaire groep - supergroup

secundaire sleutel - secondary key

seinen - keying

selecteren - select

selectie opheffen - deselect

selectieve backup - selective backup

semafoor - semaphore

semantisch model - semantic model

semantisch - semantic

semantische fout - semantic error

semantische kloof - semantic gap

seminar - seminar

sequentieel bestand - sequential data set

sequentiële toegang - sequential access

serie-parallel omzetter - deserializer, serial-to-parallel converter

serieel - serial

seriële adapter - serial adapter

seriële communicatie - serial communications

seriële poort - serial port

seriële printer - serial printer

serienummer - serial number

sessielaag - session layer

set-bewerking - set operation

signaal - signal

signaallampje - indicator

signaalruisverhouding - signal-to-noise ratio

signaalverwerking - signal processing

signalering - signaling (signalling)

simulatie - simulation

simulatiespellen - management games

simultaangebruik - time-sharing

sjabloon - template

slaaf - slave

slag - cycle, strike

slagschaduw - drop shadow

slecht - bad

slecht blok - bad block

slechte sector - bad sector

sleuf - slot

sleutelbeheer - key management

sleutelfactor - key factor

sleutelgenerator - key generator

sleutelveld - key field

sleutelwoord - keyword, reserved word

sluiten - close

smalband - narrowband

smeltbaar - fusible

smiley - emoticon, smiley

snel maar slordig - quick-and-dirty

snelheid - speed, rate

snelheidsverdubbelaar - speed doubler

sneltoets - accelerator key, hot key

snippers - chad

snoer - cord

snoerloos - cordless

snoertje - patch cord

soort - class

sorteerprogramma - sorter

sorteersleutel - sort key

sorteervolgorde - collating sequence, sort sequence

sorteren - arrange, sort

spanning - tension

spatie - blank, space

spatiebalk - bar, space bar

spatiëring - spacing (line, character)

spatieteken - blank, space

speciaal teken - special character

specificatie - specification

specifieke hulpinformatie - context-sensitive help

spel(letje) - game

spelfout - misspelling, typo

spellen - spell

spellingscontroleprogramma - spell checker, spelling checker

speltheorie - game theory

spiegelbeeld - mirror image

spiegelen - mirroring

spiraalmodel - spiral model

splitsen - burst

spoel - reel, coil, L, inductor

spoor - track, trail

spraak - speech

spraakcomputer - voice computer

spraakherkenning - speech recognition

spraakkanaal - voice channel

spraakpost - voice-mail

spraakverwerking - voice processing

spreidingsdiagram - scatter diagram

sprong - jump

staafdiagram - bar chart

staand - portrait

staart - descender

stambestand - master file

stamdiskette - master diskette

standaard - default, general, standard

standaard-instelling - default value

standaardafwijking - standard deviation

standaardkenmerk - default attribute

standaardpad - default path

standaardstation - default drive

standaardwaarde - default value

standaardbrief - form letter

stap - step

stapel - stack

stapelbare hub - stackable hub

stapsgewijs - step by step

start bit - start bit

starten - boot, launch, start

station - drive

stationaanduiding - drive letter

stationair - stationary

statisch - static

statistiek - statistics

status - state

statusbericht - information message

statusregel - status line

steekproef - sample, spot check

steekproeven nemen - sampling

stekker - connector, plug

stemcomputer - voting computer

stemherkenning - voice recognition

stempel - stamp

stempelen - stamp, cancel

sterk gekoppeld - tightly-coupled

stervormig - star

steunkleur - spot colour

stevigheid - durability

stilstand - breakdown

stippellijn - dotted line

stofkap - dust cover

stok - ascender

stootsgewijs - in burst mode

stopcontact - female connector, jack, outlet

storing - failure, interference

storingstijd - downtime

straal - beam

stralen - beam

streepje - bar, dash, hyphen

streepjescode - bar code

stroomafwaarts - downstream

stroomdiagram - flow diagram, flowchart

stroomopwaarts - upstream

stroomstoring - blackout, brownout

storingstijd - downtime

struikelblok - inhibitor

studie - study

stuiteren - bounce

stuurcode - control code

stuurgroep - steering committee

stuurkunde - cybernetics

stuurmatje - trackpad

stuurprogramma - driver, device driver

supergeleiding - superconductivity

suprageleiding - cryogenics

symbolisch - symbolic

symbolische taal - symbolic language

symbool - symbol

symboolbibliotheek - symbol library

symmetrisch - symmetric

synchronisatie - synchronization

synchronisatietekens - idle characters

synchroniseren - synchronize

synchroon - synchronous

syndroom - syndrome

synergie - synergy

synoniem - alias, synonym

synoniemenlijst - thesaurus

syntactische fout - syntax error

syntaxis - syntax

sysop - boss, system operator

systeem - system

systeem-resources - system resources

systeemadministrateur - system administrator

systeemanalyse - system analysis

systeemapparaat-stuurprogramma - system device driver

systeembestand - system file

systeembord - system board

systeemconfiguratie - system configuration

systeemconsole - system console

systeemdatum - system date

systeemgeneratie - system generation

systeemhuis - software house, system house

systeemhulpprogramma's - system utilities

systeemintegratie - system integration

systeemintegriteit - system integrity

systeemoptimalisering - system tuning

systeemprogrammatuur - system software, system programs

systeemprogrammeur - system programmer

systeemschijf - bootable disk, system disk

systeemtijd - system time

systematische afwijking - bias

-T-

taak - task

taakanalyse - task analysis

taakgeoriënteerd - task oriented

taakgerichte programmeertaal - job oriented language

taakopdracht - assignment

taalkunde - linguistics

taartdiagram - pie chart

taartgrafiek - pie chart

tabel - table

tabelleren - tab, tabulate

tabelvorm- tabular form

tablet - digitizing tablet

talstelsel - number system

tape-cassette - tape cartridge

tape-station - tape drive

tarieven - tariffs, rates

technicus - engineer

techniek - technique

technische verandering - engineering change

technologie - technology

tegelijk formatteren - format on-the-fly

tegen kopiëren beveiligd - copy protected

teken - sign, character

teken-interface - character interface

tekencode - character code

tekenen - draw, paint, plot

tekenfamilie - typeface

tekengenerator - character generator

tekenherkenning - character recognition

tekening - drawing

tekenprinter - character printer

tekenreeks - character string

tekenrepertoire - symbol set, character set

tekenspatiëring - character spacing, pitch

tekst - text

tekst om een illustratie draperen - text flow

tekstopmaak - text layout

tekstoverloop - word wrap

tekstverwerking - text processing, word processing

tekstverwerker - text processor, word-processor

telecom-bedrijf - carrier

telecommunicatie - telecom, telecommunication

telefax - fax

telefonie - telephony

telefonisch informatiecentrum - call center

telefonisch vergaderen - conference call

telefoon - telephone

telefooncentrale - exchange, switchboard, central office switch, PABX

telefooncoördinator - call dispatcher

telefoondraad - wireline

telefoonkaart - calling card

telefoonlijnkwaliteit - voice-band, voice grade

telefoontoestel - handset, phone, telephone

telematica - telematics

telemetrie - telemetry

telewerken - telecommuting

teller - counter

teller - numerator

temperatuursensor - thermal sensor

ter plaatse - on-site

terugbel-modem - dial-back modem

terugbladeren - page down, scroll down

teruggaan - go back

terughalen - retrieval

terugmelding - feedback

terugstellen - backspace

terugzoeken - reverse search

testgegevens - test data

theorie - theory

thermische fax - thermal fax

thermische printer - thermal printer

thuiscomputer - home computer

tientallig - decimal

tijd - time

tijd en onkosten - time and material

tijdbom - time bomb

tijdelijk - intermediate, optional, temporary

tijdelijke fout - transient

tijdelijke oplossing - intermediate solution, workaround

tijdelijke opslag - intermediate storage

tijdens het compileren - at compile-time

tijdsverschil - time lag, time difference

tijdzone - time zone

tint - shading

tipscherm - touchscreen

titelbalk - title bar

toebehoren - accessories

toegang - access

toegang op afstand - remote access

toegang via een radiotelefoon - wireless access

toegangsarm - access arm

toegangscode - access code

toegangscontrole - access control, access method

toegangspad - access path

toegangspoort - access switch

toegangssnelheid - access rate

toegangstijd - access time

toegangstoets - accelerator, access key

toegankelijkheid - accessability

toekennen - assign, grant

toelaatbare belasting - power rating

toepassen - apply

toepassing - application

toepassingsgenerator - application generator

toepassingsontwikkeling en-onderhoud - application development and maintenance

toepassingspictogram - application icon

toepassingsprogramma - application program

toepassingsvensters - applications running in windows

toetsaanslag - keystroke, stroke

toetsdefinitie - key definition

toetsenbord - keyboard

toetsenbord-macro - keyboard macro

toetsenbordbuffer - keyboard buffer, type-ahead buffer

toetsenbordindeling - keyboard layout

toetsenbordsjabloon - keyboard overlay, keyboard template

toetsenbordvervanger - keyboard ghost

toetstelefoon - touchtone phone

toevallig - odd

toevoegen - add, append

toewijzen - allocate

toewijzing - allocation

toewijzingseenheid - allocation unit

toezien - monitor

tonen - list, display, reveal, show

toonhoogte - pitch

topmodel - high-end

topologie - topology

toren - tower

totaal - aggregate, total

totale bandbreedte - aggregate bandwidth

totale computerkosten - total cost of computing

traceren - trace

transactie - transaction

transactiebestand - transaction file

transactiecode - transaction code

transactielog - transaction log

transactieverwerking - transaction processing

transparante verbinding - transparent connection

transponeren - transpose

transportlaag - transport layer

trekontlasting - strain relief

tussenkomst - intervention

tussenvoeging - insertion

tweede gang - second pass

tweede leverancier - second source

tweedimensional - two-dimensional, 2D

tweedraads - two-wire

tweegangs - two-pass

tweelagig - two-tier

tweerichtings- - two-way

tweetal - couple

tweevoudig - dual

tweevoudige processor - dual processor

typematic rate - typematic rate

typografisch zetten - typesetting

-U-

u gedeisd houden - low profile

uit-bak - out-basket

uitbesteden - outsourcing

uitbreiden - enhance, expand, extend

uitbreiding - add-in, add-on, extension, extender

uitbreidingsgleuf - expansion slot

uitbreidingskaart - expansion board, expansion card

uitbrengen- publish

uitdraai - listing

uitdraai - printout, print

uitdrukking - expression

uiterst betrouwbaar - high-availability

uitgaand - outbound

uitgaand gesprek - outgoing call

uitgang - exit, exit point, output

uitgebreid - enhanced, extended

uitgebreid toetsenbord - enhanced keyboard

uitgeven - publish

uithalen - page out

uitlezen - roll out, read out

uitlezing - readout

uitlijnen - align

uitlijning - alignment

uitloggen - logout

uitneembaar - removable

uitpakken - decapsulate, decompress, unpack

uitroepteken - exclamation point

uitsluiten - exclude

uitsparing - notch

uitsplitsing - breakdown

uitstellen - defer, delay, suspend

uitstraling - emission

uitvallen - flame

uitvoer - output

uitvoerbaar programma - object level program, run-time module

uitvoeren - execute, process, run

uitvoering - execution, run

uitvullen - justification

uitwerpen - eject

uitwisseling - exchange, interchange

uitzenden - transmit, broadcast

uitzetten - power down, power off, shutdown

uitzondering - contingency, exception

uitzonderingen laten zien - exception reporting

uitzonderingsroutine - exception routine

uniek abonneenummer - number portability

-V-

vacature - slot

vage besturing - fuzzy control

validatie - validation

valideren - validate

van te voren vastgelegd - predefined

variabele - variable

variabele lengte - variable length

vast - fixed, constant, permanent, solid

vaste aansluiting - fixed access, fixed connection

vaste activa - fixed assets

vaste inkt - solid ink

vaste kosten - fixed cost

vaste lengte - fixed-length

vast geheugenmedium - storage medium

vast tarief - flat rate

vaste activa - fixed assets

vaste afleverdatum - fixed date

vaste geheugen - storage

vaste geheugencapaciteit - storage capacity

vaste inkt - solid ink

vaste-komma - fixed-point

vaste lengte - fixed length

vaste lijn - point-to-point

vaste prijs en afleverdatum - fixed price, fixed date

vaste schijf - hard disk

vaste verbinding - managed link

vastlegging - commitment

vastlopen - crash, jam

vast tarief - flat fee, flat rate

vector - vector

vector-bitmap conversie - vector-to-raster conversion

vectorbeeld - vector display

veel gegevens, maar weinig informatie - data-rich and information-poor

veelhoek - polygon

veilig - secure

veilig stellen - save

veldkenmerk - field attribute

veldscheidingsteken - field separator

velleninvoer - sheetfeeder

venster - box

vensterponskaart - aperture card

ventilator - blower, fan

veranderen - alter, modify, change

verankeren - anchor

verband - relationship

verbergen - conceal, hide

verbinden - connect, associate

verbinding - cicuit, connection, junction

verbinding verbreken - hangup

verbindingsprotocol - link protocol

verborgen lijn - hidden line

verbreken - disconnect, unwrap

verbruiken - burn

verbruiksartikelen - consumables

verdeling - distribution

verdeling van de belasting - load sharing

verdienste - merit

verdraaien - warp

verdubbelaar - doubler

vereffening - equalization

vereiste - prerequisite, requirement

vergaarlijst - picking list

vergelijking - equation

vergelijkingsoperator - relational operator

vergrendelen - lock, interlock

vergroten - augment, blow up, enlarge, increment, increase

verhouding - ratio

verificatie - authentication, verification

verifiëren - verify

verkeer - traffic

verkleinen - reduce, shrink

verkooppunt - point-of-sale

verlagen - decrement, decrease

verliesvrij - lossless

verloop - drift, gradient

vermeerderen - increase, increment

vermenigvuldiger - multiplier

vermenigvuldigtal - multiplicand

verminderen - degrade, decrease, decrement

vermogen - capability, capacity

verouderd - obsolete

verouderde apparatuur - old iron

veroudering - bit rot

verplaatsbaar programma - relocatable program

verplaatsen - move, relocate

verplaatsing - relocation

verplicht - mandatory

verplichtingen - liabilities

verschil - difference

verschuiving - offset

verslaafde aan een computer - computer junk

verslag - report

versleutelen - encrypt

versleuteling - encryption

versnelling - acceleration

verstreken tijd - elapsed time

versturen - send, transfer

vertalen - translate

vertaler - translator

verticale lijn - vertical line

verticale opname - vertical recording

vertolker - interpreter

vertragen - delay

vertraging - delay, lag

vertragingslijn - delay line

vertrouwd - trusted

vervaldatum - expiration date, expiry date, due date

vervangen - replace, substitute

vervolg - sequel

vervolgmarkt - aftermarket

vervolgregel - continuation line

vervorming - distorsion

vervulling - fulfilment

verwerking - processing

verwerkingscapaciteit - processing power, throughput, thruput

verwerkingseenheid - processor

verwerving - acquisition

verwezenlijken - implement

verwijderen - purge, delete, erase

verwijzende sleutel - foreign key

verwijzing - reference

verwisselbaar - removable

verzadiging - saturation

verzameling - set, suite

verzameling protocollen - protocol suite

verzamelingenleer - set theory

verzekeren - ensure, insure

verzenden - transmit, send

verzoek - request

verzoek om informatie - inquiry

vestigen - establish, locate

vet - bold, bold face

via een computer confereren - computer conferencing

via een kabelverbinding - tethered

via een luchtverbinding - untethered

video-vergaderen - teleconferencing, videoconferencing

videoband - videotape

videocamera - video camera

videofoon - videophone

videokaart - video-card, video adapter, video board

videoserver - video server

videospel - arcade game

videoversneller - graphics accelerator

vierdraads - four-wire

vierkant - square

vierkantswortel - square root

viervoudige dichtheid - quad density

vignet - logo

vijfde generatiecomputer - fifth generation computer

vinkje - check mark

virtueel - virtual

virtueel geheugen - memory mapping, virtual memory

virtueel instrument - virtual instrument

virtueel netwerk - virtual network

virtueel pad - virtual path

virtuele machine - virtual machine

virtuele realiteit - virtual reality

virtuele schijf - virtual disk

virtuele terminal - virtual terminal

virtuele verbinding - virtual circuit

virtuele werkelijkheid - virtual reality

virus - virus

vishaken - angle brackets

visueel - visual

vital records - vital records

vlag - flag

vlakke ondergrond - flat-bed

vluchtig - cursory, volatile

vluggertje - quick hack

vochtigheid - humidity

voeding - supply, power

voedingsbron - power supply

voedingskabel - supply cable, power cable

voet - foot, feet (mv)

voetnoot - footnote

voetregels - footer

voldoen - fire

voldoen aan - comply with

voldoet aan een norm of regel - in compliance with

volgen - follow, track

volgorde - order, sequence

volgorde omkeren - reverse order

volgorde van aanroepen - calling sequence

volledig - full, fully, full size

volle hoogte - full-height

volledig opgetuigd - full-blown

volledige backup - full backup

voltooiing - completion

voor- en nadelen - pros and cons

vooraf ingesteld - preset

voorbedrukken - preprint

voorbeeld - example, instance, occurrence

voordeel - edge, gain

voorbereiden - prepare

voorgrond - foreground, top

voorgrondvenster - pop-up window

voorkeur - preference

voorladen - preload

voorletter - initial

voornaamste stroming - mainstream

vooronderstelling - premise

voorraad - inventory, stock

voorraadbeheer - inventory control

voorspellen - predict

voorspellend - predictive

voorstel - proposal, proposition

voortbrengen - generate

voortekenveld - signed field

voortplantingstijd - propagation delay

vooruit bladeren - page up

voorvoegsel - prefix

voorwaarde - condition

voorwaarts - forward, up

voorwaarts zoeken - forward search

voorwerp - object

voorziening - facility, provision

vorm - shape, form

vormgeven - industrial design

vraagteken - question mark

vreemd - odd

vrij - empty, free, unallocated, uncommitted, void

vrij geheugen - free memory

vrije indeling - free-form

vrije opslagruimte - free disk space

vrije plaats - empty slot

vrije regelval links - ragged left

vrije regelval rechts - ragged right

vrije ruimte - free space

vrijgeven - deallocate, deassign, release, unlock

vuilnisbak - trashcan

vullen - fill

vuurproef - acid test

-W-

waarde - value

waarde in een tabel opzoeken - table lookup

waarderingscijfer - rating

waardevolle eigenschap - asset

waarheidstabel - truth table

waarnemen op afstand - remote sensing

waarschuwing - alert, caution

wachten - wait

wachtrij - queue

wachttijd - latency

wachttoestand - wait state

wachtwoord - passcode, password

wagen, papiergeleider - carriage

warmte-afvoer - heat sink

warmtegevoelig papier - thermal paper

watervalmodel - waterfall model

wederkerig - reciprocal

wederverkoper - remarketer, reseller

weergeven - list, display, reproduce, reveal

weerspiegeling - glare

wees - orphan

weggooien- scrap, throw away

wereldomvattend - global

werk- - active

werk-georiënteerd - work-oriented

werkbestand - work file

werkblad - worksheet

werkelijk bestaand - real, physical

werkelijk - physical, real

werkelijkheid - reality

werken van een computer zonder operators - unattended operation

werkgroep - workgroup

werkgroep-computing - workgroup computing

werkingsgebied - domain

werkomgeving - environment

werkplek - desktop, seat, workplace

werkstation - workstation

werkstroom - workflow

werkstroom-controle - workflow management

werkvenster - active window

werkwijze - mode, technique

wet - law

wetgeving - legislation

wijsheid achteraf - hindsight

wijzigen - alter, change, modify

wikkelverbinding - wire-wrap

willekeurig - arbitrary, random

willekeurig getal - random number

Windows-omgeving - Windows environment

Windows-versneller - Windows accelerator

winkel - shop, outlet

winkeldochters - shelfware

wisbaar - erasable

wiskop - erase head

wisselaar - changer, juke box

wisselen - swap

wisselslot - Shift Lock

wisseltoets - Shift key

wissen - erase, delete

wissende uitlezing - destructive readout

witregel - blank line

woordafbreking - hyphenation

woordenlijst - glossary

woorden onderstrepen - word underline

woordgrootte - word length

woordomslag - word wrap

wortel - root

-Z-

zaadgetal - seed

zacht koppelteken - soft hyphen

zachte return - soft return

zakelijke gebruiker - corporate user

zakelijke rechtvaardiging - business case

zekeren - fuse

zekerheid - assurance

zekering - fuse

zelfcontrolerend - self-checking

zelfinductie - inductance

zelfstandig - self-contained, independent

zelfstudie - self-study

zelfuitpakkend bestand - self-extracting file

zetspiegel - type-area

zich conformeren - conform

zich kwalificeren - qualify

zichtbaar - visible

zichtbaar maken - unhide

zichzelf documenterend - self-documenting

zijkant - edge

zintuig - sense

zoekargument - search argument, query criteria

zoeken - search, query

zoeken en vervangen - search-and-replace

zoekargument - search argument

zoekopdracht - query

zoekprogramma - search engine

zoekrichting - search direction

zoekruimte - search space

zoeksleutel - search key

zoektaal - query language

zoekveld - search field

zoekvolgorde - search order

zoemer - buzzer

zonder toetsen - keyless

zonne-energie - solar power

zwarte rand - bezel

Bijlage A: Lijst van veelgebruikte tekens

EBCDIC Hex	Dec	ASCII Hex		Engelse naam	Nederlandse naam (spreektaal)
25	10	0A		line feed	zachte return
0C	12	0C		form feed	nieuwe pagina
0D	13	0D		carriage return	harde return
27	27	1B		escape	escape-teken
40	32	20		space, blank	spatieteken
5A	33	21	!	exclamation point	uitroepteken
7F	34	22	"	double quote	dubbel aanhalingsteken
7B	35	23	#	number sign, hash	(hekje, matje)
5B	36	24	$	dollar symbol	dollarteken
6C	37	25	%	percent sign	procentteken
50	38	26	&	ampersand	ampersand
7D	39	27	'	single quote	enkel aanhalingsteken
4D	40	28	(	left parenthesis	haakje openen
5D	41	29	)	right parenthesis	haakje sluiten
5C	42	2A	*	asterisk	asterisk
4E	43	2B	+	plus sign	plusteken
6B	44	2C	,	comma	komma
60	45	2D	-	minus sign, hyphen	minteken, koppelteken
4B	46	2E	.	period, decimal point	punt
61	47	2F	/	(division) slash	schuine streep, schrap
7A	58	3A	:	colon	dubbele punt
5E	59	3B	;	semicolon	puntkomma
4C	60	3C	<	less than	kleiner dan
7E	61	3D	=	equals sign	gelijkteken
6E	62	3E	>	greater than	groter dan
6F	63	3F	?	question mark	vraagteken
7C	64	40	@	commercial at sign	(apenstaartje)
AD	91	5B	[	left square bracket	rechte haak openen
79	92	5C	\	backslash	backslash
BD	93	5D	]	right square bracket	rechte haak sluiten
5F	94	5E	^	caret, circumflex	accent circonflexe (dakje)
6D	95	5F	_	underscore	onderstrepen
C0	123	7B	{	left brace	accolade openen
4F	124	7C	|	(split) vertical line	(onderbroken) verticale lijn
D0	125	7D	}	right brace	accolade sluiten
A1	126	7E	~	tilde	tilde
	174	AE	«	left chevron	linker chevron
	175	AF	»	right chevron	rechter chevron
6A	254	FE	•	bullet	bullet, aandachtspunt
			©	copyright	auteursrecht
			®	registered trademark	wettig gedeponeerd handelsmerk
			TM	trademark	handelsmerk

Bijlage B: Machten van tien en twee

Machten van tien

Vermenigvuldigingsfactor		Voor-voegsel	Symbool	Amerikaanse naam	Britse naam	Nederlandse naam
1 000 000 000 000 000 000	= 1018	exa	E	Quintillion	trillion	triljoen
1 000 000 000 000 000	= 1015	peta	P	Quadrillion	-	biljard
1 000 000 000 000	= 1012	tera	T	Trillion	billion	biljoen
1 000 000 000	= 109	giga	G	Billion	milliard	miljard
1 000 000	= 106	mega	M	Million	million	miljoen
1 000	= 103	kilo	K	Thousand	thousand	duizend
100	= 102	hecto	h	Hundred	hundred	honderd
10	= 101	deka	da	Ten	ten	tien
0.1	= 10-1	deci	d	Tenth	tenth	tiende
0.01	= 10-2	centi	c	Hundreth	hundreth	honderdste
0.001	= 10-3	milli	m	Thousandth	thousandth	duizendste
0.000 001	= 10-6	micro	mu	Millionth	millionth	miljoenste
0.000 000 001	= 10-9	nano	n	Billionth	milliardth	miljardste
0.000 000 000 001	= 10-12	pico	p	Trillionth	Billionth	biljoenste
0.000 000 000 000 001	= 10-15	femto	f	Quadrillionth	-	biljardste
0.000 000 000 000 000 001	= 10-18	atto	a	Quintillionth	Trillionth	triljoenste

Machten van twee

n	2^n
0	1
1	2
2	4
3	8
4	16
5	32
6	64
7	128
8	256
9	512
10	**1.024 (1K)**
11	2.048 (2K)
12	4.096 (4K)
13	8.192 (8K)
14	16.384 (16K)
15	32.768 (32K)
16	65.536 (64K)
17	131.072 (128K)
18	262.144 (256K)
19	524.288 (512K)
20	**1.048.576 (1M)**
21	2.097.152 (2M)
22	4.194.304 (4M)
23	8.388.608 (8M)
24	16.777.216 (16M)
25	33.554.432 (32M)
26	67.108.864 (64M)
27	134.217.728 (128M)
28	268.435.456 (256M)
29	536.870.912 (512M)
30	**1.073.741.824 (1G)**
31	2.147.483.648 (2G)
32	4.294.967.296 (4G)
33	8.589.934.592 (8G)
34	17.179.869.184 (16G)
35	34.359.738.368 (32G)
36	68.719.476.736 (64G)
37	137.438.953.472 (128G)
38	274.877.906.944 (256G)
39	549.755.813.888 (512G)
40	**1.099.511.627.776 (1T)**

K° = 2^{10} = circa duizend (10^3)
M° = 2^{20} = circa miljoen (10^6)
G° = 2^{30} = circa miljard (10^9)
T° = 2^{40} = circa biljoen (10^{12})

Bijlage C: Literatuur

1. Brandreth, G. *Everyman's Modern Phrase & Fable*. J.M. Dent & Sons Ltd, London, 1990.

2. Biemond, H. *Woordenboek Automatisering*. PBNA, Arnhem, 1988.

3. Brooks, Jr, F.P. *The Mythical Man-Month.* Addison-Wesley, Reading, 1982. Ned. vert. *De mythe van de man-maand.* Addison-Wesley, Amsterdam, 1987.

4. Brooks, Jr, F.P. 'No Silver Bullet' in *Computer* vol. 20-4 (April 1987), pp. 10-19. Ook afgedrukt in: T. DeMarco en T. Lister, eds. *Software State-of-the Art: Selected Papers*, (pp. 13-29). Dorset House Publishing, New York, 1990.

5. CCITT Red book Vol. X-X.1 *Terms and Definitions*. International Telecommunications Union, Genève, 1985. CCITT Blue book Vol. I *Terms and Definitions*. International Telecommunications Union, Genève, 1989.

6. Covington, M. en Downing, D. *Dictionary of Computer Terms*. Barron's Educational Series, Hauppage, NY, 1992.

7. DeJean, D. 'Ted Codd: Lion in winter' in *PC/Computing* (February 1989) pp. 130-141.

8. Fagan, M.E. 'Design and Code Inspections to Reduce Errors in Program Development' in *IBM System Journal* (1976 No. 3), pp. 182-211. Ook: *Datamation* (October 1977), en *IEEE Transactions on Software Engineering*, SE-12-7 (July 1986), pp. 744-751.

9. Freedman, A. *The Computer Glossary*, 5th ed. American Management Association, New York, 1991.

10. Gunton, T. *A Dictionary of information technology and computer science*. NCC Blackwell Ltd., Oxford.

11. Margolis, P.E. *Personal Computer Dictionary*. Random House, New York, 1991.

12. Martin, W. en Tops, G.A.J. *Groot woordenboek Engels-Nederlands*. Van Dale Lexicografie, Utrecht, 1989.

13. Microsoft. *Computer Dictionary*. Microsoft Press, Redmont, 1991.

14. Nelson, T.H. *Computer Lib/Dream Machine*, 1974. Reprinted Microsoft Press, Redmont, 1987.

15. Nolan, R.L. 'Managing the Crisis in Data Processing' in *Harvard Business Review* (March/April 1979), pp. 115-126 (reprint 79206).

16. Osborn, A.F. *Applied Imagination*. Scribner's, New York, 1963.

17. Oxford Reference. *Dictionary of Computing*. Oxford University Press, Oxford, 1991.

18. Parkinson, C.N. *Parkinson's Law or the Pursuit of Progress*. J. Murray, Londen, 1958.

19. Peter, L.J. and Hull, R. *The Peter Principle*. W. Morrow, New York, 1969.

20. Raymond, E. *The New Hacker's Dictionary*. The MIT Press, Cambridge, Mass. 1991.

21. Smits, R. en Koenen, L. *Peptalk & Pumps: Engels woordgebruik in de Nederlandse taal.* T. Rap, Amsterdam, 1992.

22. Uitert, C. van en Kaspers, A.M. *Verklarend informatica woordenboek*. Samsom, Alphen a/d Rijn, 1989.

23. *Webster's Dictionary: The new lexicon of the English language* (deluxe encyclopedic edition). Lexicon Publications, Inc., New York, 1990.

24. *Webster's New World Dictionary of Computer Terms*, 3rd ed. Prentice Hall Press, New York, 1988.

25. Wiener, N. *Cybernetics: or control and communication in the animal and the machine.* The Technology Press, New York, 1948.

26. Wyatt, A.L. *Computer Professional's Dictionary*. Osborne McGraw- Hill, Berkeley, Cal., 1990.

27. Microsoft. *The GUI Guide: localizing the graphical user interface*. Microsoft Corp., Redmont, WA, 1991.

28. Arts, S. *Het Nieuwe Handboek Internet.* Sybex, Soest, 1996.

Bijlage D: ASCII-tabellen

Codepage 437

Hex	Dec	Symbool	Naam
00	000	NUL	Null
01	001	SOH	Start of Heading
02	002	STX	Start of Text
03	003	ETX	End of Text
04	004	EOT	End of Transmission
05	005	ENQ	Enquiry
06	006	ACK	Acknowledge
07	007	BEL	Bell
08	008	BS	Backspace
09	009	HT	Horizontal Tabulation
0A	010	LF	Line Feed
0B	011	VT	Vertical Tabulation
0C	012	FF	Form Feed
0D	013	CR	Carriage Return
0E	014	SO/LS1	Shift Out/Locking Shift One
0F	015	SI/LS0	Shift In/Locking Shift Zero
10	016	DLE	Data Link Escape
11	017	DC1	Device Control One
12	018	DC2	Device Control Two
13	019	DC3	Device Control Three
14	020	DC4	Device Control Four
15	021	NAK	Negative Acknowledge
16	022	SYN	Synchronous Idle
17	023	ETB	End of Transmission Block
18	024	CAN	Cancel
19	025	EM	End of Medium
1A	026	IFS	Information File Separator
1B	027	ESC	Escape

Hex	Dec	Symbool	Naam
1C	028	DEL	Delete
1D	029	GS	Group separator
1E	030	RS	Record separator
1F	031	US	Unit separator
20	032	SP	Space
21	033	!	Exclamation point
22	034	"	Quotation marks
23	035	#	Number sign
24	036	$	Dollar sign
25	037	%	Percent sign
26	038	&	Ampersand
27	039	'	Apostrophe
28	040	(	Left parenthesis
29	041	)	Right parenthesis
2A	042	*	Asterisk
2B	043	+	Plus sign
2C	044	,	Comma
2D	045	-	Hyphen/Minus sign
2E	046	.	Period/Full stop
2F	047	/	Slash
30	048	0	Zero
31	049	1	One
32	050	2	Two
33	051	3	Three
34	052	4	Four
35	053	5	Five
36	054	6	Six
37	055	7	Seven

Hex	Dec	Symbool	Naam
38	056	8	Eight
39	057	9	Nine
3A	058	:	Colon
3B	059	;	Semicolon
3C	060	<	Less than sign
3D	061	=	Equal sign
3E	062	>	Greater than sign
3F	063	?	Question mark
40	064	@	At sign
41	065	A	A capital
42	066	B	B capital
43	067	C	C capital
44	068	D	D capital
45	069	E	E capital
46	070	F	F capital
47	071	G	G capital
48	072	H	H capital
49	073	I	I capital
4A	074	J	J capital
4B	075	K	K capital
4C	076	L	L capital
4D	077	M	M capital
4E	078	N	N capital
4F	079	O	O capital
50	080	P	P capital
51	081	Q	Q capital
52	082	R	R capital
53	083	S	S capital
54	084	T	T capital
55	085	U	U capital
56	086	V	V capital

Hex	Dec	Symbool	Naam
57	087	W	W capital
58	088	X	X capital
59	089	Y	Y capital
5A	090	Z	Z capital
5B	091	[	Left bracket
5C	092	\	Backslash
5D	093	]	Right bracket
5E	094	^	Circumflex accent
5F	095	_	Underline/Continuous underscore
60	096	`	Grave accent
61	097	a	a small
62	098	b	b small
63	099	c	c small
64	100	d	d small
65	101	e	e small
66	102	f	f small
67	103	g	g small
68	104	h	h small
69	105	i	i small
6A	106	j	j small
6B	107	k	k small
6C	108	l	l small
6D	109	m	m small
6E	110	n	n small
6F	111	o	o small
70	112	p	p small
71	113	q	q small
72	114	r	r small
73	115	s	s small
74	116	t	t small

Hex	Dec	Symbool	Naam
75	117	u	u small
76	118	v	v small
77	119	w	w small
78	120	x	x small
79	121	y	y small
7A	122	z	z small
7B	123	{	Left Brace
7C	124	|	Vertical line / Logical OR
7D	125	}	Right brace
7E	126	~	Tilde accent
7F	127	•	Small house
80	128	Ç	C cedilla capital
81	129	ü	u diaeresis small
82	130	é	e acute small
83	131	â	a circumflex small
84	132	ä	a diaeresis small
85	133	à	a grave small
86	134	å	a overcircle small
87	135	ç	c cedilla small
88	136	ê	e circumflex small
89	137	ë	e diaeresis small
8A	138	è	e grave small
8B	139	ï	i diaeresis small
8C	140	î	i circumflex small
8D	141	ì	i grave small
8E	142	Ä	A diaeresis capital
8F	143	Å	A overcircle capital
90	144	É	E acute capital
91	145	æ	ae diphthong small
92	146	Æ	ae diphthong capital
93	147	ô	o circumflex small

Hex	Dec	Symbool	Naam
94	148	ö	o diaeresis small
95	149	ò	o grave small
96	150	û	u circumflex small
97	151	ù	u grave small
98	152	ÿ	y diaeresis small
99	153	Ö	diaeresis capital
9A	154	Ü	U diaeresis capital
9B	155	¢	Cent sign
9C	156	£	Pound Sterling sign
9D	157	¥	Yen sign
9E	158	P	Peseta sign
9F	159	*f*	Florin sign
A0	160	á	a acute small
A1	161	í	i acute small
A2	162	ó	o acute small
A3	163	ú	u acute small
A4	164	ñ	n tilde small
A5	165	Ñ	N tilde capital
A6	166	ª	Ordinal indicator, feminine
A7	167	º	Ordinal indicator, masculine
A8	168	¿	Question mark, inverted
A9	169	_	Start of line symbol
AA	170	¬	Logical NOT/End of line symbol
AB	171	½	One half
AC	172	¼	One quarter
AD	173	¡	Exclamation point, inverted
AE	174	«	Left angle quotes
AF	175	»	Right angle quotes
B0	176	░	Fill character, light

Hex	Dec	Symbool	Naam
B1	177	▒	Fill character, medium
B2	178	▓	Fill character, heavy
B3	179	│	Center box bar vertical
B4	180	┤	Right middle box side
B5	181	╡	Right box side double to single
B6	182	╢	Right box side single to double
B7	183	╖	Upper right box corner single to double
B8	184	╕	Upper right box corner double to single
B9	185	╣	Right box side double
BA	186	║	Center box bar vertical double
BB	187	╗	Upper right box corner double
BC	188	╝	Lower right box corner double
BD	189	╜	Lower right box corner single to double
BE	190	╛	Lower right box corner double to single
BF	191	┐	Upper right box corner
C0	192	└	Lower left box corner
C1	193	┴	Middle box bottom
C2	194	┬	Middle box top
C3	195	├	Left middle box side
C4	196	─	Center box bar horizontal
C5	197	┼	Box intersection
C6	198	╞	Left box side single to double
C7	199	╟	Left box side double to single
C8	200	╚	Lower left box corner double

Hex	Dec	Symbool	Naam
C9	201	╔	Upper left box corner double
CA	202	╩	Middle box bottom double
CB	203	╦	Middle box top double
CC	204	╠	Left box side double
CD	205	═	Center box bar horizontal double
CE	206	╬	Box intersection double
CF	207	╧	Middle box bottom single to double
D0	208	╨	Middle box bottom double to single
D1	209	╤	Middle box top double to single
D2	210	╥	Middle box top single to double
D3	211	╙	Lower left box corner double to single
D4	212	╘	Lower left box corner single to double
D5	213	╒	Upper left box corner single to double
D6	214	╓	Upper left box corner double to single
D7	215	╫	Box intersection single to double
D8	216	╪	Box intersection double to single
D9	217	┘	Lower right box corner
DA	218	┌	Upper left box corner
DB	219	█	Solid fill character
DC	220	▄	Solid fill character, bottom half
DD	221	▌	Solid fill character, left half
DE	222	▐	Solid fill character, right half
DF	223	▀	Solid fill character, top half
E0	224	α	Alpha small

Hex	Dec	Symbool	Naam
E1	225	ß	Sharp s small
E2	226	Γ	Gamma capital
E3	227	π	Pi small
E4	228	Σ	Sigma capital
E5	229	σ	Sigma small
E6	230	µ	Mu small
E7	231	τ	Tau small
E8	232	Φ	Phi capital
E9	233	Θ	Theta capital
EA	234	Ω	Omega capital
EB	235	δ	Delta small
EC	236	∞	Infinity symbol
ED	237	ø	Phi small
EE	238	ε	Epsilon small
EF	239	∩	Intersection symbol/Logical product symbol
F0	240	≡	Identity symbol
F1	241	±	Plus or minus sign
F2	242	≥	Greater than or equal sign
F3	243	≤	Less than or equal sign
F4	244	⌠	Upper integral symbol section
F5	245	⌡	Lower integral symbol section
F6	246	÷	Divide sign
F7	247	≈	Nearly equals symbol
F8	248	°	Degree symbol
F9	249	•	Product dot
FA	250	·	Middle dot
FB	251	√	Radical symbol
FC	252	^{n}	n small superscript
FD	253	^{2}	Two superscript
FE	254	■	Solid square/Square bullet
FF	255		Required space

Codepage 850

Hex	Dec	Symbool	Naam
00	000	NUL	Null
01	001	SOH	Start of Heading
02	002	STX	Start of Text
03	003	ETX	End of Text
04	004	EOT	End of Transmission
05	005	ENQ	Enquiry
06	006	ACK	Acknowledge
07	007	BEL	Bell
08	008	BS	Backspace
09	009	HT	Horizontal Tabulation
0A	010	LF	Line Feed
0B	011	VT	Vertical Tabulation
0C	012	FF	Form Feed
0D	013	CR	Carriage Return
0E	014	SO/LS1	Shift Out / Locking Shift One
0F	015	SI/LS0	Shift In / Locking Shift Zero
10	016	DLE	Data Link Escape
11	017	DC1	Device Control One
12	018	DC2	Device Control Two
13	019	DC3	Device Control Three
14	020	DC4	Device Control Four
15	021	NAK	Negative Acknowledge
16	022	SYN	Synchronous Idle
17	023	ETB	End of Transmission Block
18	024	CAN	Cancel
19	025	EM	End of Medium
1A	026	IFS	Information File separator
1B	027	ESC	Escape

Hex	Dec	Symbool	Naam
1C	028	DEL	Delete
1D	029	GS	Group separator
1E	030	RS	Record separator
1F	031	US	Unit separator
20	032		Space
21	033	!	Exclamation point
22	034	"	Quotation marks
23	035	#	Number sign
24	036	$	Dollar sign
25	037	%	Percent sign
26	038	&	Ampersand
27	039	'	Apostrophe
28	040	(	Left parenthesis
29	041	)	Right parenthesis
2A	042	*	Asterisk
2B	043	+	Plus sign
2C	044	,	Comma
2D	045	-	Hyphen/Minus sign
2E	046	.	Period/Full stop
2F	047	/	Slash
30	048	0	Zero
31	049	1	One
32	050	2	Two
33	051	3	Three
34	052	4	Four
35	053	5	Five
36	054	6	Six
37	055	7	Seven
38	056	8	Eight
39	057	9	Nine
3A	058	:	Colon
3B	059	;	Semicolon
3C	060	<	Less than sign
3D	061	=	Equal sign
3E	062	>	Greater than sign
3F	063	?	Question mark
40	064	@	At sign
41	065	A	A capital
42	066	B	B capital
43	067	C	C capital
44	068	D	D capital
45	069	E	E capital
46	070	F	F capital
47	071	G	G capital
48	072	H	H capital
49	073	I	I capital
4A	074	J	J capital
4B	075	K	K capital
4C	076	L	L capital
4D	077	M	M capital
4E	078	N	N capital
4F	079	O	O capital
50	080	P	P capital
51	081	Q	Q capital
52	082	R	R capital
53	083	S	S capital
54	084	T	T capital
55	085	U	U capital
56	086	V	V capital
57	087	W	W capital
58	088	X	X capital
59	089	Y	Y capital

Hex	Dec	Symbool	Naam
5A	090	Z	Z capital
5B	091	[	Left bracket
5C	092	\	Backslash
5D	093	]	Right bracket
5E	094	^	Circumflex accent
5F	095	_	Underline/Continuous underscore
60	096	`	Grave accent
61	097	a	a small
62	098	b	b small
63	099	c	c small
64	100	d	d small
65	101	e	e small
66	102	f	f small
67	103	g	g small
68	104	h	h small
69	105	i	i small
6A	106	j	j small
6B	107	k	k small
6C	108	l	l small
6D	109	m	m small
6E	110	n	n small
6F	111	o	o small
70	112	p	p small
71	113	q	q small
72	114	r	r small
73	115	s	s small
74	116	t	t small
75	117	u	u small
76	118	v	v small
77	119	w	w small

Hex	Dec	Symbool	Naam
78	120	x	x small
79	121	y	y small
7A	122	z	z small
7B	123	{	Left brace
7C	124	|	Vertical line/Logical OR
7D	125	}	Right brace
7E	126	~	Tilde accent
7F	127	•	Small house
80	128	Ç	C cedilla capital
81	129	ü	u diaeresis small
82	130	é	e acute small
83	131	â	a circumflex small
84	132	ä	a diaeresis small
85	133	à	a grave small
86	134	å	a overcircle small
87	135	ç	c cedilla small
88	136	ê	e circumflex small
89	137	ë	e diaeresis small
8A	138	è	e grave small
8B	139	ï	i diaeresis small
8C	140	î	i circumflex small
8D	141	ì	i grave small
8E	142	Ä	A diaeresis capital
8F	143	Å	A overcircle capital
90	144	É	E acute capital
91	145	æ	ae diphthong small
92	146	Æ	ae diphthong capital
93	147	ô	o circumflex small
94	148	ö	o diaeresis small
95	149	ò	o grave small
96	150	û	u circumflex small

Hex	Dec	Symbool	Naam
97	151	ù	u grave small
98	152	ÿ	y diaeresis small
99	153	Ö	O diaeresis capital
9A	154	Ü	U diaeresis capital
9B	155	ø	o slash small
9C	156	£	Pound Sterling sign
9D	157	Ø	O slash capital
9E	158	×	Multiply sign
9F	159	ƒ	Florin sign
A0	160	á	a acute small
A1	161	í	i acute small
A2	162	ó	o acute small
A3	163	ú	u acute small
A4	164	ñ	n tilde small
A5	165	Ñ	N tilde capital
A6	166	ª	Ordinal indicator, feminine
A7	167	º	Ordinal indicator, masculine
A8	168	¿	Question mark, inverted
A9	169	®	Registered trademark symbol
AA	170	¬	Logical NOT/End of line symbol
AB	171	½	One half
AC	172	¼	One quarter
AD	173	¡	Exclamation point, inverted
AE	174	«	Left angle quotes
AF	175	»	Right angle quotes
B0	176	░	Fill character, light
B1	177	▒	Fill character, medium
B2	178	▓	Fill character, heavy

Hex	Dec	Symbool	Naam
B3	179	│	Center box bar vertical
B4	180	┤	Right middle box side
B5	181	Á	A acute capital
B6	182	Â	A circumflex capital
B7	183	À	A grave capital
B8	184	©	Copyright symbol
B9	185	╣	Right box side double
BA	186	║	Center box bar vertical double
BB	187	╗	Upper right box corner double
BC	188	╝	Lower right box corner double
BD	189	¢	Cent sign
BE	190	¥	Yen sign
BF	191	┐	Upper right box corner
C0	192	└	Lower left box corner
C1	193	┴	Middle box bottom
C2	194	┬	Middle box top
C3	195	├	Left middle box side
C4	196	─	Center box bar horizontal
C5	197	┼	Box intersection
C6	198	ã	a tilde small
C7	199	Ã	A tilde capital
C8	200	╚	Lower left box corner double
C9	201	╔	Upper left box corner double
CA	202	╩	Middle box bottom double
CB	203	╦	Middle box top double
CC	204	╠	Left box side double
CD	205	═	Center box bar horizontal double
CE	206	╬	Box intersection double
CF	207	¤	International currency symbol

Hex	Dec	Symbool	Naam
D0	208	ð	eth Icelandic small
D1	209	Đ	D stroke capital/Eth Icelandic capital
D2	210	Ê	E circumflex capital
D3	211	Ë	E diaeresis capital
D4	212	È	E grave capital
D5	213	ı	i dotless small
D6	214	Í	I acute capital
D7	215	Î	I circumflex capital
D8	216	Ï	I diaeresis capital
D9	217	┘	Lower right box corner
DA	218	┌	Upper left box corner
DB	219	█	Solid fill character
DC	220	▄	Solid fill character, bottom half
DD	221	¦	Vertical line, broken
DE	222	Ì	I grave capital
DF	223	▀	Solid fill character, top half
E0	224	Ó	O acute capital
E1	225	ß	Sharp s small
E2	226	Ô	O circumflex capital
E3	227	Ò	O grave capital
E4	228	õ	o tilde small
E5	229	Õ	O tilde capital
E6	230	µ	Micro symbol
E7	231	Þ	Thorn Icelandic small
E8	232	þ	Thorn Icelandic capital
E9	233	Ú	U acute capital
EA	234	Û	U circumflex capital
EB	235	Ù	U grave capital
EC	236	ý	y acute small
ED	237	Ý	Y acute capital

Hex	Dec	Symbool	Naam
EE	238	¯	Overline
EF	239	´	Acute accent
F0	240	-	Syllable hyphen
F1	241	±	Plus or minus sign
F2	242	‗	Double underscore
F3	243	¾	Three quarters
F4	244	¶	Paragraph symbol(VS)
F5	245	§	Section symbol(VS)/ Paragraph symbol (Europa)
F6	246	÷	Divide sign
F7	247	¸	Cedilla or sedila accent
F8	248	°	Degree symbol
F9	249	¨	Diaeresis/Umlaut accent
FA	250	·	Middle dot
FB	251	¹	One superscript
FC	252	³	Three superscript
FD	253	²	Two superscript
FE	254	■	Solid square/Histogram/ Square bullet
FF	255		Required space

Bijlage E: Codes van organisaties, landen en staten

Algemene Organisatiecodes in Internet-adressen

Code:	Soort organisatie:
.com	Bedrijven (company)
.edu	Scholen en universiteiten (education)
.org	Niet-commerciële organisaties (organization)
.gov	Systemen beheerd door de overheid (government)
.mil	Systemen voor militaire doeleinden (military)
.net	Organisaties met grote computernetwerken (network)

Landcodes in Internet-adressen

Landcode:	Land:
AD	Andorra
AE	Verenigde Arabische Emiraten
AF	Afganistan
AG	Antigua & Barbuda
AI	Anguilia
AL	Albanië
AM	Armenië
AN	Nederlandse Antillen
AO	Angola
AQ	Antarctica
AR	Argentinië
AS	Samoa
AT	Oostenrijk
AU	Australië
AW	Aruba
AZ	Azerbaidzjan
BA	Bosnië-Herzegowina
BB	Barbados
BD	Bangladesh
BE	België
BF	Burkina Faso
BG	Bulgarije
BH	Bahrein
BI	Burundi
BJ	Benin
BM	Bermuda
BN	Brunei
BR	Brazilië
BS	Bahamas
BT	Bhutan
BV	Bouvet
BW	Botswana

Landcode:	Land:
BY	Belarus (Wit-Rusland)
BZ	Belize
CA	Canada
CC	Cocos (Keeling) eilanden
CF	Centraal Afrika
OG	Congo
CI	Ivoorkust
CK	Cook-eilanden
CL	Chili
CM	Kameroen
CN	China
CO	Colombia
CR	Costa Rica
CS	Tsjechoslowakije
CU	Cuba
CV	Kaapverdische eilanden
CX	Christmas-eiland
CY	Cyprus
CZ	Tsjechië
DE	Duitsland
DJ	Djibouti
DK	Denemarken
DM	Dominica
DO	Dominicaanse Republiek
DZ	Algerije
EC	Ecuador
EF	Estonia
EG	Egypte
EH	Westelijke Sahara
ER	Eritrea
ES	Spanje

Landcode:	Land:
ET	Etiopië
FI	Finland
FJ	Fiji
FK	Falkland-eilanden
FM	Micronesië
FO	Farce-eilanden
FR	Frankrijk
FX	Frankrijk (Eur. gebied)
GA	Gabon
GB	Groot Britannië
GD	Grenada
GE	Georgië
GF	Guyana (Fr.)
GH	Ghana
GI	Gibraltar
GL	Groenland
GM	Gambia
GN	Guinea
GP	Guadaloupe
GQ	Equatoriaal Guinea
GR	Griekenland
GS	Zuid Georgië & Z-Sandwich-eilanden
GT	Guatamala
GU	Guam
GW	Guinea Bissau
GY	Guyana
HK	Hongkong
HM	Heard & McDonald eilanden
HN	Honduras
HR	Kroatië
HT	Haiti
HU	Hongarije
ID	Indonesië
IE	Ierland
IL	Israël
IN	India
IO	British Indian E. Territories
IQ	Irak
IR	Iran
IS	IJsland
IT	Italië
JM	Jamaica
JO	Jordanië
JP	Japan
KE	Kenia
KG	Kyrgyzikstan
KH	Cambodja
KI	Kiribati
KM	Comoros

Landcode:	Land:
KN	St. Kitts & Nevis
KP	Noord-Korea
KR	Zuid-Korea
KW	Koeweit
KY	Cayman-eilanden
KZ	Kazachstan
LA	Laos
LB	Libanon
LC	St. Lucia
Ll	Liechtenstein
LK	Sri Lanka
LR	Liberië
LS	Lesotho
LT	Lithauen
LU	Luxemburg
LV	Letland
LY	Libië
MA	Marokko
MC	Monaco
MD	Moldavië
MG	Madagascar
MH	Marshall-eilanden
MK	Macedonië
ML	Mali
MM	Myanmar
MN	Mongolië
MO	Macau
MP	Noord Mariana eilanden
MQ	Martinique
MR	Mauritanië
MS	Montserrat
MT	Malta
MU	Mauritius
MV	Maldiven
MW	Malawi
MX	Mexico
MY	Maleisië
MZ	Mozambique
NC	Nieuw-Caledonië
NE	Niger
NF	Norfolk-eiland
NG	Nigerië
NI	Nicaragua
NL	Nederland
NO	Noorwegen
NP	Nepal
NR	Nauru
NU	Niue
NZ	Nieuw-Zeeland
OM	Oman

Landcode:	Land:
PA	Panama
PE	Peru
PF	Polynesië (Fr.)
PG	Papua Nieuw-Guinea
PH	Filipijnen
PK	Pakistan
PL	Polen
PM	St Pierre & Miquelon
PN	Pitcairn-eilanden
PR	Puerto Rico
PT	Portugal
PW	Palau
PY	Paraguay
QA	Quatar
FE	Reunion
RO	Roemenië
RU	Russische Federatie
RW	Rwanda
SA	Saudi-Arabië
SB	Salomons-eilanden
SC	Seychellen
SD	Soedan
SE	Zweden
SG	Singapore
SH	St. Helena
SI	Slovenië
SJ	Svalbard en Jan Mayen
SK	Slowakije
SL	Sierra Leone
SM	San Marino
SN	Senegal
SO	Somalië
SR	Suriname
ST	St. Tome en Principe
SU	Sovjet Unie
SV	Salvador
SY	Syrië
SZ	Swaziland
TC	Turks en Caicos-eilanden
TD	Tsjaad
TF	Franse Zuidelijke gebieden
TG	Togo
TH	Thailand
TJ	Tadjikistan
TK	Tokelau
TM	Turkmenistan
TN	Tunesië
TO	Tonga
TP	Oost-Timor
TR	Turkije

Landcode:	Land:
TT	Trinidad en Tobago
TV	Tuvalu
TW	Taiwan
TZ	Tanzania
UA	Oekraïne
UG	Uganda
UK	Engeland
UM	VS Minor outlying eilanden
US	Verenigde Staten
UY	Urugauy
UZ	Uzbekistan
VA	Vaticaan Staat
VC	St. Vincent en Grenadines
VE	Venezuela
VG	Maagden(Virgin)eilanden(Br.)
VI	Virgin eilanden (VS)
VN	Vietnam
VU	Vanuatu
WF	Wallis en Futuna eilanden
WS	Samoa
YE	Jemen
YT	Mayotte
YU	Joegoslavië
ZA	Zuid-Afrika
ZM	Zambia
ZR	Zaïre
ZW	Zimbabwe

(De bovenstaande lijsten zijn overgenomen uit [28])

Afkortingen Amerikaanse staten in postcode

AK	Alaska
AL	Alabama
AR	Arkansas
AZ	Arizona
CA	Californië
CO	Colorado
DC	District of Columbia
CT	Connecticut
DE	Delaware
FL	Florida
GA	Georgia
HI	Hawaii
IA	Iowa
ID	Idaho
IL	Illinois
IN	Indiana
KS	Kansas
KY	Kentucky
LA	Louisiana
MA	Massachusetts
MD	Maryland
ME	Maine
MI	Michigan
MN	Minnesota
MO	Missouri
MS	Mississippi
MT	Montana
NC	North Carolina
NE	Nebraska
NH	New Hampshire
NJ	New Jersey
NM	New Mexico
NV	Nevada
NY	New York
ND	North Dakota
OH	Ohio
OK	Oklahoma
OR	Oregon
PA	Pennsylvania
RI	Rhode Island
SC	South Carolina
SD	South Dakota
TN	Tennessee
TX	Texas
UT	Utah
VT	Vermont
VA	Virginia
WA	Washington
WV	West Virginia
WI	Wisconsin
WY	Wyoming

Bijlage F: Acroniemen gebruikt in E-mail en op Internet

Naast smileys (smiley°) wordt in e-mail en op Internet veelvuldig gebruik gemaakt van afkortingen, genoemd MLA (Multi-Letter Acronym), TLA (Three Letter Acronym), FLA (Four Letter Acronym, Five Letter Acronym) enzovoort, vaak met bloemrijke betekenissen die er niet om liegen. Een aantal van deze afkortingen zijn ontstaan omdat mensen in babbel-modus (chat mode°) zo min mogelijk tekens wilden typen.

Hieronder volgt de tekst en letterlijke vertaling van sommige afkortingen met hun Nederlandse betekenis, verzameld uit vele bronnen.

0.02	Throwing in my two cents' worth - Als ik ook een duit in het zakje mag doen
2¢	Throwing in my two cents' worth –Als ik ook een duit in het zakje mag doen
ACK	Acknowledgement –OK; bevestiging
AFAICT	As far as I can tell –In mijn ervaring
AFAIK	As far as I know –Voor zover ik weet
AFK	Away from keyboard –Weg van het toetsenbord
AIUI	As I understand it –Voor zover ik het begrijp
AKA	Also known as –Ook bekend als
AOL	Absent over leave –Afwezig tijdens verlof
arg(s)	argument(s) –argument(en)
ARQ	Automatic repeat request –Automatisch verzoek om herhaling
ASAIGAC	As soon as I get a chance –Zodra ik de kans krijg
ASAP	As soon as possible –Zo snel mogelijk
ASM	Assembler –Assembler; lagere taal
AST	Atlantic standard time –Tijdzone (Puerto Rico, -5 uur)
ATP	As time permits –Voor zover de tijd het toelaat
AWHFY	Are we having fun yet? –Hebben we al lol?
AWOL	Absent without official leave –Afwezig zonder verlof
B4	Before –Voor

B4N	Bye for now –Voor nu tot ziens
BAD	Broken as designed –Niet-werkend ontworpen
BAK	Back at keyboard –Terug aan het toetsenbord
BAU	Business as usual –Zoals het gewoonlijk gaat
BB	Best of breed –De beste in zijn soort
BBL	Be back later –Ben straks terug
BBR	Broken beyond repair –Kapot en niet meer te repareren
BBR	Burned beyond repair –Doorgebrand en niet meer te repareren
BBS	Bulletin board system –Bulletinboard
BCNU	Be seeing you –Zie je nog wel
BFD	Blank floppy disk –Lege diskette
BFN	Bye for now –Voor nu tot ziens
BION	Believe it or not –Geloof het of niet
BLT	Bacon, lettuce and tomato –Bacon, sla en tomaat (sandwich)
BMOC	Big man on campus –Beroemde man op de universiteit
BMTIPG	Brilliant minds think in parallel gutters –Grote geesten denken eender
BOF	Birds of a feather –Gelijkgestemde zielen
BP	Blood pressure –Bloeddruk
BRB	Be right back –Ben zo terug
BRS	Big red switch –AAN/UIT schakelaar
BS	Bullshit –Flauwekul
BSBH	Busy season, busy hour –Drukke maand, piektijd
BSF	But seriously, folks –Nu even serieus, lui
BST	But seriously though –Laten we serieus zijn
BTA	But then again –Maar nogmaals
BTAIM	Be that as it may –Laat dat zo zijn

BTDT	Been there, done that –Ben daar geweest, heb dat geprobeerd
BTOBD	Be there or be dead –Daar moet je zijn/aan meedoen
BTSOOM	Beats the shit out of me –Ik weet het echt niet
BTW	By the way –Tussen twee haakjes
BWOS	Big wad of software –Grote stapel software
BWQ	Buzz word quotient –Gehalte modewoorden
C	C – C(programmeertaal)
CAD	Control-Alternate-Delete –Reboot; opnieuw beginnen
CADET	Can't add, doesn't even try –Jonkie dat van niets weet
CB	Citizens band –Bakkie (27 MHz radiotelefoon)
CET	Central European time –Middel-Europese tijd
CHK	Check –Controleer; fout
CI$	CompuServe Information Service –Kostbare CompuServe-dienst
CIM	CompuServe Information Manager –PC-programma voor CompuServe
CIS	CompuServe Information Service –CompuServe informatiedienst
CLM	Career limiting move –Voor carriŠre nadelige overplaatsing
CO	Care of –Per adres; p/a
CO	Conference –Conferentie
COD	Cash on delivery –Onder rembours (betalen bij ontvangst)
COTS	Commercial, off the shelf –Commercieel, direct leverbaar
CP	Copy protection –Beschermd tegen kopiëren
CST	Central standard time –Tijdzone (Midden-VS, -7 uur)
CU	See you –Tot ziens
CUL	See you later –Ik zie je nog wel
CUL8R	See you later –Ik zie je nog wel
DDJ	Dr. Dobbs Journal –Naam van een computertijdschrift

DIIK	Darn if I know –Mag hangen als ik weet
DILLIGAS	Do I look like I give a shit? –Zie ik er uit alsof me dat iets kan schelen?
DIY	Do it yourself –Doe het zelf
DL	Download –Sponzen (programma of informatie naar een PC overbrengen)
DOA	Dead on arrival –Deed het meteen niet
DST	Daylight saving time (-1 uur) –Zomertijd
DTRT	Do the right thing –Doe het goede
DWIM	Do what I mean –Doe wat ik zeg
DWIMC	Do what I mean, correctly –Doe wat ik zeg, op de juiste manier
DWISNWID	Do what I say, not what I do –Doe wat ik zeg, doe me niet na
DYJHIW	Don't you just hate it when... –Vindt jij het ook zo verschrikkelijk als...
ENQ	Enquire; enquiry –Navragen; navraag
EOF	End of file –Einde van het bestand
EOL	End of line –Einde van de regel
EST	Eastern standard time –Tijdzone (Oostelijke VS, -6 uur)
ETLA	Extended three-letter acronym –Uitgebreid drieletter acroniem
EYKIW	Everything you know is wrong {aiúkjoe} –Alles wat je weet is onjuist
F2F	Face-to-face –In persoon of via een videofoon
FAQ	Frequently asked questions –Veelgestelde vragen (en antwoorden)
FAQL	Frequently asked questions list –Lijst met veelgestelde vragen (en antwoorden)
FB	Files busy –Bestanden in gebruik; even wachten
FCFS	First come, first served –Wie het eerst komt, het eerst maalt
FF	Effen –Even (NL)
FFS	For fucks sake –Doe me een lol
FIC	First in command –Opperhoofd
FISH	First in, still here –Eerste aanwezige en nog steeds hier

FLA	Five-letter acronym –Vijfletter acroniem
FLA	Four-letter acronym –Vierletter acroniem
FOAF	Friend of a friend –Vriend van een vriend
FOC	Free of charge –Gratis (thuisbezorgd)
FOF	Friend or foe? –Vriend of vijand?
FR	File request –Verzoek om een bestand
FTF	Face to face –In persoon of via een videofoon
FUBAR	Fouled up beyond all recognition –Onherkenbaar in de war
FUD	Fear, uncertainty and doubt –Angst, onzekerheid en twijfel
FWIW	For what it's worth –Voor wat het waard is
FYA	For your action –Om actie op te nemen
FYA	For your amusement –Ter ontspanning
FYE	For your entertainment –Ter vermaak
FYI	For your information –Ter informatie
g	grin (<g> of [g]) –Grijns
GA	Go ahead –Ga verder
GAL	Get a life –Doe eens wat anders (dan voor het beeldscherm zitten)
gd&h	grinning, ducking and hiding –Grinniken, duiken en schuilen
gd&r	grinning, ducking and running –Grinniken, duiken en wegwezen
gd&r,vvf	grinning, ducking and running, very very fast –Grinniken, duiken en erg snel wegwezen
gd&rf	grinning, ducking and running fast! –Grinniken, duiken en snel wegwezen
GDW	Grin, duck and weave –Grinniken, duiken en zigzaggen
GEN	Generate –Genereren
GFD	Gone for the day –Morgen weer terug
GIGO	Garbage in, garbage out –Rotzooi in, rotzooi uit

GLGH	Good luck and good hunting –Veel geluk en goede jacht
GMT	Greenwich mean time –Tijdzone (Londen, -1 uur)
GMTA	Great minds think alike –Grote geesten denken gelijk
GOK	God only knows –De hemel mag het weten
GOWI	Get on with it –Ga ermee door
GPF	General protection fault –Geheugenfout (DOS foutmelding)
GPF	Go puke, fast! –Kwal, wegwezen
GRD	Grinning, running and ducking –Grinneken, wegwezen en duiken
GTSL	Get the source, Luke –Gebruik het bronprogramma, Luke (var. Star Trek)
HC	Hardcopy –Gedrukt; op papier
HHOJ	Ha ha, only joking –Ha, ha, gijntje
HHOK	Ha ha, only kidding –Ha, ha, gijntje
HHOS	Ha ha, only serious –Ha, ha, alleen serieus
HLL	High-level language –Hogere taal
HP	Home page –Homepage (WWW), Hewlett-Packard
HSIK	How should I know –Hoe zou ik dat moeten weten
HT	High tension –Hoogspanning
HTH	Hope this helps –Hoop dat je hier wat aan hebt
IAAA	I am an accountant –Ik ben een accountant
IAAL	I am a lawyer –Ik ben een jurist
IAC	In any case –In ieder geval
IAE	In any event –Wat er ook gebeurt
IANAA	I am not an accountant –Ik ben geen accountant
IANAL	I am not a lawyer –Ik ben geen jurist
IBN	I'm buck naked –Ik ben blut
ICBW	I could be wrong –Ik kan het mis hebben

IIRC	If I recall correctly –Als ik het mij goed herinner
IMAO	In my arrogant opinion –Naar mijn arrogante mening
IMBO	In my bloody opinion –Naar mijn vervloekte mening
IMCO	In my considered opinion –Naar mijn weloverwogen mening
IME	In my experience –In mijn ervaring
IMHO	In my humble opinion –Naar mijn bescheiden mening
IMNHO	In my not so humble opinion –Naar mijn onbescheiden mening
IMO	In my opinion –Naar mijn mening
IMPOV	In my point of view –In mijn optiek
INAA	I'm not an accountant –Ik ben geen accountant
INAL	I'm not a lawyer –Ik ben geen jurist
IOU	I owe you ... –Ik ben je ... schuldig
IOW	In other words –Met andere woorden
IRL	In real life –In werkelijkheid
ISTM	It seems to me –Het komt mij voor
ISTR	I seem to recall –Ik meen me te herinneren
ITFA	In the final analysis –Uiteindelijk
ITRO	In the region of –Omtrent; circa
ITRW	In the real world –In de echte wereld
IWBNI	If would be nice if... –Het zou fijn zijn als...
IYFEG	Insert your favourite ethnic group –Favoriete etnische groep invullen
IYSWIM	If you see what I mean –Als je begrijpt wat ik bedoel
JADS	Just another DOS shell –Weer zo'n DOS-shell
JAM	Just a moment/minute –Wacht even
JAS	Just a second –Wacht even
JAWS	Just another Windows shell –Weer zo'n Windows-shell

JFYI	Just for your information –Alleen voor jouw informatie
JIC	Just in case –Alleen in geval dat
JIT	Just in time –Precies op tijd
K&R	Kernighan & Ritchie –Schrijvers van de bijbel over C (OT, NT)
KB	Keyboard –Toetsenbord
KISS	Keep it short and simple –Houd het kort en eenvoudig
KISS	Keep it simple, stupid –Houd het eenvoudig, sufferd
KIT	Keep in touch –Houd contact
LA	Los Angeles –Stad in Californië
LC	Lower case –Onderkast
LJBF	Let's just be friends –Laten we vrienden blijven
LMAO	Laughing my arm off –Ik lach me kapot
LMAO	Laughing my ass off –Ik lach me kapot
LOA	Leave of absence –Verlof met toestemming
LOC	Line of code –Programmaregel
LOL	Laughing out loud –Hardop lachen
LT	Low tension –Laagspanning
LTD	Live test demo –Echte testdemonstratie
LTR	Later –Later
MEGO	My eyes glaze over... –Ik zie maar begrijp niet...
MFTL	My favourite toy land –Mijn favoriete speelplaats
MIPS	Meaningless information propagated by salespeople –Inhoudsloze informatie verspreid door verkopers
MIPS	Millions instructions per second –Miljoen instructies per seconde
MOF	Matter of fact –In feite
MOR	Middle-of-the-road –Gemiddeld

MORF	Male or female? –Man of vrouw?
MOTAS	Member of the appropriate sex –Lid van de geschikte sexe
MOTM	Member of the month –Lid van de maand
MOTOS	Member of the opposite sex –Lid van de tegenovergestelde sexe
MOTSS	Member of the same sex –Lid van de zelfde sexe
MS	Manuscript –Manuscript
MS	Microsoft –Microsoft
MST	Mountain standard time –Tijdzone (Rocky Mountains, -8 uur)
MUD	Multi-user dungeon –Multi-user kerker (spel)
MUG	Multi-user game –Multi-user spel
NA	Not applicable –Niet van toepassing
NAK	Negative acknowledgement –Niet OK; niet bevestigen
NALOPKT	Not a lot of people know that –Niet veel mensen weten dat
NARD	Not able to render decision –Kan geen beslissing nemen
NB	Nota bene –N.B.
NBD	No big deal –Stelt niet veel voor
NC	No charge –Gratis
NCV	No commercial value –Geen commerciële waarde
ND	No date –Zonder datum
NEI	Not elsewhere included –Wordt elders niet bijgeleverd
NF	No funds –Geen budget
NFL	No free lunch –Geen gratis lunch (TANSTAAFL)
NFW	No fucking way –Van geen kant
NFWM	No fucking way, man! –Van geen kant, man
NG	No good –Niet goed
NIH	Not invented here –Niet hier uitgevonden

NINO	Nothing in, nothing out –Niets binnengekomen, niets uitgegaan
NLT	Not later than –Uiterlijk
NOP	No operation –Geen activiteit; werkt niet; doet niets
NOYB	None of your business –Gaat je niets aan
NQ	No quote –Haal me niet aan
NQA	No questions asked –Geen vragen gesteld
NRN	No reply necessary –Antwoord niet noodzkelijk
NT	New testament –Nieuwe testament (K&R 2e editie)
NTE	Not to exceed –Niet meer dan
NTF	No trouble found –Geen probleem gevonden
NTIM	Not that it matters –Niet dat het er iets toe doet
NTIMM	Not that it matters much –Niet dat het er veel toe doet
NU	Name unknown –NN; naam onbekend
NUI	Network user identification –UserID op het netwerk
NYC	New York city –Stad New York
OAO	Over and out –Over en sluiten
OBO	Or best offer –Of hoogste bod
OBTW	Oh, by the way –Oh, tussen twee haakjes
OCO	Object code only –Alleen gecompileerde programma's
OIC	Oh, I see –Oh, ik begrijp het
OJT	On-the-job training –Training tijdens het werk
OMG	Oh my god –Oh, mijn hemel
OT	Old testament –Oude testament (K&R 1e editie)
OTC	Over the counter –In de winkel
OTF	On the floor –Op de vloer
OTL	Out to lunch –Aan het lunchen

OTOH	On the other hand –Aan de andere kant
OTS	Off the shelf –Direct verkrijgbaar
OTT	Over the top –De knoop doorhakken; uit zijn bol gaan
OTTH	On the third hand –Aan de derde kant
OTTOMH	Off the top of my head –Uit mijn blote hoofd
PA	Per annum –Per jaar
PABG	Pack a big gun –Wees gewaarschuwd
PANS	Pretty advanced new stuff –Behoorlijk geavanceerd spul
parm(s)	Parameter(s) –Parameter(s)
PC	Politically correct –Politiek correct/juist
PCMCIA	People can't remember complicated industry acronyms –Mensen kunnen geen gecompliceerde acroniemen onthouden
PD	Per diem –Dagelijkse toelage; per dag
PD	Public domain –In openbaar bezit
PDN	Public data network –Openbaar data-netwerk
PDS	Public domain software –Programmatuur in openbaar bezit
PDT	Pacific daylight time –Tijdzone (Westelijk VS)
PI	Politically incorrect –Politiek incorrect/onjuist
PING	Packet Internet Groper –Ping
PITA	Pain in the ass –Lastpak
PLOKTA	Press lots of keys to abort –Druk op veel toetsen om af te breken
PMBI	Pardon my butting in –Sorry dat ik stoor
PMFBI	Pardon me for butting in –Sorry dat ik stoor
PMFJI	Pardon me for jumping in –Sorry dat ik stoor
PMJI	Pardon my jumping in –Sorry dat ik stoor
PN	Partnumber –Onderdeelnummer

PNP	Plug and play –Plug & Play
POD	Piece of data –Stuk gegevens
POR	Price on request –Prijs op aanvraag
POS	Piece of shit –Rommel; rotzooi
POSSL	Person of opposite sex sharing living quarters –Persoon van de tegenovergestelde sexe met wie ik samenwoon
POTS	Plain old telephone services –Traditionele telefonie
POV	Point of view –Gezichtspunt
PPN	Programmer project number –UserID
PPS	Post Post scriptum –Tweede PS
PS	Post scriptum –PS
PS	Power supply –Voedingsbron
PST	Pacific standard time –Tijdzone (Westkust, -9 uur)
PTB	Powers that be (TPTB) –Gevestigde orde
PTO	Please turn over –Zie ommezijde; zoz.
QED	Quod erat demonstrandum –Hetgeen te bewijzen was
QTY	Quantity –Hoeveelheid
R&D	Research and development –Research/onderzoek en ontwikkeling
RBTL	Read between the lines –Lees tussen de regels door
RCV	Receive –Ontvangen
RFC	Request for comment –Genummerd voorstel (Internet)
RFD	Request for discussion –Voorstel ter discussie
RFP	Request for proposal –Verzoek om inschrijving
RHIP	Rank has its privileges –De top heeft zijn privileges
RIP	Requiescat in pace –Rust in vrede
RL	Real life –Werkelijkheid

RLCO	Real-life conference –Echte conferentie
RLOGIN	Remote login –Op afstand inloggen
RMF	Read me first –Dit eerst lezen
RNA	Ring, no answer –Bellen, geen gehoor
RO	Read-only –Alleen lezen
ROFL	Rolling on floor, laughing –Rol om van het lachen
ROM	Rough order of magnitude –Circa; ongeveer
ROT13	Rotate 13 positions –13 posities roteren
ROTF	Rolling on the floor –Rol om van het lachen
ROTFL	Rolling on the floor –Rol om van het lachen
RPG	Role playing games –Rollenspellen
RR	Receive ready –Klaar voor ontvangst
RSN	Real soon now –Nu echt binnenkort
RSVP	Repondez s'il vous plait –Graag antwoord
RT	Real-time –Direct
RTC	Right to copy –Recht om te kopiëren
RTFAQ	Read the FAQ –Lees de FAQ
RTFM	Read the fine manual –Lees de fraaie handleiding
RTFM	Read the fucking manual –Lees de vervloekte handleiding
RTFP	Read the fine print –Lees de kleine lettertjes
RTFS	Read the fucking screen –Lees het vervloekte scherm
RTI	Return from interrupt –Terug van onderbreking
RTM	Read the manual –Lees de handleiding
RTS	Ready to send –Klaar voor versturen
RUOK	Are you OK? –Maak je het goed?
RW	Read/write –Lezen/schrijven

RW	Right worthy –Echt de moeite waard
SAE	Self-addressed envelope –Aan jezelf geadresseerde envelop
SASE	Self-addressed stamped envelope –Aan jezelf geadresseerde, gefrankeerde envelop
SAT	Scholastic aptitude test –Schoolgeschiktheidstest
SC	Softcopy –Elektronisch; als computerbestand
SCO	Source code only –Alleen bronprogramma's
SF	San Francisco –Stad in Californië
SF	Science fiction –Science fiction
SIC	Second in command –Onderhoofd
SITD	Still in the dark –Begrijp het nog steeds niet
SL	Section leader –Sectieleider
SLC	Super low-cost –Supergoedkoop
SMOC	Small matter of commitment –Moet alleen nog worden goedgekeurd
SMOP	Small matter of programming –Moet alleen nog worden geprogrammeerd
SNAFU	Situation normal, all fouled up –Situatie zoals gewoonlijk, alles ligt in de war
SNR	Signal to noise ratio –Signaalruisverhouding
SO	Significant other –Belangrijk(e) andere
SOL	Shit out of luck –Alles zit tegen
SOP	Standard operating procedure –Standaardprocedure
SOS	Save our souls –Red ons
SUFID	Screwing up face in disgust –Daar walg ik van
SWAG	Stupid wild-ass guess –Domme, blinde gok
SWMBO	She who must be obeyed –Zij die moet worden gehoorzaamd
SYSOP	Systems operator –Systeembeheerder; forum-manager
TAFN	Thats all for now –Dat was het dan

TANJ	There ain't no justice –Er is geen gerechtigheid
TANSTAAFL	There ain't no such thing as a free lunch –Alleen de zon gaat voor niets op (R.A. Heinlein)
TAT	Turn-around time –Turnaround-tijd
TBA	To be announced –Moet nog worden aangekondigd
TBD	To be decided –Moet nog worden beslist
TBD	To be designed –Moet nog worden ontworpen
TBD	To be determined –Moet nog worden bepaald
TBS	To be specified –Moet nog worden gespecificeerd
TBYB	Try before you buy –Proberen voordat je het koopt
TCB	Trouble came back –Het probleem kwam terug
TD	Touchdown –Doelpunt
TDM	Too damn many –Veel te veel
TFTT	Thanks for the thought –Dank voor je idee
TGIF	Thank God it's Friday –De hemel zij dank is het vrijdag
TIA	Thanks in advance –Bij voorbaat dank
TIC	Tongue in cheek –Ironisch bedoeld
TINA	This is not an acronym –Dit is geen acroniem
TL	Total loss –Total loss; is niets meer van over
TLA	Three-letter acronym –Drieletter acroniem
TLC	Tender loving care –Met veel liefs
TM	Thread mangler –Thread-verstoorder (e-mail)
TN	Telephone number –Telefoonnummer
TNX	Thanks –Dank
TPTB	The powers that be –De gevestigde orde
TS	Top secret –Topgeheim

TSR	Terminate and stay resident –Blijf actief
TSR	Totally stupid rules –Volstrekt stomme regels
TTD	Things to do –Te doen (lijst)
TTFN	Ta ta for now –De mazzel
TTL4N	That's the lot for now –Dat was het allemaal
TTYL	Talk to you later –Spreek je later
TVM	Thanks very much –Heel veel dank
TWID	The way it's done –Dat is de manier waarop het gedaan wordt
TWIMC	To whom it may concern –Wie dit aangaat
TX	Transmit –Versturen; oversturen
UAE	Unrecoverable application error –Systeemfout (Windows)
UBD	User brain damage –Gebruikersbrein beschadigd
UC	Upper case –Bovenkast
UKL	United Kingdom pound –Engels pond
UL	Upload –Upload
UOK	Are you OK? –Alles in orde?
US	United States (of America) –Verenigde Staten (van Noord-Amerika)
USD	US dollar –Amerikaanse dollar
USW	Und so weiter –Enzovoorts
UTSL	Use the source, Luke –Gebruik het bronprogramma, Luke (var. Star Trek)
V	Versus –Versus; vs.
var(s)	Variable(s) –Variabele(n)
VAT	Value-added tax –Belasting toegevoegde waarde (btw)
VC	Virtual community –Virtuele gemeenschap
VFY	Verify –Verifiëren
VG	Very good –Heel goed

VIP	Very important person –VIP; heel belangrijk persoon
VR	Virtual reality –Virtuele werkelijkheid
VS	Versus –Versus; vs.
W3	World Wide Web –World Wide Web; WWW
W95	Windows 95 –Windows 95
WAEF	When all else fails –Als niets anders helpt
WAG	Wild-assed guess –Blinde gok
WC	Without charge –Gratis
WfW	Windows for workgroups –Windows voor werkgroepen
WG	Working group –Werkgroep
WIBNI	Wouldn't it be nice if... –Zou het niet leuk zijn als...
WIP	Work-in-progress –Werk in uitvoering
WIZOP	Wizard sysop –Geniale forumbeheerder
WKS	Well-known services –Welbekende diensten
WO	Write-only –Alleen schrijven
WOA	Work of art –Kunstwerk
WOMBAT	Waste of money, brains and time –Zonde van de tijd en het geld
WOW	Worlds of wonder –Wondere wereld
WRT	With regard to... –Met betrekking tot...
WTF	What the fuck –Wat is in hemelsnaam
WTF	Who the fuck –Wie in hemelsnaam
WTFDIK	What the fuck do I know –Hoe zou ik in hemelsnaam moeten weten
WTH	What the hell –Wat dan nog
WWI	World War I –Eerste Wereldoorlog
WWII	World War II –Tweede Wereldoorlog
WWW	World Wide Web –World Wide Web; WWW

WYGIWYPF	What you get is what you pay for –Je krijgt waarvoor je betaalt
WYSBYGI	What you see before you get it –Wat je ziet voordat je het krijgt
WYSIWIS	What you see is what I see –Wat je ziet, is wat ik zie
WYSIWIT	What you see is what I typed –Wat je ziet, is wat ik typ
WYSIWYD	What you see is what you deserved –Wat je ziet is wat je verdient
WYSIWYG	What you see is what you get –Wat je ziet, is wat je krijgt
XL	Extra large –Extra groot
YABA	Yet another bloody acronym –Weer zo'n verdomd acroniem
YACC	Yet another code compiler –Nog weer een compiler
YADS	Yet another DOS shell –Weer zo'n DOS-shell
YAUN	Yet another UNIX nerd –Weer zo'n UNIX-eikel
YHM	You have mail –Er is post (e-mail)